U0901086

山东统计年鉴

SHANDONG STATISTICAL YEARBOOK

2020

（总第 32 期 No. 32）

山　东　省　统　计　局
国家统计局山东调查总队　编

Compiled by

Shandong Provincial Bureau of Statistics

Survey Office of the National Bureau of Statistics in Shandong

图书在版编目（CIP）数据

山东统计年鉴. 2020 = Shandong Statistical Yearbook 2020 : 汉英对照 / 山东省统计局，国家统计局山东调查总队编. -- 北京 : 中国统计出版社，2020.10
ISBN 978-7-5037-9301-1

Ⅰ. ①山… Ⅱ. ①山… ②国… Ⅲ. ①统计资料－山东－2020－年鉴－汉、英 Ⅳ. ①C832.52-54

中国版本图书馆 CIP 数据核字(2020)第 193962 号

山东统计年鉴-2020

作　　者/ 山东省统计局　国家统计局山东调查总队
责任编辑/ 钟　钰
责任校对/ 王莎莎　张洪涛　赵善胜　张　静
装帧设计/ 程潇濛
出版发行/ 中国统计出版社有限公司
地　　址/ 北京市丰台区西三环南路甲 6 号
邮政编码/ 100073
电　　话/ 邮购（010）63376909　书店（010）68783171
网　　址/ http://www.zgtjcbs.com
印　　刷/ 济南百思特印业有限公司
经　　销/ 新华书店
开　　本/ 890mm×1240mm　1/16
字　　数/ 1900 千字
印　　张/ 44
版　　别/ 2020 年 10 月第 1 版
版　　次/ 2020 年 10 月第 1 次印刷
定　　价/ 460.00 元　Price:460.00 yuan (RMB)

本书附同版本 CD-ROM 一张，光盘内容以书面文字为准。
如有印装差错，由本社发行部调换。

《山东统计年鉴－2020》
编辑委员会

Shandong Statistical Yearbook – 2020

EDITORIAL BOARD AND STAFF

编 辑 说 明

一、《山东统计年鉴》是一部全面反映山东省国民经济和社会发展情况的资料性年刊，是认识和研究山东省情、制定政策、指导国民经济发展的重要资料和历史性工具书。

二、《山东统计年鉴—2020》共包括特载、统计表和附录三大部分。特载部分包括政府工作报告、统计公报和统计工作综述，综合反映全省经济社会发展概况和山东省统计工作情况。

统计表部分收录了 2019 年度山东省国民经济和社会发展方面的统计数据，共有二十二篇：第一篇，综合；第二篇，国民经济核算；第三篇，人口；第四篇，就业、工资和社会保障；第五篇，固定资产投资；第六篇，对外经济和旅游；第七篇，能源；第八篇，财政和金融；第九篇，价格指数；第十篇，居民生活；第十一篇，城市建设；第十二篇，资源和环境；第十三篇，农业；第十四篇，工业；第十五篇，建筑业；第十六篇，规模以上服务业；第十七篇，运输和邮电；第十八篇，批发和零售、住宿和餐饮业；第十九篇，教育和科技；第二十篇，文化、体育和卫生；第二十一篇，公共管理和社会服务；第二十二篇，各县（市、区）主要经济指标。

各篇章插页后附有简要说明，概括介绍各篇主要内容和资料来源；各篇章最后附有主要统计指标解释，简要介绍指标的概念、统计方法、统计口径和统计范围。

附录部分包括全国各省（市、自治区）主要经济指标、部分国际统计资料和山东省统计局工作大事记等。

三、本年鉴所列各项指标，《政府工作报告》和《统计公报》使用的数字为快报数或初步统计数；其他各部分为正式年报数据。凡与本年鉴数字不符的一律以本年鉴为准。

四、本年鉴的编辑，已根据现行国家统计制度，对统计指标概念、口径、范围、计算方法、计算价格等，作了统一调整，并分别在各部分的主要指标解释或表末加以注释；各表中价值量指标，凡未加说明的，均按当年价格计算。部分数据合计数或相对数由于单位取舍不同而产生的计算误差均未作机械调整。

五、《山东统计年鉴》公开出版以来，受到了广大读者的关心与支持，对此深表谢意。本年鉴编辑中难免存在不足之处，恳请广大读者提出宝贵意见，以便改进、提高。

PREFACE

I. *Shandong Statistical Yearbook* is an annual publication, which covers very comprehensive data and reflects various aspects of Shandong's social and economic development. It can also work as an important and historical reference book which will play a great role in comprehending and studying the basic conditions of Shandong, making policies, and guiding the development of society and economy.

II. The yearbook contains the following three parts: part one feature, part two statistics and part three appendixes. Feature mainly includes Government Work Report, Shandong Statistics Communique and Summary of Shandong Statistical Undertaking, comprehensively reflecting the development of society and economy and showing the achievements in statistics of Shandong Province.

Part 2 contains the following twenty-two chapters, 1. General Survey; 2. National Accounts; 3. Population; 4. Employment, Wages and Social Security ; 5. Investment in Fixed Assets; 6. Foreign Trade and Tourism; 7. Energy; 8. Government Finance and Banking; 9. Price Indices; 10. People's Livelihood; 11. City Construction; 12. Natural Resources and Environment; 13. Agriculture; 14. Industry; 15. Construction; 16.Service Enterprise Above Designated Size; 17. Transport, Postal and Telecommunication Services; 18. Wholesale, Retail, Hotels and Catering Services; 19. Education, Science and Technology; 20. Culture,Sports and Health;21.Public Management and Social Services;22. Main Indicators of Counties (Cities and Districts at County Level).

In brief introduction at the beginning of each chapter, main coverage of this chapter, data sources and statistical coverage are concerned. In addition, explanatory notes on main statistical indicators are provided at the end of each chapter, giving a brief explanation of statistical indicators, such as definition, statistical methods, statistical coverage and statistical scope.

Appendix contains the main economic indicators of some other provinces (municipality), international statistics and Events of Shandong Provincial Bureau of Statistics.

III. Data used in Government Work Report and Shandong Statistics Communiqué are preliminary statistics. data in other chapters is official annual data. Data in Shandong Statistical Yearbook are all verified and should be based on this standard.

IV. In *Shandong Statistical Yearbook*, statistical definitions, statistical coverage, statistical methods and prices are adjusted according to the current state statistical standards, and all changes have been noted at the end of the table or in the explanatory notes. Data in value terms are calculated at current prices if there are no notes. Statistical discrepancies on totals and relative figures due to rounding are not adjusted.

V. After this yearbook was published, it has received lots of concerns and support from readers whom we should thank. Because of our ability, it is inevitable that there are shortcomings in this book, so we welcome all candid comments and criticism from our readers to perfect this book and to offer readers better service.

目 录

Contents

特 载
ESPECIALLY PRINTED HERE ARE

统 计 表
STATISTICAL TABLE

第一篇 综 合
CHAPTER 1 General Survey

第四篇 就业、工资和社会保障
CHAPTER 4 Employment , Wages and Social Security

第五篇 固定资产投资
CHAPTER 5 Investment in Fixed Assets

第六篇 对外经济和旅游
CHAPTER 6 Foreign Trade and Tourism

第七篇 能 源
CHAPTER 7 Energy

第八篇 财政和金融
CHAPTER 8 Government Finance and Banking

第九篇 价格指数
CHAPTER 9 Price Indices

第十篇 居民生活
CHAPTER 10 People's Livelihood

第十三篇 农 业
CHAPTER 13 Agriculture

第十四篇 工 业
CHAPTER 14 Industry

第十五篇 建筑业
CHAPTER 15 Construction

第十六篇 规模以上服务业
CHAPTER 16 Service Enterprises Above Designated Size

第十七篇　运输和邮电
CHAPTER　17　Transport, Post and Telecommunication Services

第十八篇　批发和零售、住宿和餐饮业
CHAPTER　18　Wholesale, Retail, Hotels and Catering Services

第十九篇 教育和科技
CHAPTER 19 Education, Science and Technology

第二十篇 文化、体育和卫生
CHAPTER 20 Culture, Sports and Health

第二十一篇 公共管理和社会服务
CHAPTER 21 Public Management and Social Services

第二十二篇 各县（市、区）主要经济指标
CHAPTER 22 Main Indicators of Counties (Cities and Districts at County Level)

附 录
APPENDICES

政府工作报告

——2020年1月18日在山东省第十三届人民代表大会第三次会议上

山东省省长 龚 正

各位代表：

现在，我代表省人民政府，向大会报告工作，请予审议，并请省政协委员和其他列席人员提出意见。

一、2019年工作回顾

刚刚过去的2019年，是新中国成立70周年，也是山东高质量发展取得实效的重要一年。一年来，面对错综复杂的外部环境和艰巨繁重的改革发展任务，我们坚持以习近平新时代中国特色社会主义思想为指导，认真落实习近平总书记对山东工作的重要指示要求，统筹推进“五位一体”总体布局，协调推进“四个全面”战略布局，按照省委决策部署，紧紧围绕“走在前列、全面开创”目标要求，牢牢把握稳中求进工作总基调，坚定践行新发展理念，深入实施八大发展战略，聚焦“工作落实年”，全力以赴抓贯彻、抓执行、抓推进、抓见效，经济社会持续健康发展，主要预期目标基本实现。全年地区生产总值增长5.5%；一般公共预算收入增长0.6%（剔除减税降费等因素，可比口径实际增长13%以上）；城乡居民人均可支配收入分别增长7.0%和9.1%；城镇登记失业率控制在3.29%，城镇新增就业138.3万人，超额完成年度目标任务。去年政府工作报告提出的100件重要事项得到有效落实。

这一年，我们坚决顶住经济下行压力，超前谋划、精准实施“六稳”30条、稳就业20条、稳外资21条、稳外贸25条、拓展消费市场12条、支持数字经济发展19条、支持企业家干事创业25条，全年为各类市场主体新增减免税费1500亿元以上，督导清理拖欠民营企业中小企业账款362亿元，助力企业轻装上阵，经济运行处于合理区间。我们始终保持高质量发展定力，坚决不走“五个过度依赖”回头路，坚定不移加快新旧动能转换，启动实施“现代优势产业集群+人工智能”十大工程，自我加压推动钢铁、焦化、地炼、电解铝等高耗能行业转型升级，高质量发展迈出新步伐。我们全面增强改革开放动力，扎实推进“扩权强县”、开发区体制机制等12个领域改革，形成制度创新、流程再造成果70多个；成功举办或承办首届跨国公司领导人青岛峰会、国际友城合作发展大会、中国企业改革发展论坛、青年企业家创新发展国际峰会、国际超算产业博览会、国际工程战略高端论坛、博鳌亚洲论坛全球健康论坛大会等重大活动，与日韩合作全面深化，获批中国（山东）自由贸易试验区、中国——上合组织地方经贸合作示范区，改革开放实现新突破。我们广泛凝聚狠抓落实合力，扎实开展“不忘初心、牢记使命”主题教育，掀起“七赛七比”热潮，圆满完成新中国成立70周年庆祝活动、海军建军70周年海上阅兵服务保障任务，开展“问政山东”等多种形式的舆论监督，深化基层减负，广大干部群众践行新发展理念的共识越来越强烈，推动高质量发展的信心决心越来越笃定。经过全省上下一年来的拼搏实干，经济社会高质量发展的内涵结构、体制机制、生态环境加快重塑，呈现出一系列影响山东未来的趋势性、关键性重大变化。

（一）新动能正在加速成长。“四新”经济增势强劲。865个新旧动能转换优选项目和104个省重大建设项目，分别完成投资2407亿元和1172亿元以上，“四新”经济增加值占比达到28%、投资占比达到44.8%。新培育省级产业互联网平台70家，“上云用云”企业超过10万家，全国首个5G高新视频实验园区落户青岛，全省开通5G基站超过1万个。创新驱动战略深入实施。山东产业技术研究院、高等技术研究院、能源研究院、高端石化研究院、稀土催化研究院等相继揭牌，省级创新创业共同体达到22家。济南超算科技园投入启用，中科院济南科创城落地建设，600公里高速磁浮试验样车下线。海洋优势持续彰显。整合组建省港口集团，“透明海洋”“蓝色药库”等重大工程顺利实施，国家级海洋牧场示范区达到44处、占全国的40%，新增海洋工程技术协同创新中心63家，全省海洋生产总值增长9%左右，经略海洋迈出新步伐。

（二）结构布局正在加速优化。“四减四增”深入推进。两年多来累计治理“散乱污”企业11万家，关停化工企业1500多家，化工园区从199家压减到85家。裕龙岛炼化一体化项目获批同意纳入国家规划，世界高端铝业基地、先进钢铁基地、山东重工商用车生产基地建设加快推进。全年压减煤炭产能875万吨、生铁465万吨、粗钢923万吨、焦化777万吨，海阳核电一期工程建成投运，新能源和可再生能源发电装机占比超过25%。产业结构持续优化。服务业增加值占比超过绝对半数、达到53%，对经济增长贡献率达到78.2%。新增高新技术企业2500余家，总量突破1.1万家；高新技术产业产值占比达到40.1%，比上年提高3.2个百分点。城乡融合发展更趋协调。打造乡村振兴齐鲁样板取得显著进展，“十百千”示范创建、农村人居环境整治、美丽村居“四一三”行动扎实推进，新增省级田园综合体28个。农村改厕规范升级和后续管护长效机制建设全面启动，城乡生活垃圾分类试点有序推进，农村集体资产清产核资基本完成。我们扛牢粮食大省责任，粮食总产连续6年稳定在1000亿斤以上，去年达到1071亿斤。

（三）发展底板正在加速筑牢。金融风险防控有力推进。“金安工程”防控监测大数据平台启动运行，互联网金融风险专项整治取得阶段性成果，恒丰银行改革重组顺利实施，金融机构不良贷款率下降0.45个百分点，政府综合债务率也显著下降。脱贫攻坚成果有效巩固。实施产业扶贫项目1581个，覆盖带动贫困人口85.9万人，400个省扶贫工作重点村饮水安全工程全部完工，改造贫困户危房3.16万户。黄河滩区27个外迁社区主体全部封顶，28个新建村台完成淤筑。污染防治持续加力。中央环保督察及“回头看”反馈问题整改、自然保护区问题整治扎实推进，清理整治河湖违法问题1.8万余处，16市建成区内166条黑臭水体整治全部完成，$PM_{2.5}$改善约束性指标提前一年完成国家下达的“十三五”任务。在我们山东，“蓝天白云、繁星闪烁”正由“奢侈品”变成“日常品”。

（四）动力活力正在加速增强。重点领域改革纵深推进。省属国有企业混改三年行动计划启动实施，省机场管理集团挂牌成立，山东重工、中国重汽完成战略重组。省财政直管县由20个调整扩大到41个，政府性融资担保体系建设实现新突破。新增上市企业18家，科创板首批上市企业4家。54家开发区体制创新试点单位内设机构撤减64.9%，代管乡镇压减46.2%。开放水平持续提升。进出口增长5.8%，对“一带一路”沿线增长15.9%，“齐鲁号”欧亚班列开行超千列，是年度计划的2倍。新设外商投资企业突破2000家，实际使用外资146.9亿美元，增长18.6%。泛北方区域签证中心投入运营。基础设施建设全面提速。济郑高铁山东段、济莱高铁等4条高铁开工建设、里程380公里。鲁南高铁日照至曲阜段建成通车，新增里程240公里，总里程达到1987公里，省内高铁成环运行，圆了千万老区人民期盼已久的“高铁梦”。濮阳至阳新菏泽段等5条高速公路开工建设、里程333公里，济青高速改扩建等9条高速公路建成通车，新增“四改八”和新建里程771公里，总里程达到6447公里，实现县县通高速。强力疏通城市“毛细血管”，全年打通各类断头路400多条。济南遥墙国际机场和临沂机场改扩建、青岛胶东国际机场建设顺利推进。加快补齐水利设施短板，黄水东调二期工程、峡山水库胶东调蓄战略水源地工程和引黄济青改扩建主体工程相继建成并通水，完成病险水库除险加固1223座。这一年，我省基础设施建设全面开花、驶入快车道，成为高质量发展的强力支撑。

（五）社会民生正在加速改善。20项重点民生实事扎实推进，民生支出占财政支出比重达到79%。退休人员基本养老金月人均增加158元，居民基本医疗保险政府补助标准提高到520元。推进国家药品集中采购试点扩围工作，25个药品中选价格平均下降59%。医养结合示范省建设深入推进，济南国际医学科学中心加快建设，山东第一医科大学正式招生，康复大学启动筹建。新建改扩建幼儿园5537所、中小学287所。棚户区、老旧小区、农村危房改造和清洁取暖超额完成年度任务。尼山世界儒学中心挂牌成立，孔子博物馆建成开放，歌剧《沂蒙山》等四部作品入选“五个一工程”，全国美展、书法篆刻展、摄影展齐聚山东，第八届山东文博会成果斐然。人民生命财产安全高于一切，我们有效应对“利奇马”台风灾害，科学处置梁宝寺煤矿火灾事故，生产安全事故起数、死亡人数分别下降41.1%和21.0%，10年以上信访积案“清零”，扫黑除恶专项斗争战果丰硕，社会大局和谐稳定。国防动员、退役军人、档案史志、地震气象、民族宗教、妇女儿童、残疾人工作等各项事业取得新进步。

（六）政务生态正在加速重塑。自觉接受人大的法律监督、工作监督和政协的民主监督，提请省人大及其常委会审议地方性法规17件，办理省人大代表建议803件、政协提案810件。市县机构改革全面完成。制定县乡属地管理责任清单，明确承担51项具体事项，为基层减负划出“硬杠杠”。“一窗受理•一次办好”改革扎实推进，帮办代办、吐槽找茬、窗口无权否决服务机制全面推行。全省“一云一网一平台”体系初步建立，“政务服务一网通办”总门户上线运行，省级1209项事项全程网办，1797项“最多跑一次”。“双随机、一公开”监管平台正式启用，省政府连续三届获得中国政府政务公开“金秤砣奖”。精简高效的政务服务极大激发市场活力，市场主体快速增长，总量超过1000万户，其中新登记216.8万户、增长29%，总量和增幅连创新高。

这些重大变化表明，全省高质量发展的良好态势越来越巩固，结构优化的“形”和此消彼长的“势”越来越清晰，新时代现代化强省建设的美好前景日益展现。成绩来之不易，这是以习近平同志为核心的党中央掌舵领航、坚强领导的结果，是国务院和中央各部委、国家机关各部委精心指导、支持帮助的结果，是省委科学决策、总揽全局、协调各方的结果，是省人大、省政协和社会各界有效监督、鼎力支持的结果，是全省人民克难攻坚、奋力拼搏的结果。在此，我代表省人民政府，向全省人民，向各民主党派、工商联、无党派人士、各人民团体和社会各界人士，向离退休老同志，向驻鲁人民解放军和武警部队官兵、中央驻鲁单位，向所有关心支持山东发展的港澳台同胞、海外侨胞和国际友人，表示衷心感谢，致以崇高敬意！

我们也清醒认识到，经济社会发展还存在不少困难和问题。一是新旧动能转换接续不畅，“四新”经济规模偏小、比重较低，数字化、智能化水平不高，区域分化态势明显。二是企业生产经营困难增加，融资难融资贵问题仍较突出，土地、能耗、环境容量接近“天花板”。三是科技创新能力不够强，创新投入产出比不高，高层次人才明显不足。四是市场化改革深度不够，开放潜力尚未充分释放，营商环境还有不少差距，市场有效、政府有为、企业有利的体制机制需要进一步健全。五是金融风险仍处于易发多发期，财政收支矛盾突出，污染防治任务艰巨，安全生产容不得半点松懈。六是民生保障存在不少短板，就业、教育、医疗、养老、住房等方面，与群众期盼还有差距。七是政府治理能力现代化水平有待提升，一些干部专业素养、专业能力有所欠缺。八是形式主义官僚主义问题仍不同程度存在，一些领域不正之风和腐败现象时有发生。我们一定直面问题，迎难而上，竭尽全力做好工作，决不辜负全省人民期待！

二、2020年目标任务和重点工作

2020年，是全面建成小康社会和“十三五”规划收官之年，也是我省新旧动能转换“三年初见成效”之年，更是我们贯彻习近平总书记对山东工作重要指示要求、各项工作都要取得更大成果的关键一年。我们面临的国内外形势复杂严峻，我省经济发展处于深度调整期、瓶颈突破期、动能转换胶着期，“两难、三难、多难”问题更加凸显，“既要、又要、还要”任务更加繁重。越是考验如火，越能淬炼真金。我省仍处在重要战略机遇期的总体判断没有改变，经济稳中向好、长期向好的基本趋势没有改变，转型蝶变、浴火重生的强大势能蓄力待发，支撑高质量发展的红利效应加速释放。一是政策红利不断集聚。减税降费政策效果持续放大，新旧动能转换综试区、自贸试验区、上合示范区叠加发力，黄河流域生态保护和高质量发展上升为重大国家战略，明确要“发挥山东半岛城市群龙头作用”，我们的政策、资源、平台优势前所未有，历史机遇千载难逢。二是市场红利持续扩大。我省常住和户籍人口“双过亿”，社会消费品零售总额全国第二，城镇化率逐年提高，居民收入持续增长，消费升级步伐加快，庞大市场规模、巨大消费潜力，是我们扩内需、稳增长、促转型的强力支撑。三是人才红利加快形成。我省劳动年龄人口有6700多万，普通高校146所、在校生230万，拥有全国近一半的高层次海洋科研人员，人才回流态势已经形成，仅去年住鲁院士就新增38.8%，我们的人力资源优势正在加快转化为人才优势、创新优势。四是转型红利全面汇聚。我省制造业基础雄厚，涵盖全部41个工业大类、197个中类，拥有规上工业企业2.8万家，产业赋能潜力巨大，随着5G、云计算、大数据、人工智能、区块链等与制造业深度融合、广泛应用，产业智慧化、智慧产业化必将迸发出澎湃动力。五是改革红利加速释放。制度创新、流程再造步伐加快，“1+4”生态系统整体重构，“换位思考、主动服务、有求必应、无事无需不扰、结果评价”服务理念加快落地，尊商重商亲商护商的氛围愈加浓厚。在全国工商联开展的万家民企评价营商环境中，我省进入前6强，各方面都关注山东、看好山东。多重红利交汇叠加，“黄金机遇”就在脚下。我们完全有条件、有能力、有信心，应对前进道路上的各种风险挑战，奋力趟出一条高质量发展路子来。

省委对今年工作已作出全面部署，总体要求是：以习近平新时代中国特色社会主义思想为指导，全面贯彻党的十九大和十九届二中、三中、四中全会及中央经济工作会议精神，认真落实习近平总书记对山东工作的重要指示要求，按照“走在前列、全面开创”目标要求，紧扣全面建成小康社会目标任务，坚持稳中求进工作总基调，坚持新发展理念，坚持以深化供给侧结构性改革为主线，坚持以改革开放为动力，贯彻巩固、增强、提升、畅通方针，推动高质量发展，坚决打赢三大攻坚战，全面做好“六稳”工作，统筹推进稳增长、促改革、调结构、惠民生、防风险、保稳定，深入实施八大发展战略，扎实开展重点工作攻坚行动，保持经济运行在合理区间，确保新旧动能转换初见成效、全面建成小康社会和“十三五”规划圆满收官。

2020年全省经济社会发展主要预期目标为：地区生产总值增长6%以上；城镇新增就业110万人，工作中努力实现不低于去年实际完成数，城镇登记失业率控制在4.5%以内，城镇调查失业率5.5%左右；居民消费价格涨幅控制在3.5%左右；一般公共预算收入增长1%以上（可比口径增长8%以上）；固定资产投资增长5%左右；社会消费品零售总额增长6.5%以上；外贸进出口稳中提质，吸引外资保持稳定，增幅均高于全国平均水平；居民人均可支配收入增长7.5%左右，其中城镇和农村分别增长7%左右和7%以上；全面完成脱贫攻坚任务；全面完成国家下达的节能减排降碳约束性指标和环境质量改善目标。

实现上述目标，需要全省上下付出艰辛努力。必须整体贯彻新发展理念，坚持经济增长与生态环保、安全生产、社会稳定、民生改善一体谋划、一体推进，深入实施八大发展战略，强力落实“重点工作攻坚年”，做到靶心不偏、焦点不散、标准不降、力度不减，在高质量发展上奋力趟出路子、取得突破。

（一）聚力腾笼换鸟，确保新旧动能转换初见成效。统筹做好“去、增、提”三篇文章，以“四新”促“四化”，深耕“十强”现代优势产业集群，建设制造业强省。

坚决培育壮大新动能。做强产业生态。出台培育优良产业生态的意见，启动“一条龙”培育计划，对重点产业链实施补链、延链、强链，培植一批具有“链主”地位的引领型企业、具有“撒手锏”产品的关键零部件配套企业、具有公共服务功能的平台型企业，形成“产业+配套、平台+生态、技术+赋能”的集群发展格局。支持浪潮集团打造中国“算谷”，加快培育数字产业生态。做强载体支撑。加快布局“新基建”，年内新开通5G基站4万个，建设省级区块链产业园区，在金融科技、电子政务、社会治理等领域，加速场景应用。大力发展工业互联网，建设运营好海尔、浪潮两个国家级“双跨”平台，争创国家工业互联网发展示范区。实施数字经济园区建设突破行动，支持建设50个省级数字经济园区。做强数字赋能。深入推进“现代优势产业集群+人工智能”，培育轨道交通、动力装备、智能家电等先进制造业集群，推进新能源汽车、核电装备等提升发展，加快氢能及燃料电池、8K超高清视频产业布局建设。实施“互联网+医疗健康”，加快建设国家健康医疗大数据北方中心，高水平打造医养结合示范省。全力推进企业“上云用云”，让数字化为山东产业发展插上“云翅膀”。

坚决改造提升传统动能。抓紧抓实企业技改。实施智能化技改三年行动，把“万项技改、万企转型”落实到市县、园区和企业，强化“零增地”技改激励，加快设备换芯、生产换线、机器换人步伐，全年完成技改投资4000亿元。共建共享“好品山东”。深入开展质量提升行动，抓好国家标准化综合试点，培育一批体现山东优势、山东特色的先进标准，加快建设国家产业计量测试中心，做好“泰山品质”认证工作，强化知识产权的创造、保护和运用。大力实施百年品牌企业培育工程，打造100家制造业、50家服务业高端品牌，提升一批优质农产品地理标志品牌，形成“好客山东·好品山东”品牌体系，助力“鲁字号”产品和服务赢得口碑、开拓市场、品行天下。

坚决推动过剩产能调整转型。坚持“减量替代是常态，等量替代是例外，亩产效益论英雄，安全环保守底线”的原则导向，统筹实施“压旧上新、压小上大、压低上高、压散上整”，推动高耗能行业高质量发展。全面启动裕龙岛炼化一体化项目一期工程建设，坚决完成既定地炼产能整合任务。按时完成通道城市钢铁产能置换、焦化产能压减等任务目标，加快推动化肥、轮胎等行业落后产能退出。深入开展化工产业安全生产转型升级专项行动，高标准推进智慧园区建设，提升化工绿色发展和本质安全水平。坚决“去”，是为了更好地“增”和“提”，只要我们牵紧新旧动能转换这个“牛鼻子”，持续用力、精准发

力，一定能跑出动能转换的“加速度”，早日实现“凤凰涅槃、浴火重生”。

（二）聚力筑牢底板，坚决打好三大攻坚战。巩固既有成果，解决薄弱环节，构建长效机制，确保取得决定性胜利。

高质量打赢脱贫攻坚战。紧盯革命老区、黄河滩区、湖区、库区等重点区域，聚焦老弱病残等特殊困难群体，全面解决贫困人口“两不愁三保障”和饮水安全问题，完成新排查贫困户危房改造任务。健全完善即时发现即时帮扶机制，有效防止返贫和产生新的贫困，推行所有权、经营权、收益权、监督权“四权分置”，促进扶贫资金资产持续积累使用，探索解决相对贫困的长效机制。强化易地扶贫搬迁后续扶持，加快黄河滩区迁建进度，在确保质量安全前提下，能快则快，早日圆 60 万滩区群众“安居梦”。持续深化省内“6+6”扶贫协作，加强同渝黔甘湘东西部扶贫协作，做细做实“携手奔小康”行动。我们要尽锐出战、善作善成，以脱贫攻坚的实干实效，提升全面小康成色，让群众有实实在在的获得感、幸福感、安全感。

坚决打好污染防治攻坚战。坚定践行习近平生态文明思想，强力推进“四减四增”，打赢八场标志性战役。我们要全力保护好蓝天。实施秋冬季大气污染综合治理攻坚行动，全面完成大气污染物总量减排任务，确保大气环境质量不反弹。持续加大推进力度，坚决完成 3700 万吨煤炭消费压减任务。加快优化能源结构，全年接纳外电 1000 亿千瓦时以上，新能源和可再生能源发电装机达到 3750 万千瓦以上。重拳打击黑加油站点和非法流动加油车，决不允许劣质油品充斥市场。我们要全力爱护好碧水。统筹推进“五水共享、四水共治”，落实好河长制、湖长制，抓好南四湖、东平湖综合治理，开展城市黑臭水体治理国家试点，高标准推进节水型社会建设，确保城市污水集中处理率达到 98%，地表水国控考核断面水质优良比例达到 65.1%。我们要全力守护好净土。继续开展化肥减量增效、农药减量控害行动，加快废旧地膜回收处理，加强土壤管控和修复，受污染耕地、污染地块安全利用率达到 90%。从严加强危险废物处置监管，继续实施好城乡生活垃圾分类试点，打造一批示范社区、示范村镇，济南、青岛、泰安三个试点城市生活垃圾回用率提高到 35%以上。完成泰山区域山水林田湖草生态修复工程，实施崂山、昆嵛山等生态治理，全面落实林长制，建设绿色廊道 1000 公里以上，扮靓我们绿水青山常在、宜居宜业宜游的美丽家园。

防范化解重大风险。建好用好“金安工程”。统筹利用金融风险防控监测大数据平台，一体推进金融信用体系建设，加强重点领域风险研判分析，推动担保圈破圈断链，严厉打击非法集资、恶意逃废金融债务等行为。有序化解地方政府隐性债务风险，分类推进融资平台市场化转型。守住守牢稳定底线。深入开展扫黑除恶专项斗争，集中打击突出违法犯罪活动，严防危害公共安全突发事件。大力推广新时代“枫桥经验”，做实社会治理网格化服务管理体系，开展市域社会治理现代化试点，建立信访积案常态化解机制，锻造平安山东、法治山东“金招牌”。压紧压实安全责任。扎实开展安全生产集中整治，强化安全隐患排查治理，突出抓好化工、煤矿和非煤矿山、道路交通、食品药品、建筑施工、消防等重点领域安全监管，坚决遏制重特大安全事故发生，严密防范中小学生溺水、一氧化碳中毒等非生产类伤亡事故，全面加强自然灾害防治，持续巩固安全稳定向好态势。安全关乎千万家庭的幸福，一定要警钟长鸣、常抓不懈！

（三）聚力协同拉动，持续提高三大需求有效支撑力。充分发挥投资关键作用和消费基础作用，推动进出口稳中提质，为高质量发展提供强力支撑。

着力扩大有效投资。集中谋划一批、储备一批、开工一批、竣工一批重大项目，重点抓好日照先进钢铁制造基地、重汽智能网联重卡、一汽华东智能网联汽车试验场、威联化学等产业升级项目，山东国瓷 5G 关键材料、有研大尺寸硅材料、浪潮云计算装备、中船重工船用发动机等前沿引领项目，济南超算中心、青岛 5G 高新视频实验园区、烟台万华全球研发中心等重大平台项目，国际医学科学中心、第一医科大学、康复大学等社会民生项目。实施城市品质提升三年行动，全年改造老旧小区 40 万户以上，稳妥推进城镇棚户区改造，新建修复污水管网 1000 公里以上。完善“要素跟着项目走”机制，重点支持大项目好项目，及时跟进专项债券、引导基金，全面推开“亩产效益”评价改革。在济青烟三市划定一定区域，以“标准地”方式全球精准招商，做到“落地即可开工”。定期发布项目推介清单，鼓励支持民间资本参与项目建设运营。

狠抓重大基础设施建设。持续加大高铁、高速、机场等基础设施建设力度，开工京沪高铁二通道天津至潍坊段、潍坊至烟台、莱西至荣成、济南至滨州、济南至枣庄旅游高铁等 5 个高铁项目；加快京雄商高铁、京沪高铁二通道潍坊至新沂段、青岛西至京沪高铁二通道、德州至商河高铁等4个项目前期工作，争取年内开工；加快推进鲁南高铁曲阜至兰考段、济莱、济郑、黄台联络线等高铁项目建设，建成潍莱高铁。我们规划，到2022年全省高铁建成和在建里程达到3900公里，运营里程2025年达到4400公里、2035年达到5700公里。高速公路重在加密、扩容、提质，开工建设临淄至临沂等5条高速，加快推进莱芜至临沂等23条在建高速，14条高速年内建成通车，抓好济青中线、京台高速泰安至枣庄段2条智慧高速示范项目，全省高速通车里程达到7400公里。加快烟台机场二期工程等4个机场项目建设，力争开工建设济南机场二期、济宁机场迁建，投运青岛胶东国际机场、菏泽机场。经过这两年台风灾害的切肤之痛，我们下定决心根治水患、防治干旱，制定了总投资1300多亿元的重点水利工程建设方案，今年实施的项目总投资583亿元，主汛期前完成8条骨干河道治理、5条台风中出险河道治理主体工程，以及946处水毁工程修复、375座小型病险水库除险加固工程，全面提升水安全保障能力。

持续释放消费需求潜力。积极参与强大国内市场建设，加快专业市场转型升级，培育服务消费、信息消费、智能消费、绿色消费、健康消费、定制消费、时尚消费等热点，打造一批新零售标杆城市、新零售示范企业、高品位步行街，繁荣“夜经济”等消费业态，大力发展会展经济。积极推进家政服务业城市试点，抓好供应链创新与应用、城乡高效配送等国家试点，加快青岛、临沂国家物流枢纽建设，创建国家骨干冷链物流基地。实施电商平台与优质鲁货对接工程，扩大跨境电商直购规模，建设好济南、烟台跨境电商综合试验区。作为农业农村大省，我们拥有巨大的农村消费潜能，要着眼满足群众消费需求，打通农村物流网络体系，有效激活农村市场。常态化打击各类侵权假冒违法行为，保障群众安全消费、放心消费。

推动对外贸易高质量发展。有效应对中美经贸摩擦和地区贸易救济调查，健全预警体系，积极扩大对欧盟、日韩的进出口，稳定高端市场。抓住区域全面经济伙伴关系协定（RCEP）即将签订的重大机遇，深化“一带一路”经贸合作，持续开拓20个重点潜力市场，提高发展中国家、新兴市场和自贸伙伴的贸易占比。创建国家进口贸易促进创新示范区，抓好外贸转型升级试点县和基地建设，做强“齐鲁号”欧亚班列品牌，继续压缩整体通关时间、降低进出口合规成本。拓展中医药、文化旅游、数字服务贸易市场，培育对外贸易竞争新优势。

（四）聚力制度供给，全面增强改革开放创新三大动力。用好改革开放“关键一招”，强化创新驱动引领，推动目标集成、政策集成、效果集成，有效激发市场活力和社会创造力。

全面深化重点领域改革。推进国企“倒计时”改革，“一对一”落实国企混改方案，探索建立充满活力、利益共享的激励机制，拿出优质资产、优质企业、优质资源，加大“双招双引”，对非公资本不设准入门槛、不设比例限定、不设行业限制，实现资本、技术、人才、管理、品牌“五个增量”，到2021年省属企业混改户数和资产占比均达到75%。深化财税金融改革，巩固和拓展减税降费成效，开展行政事业资产统筹运营和财政资金股权投资改革试点，从今年开始，省级全面实行零基预算管理。金融生态环境是竞争力，也是生产力，我们要以提升金融服务实体经济能力为主攻方向，优化金融供给结构，推进数字化金融服务平台建设，增加制造业中长期贷款，完善基金对产业全生命周期支持体系。发挥农业信贷担保增信、分险、赋能作用，积极创建临沂金融服务乡村振兴改革试验区，引导更多资金投向农业农村，探索金融支持东营高质量发展改革举措。深化开发区体制机制创新，总结提升试点经验，加快开放合作、土地财税、薪酬管理等18项配套政策落地，促进开发区聚焦主业、重塑优势、创新发展。

打造对外开放新高地。用好自贸试验区、上合示范区两大战略平台，省市协同发力，在首创式改革、差异化探索、集成式创新上实现突破。落实好自贸区总体方案112项试点任务，复制推广国家推出的223项改革试点经验，尽快形成投资贸易便利化的综合性创新成果。打造“一带一路”国际合作新平台，在推动形成东西双向互济、陆海内外联动的开放新格局上作出山东贡献。深化与日韩交流合作，在自贸区设立与日韩合作专属区，建设中日（韩）产业（科技）园区，建立山东——日本对话机制，推动与日韩已签协议、项目、机制、平台落地，力争在构建多层次合作机制、示范区建设、新兴产业对接、提升通关便利化等方面取得更大成效。提高“双招双引”精准度，在全球范围绘制“产业地图”“人才地图”，高水平办好第二届跨国公司领导人青岛峰会、儒商大会、中国——中东欧国家民间友好大会。全面贯彻外商投资法及其实施条例，落实准入前国民待遇加负面清单管理制度，让外资开办企业更便利、准入大门更宽敞。

加快建设创新型省份。强化重大创新平台建设，布局建设4家山东省实验室，以青岛海洋科学与技术试点国家实验室为主体，争创国家实验室；推动我省重点实验室整体转型、优化重组，在网络空间安全、“蓝色药库”、前沿新材料等领域，实施好20项左右重大基础研究项目；在新一代人工智能、云计算、大数据、智能机器人等领域，实施好100项左右重大科技创新工程项目。创新科技治理，开展职务科技成果混合所有制改革试点，完善以知识价值为导向的收益分配和期权激励机制。支持山东产业技术研究院、高等技术研究院、能源研究院、中科院济南科创城等建立更加灵活的机制，推动高校、科研院所去行政化，高标准打造30家省级创新创业共同体，鼓励各地建设各具特色的共同体。用好研发经费加计扣除政策，将财政支持由后补助转向前端引导，实现大型工业企业研发机构全覆盖。实施重大技术攻关“揭榜制”，在基础研究领域试点科研经费“包干制”。以更大力度培育行业“单项冠军”和“瞪羚”“独角兽”企业，高新技术企业再增2000家。实施“人才兴鲁”行动，制定更具吸引力和竞争力的人才政策，推动出台《山东省人才发展条例》，坚决破除隐性门槛，拿出突破性的硬招实招，通过技术入股、合作经营等方式，引进一批高端人才和团队，完善高层次人才住房、社保、就医、出访、子女就学等保障政策。优化规范做实国际院士港。对于大国工匠等高技能人才，要有特殊政策予以保障。亿万山东人民拥有无穷的创新智慧、创造潜能，只要我们搭好平台、用好人才、育好环境，必能“近者悦、远者来”，率先建成创新强省。

（五）聚力样板打造，加快塑造高质量发展特色优势。打造乡村振兴齐鲁样板，建设海洋强省，弘扬优秀传统文化，是山东的三大特色优势，我们要做好优势转化文章，推动优势变强势、特色成亮点。

推进乡村全面振兴。按照“五个振兴”要求，完善东中西分类推进机制，形成一整套乡村振兴齐鲁样板政策、制度、标准和考核体系。现代农业要提质增效。深入推进优质粮食工程和农业“良种工程”，新增高标准农田542万亩，粮食播种面积稳定在1.2亿亩以上，粮食总产稳定在1000亿斤以上。深化农业“新六产”示范创建，加力推动终端型、体验型、循环型、智慧型“四型发展”，新增示范县10个、示范主体180家以上。发挥潍坊国家农业开放发展综合试验区、全国蔬菜质量标准中心的引领作用，深化科技特派员制度建设，打造“齐鲁粮油”公共品牌，创建农产品质量安全省。完善生猪保供稳价等政策措施，保障重要农产品有效供给。农村人居环境要提档升级。科学编制村庄规划，深化美丽乡村和美丽村居标准化建设，新改建农村公路8000公里，基本实现全省农村通户道路硬化，85%的县（市、区）农村改厕因地制宜、分类实施规范升级，30%以上的行政村完成生活污水治理任务。农村改革要提速深化。开展省级农村改革试验区建设，推进集体经营性建设用地入市，基本完成农村集体产权制度改革整省试点。实施集体经济发展三年行动计划，年内集体经济收入3万元以下的村实现清零，10万元以上的达到30%。开展乡村治理体系建设试点和示范村镇创建，深化绿色殡葬改革，推动移风易俗，培育文明乡风、良好家风、淳朴民风。

加快海洋强省建设。扎实推进“十大行动”，深化陆海联动、港产城融合，大力培育航运金融、船舶交易等现代航运服务，推动由物流港向贸易港、目的港向枢纽港升级，打造世界一流港口。加快建设现代海洋产业体系，扎实推进国家级现代化海洋牧场综合试点，抢抓机遇发展海洋高端装备制造、海洋生物医药、海洋新能源新材料等新兴产业，打响“山东海工”品牌，建设好国家海洋经济发展示范区，推进东亚海洋合作平台实体化运作。持续改善海洋生态环境，全面推行湾长制，严格管控围填海，深化渤海综合治理，高标准建设长岛海洋生态文明综合试验区，全省近岸海域优良水质面积比例达到88%以上。

提升齐鲁文化影响力。扛牢新时代赋予山东的文化使命，加快曲阜优秀传统文化传承发展、齐文化传承创新两大示范区建设，巩固提升尼山世界文明论坛机制化成果，整合资源推进尼山世界儒学中心建设，将儒学这一世界文化瑰宝守护好、传承好、发扬好。加快建设大运河、齐长城国家文化公园，推进济南——泰安——曲阜文化带、大运河文化带建设，支持建设国家级齐鲁文化（潍坊）生态保护区，实施红色基因传承工程，精心办好旅游发展大会、文化旅游博览会、第四届中国歌剧节、第六届中国非物质文化遗产博览会，释放文旅融合发展的巨大潜能。深入推进新时代文明实践中心和县级融媒体中心建设，配套完善基层文化阵地，丰富群众文化生活。我们脚下这片土地，历史悠久、底蕴深厚、文脉绵长，山东人民勤劳智慧、崇信尚义、强韧果敢，我们有充足底气坚定文化自信，讲好美德山东、文明山东、诚信山东故事，当好“创造性转化、创新性发展”的先行者，展现齐鲁大地钟灵毓秀、蓬勃向上的崭新气象！

（六）*聚力协调发展，着力构建更加有效的区域发展新机制。*突出三大重点，推动黄河流域生态保护和高质量发展，打造山东半岛城市群，全面融入国家区域发展战略，构建高质量发展的整体格局。

扬起黄河流域生态保护和高质量发展龙头。抢抓重大历史机遇，扛牢重大责任使命，高水平编制规划实施方案，统筹谋划、协同推进一批重大事项。坚持生态优先、绿色发展，加强沿黄国土综合保护，狠抓黄河水体、河岸、河口、黄河故道系统治理，实施好黄河三角洲湿地生态系统修复工程，建设好东营河口湿地、济齐湿地，高标准抓好黄河下游防洪工程、东平湖滞洪区安居工程，高水平建设黄河三角洲现代农业技术创新中心，规划建设千里生态廊带，坚定走绿色、可持续的高质量发展之路。实施黄河文化遗产系统保护工程，打造具有国际影响力的黄河文化旅游带。发挥山东半岛城市群龙头作用，深化与沿黄省份交流合作，探索建立区域协作机制，构建便捷的出海大通道，勇当黄河流域对外开放桥头堡和高质量发展排头兵。

打造具有全球影响力的山东半岛城市群。出台省会经济圈、胶东经济圈、鲁南经济圈三大经济圈一体化发展指导意见，落实主体功能区战略，实施差别化扶持政策，引导各地优势互补、错位发展。支持济南、青岛建设国家中心城市，培育发展济南都市圈、青岛都市圈，着力提升综合承载力、辐射带动力、创新引领力、人才集聚力，在服务国家区域战略中谋取主动、增强能级、赢得优势。以更大力度推进突破菏泽，加快鲁西崛起。分级分类推进新型智慧城市建设，争创国家城乡融合发展试验区。从今年起，全面取消城区常住人口300万以下的城市落户限制，全面放宽城区常住人口300万至500万的大城市落户条件。

深度融入重大国家战略。落实与京沪战略合作协议，健全对接京津冀、雄安新区、长江经济带、长三角一体化、粤港澳大湾区等国家战略工作机制，建立产业对接指导目录，精准开展各领域合作。继续做好对口支援西藏、新疆、青海等工作。

（七）*聚力兜底普惠，有效保障和改善民生特别是困难群众基本生活。*践行以人民为中心的发展思想，突出就业、社保、教育、健康四件民生大事，办好解民忧、纾民困、惠民生、暖民心的实事好事。

全面落实就业优先政策。把稳就业摆在更加突出位置，千方百计稳定就业总量、改善就业结构、提升就业质量。清理取消不合理限制灵活就业的规定，推动产业、企业、创业、就业“四业联动”。抓好高校毕业生等重点群体就业，稳定农村劳动力转移就业，大力推动退役军人就业创业，做好去产能过程中的职工安置，确保城镇“零就业”家庭动态清零。加大援企稳岗力度，将阶段性降低失业保险和工伤保险费率政策、困难企业失业保险稳岗返还及职工在岗培训补贴政策，延续实施1年。面向就业重点群体、企业职工、建档立卡贫困劳动力梯次实施大规模职业技能培训，全年培训100万人次以上。落实好农民工工资支付制度，推动监管平台对工程建设项目全覆盖，农民工兄弟的辛苦钱，一分一厘都不允许拖欠。

完善社会保障体系。全面实施全民参保计划，以农民工、个体从业、灵活就业和新业态从业人员等群体为重点，持续扩大参保覆盖面。落实企业职工基本养老保险基金省级统收统支制度，实施工伤保险基金省级统筹。扩大异地就医联网结算覆盖范围，推进按疾病诊断相关分组付费试点，城乡居民高血压、糖尿病医保门诊用药报销比例达到50%以上，把更多救命救急的好药纳入医保。统筹完善社会救助体系，推动城乡低保应保尽保，加强对孤儿、残疾人、空巢老人、留守儿童的关怀帮扶，生活不能自理特困人员集中供养率达到50%以上。培育发展住房租赁市场，合理增加公租房供给。推行覆盖全民的灾害民生综合保险，给群众生命财产安全多一份保障。

提升教育发展质量。着眼办好人民满意的教育，扩增普惠性学前教育资源，支持社会力量发展普惠托育机构，学前3年毛入园率达到90%以上，普惠率达到80%以上。加强中小学规划建设，基本消除城镇普通中小学56人以上大班额，实施乡村教育振兴计划，推进义务教育优质均衡发展，发挥好师德师风建设基地作用。积极推动高考综合改革落地实施，让更多优秀学子脱颖而出。支持民办教育健康规范发展。举全省之力推动高等教育高质量发展，坚持“筑高峰、冲一流、强特色”，启动实施“重点大学建设计划”“高峰学科建设计划”，省部共建国家职业教育创新发展高地，努力把我省高校建设成培育各类英才的摇篮、引领创新创造的前沿。

推进健康山东行动。建好国家区域医疗中心，强化“三医联动”，完善分级诊疗制度，加强基层卫生和疾控能力建设，提升县域医共体医疗服务水平。深化公立医院综合改革，建立药品、医用耗材、医疗服务价格监测和政策动态调整机制，落实药品和医用耗材集中带量采购制度，减轻群众看病就医的负担。实施“品质鲁药”建设工程，健全药品、疫苗监管追溯体系，全面推进中医药传承创新。深入实施母婴安全行动计划、健康儿童行动计划，健全多层次养老服务体系，改造提升特困人员供养机构和新建街道综合性养老服务机构、城市社区老年人日间照料中心、农村幸福院600处，不断织密“一老一小”健康保障网。办好博鳌亚洲论坛全球健康论坛大会、第十四届全国学生运动会，抓好2020年奥运会、残奥会选拔备战，推动群众体育蓬勃发展，用全民健康托起全面小康。

（八）聚力流程再造，培育优化“少高优强”营商环境。重点在深化“放管服”改革和发展民营经济两个方面狠下功夫，推动服务理念、制度机制全方位深层次变革。

深化“一窗受理·一次办好”改革。全面减权放权授权。坚持“应放尽放、减无可减、放无可放”，在依法依规、充分考虑基层承接能力前提下，除重大敏感事项外，省级权力事项全面下放济青烟，逐步扩展至其他 13 市实施。深化“扩权强县”改革，推进审批权限扁平化。根据自贸试验区、上合示范区、青岛西海岸新区、国家级开发区等功能区用权需求，实施精准定向赋权，做到“区内事区内办”。加快建设数字政府。加强一体化政务服务平台建设，开展“数聚赋能”行动，深化政务服务“一网通办”、政务大厅“一窗受理”、民生服务“一链办理”，面向企业和群众分别再推出50项主题式服务。优化“爱山东”APP服务，推动更多事项网上办、掌上办，打造“24小时不打烊政府”。强化公平公正监管。全面推进政务公开，深化“双随机、一公开”监管、“互联网+监管”，加强事中事后监管，建立“非请勿扰”诚信管理机制。推动出台《山东省优化营商环境条例》《山东省社会信用条例》，开展优化法治环境专项行动，营造诚实守信、公平竞争的市场环境。我们要通过坚持不懈的努力，让各类市场主体茁壮成长的阳光雨露更加充沛，做到“办事不求人、便捷又高效、结果可预期”。

支持民营经济发展。建立覆盖省市县三级的企业跟踪服务平台和联动工作体系，健全重点行业企业“一对一”双向联系服务机制，当好“店小二”、提供“保姆式”服务，推动“个转企、小升规、规改股、股上市”，培育“小升规”企业4000家。打好缓解融资难融资贵“组合拳”，推出首贷培植、无还本续贷、应急转贷基金、应收账款融资服务、纾困基金、银税互动等六项重点举措，探索建立政府性融资担保体系、社会信用体系、小微金融组织体系、直接融资促进体系等四大政策体系，与“金安工程”风险防控协同发力，疏通资金流向实体经济的渠道。坚决有力推进清理拖欠民营企业中小企业账款，确保年底前无分歧欠款应清尽清，决不允许增加新的拖欠。弘扬企业家精神，尊重、激励、保护、服务、关爱、培养企业家，引导企业坚守实业、做强主业，打造“百年老店”。

今年是“十四五”规划谋划之年，我们要加强事关全局的前瞻性、战略性问题研究，论证提出一批重大事项、重大工程、重大项目，精心编制“十四五”规划纲要，努力在开启新征程的关键节点谋好篇、布好局。

各位代表！山东是驻军大省、兵员大省、拥军大省，我们要深入开展全民国防教育，支持国防和军队深化改革，推动军民融合深度发展，完善退役军人服务保障体系，深化双拥共建，巩固军政军民团结，让“水乳交融、生死与共”的沂蒙精神在新时代绽放光芒、永葆长青！

各位代表！民之所望，政之所向。我们一定强化宗旨意识，忠诚履职尽责，全面提升政府治理能力现代化水平，建设人民满意的服务型政府。我们要扎实推进政治建设。旗帜鲜明讲政治，持之以恒学懂弄通做实习近平新时代中国特色社会主义思想，把不忘初心、牢记使命作为加强党的建设的永恒课题和全体党员干部的终身课题，始终做到初心如磐、使命在肩，把党的全面领导贯彻和落实到政府工作各领域各方面，自觉在思想上政治上行动上同以习近平同志为核心的党中央保持高度一致，确保中央大政方针不折不扣落地见效。我们要扎实推进法治建设。坚持法定职责必须为、法无授权不可为，严格执行省人大及其常委会决议决定，自觉接受省人大法律监督、工作监督，自觉接受人民政协民主监督，自觉接受舆论监督、群众监督。深化法治政府建设示范创建，强化制度意识，严格执行制度，坚决维护制度权威，运用法治思维和法治方式开展工作、破解难题。我们要扎实推进效能建设。坚持刀刃向内、自我革命，着力推进政府机构职能优化、协同高效，提高专业素养、专业能力，完善担当作为激励机制，持续为基层松绑减压，让基层干部把更多精力用在狠抓落实、为民服务上。各级政府要带头过“紧日子”，严控行政开支，一般性支出再压减10%以上，一律不再新增一般公务用车，除危房改造外一律不再新建、改扩建办公用房，重点支持基层保工资、保运转、保基本民生。我们要扎实推进廉政建设。认真履行全面从严治党政治责任，发扬斗争精神，增强斗争本领，坚决纠治形式主义官僚主义，深入整治民生领域的“微腐败”、放纵包庇黑恶势力的“保护伞”、妨碍惠民政策落实的“绊脚石”，始终保持惩治腐败的高压态势，形成求真务实、清正廉洁的新风正气。人民政府植根人民、服务人民，“人民”二字重于泰山，我们一定牢记初心使命，让清正廉洁成为每一名政府工作人员的行为自觉，让勤政为民成为每一级人民政府的永恒本色。

各位代表！在以习近平同志为核心的党中央坚强领导下，今年我们将全面建成小康社会，实现第一个百年奋斗目标，这是人类历史上从未有过的伟大壮举。让我们更加紧密团结在以习近平同志为核心的党中央周围，增强“四个意识”、坚定“四个自信”、做到“两个维护”，全面落实省委部署要求，苦干实干加油干，合心合力强山东，坚决夺取全面建成小康社会伟大胜利，全面开创新时代现代化强省建设新局面！

2019年山东省
国民经济和社会发展统计公报

山　东　省　统　计　局
国家统计局山东调查总队

2020年2月29日

2019年，全省坚持以习近平新时代中国特色社会主义思想为指导，全面贯彻党的十九大和十九届二中、三中、四中全会精神，认真落实习近平总书记对山东工作的重要指示要求，统筹推进“五位一体”总体布局，协调推进“四个全面”战略布局，坚持稳中求进工作总基调，坚持以供给侧结构性改革为主线，坚定践行新发展理念，扎实推动高质量发展，深入实施八大发展战略，经济社会持续健康发展，三大攻坚战成效突出，“六稳”工作有序推进，新旧动能转换成绩亮眼，高质量发展新优势加快塑造，人民群众获得感、幸福感、安全感不断提升，全面建成小康社会取得新进展。

一、综　合

经济运行稳中有进。经国家统计局统一核算，全省生产总值（GDP）初步核算数为71067.5亿元，按可比价格计算，比上年增长5.5%。其中，第一产业增加值5116.4亿元，增长1.1%；第二产业增加值28310.9亿元，增长2.6%；第三产业增加值37640.2亿元，增长8.7%。三次产业结构由上年的7.4∶41.3∶51.3调整为7.2∶39.8∶53.0。人均生产总值70653元，增长5.2%，按年均汇率折算为10242美元。

就业形势总体稳定。城镇新增就业138.3万人，比上年增长1.1%。其中，失业人员再就业51.7万人，困难群体再就业11.6万人。城镇登记失业率为3.29%，比上年降低0.06个百分点。

物价保持温和上涨。居民消费价格比上年上涨3.2%。其中，消费品价格上涨3.9%，服务项目价格上涨2.0%；食品价格上涨10.6%，非食品价格上涨1.5%。农业生产资料价格上涨7.6%，农产品生产者价格上涨12.2%。工业生产者出厂价格下降0.3%，购进价格下降0.8%。固定资产投资价格上涨2.8%。

表1　2019年居民消费价格指数（以上年为100）

指　标	全省	城市	农村
居民消费价格指数	103.2	103.1	103.6
食品烟酒	107.9	107.6	108.9
粮食	100.1	100.3	99.7
鲜菜	103.8	103.5	104.7
猪肉	152.9	152.9	153.0
鸡蛋	104.6	104.9	103.9
鲜瓜果	112.4	111.3	116.0
衣着	101.2	101.0	101.7
居住	102.2	102.2	102.2
生活用品及服务	100.9	100.8	101.2
交通和通信	97.8	97.6	98.3
教育文化和娱乐	102.5	102.6	102.1
健身活动	104.0	104.3	100.1
旅游	104.2	104.3	103.3
医疗保健	102.0	101.7	102.7
其他用品和服务	104.1	104.4	103.0
养老服务	105.3	105.5	104.8

常住人口平稳增长。全年出生人口118.39万人，出生率11.77‰；死亡人口75.44万人，死亡率7.50‰；自然增长率4.27‰。年末常住人口10070.21万人。其中，0-14岁人口占总人口的18.06%，15-64岁人口占66.17%，65岁及以上人口占15.77%。常住人口城镇化率为61.51%，比上年末提高0.33个百分点。

二、重点战略

动能转换提质加速。“四减四增”深入推进，全年压减煤炭产能875万吨，生铁产能465万吨，粗钢产能923万吨，焦化产能777万吨。“四新”经济增势强劲，实现增加值占比达到28%，投资占比达到44.8%。实有市场主体1038.5万户。其中，新登记市场主体216.8

万户，比上年增长29.0%；新登记“四新”经济企业增长37.3%。新增高新技术企业2562家，总量1.1万家，增长28.8%；高新技术产业产值占规模以上工业的比重为40.1%，比上年提高3.2个百分点。十强产业中，新一代信息技术制造业、新能源新材料、高端装备等增加值分别增长5.5%、5.7%和9.3%，依次高于规模以上工业4.3、4.5和8.1个百分点。光伏电池、智能电视、服务器和光电子器件等新兴工业产品产量分别增长32.3%、25.5%、16.6%和13.4%。软件业务收入5505.9亿元，增长16.0%；软件业务出口15.2亿美元，增长12.5%。

乡村振兴持续深化。农业“新六产”培育壮大，累计培育家庭农场7.3万家，农民专业合作社21.0万个。累计培育高素质农民40万人。农村电商快速发展，实现农产品网络零售额294.6亿元，比上年增长38.6%。休闲农业持续升温，认定省级休闲农业和乡村旅游示范县11个、示范点28个，山东最美休闲乡村37个，齐鲁最美田园35个，省级休闲农业精品园区（农庄）32个。农村饮水安全两年攻坚行动进展顺利，完成400个省扶贫工作重点村饮水提升、1316个饮水型氟超标村改水和2985个无集中供水设施村通水工程。农村新增清洁取暖162万户，改造农村危房4.4万户，完成涉农街道村庄改厕55.4万户。

海洋强省加快建设。海洋经济发展质量趋优，海洋新兴产业快速发展，海洋生物医药、海水淡化与综合利用产业增加值居全国首位。新增国家级海洋牧场示范区12处，总数为44处，占全国的40%。新增省级海洋牧场示范创建项目22个。举办首届海洋动力装备博览会、东亚海洋合作平台青岛论坛和东亚海洋博览会等活动。设立“中国蓝色药库”开发基金50亿元，建成现代海洋药物、现代海洋中药等6个产品研发平台。新增海洋工程技术协同创新中心63家，青岛海洋科学与技术试点国家实验室超算升级项目获国家立项。

三大攻坚成效显著。积极化解金融风险，年末金融机构不良贷款余额2498.0亿元，比年初减少106.8亿元；不良贷款率2.89%，较年初下降0.45个百分点，自2014年以来首次实现“双降”。脱贫攻坚成果有效巩固，实施产业扶贫项目1581个，覆盖带动贫困人口85.9万人，改造贫困户危房3.2万户。污染防治持续加力，重污染天数平均12.3天，细颗粒物（$PM_{2.5}$）平均浓度50μg/m³，环境空气质量综合指数5.42。国控地表水达到或优于Ⅲ类水质比例为65.1%，劣五类水体控制到1.2%。近岸海域符合第一、二类海水水质标准的海域面积比例为90.0%。

基础设施建设全面提速。开工建设4条高铁，鲁南高铁日照至曲阜段建成通车，高铁通车里程达到1987公里，省内高铁成环运行。公路通车里程28.0万公里，比上年增加4683公里。其中，高速公路通车里程6447公里，增加389公里，开工建设5条，建成通车9条，实现“县县”通高速。新增油气长输管道里程1066.8公里。黄水东调二期工程、峡山水库胶东调蓄省级战略水源地工程和引黄济青改扩建主体工程建成通水，胶东地区引黄调水工程通过竣工验收，南水北调工程尾工全部完成。沿海港口生产型泊位596个，其中万吨级以上深水泊位326个。新能源和可再生能源发电装机总容量3374.3万千瓦，占电力总装机容量的24.0%，比上年提高1.1个百分点。省外电力总调入934.1亿千瓦时，增长33.7%。海阳核电一期、山东——河北特高压交流环网等重大能源工程建成投运。

“双招双引”推深走实。中国（山东）自由贸易试验区新注册企业7758家。中国——上海合作组织地方经贸合作示范区多式联运中心建成运营。成功举办首届跨国公司领导人青岛峰会、第十八届泛黄海中日韩经济技术交流会、第七届山东央企经贸合作对接会、国际友城合作发展大会等活动，创新举办“对外经贸合作路演”14期，62个重点外资大项目到位资金26.2亿美元，世界500强企业投资项目62个。创新人才积极培育，住鲁两院院士57人，国家百千万人才工程人选189人，享受国务院政府特殊津贴专家3385人，省有突出贡献的中青年专家1416人，泰山学者1524人，齐鲁首席技师1657人，高技能人才316.1万人，获得“山东惠才卡”人选5042人。

表2　2019年主要人才培养平台数量

指　　标	数量（个）
博士后科研工作站	317
博士后创新实践基地	243
国家级高技能人才培训基地	33
国家技能大师工作室	40
省级人力资源服务产业园	18
技工教育特色名校	15
齐鲁技能大师特色工作站	75

“三核”引领作用突出。济南、青岛、烟台三市实现生产总值28838.1亿元，按可比价格计算，比上年增长6.3%；对全省经济增长的贡献率为48.7%。固定资产投资增长14.2%，占全省固定资产投资的比重为44.6%。社会消费品零售额13702.9亿元，增长7.9%，对全省消费品零售额增长的贡献率为46.3%。进出口9952.6亿元，增长6.5%，对全省进出口增长的贡献率为54.3%。实际使用外资100.2亿美元，占全省实际使用外资的比

重为 68.2%。

三、改革与创新

重点领域改革纵深推进。国企改革强力突破，省属国有企业混改三年行动计划启动实施，全年完成混改企业 187 户。山东机场管理集团、山东港口集团挂牌成立，山东重工与中国重汽完成战略重组。县级经营性国有资产统一监管全国率先完成，179 个县市区（含各类功能区）共划转企业 757 户、资本额 5250 亿元。开发区体制机制改革顺利推进，54 家开发区体制创新试点单位内设机构撤减 64.9%，代管乡镇压减 46.2%。"扩权强县"改革持续深化，在 81 个县（市）推进市县同权，省财政直管县由 20 个调整扩大到 41 个。农村改革扎实推进，稳步开展农村集体产权制度改革整省试点，基本完成农村集体资产清产核资，共清查资产 5911.4 亿元；82.2% 的村（组）成立新的集体经济组织并登记赋码。电力体制改革取得成效，一般工商业用电连续两年降价 10%，全年减少用电成本 65 亿元。

营商环境加速优化。"一窗受理、一次办好"改革集中推进，市县乡"一窗受理"试点基本完成，帮办代办、吐槽找茬、窗口无权否决等机制全面推行。"证照分离"改革不断深化，对 106 项行政许可事项全面实施，在山东自贸区开展全覆盖试点，对中央、省级层面设定事项 523 项和 12 项分类推进。放管服改革与减税降费协同推进，省级新取消行政权力事项 10 项，承接下放管理层级行政权力事项 9 项。全年为各类市场主体减税降费 1500 亿元以上。清理拖欠民营企业中小企业账款 364.7 亿元。

质量强省建设稳步推进。年末有效注册商标 129.8 万件，比上年末增长 35.2%。其中，驰名商标 789 件，地理标志商标 737 件。马德里国际注册商标 8146 件，增长 24.2%。地理标志保护产品 79 个，其中纳入首批"中欧 10+10"地理标志互认互保产品 10 个。有效期内山东省优质产品基地 35 个。41 个品牌入围 2019 年"中国 500 最具价值品牌"榜单。完成质量管理体系标准换版升级企业 3.2 万家。制造业高端品牌培育企业新增 148 家。20 家企业的 20 个产品获得"泰山品质"认证。开展重点领域标准建设，发布实施地方标准 3675 项，建设开展国家级、省级标准化试点示范项目分别为 511 个和 1256 个。

创新驱动战略深入实施。知识产权加强创造，发明专利申请量 7.0 万件，发明专利授权量 2.1 万件。PCT 国际专利申请量 2329 件，比上年增长 32.8%。累计有效发明专利拥有量 10.1 万件，增长 15.5%；每万人有效发明专利拥有量达到 10.08 件，比上年增加 1.30 件。全年登记技术合同 35505 项，合同成交额 1152.2 亿元，增长 34.5%。平台建设提质增速，国际首个超算科技园开园启用，首批 4 家山东省实验室启动布局，建成省级"政产学研金服用"创新创业共同体 22 家。国家创新型产业集群试点 11 个。院士工作站 690 家，新增 246 家。创新创业活力迸发，获国家科技奖 32 项。国家企业技术中心 189 家，新增 8 家。国家科技型中小企业库企业 9521 家，增长 41.6%。科技企业孵化器 284 家，其中国家级 98 家，省级 186 家。众创空间 537 家，其中国家级 192 家，省级 345 家，服务初创企业和创业团队 3.2 万个。省级创业孵化示范基地和创业示范园区 162 家，省级示范创业大学 10 家。年末实有民营经济市场主体增长 15.0%。其中，私营企业增长 18.4%，个体工商户增长 14.0%。

四、农　业

农业生产稳步增长。农林牧渔业增加值 5476.5 亿元，按可比价格计算，比上年增长 1.7%。粮食总产量 1071.4 亿斤，增加 7.5 亿斤，连续 6 年过千亿斤。无公害农产品、绿色食品、有机农产品和农产品地理标志获证产品 10110 个，增长 9.1%。

表 3　2019 年农业增加值及增长速度

指　标	增加值（亿元）	比上年增长（%）
农林牧渔业	5476.5	1.7
农业	3073.4	3.4
林业	142.0	9.3
牧业	1042.9	-3.6
渔业	858.2	-1.9
服务业	360.1	10.7

表 4　2019 年主要农产品产量及增长速度

指　标	产量（万吨）	比上年增长（%）
粮食	5357.0	0.7
夏粮	2553.3	3.3
秋粮	2803.7	-1.5
棉花	19.6	-9.7
油料	289.0	-7.1
蔬菜及食用菌	8181.1	-0.1
水果	2840.2	1.8
园林水果	1739.7	3.9

林牧渔业平稳发展。林地面积 355.0 万公顷，活立木总蓄积量 13040.5 万立方米，森林覆盖率 17.95%。全年猪牛羊禽肉产量 698.6 万吨，比上年下降 17.7%；

禽蛋产量 450.6 万吨，增长 0.7%；牛奶产量 228.0 万吨，增长 1.3%。水产品总产量（不含远洋渔业产量）781.9 万吨。其中，海水产品产量 664.8 万吨，淡水产品产量 117.1 万吨。年末专业远洋渔船 525 艘。

现代农业建设加强。除险加固大中型病险水库 18 座、小型病险水库 1205 座、大中型病险水闸 61 座，防洪治理受灾重要河道 9 条。完成大中型灌区续建配套与节水改造项目 43 处，新增、恢复、改善灌溉面积 246 万亩。综合治理水土流失面积 1285 平方公里。健康养殖示范面积 11 万公顷，新增国家级、省级水产健康养殖示范场分别为 34 处和 37 处。农作物耕种收综合机械化率超过 87%，畜禽粪污综合利用率 87%。

五、工业和建筑业

工业发展稳中求进。全部工业增加值 22985.1 亿元，比上年增长 2.1%。规模以上工业增加值增长 1.2%。其中，装备制造业增长 1.4%，高技术产业增长 1.7%。规模以上工业营业收入下降 0.1%，利润总额下降 8.9%，营业收入利润率为 4.3%。上榜中国企业 500 强的企业 50 家，上榜中国制造业企业 500 强的工业企业 83 家。入围中国工业百强县（市）、百强区的分别有 19 个县（市）和 12 个区。

表 5　2019 年规模以上工业主要产品产量及增长速度

指　标	单位	产量	比上年增长（%）
机制纸及纸板	万吨	2075.4	3.3
水泥	万吨	14357.1	13.3
平板玻璃	万重量箱	7109.3	-7.1
粗钢	万吨	6357.0	6.3
钢材	万吨	9289.4	10.1
原铝	万吨	812.7	-8.1
发动机	万千瓦	31648.0	2.3
汽车	万辆	113.6	-10.2
动车组	辆	1098.0	-10.7
家用电冰箱	万台	732.5	0.4
家用洗衣机	万台	513.7	-7.9
电子计算机整机	万台	118.5	16.4
移动通信手持机	万台	1177.2	-63.9

建筑业实力不断增强。具有资质等级的总承包和专业承包建筑业企业 7714 家，比上年增加 481 家。其中，特级和一级建筑企业 983 家，增加 268 家。建筑业总产值 14269.3 亿元，比上年增长 10.6%。

表 6　2019 年建筑业总产值、增长速度及构成

指　标	产值（亿元）	比上年增　长（%）	比重（%）
建筑业	14269.3	10.6	100.0
按资质分			
特级企业	4600.9	20.6	32.2
一级企业	5931.1	15.8	41.6
其　他	3737.3	-5.7	26.2
按经济性质分			
国有及国有控股企业	4288.4	17.3	30.1
非国有企业	9980.9	8.0	69.9

六、服务业

服务业主引擎作用突出。服务业实现增加值 37640.2 亿元，占全省生产总值（GDP）比重为 53.0%，比上年提高 1.7 个百分点；对经济增长的贡献率为 78.2%。

服务业新动能增势强劲。规模以上服务业营业收入比上年增长 8.0%。其中，战略性新兴服务业、科技服务业和高技术服务业分别增长 10.8%、10.1%和 10.8%；互联网和相关服务、软件和信息技术服务业、商务服务业分别增长 51.4%、19.7%和 16.9%。

全域旅游蓬勃发展。旅游总收入 11087.3 亿元，比上年增长 12.1%；接待国内外游客 93809.3 万人次，增长 8.6%。新建改建旅游厕所 2033 座。新获国家评定 5A 级旅游景区 1 家，A 级旅游景区 1229 家。旅行社 2630 家，星级饭店 637 家。国家级旅游度假区 4 家，省级旅游度假区 42 家。全国工业旅游创新单位 3 家。国家、省级工业旅游示范基地分别为 1 家和 20 家。国家级、省级工业旅游示范点分别为 39 家和 337 家。青岛崂山区、潍坊青州市、济宁曲阜市获评首批国家全域旅游示范区。

邮政电信快速增长。邮电业务总量 6499.7 亿元，比上年增长 55.5%。其中，电信业务总量 5781.7 亿元，增长 59.0%；邮政业务总量 718.0 亿元，增长 35.9%。快递业务量 28.9 亿件，增长 32.1%。光缆线路总长度 241.4 万公里，增长 3.2%。年末固定电话用户 1185.2 万户，比上年末增长 40.0%；移动电话用户 10785.5 万户，增长 2.0%。电话普及率为每百人 119 部，比上年增加 5 部。（固定）互联网宽带接入用户 3186.1 万户，新增 301.3 万户。

交通运输形势稳定。铁路、公路、水路共完成旅客运量 6.7 亿人次，比上年增长 1.1%；货运量 36.5 亿吨，增长 4.3%。沿海港口货物吞吐量 16.1 亿吨，增长 8.9%。年末民用汽车拥有量 2351.0 万辆，比上年末增长 9.4%。其中，私人轿车 1364.7 万辆，增长 9.3%。

表7　2019年客货运输量及增长速度

指 标	旅客			
	运输量（亿人次）	比上年增长（%）	周转量（亿人公里）	比上年增长（%）
合 计	6.7	1.1	1302.3	0.9
铁 路	1.6	8.2	795.3	1.4
公 路	5.0	-0.9	492.6	-0.2
水 路	0.2	-1.5	14.4	12.7

表7　续表

指 标	货物			
	运输量（亿吨）	比上年增长（%）	周转量（亿吨公里）	比上年增长（%）
合 计	36.5	4.3	10441.9	4.6
铁 路	2.1	11.4	1460.5	13.4
公 路	32.6	4.2	7085.9	3.3
水 路	1.8	-1.1	1895.6	3.3

七、固定资产投资

投资结构持续优化。固定资产投资（不含农户）比上年下降8.4%。三次产业投资构成为1.7∶30.1∶68.2，服务业投资比重比上年提高9.4个百分点。国有投资增长8.4%，占全部投资的24.5%。重点领域中，高新技术产业投资占工业投资的比重为38.7%，比上年提高4.9个百分点。基础设施投资增长3.9%，其中，交通运输仓储和邮政业投资增长32.8%，航空、道路和铁路运输业投资分别增长63.9%、40.5%和27.9%。

房地产市场稳健发展。房地产开发投资8614.9亿元，比上年增长14.1%。其中，住宅投资6672.2亿元，增长16.7%。商品房施工面积75767.4万平方米，增长9.7%。其中，住宅施工面积55942.0万平方米，增长10.1%。商品房竣工面积10179.2万平方米，下降3.2%。其中，住宅竣工面积7734.7万平方米，下降4.0%。商品房销售面积12727.3万平方米，下降5.4%。其中，住宅销售面积11429.0万平方米，下降2.8%。年末商品房待售面积2433.8万平方米，比上年末下降7.8%。

八、消费市场

消费市场运行平稳。社会消费品零售总额35770.6亿元，比上年增长6.4%。其中，餐饮收入4128.9亿元，增长9.7%；商品零售31641.7亿元，增长6.0%。城镇零售额28386.7亿元，增长6.2%；乡村零售额7383.9亿元，增长7.2%。

新兴消费潜力释放。智能商品高速增长，可穿戴智能设备、新能源汽车分别增长37.8%和63.2%，能效等级1、2级商品增长9.2%。服务型餐饮增势强劲，限额以上餐饮配送、外卖送餐服务营业额分别增长24.0%和89.5%。

网络零售拉动有力。网上零售额4109.0亿元，比上年增长15.8%。其中，实物商品网上零售额3445.0亿元，增长19.6%；占社会消费品零售总额的比重为9.6%，对社会消费品零售总额增长贡献率为27.5%。

九、开放型经济

对外贸易稳旧拓新。货物进出口总额20420.9亿元，比上年增长5.8%。其中，出口11130.4亿元，增长5.3%；进口9290.6亿元，增长6.4%。出口商品中，机电产品出口4162.3亿元，增长4.5%；纺织服装出口1558.1亿元，增长2.4%；农产品出口1234.5亿元，增长7.3%。服务贸易进出口2379.4亿元，增长8.9%。其中，出口1182.6亿元，增长14.2%；进口1196.9亿元，增长4.1%。

表8　2019年对主要国家和地区货物进出口总值及增长速度

国家和地区	进出口		出口		进口	
	总值（亿元）	比上年增长（%）	总值（亿元）	比上年增长（%）	总值（亿元）	比上年增长（%）
合 计	20420.9	5.8	11130.4	5.3	9290.6	6.4
东 盟	2412.6	15.2	1400.1	15.6	1012.5	14.6
欧 盟	2395.7	9.6	1729.6	7.3	666.2	15.7
韩 国	1951.0	0.9	1153.3	9.8	797.7	-9.8
美 国	1924.3	-17.8	1608.9	-16.0	315.5	-26.3
日 本	1511.8	2.8	1192.8	5.1	318.9	-4.9

利用外资较快增长。新设立外商投资企业2517家，比上年增长16.7%；实际使用外资146.9亿美元，增长18.6%。其中，服务业实际使用外资98.6亿美元，增长36.7%。新设立高技术外商投资企业473家，增长24.2%；实际使用外资20.8亿美元，增长14.2%。

对外合作稳步有序。实际对外投资423.1亿元，比上年下降9.0%。对外承包工程完成营业额791.9亿元，下降1.8%；派出各类劳务人员6.3万人，增长8.4%。

“一带一路”深度融入。对“一带一路”沿线国家地区进出口6030.9亿元，比上年增长15.9%。其中，出口3286.2亿元，增长16.3%；进口2744.7亿元，增长15.3%。对“一带一路”沿线国家地区实际投资134.6亿元，增长5.6%；对外承包工程完成营业额510.1亿元，增长5.1%。

十、财政金融

财政收支保持稳定。地方一般公共预算收入

6526.6 亿元，比上年增长 0.6%。其中，税收收入 4849.2 亿元，下降 1.0%，占一般公共预算收入的比重为 74.3%。地方一般公共预算支出 10736.8 亿元，增长 6.3%。其中民生支出占一般公共预算支出的比重为 79%。

*信贷规模持续扩大。*年末金融机构本外币存款余额 104738.9 亿元，比年初增加 8271.1 亿元。年末金融机构本外币贷款余额 86325.6 亿元，比年初增加 8149.4 亿元。其中，涉农贷款余额 26980.4 亿元，增加 972.4 亿元；县域贷款余额 22647.9 亿元，增加 1820.1 亿元；小微企业贷款余额 16174.6 亿元，增加 889.8 亿元。

*资本市场表现活跃。*年末上市公司 310 家，新增 18 家。其中，境内上市公司 211 家，股票总市值 2.3 万亿元。"新三板"、齐鲁股权交易中心、青岛蓝海股权交易中心挂牌企业分别为 549 家、4045 家和 1735 家。证券公司代理买卖证券交易金额 12.4 万亿元，比上年增长 28.7%。期货公司代理成交金额 8.2 万亿元，下降 19.8%。私募基金管理机构 587 家，增加 55 家；管理基金规模 2154.0 亿元，增长 12.8%。

*保险业健康发展。*保险保费收入 3238.9 亿元，比上年增长 9.4%。其中，财产险保费收入 790.8 亿元，增长 5.5%；人身险保费收入 2448.1 亿元，增长 10.8%。承担各类风险责任金额 190.2 万亿元，增长 46.6%。支付各类赔款与给付 903.4 亿元。农业保险保费收入 36.0 亿元，增长 27.7%，为 1767.2 万户(次)农户提供 944.7 亿元的风险保障。

十一、民生保障

*居民生活水平稳步提高。*居民人均可支配收入 31597 元，比上年增长 8.2%；人均消费支出 20427 元，增长 8.8%。其中，城镇居民人均可支配收入 42329 元，增长 7.0%；人均消费支出 26731 元，增长 7.8%。农村居民人均可支配收入 17775 元，增长 9.1%；人均消费支出 12309 元，增长 9.2%。全省居民人均现住房建筑面积 39.9 平方米，其中城镇居民、农村居民分别为 37.1 平方米和 43.5 平方米。

表 9　2019 年居民人均可支配收入及增长速度

指　标	全省居民		城镇居民		农村居民	
	绝对量(元)	比上年增长(%)	绝对量(元)	比上年增长(%)	绝对量(元)	比上年增长(%)
人均可支配收入	31597	8.2	42329	7.0	17775	9.1
工资性收入	18111	7.7	26611	6.3	7165	9.4
经营净收入	6813	8.1	6046	8.3	7799	8.4
财产净收入	2212	8.2	3575	7.1	456	6.4
转移净收入	4461	10.2	6097	9.1	2355	10.8

表 10　2019 年居民人均消费支出及增长速度

指　标	全省居民		城镇居民		农村居民	
	绝对量(元)	比上年增长(%)	绝对量(元)	比上年增长(%)	绝对量(元)	比上年增长(%)
人均消费支出	20427	8.8	26731	7.8	12309	9.2
食品烟酒	5417	7.7	6965	6.7	3423	8.3
衣着	1443	3.7	2042	1.7	671	7.9
居住	4370	11.2	5883	11.0	2421	9.3
生活用品及服务	1539	10.4	2083	9.6	838	10.0
交通通信	2992	5.5	3762	4.4	1999	6.7
教育文化娱乐	2410	10.8	3171	9.3	1429	12.9
医疗保健	1816	11.6	2184	11.1	1343	11.5
其他用品和服务	441	10.7	640	9.6	184	11.0

表 11　2019 年末每百户居民家庭主要耐用消费品拥有量

指　标	单位	全省居民	城镇居民	农村居民
家用汽车	辆	51.7	60.7	39.4
摩托车	辆	25.3	12.2	43.2
电冰箱(柜)	台	104.0	105.8	101.5
洗衣机	台	98.5	100.4	96.0
热水器	台	93.7	100.2	84.8
空调	台	125.5	149.6	92.8
彩色电视机	台	106.9	106.3	107.7
照相机	台	17.3	27.2	3.4
计算机	台	63.0	78.7	41.7
固定电话	部	12.2	13.4	10.5
移动电话	部	234.0	236.0	231.4
接入互联网的移动电话	部	173.2	186.9	154.7
健身器材	台	5.7	8.8	1.5
空气净化器(含新风系统)	台	5.8	9.3	1.1
洗碗机	台	1.2	1.8	0.5

*城市建设日趋完善。*城市建设投资 1502.8 亿元，比上年增长 4.8%。累计建成城市地下综合管廊 735.1 公里，新增 104.3 公里；累计建成海绵城市面积 1325.2 平方公里，新增 366.4 平方公里。改造合流制管网 757.6 公里，设区城市黑臭水体治理全部完成。累计建成运行城市污水处理厂 319 座，垃圾无害化处理厂（场）127 座；新增城市污水处理能力 65 万吨/日，新增垃圾无害化处理能力 1.32 万吨/日。新增城市（县城）清洁取暖面积 9774 万平方米。

*社会保障更加有力。*年末职工基本养老、基本医疗、失业、工伤、生育保险参保人数分别为 2868.0 万人、

2173.8万人、1366.0万人、1710.7万人和1298.8万人。居民基本养老保险和医疗保险参保人数分别为4560.3万人和7395.8万人。企业退休人员基本养老金月人均2852.5元。居民基本养老保险基础养老金最低标准为每人每月118元，居民基本医疗保险财政补贴标准由490元提高至520元。省内异地就医联网即时结算医院2069家。失业保险金标准平均增长14.3%，1至4级工伤职工伤残津贴平均增长4.5%。城镇最低生活保障人数13.3万人，年人均保障标准6900元，比上年提高492元。农村最低生活保障人数117.8万人，年人均保障标准5196元，比上年提高613元。各类养老服务机构和设施14105个，养老床位64.4万张。

*保障安居工程顺利推进。*棚户区改造开工22.4万套、基本建成18.7万套，完成率分别为104.7%和172.9%。入选全国老旧小区改造试点省，开工改造老旧小区935个、21.6万户。发放城镇住房保障家庭租赁补贴4.1万户，完成率135.9%。

*安全事故防控有效。*发生各类生产安全事故1430起、死亡883人，分别比上年下降41.1%和21.0%。亿元GDP生产安全事故死亡率0.0124，十万人工矿商贸企业就业人员生产安全事故死亡率0.46，道路交通万车死亡率1.27，煤矿百万吨死亡率0.034。

十二、社会事业

*教育事业蒸蒸日上。*新建改扩建幼儿园5537所，新增学位59.7万个。新补充中小学教师3.5万人、公办幼儿园教师1.0万人。基本消除66人以上超大班额。小学教育、初中教育、高中教育专任教师分别为44.3万人、29.3万人和14.3万人。中等职业学校专任教师4.8万人，普通高等学校专任教师11.8万人。实施中国特色高水平高职学校和专业（群）创建计划，15所高职院校入选。新设立山东第一医科大学、尼山世界儒学中心，筹建康复大学。ESI综合排名上榜高校达到21所，其中6所高校进入内地高校综合排名前100位。

表12　2019年各类学校基本情况

指　标	数量（所）	招生数（万人）	在校生数（万人）
研究生培养机构	34	4.1	11.5
普通高等教育	146	74.2	218.4
中等职业学校(不含技工学校)	391	26.7	73.0
技工学校	181	15.1	35.5
普通高中	640	58.8	167.2
普通初中	3151	117.3	360.9
普通小学	9646	127.9	738.6
特殊教育学校	150	0.6	3.9
幼儿园	23588	129.7	338.1

*文化事业产业繁荣兴盛。*成功举办第三届文化惠民消费季、国际孔子文化节、第十三届全国美术作品展览中国画作品展、全国第十二届书法篆刻展览篆书篆刻字展等文化活动。推出大型民族歌剧《沂蒙山》，累计完成各类演出86场。年末广播人口、电视人口综合覆盖率分别为99.13%和99.10%。城市影院575家，票房28.8亿元。公有制艺术表演团体105个，艺术表演场馆93个，博物馆575个，公共图书馆154个，群众艺术馆和文化馆157个，美术馆55个，文化站1819个。出版各类图书17130种，报纸84种，期刊杂志264种。国家级、省级文化产业示范园区(基地)分别为17个和171个。国家级、省级非遗代表性项目分别为173项和751项。国家、省级重点文物保护单位分别为226处和1711处。

*卫生服务水平持续提升。*年末医疗卫生机构8.4万所。其中，医院2615所，比上年末增加36所；基层医疗卫生机构8.0万所，增加0.2万所。社区卫生服务中心及乡镇卫生院中医药综合服务区设置率分别为91.0%和93.9%。人均基本公共卫生服务经费补助标准由55元提高至69元。组建家庭医生服务团队3.0万个，签约居民3710.4万人。

*体育事业全面推进。*举办第九届全民健身运动会赛事活动5235项次。举办参赛规模5000人以上的马拉松比赛29场。体育社会组织8234个，新增2283个；村级体育总会37046个。农村健身设施覆盖率超过90%。10名运动员在9个项目上获世界冠军。全国第二届青年运动会获金牌115枚。年度全国最高水平比赛获金牌57枚。

*气象地震服务能力增强。*启动重大气象灾害应急响应732次，人工作业增加降水15.2亿立方米，减少雹灾损失2.5亿元。妥善应对显著性有感地震25次。

注：

1. 本公报中数据均为初步统计数，部分数据因四舍五入影响，存在总计与分项合计不等情况。

2. 全省生产总值、各产业增加值、人均生产总值按现价计算，增长速度按可比价格计算。依据第四次经济普查资料，国家统计局和各地区统计局共同修订2018年国内生产总值和地区生产总值的初步核算数。修订后我省2018年生产总值为66648.9亿元。

3. 规模以上工业企业指年主营业务收入2000万元及以上的工业法人企业。

4. 规模以上服务业企业，一是指辖区内年营业收入1000万元及以上或年末从业人员50人及以上服务业法人单位。包括：交通运输、仓储和邮政业，信息传输、软件和信息技术服务业，租赁和商务服务业，科学研究和技术服务业，水利、环境和公共设施管理业，教育，卫生和社会工作；以及物业管理、房地产中介服务、自有房地产经营活动和其他房地产业等行业。二是指辖区内年营业收入 500 万元及以上或年末从业人员 50 人及以上服务业法人单位。包括：居民服务、修理和其他服务业，文化、体育和娱乐业。

5．固定资产投资（不含农户）包括城镇和农村各种登记注册类型的企业、事业、行政单位以及城镇个体户计划总投资 500 万元及以上的建设项目投资，全部房地产开发经营业法人单位开发项目投资。

6．限额以上批发业企业指年主营业务收入 2000 万元及以上的批发业企业，限额以上零售业企业指年主营业务收入 500 万元及以上的零售业企业，限额以上住宿和餐饮业企业指年主营业务收入 200 万元及以上的住宿和餐饮业企业。

7．软件业务收入统计范围：一是在我国境内注册（港澳台地区除外），主要从事软件和信息技术服务业务，且主营业务年收入 500 万元以上，具有独立法人资格的软件企业；二是在我国境内注册，主营业务年收入在 1000 万元以上，有软件和信息技术服务收入，且该收入占本企业主营业务收入 30%以上的独立法人单位；三是在我国境内注册，主要从事集成电路设计的企业或其集成电路设计和测试的收入占本企业主营业务收入 60%以上，且主营业务年收入 500 万元以上的独立法人单位。

2019 年山东统计工作综述

2019 年，在省委、省政府和国家统计局的坚强领导下，我们牢牢把握正确政治方向，以习近平总书记对统计工作重要讲话指示批示精神为根本遵循和行动指南，深入贯彻落实党中央、国务院关于统计工作的决策部署，坚持实事求是、依法依规，坚定不移提高数据质量，有效化解历史累积矛盾。坚持改革创新，突出问题导向、目标导向、结果导向，积极探索统计转型发展的新思路、新方法、新路径。坚持狠抓落实，上下联动、多方协同、积极作为，推进各项工作落到实处、见到实效。

一、机关党的建设全面加强

一是管党治党责任落实到位。坚持以习近平新时代中国特色社会主义思想为指导，坚定不移加强党对统计工作的全面领导。制定加强党组自身建设的意见，公开权责清单通用目录，完善自我监督制度体系。强化思想武装，采取集中轮训、专题辅导等多种形式，深入学习党的十九届四中全会精神。严格贯彻落实中央八项规定及实施细则精神，开展形式主义、官僚主义专项整治和巡视整改“回头看”。推进“精文减会”，全省性会议、文件数量分别下降 45%、39%，有效减轻了基层负担。二是主题教育扎实有效。按照“守初心、担使命，找差距、抓落实”的总要求，强化组织领导，把学习教育、调查研究、检视问题、整改落实贯穿全过程，高质量完成规定动作，创新做好自选动作，取得重要学习成果、实践成果和制度成果。各级统计机构结合本地实际，对标对表找差距、查问题、抓整改，形成问题清单、责任清单、整改清单，逐条逐项落实整改任务，取得显著成效。三是干部队伍建设成效明显。坚持党管干部原则，贯彻落实新时期好干部标准，选拔任用忠诚干净担当干部，加大年轻优秀干部培养力度，树立良好选人用人导向。坚持用足用好干部政策，通过多种渠道引进优秀人才，统计干部队伍年龄结构、知识结构不断优化。强化素质能力提升，在高等院校举办多期培训班，制作统计微课，提高培训效果。选派干部上挂下派锻炼，参与党委、政府重点工作，在工作实践中增长才干。

二、第四次经济普查高质量完成

一是安排部署周密细致。各级党委、政府强化对普查工作的组织领导，全面抓好普查机构、人员、经费、设备和办公场所“五落实”，各级统计机构严格按照普查方案和工作流程，夯实工作责任，开展多轮次督导。强化“两员”培训，制定名录整理、单位清查、企业登记、数据检查与审核验收等各环节工作规范，发放工作“明白纸”，推进工作有效落实。二是重点环节措施有力。全方位开展普查宣传，做到广播有声、电视有影、网络有言、报刊有文，营造良好普查氛围。全省普查机构和 16 万普查员，不畏艰苦、连续奋战，完成了 200 余万家法人和产业活动单位、580 余万个体经营户的“地毯式”清查和现场登记，努力做到“不重不漏”，确保了单位查全、类型查准、数据查实，决战决胜拿下了关键战役。认真开展跨专业、跨地区数据审核评估和事后数据质量抽查，数据质量综合评价排在全国前列，得到了国务院经普办和省委、省政府高度认可。三是收尾工作稳步推进。省委常委会和省政府常务会，专题研究部署数据核算、历史数据修订和数据发布解读等工作。会同有关部门成立专班，细化防控预案、规范解读口径、明确发布节点，确保各项工作稳步有序实施。

三、统计数据质量显著提高

一是有效化解历史矛盾。按照省委、省政府安排部署，对全省重点耗能企业煤炭消费情况进行两轮核查，会同省发展改革委、省工业和信息化厅、省生态环境厅、省能源局等部门进行重点抽查，摸清我省煤炭消费量，对上积极争取理解支持，据实调整煤炭消费基数，为我省经济社会发展争取了环境容量空间。组织各专业全面进行数据质量核查，针对个别专业、个别地区数据问题，充分利用第四次经济普查有利时机和相关政策窗口期，严格按照有关制度规定和工作程序，依法依规做实数据，消除了风险隐患，数据质量明显提高。二是依法推进“升规纳统”。明确各级统计机构职责和入库纳统标准，加大审核评估力度，组织开展“一套表”单位核查，全面核实单位真实性，及时退出不合规单位，开展“准四上”单位监测，对达标企业及时“升规纳统”，全年新纳统“四上”企业1.4万余家，客观反映了经济发展成果。

四、统计法治建设持续深化

一是普法宣传不断深入。积极推进各级党委、政府和有关部门学习中央《意见》《办法》《规定》，举办统计法宣传专题研讨培训班，组织人员到省委党校和部分市委党校宣讲统计法律法规20余次。提请省政府通报有关统计违纪违法案件，在系统内通报全国统计违法典型案例，有效发挥警示作用。二是执法检查全面覆盖。认真核查国家统计局转交案件，对部分市有关企业进行执法检查，立案调查违法企业。配合省纪委监委查处有关企业能源统计造假案件。联合省市场监管局、省税务局、省卫生健康委等部门开展“双随机、一公开”检查。加大统计执法检查力度，全省共检查3000余家企业，其中实施“双随机”执法检查1000余家，实现了地市全覆盖。三是追责问责严肃到位。坚决打击统计违纪违法行为，依法对126家违纪违法企业进行处罚，落实统计失信企业公示和部门联合惩戒制度，对47家统计严重失信企业公示曝光。积极与纪检监察部门沟通，配合做好对相关责任单位、责任人处分处理工作，匡正了统计风气。

五、统计改革创新深入实施

一是统一核算扎实推进。提请省政府常务会、省委深改组审议通过《市级生产总值统一核算改革方案》，认真组织开展统一核算试点。严格按照国家统计局部署要求，结合我省实际，根据核算方法变化，有序推进省及各市普查年度GDP统一核算，认真做好历史数据修订。汇编完成2016、2017年自然资源资产负债表和2017年资产负债表。二是改革创新亮点纷呈。落实国家统计局与省政府战略合作协议，选取13个市4个县（市、区）开展海洋产业统计调查、统计大数据建设、“四新”经济统计调查等7项统计改革创新试点，列入国家统计局改革试点。联合省教育厅、省科技厅、省文化和旅游厅、省海洋局等17个省直部门单位，协同推进试点工作，取得重要阶段性成果。根据国家统计局部署，开展第七次全国人口普查专项试点，提出人口普查网络自主填报方案，得到国家统计局认可。三是开放合作持续深化。赴浙江考察学习，对标提升海洋经济统计核算、数据处理共享分析等工作。与中国建设银行山东省分行签订“数字山东-宏观决策云平台”共建协议；与山东财经大学签订推进“产学研”合作协议，探索推进统计理论和实践创新。

六、统计服务能力不断增强

一是监测分析客观及时。聚焦省委、省政府重大决策部署，充分反映全省新旧动能转换和高质量发展成效，积极探索建立新旧动能转换监测报告制度。统筹做好十强产业、三大攻坚战、农业“新六产”、乡村振兴战略等重点监测，开展35项社情民意调查。紧盯经济社会发展重点热点问题，加强统计分析研判，向省领导报送专报、函件70余件，获领导批示50余篇。向省“两办”报送统计信息500余条，信息采用得分均居省直部门前列，为宏观决策提供了有益参考。二是宣传解读点多面广。开展“数说山东70年，述说奋进新时代”系列宣传，参加阳光政务热线，组织“中国统计开放日”等活动。联合山东电视台、《大众日报》等媒体进行统计数据解读，发布稿件60余篇，近30人次接受媒体采访，正面回应社会关切。三是重点任务有效完成。积极承办省委、省政府重点任务，会同省政府办公厅研究建立《山东省社会评价机制》，高度参与工业、投资运行指挥部工作，按照职责分工监测重点企业运行，排查投资项目清单，及时提出有针对性的意见建议。坚持公开、公正、公平，做好省直机关绩效考核和“双招双引”项目审核等工作，得到省领导的肯定和各级各部门的认同。

七、统计基础进一步夯实

一是部门统计更加规范。认真贯彻落实《山东省部门统计工作规范化管理办法》，指导部门依法依规开展统计调查，与省商务厅、省科技厅研究规范开发区统计体系，审批省工业和信息化厅、省公安厅、省海洋局、省供销社、省银保监局、人民银行济南分行等部门统计调查项目，指导山东黄河河务局制定《山东黄河水利统计工作管理办法》。各有关部门认真贯彻落实中央《意见》《办法》《规定》等文件精神，坚持依法统计，着力提高部门统计数据质量，推进部门数据共享，互联互通更加紧密。二是基层基础更加巩固。基层统计人才培育工程全面推进，省级首批入选人员正式纳入管理周期，制度效应不断叠加，政策红利不断释放，基层统计干部获得感、幸福感、自豪感不断增强。强化示范引领带动，征集基层统计改革创新典型，编辑《山东改革创新典型案例》，在全省推广学习，标杆作用不断显现。

第1篇

综　合

General Survey

简 要 说 明

一、本篇资料的主要内容

本篇资料是对我省乡镇以上行政区划、分行业法人单位数和国民经济、社会发展的综合反映，主要包括行政区划、法人单位数和平均每天社会经济活动、国民经济主要比例关系、国民经济和社会发展主要指标占全国的比重、国民经济和社会发展主要指标及其增长速度等资料。

二、本篇资料的来源

1.“行政区划一览表”主要包括2019年底各（地级）市、各县（市、区）和乡镇级的行政区划资料，数据来源于省民政厅。

2.法人单位情况由省统计局普查中心整理提供。

3.国民经济和社会发展综合部分来源于本年鉴各篇章中的资料，由省统计局综合处加工整理。

Brief Introduction

I. Main Content

Data in this chapter cover the main indicators on divisions of administrative areas, corporate units and national economy and social development, including divisions of administrative areas, number of corporate units and average daily social and economic activities, ratio, and percentage of main indicators of Shandong to the whole nation and growth rate.

II. Source of Data

(1) Data on divisions of administrative areas are provided by Shandong Provincial Department of Civil Affairs.

(2) Data on corporate units situation are provided and compiled by the Census Center of Shandong Provincial Bureau of Statistics.

(3) Data on general survey of economy and society are based on those of different chapters and compiled by the Division of Comprehensive Statistics of Shandong Provincial Bureau of Statistics.

1-1　行政区划(2019年底)
Divisions of Administrative Areas (Year-end of 2019)

单位:个　(unit)

地　区	Region	县级单位数 Numbers of Counties	市辖区 Districts under the Jurisdiction of Cities	县级市 Cities at County Level	县 Coumty	乡镇级单位数 Numbers of Towns	街道办事处 Street Communities	乡 Townships	镇 Towns
全　省	**Total**	**137**	**57**	**27**	**53**	**1824**	**669**	**68**	**1087**
济南市	Jinan	12	10		2	161	121		40
青岛市	Qingdao	10	7	3		145	104		41
淄博市	Zibo	8	5		3	88	30		58
枣庄市	Zaozhuang	6	5	1		64	19		45
东营市	Dongying	5	3		2	40	15	2	23
烟台市	Yantai	12	4	7	1	154	66	6	82
潍坊市	Weifang	12	4	6	2	118	56		62
济宁市	Jining	11	2	2	7	156	48	4	104
泰安市	Tai'an	6	2	2	2	88	20	6	62
威海市	Weihai	4	2	2		71	23		48
日照市	Rizhao	4	2		2	55	15	4	36
临沂市	Linyi	12	3		9	156	30	8	118
德州市	Dezhou	11	2	2	7	134	27	16	91
聊城市	Liaocheng	8	2	1	5	135	32	8	95
滨州市	Binzhou	7	2	1	4	91	29	4	58
菏泽市	Heze	9	2		7	168	34	10	124

1-2 国民经济和社会发展主要指标

类别		Category		2000	2005
一、人 口		**Population**			
年末常住人口	(万人)	Total Population at the Year-end	(10 000 persons)	8997	9248
按性别分		**By Sex**			
男	(万人)	Male	(10 000 persons)	(4562)	(4676)
女	(万人)	Female	(10 000 persons)	(4413)	(4537)
按农村城镇分		**Agricultural and Non-agricultural Population**			
农村人口	(万人)	Agricultural Population	(10 000 persons)	(6566)	(6066)
城镇人口	(万人)	Non-agricultural Population	(10 000 persons)	(2409)	(3147)
人口密度	(人/平方公里)	Population Density	(persons/sq.km)	574	589
二、就业人员和劳动工资		**Employment and Wages**			
年末就业人员	(万人)	Year-end Employed Persons	(10 000 persons)	5441.8	5840.7
第一产业	(万人)	Primary Industry	(10 000 persons)	2887.7	2350.3
第二产业	(万人)	Secondary Industry	(10 000 persons)	1286.0	1781.4
第三产业	(万人)	Tertiary Industry	(10 000 persons)	1268.1	1709.0
乡村就业人员	(万人)	Rural Employed Persons	(10 000 persons)	3617.1	3563.9
城镇就业人员	(万人)	Urban Employed Persons	(10 000 persons)	1825.2	2276.8
职工年末人数	(万人)	Number of Staff and Workers at the Year-end	(10 000 persons)	790.1	871.1
#国有单位	(万人)	State-owned Units	(10 000 persons)	542.1	415.8
城镇集体单位	(万人)	Urban Collective-owned Units	(10 000 persons)	103.9	63.3
工资总额	(亿元)	Total Wages Bill	(100 million yuan)	695.1	1440.3
#国有单位	(亿元)	State-owned Units	(100 million yuan)	524.4	823.7
城镇集体单位	(亿元)	Urban Collective-owned Units	(100 million yuan)	58.8	73.2
平均工资	(元)	Average Wage	(yuan)	8772	16614
#国有单位	(元)	State-owned Units	(yuan)	9655	19823
城镇集体单位	(元)	Urban Collective-owned Units	(yuan)	5585	11474
三、国民经济核算		**National Accounting**			
地区生产总值	(亿元)	Gross Domestic Product	(100 million yuan)	8278.06	15947.51
第一产业	(亿元)	Primary Industry	(100 million yuan)	1252.08	1928.17
第二产业	(亿元)	Secondary Industry	(100 million yuan)	4120.19	8841.13
第三产业	(亿元)	Tertiary Industry	(100 million yuan)	2905.79	5178.21
人均地区生产总值	(元)	Per Capita GDP	(yuan)	9260	17308
四、固定资产投资		**Investment in Fixed Assets**			
全社会固定资产投资额	(亿元)	Total Investment in Fixed Assets	(100 million yuan)	2542.65	10541.87
国有经济	(亿元)	State-Owned Units	(100 million yuan)	1153.65	1853.29
集体经济	(亿元)	Collective-Owned Units	(100 million yuan)	679.48	1042.41
个体经济	(亿元)	Individuals Economy	(100 million yuan)	353.93	2736.61
其他经济	(亿元)	Others	(100 million yuan)	355.59	4909.56
房地产开发投资	(亿元)	Investment in Real Development	(100 million yuan)	223.29	977.71

注：1.2000和2010年年末总人口数据为人口普查时点数据，括号内为公安户籍人口数。
2.2010年起，工资总额、平均工资数据为城镇单位就业人员口径。
3.根据第四次经济普查结果，对全省2000—2018年生产总值及相关数据进行了修订(以下相关表同)。

Main Indicators on National Economic and Social Development

2009	2010	2011	2012	2013	2014	2015	2016	2017	2018	2019
9470	9579	9637	9685	9733	9789	9847	9947	10006	10047	10070
(4792)	(4839)	(4870)	(4868)	(4883)	(4960)	(4999)	(5049)	(5089)	(5130)	(5153)
(4658)	(4697)	(4721)	(4712)	(4729)	(4787)	(4823)	(4872)	(4919)	(4966)	(4995)
(5902)	(5698)	(5646)	(5559)	(5482)	(5462)	(5120)	(5056)	(4984)	(4953)	(5080)
(3548)	(3839)	(3945)	(4021)	(4130)	(4285)	(4702)	(4865)	(5024)	(5143)	(5068)
603	610	613	616	619	620	624	630	634	636	637
6294.2	6401.9	6485.6	6554.3	6580.4	6606.5	6632.5	6649.7	6560.6	6180.6	5987.9
2297.4	2273.1	2211.6	2168.0	2086.0	2023.2	1963.2	1935.1	1856.6	1718.2	1652.6
2014.1	2086.7	2185.6	2245.2	2270.2	2294.2	2338.0	2354.0	2335.6	2181.8	2116.7
1982.7	2042.1	2088.4	2141.1	2224.2	2289.1	2331.3	2360.6	2368.4	2280.6	2218.6
3490.8	3474.5	3471.2	3470.0	3427.4	3405.5	3376.6	3371.4	3329.2	3135.9	2891.4
2803.4	2927.4	3014.4	3084.3	3153.0	3201.0	3255.9	3278.3	3231.4	3044.7	3096.5
889.6	919.9	1006.0	1060.2	1237.6	1210.0	1178.0	1155.5	1130.3	1065.4	1000.1
413.3	422.4	424.4	431.8	397.6	386.2	374.6	372.1	369.6	345.4	330.6
54.4	54.6	58.4	60.5	55.5	48.3	44.5	44.2	38.9	26.7	17.5
2629.3	3166.7	3956.1	4628.2	6098.9	6545.4	7054.6	7531.7	8059.3	8260.5	8688.9
1432.8	1683.5	1885.8	2125.1	2184.5	2334.1	2677.1	2940.3	3191.7	3212.7	3378.2
118.1	147.1	182.1	216.3	247.7	232.8	235.4	242.3	234.4	164.9	104.7
29688	33321	37618	41904	46998	51825	57270	62539	68081	73593	81446
34794	38490	43469	47894	52811	58485	69050	76903	83845	89598	98587
21496	25626	29683	34001	41416	45015	50191	53790	58002	57237	56301
29540.80	33922.49	39064.93	42957.31	47344.33	50774.84	55288.79	58762.46	63012.10	66648.87	71067.53
3076.19	3411.34	3768.55	4047.06	4454.11	4662.81	4902.82	4830.25	4832.71	4950.52	5116.44
15919.67	17733.08	19926.11	21275.89	22615.89	23588.02	24814.88	25565.04	26925.59	27523.67	28310.92
10544.94	12778.07	15370.27	17634.36	20274.33	22524.01	25571.09	28367.17	31253.80	34174.68	37640.17
31282	35599	40639	44464	48763	52016	56312	59375	63162	66472	70653
19030.97	23276.69	26769.73	31255.96	36789.07	42495.55	48312.46	53322.49	55202.73		
3086.82	3648.45	3783.31	3949.65	4757.31	5455.94	6304.58	7497.32	9568.25		
2308.54	2627.32	2715.00	3129.27	3113.17	3380.39	3125.74	1545.38	1496.62		
5235.29	6505.00	8234.50	9879.75	12827.66	16215.47	20268.78	22191.42	22328.55		
8400.32	10495.92	12036.92	14297.30	16090.93	17443.75	18613.36	22088.37	21809.31		
2428.73	3249.37	4106.75	4708.31	5444.53	5817.95	5892.16	6323.38	6637.25	7552.97	8614.89

a) Total population data of 2000 and 2010 year-end are based on the national population census.Data in the brackets are taken from the annual reports of the Public Security Departments.

b) Since 2010,data of total wages bill and average wage refer to the range of employed persons in urban.

c) According to the Fourth National Economic Census, the data of GDP from 2000 to 2018 have been revised (The same applies to the relevant following tables)

1-2 续表 1

类　　别		Category		2000	2005
五、能　源		**Energy**			
能源生产总量	(万吨标煤)	Total Energy Production	(10 000 tons of SCE)	9648.75	13995.62
原　煤	(万吨标煤)	Coal	(10 000 tons of SCE)	5741.96	10021.63
原　油	(万吨标煤)	Crude Oil	(10 000 tons of SCE)	3822.49	3849.36
天燃气	(万吨标煤)	Natural Gas	(10 000 tons of SCE)	83.54	123.03
水电、风电和太阳能光伏发电	(万吨标煤)	Hydro,Wind and Solar PV Power	(10 000 tons of SCE)		
六、财　政		**Government Finance**			
一般公共预算收入	(亿元)	General Pubilic Budget Revenue	(100 million yuan)	463.68	1073.13
#税收收入		Tax Revenue		392.90	826.46
#增值税		Value Added Tax		89.69	193.00
营业税		Business Tax		87.66	217.79
企业所得税		Company Income Tax		81.87	110.83
个人所得税		Personal Income Tax		24.75	38.89
资源税		Resource Tax		6.22	18.24
城市维护建设税		Urban Maintenance and Development Tax		27.62	65.95
房产税		Tax on Real Estates		15.56	32.80
城镇土地使用税		Urban Land Using Tax		8.82	29.44
土地增值税		Land Value-added Tax		0.74	14.39
车船税		Tax on Vehicle and License		3.19	5.60
行政事业性收费收入		Incom from Adiministrative Work Fees		30.57	108.07
一般公共预算支出	(亿元)	Expenditure for General Pubilic Budget	(100 million yuan)	613.08	1466.23
#一般公共服务支出		Expenditure for General Public Service Expenditure			
教育支出		Expenditure for Education			
社会保障和就业支出		Expenditure for Social Security and Employment			
卫生健康支出		Expenditure for Health			
农林水支出		Expenditure for Farming、Forestry and Irrigation Affairs			
七、金　融		**Fiancial Intermediation**			
金融机构人民币存款余额	(亿元)	RMB Deposits	(100 million yuan)	7471.20	17103.51
#住户存款		Household Deposits		4466.72	9035.14
金融机构人民币贷款余额	(亿元)	RMB Loans	(100 million yuan)	6209.05	13381.75
八、价格指数		**Price Indices**			
居民消费价格总指数	(上年=100)	Consumer Price Index	(preceding year=100)	100.2	101.7
商品零售价格总指数	(上年=100)	Retail Price Index	(preceding year=100)	98.6	100.6
工业生产者出厂价格指数	(上年=100)	Producer Price Indices for Industrial Products	(preceding year=100)	105.9	103.7
工业生产者购进价格指数	(上年=100)	Industrial Producer Purchasing Price Indices	(preceding year=100)	104.7	105.9
九、居民生活		**People's Livelihood**			
农村居民生活		**Rural's Livelihood**			
年末人均住房建筑面积	(平方米)	Per Capita Space of Living House at Year-end	(sq.m)	23.6	29.6
人均可支配收入	(元)	Annual Per Capita Disposable Income of Rural Households	(yuan)	2663	3946
人均消费支出	(元)	Annual Per Capita Consumption Expenditure of Rural Households	(yuan)	1743	2619
城镇居民生活		**Urban's Livelihood**			
年末人均住房建筑面积	(平方米)	Per Capita Space of Living House at Year-end	(sq.m)	13.8	28.5
人均可支配收入	(元)	Annual Per Capita Disposable Income of Urban Households	(yuan)	6417	10422
人均消费支出	(元)	Annual Per Capita Consumption Expenditure of Urban Households	(yuan)	4991	7333

注：1.2009年开始，一次能源包含水电、风电和太阳能光伏发电,2000—2008年数据不包括风电和太阳能光伏发电(以下相关表同)。
2.2014年及以前住户存款数据为储蓄存款口径数据(以下相关表同)。
3.从2013年起，全省实施城乡住户调查一体化改革，根据国家统一规定，2018年,按照新指标口径对居民收支调查历史数据进行修正(以下相关表同)。

continued

2009	2010	2011	2012	2013	2014	2015	2016	2017	2018	2019
14600.08	16055.71	15997.81	16973.80	15165.08	15220.40	14693.06	13616.76	13710.27	13102.01	12539.10
10424.07	11913.14	11585.87	12528.16	10722.56	10699.80	10277.40	9404.96	9623.27	8827.54	7820.68
4040.38	3980.08	3973.65	3963.94	3894.94	3876.09	3751.91	3301.96	3192.79	3203.20	3177.70
119.97	129.01	64.33	75.71	65.11	62.89	57.70	56.23	49.72	52.80	56.10
15.66	33.48	53.35	79.19	116.19	133.13	161.90	229.07	305.89	484.11	742.71
2198.63	2749.38	3455.93	4059.43	4559.95	5026.83	5529.33	5860.18	6098.63	6485.40	6526.71
1720.35	2149.90	2603.13	3050.20	3533.49	3965.76	4203.12	4212.59	4419.40	4897.92	4849.29
324.48	378.23	413.82	438.12	489.56	596.96	594.98	1129.75	1705.96	1902.12	1958.67
470.61	631.51	765.72	896.64	1068.33	1135.92	1252.40	650.45			
220.30	293.31	398.56	441.64	445.95	483.01	498.72	503.24	620.30	677.38	696.20
64.67	81.01	96.58	95.11	104.59	115.18	143.12	143.15	186.73	215.30	147.47
32.81	33.29	38.36	91.11	92.62	119.57	103.81	95.18	99.56	119.75	119.98
109.08	130.74	179.60	198.88	217.84	231.33	243.71	250.83	261.82	306.46	290.13
57.86	64.65	74.02	100.83	111.75	122.49	133.86	143.36	157.81	168.25	166.73
120.88	137.69	158.46	211.69	229.16	264.69	358.75	393.74	398.18	396.84	337.27
43.84	66.19	105.67	145.21	205.91	257.74	259.51	293.15	367.18	390.79	404.28
17.69	23.27	29.72	35.86	40.26	46.65	53.31	61.00	69.37	75.85	78.10
171.59	203.02	278.82	305.29	284.12	302.20	296.74	328.25	320.28	303.52	307.22
3267.67	4145.03	5002.07	5904.52	6688.80	7177.31	8250.01	8755.21	9258.40	10100.96	10739.76
490.14	544.31	618.48	705.51	749.96	725.33	738.11	783.56	857.51	943.35	1061.95
613.49	770.45	1047.90	1311.80	1399.67	1461.05	1690.62	1825.99	1890.00	2006.50	2156.14
342.79	416.77	501.54	596.48	681.98	763.53	904.64	992.66	1131.96	1253.99	1444.63
189.24	250.77	360.36	422.91	485.86	605.67	701.43	790.19	829.27	885.15	912.07
369.35	465.98	564.00	673.82	748.14	772.84	964.42	943.44	953.59	998.50	1075.98
34697.78	41104.96	46345.41	54301.53	62077.88	67498.29	74524.16	83414.88	88531.71	94298.18	102676.38
17082.76	19648.21	22173.27	26343.31	29796.08	33178.56	37320.02	41350.93	44035.84	48434.98	55232.15
25961.32	30722.64	35179.00	42899.91	44761.26	50058.64	55437.00	61726.88	67575.96	74879.40	83702.97
100.0	102.9	105.0	102.1	102.2	101.9	101.2	102.1	101.5	102.5	103.2
99.4	102.7	104.7	101.6	101.4	101.0	100.2	101.3	100.8	102.2	102.2
94.1	107.2	106.0	98.4	98.4	98.4	95.2	98.5	105.5	103.7	99.7
95.5	109.3	109.2	99.2	98.4	98.2	95.0	98.0	107.3	103.6	99.2
34.2	34.7	36.3	38.4	39.6	40.3	40.9	42.1	42.5	43.2	43.5
6154	7034	8395	9506	10687	11882	12930	13954	15118	16297	17775
4132	4472	5489	6304	6877	7962	8748	9519	10342	11270	12309
31.8	32.1	33.2	33.4	36.4	37.3	36.4	37.5	37.6	36.8	37.1
17006	18971	21678	24496	26882	29222	31545	34012	36789	39549	42329
11711	12761	14164	15349	16646	18323	19854	21495	23072	24798	26731

a) Since 2009, Primary Energy has included hydro,wind and solar PV power. 2000-2008 data do not include wind and solar PV power.

b) Data of Household Deposits befor 2014 refers to Urban and Rural Household Savings Deposits (The same applies to the relevant following tables).

c)An integratcd household survey programme has been emplemented sincc 2013,instead of the two seprate urban and rural household surveys.In 2018, according to national uniform regulation,the historical data of residents' income and expenditure are revised according to the new survey programme (The same applies to the relevant following tables).

1-2 续表 2

类别		Category		2000	2005
十、农林牧渔业		**Farming,Forestry,Animal Husbandry and Fishery**			
农林牧渔业总产值	(亿元)	Gross Output Value of Farming Forestry, Animal Husbandry and Fishery	(100 million yuan)	2294.4	3741.8
农业	(亿元)	Farming	(100 million yuan)	1300.4	2034.0
林业	(亿元)	Forestry	(100 million yuan)	47.6	57.6
牧业	(亿元)	Animal Husbandry	(100 million yuan)	599.2	1125.0
渔业	(亿元)	Fishery	(100 million yuan)	347.1	465.5
农林牧渔服务业	(亿元)	Services for Agriculture	(100 million yuan)		59.7
农业生产情况		**Farming**			
粮食总产量	(万吨)	Total Output of Grain	(10 000 tons)	3837.7	3917.4
粮食单产	(千克/公顷)	Grain	(kilogram/hectare)	4938	5837
棉花总产量	(万吨)	Total Output of Cotton	(10 000 tons)	59.0	84.6
棉花单产	(千克/公顷)	Cotton	(kilogram/hectare)	1085	1000
油料总产量	(万吨)	Total Output of Oil-bearing Crops	(10 000 tons)	356.9	363.9
油料单产	(千克/公顷)	Oil-bearing Crops	(kilogram/hectare)	3730	4044
肉类总产量	(万吨)	Total Output of Grain	(10 000 tons)	500.0	657.8
猪存栏	(万头)	Number of Pigs	(10 000 heads)	2401.8	2772.0
牛存栏	(万头)	Number of Cattles	(10 000 heads)	779.9	750.4
羊存栏	(万只)	Number of Sheep and Goats	(10 000 heads)	2260.1	2646.0
家禽存栏	(万只)	Number of Poultry	(10 000 heads)	47789.9	54641.3
猪出栏	(万头)	Slaughtered Pigs	(10 000 heads)	3213.2	4263.5
牛出栏	(万头)	Slaughtered Cattle	(10 000 heads)	322.2	425.7
羊出栏	(万只)	Slaughtered Sheep	(10 000 heads)	2375.7	3003.0
家禽出栏	(万只)	Slaughtered Poultry	(10 000 heads)	91195.0	145089.4
禽蛋产量	(万吨)	Poultry Eggs	(10 000 tons)	301.0	363.2
奶类产量	(万吨)	Milk	(10 000 tons)	62.7	196.7
水产品总产量	(吨)	Total Aquatic Products	(tons)	6306551	6648983
海水产品	(吨)	Seawater Aquatic Products	(tons)	5375169	5655207
海洋捕捞	(吨)	Catching in Ocean	(tons)	2780483	2421396
海水养殖	(吨)	Seawater Aquiculture	(tons)	2594685	3233811
淡水产品产量	(吨)	Freshwater Aquatic Products	(tons)	931382	993776
捕捞量	(吨)	Catching	(tons)	81214	110887
养殖量	(吨)	Freshwater Aquiculture	(tons)	850168	882889
水产品养殖面积	(万亩)	Aquiculture Area	(10 000 mu)	788.4	1033.1
海水	(万亩)	Seawater Aquiculture Area	(10 000 mu)	420.7	611.1
淡水	(万亩)	Freshwater Aquiculture Area	(10 000 mu)	367.6	422.0
十一、工业		**Industry**			
全部工业增加值	(亿元)	Value Added of Industry Enterprises	(100 million yuan)	3620.1	7875.6
十二、建筑业		**Industry**			
建筑业增加值	(亿元)	Value Added of Construction Enterprises	(100 million yuan)	500.1	965.6

continued

2009	2010	2011	2012	2013	2014	2015	2016	2017	2018	2019
5953.2	6573.8	7311.1	7817.8	8577.1	8988.2	9283.9	9075.6	9140.4	9397.4	9671.7
3170.0	3588.4	3737.0	3829.2	4335.8	4556.1	4662.6	4387.5	4403.2	4678.3	4914.4
101.3	86.5	100.0	107.0	120.3	131.5	139.9	147.5	165.1	181.6	197.7
1699.5	1796.5	2205.7	2328.7	2410.6	2478.8	2602.1	2620.3	2501.4	2432.7	2412.1
735.7	829.8	973.2	1227.8	1347.0	1420.8	1447.3	1409.7	1476.0	1425.9	1397.4
246.6	272.5	295.1	325.1	363.4	400.9	432.0	510.7	594.7	678.9	750.1
4442.7	4502.8	4701.3	4815.8	4883.4	5038.3	5147.4	5332.3	5374.3	5319.5	5357.0
6088	6043	6172	6214	6099	6087	6123	6261	6356	6329	6444
79.0	59.0	60.8	51.4	43.4	44.2	33.9	32.9	20.7	21.7	19.6
1151	945	1043	1012	923	1122	1042	1179	1185	1184	1158
349.2	347.7	343.7	341.8	341.6	329.6	318.7	317.1	318.3	310.9	289.0
4349	4317	4367	4404	4386	4355	4302	4310	4389	4370	4236
730.9	754.0	763.1	822.6	838.2	836.8	845.5	837.1	866.0	854.7	704.0
2845.8	2871.6	2998.2	3101.2	3167.0	3179.5	3147.3	3086.8	3040.3	2985.6	2176.5
452.6	440.3	438.3	433.7	424.3	410.5	407.6	391.9	401.5	380.6	364.2
1939.1	1926.9	1887.9	1850.3	1797.9	1765.0	1767.9	1693.1	1754.0	1801.4	1837.4
54789.4	58214.0	63790.2	70959.8	70261.3	69911.9	71816.0	78056.1	76604.5	75614.9	78864.3
4245.4	4425.5	4387.8	4800.8	5043.0	5245.7	5156.4	5093.2	5180.7	5082.3	3176.4
426.5	413.0	390.0	385.3	382.6	372.4	370.2	360.8	361.6	363.4	345.9
2827.0	2707.4	2546.5	2493.4	2472.1	2530.6	2527.1	2540.8	2629.8	2682.4	2701.1
161151.1	169549.8	181519.0	199140.7	195931.9	182274.9	192052.0	214261.0	220423.3	217200.2	231299.1
377.1	384.8	401.6	402.4	396.6	388.4	424.3	441.1	445.1	447.4	450.6
220.3	231.0	235.8	248.6	237.7	244.7	240.7	233.8	231.3	232.5	234.5
7535939	7838259	8138280	7885248	8084522	8464587	8722448	8899622	8680030	8614032	8232724
6263895	6463345	6647212	6524046	6654179	7085761	7352063	7541952	7371727	7360685	7062086
2449591	2350888	2512437	2161603	2087829	2286654	2356409	2414112	2180891	2149830	2091101
3814304	3962643	4134775	4362443	4566350	4799107	4995654	5127840	5190836	5210855	4970985
1272044	1374914	1491068	1361202	1430344	1378826	1370385	1357670	1308303	1253347	1170638
128342	130896	135378	112783	115167	90661	83086	93900	83730	82821	89290
1143702	1244018	1355690	1248419	1315177	1288165	1287299	1263770	1224573	1170526	1081348
1029.3	1136.5	1174.4	1205.2	1240.4	1252.7	1269.2	1259.3	1250.4	1173.4	1138.3
662.1	751.4	768.2	785.6	820.2	822.7	844.8	907.2	915.6	856.3	842.3
367.2	385.1	406.2	419.6	420.1	429.9	424.4	352.1	334.8	317.1	296.1
13998.5	15450.0	17280.8	18421.9	19475.3	20178.2	21156.5	21696.0	22515.8	22613.0	22985.1
1921.2	2283.1	2645.3	2854.0	3188.6	3476.1	3731.6	3909.4	4441.0	5024.9	5441.9

1-2 续表 3

类 别	Category	2000	2005
十三、交通运输邮电	**Transport,Posts and Telecommunications**		
铁路通车里程 (公里)	Length of Railways (km)	2672	3402
公路通车里程 (公里)	Length of Highways (km)	70686	80132
#晴雨通车 (公里)	Length of Highways Operating under All Weathers (km)	70038	79854
内河通航里程 (公里)	Length of Navigable Inland Waterways (km)	1476	1012
客运量 (万人)	Passenger Traffic (10 000 persons)	66128	98485
铁 路 (万人)	Railways (10 000 persons)	3840	3952
公 路 (万人)	Highways (10 000 persons)	61466	93178
水 路 (万人)	Waterways (10 000 persons)	822	1355
客运周转量 (百万人公里)	Passenger Turnover (million passenger-km)	54873	82778
铁 路 (百万人公里)	Railways (million passenger-km)	22180	28268
公 路 (百万人公里)	Highways (million passenger-km)	32358	53910
水 路 (百万人公里)	Waterways (million passenger-km)	335	600
货运量 (万吨)	Freight Traffic (10 000 tons)	92483	147999
铁 路 (万吨)	Railways (10 000 tons)	11253	18338
公 路 (万吨)	Highways (10 000 tons)	76778	120455
水 路 (万吨)	Waterways (10 000 tons)	4452	9206
货运周转量 (百万吨公里)	Freight Turnover (million ton-km)	403315	558286
铁 路 (百万吨公里)	Railways (million ton-km)	79964	121908
公 路 (百万吨公里)	Highways (million ton-km)	40575	71182
水 路 (百万吨公里)	Waterways (million ton-km)	282776	365196
沿海主要港口货物吞吐量 (万吨)	Volume of Freight Handled in Major Coastal Ports (10000 tons)	16025	38401
邮政局总计 (处)	Number of Post & Telecommunications Offices (unit)	3011	3025
函 件 (万件)	Number of Letters (10 000 pcs)	32878	24075
电信业务总量 (亿元)	Business Volume of Telecommunication Services (100 million yuan)	186.5	675.5
邮政业务总量 (亿元)	Business Volume of Post Services (100 million yuan)	74.2	44.6
互联网宽带接入用户 (万户)	Number of Mobile Telephone (10 000 subscribers)		
移动电话用户 (万户)	Number of Mobile Telephone (10 000 subscribers)	501.0	2316.0
民用汽车拥有量 (万辆)	Number of Private Vehicles (10 000 subscribers)	112.3	420.7
十四、国内贸易	**Domestic Trade**		
社会消费品零售总额 (亿元)	Total Retail Sales of Consumer Goods (100 million yuan)	2988.30	5366.71
商品零售 (亿元)	Retail Sales (100 million yuan)		
餐饮收入 (亿元)	Catering Income (100 million yuan)		
十五、对外贸易和旅游	**Foreign Economy and Trade,Tourism**		
对外贸易	Foreign Economy and Trade		
海关进出口总值 (万美元)	Total Value of Imports and Exports (10 000 USD)	2498998	7688876
海关出口总值 (万美元)	Total Exports (10 000 USD)	1552905	4625113
#一般贸易 (万美元)	General Trade (10 000 USD)	746563	2310122
来料加工装配贸易 (万美元)	Processing and Assembling with Customer's Materials (10 000 USD)	293008	594991
进料加工贸易 (万美元)	Processing and Assembling with Import Materials (10 000 USD)	507050	1668351
海关进口总值 (万美元)	Total Imports (10 000 USD)	946093	3063763

注：1.交通运输部2014年修订了公路、水运运输量统计试行方案，统计口径发生了变化(以下相关表同)。

2.2000年及以前邮电业务总量按1990年不变价格计算，2001—2010年按2000年不变价格计算。2011—2015年邮电业务总量按2010年价格计；2016年起，按2015年价格计算。2012年起，邮政业务量由山东邮政管理局提供，包括快递业务量，2012年以前数据由山东省邮政公司提供(以下相关表同)。

3.交通运输部对2019年公路数据重新核定，与以往不可比(以下相关表同)。

continued

2009	2010	2011	2012	2013	2014	2015	2016	2017	2018	2019
3620	3833	4177	4306	4397	4546	4863	4882	5115	5676	5972
226693	229858	233189	244586	252785	259514	263447	265720	270590	275642	280325
225235	228906	232264	243779	252066	259031	262986	265265	270150	275344	280186
1012	1150	1150	1150	1150	1150	1150	1150	1150	1150	1150
234234	248720	250469	264935	269391	73582	59625	62727	64536	66613	67317
5806	6041	6609	7650	8484	9508	10666	11904	13388	14525	15722
226134	240044	241457	254711	258327	62052	46960	48823	49111	50044	49581
2294	2635	2403	2574	2580	2022	1999	2000	2037	2044	2014
158713	164471	172751	183196	189285	114056	112745	116882	122676	126935	127981
37993	42135	45872	50951	54995	61734	64444	68442	73365	76302	77287
119723	121151	125691	130995	133137	51141	47137	47240	48104	49357	49256
997	1185	1188	1250	1153	1181	1164	1200	1207	1276	1439
284463	298055	314962	330270	344401	260983	258444	281557	322564	349481	304732
19596	18056	19711	19814	19043	16792	15786	16745	17853	18710	20850
251587	264366	279380	296752	311812	230018	227934	249752	288052	312807	266124
13280	15633	15871	13704	13546	14172	14724	15060	16659	17964	17758
1095569	1174705	1258364	1099119	1026088	817690	833415	879552	962225	995988	1007631
134139	144775	152606	149384	138910	123808	107728	113668	121363	126468	143456
604502	621680	662435	705922	749888	571138	587699	607143	665022	685968	674620
356928	408250	443323	243813	137290	122744	137988	158741	175840	183552	189555
73072	86421	96188	106655	118137	128593	134218	142856	151571	161512	161064
2862	2840	2851	2856	2861	2870	2870	2878	2880	2873	2889
52074	53963	46014	45663	42389	29233	18787	10328	6978	6369	6263
1586.8	1920.9	723.6	797.6	863.7	1067.8	1253.1	863.4	1494.8	3651.9	5786.6
65.2	52.5	47.6	94.1	117.4	145.8	205.5	301.6	392.9	528.4	718.0
		1154.1	1364.1	1465.1	1523.9	1625.7	2366.5	2588.7	2884.8	3186.1
5342.0	6190.4	7118.0	7588.9	8333.4	8664.1	9413.8	9594.5	9943.9	10569.6	10785.5
709.7	842.7	968.6	1122.3	1277.4	1407.2	1553.6	1750.5	1952.9	2148.3	2351.0
10293.79	12028.30	13939.83	15785.25	17703.85	19706.36	21550.95	23482.07	25527.94	27480.28	29251.18
	10829.15	12506.44	14181.87	15926.53	17744.99	19346.19	20996.37	22794.81	24421.00	25895.16
	1199.15	1433.39	1603.38	1777.32	1961.37	2204.76	2485.70	2733.13	3059.28	3356.02
13860378	18895058	23599191	24554487	26715854	27711549	24174867	23420733	26305670	29239097	29628464
7956530	10424695	12578809	12873171	13450998	14474545	14406069	13715826	14710207	16013984	16143995
3637582	4973019	6466907	6875045	7603996	8373918	9042024	8653875	9428956	11047764	11256710
697915	750340	842878	867657	866031	802064	739933	716557	651868	601424	605165
3296132	4230872	4737751	4566215	4392892	4734553	4183875	3904404	4151643	3918203	3496008
5903848	8470390	11020382	11681316	13264856	13237004	9768798	9704906	11595464	13225113	13484469

a)The pilot statistical investigation program on passenger traffica and turnover was revised in 2014,and the statistical scope was adjusted.

b) Business volume of postal service and telecommunication service before 2000 was calculated at 1990 constant prices and that from 2001 to 2010 was calculated at 2000 constant prices and that from 2011 to 2010 was calculated at 2010 constant prices. Since 2016, it was calculated at 2015 constant prices..The dats of business volume of postal service beforc 2012 are frome Shandong Posta Company,since2012,they are frome Shandong Post Bureau,including business volume of courier companies above designated size (The same applies to the relevant following tables).

c)The data of Freight Traffic in 2019 was re-approved ,and not comparable with the previous (The same applies to the relevant following tables).

1-2 续表 4

类 别		Category		2000	2005
利用外资		**Utilization of Foreign Capital**			
新设外商直接投资企业数	(个)	Number of newly established Companies by foreign direct investment	(unit)	2728	6415
实际使用外商直接投资	(万美元)	Direct Foreign Investments	(10 000 USD)	297119	897072
对外承包工程和劳务合作		**Foreign Contracted Projects Labor Cooperation**			
合同个数	(个)	Number of Contracts	(unit)	1250	2171
合同金额	(万美元)	Contracted Value	(10 000 USD)	61601	164091
营业额	(万美元)	Value of Business	(10 000 USD)	45229	174518
年末在外人数	(人)	Population in Foreign Countries and Regions	(person)	35028	71610
旅 游		**Tourism**			
接待海外旅游人数	(万人次)	International Tourists	(10 000 person-times)	72.3	155.1
外国人	(万人次)	Foreigners	(10 000 person-times)	48.0	124.8
港澳台胞	(万人次)	Compatriots from Hong Kong Macao and Taiwan	(10 000 person-times)	24.3	30.3
旅游外汇收入	(万元)	Foreign Exchange Earnings	(10 000 yuan)	260839	639142
旅游外汇收入	(万美元)	Foreign Exchange Earnings	(10 000 USD)	31513	78023
人民币对主要外币年平均汇价(中间价)		**Average Exchange Rate of RMB Yuan Against Main Convertible Currencies (Middle Rate)**			
100美元	(人民币元)	100 US Dollars	(RMB yuan)	827.72	819.17
100日元	(人民币元)	100 Japanese Yen	(RMB yuan)	7.39	7.45
100港元	(人民币元)	100 Hong Kong Dollars	(RMB yuan)	106.08	105.30
十六、教 育		**Education**			
普通高等学校		**Regular Institutions of Higher Education**			
学校数	(所)	Number of Schools	(unit)	58	104
招生数	(人)	New Enrollment	(person)	124817	400573
在校学生数	(人)	Total Enrollment	(person)	303826	1171284
毕业生数	(人)	Graduates	(person)	49687	224611
教职工数	(人)	Teachers and Staff	(person)	54910	109920
# 专任教师	(人)	Full-time Teachers	(person)	24764	64636
中等专业学校基本情况		**Secondary Professional Schools**			
学校数	(所)	Number of Schools	(unit)	243	134
招生数	(人)	New Enrollment	(person)	93493	86044
毕业生数	(人)	Graduates	(person)	103629	75076
在校学生数	(人)	Total Enrollment	(person)	333184	257161
教职工数	(人)	Teachers and Staff	(person)	37241	20406
# 专任教师	(人)	Full-time Teachers	(person)	20409	12193
普通中学基本情况		**Regular Senior Secondary Schools**			
学校数	(所)	Number of Schools	(unit)	4575	4404
招生数	(万人)	New Enrollment	(10 000 persons)	234.18	179.71
毕业生数	(万人)	Graduates	(10 000 persons)	167.96	207.29
在校学生数	(万人)	Total Enrollment	(10 000 persons)	678.60	592.49
教职工数	(人)	Teachers and Staff	(person)	430754	470584
# 专任教师	(人)	Full-time Teachers	(person)	350353	377133
技工学校基本情况		**Technical Schools**			
学校数	(所)	Number of Schools	(unit)	279	229
招生数	(人)	New Enrollment	(person)	48008	138505
毕业生数	(人)	Graduates	(person)	66546	78091
在校学生数	(人)	Total Enrollment	(person)	137718	325924
教职工数	(人)	Teachers and Staff	(person)	24484	22049
# 专任教师	(人)	Full-time Teachers	(person)	14066	15058

注:1.2003年实际利用外资金额是全口径数据包括对外借款。2004年起实行新的外商投资统计制度取消对外借款部分,外商直接投资数据为商务部反馈数。 2008年实际使用外资采用全口径统计方式。 2019年起,实际使用外资采用商务部通报口径,不包含股东贷款、投资性公司投资,合同外资不再统计。

2.2010年起,中等专业学校数据改为中等职业学校口径。

continued

2009	2010	2011	2012	2013	2014	2015	2016	2017	2018	2019
1468	1632	1433	1333	1405	1352	1509	1477	1479	2156	2517
801007	916833	1116022	1235267	1405315	1519511	1630090	1682556	1785731	2051636	1468933
2397	3075									
932312	1092504	948287	988209	1078349	1237694	1344383	1355479	1393003	1548846	1364140
509083	602415	819857	898864	940828	1021544	1120799	1195427	1278651	1314181	1256300
96421	102149	108662	103736	98988	115328	116100	119655	130384	125224	133849
310.0	366.8	424.2	469.9	452.7	445.7	460.8	485.5	494.4	513.1	521.3
241.2	277.9	312.3	342.2	327.4	325.7	335.9	352.7	353.1	366.1	370.9
68.9	88.9	111.9	127.7	125.3	120.0	124.9	132.8	141.3	147.0	150.4
1205874	1458866	1647486	1845554	1691487	1667300	1804062	2034836	2143055	2226223	2354552
176530	215506	255076	292365	273120	271424	289651	306345	317405	336420	341314
683.10	676.95	645.88	631.25	619.32	614.28	622.84	664.23	675.18	661.74	689.85
7.30	7.73	8.11	7.90	6.33	5.82	5.15	6.12	6.02	5.99	6.33
88.12	87.13	82.97	81.38	79.85	79.22	80.34	85.58	86.64	84.43	88.05
128	133	139	137	140	142	143	144	145	145	146
501082	495722	497292	498621	527539	580763	595646	624408	612660	629065	741661
1592974	1631373	1645589	1658490	1698545	1796665	1900612	1995880	2015345	2040793	2183944
431598	444003	472882	474266	475858	464076	474195	509142	571220	585871	577980
136753	139100	142698	142370	142240	143939	147035	150345	154311	158526	164932
89734	91413	94621	96058	98685	101380	104724	107748	110807	112717	117609
124	640	591	560	525	460	435	428	401	398	391
99212	426954	444703	404670	363547	319143	294033	288180	261190	245355	267223
88355	439337	386564	380451	378626	354032	320353	286687	248347	250210	259891
271993	1131621	1177130	1147012	1031585	948167	857264	809826	793357	750142	730464
19981	78769	74232	71449	66810	64488	62319	60613	60408	59304	58249
13093	55465	53569	52430	50243	49274	48926	48244	48659	48269	48099
3750	3645	3569	3522	3464	3461	3446	3504	3560	3671	3791
160.24	164.12	161.83	159.88	158.53	153.58	151.12	160.35	164.39	164.26	176.10
158.65	156.89	157.80	153.20	156.04	153.73	156.01	157.62	151.42	148.46	157.56
499.34	501.07	501.58	492.64	488.48	486.06	479.93	482.41	494.85	509.93	528.13
442447	438787	462765	464942	466088	471653	475798	484579	502004	515123	536931
372550	372082	376760	376819	382340	386923	390059	397471	410339	419903	435808
196	209	208	213	207	203	194	194	194	181	181
147000	136995	149407	154546	144165	128007	131550	133600	129109	135184	151122
140300	133615	123404	113066	121782	108046	98154	89629	103815	96351	91679
396200	397719	381503	401207	369922	329473	318182	335348	332634	329897	355409
24963	18183	24379	29909	30860	29404	29228	29133	29294	29388	29438
19378	14962	21050	21451	23977	23000	22613	22908	22565	22525	22294

a)In 2003,the data of total amount of foreign capital actually utilized includ foreign loads.Since 2004,foreign loads is canceled according to the new statistical lations on foreign investments.Data of foreign direct investments come from the Ministry of Commerce.In 2008 the foreign capital actually utilized is changed to the actual received foreign capital.From 2019,Actual use of foreign capital uses Bulletin of the Ministry of Commerce,does not contain shareholder loan,the investment of investment companies,and contract foreign investment is no longer counted.

b)Data of secondary professional schools refer to the caliber of secondary vocational school since 2010 .

1-2 续表 5

类　　别		Category		2000	2005
小学基本情况		**Regular Primary Schools**			
学校数	(所)	Number of Schools	(unit)	26017	15871
招生数	(万人)	New Enrollment	(10 000 persons)	104	104
毕业生数	(万人)	Graduates	(10 000 persons)	195	113
在校学生数	(万人)	Total Enrollment	(10 000 persons)	775	615
教职工数	(人)	Teachers and Staff	(person)	440161	410394
#专任教师	(人)	Full-time Teachers	(person)	408200	377729
成人高等学校基本情况		**Adult Institutions of Higher Education**			
学校数	(所)	Number of Schools	(unit)	40	24
招生数	(人)	New Enrollment	(person)	82423	108707
毕业生数	(人)	Graduates	(person)	70810	118379
在校学生数	(人)	Total Enrollment	(person)	219977	258521
教职工数	(人)	Teachers and Staff	(person)	14090	11481
#专任教师	(人)	Full-time Teachers	(person)	7084	6683
十七、科　技		**Science**			
重要科技成果		**Major Scientific Achievements**			
成果数量	(项)	Number of Achievements	(unit)	3728	2408
#农　业	(项)	Agricultural	(unit)	575	320
工　业	(项)	Industry	(unit)	1289	539
国际领先先进水平	(项)	Internationally Advanced	(unit)	599	534
国内领先先进水平	(项)	Nationally Advanced	(unit)	2861	1741
专利情况		**Patent Applications**			
申请量	(件)	Number of Patent Applications Examined	(unit)	10019	28835
授权量	(件)	Number of Patent Applications Granted	(unit)	6962	10743
#发明专利	(件)	Inventions	(unit)		903
十八、卫生、文化事业基本情况		**Public Health and Culture**			
卫生机构数	(个)	Number of Health Institutions	(unit)	17118	16788
#医院(卫生院)	(个)	Hospitals and Township Hospitals	(unit)	3150	2922
卫生机构床位数	(万张)	Number of Beds in Health Institutions	(10 000 units)	21.5	25.1
卫生技术人员数	(万人)	Medical Technical Personnel	(10 000 persons)	31.5	32.5
#执业(助理)医师	(万人)	Licensed (Assistant) Doctors	(10 000 persons)	14.5	14.1
注册护士	(万人)	Registered Nurse	(10 000 persons)	9.2	9.8
文化(艺术)馆		**Cultural(Arts) Centers**			
机构数	(个)	Number of Institutions	(unit)	159	158
人　数	(人)	Number of Employed Persons	(person)	3055	2982
文化站		**Cultural Stations**			
机构数	(个)	Number of Institutions	(unit)	2422	1768
人　数	(人)	Number of Employed Persons	(person)	3304	3166
艺术表演团体		**Arts Performance Troupes**			
机构数	(个)	Number of Institutions	(unit)	118	117
人　数	(人)	Number of Employed Persons	(person)	5943	6066
剧场(院)		**Theaters and Music Halls**			
机构数	(个)	Number of Institutions	(unit)	105	94
人　数	(人)	Number of Employed Persons	(person)	2473	1881
图书馆		**Libraries**			
机构数	(个)	Number of Institutions	(unit)	133	145
人　数	(人)	Number of Employed Persons	(person)	2506	2690
博物馆		**Museums**			
机构数	(个)	Number of Institutions	(unit)	59	75
人　数	(人)	Number of Employed Persons	(person)	1633	1723

注：自2011年，医疗卫生机构数含村卫生室，自2013年，含部分计划生育技术服务机构(以下相关表同)。

continued

2009	2010	2011	2012	2013	2014	2015	2016	2017	2018	2019
12858	12405	12047	11573	11151	10770	10404	10027	9738	9674	9646
102	111	119	110	116	125	124	124	127	130	128
109	110	107	106	103	101	99	107	111	112	118
627	629	644	628	626	648	675	691	708	726	739
421057	417504	393612	387203	383692	378886	379239	386405	391838	392333	396465
389962	387453	386280	382562	387312	389080	396368	408856	421877	430702	442729
21	18	17	17	11	11	11	11	11	11	11
136048	133191	147677	166515	165522	178737	163012	179199	157559	233966	292911
105081	110347	144703	120404	128297	147592	161377	167440	279185	181058	158662
377343	388741	386481	428180	459803	485274	484493	502274	375102	426995	556026
6240	4225	3951	4286	2843	2259	2200	1604	1580	1479	1257
4142	2946	2731	2917	1982	1544	1493	1082	1048	970	785
2364	2367	2379	2393	2332	2955	3011	3016	2537	1791	2552
306	391	305	338	297	440	385	421	363	232	316
849	751	723	853	866	1095	1019	919	796	451	807
751	676	647	609	681	817	967	762	610	416	735
1412	1316	1296	1349	1067	1146	1212	1095	973	682	957
66857	80856	109599	128614	155170	158619	193220	212911	204861	238795	263407
34513	51490	58843	75522	76976	72818	98101	98093	100522	132382	146481
2865	4106	5856	7454	8913	10538	16881	19404	19090	20338	20652
15094	16496	68275	68840	75475	77066	77435	77050	79099	81512	83661
3024	3099	3135	3188	3426	3491	3556	3643	4108	4219	4203
34.7	38.2	41.6	47.3	49.0	50.0	51.9	54.3	58.5	60.8	63.0
40.6	44.1	48.2	53.0	59.8	60.4	61.9	64.3	68.9	73.9	78.3
16.9	17.8	18.6	20.0	23.2	23.1	23.7	24.5	26.5	29.0	31.5
13.8	15.6	17.1	19.2	24.0	24.6	25.4	26.9	29.4	32.3	34.1
158	158	160	158	159	158	157	157	157	157	157
3115	3055	3086	3033	3062	3047	3034	3006	2978	2950	2864
1867	1855	1828	1821	1807	1811	1814	1816	1815	1819	1815
4593	4543	4643	4987	4915	5181	5534	5262	5334	5329	5581
118	119	116	104	103	104	104	103	105	105	104
6279	6268	6163	5722	5557	5728	5368	5651	5689	5539	5665
82	91	93	93	93	93	92	93	100	106	93
1640	1904	2134	2083	1719	1734	1632	1602	1821	1902	1732
150	149	150	150	153	153	154	154	154	154	154
2669	2680	2697	2647	2760	2730	2750	2828	2877	2843	2816
111	114	120	178	194	243	312	393	485	517	541
2307	2456	2787	4353	4748	5369	6310	7152	7976	8059	8319

a)Since 2011,the number of health institutions includes village clinics,and since 2013 ,it includes family planning technical services institutions.(The same applies to the relevant following tables).

1-3 国民经济和社会发展主要指标增长速度

单位:%

类　　别	Category	2000	2005
一、人　口	**Population**		
年末总人口	Population at the Year-end	1.3	0.7
按性别分	**By Sex**		
男	Male	(0.6)	(0.5)
女	Female	(0.6)	(0.6)
按农业非农业分	**Agricultural and Non-agricultural Population**		
农村人口	Agricultural Population	(-0.5)	(-2.4)
城镇人口	Non-agricultural Population	(3.8)	(6.6)
人口密度	Population Density	1.2	0.5
二、就业人员和劳动工资	**Employment and Wages**		
年末就业人员	Year-end Employed Persons	2.4	2.0
第一产业	Primary Industry	2.7	-7.5
第二产业	Secondary Industry	3.2	12.7
第三产业	Tertiary Industry	0.9	6.5
乡村就业人员	Rural Employed Persons	-0.8	-0.7
城镇就业人员	Urban Employed Persons	9.3	6.4
职工年末人数	Number of Staff and Workers at the Year-end	-2.4	12.2
#国有单位	State-owned Units	-4.3	-14.0
城镇集体单位	Urban Collective-owned Units	-12.8	-5.8
工资总额	Total Wages Bill	12.1	30.1
#国有单位	State-owned Units	10.2	6.6
城镇集体单位	Urban Collective-owned Units	-2.2	8.6
平均工资	Average Wage	14.6	15.9
#国有单位	State-owned Units	15.1	23.7
城镇集体单位	Urban Collective-owned Units	12.0	16.3
三、国民经济核算	**National Accounting**		
地区生产总值	Gross Domestic Product	9.5	12.6
第一产业	Primary Industry	2.4	4.7
第二产业	Secondary Industry	10.8	14.5
第三产业	Tertiary Industry	10.6	12.3
人均地区生产总值	Per Capita GDP	8.5	11.8
四、固定资产投资	**Investment in Fixed Assets**		
全社会固定资产投资额	Total Investment in Fixed Assets	14.4	38.2
国有经济	State-Owned Units	10.6	5.2
集体经济	Collective-Owned Units	6.9	-57.6
个体经济	Individuals Economy	13.9	254.4
其他经济	Others	52.7	86.1
房地产开发投资	Investment in Real Development	28.6	27.8

注：1.2000和2010年年末总人口增速根据人口普查数据计算，括号内为根据公安户籍人口数计算。
2.2010年起，工资总额、平均工资增长速度为城镇单位就业人员口径。

Growth Rates of Main Indicators on National Economic and Social Development

(%)

2009	2010	2011	2012	2013	2014	2015	2016	2017	2018	2019
0.6	1.2	0.5	0.5	0.5	0.6	0.6	1.0	0.6	0.4	0.2
(0.6)	(1.0)	(0.6)	(0.0)	(0.3)	(1.6)	(0.8)	(1.0)	(0.8)	(0.8)	(0.4)
(0.6)	(0.9)	(0.5)	-(0.2)	(0.4)	(1.2)	(0.8)	(1.0)	(1.0)	(1.0)	(0.6)
(0.7)	(-3.5)	(-0.9)	(-1.5)	(-1.4)	(-0.4)	(-6.3)	(-1.3)	(-1.4)	(-0.6)	(2.6)
(0.5)	(8.2)	(2.8)	(1.9)	(2.7)	(3.8)	(9.7)	(3.5)	(3.3)	(2.4)	(-1.5)
0.7	1.2	0.5	0.4	0.5	0.2	0.6	1.0	0.6	0.3	0.2
1.7	1.7	1.3	1.1	0.4	0.4	0.4	0.3	-1.3	-5.8	-3.1
-0.7	-1.1	-2.7	-2.0	-3.8	-3.0	-3.0	-1.4	-4.1	-7.5	-3.8
3.0	3.6	4.7	2.7	1.1	1.1	1.9	0.7	-0.8	-6.6	-3.0
3.3	3.0	2.3	2.5	3.9	2.9	1.8	1.3	0.3	-3.7	-2.7
-0.5	-0.5	-0.1	-0.03	-1.2	-0.6	-0.8	-0.2	-1.3	-5.8	-7.8
4.6	4.4	3.0	2.3	2.2	1.5	1.7	0.7	-1.4	-5.8	1.7
1.9	3.4	5.4	5.4	16.7	-2.2	-2.6	-1.9	-2.2	-5.7	-6.1
-0.1	2.2	-3.0	1.7	-7.9	-2.9	-3.0	-0.7	-0.7	-2.6	-4.3
0.6	0.4	3.5	3.6	-8.3	-13.0	-7.9	-0.7	-12.0	-25.4	-34.5
14.6	17.3	24.9	17.0	31.8	7.3	7.8	6.8	7.0	2.5	5.2
11.4	15.2	12.0	12.7	2.8	6.8	14.7	9.8	8.5	0.7	5.2
16.2	20.3	23.8	18.8	14.5	-6.0	1.1	2.9	-3.3	-29.7	-36.5
12.4	13.3	12.9	11.4	12.2	10.3	10.5	9.2	8.9	8.1	10.7
11.6	11.5	12.9	10.2	10.3	10.7	18.1	11.4	9.0	6.9	10.0
15.2	15.5	15.8	14.5	21.8	8.7	11.5	7.2	7.8	-1.3	-1.6
9.8	10.4	10.7	9.7	9.4	8.5	7.8	7.4	7.3	6.3	5.5
4.0	3.1	3.7	4.5	3.5	3.8	4.2	3.8	3.6	2.7	1.1
11.2	11.7	11.5	10.3	9.8	8.8	7.1	6.2	6.0	4.1	2.6
9.1	10.3	11.5	10.1	10.3	9.2	9.6	9.3	9.3	8.9	8.7
9.2	9.4	9.7	9.2	8.9	7.9	7.2	6.6	6.5	5.8	5.2
23.3	22.3	21.8	20.2	17.7	15.5	13.7	10.4	7.2	4.1	-8.3
26.9	18.2	3.7	12.0	21.8	14.7	15.6	18.9	30.8	3.1	8.4
27.5	13.8	3.3	21.6	0.7	8.6	-7.5	-50.6	-2.1	-37.0	-16.8
20.1	24.3	26.6	25.8	31.1	26.4	25.0	9.5	4.9	16.7	-29.8
23.0	24.9	14.7	50.1	13.7	8.4	6.7	18.7	-1.3	-4.2	4.9
19.1	33.8	26.4	14.6	15.6	6.9	1.3	7.3	5.0	13.8	14.1

a)Growth rate on Total population of 2000 and 2010 are based on the national population census.Data in the brackets are based on the data from the annual reports of the Public Security Departments.

b)Since 2010,data of total wages bill and average wage refer to the range of employed persons in urban.

1-3 续表 1

单位:%

类　别	Category	2000	2005
五、能　源	**Energy**		
能源生产总量	Total Energy Production	-6.5	-2.8
原　煤	Coal	-10.6	-4.2
原　油	Crude Oil	0.4	0.8
天燃气	Natural Gas	-6.2	10.0
水电、风电和太阳能光伏发电	Hydro,Wind and Solar PV Power		
六、财　政	**Government Finance**		
一般公共预算收入	General Pubilic Budget Revenue	14.6	29.6
#税收收入	Tax Revenue	14.6	31.7
#增值税	Value Added Tax	14.7	66.3
营业税	Business Tax	11.0	23.4
企业所得税	Company Income Tax	29.6	28.8
个人所得税	Personal Income Tax	31.9	21.7
资源税	Resource Tax	4.1	35.0
城市维护建设税	Urban Maintenance and Development Tax	16.0	20.1
房产税	Tax on Real Estates	15.4	22.5
城镇土地使用税	Urban Land Using Tax	22.8	39.1
土地增值税	Land Value-added Tax	111.9	58.4
车船税	Tax on Vehicle and License	64.2	13.5
行政性收费收入	Incom from Adiministrative Fees	43.9	18.8
一般公共预算支出	General Pubilic Budget Expenditure	11.5	23.3
#一般公共服务支出	Expenditure for General Public Services		
教育支出	Expenditure for Education		
社会保障和就业支出	Expenditure for Social Safety Net and Employment Effort		
卫生健康支出	Expenditure for Health Care		
农林水支出	Expenditure for Agriculture, Forestry and Water Conservancy		
七、金　融	**Fiancial Intermediation**		
金融机构人民币存款余额	RMB Deposits	13.8	17.8
#住户存款	Household Deposits	8.7	17.0
金融机构人民币贷款余额	RMB Loans	9.3	13.6
八、价格	**Price Indices**		
居民消费价格	Consumer Price	0.2	1.7
商品零售价格	Retail Price	-1.4	0.6
工业生产者出厂价格	Producer Price for Industrial Products	5.9	3.7
工业生产者购进价格	Industrial Producer Purchasing Price	4.7	5.9
九、居民生活	**People's Livelihood**		
农村居民生活	**Rural's Livelihood**		
年末人均住房建筑面积	Per Capita Space of Living House at Year-end	-5.8	10.1
人均可支配收入	Annual Per Capita Disposable Income of Rural Households	4.3	12.1
人均消费支出	Annual Per Capita Consumption Expenditure of Urban Households	4.9	13.8
城镇居民生活	**Urban's Livelihood**		
年末人均住房建筑面积	Per Captia Construction Area of Buildings	5.0	8.0
人均可支配收入	Annual Per Capita Disposable Income of Urban Households	11.3	13.4
人均消费支出	Annual Per Capita Consumption Expenditure of Urban Households	11.0	11.5

continued

(%)

2009	2010	2011	2012	2013	2014	2015	2016	2017	2018	2019
-0.1	10.0	-0.4	6.1	-10.7	0.4	-3.5	-7.3	0.7	-4.4	-4.3
-0.7	14.3	-2.7	8.1	-14.4	-0.2	-3.9	-8.5	2.3	-8.3	-11.4
1.0	-1.5	-0.2	-0.2	-1.7	-0.5	-3.2	-12.0	-3.3	0.3	-0.8
6.1	7.5	-50.1	17.7	-14.0	-3.4	-8.2	-2.5	-11.6	6.2	6.3
	113.8	59.4	48.4	46.7	14.6	21.6	41.5	33.5	58.3	53.4
12.3	25.0	25.7	17.5	12.3	10.2	10.0	8.5	6.6	6.3	0.6
12.2	25.0	21.1	17.2	15.8	12.2	6.0	4.6	9.1	10.8	-1.0
-2.8	16.6	9.4	5.9	11.7	21.9	-0.3	32.8	5.4	11.5	3.0
18.8	34.2	21.3	17.1	19.1	6.3	10.3	-20.9			
-4.2	33.1	35.9	10.8	1.0	8.3	3.3	0.9	23.3	9.2	2.8
5.8	25.3	19.2	-1.5	10.0	10.1	24.3	持平	30.4	15.3	-31.5
13.9	1.5	15.2	137.5	1.7	29.1	-13.2	-8.3	4.6	20.3	0.2
4.7	19.9	37.4	10.7	9.5	6.2	5.4	2.9	4.4	17.1	-5.3
22.4	11.7	14.5	36.2	10.8	9.6	9.3	7.1	10.1	6.6	-0.9
16.7	13.9	15.1	33.6	8.3	15.5	35.5	9.8	1.1	-0.3	-15.0
19.9	51.0	59.6	37.4	41.8	25.2	0.7	13.0	25.3	6.4	3.5
39.9	31.5	27.7	20.6	12.3	15.9	14.3	14.4	13.7	9.3	3.0
5.1	18.3	37.3	9.5	-6.9	6.4	-1.8	10.6	-2.4	-5.2	1.2
20.8	26.8	20.7	18.0	13.3	7.3	14.9	6.1	5.2	9.1	6.3
4.7	11.1	13.6	14.1	6.3	-3.3	1.8	6.3	9.4	9.9	12.6
11.3	25.6	36.0	25.2	6.7	4.4	15.7	7.4	3.5	6.1	7.5
20.3	21.6	20.3	18.9	14.3	12.0	18.5	9.9	14.0	10.9	15.2
34.8	32.5	43.7	17.4	14.9	24.7	15.8	12.7	4.9	6.5	3.0
57.0	26.2	21.0	19.5	11.0	3.3	24.8	-2.3	1.1	4.5	7.8
28.8	18.5	12.7	17.2	14.3	8.7	9.4	11.9	6.1	6.2	8.9
18.8	15.0	12.9	18.8	13.1	11.4	8.9	10.8	6.5	9.9	14.0
29.5	18.3	14.5	21.9	4.3	11.8	10.7	11.3	9.5	10.4	11.8
持平	2.9	5.0	2.1	2.2	1.9	1.2	2.1	1.5	2.5	3.2
-0.6	3.3	4.7	1.6	1.4	1.0	0.2	1.3	0.8	2.2	2.2
-5.9	7.2	6.0	-1.6	-1.6	-1.6	-4.8	-1.5	5.5	3.7	-0.3
-4.5	9.3	9.2	-0.8	-1.6	-1.8	-5.0	-2.0	7.3	3.6	-0.8
3.8	1.4	4.6	5.8	2.9	1.7	1.6	2.9	1.0	1.6	0.8
8.5	14.3	19.3	13.2	12.4	11.2	8.8	7.9	8.3	7.8	9.1
7.7	8.2	22.7	14.8	9.1	15.8	9.9	8.8	8.6	9.0	9.2
1.5	0.9	3.4	0.8	8.8	2.5	-2.5	3.2	0.3	-2.2	0.9
8.8	11.6	14.3	13.0	9.7	8.7	8.0	7.8	8.2	7.5	7.0
8.9	9.0	11.0	8.4	8.5	10.1	8.4	8.3	7.3	7.5	7.8

1-3 续表 2

单位:%

类 别	Category	2000	2005
十、农林牧渔业	**Farming,Forestry,Animal Husbandry and Fishery**		
农林牧渔业总产值	**Gross Output Value of Farming Forestry,Animal Husbandry and Fishery**	**3.9**	**5.2**
农 业	Farming	4.0	3.9
林 业	Forestry	6.2	-3.7
牧 业	Animal Husbandry	5.4	7.3
渔 业	Fishery	0.5	6.7
农林牧渔服务业	Services for Agriculture		9.2
农业生产情况	**Farming**		
粮食总产量	Total Output of Grain	-10.1	11.4
粮食单产	Grain	-6.3	4.8
棉花总产量	Total Output of Cotton	50.5	-23.0
棉花单产	Cotton	1.2	-3.5
油料总产量	Total Output of Oil-bearing Crops	11.4	-1.6
油料单产	Oil-bearing Crops	3.2	3.3
肉类总产量	Total Output of Grain	-4.7	5.8
猪存栏	Number of Pigs	-6.2	0.4
牛存栏	Number of Cattles	-20.2	-2.7
羊存栏	Number of Sheep and Goats	-10.9	-0.8
家禽存栏	Number of Poultry	-10.4	-3.9
猪出栏	Slaughtered Pigs	-1.1	5.0
牛出栏	Slaughtered Cattle	-17.6	3.0
羊出栏	Slaughtered Sheep	-16.3	4.7
家禽出栏	Slaughtered Poultry	-9.0	18.3
禽蛋产量	Poultry Eggs	-13.8	2.1
奶类产量	Milk	2.3	17.1
水产品总产量	Total Aquatic Products	0.5	2.5
海水产品	Seawater Aquatic Products	-1.2	2.3
海洋捕捞	Catching in Ocean	-7.4	-0.8
海水养殖	Seawater Aquiculture	6.5	4.7
淡水产品产量	Freshwater Aquatic Products	11.2	3.7
捕捞量	Catching	1.5	18.6
养殖量	Freshwater Aquiculture	12.2	2.1
水产品养殖面积	Aquiculture Area	9.1	1.8
海 水	Seawater Aquiculture Area	25.2	2.2
淡 水	Freshwater Aquiculture Area	-4.9	1.4
十一、工 业	**Industry**		
全部工业增加值	Value Added of Industry Enterprises	10.9	15.0
十二、建筑业	**Industry**		
建筑业增加值	Value Added of Construction Enterprises	10.1	10.8

continued

(%)

2009	2010	2011	2012	2013	2014	2015	2016	2017	2018	2019
4.3	**3.6**	**3.8**	**4.7**	**3.8**	**4.0**	**4.3**	**4.4**	**4.0**	**3.0**	**0.8**
2.7	2.5	3.9	2.5	4.4	4.6	4.7	5.0	4.4	3.9	3.1
9.9	9.9	9.3	3.4	9.0	9.7	8.1	9.5	9.9	9.3	9.2
5.2	3.9	2.5	7.7	2.1	2.4	3.1	2.6	3.7	-0.1	-4.6
6.2	4.9	4.4	4.1	3.3	2.7	3.2	2.0	-0.5	0.8	-2.6
10.1	9.9	7.2	7.7	9.5	9.3	8.5	15.8	12.5	13.5	9.3
2.0	1.4	4.4	2.4	1.4	3.2	2.2	3.6	0.8	-1.0	0.7
0.0	-0.7	2.1	0.7	-1.9	-0.2	0.6	2.2	1.5	-0.4	1.8
-15.9	-25.3	3.0	-15.4	-15.5	1.8	-23.3	-3.0	-37.1	4.8	-9.7
-1.8	-17.9	10.3	-2.9	-8.8	21.5	-7.1	13.1	0.6	-0.1	-2.2
-6.8	-0.4	-1.1	-0.6	-0.1	-3.5	-3.3	-0.5	0.4	-2.3	-7.1
1.5	-0.7	1.1	0.9	-0.4	-0.7	-1.2	0.2	1.8	-0.4	-3.1
3.7	3.2	1.2	7.8	1.9	-0.2	1.0	-1.0	3.5	-1.3	-17.6
2.1	0.9	4.4	3.4	2.1	0.4	-1.0	-1.9	-1.5	-1.8	-27.1
-9.2	-2.7	-0.5	-1.1	-2.2	-3.2	-0.7	-3.9	2.4	-5.2	-4.3
-4.7	-0.6	-2.0	-2.0	-2.8	-1.8	0.2	-4.2	3.6	2.7	2.0
-1.9	6.3	9.6	11.2	-1.0	-0.5	2.7	8.7	-1.9	-1.3	4.3
6.9	4.2	-0.9	9.4	5.0	4.0	-1.7	-1.2	1.7	-1.9	-37.5
-2.9	-3.2	-5.6	-1.2	-0.7	-2.7	-0.6	-2.5	0.2	0.5	-4.8
-3.9	-4.2	-5.9	-2.1	-0.9	2.4	-0.1	0.5	3.5	2.0	0.7
3.5	5.2	7.1	9.7	-1.6	-7.0	5.4	11.6	2.9	-1.5	6.5
3.3	2.0	4.4	0.2	-1.4	-2.1	9.2	4.0	0.9	0.5	0.7
1.1	4.9	2.1	5.4	-4.4	3.0	-1.6	-2.9	-1.0	0.5	0.8
3.2	4.0	3.8	-3.1	2.5	4.7	3.0	2.0	-2.5	-0.8	-4.4
2.8	3.2	2.8	-1.9	2.0	6.5	3.8	2.6	-2.3	-0.1	-4.1
-1.3	-4.0	6.9	-14.0	-3.4	9.5	3.1	2.4	-9.7	-1.4	-2.7
5.6	3.9	4.3	5.5	4.7	5.1	4.1	2.6	1.2	0.4	-4.6
5.3	8.1	8.4	-8.7	5.1	-3.6	-0.6	-0.9	-3.6	-4.2	-6.6
-1.0	2.0	3.4	-16.7	2.1	-21.3	-8.4	13.0	-10.8	-1.1	7.8
6.0	8.8	9.0	-7.9	5.3	-2.1	-0.1	-1.8	-3.1	-4.4	-7.6
3.6	10.4	3.3	2.6	2.9	1.0	1.3	-0.8	-0.7	-6.2	-3.0
3.6	13.5	2.2	2.3	4.4	0.3	2.7	7.4	0.9	-6.5	-1.6
3.7	4.9	5.5	3.3	0.1	2.3	-1.3	-17.1	-4.9	-5.3	-6.6
9.9	11.6	12.2	10.8	10.1	8.8	6.9	6.1	6.2	4.5	2.1
24.0	11.9	6.4	7.0	9.6	9.2	8.1	6.0	4.4	4.2	5.2

1-3 续表 3

单位:%

类　　别	Category	2000	2005
十三、交通运输邮电	**Transport,Posts and Telecommunications**		
铁路通车里程	Length of Railways	持平	1.6
公路通车里程	Length of Highways	4.2	3.0
#晴雨通车	Length of Highways Operating under All Weathers	4.5	3.1
内河通航里程	Length of Navigable Inland Waterways	持平	持平
客运量	Passenger Traffic	11.4	10.2
铁　路	Railways	4.6	2.5
公　路	Highways	12.1	10.5
水　路	Waterways	-4.8	9.2
客运周转量	Passenger Turnover	5.9	10.7
铁　路	Railways	7.8	5.9
公　路	Highways	12.2	13.4
水　路	Waterways	-19.1	7.5
货运量	Freight Traffic	15.3	12.1
铁　路	Railways	6.6	2.7
公　路	Highways	13.4	12.7
水　路	Waterways	14.1	26.3
货运周转量	Freight Turnover	26.7	16.7
铁　路	Railways	8.7	9.7
公　路	Highways	14.8	19.4
水　路	Waterways	70.9	18.7
沿海主要港口货物吞吐量	Volume of Freight Handled in Major Coastal Ports	15.2	25.7
邮政局总计	Number of Post & Telecommunications Offices	-31.8	0.5
函　件	Number of Letters	-6.4	-51.9
电信业务总量	Business Volume of Telecommunication Services	32.1	39.4
邮政业务总量	Business Volume of Post Services		13.4
互联网宽带接入用户	Number of Mobile Telephone		
年末移动电话用户	Number of Mobile Telephone	101.2	16.7
民用汽车拥有量	Number of Private Vehicles	14.4	22.0
十四、国内贸易	**Domestic Trade**		
社会消费品零售总额	**Total Retail Sales of Consumer Goods**	**12.4**	**15.3**
商品零售	Retail Sales		
餐饮收入	Catering Income		
十五、对外贸易和旅游	**Foreign Economy and Trade,Tourism**		
对外贸易	Foreign Economy and Trade		
海关进出口总值	Total Value of Imports and Exports	36.8	26.5
海关出口总值	Total Exports	34.1	28.9
#一般贸易	General Trade	37.9	28.4
来料加工装配贸易	Processing and Assembling with Customer's Materials	34.0	23.1
进料加工贸易	Processing and Assembling with Import Materials	28.4	33.2
海关进口总值	Total Imports	41.4	23.0

continued

(%)

2009	2010	2011	2012	2013	2014	2015	2016	2017	2018	2019
8.7	5.9	9.0	3.1	2.1	3.4	7.0	0.4	4.8	11.0	5.2
2.7	1.4	1.4	4.9	3.4	2.7	1.5	0.9	1.8	1.9	1.7
2.6	1.6	1.5	5.0	3.4	2.8	1.5	0.9	1.8	1.9	1.8
持平	13.6	持平	持平	持平	持平	持平	持平	持平	持平	持平
9.8	6.2	0.7	5.8	1.7	-1.0	-19.0	5.2	2.9	3.2	1.1
6.1	4.0	9.4	15.7	10.9	12.1	12.2	11.6	12.5	8.5	8.2
9.8	6.2	0.6	5.5	1.4	-3.1	-24.3	4.0	0.6	1.9	-0.9
14.7	14.9	-8.8	7.1	0.2	11.8	-1.1	0.1	1.8	0.3	-1.5
11.9	3.6	5.0	6.0	3.3	5.5	-1.1	3.7	5.0	3.5	0.8
3.5	10.9	8.9	11.1	7.9	12.3	4.4	6.2	7.2	4.0	1.3
14.5	1.2	3.7	4.2	1.6	-1.7	-7.8	0.2	1.8	2.6	-0.2
65.0	18.9	0.3	5.2	-7.8	7.3	-1.5	3.1	0.6	5.7	12.7
14.9	4.8	5.7	4.9	4.3	0.1	-1.0	8.9	14.6	8.3	
-6.1	-7.9	9.2	0.5	-3.9	-11.8	-6.0	6.1	6.6	4.8	11.4
16.2	5.1	5.7	6.2	5.1	1.0	-0.9	9.6	15.3	8.6	
32.6	17.7	1.5	3.5	-1.2	2.7	3.9	2.3	10.6	7.8	-1.1
8.4	7.2	7.1	-12.7	-6.6	0.9	1.9	5.6	9.4	3.5	1.2
0.0	7.9	5.4	-2.1	-7.0	-10.9	-13.0	6.0	6.8	4.2	13.4
18.1	2.8	6.6	6.6	6.2	3.9	2.9	3.3	9.5	3.1	-1.7
-2.0	14.4	8.6	5.5	2.1	1.3	12.4	15.0	10.8	4.4	3.3
11.1	18.3	11.3	10.9	10.8	8.9	4.4	6.4	6.1	6.6	-0.3
-2.5	-0.8	0.4	0.2	0.2	0.3	持平	0.3	0.1	-0.2	0.6
12.3	3.6	-14.7	-0.8	-7.2	-31.0	-35.7	-45.0	-32.4	-8.7	-1.7
11.3	21.1	14.8	10.2	8.3	23.6	17.3	49.3	73.1	144.3	58.5
9.7			15.6	24.8	24.2	41.0	46.7	30.3	34.5	35.9
			18.2	7.4	4.0	6.7	45.6	9.4	11.4	10.4
15.8	15.9	15.0	6.6	9.8	4.0	8.7	1.9	3.6	6.3	2.0
18.8	18.7	14.9	15.9	13.8	10.2	10.4	12.7	11.6	10.0	9.4
14.7	**16.9**	**15.9**	**13.2**	**12.2**	**11.3**	**9.4**	**9.0**	**8.7**	**7.6**	**6.4**
		15.5	13.4	12.3	11.4	9.0	8.5	8.6	7.1	6.0
		19.5	11.9	10.8	10.4	12.4	12.7	10.0	11.9	9.7
-12.4	36.3	24.9	4.1	8.8	3.7	-12.8	-3.1	12.3	11.2	1.3
-14.6	31.0	20.7	2.4	4.5	7.6	-0.5	-4.8	7.2	8.9	0.8
-23.3	36.7	30.0	6.3	10.6	10.1	8.0	-4.3	9.0	17.2	1.9
-3.3	7.5	12.3	2.9	-0.2	-7.4	-7.7	-3.2	-9.0	-7.7	0.6
-7.8	28.4	12.0	-3.6	-3.8	7.8	-11.6	-6.7	6.3	-5.6	-10.8
-9.1	43.5	30.1	6.0	13.6	-0.2	-26.2	-0.7	19.5	14.1	2.0

1-3 续表 4

单位:%

类　　别	Category	2000	2005
利用外资	**Utilization of Foreign Capital**		
新设外商直接投资企业数	Number of newly established Companies by foreign direct investment	58.9	8.9
实际利用外商直接投资	Direct Foreign Investments	20.4	3.1
对外承包工程和劳务合作	**Foreign Contracted Projects Labor Cooperation**		
合同个数	Number of Contracts (unit)	12.0	15.5
合同金额	Contracted Value	-9.1	11.9
营业额	Value of Business	-28.9	15.1
年末在外人数	Population in Foreign Countries and Regions	13.1	14.2
旅　游	**Tourism**		
接待海外旅游人数	International Tourists	16.3	30.0
外国人	Foreigners	14.9	29.8
港澳台胞	Compatriots from Hong Kong Macao and Taiwan	23.5	31.0
旅游外汇收入(人民币)	Foreign Exchange Earnings(RMB)	18.8	36.3
旅游外汇收入(美元)	Foreign Exchange Earnings(USD)	18.8	37.7
人民币对主要外币年平均汇价（中间价）	**Average Exchange Rate of RMB Yuan Against Main Convertible Currencies (Middle Rate)**		
100美元	100 US Dollars	0.0	-1.0
100日元	100 Japanese Yen	-8.5	-2.7
100港元	100 Hong Kong Dollars	-0.4	-0.9
十六、教　育	**Education**		
普通高等学校	**Regular Institutions of Higher Education**		
学校数	Number of Schools	11.5	7.2
招生数	New Enrollment	51.5	22.3
毕业生数	Graduates	0.2	34.5
在校学生数	Total Enrollment	42.2	23.8
教职工数	Teachers and Staff	10.7	17.4
#专任教师	Full-time Teachers	16.5	20.0
中等专业学校	**Secondary Professional Schools**		
学校数	Number of Schools	-3.2	-7.6
招生数	New Enrollment	-23.6	-2.1
毕业生数	Graduates	-2.9	13.8
在校学生数	Total Enrollment	-3.2	-1.2
教职工数	Teachers and Staff	-5.2	-5.6
#专任教师	Full-time Teachers	-4.2	-4.5
普通中学	**Regular Senior Secondary Schools**		
学校数	Number of Schools	-0.2	-3.6
招生数	New Enrollment	5.4	-6.6
毕业生数	Graduates	1.9	-3.0
在校学生数	Total Enrollment	9.4	-5.7
教职工数	Teachers and Staff	3.9	-0.7
# 专任教师	Full-time Teachers	4.9	-0.5
技工学校	**Technical Schools**		
学校数	Number of Schools	-7.6	-8.0
招生数	New Enrollment	-5.7	14.1
毕业生数	Graduates	-6.9	32.7
在校学生数	Total Enrollment	-14.7	18.8
教职工数	Teachers and Staff	-15.2	3.2
# 专任教师	Full-time Teachers	-3.2	3.1

continued

(%)

2009	2010	2011	2012	2013	2014	2015	2016	2017	2018	2019
-3.9	11.2	-12.2	-7.0	5.4	-3.8	11.6	-2.1	0.1	45.8	16.7
-2.3	14.5	21.7	10.7	13.8	8.1	7.3	3.2	6.1	14.9	18.6
-16.8	28.3									
23.6	17.2	-13.2	4.2	12.1	14.8	8.6	0.8	2.8	11.2	-11.9
41.9	18.3	36.1	9.6	4.5	8.6	9.7	6.7	7.0	2.8	-4.4
6.4	5.9	6.4	-4.5	2.3	16.5	0.7	3.1	9.0	-4.0	6.9
22.2	18.3	15.7	10.8	-3.7	-1.6	3.4	5.4	1.8	3.8	1.6
16.8	15.2	12.4	9.6	-4.3	-0.5	3.1	5.0	0.1	3.7	1.3
45.7	29.1	25.8	14.1	-1.8	-4.3	4.1	6.3	6.4	4.0	2.3
24.8	21.0	12.9	12.0	-8.3	-1.4	8.2	12.8	5.3	3.9	5.8
26.9	22.1	18.4	14.6	-6.6	-0.6	6.7	5.8	3.6	6.0	1.5
-1.6	-0.9	-4.6	-2.3	-1.9	-0.8	1.4	6.6	1.6	-2.0	4.2
8.3	5.9	4.9	-2.5	-19.9	-8.1	-11.4	18.8	-1.6	-0.6	5.8
-1.2	-1.1	-4.8	-1.9	-1.9	-0.8	1.4	6.5	1.2	-2.6	4.3
12.3	3.9	4.5	-1.4	2.2	1.4	0.7	0.7	0.7	持平	0.7
-2.5	-1.1	2.6	-0.2	-0.1	10.1	2.6	4.8	-1.9	2.7	17.9
5.0	2.9	3.5	1.5	2.7	-2.5	2.2	7.4	12.2	2.6	-1.3
3.8	2.4	0.3	0.3	5.8	5.8	5.8	5.0	1.0	1.3	7.0
2.0	1.7	0.9	0.8	2.4	1.2	2.2	2.3	2.6	2.7	4.0
2.6	1.9	6.5	0.3	0.3	2.7	3.3	2.9	2.8	1.7	4.3
-4.6		-7.7	-5.2	-6.3	-12.4	-5.4	-1.6	-6.3	-0.7	-1.8
6.4		4.2	-9.0	-10.2	-12.2	-7.9	-2.0	-9.4	-6.1	8.9
6.4		-12.0	-1.6	-0.5	-6.5	-9.5	-10.5	-13.4	0.8	3.9
0.0		4.0	-2.6	-10.1	-8.1	-9.6	-5.5	-2.0	-5.4	-2.6
-1.6		-5.8	-3.7	-6.5	-3.5	-3.4	-2.7	-0.3	-1.8	-1.8
-1.0		-3.4	-2.1	-4.2	-1.9	-0.7	-1.4	0.9	-0.8	-0.4
-3.7	-2.8	-2.1	-1.3	-1.6	-0.1	-0.4	1.7	1.6	3.1	3.3
-0.2	2.4	-1.4	-1.2	-0.8	-3.1	-1.6	6.1	2.5	-0.1	7.2
-8.2	-1.1	0.6	-2.9	1.9	-1.5	1.5	1.0	-3.9	-2.0	6.1
-0.6	0.3	0.1	-1.8	-0.8	-0.5	-1.3	0.5	2.6	3.0	3.6
-0.7	-0.8	5.5	0.5	0.2	1.2	0.9	1.8	3.6	2.6	4.2
1.3	-0.1	1.3	0.02	1.5	1.2	0.8	1.9	3.2	2.3	3.8
-0.5	6.6	-0.5	2.4	-2.8	-1.9	-4.4	持平	持平	-6.7	持平
-8.7	-6.8	9.1	3.4	-6.7	-11.2	2.8	1.6	-3.4	4.7	11.8
16.0	-4.8	-7.6	-8.4	7.7	-11.3	-9.2	-8.7	15.8	-7.2	-4.8
-4.5	0.4	-4.1	5.2	-7.8	-10.9	-3.4	5.4	-0.8	-0.8	7.7
1.1	-27.2	34.1	22.7	3.2	-4.7	-0.6	-0.3	0.6	0.3	0.2
2.8	-22.8	40.7	1.9	11.8	-4.1	-1.7	1.3	-1.5	-0.2	-1.0

1-3 续表 5

单位:%

类　　别	Category	2000	2005
小　学	**Regular Primary Schools**		
学校数	Number of Schools	-11.7	-6.3
招生数	New Enrollment	-10.0	-5.4
毕业生数	Graduates	1.9	-9.1
在校学生数	Total Enrollment	-11.0	-2.0
教职工数	Teachers and Staff	-2.4	0.0
#专任教师	Full-time Teachers	-2.5	-0.3
成人高等学校	**Adult Institutions of Higher Education**		
学校数	Number of Schools	持平	持平
招生数	New Enrollment	-5.4	-17.8
毕业生数	Graduates	14.9	10.0
在校学生数	Total Enrollment	-0.5	-3.6
教职工数	Teachers and Staff	-1.7	3.8
#专任教师	Full-time Teachers	-0.7	7.0
十七、科　技	**Science**		
重要科技成果	**Major Scientific Achievements**		
成果数量	Number of Achievements	1.1	-20.5
#农　业	Agricultural	3.2	-29.5
工　业	Industry	1.5	-51.9
国际领先先进水平	Internationally Advanced	-19.5	10.1
国内领先先进水平	Nationally Advanced	4.5	-27.2
专利情况	**Patent Applications**		
申请量	Number of Patent Applications Examined	16.7	56.8
授权量	Number of Patent Applications Granted	6.5	10.4
#发明专利	Inventions		14.6
十八、卫生、文化事业	**Public Health and Culture**		
卫生机构数	Number of Health Institutions	17.2	1.3
#医院(卫生院)	Hospitals and Township Hospitals	-0.0	1.1
卫生机构床位数	Number of Beds in Health Institutions	0.7	8.4
卫生技术人员数	Medical Technical Personnel	2.3	0.6
#执业(助理)医师	Licensed (Assistant) Doctors	4.3	1.5
注册护士	Registered Nurse	2.3	2.0
文化(艺术)馆	**Cultural (Arts) Centers**		
机构数	Number of Institutions	0.6	-0.6
人　数	Number of Employed Persons	-4.4	-4.9
文化站	**Cultural Stations**		
机构数	Number of Institutions	-2.9	-0.8
人　数	Number of Employed Persons	0.3	-0.8
艺术表演团体	**Arts Performance Troupes**		
机构数	Number of Institutions	0.9	-0.9
人　数	Number of Employed Persons	-2.2	1.2
剧场(院)	**Theaters and Music Halls**		
机构数	Number of Institutions	-1.9	-1.1
人　数	Number of Employed Persons	-2.8	-9.9
图书馆	**Libraries**		
机构数	Number of Institutions	持平	2.1
人　数	Number of Employed Persons	-1.9	2.2
博物馆	**Museums**		
机构数	Number of Institutions	3.5	4.2
人　数	Number of Employed Persons	-1.8	2.3

continued

(%)

2009	2010	2011	2012	2013	2014	2015	2016	2017	2018	2019
-4.8	-3.5	-2.9	-3.9	-3.6	-3.4	-3.4	-3.6	-2.9	-0.7	-0.3
-2.7	9.4	7.3	-8.2	5.6	7.8	-0.2	-0.4	2.5	2.1	-1.4
1.9	0.7	-3.1	-0.6	-2.7	-2.2	-2.1	8.3	3.6	0.5	5.6
-1.0	0.4	2.4	-2.5	-0.3	3.6	4.0	2.5	2.5	2.5	1.7
0.1	-0.8	-5.7	-1.6	-0.9	-1.3	0.1	1.9	1.4	0.1	1.1
0.5	-0.6	-0.3	-1.0	1.2	0.5	1.9	3.2	3.2	2.1	2.8
-4.5	-14.3	-5.6	持平	-35.3	持平	持平	持平	持平	持平	持平
-10.9	-2.1	10.9	12.8	-0.6	8.0	-8.8	9.9	-12.1	48.5	25.2
12.9	5.0	31.1	-16.8	6.6	15.0	9.3	3.8	66.7	-35.1	-12.4
6.2	3.0	-0.6	10.8	7.4	5.5	-0.2	3.7	-25.3	13.8	30.2
-15.6	-32.3	-6.5	8.5	-33.7	-20.5	-2.6	-27.1	-1.5	-6.4	-15.0
-14.4	-28.9	-7.3	6.8	-32.1	-22.1	-3.3	-27.5	-3.1	-7.4	-19.1
1.5	0.1	0.5	0.6	-2.5	26.7	1.9	0.2	-15.9	-29.4	42.5
1.7	27.8	-22.0	10.8	-12.1	48.1	-12.5	9.4	-13.8	-36.1	36.2
25.4	-11.5	-3.7	18.0	1.5	26.4	-6.9	-9.8	-13.4	-43.3	78.9
26.9	-10.0	-4.3	-5.9	11.8	20.0	18.4	-21.2	-19.9	-31.8	76.7
-12.7	-6.8	-1.5	4.1	-20.9	7.4	5.8	-9.7	-11.1	-29.9	40.3
11.0	20.9	35.5	17.3	20.6	2.2	21.8	10.2		16.6	10.3
29.3	49.2	14.3	28.3	1.9	-5.4	34.7	持平	2.5	31.7	10.7
55.3	43.3	42.6	27.3	19.6	18.2	60.2	14.9	-1.6	6.5	1.6
0.8	9.3		0.8	9.6	2.1	0.5	-0.5	2.7	3.1	2.6
0.5	2.5	1.2	1.7	7.5	1.9	1.9	2.4	12.8	2.7	-0.4
8.4	10.1	8.9	13.8	3.4	2.1	3.8	4.5	7.8	4.0	3.5
8.0	8.6	9.2	10.0	12.8	1.0	2.5	3.9	7.2	7.1	6.0
5.6	5.3	4.5	7.8	15.7	-0.4	2.6	3.4	8.0	9.6	8.7
12.6	12.5	9.8	12.1	25.3	2.3	3.4	5.8	9.2	9.9	5.8
1.3	持平	1.3	-1.3	0.6	-0.6	-0.6	持平	持平	持平	持平
3.0	-1.9	1.0	-1.7	1.0	-0.5	-0.4	-0.9	-0.9	-0.9	-2.9
2.2	-0.6	-1.5	-0.4	-0.8	0.2	0.2	0.1	-0.1	0.2	-0.2
22.3	-1.1	2.2	7.4	-1.4	5.4	6.8	-4.9	1.4	-0.1	4.7
-0.8	0.8	-2.5	-10.3	-1.0	1.0	持平	-1.0	1.9	持平	-1.0
0.4	-0.2	-1.7	-7.2	-2.9	3.1	-6.3	5.3	0.7	-2.6	2.3
-8.9	11.0	2.2	持平	持平	持平	-1.1	1.1	7.5	6.0	-12.3
-10.2	16.1	12.1	-2.4	-17.5	0.9	-5.9	-1.8	13.7	4.4	-8.9
2.0	-0.7	0.7	持平	2.0	持平	0.7	持平	持平	持平	持平
2.4	0.4	0.6	-1.9	4.3	-1.1	0.7	2.8	1.7	-1.2	-0.9
15.6	2.7	5.3	48.3	9.0	25.3	28.4	26.0	23.4	6.6	4.6
11.8	6.5	13.5	56.2	9.1	13.1	17.5	13.3	11.5	1.0	3.2

1-4 全省经济和社会发展结构指标

Composition Indicators on National Economic and Social Development

单位:% (%)

项　　目	Item	2010	2015	2016	2017	2018	2019
一、地区生产总值比例	**Structure of Gross Domestic Product**						
第一产业	Primary Industry	10.1	8.9	8.2	7.7	7.4	7.2
第二产业	Secondary Industry	52.2	44.9	43.5	42.7	41.3	39.8
第三产业	Tertiary Industry	37.7	46.2	48.3	49.6	51.3	53.0
二、常住人口比例	**Structure of Population**						
按性别分	Sexual Structure						
男	Male	50.6	50.5	50.7	50.7	50.2	49.8
女	Female	49.4	49.5	49.3	49.3	49.8	50.2
按年龄分	Age						
0-14岁	Aged 0-14	15.7	16.6	16.4	17.2	18.1	18.0
15-64岁	Aged 15-64	74.4	71.2	70.4	68.8	66.9	66.2
65岁及以上	Aged 65 and Over	9.9	12.2	13.2	14.0	15.0	15.8
按农村城镇分	Agricultural and Non-agricultural Structure						
农村人口	Agricultural Structure	50.3	43.0	41.0	39.4	38.8	38.5
城镇人口	Non-agricultural Structure	49.7	57.0	59.0	60.6	61.2	61.5
三、社会就业人员比例	**Structure of Employment**						
第一产业	Primary Industry	35.5	29.6	29.1	28.3	27.8	27.6
第二产业	Secondary Industry	32.6	35.2	35.4	35.6	35.3	35.3
第三产业	Tertiary Industry	31.9	35.2	35.5	36.1	36.9	37.1
四、农林牧渔业总产值比例	**Structure of Gross Output Value of Agriculture**						
农　业	Farming	54.6	50.2	48.3	48.2	49.8	50.8
林　业	Forestry	1.3	1.5	1.6	1.8	1.9	2.0
牧　业	Animal Husbandry	27.3	28.0	28.9	27.4	25.9	24.9
渔　业	Fishery	12.6	15.6	15.5	16.1	15.2	14.4
农林牧渔服务业	Services of Farming,Forestry,Animal Husbandry and Fishery	4.1	4.7	5.6	6.5	7.2	7.8
五、全社会固定资产投资比例	**Structure of Investment in Fixed Assets**						
国有经济	State-owned Units	15.7	13.0	14.1	17.3	20.1	23.8
集体经济	Collective-owned Units	11.3	6.5	2.9	2.7	1.2	1.1
个体经济	Self-employed Units	27.9	42.0	41.6	40.4	39.1	29.9
六、社会消费品零售总额比例	**Structure of Total Retail Sales of Consumer Goods**						
城镇	Urban	80.7	79.9	79.8	79.7	79.5	79.4
乡村	Rural	19.3	20.1	20.2	20.3	20.5	20.6
七、人民生活	**People's Living Conditions**						
城乡居民收入比(农村居民收入为1)	Urban and Rural Income Ratio(Rural Income as 1)	2.70	2.44	2.44	2.43	2.43	2.38
城镇居民人均消费支出	Of Per Capita Consumption Expenditure of Urban Households						
食品烟酒	Food, Tobacco and Liquor	29.3	27.8	27.6	26.8	26.3	26.1
交通通信	Transport and Communications	14.4	13.8	14.0	14.2	14.5	14.1
教育文化娱乐	Education, Cultural and Recreation	9.4	10.8	11.2	11.4	11.7	11.9
医疗保健	Health Care and Medical Services	6.8	7.1	7.5	7.7	7.9	8.2
农村居民人均消费支出	Of Per Capita Consumption Expenditure of Rural Households						
食品烟酒	Food, Tobacco and Liquor	35.2	30.4	29.8	28.6	28.1	27.8
交通通信	Transport and Communications	13.9	15.9	16.2	16.5	16.6	16.2
教育文化娱乐	Education, Cultural and Recreation	10.7	10.4	10.6	11.0	11.2	11.6
医疗保健	Health Care and Medical Services	8.2	10.5	10.8	10.9	10.7	10.9

1-4 续表 continued

单位:% (%)

项　目	Item	2010	2015	2016	2017	2018	2019
八、一般公共预算收入与地区生产总值之比	**Proportion of General Pubilc Budget Revenue to GDP**	**8.1**	**10.0**	**10.0**	**9.7**	**9.7**	**9.2**
九、一般公共预算收入比例	**Of General Public Budget Revenue**						
税收收入	Tax Revenue	78.2	76.0	71.9	72.5	75.5	74.3
国内增值税	Domestic Value-added Tax	13.8	10.8	19.3	28.0	29.3	30.0
企业所得税	Corporate Income Tax	10.7	9.0	8.6	10.2	10.4	10.7
个人所得税	Individual Income Tax	2.9	2.6	2.4	3.1	3.3	2.3
十、一般公共预算支出比例	**Of of General Public Budget Expenditure**						
一般公共服务支出	Expenditure for General Public Service	13.1	8.9	8.9	9.3	9.3	9.9
科学技术支出	Expenditure for Science and Technology	2.0	1.9	1.9	2.1	2.3	2.8
教育支出	Expenditure for Education	18.6	20.5	20.9	20.4	19.9	20.1
社会保障和就业支出	Expenditure for Social Safety Net and Employment Effort	10.1	11.0	11.3	12.2	12.4	13.5
十一、交通运输	**Structure of Transport**						
货运量比例	Structure of Freight Traffic						
铁路	Railways	6.1	6.1	5.9	5.5	5.4	6.8
公路	Highways	88.7	88.2	88.7	89.3	89.5	87.3
水运	Waterways	5.2	5.7	5.3	5.2	5.1	5.8
铁路网密度(公里/万平方公里)	Railway Density (km/10 000 sq.km)	243	308	309	324	359	378
公路网密度(公里/万平方公里)	Highway Density (km/10 000 sq.km)	14557	16683	16827	17130	17450	17746
十二、邮电通信业	**Postal and Telecommunication Services**						
电话普及率(含移动电话)(部/百人)	Popularization Rate of Telephone (Include Mobile Telephone) (set/100 persons)	85.7	106.9	106.2	108.2	113.6	118.9
移动电话普及率(部/百人)	Popularization Rate of Mobile Telephone (set/100 persons)	64.6	95.6	96.5	99.4	105.2	107.1
十三、R&D经费支出比例	**Structure of R&D Expenditure**						
#基础研究	Basic Research	2.0	2.1	2.3	2.3	3.0	3.8
应用研究	Applied Research	5.4	5.4	5.7	5.7	6.8	6.6
试验发展	Experimental Development	92.6	92.5	91.9	92.0	90.3	89.5
#政府资金	Government Funds	8.8	7.8	6.9	7.0	8.3	9.8
企业资金	Enterprises Funds	89.3	90.2	91.0	91.1	88.9	88.7
十四、卫生	**Public Health**						
卫生技术人员	**Structure of Medical Technical Personnel**						
#执业(助理)医师	Licensed (Assistant) Doctors	40.4	38.3	38.1	38.4	39.3	40.3
注册护士	Registered Nurses	35.3	41.1	41.8	42.6	43.7	43.6
每万人口执业(助理)医师数(人)	Number of Licensed (Assistant) Doctors per 10 000 Population (person)	18.6	24.1	24.6	26.5	28.9	31.3
每万人口医疗卫生机构床位数(张)	Number of Beds of Hospitals and Health Centers per 10 000 Population (bed)	39.9	52.7	54.5	58.5	60.6	62.5

1-5 平均每天社会经济活动

Selected Indicators on Average Daily Social and Economic Activities

指标名称	Item	2014	2015	2016	2017	2018	2019
一、全省每天创造的财富	**Daily Production**						
地区生产总值（万元）	Gross Domestic Product (10 000 yuan)	1391092	1514761	1605532	1726359	1825996	1947056
农林牧渔业总产值（万元）	Gross Output Value of Farming, Forestry, Animal Husbandry and Fishery (10 000 yuan)	246252	254354	247967	250421	257463	264977
建筑业总产值（万元）	Gross Output Value of Construction (10 000 yuan)	255163	256946	275613	314460	353378	390939
一般公共预算收入（万元）	General Pubilic Budget Revenue (10 000 yuan)	137721	151488	160114	167086	177682	178814
原盐（吨）	Salt (ton)	49658	45449	43296	38556	30652	29364
布（万米）	Cloth (10 000 m)	3162	3175	3249	3318	1841	1216
发电量（万千瓦时）	Electricity (10 000 kwh)	102404	128345	139443	141444	159902	161568
原油（万吨）	Crude Oil (10 000 tons)	7.4	7.1	6.3	6.1	6.1	6.1
粗钢（吨）	Steel (ton)	175644	181351	195822	195833	196636	174164
汽车（辆）	Motor Vehicles (unit)	3970	3208	3441	3844	3734	3113
二、全省每天消费量	**Daily Consumption**						
社会消费品零售额（万元）	Total Retail Sails of Consumer Goods (10 000 yuan)	539900	590437	641587	699396	752884	801402
三、其他经济活动	**Other Daily Economic Activities**						
铁路、公路和水路客运人数（万人）	Passenger Traffic (10 000 persons)	201.6	163.4	171.4	176.8	182.5	184.4
住宅竣工面积（平方米）	Floor Space of Residential Buildings Completed (sq.m)	166870	169468	173720	175519	220742	211908
四、全省人口变动和婚姻	**Daily Population Changes and Marriages**						
出生人口（人）	Birth (person)	6029	3912	4198	5623	4111	3362
死亡人口（人）	Death (person)	1695	1651	1460	3243	1779	1792
结婚对数（对）	Marriages (couples)	2283	1924	1835	1718	1645	1464
离婚对数（对）	Divorces (couples)	641	660	695	747	752	780

1-6 国民经济和社会发展主要指标占全国的比重(2019年)

Proportion of Main Economic and Social Indicators to the Whole Country(2019)

指标名称		Item		山东 Shandong	全国 China	山东占全国比重(%) Proportion of Shandong to China (%)
一、人口与就业		**Population and Employment**				
年末总人口	(万人)	Population at the Year-end	(10 000 persons)	10070	140005	7.2
就业人员	(万人)	Employment	(10 000 persons)	5988	77471	7.7
二、土地面积	**(万平方公里)**	**Area of Land**	**(10 000 sq.km)**	**15.8**	**960**	**1.6**
三、生产总值	**(亿元)**	**Gross Domestic Product**	**(100 million yuan)**	**71067.5**	**990865.1**	**7.2**
第一产业	(亿元)	Primary Industry	(100 million yuan)	5116.4	70466.7	7.3
第二产业	(亿元)	Secondary Industry	(100 million yuan)	28310.9	386165.3	7.3
第三产业	(亿元)	Tertiary Industry	(100 million yuan)	37640.2	534233.1	7.0
四、人均地区生产总值	**(元)**	**Per Capita Gross Domestic Product**	**(yuan)**	**70653**	**70892**	
五、农林牧渔业总产值	**(亿元)**	**Gross Output Value of Farming, Forestry, AnimalHusbandry and Fishery**	**(100 million yuan)**	**9672**	**123968**	**7.8**
六、主要工农业产品产量		**Output of Major Farm and Industrial Products**				
粮食	(万吨)	Grain	(10 000 tons)	5357.0	66384.3	8.1
棉花	(万吨)	Cotton	(10 000 tons)	19.6	588.9	3.3
油料	(万吨)	Oil-bearing Crops	(10 000 tons)	289.0	3493.0	8.3
肉类	(万吨)	Meat	(10 000 tons)	704.0	7758.8	9.1
水产品	(万吨)	Aquatic products	(10 000 tons)	823.3	6480.4	12.7
原油	(万吨)	Crude Oil	(10 000 tons)	2237.8	19101.4	11.7
家用电冰箱	(万台)	Household Refrigerators	(10 000 units)	732.5	7904.3	9.3
彩色电视机	(万台)	Color Television Sets	(10 000 units)	1580.6	18999.1	8.3
原盐	(万吨)	Salt	(10 000 tons)	1071.8	6701.4	16.0
农用化肥	(万吨)	Chemical Fertilizer	(10 000 tons)	421.7	5731.2	7.4
粗钢	(万吨)	Steel	(10 000 tons)	6357.0	99541.9	6.4
平板玻璃	(万重量箱)	Plate Glass	(10 000 weight cases)	7109.3	94461.2	7.5
七、房地产开发投资	**(亿元)**	**Investment in Real Edtate Development**	**(100 million yuan)**	**8614.9**	**132194.3**	**6.5**
八、财政金融		**Finance and Financial Intermediation**				
地方一般公共预算收入	(亿元)	General Pubilic Budget Revenue	(100 million yuan)	6526.7	101080.6	6.5
地方一般公共预算支出	(亿元)	General Pubilic Budget Expenditure	(100 million yuan)	10739.8	203743.2	5.3
住户人民币存款余额	(亿元)	RMB Savings and Deposit of Urban and Rural Households at the Year-end	(100 million yuan)	55232.1	813017.1	6.8
九、国内贸易		**Domestic Trade**				
社会消费品零售总额	(亿元)	Total Retail Sales of Consumer Goods	(100 million yuan)	29251.2	408017.2	7.2
十、外贸外经旅游		**Foreign Trade and Tourism**				
进出口总额	(亿美元)	Total Value of Imports and Exports	(100 million USD)	2962.8	45778.9	6.5
出口总额	(亿美元)	Exports	(100 million USD)	1614.4	24994.8	6.5
国际旅游外汇收入	(亿美元)	Foreign Exchange Earnings	(100 million USD)	34.1	1312.5	2.6
十一、价格指数		**Price Indices**				
商品零售价格指数	(上年=100)	Retail Price Indices	(preceding year=100)	102.2	102.0	
居民消费价格指数	(上年=100)	Consumer Price Indices	(preceding year=100)	103.2	102.9	
工业生产者出厂价格指数	(上年=100)	Producer Price Indices for Industrial Products	(preceding year=100)	99.7	99.7	
十二、人民生活		**People's Livelihood**				
城镇单位就业人员平均工资	(元)	Average Wage of Employed Persons in Urban Units	(yuan)	81446	90501	
全体居民人均可支配收入	(元)	Disposable Income of All Households	(yuan)	31597	30733	
城镇居民人均可支配收入	(元)	Disposable Income of Urban Households	(yuan)	42329	42359	
农村居民人均可支配收入	(元)	Disposable Income of Rural Households	(yuan)	17775	16021	
十三、教育、卫生		**Education and Health Care**				
普通本专科在校生数	(万人)	Total Enrollment of Institutions of Higher Education	(10 000 persons)	218.4	3031.5	7.2
医院床位数	(万张)	Number of Hospital Beds	(10 000 beds)	48.1	686.7	7.0
卫生技术人员数	(万人)	Number of Medical Technical Personnel	(10 000 persons)	78.3	1015.4	7.7

1-7 按行业分法人单位数
Number of Corporate Units by Sector

单位:个 (unit)

行 业	Sector	2017	2018	2019
总 计	**Total**	**2014790**	**1801301**	**2309350**
农、林、牧、渔业	Agriculture,Forestry,Animal Husbandry and Fishing	140409	24243	125306
采矿业	Mining	3777	2358	2558
制造业	Manufacturing	342448	310428	354724
电力、燃气及水的生产和供应业	Production and Supply of Electric Power and Heat Power	8453	6280	6939
建筑业	Construction	118986	124512	185126
批发和零售业	Wholesale and Retail Trade	661401	598403	728791
交通运输、仓储和邮政业	Traffic,Transport,Storage and Post	52738	52848	66140
住宿和餐饮业	Hotels and Catering Services	29388	28234	34177
信息传输、软件和信息技术服务业	Information Transfer, Software and Information Technology Services	53404	58722	81022
金融业	Financial Intermediation	12053	5783	8144
房地产业	Real Estate	49233	51380	62011
租赁和商务服务业	Leasing and Business Services	177736	171491	232003
科学研究和技术服务业	Scientific Research and Technical Service	96840	93529	119160
水利、环境和公共设施管理业	Management of Water Conservancy,Environment and Public Facilities	9895	10758	14663
居民服务、修理和其他服务业	Households Services, Repair and Other Services	37020	33873	39141
教 育	Education	35308	43057	52077
卫生和社会工作	Health and Social Work	21774	18784	20243
文化、体育和娱乐业	Culture,Sports and Entertainment	27861	37583	43350
公共管理、社会保障和社会组织	Public management,Social Security and Social Organization	136066	129035	133775
国际组织	International Organization			

1-8 按机构类型分法人单位数

Number of Corporate Units by Status of Organization

单位:个 (unit)

机构类型	Organization Status	2010	2015	2016	2017	2018	2019
合 计	**Total**	**773752**	**1269917**	**1652065**	**2014790**	**1801301**	**2309350**
企 业	Enterprises	592359	1048470	1344176	1675975	1547260	1982468
事业单位	Institutions	36631	40919	44903	48350	50681	47378
机 关	Agencies & Organizations	12145	12411	12826	12304	12465	12213
社会团体	Social Groups	13531	15919	18819	20929	13337	17384
民办非企业单位	Private Non-enterprise Units	17805	16098	19740	24624	28723	34781
基金会	Foundation	24	81	99	115	116	153
居委会	Neighborhood Committee	5950	7507	7323	7048	7307	7463
村委会	Village Committee	79002	73947	73909	73453	71411	73870
农民专业合作社	Professional Farmers Cooperatives			110936	136031	58750	122477
其他组织机构	Others	16305	54565	19334	15961	11251	11163

1-9 按地区分法人单位数

Number of Corporate Units by Region

单位:个 (unit)

地 区	Region	2010	2015	2016	2017	2018	2019
全省总计	**Total**	**773752**	**1269917**	**1652065**	**2014790**	**1801301**	**2309350**
济 南 市	Jinan	85972	119575	144859	162066	200414	285944
青 岛 市	Qingdao	130498	230230	302471	345793	359226	427061
淄 博 市	Zibo	49615	68198	89514	115280	97597	114573
枣 庄 市	Zaozhuang	24618	37887	47322	60639	38717	62031
东 营 市	Dongying	17078	28465	39590	49073	39374	51023
烟 台 市	Yantai	75741	118699	151831	168440	182515	200567
潍 坊 市	Weifang	65071	115593	154860	194938	174232	229327
济 宁 市	Jining	47936	101533	123715	153557	130348	177396
泰 安 市	Tai'an	37759	56600	69235	79894	65349	72766
威 海 市	Weihai	30173	51595	69610	86039	64510	78757
日 照 市	Rizhao	18554	29516	37205	48228	52880	69645
莱 芜 市	Laiwu	13798	17200	22005	28270	29883	
临 沂 市	Linyi	48297	92164	121410	167916	109478	178389
德 州 市	Dezhou	39447	51189	64949	83694	70831	91383
聊 城 市	Liaocheng	25359	46442	59745	80289	60844	90489
滨 州 市	Binzhou	23788	44869	61010	76260	58839	85354
菏 泽 市	Heze	40048	60162	92734	114414	66264	94645

注：根据行政区划调整，2019年起，莱芜市并入济南市，以下表同。
a)According to administrative division adjustment,Laiwu City merged into Jinan City from 2019.The same applies to tables following.

主要统计指标解释

行政区划 指国家对行政区域的划分。根据宪法规定，我国的行政区域划分如下：(1)全国分为省、自治区、直辖市；(2)省、自治区分为自治州、县、自治县、市；(3)自治州分为县、自治县、市；(4)县、自治县分为乡、民族乡、镇；(5)直辖市和较大的市分为区、县；(6)国家在必要时设立的特别行政区。

国民经济行业分类 自2017年统计年报开始使用新的《国民经济行业分类》(GB/T4754-2017)，该分类是由国家统计局组织修订，经国家质量监督检验检疫总局和国家标准化管理委员会批准，于2017年6月30日发布。这次修订是在2011年分类标准的基础上，参照联合国《所有经济活动的国际标准产业分类》(ISIC/Rev.4)进行的。修订后的《国民经济行业分类》(GB/T4754-2017)共有门类20个，大类97个，中类473个，小类1380个。大类增加1个，中类增加41个，小类增加286个。

企业(单位)登记注册类型 是以在工商行政管理机关登记注册的各类企业为划分对象，以工商行政管理部门对企业登记注册的类型为依据，将企业登记注册类型分为内资企业、港澳台商投资企业和外商投资企业三大类。内资企业包括国有企业、集体企业、股份合作企业、联营企业、有限责任公司、股份有限公司、私营公司和其他企业；港澳台商投资企业和外商投资企业分别包括合资经营企业、合作经营企业、独资经营企业和股份有限公司。对不在工商行政管理部门进行登记注册的行政机关、事业单位和社会团体，主要按其经费来源和管理方式进行划分。

国有企业 指企业全部资产归国家所有，并按《中华人民共和国企业法人登记管理条例》规定登记注册的非公司制的经济组织。不包括有限责任公司中的国有独资公司。

集体企业 指企业资产归集体所有，并按《中华人民共和国企业法人登记管理条例》规定登记注册的经济组织。

股份合作企业 指以合作制为基础，由企业职工共同出资入股，吸收一定比例的社会资产投资组建，实行自主经营，自负盈亏，共同劳动，民主管理，按劳分配与按股分红相结合的一种集体经济组织。

联营企业 指两个及两个以上相同或不同所有制性质的企业法人或事业单位法人，按自愿、平等、互利的原则，共同投资组成的经济组织。联营企业包括国有联营企业、集体联营企业、国有与集体联营企业和其他联营企业。

有限责任公司 指根据《中华人民共和国公司登记管理条例》规定登记注册，由两个以上、五十个以下的股东共同出资，每个股东以其所认缴的出资额对公司承担有限责任，公司以其全部资产对其债务承担责任的经济组织。有限责任公司包括国有独资公司以及其他有限责任公司。

股份有限公司 指根据《中华人民共和国公司登记管理条例》规定登记注册，其全部注册资本由等额股份构成并通过发行股票筹集资本，股东以其认购的股份对公司承担有限责任，公司以其全部资产对其债务承担责任的经济组织。

私营企业 指由自然人投资设立或由自然人控股，以雇佣劳动为基础的营利性经济组织。包括按照《公司法》、《合伙企业法》、《私营企业暂行条例》规定登记注册的私营有限责任公司、私营股份有限公司、私营合伙企业和私营独资企业。

其他企业 指上述企业之外的其他内资经济组织。

与港澳台商合资经营企业 指港澳台地区投资者与内地企业依照《中华人民共和国中外合资经营企业法》及有关法律的规定，按合同规定的比例投资设立、分享利润和分担风险的企业。

与港澳台商合作经营企业 指港澳台地区投资者与内地企业依照《中华人民共和国中外合作经营企业法》及有关法律的规定，依照合作合同的约定进行投资或提供条件设立、分配利润和分担风险的企业。

港澳台商独资经营企业 指依照《中华人民共和国外资企业法》及有关法律的规定，在内地由港澳台地区投资者全额投资设立的企业。

港澳台商投资股份有限公司 指根据国家有关规定，经原外经贸部依法批准设立，其中港、澳、台商的股本占公司注册资本的比例达25%以上的股份有限公司。凡其中港、澳、台商的股本占公司注册资本的比例小于25%的，属于内资企业中的股份有限公司。

中外合资经营企业 指外国企业或外国人与中国内地企业依照《中华人民共和国中外合资经营企业法》及有关法律的规定，按合同规定的比例投资设立、分享利润和分担风险的企业。

中外合作经营企业 指外国企业或外国人与中国内地企业依照《中华人民共和国中外合作经营企业法》及有关法律的规定，依照合作合同的约定进行投资或提供条件设立、分配利润和分担风险的企业。

外资企业 指依照《中华人民共和国外资企业法》及有关法律的规定，在中国内地由外国投资者全额投资设立的企业。

外商投资股份有限公司 指根据国家有关规定，经原外经贸部依法批准设立，其中外资的股本占公司注册资本的比例达25%以上的股份有限公司。凡其中外资股本占公司注册资本的比例小于25%的，属于内资企业中的股份有限公司。

行政机关、事业单位和社会团体 参照企业登记注册类型，主要按其经费来源和管理方式划分。具体规定如下：

⑴行政机关：包括国家机关和政党机关，原则上均列为“国有”。但有特殊规定的，如供销社等，则列为“集体”。

⑵事业单位：包括经国家机构编制部门和有关业务主管部门批准成立的各类事业单位，不包括实行企业化管理的事业单位。事业单位的划分办法如下：

①由国家财政预算拨款或列入财政预算外资金管理以及经费主要来源于国有主管部门或国有上级单位的事业单位，列为“国有”。

②经费主要来源丁集体单位的事业单位，列为“集体”。

③公民个人(或个人合伙)开办的事业单位，列为“私营”。

④上述以外的其他事业单位，如果其经费来源不明确，按管理方式进行归类。

⑶社会团体：包括经民政部门批准成立以及未纳入社会团体管理条例范围的工会、妇联等各类社会团体。社会团体的划分办法如下：

①未纳入民政部社会团体管理条例范围的工会、妇联、共青团、青联、工商联、科协、侨联等社会团体，国家拨款设立的基金会或基金管理组织以及经费主要来源于国有业务主管部门或国有上级单位的社会团体，列为“国有”。

②经费主要来源于集体单位的社会团体，列为“集体”。

③公民个人(或个人合伙)开办的社会团体，划为“私营”。

④上述以外的其他社会团体，如果其经费来源不明确，改按管理方式进行归类。

Explanatory Notes on Main Statistical Indicators

Divisions of Administrative Areas refers to the division of administrative areas by the state. The Constitution of the People Republic of China stipulates that the administrative areas in China are divided as: 1) The whole country is divided into provinces, autonomous regions and municipalities directly under the central government; 2) Provinces and autonomous regions are divided into autonomous prefectures, counties, autonomous counties and cities; 3) Autonomous prefectures are divided into counties, autonomous counties and cities; 4) Counties and autonomous counties are divided into townships, nationality townships and towns; 5) Municipalities and large cities are divided into districts and counties, 6) The state shall, when necessary, establish special administrative regions.

Industrial Classification of the National Economy The new Industrial Classification of the National Economy (GB/T 4754-2017) is used in **Industrial Classification of the National Economy** starting from the compilation of 2017 annual statistics. This Classification is revised and organized by the National Bureau of Statistics, promulgated by the National Administration of Quality Supervision, Inspection and Quarantine and Standardization Administration of the People's Republic of China on June 30, 2017. This revision is taking into consideration of the International Standards of the Industrial Classification of All Economic Activities (ISIC/Rev.4) of the United Nations, and based on the the Classification Standard in 2011. The revised version of the Industrial Classification of the National Economy (GB/T 4754-2017) is composed of 20 major divisions, 97 divisions, 473 major groups and 1380 groups, added 1 division, 41 major groups and 286 groups.

Registration Status of Enterprises are classified into 3 categories, namely domestic funded enterprises, enterprises with investment from Hong Kong, Macau and Taiwan, and enterprises with foreign investment, in the light of the registration status of an enterprise in industrial and commercial administration agencies. Domestic-funded enterprises include state-owned enterprises, collective-owned enterprises, cooperative enterprises, joint ownership enterprises, limited liability corporations, share-holding corporations Ltd., private enterprises and other enterprises. Included in the enterprises with investment from Hong Kong, Macau and Taiwan and enterprises with foreign investment are joint-venture enterprises, cooperative enterprises, sole investment enterprises and share holding corporations Ltd. For government agencies, institutions and social organizations which are not requested to be registered in industrial and commercial administration agencies, they are classified mainly by their sources of funds and way of management.

State-owned Enterprises refer to non-corporation economic units where the entire assets are owned by the state and which have registered in accordance with the Regulation of the People' s Republic of China on the Management of Registration of Corporate Enterprises. Excluded from this category are sole state funded corporations in the limited liability corporations.

Collective-owned Enterprises refer to economic units where the assets are owned collectively and which have registered in accordance with the Regulation of the People' s Republic of China on the Management of Registration of Corporate Enterprises.

Cooperative Enterprises refer to a form of collective economic units (enterprises) where capitals come mainly from employees as their shares, with certain proportion of capital from the outside, where production is organized on the basis of independent operation, independent accounting for profits and losses, joint work, democratic management, and a distribution system that integrates remuneration according to work with dividend according to capital share.

Joint Ownership Enterprises refer to economic units established by two or more corporate enterprises or corporate institutions of the same or different ownership, through joint investment on the basis of equality, voluntary participation and mutual benefits. They include state joint ownership enterprises, collective joint ownership enterprises, joint state-collective enterprises, other joint ownership enterprises.

Limited Liability Corporations refer to economic units established with investment from 2-50 investors and registered in accordance with the Regulation of the People' s Republic of China on the Management of Registration of Corporations, each investor bearing limited liability to the corporation depending on its share of investment, and the corporation bearing liability to its debt to the maximum of its total assets. Limited liability corporations include exclusive state funded limited liability corporations and other limited liability corporations.

Share-holding Corporations Ltd. refer to economic units registered in accordance with the Regulation of the People' s Republic of China on the Management of Registration of Corporations, with total registered capitals divided into equal shares and raised through issuing stocks. Each investor bears limited liability to the corporation depending on the holding of shares, and the corporation bears liability to its debt to the maximum of its total assets.

Private Enterprises refer to profit-making economic units invested and established by natural persons, or controlled by natural persons using employed labour. Included in this category are private limited liability corporations, private share-holding corporations Ltd., private partnership enterprises and private-funded enterprises registered in accordance with the Corporation Law, Partnership Enterprises Law and Interim Regulations on Private Enterprises.

Other Domestic-funded Enterprises refer to domestic funded economic units other than those mentioned above.

Cooperative Enterprises with Funds from Hong Kong Macau and Taiwan established by investors from Hong

Kong, Macau and Taiwan with enterprises in the mainland of China in accordance with the Law of the People' s Republic of China on Sino-foreign Cooperative Enterprises and other relevant laws, where the investment or provision of facilities, and the share of profits and risks is stipulated in the cooperative contract.

Enterprises with Sole (exclusive) Investment from Hong Kong, Macau and Taiwan refer to enterprises established in the mainland of China with exclusive investment from investors from Hong Kong, Macau and Taiwan in accordance with the Law of the People's Republic of China on Foreign Funded Enterprises and other relevant laws.

Share-holding Corporations Ltd. with Investment from Hong Kong, Macau and Taiwan refer to share holding corporations Ltd. established with the approval from the former Ministry of Foreign Trade and Economic Relations in line with relevant state regulations, where the share of investment from Hong Kong, Macau or Taiwan businessmen exceeds 25% of the total registered capital of the corporation. In case the share of investment from Hong Kong, Macau or Taiwan is less than 25% of the total registered capital, the enterprise is to be classified as domestic-funded share-holding corporation Ltd.

Joint-venture Enterprises with Foreign Investment refer to enterprises jointly established by foreign enterprises or foreigners with enterprises in the mainland of China in accordance with the Law of the People' s Republic of China on Sino-foreign Joint Venture Enterprises and other relevant laws, where the share of investment, profits and risks is stipulated in the contract.

Cooperation Enterprises with Foreign Investment refer to enterprises jointly established by foreign enterprises or foreigners with enterprises in the mainland of China in accordance with the Law of the People' s Republic of China on Sino foreign Cooperative Enterprises and other relevant laws, where the investment or provision of facilities, and the share of profits and risks is stipulated in the cooperative contract.

Enterprises with Sole (exclusive) Foreign Investment refer to enterprises established in the mainland of China with exclusive investment from foreign investors in accordance with the Law of the People' s Republic of China on Foreign Funded Enterprises and other relevant laws.

Share-holding Corporations Ltd. with Foreign Investment refer to share-holding corporations Ltd. established with the approval from the Ministry of Foreign Trade and Economic Relations in line with relevant state regulations, where the share of investment from foreign investors exceeds 25% of the total registered capital of the corporation. In case the share of foreign investment is less than 25% of the total registered capital, the enterprise is to be classified as domestic funded share holding corporation Ltd.

Government Agencies, Institutions and Social Organizations are classified into following categories by source of funds and way of management taking reference of the registration status of enterprises:

(1) Government agencies: include state and party agencies, classified in principle as state owned. There are exceptions, such as supply and marketing cooperatives which are classified as collective-owned.

(2) Institutions: include institutions of various types established with the approval by organization and staffing departments of the government, but exclude institutions where enterprise management system is introduced. Institutions are further classified as follows:

(a) Institutions whose main budget is listed in the government budget appropriations or extra budget funds, or allocated from the budget of their competent government agencies. Such institutions are classified as state owned.

(b) Institutions whose budget mainly comes from collective units. Such institutions are classified as collective owned.

(c) Social organizations established by individual or a group of citizens, which are classified as private.

(d) Institutions other than those mentioned above whose source of budget is not clear. Such institutions are classified by way of management.

(3) Social organizations: include social organizations established with the approval from the Ministry of Civil Affairs, and organizations that are not covered by social organization management regulations such as trade unions, womens federations etc.. Social organizations are further classified as follows:

(a) Social organizations that are not covered by social organization management regulations of the Ministry of Civil Affairs such as trade unions, womens federations, communist youth leagues, youth associations, industrial and commerce associations, scientists associations, overseas Chinese associations, etc., foundations and fund management organizations established with funds from the state, and social organizations whose funds mainly come from the budget of their competent government agencies. Such institutions are classified as state owned.

(b) Social organizations whose budget mainly comes from collective units. Such institutions are classified as collective owned.

(c) Social organizations established by individual or a group of citizens, which are classified as private.

(d) Social organizations other than those mentioned above whose source of budget is not clear. Such organizations are classified by way of management.

第2篇

国民经济核算

National Accounts

简要说明

一、本篇资料的主要内容

本篇资料从宏观上反映了经济发展的总体状况和发展水平，主要包括地区生产总值及其增长、结构、三次产业对经济增长的贡献等方面的资料。

根据国家统计局统一要求，支出法地区生产总值历史数据修订工作正在进行中，故暂时无法提供按支出法计算的地区生产总值及居民消费水平等数据。

二、本篇资料的来源

本篇资料来源于国民经济核算统计报表，由省统计局核算处整理提供。

Brief Introduction

I. Main Content

Data in the chapter reflect the overall situation and development of economy on the macro level, including growth rate and components of GDP, share of the three industries to the increase of GDP and household consumption expenditure.

According to the unified work arrangment of the National Bureau of Statistics, the work of revising the historical data of GDP by Expenditure Approach is in progress, so data of GDP by Expenditure Approach and the Resident Consumption Level can't be provided temporarily.

II. Source of Data

Data in this chapter are prepared according to the data of national accounts and compiled by the Division of National Accounts of Shandong Provincial Bureau of Statistics.

2-1 主要年份地区生产总值

Gross Domestic Product in Major Years

单位:亿元 (100 million yuan)

年 份 Year	地区生产总值 Gross Domestic Product	第一产业 Primary Industry	第二产业 Secondary Industry	第三产业 Tertiary Industry	#工 业 Industry	#建筑业 Construction	人均地区生产总值(元) Per Capita GDP (yuan)
1952	43.81	29.55	7.27	6.99	6.82	0.45	91
1955	57.78	35.52	11.42	10.84	10.81	0.61	113
1957	61.39	31.95	17.59	11.85	16.62	0.97	116
1962	64.38	30.42	16.91	17.05	15.90	1.01	120
1965	86.25	42.24	28.96	15.05	25.99	2.97	152
1970	126.31	52.23	53.71	20.37	50.16	3.55	199
1975	166.19	65.54	75.31	25.34	69.76	5.55	240
1978	225.45	75.06	119.35	31.04	108.53	10.82	316
1979	251.60	91.12	127.68	32.80	114.67	13.01	350
1980	292.13	106.43	146.11	39.59	130.55	15.56	402
1981	346.57	132.21	155.41	58.95	138.09	17.32	472
1982	395.38	154.07	166.05	75.26	147.10	18.95	531
1983	459.83	185.57	178.75	95.51	159.15	19.60	611
1984	581.56	222.13	239.27	120.16	214.20	25.07	765
1985	680.46	235.96	293.07	151.43	259.42	33.65	887
1986	742.05	252.73	313.21	176.11	274.80	38.41	956
1987	892.29	287.31	384.57	220.41	341.31	43.26	1131
1988	1117.66	331.94	497.10	288.62	435.51	61.59	1395
1989	1293.94	359.14	579.65	355.15	513.97	65.68	1595
1990	1511.19	425.29	635.98	449.92	568.25	67.73	1815
1991	1810.54	521.85	745.90	542.79	663.90	82.00	2122
1992	2196.53	534.62	999.11	662.80	889.59	109.52	2557
1993	2770.37	596.63	1355.71	818.03	1201.67	154.04	3212
1994	3844.50	775.03	1891.43	1178.04	1692.10	199.33	4441
1995	4953.35	1010.13	2355.78	1587.44	2098.06	257.73	5701
1996	5883.80	1200.17	2784.09	1899.54	2475.99	308.10	6746
1997	6537.07	1195.00	3147.37	2194.70	2796.02	351.35	7461
1998	7021.35	1215.81	3408.06	2397.49	3008.45	399.61	7968
1999	7493.84	1221.00	3644.32	2628.52	3197.16	447.16	8483
2000	8278.06	1252.08	4120.19	2905.79	3620.06	500.13	9260
2001	9076.22	1340.46	4466.74	3269.02	3911.03	555.71	10063
2002	10076.52	1369.15	5037.63	3669.74	4364.37	673.26	11120
2003	10903.23	1456.98	5720.01	3726.24	4995.68	724.33	11977
2004	13308.08	1748.22	7327.61	4232.25	6497.70	829.91	14540
2005	15947.51	1928.17	8841.13	5178.21	7875.58	965.55	17308
2006	18967.80	2098.26	10568.49	6301.05	9467.48	1101.01	20443
2007	22718.06	2451.01	12529.41	7737.64	11233.13	1296.28	24329
2008	27106.22	2876.20	14911.50	9318.52	13310.80	1600.70	28861
2009	29540.80	3076.19	15919.67	10544.94	13998.52	1921.15	31282
2010	33922.49	3411.34	17733.08	12778.07	15449.95	2283.13	35599
2011	39064.93	3768.55	19926.11	15370.27	17280.78	2645.33	40639
2012	42957.31	4047.06	21275.89	17634.36	18421.90	2853.99	44464
2013	47344.33	4454.11	22615.89	20274.33	19475.30	3188.60	48763
2014	50774.84	4662.81	23588.02	22524.01	20178.23	3476.06	52016
2015	55288.79	4902.82	24814.88	25571.09	21156.50	3731.63	56312
2016	58762.46	4830.25	25565.04	28367.17	21695.98	3909.44	59375
2017	63012.10	4832.71	26925.59	31253.80	22515.81	4441.01	63162
2018	66648.87	4950.52	27523.67	34174.68	22613.01	5024.90	66472
2019	71067.53	5116.44	28310.92	37640.17	22985.13	5441.91	70653

注:1. 本表按当年价格计算。

2. 根据《国民经济行业分类》(GB/T4754—2011)标准规定和国家统计局要求，将“农、林、牧、渔业”中的“农、林、牧、渔服务业”、“采矿业”中的“开采辅助活动”、“制造业”中的“金属制品、机械和设备修理业”等三个大类行业调入第三产业(下表同)。

3. 根据第四次经济普查结果，对全省2000—2018年生产总值进行了修订。

4. 2019年数据为初步核算数(以下相关表同)。

a) Data in this table are calculated at current prices.

b) According to the Standard Industrial Classification Codes (GB / T4754-2011) and the requirements of the National Bureau of Statistics, service in support of agriculture in the industry of agriculture, forestry, animal husbandry and fishery, support activities for mining in the industry of mining, repair service of metal products, machinery and equipment in the industry of manufacturing have been included in the Tertiary Industry (the same as in the following tables).

c) According to the Fourth National Economic Census, the data of GDP from 2000 to 2018 of Shandong have been revised.

d) The data of 2019 come form the number of preliminary accounting(the same as in the following tables).

2-2 主要年份地区生产总值指数

Indices of Gross Domestic Product in Major Years

(以1952年为100) (1952=100)

年 份 Year	地区生产总值 Gross Domestic Product	第一产业 Primary Industry	第二产业 Secondary Industry	第三产业 Teritary Industry	#工业 Industry	#建筑业 Construction
1952	100.0	100.0	100.0	100.0	100.0	100.0
1955	127.4	115.6	155.2	147.0	157.1	127.3
1957	137.4	101.6	261.9	154.6	264.5	222.5
1962	113.4	69.6	214.8	184.4	213.0	238.4
1965	171.1	107.1	404.7	197.9	385.5	679.0
1970	251.6	129.1	752.8	261.0	747.3	825.5
1975	361.5	154.4	1364.7	310.7	1372.4	1222.2
1978	466.1	174.3	1945.2	379.7	1904.6	2547.8
1979	496.9	188.7	2067.8	395.2	2001.7	3066.1
1980	557.7	207.2	2315.5	470.1	2230.1	3612.1
1981	589.9	220.6	2388.6	524.9	2326.7	3369.6
1982	656.3	244.3	2522.3	667.6	2440.2	3786.0
1983	747.4	283.3	2712.8	825.9	2644.2	3803.4
1984	877.3	335.1	3191.5	951.8	3085.0	4824.9
1985	977.4	342.3	3780.2	1094.0	3612.6	6280.4
1986	1038.4	340.0	4184.8	1189.3	4029.1	6546.0
1987	1182.0	365.0	4898.3	1391.9	4786.5	6703.9
1988	1330.2	364.1	6007.7	1526.1	5850.6	8493.7
1989	1383.0	361.7	6431.1	1568.0	6348.5	7929.7
1990	1455.6	381.0	6890.7	1578.2	6856.4	7761.3
1991	1668.4	435.0	7852.0	1830.7	7881.5	8192.2
1992	1950.5	435.6	10095.2	2129.1	10201.7	9881.3
1993	2347.5	462.2	12928.1	2553.8	13124.4	12085.4
1994	2728.7	495.9	15178.6	3081.3	15432.8	13962.6
1995	3110.0	540.3	17316.2	3604.3	17555.3	16412.5
1996	3484.8	575.9	19711.9	4053.9	19965.0	18865.3
1997	3871.4	578.6	22218.1	4639.7	22500.5	21290.6
1998	4287.6	611.3	24899.0	5159.4	25218.7	23828.6
1999	4717.3	640.1	27902.2	5639.3	28300.6	26321.9
2000	5164.9	655.1	30913.4	6235.7	31374.3	28976.9
2001	5650.4	679.9	34004.5	6920.0	34524.3	31789.3
2002	6272.0	696.5	38736.5	7636.1	39113.1	37653.9
2003	6949.4	734.4	43967.8	8314.1	44593.1	41416.4
2004	7818.0	784.7	50992.2	9086.7	52513.4	42711.3
2005	8803.1	821.9	58393.5	10205.3	60374.9	47310.5
2006	9885.9	862.4	66431.1	11485.2	68961.9	52054.1
2007	11062.3	895.8	75125.0	12936.9	78460.7	55838.7
2008	12135.4	938.2	82158.3	14473.5	86163.7	58781.6
2009	13324.6	976.1	91377.0	15793.2	94658.2	72879.4
2010	14710.4	1006.3	102047.6	17417.1	105682.9	81575.7
2011	16284.4	1044.0	113741.2	19420.7	118589.2	86765.1
2012	17864.0	1091.4	125476.1	21387.1	131379.7	92815.2
2013	19543.2	1129.5	137729.1	23587.1	144601.3	101726.2
2014	21204.4	1172.2	149816.6	25748.1	157319.4	111049.5
2015	22858.3	1220.9	160408.1	28212.8	168215.0	120084.1
2016	24554.6	1267.8	170359.5	30833.1	178426.6	127264.4
2017	26352.1	1312.9	180536.8	33693.5	189478.4	132822.5
2018	28013.0	1347.8	188000.6	36697.4	197929.8	138455.7
2019	29540.0	1361.9	192794.9	39891.4	202086.3	145655.4

注：本表按可比价格计算。

a) Data in this table are calculated at constant prices.

2-2 续表 continued

(以上年为100) (preceding year=100)

年 份 Year	地 区 生产总值 Gross Domestic Product	第一产业 Primary Industry	第二产业 Secondary Industry	第三产业 Teritary Industry	#工 业 Industry	#建筑业 Construction	人均地区生产总值 Per Capita GDP
1955	109.5	110.4	104.5	112.2	104.7	101.6	107.0
1957	96.5	87.5	110.8	101.9	112.9	83.0	95.2
1962	97.4	106.8	79.8	108.2	80.7	70.7	95.1
1965	122.0	126.6	130.0	102.5	125.7	180.2	120.4
1970	115.7	103.5	126.1	117.4	127.1	114.9	112.6
1975	129.2	110.6	159.8	104.7	163.6	113.1	127.8
1978	110.1	94.0	125.4	100.8	123.5	152.1	109.1
1979	106.6	108.2	106.3	104.1	105.1	120.3	105.8
1980	112.2	109.8	112.0	118.9	111.4	117.8	111.0
1981	105.8	106.5	103.2	111.7	104.3	93.3	104.7
1982	111.3	110.8	105.6	127.2	104.9	112.4	109.7
1983	113.9	116.0	107.6	123.7	108.4	100.5	112.7
1984	117.4	118.3	117.6	115.3	116.7	126.9	116.2
1985	111.4	102.1	118.4	114.9	117.1	130.2	110.4
1986	106.2	99.3	110.7	108.7	111.5	104.2	105.0
1987	113.8	107.3	117.0	117.0	118.8	102.4	112.0
1988	112.5	99.7	122.6	109.6	122.2	126.7	110.8
1989	104.0	99.3	107.0	102.7	108.5	93.4	102.7
1990	105.3	105.3	107.1	100.6	108.0	97.9	102.6
1991	114.6	114.2	114.0	116.0	115.0	105.6	111.8
1992	116.9	100.2	128.6	116.3	129.4	120.6	116.1
1993	120.4	106.1	128.1	120.0	128.6	122.3	119.9
1994	116.2	107.3	117.4	120.7	117.6	115.5	115.8
1995	114.0	108.9	114.1	117.0	113.8	117.5	113.6
1996	112.1	106.6	113.8	112.5	113.7	114.9	111.6
1997	111.1	100.5	112.7	114.4	112.7	112.9	110.6
1998	110.8	105.6	112.1	111.2	112.1	111.9	110.1
1999	110.0	104.7	112.1	109.3	112.2	110.5	109.4
2000	109.5	102.4	110.8	110.6	110.9	110.1	108.5
2001	109.4	103.8	110.0	111.0	110.0	109.7	108.4
2002	111.0	102.4	113.9	110.3	113.3	118.4	110.5
2003	110.8	105.4	113.5	108.9	114.0	110.0	110.3
2004	112.5	106.8	116.0	109.3	117.8	103.1	111.9
2005	112.6	104.7	114.5	112.3	115.0	110.8	111.8
2006	112.3	104.9	113.8	112.5	114.2	110.0	111.5
2007	111.9	103.9	113.1	112.6	113.8	107.3	111.2
2008	109.7	104.7	109.4	111.9	109.8	105.3	109.1
2009	109.8	104.0	111.2	109.1	109.9	124.0	109.2
2010	110.4	103.1	111.7	110.3	111.6	111.9	109.4
2011	110.7	103.7	111.5	111.5	112.2	106.4	109.7
2012	109.7	104.5	110.3	110.1	110.8	107.0	109.2
2013	109.4	103.5	109.8	110.3	110.1	109.6	108.9
2014	108.5	103.8	108.8	109.2	108.8	109.2	107.9
2015	107.8	104.2	107.1	109.6	106.9	108.1	107.2
2016	107.4	103.8	106.2	109.3	106.1	106.0	106.6
2017	107.3	103.6	106.0	109.3	106.2	104.4	106.5
2018	106.3	102.7	104.1	108.9	104.5	104.2	105.8
2019	105.5	101.1	102.6	108.7	102.1	105.2	105.2

2-3 主要年份地区生产总值构成

Composition of Gross Domestic Product in Major Years

单位:% (%)

年 份 Year	地 区 生产总值 Gross Domestic Product	第一产业 Primary Industry	第二产业 Secondary Industry	第三产业 Teritary Industry	#工 业 Industry	#建筑业 Construction
1952	100	67.4	16.6	16.0	15.6	1.0
1955	100	61.5	19.7	18.8	18.7	1.0
1957	100	52.0	28.7	19.3	27.1	1.6
1962	100	47.2	26.3	26.5	24.7	1.6
1965	100	49.0	33.5	17.5	30.1	3.4
1970	100	41.4	42.5	16.1	39.7	2.8
1975	100	39.4	45.3	15.3	42.0	3.3
1978	100	33.3	52.9	13.8	48.1	4.8
1979	100	36.2	50.8	13.0	45.6	5.2
1980	100	36.4	50.0	13.6	44.7	5.3
1981	100	38.2	44.8	17.0	39.8	5.0
1982	100	39.0	42.0	19.0	37.2	4.8
1983	100	40.3	38.9	20.8	34.6	4.3
1984	100	38.2	41.1	20.7	36.8	4.3
1985	100	34.7	43.0	22.3	38.1	4.9
1986	100	34.1	42.2	23.7	37.0	5.2
1987	100	32.2	43.1	24.7	38.3	4.8
1988	100	29.7	44.5	25.8	39.0	5.5
1989	100	27.8	44.8	27.4	39.7	5.1
1990	100	28.1	42.1	29.8	37.6	4.5
1991	100	28.8	41.2	30.0	36.7	4.5
1992	100	24.3	45.5	30.2	40.5	5.0
1993	100	21.5	49.0	29.5	43.4	5.6
1994	100	20.2	49.2	30.6	44.0	5.2
1995	100	20.4	47.6	32.0	42.4	5.2
1996	100	20.4	47.3	32.3	42.1	5.2
1997	100	18.3	48.1	33.6	42.7	5.4
1998	100	17.3	48.5	34.2	42.8	5.7
1999	100	16.3	48.6	35.1	42.6	6.0
2000	100	15.1	49.8	35.1	43.7	6.0
2001	100	14.8	49.2	36.0	43.1	6.1
2002	100	13.6	50.0	36.4	43.3	6.7
2003	100	13.4	52.4	34.2	45.8	6.6
2004	100	13.1	55.1	31.8	48.8	6.2
2005	100	12.1	55.4	32.5	49.4	6.1
2006	100	11.1	55.7	33.2	49.9	5.8
2007	100	10.8	55.1	34.1	49.4	5.7
2008	100	10.6	55.0	34.4	49.1	5.9
2009	100	10.4	53.9	35.7	47.4	6.5
2010	100	10.1	52.2	37.7	45.5	6.7
2011	100	9.6	51.1	39.3	44.2	6.8
2012	100	9.4	49.5	41.1	42.9	6.6
2013	100	9.4	47.8	42.8	41.1	6.7
2014	100	9.2	46.4	44.4	39.7	6.8
2015	100	8.9	44.9	46.2	38.3	6.7
2016	100	8.2	43.5	48.3	36.9	6.7
2017	100	7.7	42.7	49.6	35.7	7.0
2018	100	7.4	41.3	51.3	33.9	7.5
2019	100	7.2	39.8	53.0	32.3	7.7

注:本表按当年价格计算。

a)Data in this table are calculated at current prices.

2-4 地区生产总值

Gross Domestic Product

单位:亿元 (100 million yuan)

分 组	Sector	2018	2019	2018年为2017年 % 2017=100	2019年为2018年 % 2018=100
地区生产总值	**Gross Domestic Product**	**66648.87**	**71067.53**	**106.3**	**105.5**
第一产业	Primary Industry	4950.52	5116.44	102.7	101.1
第二产业	Secondary Industry	27523.67	28310.92	104.1	102.6
第三产业	Tertiary Industry	34174.68	37640.17	108.9	108.7
农林牧渔业	Agriculture, Forestry, Animal Husbandry and Fishery	5273.89	5476.47	103.2	101.7
工 业	Industry	22613.01	22985.13	104.5	102.1
建筑业	Construction	5024.90	5441.91	104.2	105.2
批发和零售业	Wholesale and Retail Trades	8747.08	9744.83	107.9	111.7
交通运输、仓储和邮政业	Transport, Storage and Postal Services	3384.94	3636.06	106.0	108.6
住宿和餐饮业	Hotels and Catering Services	1040.73	1173.68	105.2	108.8
信息传输、软件和信息技术服务业	Information Transmission, Software and Information Technology	1376.33	1494.98	127.7	118.7
金融业	Financial Intermediation	3871.23	4177.35	106.2	106.6
房地产业	Real Estate	3963.08	4348.67	107.2	104.4
租赁和商务服务业	Leasing and Business Services	1751.45	1942.11	90.7	108.9
科学研究和技术服务业	Scientific Research and Technical Services	1195.11	1292.71	124.4	104.2
水利、环境和公共设施管理业	Management of Water Conservancy, Environment and Public Facilities	317.25	358.29	86.4	109.0
居民服务、修理和其他服务业	Service to Households, Repair and Other Services	1137.93	1251.06	112.2	107.7
教 育	Education	2215.93	2462.98	107.1	106.1
卫生和社会工作	Financial Intermediation	1284.82	1416.10	123.6	104.6
文化、体育和娱乐业	Culture, Sports and Recreation	433.00	460.75	114.5	106.6
公共管理、社会保障和社会组织	Public Management,Social Security and Social Organization	3018.19	3404.45	115.8	108.4
人均地区生产总值(元)	**Per Capita GDP (yuan)**	**66472**	**70653**	**105.8**	**105.2**

注:本表绝对数按当年价格计算,指数按可比价格计算。
a)Data in this table are calculated at current prices.Indices are calculated at constant prices.

2-5 三次产业对经济增长的贡献率及拉动百分点

Share and Contribution of the Three Industries to the Inctrease of GDP

单位:% (%)

年份 Year	贡献率 Share			地区生产总值增长率 Increase Rate of Gross Domestic Product	拉动百分点(个) Contribution (unit)		
	第一产业 Primary Industry	第二产业 Secondary Industry	第三产业 Tertiary Industry		第一产业 Primary Industry	第二产业 Secondary Industry	第三产业 Tertiary Industry
1980	25.6	53.4	21.0	12.2	3.1	6.5	2.6
1981	42.0	25.2	32.8	5.8	2.4	1.5	1.9
1982	36.2	22.4	41.4	11.3	4.1	2.5	4.7
1983	43.3	23.3	33.4	13.9	6.0	3.2	4.7
1984	40.3	41.0	18.7	17.4	7.0	7.1	3.3
1985	7.3	65.4	27.3	11.4	0.8	7.5	3.1
1986	-3.7	73.7	30.0	6.2	-0.2	4.6	1.8
1987	17.6	55.3	27.1	13.8	2.4	7.6	3.8
1988	-0.6	83.2	17.4	12.5	-0.1	10.4	2.2
1989	-4.6	89.3	15.3	4.0	-0.2	3.6	0.6
1990	27.0	70.3	2.7	5.3	1.4	3.7	0.2
1991	27.2	40.2	32.6	14.6	4.0	5.9	4.7
1992	0.3	70.7	29.0	16.9		12.0	4.9
1993	7.2	63.4	29.4	20.4	1.5	12.9	6.0
1994	9.5	52.5	38.0	16.2	1.5	8.5	6.2
1995	12.5	49.8	37.7	14.0	1.7	7.0	5.3
1996	10.2	56.8	33.0	12.1	1.2	6.9	4.0
1997	0.8	57.6	41.6	11.1	0.1	6.4	4.6
1998	8.4	57.3	34.3	10.8	0.9	6.2	3.7
1999	7.2	62.1	30.7	10.0	0.7	6.2	3.1
2000	3.6	59.8	36.6	9.5	0.3	5.7	3.5
2001	6.1	52.9	41.0	9.4	0.6	4.9	3.9
2002	3.2	63.3	33.5	11.0	0.4	6.9	3.7
2003	6.7	64.2	29.1	10.8	0.7	7.0	3.1
2004	3.9	66.9	29.2	12.5	0.5	8.3	3.7
2005	4.5	62.5	33.0	12.6	0.6	7.8	4.2
2006	4.9	62.0	33.1	12.3	0.6	7.6	4.1
2007	3.7	61.7	34.6	11.9	0.4	7.4	4.1
2008	5.1	54.8	40.1	9.7	0.5	5.3	3.9
2009	4.1	64.8	31.1	9.8	0.4	6.4	3.0
2010	2.8	64.4	32.8	10.4	0.3	6.7	3.4
2011	3.5	56.0	40.5	10.7	0.4	6.0	4.3
2012	4.4	56.0	39.6	9.7	0.4	5.5	3.8
2013	2.9	59.9	37.2	9.4	0.3	5.6	3.5
2014	3.8	54.8	41.4	8.5	0.3	4.7	3.5
2015	4.3	48.3	47.4	7.8	0.3	3.8	3.7
2016	4.6	37.5	57.9	7.4	0.3	2.8	4.3
2017	4.2	36.2	59.6	7.3	0.3	2.7	4.3
2018	3.5	28.7	67.8	6.3	0.2	1.8	4.3
2019	1.5	20.1	78.4	5.5	0.1	1.1	4.3

注:本表按可比价格计算。

a) Data in this table are calculated at constant prices.

2-6 各市生产总值

Gross Domestic Product by Region

单位:亿元 (100 million yuan)

地 区	Region	地区生产总值 Gross Domestic Product		第一产业增加值 Value-added of Primary Industry		第二产业增加值 Value-added of Secondary Industry	
		2019	2019年为2018年% 2018=100	2019	2019年为2018年% 2018=100	2019	2019年为2018年% 2018=100
全 省	**Total**	**71067.53**	**105.5**	**5116.44**	**101.1**	**28310.92**	**102.6**
济南市	Jinan	9443.37	107.0	343.06	101.3	3265.22	107.8
青岛市	Qingdao	11741.31	106.5	409.98	101.6	4182.76	104.7
淄博市	Zibo	3642.42	103.5	149.30	101.7	1817.84	100.1
枣庄市	Zaozhuang	1693.91	103.6	158.87	100.2	736.98	100.2
东营市	Dongying	2916.19	104.2	145.73	100.5	1675.11	104.0
烟台市	Yantai	7653.45	105.5	550.42	102.6	3185.48	104.1
潍坊市	Weifang	5688.50	103.7	517.42	100.9	2291.04	100.0
济宁市	Jining	4370.17	103.8	503.84	100.9	1760.01	99.8
泰安市	Tai'an	2663.59	106.3	288.67	99.8	1036.20	105.7
威海市	Weihai	2963.73	103.6	288.61	101.2	1196.34	100.9
日照市	Rizhao	1949.38	107.2	167.77	100.3	831.88	108.7
临沂市	Linyi	4600.25	103.0	409.48	101.1	1742.48	98.2
德州市	Dezhou	3022.27	106.1	311.88	99.8	1263.70	105.7
聊城市	Liaocheng	2259.82	103.7	317.60	101.3	806.88	104.0
滨州市	Binzhou	2457.19	104.1	230.21	100.6	1041.01	103.3
菏泽市	Heze	3409.98	106.3	323.56	103.4	1453.74	103.0

注:本表绝对额按当年价格计算,速度按可比价格计算。

a)Absolute figure in this table are calculated at current prices while growth rate at constant prices.

2-6 续表 continued

单位:亿元

地 区	Region	第三产业增加值 Value-added of Tertiary Industry		工业增加值 Value-added of Industry		人均地区生产总值(元) Per Capita GDP (yuan)
		2019	2019年为2018年% 2018=100	2019	2019年为2018年% 2018=100	2019
全 省	**Total**	**37640.17**	**108.7**	**22985.13**	**102.1**	**70653**
济南市	Jinan	5835.09	107.0	2167.87	104.1	106416
青岛市	Qingdao	7148.57	108.0	3159.86	102.8	124282
淄博市	Zibo	1675.28	107.9	1545.49	101.4	77510
枣庄市	Zaozhuang	798.06	107.7	598.02	101.3	43100
东营市	Dongying	1095.35	104.9	1617.78	104.3	134022
烟台市	Yantai	3917.55	107.1	2719.52	104.7	107343
潍坊市	Weifang	2880.04	107.5	1894.36	100.3	60760
济宁市	Jining	2106.32	108.6	1507.75	100.9	52331
泰安市	Tai'an	1338.72	108.6	642.55	105.1	47248
威海市	Weihai	1478.78	106.5	1027.59	102.8	104615
日照市	Rizhao	949.73	107.2	664.85	108.0	66313
临沂市	Linyi	2448.29	107.4	1429.54	98.2	43213
德州市	Dezhou	1446.69	108.0	1123.44	107.0	52295
聊城市	Liaocheng	1135.34	104.2	691.13	103.4	37129
滨州市	Binzhou	1185.97	105.7	938.11	102.6	62639
菏泽市	Heze	1632.68	110.4	1230.65	102.8	38867

2-7 各市生产总值构成(2019年)

Composition of Gross Domestic Product by Region(2019)

单位:% (%)

地 区	Region	地区生产总值 Gross Domestic Product	第一产业 Primary Industry	第二产业 Secondary Industry	第三产业 Teritary Industry
全 省	**Total**	**100.0**	**7.2**	**39.8**	**53.0**
济南市	Jinan	100.0	3.6	34.6	61.8
青岛市	Qingdao	100.0	3.5	35.6	60.9
淄博市	Zibo	100.0	4.1	49.9	46.0
枣庄市	Zaozhuang	100.0	9.4	43.5	47.1
东营市	Dongying	100.0	5.0	57.4	37.6
烟台市	Yantai	100.0	7.2	41.6	51.2
潍坊市	Weifang	100.0	9.1	40.3	50.6
济宁市	Jining	100.0	11.5	40.3	48.2
泰安市	Tai'an	100.0	10.8	38.9	50.3
威海市	Weihai	100.0	9.7	40.4	49.9
日照市	Rizhao	100.0	8.6	42.7	48.7
临沂市	Linyi	100.0	8.9	37.9	53.2
德州市	Dezhou	100.0	10.3	41.8	47.9
聊城市	Liaocheng	100.0	14.1	35.7	50.2
滨州市	Binzhou	100.0	9.4	42.4	48.2
菏泽市	Heze	100.0	9.5	42.6	47.9

注:本表按当年价格计算。

a)Data in this table are calculated at current prices.

主要统计指标解释

国内生产总值（GDP） 指一个国家（或地区）所有常住单位在一定时期内生产活动的最终成果。

国内生产总值有三种表现形态，即价值形态、收入形态和产品形态。

从价值形态看，它是所有常住单位在一定时期内生产的全部货物和服务价值超过同期中间投入的全部非固定资产货物和服务价值的差额，即所有常住单位的增加值之和；

从收入形态看，它是所有常住单位在一定时期内创造并分配给常住单位和非常住单位的初次收入分配之和；

从产品形态看，它是所有常住单位在一定时期内最终使用的货物和服务价值与货物和服务净出口价值之和。

在实际核算中，国内生产总值有三种计算方法，即生产法、收入法和支出法。三种方法分别从不同的方面反映国内生产总值及其构成。

①生产法 是从生产过程中生产的货物和服务总产品价值入手，剔除生产过程中投入的中间产品的价值，得到增加价值的一种方法，公式为：

增加值＝总产出－中间投入

总产出 是一定时期内一个国家（或地区）常住单位生产的所有货物和服务的价值。既包括新增价值，也包括转移价值。

中间投入 是常住单位在生产或提供货物与服务过程中，消耗和使用的所有非固定资产货物和服务的价值。中间投入也称为中间消耗。

增加值 是指常住单位生产过程创造的新增价值和固定资产的转移价值。按生产法计算它等于总产出减去中间投入。

②收入法 收入法也称分配法，按收入法计算国内生产总值是从生产过程创造收入的角度，对常住单位的生产活动成果进行核算。按照这种计算方法，增加值由劳动者报酬、生产税净额、固定资产折旧和营业盈余四个部分组成。

用公式表示为：

增加值＝劳动者报酬+生产税净额+固定资产折旧+营业盈余

国民经济各部门的增加值之和等于国内生产总值。

劳动者报酬 指劳动者因从事生产活动所获得的全部报酬。它包括劳动者获得的各种形式工资、奖金和津贴，既包括货币形式的，也包括实物形式的，它还包括劳动者所享受的公费医疗和医疗卫生费、上下班交通补贴和单位直接支付的社会保险费等。

生产税净额 生产税减生产补贴后的差额。

生产税指政府对生产单位生产、销售和从事经营活动以及因从事生产活动使用某些生产要素，如固定资产、土地、劳动力所征收的各种税、附加费和规费。具体包括销售税金及附加、增值税、管理费中开支的各种税、应交纳的养路费、排污费和水电费附加、烟酒专卖上缴政府的专项收入等。

生产补贴与生产税相反，是政府对生产单位的单方面收入转移，因此视为负生产税处理，包括政策亏损补贴、粮食系统价格补贴、外贸企业出口退税收入等。

固定资产折旧 指一定时期内为弥补固定资产损耗按照核定的固定资产折旧率提取的固定资产折旧，或按国民经济核算统一规定的折旧率虚拟计算的固定资产折旧。它反映了固定资产在当期生产中的转移价值。各种类型企业和企业化管理的事业单位的固定资产折旧指实际计提并计入成本费用中的折旧费；不计提折旧的单位，如政府机关、非企业化管理的事业单位和居民住房的固定资产折旧则是按照统一规定的折旧率和固定资产原值计算的虚拟折旧。

营业盈余 是指常住单位创造的增加值扣除劳动者报酬、生产税净额和固定资产折旧后的余额。它相当于企业的营业利润加上生产补贴，但要扣除从利润中开支的工资和福利等。

③支出法 支出法是从最终使用角度来反映国内生产总值最终去向的一种方法。最终使用包括货物和服务的最终消费支出、资本形成总额、货物和服务净出口三部分。

最终消费 指常住单位在一定时期内对于货物和服务的全部最终消费支出，也就是常住单位为满足物质、文化和精神生活的需要，从本国经济领土和国外购买的货物和服务的支出；不包括非常住单位在本国经济领土内的消费支出。最终消费分为居民消费和政府消费。

居民消费 指常住住户对货物和服务的全部最终消费支出。居民消费按市场价格计算，即按居民支付的购买者价格计算。购买者价格是购买者取得货物所支付的价值，包括购买者支付的运输和商业费用。

居民消费除了直接以货币形式购买货物和服务的消费之外，还包括以其他方式获得的货物和服务的消费支出，即所谓的虚拟消费支出。居民虚拟消费支出包括以下几种类型：单位以实物报酬及实物转移的形式提供给劳动者的货物和服务；住户生产并由本住户消费的货物和服务，其中的服务仅指住户的自有住房服务；金融机构提供的金融媒介服务；保险公司提供的保险服务。

政府消费 指政府部门为全社会提供公共服务的消费支出和免费或以较低价格向住户提供的货物和服务的净支出。前者等于政府服务的产出价值减去政府单位所获得的经营收入的价值，政府服务的产出价值等于它的经常性业务支出加上固定资产折旧；后者等于政府部门免费或以较低价格向住户提供的货物和服务的市场价值减去向住户收取的价值。

资本形成总额 指常住单位在一定时期内获得减去处

置的固定资产和存货的净额，包括固定资本形成总额和存货增加两部分。

固定资本形成总额 指常住单位购置、转入和自产自用的固定资产价值，扣除销售和转出的价值，包括有形固定资产形成总额和无形固定资产形成总额。有形固定资产形成总额包括一定时期内完成的建筑工程、安装工程和设备工器具购置（减处置）价值，商品房销售增值，土地改良形成的固定资产，新增役、种、奶、毛、娱乐用牲畜和新增经济林木价值。无形固定资产形成总额包括矿藏勘探、计算机软件、娱乐和文学艺术品原件等获得减处置的价值。

存货增加 指常住单位存货实物量变动的市场价值，即期末价值减期初价值的差额。存货增加可以是正值，也可以是负值；正值表示存货上升，负值表示存货下降。它包括生产单位购进的原材料、燃料和储备物资等存货，以及生产单位生产的产成品、在制品等存货等。

货物和服务净出口 指货物和服务出口减货物和服务进口的差额。出口包括常住单位向非常住单位出售或无偿转让的各种货物和服务的价值；进口包括常住单位从非常住单位购买或无偿得到的各种货物和服务的价值。由于服务活动的提供与使用同时发生，因此服务的进出口业务并不发生出入境现象，一般把常住单位从国外得到的服务作为进口，非常住单位从本国得到的服务作为出口。货物的出口和进口都按离岸价格计算。

三次产业 是根据社会生产活动历史发展的顺序对产业结构的划分，产品直接取自自然界的部门称为第一产业，对初级产品进行再加工的部门称为第二产业，为生产和消费提供各种服务的部门称为第三产业。它是世界上较为通用的产业结构分类，但各国的划分不尽一致。

按照国民经济行业分类标准（GB/T 4754—2011）和我国的实际情况，我国的三次产业划分是：

第一产业 农、林、牧、渔业（不含农、林、牧、渔服务业）。

第二产业 指采矿业（不含开采辅助活动），制造业（不含金属制品、机械和设备修理业），电力、热力、燃气及水生产和供应业，建筑业。

第三产业 第三产业即服务业，是指除第一产业、第二产业以外的其他行业。具体包括：批发和零售业，交通运输、仓储和邮政业，住宿和餐饮业，信息传输、软件和信息技术服务业，金融业，房地产业，租赁和商务服务业，科学研究和技术服务业，水利、环境和公共设施管理业，居民服务、修理和其他服务业，教育，卫生和社会工作，文化、体育和娱乐业，公共管理、社会保障和社会组织，国际组织，以及农、林、牧、渔业中的农、林、牧、渔服务业，采矿业中的开采辅助活动，制造业中的金属制品、机械和设备修理业。

当年价格 指报告期的实际价格，如工业品的出厂价格，农产品的收购价格，商业的零售价格等。按当年价格计算，是指一些以货币表现的物量指标，如工农业总产值、国内生产总值等，按照当年的实际价格来计算总量。使用当年价格计算的数字，是为了使国民经济各项指标互相衔接，便于考察当年社会经济效益，便于对生产流通、生产和分配、生产和消费进行经济核算和综合平衡。

按当年价格计算的价值指标，在不同年份之间进行对比时，因为包含有各年间价格变动的因素，不能确切地反映实物量的增减变动。必须消除价格变动因素后，才能真实反映经济发展动态。因此，在计算增长速度时都使用按可比价格计算的数字。

可比价格 指计算各种总量指标所采用的扣除了价格变动因素的价格，可进行不同时期总量指标的对比。按可比价格计算总量指标有两种方法：一种是直接用产品产量乘某一年的不变价格计算；另一种是用价格指数进行换算。

不变价格 指以同类产品某一时期的平均价格作为固定价格，用于计算各时期的产品价值。按不变价格计算的产品价值消除了价格变动因素，不同时期对比可以反映生产的发展速度。新中国成立后，随着工农业产品价格水平的变化，国家统计局先后八次制定了全国统一的工业产品不变价格和农业产品不变价格。从 1949 年到 1957 年使用 1952 年工（农）业产品不变价格，从 1957 年到 1971 年使用 1957 年不变价格，从 1971 年到 1981 年使用 1970 年不变价格，从 1981 年到 1990 年使用 1980 年不变价格，从 1991 年到 2000 年使用 1990 年不变价格，从 2001 年到 2005 年使用 2000 年不变价格，从 2006 年开始使用 2005 年不变价格，从 2011 年开始使用 2010 年不变价格，从 2016 年开始使用 2015 年不变价格。

Explanatory Notes on Main Statistical Indicators

Gross Domestic Product refers to the final products at market prices produced by all residents in a country (or a region) during a certain period of time.

Gross domestic product is expressed in three different forms, i.e. value, income, and products respectively.

GDP in its value form refers to the total value of all goods and services produced by all resident units during a certain period of time, minus the total value of input of goods of non-fixed assets and services; in other term, it is the sum of the value-added of all resident units.

GDP in the form of income includes the income created by all resident units and distributed to resident and non-resident units.

GDP in the form of products refers to the value of all goods and services for final consumption by all resident units minus the net exports of goods and services during a given period of time.

In the practice of national accounting, gross domestic product is calculated with three approaches, i.e. production approach, income approach and expenditure approach, which reflect gross domestic product and its composition from different aspects.

Production Approach focuses on the total value of goods and services produced in production activities. GDP by Production Approach equals the value of total output minus that of input consumed in production process.

GDP by Production Approach = gross output—intermediate input

Gross Output refers to the total value of goods and service produced by all residents in a given period,including newly-produced goods and service, and intermediate input.

Intermediate Input refers to non-fixed assets and paid service consumed during production process when goods and service are produced. Intermediate input is also called intermediate consumption.

Value-added refers to the value of newly-produced goods and service and that of consumed fixed assets. By production approach, it equals gross output minus intermediate input.

Income Approach (also known as distribution approach): refers to the method measuring the final results of production activities o from the perspective of income made by all residents. GDP of income approach includes laborers' remuneration,net taxed on production, depreciation of fixed assets and operating surplus.

GDP by income approach = laborers' remuneration+ net taxed on production+depreciation of fixed assets+operating surplus.

The sum of value added made by different industries is GDP.

Laborers' Remuneration refers to the whole payment of various forms earned by the laborers' from the productive activities they are engaged in. It includes wages, bonuses and allowances the laborers' earned in monetary form and in kind. It also includes the free medical services provided to the laborers' and the medicine expenses, traffic subsidies and social insurance, housing fund paid by the employers.

Net Taxes on Production refers to the difference of the taxes on production minus the subsidies on production.

Taxes on production refers to the various taxes, extra charges and fees levied on the production units on their production, sale and business activities as well as on the use of some factors of production, such as fixed assets, land and labor force in the production activities they are engaged in.

In contrast to the taxes on production, the subsidies on production refer to the unilateral government transfer to the production units and are therefore regarded as negative taxes on production.They include subsidies on the loss due to implementation of government policies, price subsidies, etc.

Depreciation of Fixed Assets refers to the depreciation of fixed assets of a given period, drawn in accordance with the stipulated depreciation rate for the purpose of compensating the wear loss of the fixed assets or the depreciation of fixed assets calculated in a fictitious way in accordance with the stipulated unified depreciation rate in the national economic accounting system. It reflects the value of transfer of the fixed assets in the production of the current period. The depreciation of fixed assets in various enterprises and institutions managed as enterprises refers to the depreciation expenses actually drawn. In government agencies and institutions not managed as enterprises which do not draw the depreciation expenses, as well as for the houses of residents, the depreciation of fixed assets is the imputed depreciation, which is calculated in accordance with the stipulated unified depreciation rate. In principle, the depreciation of fixed assets should be calculated on the basis of the re-purchased value of the fixed assets.

Operating Surplus refers to the balance of the value added created by the resident units deducting the laborers' remuneration, net taxes on production and the depreciation of fixed assets. It is equivalent to the business profit of the enterprises plus subsidies on production, but the wages and welfare expenses paid from the profits should be deducted.

GDP by Expenditure Approach refers to the method of measuring the final results of production activities of a country (region) during a given period from the perspective of final use. It includes final consumption expenditure, total capital formation and net export of goods and services.

Final Consumption Expenditure refers to the total expenditure on goods and services in a given period, which means the total expenditure of resident units for purchases of goods and services from domestic economic territory and abroad to meet the requirements of material, cultural and spiritual life. It excludes the expenditure of non-resident units on consumption in the economic territory of the country. The final consumption expenditure is broken down into household consumption expenditure and government consumption expenditure.

Household consumption refers to the consumption expenditure made by household on goods and services. It is calculated at market price which is the purchasers'price. Purchasers'price means the money the purchasers paid for goods, including transportation fees and operating fees.

In addition to the consumption of goods and services bought by the households directly with money, the households consumption expenditure also includes expenditure on goods and services obtained by the households in other ways, i.e. the so-called imputed consumption expenditure, which includes the following: (a) the goods and services provided to the households by the employer in the form of payment in kind and transfer in kind; (b) goods and services produced and consumed by the households themselves, in which the services refer only to the owner-occupied housing and domestic and individual services provided by the paid household workers; (c) financial intermediate services provided by financial institutions; (d) insurance services provided by insurance companies.

Government Consumption Expenditure refers to the expenditure on the consumption of the public services provided by the government to the whole society and the net expenditure on the goods and services provided by the government to the households free of charge or at low prices. The former equals to the output value of the government services minus the value of operating income obtained by the government departments. The latter equals to the market value of the goods and services provided by the government free of charge or at low prices to the households minus the value received by the government from the households.

Total Capital Formation refers to the fixed assets acquired minus those disposed of and the net value of inventory, including the total fixed capital formation and the increase in inventory.

Total Fixed Capital Formation refers to the value of fixed assets acquired minus those disposed of during a given period. Fixed assets are the assets produced through production activities with specified unit value which could be used for over one year, excluding natural assets. Total fixed capital formation can be categorized into total tangible capital formation and total intangible capital formation. The total tangible capital formation include the value of the construction projects, installation projects completed and the equipment,apparatus and instruments purchased as well as the value of land improved, the value of draught animals, breeding stock, animals for milk, wool and for recreational purpose, and the newly increased forest with economic value during a given period. The total intangible capital formation includes the prospecting of minerals, the acquisition of computer software, artisticworks artistic minus the disposal of them.

Increase in Inventory refers to the market value of the change in inventory of resident units during a given period, i.e. the difference of value between the beginning and the end of the period minus the current gains due to the change in prices. The increase in inventory can be positive or negative. A positive value indicates the increase in inventory while a negative value indicates the decrease in stock. The inventory includes the raw materials, fuels and reserve materials purchased by the production units as well as the inventory of finished products, semi-finished products, work-in-progress, etc.

Net Export of Goods and Services refers to the difference of the exports of goods and services minus the imports of goods and services. The imports include the value of various goods and services sold or gratuitously transferred by the resident units to the non-resident units. The imports include the value of various goods and services purchased or gratuitously acquired by the resident units from the non-resident units. Because the provision of services and the use of them happen simultaneously, the acquisition of services by the resident units from abroad is usually treated as import while the acquisition of services by non-resident units in this country is usually treated as export. The export and import of goods are calculated at FOB.

Three Industries: Classification of economic activities into three branches of industries is based on the development of production. Primary industry refers to the production activities that obtain products from nature. Secondary industry refers to the production activities that process primary goods. Tertiary industry refers to the production activities that provide primary and secondary industries with services. Classification of economic activities into three branches of industries is a common practice in the world, although the grouping varies to some extent from country to country.

According to the new Industrial Classification of National Economy（GB/T 4754—2011）, economic activities are categorized into following industries:

Primary industry refers to agriculture, forestry, animal husbandry and fishery (do not contain agriculture, forestry, animal husbandry and fishery service industry).

Secondary Industry refers to mining industry (do not contain mining auxiliary activities),manufacturing industry (do not contain metal products, machinery and equipment repair industry), eectricity, heat, gas and water production and supply industry, construction industry.

Tertiary industry refers to all other economic activities not included in primary or secondary industry.According to the economic condition in China, tertiary industry includes Transport, Storage and Post, Information Transmission, Computer Services and Software, Wholesale and Retail Trades, Hotels and Catering Services, Financial Intermediation, Real Estate, Leasing and Business Services, Scientific Research, Technical Services and Geologic Prospecting,Management of Water Conservancy, Environment and Public Facilities, Services to Households and Other Services,Education, Health, Social Security and Social Welfare, Culture, Sports and Entertainment, Public Management and Social Organizations, and International Organizations.

Tertiary industry is the service industry, refers to all other economic activities not included in primary or secondary industry. Tertiary industry includes wholesale and retail industry, transportation, storage and postal industry, accommodation and catering industry, information transmission, software and information technology service industry, financial industry, real estate, leasing and business services, scientific research and technical services industry, water conservancy, environment and public facilities management industry, residents service, repair and other services, education, health and social work, culture, sports and entertainment, public management, social security and social organizations, international organizations, as well as agriculture, forestry, animal husbandry and fishery, agriculture, forestry, animal husbandry and fishery industry, mining industry in mining, manufacturing of metal products, machinery and equipment repair industry.

Current Price refers to the actual price during the reporting period, such as Ex-factory Price of Industrial Products, purchasing price of agricultural produces and retail price. Some indicators calculatedat current price are volume indicators in the value form, such as total value of output of industrial and agricultural industries and GDP, etc. Data calculated at current price are useful when it comes to evaluating the economic development and analyzing different aspects of economy, such as production, circulation,distribution and consumption.

When the different indicators calculated at current price are compared, it is in evitable that price changes will affect the comparison. Therefore, the change in volume cannot be showed.

In order to eliminate the effect of price and reflect economic development, growth rate is calculated at current price.

Constant Price refers to the price without the effect of price change. By using constant price, total amount indices of different periods can be compared. There are two methods in which total amount indices are obtained, one using current price of some year to multiply the physical volume of certain products and the other using price index.

Fixed Price refers to the average price of similar products in a given period, with which the product value of different period can be calculated. The product value calculated at fixed price can show the growth rate of production in different period. Since 1949, NBS has framed the united industrial and agricultural fixed price 8 times, including the fixed price of 1952 used from 1949 to 1957, the fixed price of 1957 used from 1957 to 1971, the fixed price of 1970 used from 1971 to 1981, the fixed price of 1980 used from 1981 to 1990, the fixed price of 1990 used from 1991 to 2000, the fixed price of 2000 used from 2001 to 2005，the fixed price of 2005 used from 2006，the fixed price of 2010 used from 2011， and the fixed price of 2015 used from 2016.

第3篇

人　口

Population

简要说明

一、本篇资料的主要内容

本篇资料主要反映了我省人口方面的基本情况，包括全省 16 个市的主要人口统计数据、历年人口数、农村和城镇人口数、人口出生率、死亡率、自然增长率。另外，还对建国以来开展的 6 次人口普查主要数据进行了比较。

二、本篇资料的来源

本篇资料分别来源于国家开展的人口普查、人口抽样调查和省公安厅的户籍登记资料，由省统计局人口处（社科处）整理提供。

Brief Introduction

I. Main Content

Data in this chapter show the basic condition of population, such as the basic condition of 16 cities, population, rural and urban population, birth rate, death rate and natural growth rate. Furthermore, relevant figures obtained from six national population censuses have been compared.

II. Source of Data

Data in this chapter are from national population censuses, national sample survey. Some are derived from household registration provided by Shandong Provincial Department of Public Security. The data above are compiled by the Division of Urbanization,Population and Employment Statistics（by the Division of Social,Science and Culture Industry Employment Statistics）of Shandong Provincial Bureau of Statistics.

3-1 主要年份总人口

Population in Major Years

单位:万人 (10 000 persons)

年 份 Year	总人口 Total	按性别分 Grouped by Sex		按农村、城镇分 Grouped by Rural and Urban		人口密度 Density of Population (人/平方公里) (Person/sq.km)
		男 Male	女 Female	农村人口 Rural Population	城镇人口 Urban Population	
1949	(4549)	(2199)	(2350)	(4289)	(260)	290
1952	(4827)	(2392)	(2435)	(4538)	(289)	308
1955	(5174)	(2587)	(2587)	(4796)	(378)	330
1957	(5373)	(2694)	(2679)	(4936)	(437)	343
1962	(5426)	(2718)	(2708)	(5015)	(411)	346
1965	(5711)	(2866)	(2845)	(5258)	(453)	364
1970	(6441)	(3241)	(3200)	(5966)	(475)	411
1975	(6971)	(3524)	(3447)	(6408)	(563)	445
1976	(7038)	(3561)	(3477)	(6455)	(583)	449
1977	(7099)	(3592)	(3507)	(6507)	(592)	453
1978	(7160)	(3624)	(3536)	(6533)	(627)	457
1979	(7232)	(3660)	(3572)	(6570)	(661)	462
1980	(7296)	(3694)	(3602)	(6605)	(691)	466
1981	(7395)	(3750)	(3645)	(6659)	(736)	472
1982	(7494)	(3806)	(3688)	(6720)	(774)	478
1983	(7564)	(3847)	(3717)	(6753)	(811)	483
1984	(7637)	(3887)	(3750)	(6701)	(936)	487
1985	7711(7695)	(3922)	(3773)	(6676)	(1017)	492
1986	7818(7776)	(3967)	(3810)	(6797)	(979)	499
1987	7958(7889)	(4029)	(3860)	(6844)	(1045)	508
1988	8061(8009)	(4092)	(3917)	(6702)	(1307)	514
1989	8160(8181)	(4181)	(4000)	(6698)	(1483)	521
1990	8493(8424)	(4299)	(4125)	(6846)	(1578)	542
1991	8570(8534)	(4352)	(4182)	(6884)	(1650)	547
1992	8610(8580)	(4373)	(4207)	(6819)	(1761)	549
1993	8642(8620)	(4392)	(4228)	(6724)	(1896)	551
1994	8671(8653)	(4407)	(4246)	(6574)	(2079)	553
1995	8705(8701)	(4429)	(4272)	(6531)	(2170)	556
1996	8738(8747)	(4452)	(4295)	(6484)	(2263)	558
1997	8785(8810)	(4483)	(4327)	(6500)	(2310)	561
1998	8838(8872)	(4513)	(4359)	(6575)	(2296)	564
1999	8883(8922)	(4537)	(4385)	(6600)	(2322)	567
2000	8997(8975)	(4562)	(4413)	(6566)	(2409)	574
2001	9041(9024)	(4584)	(4440)	(6507)	(2517)	577
2002	9082(9069)	(4607)	(4463)	(6435)	(2634)	580
2003	9125(9108)	(4624)	(4484)	(6275)	(2833)	582
2004	9180(9163)	(4652)	(4512)	(6212)	(2951)	586
2005	9248(9212)	(4676)	(4537)	(6066)	(3147)	589
2006	9309(9282)	(4707)	(4575)	(6055)	(3228)	592
2007	9367(9346)	(4739)	(4606)	(5909)	(3436)	596
2008	9417(9392)	(4761)	(4632)	(5860)	(3532)	599
2009	9470(9449)	(4792)	(4658)	(5902)	(3548)	603
2010	9579(9536)	(4839)	(4697)	(5698)	(3839)	610
2011	9637(9591)	(4870)	(4721)	(5646)	(3945)	613
2012	9685(9580)	(4868)	(4712)	(5559)	(4021)	616
2013	9733(9612)	(4883)	(4729)	(5482)	(4130)	619
2014	9789(9747)	(4960)	(4787)	(5462)	(4285)	620
2015	9847(9822)	(4999)	(4823)	(5120)	(4702)	624
2016	9947(9921)	(5049)	(4872)	(5056)	(4865)	630
2017	10006(10009)	(5089)	(4919)	(4984)	(5024)	634
2018	10047(10096)	(5130)	(4966)	(4953)	(5143)	636
2019	10070(10148)	(5153)	(4995)	(5080)	(5068)	637

注:1990、2000和2010年为人口普查数,其余年份均为人口抽样调查数,括号内为公安户籍人口数。2006年之前的农村、城镇人口分别为公安户籍统计的农业、非农业人口。

a) Data of 1990、2000 and 2010 are based on the national population census,and others are based on the sample surveys.Data in the brackets are taken from the annual reports of the Public Security Departments.Before 2006,the rural and urban population are changed to the agriculture and non-agricultural population from the Public Security Departments.

3-2 主要年份人口出生率、死亡率、自然增长率

Birth Rate,Death Rate and Natural Growth Rate of Population in Major Years

年 份 Year	出生率 (‰) Birth Rate (‰)	死亡率 (‰) Death Rate (‰)	自然增长率 (‰) Natural Growth Rate (‰)	出生人口数 (万人) Population of Birth (10 000 persons)	死亡人口数 (万人) Population of Death (10 000 persons)	自然增长人数 (万人) Population of Natural Growth (10 000 persons)
1949	(28.10)	(12.20)	(15.90)			
1952	(31.50)	(12.20)	(19.30)			
1955	(37.30)	(13.70)	(23.60)	(191)	(70)	(121)
1957	(35.80)	(12.10)	(23.70)	(190)	(64)	(126)
1962	(38.10)	(12.40)	(25.70)	(204)	(66)	(138)
1965	(35.50)	(10.20)	(25.30)	(201)	(58)	(143)
1970	(33.89)	(7.34)	(26.55)	(215)	(47)	(168)
1975	(21.56)	(7.53)	(14.03)	(149)	(52)	(97)
1976	(18.46)	(7.63)	(10.83)	(129)	(53)	(76)
1977	(16.96)	(7.24)	(9.72)	(120)	(51)	(69)
1978	(16.80)	(6.50)	(10.30)	(119)	(46)	(73)
1979	(16.94)	(6.15)	(10.79)	(122)	(44)	(78)
1980	(13.91)	(6.40)	(7.51)	(101)	(47)	(54)
1981	(16.48)	(6.41)	(10.07)	(121)	(47)	(74)
1982	(17.05)	(6.10)	(10.95)	(127)	(45)	(82)
1983	15.10(12.76)	6.73(5.87)	8.37(6.89)	114(96)	51(44)	63(52)
1984	13.80(12.99)	5.80(6.03)	8.00(6.96)	104(99)	44(46)	60(53)
1985	15.12(11.75)	6.64(5.90)	8.48(5.85)	116(90)	51(45)	65(45)
1986	19.90(14.71)	7.28(5.86)	12.62(8.85)	156(114)	57(46)	99(68)
1987	23.35(17.43)	7.07(5.64)	16.28(11.79)	184(137)	56(44)	128(93)
1988	17.54(17.95)	6.04(5.95)	11.50(12.00)	140(143)	48(47)	92(96)
1989	16.88(18.87)	5.70(5.51)	11.18(13.36)	137(153)	46(45)	91(108)
1990	18.21(26.10)	6.96(6.02)	11.25(20.08)	152(217)	58(50)	94(167)
1991	15.40(16.39)	6.54(5.73)	8.86(10.66)	131(139)	56(49)	75(90)
1992	11.43(10.95)	6.88(6.02)	4.55(4.93)	98(94)	59(52)	39(42)
1993	10.49(9.47)	6.76(5.84)	3.73(3.63)	90(81)	58(50)	32(31)
1994	9.69(9.31)	6.67(5.99)	3.02(3.32)	84(80)	58(52)	26(28)
1995	9.82(9.66)	6.47(5.83)	3.35(3.83)	85(84)	56(51)	29(33)
1996	10.60(10.33)	6.76(6.04)	3.84(4.29)	92(90)	59(53)	33(37)
1997	11.28(10.84)	6.65(5.90)	4.63(4.94)	99(95)	58(52)	41(43)
1998	11.58(11.52)	6.12(5.95)	5.46(5.57)	102(102)	54(53)	48(49)
1999	11.08(10.23)	6.27(5.72)	4.81(4.51)	98(91)	55(51)	43(40)
2000	10.75(11.38)	6.29(6.70)	4.46(4.68)	97(102)	56(60)	40(42)
2001	11.12(9.93)	6.24(5.46)	4.88(4.47)	100(89)	56(49)	44(40)
2002	11.17(10.20)	6.62(5.86)	4.55(4.34)	101(92)	60(53)	41(39)
2003	11.42(9.31)	6.64(6.07)	4.78(3.24)	104(85)	61(55)	43(30)
2004	12.50(10.59)	6.49(5.60)	6.01(4.99)	114(97)	59(51)	55(46)
2005	12.14(10.17)	6.31(5.85)	5.83(4.32)	112(94)	58(54)	54(40)
2006	11.60(9.59)	6.10(5.62)	5.50(3.97)	108(89)	57(52)	51(37)
2007	11.11(10.05)	6.11(6.47)	5.00(3.58)	104(94)	57(60)	47(33)
2008	11.25(10.13)	6.16(6.81)	5.09(3.32)	106((95)	58(64)	48(31)
2009	11.70(10.96)	6.08(6.11)	5.62(4.86)	110(103)	57(58)	53(46)
2010	11.65(15.82)	6.26(8.58)	5.39(7.24)	111(150)	60(81)	51(69)
2011	11.50(11.97)	6.10(7.07)	5.40(4.90)	110(114)	59(68)	51(47)
2012	11.90(11.74)	6.95(8.33)	4.95(3.40)	115(113)	67(80)	48(33)
2013	11.41(12.19)	6.40(6.23)	5.01(5.95)	111(117)	59(60)	52(57)
2014	14.23(22.74)	6.84(6.39)	7.39(16.35)	139(220)	67(62)	72(158)
2015	12.55(14.59)	6.67(6.16)	5.88(8.43)	124(143)	66(60)	58(83)
2016	17.89(15.56)	7.05(5.41)	10.84(10.15)	177(154)	70(53)	107(101)
2017	17.54(20.59)	7.40(11.88)	10.14(8.71)	175(205)	74(118)	101(87)
2018	13.26(14.93)	7.18(6.46)	6.08(8.47)	133(150)	72(65)	61(85)
2019	11.77(12.13)	7.50(6.46)	4.27(5.67)	118(123)	75(65)	43(58)

注:1990、2000年为人口普查数，2010年为人口普查修正数据，其余年份均为人口抽样调查数，括号内为当年前往公安机关申报登记数。

a)Data of 1990 and 2000 are based on the national population census,2010 data are revised according to the national population census,others are based on the sample surveys. Data in the brackets are registration data of the public security department.

3-3 人口年龄结构、抚养比和性别比

Age Composition and Dependency Ratio of Population

单位：% (%)

年 份 Year	总人口性别比(以女性为100) Sex Ratio of Total Population (female=100)	各年龄段所占比重 The Proportion of Total Population By Age			总抚养比		
		0-14岁 Aged 0-14	15-64岁 Aged 15-64	65岁及以上 Aged 65 and Over	Gross Dependency Ratio	少儿抚养比 Children Dependency Ratio	老年抚养比 Old Dependency Ratio
1982	102.9	31.0	63.4	5.6	57.7	48.9	8.8
1990	103.5	26.6	67.2	6.2	48.8	39.6	9.2
1995	103.7	24.6	68.0	7.4	47.1	36.2	10.9
2000	102.5	20.8	71.1	8.1	40.6	29.3	11.4
2001	102.7	20.4	71.4	8.2	40.1	28.6	11.5
2002	102.4	18.8	72.7	8.5	37.6	25.9	11.7
2003	100.4	18.4	72.6	9.1	37.8	25.3	12.5
2004	100.7	17.1	73.7	9.2	35.8	23.2	12.5
2005	102.0	15.9	74.1	9.9	34.9	21.5	13.4
2006	100.8	15.3	74.7	10.0	33.9	20.5	13.4
2007	101.4	15.0	74.8	10.2	33.7	20.1	13.6
2008	100.2	15.6	74.1	10.3	34.9	21.0	13.8
2009	102.3	15.7	73.9	10.4	35.4	21.2	14.1
2010	102.3	15.7	74.4	9.9	34.4	21.1	13.3
2011	102.0	15.7	74.3	10.0	34.6	21.1	13.5
2012	101.4	16.1	73.5	10.4	36.0	21.8	14.2
2013	101.2	16.1	72.9	11.0	37.1	22.1	15.0
2014	101.1	16.4	72.0	11.6	38.9	22.8	16.1
2015	102.1	16.6	71.2	12.2	40.4	23.3	17.1
2016	102.8	16.4	70.4	13.2	42.0	23.3	18.8
2017	102.7	17.2	68.8	14.0	45.3	25.0	20.3
2018	100.8	18.1	66.9	15.0	49.5	27.0	22.5
2019	99.2	18.0	66.2	15.8	51.1	27.2	23.9

注：1982、1990、2000和2010年数据为人口普查数据；2001-2004年为抽样调查样本数据；其他年份为抽样调查估算数据。
a)Data of 1982、1990、2000 and 2010 are taken from the national population census.Data of 2001-2004 are taken from Population Sample Survey. Others are estimated on population sample survey.

3-4 各市人口数和总户数(2019年)

Population and Households by Region (2019)

地 区	Region	年末总人口(万人) Total year-end Population (10 000 persons)	按性别分(万人) Grouped by Sex (10 000 persons)		按农村、城镇分(万人) Grouped by Rural and Urban (10 000persons)		年末总户数(万户) Total year-end Households (10 000 households)	平均家庭户规模(人/户) Average Family Size(person/household)
			男 Male	女 Femal	农村人口 Rural Population	城镇人口 Urban Population		
全省总计	**Total**	**10070.21(10147.72)**	**(5152.55)**	**(4995.17)**	**3876.02**	**6194.19**	**(3354.50)**	**(3.03)**
济南市	Jinan	890.87(796.74)	(395.30)	(401.44)	256.48	634.39	(270.26)	(2.95)
青岛市	Qingdao	949.98(829.94)	(409.94)	(420.00)	245.85	704.13	(275.08)	(3.02)
淄博市	Zibo	469.68(434.55)	(215.82)	(218.73)	131.32	338.36	(153.64)	(2.83)
枣庄市	Zaozhuang	393.30(424.64)	(222.23)	(202.41)	160.47	232.83	(123.97)	(3.43)
东营市	Dongying	217.97(197.65)	(98.22)	(99.43)	67.04	150.93	(69.45)	(2.85)
烟台市	Yantai	713.80(653.45)	(324.67)	(328.78)	246.83	466.97	(237.83)	(2.75)
潍坊市	Weifang	935.15(918.11)	(462.77)	(455.34)	353.67	581.48	(291.64)	(3.15)
济宁市	Jining	835.60(893.66)	(460.91)	(432.75)	336.82	498.78	(269.68)	(3.31)
泰安市	Tai'an	563.50(573.33)	(289.89)	(283.44)	214.06	349.44	(196.35)	(2.92)
威海市	Weihai	283.60(257.01)	(127.22)	(129.79)	88.71	194.89	(93.88)	(2.74)
日照市	Rizhao	294.90(308.45)	(156.95)	(151.50)	115.01	179.89	(111.16)	(2.77)
临沂市	Linyi	1066.71(1190.05)	(615.63)	(574.42)	504.02	562.69	(384.27)	(3.10)
德州市	Dezhou	574.85(598.61)	(303.48)	(295.13)	270.01	304.84	(197.45)	(3.03)
聊城市	Liaocheng	609.83(647.03)	(332.69)	(314.34)	288.33	321.50	(209.66)	(3.09)
滨州市	Binzhou	392.30(397.97)	(200.79)	(197.18)	163.85	228.45	(137.23)	(2.90)
菏泽市	Heze	878.17(1026.53)	(536.04)	(490.49)	433.55	444.62	(332.95)	(3.08)

注：年末总人口根据人口抽样调查数据推算，括号内为公安户籍统计数字。
a)Data on total year-end population are projected according to the population census data.Data in the brackets are taken from the annual reports of public security departme

3-5 六次人口普查主要数据
Major Data of All Previous Provincial Population Census

指标	Item	第一次人口普查 The First (1953.7.1)	第二次人口普查 The Second (1964.7.1)	第三次人口普查 The Third (1982.7.1)	第四次人口普查 The Fourth (1990.7.1)	第五次人口普查 The Fifth (2000.11.1)	第六次人口普查 The Sixth (2010.11.1)
一、总人口 （万人）	**Total (10 000 persons)**	**4887.65**	**5549.62**	**7441.91**	**8439.21**	**8997.18**	**9579.27**
按性别分	By Sex						
男	Male	2431.14	2790.45	3773.74	4291.32	4554.21	4844.69
女	Female	2456.52	2759.17	3668.16	4147.89	4442.97	4734.58
二、总户数 （万户）	**Total Households (10 000 units)**	**1109.77**	**1277.08**	**1739.04**	**2197.56**	**2732.04**	**3079.47**
家庭户 (万户)	Households (10 000 units)			1733.55	2187.44	2670.93	3010.55
平均家庭户规模(人)	Average Household Size (person)			4.20	3.75	3.22	2.98
三、民 族	**Nationalities**						
民族个数 (个)	The number of Nationalities (unit)	17	32	39	54	56	56
汉族人口 (万人)	Total Population of Han Nationality (10 000 persons)	4862.40	5520.04	7401.14	8388.62	8933.90	9506.68
少数民族人口(万人)	Total Population of Minority Nationalities (10 000 persons)	25.24	29.55	40.74	50.59	63.27	72.59
四、市镇人口 （万人）	**Population of City and Town (10 000 persons)**	**357.92**	**717.57**	**1419.05**	**2307.67**	**3432.59**	**4762.07**
五、平均预期寿命(岁)	**Life Expectancy (year old)**			**69.2**	**70.6**	**73.9**	**76.5**
六、各种文化程度人口	**Population by Education**						
大 学 (万人)	University and Above (10 000 persons)			26.32	82.29	300.08	832.87
高 中 (万人)	Senior Middle Schools (10 000 persons)			438.72	603.36	994.64	1332.26
初 中 (万人)	Junior Middle Schools (10 000 persons)			1316.97	2125.47	3297.35	3846.80
小 学 (万人)	Primary Schools (10 000 persons)			2510.81	3061.20	2946.97	2391.22
文盲半文盲 (万人)	Illiterate or Semiliterate (10 000 persons)			2045.72	1425.61	765.43	475.73
七、6岁及以上人口平均受教育年限 （年）	**Years of education of Population Aged 6 and Over (year)**			**4.9**	**6.2**	**7.5**	**8.8**
八、就业人口 （万人）	**Economically Active Population(10 000 persons)**			**4009.79**	**5077.21**	**5477.41**	**5902.34**

主要统计指标解释

人口数 指一定时点、一定地区范围内有生命的个人总和。

年度统计的年末人口数 指每年 12 月 31 日 24 时的人口数。

城镇人口和乡村人口 普查的城镇人口是指居住在城镇范围内的全部常住人口；乡村人口是除上述人口以外的全部人口。公安机关登记的城镇人口是指户口登记在城镇的人口，其统计口径是以居民常住户口所在地的城乡性质划分的。

出生率（又称粗出生率） 指在一定时期内(通常为一年)一定地区的出生人数与同期内平均人数(或期中人数)之比，用千分率表示。本资料中的出生率指年出生率，其计算公式为：

$$出生率=\frac{年出生人数}{年平均人数}\times 1000‰$$

式中：出生人数指活产婴儿，即胎儿脱离母体时(不管怀孕月数)，有过呼吸或其他生命现象。年平均人数指年初、年底人口数的平均数，也可用年中人口数代替。

死亡率（又称粗死亡率） 指在一定时期内(通常为一年)一定地区的死亡人数与同期内平均人数(或期中人数)之比，用千分率表示。本资料中的死亡率指年死亡率，其计算公式为：

$$死亡率=\frac{年死亡人数}{年平均人数}\times 1000‰$$

人口自然增长率 指在一定时期内(通常为一年)人口自然增加数(出生人数减死亡人数)与该时期内平均人数(或期中人数)之比，用千分率表示。计算公式为：

$$人口自然增长率=\frac{本年出生人数-本年死亡人数}{年平均人数}\times 1000‰$$
$$=人口出生率-人口死亡率$$

总抚养比 也称总负担系数。是指人口总体中非劳动年龄人口数与劳动年龄人口数之比。通常用百分比表示。说明每 100 名劳动年龄人口要负担多少名非劳动年龄人口。用于从人口角度反映人口与经济发展的基本关系。

计算公式为：

$$GDR=\frac{P_{0\sim14}+P_{65+}}{P_{15\sim64}}\times 100\%$$

其中：GDR 为总抚养比；

$P_{0\sim14}$ 为0~14岁少年儿童人口数；

P_{65+} 为65 岁及以上的老年人口数；

$P_{15\sim64}$ 为15~64 岁劳动年龄人口数。

老年人口抚养比 也称老年人口抚养系数。是指某人口总体中老年人口数与劳动年龄人口数之比。通常用百分比表示。用以表明每100名劳动年龄人口要负担多少名老年人。老年人口抚养比是从经济角度反映人口老化社会后果的指标之一。

计算公式为：

$$ODR=\frac{P_{65+}}{P_{15\sim64}}\times 100\%$$

其中：ODR 为老年人口抚养比；

P_{65+} 为65岁及以上的老年人口数；

$P_{15\sim64}$ 为15~64岁的劳动年龄人口数。

少年儿童抚养比 也称少年儿童抚养系数。是指某人口总体中少年儿童人口与劳动年龄人口数之比。通常用百分比表示。用以反映每100名劳动年龄人口要负担多少名少年儿童。

计算公式为：

$$CDR=\frac{P_{0\sim14}}{P_{15\sim64}}\times 100\%$$

其中：CDR 为少年儿童抚养比；

$P_{0\sim14}$ 为0~14岁少年儿童人口数；

$P_{15\sim64}$ 为15~64岁劳动年龄人口数。

Explanatory Notes on Main Statistical Indicators

Total Population refers to the total number of people alive at a certain point of time within a given area.

The annual statistics on total population is taken at midnight, the 31st of December.

Urban Population and Rural Population Urban population refer to all people residing in cities and towns, while rural population refer to population other than urban population. Urban population data of public security department only include persons whose household registration in urban.

Birth Rate (or Crude Birth Rate) refers to the ratio of the number of births to the average population (or mid period population) during a certain period of time (usually a year), expressed in ‰. Birth rate in the chapter refers to annual birth rate. The following formula is used:

$$\text{Birth Rate} = \frac{\text{Number of Births}}{\text{Annual Average Population}} \times 1000‰$$

Number of births in the formula refers to live births, i.e. when a baby has breathed or showed any vital phenomena regardless of the length of pregnancy.

Annual average number of population is the average of the number of population at the beginning of the year and that at the end of the year. Sometimes it is substituted by the mid year population.

Death Rate (or Crude Death Rate) refers to the ratio of the number of deaths to the average population (or mid period population) during a certain period of time (usually a year), expressed in ‰. Death rate in the chapter refers to annual death rate. The following formula is used:

$$\text{Death Rate} = \frac{\text{Number of Deaths}}{\text{Annual Average Population}} \times 1000‰$$

Natural Growth Rate of Population refers to the ratio of natural increase in population (number of births minus number of deaths) in a certain period of time (usually a year) to the average population (or mid period population) of the same period, expressed in ‰. The following formula is applied:

$$\text{Natural Growth Rate of Population} = \frac{\text{Number of Births} - \text{Number of Deaths}}{\text{Annual Average Population}} \times 1000‰$$

Natural Growth Rate of Population = Birth Rate − Death

Gross Dependency Ratio also called gross dependency coefficient, refers to the ratio of non-working-age population to the working-age population ,express in %. Describing in general the number of non-working-age population that every 100 people at working ages will take care of, this indicator reflects the basic relation between population and economic development from the demographic perspective. The gross dependency ratio is calculated with the following formula:

$$GDR = \frac{P_{0\sim14} + P_{65+}}{P_{15\sim64}} \times 100\%$$

Where: GDR is the gross dependency ratio,

$P_{0\sim14}$ is the population of children aged 0-14;

P_{65+} is the elderly population aged 65 and over ;

$P_{15\sim64}$ is the working –age population aged 15-64.

Old Dependency Ratio also called old dependency coefficient,refers to the ratio of the elderly population to the working-age population, express in %.It describes the number of the elderly population that every 100 people at working ages will take care of. Old dependency ratio is one of the indicators reflecting the social implication of population aging from the economic perspective. The old dependency ratio is calculated with the following formula:

$$ODR = \frac{P_{65+}}{P_{15\sim64}} \times 100\%$$

Where: ODR is the old dependency ratio,

P_{65+} is the elderly population aged 65 and over;

$P_{15\sim64}$ is the working –age population aged 15-64.

Children Dependency Ratio also called children dependency coefficient, refers to the ratio of the children population to the working-age population ,express in %.It describes the number of children population that every 100 people at working ages will take care of. The children dependency ratio is calculated with the following formula:

$$CDR = \frac{P_{0\sim14}}{P_{15\sim64}} \times 100\%$$

Where:CDR is the children dependency ratio;

$P_{0\sim14}$ is the children population aged 0-14;

$P_{15\sim64}$ is the working-age population aged 15-64.

第
4
篇

就业、工资和社会保障

Employment, Wages and Social Security

简 要 说 明

一、本篇资料的主要内容

本篇资料反映我省劳动经济方面的基本情况，包括经济活动人口数，就业人员及职工人数，城镇登记失业人数，劳动报酬总额，人均劳动报酬及指数变化情况等。

二、本篇资料的来源

1.就业基本情况及分组资料、劳动报酬总额、职工工资总额等资料取自《劳动统计报表制度》、《劳动力调查制度》。

2.表中涉及城镇单位相关数据均来源于劳动工资城镇非私营报表。

3.城镇及乡村就业人员中私营企业、个体数据来源于省市场监督管理局。

4.城镇劳动力供给和配置情况、城镇登记失业人员及失业率、社会保障等资料由省人力资源和社会保障厅、省医疗保障局根据其相关统计制度整理提供。

5.本篇资料由省统计局人口处（社科处）整理提供。

Brief Introduction

I. Main Content

Data in this chapter show the basic conditions of Shandong's labor economy, including the economically active population,number of employed persons in urban areas, earning of employed persons,average earning of employed persons and the changes in index, etc.

II. Source of Data

(1) Data on basic conditions of employment,data by groups, earning of employed persons,total wage bills of staff and workers are collected and compiled through The Reporting Form System on Labour Statistics,The Sample Survey System on Labour Force.

(2) Data related to town units are obtained from labor wage statistical report form of urban non-private unit.

(3) Data on employed persons in urban private enterprises and self-employed individuals of Agricultural and Non-agriculturalare derived from Shandong Administration of Market Supervision and Management.

(4) Data on urban labor supply and configuration, registered unemployed persons in urban areas and unemployment rate and social securities are provided by Shandong Provincial Department of Human Resource and Social Security,Medical Insurance Bureau.

(5) Data in this chapter are prepared and compiled by the Division of Urbanization,Population and Employment Statistics（by the Division of Social,Science and Culture Industry Employment Statistics）of Shandong Provincial Bureau of Statistics.

4-1 就业基本情况

Employment

类别		Category		2015	2016	2017	2018	2019
经济活动人口	**（万人）**	**Economically Active Population**	**(10 000 persons)**	**6737.5**	**6775.6**	**6696.3**	**6498.6**	**6303.1**
就业人员合计	**（万人）**	**Total Number of Employed Persons**	**(10 000 persons)**	**6632.5**	**6649.7**	**6560.6**	**6180.6**	**5987.9**
第一产业		Primary Industry		1963.2	1935.1	1856.6	1718.2	1652.6
第二产业		Secondary Industry		2338.0	2354.0	2335.6	2181.8	2116.7
第三产业		Tertiary Industry		2331.3	2360.6	2368.4	2280.6	2218.6
就业人员构成	**（合计=100）**	**Composition of Employed Persons**	**(total=100)**					
第一产业		Primary Industry		29.6	29.1	28.3	27.8	27.6
第二产业		Secondary Industry		35.2	35.4	35.6	35.3	35.3
第三产业		Tertiary Industry		35.2	35.5	36.1	36.9	37.1
按城乡分就业人员		**Number of Employed Persons by Urban and Rural Areas**						
城镇就业人员	（万人）	Urban Employed Persons	(10 000 persons)	3255.9	3278.3	3231.4	3044.7	3096.5
#国有单位		State-owned Units		390.9	387.2	384.9	359.9	345.4
城镇集体单位		Urban Collective-owned Units		47.4	46.2	41.0	29.0	18.7
股份合作单位		Cooperative Units		7.1	7.0	6.5	4.6	1.8
联营单位		Joint Ownership Units		2.6	0.8	0.7	0.5	0.5
有限责任公司		Limited Liability Corporations		475.3	468.0	471.5	461.6	424.2
股份有限公司		Share-holding Corporations Ltd.		144.6	145.4	144.1	148.1	147.3
私营企业		Private Enterprises		481.9	481.7	494.0	503.2	490.0
港澳台投资单位		Units with Funds from Hong Kong,Macao & Taiwan		41.8	40.9	36.6	33.4	31.9
外商投资单位		Foreign Funded Units		109.8	101.6	91.1	77.5	76.2
个　　体		Self-employed Individuals		423.5	433.7	460.8	492.7	645.3
乡村就业人员	（万人）	Rural Employed Persons	(10 000 persons)	3376.6	3371.4	3329.2	3135.9	2891.4
#私营企业		Private Enterprises		601.8	816.5	1005.6	1195.8	1415.9
个　体		Self-employed Individuals		535.2	640.7	758.8	866.1	1204.0
职工人数	**（万人）**	**Number of Staff and Workers**	**(10 000 persons)**	**1178.0**	**1155.5**	**1130.3**	**1065.4**	**1000.1**
国有单位		State-owned Units		374.6	372.1	369.6	345.4	330.6
城镇集体单位		Urban Collective-owned Units		44.5	44.2	38.9	26.7	17.5
其他单位		Units of Other Types of Ownership		758.8	739.2	721.7	693.2	652.0
城镇单位女性就业人员	**（万人）**	**Urban Employed Female Persons**	**(10 000 persons)**	**441.3**	**435.9**	**430.2**	**410.6**	**406.7**
城镇累计新增就业人数	**（万人）**	**Number of Newly Employed Persons in Urban Areas**	**(10 000 persons)**	**116.8**	**121.0**	**128.3**	**136.8**	**138.3**
就业转失业人员再就业	**（万人）**	**Number of reemployed Persons**	**(10 000 persons)**	**51.2**	**57.6**	**58.1**	**54.5**	**51.7**
#困难群体再就业		Reemployed Persons in Difficult Groups		11.4	9.0	8.8	10.1	11.6
农村劳动力转移就业人数	**（万人）**	**Reemployed Persons in Difficult Groups**	**(10 000 persons)**	**127.5**				
城镇登记失业人数	**（万人）**	**Number of Registered Unemployed Persons in Urban Areas**	**(10 000 persons)**	**43.7**	**45.8**	**45.7**	**46.5**	**44.2**
城镇登记失业率	**（%）**	**Registered Unemployment Rate in Urban Areas**	**(%)**	**3.4**	**3.5**	**3.4**	**3.4**	**3.3**

4-2 按三次产业分的年底就业人员数

Number of Employed Persons at the Year-end by Three Industries

年 份 Year	就业人员 (万人) Total Employed Persons (10 000 Persons)				构成(合计=100) Composition in Percentage(Total=100)		
		第一产业 Primary Industry	第二产业 Secondary Industry	第三产业 Tertiary Industry	第一产业 Primary Industry	第二产业 Secondary Industry	第三产业 Tertiary Industry
1949	1859.3						
1952	1897.2						
1955	1959.7						
1957	2150.4						
1962	1981.2						
1965	2146.0						
1970	2606.0						
1975	2925.0						
1978	2969.8	2350.9	366.6	252.3	79.2	12.3	8.5
1980	3117.5	2458.1	382.5	276.9	78.9	12.3	8.9
1981	3192.4	2508.2	389.0	295.2	78.6	12.2	9.3
1982	3270.0	2520.8	442.2	307.0	77.1	13.5	9.4
1983	3795.1	2950.8	465.8	378.5	77.8	12.3	10.0
1984	3563.7	2509.1	528.8	525.8	70.4	14.8	14.8
1985	3561.1	2438.6	705.3	417.2	68.5	19.8	11.7
1986	3651.2	2431.1	776.0	444.1	66.6	21.3	12.2
1987	3765.7	2422.6	848.2	494.9	64.3	22.5	13.1
1988	3887.1	2474.5	905.1	507.5	63.7	23.3	13.1
1989	3940.3	2527.6	902.6	510.1	64.2	22.9	13.0
1990	4043.2	2585.7	922.5	535.0	64.0	22.8	13.2
1991	4219.3	2708.0	958.7	552.6	64.2	22.7	13.1
1992	4302.6	2705.1	1000.8	596.7	62.9	23.3	13.9
1993	4379.3	2689.9	1070.4	619.0	61.4	24.4	14.1
1994	4382.1	2541.6	1098.0	742.5	58.0	25.1	16.9
1995	5207.4	2832.3	1305.5	1069.6	54.4	25.1	20.5
1996	5227.4	2788.0	1286.1	1153.3	53.3	24.6	22.1
1997	5256.0	2812.5	1311.9	1131.6	53.5	25.0	21.5
1998	5287.6	2837.3	1245.8	1204.5	53.7	23.6	22.8
1999	5314.7	2811.7	1245.7	1257.3	52.9	23.4	23.7
2000	5441.8	2887.7	1286.0	1268.1	53.1	23.6	23.3
2001	5475.3	2863.6	1308.6	1303.1	52.3	23.9	23.8
2002	5527.0	2769.6	1375.1	1382.3	50.1	24.9	25.0
2003	5620.6	2638.3	1474.3	1508.0	46.9	26.2	26.8
2004	5728.1	2542.1	1581.0	1605.0	44.4	27.6	28.0
2005	5840.7	2350.3	1781.4	1709.0	40.2	30.5	29.3
2006	5960.0	2328.0	1870.3	1761.7	39.1	31.4	29.5
2007	6081.4	2265.2	1989.9	1826.3	37.3	32.7	30.0
2008	6187.6	2313.5	1955.5	1918.6	37.4	31.6	31.0
2009	6294.2	2297.4	2014.1	1982.7	36.5	32.0	31.5
2010	6401.9	2273.1	2086.7	2042.1	35.5	32.6	31.9
2011	6485.6	2211.6	2185.6	2088.4	34.1	33.7	32.2
2012	6554.3	2168.0	2245.2	2141.1	33.1	34.2	32.7
2013	6580.4	2086.0	2270.2	2224.2	31.7	34.5	33.8
2014	6606.5	2023.2	2294.2	2289.1	30.7	34.7	34.6
2015	6632.5	1963.2	2338.0	2331.3	29.6	35.2	35.2
2016	6649.7	1935.1	2354.0	2360.6	29.1	35.4	35.5
2017	6560.6	1856.6	2335.6	2368.4	28.3	35.6	36.1
2018	6180.6	1718.2	2181.8	2280.6	27.8	35.3	36.9
2019	5987.9	1652.6	2116.7	2218.6	27.6	35.3	37.1

4—3 按行业分的年底就业人员数

Number of Employed Persons at the Year-end by Sector

单位：万人 (10 000 persons)

行　业	Sector	2015	2016	2017	2018	2019
总　计	**Total**	**6632.5**	**6649.7**	**6560.6**	**6180.6**	**5987.9**
农、林、牧、渔业	Agriculture,Forestry,Animal Husbandry and Fishing	1963.2	1935.1	1856.6	1718.2	1652.6
采矿业	Mining	85.3	83.8	76.3	65.6	58.7
制造业	Manufacturing	1453.7	1464.3	1455.4	1319.4	1264.3
电力、热力、燃气及水的生产和供应业	Production and Supply of Electric, Heat, Gas and Water	29.5	32.0	33.1	32.2	33.2
建筑业	Construction	769.5	773.9	770.8	764.6	760.4
批发和零售业	Wholesale and Retail Trade	840.8	841.3	842.5	811.4	776.7
交通运输、仓储和邮政业	Traffic,Transport,Storage and Post	351.2	358.3	359.2	350.5	342.3
住宿和餐饮业	Hotels and Catering Services	247.7	248.1	248.7	230.9	216.3
信息传输、软件和信息技术服务业	Information Transfer, Software and Information Technology Services	99.5	104.5	105.0	104.2	104.3
金融业	Financial Intermediation	61.8	63.9	64.1	58.9	61.2
房地产业	Real Estate	72.9	75.3	76.3	69.4	65.6
租赁和商务服务业	Leasing and Business Services	84.5	84.9	84.8	80.4	80.3
科学研究和技术服务业	Scientific Research and Technical Service	45.1	48.2	49.2	49.0	48.4
水利、环境和公共设施管理业	Management of Water Conservancy,Environment and Public Facilities	34.0	37.2	38.1	37.2	36.5
居民服务、修理和其他服务业	Households Services, Repair and Other Services	70.1	72.6	73.1	71.3	70.6
教　育	Education	160.2	160.3	160.5	154.9	155.2
卫生和社会工作	Health and Social Work	89.5	91.2	91.1	89.1	89.2
文化、体育和娱乐业	Culture,Sports and Entertainment	17.1	18.1	18.9	17.8	17.8
公共管理、社会保障和社会组织	Public management,Social Security and Social Organization	156.9	156.7	156.9	155.7	154.3
国际组织	International Organization					

4-4 按登记注册类型和行业分城镇非私营单位就业人员数(2019年底)

Number of Employed Persons in Urban at the Year-end by Status of Registration and Sector(2019)

单位:万人 (10 000 persons)

类别	Category	总计 Total	在岗职工 Staff and Workers	国有单位 State-owned Units	城镇集体单位 Urban Collective-owned Units
总计	**Total**	**1072.0**	**1000.1**	**345.4**	**18.7**
按企、事业和机关分	**Grouped by Enterprises,institutions and Agencies**				
企业	Enterprises	746.7	688.5	44.9	13.7
事业	Institutions	198.2	190.0	186.7	4.2
机关	Agebcies & Organizations	112.4	107.5	112.0	0.1
民间非营利组织	Civil Nonprofit Organization	13.5	13.0	1.0	0.6
其他	Others	1.2	1.1	0.9	0.1
按国民经济行业分	**Grouped by Sector**				
农、林、牧、渔业	Agriculture,Forestry,Animal Husbandry and Fishing	1.2	1.2	0.3	0.1
采矿业	Mining	29.7	28.7	1.1	
制造业	Manufacturing	271.7	268.6	1.1	1.5
电力、热力、燃气及水的生产和供应业	Production and Supply of Electric, Heat, Gas and Water	27.9	27.6	12.9	
建筑业	Construction	150.5	132.0	5.2	8.6
批发和零售业	Wholesale and Retail Trade	46.7	45.5	1.0	1.0
交通运输、仓储和邮政业	Traffic,Transport,Storage and Post	44.7	43.3	8.0	0.3
住宿和餐饮业	Hotels and Catering Services	11.6	11.0	2.1	0.1
信息传输、软件和信息技术服务业	Information Transfer, Software and Information Technology Services	17.3	17.0	1.2	
金融业	Financial Intermediation	55.6	31.3	5.4	0.1
房地产业	Real Estate	26.0	25.1	0.9	0.5
租赁和商务服务业	Leasing and Business Services	22.9	21.6	3.6	0.5
科学研究和技术服务业	Scientific Research and Technical Service	18.2	17.5	6.2	0.2
水利、环境和公共设施管理业	Management of Water Conservancy,Environment and Public Facilities	17.8	12.6	6.0	0.1
居民服务、修理和其他服务业	Households Services, Repair and Other Services	3.3	3.2	0.5	0.1
教育	Education	121.4	118.0	100.0	2.9
卫生和社会工作	Health and Social Work	70.6	67.4	59.3	2.2
文化、体育和娱乐业	Culture,Sports and Entertainment	6.9	6.6	3.8	0.1
公共管理、社会保障和社会组织	Public management,Social Security and Social Organization	128.0	122.2	127.1	0.2
国际组织	International Organization				

注：自2013年开始，劳动工资统计范围包含原属于乡镇企业的规模以上法人单位(下表同)。
a)Since 2013,the scope of labor wage statistics include Township Enterprises above Designated Size (the same below).

4−5 各市年底就业人员数(2019年底)

Number of Employed Persons at the Year-end by Region(2019)

单位:万人 (10 000 persons)

地 区	Region	总计 Total	城镇非私营单位 Urban Non-private Units	国有单位 State-owned Units	集体单位 Collective-owned Units	股份合作单位 Cooperative Units	联营单位 Joint Ownership Units
全省合计	**Total**	**5987.9**	**1072.0**	**345.4**	**18.7**	**1.8**	**0.5**
济南市	Jinan	510.3	146.5	39.8	1.4	0.2	0.1
青岛市	Qingdao	580.2	146.6	34.1	1.1	0.3	0.1
淄博市	Zibo	274.9	68.8	18.6	0.8	0.2	
枣庄市	Zaozhuang	238.2	34.9	15.4	1.3		
东营市	Dongying	129.5	37.6	8.7	0.5		
烟台市	Yantai	436.0	88.4	23.8	1.9	0.2	0.1
潍坊市	Weifang	551.8	86.6	26.9	2.1		
济宁市	Jining	495.9	73.0	27.2	1.8	0.2	
泰安市	Tai'an	341.7	49.6	14.6	2.4	0.1	0.1
威海市	Weihai	170.5	47.9	9.8	0.8	0.2	
日照市	Rizhao	179.1	30.3	9.0	0.4		
临沂市	Linyi	637.0	71.1	29.3	1.1	0.2	
德州市	Dezhou	341.3	41.1	18.6	0.6		
聊城市	Liaocheng	360.0	41.0	19.6	0.2	0.1	
滨州市	Binzhou	232.0	42.9	14.0	0.5		
菏泽市	Heze	509.5	45.6	25.6	1.6	0.1	

4−5 续表 continued

单位:万人 (10 000 persons)

地 区	Region	有限责任公司 Limited Liability Corporations	股份有限公司 Share-holding Corporations Ltd.	港澳台商投资单位 Units with Funds from Hong Kong, Macao &Taiwan	外商投资单位 Foreign Funded Units	其他单位 Other Units
全省合计	**Total**	**424.2**	**147.3**	**25.9**	**31.9**	**76.2**
济南市	Jinan	75.2	18.2	3.2	4.8	3.8
青岛市	Qingdao	54.5	22.4	4.3	6.5	23.4
淄博市	Zibo	26.9	15.5	1.7	1.9	3.0
枣庄市	Zaozhuang	12.9	3.0	0.5	0.8	0.9
东营市	Dongying	16.6	10.0	0.6	0.6	0.6
烟台市	Yantai	26.3	12.9	2.5	4.7	16
潍坊市	Weifang	30.9	17.8	2.5	2.7	3.7
济宁市	Jining	25.2	7.4	1.4	1.1	8.6
泰安市	Tai'an	25.8	4.6	0.8	0.4	0.9
威海市	Weihai	20.3	5.8	0.9	2.6	7.6
日照市	Rizhao	15.4	3.1	0.5	0.6	1.2
临沂市	Linyi	26.8	7.5	1.4	1.9	2.9
德州市	Dezhou	15.2	3.6	1.4	0.4	1.2
聊城市	Liaocheng	11.0	7.1	1.3	1.0	0.6
滨州市	Binzhou	21.2	4.1	0.9	1.3	0.9
菏泽市	Heze	10.8	3.8	2.1	0.6	1.0

4-6 各市按行业分城镇单位就业人员数(2019年底)

Number of Employed Persons at the Year end by Sector(2019)

单位:万人 (10 000 persons)

地 区	Region	总 计 Total	农、林、牧、渔业 Agriculture, Forestry, Animal Husbandry and Fishing	采矿业 Mining	制造业 Manufacturing	电力、热力、燃气及水的生产和供应业 Production and Supply of Electric Heat, Gas and Water	建筑业 Construction	批发和零售业 Wholesale and Retail Trade
全省总计	**Total**	**1072.0**	**1.2**	**29.7**	**271.7**	**27.9**	**150.5**	**46.7**
济 南 市	Jinan	146.5	0.1	1.1	24.1	1.6	31.4	8.3
青 岛 市	Qingdao	146.6			43.7	2.0	16.3	9.3
淄 博 市	Zibo	68.8	0.1	0.7	16.8	1.6	19.5	1.9
枣 庄 市	Zaozhuang	34.9		2.4	5.5	0.6	7.7	0.9
东 营 市	Dongying	37.6		9.2	6.7	0.5	3.7	1.1
烟 台 市	Yantai	88.4	0.2	1.7	34.0	1.4	6.1	4.2
潍 坊 市	Weifang	86.6	0.1	0.1	30.9	1.1	7.7	3.8
济 宁 市	Jining	73.0	0.1	9.9	12.2	1.3	10.5	1.9
泰 安 市	Tai'an	49.6	0.1	3.2	9.2	0.8	12.8	1.9
威 海 市	Weihai	47.9	0.3		24.3	0.8	2.9	2.3
日 照 市	Rizhao	30.3			7.9	0.4	3.4	1.8
临 沂 市	Linyi	71.1	0.1	0.3	15.2	0.9	10.7	4.1
德 州 市	Dezhou	41.1	0.1	0.1	9.4	0.7	5.0	1.6
聊 城 市	Liaocheng	41.0			8.1	0.7	4.1	1.0
滨 州 市	Binzhou	42.9		0.2	18.1	1.7	2.8	1.3
菏 泽 市	Heze	45.6		0.9	5.0	0.6	5.7	1.1

4-6 续表 1 continued

单位:万人 (10 000 persons)

地 区	Region	交通运输、仓储和邮政业 Traffic, Transport, Storage and Post	住宿和餐饮业 Hotels and Catering Services	信息传输、软件和信息技术服务业 Information Transfer, Software and Information Technology Services	金融业 Financial Intermediation	房地产业 Real Estate	租赁和商务服务业 Leasing and Business Services	科学研究和技术服务业 Scientific Research and Technical Service
全省总计	**Total**	**44.7**	**11.6**	**17.3**	**55.6**	**26.0**	**22.9**	**18.2**
济 南 市	Jinan	5.9	2.5	6.9	8.1	6.2	4.5	6.4
青 岛 市	Qingdao	8.9	2.8	2.3	12.1	4.7	3.6	3.9
淄 博 市	Zibo	1.0	0.3	1.6	3.1	0.9	1.7	0.8
枣 庄 市	Zaozhuang	1.0	0.2	0.3	1.1	0.7	0.4	0.3
东 营 市	Dongying	0.9	0.4	0.4	1.3	0.7	3.0	0.8
烟 台 市	Yantai	3.6	1.1	1.2	5.7	2.1	1.3	1.3
潍 坊 市	Weifang	1.8	0.8	1.0	2.7	1.8	1.5	0.8
济 宁 市	Jining	1.9	0.7	0.4	4.1	0.9	1.3	0.6
泰 安 市	Tai'an	1.0	0.4	0.5	2.8	0.9	0.5	0.5
威 海 市	Weihai	1.6	0.7	0.4	1.2	1.5	0.8	0.6
日 照 市	Rizhao	3.0	0.3	0.2	1.1	0.7	1.2	0.3
临 沂 市	Linyi	1.7	0.5	0.6	2.6	1.8	1.3	0.6
德 州 市	Dezhou	0.9	0.4	0.4	1.4	0.8	0.7	0.4
聊 城 市	Liaocheng	1.0	0.2	0.3	4.9	0.5	0.2	0.3
滨 州 市	Binzhou	1.1	0.2	0.3	1.8	0.9	0.3	0.3
菏 泽 市	Heze	1.0	0.2	0.4	1.6	0.8	0.5	0.3

4-6 续表 2 continued

单位:万人 (10 000 persons)

地 区	Region	水利、环境和公共设施管理业 Management of Water Conservancy, Environment and Public Facilities	居民服务、修理和其他服务业 Households Services, Repair and Other Services	教 育 Education	卫生和社会工作 Health and Social Work	文化、体育和娱乐业 Culture,Sports and Entertainment	公共管理、社会保障和社会组织 Public management, Social Security and Social Organization	国际组织 International Organization
全省总计	**Total**	**17.8**	**3.3**	**121.4**	**70.6**	**6.9**	**128.0**	
济 南 市	Jinan	3.1	0.7	14.4	8.2	1.4	11.6	
青 岛 市	Qingdao	1.7	0.6	13.3	7.4	1.2	12.9	
淄 博 市	Zibo	1.4	0.2	5.7	4.0	0.4	7.0	
枣 庄 市	Zaozhuang	0.5	0.1	5.0	2.7	0.2	5.4	
东 营 市	Dongying	0.4		2.9	1.6	0.2	3.8	
烟 台 市	Yantai	1.1	0.2	8.7	5.1	0.5	8.8	
潍 坊 市	Weifang	4.7	0.1	10.6	6.3	0.4	10.7	
济 宁 市	Jining	0.6	0.1	9.1	5.8	0.5	11.0	
泰 安 市	Tai'an	0.4	0.1	5.8	3.6	0.3	4.7	
威 海 市	Weihai	0.4	0.1	3.8	2.3	0.3	3.7	
日 照 市	Rizhao	0.4	0.4	3.3	2.0	0.2	3.6	
临 沂 市	Linyi	1.4	0.3	10.7	6.3	0.4	11.5	
德 州 市	Dezhou	0.6	0.3	6.1	3.3	0.3	8.3	
聊 城 市	Liaocheng	0.3	0.1	7.6	4.0	0.2	7.6	
滨 州 市	Binzhou	0.1	0.1	4.9	2.7	0.2	5.7	
菏 泽 市	Heze	0.8	0.1	9.5	5.2	0.3	11.6	

4-7 各市按行业分私营企业和个体就业人数(2019年底)

Number of Engaged Persons in Private Enterprises and Self-employed Individuals at Year-end by Sector and Region(2019)

单位：万人 (10 000 persons)

地 区	Region	合 计	制造业 Manufacturing	建筑业 Construction	批发和零售业 Wholesale and Retail Trades	交通运输、仓储和邮政业 Traffic, Transport, Storage and Post	住宿和餐饮业 Hotels and Catering Services	租赁和商务服务业 Leasing and Business Service	居民服务、修理和其他服务业 Households Services, Repair and Other Services
全省总计	**Total**	**3755.2**	**554.1**	**239.4**	**1513.4**	**78.3**	**248.0**	**277.9**	**353.2**
济 南 市	Jinan	442.8	28.3	25.5	191.8	7.6	29.6	62.4	22.6
青 岛 市	Qingdao	704.2	77.0	72.4	248.6	11.4	30.9	77.6	107.6
淄 博 市	Zibo	154.6	26.6	8.5	64.3	2.7	12.4	9.3	11.3
枣 庄 市	Zaozhuang	145.5	21.8	5.4	69.1	4.3	12.0	8.0	11.4
东 营 市	Dongying	104.9	6.1	6.4	32.7	1.4	5.8	5.3	33.7
烟 台 市	Yantai	240.1	35.8	14.0	103.1	6.0	17.6	16.4	16.6
潍 坊 市	Weifang	374.5	81.6	25.9	128.9	10.3	23.1	21.6	21.8
济 宁 市	Jining	248.4	36.5	12.2	103.2	6.3	25.5	13.4	16.4
泰 安 市	Tai'an	138.2	17.0	7.6	61.1	3.8	13.0	6.7	10.0
威 海 市	Weihai	98.6	14.9	7.2	38.3	2.4	7.2	6.8	7.3
日 照 市	Rizhao	87.2	12.7	8.5	33.8	2.4	6.3	5.7	5.5
临 沂 市	Linyi	298.5	60.5	10.1	146.0	6.4	17.7	12.1	16.6
德 州 市	Dezhou	132.2	26.9	7.4	52.8	3.1	9.5	5.8	8.7
聊 城 市	Liaocheng	201.1	34.6	7.8	75.8	3.4	12.6	8.2	38.3
滨 州 市	Binzhou	148.4	26.7	8.6	60.9	3.8	9.2	8.8	8.5
菏 泽 市	Heze	236.1	47.0	12.0	103.0	3.1	15.5	9.9	17.0

4-8 各市按行业分城镇私营企业和个体就业人员数(2019年底)

Number of Engaged Persons in Urban Private Enterprises and Self-employed Individuals at Year-end by Sector and Region(2019)

单位：万人 (10 000 persons)

地区	Region	合计 total	制造业 Manufacturing	建筑业 Construction	批发和零售业 Wholesale and Retail Trades	交通运输、仓储和邮政业 Traffic, Transport, Storage and Post	住宿和餐饮业 Hotels and Catering Services	租赁和商务服务业 Leasing and Business Service	居民服务、修理和其他服务业 Households Services, Repair and Other Services
全省总计	**Total**	**1135.3**	**112.3**	**51.2**	**579.1**	**20.7**	**80.3**	**104.5**	**77.9**
济南市	Jinan	130.2	9.5	8.0	56.7	2.1	8.6	14.2	7.5
青岛市	Qingdao	335.6	31.3	12.5	191.6	4.2	13.0	48.9	13.6
淄博市	Zibo	46.4	5.7	2.7	21.6	0.7	3.8	2.8	3.8
枣庄市	Zaozhuang	46.7	5.5	1.1	24.3	1.7	3.9	2.4	4.6
东营市	Dongying	19.6	2.2	1.2	8.8	0.4	1.9	1.1	2.0
烟台市	Yantai	107.0	9.5	6.8	48.5	2.7	7.7	10.2	8.6
潍坊市	Weifang	56.1	7.8	2.2	24.3	1.3	4.9	3.9	4.7
济宁市	Jining	58.4	4.6	2.0	29.4	1.1	6.9	3.7	5.1
泰安市	Tai'an	50.3	4.2	2.3	23.5	1.6	6.1	2.8	4.2
威海市	Weihai	34.9	5.2	3.0	13.8	0.8	2.2	2.9	2.7
日照市	Rizhao	19.2	1.9	1.7	8.7	0.7	1.6	1.5	1.3
临沂市	Linyi	85.0	7.9	2.0	54.9	1.4	5.6	3.5	4.6
德州市	Dezhou	28.1	3.1	0.8	14.7	0.4	3.5	0.9	3.1
聊城市	Liaocheng	26.3	2.7	0.4	13.7	0.3	3.1	0.8	4.0
滨州市	Binzhou	37.9	5.5	2.4	17.0	0.7	2.3	2.9	2.4
菏泽市	Heze	53.6	5.8	2.1	27.6	0.6	5.2	2.1	5.7

4-9 各市私营企业就业人员数(2019年底)

Number of Employed Persons in Private Enterprises at the Year-end by Region(2019)

单位：万人 (10 000 persons)

地区	Region	户数(户) Number of Enterprises (household)	就业人数 Number of Employed Persons	#投资者 Investor	城镇就业人数 Number of Employed Persons in Urban Areas	#投资者 Investor	乡村就业人数 Number of Employed Persons in Rural Areas	#投资者 Investor
全省总计	**Total**	**2903706**	**1905.9**	**449.0**	**490.0**	**147.0**	**1415.9**	**302.0**
济南市	Jinan	400378	268.5	66.1	85.7	24.2	182.7	41.9
青岛市	Qingdao	527480	299.0	86.9	108.0	32.6	191.0	54.2
淄博市	Zibo	130406	82.5	20.9	23.0	7.4	59.5	13.5
枣庄市	Zaozhuang	83259	61.2	12.0	14.3	4.1	47.0	7.9
东营市	Dongying	71132	42.8	11.6	9.5	3.4	33.3	8.2
烟台市	Yantai	219484	128.5	35.7	62.3	17.1	66.2	18.6
潍坊市	Weifang	271255	219.2	41.5	28.0	9.9	191.1	31.6
济宁市	Jining	195885	131.3	29.7	24.6	7.0	106.6	22.7
泰安市	Tai'an	101679	59.5	15.9	20.9	6.7	38.6	9.2
威海市	Weihai	96018	53.4	15.1	21.2	6.4	32.3	8.7
日照市	Rizhao	86819	48.9	13.2	11.0	4.2	37.9	9.0
临沂市	Linyi	237815	147.6	32.7	27.7	9.6	120.0	23.1
德州市	Dezhou	100375	62.7	16.2	6.6	2.9	56.0	13.3
聊城市	Liaocheng	130352	89.8	17.8	5.5	2.5	84.4	15.3
滨州市	Binzhou	97441	94.8	13.4	25.3	4.9	69.5	8.5
菏泽市	heze	153928	116.0	20.3	16.3	3.9	99.7	16.4

4-10 各市个体就业人员数(2019年底)

Number of Self-employed Individuals at the Year-end by Region(2019)

地区	Region	个体户数(户) Number of Households (household)	个体就业人数(万人) Number of Engaged Persons (10 000 persons)	城镇 Urban	乡村 Rural
全省总计	**Total**	**7111460**	**1849.4**	**645.3**	**1204.0**
济南市	Jinan	698315	174.3	44.5	129.9
青岛市	Qingdao	936585	405.2	227.5	177.6
淄博市	Zibo	361382	72.1	23.4	48.7
枣庄市	Zaozhuang	335010	84.2	32.4	51.8
东营市	Dongying	165846	62.1	10.2	52.0
烟台市	Yantai	615886	111.6	44.7	66.8
潍坊市	Weifang	735032	155.4	28.1	127.3
济宁市	Jining	496373	117.1	33.8	83.4
泰安市	Tai'an	318440	78.6	29.4	49.2
威海市	Weihai	242315	45.2	13.7	31.5
日照市	Rizhao	200132	38.3	8.3	30.0
临沂市	Linyi	570944	150.9	57.3	93.6
德州市	Dezhou	304454	69.6	21.5	48.1
聊城市	Liaocheng	377441	111.3	20.8	90.5
滨州市	Binzhou	235463	53.6	12.5	41.0
菏泽市	Heze	517842	120.1	37.3	82.8

4-11 按登记注册类型和行业分城镇单位就业人员工资总额(2019年)

Total Wages Bill of Employed Persons in Urban by Status of Registration and Sector(2019)

单位:万元 (10 000 yuan)

类 别	Category	总 计 Total	在岗职工 Staff and Workers	国有单位 State -owned Units	城镇集体单位 Urban Collective -owned Units
总 计	**Total**	**86888859**	**83601336**	**33781939**	**1046651**
按企、事业和机关分	**Grouped by Enterprises,institutions and Agencies**				
企 业	Enterprises	55530539	52745735	4230976	651593
事 业	Institutions	20114056	19795012	19002065	350806
机 关	Agebcies & Organizations	10419304	10259334	10386144	8340
民间非营利组织	Civil Nonprofit Organization	716265	694092	66094	33449
其 他	Others	108695	107164	96661	2463
按国民经济行业分	**Grouped by Sector**				
农、林、牧、渔业	Agriculture,Forestry,Animal Husbandry and Fishing	79379	79092	21992	4293
采矿业	Mining	2916128	2858683	87182	2279
制造业	Manufacturing	18929025	18706627	81156	74700
电力、热力、燃气及水的生产和供应业	Production and Supply of Electric, Heat, Gas and Water	2996500	2981631	1599382	2545
建筑业	Construction	9813804	8594220	309737	380615
批发和零售业	Wholesale and Retail Trade	2999881	2938615	58925	42583
交通运输、仓储和邮政业	Traffic,Transport,Storage and Post	4059322	3986741	733500	14526
住宿和餐饮业	Hotels and Catering Services	558898	539370	113385	6232
信息传输、软件和信息技术服务业	Information Transfer, Software and Information Technology Services	1740674	1722738	126727	362
金融业	Financial Intermediation	5336641	4454108	641122	8339
房地产业	Real Estate	1782875	1748367	61870	23633
租赁和商务服务业	Leasing and Business Services	1626278	1568553	277732	26640
科学研究和技术服务业	Scientific Research and Technical Service	1853407	1806042	688373	13429
水利、环境和公共设施管理业	Management of Water Conservancy,Environment and Public Facilities	818932	742585	374591	6251
居民服务、修理和其他服务业	Households Services, Repair and Other Services	170936	164602	38188	3622
教 育	Education	11841788	11727931	10398948	246069
卫生和社会工作	Health and Social Work	6978574	6795250	6122030	167637
文化、体育和娱乐业	Culture,Sports and Entertainment	601658	589242	348393	3772
公共管理、社会保障和社会组织	Public management,Social Security and Social Organization	11784160	11596940	11698708	19125
国际组织	International Organization				

注：自2013年开始，劳动工资统计包含原属于乡镇企业的规模以上法人单位(下表同)。

a)Since 2013,the scope of labor wage statistics include Township Enterprises above Designated Size (the same as following table).

4-12 各市城镇单位就业人员工资总额和指数(2019年)

Total Wage Bill of Employed Persons in Urban Units and Related Indices by Region(2019)

地 区	Region	工 资 总 额 (亿元) Earning(100 million yuan)				指数 (上年=100) Indices(preceding year=100)			
		合 计 Total	在岗职工 Staff and Workers	国有单位 State-owned Units	城镇集体单位 Urban Collective-owned Units	合 计 Total	在岗职工 Staff and Workers	国有单位 State-owned Units	城镇集体单位 Urban Collective-owned Units
全省合计	**Total**	**8688.9**	**8360.1**	**3378.2**	**104.7**	**105.2**	**104.7**	**105.2**	**63.5**
济南市	Jinan	1417.1	1338.2	484.7	8.8	112.8	112.6	117.8	78.6
青岛市	Qingdao	1438.3	1385.0	469.3	8.9	111.4	109.5	109.5	50.6
淄博市	Zibo	514.7	494.5	172.9	4.6	96.6	95.3	100.2	54.1
枣庄市	Zaozhuang	241.2	236.7	127.6	6.4	105.4	104.7	112.5	71.1
东营市	Dongying	362.1	351.2	91.6	5.9	111.9	111.8	115.7	95.2
烟台市	Yantai	707.3	684.8	246.4	9.7	100.2	98.8	106.0	52.4
潍坊市	Weifang	627.3	593.4	229.7	14.1	108.5	108.1	99.8	141.0
济宁市	Jining	528.3	505.9	237.4	7.6	99.5	101.9	118.6	43.7
泰安市	Tai'an	323.1	313.0	126.1	11.7	108.0	110.8	109.5	70.9
威海市	Weihai	339.0	334.6	95.7	4.2	99.2	99.0	92.6	58.3
日照市	Rizhao	233.1	226.4	90.1	2.1	114.8	115.5	115.1	84.0
临沂市	Linyi	512.9	491.1	265.7	6.6	97.4	98.1	110.8	51.2
德州市	Dezhou	285.2	280.5	138.8	2.6	94.9	94.7	104.2	38.2
聊城市	Liaocheng	290.6	269.6	158.7	1.8	105.2	103.4	114.3	25.0
滨州市	Binzhou	310.8	301.9	124.7	2.9	103.0	101.8	117.2	60.4
菏泽市	Heze	295.3	291.0	179.6	6.8	101.5	101.3	103.8	85.0

4-13 各市按行业分城镇单位就业人员工资总额(2019年)

Total Wages Bill of Employed Persons by Sector and Region (2019)

单位:万元 (10 000 yuan)

地 区	Region	总 计 Total	农、林、牧、渔业 Agriculture, Forestry, Animal Husbandry and Fishing	采矿业 Mining	制造业 Manufacturing	电力、热力、燃气及水的生产和供应业 Production and Supply of Electric Heat, Gas and Water	建筑业 Construction	批发和零售业 Wholesale and Retail Trade
全省合计	**Total**	**86888859**	**79379**	**2916128**	**18929025**	**2996500**	**9813804**	**2999881**
济南市	Jinan	14170697	8641	84483	1984264	166174	2669822	622747
青岛市	Qingdao	14383438	1325	602	3543427	178435	1258715	720155
淄博市	Zibo	5147307	6380	48712	1234789	161706	1248468	109391
枣庄市	Zaozhuang	2411696	489	221075	299017	42627	370441	52392
东营市	Dongying	3620954	1767	1156798	498076	37604	227186	65833
烟台市	Yantai	7073267	9093	151026	2367085	166637	341853	255979
潍坊市	Weifang	6273464	3334	5319	2075669	88877	613021	240390
济宁市	Jining	5283463	2444	908424	738399	119413	536390	91675
泰安市	Tai'an	3230831	2194	212629	529094	63708	669517	101411
威海市	Weihai	3390356	24675	17	1514570	72279	153149	132673
日照市	Rizhao	2331101	2810	205	580773	41635	203257	85967
临沂市	Linyi	5128521	3497	18439	921565	84686	547697	238452
德州市	Dezhou	2851905	6967	7491	684920	68858	284197	88636
聊城市	Liaocheng	2906252	1126		455391	62443	260466	57816
滨州市	Binzhou	3107719	3730	13638	1151310	133431	158751	74228
菏泽市	Heze	2953185	907	87271	254131	31327	270876	62136

4-13 续表 1 continued

单位:万元 (10 000 yuan)

地 区	Region	交通运输、仓储和邮政业 Traffic, Transport, Storage and Post	住宿和餐饮业 Hotels and Catering Services	信息传输、软件和信息技术服务业 Information Transfer,Software and Information Technology Services	金融业 Financial Intermediation	房地产业 Real Estate	租赁和商务服务业 Leasing and Business Services	科学研究和技术服务业 Scientific Research and Technical Service
全省合计	**Total**	**4059322**	**558898**	**1740674**	**5336641**	**1782875**	**1626278**	**1853407**
济南市	Jinan	658964	116203	722291	1028329	419607	412513	712677
青岛市	Qingdao	826873	164516	287960	1223024	481635	341155	497087
淄博市	Zibo	73961	14832	144576	257949	51377	60370	64933
枣庄市	Zaozhuang	44614	6094	24798	113323	32803	18308	20725
东营市	Dongying	75678	17101	41893	147449	38713	312819	81627
烟台市	Yantai	312276	52622	117687	543350	148639	76047	117168
潍坊市	Weifang	122353	34361	69097	273965	109007	82009	54060
济宁市	Jining	106891	26174	39931	256750	57099	55148	41037
泰安市	Tai'an	65724	18659	57209	176134	47526	23651	40555
威海市	Weihai	111349	33137	39112	157016	87631	42000	47332
日照市	Rizhao	217776	11245	21077	126083	42551	48428	21603
临沂市	Linyi	117264	21786	56923	228340	105195	73298	49391
德州市	Dezhou	61842	17878	30532	144955	50852	32489	32146
聊城市	Liaocheng	72518	10322	28205	333598	28015	10421	25148
滨州市	Binzhou	79544	7190	19959	169505	39796	14864	26684
菏泽市	Heze	60200	6777	39426	156874	42431	22758	21235

4-13 续表 2 continued

单位:万元 (10 000 yuan)

地 区	Region	水利、环境和公共设施管理业 Management of Water Conservancy, Environment and Public Facilities	居民服务、修理和其他服务业 Households Services, Repair and Other Services	教 育 Education	卫生和社会工作 Health and Social Work	文化、体育和娱乐业 Culture, Sports and Entertainment	公共管理、社会保障和社会组织 Public management, Social Security and Social Organization	国际组织 International Organization
全省合计	**Total**	**818932**	**170936**	**11841788**	**6978574**	**601658**	**11784160**	
济南市	Jinan	270301	36833	1588265	1140097	166140	1362347	
青岛市	Qingdao	107490	42606	1758563	1044943	131274	1773653	
淄博市	Zibo	31645	12757	575200	360316	26634	663312	
枣庄市	Zaozhuang	24466	3094	439354	240346	15649	442083	
东营市	Dongying	24216	2994	324090	175158	14734	377219	
烟台市	Yantai	59309	11422	904734	510347	38611	889383	
潍坊市	Weifang	72421	4183	974452	529963	26482	894502	
济宁市	Jining	34946	3243	825585	510008	34985	894922	
泰安市	Tai'an	19318	2970	531221	269832	15554	383927	
威海市	Weihai	23318	6364	371508	176465	19622	378141	
日照市	Rizhao	25845	6667	339823	198344	15667	341349	
临沂市	Linyi	44211	10785	1004516	598920	27416	976138	
德州市	Dezhou	23887	11131	462652	229999	18149	594325	
聊城市	Liaocheng	18454	3600	596812	376154	16292	549472	
滨州市	Binzhou	7465	8597	447021	253994	16912	481101	
菏泽市	Heze	31642	3692	697992	363689	17538	782286	

4-14 按登记注册类型和行业分城镇单位就业人员平均工资(2019年)

Average Earning of Employed Persons in Urban Units by Status of Registration and Sector(2019)

单位:元 (yuan)

类别	Category	总计 Total	在岗职工 Staff and Workers	国有单位 State -owned Units	城镇集体单位 Urban Collective -owned Units
总计	**Total**	**81446**	**84089**	**98587**	**56301**
按企、事业和机关分	**Grouped by Enterprises,institutions and Agencies**				
企业	Enterprises	74557	76932	93993	47711
事业	Institutions	102460	105168	102796	85089
机关	Agebcies & Organizations	93639	96340	93648	86873
民间非营利组织	Civil Nonprofit Organization	54039	54482	67928	51963
其他	Others	91772	94135	105456	34887
按国民经济行业分	**Grouped by Sector**				
农、林、牧、渔业	Agriculture,Forestry,Animal Husbandry and Fishing	66884	67204	79971	62765
采矿业	Mining	96161	97984	78176	51554
制造业	Manufacturing	69354	69346	69477	49500
电力、热力、燃气及水的生产和供应业	Production and Supply of Electric, Heat, Gas and Water	107732	108615	122839	55197
建筑业	Construction	66282	66562	59273	44532
批发和零售业	Wholesale and Retail Trade	63856	64194	58632	42875
交通运输、仓储和邮政业	Traffic,Transport,Storage and Post	90940	92378	92491	42535
住宿和餐饮业	Hotels and Catering Services	48369	49634	54345	42773
信息传输、软件和信息技术服务业	Information Transfer, Software and Information Technology Services	101077	101971	110054	64643
金融业	Financial Intermediation	95721	142299	117752	108294
房地产业	Real Estate	69520	70880	68403	44083
租赁和商务服务业	Leasing and Business Services	72605	74040	77724	53079
科学研究和技术服务业	Scientific Research and Technical Service	103794	105130	113385	65702
水利、环境和公共设施管理业	Management of Water Conservancy,Environment and Public Facilities	46300	60218	62747	45165
居民服务、修理和其他服务业	Households Services, Repair and Other Services	49649	50383	82372	43426
教育	Education	98875	100672	105267	85700
卫生和社会工作	Health and Social Work	100037	101936	104493	75241
文化、体育和娱乐业	Culture,Sports and Entertainment	87556	89660	91760	51812
公共管理、社会保障和社会组织	Public management,Social Security and Social Organization	92833	95707	92784	108664
国际组织	International Organization				

4-15 各市按登记注册类型分城镇单位就业人员平均工资(2019年)

Average Earning of Employed Persons in Urban Units by Status of Registration(2019)

单位：元 (yuan)

地 区	Region	总 计 Total	在岗职工 Staff and Workers	国有单位 State-owned Units	城镇集体单位 Urban Collective-owned Units	股份合作单位 Cooperative Units	联营单位 Joint Ownership Units
全省合计	**Total**	**81446**	**84089**	**98587**	**56301**	**61751**	**72513**
济南市	Jinan	97482	100593	123249	66047	44000	80544
青岛市	Qingdao	98604	103108	138817	79002	70065	97247
淄博市	Zibo	75762	78815	93560	56057	53329	54212
枣庄市	Zaozhuang	69261	70788	82719	47197	49445	50412
东营市	Dongying	96571	100224	107485	108916	45217	35609
烟台市	Yantai	80390	82280	103985	53344	59213	50757
潍坊市	Weifang	71778	75283	86079	60844	90776	38711
济宁市	Jining	72946	75238	88096	41593	50535	42972
泰安市	Tai'an	65849	67883	85816	48939	44000	51886
威海市	Weihai	70890	71202	98822	52212	46223	47353
日照市	Rizhao	77271	79686	101201	57438	49793	85654
临沂市	Linyi	72711	76310	91930	56502	95207	120465
德州市	Dezhou	70533	71740	75459	47353	54430	40356
聊城市	Liaocheng	70475	74491	81480	65071	81509	55906
滨州市	Binzhou	72462	73518	90376	61523	73764	35610
菏泽市	Heze	65490	66362	71056	47846	51646	66137

4-15 续表 continued

单位：元 (yuan)

地 区	Region	有限责任公司 Limited Liability Corporations	股份有限公司 Share-holding Corporations Ltd.	其他内资 Others	港、澳、台商投资单位 Units with Funds from Hong Kong, Macao&Taiwan	外商投资单位 Foreign Funded Units
全省合计	**Total**	**69575**	**87056**	**68836**	**74249**	**73287**
济南市	Jinan	82197	113933	81767	95602	80619
青岛市	Qingdao	83804	103377	90094	79234	78055
淄博市	Zibo	63541	81902	57858	74415	61476
枣庄市	Zaozhuang	58122	69221	58068	62104	43654
东营市	Dongying	83319	113294	63057	76521	71873
烟台市	Yantai	66503	84859	61494	73853	73045
潍坊市	Weifang	59453	74596	82846	73943	59385
济宁市	Jining	61129	58673	57904	61772	82720
泰安市	Tai'an	57732	58442	59073	45377	66980
威海市	Weihai	60458	76872	58279	72348	62139
日照市	Rizhao	62236	86918	51119	60674	92580
临沂市	Linyi	54956	69297	56887	59080	72407
德州市	Dezhou	63083	85249	53273	55552	79693
聊城市	Liaocheng	56450	66350	69197	54412	60207
滨州市	Binzhou	62413	73876	58661	61366	66205
菏泽市	Heze	56535	72963	52867	62002	49047

4-16 各市按行业分城镇单位就业人员平均工资(2019年)

Average Earning of Employed Persons in Urban Units by Sector and Region (2019)

单位:元 (yuan)

地区	Region	总计 Total	农、林、牧、渔业 Agriculture, Forestry, Animal Husbandry and Fishing	采矿业 Mining	制造业 Manufacturing	电力、热力、燃气及水的生产和供应业 Production and Supply of Electric Heat, Gas and Water	建筑业 Construction	批发和零售业 Wholesale and Retail Trade
全省合计	**Total**	**81446**	**66884**	**96161**	**69354**	**107732**	**66282**	**63856**
济南市	Jinan	97482	111358	80698	82668	103085	85786	72711
青岛市	Qingdao	98604	60236	45977	80549	91660	82553	76437
淄博市	Zibo	75762	48630	67674	72367	103083	66695	56138
枣庄市	Zaozhuang	69261	44890	89537	54929	69210	48367	55926
东营市	Dongying	96571	70406	125646	73561	81996	62222	58675
烟台市	Yantai	80390	57621	89619	69298	115905	57226	60267
潍坊市	Weifang	71778	61394	42894	67489	80908	69223	63688
济宁市	Jining	72946	41771	89002	60481	88408	51904	49913
泰安市	Tai'an	65849	41000	64099	57568	78246	55215	53067
威海市	Weihai	70890	87314	55000	62186	88112	52565	58838
日照市	Rizhao	77271	56764	47605	73949	99772	58772	47696
临沂市	Linyi	72711	52514	63061	60192	94601	51497	58250
德州市	Dezhou	70533	74356	87816	73380	93556	59761	53735
聊城市	Liaocheng	70475	54372		53865	91358	60623	60338
滨州市	Binzhou	72462	59686	53800	62016	83698	58967	55794
菏泽市	Heze	65490	44655	96893	51315	53015	48188	55144

4-16 续表 1 continued

单位:元 (yuan)

地区	Region	交通运输、仓储和邮政业 Traffic, Transport, Storage and Post	住宿和餐饮业 Hotels and Catering Services	信息传输、软件和信息技术服务业 Information Transfer,Software and Information Technology Services	金融业 Financial Intermediation	房地产业 Real Estate	租赁和商务服务业 Leasing and Business Services	科学研究和技术服务业 Scientific Research and Technical Service
全省合计	**Total**	**90940**	**48369**	**101077**	**95721**	**69520**	**72605**	**103794**
济南市	Jinan	110633	46383	105858	126956	68606	96027	115507
青岛市	Qingdao	94071	60741	126342	96098	105076	96426	129845
淄博市	Zibo	73461	44131	90225	84407	55717	35428	84647
枣庄市	Zaozhuang	46252	38114	89781	95398	51023	50869	71073
东营市	Dongying	86302	46697	92479	113984	54456	103534	102791
烟台市	Yantai	85532	47258	96284	101728	70781	58665	89653
潍坊市	Weifang	68916	44533	70177	99324	60857	54350	71688
济宁市	Jining	55949	38508	97013	64176	62173	44346	68934
泰安市	Tai'an	62821	43404	111802	61465	51958	42529	84932
威海市	Weihai	71428	48766	92924	135417	57185	51541	80979
日照市	Rizhao	74260	43365	87241	110338	58821	42792	70027
临沂市	Linyi	71919	43739	90772	89735	58138	56279	77842
德州市	Dezhou	70443	42405	81289	103695	60437	44530	84529
聊城市	Liaocheng	73892	40116	96394	69808	62716	68198	84164
滨州市	Binzhou	74872	39483	67384	93789	49392	51237	78068
菏泽市	Heze	58097	36397	97806	98576	53962	50194	65683

4-16 续表 2 continued

单位:元 (yuan)

地 区	Region	水利、环境和公共设施管理业 Management of Water Conservancy, Environment and Public Facilities	居民服务、修理和其他服务业 Households Services, Repair and Other Services	教 育 Education	卫生和社会工作 Health and Social Work	文化、体育和娱乐业 Culture, Sports and Entertainment	公共管理、社会保障和社会组织 Public management, Social Security and Social Organization	国际组织 International Organization
全省合计	**Total**	**46300**	**49649**	**98875**	**100037**	**87556**	**92833**	
济 南 市	Jinan	86710	55205	112845	140085	116386	117962	
青 岛 市	Qingdao	61056	76287	133697	143704	105602	138701	
淄 博 市	Zibo	25613	70362	101550	90840	74335	94898	
枣 庄 市	Zaozhuang	50928	38718	88685	88577	69704	82632	
东 营 市	Dongying	57947	63964	115093	111779	87702	101155	
烟 台 市	Yantai	55186	52683	104385	101093	74827	101378	
潍 坊 市	Weifang	15492	63957	93124	85494	72534	84181	
济 宁 市	Jining	60293	56107	92183	89232	68237	82462	
泰 安 市	Tai'an	44852	52470	91685	75294	56746	81487	
威 海 市	Weihai	63107	52123	99603	77028	72059	103235	
日 照 市	Rizhao	70537	13768	104240	101273	87037	94999	
临 沂 市	Linyi	32000	39666	95156	96096	70243	85928	
德 州 市	Dezhou	38614	30479	76842	71457	55518	72433	
聊 城 市	Liaocheng	56903	60300	80269	93928	84545	72301	
滨 州 市	Binzhou	58047	63585	92689	94640	101943	84877	
菏 泽 市	Heze	43518	49694	74284	70379	68964	68130	

4-17 各市按行业分城镇私营单位就业人员平均工资(2019年)

Average Wage of Staff and Workers by Sector and Region(2019)

单位:元 (yuan)

地 区	Region	总 计 Total	农、林、牧、渔业 Agriculture, Forestry, Animal Husbandry and Fishing	采矿业 Mining	制造业 Manufacturing	电力、热力、燃气及水的生产和供应业 Production and Supply of Electric, heat,gas and water	建筑业 Construction	批发和零售业 Wholesale and Retail Trade
全省合计	**Total**	**55479**	**49440**	**53066**	**55535**	**66355**	**61107**	**51089**
济 南 市	Jinan	51530	36639	62012	50643	51053	51717	49154
青 岛 市	Qingdao	57988	46638	53466	56461	53661	56714	52000
淄 博 市	Zibo	46803	28631	51651	48975	50786	55039	40773
枣 庄 市	Zaozhuang	42610	39162	40439	44860	56929	44197	39132
东 营 市	Dongying	56200	41632	57954	60782	65416	52440	59239
烟 台 市	Yantai	49200	42438	42409	52130	53563	49140	48750
潍 坊 市	Weifang	47620	43145	48301	50883	58002	49317	42529
济 宁 市	Jining	45721	42034	71689	49672	57341	48622	41617
泰 安 市	Tai'an	49441	31123	68995	46330	47069	57697	38824
威 海 市	Weihai	48103	38952	33927	46321	37905	43485	74307
日 照 市	Rizhao	52568	64260	26840	49926	73077	53448	53077
临 沂 市	Linyi	49426	38535	44870	49859	59299	51407	47610
德 州 市	Dezhou	46002	45980	54043	56588	57045	61729	48865
聊 城 市	Liaocheng	42807	33841		44048	47211	48298	39202
滨 州 市	Binzhou	46543	38944	47631	50606	64905	44597	39793
菏 泽 市	Heze	42334	38165	88091	43841	46839	42217	39604

注：全省数据为城镇私营单位口径，各市数据为全部私营单位口径，来源于劳动工资私营单位抽样调查。
a)The statistics range of provincial data include urban private units,region data include all private units.Data from sample survey of labor wage in private unit.

4-17 续表 1 continued

单位:元 (yuan)

地 区	Region	交通运输、仓储和邮政业 Traffic, Transport, Storage and Post	住宿和餐饮业 Hotels and Catering Services	信息传输、软件和信息技术服务业 Information Transfer, Software and Information Technology Services	金融业 Financial Intermediation	房地产业 Real Estate	租赁和商务服务业 Leasing and Business Services	科学研究和技术服务业 Scientific Research and Technical Service
全省合计	**Total**	**61386**	**46915**	**65165**	**60223**	**55635**	**52518**	**62404**
济南市	Jinan	53851	44508	57254	61323	49901	54304	58111
青岛市	Qingdao	58498	46013	67238	62190	55883	73962	70782
淄博市	Zibo	47214	39169	44389	34551	42272	46428	46791
枣庄市	Zaozhuang	51395	39334	42444	55765	40906	38156	42879
东营市	Dongying	51549	42941	56472	49206	39599	51529	62812
烟台市	Yantai	51089	44687	46788	51115	46644	46984	48298
潍坊市	Weifang	53393	41975	42871	50916	43232	41718	44967
济宁市	Jining	51592	41029	43764	45237	41030	47910	42842
泰安市	Tai'an	46734	35296	45870	36139	34219	39378	48116
威海市	Weihai	41807	41952	39049	52300	41450	41269	41086
日照市	Rizhao	64185	51986	55763	58615	55855	60901	57279
临沂市	Linyi	49026	42593	48415	48328	57849	53761	56969
德州市	Dezhou	55855	45424	54718	53397	56200	19558	49331
聊城市	Liaocheng	44916	37449	36545	38137	44847	39667	46098
滨州市	Binzhou	54516	37050	40227	48333	41730	38885	49336
菏泽市	Heze	44998	37768	41621	41141	41799	40169	44315

4-17 续表 2 continued

单位:元 (yuan)

地 区	Region	水利、环境和公共设施管理业 Management of Water Conservancy, Environment and Public Facilities	居民服务、修理和其他服务业 Households Services, Repair and Other Services	教 育 Education	卫生和社会工作 Health and Social Work	文化、体育和娱乐业 Culture, Sports and Entertainment	公共管理、社会保障和社会组织 Public management, Social Security and Social Organization	国际组织 International Organization
全省合计	**Total**	**48514**	**53018**	**54655**	**55916**	**52679**		
济南市	Jinan	38971	34541	51447	55478	48994		
青岛市	Qingdao	36705	48722	53089	65419	57640		
淄博市	Zibo	28057	35838	35023	46972	35592		
枣庄市	Zaozhuang	38736	39106	41101	42768	40161		
东营市	Dongying	33345	48123	42335	62843	43785		
烟台市	Yantai	34134	46953	46252	59722	45056		
潍坊市	Weifang	44769	40206	40970	44420	42034		
济宁市	Jining	28477	41499	41345	45875	42671		
泰安市	Tai'an	35465	35694	39295	62576	36084		
威海市	Weihai	35586	37525	38630	40998	37999		
日照市	Rizhao	53103	52523	47257	45205	53322		
临沂市	Linyi	29647	32623	47358	65281	42265		
德州市	Dezhou	54645	39986	45525	50462	50975		
聊城市	Liaocheng	28426	24537	44589	38184	33621		
滨州市	Binzhou	27803	39672	40129	38085	38736		
菏泽市	Heze	36642	38623	41430	46419	38254		

4-18 各市城镇登记失业人员及失业率

Registered Urban Unemployed Persons and Unemployment Rate by Region

地 区	Region	失业人员(万人) Unemployment(10 000 persons)						登记失业率(%) Unemployment Rate(%)					
		2014	2015	2016	2017	2018	2019	2014	2015	2016	2017	2018	2019
全省总计	**Total**	**43.1**	**43.7**	**45.8**	**45.7**	**46.5**	**44.2**	**3.3**	**3.4**	**3.5**	**3.4**	**3.4**	**3.3**
济 南 市	Jinan	3.3	3.2	3.4	3.2	3.5	3.5	2.1	2.0	2.2	2.1	2.1	2.0
青 岛 市	Qingdao	7.2	7.5	8.0	7.8	7.4	8.3	3.0	3.0	3.2	3.1	2.9	3.0
淄 博 市	Zibo	2.9	3.0	3.2	3.4	3.4	2.8	2.5	2.8	2.7	2.9	2.4	2.2
枣 庄 市	Zaozhuang	1.8	1.9	1.9	1.9	2.6	2.0	2.2	2.3	2.4	2.4	3.0	2.2
东 营 市	Dongying	1.0	1.0	1.2	1.3	1.4	1.4	2.0	2.2	2.4	2.5	2.5	2.6
烟 台 市	Yantai	5.1	5.4	5.7	5.5	5.0	4.4	3.2	3.2	3.2	3.3	2.9	2.2
潍 坊 市	Weifang	3.9	3.9	3.9	3.9	4.0	3.8	3.0	2.9	2.9	2.9	2.9	2.7
济 宁 市	Jining	3.1	3.1	3.3	3.3	3.1	3.3	3.0	3.0	3.1	3.1	3.0	3.1
泰 安 市	Tai'an	2.0	2.1	2.6	2.5	2.4	2.2	2.0	2.1	2.5	2.4	2.2	2.0
威 海 市	Weihai	0.8	0.8	0.8	1.0	1.0	0.9	1.5	1.5	1.5	1.7	1.8	1.8
日 照 市	Rizhao	1.1	1.1	1.2	1.3	1.6	1.0	2.0	2.0	2.2	2.2	2.3	1.7
莱 芜 市	Laiwu	0.6	0.7	0.7	0.7	0.7		2.2	2.5	2.6	2.6	2.7	
临 沂 市	Linyi	1.9	2.6	2.6	2.7	2.8	3.0	1.7	2.4	2.3	2.3	2.3	2.2
德 州 市	Dezhou	1.9	1.9	1.8	1.7	2.0	1.9	2.9	2.8	2.6	2.5	2.4	2.4
聊 城 市	Liaocheng	2.5	2.6	2.6	2.5	2.6	2.3	2.9	3.0	3.1	3.0	3.1	2.7
滨 州 市	Binzhou	1.2	1.2	1.2	1.2	1.5	1.3	2.2	2.2	2.1	2.1	2.6	1.8
菏 泽 市	Heze	1.8	1.8	1.7	1.7	1.8	2.2	3.1	3.2	3.1	3.1	2.7	3.1

注：根据行政区划调整，2019年起，莱芜市并入济南市，以下表同。

a)According to administrative division adjustment,Laiwu City merged into Jinan City from 2019.The same applies to tables following.

4-19 主要年份年末离休、退休、退职人员人数

Numbers of Retired and Resigned Persons at Year-end in Major Years

单位：人 (person)

年 份 Year	总 计 Total	离休人员 Retired Veterans	退休人员 Retired Persons	领取定期生活费的退职人员 Resigned Persons
2000	1803820	144063	1592549	67208
2001	1880547	141761	1684005	54781
2002	2005227	130318	1830820	44089
2003	2121128	124002	1948428	48698
2004	2244567	118302	2077937	48328
2005	2487619	114650	2372969	
2006	2617076	104437	2512563	
2007	2821703	99016	2722687	
2008	3050455	93560	2956895	
2009	3260326	88574	3171752	
2010	3450734	79974	3370760	
2011	3730537	71844	3623657	35036
2012	4163329	68132	4058431	36766
2013	4591639	62261	4492295	37083
2014	5115111	56939	5020415	37757
2015	5543745	49531	5454932	39282
2016	6073980	28093	6008374	37513
2017	6387821	20093	6330627	37101
2018	6771167	17504	6715388	38275
2019	7111822	14915	7060702	36205

注：本表不包括民政部门支付离休、退休、退职费的人数。

a)Data in this table exclude the number of retired or resigned people whose pensions are paid by civil affair departments.

4-20 离休、退休人员数(2019年底)

Numbers of Retired and Resigned Persons at Year-end(2019)

单位:人 (person)

类别	Category	离休、退休退职人员 Retired and Resigned Persons	离休人员 Retired Veterans	退休人员 Retired Persons
总计	**Total**	**7111822**	**14915**	**7060702**
一、执行企业养老保险制度	**According to the Enterprise Pension** Insurance System	**5890216**	**14905**	**5840280**
(一)企业	Enterprise	3936617	14880	3891987
1．内资企业	Domestic Funded Enterprises	3860713	14813	3817053
国有企业	State-owned Enterprises	1808935	10522	1781661
集体企业	Collective Owned Enterprises	875835	1858	867209
其他企业	Others	1175943	2433	1168183
2．港、澳、台及外资企业	Enterprises with Investment from Hong Kong, Macao and Taiwan	75904	67	74934
(二)事业	Institutions	6523	4	6437
(三)机关	Government Agencies	2240	16	2173
(四)其他人员	Others	1944836	5	1939683
二、执行机关事业单位养老保险制度	**According to the Government Agencies and Institutions Pension Insurance System**	**1221606**	**10**	**1220422**
(一)机关	Government Agencies	288654		288566
(二)事业	Institutions	932932	10	931836
(三)其他单位	Others	20		20

4-21 各市离休、退休人员数(2019年底)

Numbers of Retired and Resigned Persons at Year-end by Region(2019)

单位:人 (person)

地区	Region	离休、退休退职人员 Retired and Resigned Persons	离休人员 Retired Veterans	退休人员 Retired Persons
全省总计	**Total**	**7111822**	**14915**	**7060702**
济南市	Jinan	701045	1928	695890
青岛市	Qingdao	1073475	1621	1067540
淄博市	Zibo	435118	818	431524
枣庄市	Zaozhuang	179345	267	176933
东营市	Dongying	64480	114	64085
烟台市	Yantai	738662	1380	732463
潍坊市	Weifang	564181	972	558377
济宁市	Jining	370192	651	367306
泰安市	Tai'an	306918	428	303774
威海市	Weihai	420562	390	418813
日照市	Rizhao	225474	160	225068
临沂市	Linyi	395399	614	394606
德州市	Dezhou	233121	407	231814
聊城市	Liaocheng	226653	342	225467
滨州市	Binzhou	203473	312	201737
菏泽市	Heze	239540	381	238554

注：各市数据不包括省直管企业参保离退休人数。

a)Municipal data exclude the number of retired and resigned persons in provincial enterprises.

4-22 离休、退休人员保险福利费用(2019年)
Social Insurance and Welfare Funds for Retired Persons(2019)

单位:万元 (10 000 yuan)

类　　别	Category	总　计 Total	离休金 Pensions for Retired Veterans	退休金 Pensions for Retired Persons
总　　计	**Total**	**27182407**	**157509**	**26914656**
一、执行企业养老保险制度	**According to the Enterprise Pension Insurance System**	**19671338**	**157409**	**19407726**
(一)企业	Enterprise	15059784	157213	14822585
1. 内资企业	Domestic Funded Enterprises	14733124	156442	14499229
国有企业	State-owned Enterprises	7837145	109785	7682656
集体企业	Collective Owned Enterprises	2961025	20627	2922218
其他企业	Others	3934954	26030	3894355
2. 港、澳、台及外资企业	Enterprises with Investment from Hong Kong, Macao and Taiwan	326660	771	323356
(二)事业	Institutions	13848	36	13728
(三)机关	Government Agencies	6382	123	6191
(四)其他人员	Others	4591324	37	4565222
二、执行机关事业单位养老保险制度	**According to the Government Agencies and Institutions Pension Insurance System**	**7511069**	**100**	**7506930**
(一)机关	Government Agencies	1778177		1777889
(二)事业	Institutions	5732786	100	5728935
(三)其他单位	Others	106		106

4-23 各市离休、退休保险福利费用(2019年)
Social Insurance and Welfare Funds for Retired Persons by Region(2019)

单位:万元 (10 000 yuan)

地　区	Region	总　计 Total	离休金 Pensions for Retired Veterans	退休金 Pensions for Retired Persons
全省总计	**Total**	**27182407**	**157509**	**26914656**
济 南 市	Jinan	2853581	18561	2824760
青 岛 市	Qingdao	4039370	25393	4001883
淄 博 市	Zibo	1597528	7036	1583520
枣 庄 市	Zaozhuang	708408	3390	700131
东 营 市	Dongying	274145	808	272529
烟 台 市	Yantai	2657673	13545	2629715
潍 坊 市	Weifang	2068549	9051	2046183
济 宁 市	Jining	1465885	8208	1451783
泰 安 市	Tai'an	1061013	4936	1051843
威 海 市	Weihai	1236287	3486	1229734
日 照 市	Rizhao	625460	2044	622983
临 沂 市	Linyi	1362004	8284	1353301
德 州 市	Dezhou	853437	4338	847062
聊 城 市	Liaocheng	839416	3991	833646
滨 州 市	Binzhou	658467	4012	651166
菏 泽 市	Heze	906914	3287	887883

注：各市数据不包括省直管企业离退休费用。
a)Municipal data exclude the costs of retired and resigned persons in provincial enterprises.

4-24 社会保险基金收支及累计结余

Revenue, Expenses and Balance of Social Insurance Fund

单位：亿元 (100 million yuan)

年份 Year	合计 Total	基本养老保险 Basic Pension Insurance	失业保险 Unemployment Insurance	基本医疗保险 Basic Medical Care Insurance	工伤保险 Work Injury Insurance	生育保险 Maternity Insurance
基金收入 Revenue						
2005	474.9	360.5	23.5	82.1	5.0	3.8
2006	593.0	441.2	31.3	108.2	7.3	5.0
2007	782.9	591.8	36.5	137.9	10.2	6.5
2008	938.3	687.4	45.5	183.0	13.3	9.1
2009	1109.3	825.7	41.8	215.4	16.7	9.7
2010	1283.0	943.5	43.1	264.2	20.5	11.7
2011	1646.0	1191.2	65.5	343.1	28.4	17.8
2012	1883.4	1316.6	83.2	425.8	34.7	23.1
2013	2114.7	1489.0	57.3	500.3	40.0	28.1
2014	2589.5	1672.7	68.6	770.5	45.1	32.6
2015	3206.8	2105.5	71.6	942.7	51.0	36.0
2016	3502.5	2242.5	92.4	1081.5	50.2	35.8
2017	3663.7	2289.3	67.6	1195.2	58.9	52.7
2018	4460.9	2728.1	74.1	1530.5	64.1	64.1
2019	4579.2	2784.7	82.1	1582.7	56.9	72.8
基金支出 Expenses						
2005	379.0	296.2	14.0	63.2	3.3	2.3
2006	450.9	352.2	13.2	77.7	4.8	3.0
2007	570.9	444.0	13.5	101.9	7.3	4.2
2008	690.7	530.5	14.7	131.2	8.7	5.6
2009	840.5	622.7	22.4	177.0	11.7	6.7
2010	1027.1	749.3	31.4	222.2	15.1	9.1
2011	1223.9	886.8	25.9	279.4	20.1	11.7
2012	1475.6	1059.0	35.3	336.0	28.0	17.3
2013	1783.8	1270.5	46.3	413.5	31.3	22.3
2014	2365.8	1557.7	49.3	692.3	35.0	31.5
2015	2791.4	1845.2	57.3	820.4	38.4	30.1
2016	3202.2	2090.3	70.0	956.7	39.4	45.9
2017	3622.9	2358.7	65.2	1094.6	42.2	62.2
2018	4081.1	2656.5	64.5	1253.7	47.8	58.6
2019	4512.4	2954.7	77.7	1362.6	53.8	63.6
累计结余 Balance at Year-end						
2005	409.9	293.7	40.2	63.9	6.4	5.7
2006	551.7	382.7	58.3	94.4	8.6	7.7
2007	756.1	523.5	81.3	130.4	10.9	10.0
2008	1002.5	680.4	112.1	182.2	14.3	13.5
2009	1270.0	883.4	131.5	220.6	18.0	16.5
2010	1525.1	1077.6	143.2	262.6	22.6	19.0
2011	1946.1	1382.0	182.8	326.3	29.8	25.1
2012	2359.8	1639.5	230.7	416.7	41.9	31.0
2013	2693.4	1858.0	241.7	506.3	50.6	36.8
2014	2959.3	1973.0	261.0	626.8	60.6	37.9
2015	3378.0	2233.4	275.3	752.4	73.1	43.8
2016	3678.7	2385.7	297.8	877.6	83.9	33.8
2017	3718.9	2315.7	300.2	979.2	100.6	23.2
2018	4098.7	2387.2	309.8	1256.1	116.9	28.7
2019	4126.8	2217.2	252.2	1492.7	119.7	45.0

注：基本养老保险不包含居民养老保险；自2014年起，基本医疗保险包括职工基本医疗保险和居民基本医疗保险。

a)Basic Pension Insurance doesn't include that for residents. Since 2014, Basic Medical Care Insurance includes employee and residents medical care insurance.

4-25 主要年份年末社会保险参保人数

Number of Persons Participated in Social Insurance in Major Years

单位:万人 (10 000 persons)

年份 Year	职工基本养老保险 Urban Basic Pension Insurance	企业基本养老保险 Enterprise's Pension Insurance	机关事业养老保险 Institution and Government Agency's Pension Insurance	医疗保险 Medcial Care Insurance	失业保险 Unemployment Insurance	工伤保险 Work Injury Insurance	生育保险 Maternity Insurance
2000	972.2	757.6	214.6	255.5	715.0	279.4	325.5
2001	1022.2	793.9	228.3	490.2	700.2	285.5	331.8
2002	1043.0	805.0	238.0	625.6	701.2	278.2	323.2
2003	1135.9	883.5	252.4	691.1	719.1	281.8	336.5
2004	1218.7	958.1	260.6	771.9	747.5	476.7	390.8
2005	1302.5	1027.4	275.1	861.5	771.1	578.7	461.2
2006	1368.0	1086.2	281.8	996.1	789.7	647.3	488.8
2007	1455.7	1165.4	291.6	1115.9	814.9	745.0	563.3
2008	1565.8	1266.1	299.7	1266.2	864.1	865.0	638.0
2009	1661.0	1352.1	308.9	2540.2	899.5	1064.6	703.0
2010	1773.0	1459.5	313.5	2770.6	931.2	1211.2	774.1
2011	1907.1	1589.4	317.6	2947.8	964.9	1276.1	857.8
2012	2063.2	1739.8	323.4	3101.2	1009.8	1339.6	919.0
2013	2259.6	1931.7	327.8	3647.9	1089.6	1371.9	974.4
2014	2370.2	2037.5	332.7	3988.0	1154.3	1421.5	1046.5
2015	2477.5	2138.5	339.0	9235.8	1203.8	1473.5	1111.3
2016	2576.4	2224.2	352.2	9188.8	1222.9	1510.9	1139.1
2017	2660.9	2303.4	357.6	9295.7	1268.3	1569.1	1186.6
2018	2762.7	2399.5	363.2	9437.1	1318.5	1633.0	1235.4
2019	2868.0	2494.0	374.1	9569.6	1366.0	1710.7	1298.8

注：城镇职工社会基本养老保险参保人数包含离退休人数；2009年起，医疗保险参保人数包含城镇居民医疗保险。2013年起，医疗保险参保人数中含新农合并入人员。

a) Number of persons participated in urban basic pension insurance include retirees.Since 2009,number of persons participated in medical care insurance include urban residents participated in medicalcare insurance. Since 2013,number or persons participated in medical care insurance included the new rural co-operative medical system incorporated into the personnel.

4-26 各市社会保险参保人数(2019年底)

Number of Persons Participated in Social Insurance at Year-end by Region(2019)

单位:万人 (10000 persons)

地区	Region	城镇职工基本养老保险 Urban Basic Pension Insurance	企业基本养老保险 Enterprise's Pension Insurance	机关事业养老保险 Institution and Government Agency's Pension Insurance	医疗保险 Medcial Care Insurance	失业保险 Unemployment Insurance	工伤保险 Work Injury Insurance	生育保险 Maternity Insurance
全省总计	**Total**	**2868.0**	**2494.0**	**374.1**	**9569.6**	**1366.0**	**1710.7**	**1298.8**
济南市	Jinan	408.3	378.6	29.7	790.4	189.7	262.6	201.2
青岛市	Qingdao	457.2	422.1	35.1	884.1	239.3	285.1	252.5
淄博市	Zibo	171.0	153.5	17.5	428.9	87.3	115.5	70.5
枣庄市	Zaozhuang	88.2	74.0	14.3	379.6	45.0	48.5	36.2
东营市	Dongying	61.6	52.7	8.9	177.7	31.3	66.4	32.5
烟台市	Yantai	262.9	234.3	28.6	632.0	120.1	140.6	125.3
潍坊市	Weifang	207.3	174.6	32.7	869.5	106.7	146.3	97.0
济宁市	Jining	159.9	130.7	29.2	814.1	84.9	98.5	75.4
泰安市	Tai'an	127.6	109.6	18.0	534.3	64.1	88.9	81.7
威海市	Weihai	126.7	115.2	11.4	256.1	59.6	62.7	63.8
日照市	Rizhao	76.1	66.3	9.8	280.2	29.1	41.8	28.9
临沂市	Linyi	161.6	129.3	32.4	1060.8	67.2	105.0	70.4
德州市	Dezhou	93.5	72.6	20.9	522.5	42.5	62.4	37.4
聊城市	Liaocheng	85.9	64.0	21.9	570.3	37.9	57.3	27.4
滨州市	Binzhou	82.9	69.3	13.6	382.1	41.5	51.2	37.0
菏泽市	Heze	117.0	83.1	33.9	930.8	41.3	67.9	44.0

注:各市养老、失业保险人数不包括省直管企业人数。

a)Municipal data on pension insurance exclude the staff and workers of provincial enterprise.

4-27 职工养老保险基本情况

Basic Statistics on Pension Insurance in Urban Areas

类别		Category		2014	2015	2016	2017	2018	2019
一、年末参保人数	**(万人)**	**Number of People Insured**	**(10 000 persons)**	**2370.2**	**2477.5**	**2576.4**	**2660.9**	**2762.7**	**2868.0**
职　工	(万人)	Employed People	(10 000 persons)	1858.7	1923.1	1969.0	2022.2	2085.6	2156.8
#企　业	(万人)	Enterprises	(10 000 persons)	1618.7	1681.4	1722.3	1775.3	1838.7	1904.9
离休、退休、退职人数	(万人)	Retired and Resigned Persons	(10 000 persons)	511.5	554.4	607.4	638.8	677.1	711.2
二、基金收支情况		**Revenue and Expenses**							
基金收入	(亿元)	Revenue	(100 million yuan)	1672.7	2105.5	2242.5	2289.3	2728.1	2784.7
基金支出	(亿元)	Expenses	(100 million yuan)	1557.7	1845.2	2090.3	2358.7	2656.5	2954.7
三、企业养老金社会化发放人情况		**Payment of Pension Insurance**							
养老金实发人数	(万人)	People Receiving Pension Insurance	(10 000 persons)	418.7	457.0	501.9	528.1	560.7	589.0
#社会化发放人数	(万人)	People Receiving Socialized Pension Insurance	(10 000 persons)	418.7	457.0	501.9	528.1	560.7	589.0
社会化发放率	(%)	Rate of Socialized Pension Insurance	(%)	100.0	100.0	100.0	100.0	100.0	100.0

4-28 各市居民基本养老保险情况(2019年)

Statistics on Residents Old-age Insurance by Region(2019)

地区	Region	参保人数(人) Contributors at Year-end (person)	达到领取待遇年龄参保人数 Number of Participants Who Have Reached the Prescribed Age of Benefit Entilement	基金收支情况(亿元) Revenue and Expense(100 million yuan)		
				基金收入 Revenue	基金支出 Expenses	累计结余 Balance at Year-end
全省总计	**Total**	**45602629**	**15414784**	**435.8**	**295.9**	**1125.7**
济南市	Jinan	2939133	1025559	35.6	20.6	95.8
青岛市	Qingdao	2871425	1043680	53.3	37.5	88.4
淄博市	Zibo	1485832	637496	15.6	11.5	48.7
枣庄市	Zaozhuang	1954570	565185	11.4	9.4	28.5
东营市	Dongying	746465	282442	11.4	8.0	38.3
烟台市	Yantai	3163247	1226113	47.2	31.6	169.7
潍坊市	Weifang	4727833	1593756	44.1	29.0	130.8
济宁市	Jining	4476200	1322557	34.1	23.2	97.1
泰安市	Tai'an	2786010	930813	19.7	15.0	39.3
威海市	Weihai	909811	389056	12.8	8.5	41.9
日照市	Rizhao	1388821	469615	10.7	7.6	27.2
临沂市	Linyi	5472321	1849159	41.9	29.2	101.5
德州市	Dezhou	3060802	973338	21.7	15.2	52.9
聊城市	Liaocheng	3055478	955027	21.5	14.8	53.7
滨州市	Binzhou	1893795	683075	22.7	11.8	38.3
菏泽市	Heze	4670886	1467913	32.1	23.0	73.6

主要统计指标解释

经济活动人口 指在16周岁及以上，有劳动能力，参加或要求参加社会经济活动的人口。包括就业人员和失业人员。

就业人员 指在16周岁及以上，从事一定社会劳动并取得劳动报酬或经营收入的人员。这一指标反映了一定时期内全部劳动力资源的实际利用情况，是研究我国基本国情国力的重要指标。

单位就业人员 指在各级国家机关、政党机关、社会团体及企业、事业单位中工作，取得工资或其他形式的劳动报酬的全部人员。包括在岗职工、再就业的离退休人员、民办教师以及在各单位中工作的外方人员和港澳台方人员、兼职人员、借用的外单位人员和第二职业者。不包括离开本单位仍保留劳动关系的职工。单位就业人员反映了各单位实际参加生产或工作的全部劳动力。

城镇私营和个体就业人员 城镇私营就业人员指在工商管理部门注册登记，其经营地址设在县城关镇(含县城关镇)以上的私营企业就业人员,包括私营企业投资者和雇工。城镇个体就业人员指在工商管理部门注册登记，并持有城镇户口或在城镇长期居住，经批准从事个体工商经营的就业人员，包括个体经营者和在个体工商户劳动的家庭帮工和雇工。

城镇登记失业人员 指报告期末,公共就业和人才交流服务机构登记在册的城镇失业人员总数。期末领取失业保险金的城镇户籍人员，应全部统计为登记失业人员。

城镇登记失业率 指报告期末,城镇登记失业人员期末实有人数占期末从业人员总数与城镇登记失业人员期末实有人数之和的比重。其中，期末从业人员总数，是指截止报告期末，辖区内城镇劳动年龄人口中就业人员及离岗职工总数，不包括聘用的离退休人员，台、港、澳和外籍人员及使用的农村劳动力。计算公式为：

$$\text{城镇登记失业率}=\frac{\text{城镇登记失业人员期末实有人数}}{\text{期末从业人员总数+城镇登记失业人员期末实有人数}}\times100\%$$

职工 指在国有、城镇集体、联营、股份制、外商和港、澳、台投资、其他单位及其附属机构工作，并由其支付工资的各类人员。不包括下列人员：(1)乡镇企业就业人员；(2)私营企业就业人员；(3)城镇个体劳动者；(4)离休、退休、退职人员；(5)再就业的离、退休人员；(6)民办教师；(7)在城镇单位中工作的外方及港、澳、台人员；(8)其他按有关规定不列入职工统计范围的人员。(1998年及以后的数据均为在岗职工数据，其他相关指标如职工工资总额，职工平均工资等指标也从1998年按此口径进行了相应调整)。

国有单位 指资产归国家所有的经济组织。包括按《中华人民共和国企业法人登记管理条例》规定登记注册的非公司制的经济组织，以及中央、地方各级国家机关、事业单位和社会团体。

集体单位 指生产资料归集体所有，并按《中华人民共和国企业法人登记管理条例》规定登记注册的经济组织。

其他单位 包括股份合作单位、联营单位、有限责任公司、股份有限公司、港澳台商投资单位以及外商投资单位等其他登记注册类型单位。

在岗职工 指在本单位工作并由单位支付工资的人员，以及有工作岗位，但由于学习、病伤产假等原因暂未工作，仍由单位支付工资的人员。

工资总额 指各单位在一定时期内直接支付给本单位全部职工的劳动报酬总额。工资总额的计算原则应以直接支付给职工的全部劳动报酬为根据。各单位支付给职工的劳动报酬以及其他根据有关规定支付的工资，不论是计入成本的还是不计入成本的，不论是按国家规定列入计征奖金税项目的，还是未列入计征奖金税项目的，不论是以货币形式支付的还是以实物形式支付的，均包括在工资总额内。

平均工资 指企业、事业、机关单位的职工在一定时期内平均每人所得的货币工资额。它表明一定时期职工工资收入的高低程度，是反映职工工资水平的主要指标。计算公式为：

$$\text{平均工资}=\frac{\text{报告期实际支付的全部职工工资总额}}{\text{报告期全部职工平均人数}}$$

平均工资指数 指报告期职工平均工资与基期职工平均工资的比率，是反映不同时期职工货币工资水平变动情况的相对数。计算公式为：

$$\text{平均工资指数}=\frac{\text{报告期职工平均工资}}{\text{基期职工平均工资}}\times100\%$$

平均实际工资指数 职工平均实际工资指扣除物价变动因素后的职工平均工资。职工平均实际工资指数是反映实际工资变动情况的相对数，表明职工实际工资水平提高或降低的程度。计算公式为：

$$\text{平均实际工资指数}=\frac{\text{报告期职工平均工资指数}}{\text{报告期城镇居民消费价格指数}}\times100\%$$

基本养老保险

1.（参保）职工人数：指报告期末按照国家法律、法规和有关政策规定参加基本养老保险并在社保经办机构已建立缴费记录档案的职工人数，包括中断缴费但未终止养老保险关系的职工人数，不包括只登记未建立缴费记录档案的人数。

2.（参保）离退休人员人数：指报告期末参加基本养老保险的离休、退休和退职人员的人数。

3.基本养老保险基金收入：指根据国家有关规定，由纳入基本养老保险范围的缴费单位和个人按国家规定的缴费基数和缴费比例缴纳的养老保险基金，以及通过其他方式取得的形成基金来源的收入。包括单位和职工个人缴纳的基本

养老保险费、基本养老保险基金利息收入、上级补助收入、下级上解收入、转移收入、财政补贴和其他收入。

4.基本养老保险基金支出：指按照国家政策规定的开支范围和开支标准从养老保险基金中支付给参加基本养老保险的离休、退休、退职人员个人的养老金、丧葬抚恤补助，以及由于保险关系转移、上下级之间调剂资金等原因而发生的支出。包括离休金、退休金、退职金、各种补贴、医疗费、死亡丧葬补助费、抚恤救济费、社会保险经办机构管理费、补助下级支出、上解上级支出、转移支出、其他支出等。

5.基本养老保险基金累计结余：指截止报告期末基本养老保险基金收支相抵后的累计余额。

离休、退休、退职人员 指正式办理了离休、退休、退职手续，并享受相应的离休、退休、退职待遇的人员。

基本医疗保险

1.参保人数：指报告期末按国家有关规定参加基本医疗保险的人数。包括参加职工基本医疗保险和城乡居民基本医疗保险人数。

2.基金收入：指根据国家有关规定，由纳入基本医疗保险范围的缴费单位和个人，按国家规定的缴费基数和缴费比例缴纳的基金，以及通过其他方式取得的形成基金来源的款项，包括：单位缴纳的社会统筹基金收入、个人缴纳的个人账户基金收入、财政补贴收入、利息收入、其他收入。

3.基金支出：指按照国家政策规定的开支范围和开支标准从社会统筹基金中支付给参加基本医疗保险的职工和退休人员的医疗保险待遇支出，和从个人帐户基金中支付给参加基本医疗保险的职工和退休人员的医疗费用支出，以及其他支出。包括：住院医疗费用支出、门急诊医疗费用支出、个人账户基金支出、其他支出。

4.基金累计结余：指截止报告期末基本医疗保险的社会统筹和个人帐户基金累计结余金额。包括银行存款、财政专户、债券投资和其他。

失业保险

1.参保人数：指报告期末按照国家法律、法规和有关政策规定参加了失业保险的城镇企业事业单位的职工及地方政府规定参加失业保险的其他人员的人数。

2.失业保险基金收入：指按照规定从企业、事业及其他单位筹集的失业保险费及其他并入失业保险基金收入的总额。包括单位和个人缴纳的失业保险费、失业保险基金利息收入、上级补助收入、下级上解收入、转移收入、财政补贴和其他收入。

3.失业保险基金支出：指报告期内为保障失业人员和下岗职工基本生活、促进其再就业等支出的基金总额。包括失业救济金、医疗费、死亡丧葬补助费、抚恤救济费、转业训练费支出、失业保险经办机构管理费、补助下级支出、上解上级支出、转移支出和其他支出。

4.基金累计结余：指截止报告期末失业保险基金收支相抵后的累计余额。

工伤保险

1.参加保险人数:指报告期末依据国家有关规定参加工伤保险的职工人数。

2.享受保险待遇人数:指劳动者因工负伤致残、死亡或因患职业病致残，根据有关规定享受工伤保险待遇职工或供养直系亲属人数。包括伤残人数、职业病人数、因工死亡人数、供养直系亲属人数。

3.基金收入：指根据国家有关规定，由参加工伤保险的单位按国家规定的缴费基数和缴费比例缴纳的工伤保险基金，以及通过其他形式取得的形成基金来源的款项。包括：单位缴纳的社会统筹基金收入、财政补贴收入、利息收入、其他收入。

4.基金支出：指按照国家政策规定的开支范围和开支标准从工伤保险基金中支付给参加工伤保险的人员及供养直系亲属工伤保险待遇支出及其他支出。包括工伤医疗费、伤残补助金、工亡补助金、护理费、丧葬补助费、工伤预防费用、职业康复费用和其他支出。

5.基金累计结余：指截止报告期末工伤保险基金累计结余金额。包括银行存款、财政专户、债券投资和其他。

生育保险

1.参保人数：指报告期末依据有关规定参加生育保险的职工人数。

2.基金收入：指根据国家有关规定，由参加生育保险的单位按照国家规定的缴费基数和缴费比例缴纳的生育保险基金，以及通过其他方式取得的形成基金来源的款项，包括：单位缴纳的基金收入、利息收入和其他收入。

3.基金支出：指按照国家政策规定的开支范围和开支标准，从生育保险基金中支付给参加生育保险的职工，因妊娠、分娩和计划生育手术而享受的待遇及其他支出。包括：生育津贴、医疗费用支出及其他支出。

4.基金累计结余：指截止报告期末生育保险基金累计结余金额。包括银行存款、财政专户、债券投资和其他。

离休、退休、退职人员保险福利费用 指离休、退休、退职人员实际得到的生活费用总额，包括从社会保险经办机构和单位得到的费用。

1.离休金：指按规定支付给离休人员的生活费用。

2.退休金：指按规定支付给退休人员的生活费用。

3.退职生活费：指按规定支付给退职人员的生活费用。

4.医疗卫生费：指单位直接支付给离休、退休、退职人员的医疗费、住院费以及住院伙食补助等费用。

5.其他：指离休金、退休金、退职生活费和医疗卫生费以外的其他保险福利费用，如丧葬抚恤救济费、生活补贴、物价补贴、冬季取暖补贴等。

Explanatory Notes on Main Statistical Indicators

Economically Active Population refers to the population aged 16 and over who are capable to work, are participating in or willing to participate in economic activities, including employed persons and unemployed persons.

Employed Persons refer to the persons aged 16 and over who are engaged in social working and receive remuneration payment or earn business income. This indicator reflects the actual utilization of total labour force during a certain period of time and is often used for the research on China' s economic situation and national power.

Persons Employed in Units refer to all the persons working in government agencies of various levels, political and party organizations, social organizations, enterprises and institutions, and receiving wages or other forms of payment. They include fully employed staff and workers, re employed retirees, teachers in schools run by the local people, foreigners and Chinese compatriots from Hong Kong, Macao, and Taiwan working in various units, part time employees, employees of other units working temporarily at current posts, and employees holding the second job, but exclude staff and workers who have left their working units while keeping their labour contract (employment relation) unchanged. This indicator reflects the total number of laborers actually engaged in production or other operations in various units.

Persons Employed in Private Enterprises and Self Employed Individuals in Urban Areas Persons employed in private enterprises refer to the persons employed in the private enterprises which have been registered at the departments of industrial and commercial administration and are situated at a county town (i.e. a town where the county government is located) for business operation or at urban areas with the level higher than a county town. The self employed individuals in urban areas refer to persons who hold the certificates of residence in urban areas or have resided in the urban areas for a long time and have been registered at the departments of industrial and commercial administration and approved to be engaged in individual industrial or commercial business, including self employed persons as well as helpers and hired labourers who work in the individual households engaged in industrial or commercial business.

Registered Urban Unemployed Persons refer to the total number of urban unemployed registered by public employment and personnel exchange service agencies at the end of the reporting period. The urban household registration personnel who receive unemployment insurance compensation at the end of the reporting period shall be all counted as registered unemployed persons.

Registered Urban Unemployment Rate refers to the ratio of the actual number of registered urban unemployed persons to the total number of employees and the total number of registered urban unemployed persons at the end of the period. Total number of employees refers to the number of persons employed and laid-off workers in the working-age population in urban units at the end of the reporting period(minus the rural labor force, retirees, and Hong Kong, Macao, Taiwan or foreign employees they employ). The formula is as follows:

Registered urban unemployment rate=number of registered urban unemployed persons÷(number of employees in urban units + number of registered urban unemployed persons) ×100%.

Staff and Workers refer to persons working in, and receive payment from units of state ownership, collective ownership, joint ownership, share holding ownership, foreign ownership, and ownership by entrepreneurs from Hong Kong, Macao, and Taiwan, and other types of ownership and their affiliated units. They do not include 1) persons employed in township enterprises, 2) persons employed in private enterprises, 3) urban self employed persons, 4) retirees, 5) re employed retirees, 6) teachers in the schools run by the local people, 7) foreigners and persons from Hong Kong, Macao and Taiwan who work in urban units, and 8) other persons not to be included by relevant regulations. (Data of 1998 and afterward refer to fully employed staff and workers. Other related statistics such as total wage bill and average wage are adjusted since 1998 accordingly).

State owned Units refer to economic units whose assets are owned by the state. Included are non corporation units registered according to Regulation of the People Republic of China on the Registration of Enterprises and Corporations,state organs, institutions and social organizations at the central and local levels.

Collective Owned Units refer to economic units registered according to Regulation of the People Republic of China on the Registration of Enterprises and Corporations where the means of production are collectively owned.

Units of Other Types of Ownership refer to units registered with other types of ownership, including cooperative units, joint ownership units, limited companies, share holding corporations, units invested by entrepreneurs from Hong Kong, Macao, and Taiwan, and foreign invested units.

Fully Employed Staff and Workers refer to persons who work in, and receive wages from their working units, as well as persons who have their work posts, but are temporarily absent from work for reasons of study or on sick, injury or maternal leave and still receive wages from their working units.

Total Wages Bill refer to the total remuneration payment to staff and workers in various units during a certain period of time. The calculation of total wages is based on the total remuneration payment to the staff and workers. Therefore, all the wages and salaries and other payments to staff and workers are included in the total wages regardless of their sources, category, and forms (in kind or cash). (Total wages of staff and workers in this yearbook include only total wages of fully employed staff and workers, excluding the living allowances distributed to those who have left their working units while keeping their labour contract/employment relation unchanged).

Average Wage refers to the average wage in money terms per person during a certain period of time for staff and workers in enterprises, institutions, and government agencies, which reflects the general level of wage income during a certain period of time and is calculated as follows:

Average Wage=Total Wages of Staff and Workers at Reference Time/Average Number of Staff and Workers at Reference Time.

Average Wage Indices refers to the ratio of average wage of staff and workers in the report period to that in the base period, which reflects the change of wage of staff and workers at the different period. It is calculated as follows:

Average Wage Indices=Average Wage of Staff and Workers at Reference Time/Average Wage of Staff and Workers at Base Period × 100%

Average Real Wage Indices average real wage of staff and workers refers to the average wage of staff and workers after removing the effects of the price changes and average real wage indices of staff and workers refers to the change of real wage, which reflects the relative increasing or decreasing level of real wage of staff and workers, which is calculated as follows:

Average Real Wage Indices=Average Wage Indices of Staff and Workers at the Reference Time/Urban Consumer Price Indices at Reference Time × 100%

Basic Pension Insurance

1.Number of staff and workers covered refer to staff and workers participating in basic pension insurance programme in line with national laws, regulations and related policies by the end of reference period, who have already had payment records in social security management agencies, including those who interrupt payment without terminating the insurance programme. Those who have registered in the programme with no payment records are not included.

2. Number of retirees participating in basic pension insurance programme refer to number of retirees participating in basic pension insurance programme by the end of reference period.

3. Revenue of basic pension insurance refer to payments made by employers and individuals participating in pension insurance programs in accordance with the basis and proportion stipulated in state regulations, and income from other sources that become source of pension insurance fund, including the premium paid by employers and staff and works, interest income, subsidies from higher level agencies, income as transfer from subordinate agencies, transferred income, government financial subsidies and other income.

4. Expenses of basic pension insurance refer to payment made to those retired and resigned people covered in pension insurance program in terms of pension or compensation within the scope and standards of expenditure according to related national policies, and expenditure occurred due to shift of the insurance relationship or adjustment of funds among agencies, including pension for resigned people, pension for retired people, pension for people quitting jobs, various subsidies, medical fees, funeral subsidies, compensation pension, management fees for social security agencies, expenses on subsidies to lower subordinates, expenses as transfer to agencies at higher level, transferred expenditure and other expenditure.

5. Balance of basic pension insurance refers to the balance of basic pension insurance at the end of the reference period after deducting expenses from revenue.

Retired or Resigned Personnel refers to people who have formally completed formalities for their retirement or quitting work and enjoy the corresponding retirement treatments.

Basic Medical Care Insurance

1. Number of participants refers to people participating in the basic medical care insurance programme according to related regulations by the end of reference period, including the number of people participating in the basic medical care insurance for staff and workers and the number of people participating in the basic medical care insurance for urban and rural residents.

2. Revenue of insurance programme refer to payments made by employers and individuals participating in medical care insurance programs in accordance with the basis and proportion stipulated in state regulations, and income from other sources that become source of medical insurance fund, including income of social comprehensive funds paid by employers, income from individual accounts, government financial subsidies, interest income and other income.

3. Expenses of insurance programme refer to payment made from social comprehensive funds to those retired and resigned people covered in basic medical care insurance within the scope and standards of expenditure according to related national policies, and medical care payment made from individual accounts to staff and workers and retirees, and other expenses, including medical expenses of hospital inpatients, medical expenses for outpatients and emergency patients, payment from individual accounts and other expenditure.

4. Balance of basic medical care insurance refer to the balance of medical care insurance of social comprehensive funds and individual accounts at the end of the reference period, including bank savings, special fiscal accounts, investment in bonds and others.

Unemployment Insurance

1. Number of people covered refers to staff and workers in urban enterprises or institutions who have participated in unemployment insurance programme in line relevant policies and regulations, and other people who have participated according to local government regulations, by the end of reference period.

2. Revenue of unemployment insurance refer to payments made by employers and individuals participating in unemployment insurance programme in accordance with relevant regulations and other income contributed to this programme, including unemployment insurance premium made by employers and individuals, interest income, subsidies from

higher level agencies, income as transfer from subordinate agencies, transferred income, government financial subsidies and other income.

3. Expenses of unemployment insurance refer to total expenses during the reference period to guarantee the basic livelihood of unemployed people and laid off staff and workers and to encourage their re employment. Included are unemployment relief, medical fees, funeral subsidies, compensation pension, training expenses, management fees for unemployment insurance agencies, subsidies to lower level agencies, expenses as transfer to higher level agencies, transferred expenditure and other expenditure.

4. Balance of unemployment insurance refer to the balance of unemployment revenue deducting unemployment expenses at the end of the reference period.

Work Injury Insurance

1. Number of people covered refers to staff and workers who have participated in work injury insurance programme in line with relevant national regulations.

2. Number of beneficiaries refers to staff and workers and their direct dependents who can, in line with relevant regulations, benefit from work injury insurance, as a result of work injury leading to disability or death of the staff/worker, or occupational disease leading to disability. Included in this category are number of injured and disabled people, number of people with occupational diseases, number of deaths at work places, and number of direct dependents.

3. Revenue of work injury insurance refer to payments made by employers participating in work injury insurance programs in accordance with the basis and proportion stipulated in state regulations, and income from other sources that become source of work injury insurance fund, including income of social comprehensive funds paid by employers, government financial subsidies, interest income and other income.

4. Expenses of work injury insurance refer to payments made from work injury insurance funds to those who participated in the work injury insurance programme and their direct dependents within the scope and standards of expenditure according to related national policies, and other expenditure, including medical fees for work injury, injury and disability subsidies, death subsidies, nursing fees, funeral subsidies, injury prevention fees, rehabilitation fees for occupational diseases and other expenditure.

5. Balance of work injury insurance refer to the balance of the work injury funds at the end of the reference period, including bank savings, special fiscal account, investment in bonds and others.

Maternity Insurance

1. Number of people covered refers to staff and workers who have participated in maternity insurance programme according to relevant regulation at the end of the reporting period.

2. Revenue of maternity insurance refers to payments made by employers participating in maternity insurance programs in accordance with the basis and proportion stipulated in state regulations, and income from other sources that become source of maternity insurance fund, including income of funds paid by employers, interest income and other income.

3. Expenses of maternity insurance refer to payments made from maternity insurance funds to staff and workers who participated in maternity insurance programme within the scope and standards of expenditure according to related national policies, expenses paid for pregnancy, child delivery or surgeries related to family planning, and other expenditure, including allowance for child bearing, medical fees and other expenditure.

4. Balance of the maternity insurance refers to the balance of the maternity insurance funds at the end of reference period, including bank savings, special fiscal account, investment in funds and others.

Insurance and Welfare Funds for Retirees refer to the total payment for living expenses actually received by retirees, including payment received from social insurance management agencies and units.

1. Pensions for retired veteran cadres refer to living expenses paid to retired veteran cadres according to related regulations.

2. Pensions for retirement refer to living expenses paid to retired staff and workers according to related regulations.

3. Living allowances for resigned staff and workers refer to living expenses paid to resigned staff and workers according to related regulation.

4. Medical care expenses refer to medical fees, hospitalization cost and per diem subsidies during hospitalizations paid by employers directly to retirees.

5. Others refer to insurance and welfare payments other than the above mentioned payments, including funeral subsidies, living allowances, price subsidies and heating subsidies during winter.

第5篇

固定资产投资

Investment in Fixed Assets

简 要 说 明

一、本篇资料的主要内容

本篇资料主要反映了全省固定资产投资方面的情况，主要包括固定资产投资的规模、结构、资金来源和投资的效果等方面的资料。2011年，固定资产投资项目统计起点由50万元提高到500万元，名称统一规范为“固定资产投资”，其中包括城镇、非农户500万元及以上项目投资、房地产开发投资；“全社会固定资产投资”包括“固定资产投资加农户固定资产投资”。

二、本篇资料的来源

本篇资料来源于固定资产投资统计年报，由省统计局投资处整理提供。

三、内容修订

为进一步贯彻新发展理念，更好地反映经济结构和质量的变化，反映投资对优化供给结构的关键性作用。本篇资料对固定资产投资表式进行了改版，内容以各分组固定资产投资比上年增长速度为主，通过速度变化反映固定资产投资形势及政策效应。

Brief Introduction

I. Main Content

Data in this chapter show the basic conditions of investment in fixed assets of Shandong Province, mainly including the total investment in fixed assets, the structure of investment, the resources of investment and the results of investment, etc.Since 2011, the statistical criteria of fixed assets investment projects had been increased from 500 thousand to 5 million yuan. Investment in fixed assets include urban area and non-farmers 5 million and above project investments, real estate development investment; the total investment include investment in fixed assets and farmer investment in fixed assets.

II. Source of Data

Data in this chapter are based on the yearly report on investment in fixed assets and provided by the Division of Investment and Construction Statistics of Shandong Provincial Bureau of Statistics.

III. Revision of Content

In order to further implement the New Development Principles, better reflect the changes in economic structure and quality, and reflect the key role of investment in optimizing the supply structure. This chapter revises the fixed assets investment form. The content is mainly about the growth rate of fixed assets investment in each group compared with the preceding year, reflecting the situation of fixed assets investment and policy effects through the change of speed.

5-1 1978-2017年全社会固定资产投资总额

Total Investments in Fixed Assets from 1978 to 2017

单位:亿元 (100 million yuan)

年份 Year	全社会固定资产投资额 Total Investment	国有经济 State-owned Units	集体经济 Collective-owned Units	#城镇 Urban	个体经济 Self-employed Units	#农村 Rural	其他经济 Others
1978	41.87	29.27	8.42	1.78	4.18	3.98	
1979	61.35	31.62	18.97	1.55	10.76	10.41	
1980	69.97	35.83	22.24	3.12	11.90	11.47	
1981	79.60	29.63	32.08	3.27	17.89	17.28	
1982	85.00	43.29	23.38	4.38	18.33	17.46	
1983	96.46	49.11	19.19	3.76	28.16	26.48	
1984	140.15	67.09	25.29	5.01	47.77	44.43	
1985	194.33	100.42	30.21	8.64	63.70	58.51	
1986	223.08	121.95	43.09	11.95	58.04	52.32	
1987	297.77	155.65	78.75	17.84	63.37	56.05	
1988	369.82	192.20	100.97	35.46	76.65	64.83	
1989	305.54	162.30	69.68	19.68	73.56	62.00	
1990	335.66	185.44	71.51	18.63	78.71	67.47	
1991	439.82	234.04	104.73	25.06	101.05	85.73	
1992	601.50	343.17	186.43	42.27	71.90	54.19	
1993	892.48	476.26	245.90	49.90	105.44	83.05	64.88
1994	1108.00	537.59	318.42	56.42	118.45	92.30	133.54
1995	1320.97	611.92	383.97	51.62	140.54	113.13	184.55
1996	1558.01	691.76	484.79	79.79	202.65	166.14	178.81
1997	1792.22	773.30	569.70	60.15	241.76	198.68	207.46
1998	2056.97	938.73	610.20	66.70	274.20	227.00	233.84
1999	2222.17	1043.13	635.55	82.72	310.64	228.43	232.85
2000	2542.65	1153.65	679.48	108.63	353.93	254.11	355.59
2001	2807.79	1157.44	688.61	134.92	384.06	263.35	577.68
2002	3509.29	1237.16	812.65	196.78	487.31	285.64	972.17
2003	5328.44	1615.57	1177.00	321.79	733.64	296.03	1802.23
2004	7629.04	1762.29	2455.86	383.83	772.28	116.36	2638.61
2005	10541.87	1853.29	1042.41	620.23	2736.61	1491.55	4909.56
2006	11136.06	1855.41	1063.61	713.49	3096.56	1186.20	5120.48
2007	12537.02	1838.55	1269.64	857.34	3566.49	1141.34	5862.34
2008	15435.93	2431.54	1811.23	1333.23	4360.90	1304.02	6832.27
2009	19030.97	3086.82	2308.54	1717.74	5235.29	1586.71	8400.32
2010	23276.69	3648.45	2627.32	1841.40	6505.00	1822.99	10495.92
2011	26769.73	3783.31	2715.00		8234.50		12036.92
2012	31255.96	3949.65	3129.27		9879.75		14297.30
2013	36789.07	4757.31	3113.17		12827.66		16090.93
2014	42495.55	5455.94	3380.39		16215.47		17443.75
2015	48312.46	6304.58	3125.74		20268.78		18613.36
2016	53322.49	7497.32	1545.38		22191.42		22088.37
2017	55202.73	9568.25	1496.62		22328.55		21809.31

注:1.2011年起，集体经济和个体经济不再细分城镇和农村(下表同)。

2.2011年起，固定资产投资项目统计起点由50万元提高到500万元，名称统一规范为“固定资产投资”，其中包括城镇、非农户500万元及以上项目投资和房地产开发投资；“全社会固定资产投资”包括“固定资产投资加农户固定资产投资”(下表同)。

a)Collective-owned Units and Self-employed Units had no longer divided into urban and rural unit since 2011.The same applies to tables following.

b)Since 2011, the statistical criteria of fixed assets investment projects had been increased from 500 thousand to 5 million yuan. Investment in fixed assets include urban area and non-farmers 5 million and above project investments, real estate development and investment.Total investment include investment in fixed assets and farmer investment in fixed assets.The same applies to tables following.

5-2 1978-2019年全社会固定资产投资构成
Composition of Total Investments in Fixed Assets from 1978 to 2019

单位:% (%)

年 份 Year	全社会固定资产投资额 Total Investment	国有经济 State-owned Units	集体经济 Collective-owned Units	#城 镇 Urban	个体经济 Self-employed Units	#农 村 Rural	其他经济 Others
1978	100.0	69.9	20.1	4.2	10.0	9.5	
1979	100.0	51.5	30.9	2.5	17.6	17.0	
1980	100.0	51.2	31.8	4.5	17.0	16.4	
1981	100.0	37.2	40.3	4.1	22.5	21.7	
1982	100.0	50.9	27.5	5.1	21.6	20.5	
1983	100.0	50.9	19.9	3.9	29.2	27.5	
1984	100.0	47.9	18.0	3.6	34.1	31.7	
1985	100.0	51.7	15.5	4.5	32.8	30.1	
1986	100.0	54.7	19.3	5.4	26.0	23.5	
1987	100.0	52.3	26.4	6.0	21.3	18.8	
1988	100.0	52.0	27.3	9.6	20.7	17.5	
1989	100.0	53.1	22.8	6.4	24.1	20.3	
1990	100.0	55.2	21.3	5.6	23.5	20.1	
1991	100.0	53.2	23.8	5.7	23.0	19.5	
1992	100.0	57.1	31.0	7.0	11.9	9.0	
1993	100.0	53.4	27.6	5.6	11.8	9.3	7.2
1994	100.0	48.5	28.7	5.1	10.7	8.3	12.1
1995	100.0	46.3	29.1	3.9	10.6	8.6	14.0
1996	100.0	44.4	31.1	5.1	13.0	10.7	11.5
1997	100.0	43.1	31.8	3.4	13.5	11.1	11.6
1998	100.0	45.6	29.7	3.3	13.3	11.0	11.4
1999	100.0	46.9	28.6	3.7	14.0	10.3	10.5
2000	100.0	45.4	26.7	4.3	13.9	10.0	14.0
2001	100.0	41.2	24.5	4.8	13.7	9.4	20.6
2002	100.0	35.3	23.1	5.6	13.9	8.1	27.7
2003	100.0	30.3	22.1	6.0	13.8	5.6	33.8
2004	100.0	23.1	32.2	5.0	10.1	1.5	34.6
2005	100.0	17.6	9.9	5.9	25.9	14.1	46.6
2006	100.0	16.7	9.5	6.4	27.8	10.7	46.0
2007	100.0	14.7	10.1	6.8	28.4	9.1	46.8
2008	100.0	15.8	11.7	8.6	28.3	8.4	44.3
2009	100.0	16.2	12.1	9.0	27.5	8.3	44.1
2010	100.0	15.7	11.3	7.9	27.9	7.8	45.1
2011	100.0	14.1	10.1		30.8		45.0
2012	100.0	12.6	10.0		31.6		45.7
2013	100.0	12.9	8.5		34.9		43.7
2014	100.0	12.8	8.0		38.2		41.0
2015	100.0	13.0	6.5		42.0		38.5
2016	100.0	14.1	2.9		41.6		41.4
2017	100.0	17.3	2.7		40.4		39.5
2018	100.0	20.1	1.2		39.1		39.6
2019	100.0	23.8	1.1		29.9		45.2

5-3 按产业分固定资产投资总额

Total Investment in Fixed Assets by Three Strata of Industry

单位:亿元 (100 million yuan)

年份 Year	固定资产投资额 Investment in Fixed Assets	按产业分 Grouped by Three Strata of Industry			构成(%) Grouped by Structure		
		第一产业 Primary Industry	第二产业 Secondary Industry	第三产业 Tertiary Industry	第一产业 Primary Industry	第二产业 Secondary Industry	第三产业 Tertiary Industry
2000	2542.7	77.1	1176.7	1288.8	3.0	46.3	50.7
2001	2807.8	95.0	1289.8	1423.1	3.4	45.9	50.7
2002	3509.3	131.7	1650.6	1727.0	3.8	47.0	49.2
2003	5328.4	167.5	2799.5	2361.5	3.1	52.5	44.3
2004	7629.0	249.7	4577.1	2802.3	3.3	60.0	36.7
2005	10541.9	308.4	6653.5	3579.6	2.9	63.1	34.0
2006	11136.1	291.7	6908.7	3935.6	2.6	62.0	35.3
2007	12537.0	360.4	7508.2	4668.4	2.9	59.9	37.2
2008	15435.9	563.2	8182.1	6690.6	3.6	53.0	43.3
2009	19031.0	614.8	9615.4	8800.8	3.2	50.5	46.2
2010	23276.7	551.8	11332.4	11392.5	2.4	48.7	48.9
2011	25927.1	533.3	12425.3	12968.5	2.1	47.9	50.0
2012	30319.8	679.6	14432.3	15207.9	2.2	47.6	50.2
2013	35875.9	644.8	17204.1	18027.0	1.8	48.0	50.2
2014	41599.1	705.3	21287.7	19606.1	1.7	51.2	47.1
2015	47381.5	898.3	24092.7	22390.4	1.9	50.8	47.3
2016	52364.5	973.6	27425.7	23965.1	1.9	52.4	45.8
2017	54236.0	1029.6	26876.3	26330.1	1.9	49.6	48.5
2018					1.7	39.5	58.8
2019					1.7	30.1	68.2

注：2000—2010年数据为全社会固定资产投资口径，2011年起数据为固定资产投资口径(不含农户固定资产投资)。
a)Caliber of 2000-2010 data is total investment, from 2011 data is investment in fixed assets.

5-4　固定资产投资(2019年)

Total Investments in Fixed Assets (2019)

单位:%　　(%)

类　别	Category	增长速度 The growth		构成 Grouped by Structure	
		固定资产投资 Investment in Fixed Assets	#房地产开发投资 Investment in Real Estate Development	固定资产投资 Investment in Fixed Assets	#房地产开发投资 Investment in Real Estate Development
总　计	**Total**	**-8.4**	**14.1**	**100.0**	**100.0**
按登记注册类型分	**Registration Status**			**100.0**	**100.0**
内　资	Domestic Fund	-8.2	13.3	95.6	95.3
国　有	State-owned	-3.2	-6.0	16.2	0.6
集　体	Collective-owned	-15.5	36.0	1.0	0.3
股份合作	Cooperative	-46.6		0.1	
联　营	Joint Ownership Units	-40.9		0.0	
有限责任	Limited Liability	19.3	55.7	40.9	60.1
股份有限	Share-holding Corporations Ltd.	21.2	114.1	4.1	3.1
私营	Private	-30.8	-27.5	30.4	31.2
其　他	Others	-34.7		3.0	
港澳台商投资	Fund from Hong Kong,Macao and Taiwan	9.7	67.2	2.2	3.6
#合资经营	Joint Venture	-4.8	58.0	1.1	1.7
合作经营	Collaborative Operation	70.9	279.9	0.1	0.0
独　资	Solely Foreign-owned	24.5	63.7	1.0	1.7
股　份	Share-holding	-22.9		0.0	0.0
其　他	Others	320.5	1801.5	0.1	0.1
外商投资	Fund from Overseas	-29.2	-18.3	2.1	1.2
#合资经营	Joint Venture	-32.1	-32.2	1.3	0.8
合作经营	Collaborative Operation	115.2		0.1	0.1
外　资	Foreign Funded	-30.9	-20.7	0.6	0.2
股　份	Share-holding	-44.4	-75.6	0.1	0.0
其　他	Others	96.2	8864.3	0.1	0.1
个体经营	Self-employed	-23.9		0.0	
按建设性质分	**Investment by Type of Construction**			**100.0**	
#新　建	New Construction	-7.8		62.6	
扩　建	Expansion	-29.4		12.1	
改建和技术改造	Reconstruction and Technical Transformation	-24.3		22.4	
单纯建造生活设施	Housing	-18.2		0.4	
迁　建	Removal and Reconstruction	41.9		1.4	
恢　复	Resumption	25.2		0.2	
单纯购置	Purchase only	4.2		0.9	

注：本表固定资产投资不含农户投资，下表同。

a)Data in this table of investment in fixed asset does not include farmers investment.The same applies to tables following.

5-5 固定资产投资项目情况(2019年)
Investment Projects in Fixed Assets(2019)

单位：% (%)

类 别	Category	增长速度 The growth 总计 Total	增长速度 The growth 地方项目 Local Investment	构成 Grouped by Structure 总计 Total	构成 Grouped by Structure 地方项目 Local Investment
建设总投资	**Total Investment in Construction**	**10.0**	**8.6**	**100.0**	**100.0**
自开始建设累计完成投资	Completed Investment from Beginning	-12.5	-15.1	100.0	100.0
本年完成投资	Investment Completed This Year	-14.6	-16.7	100.0	100.0
#住宅投资	Residential Buildings	46.8	40.0	1.8	1.8
按构成分	**Investment by Structure**				
建筑安装工程	Construction and Installation	-14.3	-16.0	71.7	72.1
设备工器具购置	Purchase of Equipment and Instruments	-30.6	-34.1	17.0	16.5
#购置旧设备	Purchase of Second-hand Equipment	-36.9	-36.8	0.1	0.1
其他费用	Others	25.0	23.2	11.4	11.4
#旧建筑物购置费	Purchase of Used Buildings	1.7	0.7	0.4	0.4
#建设用地费	Cost of Construction Land	59.2	55.5	6.6	6.7
本年新增固定资产	**Newly Increased Real Estate**	**-30.4**	**-31.8**		
本年施工房屋面积	Project under Construction	-3.4	-3.6	100.0	100.0
#住 宅	Residential Building	16.4	16.1	19.5	19.5
本年竣工房屋面积	Project Completed and Put into Use	-33.9	-34.1	100.0	100.0
#住 宅	Residential Building	-84.8	-84.6	18.4	18.5
本年竣工房屋价值	Value of Project Completed and Put into Use	-40.9	-41.2	100.0	100.0
#住 宅	Residential Building	-96.0	-96.0	23.7	23.8
施工项目个数	Number of Projects Under Construction	13.5	12.6	100.0	100.0
#本年新开工	Started This Year	17.0	15.9	64.4	64.4
本年投产项目个数	Number of Projects Put into Use	-12.0	-13.2		
本年资金来源合计	**Total Fund of Different Sources**	**-18.4**	**-20.8**		
上年末结余资金	Fund Left Last Year	0.7	-0.6		
本年资金来源小计	Total Fund of This Year	-19.2	-21.6	100.0	100.0
国家预算内资金	State Budgetary Appropriations	30.2	12.8	5.8	5.0
国内贷款	Domestic Loans	-14.8	-24.9	10.8	9.4
债 券	Stock	339.8	361.7	0.4	0.4
利用外资	Overseas Funds	31.3	31.0	0.9	0.9
自筹资金	Self-raised Fund	-25.0	-26.1	74.9	76.7
其他资金来源	Others	19.9	25.7	7.3	7.5
本年各项应付款合计	**Total of Account Payable**	**33.5**	**28.5**	**100.0**	**100.0**
#工程款	for Projects	61.5	56.8	40.8	41.3

注：本表固定资产投资不含房地产开发投资和农户投资。
a)Data in this table of investment in fixed asset does not include investment in real estate development and farmers investment.

5-6 按行业分的固定资产投资增长速度(2019年)
The growth of Investments in Fixed Assets by Sector(2019)

单位:% (%)

类别	Category	固定资产投资额 Investments in Fixed Assets	建设总投资 Total Investment in Construction	施工项目 Number of Project under Constructi-on	新开工项目 Started This Year
总计	**Provincial Total**	**-8.4**	**10.0**	**13.5**	**17.0**
(一)农、林、牧、渔业	**Farming, Forestry, Animal Husbandry and Fishery**	**-4.4**	**49.4**	**62.8**	**65.9**
农业	Farming	-4.0	57.8	65.0	67.9
林业	Forestry	-41.9	-23.8	-2.2	-3.7
畜牧业	Animal Husbandry	-7.3	69.1	92.8	104.7
渔业	Fishery	-8.8	18.1	71.8	110.4
农林牧渔业及辅助性活动	Services for Farming, Forestry, Animal Husbandry and Fishery	32.5	89.3	61.2	44.6
(二)采矿业	**Mining**	**1.2**	**0.7**	**14.3**	**-0.9**
煤炭开采和洗选业	Mining and Washing of Coal	35.7	33.5	40.5	55.6
石油和天然气开采业	Extraction of Petroleum and Natural Gas	19.4	4.8	116.7	120.0
黑色金属矿采选业	Mining and Dressing of Ferrous Metal Ores	-69.7	-55.8	-59.3	-64.7
有色金属矿采选业	Mining and Dressing of Nonferrous Metals Ores	-24.0	-30.9	31.3	6.9
非金属矿采选业	Mining and Dressing of Nonmetal Ores	17.9	89.5	-12.1	-21.4
开采专业及辅助性活动	Mining Specialties and Auxiliary Activities	34.8	62.9	150.0	
其他采矿业	Mining and Dressing of Other Ores	-67.7	2.4	40.0	
(三)制造业	**Manufacture**	**-31.1**	**-2.0**	**-0.3**	**0.8**
农副食品加工业	Processing of Farm and Sideline Food	-42.8	-23.0	-7.2	1.3
食品制造业	Manufacture of Food	-21.8	7.8	20.6	32.6
酒、饮料和精制茶制造业	Manufacture of Wine, Drinks and Refined Tea	-36.4	-33.1	1.9	33.8
烟草制品业	Tobacco Products	-39.2	-70.0	200.0	
纺织业	Textile Industry	-59.4	-39.0	-35.7	-40.2
纺织服装、服饰业	Manufacture of Textile Wearing Apparel and Finery	-46.7	-24.5	-30.1	-30.1
皮革、毛皮、羽毛及其制品和制鞋业	Manufacture of Leather, Fur, Feather & Its Products and Footwear	-63.4	-45.2	-40.2	-38.2
木材加工及木、竹、藤、棕、草制品业	Timber Processing, Bamboo, Cane, Palm Fiber & Straw Products	-60.3	-34.5	-47.5	-53.1
家具制造业	Manufacture of Furniture	-65.8	-39.2	-45.9	-48.0
造纸及纸制品业	Papermaking and Paper Products	-43.6	-7.1	-21.7	-29.0
印刷和记录媒介复制业	Printing, Reproduction of Recording Media	-22.8	6.0	-4.5	1.2
文教、工美、体育和娱乐用品制造业	Manufacture of Culture, Education,Arts and crafts, Sport and Entertainment Goods	-30.0	-8.3	-9.3	-22.3
石油、煤炭及其他燃料加工业	Processing of Oil, Coal and Other Fuel	-39.0	-31.6	-8.8	-10.9
化学原料和化学制品制造业	Manufacture of Raw Chemical Materials and Chemica Products	-11.5	15.0	10.1	26.0
医药制造业	Manufacture of Medicines	-16.9	-1.5	8.3	4.3
化学纤维制造业	Manufacture of Chemical Fibers	63.2	-42.9	73.3	38.5
橡胶和塑料制品业	Manufacture of Rubber and Plastic	-43.0	-24.1	-4.7	-0.9
非金属矿物制品业	Nonmetal Mineral Products	-33.3	0.1	9.7	5.8
黑色金属冶炼及压延加工业	Smelting and Pressing of Ferrous Metals	-39.7	18.1	-3.7	-1.5
有色金属冶炼及压延加工业	Smelting and Pressing of Nonferrous Metals	-5.5	-11.7	88.9	89.7
金属制品业	Manufacture of Metal Products	-36.2	-5.5	-2.8	-4.3

注：建设总投资、施工及新开工项目个数等指标不含房地产企业开发数据(下表同)。
a)Data of total investment in construction , number of project under construction and new started exclude those developed by real estate companies. The same applies to tables following.

5-6 续表 1 continued

单位:%

类 别	Category	固定资产投资 Investments in Fixed Assets	建设总投资 Total Investment in Construction	施工项目 Number of Project under Constructi-on	新开工项 目 Started This Year
通用设备制造业	Manufacture of General Purpose Machinery	-27.8	2.5	-0.1	0.6
专用设备制造业	Manufacture of Special Purpose Machinery	-19.9	17.5	5.7	4.1
汽车制造业	Manufacture of Automotive	-43.6	-24.0	-3.0	9.4
铁路、船舶、航空航天和其他运输设备制造业	Manufacture of Railroad,Marine,Aerospace and Other Transportation Equipment	-17.1	0.4	19.4	33.0
电气机械及器材制造业	Manufacture of Electrical Machinery & Equipment	-40.4	2.9	-2.6	-0.6
计算机、通信和其他电子设备制造业	Manufacture of Computer, Communications and Other Electronic Equipment	12.4	95.7	41.0	51.9
仪器仪表制造业	Manufacture of Measuring Instrument	0.8	22.8	58.0	67.7
其他制造业	Other Manufacture	8.7	18.8	14.8	7.3
废弃资源综合利用业	Comprehensive Utilization of Waste	-30.9	-3.0	25.6	22.6
金属制品、机械和设备修理业	Metal Products, Machinery and Equipment Repair Industry	-50.0	-69.7	23.1	116.7
(四)电力、热力、燃气及水的生产和供应业	**Production and Supply of Electric, Heat, Gas and Water**	**-10.8**	**5.1**	**39.5**	**59.4**
电力、热力生产和供应业	Production and Supply of Electric Power and Heating Power	-13.4	2.5	33.1	64.8
燃气生产和供应业	Production and Supply of Gas	-5.4	12.9	63.8	72.9
水的生产和供应业	Production and Supply of Tap Water	2.0	31.8	50.7	43.3
(五)建筑业	**Construction**	**-98.2**	**-99.2**	**-98.3**	**-98.2**
房屋建筑业	Building Construction	-99.1	-99.7	-97.3	-97.2
土木工程建筑业	Civil Engineering Construction	-98.5	-99.7	-99.2	-99.0
建筑安装业	Construction Installment	-89.1	-86.6	-95.7	-96.0
建筑装饰和其他建筑业	Construction Decoration and Others	-99.0	-99.4	-96.8	-95.7
(六)批发和零售业	**Wholesale and Retail Trade**	**-58.2**	**-42.1**	**-33.0**	**-30.9**
批发业	Wholesale	-62.4	-45.0	-44.0	-43.0
零售业	Retail Trade	-53.7	-39.3	-20.2	-16.5
(七)交通运输、仓储和邮政业	**Transport, Storage and Postal Services**	**23.2**	**11.8**	**43.7**	**72.0**
铁路运输业	Railway Transport	27.9	-27.8	9.3	-21.4
道路运输业	Road Transport	40.5	34.7	63.3	92.5
水上运输业	Waterway Transport	7.9	15.0	15.9	58.1
航空运输业	Air Transport	63.9	-0.8		-50.0
管道运输业	Pipeline Transport	1.3	27.2	50.0	140.0
多式联运和运输代理业	Multimodal transport and Transportation agency	-19.1	28.8	3.2	35.7
装卸搬运和仓储业	Loading and Unloading and Storage	-36.9	-21.0	4.9	28.2
邮政业	Postal Services	-58.8	-34.4	-43.8	-37.5
(八)住宿和餐饮业	**Accommodations and Catering Services**	**-8.3**	**-12.4**	**13.0**	**19.0**
住宿业	Accommodations	1.9	1.2	43.4	82.7
餐饮业	Catering Services	-36.6	-55.9	-28.2	-40.2
(九)信息传输、软件和信息技术服务业	**Information Transmission, Computer Services and Software**	**19.2**	**48.0**	**56.4**	**71.7**
电信、广播电视和卫星传输服务	Telecommunications, Radio and Television and Satellite Transmission Services	-25.9	-74.4	135.5	166.7
互联网和相关服务	Internet and related Services	58.7	153.1	75.6	69.6
软件和信息技术服务业	Software and Information Technology Services	1.6	27.5	20.5	44.9
(十)金融业	**Finance**	**20.4**	**79.1**	**13.5**	**64.3**
货币金融服务	Monetary and Financial Services	50.8	137.3	23.5	85.7
资本市场服务	Capital Market Services	-11.4	54.1	-18.2	150.0

5-6 续表 2 continued

单位:%

类 别	Category	固定资产投资 Investments in Fixed Assets	建设总投资 Total Investment in Construction	施工项目 Number of Project under Constructi-on	新开工项 目 Started This Year
保险业	Insurance	-25.1	14.4	-50.0	-75.0
其他金融业	Others	-2.9	329.4	200.0	300.0
(十一)房地产业	**Real Estate**	**15.7**	**53.2**	**27.6**	**22.3**
(十二)租赁和商务服务业	**Leasing and Business Services**	**-11.2**	**10.8**	**37.8**	**48.5**
租赁业	Leasing Services	36.9	68.1	6.7	-9.1
商务服务业	Business Services	-11.9	10.2	38.7	50.7
(十三)科学研究和技术服务	**Scientific Research and Technical Services**	**32.3**	**46.0**	**27.4**	**24.3**
研究与试验发展	Research and Experimental Development	123.2	99.9	48.3	92.5
专业技术服务业	Special Technical Services	-3.5	27.5	38.9	41.0
科技推广和应用服务业	Science and Technology Promotion and Application Services	-17.9	18.9	8.3	-9.0
(十四)水利、环境和公共设施管理业	**Management of Water Conservancy, Environment and Public Facilities**	**-16.0**	**3.5**	**59.9**	**80.0**
水利管理业	Management of Water Conservancy	12.4	18.9	73.5	119.0
生态保护和环境治理业	Ecological Protection and Environmental Management	11.9	27.6	120.0	131.5
公共设施管理业	Management of Public Facilities	-24.0	-2.4	48.4	65.1
土地管理业		365.9	593.4	314.8	270.8
(十五)居民服务、修理和其他服务业	**Households services, Repair and Other Services**	**15.5**	**-3.3**	**31.3**	**67.1**
居民服务业	Services to Households	55.5	5.7	100.0	138.1
机动车、电子产品和日用产品修理业	Motor Vehicles, Electronics and Household Products Repair	-46.3	-59.8	-39.3	-6.7
其他服务业	Other Services	-44.5	-39.0	-31.9	
(十六)教 育	**Education**	**5.3**	**14.0**	**25.1**	**32.1**
教 育	Education	5.3	14.0	25.1	32.1
(十七)卫生和社会工作	**Health and Social Work**	**-6.6**	**49.6**	**39.8**	**61.4**
卫 生	Health Care	-6.5	37.8	28.3	37.3
社会工作	Social Work	-7.1	79.3	65.9	108.8
(十八)文化、体育和娱乐业	**Culture, Sports and Recreation**	**-13.6**	**54.9**	**31.6**	**23.1**
新闻和出版业	News and Publication	-89.3	-78.2	-20.0	100.0
广播、电视、电影和影视录音制作业	Radio, Television, Film and Video Recording Production	-11.1	-15.3	17.9	28.6
文化艺术业	Culture and Arts	16.7	49.7	38.6	36.1
体 育	Sports	36.7	187.3	10.1	20.5
娱乐业	Recreation	-31.3	54.7	34.4	18.8
(十九)公共管理、社会保障和社会组织	**Public Management,Social Security and Social Organizations**	**-57.6**	**-56.7**	**-23.8**	**-14.8**
中国共产党机关	CPC Agencies	-20.3	-30.2	-69.2	-76.0
国家机构	Government Agencies	-56.7	-62.4	-18.8	-5.4
社会保障	Social Security	-50.7	-44.0	-33.3	-66.7
群众团体、社会团体和其他成员组织	Mass Organizations, Social Organizations and Other Organizations	-82.0	-91.2	-25.0	-14.3
基层群众自治组织	Self-governing Mass Organizations at the Grass-roots Level	-64.3	-23.8	-31.0	-23.9
(二十)国际组织	**International Organizations**				
国际组织	International Organizations				

5-7 按行业分的固定资产投资构成(2019年)

Composition of Investments in Fixed Assets by Sector(2019)

单位:% (%)

类别	Category	固定资产投资 Investments in Fixed Assets	建设总投资 Total Investment in Construction	施工项目 Number of Project under Constructi-on	新开工项目 Started This Year
总计	**Provincial Total**	**100.0**	**100.0**	**100.0**	**100.0**
(一)农、林、牧、渔业	**Farming, Forestry, Animal Husbandry and Fishery**	**2.1**	**2.9**	**5.7**	**6.4**
农业	Farming	0.8	1.1	2.2	2.5
林业	Forestry	0.2	0.2	0.4	0.4
畜牧业	Animal Husbandry	0.6	0.9	1.5	1.7
渔业	Fishery	0.2	0.3	0.4	0.5
农林牧渔业及辅助性活动	Services for Farming, Forestry, Animal Husbandry and Fishery	0.4	0.5	1.1	1.2
(二)采矿业	**Mining**	**1.2**	**0.6**	**1.1**	**1.1**
煤炭开采和洗选业	Mining and Washing of Coal	0.1	0.1	0.2	0.2
石油和天然气开采业	Extraction of Petroleum and Natural Gas	0.6	0.2		0.1
黑色金属矿采选业	Mining and Dressing of Ferrous Metal Ores				
有色金属矿采选业	Mining and Dressing of Nonferrous Metals Ores	0.2	0.1	0.5	0.5
非金属矿采选业	Mining and Dressing of Nonmetal Ores	0.1	0.1	0.3	0.3
开采专业及辅助性活动	Mining Specialties and Auxiliary Activities				
其他采矿业	Mining and Dressing of Other Ores				
(三)制造业	**Manufacture**	**24.9**	**32.4**	**43.9**	**44.7**
农副食品加工业	Processing of Farm and Sideline Food	1.1	1.1	2.5	2.7
食品制造业	Manufacture of Food	0.8	0.8	1.6	1.8
酒、饮料和精制茶制造业	Manufacture of Wine, Drinks and Refined Tea	0.2	0.2	0.5	0.5
烟草制品业	Tobacco Products				
纺织业	Textile Industry	0.6	0.6	1.4	1.4
纺织服装、服饰业	Manufacture of Textile Wearing Apparel and Finery	0.3	0.3	0.6	0.6
皮革、毛皮、羽毛及其制品和制鞋业	Manufacture of Leather, Fur, Feather & Its Products and Footwear	0.1	0.1	0.2	0.2
木材加工及木、竹、藤、棕、草制品业	Timber Processing, Bamboo, Cane, Palm Fiber & Straw Products	0.3	0.4	0.7	0.7
家具制造业	Manufacture of Furniture	0.2	0.3	0.6	0.6
造纸及纸制品业	Papermaking and Paper Products	0.5	0.7	0.7	0.7
印刷和记录媒介复制业	Printing, Reproduction of Recording Media	0.2	0.2	0.4	0.4
文教、工美、体育和娱乐用品制造业	Manufacture of Culture, Education,Arts and crafts, Sport and Entertainment Goods	0.4	0.4	0.7	0.6
石油、煤炭及其他核燃料加工业	Processing of Oil, Coal and Other Fuel	0.6	0.9	0.7	0.6
化学原料和化学制品制造业	Manufacture of Raw Chemical Materials and Chemica Products	3.0	4.5	3.4	3.4
医药制造业	Manufacture of Medicines	1.1	2.1	1.4	1.2
化学纤维制造业	Manufacture of Chemical Fibers	0.4	0.4	0.3	0.3
橡胶和塑料制品业	Manufacture of Rubber and Plastic	0.7	0.7	2.0	2.3
非金属矿物制品业	Nonmetal Mineral Products	2.6	2.8	6.0	6.5
黑色金属冶炼及压延加工业	Smelting and Pressing of Ferrous Metals	0.6	1.8	0.6	0.6
有色金属冶炼及压延加工业	Smelting and Pressing of Nonferrous Metals	0.9	0.9	1.3	1.4
金属制品业	Manufacture of Metal Products	1.5	1.6	2.9	3.1

注：建设总投资、施工及新开工项目个数等指标不含房地产企业开发数据(下表同)。

a)Data of total investment in construction , number of project under construction and new started exclude those developed by real estate companies. The same applies to tables following.

5-7 续表 1 continued

单位:% (%)

类 别	Category	固定资产投资额 Investments in Fixed Assets	建设总投资 Total Investment in Construction	施工项目 Number of Project under Constructi-on	新开工项目 Started This Year
通用设备制造业	Manufacture of General Purpose Machinery	2.2	2.3	4.5	4.7
专用设备制造业	Manufacture of Special Purpose Machinery	1.9	2.2	3.9	4.0
汽车制造业	Manufacture of Automotive	1.4	1.7	2.0	1.8
铁路、船舶、航空航天和其他运输设备制造业	Manufacture of Railroad,Marine,Aerospace and Other Transportation Equipment	0.4	0.4	0.6	0.6
电气机械及器材制造业	Manufacture of Electrical Machinery & Equipment	1.0	1.6	1.9	1.7
计算机、通信和其他电子设备制造业	Manufacture of Computer, Communications and Other Electronic Equipment	1.1	2.4	1.3	1.2
仪器仪表制造业	Manufacture of Measuring Instrument	0.3	0.3	0.5	0.5
其他制造业	Other Manufacture	0.2	0.2	0.2	0.2
废弃资源综合利用业	Comprehensive Utilization of Waste	0.2	0.2	0.5	0.5
金属制品、机械和设备修理业	Metal Products, Machinery and Equipment Repair Industry			0.1	0.1
(四)电力、热力、燃气及水的生产和供应业	**Production and Supply of Electric, Heat, Gas and Water**	**4.0**	**6.1**	**5.6**	**5.6**
电力、热力生产和供应业	Production and Supply of Electric Power and Heating Power	3.2	5.4	3.7	3.7
燃气生产和供应业	Production and Supply of Gas	0.2	0.2	0.5	0.5
水的生产和供应业	Production and Supply of Tap Water	0.6	0.6	1.4	1.4
(五)建筑业	**Construction**				**0.1**
房屋建筑业	Building Construction				
土木工程建筑业	Civil Engineering Construction				
建筑安装业	Construction Installment				
建筑装饰和其他建筑业	Construction Decoration and Others				
(六)批发和零售业	**Wholesale and Retail Trade**	**0.8**	**1.0**	**1.7**	**1.7**
批发业	Wholesale	0.4	0.5	0.7	0.8
零售业	Retail Trade	0.4	0.5	0.9	0.9
(七)交通运输、仓储和邮政业	**Transport, Storage and Postal Services**	**11.2**	**15.5**	**6.7**	**6.5**
铁路运输业	Railway Transport	1.8	2.3	0.2	0.1
道路运输业	Road Transport	7.2	10.4	4.9	5.0
水上运输业	Waterway Transport	0.7	0.7	0.3	0.2
航空运输业	Air Transport	0.4	0.6	0.1	
管道运输业	Pipeline Transport	0.2	0.2	0.1	0.1
多式联运和运输代理业	Multimodal transport and Transportation agency	0.1	0.1	0.1	0.1
装卸搬运和仓储业	Loading and Unloading and Storage	0.9	1.2	0.9	0.9
邮政业	Postal Services				
(八)住宿和餐饮业	**Accommodations and Catering Services**	**0.5**	**0.7**	**1.0**	**1.0**
住宿业	Accommodations	0.4	0.6	0.7	0.7
餐饮业	Catering Services	0.1	0.1	0.3	0.3
(九)信息传输、软件和信息技术服务业	**Information Transmission, Computer Services and Software**	**0.9**	**1.4**	**1.1**	**1.0**
电信、广播电视和卫星传输服务	Telecommunications, Radio and Television and Satellite Transmission Services	0.1		0.2	0.2
互联网和相关服务	Internet and related Services	0.5	0.7	0.5	0.5
软件和信息技术服务业	Software and Information Technology Services	0.4	0.7	0.4	0.3
(十)金融业	**Finance**	**0.3**	**0.3**	**0.1**	**0.1**
货币金融服务	Monetary and Financial Services	0.2		0.1	0.1
资本市场服务	Capital Market Services		0.1		

5-7 续表 2 continued

单位:% (%)

类　别	Category	固定资产投资额 Investments in Fixed Assets	建设总投资 Total Investment in Construction	施工项目 Number of Project under Constructi-on	新开工项　目 Started This Year
保险业	Insurance		0.1		
其他金融业	Others		0.1		
(十一)房地产业	**Real Estate**	**35.3**	**12.5**	**5.7**	**4.3**
(十二)租赁和商务服务业	**Leasing and Business Services**	**3.1**	**5.2**	**2.4**	**2.1**
租赁业	Leasing Services	0.1	0.1	0.1	
商务服务业	Business Services	3.0	5.1	2.3	2.1
(十三)科学研究和技术服务	**Scientific Research and Technical Services**	**2.4**	**2.9**	**2.3**	**2.3**
研究与试验发展	Research and Experimental Development	1.3	1.2	0.6	0.5
专业技术服务业	Special Technical Services	0.4	0.7	0.9	1.0
科技推广和应用服务业	Science and Technology Promotion and Application Services	0.6	1.0	0.9	0.8
(十四)水利、环境和公共设施管理业	**Management of Water Conservancy, Environment and Public Facilities**	**6.9**	**8.4**	**12.7**	**14.0**
水利管理业	Management of Water Conservancy	1.1	1.2	1.8	2.0
生态保护和环境治理业	Ecological Protection and Environmental Management	0.6	0.7	1.3	1.4
公共设施管理业	Management of Public Facilities	5.1	6.4	9.3	10.0
土地管理业		0.1	0.1	0.4	0.4
(十五)居民服务、修理和其他服务业	**Households services, Repair and Other Services**	**0.3**	**0.4**	**0.6**	**0.7**
居民服务业	Services to Households	0.2	0.4	0.5	0.5
机动车、电子产品和日用产品修理业	Motor Vehicles, Electronics and Household Products Repair			0.1	0.1
其他服务业	Other Services			0.1	0.1
(十六)教　育	**Education**	**2.5**	**2.4**	**3.6**	**3.0**
教　育	Education	2.5	2.4	3.6	3.0
(十七)卫生和社会工作	**Health and Social Work**	**1.2**	**2.4**	**1.9**	**1.6**
卫　生	Health Care	0.9	1.6	1.2	0.9
社会工作	Social Work	0.3	0.8	0.7	0.7
(十八)文化、体育和娱乐业	**Culture, Sports and Recreation**	**2.0**	**4.4**	**2.6**	**2.4**
新闻和出版业	News and Publication				
广播、电视、电影和影视录音制作业	Radio, Television, Film and Video Recording Production	0.1	0.1	0.1	0.1
文化艺术业	Culture and Arts	0.7	1.1	0.7	0.6
体　育	Sports	0.3	0.5	0.2	0.2
娱乐业	Recreation	0.9	2.6	1.6	1.5
(十九)公共管理、社会保障和社会组织	**Public Management,Social Security and Social Organizations**	**0.4**	**0.4**	**1.3**	**1.4**
中国共产党机关	CPC Agencies				
国家机构	Government Agencies	0.4	0.3	1.0	1.1
人民政协、民主党派	CPPCC and Democratic Parties				
社会保障	Social Security				
群众团体、社会团体和其他成员组织	Mass Organizations, Social Organizations and Other Organizations	0.1	0.1	0.2	0.3
基层群众自治组织	Self-governing Mass Organizations at the Grass-roots Level				
(二十)国际组织	**International Organizations**				
国际组织	International Organizations				

5-8 各市固定资产投资增长速度

The growth of Total Investments in Fixed Assets by Region

单位:% (%)

地　区	Region	2017	2018	2019
全省总计	**Total**	**7.3**	**4.1**	**-8.4**
济 南 市	Jinan	13.5	9.6	12.6
青 岛 市	Qingdao	7.4	7.9	21.6
淄 博 市	Zibo	3.4	6.6	-44.6
枣 庄 市	Zaozhuang	5.7	-19.8	-15.8
东 营 市	Dongying	5.8	-10.0	-32.6
烟 台 市	Yantai	8.5	6.0	5.0
潍 坊 市	Weifang	0.5	4.4	-23.2
济 宁 市	Jining	8.4	7.1	-3.6
泰 安 市	Tai'an	7.2	5.8	-23.3
威 海 市	Weihai	8.7	7.5	-15.0
日 照 市	Rizhao	9.5	6.3	-16.5
莱 芜 市	Laiwu	5.5	7.2	
临 沂 市	Linyi	8.0	7.8	-23.5
德 州 市	Dezhou	8.0	7.3	-13.6
聊 城 市	Liaocheng	10.7	-4.3	-41.2
滨 州 市	Binzhou	5.6	-16.8	-23.5
菏 泽 市	Heze	9.5	8.0	8.1

注：根据行政区划调整，2019年起，莱芜市并入济南市，以下表同。
a)According to administrative division adjustment,Laiwu City merged into Jinan City from 2019.The same applies to tables following.

5-9 各市民间固定资产投资增长速度

The growth of Non-government Investments in Fixed Assets by Region

单位:% (%)

地　区	Region	2017	2018	2019
全省总计	**Total**	**2.1**	**4.1**	**-18.0**
济 南 市	Jinan	5.7	8.5	-10.9
青 岛 市	Qingdao	-9.2	21.8	20.9
淄 博 市	Zibo	-7.3	15.8	-45.3
枣 庄 市	Zaozhuang	5.2	-21.3	-32.3
东 营 市	Dongying	3.1	-9.6	-45.7
烟 台 市	Yantai	6.9	2.9	6.4
潍 坊 市	Weifang	-2.4	8.9	-31.8
济 宁 市	Jining	6.2	2.6	-8.8
泰 安 市	Tai'an	6.1	-6.4	-33.0
威 海 市	Weihai	3.1	7.1	-21.9
日 照 市	Rizhao	-4.4	-3.6	-13.7
莱 芜 市	Laiwu	0.5	5.9	
临 沂 市	Linyi	8.6	9.5	-36.9
德 州 市	Dezhou	5.0	12.3	-18.8
聊 城 市	Liaocheng	8.1	-5.7	-47.2
滨 州 市	Binzhou	8.9	-21.5	-29.9
菏 泽 市	Heze	9.1	4.5	-5.2

5-10 各市房地产开发投资和销售情况(2019年)

General Scale of Investment Actually Completed by Enterprises for Real Estate Development and Floor Space of Commercialized Buildings Sold(2019)

地区	Region	本年完成投资(万元) Investment Completed This Year (10 000 yuan)	#住宅 Residential Buildings	商品房销售面积(平方米) Floor Space of Commercialized Buildings Sold(sq.m)	#住宅 Residential Buildings	商品房销售额(万元) Total Sale of Commercialized Buildings Sold(10 000 yuan)	#住宅 Residential Buildings
全省总计	**Total**	**86148945**	**66722209**	**127272548**	**114290058**	**102711542**	**92871120**
济南市	Jinan	15769302	11356997	12464708	10206808	13807789	11738543
青岛市	Qingdao	18038081	12390688	16518266	14755787	22469992	20177235
淄博市	Zibo	3133055	2475582	5252570	4757670	4370093	3964621
枣庄市	Zaozhuang	2574935	2082506	4397150	3847804	2750089	2455244
东营市	Dongying	1854059	1575564	2644504	2480308	1865927	1739405
烟台市	Yantai	6618587	5562286	11749425	11054668	9497720	8900923
潍坊市	Weifang	7626382	6376731	11835125	10838750	7560936	7093448
济宁市	Jining	4571319	3910998	9913394	9101201	6168867	5644629
泰安市	Tai'an	2058881	1678180	4109830	3895137	3097132	2897068
威海市	Weihai	3832249	3074678	6285712	5703225	4840970	4477825
日照市	Rizhao	1920562	1441860	3019798	2897322	2414823	2309068
临沂市	Linyi	5955414	4816027	13271421	11553252	8779529	7845455
德州市	Dezhou	3536195	3031795	7524665	6970369	4901002	4584662
聊城市	Liaocheng	3600333	2723319	5355624	4385956	3522863	3034505
滨州市	Binzhou	1926982	1684194	3828298	3432317	2363362	2176658
菏泽市	Heze	3132609	2540804	9102058	8409484	4300448	3831831

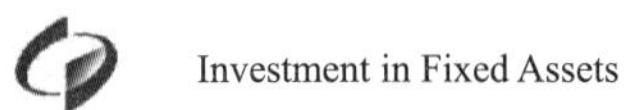

5-11 按登记注册类型分的房地产开发投资情况(2019年)

类 别		Category		总计 Total	内资企业 Domestic Funded	国有企业 State-owned Enterprises
计划总投资	**(万元)**	**Intended Investment**	**(10 000 yuan)**	**569084647**	**544350442**	**3129761**
自开始建设累计完成投资	**(万元)**	**Cumulative Investment**	**(10 000 yuan)**	**338004618**	**323440641**	**2153103**
本年完成投资	**(万元)**	**Investment Completed in Current Year**	**(10 000 yuan)**	**86148945**	**82057760**	**502774**
按构成分		**Grouped by Use of Funds**				
建筑工程	(万元)	Construction	(10 000 yuan)	55735278	53650311	397462
安装工程	(万元)	Installation	(10 000 yuan)	6875785	6762320	29168
设备工器具购置	(万元)	Purchase of Equipment and Instruments	(10 000 yuan)	1280280	1259122	7441
其他费用	(万元)	Others	(10 000 yuan)	22257602	20386007	68703
#旧建筑物购置费	(万元)	Purchase of Used Building	(10 000 yuan)	78309	78309	
土地购置费	(万元)	Purchase of Land	(10 000 yuan)	18486568	16789268	51307
按工程用途分		**Grouped by Use of Buildings**				
住 宅	(万元)	Residential Buildings	(10 000 yuan)	66722209	63928872	393264
#90平方米以下住宅	(万元)	Residential Buildings below 90sq.m	(10 000 yuan)	7347595	7044680	36799
144平方米以上住宅	(万元)	Residential Buildings above 144sq.m	(10 000 yuan)	16098200	15593494	104474
#别墅、高档公寓	(万元)	Villas and Upper-scale Apartments	(10 000 yuan)	1834017	1762682	7
办公楼	(万元)	Office Buildings	(10 000 yuan)	3607979	3294316	1654
商业营业用房	(万元)	Buildings for Business	(10 000 yuan)	7799239	7495789	41669
其 他	(万元)	Others	(10 000 yuan)	8019518	7338783	66187
本年新增固定资产	**(万元)**	**Newly Increased Fixed Assets**	**(10 000 yuan)**	**32846564**	**32070603**	**107794**
到位资金情况		**Funds in Place**				
上年末结余资金	(万元)	Fund Left from Last Year	(10 000 yuan)	40158234	37782313	195893
本年资金来源小计	(万元)	Fund of All Sources in Currrent Year	(10 000 yuan)	123417320	117047956	638655
国内贷款	(万元)	Domestic Loans	(10 000 yuan)	16804516	15717228	131277
#银行贷款	(万元)	from Banks	(10 000 yuan)	13188298	12158990	131277
非银行金融机构贷款	(万元)	from Other Financial Deparments	(10 000 yuan)	3616218	3558238	
利用外资	(万元)	Foreign Investment	(10 000 yuan)	342518	40219	
自筹资金	(万元)	Self-Raising Funds	(10 000 yuan)	39956355	38082875	293815
定金及预付款	(万元)	Earnest Money and Advance Charge	(10 000 yuan)	44902919	42604187	111642
个人按揭贷款	(万元)	Mortgage Loans	(10 000 yuan)	16609505	15951443	59240
其他到位资金	(万元)	Others	(10 000 yuan)	4801507	4652004	42681
本年各项应付款合计	(万元)	Account Payable	(10 000 yuan)	27917201	26623856	244378
#工程款	(万元)	Payment for Construction	(10 000 yuan)	16356268	15825531	122624
待开发土地面积	(平方米)	Space of Land to be Developed	(sq.m)	41235839	39449833	155029
本年购置土地面积	(平方米)	Space of Land Purchased in Current Year	(sq.m)	28130064	26624436	343762
本年土地成交价款	(万元)	Value of Commercial Land	(10 000 yuan)	12213899	11346097	166958

Investment in Real Development by Registration Status(2019)

集体企业 Collective-owned Enterprises	股份合作企业 Cooperative Enterprises	有限责任公司 Limited Liability Corporations	股份有限公司 Share-holding Corporations Limited	私营企业 Private Enterprises	其他企业 Other Enterprises	港澳台商投资企业 Enterprises with Funds from Hong Kong, Macao and Taiwan	外商投资企业 Foreign Funded Enterprises
2648110	**37000**	**346658160**	**20952905**	**170924506**		**18641323**	**6092882**
797920	**23014**	**207096574**	**13589097**	**99780933**		**10668701**	**3895276**
282161		**51805638**	**2630987**	**26836200**		**3064301**	**1026884**
110734		33269777	1878377	17993961		1465045	619922
35395		4038761	299006	2359990		78930	34535
5503		721213	55164	469801		12825	8333
130529		13775887	398440	6012448		1507501	364094
		63223	1220	13866			
118494		11393354	344015	4882098		1396475	300825
188922		39650286	2217494	21478906		2154317	639020
30750		4625577	251431	2100123		197598	105317
69116		9884722	386428	5148754		340775	163931
		1279019	43305	440351		22976	48359
8149		2536062	52487	695964		233516	80147
18946		4665104	230640	2539430		208578	94872
66144		4954186	130366	2121900		467890	212845
36074		**18257508**	**1753645**	**11915582**		**525758**	**250203**
77780		24561076	1476136	11471428		1398950	976971
636843		76485359	3107459	36179640		4767200	1602164
150000		12135570	240388	3059993		702167	385121
		9244230	229588	2553895		645987	383321
150000		2891340	10800	506098		56180	1800
		36425		3794		269453	32846
372225		23728822	1338073	12349940		1338386	535094
68173		28319482	923983	13180907		1792220	506512
46445		9145568	503274	6196916		585994	72068
		3119492	101741	1388090		78980	70523
120197		17084462	1289467	7885352		851764	441581
61699		10157388	612610	4871210		348905	181832
247586		24594365	1080724	13372129		731482	1054524
180986		15021865	609977	10467846		1012520	493108
655557		6400562	127890	3995130		598987	268815

5-12 按登记注册类型分的房地产开发财务情况(2019年)

单位:万元

类 别	Category	总 计 Total	内资企业 Domestic Funded	国有企业 State-owned Enterprises
一、期初存货	**Initial Inventory**	**249156122**	**239273914**	**1718167**
二、期末资产负债	**Property debt at the End**			
流动资产合计	Total Liquid Liabilities	543767075	517413050	4122490
#应收账款	Accounts receivable	20412335	19115916	369425
存 货	Inventory	295862111	282774520	2372501
固定资产原价	Fixed Asset Value	16157485	15008635	129798
累计折旧	Accumulated Depreciation	2959747	2682177	39573
#本年折旧	in Current Year	602147	554180	3148
资产总计	Assets	636727142	607553938	4364785
负债合计	Liabilities	535864460	516929212	3767248
所有者权益合计	Owners' Equity	100862682	90624726	597537
#实收资本	Paid-up Capital	60126616	51586587	180764
三、损益及分配	**Net Income or Loss and Distribution**			
营业收入	Revenues from Business	74959074	71046510	469382
#主营业务收入	Revenues from Principal Business	68952928	65359758	441487
土地转让收入	Revenues from Land Transfer	611804	580708	10798
商品房屋销售收入	Revenues from Commercial Housing Sales	66158912	62731773	298507
自持物业收入	Self Holding Property Income	593508	488170	4710
#房屋出租收入	Housing Rental Income	455134	350520	4691
其他收入	Others	1588703	1559108	127472
营业成本	Business Cost	56614729	54143074	409375
#主营业务成本	Main Business Cost	52822712	50550616	398602
营业税金及附加	Business Tax and Extra Charges	4178149	3856938	15597
其他业务利润	Other Operating Profits	180131	168225	1713
销售费用	Sales Expenses	2989494	2826166	5568
管理费用	Management Expenses	3294623	3137718	28161
财务费用	Financial Expenses	2072428	2045954	9503
营业利润	Business Profits	6810815	6086069	3816
营业外收入	Non-operating Income	523648	482320	22405
营业外支出	Non-operating Expenses	507144	474710	4749
利润总额	Total Profits	6674589	5948268	21469
所得税费用	Income Tax Payable	1839997	1691458	3040
应交增值税	Value-added Tax Payable	2113617	2013907	4471
四、人工成本	**Labor costs**			
本年应付工资总额	Wages Payable in Current Year	2180191	2057294	21064

Financial Indicators of Real Estate Development by Registration Status(2019)

(10 000 yuan)

集体企业 Collective-owned Enterprises	股份合作企业 Cooperative Enterprises	有限责任公司 Limited Liability Corporations	股份有限公司 Share-holding Corporations Limited	私营企业 Private Enterprises	其他企业 Other Enterprises	港澳台商投资企业 Enterprises with Funds from Hong Kong, Macao and Taiwan	外商投资企业 Foreign Funded Enterprises
1074521	**4668**	**160789728**	**6364401**	**69322430**		**7518618**	**2363590**
2497964	36669	353379478	16813275	140563174		20484373	5869652
64305	102	13779869	632196	4270020		1042627	253792
1836959	16529	189821147	7912482	80814903		10217836	2869755
106794	1231	11191954	500829	3078029		977315	171535
33910	530	1532776	133677	941711		221262	56308
5608	121	360919	23522	160863		39875	8092
2728978	38212	420774364	22465203	157182397		22913647	6259557
2686584	36573	349285522	18505540	142647747		14692329	4242918
42395	1639	71488842	3959663	14534650		8221318	2016639
68216	5173	36858332	1925190	12548913		6827323	1712706
237221	881	44778515	3036406	22524106		2969159	943404
237186	881	40973193	2898537	20808475		2657684	935486
		380494	73237	116179			31096
229113	881	39085881	2752661	20364729		2545549	881591
8041		326280	32562	116577		100040	5298
7114		220760	30161	87794		99799	4815
31		1180538	40076	210990		12095	17501
220166	818	33860252	2238590	17413874		1905843	565812
193941	818	31473348	2116544	16367363		1712594	559502
7542	31	2687648	139047	1007073		245052	76159
75	36	101360	14066	50975		4670	7236
5193	10	1817340	76290	921766		130001	33327
15031	856	1860807	137646	1095217		119012	37894
7739	226	1453692	85893	488901		24771	1704
8150	-929	4218318	257976	1598739		484278	240468
17	14	353300	16487	90097		29943	11385
463	3	320045	12882	136569		28228	4205
7704	-936	4176905	260687	1482440		480634	245687
1415		1184327	41305	461372		96318	52221
24232	42	1214662	84763	685736		50657	49053
5158	247	1239282	72924	718619		98726	24171

5-13 房地产开发企业(单位)施工、销售和待售情况(2019年)

类别		Category		合计 Total
房屋施工面积	**(平方米)**	**Floor Space Under Construction**	**(sq.m)**	**757674220**
#新开工面积	(平方米)	Recently-started Projects	(sq.m)	226589035
房屋竣工面积	**(平方米)**	**Floor Space Completed**	**(sq.m)**	**101792488**
#不可销售面积	(平方米)	Space of Floor not Ready for Sale	(sq.m)	2846002
商品住宅竣工套数	**(套)**	**Number of Commercial Buildings Completed**	**(unit)**	
竣工房屋价值	**(万元)**	**Value of Buildings Completed**	**(10 000 yuan)**	**27170710**
出租房屋面积	**(平方米)**	**Floor Space of Buildings to Lease**	**(sq.m)**	**1322675**
商品房销售面积	**(平方米)**	**Floor Space of Commercial Buildings Sold**	**(sq.m)**	**127272548**
#现房销售面积	(平方米)	Floor Space of Complete Dapartments	(sq.m)	14216165
期房销售面积	(平方米)	Floor Space of Forward Delivery Housin	(sq.m)	113056383
商品房销售额	**(万元)**	**Total Sale of Commercial Building**	**(10 000 yuan)**	**102711542**
#现房销售额	(万元)	Sale of Complete Dapartments	(10 000 yuan)	8579109
期房销售额	(万元)	Sale of Forward Delivery Housing	(10 000 yuan)	94132433
商品住宅销售套数	**(套)**	**Number of Commercial Buildings Sold**	**(unit)**	
#现房销售套数	(套)	Complete Dapartments	(unit)	
期房销售套数	(套)	Forward Delivery Housing	(unit)	
待售面积	**(平方米)**	**Floor Space of Waiting For Sale**	**(sq.m)**	**24338040**
#待售1-3年(含1年)	(平方米)	1 to 3 years	(sq.m)	9927498
待售3年以上(含3年)	(平方米)	more than 3 years	(sq.m)	8099612

Construction and Sale of Buildings Made by Real Estate Enterprises(2019)

住 宅 Residential Buildings	按户型面积分 #90平方米及以下住宅 Below or Equal 90 sq.m	144平方米以上住宅 Above 144 sq.m	#别墅、高档公寓 Villas and Upper-scale Apartments	办公楼 Office Buildings	商业营业用房 Buildings for Business	其他 Others
559419778	**76954354**	**111302512**	**13852407**	**30188601**	**70952374**	**97113467**
170969018	14153253	35452262	2866687	7659064	16032501	31928452
77346533	**9997657**	**14073510**	**1816709**	**3814238**	**10220422**	**10411295**
1066708	375843	12012	17450	135728	452715	1190851
634381	**129641**	**76919**	**10258**			
20767191	**2864801**	**4052625**	**565098**	**1194350**	**2730562**	**2478607**
25834	**12458**			**281094**	**813292**	**202455**
114290058	**9722986**	**24248585**	**1472308**	**2016724**	**5821262**	**5144504**
10875086	2311614	2221823	110875	606236	1621029	1113814
103414972	7411372	22026762	1361433	1410488	4200233	4030690
92871120	**7337903**	**22915694**	**1805182**	**2131368**	**5639691**	**2069363**
6278713	1421916	1430845	104202	601089	1258585	440722
86592407	5915987	21484849	1700980	1530279	4381106	1628641
930841	**126986**	**141851**	**8664**			
95682	29734	12108	455			
835159	97252	129743	8209			
12842848	**2449377**	**2835934**	**731945**	**1988804**	**6946809**	**2559579**
5730634	820252	1580857	429738	915396	2253156	1028312
3383042	1016098	651225	208156	579181	3219261	918128

5-14 新增生产能力(2019年)

Newly Increased Production Capacity through Capital Construction(2019)

能力名称	Item	建设规模 Total Construc-tion Size	本年施工规模 Under Construc-tion This Year	新开工能力 Started This Year	累计新增生产能力 Accumulated Newly Increased	本年新增能力 Newly Increased This Year
原煤开采 (万吨/年)	Coal Mining (10 000 tons/year)	60				
焦　炭 (万吨/年)	Coke (10 000 tons/year)	715	535	287	367	247
天然原油开采 (万吨/年)	Petroleum Extraction (10 000 tons/year)	144	144	135	134	131
石油加工:	Petroleum Processing					
蒸馏设备能力 (处理万吨/年)	Distillation Equipment Capacity(10 000 tons/year)	157	92	92	94	92
裂化设备能力 (处理万吨/年)	FCC Equipment Capacity (10 000 tons/year)	360	200			
铁矿开采(原矿) (万吨/年)	Iron Ore Mining (10 000 tons/year)	590	140		50	
粗钢 (万吨/年)	Crude Steel (10 000 tons/year)	478	238	238	8	8
钢材 (万吨/年)	Steel (10 000 tons/year)	448	332	45	381	314
铝加工材 (吨/年)	Aluminum Machining (ton/year)	1247000	293215	183500	700590	120138
铜加工材 (吨/年)	Copper Machining (ton/year)	1700	1700	1700	1700	1700
水力发电 (万千瓦)	Hydraulic Power (10 000 kw)	420	240	120		
火力发电 (万千瓦)	Thermal Power (10 000 kw)	873	393	4	323	212
核能发电 (万千瓦)	Nuclear Power (10 000 kw)	570	125		250	125
风力发电 (万千瓦)	Wind Power (10 000 kw)	12025	372	280	179	133
太阳能发电 (万千瓦)	Solar Power (10 000 kw)	102	77	60	35	16
其他发电 (万千瓦)	Others (10 000 kw)	120	101	68	64	63
输电线路长度(11万伏及以上)(公里)	Length of Transmission Line (over 110kv) (km)	1033	691	269	478	437
水　泥 (万吨/年)	Cement (10 000 tons/year)	290	290	60	130	130
轮胎外胎 (万条/年)	Tires (10 000 units/year)	1040	608	608	320	108
汽车制造:	Manufacture of car					
卸货汽车制造 (辆/年)	Manufacture of unloaded car (vehicles/year)	19398	6828	6828	6828	6828
客车制造 (辆/年)	Manufacture of Bus (vehicles/year)	30000	5000	5000		
轿车制造 (辆/年)	Manufacture of car (vehicles/year)	80000	60000	50000	60000	50000
其他汽车制造 (辆/年)	Others (vehicles/year)	2160	1660	1660	1660	1660

5-14 续表 continued

能力名称		Item		建设规模 Total Construc-tion Size	本年施工规模 Under Construc-tion This Year	新开工能力 Started This Year	累计新增生产能力 Accumulated Newly Increased	本年新增能力 Newly Increased This Year
棉纺锭	(锭)	Cotton Spindles	(unit)	40000	40000	40000	40000	40000
机制纸浆	(万吨/年)	Machine-made Pulp	(10 000 tons/year)	167	147	40	137	137
新建铁路里程	(公里)	Length of Newly-built Railway	(km)	361	336	143	141	139
电气化铁路里程	(公里)	Length of Electrified Railway	(km)	99	38		99	38
新建高速铁路里程	(公里)	Length of Newly-built High-speed Railway	(km)	306	112	112	306	112
新建公路	(公里)	Length of Newly-built Highway	(km)	1817	1156	512	651	434
#高速公路	(公里)	Expressway	(km)	818	626	177	153	152
一级公路	(公里)	Class-A Highway	(km)	130	68	7	91	61
二级公路	(公里)	Class-B Highway	(km)	129	58	58	48	47
改建公路	(公里)	Length of Reconstructed Highway	(km)	2307	1532	964	1374	1165
高速公路	(公里)	Expressway	(km)	335	245	3	73	73
一级公路	(公里)	Class-A Highway	(km)	227	113	62	107	78
二级公路	(公里)	Class-B Highway	(km)	98	93	68	60	51
新建独立公路桥梁	(延长米)	Length of Newly-built Bridges	(m)	7712	3214	2492	6444	2904
-座数	(座)	Number	(unit)	18	7	4	8	5
新建独立公路隧道	(延长米)	Length of Newly-built Tunnels	(m)	905				
-处数	(处)	Number	(unit)	1				
新(扩)建港口码头	(万吨/年)	Newly-built or Expanded Ports	(10 000 tons/year)	3072	2782	802	605	585
-泊位	(个)	Berths	(unit)	21	17	9	6	5
新(扩)建客、货运站	(个)	Cargo or Passenger Terminals	(unit)	3	3	2	2	2
-面积	(平方米)	Area	(sq.m)	21547	18205	7205	7205	7205
城市自来水供水能力	(万吨/日)	Volume of Water Supply	(10 000 tons/day)	105	58	39	26	23
城市污水处理能力	(万吨/日)	Capacity of Sewage Treatment	(10 000 tons/day)	96	64	50	41	32

主要统计指标解释

全社会固定资产投资 是以货币形式表现的在一定时期内全社会建造和购置固定资产的工作量以及与此有关的费用的总称。该指标是反映固定资产投资规模、结构和发展速度的综合性指标,又是观察工程进度和考核投资效果的重要依据。全社会固定资产投资按登记注册类型可分为国有、集体、个体、联营、股份制、外商、港澳台商、其他等。

房地产开发投资 指各种登记注册类型的房地产开发公司、商品房建设公司及其他房地产开发法人单位和附属于其他法人单位实际从事房地产开发或经营活动的单位统一开发的包括统代建、拆迁还建的住宅、厂房、仓库、饭店、宾馆、度假村、写字楼、办公楼等房屋建筑物和配套的服务设施，土地开发工程（如道路、给水、排水、供电、供热、通讯、平整场地等基础设施工程）的投资；不包括单纯的土地交易活动。

农村投资 指发生在农村区域范围内的非农户固定资产投资项目完成的投资。

建设总投资 是指在报告期内所有施工项目的计划总投资。这个指标和施工项目相对应。

固定资产投资的资金来源 根据固定资产投资的资金来源不同，分为国家预算内资金、国内贷款、利用外资、自筹资金和其他资金。

(1)国家预算内资金：分为财政拨款和财政安排的贷款两部分。包括中央财政的基本建设基金(分经营性基金和非经营性基金两部分)、专项支出(如煤代油专项等)、收回再贷、贴息资金，财政安排的挖潜改造和新产品试制支出、城建支出、商业部门简易建筑支出、不发达地区发展基金等资金中用于固定资产投资的资金；地方财政中由国家统筹安排的资金等。

(2)国内贷款：指报告期固定资产投资单位向银行及非银行金融机构借入的用于固定资产投资的各种国内借款，包括银行利用自有资金及吸收的存款发放的贷款、上级主管部门拨入的国内贷款、国家专项贷款(包括煤代油贷款、劳改煤矿专项贷款等)、地方财政专项资金安排的贷款、国内储备贷款、周转贷款等。

(3)利用外资：指报告期收到的用于固定资产建造和购置的国外资金(包括设备、材料、技术在内)。包括对外借款(外国政府、国际金融组织贷款、出口信贷、外国银行商业贷款、对外发行债券和股票)、外商直接投资及外商其他投资。不包括我国自有外汇资金(国家外汇、地方外汇、留成外汇、调剂外汇和中国银行自有资金发行的外汇贷款等)。计算利用外资时，需要折算成人民币，折算中所使用的外汇汇率按现汇计算，即按使用外汇时的汇率计算。

(4)自筹资金：指固定资产投资单位报告期收到的，由各地区、各部门及企、事业单位筹集用于固定资产投资的预算外资金，包括中央各部门、各级地方和企、事业单位的自筹资金。

(5)其他资金：指在报告期收到的除以上各种资金之外其他用于固定资产投资的资金，包括企业或金融机构通过发行各种债券筹集到的资金、群众集资、个人资金、无偿捐赠的资金及其他单位拨入的资金等。

固定资产投资按国民经济行业分 根据建设项目建成投产后的主要产品或主要用途及社会经济活动性质来确定国民经济行业。一般情况下，一个建设项目或一个企业、事业单位只能属于一种国民经济行业。

固定资产投资按建设性质分 根据整个建设项目情况来确定。建设项目的性质一般分为新建、扩建、改建和技术改造、迁建、恢复。房地产开发单位投资不划分建设性质。

(1)新建：一般指从无到有“平地起家”开始建设的企业、事业和行政单位或建设项目。现有企业、事业、行政单位一般不属于新建。但如有的单位原有基础很小，经过建设后新增的固定资产价值超过该企、事业、行政单位原有固定资产价值(原值)三倍以上的也应作为新建。

(2)扩建：指在厂内或其他地点，为扩大原有产品的生产能力(或效益)或增加新的产品生产能力，而增建主要的生产车间(或主要工程)、分厂、独立的生产线。行政、事业单位在原单位增建业务用房(如学校增建教学用房、医院增建门诊部、病房等)也作为扩建。

现有企、事业单位为扩大原有主要产品生产能力或增加新的产品生产能力，增建一个或几个主要生产车间(或主要工程)、分厂，同时进行一些更新改造工程的，也应作为扩建。

(3)改建和技术改造：指现有企业、事业单位，对原有设施进行技术改造或更新(包括相应配套的辅助性生产、生活福利设施)的建设项目。现有企业、事业单位为适应市场变化的需要，而改变企业的主要产品种类(如军工企业转产民用品等)的建设项目，应作为改建。原有产品生产作业线由于各工序(车间)之间能力不平衡，为填平补齐充分发挥原有生产能力而增建不增加本企业主要产品设计能力的车间，也应作为改建。技术改造是指企业、事业单位在现有基础上，用先进的技术代替落后的技术，用先进的工艺和装备代替落后的工艺和装备，以改变企业落后的技术经济面貌，实现以内涵为主的扩大再生产，达到提高产品质量、促进产品更新换代、节约能源、降低消耗、扩大生产规模、全面提高社会经济效益的目的。技术改造具体包括以下内容：机器设备和工具的更新改造；生产工艺改革、节约能源和原材料的改造；厂房建筑和公共设施的改造；劳动条件和生产环境的改造等。

固定资产投资按构成分 固定资产投资活动按其工作内容和实现方式分为建筑安装工程，设备、工具、器具购置，其他费用三个部分。

(1)建筑安装工程(建筑安装工作量)：指各种房屋、建筑物的建造工程和各种设备、装置的安装工程。包括各种房屋建造工程；各种用途设备基础和各种工业窑炉的砌筑工程及金属结构工程；为施工而进行的各种准备工作和临时工程以及完工后的清理工作等；铁路、道路的铺设，矿井的开凿及石油管道的架设等；水利工程；防空地下建筑等特殊工程；列入房屋工程预算内的暖气、卫生、通风、照明、煤气等设备的价值及装设油饰工程；列入建筑工程预算内的各种管道(蒸汽、压缩空气、石油、给排水等管道)、电力、电讯电缆导线等的敷设工程；以及各种机械设备的安装工程；为测定安装工程质量，对设备进行的试运工作；房地产开发单位进行的商品房屋开发建设工程、土地开发工程。

在安装工程中，不包括被安装设备本身的价值。

(2)设备、工具、器具购置：指建设单位或企、事业单位购置或自制的，达到固定资产标准的设备、工具、器具的价值。新建单位及扩建单位的新建车间，按照设计或计划要求购置或自制的全部设备、工具、器具，不论是否达到固定资产标准均计入“设备、工具、器具购置”中。

(3)其他费用：指在固定资产建造和购置过程中发生的，除上述几项内容以外的各种应分摊计入固定资产的费用。

施工项目　指报告期内进行过建筑或安装施工活动的项目。凡是报告期内施过工的建设项目，不论施工时间长短，均作为施工项目统计。施工项目个数可以反映一定时期固定资产投资的实际规模，与同期全部建成投产项目个数相比，可以从建设速度的角度反映固定资产投资的效果。根据建设项目施工活动的不同性质，施工项目又分为：本年正式施工项目、本年收尾项目和以前年度全部停缓建项目。

全部建成投产项目　工业项目指设计文件规定形成生产能力的主体工程及其相应配套的辅助设施全部建成，经负荷试运转，证明具备生产设计规定合格产品的条件，并经过验收鉴定合格或达到竣工验收标准，与生产性工程配套的生活福利设施可以满足近期正常生产的需要，正式移交生产的建设项目。非工业项目指设计文件规定的主体工程和相应的配套工程全部建成，能够发挥设计规定的全部效益，经验收鉴定合格或达到竣工验收标准，正式移交使用的建设项目。

新增生产能力(或工程效益)　指通过固定资产投资活动而增加的设计能力(或工程效益)，该指标是以实物形态表现的反映固定资产投资成果的指标，也是考核投资经济效果的重要依据之一。

新增生产能力(或工程效益)一般有以下几种表现形式：

(1)用产品数量表示，以工程在单位时间内(一般是一年)所能生产的产品数量(即年产量)表示。如原煤开采用万吨／年表示，化学农药用吨／年表示，拖拉机制造用台／年表示等。某些化工产品由于含量差别较大，按其设计含量计算折合量表示，如硫酸、纯碱、烧碱等。

(2)用单位时间内所能处理的原料数量表示，以工程每天(或小时)所能处理原料的数量表示。如机制糖工程日处理原料吨，食用植物油日处理原料吨，城市污水处理能力用万吨／日表示等。

(3)用新增加的主要设备的数量或容量表示，如新增棉布织机、丝织机等台数，毛纺锭等锭数，发电厂新增发电机组容量用千瓦表示等。

(4)用建筑物容积、容量、面积、长度表示，是非工业项目或工程新增效益的一种表现形式。如铁路投产里程、新建公路、水库容量、粮食仓库、学校学生席位、医院病床、有效灌溉面积等。

根据工程的特点，有时需要用两种或两种以上的复合计量单位表示新增生产能力(或工程效益)，如新增内燃机生产能力同时用年产台数、千瓦数表示等。

为了规范新增生产能力(或工程效益)的名称和计算单位，国家统计局制订了《新增生产能力(或工程效益)目录及代码》。各固定资产投资单位在统计新增生产能力(或工程效益)时，必须按目录中规定的名称、计量单位和代码填报。

房屋建筑面积　指房屋建筑物勒脚以上外墙外围的水平截面面积，包括房屋建筑物的有效面积和结构面积。该指标是从实物形态上反映建设规模和建设成果的重要指标之一，也是检查工程形象进度、计算工程造价、分析投资效果、研究施工任务和建筑材料之间平衡情况的重要依据。

住宅建筑面积　指施工和竣工房屋建筑面积中供居住用的房屋建筑面积。

施工面积　指报告期内施工的全部房屋建筑面积。包括本期新开工的面积和上期开工跨入本期继续施工的房屋面积，以及上期已停建在本期恢复施工的房屋面积。本期竣工和本期施工后又停缓建的房屋，其建筑面积仍计入本期房屋施工面积中。

竣工面积　指在报告期内房屋建筑按照设计要求已经全部完工，达到住人和使用条件，经验收鉴定合格(或达到竣工验收标准)，正式移交使用单位的各栋房屋建筑面积的总和。

新增固定资产　指报告期内已经完成建造和购置过程，并已交付生产或使用单位的固定资产价值。该指标是表示固定资产投资成果的价值指标，也是反映建设进度，计算固定资产投资效果的重要指标。

固定资产交付使用率　指一定时期新增固定资产与同期完成投资额的比率。该指标是反映固定资产动用速度，衡量建设过程中宏观投资效果的综合指标。由于新增固定资产是较长时期内形成的结果，而投资额则是当年完成的，因此，该指标一般适宜于反映较长时期内固定资产的动用情况。

商品房销售面积　指报告期内出售商品房屋的合同总面积(即双方签署的正式买卖合同中所确定的建筑面积)。由现房销售建筑面积和期房销售建筑面积两部分组成。

商品房销售额　指报告期内出售商品房屋的合同总价款(即双方签署的正式买卖合同中所确定的合同总价)。该指标与商品房销售面积同口径，由现房销售额和期房销售额两部分组成。

Explanatory Notes on Main Statistical Indicators

Total Investment in Fixed Assets in the Whole Country refers to the volume of activities in construction and purchases of fixed assets and related fees, expressed in monetary terms. It is a comprehensive indicator which shows the size, structure and growth of the investment in fixed assets, providing basis for observing the progress of construction projects and evaluating results of investment. Total investment in fixed assets in the whole country includes, by type of ownership, the investment by the state owned units, collective units, individuals, joint ownership units, share holding units, as well as investment by businessmen from foreign countries and from Hong Kong, Macao and Taiwan, and by other units.

Investment in Real Estate Development refers to the investment by the real estate development companies, commercial buildings construction companies and other real estate development units of various types of ownership in the construction of house buildings, such as residential buildings, factory buildings, warehouses, hotels, guesthouses, holiday villages, office buildings, and the complementary service facilities and land development projects, such as roads, water supply, water drainage, power supply, heating, telecommunications, land leveling and other projects of infrastructure. It excludes the activities in pure land transactions.

Investment in Rural Areas refers to investment in fixed assets by enterprises, institutions and individuals in rural areas.

Total Investment in Construction refers to the planned total investment for all construction projects during the reference period.

Sources of Funds for Investment in Fixed Assets include fund from state budget, domestic loans, foreign investment, self raised funds, and others depending on the source of investment.

(1) Fund from state budget consists of budgetary appropriation and loans from state budget. More specifically, it includes, from the budget of the central government, capital construction fund (operation fund and non-operational fund), special expenses (e.g. expenses on substituting petroleum with coal), loans from repayment, discount fund, expenses on innovation and trial production of new products, expenses on urban construction, expenses on temporary construction by trade departments, development fund for less developed areas, as well as local budgetary fund transferred from the central budget.

(2) Domestic loans refer to loans of various forms borrowed by investing units from banks and non-bank financial institutions during the reference period for the purpose of investment in fixed assets, including loans issued by banks from their self owned funds and deposit, loans appropriated by higher responsible authorities, special loans by government (including loan for substituting petroleum with coal, special loan for reform through labour coal mines), loans arranged by local government from special funds, domestic reserve loan, and working loan, etc.

(3) Foreign Investment refers to foreign funds received during the reference period for the construction and purchase of investment in fixed assets (covering equipment, materials and technology), including foreign borrowings (loans from foreign governments and international financial institutions, export credit, commercial loans from foreign banks, issue of bonds and stocks overseas), foreign direct investment and other foreign investment. Excluded in this category are capitals in foreign exchanges owned by China (foreign exchanges owned by the central and local governments, foreign exchanges retained by enterprises, foreign exchanges by enterprises through regulating mechanism, loans in foreign exchanges issued by the Bank of China with its own fund, etc.). In calculating the utilization of foreign capitals, foreign currencies are converted into Chinese Renminbi applying the current exchange rate when the foreign capitals are actually used.

(4) Self-raised funds refer to extra budgetary funds for investment in fixed assets received by investing units from central government ministries, local governments, enterprises and institutions, including their self raised funds.

(5) Others refer to funds for investment in fixed assets received from the sources other than those listed above, including capitals raised through issuing bonds by enterprises or financial institutions, funds raised from individuals and through donations, and funds transferred from other units.

Investment in Fixed Assets by Sector The classification of construction projects by sector is determined by the major products or the purpose of the projects when they are put into production or use, and by the nature of their social economic activities. In general, one project or one enterprise or institution can only be classified into one sector.

Investment in Fixed Assets by Type of Construction The construction projects in general can be classified, by the type of construction, into new construction, expansion, reconstruction and technical transformation, moving and restoration. However, investment by type of construction is not applied to investment by real estate development units.

(1) New construction in general refers to newly constructed enterprises, institutions, administrative agencies or independent projects from scratch. Construction in the existing enterprises, institutions or agencies is not considered as new construction. In case the assets of the existing unit is quite small, and the value of newly added fixed assets exceeds the original value of assets by three times, the expansion will be considered as new construction.

(2) Expansion refers to construction of new major production workshop, branch factory or independent production line within a factory or in other locations, for the purpose of increasing the production capacity (or improving efficiency) of the original products. Newly constructed houses for the operation of institutions and administrative organizations (such as the newly constructed buildings for teaching in schools,

buildings for clinics or wards in hospitals, etc.) are also classified as expansion.

Also included in the expansion are investments by existing enterprises or institutions in building major production line(s) or branch factory(ies) along with some work on innovation, for the purpose of expending the production capacity of original products or producing new products.

(3) Reconstruction refers to construction projects by existing enterprises or institutions in innovation or technical transformation of the old facilities (including auxiliary production equipment and welfare facilities).Also considered as reconstruction is the construction of new workshops by the existing enterprises or institutions to change the variety of products to meet the market demand (such as the production of civil products by defence industries), or to bring the designed production capacity into full play through a more balanced production process on production lines. Technical transformation refers to replacement of old technology or equipment by new technology or equipment, in order to expand the reproduction through improvement of technology contents in production, to improve product quality, to promote new products, to save energy and reduce consumption and to improve overall social economic efficiency. Contents of technical transformation include: updating of machinery, equipment and tools; reforming production process by using energy or materials saving technology; construction of factory workshops and transformation of public facilities; improvement of working conditions and environment, etc.

Investment in Fixed Assets by Structure By their contents, investment activities are classified into 3 categories, i.e. construction and installation, purchase of equipment and instrument, and other expenses.

(1) Construction and installation (work volume of construction and installation) refers to the construction of various houses and buildings and installation of various kinds of equipment and instruments. They include construction of various houses; equipment foundations, industrial kilns and stoves, and metal structure work; preparation works for project construction, and clearing up works post project construction; pavement of railways and roads, drilling of mines and putting up of oil pipes; construction of projects of water conservancy; construction of underground air raid shelters and construction of other special projects; value of equipment for heating, sanitation, ventilation, lighting, gas, painting, etc. that are covered by the budget of housing projects; laying out of various pipelines (for steam, compressed air, petroleum, tap water and sewage) and lines for electric power and for communications; installation of various machinery equipment, testing operation for pre testing the quality of installation projects, and land and other development work conducted by real estate developers for commercial housing. The value of equipment installed is not included in the value of installation projects.

(2) Purchase of equipment and instruments refers to the total value of equipment, tools, and instruments purchased or self produced which come up to standards for fixed assets by the construction units or investing enterprises or institutions. Equipment, tools and instruments purchased or self produced for new workshops by newly established or expanded units are categorized as "purchase of equipment and instruments" no matter whether they come up to the standards for fixed assets.

(3)Other expenses refer to expenses occurring during the construction or purchase of fixed assets other than those mentioned above.

Projects under Construction refer to projects with construction and installation activities undertaken in the reference period. All projects that have construction activities undertaken during the reference period are reported as projects under construction irrespective of the length of construction work. The number of projects under construction can reflect the actual size of investment in fixed assets during a given period, and when compared with the number of projects completed and put into use during the same period, it demonstrates the results of investment in fixed assets. Depending on the nature of construction activities, projects under construction can also be classified into projects under construction in current year, winding up projects in current year and stopped or suspended projects in previous years (with preservation work in current year).

Projects Completed and Put into Use Industrial projects refer to the major projects and accessory facilities completed which result in forming production capacity and have been checked and accepted while the living and welfare facilities have been completed and can ensure normal production and formally put into production. Non industrial projects refer to the major projects and accessory facilities completed which possess the designed capacity and have been checked, accepted and formally put into production.

Newly Increased Production Capacity(or Project Efficiency) refers to the increase of designed capacity (or project efficiency) through investment in fixed assets, which reflects the accomplishment of investment in fixed assets in kind and serves as important basis for evaluating the economic efficiency of investment.

The newly increased production capacity (project efficiency) are usually expressed in one of the following forms:

(1) output of products, i.e. the output that the project can produce during a given period (usually a year). For instance, the capacity in coal mining is expressed in 10,000 tons/year, the capacity in producing chemical pesticides expressed in ton/year, the capacity in producing tractors in tractor/year, etc. For some chemical products where the effective contents differ significantly, the production capacity is expressed as the designed effective content equivalent, such as in the case of sulphuric acid, soda ash, caustic soda, etc;

(2) raw materials processing capacity, i.e. the volume of raw materials that could be processed by the project per day (or per hour), such as tons of materials processed per day by a sugar refining project or edible vegetable oil project, or tons of urban sewage processed per day;

(3) number or capacity of major equipment increased, such as number of cotton or silk looms increased, wool spindles increased, or capacity (in kilowatts) of power generators

increased;

(4) physical measures (volume, capacity, area, and length) of construction, which is typical for non industrial projects, for instance, the length of railways put into operation, the length of highways, the capacity of reservoirs, the capacity of warehouses, the floor space of housing projects, capacity for new students in schools or beds in hospitals, areas under new irrigation project, etc.

Features of projects sometimes call for combined use of two or more measurement to reflect the increased production capacity (or project efficiency), for instance, the new capacity for the production of internal combustion engines are expressed in sets per year and kilowatts per year simultaneously.

To standardize the nomenclature and unit of measurement for new production capacity (or project efficiency), the National Bureau of Statistics has developed Nomenclature and Codes for New Production Capacity (Project Efficiency). All reporting units with investment activities are required to follow these two nomenclatures in reporting statistics on new production capacity (project efficiency).

Floor Space of Buildings under Construction refers to total floor space of the horizontal section of outer walls above the plinth of the building, including the effective area and the area occupied by the structure. This indicator is one of the important indicators in physical terms to reflect the scale and accomplishment of the construction industry, and important basis for monitoring the progress, calculating the cost, analyzing the efficiency and studying the supply of building materials in relation with the construction projects.

Floor Space of Residential Buildings refers to the floor space of the residential buildings among the total space of buildings under construction or completed.

Floor Space under Construction refers to total floor space of all buildings under construction during the reference period, including floor space of newly started buildings during the reference period, floor space of construction extended from the previous period to the current period, and floor space of construction suspended during the previous period and resumed in the current period. Floor space of construction completed in the current period, and floor space of construction started and then suspended in the current period are also included in the floor space under construction of the current year.

Floor Space of Buildings Completed refers to the floor space of all buildings completed in the reference period, which have been appraised and accepted (or come up to the designed standards) and have been transferred to the owners for use.

Newly Increased Fixed Assets refer to the newly increased value of fixed assets, constructed or purchased, that have been transferred to the investors. This is an indicator that demonstrates the results of investment in fixed assets in monetary terms, and an important indicator to reflect the speed of construction and to calculate the efficiency of investment.

Rate of Projects of Fixed Assets Completed and Put into Operation refers to the ratio of the newly increased fixed assets to the total investment made in the same period. This is a comprehensive indicator reflecting the speed of the employment of fixed assets and the investment efficiency at the macro level. As the newly increase fixed assets is the result of a long period while the investment is completed in the current year, this indicator is expected to be used to reflect the employment of fixed assets over a long period of time.

Area of Commercial Housing Sold refers to total contracted area of commercial housing (i.e. area of floor space as designated in the formal contracts signed by both sides) during the reference time. It constitutes floor space of completed housing and floor space of future housing.

Value of Commercial Housing Sold refer to total value of contracts (i.e. value of sales/purchase for selling/purchase of commercial housing as designated in the contracts signed by both sides) during the reference time. It has the same coverage as the area of commercial housing sold, constituting completed housing and floor space of future housing.

第 6 篇

对外经济和旅游

Foreign Trade and Tourism

简 要 说 明

一、本篇资料的主要内容

本篇资料反映了全省外经外贸、旅游和开发区的基本情况，主要包括进出口、利用外资、境外投资、对外承包工程和劳务合作、人民币外汇牌价、旅游业基本情况、经济开发区和高新技术开发区等方面的内容。

二、本篇资料的来源

1.进、出口数据来源于海关统计，进出口商品价值，出口按离岸价（FOB）、进口按到岸价（CIF）统计。

2.利用外资、对外承包工程和劳务合作、境外投资等资料来源于省商务厅。

3.历年人民币对主要外币的年平均汇价资料来源于国家外汇管理局，是根据当年国家外汇管理局提供的每日汇价进行加权平均计算而得出的当年年平均汇价。

4.旅游资料来源于省文化和旅游厅财务处。

5.开发区资料来源于省统计局开发区统计年报。

本篇资料由省统计局贸易处整理提供。

Brief Introduction

I. Content

Data in this chapter show the basic conditions of foreign trade, tourism and development zones, mainly including imports and exports, utilization of foreign capitals, overseas direct investments, contracted projects, labor services cooperation, exchange rate of RMB to other currencies, tourism and economic development zone, etc.

II. Source of Data

(1)Data on foreign trade are based on the statements made by the Administration of Customs. Exports are calculated at FOB, imports at CIF.

(2)Data on utilization of foreign capitals, contracted projects and labor services cooperation are provided by the Bureau of Commerce of Shandong Province.

(3)Average exchange rates of RMB yuan to other currencies over the years come from the State Administration of Exchange Control. The annual average exchange rate is calculated as the weighted mean of the daily exchange rates provided by the State Administration of Exchange Control.

(4)Data on tourism are provided by the Division of Finance of the Culture and Tourism of Shandong Province.

(5)Data on economic development zones are based on the annual reports of economic development zones, which are provided by Shandong Provincial Bureau of Statistics.

Data in this chapter are prepared and compiled by the Division of Trade and External Economic Relations Statistics of Shandong Provincial Bureau of Statistics.

6–1 1978–2019年人民币对主要外币年平均汇价(中间价)

Average Exchange Rate of RMB Yuan Against Main Convertible Currencies from 1978 to 2019(Middle Rate)

单位:人民币元 (RMB yuan)

年 份 Year	100美元 100 US Dollars	100日元 100 Japanese Yen	100港元 100 Hong Kong Dollars	100欧元 100Euros
1978	168.36	0.81	36.16	
1979	155.49	0.71	31.35	
1980	149.84	0.66	30.15	
1981	170.51	0.77	30.41	
1982	189.26	0.76	31.15	
1983	197.57	0.83	27.36	
1984	232.70	0.98	29.71	
1985	293.67	1.25	37.57	
1986	345.28	2.07	44.22	
1987	372.21	2.58	47.74	
1988	372.21	2.91	47.70	
1989	376.59	2.74	48.28	
1990	478.38	3.32	61.39	
1991	532.27	3.96	68.45	
1992	551.49	4.36	71.24	
1993	576.19	5.20	74.41	
1994	861.87	8.44	111.53	
1995	835.07	8.92	107.96	
1996	831.42	7.64	107.51	
1997	828.98	6.86	107.09	
1998	827.91	6.35	106.88	
1999	827.96	8.07	106.53	
2000	827.72	7.39	106.08	
2001	827.70	6.81	106.08	
2002	827.70	6.62	106.07	800.58
2003	827.70	7.15	106.24	936.13
2004	827.68	7.66	106.23	1029.00
2005	819.17	7.45	105.30	1019.53
2006	797.18	6.86	102.62	1001.90
2007	760.40	6.46	97.46	1041.75
2008	694.51	6.74	89.19	1022.27
2009	683.10	7.30	88.12	952.70
2010	676.95	7.73	87.13	897.25
2011	645.88	8.11	82.97	900.11
2012	631.25	7.90	81.38	810.67
2013	619.32	6.33	79.85	822.19
2014	614.28	5.82	79.22	816.51
2015	622.84	5.15	80.34	691.41
2016	664.23	6.12	85.58	734.26
2017	675.18	6.02	86.64	763.03
2018	661.74	5.99	84.43	780.16
2019	689.85	6.33	88.05	772.55

6-2　1984-2019年海关进出口情况

Basic Statistics on Imports and Exports from 1984 to 2019

单位:万美元　　(10 000 USD)

年　份 Year	进出口总值 Total Value of Imports and Exports	出口总值 Total Value of Exports	一般贸易 General Trade	来料加工装配贸易 Processing and Assembling Trade with Sent Materials	进料加工贸　易 Processing Trade with Imported Materials	其他贸易 Other Trades	进口总值 Total Value of Imports
1984	352012	207786					144226
1985	414448	234652					179796
1986	382840	191926					190914
1987	355294	289938	264633	2566	19232	3507	65356
1988	573361	309773	261451	3796	40458	4068	263588
1989	616511	327015	266337	6274	49047	5357	289496
1990	428522	341719	274898	8660	53152	5009	86803
1991	483200	375230	293951	13681	63430	4168	107970
1992	778140	433752	330729	18598	79452	4973	344388
1993	728586	420360	292058	23834	96748	7720	308226
1994	962927	587011	371013	40640	168470	6888	375916
1995	1395007	816101	460278	77503	270177	8143	578906
1996	1616394	918298	449683	130565	331035	6339	698096
1997	1753631	1085888	483895	185156	410664	6173	667743
1998	1661740	1034705	458607	172262	396013	7823	627035
1999	1827094	1157909	541405	218625	394880	2999	669185
2000	2498998	1552905	746563	293008	507050	6284	946093
2001	2896313	1812899	913253	310013	579125	10508	1083414
2002	3394175	2111511	1089063	341530	669958	10960	1282664
2003	4465752	2657285	1400709	392861	845249	18466	1808467
2004	6078136	3587286	1799792	483369	1252126	51999	2490850
2005	7688876	4625113	2310122	594991	1668351	51649	3063763
2006	9528817	5864717	3013461	655916	2083042	112298	3664100
2007	12261798	7524374	3800924	679014	2863332	181104	4737424
2008	15814480	9317486	4739880	722044	3573434	282128	6496994
2009	13860378	7956530	3637582	697915	3296132	324901	5903848
2010	18895085	10424695	4973019	750340	4230872	470464	8470390
2011	23599191	12578809	6466907	842878	4737751	531273	11020382
2012	24554487	12873171	6875045	867657	4566215	564254	11681316
2013	26715854	13450998	7603966	866031	4392892	588109	13264856
2014	27711549	14474545	8373918	802064	4734553	564010	13237004
2015	24174867	14406069	9042024	739933	4183875	440237	9768798
2016	23420733	13715826	8653875	716557	3904404	440990	9704906
2017	26305670	14710207	9428956	651868	4151643	477739	11595464
2018	29239097	16013984	11047764	601424	3918203	446592	13225113
2019	29628464	16143995	11256710	605165	3496008	786112	13484469

6-3 进出口主要分类情况

Imports and Exports by Category

单位:亿美元 (100 million USD)

类　别	Category	2005	2010	2014	2015	2016	2017	2018	2019
一、进出口总值	**Total Value of Imports and Exports**	**768.9**	**1889.5**	**2771.2**	**2417.5**	**2342.1**	**2630.6**	**2923.9**	**2962.8**
出口额	Exports	462.3	1042.5	1447.5	1440.6	1371.6	1471.0	1601.4	1614.4
进口额	Imports	306.4	847.0	1323.7	976.9	970.5	1159.5	1322.5	1348.4
二、出口商品	**Exported Goods**								
初级产品	Primary Goods	16.8	138.5	165.6	159.7	172.9	179.6	189.6	194.9
工业制品	Manufactured Goods	83.2	903.6	1281.5	1279.6	1198.0	1290.7	1412.3	1419.5
三、进口商品	**Imported Goods**								
初级产品	Primary Goods	38.3	360.6	773.0	508.0	551.7	757.1	904.4	967.4
工业制品	Manufactured Goods	61.7	434.9	549.2	458.8	421.4	418.0	418.4	387.8
四、纺织服装进出口总值	**Total Value of Imports and Exports of Textile Apparel**	**121.3**	**188.5**	**238.0**	**228.8**	**221.4**	**227.0**	**243.8**	**231.3**
出口额	Exports	106.2	173.3	221.6	212.5	206.5	213.2	230.4	219.7
进口额	Imports	15.1	15.2	16.4	16.3	14.9	13.8	13.4	11.6
五、农(副)产品进出口总值	**Total Value of Imports and Exports of Agricultural Products(By-products)**	**119.2**	**250.6**	**427.0**	**313.7**	**298.0**	**310.9**	**323.5**	**334.7**
出口额	Exports	69.1	127.0	157.3	153.1	162.9	170.1	174.2	178.9
进口额	Imports	50.1	123.6	269.7	160.7	135.1	140.8	149.3	155.8
六、机电产品进出口总值	**Total Value of Imports and Exports of Mechanical and Electrical Products**	**240.3**	**725.0**	**885.8**	**871.8**	**786.0**	**835.6**	**867.6**	**846.5**
出口额	Exports	135.7	450.7	561.6	576.3	524.9	572.4	602.6	603.6
进口额	Imports	104.6	274.3	324.2	295.6	261.1	263.1	265.0	242.9
七、高新技术产品进出口总值	**Total Value of Imports and Exports of High and New-tech Products**	**85.0**	**329.1**	**392.5**	**352.8**	**293.7**	**293.0**	**300.0**	**266.7**
出口额	Exports	42.5	175.8	205.9	177.1	147.8	146.2	153.6	133.3
进口额	Imports	42.6	153.3	186.6	175.8	145.9	146.9	146.3	133.4
八、外商投资企业进出口总值	**Total Value of Imports and Exports of**	**413.9**	**962.8**	**1070.4**	**926.2**	**824.6**	**841.6**	**857.7**	**749.1**
出口额	Exports	238.1	565.7	622.9	561.3	504.8	508.1	515.8	456.8
进口额	Imports	175.8	397.1	447.5	364.9	319.8	333.5	341.9	292.3
九、一般贸易进出口总值	**Total Value of Imports and Exports under General Trades**	**358.6**	**974.4**	**1712.2**	**1493.7**	**1478.7**	**1717.3**	**1972.1**	**1989.1**
出口额	Exports	231.0	497.3	837.4	904.2	865.4	942.9	1104.8	1125.7
进口额	Imports	127.5	477.0	874.8	589.5	613.3	774.4	867.4	863.4
十、加工贸易进出口总值	**Total Value of Imports and Exports under Processing Trades**	**360.9**	**756.4**	**853.3**	**744.7**	**683.5**	**699.2**	**657.3**	**573.3**
出口额	Exports	226.3	498.1	553.7	492.4	462.1	480.4	452.0	410.1
进口额	Imports	134.6	258.3	299.6	252.3	221.4	218.9	205.4	163.2
来料加工贸易进出口总值	Total Value of Imports and Exports under Processing Trades with Sent Materials	99.0	118.3	124.8	113.2	112.9	101.0	95.2	94.0
出口额	Exports	59.5	75.0	80.2	74.0	71.7	65.2	60.1	60.5
进口额	Imports	39.5	43.3	44.6	39.2	41.2	35.9	35.0	33.5
进料加工贸易进出口总值	Total Value of Imports and Exports under ProcessingTrades with Imported Materials	261.9	638.1	728.5	631.5	570.7	598.2	562.2	479.3
出口额	Exports	166.8	423.1	473.5	418.4	390.4	415.2	391.8	349.6
进口额	Imports	95.1	215.0	255.0	213.1	180.2	183.0	170.4	129.7

注:农副产品2004年以后为农产品数据，出口商品、进口商品2000年、2005年为构成比。

a)Since 2004,data of agricultural by-products is agricultural products data.Since 2011,Total value of imports of textile apparel no include the value of apparel. Exported and imported goods were constructed in 2000 and 2005.

6-4 按主要国家(地区)分海关进出口商品总值(2019年)

Total Value of Import and Export Commodities by Countries or Regions(2019)

单位:万美元 (10 000 USD)

国别(地区)	Country(Region)	进出口总值 Total Value of Imports and Exports	出口总值 Total Value of Exports	进口总值 Total Value of Imports
合　计	**Total**	**29628464**	**16143995**	**13484469**
亚　洲	**Asia**	**12750256**	**7821169**	**4929086**
东　盟	Asean	3495268	2027431	1467837
香　港	Hong kong	384132	365553	18579
日　本	Japan	2193132	1730316	462816
韩　国	Repulic of Korea	2831783	1673091	1158692
台　湾	Taiwan	516282	181880	334402
马来西亚	Malaysia	751514	294991	456523
印度尼西亚	Indonesia	540215	364768	175446
新加坡	Singapore	257428	162229	95199
印　度	India	583532	435645	147886
泰　国	Thailand	718218	310458	407759
非　洲	**Africa**	**2658257**	**1018140**	**1640116**
南　非	South Africa	182278	128399	53879
欧　洲	**Europe**	**5320106**	**3101991**	**2218115**
欧　盟	EU	3475264	2509582	965682
英　国	United Kingdom	539978	378710	161268
德　国	Germany	744622	439115	305507
法　国	France	243758	184935	58823
意大利	Italy	267355	201064	66290
荷　兰	Netherlands	439479	392216	47263
西班牙	Spain	249071	194765	54306
瑞　典	Sweden	96177	56759	39418
瑞　士	Switzerland	44653	19322	25331
俄罗斯	Russia	1487649	379712	1107937
比利时	Belgium	145133	122645	22488
拉丁美州	**Latin America**	**4062173**	**1192048**	**2870125**
阿根廷	Argentina	156217	55311	100906
巴　西	Brazil	2096718	251145	1845573
智　利	Chile	426299	104086	322214
墨西哥	Mexico	467668	408320	59348
巴拿马	Panama	32656	32482	174
北美州	**North America**	**3347081**	**2616009**	**731072**
美　国	United States	2793193	2335391	457802
加拿大	Canada	541462	280516	260946
大洋州	**Oceanic**	**1482597**	**394638**	**1087960**
澳大利亚	Australia	1281241	321409	959832
新西兰	New Zealand	164129	49373	114756

注:进口国别指原产国,出口国别指最终消费国。

a)The importing country refers to country of origin and the exporting country refers to country of final consumption.

6-5 海关进出口商品分类金额(2019年)
Imports and Exports Value by Category of Commodities(2019)

单位:万美元 (10 000 USD)

商品类别	Category	出口 Export	进口 Import
总　计	**Total**	**16143995**	**13484469**
一、活动物;动物产品	Live Animals & Animal Products	397640	601231
二、植物产品	Plant Products	623314	626317
三、动植物油脂、蜡及分解产品;食用油	Animal and Vegetable Oils; Fats and Wax; Edible Oils and Fats	8793	36877
四、食品饮料酒醋;烟草及代用品	Food; Beverages; Liquor and Vinegar; Tobacco and Tobacco Substitutes	707052	119527
五、矿产品	Minerals	176900	7109843
六、化学工业及其相关工业产品	Chemicals and Related Products	1532610	353319
七、塑料及其制品;橡胶及其制品	Plastics and Related Products; Rubber and Related Products	1553567	756039
八、皮及皮制品;旅行用品;动物肠线	Leather and Leather Products; Travel Articles; Animal Casing	152963	38542
九、木及软木制品、编结材料制品	Wood and Wooden Products; Plaited Products	331060	246398
十、木浆及纤维状纤维素浆;废纸纸板及制品	Paper Pulp and Cellulose Pulp; Paper and Waste Paper; Paperboard and Related Products	179029	405374
十一、纺织原料及纺织制品	Textile Materials and Products	2140418	285640
十二、鞋帽伞杖鞭及零件;羽毛人发制品	Footwear; Headgear; Umbrellas; Canes; Whips;Feather and Wigs and Related Products	319230	23975
十三、石料膏泥棉云母及制品;陶瓷玻璃	Gypsum; Cement; Asbestos; Mica; Ceramic Glass	439547	26115
十四、珍珠宝石贵金属及制品;仿首饰	Pearls and Precious Stones;Precious Metal and Related Products;Artificial Jewelry	51677	12220
十五、贱金属及制品	Base Metals and Related Products	1699830	441580
十六、机械、电气设备、电视机及音响设备	Machinery; Electric Equipment;TV Sets and Audio	3346020	1866951
十七、车辆,航空器,船舶及运输设备	Locomotives; Vehicles; Aircraft; Ship and Related Transportation Equipment	1241221	127749
十八、照相计量医疗精密仪器及设备,零附件	Photographic,Measuring and Mwdical Instruments and Equipment;Related Parts and Accessories	151853	329029
十九、武器弹药及其零件、附件	Weapons and Ammunition; Related Parts and Accessories	1450	
二十、杂项制品	Miscellaneous Products	1072684	27765
二十一、艺术品,收藏品及古物	Works of Art, Collectibles and Antiques	645	182
二十二、特殊交易品及未分类商品	Special Transactions Goods and Products Not Otherwise Classified	16492	49797

6-6 各市进口总值

Import Valuc by Rcgion

单位:万美元 (10 000 USD)

地 区	Region	2005	2010	2011	2012	2013	2014	2015	2016	2017	2018	2019
全省总计	**Total**	**3063763**	**8470390**	**11020382**	**11681316**	**13264856**	**13237004**	**9768798**	**9704906**	**11595464**	**13225113**	**13484469**
济南市	Jinan	198370	338077	435313	341237	408513	443894	391559	350402	379949	463640	695984
青岛市	Qingdao	1360157	2316976	3173616	3241127	3595284	3411137	2487228	2311566	2953121	3250313	3649250
淄博市	Zibo	111835	267156	371128	421339	375846	334093	184217	267096	451785	807562	672788
枣庄市	Zaozhuang	5843	16510	22341	19205	30477	28668	19188	13080	17748	10649	10544
东营市	Dongying	62810	524370	585887	731888	734502	716119	794434	1051990	1443459	1905102	1866571
烟台市	Yantai	499666	1830134	1865388	1944322	1983808	2334823	2134194	1907065	1974377	1942911	1702423
潍坊市	Weifang	98977	305563	372440	400365	455585	545743	593745	647520	752393	890728	952781
济宁市	Jining	70406	216172	267509	191947	189611	196240	200202	205097	255957	311351	256535
泰安市	Tai'an	19984	66296	63595	93837	111785	124246	53469	39068	51570	50248	54662
威海市	Weihai	281329	498919	618131	646678	644731	521511	431693	609922	809153	724569	698916
日照市	Rizhao	122377	1116594	1693053	2141712	2916013	2998036	1105077	819816	824426	743880	937008
莱芜市	Laiwu	39251	168635	245070	139196	175308	129828	91300	72516	54134	59062	
临沂市	Linyi	52039	194120	320861	398994	477219	509646	268604	270149	257005	215443	224314
德州市	Dezhou	18292	61408	93557	85025	151165	128026	96771	92607	95686	157768	205904
聊城市	Liaocheng	17787	234233	377913	374313	418645	336790	253633	268550	329540	368833	292517
滨州市	Binzhou	100308	253989	384626	344896	474668	341746	450673	494963	592241	778990	814833
菏泽市	Heze	4334	61237	129954	165234	121695	136457	212811	283487	352919	544064	449439

注：根据行政区划调整，2019年起，莱芜市并入济南市，以下表同。
a)According to administrative division adjustment,Laiwu City merged into Jinan City from 2019.The same applies to tables following.

6-7 各市出口总值

Export Value by Region

单位:万美元 (10 000 USD)

地 区	Region	2005	2010	2011	2012	2013	2014	2015	2016	2017	2018	2019
全省总计	**Total**	**4625113**	**10424695**	**12578809**	**12873171**	**13450998**	**14474545**	**14406069**	**13715826**	**14710207**	**16013984**	**16143995**
济南市	Jinan	177843	405065	604702	571423	548093	606119	599604	734449	750622	855195	934788
青岛市	Qingdao	1942323	3388997	4058082	4079090	4195962	4577696	4532685	4246549	4459296	4795545	4943258
淄博市	Zibo	201683	403077	532422	531938	524998	559843	578724	523697	549162	632460	605733
枣庄市	Zaozhuang	31357	74567	84410	93923	94656	115373	140271	121770	130190	149161	200853
东营市	Dongying	85448	275753	435919	498199	580290	609488	496787	455879	492935	558417	497315
烟台市	Yantai	648308	2547962	2669482	2835914	2947468	2940357	2804476	2484594	2566322	2675220	2510602
潍坊市	Weifang	295085	869581	1036386	1096820	1160420	1232904	1298380	1234913	1396149	1570247	1637051
济宁市	Jining	116360	229866	307012	319613	333417	326913	343461	336635	348655	331002	410928
泰安市	Tai'an	54476	92614	118548	122221	136696	173108	174881	161578	173000	188253	191794
威海市	Weihai	473400	891721	1074178	1065926	1070238	1137218	1262087	1167064	1258820	1382187	1336251
日照市	Rizhao	132341	221080	390635	387622	387918	478865	413386	422266	515035	615483	590263
莱芜市	Laiwu	66029	103202	114131	73382	75095	92056	98413	97606	103086	108868	
临沂市	Linyi	127688	282591	362193	389726	463548	569408	605650	592273	727522	806213	982973
德州市	Dezhou	55209	133596	174642	186760	202646	222717	220674	224347	264983	284894	295105
聊城市	Liaocheng	46001	128938	187526	184919	200303	238553	253684	292520	345107	369527	300099
滨州市	Binzhou	124096	254980	284489	282876	354250	378169	363203	376194	398407	461493	452084
菏泽市	Heze	47465	121105	144051	152819	175000	215759	219703	243491	230915	229820	254895

6-8 各市外商投资企业进口总值

Import Value of Foreign- funded Enterprises by Region

单位:万美元 (10 000 USD)

地　区	Region	2005	2010	2011	2012	2013	2014	2015	2016	2017	2018	2019
济南市	Jinan	64166	98172	94825	85119	137608	121857	59933	71494	78449	87785	79017
青岛市	Qingdao	765464	946037	1083821	941800	935831	963393	839443	737077	817862	937447	947372
淄博市	Zibo	55656	73952	101691	88517	72702	73356	54431	50150	52439	51745	52905
枣庄市	Zaozhuang	4407	9145	10917	6859	6137	7045	7476	6962	6447	1924	2964
东营市	Dongying	5119	225175	206647	259554	199707	194742	156487	193733	228643	156866	90661
烟台市	Yantai	426616	1523651	1415388	1408391	1318853	1600465	1481398	1220765	1215986	1082135	718017
潍坊市	Weifang	56398	119937	172322	139381	153361	157793	135743	138059	116589	128191	101739
济宁市	Jining	63631	182080	194136	134841	138489	136729	124541	90107	104127	121811	92426
泰安市	Tai'an	2921	3546	5365	4938	4583	3722	8807	5891	5378	4383	8082
威海市	Weihai	213080	356285	367974	353942	332885	310320	270964	245756	255345	248512	248222
日照市	Rizhao	43823	200410	430882	462024	560543	582506	309894	280355	235303	275238	223917
莱芜市	Laiwu	1224	4746	2946	703	4158	4086	5872	6743	6945	6309	
临沂市	Linyi	15493	81620	123438	141203	195419	178341	53095	28245	31840	25895	32560
德州市	Dezhou	7078	8884	11925	11957	14373	12673	9985	24016	32370	41173	46482
聊城市	Liaocheng	7034	41743	63460	43793	54378	44011	29577	21758	46088	31927	39541
滨州市	Binzhou	24800	83601	66914	42249	129309	73674	89302	67496	89019	205538	222045
菏泽市	Heze	1497	17199	18666	22938	20673	10837	12258	9354	12206	12273	14775

6-9 各市外商投资企业出口总值

Export Value of Foreign-funded Enterprises by Region

单位:万美元 (10 000 USD)

地　区	Region	2005	2010	2011	2012	2013	2014	2015	2016	2017	2018	2019
济南市	Jinan	41785	131488	168105	152160	160182	169035	175359	159112	202975	218474	248186
青岛市	Qingdao	1072594	1676534	1930536	1764622	1660659	1727138	1623387	1414566	1463348	1532797	1351204
淄博市	Zibo	105493	212442	266416	261842	248033	245167	218869	199297	209282	228176	206778
枣庄市	Zaozhuang	6885	22546	30939	30954	29827	39001	37026	29547	28975	29809	30150
东营市	Dongying	7118	62815	63541	60123	46084	51501	28559	22994	24500	25899	28463
烟台市	Yantai	461920	2170903	2171242	2077348	1967676	2166016	1938415	1793586	1741082	1713560	1366005
潍坊市	Weifang	132678	301865	388930	381763	392609	420019	381747	378298	357239	364546	328763
济宁市	Jining	51804	81702	121998	125593	125724	126494	112577	82944	79997	81521	73227
泰安市	Tai'an	14106	22570	25976	23355	22901	23294	20907	23017	20971	16956	15921
威海市	Weihai	313405	566264	623334	607243	570564	571512	523011	454534	475067	462686	453624
日照市	Rizhao	57602	108232	237396	235944	243267	321319	237924	176171	135927	154932	177644
莱芜市	Laiwu	7370	15125	14208	8037	9245	12908	12661	11381	9091	7824	
临沂市	Linyi	51720	123593	154818	157795	172855	175650	141064	133516	132507	124813	104141
德州市	Dezhou	14710	38784	46408	49103	54410	49228	41164	46288	56796	64002	76540
聊城市	Liaocheng	17416	27318	31230	21974	18049	18274	20572	21007	28798	30939	27631
滨州市	Binzhou	12927	61757	59168	51299	51793	49035	40845	41792	41611	45778	34979
菏泽市	Heze	11242	32385	38242	39775	49986	63063	58844	60196	73012	54866	44569

6-10 1979-2019年利用外资情况

Statistics on Utilization of Foreign Capitals from 1979 to 2019

单位:万美元 (10 000 USD)

年份 Year	新设企业数(个) Number of Newly Established Companies	#外商直接投资 Foreign Direct Investments	合同外资金额 Total Amount of Contracted Foreign Capital	#外商直接投资 Foreign Direct Investments	实际使用外资金额 Total Amount of Foreign Capital Actually Utilized	#外商直接投资 Foreign Direct Investments
1979	49		1278		1276	
1980	46		1254		1245	
1981	40	1	1296	10	1296	10
1982	60		1348		1327	
1983	51		2010		1831	
1984	100	16	15283	10470	1642	40
1985	232	32	10994	4925	6375	559
1986	109	37	13377	5927	11743	1939
1987	151	53	30520	3890	10219	2381
1988	458	203	59553	26020	14231	3908
1989	485	240	55272	17855	31498	13132
1990	674	366	55164	23283	31123	15084
1991	1187	801	102358	65481	46789	17950
1992	4651	4109	471994	391961	137684	97335
1993	8012	7229	754863	705116	226068	184319
1994	4747	3650	624570	526217	340137	253566
1995	5035	2709	532980	462521	326698	260719
1996	2223	2175	633894	539797	339426	259041
1997	1681	1597	454145	328037	358447	250044
1998	1434	1366	367072	221866	361036	222262
1999	1745	1717	421333	311087	374464	246878
2000	2733	2728	561066	507435	381243	297119
2001	3058	3047	715880	672040	424886	362093
2002	4072	4065	1186072	1130680	652124	558603
2003	5305	5305	1989296	1341413	1125985	709371
2004	5890	5890	2144647	2028958	982105	870064
2005	6415	6415	2884398	2749510	1101441	897072
2006	4030	4030	1645089	1624175	1020966	1000069
2007		2717		1173880		1101159
2008		1527		1014959		820246
2009		1468		871045		801007
2010		1632		1363381		916833
2011		1433		1579081		1116022
2012		1333		1655717		1235267
2013		1405		1770879		1405315
2014		1352		1595327		1519511
2015		1509		2004467		1630090
2016		1477		2115351		1682556
2017		1479		2740567		1785731
2018		2156		2850735		2051636
2019		2517				1468933

注:2003年实际利用外资金额是全口径数据包括对外借款,合同外资个数和合同外资金额不包括对外借款部分。2004年起实行新的外商投资统计制度取消对外借款部分,外商直接投资数据为商务部反馈数。2008年实际使用外资采用全口径统计方式。2019年起，实际使用外资采用商务部通报口径，不包含股东贷款、投资性公司投资，合同外资不再统计。

a)In 2003,data of total amount of foreign capital actually utilized are including foreign loads.And Data of projects for contracted foreign capital and total amountof contracted foreign capital are excluding foreign loads.Since 2004,foreign loads is canceled according to the new statistical lations on foreign investments.Data of foreign direct investments come from the Ministry of Commerce.In 2008 the foreign capital actually utilized is received foreign capital.From 2019,Actual use of foreign capital uses Bulletin of the Ministry of Commerce，does not contain shareholder loan,the changed to the actual investment of investment company,and contract foreign investment is no longer counted.

6-11 按主要国家(地区)分外商直接投资
Foreign Direct Investment by Countries or Regions

单位:万美元 (10 000 USD)

国家(地区)	Country(Region)	新设企业数(个) Number of Newly Established Companies (unit)		实际使用外商投资金额 Total Amount of Foreign Capital Actually Utilized	
		2018	2019	2018	2019
总计	**Total**	**2156**	**2517**	**2051636**	**1468933**
韩国	Republic of Korea	595	589	229355	37189
香港地区	Hong Kong	694	911	1207714	1100347
美国	United States	145	123	65476	22171
日本	Japan	86	83	51487	14586
台湾省	Taiwan	130	187	29228	10452
英属维尔京群岛	Virgin Islands	12	14	67788	59976
新加坡	Singapore	55	70	66108	74767
英国	United Kingkom	27	50	26243	13801
加拿大	Canada	37	46	12264	7963
澳大利亚	Australia	33	41	14912	7795
法国	France	17	13	7275	1722
德国	Germany	43	41	42461	42704
毛里求斯	Mauritius			4613	250
马来西亚	Malaysia	18	16	51615	176
萨摩亚	Samoa	7	10	6997	14131
意大利	Italy	12	8	3909	630
荷兰	Netherlands	13	16	5639	21843
开曼群岛	Cayman Islands	6	5	12782	1812
泰国	Thailand	7	7	16	2392
澳门	Macao	2	6	1350	6916
瑞士	Switzerlan	6	2	5997	8117
巴拿马	Panama				
百慕大	Bermuda	4		3629	2756
俄罗斯	Russia	17	33	4606	353
菲律宾	Philippines	5	4	3501	
丹麦	Denmark	3	4	4238	756
印度尼西亚	Indonesia	5	4	1688	71
奥地利	Austria	4	6		3482
西班牙	Spain	10	8	3143	140
新西兰	New Zealand	9	10		286
卢森堡	Luxembourg	1	1	2472	872
瑞典	Sweden	5	7	737	32
比利时	Belgium	1	2	129	38
欧洲联盟	The European Union	142	171	101981	86806
东南亚联盟	Southeast Asian Union	95	106	127482	77421

6-12 按行业分外商直接投资(2019年)
Foreign Direct Investment by Sector(2019)

行业	Sector	新设企业数(个) Number of Newly Established Companies(unit) 本年新增 Newly Added in the Year	比上年增长(%) Growth Rate (%)	2019年止累计 Accumulative number end to 2019
总计	**Total**	**2517**	**16.7**	**76759**
第一产业	**Primary Industry**	**53**	**29.3**	**2473**
第二产业	**Secondary Industry**	**602**	**-10.7**	**55430**
采矿业	Mining	4	300.0	236
制造业	Manufacturing	527	-13.5	53246
电力、热力、燃气及水的生产和供应业	Production and Supply of Electric, Heat, Gas and Water	51	37.8	627
建筑业	Construction	22	-21.4	1323
第三产业	**Tertiary Industry**	**1862**	**29.2**	**18856**
交通运输、仓储和邮政业	Transport, Storage and Post	45	15.4	898
信息传输、计算机服务和软件业	Information Transmission, Computer Services and Software	136	37.4	710
批发和零售业	Wholesale and Retail Trade	693	15.3	6623
住宿和餐饮业	Hotels and Catering Services	57	26.7	1636
金融业	Financial Intermediation	172	4.2	623
房地产业	Real Estate	160	83.9	2623
租赁和商务服务业	Leasing and Business Services	243	56.8	3016
居民服务和其他服务业	Services to Households and Other Services	22	4.8	290
科学研究和技术服务业	Scientific Research, Technical Service and Geologic Prospecting	227	38.4	1246
水利、环境和公共设施管理业	Management of Water Conservancy, Environment and Public Facilities	23	64.3	174
教育	Education	17	6.3	149
文化、体育和娱乐业	Culture, Sports and Entertainment	30	66.7	720
卫生和社会工作	Health, Social Work	17	142.9	126
公共管理、社会保障和社会组织	Public Management,Social Security and Social Organizations	1		3

6-12 续表 continued

行业	Sector	实际使用外资金额 Total Amount of Foreign Capital Actually Utilized		
		本年(万美元) This Year (10000 USD)	比上年增长(%) Growth Rate (%)	2019年止累计(亿美元) Accumulative number end to 2019 (100 million USD)
总计	**Total**	**1468933**	**18.6**	**2405.9**
第一产业	**Primary Industry**	**11205**	**-21.8**	**65.6**
第二产业	**Secondary Industry**	**471283**	**-6.3**	**1566.1**
采矿业	Mining	43240	720566.7	18.5
制造业	Manufacturing	340975	-26.6	1432.4
电力、热力、燃气及水的生产和供应业	Production and Supply of Electric, Heat, Gas and Water	73087	217.3	89.7
建筑业	Construction	13983	-9.0	25.2
第三产业	**Tertiary Industry**	**986445**	**36.7**	**774.2**
交通运输、仓储和邮政业	Transport, Storage and Post	75306	276.3	74.3
信息传输、计算机服务和软件业	Information Transmission, Computer Services and Software	41693	31.9	23.8
批发和零售业	Wholesale and Retail Trade	91899	-22.4	115.8
住宿和餐饮业	Hotels and Catering Services	18276	1412.9	18.5
金融业	Financial Intermediation	50325	112.9	70.9
房地产业	Real Estate	465882	16.2	298.1
租赁和商务服务业	Leasing and Business Services	133054	162.3	70.7
居民服务和其他服务业	Services to Households and Other Services	1732	-59.3	5.8
科学研究和技术服务业	Scientific Research, Technical Service and Geologic Prospecting	68176	32.1	69.9
水利、环境和公共设施管理业	Management of Water Conservancy, Environment and Public Facilities	8382	51.7	9.2
教育	Education	769	136.6	2.0
文化、体育和娱乐业	Culture, Sports and Entertainment	22932	286.3	12.8
卫生和社会工作	Health, Social Work	1116	-77.2	1.6
公共管理、社会保障和社会组织	Public Management,Social Security and Social Organizations	66	450.0	0.0

6-13 按方式分外商直接投资

Basic Statistics on Foreign Direct Investments by Form

单位:万美元 (10 000 USD)

类 别	Category	新设企业数(个) Number of Newly Established Companies(unit)					实际使用外资金额 Total Amount of Foreign Capital Actually Utilized				
		2015	2016	2017	2018	2019	2015	2016	2017	2018	2019
外商直接投资	**Foreign Direct Investments**	**1509**	**1477**	**1479**	**2156**	**2517**	**1630090**	**1682556**	**1785731**	**2051636**	**1468933**
合资经营企业	Sino-foreign Joint-ventures enterprises	418	401	500	771	1021	397010	462093	523682	495124	551829
合作经营企业	Sino-foreign Cooperative Operation enterprises	7	9	11	12	6	27998	3723	22112	29364	1364
外资企业	Foreign Investment Enterprises	1077	1061	960	1366	1472	1172994	1186272	1189814	1493011	770140
外商投资股份制企业	Foreign Investment Share Enterprises	7	6	8	7	10	32089	30468	50123	34137	143156
合作开发	Cooperative Development										2000
其他	Others					8					444

6-14 各市外商直接投资

Foreign Direct Investment by Region

单位:万美元 (10 000 USD)

地 区	Region	新设企业数(个) Number of Newly Established Companies (unit)		实际使用外资 Amount of Foreign Capital Actually Utilized	
		2018	2019	2018	2019
全省总计	**Total**	**2156**	**2517**	**2051636**	**1468933**
济南市	Jinan	239	228	272849	224249
青岛市	Qingdao	956	954	869253	584193
淄博市	Zibo	53	91	88771	22553
枣庄市	Zaozhuang	30	59	10499	14482
东营市	Dongying	13	35	15773	24385
烟台市	Yantai	282	346	262312	194054
潍坊市	Weifang	60	120	134235	69940
济宁市	Jining	52	65	74477	45156
泰安市	Tai'an	72	50	69286	45908
威海市	Weihai	235	273	142115	122247
日照市	Rizhao	23	42	21484	18692
莱芜市	Laiwu	6		1028	
临沂市	Linyi	56	127	22708	38730
德州市	Dezhou	29	36	20774	16001
聊城市	Liaocheng	20	35	7622	7253
滨州市	Binzhou	14	21	20344	21720
菏泽市	Heze	16	35	18106	19370

6-15 境外投资情况
Overseas Investment

类　别	Category	境外投资项目(个) Overseas Investment Projects (unit)		备案核准中方投资总额(万美元) Approved and Registered Total Amount of Chinese Investment (10 000 USD)	
		2019	2019年止累计 Accumulative number end to 2019	2019	2019年止累计 Accumulative number end to 2019
总　计	**Total**	**422**	**6498**	**797534**	**9658248**
贸易性企业	Trade Enterprises	166	2655	132247	1271242
非贸易性企业	Non-trade Enterprises	187	3114	665287	8387007
资源开发企业	Resource Development	5	462	29999	1610191

6-16 各市境外投资情况
Overseas Investment by Region

单位:万美元　　(10 000 USD)

地　区	Region	企业数(个) Number of Enterprises(unit)		备案核准投资额 Approved and Registered Amount of Investment		对外实际投资额 Actual amount of Overseas Investment	
		2018	2019	2018	2019	2018	2019
全省总计	**Total**	**387**	**422**	**1279010**	**797534**	**702723**	**613331**
济 南 市	Jinan	63	95	35727	127917	102434	110798
青 岛 市	Qingdao	112	98	280812	150376	259742	154487
淄 博 市	Zibo	25	28	65739	53334	45968	33924
枣 庄 市	Zaozhuang	2		200		47	180
东 营 市	Dongying	14	11	5224	19613	5628	4913
烟 台 市	Yantai	24	29	60670	254612	108564	108878
潍 坊 市	Weifang	32	36	84276	60620	51727	29798
济 宁 市	Jining	21	16	414443	14437	40041	75417
泰 安 市	Tai'an	4	10	950	19111	1964	7265
威 海 市	Weihai	32	49	52378	53966	41815	30437
日 照 市	Rizhao	11	4	110675	298	6668	4111
临 沂 市	Linyi	18	19	11076	8313	3541	4430
德 州 市	Dezhou	10	14	8925	6302	5777	10091
聊 城 市	Liaocheng	9	5	12768	4811	2557	6908
滨 州 市	Binzhou	5	5	14828	30156	14935	27435
菏 泽 市	Heze	4	3	120310	-6330	11123	4260

6-17 按主要国别(地区)分境外投资情况

Overseas Investment by Countries or Regions

单位:万美元 (10 000 USD)

国别(地区)	Country(Region)	项目数(个) Number of Projects(unit)		备案核准中方投资额 Approved and Registered Amount of Chinese Investment	
		2018	2019	2018	2019
总计	**Total**	**387**	**422**	**1279010**	**797534**
亚洲小计	**Subtotal of Asia**	**195**	**256**	**313074**	**361191**
阿富汗	Afghanistan				
阿联酋	UAE	5	7	10288	12058
澳门	Macao		1		
巴基斯坦	Pakistan	4	2	980	111
巴林	Bahrain				
朝鲜	Korea DPR				
东帝汶	East Timor				
菲律宾	Philippine	2	5	1545	52
哈萨克斯坦	Kazakhstan	5	3	14076	15
韩国	Republic of Korea	23	29	9362	8730
吉尔吉斯斯坦	Kyrgyzstan	1	1	1000	6000
柬埔寨	Cambodia	6	7	4695	6209
卡塔尔	Qatar				
科威特	Kuwait				
老挝	Laos	2	3	79104	4500
马来西亚	Malaysia	4	13	-7058	4344
蒙古	Mongolia	4		5218	3386
孟加拉	Bangladesh	6	8	1392	61926
缅甸	Myanmar	6	10	8744	3044
日本	Japan	12	23	-5722	7057
沙特阿拉伯	Saudi Arabia	2	1	800	
斯里兰卡	Sri Lanka	1	1	4	
塔吉克斯坦	Tajikistan				
中国台湾	Taiwan,China	2	3	147	19
泰国	Thailand	8	16	3463	54600
土库曼斯坦	Turkmenistan				
乌兹别克斯坦	Uzbekistan	14	5	3237	-84
香港	Hong Kong	50	51	130788	44057
新加坡	Singapore	9	10	24686	24050
叙利亚	Syria				
也门	Yemen				
伊朗	Iran				
以色列	Israel	1		1380	
印度	India	5	16	990	42673
印度尼西亚	Indonesia	6	15	11349	13013
约旦	Jordan				
越南	Vietnam	17	18	12607	60253
伊拉克	Iraq				
马尔代夫	Maldives				
阿曼	Oman		2		306
格鲁吉亚	Georgia				
尼泊尔	Nepal		2		300
土耳其	Turkey		3		4273
非洲小计	**Subtotal of Africa**	**51**	**49**	**20636**	**35545**
阿尔及利亚	Algeria				
埃及	Egypt		1		
埃塞俄比亚	Ethiopia	3	4	-3420	860
安哥拉	Angola	3	3	2002	600
贝宁	Benin				
博茨瓦纳	Botswana				

6-17 续表 1 continued

单位:万美元 (10 000 USD)

国别(地区)	Country(Region)	项目数(个) Number of Projects(unit)		备案核准中方投资额 Approved and Registered Amount of Chinese Investment	
		2018	2019	2018	2019
赤道几内亚	Eq.Guinea	1			
多哥	Togo				
厄立特里亚	Eritrea				
佛得角	Cape Verde				
冈比亚	Gambia				3
刚果(布)	Congo Rep		2		
刚果(金)	Congo DR	1		5474	
几内亚	Guinea	2	1	401	332
几内亚(比绍)	Guinea-Bissau		4		200
加纳	Ghana	2	1	120	250
加蓬	Gabon		6		300
津巴布韦	Zimbabwe	1	1	80	500
喀麦隆	Cameroon	1	1	300	
科特迪瓦	Cote D'Ivoire	3	1	1670	
肯尼亚	Kenya	5	1	210	7411
莱索托	Lesotho		5		
利比里亚	Liberia		1		
利比亚	Libya				
马里	Mali	1			34
马达加斯加	Madagascar		1		500
毛里求斯	Mauritius		1	-9320	17859
毛里塔尼亚	Mauritania	3		1700	450
摩洛哥	Morocco		1		
马拉维	Mavila	1		31	
莫桑比克	Mozambique	2		5080	
纳米比亚	Namibia	1		100	
南非	South Africa	3		3130	
南苏丹	South Sudan				520
尼日利亚	Nigeria	7	2	414	
塞内加尔	Senegal	3		1170	202
塞拉利昂	Sierra Leone	2	2	3310	
塞浦路斯	Cyprus				
塞舌尔	Seychelles				
苏丹	Sudan	1			
坦桑尼亚	Tanzania	3	4	2146	2525
突尼斯	Tunisia				
乌干达	Uganda	1	3	3538	129
赞比亚	Zambia		2		350
中非	Central Africa				
乍得	Chad				
吉布提	Djibouti	1		2500	2500
欧洲小计	**Subtotal of Europe**	**49**	**49**	**471488**	**191172**
阿塞拜疆	Azerbaijan	1			
白俄罗斯	Belorussia				
保加利亚	Bulgaria				
比利时	Belgium			95	
波黑	Bosnia and Heraegovinian	1	1	29222	223
波兰	Poland	1	3	150	1170
德国	Germany	12	20	46467	39425
丹麦	Denmark	1		3000	2941
俄罗斯	Russia	10	2	6043	1065
法国	France	2	1	2117	7784
芬兰	Finland				
荷兰	Netherlands	5	3	247374	8649
捷克	Czech	2		137	

6-17 续表 2 continued

单位:万美元 (10 000 USD)

国别(地区)	Country(Region)	项目数(个) Number of Projects(unit)		备案核准中方投资额 Approved and Registered Amount of Chinese Investment	
		2018	2019	2018	2019
拉托维亚	Latvia				
立陶宛	Lithuania				
卢森堡	Luxembourg				
罗马尼亚	Romania		1	1393	1100
挪威	Norway				
葡萄牙	Portugal	1		351	
瑞典	Sweden	1		1652	
瑞士	Switzerland	1	2	28329	21933
斯洛伐克	Slovakia				
塞浦路斯	Cyprus				
乌克兰	Ukraine	2	1	833	200
西班牙	Spain		1	222	3343
希腊	Greece				
匈牙利	Hungary		1		437
亚美尼亚	Armenia		1		1
意大利	Italy	2	2	61379	2651
英国	United Kingdom	6	6	8840	3692
塞尔维亚	Serbia		5		96559
爱尔兰	Ireland				
斯洛文尼亚	Slovenia	1		33883	
拉丁美洲小计	**Subtotal of Latin America**	**14**	**14**	**96590**	**35371**
阿根廷	Argentina	1	1	23	832
安提瓜和巴布达	Antigua and Barbuda				
巴巴多斯	Barbados				
巴拉圭	Paraguay				
巴拿马	Panama			80705	
巴西	Brazil	2	3	2498	428
玻利维亚	Bolivia	1		3	
多米尼加	Dominican Rep.				
厄瓜多尔	Ecuador				
圭亚那	Guyana				
哥伦比亚	Colombia	2	2	20	100
哥斯达黎加	Costa Rica				
古巴	Cuba	3			
秘鲁	Peru		2		600
开曼群岛	Cayman Islands				8040
苏里南	Surinam				
圣卢西亚	Saint Lucia				
特立尼达和多巴哥	Trinidad and Tobago				
危地马拉	Guatemala				
委内瑞拉	Venezuela		1		10
乌拉圭	Uruguay		1		21000
英属安圭拉	Anguilla				
英属维尔京群岛	British Virgin Islands	2	3	12750	110
智利	Chile				
牙买加	Jamaica				
墨西哥	Mexico	3	1	591	4251
北美小计	**Subtotal of North America**	**61**	**46**	**257588**	**158598**
百慕大群岛	Bermuda	1	1	38795	19789
加拿大	Canada	7	6	64113	621
美国	United States	53	39	154679	138189
大洋洲小计	**Subtotal of Oceanic**	**17**	**8**	**119636**	**15658**
澳大利亚	Australia	13	6	19852	7916
巴布亚新几内亚	Papua New Guinea				
斐济	Fiji	1		8743	
新西兰	New Zealand	3	2	91041	7742
所罗门	Solomon				
汤加	Tonga				
萨摩亚	Samoa				

6-18 1982-2019年对外承包工程和劳务合作情况

Statistics on Contracted Projects and Labor Services Cooperation with Foreign Countries 1982 to 2019

年 份 Year	合同个数 (个) Number of Contracts (unit)	合同金额 (万美元) Contracted Value (10 000 USD)	营业额 (万美元) Turnover (10 000 USD)	年末在外人数 (人) Number of Persons outside the Country at Year-end (person)	派出人数 (人) Number of Persons Sent out(person)
1982	1	421	421		
1983	1	1286	40	408	
1984	1	451	664	783	
1985	4	645	852	1147	
1986	26	1099	876	1597	
1987	33	802	999	1239	
1988	34	502	987	865	
1989	69	1389	1000	1179	
1990	91	3377	1712	1462	
1991	123	5952	3017	2326	
1992	192	8747	3882	3571	
1993	299	20250	6959	7254	
1994	411	31882	12222	10288	
1995	672	38604	18274	16217	
1996	880	52005	28933	23355	
1997	966	57654	36315	26626	
1998	1296	73703	46508	29121	
1999	1116	67729	63615	30979	
2000	1250	61601	45229	35028	
2001	1580	104622	55913	36489	
2002	1380	134098	83133	43554	
2003	1322	124243	99213	52077	
2004	1879	146590	151568	62705	
2005	2171	164091	174518	71610	37797
2006	2513	392134	232293	83974	41369
2007	2642	540344	301928	93797	45212
2008	2880	754137	358867	90623	45269
2009	2397	932312	509083	96421	46296
2010	3075	1092504	602415	102149	47300
2011		948287	819857	108662	48836
2012		988209	898864	103736	51425
2013		1078349	940828	98988	52591
2014		1237694	1021544	115328	59941
2015		1344383	1120799	116100	60764
2016		1355479	1195427	119655	68673
2017		1393003	1278651	130384	71570
2018		1548846	1314181	125224	57878
2019		1364140	1256300	133849	62734

注：2011年起，商务部不再对外公布对外劳务合作合同数(下表同)。

a)The Commerce Department had no longer published data refer to Contracts of Labor Cooperation since 2011.The same applies to tables following.

6-19 对外承包工程和劳务合作情况

Statistics on Contracted Projects and Labour Cooperation with Foreign Countries or Regions

项目		Item		2014	2015	2016	2017	2018	2019
一、承包工程合同个数	**(个)**	**Number of Contracted Projects**	**(unit)**	**348**	**352**	**306**	**417**	**484**	**504**
二、合同金额	**(万美元)**	**Contracted Value**	**(10 000 USD)**	**1237694**	**1344383**	**1355479**	**1393003**	**1548846**	**1364140**
承包工程	(万美元)	Contracted Projects	(10 000 USD)	1060559	1198283	1266500	1295541	1439085	1269937
劳务合作	(万美元)	Labor Cooperation	(10 000 USD)	177135	146100	88979	97462	109761	94203
三、营业额	**(万美元)**	**Turnover**	**(10 000 USD)**	**1021544**	**1120799**	**1195427**	**1278651**	**1314181**	**1256300**
承包工程	(万美元)	Contracted Projects	(10 000 USD)	925011	1017083	1093045	1175577	1219211	1147941
劳务合作	(万美元)	Labor Cooperation	(10 000 USD)	96533	103716	102382	103074	94970	108359
四、年末在国外人数	**(人)**	**Number of Persons outside the Country at year end**	**(person)**	**115328**	**116100**	**119655**	**130384**	**125224**	**133849**
承包工程	(人)	Contracted Projects	(person)	31832	31452	30546	35470	30885	33449
劳务合作	(人)	Labor Cooperation	(person)	83496	84648	89109	94914	94339	100400
五、派出人数	**(人)**	**Number of Persons Sent out**	**(person)**	**59941**	**60764**	**68673**	**71570**	**57878**	**62734**
承包工程	(人)	Contracted Projects	(person)	19700	16826	24730	25216	21618	21192
劳务合作	(人)	Labor Cooperation	(person)	40241	43938	43943	46354	36260	41542

6-20 旅 游 业 情 况

Tourism

类别		Category		2018	2019
旅行社总数	(个)	Total Number of Travel Agencies	(unit)	2303	2630
星级饭店总数	(个)	Total Number of Star-rated Hotels	(unit)	637	637
接待入境游客	(万人次)	Number of International Tourists Arrival to China	(10 000 person-time)	513.1	521.3
外国人	(万人次)	Foreigners	(10 000 person-time)	366.1	370.9
港澳台胞	(万人次)	Hong Kong, Macao and Taiwan Compatriots	(10 000 person-time)	147.0	150.4
港澳同胞	(万人次)	Compatriots from Hong Kong and Macao	(10 000 person-time)	82.2	83.9
台湾同胞	(万人次)	Compatriots from Taiwan	(10 000 person-time)	64.8	66.6
国内旅游人数	(万人次)	Number of Domestic Tourists	(10 000 person-time)	85899.3	93288.0
旅游总收入	(亿元)	Total Tourism Consumption	(100 million yuan)	9892.4	11087.3
入境旅游收入	(亿美元)	International Tourism Earnings	(100 millionUSD)	33.6	34.1
国内旅游收入	(亿元)	Domestic Tourism Earnings	(100 million yuan)	9661.5	10851.3

6-21 1995-2019年国内旅游情况
Domestic Tourism 1995 to 2019

年 份 Year	总人次 (万人次) Domestic Tourists (10 000 person-time)	总收入 (亿元) Total income (100 million yuan)	人均花费 (元) Per Capita Expenditure (yuan)
1995	4655	157.68	338.7
1996	5151	187.43	363.9
1997	5488	213.02	388.2
1998	5844	245.83	420.7
1999	6429	285.17	443.6
2000	7007	386.49	551.6
2001	8086	462.64	572.2
2002	9573	571.53	597.0
2003	8918	542.78	608.6
2004	11749	767.65	653.4
2005	14097	974.59	691.3
2006	16775	1214.82	724.2
2007	20343	1550.76	762.3
2008	24046	1908.53	793.7
2009	28882	2331.70	807.3
2010	34990	2915.80	833.3
2011	41696	3573.70	857.1
2012	48739	4335.03	889.4
2013	54262	5014.74	924.2
2014	59577	5711.20	958.6
2015	65045	6505.11	1000.1
2016	70716	7399.61	1046.4
2017	77966	8491.46	1089.1
2018	85899	9661.50	1124.7
2019	93288	10851.33	1163.2

6-22 按主要国家分接待外国旅游人数

Number of Foreigner Tourists by Country

单位:人 (person)

国 别	Country	2005	2010	2013	2014	2015	2016	2017	2018	2019
总 计	**Total**	**1247842**	**2778699**	**3273678**	**3256968**	**3358553**	**3525019**	**3530595**	**3661207**	**3708645**
亚 洲	**Asia**	**1030169**	**2159102**	**2309149**	**2297202**	**2377625**	**2509292**	**2481664**	**2557490**	**2607694**
印 度	India	6759	23932	31113	30742	32543	32988	34063	35155	35409
印度尼西亚	Indonesia	6881	24835	33275	29985	29906	28879	31381	37032	37805
日 本	Japan	278170	566511	381054	353641	357727	375306	391238	409105	419598
马来西亚	Malaysia	22534	40230	63466	59870	62694	65075	68583	69984	89236
蒙 古	Mongolia	1155	7064	11211	12060	12356	11725	11697	12457	12563
菲律宾	Philippines	16327	42487	41097	34118	34364	36647	37430	41513	41486
新加坡	Singapore	25509	70126	94525	94270	95077	99340	102910	108786	111907
韩 国	Republic of Korea	640056	1292880	1496143	1518088	1580582	1683278	1606678	1643098	1671997
泰 国	Thailand	7281	13387	21601	21625	22422	22939	27869	32471	33208
非 洲	**Africa**	**3819**	**15843**	**60911**	**52335**	**43580**	**42524**	**49292**	**56100**	**60647**
欧 洲	**Europe**	**109671**	**331858**	**483604**	**471825**	**484332**	**488489**	**516169**	**535336**	**532784**
英 国	United Kingdom	17295	62730	86088	82902	82032	88529	89610	93672	93170
德 国	Germany	22459	63694	87993	79758	80739	85920	88434	92920	92580
法 国	France	13794	40839	71115	65805	66841	71390	72451	75637	73500
意大利	Italy	9004	24532	35071	32505	34034	34587	37851	38082	37709
荷 兰	Netherlands	3008	6376	7074	5997	6190	5483	5778	5595	5201
瑞 典	Sweden	3162	8498	10480	8792	9018	9539	10361	10150	10287
瑞 士	Switzerland	2435	8358	9908	10670	11031	11913	12696	13089	12246
俄罗斯	Russia	19484	63036	97171	98948	102785	109069	121093	131870	134413
美 洲	**America**	**73303**	**191175**	**281332**	**270534**	**281514**	**296476**	**314376**	**323872**	**318799**
加拿大	Canada	13513	39869	51458	47632	54636	53104	56149	60628	62376
美 国	United States	54510	133305	199980	193175	196761	211042	221693	219419	207074
大洋洲	**Oceanic**	**15393**	**58310**	**91492**	**94719**	**93197**	**100238**	**104235**	**112397**	**111976**
澳大利亚	Australia	10643	40738	56120	55602	57523	62747	66456	69576	68795
新西兰	New Zealand	2369	12588	16279	16947	17359	19590	21362	25167	26870
其 他	**Others**	**15487**	**22411**	**47190**	**70353**	**78305**	**88000**	**64859**	**76012**	**76386**

6-23 各市按主要国家分接待外国旅游人数(2019年)

Number of Foreigner Tourists by Country and Region(2019)

单位:人次 (person-time)

地区	Region	合计 Total	#韩国 Republic of Korea	日本 Japan	马来西亚 Malaysia	新加坡 Singapore	菲律宾 Philippines	印尼 Indonesia	泰国 Thailand	印度 India	美国 United States
全省总计	**Total**	**3708645**	**1671997**	**419598**	**89236**	**111907**	**41486**	**37805**	**33208**	**35409**	**207074**
济南市	Jinan	285071	41616	29524	16940	17506	3519	4803	5452	10246	30315
青岛市	Qingdao	1258286	516715	190025	24797	27511	11254	10416	7800	11210	88279
淄博市	Zibo	111732	26475	25197	1744	2925	2052	1232	1368	1879	9036
枣庄市	Zaozhuang	23896	4188	3118	957	1713	604	141	702	139	1739
东营市	Dongying	41051	4645	2569	1040	2985	824	955	639	599	3866
烟台市	Yantai	522730	317981	61442	4720	13501	3894	3689	5008	3345	17705
潍坊市	Weifang	174246	38613	17285	14776	3506	1477	1941	1661	2176	10281
济宁市	Jining	142023	26939	26404	3847	5502	2566	3612	1825	1125	12001
泰安市	Tai'an	170492	37837	11741	14773	26746	4483	6131	4073	1202	10194
威海市	Weihai	480462	412576	20678	690	886	816	334	359	305	2990
日照市	Rizhao	267000	187941	554	1342	4058	7166	1162	862	882	6339
临沂市	Linyi	112593	19248	19319	1021	1312	1059	876	1063	838	5231
德州市	Dezhou	15693	2924	2935	985	312	496	1128	592	624	1851
聊城市	Liaocheng	48976	29137	3831	612	1518	570	515	728	514	2403
滨州市	Binzhou	49407	4266	4238	770	1673	484	704	883	230	4354
菏泽市	Heze	4987	896	738	221	253	222	166	195	95	489

6-23 续表 continued

单位:人次 (person-time)

地区	Region	加拿大 Canada	德国 Germany	俄罗斯 Russia	英国 United Kingdom	法国 France	意大利 Italy	瑞典 Sweden	荷兰 Netherlands	澳大利亚 Australia	新西兰 New Zealand
全省总计	**Total**	**62376**	**92580**	**134413**	**93170**	**73500**	**37709**	**10287**	**5201**	**68795**	**26870**
济南市	Jinan	7887	19178	9826	13247	9201	6161	2072	228	12153	2182
青岛市	Qingdao	16638	32375	43370	31803	27625	12927	3502	1737	22201	8112
淄博市	Zibo	2009	2886	2535	2257	1717	1160	621	313	2627	846
枣庄市	Zaozhuang	520	571	2243	1340	939	142	71	5	169	92
东营市	Dongying	670	1072	2564	1510	1031	219	58	76	1129	415
烟台市	Yantai	7909	9479	8697	9859	8149	5458	939	1300	5724	2621
潍坊市	Weifang	2981	3322	3756	3913	2686	1394	377	113	3135	901
济宁市	Jining	5317	4122	2332	8752	6028	1479	358	45	5935	3479
泰安市	Tai'an	6656	3532	1240	2725	2050	1301	400	290	3630	879
威海市	Weihai	604	1526	39039	1667	860	330	229	238	819	214
日照市	Rizhao	2290	7874	11786	8869	6576	3510	438	387	3262	746
临沂市	Linyi	4277	3061	2214	4035	3648	859	571	147	3959	3368
德州市	Dezhou	189	358	569	490	292	168	36	114	410	76
聊城市	Liaocheng	642	560	462	763	745	454	249	3	401	290
滨州市	Binzhou	3631	2534	3694	1719	1814	2014	298	200	3091	2568
菏泽市	Heze	155	132	86	223	138	134	67	5	150	82

6–24 接待入境游客构成
Structure of Foreigner Tourists

单位：% (%)

指标	Indicator	2010	2011	2012	2013	2014	2015	2016	2017	2018	2019
总计	**Total**	**100.0**	**100.0**	**100.0**	**100.0**	**100.0**	**100.0**	**100.0**	**100.0**	**100.0**	**100.0**
按性别分	**by Sex**	**100.0**	**100.0**	**100.0**	**100.0**	**100.0**	**100.0**	**100.0**	**100.0**	**100.0**	**100.0**
男	Male	67.8	68.7	69.9	67.7	68.9	70.4	68.2	67.8	68.0	68.1
女	Female	32.2	31.3	30.1	32.3	31.1	29.6	31.8	32.2	32.0	31.9
按年龄分	**by Age**	**100.0**	**100.0**	**100.0**	**100.0**	**100.0**	**100.0**	**100.0**	**100.0**	**100.0**	**100.0**
14岁以下	14 and under	1.6	1.5	2.2	1.9	1.8	2.2	2.5	2.6	2.7	2.6
15～24岁	15-24	9.1	9.6	10.0	9.3	9.2	10.5	10.5	10.1	10.2	10.3
25～44岁	25-44	51.5	50.3	51.6	46.8	48.3	49.7	49.4	49.5	49.6	49.5
45～64岁	45-64	31.8	32.1	29.8	36.1	35.2	32.0	31.9	31.7	31.5	31.4
65岁以上	65 and over	6.0	6.5	6.5	5.9	5.5	5.6	5.7	6.1	6.0	6.2
按来鲁目的分	**by Purpose of Coming to Shandong**	**100.0**	**100.0**	**100.0**	**100.0**	**100.0**	**100.0**	**100.0**	**100.0**	**100.0**	**100.0**
从事经济商务活动	Business	46.3	47.7	54.4	46.5	47.7	49.8	48.3	48.5	48.7	48.6
从事文化学术交流	Cultural and Academic Exchanges	7.7	6.3	8.2	7.9	8.1	6.1	6.9	6.7	6.8	6.9
探亲访友	Visiting relatives and Friends	4.4	4.5	6.2	6.4	5.9	5.2	6.6	6.2	6.0	6.1
旅游观光	Sightseeing	39.6	39.8	26.5	31.2	35.9	35.7	35.3	35.5	35.7	35.7
其它	Others	2.1	1.8	4.6	8.1	2.4	3.2	2.9	3.1	2.8	2.7

6–25 各市接待入境游客人数
Number of Foreigner Tourists by Region

单位：万人次 (10 000 person-time)

地区	Region	2013	外国人 Foreigner	2014	外国人 Foreigner	2015	外国人 Foreigner	2016	外国人 Foreigner	2017	外国人 Foreigner	2018	外国人 Foreigner	2019	外国人 Foreigner
全省总计	**Total**	**452.7**	**327.4**	**445.7**	**325.7**	**460.8**	**335.9**	**485.5**	**352.7**	**494.4**	**353.1**	**513.1**	**366.1**	**521.3**	**370.9**
济南市	Jinan	30.7	19.4	31.4	19.4	33.3	20.5	35.2	21.7	37.5	23.3	39.8	24.7	45.7	28.5
青岛市	Qingdao	123.6	87.1	128.1	95.2	133.8	99.6	141.0	104.2	144.4	105.7	153.6	111.9	170.3	125.8
淄博市	Zibo	21.9	12.6	19.5	11.1	19.6	11.3	20.3	11.6	21.0	11.7	21.5	11.8	20.0	11.2
枣庄市	Zaozhuang	5.5	3.4	2.9	1.5	3.1	1.4	3.4	1.4	3.4	1.5	3.6	1.7	4.4	2.4
东营市	Dongying	3.1	1.2	5.6	3.6	5.8	3.7	6.0	3.8	6.2	3.8	6.4	4.0	6.5	4.1
烟台市	Yantai	52.0	41.6	54.6	42.8	57.4	45.2	61.3	48.3	63.8	50.5	63.8	50.6	65.0	52.3
潍坊市	Weifang	33.5	27.4	32.7	26.7	33.4	27.2	34.8	28.3	34.8	28.0	36.7	29.4	26.6	17.4
济宁市	Jining	35.4	21.5	30.6	17.9	32.1	18.2	34.6	19.6	32.8	17.9	33.0	18.9	28.4	14.2
泰安市	Tai'an	38.5	21.1	36.6	19.1	37.0	19.0	38.5	19.7	39.5	16.9	40.1	16.4	40.0	17.0
威海市	Weihai	44.0	41.3	44.8	41.9	46.2	43.2	48.5	45.4	49.2	45.7	50.7	47.1	51.9	48.0
日照市	Rizhao	28.1	26.6	27.0	25.6	27.0	25.6	28.3	26.8	27.6	26.0	28.2	26.5	28.3	26.7
莱芜市	Laiwu	0.7	0.6	0.7	0.5	0.7	0.6	0.8	0.5	0.8	0.4	0.8	0.5		
临沂市	Linyi	18.2	10.3	17.7	10.0	17.5	9.8	18.2	10.2	18.7	10.3	19.3	10.7	18.4	11.3
德州市	Dezhou	6.3	4.4	2.5	1.3	2.3	1.1	2.1	1.0	2.2	1.1	2.5	1.2	2.7	1.6
聊城市	Liaocheng	5.4	4.5	5.4	4.4	5.5	4.7	5.8	5.0	5.8	5.0	5.9	5.0	6.0	4.9
滨州市	Binzhou	4.4	4.2	4.4	4.2	4.7	4.5	4.9	4.7	5.1	4.9	5.6	5.3	5.2	4.9
菏泽市	Heze	1.4	0.3	1.2	0.3	1.4	0.4	1.5	0.4	1.6	0.4	1.8	0.5	1.9	0.5

注：根据行政区划调整，2019年起，莱芜市并入济南市，以下表同。

a)According to administrative division adjustment,Laiwu City merged into Jinan City from 2019.The same applies to tables following.

6-26 各市入境旅游外汇收入

Foreign Exchange Earnings by Region

单位:万美元 (10 000 USD)

地　区	Region	2000	2005	2010	2014	2015	2016	2017	2018	2019
全省总计	**Total**	**31513**	**78023**	**215506**	**271424**	**289651**	**306345**	**317405**	**336420**	**341314**
济南市	Jinan	3152	4175	11354	17058	18419	19609	20841	22285	27493
青岛市	Qingdao	14213	41493	60104	82284	91798	98055	102074	116381	156772
淄博市	Zibo	407	982	9206	9412	9565	9858	10135	10529	9117
枣庄市	Zaozhuang	39	113	824	816	720	810	823	767	630
东营市	Dongying	39	77	3128	5055	5188	5277	5489	5144	4559
烟台市	Yantai	6097	13207	37707	47242	51859	55260	58512	61273	49217
潍坊市	Weifang	657	1055	16238	21630	21976	22474	24419	25003	8570
济宁市	Jining	947	2603	17118	13508	14615	15247	15849	14821	8137
泰安市	Tai'an	1118	3740	18380	22508	23559	24328	24174	24299	16896
威海市	Weihai	4203	7086	19151	24221	25134	27207	27293	27668	30762
日照市	Rizhao	202	1908	9795	12786	11808	12363	12018	11780	13070
莱芜市	Laiwu	15	25	314	475	482	654	674	670	
临沂市	Linyi	213	648	7717	9755	9807	10111	9944	10328	9580
德州市	Dezhou	15	446	1752	563	517	536	548	416	563
聊城市	Liaocheng	153	342	1580	2539	2516	2701	2582	2793	3336
滨州市	Binzhou	14	85	898	1289	1375	1491	1659	1897	2171
菏泽市	Heze	29	38	239	284	311	363	370	366	440

6-27 入境旅游外汇收入及构成

Foreign Exchange Earnings and Its Composition

单位:万美元 (10 000 USD)

类　别	Category	2015		2016		2017		2018		2019	
		数额 Value	比重 (%) Proportion	数额 Value	比重 (%) Proportion	数额 Value	比重 (%) Proportion	数额 Value	比重 (%) Proportion	数额 Value	比重 (%) Proportion
总　计	**Total**	**289651.0**	**100.0**	**306345.1**	**100.0**	**317404.6**	**100.0**	**336419.6**	**100.0**	**341313.6**	**100.0**
长途交通	Long Distance Transportation	83506.4	28.8	88104.9	28.8	91793.4	28.9	98200.9	29.2	100414.4	29.4
#民　航	Civil Aviation	67025.2	23.1	70735.1	23.1	73542.6	23.2	78890.4	23.5	80788.9	23.7
铁　路	Railway	3273.1	1.1	3706.8	1.2	3777.1	1.2	4003.4	1.2	4198.2	1.2
汽　车	Highway	7762.6	2.7	7873.1	2.6	8443.0	2.7	8545.1	2.5	8293.9	2.4
轮　船	Waterway	5445.4	1.9	5789.9	1.9	6030.7	1.9	6762.0	2.0	7133.5	2.1
游　览	Visiting	25518.3	8.8	27142.2	8.9	28058.5	8.8	28965.7	8.6	28602.1	8.4
住　宿	Accommodation	35714.0	12.3	37190.3	12.1	39136.0	12.3	41278.7	12.3	42288.8	12.4
餐　饮	Food and Beverage	25344.5	8.8	27417.9	9.0	27772.9	8.8	29571.3	8.8	30138.0	8.8
购　物	Shopping	62593.6	21.6	67794.2	22.1	71289.0	22.5	79361.4	23.6	83314.6	24.4
娱　乐	Entertainment	19232.8	6.6	20494.5	6.7	21234.4	6.7	22371.9	6.7	22117.1	6.5
邮电通讯	Post and Communication Services	11035.7	3.8	11518.6	3.8	11870.9	3.7	12783.9	3.8	13243.0	3.9
市内交通	Local Transportation	8892.3	3.1	9466.1	3.1	9776.1	3.1	10193.5	3.0	10410.1	3.1
其他服务	Other Services	17813.5	6.2	17216.6	5.6	16473.3	5.2	13692.3	4.1	10785.5	3.2

主要统计指标解释

进出口总额 指实际进出我国国境的货物总金额。包括对外贸易实际进出口货物，来料加工装配进出口货物，国家间、联合国及国际组织无偿援助物资和赠送品，华侨、港澳台同胞和外籍华人捐赠品，租赁期满归承租人所有的租赁货物，进料加工进出口货物，边境地方贸易及边境地区小额贸易进出口货物(边民互市贸易除外)，中外合资企业、中外合作经营企业、外商独资经营企业进出口货物和公用物品，到、离岸价格在规定限额以上的进出口货样和广告品(无商业价值、无使用价值和免费提供出口的除外)，从保税仓库提取在中国境内销售的进口货物，以及其他进出口货物。该指标可以观察一个国家在对外贸易方面的总规模。我国规定出口货物按离岸价格统计，进口货物按到岸价格统计。

商品经营单位所在地进、出口额 指所在地海关注册登记的有进出口经营权的企业实际进、出口额。

商品目的地进口额和商品货源地出口额 目的地进口额指进口货物的消费、使用或最终抵运地的实际进口额；货源地出口额指出口货物的产地或原始发货地的实际出口额。

利用外资 指我国各级政府、部门、企业和其他经济组织通过对外借款、吸收外商直接投资以及用其他方式筹措的境外现汇、设备、技术等。

对外借款 指通过对外正式签订借款协议，从境外筹措的资金，包括外国政府贷款、国际金融组织贷款、外国银行商业贷款、出口信贷以及对外发行债券等。1996年及以前还包括对外发行股票。该指标是我国利用外资的重要部分。

外商直接投资 指外国企业和经济组织或个人(包括华侨、港澳台胞以及我国在境外注册的企业)按我国有关政策、法规，用现汇、实物、技术等在我国境内开办外商独资企业、与我国境内的企业或经济组织共同举办中外合资经营企业、合作经营企业或合作开发资源的投资(包括外商投资收益的再投资)，以及经政府有关部门批准的项目投资总额内企业从境外借入的资金。

外商其他投资 指除对外借款和外商直接投资以外的各种利用外资的形式。包括企业在境内外股票市场公开发行的以外币计价的股票（目前主要是在香港证券市场发行的H股和在境内证券市场发行的B股）发行价总额，国际租赁进口设备的应付款，补偿贸易中外商提供的进口设备、技术、物料的价款，加工装配贸易中外商提供的进口设备、物料的价款。

对外直接投资 指我国国内投资者以现金、实物、无形资产等方式在国外及港澳台地区设立、购买国（境）外企业，并以控制该企业的经营管理权为核心的经济活动。

对外承包工程 指各对外承包公司以招标议标承包方式承揽的下列业务：(1)承包国外工程建设项目；(2)承包我国对外经援项目；(3)承包我国驻外机构的工程建设项目；(4)承包我国境内利用外资进行建设的工程项目；(5)与外国承包公司合营或联合承包工程项目时我国公司分包部分；(6)对外承包兼营的房屋开发业务。对外承包工程的营业额是以货币表现的本期内完成的对外承包工程的工作量，包括以前年度签订的合同和本年度新签订的合同在报告期内完成的工作量。

对外劳务合作 指以收取工资的形式向业主或承包商提供技术和劳动服务的活动。我国对外承包公司在境外开办的合营企业，中国公司同时又提供劳务的，其劳务部分也纳入劳务合作统计。劳务合作营业额按报告期内向雇主提交的结算数(包括工资、加班费和奖金等)统计。

旅游总收入 是指相关方为游客支付的一切旅游费用。包括行、游、住、食、购、娱以及为亲友、家人购买纪念品、礼品等方面的支出，不包括商业目的而购买的房、地、车、船及贵重物品等资本性或交易性的投资、馈赠亲友的现金及给公共机构的捐赠。

旅游者人数

(1)入境国际旅游者人数：指来中国参观、访问、旅行、探亲、访友、休养、考察、参加会议和从事经济、科技、文化、教育、宗教等活动的外国人、华侨、港澳同胞和台湾同胞的人数。不包括外国在我国的常驻机构，如使领馆、通讯社、企业办事处的工作人员；来我国常住的外国专家、留学生以及在岸逗留不过夜人员。

(2)出境居民人数：指大陆居民因公务活动或私人事务短期出境的人数。公务活动出境居民人数包括在国际交通工具上的中国服务员工，因私出境居民人数不包括在国际交通工具上的中国服务员工。

(3)国内旅游者人数：指我国大陆居民和在我国常住1年以上的外国人、华侨、港澳台同胞离开常住地在境内其他地方的旅游设施内至少停留一夜，最长不超过6个月的人数。

国际旅游(外汇)收入 指入境旅游的外国人、华侨、港澳同胞和台湾同胞在中国大陆旅游过程中发生的一切旅游支出，其对于国家来说就是国际旅游(外汇)收入。

国际旅行社 指经营对外招徕并接待外国人、华侨、港澳同胞和台湾同胞来中国、归国或回内地旅游业务的旅行社。

国内旅行社 指负责经营招徕、组团、接待国内旅客的旅游业务，以及不对外招徕，负责经营接待国际旅行社或其它涉外部门组织的外国人、华侨、港澳同胞和台湾同胞来中国、归国或回内地的旅游业务的旅行社。

Explanatory Notes on Main Statistical Indicators

Total Imports and Exports at Customs refer to the real value of commodities imported into and exported from the boundary of China. They include the actual imports and exports through foreign trade, imported and exported goods under the processing and assembling trades and materials, supplies and gifts as aid given gratis between governments and by the United Nations and other international organizations, and contributions donated by overseas Chinese, compatriots in Hong Kong and Macao and Chinese with foreign citizenship, leasing commodities owned by tenant at the expiration of leasing period, the imported and exported commodities processed with imported materials, commodities trading in border areas (excluding mutual exchange goods), the imported and exported commodities and articles for public use of the Sino foreign joint ventures, cooperative enterprises and ventures exclusively with foreign own investment. Also included are import or export of samples and advertising goods for whose CIF or FOB value are beyond the permitted ceiling (excluding goods of no trading or use value and free commodities for export), imported goods sold in China from bonded warehouses and other imported or exported goods. The indicator of the total imports and exports at customs can be used to observe the total size of external trade in a country. In accordance with the stipulation of the Chinese government, imports are calculated at CIF, while exports are calculated at FOB.

Import and Export Value by Location of Foreign Trade Managing Units refers to actual value of imports and exports carried out by corporations which have been registered by the local customhouse and are vested with right to run import export business.

Import and Export Value of Commodities by Destination and Origin of goods in China: The former indicator refers to the value of import commodities of the places of their consumption, utilization or the places of their final destination. The latter indicator refers to the value of export commodities of the places of their origin or the places of the commodities dispatched.

Utilization of Foreign Capitals refers to remittance, equipment and technology financed from abroad, by loans, foreign direct investment and other forms undertaken by the Chinese governments at all levels, by various departments, enterprises and other economic units.

Foreign Borrowings refer to funds borrowed from abroad through formal signing of borrowing agreements with foreign institutions, including loans of foreign governments, loans of international financial institutions, commercial loans of foreign banks, export credit, and funds raised by Chinese bonds (and shares before 1996) issued abroad. It is an important part of China' s utilization of foreign capitals.

Foreign Direct Investment refers to the investments inside China by foreign enterprises and economic organizations or individuals (including overseas Chinese, compatriots from Hong Kong, Macao and Taiwan, and Chinese enterprises registered abroad), following the relevant policies and laws of China, for the establishment of ventures exclusively with foreign own investment, Sino oreign joint ventures and cooperative enterprises or for co perative exploration of resources with enterprises or economic organizations in China. It includes the re investment of the foreign entrepreneurs with the profits gained from the investment and the funds that enterprises borrow from abroad in the total investment of projects which are approved by the relevant department of the government.

Other Investment by Foreign Entrepreneurs refers to all forms of utilization of foreign capitals other than foreign borrowings and foreign direct investment. It includes the total value of stock shares in foreign currencies issued by enterprises at domestic or foreign stock exchanges (now mainly consisting of H shares issued at Hong Kong Security Market and B shares issued at domestic security markets), rent payable for the imported equipment through international leasing arrangement, cost of imported equipment, technology and materials provided by foreign counterparts in compensation trade and processing and assembly trade.

Overseas Direct Investment refers to enterprises set up or bought by domestic investors in foreign countries and in Hong Kong, Macao and Taiwan, and the economic activities centering on operation and management of those enterprises are under the control of domestic investors. The statistical scope covers various corporation type enterprises and non-corporation type enterprises receiving direct investment from domestic investment entities.

Contracted Projects with Foreign Countries refer to projects undertaken by Chinese contractors (project contracting companies) through bidding process. They include:(1) overseas civil engineering construction projects financed by foreign investors; (2) overseas projects financed by the Chinese government through its foreign aid programs; (3) construction projects of Chinese diplomatic missions, trade offices and other institutions stationed abroad; (4) construction projects in China financed by foreign investment; (5) sub-contracted projects to be taken by Chinese contractors through a joint umbrella project with foreign contractor(s); (6) housing development projects. The business income from international contracted projects is the work volume of contracted projects completed during the reference period, expressed in monetary terms, including completed work on projects signed in previous years.

Service Cooperation with Foreign Countries refers to the activities of providing technology and labour services to employers or contractors in the forms of receiving salaries and wages. Labour services providing by contractual joint ventures of Chinese international contracting corporations should be included in the statistics of service co-operation with foreign countries. The business income of labour service cooperation is the income in the form of wages and salaries, overtime pay, bonuses and other remuneration received from the employers during the reference period.

Total Income form Tourism refers to all travel expenses paid by the relevant party for the tourists. Including transportation, sighting, accommodation, food, shopping, entertainment, and the purchase of souvenirs, gifts, etc. for relatives and friends, family, etc.Not including capital or transactional investments, cash for friends and relatives, and donations to public institutions for houses, land, cars, boats and valuables purchased for commercial purposes, etc.

Number of Tourists

(1) International tourists refer to foreigners, overseas Chinese, Chinese compatriots from Hong Kong, Macao and Taiwan coming to China for sight seeing, visits, tours, family reunions, vacations, study tours, conferences and other activities of a business, scientific and technological, cultural, educational and religious nature. It does not include representatives and employees of resident institutions of foreign countries in China such as embassies, consulates, news agencies and offices of foreign companies and organizations, nor does it include long-term foreign experts or students residing in China, or persons in transition without spending a night in China.

(2) Chinese residents going abroad refer to Chinese residents going abroad for short terms for either public business or private purposes. Chinese employees working on international transport carriers are included in those going abroad for public business purpose, not in those for private purpose.

(3) Domestic tourists refer to residents of the mainland of China who stay for one night at least but no more than 6 months at tourist facilities in other places than their permanent residence within the territory of the mainland China, including foreigners, overseas Chinese and Chinese compatriots from Hong Kong, Macao and Taiwan who have resided in China for over one year.

Foreign Exchange Earnings from International Tourism refer to the total expenditures of foreigners, overseas Chinese, Chinese compatriots from Hong Kong, Macao and Taiwan during their stay in the mainland of China, which are earnings of foreign exchange from international tourism from the point of view from China.

International Travel Agencies refer to travel agencies engaged in the promotion, solicitation, organization and reception of tours to the mainland of China by foreigners, overseas Chinese, Chinese compatriots from Hong Kong, Macao and Taiwan.

Domestic Travel Agencies refer to travel agencies engaged in the promotion, solicitation, organization and reception of domestic tourists, and in the reception of foreigners, overseas Chinese, Chinese compatriots from Hong Kong, Macao and Taiwan organized by international travel agencies or other departments concerned, without their own promotion and solicitation programmes.

第
7
篇

能　　源

Energy

简 要 说 明

一、本篇资料的主要内容

本篇资料反映了全省能源生产和消费状况，主要包括能源生产、消费及品种构成，能源生产和消费弹性系数，生活用能源消费量，综合能源平衡表和主要能源品种的单项平衡表，全省各市主要发展约束性指标，以及全省各市电力消费情况。

二、本篇资料的来源

本篇数据主要来源于全省能源平衡表,以及全省节能核算表和省电力部门。由省统计局能源处编制提供。

三、关于数据口径与计算的说明

1．一次能源生产量与能源产品产量统计数字一致。

2．能源生产与消费弹性系数分别以能源生产、消费增长速度与国内生产总值增长速度相比求得。GDP 按可比价格计算。

3．能源平衡表中，进口量和出口量采用海关统计数据。

4．电力折算成标准煤时，有当量、等价两种折标系数。电力折算标准煤的当量系数为 1.229 吨标准煤/万千瓦时，等价系数按平均发电煤耗计算。

5．本篇出现的“煤碳”，包括原煤、洗精煤、其它洗煤和煤制品（即型煤），不包括焦炭。煤品包括煤碳、焦碳、焦炉煤气、高炉煤气、转炉煤气和其它焦化产品。

6．煤品占能耗总量的比重，不包括入鲁火电所占能耗总量的比重。

7．依据 2018 年第四次全国经济普查资料，对 2015 年至 2017 年能源历史数据进行了调整。

Brief Introduction

I. Main Content

Data in this chapter show the energy production and consumption of Shandong Province, including mainly energy production and consumption and their composition, the elasticity ratio of energy production and consumption, the consumption of energy for residential use, overall balance sheet of energy and balance sheets by different types of energy, main binding indicators on development of Shandong, and the energy consumption grouped by sector.

II. Source of Data

Data in this chapter are mainly based on the energy balance sheet of the whole province, provincial energy saving accounting table,and power sector. The data are provided by the Division of Energy Statistics of Shandong Provincial Bureau of Statistics.

III. Notes on Coverage and Calculation of Data

(1) The data on production of primary energy are the same as the corresponding data on output of energy products.

(2) The elasticity ratio of energy production is calculated as the quotient of the growth rate of energy production divided by the growth rate of GDP; and the elasticity ratio of energy consumption is calculated as the quotient of the growth rate of energy consumption divided by the growth rate of GDP.

(3) In the energy balance sheet, data on imports and exports are from Customs statistics. The refueling by Chinese ships and airplanes abroad is included in imports.

(4) The coefficient for conversion of electric power into the standard coal equivalent is calculated on the basis of heat value equivalent. the coefficient for the conversion of electric power into the standard coal equivalent is calculated on the basis of the heat value equivalent. One kilowatt is equal to 0.1229 kg SCE. The coefficient is calculated according to the average consumption of coal for generating electricity.

(5) In this chapter, Coal includes crude coal, washing coal, other washing coal and coal products and excludes coke. Coal products include coal, coke, coke oven gas, blast furnace gas, converter gas and other coking products.

(6) The proportion of coal consumption in total energy consumption includes the proportion of thermal power transmitted into Shandong Province.

(7) Based on the fourth national economic census data in 2018, some energy historical data from 2015 to 2017 are adjusted.

7-1 主要年份一次能源生产总量

Primary Energy Output in Major Years

单位：万吨标煤 (10 000 tons of SCE)

年 份 Year	能源生产总量 Total Energy Production	原 煤 Coal	原 油 Crude Oil	天然气 Natural Gas	水电、风电和太阳能光伏发电 Hydro, Wind and Solar PV Power
1949	120.79	120.79			
1952	258.58	258.58			
1955	342.73	342.73			
1956	386.58	386.58			
1957	440.37	440.37			
1962	1041.29	1041.17	0.01		0.11
1965	1362.94	1242.89	119.81		0.24
1970	2383.80	1716.18	667.59		0.03
1975	4555.04	2036.54	2388.62	128.62	1.26
1976	5013.70	2382.91	2500.65	128.88	1.26
1977	5387.37	2727.99	2502.71	155.88	0.79
1978	5901.83	2928.71	2781.49	190.46	1.17
1979	6075.07	3170.21	2697.14	205.49	2.23
1980	5873.37	3064.71	2616.94	189.00	2.72
1981	5392.54	2950.42	2301.75	138.72	1.65
1982	5505.80	3040.71	2335.21	129.41	0.47
1983	5898.00	3132.28	2625.00	139.79	0.93
1984	6696.54	3258.96	3288.36	148.17	1.05
1985	7531.89	3516.00	3861.74	151.89	2.26
1986	8046.80	3642.79	4215.52	185.94	2.55
1987	8511.34	3798.47	4514.38	197.24	1.25
1988	8918.29	3970.94	4757.61	188.73	1.01
1989	9038.69	4067.83	4765.07	205.35	0.44
1990	9262.21	4282.54	4786.70	191.39	1.58
1991	9269.98	4282.53	4793.22	191.25	2.98
1992	9508.88	4535.86	4780.24	191.92	0.86
1993	9875.38	4519.97	5171.83	182.08	1.50
1994	10624.66	5560.85	4887.14	173.78	2.89
1995	10757.67	6305.32	4294.76	156.04	1.55
1996	10697.72	6392.56	4159.57	144.62	0.97
1997	10620.51	6496.14	4002.01	121.67	0.69
1998	10436.05	6412.17	3901.51	122.09	0.28
1999	10322.39	6425.10	3807.55	89.01	0.73
2000	9648.75	5741.96	3822.49	83.54	0.76
2001	11550.26	7634.32	3811.52	103.34	1.08
2002	13241.75	9333.02	3816.52	91.07	1.14
2003	14384.08	10476.85	3808.65	98.36	0.22
2004	14394.61	10461.78	3820.50	111.84	0.49
2005	13995.62	10021.63	3849.36	123.03	1.60
2006	14083.40	10042.24	3935.89	103.46	1.82
2007	14616.67	10526.28	3990.22	99.22	0.95
2008	14615.32	10500.62	3998.91	113.05	2.74
2009	14600.08	10424.07	4040.38	119.97	15.66
2010	16055.71	11913.14	3980.08	129.01	33.48
2011	15997.81	11585.87	3973.65	64.33	53.35
2012	16973.80	12528.16	3963.94	75.71	79.19
2013	15165.08	10722.56	3894.94	65.11	116.19
2014	15220.40	10699.80	3876.09	62.89	133.13
2015	14693.06	10277.40	3751.91	57.70	161.90
2016	13616.76	9404.96	3301.96	56.23	229.07
2017	13710.27	9623.27	3192.79	49.72	305.89
2018	13102.01	8827.54	3203.20	52.80	484.11
2019	12539.10	7820.68	3177.70	56.10	742.71

注：1.本表使用当量折标系数折算标准煤。
2.2009年开始，一次能源包含水电、风电、核电和太阳能光伏发电，1949—2008年数据不包括风电和太阳能光伏发电。

a)Data of standard coal equivalent is calculated on the basis of heat value equivalent.

b)Since 2009, Primary Energy has included hydro,wind,nuclear and solar PV power. 1949-2008 data do not include wind and solar PV power.

7-2 1979-2019年能源生产、能源消费弹性系数

Elasticity Ratio of Energy Production and Energy Consumption from 1979 to 2019

年 份 Year	能源生产弹性系数 Elasticity Ratio of Energy Production				能源消费弹性系数 Elasticity Ratio of Energy Consumption			
	能源生产比上年增长(%) Growth Rate of Energy Production over Preceding Year (%)	电力生产比上年增长(%) Growth Rate of Electricity Production over Preceding Year (%)	能源生产弹性系数 Elasticity Ratio of Energy Production	电力生产弹性系数 Elasticity Ratio of Electricity Production	能源消费比上年增长(%) Growth Rate of Energy Consumption over Preceding Year (%)	电力消费比上年增长(%) Growth Rate of Electricity Consumption over Preceding Year (%)	能源消费弹性系数 Elasticity Ratio of Energy Consumption	电力消费弹性系数 Elasticity Ratio of Electricity Consumption
1979	1.69	9.68	0.15	0.84		11.03		0.95
1980	-3.33	8.78		0.55	0.62	5.96	0.03	0.40
1981	-8.17	4.58		0.25	-12.23	6.13		0.33
1982	2.12	4.62	0.15	0.33	21.98	6.06	1.56	0.43
1983	7.11	7.26	0.44	0.44	-13.50	7.43		0.46
1984	13.53	8.33	0.51	0.31	7.34	12.43	0.27	0.47
1985	12.46	10.83	0.73	0.63	-12.67	8.70		0.51
1986	6.83	14.46	0.75	1.59	7.34	11.02	0.81	1.22
1987	5.79	10.62	0.29	0.52	13.68	9.68	0.68	0.48
1988	4.78	14.41	0.19	0.57	5.73	8.04	0.23	0.32
1989	1.36	10.58	0.09	0.67	4.84	7.17	0.31	0.45
1990	2.46	6.33	0.15	0.38	3.46	9.76	0.21	0.58
1991	0.52	11.20	0.03	0.57	3.05	9.75	0.15	0.49
1992	2.14	14.06	0.16	0.66	1.92	13.92	0.09	0.65
1993	-0.14	7.85		0.30	-1.07	7.77		0.29
1994	8.27	10.95	0.21	0.28	13.09	10.50	0.33	0.29
1995	6.13	9.09	0.21	0.31	10.58	9.48	0.36	0.32
1996	-2.77	7.28		0.38	3.12	7.51	0.16	0.39
1997	1.52	7.68	0.13	0.66	-0.02	7.38		0.64
1998	-1.81	-7.09			12.70	-1.19	1.10	
1999	-1.01	14.84		0.58	0.22	14.57	0.87	0.53
2000	-6.52	9.91		0.55	-9.17	10.12		0.56
2001	1.71	9.86	0.17	0.98	10.41	10.94	1.03	1.09
2002	4.68	13.19	0.40	1.14	18.06	12.42	1.56	1.07
2003	8.49	11.75	0.62	0.86	18.74	13.47	1.36	0.98
2004	0.07	17.50	0.01	1.15	21.30	17.50	1.39	1.14
2005	-2.78	16.58		1.11	20.08	16.58	1.32	1.09
2006	0.64	15.24	0.04	1.04	10.96	15.24	0.74	1.04
2007	3.79	14.23	0.27	1.00	8.66	14.26	0.61	1.00
2008	-0.01	3.89		0.32	4.48	5.04	0.37	0.42
2009	-0.10	3.95		0.33	5.73	7.85	0.48	0.66
2010	9.97	6.29	0.80	0.50	7.54	12.15	0.60	0.97
2011	-0.36	2.64	-0.03	0.24	6.68	10.21	0.62	0.94
2012	6.10	4.20	0.63	0.43	4.73	4.38	0.48	0.45
2013	-10.66	8.82	-1.12	0.92	4.74	7.60	0.50	0.80
2014	0.36	3.90	0.04	0.45	3.29	3.44	0.38	0.40
2015	-3.86	5.48	-0.49	0.69	3.95	5.18	0.50	0.65
2016	-7.33	9.66	-0.99	1.30	2.05	9.34	0.28	1.26
2017	0.69	6.22	0.09	0.85	-0.10	6.37	-0.01	0.87
2018	-4.44	2.70	-0.70	0.43	1.20	4.51	0.19	0.72
2019	-4.30	0.26	-0.79	0.05	1.99	3.80	0.37	0.70

注：本表生产和消费增速采用全省核算数据。

a) Data on growth rate of production and consumption is calculated according to accounting data of the whole province.

7-3　一次能源生产量及构成

Primary Energy Output and Composition

类　　别	Category	2015	2016	2017	2018	2019
能源生产总量(折标准煤)	**Total Energy Production**	**14942.87**	**13957.81**	**14137.56**	**13735.61**	**13499.51**
(万吨标准煤)	**(10 000 tons of SCE)**					
构　成	Composition					
原　煤　(%)	Coal　(%)	68.78	67.38	68.07	64.27	57.93
原　油　(%)	Crude Oil　(%)	25.11	23.66	22.58	23.32	23.54
天然气　(%)	Natural Gas　(%)	0.39	0.40	0.35	0.38	0.42
电　力　(%)	Electricity　(%)	2.76	4.08	5.19	8.14	12.62
其　他　(%)	Others　(%)	2.97	4.47	3.81	3.89	5.50

注：本表使用等价折标系数折算标准煤。
a)Data of standard coal equivalent are calculated on the basis of the consumed heat value equivalent.

7-4　能源消费量及构成

Total Consumption and Composition of Energy

类　　别	Category	2015	2016	2017	2018	2019
能源消费量(折标准煤)	**Energy Consumption**	**39331.6**	**40137.9**	**40097.7**	**40580.5**	**41390.0**
(万吨标准煤)	**(10 000 tons of SCE)**					
构　成	Composition					
煤　品　(%)	Coal　(%)	76.51	73.92	72.70	69.32	67.28
油　品　(%)	Crude Oil　(%)	14.72	15.81	16.15	17.54	15.52
天然气　(%)	Natural Gas　(%)	2.65	3.27	3.79	4.24	5.01
一次电力　(%)	Primary Electricity　(%)	1.05	1.42	1.83	2.75	4.11
电力净调入(+)　(%)	Net Input of Electricity (+)　(%)	3.95	4.02	4.19	4.89	6.36
其　他　(%)	Others　(%)	1.13	1.54	1.34	1.26	1.72

注：本表使用等价折标系数折算标准煤。
a)Data of standard coal equivalent are calculated on the basis of the consumed heat value equivalent.

7-5 综合能源平衡表
Overall Energy Balance Sheet

单位：万吨标准煤 (10 000 tons of SCE)

项　目	Item	2015	2016	2017	2018	2019
可供消费的能源总量	**Total Energy for Consumption**	**39331.6**	**40137.9**	**40097.7**	**40580.5**	**41390.0**
一次能源生产量	Primary Energy Output	14942.9	13957.8	14137.6	13735.6	13499.5
外省(区、市)调入量	Allocation from Other Provinces	28541.0	33699.9	32185.0	31537.2	36082.7
进口量	Imports	13471.1	8935.3	13910.6	13118.8	14622.4
本省(区、市)调出量(-)	Allocation to Other Provinces(-)	-17081.0	-15789.9	-17722.0	-16853.7	-22325.9
出口量(-)	Exports(-)	-741.0	-524.4	-2375.8	-253.1	-49.1
年初年末库存差额	Stock Changes in the Year	198.6	-140.8	42.1	-704.3	-439.7
能源消费总量	**Total Energy Consumption**	**39331.6**	**40137.9**	**40097.7**	**40580.5**	**41390.0**
在总量中：	Consumption by srctor					
1.农林牧渔业	1.Agriculture,Forestry,Animal Husbandry and Fishery	527.2	535.6	540.0	550.1	599.7
2.工　业	2.Industry	31041.5	31492.0	31139.0	31146.2	31293.7
3.建筑业	3.Construction	416.4	426.8	430.0	437.3	481.4
4.交通运输、仓储和邮政业	4.Transport,Storage and Post	2036.8	2068.2	2124.2	2188.3	2381.8
5.批发、零售业和住宿、餐饮业	5.Wholesale and Retail Trades,Hotels and Catering Services	830.8	854.4	882.2	928.2	986.7
6.其他行业	6.Other Sectors	1128.2	1175.6	1268.0	1353.6	1454.4
7.生活消费	7.Household Consumption	3350.7	3585.3	3714.2	3976.7	4192.4
在总量中：	Consumption by Usage					
(一) 终端消费	(I)End-use Consumption	37496.3	37622.8	37842.3	38243.9	40359.4
工业	Industry	29206.2	28976.9	28883.5	28809.5	30263.1
(二) 加工转换损失量	(II)Losses During the Process of Energy Conversion	1835.3	2515.1	2255.5	2336.6	1030.6
炼焦	Coking	542.6	830.7	324.9	395.1	3.0
炼油	Petroleum Refining	1254.6	1906.1	2024.9	2508.4	1622.5
(三) 损失量	(III)Energy Losses			498.1		
平衡差额	**Balance**					

注：本表使用等价折标系数折算标准煤。
a)Data of standard coal equivalent are calculated on the basis of the consumed heat value equivalent.

7-6 石油平衡表

Petroleum Balance Sheet

单位：万吨 (10 000 tons)

项　　目	Item	2015	2016	2017	2018	2019
一、可供量	**Total Energy Available for Consumption**	**3813.1**	**3904.8**	**4040.3**	**4229.3**	**4102.8**
原油产量	Crude Output	2608.0	2295.3	2234.9	2242.1	2237.8
外省(区、市)调入量	Allocation from Other Provinces	2210.2	6473.8	5631.5	4508.4	3272.2
进口量	Imports	8311.9	5195.3	8382.5	8502.6	9558.2
本省(区、市)调出量(－)	Allocation to Other Provinces(-)	-8709.3	-9816.0	-10241.6	-10776.8	-10771.9
出口量(－)	Exports(-)	-399.7	-207.0	-1651.5	-75.4	
年初年末库存差额	Stock Changes in the Year	-208.1	-36.6	-261.4	-171.5	-193.5
年初库存量	Stock of early Year	695.0	903.0	939.7	1201.1	1372.6
年末库存量(－)	Stock of Year end(-)	-903.0	-939.7	-1201.1	-1372.6	-1566.1
二、消费量	**Total Energy Consumption**	**3813.1**	**3904.8**	**4040.3**	**4229.3**	**4102.8**
在总量中：	Consumption by srctor					
1.农林牧渔业	1.Agriculture,Forestry,Animal Husbandry and Fishery	109.9	112.1	127.2	134.3	134.8
2.工　业	2.Industry	1759.7	1794.9	1842.1	1902.8	1744.4
3.建筑业	3.Construction	190.3	194.3	198.9	200.6	206.8
4.交通运输、仓储和邮政业	4.Transport,Storage and Post	1170.5	1204.4	1250.8	1340.1	1360.4
5.批发、零售业和住宿、餐饮业	5.Wholesale and Retail Trades, Hotels and Catering Services	57.5	64.4	66.3	70.5	72.2
6.其他行业	6.Other Sectors	66.2	70.0	75.6	75.3	75.8
7.生活消费	7.Household Consumption	459.1	464.6	479.5	505.6	508.5
在总量中：	Consumption by Usage					
1.终端消费	1.End-use Consumption	3160.6	3172.2	3147.3	3406.9	3410.7
#工业	Industry	1107.2	1062.3	949.0	1080.4	1052.3
2.加工转换损失	2.Losses During the Process of Energy Conversion	652.5	732.6	893.1	822.4	692.1
火力发电	Thermal Power	15.9	16.2	17.2	18.0	21.9
供　热	Heating	62.0	55.3	52.4	46.6	37.1
炼油损耗	Petroleum Refining	574.6	661.1	823.5	757.9	633.1
制　气	Gas Production					
3.损 失 量	3.Other Losses					
三、平衡差额	**Balance**					

7-7 煤炭平衡表

Coal Balance Sheet

单位：万吨 (10 000 tons)

项　　目	Item	2015	2016	2017	2018	2019
一、可供量	**Total Energy Available for Consumption**	**43515.9**	**42160.4**	**42003.6**	**42319.5**	**43133.0**
原煤生产量	Raw coal output	14220.2	12817.6	13159.6	12556.5	11918.1
外省(区、市)调入量	Allocation from Other Provinces	32150.6	30259.2	29478.8	31339.3	38410.1
进口量	Imports	1592.2	1890.8	1409.4	1538.8	1244.8
本省(区、市)调出量(－)	Allocation to Other Provinces(-)	-4944.0	-2319.2	-2532.2	-2435.3	-8073.7
出口量(－)	Exports(-)	-235.9	-244.5	-114.4	-79.1	-99.9
年初年末库存差额	Stock Changes in the Year	732.9	-243.6	602.4	-600.7	-266.5
年初库存量	Stock of early Year	4017.8	3284.9	3528.6	2926.2	3526.9
年末库存量(－)	Stock of Year end(-)	-3284.9	-3528.6	-2926.2	-3526.9	-3793.3
二、消费量	**Total Energy Consumption**	**43515.9**	**42160.4**	**42003.6**	**42319.5**	**43133.0**
在总量中：	Consumption by srctor					
1.农林牧渔业	1.Agriculture,Forestry,Animal Husbandry and Fishery	92.6	90.8	60.2	50.2	45.6
2.工　业	2.Industry	41893.3	40585.4	40774.8	41251.3	42168.2
3.建筑业	3.Construction	21.0	20.2	9.8	1.2	
4.交通运输、仓储和邮政业	4.Transport,Storage and Post	25.8	26.4	16.1	16.1	15.0
5.批发、零售业和住宿、餐饮业	5.Wholesale and Retail Trades, Hotels and Catering Services	460.4	420.1	341.5	281.5	254.8
6.其他行业	6.Other Sectors	401.7	360.1	236.1	186.1	170.8
7.生活消费	7.Household Consumption	621.1	657.4	565.1	533.1	478.7
在总量中：	Consumption by Usage					
1.终端消费	1.End-use Consumption	10377.1	8491.8	8113.7	6626.7	7083.9
#工业	Industry	8754.5	6916.7	6884.9	5558.5	6119.1
2.用于加工转换	2.Energy Conversion	33138.8	33668.6	33889.9	35692.8	36049.1
火力发电	Thermal Power	19655.1	20679.5	21174.2	21313.7	20515.8
供　热	Heating	5293.3	5233.3	5818.4	7119.8	8128.3
洗煤损耗	Losses in Coal Washing and Dressing	1378.2	1291.9	938.0	991.4	468.0
炼　焦	Coking	6812.2	6447.4	5878.7	6108.2	6762.9
制　气	Gas Production		17.1	81.7	146.9	170.6
型煤加工损耗	Losses in briquette Processing		-0.7	-1.0	12.8	3.5
3. 损失量	3.Other Losses					
三、平衡差额	**Balance**					

7-8　平均每天各种能源消费量

Average Daily Energy Consumption by Type of Energy

类　　别	Category	2015	2016	2017	2018	2019
合　计　（吨标准煤）	**Total (tons of SCE)**	**1077578**	**1099668**	**1098568**	**1111795**	**1133973**
煤　炭　(吨)	Coal (ton)	1192216	1155079	1150783	1159438	1181726
焦　炭　(吨)	Coke (ton)	104478	101873	91332	96151	99163
原　油　(吨)	Crude Oil (ton)	235809	279546	314717	357136	373482
燃料油　(吨)	Fuel Oil (ton)	88959	123595	128395	65107	57433
汽　油　(吨)	Gasoline (ton)	17430	17923	17972	18906	19371
煤　油　(吨)	Kerosene (ton)	2699	3157	3096	3295	3450
柴　油　(吨)	Diesel Oil (ton)	32653	32818	36186	34897	36601
液化石油气　(吨)	Liquefied Petroleum (ton)	7216	12049	10041	5248	6057
电　力　(万千瓦时)	Electricity (10 000 kwh)	148334	162186	172525	180302	187159

注：1.本表使用等价折标系数折算标准煤。2.燃料油消费量含炼油再投入量。
a)Data of standard coal equivalent is calculated on the basis of the consumed heat value equivalent.
b)Data on consumption of fuel oil include those for refining oil.

7-9　平均每人年生活用能源

Annual Per Captita Energy Consumption for Non-Production Purpose

类　　别	Category	2015	2016	2017	2018	2019
合　计　（千克标准煤）	**Total (Kg of SCE)**	**341.3**	**362.3**	**371.2**	**396.6**	**416.8**
煤　炭　(千克)	Coal (kg)	63.3	66.4	56.5	53.2	47.6
汽　油　(千克)	Gasoline (kg)	39.5	39.6	40.6	43.0	43.1
液化石油汽　(千克)	Liquefied Petroleum (kg)	5.4	5.4	5.3	5.5	5.5
电　力　(千瓦小时)	Electricity (kwh)	512.6	560.1	604.4	666.3	694.1

注：本表使用等价折标系数折算标准煤。
a)Data of standard coal equivalent is calculated on the basis of the consumed heat value equivalent.

7-10 分品种生活能源年消费总量

Annual Energy Consumption for Non-Production Purpose by Category

类 别	Category	2015	2016	2017	2018	2019
合 计 （万吨标准煤）	**Total (10 000 tons of SCE)**	**3350.7**	**3585.3**	**3714.2**	**3976.7**	**4192.4**
煤 炭 （万吨）	Coal (10 000 tons)	621.1	657.4	565.1	533.1	478.7
汽 油 （万吨）	Gasoline (10 000 tons)	387.4	391.6	406.0	431.0	433.5
液化石油汽 （万吨）	Liquefied Petroleum (10 000 tons)	52.9	53.8	53.3	54.7	55.1
电 力 （亿千瓦小时）	Electricity (100 million kwh)	503.3	554.4	604.8	668.1	698.2

注：本表使用等价折标系数折算标准煤。
a)Data of standard coal equivalent is calculated on the basis of the consumed heat value equivalent.

7-11 各市万元GDP能耗

Energy Consumption per 10 000-yuan GDP by Region

地 区	Region	2016 比2015年上升或下降（±%） Increased or Decreased Compared with 2015 (±%)	2017 比2016年上升或下降（±%） Increased or Decreased Compared with 2016 (±%)	2018 比2017年上升或下降（±%） Increased or Decreased Compared with 2017 (±%)	2019 比2018年上升或下降（±%） Increased or Decreased Compared with 2018 (±%)
全省总计	**Total**	**-5.00**	**-6.91**	**-4.80**	**-3.27**
济南市	Jinan	-4.18	-14.20	-8.87	-7.38
青岛市	Qingdao	-5.49	-3.86	-2.58	-6.60
淄博市	Zibo	-9.86	-7.83	-4.76	-5.83
枣庄市	Zaozhuang	-3.59	-7.49	-2.87	-2.43
东营市	Dongying	-0.14	-4.12	-2.48	-3.73
烟台市	Yantai	-3.09	-6.14	-3.43	-3.16
潍坊市	Weifang	-7.05	-3.75	-3.96	3.49
济宁市	Jining	-6.33	-3.96	-2.15	-4.39
泰安市	Tai'an	-6.69	-8.29	-2.20	-4.62
威海市	Weihai	-5.39	-5.50	-4.33	-7.03
日照市	Rizhao	-4.84	-4.21	-3.91	-2.57
临沂市	Linyi	2.71	-7.77	-5.34	-4.30
德州市	Dezhou	-6.49	-8.47	-3.52	-5.54
聊城市	Liaocheng	-4.94	-4.03	-10.59	8.48
滨州市	Binzhou	-4.01	3.76	-6.28	-9.25
菏泽市	Heze	-5.50	-5.95	-3.92	-9.07

注：1.本表使用等价折标系数折算标准煤。2016年起，地区生产总值按2015年价格计算。
2.根据行政区划调整，2019年起，莱芜市并入济南市，以下表同。
a)Data of standard coal equivalent is calculated on the basis of the consumed heat value quivalente.Gross regional product is at 2015 constant prices since 2016.
b)According to administrative division adjustment,Laiwu City merged into Jinan City from 2019.The same applies to tables following.

7-12　各市规模以上工业万元增加值能耗

Energy Consumption per 10 000-yuan Value Added of Industrial Enterprises above the Designated Size by Region

地　区	Region	2016	2017	2018	2019
		比2015年上升或下降（±%）Increased or Decreased Compared with 2015 (±%)	比2016年上升或下降（±%）Increased or Decreased Compared with 2016 (±%)	比2017年上升或下降（±%）Increased or Decreased Compared with 2017 (±%)	比2018年上升或下降（±%）Increased or Decreased Compared with 2018 (±%)
全省总计	**Total**	**-3.84**	**-9.89**	**-5.35**	**-1.16**
济南市	Jinan	-4.64	-25.14	-21.37	-5.07
青岛市	Qingdao	-6.82	-6.56	-2.59	-5.64
淄博市	Zibo	-10.40	-6.55	-6.09	4.19
枣庄市	Zaozhuang	-3.43	-4.90	-3.12	-0.45
东营市	Dongying	0.10	-5.43	-2.26	-2.11
烟台市	Yantai	-5.91	-7.63	-4.17	-1.41
潍坊市	Weifang	-7.00	-0.77	-4.76	9.92
济宁市	Jining	-8.31	-6.38	-5.00	-9.42
泰安市	Tai'an	-0.84	-7.74	-3.80	-3.66
威海市	Weihai	-12.36	-9.22	-5.83	-9.28
日照市	Rizhao	-5.55	-5.90	5.78	2.51
莱芜市	Laiwu	0.54	-3.14	-7.07	
临沂市	Linyi	5.62	-10.06	-6.50	4.93
德州市	Dezhou	-9.63	-9.34	-5.52	-3.85
聊城市	Liaocheng	8.74	-17.80	-10.86	-3.97
滨州市	Binzhou	-2.99	-16.21	-3.33	-9.73
菏泽市	Heze	-8.29	-6.84	-3.94	2.06

注：本表使用当量折标系数折算标准煤。2016年起，工业增加值按2015年价格计算。

a)Data of standard coal equivalent is calculated on the basis of the consumed heat value equivalent.Industrial value-added is at 2015 constant prices since 2016.

7-13 各市万元GDP电耗

Electricity Consumption per 10 000-yuan GDP by Region

地 区	Region	2016	2017	2018	2019
		比2015年上升或下降(±%) Increased or Decreased Compared with 2015 (±%)	比2016年上升或下降(±%) Increased or Decreased Compared with 2016 (±%)	比2017年上升或下降(±%) Increased or Decreased Compared with 2017 (±%)	比2018年上升或下降(±%) Increased or Decreased Compared with 2018 (±%)
全省总计	**Total**	**-1.93**	**-6.14**	**2.50**	**-3.07**
济南市	Jinan	-1.16	-7.45	-2.90	-3.88
青岛市	Qingdao	-0.33	1.73	0.39	-0.39
淄博市	Zibo	-5.97	-8.06	-1.66	-2.82
枣庄市	Zaozhuang	-3.34	0.26	9.25	-2.17
东营市	Dongying	2.81	-3.05	1.78	0.56
烟台市	Yantai	-0.23	-0.95	1.99	-0.90
潍坊市	Weifang	-2.81	1.50	2.19	4.42
济宁市	Jining	-7.05	-4.28	5.88	0.90
泰安市	Tai'an	-0.28	-7.87	3.63	-2.95
威海市	Weihai	-4.03	-0.29	1.35	1.42
日照市	Rizhao	-3.59	1.77	8.14	3.94
临沂市	Linyi	3.72	2.73	3.17	-2.39
德州市	Dezhou	-8.45	-10.55	8.42	2.92
聊城市	Liaocheng	-1.91	-19.83	9.96	-1.61
滨州市	Binzhou	-3.79	-13.39	3.18	-10.60
菏泽市	Heze	-1.62	-1.56	6.81	-0.26

注：2016年起，地区生产总值按2015年价格计算。
a)Gross regional product is at 2015 constant prices since 2016.

7-14 各市电力消费量(2019年)

Electricity Consumption by Region(2019)

单位:亿千瓦时 (100 million kwh)

地 区	Region	全社会用电量 Electricity Consumption	第一产业 Primary Industry Electricity Consumption	第二产业 Secondary Industry Electricity Consumption	第三产业 Tertiary Industry Electricity Consumption	工业用电 Industrial Electricity Consumption	城乡居民生活用电 Household Electricity Consumption
全省总计	**Total**	**6218.7**	**84.9**	**4728.0**	**707.6**	**4668.0**	**698.2**
济南市	Jinan	414.3	3.0	229.5	104.3	221.5	77.6
青岛市	Qingdao	457.9	7.5	254.3	114.1	244.7	82.0
淄博市	Zibo	340.6	2.1	273.4	30.2	271.8	35.0
枣庄市	Zaozhuang	156.0	1.2	107.3	23.1	105.6	24.4
东营市	Dongying	308.5	4.2	270.0	18.0	268.2	16.3
烟台市	Yantai	553.2	12.2	439.4	52.5	435.9	49.1
潍坊市	Weifang	580.6	13.7	437.9	65.6	431.2	63.3
济宁市	Jining	329.6	5.4	219.7	50.4	216.2	54.2
泰安市	Tai'an	204.7	2.5	140.0	29.9	137.6	32.3
威海市	Weihai	132.8	3.5	81.8	26.3	78.8	21.3
日照市	Rizhao	253.6	4.2	210.6	19.6	208.7	19.1
临沂市	Linyi	487.2	7.4	355.3	53.1	351.2	71.4
德州市	Dezhou	236.7	5.0	167.0	31.2	163.4	33.6
聊城市	Liaocheng	307.8	4.4	236.5	31.3	234.0	35.7
滨州市	Binzhou	1179.9	4.0	1128.2	20.8	1126.4	26.9
菏泽市	Heze	250.5	4.6	152.3	37.2	147.9	56.3

注：本表数据采用国网山东省电力公司数据。

a) Data is provided by Shandong Electric Power Corporation.

主要统计指标解释

能源生产总量 指一定时期内，一个地区一次能源生产量的总和。该指标是观察一个地区能源生产水平、规模、构成和发展速度的总量指标。一次能源生产量包括原煤、原油、天然气、水电、核能及其他动力能(如风能、地热能等)发电量，不包括低热值燃料生产量、生物质能、太阳能等的利用和由一次能源加工转换而成的二次能源产量。

能源消费总量 指一定时期内，一个地区物质生产部门、非物质生产部门和生活消费的各种能源的总和。该指标是观察能源消费水平、构成和增长速度的总量指标。能源消费总量包括原煤和原油及其制品、天然气、电力，不包括低热值燃料、生物质能和太阳能等的利用。能源消费总量分为终端能源消费量、能源加工转换损失量和能源损失量三部分。

(1)终端能源消费量：指一定时期内，一个地区生产和生活消费的各种能源在扣除了用于加工转换二次能源消费量和损失量以后的数量。

(2)能源加工转换损失量：指一定时期内，一个地区投入加工转换的各种能源数量之和与产出各种能源产品之和的差额。该指标是观察能源在加工转换过程中损失量变化的指标。

(3)能源损失量：指一定时期内，能源在输送、分配、储存过程中发生的损失和由客观原因造成的各种损失量，不包括各种气体能源放空、放散量。

能源生产弹性系数 是研究能源生产增长速度与国民经济增长速度之间关系的指标。计算公式：

$$\text{能源生产弹性系数}=\frac{\text{能源生产总量年平均增长速度}}{\text{国民经济年平均增长速度}}$$

国民经济年平均增长速度，可根据不同的目的或需要，用国民生产总值、国内生产总值等指标来计算，本年鉴是采用国内生产总值指标计算的。

电力生产弹性系数 是研究电力生产增长速度与国民经济增长速度之间关系的指标。一般来说，电力的发展应当快于国民经济的发展，也就是说电力应超前发展。计算公式为：

$$\text{电力生产弹性系数}=\frac{\text{电力生产量年平均增长速度}}{\text{国民经济年平均增长速度}}$$

能源消费弹性系数 反映能源消费增长速度与国民经济增长速度之间比例关系的指标。计算公式为：

$$\text{能源消费弹性系数}=\frac{\text{能源消费量年平均增长速度}}{\text{国民经济年平均增长速度}}$$

电力消费弹性系数 反映电力消费增长速度与国民经济增长速度之间比例关系的指标。计算公式为：

$$\text{电力消费弹性系数}=\frac{\text{电力消费量年平均增长速度}}{\text{国民经济年平均增长速度}}$$

Explanatory Notes on Main Statistical Indicators

Total Energy Production refers to the total production of primary energy by all energy producing enterprises in the region in a given period of time. It is a comprehensive indicator to show the capacity, scale, composition and development of energy production of the country. The production of primary energy includes that of coal, crude oil, natural gas, hydro power and electricity generated by nuclear energy and other means such as wind power and geothermal power. However, it excludes the production of fuels of low calorific value, bio energy, solar energy and the secondary energy converted from the primary energy.

Total Domestic Energy Consumption refers to the total consumption of energy of various kinds by material production sectors, non material production sectors and households in the country in a given period of time. It is a comprehensive indicator to show the scale, composition and development of energy consumption. The total energy consumption includes that of coal, crude oil and their products, natural gas and electricity, However, it excludes the consumption of fuel of low calorific value, bio energy and solar energy. Total domestic energy consumption can be divided into three parts: final energy consumption, loss during the process of energy conversion, and energy loss.

(1)Final Energy Consumption: It refers to the total energy consumption by material production sectors, non material production sectors and households in the region in a given period of time, but excludes the consumption in conversion of the primary energy into the secondary energy and the loss in the process of energy conversion.

(2)Loss During the Process of Energy Conversion: It refers to the total input of various kinds of energy for conversion, minus the total output of various kinds of energy in the region in a given period of time. It is an indicator to show the loss that occurs during the process of energy conversion.

(3)Energy Loss: It refers to the total of the loss of energy during the course of energy transport, distribution and storage and the loss caused by any objective reason in a given period of time. The loss of various kinds of gas due to gas discharges and stocktaking is excluded.

Elasticity Ratio of Energy Production is an indicator to show the relationship between the growth rate of energy production and the growth rate of the national economy. The formula is:

$$\text{Elasticity Ratio of Energy Production} = \frac{\text{Average Annual Growth Rate of Energy Production}}{\text{Average Annual Growth Rate of National Economy}}$$

The average annual growth rate of the national economy can be shown by the gross national product, gross domestic product and other indicators, depending upon the purposes or needs. The gross domestic product is used in calculation of the ratio in this chapter.

Elasticity Ratio of Electricity Production is an indicator to show the relationship between the growth rate of electricity production and the growth rate of the national economy. Generally speaking, the growth rate of electricity production should be higher than that of the national economy. Its formula is:

$$\text{Elasticity Ratio of Electricity Production} = \frac{\text{Average Annual Growth Rate of Electricity Production}}{\text{Average Annual Growth Rate of National Economy}}$$

Elasticity Ratio of Energy Consumption is an indicator to show the relationship between the growth rate of energy consumption and the growth rate of the national economy. The formula is:

$$\text{Elasticity Ratio of Energy Consumption} = \frac{\text{Average Annual Growth Rate of Energy Consumption}}{\text{Average Annual Growth Rate of National Economy}}$$

Elasticity Ratio of Electricity Consumption is an indicator to show the relationship between the growth rate of electricity consumption and the growth rate of the national economy. The formula is:

$$\text{Elasticity Ratio of Electricity Consumption} = \frac{\text{Average Annual Growth Rate of Electricity Consumption}}{\text{Average Annual Growth Rate of National Economy}}$$

第8篇 财政和金融

Government Finance and Banking

简 要 说 明

一、本篇资料的主要内容

本篇资料反映了全省财政收支、金融和保险、证券方面的情况，主要包括财政收入、财政支出、金融机构存贷款、现金收支、保险机构、保险业务开展和山东省辖区证券市场等方面的资料。

二、本篇资料的来源

1.财政部分的资料来源于省财政厅。根据财政部2019年《财政收支分类科目》，财政支出科目变动较大，与往年不可比。

2.金融方面的资料来源于中国人民银行济南分行。

3.保险方面的资料来源于中国银保监会山东监管局。

4.证券方面的资料来源于中国证监会山东监管局。

5.本篇资料由省统计局综合处整理。

Brief Introduction

I. Main Content

Data in this chapter show the conditions of local government budgetary finance, banking and insurance,and securities, including government revenue and expenditure, credit funds, cash income and expenses, statistics on insurance companies and basic stituation of securities markets in Shandong province.

II. Source of Data

（1）Data on local government finance are provided by Shandong Provincial Department of Finance. Because of reform of Government Revenue and Expenditure Classification Items issued by the Ministry of Finance of China in 2007,data on items cannot be compared with those of preceding years.

（2）Data on banking are provided by Jinan Branch of the People's Bank of China.

（3）Data on insurance are provided by China Bank and Insurance Regulatory Commission of Shandong Bureau.

（4）Data on securities are provided by China Securities Regulatory Commission of Shandong Bureau.

（5）Data in this chapter are prepared and compiled by the Division of Comprehensive Statistics of Shandong Provincial Bureau of Statistics.

8-1　主要年份一般公共预算收入

General Pubilic Budget Revenue in Major Years

单位：万元　　(10 000 yuan)

年份 Year	一般公共预算收入 General Public Budget Revenue	税收收入 Tax Revenue	增值税 Value Added Tax	营业税 Business Tax	企业所得税 Corporate Income Tax	个人所得税 Individual Income Tax	城市维护建设税 City Maintenance and Construction Tax	房产税 House Property Tax	印花税 Stamp Tax
1950	44253	35209							
1952	76284	62545							
1955	89333	79914							
1957	107262	92112							
1962	125506	96577							
1965	164766	100184							
1970	309438	167361							
1975	459668	233132							
1976	496749	270119							
1977	559590	313898							
1978	641286	327465							
1979	569948	322814							
1980	481097	335362							
1981	511850	368177	471			3			
1982	492888	416477	3001			5			
1983	504050	428911	12980			8			
1984	536022	484039	21457	13611		15			
1985	675316	638230	45950	101566		216	30811		
1986	621535	567351	86294	131137		498	37058	440	
1987	727901	652813	108184	159799		515	41417	10663	
1988	826814	825681	192216	216442		371	51037	11012	362
1989	1009416	973118	223717	274118		452	59324	14781	7451
1990	1091082	1058745	241241	291283	84831	687	63936	19110	5754
1991	1285184	1145170	264599	315116	89766	744	71381	26116	5994
1992	1393225	1287334	312552	367710	76817	980	77163	27263	6175
1993	1943978	1908554	545599	458562	85753	1566	90282	32420	6515
1994	1346611	1264642	363371	311355	163942	22983	117238	38577	7115
1995	1790025	1635139	416401	405456	256396	55930	140782	49773	9273
1996	2416742	2156333	518976	515829	365781	89493	172075	61064	10053
1997	3044232	2648693	617844	622148	484919	126801	202164	80812	13373
1998	3523912	3019024	701402	752239	468054	46780	131149	226211	107540
1999	4044829	3429430	782176	789669	631666	187585	238123	134879	19983
2000	4636788	3929022	896895	876638	818659	247492	276205	155591	22440
2001	5731793	4883422	1002918	926921	1491110	369925	290458	165321	26963
2002	6102242	4950266	1112319	1176414	783934	310934	307978	209770	37256
2003	7137877	5582820	1260824	1447077	664382	260262	444019	244706	46613
2004	8283306	6274331	1160390	1764502	860624	319637	549266	267768	62914
2005	10731250	8264612	1930040	2177928	1108282	388938	659514	327950	92515
2006	13562526	10357905	2428345	2717252	1482753	458361	784298	387000	123031
2007	16753980	13083516	2907862	3397121	1985020	568145	924642	443522	159005
2008	19570541	15335324	3337763	3960900	2299728	611251	1041367	472576	203026
2009	21986324	17203455	3244846	4706109	2203040	646665	1090776	578637	238728
2010	27493842	21498997	3782348	6315107	2933058	810098	1307440	646535	337443
2011	34559267	26031329	4138174	7657247	3985551	965805	1796032	740189	411070
2012	40594301	30502010	4381207	8966409	4416434	951065	1988839	1008346	465851
2013	45599463	35334906	4895590	10683275	4459540	1045930	2178411	1117476	528630
2014	50268273	39657605	5969647	11359162	4830098	1151842	2313253	1224873	605607
2015	55293253	42031178	5949766	12523983	4987224	1431225	2437121	1338572	594147
2016	58601836	42125903	11297486	6504453	5032373	1431522	2508344	1433639	612587
2017	60986324	44194025	17059602		6202953	1867335	2618202	1578095	747811
2018	64853959	48979231	19021182		6773754	2152981	3064603	1682525	809162
2019	65267095	48492909	19586652		6962049	1474723	2901252	1667267	743334

注：1.本表中1994年以来的财政收入及分组均系新口径数，与历史资料不可比。

2.2016开始，增值税和营业税均系新口径数，与历史资料不可比。

a)Data from 1994 are based on new grouping method,so they cannot compare with other data.

b)Since 2016,Data of Value-added Tax and business Tax are based on new method,so they cannot compare with other data.

8-2 1950-2006年地方财政支出

Total Local Government Budgetary Expenditure from 1950 to 2006

单位:万元 (10 000 yuan)

年份 Year	地方财政支出 Expenditure of Local Government	#基本建设 Expenditure for Capital Construction	#城市维护费 Expenditure on City Maintenance	#支援农业支出 Expenditure for Agriculture	#文教科学卫生事业费 Expenditure for Culture, Education, Science and Health	#行政管理费 Expenditure for Government Administration
1950	10281	556	79	266		4704
1951	15965	3221	490	364		7357
1952	31886	8860	245	735		8332
1953	32272	5719	263	433		9548
1954	33657	6505	245	1447		9381
1955	31143	4023	209	1954		9868
1956	47155	13244	107	3484		12695
1957	49164	10522	201	4770		11790
1958	120740	75087	67	4468		12461
1959	158857	78459	22	16116		14162
1960	239314	98855	82	23717		14571
1961	135988	19073	69	27392		13612
1962	63594	6560	334	9526		11753
1963	79714	10271	1018	12029		13054
1964	89615	17557	1535	12620		13212
1965	95407	18711	1807	10048		13144
1966	104100	24115	1690	10425		13691
1967	102007	33442	1669	9728		12064
1968	88752	31016	1719	7476		12264
1969	113952	49590	1756	7683		12669
1970	142528	70447	1805	8389		14245
1971	159105	67943	1743	11247		17779
1972	188907	82551	1621	15603		19336
1973	194872	66635	2419	21980		18541
1974	191061	56996	2005	24284		18435
1975	212560	52389	2194	26906		21241
1976	214205	48383	2579	29119		22899
1977	226136	48648	2610	32399		24449
1978	319044	83503	3750	40221		26553
1979	316239	69982	9535	41812	77298	31908
1980	300736	46680	9484	38422	90951	39017
1981	255341	32150	13144	28754	94093	39200
1982	294482	32395	17044	37525	110039	45512
1983	324119	39875	18184	38058	122536	52391
1984	389763	51801	22063	39512	144038	69508
1985	512953	55562	39340	42453	174126	70091
1986	679384	63375	47595	49892	208135	79655
1987	752168	48880	48156	57550	219751	83423
1988	940725	59630	63024	78301	278458	114421
1989	1136714	55472	75062	102293	324427	98493
1990	1238530	78060	76532	111848	354574	107220
1991	1320610	73926	80209	116383	390775	121071
1992	1456988	85542	89276	141474	457972	158948
1993	1883646	115922	104912	163489	536522	208572
1994	2187683	100904	121656	176277	721820	269520
1995	2758656	179597	163339	224793	832336	315337
1996	3589836	248334	226014	276556	1032168	402325
1997	4233342	239629	281070	367611	1182892	456970
1998	4878175	318452	367382	377198	1325393	501269
1999	5500034	325120	351390	402651	1453237	544497
2000	6130774	295068	388802	411914	1677928	622058
2001	7537781	409608	485770	478933	1936046	743144
2002	8606484	440415	547982	557939	2290732	900217
2003	10106395	636760	685165	618116	2553316	1123337
2004	11893716	600330	885953	731073	3091148	1312928
2005	14662271	704835	1179667	895847	3751654	1629489
2006	18334400	821963	1470287	1083756	4542846	1929519

8-3 1979-2006年财政支出中用于文、教、科、卫的支出
Expense on Culture,Education,Science and Health from 1979 to 2006

单位:万元 (10 000 yuan)

年份 Year	合计 Total	文体广播事业费 Operating Expenses for Culture,Sports and Broadcast	教育事业费 Operating Expenses for Education	科学事业费 Operating Expenses for Science	卫生经费 Operating Expenses for Health	科技三项经费 Science and Technology Promotion Funds
1979	80348	9219	43077	4141	20098	3813
1980	93350	9974	53296	4060	23290	2730
1981	95577	9791	54453	4094	24965	2274
1982	111630	11702	62804	4335	29737	3052
1983	125430	14353	67656	5040	33667	4714
1984	145710	18779	77533	6738	37382	5278
1985	175562	22631	97565	6513	44117	4736
1986	209611	29869	114757	8056	50910	6019
1987	225197	30555	125465	7053	56678	5446
1988	284003	39108	161889	10205	67256	5545
1989	333489	43029	187894	10535	82969	9062
1990	363035	48165	202060	11646	92703	8461
1991	401036	54145	225118	12757	98755	10261
1992	470129	61127	271681	14629	110310	12382
1993	568801	70133	337052	16678	129131	15807
1994	738553	84780	464330	22340	150028	17075
1995	856648	112065	523754	22551	173966	24312
1996	1066333	124463	670721	27256	209728	34165
1997	1229252	154418	753374	34974	240126	46360
1998	1388027	150517	886208	35703	252965	62634
1999	1532952	159272	999902	35491	258572	79715
2000	1770387	175745	1181042	38543	282598	92459
2001	2051303	206502	1377529	45428	306587	115257
2002	2427593	274203	1627761	53056	335712	136861
2003	2693986	307350	1791484	58375	396107	140670
2004	3091148	366895	2048284	65970	452199	157800
2005	3751654	449415	2487484	76471	544085	194199
2006	4542846	519674	2922839	90544	733206	276583

8-4 一般公共预算收入
General Pubilic Budget Revenue

单位:万元 (10 000 yuan)

类 别	Category	2015	2016	2017	2018	2019
一般公共预算收入	**General Pubilic Budget Revenue**	**55293253**	**58601836**	**60986324**	**64853959**	**65267095**
一、税收收入	**Tax Revenue**	**42031178**	**42125903**	**44194025**	**48979231**	**48492909**
增值税	Value Added Tax	5949766	11297486	17059602	19021182	19586652
营业税	Business Tax	12523983	6504453			
企业所得税	Corporate Income Tax	4987224	5032373	6202953	6773754	6962049
个人所得税	Individual Income Tax	1431225	1431522	1867335	2152981	1474723
资源税	Resource Tax	1038139	951845	995617	1197478	1199824
城市维护建设税	City Maintenance and Construction Tax	2437121	2508344	2618202	3064603	2901252
房产税	House Property Tax	1338572	1433639	1578095	1682525	1667267
印花税	Stamp Tax	594147	612587	747811	809162	743334
城镇土地使用税	Urban land Use Tax	3587508	3937399	3981763	3968395	3372743
土地增值税	Land Appreciation Tax	2595051	2931488	3671771	3907890	4042826
车船税	Tax on vehicles and Boat Operation	533083	609977	693744	758480	781048
耕地占用税	Farm Land Occupation Tax	2515193	2173007	1632367	1192855	972500
契 税	Deed Tax	2477596	2676271	3125176	4285778	4555154
烟叶税	Tobacco Leaf Tax	22570	25512	19589	17077	21266
环境保护税	Environmental Tax				147071	193865
其他税收收入	Other Tax					18406
二、非税收入	**Non-tax Revenue**	**13262075**	**16475933**	**16792299**	**15874728**	**16774186**
专项收入	Special Program Receipts	3368805	3222448	3103868	3519647	3474406
行政事业性收费收入	Charge of Administrative and Institutional Units	2967436	3282508	3202844	3035195	3072246
罚没收入	Penalty Receipts	1238569	1561164	1802335	1949593	2087842
国有资本经营收入	Operating Income from Government Capital	541826	576102	306582	255264	713007
国有资源(资产)有偿使用收入	Income from Use of State-owned Resources (Assets)	4694246	6632910	7556093	6480027	6435974
其他收入	Other Non-tax Receipts	451193	1200801	820577	635002	990711

注:2016开始，增值税和营业税均系新口径数，与历史资料不可比。
Since 2016,Data of Value-added Tax and business Tax are based on new method,so they cannot compare with other data.

8-5 一般公共预算支出

General Pubilic Budget Expenditure

单位:万元 (10 000 yuan)

类 别	Category	2015	2016	2017	2018	2019
一般公共预算支出	**General Pubilic Budget Expenditure**	**82500113**	**87552136**	**92583984**	**101009606**	**107397560**
一般公共服务支出	Expenditure for General Public Services	7381081	7835601	8575099	9433490	10619500
公共安全支出	Expenditure for Public Security	4257478	5215162	5660530	6449501	6332058
教育支出	Expenditure for Education	16906234	18259902	18899972	20065026	21561355
科学技术支出	Expenditure for Science and Technology	1590522	1670001	1957718	2327392	3057556
文化旅游体育与传媒支出	Expenditure for Culture, Tourism, Sport and Media	1372575	1374737	1418993	1535220	1895034
社会保障和就业支出	Expenditure for Social Safety Net and Employment Effort	9046399	9926608	11319595	12539881	14446327
卫生健康支出	Expenditure for Health	7014321	7901861	8292714	8851487	9120675
城乡社区支出	Expenditure for Urban and Rural Community Affairs	9205721	10124637	10759203	11097209	10702489
农林水支出	Expenditure for Agriculture, Forestry and Water Conservancy	9644150	9434420	9535911	9984950	10759789
交通运输支出	Expenditure for Transportation	4606928	3728395	3673120	4127928	3777587

注：2019年起，文化体育与传媒支出更名为文化旅游体育与传媒支出，医疗卫生与计划生育支出更名为卫生健康支出。

a)Since 2019,Expenditure for Culture, Sport and Media renames to Expenditure for Culture,Tourism,Sport and Media.Expenditure for Medical and Health Care,and Family Planning renames to Expenditure for Health.

8-6 各市一般公共预算收入(2019年)

General Pubilic Budget Revenue by Region (2019)

单位:万元 (10 000 yuan)

地 区	Region	一般公共预算收入 General Pubilic Budget Revenue	税收收入 Tax Revenue	增值税 Value Added Tax	企业所得税 Corporate Income Tax	个人所得税 Individual Income Tax	资源税 Resource Tax
全省总计	**Total**	**65267095**	**48492909**	**19586652**	**6962049**	**1474723**	**1199824**
济南市	Jinan	8741898	7001479	2681267	1231592	312134	56445
青岛市	Qingdao	12417359	9017412	3612489	1485273	350756	23861
淄博市	Zibo	3686683	2583859	1236050	245599	73812	58386
枣庄市	Zaozhuang	1472629	1109623	462456	120014	28796	45666
东营市	Dongying	2451019	1721759	693669	180150	41689	28193
烟台市	Yantai	5954203	4255448	1572309	656909	131529	87593
潍坊市	Weifang	5710571	4355814	1798688	507979	101763	99971
济宁市	Jining	4050125	3027155	1161678	391775	76352	219456
泰安市	Tai'an	2247115	1641831	741993	165244	44924	57950
威海市	Weihai	2498531	1949747	667259	199550	60118	17718
日照市	Rizhao	1703736	1398222	537833	240599	37147	22454
临沂市	Linyi	3300090	2745037	1184846	302493	73036	50087
德州市	Dezhou	2062687	1564756	630433	189675	41242	24114
聊城市	Liaocheng	1966287	1436395	634375	199500	36783	21042
滨州市	Binzhou	2429629	1756581	748120	204099	28755	24772
菏泽市	Heze	2219223	1747846	735084	231158	35887	80714

8-6 续表 1 continued

单位:万元 (10 000 yuan)

地 区	Region	城市维护建设税 City Maintenance and Construction Tax	房产税 House Property Tax	城镇土地使用税 Urban Land Use Tax	土 地 增值税 Land Appreciation Tax	耕 地 占用税 Farm Land Occupation Tax	契 税 Contract Tax	其他各项税收收入 Other Tax Revenue
全省总计	**Total**	**2901252**	**1667267**	**3372743**	**4042826**	**972500**	**4555154**	**1757919**
济 南 市	Jinan	464189	234484	266208	677329	80699	721394	275738
青 岛 市	Qingdao	571598	374960	414632	956273	67299	900285	259986
淄 博 市	Zibo	183751	84653	174071	134013	102976	202909	87639
枣 庄 市	Zaozhuang	73236	47858	89083	81387	20354	100841	39932
东 营 市	Dongying	136021	70618	312387	61123	11824	112396	73689
烟 台 市	Yantai	234370	157431	360847	488410	48207	351390	166453
潍 坊 市	Weifang	284718	145827	448995	326660	117937	381261	142015
济 宁 市	Jining	148734	89581	182998	228582	164662	266668	96669
泰 安 市	Tai'an	103978	43484	89740	106008	26416	205216	56878
威 海 市	Weihai	104583	123340	230508	156529	88952	242975	58215
日 照 市	Rizhao	80746	41259	106446	70398	20999	152693	87648
临 沂 市	Linyi	156809	68211	170485	253613	32575	318079	134803
德 州 市	Dezhou	83937	44917	129132	170476	26395	163777	60658
聊 城 市	Liaocheng	77550	43944	83788	123512	20607	132559	62735
滨 州 市	Binzhou	102691	64216	210539	76722	92803	111092	92772
菏 泽 市	Heze	94341	32484	102884	131791	49795	191619	62089

8-6 续表 2 continued

单位:万元 (10 000 yuan)

地 区	Region	非税收入 Non-tax Revenue	专项收入 Special Program Receipts	行政事业性收费收入 Charge of Administrative and Institutional Units	罚没收入 Penalty Receipts	国有资本经营收入 Operating Income from Government Capital	国有资源(资产)有偿使用收入 Income from Use of State-owned Resources (Assets)	其他收入 Other Non-tax Receipts
全省总计	**Total**	**16774186**	**3474406**	**3072246**	**2087842**	**713007**	**6435974**	**990711**
济 南 市	Jinan	1740419	647173	346471	149620	-931	467116	130970
青 岛 市	Qingdao	3399947	835427	603137	178049	157096	1355931	270307
淄 博 市	Zibo	1102824	188154	108797	110060		626233	69580
枣 庄 市	Zaozhuang	363006	63623	40257	112319	79797	51546	15464
东 营 市	Dongying	729260	160224	111361	41420		347726	68529
烟 台 市	Yantai	1698755	228901	179633	135328	72215	1037052	45626
潍 坊 市	Weifang	1354757	288672	217363	242414	-652	573725	33235
济 宁 市	Jining	1022970	149469	129830	136408	1021	557738	48504
泰 安 市	Tai'an	605284	102478	154906	80074		243187	24639
威 海 市	Weihai	548784	93165	129807	86471	75973	144730	18638
日 照 市	Rizhao	305514	80740	72199	65589		76084	10902
临 沂 市	Linyi	555053	165460	159312	136731		74697	18853
德 州 市	Dezhou	497931	85627	86229	137359	486	167435	20795
聊 城 市	Liaocheng	529892	92997	156291	90495	27992	128527	33590
滨 州 市	Binzhou	673048	107420	188072	165865	35152	145700	30839
菏 泽 市	Heze	471377	113581	144341	138972	1558	53704	19221

8-7 各市一般公共预算支出(2019年)
General Pubilic Budget Expenditure by Region (2019)

单位:万元 (10 000 yuan)

地 区	Region	一般公共预算支出 General Public Budget Expenditure	一般公共服务支出 Expenditure for General Public Service	公共安全支出 Expenditure for Public Security	教育支出 Expenditure for Education	科学技术支出 Expenditure for Science and Technology	文化旅游体育与传媒支出 Expenditure for Culture, Tourism, Sport and Media	社会保障和就业支出 Expenditure for Social Safety Net and Employment Effort	卫生健康支出 Expenditure for Health
全省总计	**Total**	**107397560**	**10619500**	**6332058**	**21561355**	**3057556**	**1895034**	**14446327**	**9120675**
济南市	Jinan	11971414	1277571	658556	1860812	438785	296244	1632434	822840
青岛市	Qingdao	15759729	1845286	945167	2750716	668363	314960	1946650	920427
淄博市	Zibo	4997410	533791	336700	1021078	154076	115518	587683	404725
枣庄市	Zaozhuang	2671597	301052	171960	592049	37196	37478	422359	296077
东营市	Dongying	3061932	384527	172545	576127	57537	52710	281934	251307
烟台市	Yantai	7745446	779845	477632	1286102	298561	97312	1230181	616551
潍坊市	Weifang	7779024	728438	418585	1850600	216735	127300	1034609	696113
济宁市	Jining	6673016	716363	396384	1496400	86927	149451	851526	727368
泰安市	Tai'an	4145498	363152	208036	819343	42941	60679	641077	457485
威海市	Weihai	3431670	333590	177891	829781	127260	65821	412234	287897
日照市	Rizhao	2674478	272085	157769	558964	91396	38245	388394	280764
临沂市	Linyi	7108073	661724	398981	1703364	58571	89475	1066566	899236
德州市	Dezhou	4373599	406047	281028	790198	114850	52201	678675	463935
聊城市	Liaocheng	4270773	480294	240796	855725	20577	64138	572778	494272
滨州市	Binzhou	3785451	351894	197385	616861	130977	44440	575235	379845
菏泽市	Heze	6190017	510625	241462	1151378	17844	67561	1144794	793304

8-7 续表 continued

单位:万元 (10 000 yuan)

地 区	Region	节能环保支出 Expenditure for Environment Protection	城乡社区支出 Expenditure for Urban and Rural Community Affairs	农林水支出 Expenditure for Agriculture, Forestry and Water Conservancy	交通运输支出 Expenditure for Transportation	资源勘探信息等支出 Expenditure for Affairs of Resource Exploration and Information	商业服务业等支出 Expenditure for Affairs of Commerce and Services	金融支出 Expenditure for Financial Affairs	自然海洋气象等支出 Expenditure for Natural, Ocean and Weather	住房保障支出 Expenditure for Affairs of Housing Security
全省总计	**Total**	**3064956**	**10702489**	**10759789**	**3777587**	**2161059**	**558267**	**1610659**	**1355145**	**2392927**
济南市	Jinan	451732	2520774	802532	214387	202670	53864	51482	229496	238320
青岛市	Qingdao	255949	2796878	808140	767548	746315	94703	60820	125416	236584
淄博市	Zibo	228152	507626	381567	119762	151105	21268	46193	60141	101127
枣庄市	Zaozhuang	43508	169069	261592	66732	50647	8943	11335	24720	78653
东营市	Dongying	75909	367394	315197	84594	83855	27690	46288	72627	38595
烟台市	Yantai	196422	996491	703371	227186	187361	35597	114848	83546	79418
潍坊市	Weifang	321231	703821	758024	218448	112587	40050	28605	94353	99352
济宁市	Jining	243576	546484	666129	256065	119983	27214	21261	65724	92387
泰安市	Tai'an	89444	253570	489557	107059	77195	50574	1885	106060	157655
威海市	Weihai	94189	200521	464838	80251	40989	29810	4276	42356	85996
日照市	Rizhao	84595	107821	283924	110702	74006	11924	5404	42922	85874
临沂市	Linyi	154594	378115	819332	272413	63729	39065	19500	67210	210591
德州市	Dezhou	172306	267723	549431	101520	57654	24451	16774	35468	190164
聊城市	Liaocheng	323773	186026	580859	89432	34561	13925	45792	36759	102306
滨州市	Binzhou	114840	415909	447565	122482	39758	8995	3823	36041	120356
菏泽市	Heze	139513	271001	1096917	209627	55203	11199	616	42130	324086

8-8 主要年份金融机构人民币存款余额
RMB Deposits of Financial Institutions in Major Years

单位:亿元 (100 million yuan)

年 份 Year	存款余额 Deposits	住户存款 Household Deposits	非金融企业存款 Non-financial Corporate Deposits	广义政府存款 General Government Deposits	非银行业金融机构存款 Non-bank Financial Intermediary Deposits
1952	2.8				
1955	6.7				
1957	6.7				
1962	14.8				
1965	17.4				
1970	54.0				
1975	72.2				
1976	76.5				
1977	78.2				
1978	90.0				
1979	65.6				
1980	87.9				
1981	113.6				
1982	123.1				
1983	155.5				
1984	233.3				
1985	278.8				
1986	351.6				
1987	470.2				
1988	591.3				
1989	724.7				
1990	934.1				
1991	1163.6				
1992	1448.3				
1993	1816.6				
1994	2522.5				
1995	3424.4				
1996	4293.8				
1997	4969.8				
1998	5755.5				
1999	6563.0				
2000	7471.2				
2001	8501.7				
2002	10247.8				
2003	12438.2				
2004	14514.3				
2005	17103.5				
2006	19634.0				
2007	22072.2				
2008	26930.2				
2009	34697.8				
2010	41105.0				
2011	46345.4				
2012	54301.5				
2013	62077.9				
2014	67498.3				
2015	74524.2	37320.0	22717.8	11470.9	2870.2
2016	83414.9	41350.9	26654.7	12672.0	2639.7
2017	88531.7	44035.8	27913.9	14356.5	2122.6
2018	94298.2	48435.0	28023.0	15777.7	1810.9
2019	102676.4	55232.1	30462.8	15106.9	1757.3

8-9 主要年份金融机构人民币贷款余额

RMB Loans of Financial Institutions in Major Years

单位:亿元 (100 million yuan)

年 份 Year	贷款余额 Loans	住户贷款 Househould Loans	中长期贷款 Medium and Long-term Loans	非金融企业及机关团体贷款 Non-financial Corporate and Institution Loans	短期贷款 Short-term Loans	中长期贷款 Medium and Long-term Loans	非银行业金融机构贷款 Non-bank Financial Intermediary Loans
1952	1.6						
1955	14.0						
1957	16.9						
1962	41.5						
1965	39.0						
1970	66.9						
1975	91.8						
1976	102.9						
1977	120.9						
1978	133.7						
1979	124.9						
1980	180.2						
1981	206.4						
1982	235.4						
1983	265.0						
1984	366.7						
1985	446.5						
1986	554.9						
1987	667.8						
1988	803.1						
1989	941.3						
1990	1166.8						
1991	1428.0						
1992	1720.6						
1993	2079.1						
1994	2520.4						
1995	3128.9						
1996	3680.2						
1997	4456.7						
1998	5106.8						
1999	5679.9						
2000	6209.0						
2001	7017.7						
2002	8536.6						
2003	10467.1						
2004	11782.8						
2005	13381.7						
2006	15709.6						
2007	17545.1						
2008	20053.9						
2009	25961.3						
2010	30722.6						
2011	35179.0						
2012	40021.5						
2013	44761.3						
2014	50058.6						
2015	55437.0	13980.4	9798.3	41328.7	22592.3	15814.0	2.1
2016	61726.9	16496.6	12477.7	45096.4	22982.4	18282.5	7.1
2017	67576.0	20070.2	15656.9	47357.9	23349.6	21619.1	26.4
2018	74879.4	24226.3	19079.3	50507.6	22587.6	24333.5	5.0
2019	83703.0	29431.7	23048.9	54147.0	21850.1	27638.4	22.0

8-10 金融机构本外币信贷收支情况(2019年)
RMB and Foreign Currencies Credit Funds Balance Sheet of Financial Institution (2019)

单位:亿元 (100 million yuan)

类　别	Category	2019年末余额 2019 Year-end	比年初增减额 Increase/Decrease from Year Beginning
各项存款	**Deposits in Various Forms**	**104738.9**	**8271.1**
境内存款	Domestic Deposits	104353.2	8498.3
住户存款	Household Deposits	55580.6	6726.7
活期存款	Demand Deposits	16397.3	1748.4
定期及其他存款	Fixed and Other Deposits	39183.3	4978.3
非金融企业存款	Non-financial Corporate Deposits	31862.1	2487.4
活期存款	Demand Deposits	13780.9	734.3
定期及其他存款	Fixed and Other Deposits	18081.1	1753.1
广义政府存款	General Government Deposits	15146.6	-642.2
财政性存款	Fiscal Deposits	13808.0	-463.9
机关团体存款	Non-profit Institution Deposits	1338.6	-178.3
非银行业金融机构存款	Non-bank Financial Intermediary Deposits	1764.0	-73.6
境外存款	Overseas Deposits	385.7	-227.2
各项贷款	**Loans in Various Forms**	**86325.6**	**8149.4**
境内贷款	Domestic Loans	84711.9	8374.3
住户贷款	Household Loans	29433.8	4839.5
短期贷款	Short-term Loans	6384.8	1089.6
消费贷款	Consumption Loans	2561.8	630.6
经营贷款	Business Loans	3823.1	459.0
中长期贷款	Medium and Long-term Loans	23048.9	3749.9
消费贷款	Consumption Loans	20779.0	3287.9
经营贷款	Business Loans	2270.0	462.0
非金融企业及机关团体贷款	Non-financial Corporate and Institution Loans	55256.2	3517.9
短期贷款	Short-term Loans	22714.3	-818.3
中长期贷款	Medium and Long-term Loans	27865.6	3249.7
票据融资	Bill Financing	4065.1	1052.8
融资租赁	Financial Leases	428.2	62.8
各项垫款	Advances	183.0	-29.2
非银行业金融机构贷款	Non-bank Financial Intermediary Loans	22.0	17.0
境外贷款	Overseas Loans	1613.6	-224.9

8-11 金融机构人民币信贷收支情况(2019年)

RMB Credit Funds Balance Sheet of Financial Institution (2019)

单位:亿元 (100 million yuan)

类 别	Category	2019年末余额 2019 Year-end	比年初增减额 Increase/ Decrease from Year Beginning
各项存款	**Deposits in Various Forms**	**102676.4**	**8323.6**
境内存款	Domestic Deposits	102559.2	8458.6
住户存款	Household Deposits	55232.1	6743.8
活期存款	Demand Deposits	16211.3	1760.4
定期及其他存款	Fixed and Other Deposits	39020.8	4983.4
非金融企业存款	Non-financial Corporate Deposits	30462.8	2444.2
活期存款	Demand Deposits	13030.6	667.0
定期及其他存款	Fixed and Other Deposits	17432.2	1777.3
广义政府存款	General Government Deposits	15106.9	-675.9
财政性存款	Fiscal Deposits	13768.3	-497.7
机关团体存款	Non-profit Institution Deposits	1338.6	-178.3
非银行业金融机构存款	Non-bank Financial Intermediary Deposits	1757.3	-53.5
境外存款	Overseas Deposits	117.2	-135.0
各项贷款	**Loans in Various Forms**	**83703.0**	**8458.7**
境内贷款	Domestic Loans	83600.7	8496.9
住户贷款	Household Loans	29431.7	4839.3
短期贷款	Short-term Loans	6382.8	1089.4
消费贷款	Consumption Loans	2559.7	630.4
经营贷款	Business Loans	3823.1	459.0
中长期贷款	Medium and Long-term Loans	23048.9	3749.9
消费贷款	Consumption Loans	20778.9	3287.9
经营贷款	Business Loans	2270.0	462.0
非金融企业及机关团体贷款	Non-financial Corporate and Institution Loans	54147.0	3640.6
短期贷款	Short-term Loans	21850.1	-731.5
中长期贷款	Medium and Long-term Loans	27638.4	3298.7
票据融资	Bill Financing	4065.1	1052.9
融资租赁	Financial Leases	428.2	62.8
各项垫款	Advances	165.2	-42.2
非银行业金融机构贷款	Non-bank Financial Intermediary Loans	22.0	17.0
境外贷款	Overseas Loans	102.3	-38.1

8-12 金融机构分行业本外币贷款情况(2019年)

Loans of RMB and Foreign Currencies of Financial institutions by sector (2019)

单位:亿元 (100 million yuan)

行业	Sector	2019年末余额 2019 Year-end	比年初增减额 Increase/ Decrease from Year Beginning
贷款总计	**Total**	**82424.2**	**7128.1**
农、林、牧、渔业	Agriculture,Forestry,Animal Husbandry and Fishing	580.9	7.6
采矿业	Mining	1571.3	20.1
制造业	Manufacturing	14554.3	-1542.7
电力、燃气及水的生产和供应业	Production and Supply of Electric Power and Heat Power	3122.4	64.9
建筑业	Construction	3374.6	507.5
批发和零售业	Wholesale and Retail Trade	5162.2	-32.6
交通运输、仓储和邮政业	Traffic,Transport,Storage and Post	4917.0	782.2
住宿和餐饮业	Hotels and Catering Services	297.0	3.9
信息传输、软件和信息技术服务业	Information Transfer, Software and Information Technology Services	254.9	52.4
金融业	Financial Intermediation	851.8	-20.9
房地产业	Real Estate	4066.2	764.2
租赁和商务服务业	Leasing and Business Services	6074.2	1135.1
科学研究和技术服务业	Scientific Research and Technical Service	222.0	79.1
水利、环境和公共设施管理业	Management of Water Conservancy,Environment and Public Facilities	5348.6	610.5
居民服务、修理和其他服务业	Households Services, Repair and Other Services	86.8	1.2
教育	Education	290.0	27.6
卫生和社会工作	Health and Social Work	403.5	72.5
文化、体育和娱乐业	Culture,Sports and Entertainment	179.4	-21.9
公共管理、社会保障和社会组织	Public management,Social Security and Social Organization	19.6	3.1
国际组织	International Organization		

8-13 各市金融机构本外币存贷款余额(2019年)

RMB and Foreign Currencies Deposits and Loans of Financial Institutions by Region(2019)

单位:亿元 (100 million yuan)

地区	Region	各项存款 Total Deposits		#住户存款 Household Deposits		各项贷款 Total Loans	
		余额 Year-end	比年初增减 Increase/ Decrease from Year Beginning	余额 Year-end	比年初增减 Increase/ Decrease from Year Beginning	余额 Year-end	比年初增减 Increase/ Decrease from Year Beginning
全省总计	**Total**	**104738.9**	**8271.1**	**55580.6**	**6726.7**	**86325.6**	**8149.4**
济南市	Jinan	18646.1	545.2	6497.0	790.0	18768.7	1829.8
青岛市	Qingdao	17876.3	1752.0	6876.6	837.1	18209.9	2071.1
淄博市	Zibo	5023.4	405.3	3111.5	317.3	3593.9	383.1
枣庄市	Zaozhuang	2197.6	159.3	1464.0	160.8	1557.8	200.5
东营市	Dongying	3865.7	139.2	1842.0	212.2	3252.2	-313.3
烟台市	Yantai	9115.8	889.8	5099.7	593.4	5813.3	248.8
潍坊市	Weifang	8750.6	818.9	5320.3	623.8	6538.8	713.2
济宁市	Jining	5927.2	439.0	3804.8	437.2	4080.9	540.0
泰安市	Tai'an	4132.7	456.4	2676.0	308.9	2698.6	329.9
威海市	Weihai	4251.0	561.7	2510.1	442.5	2884.0	355.4
日照市	Rizhao	2727.2	196.1	1562.3	164.4	2545.1	178.0
临沂市	Linyi	7083.3	709.6	4477.6	521.1	5920.2	752.0
德州市	Dezhou	3801.1	343.1	2606.3	328.7	2216.2	233.6
聊城市	Liaocheng	3881.9	374.6	2684.4	339.0	2645.4	171.0
滨州市	Binzhou	2958.0	81.9	1707.2	184.8	2682.7	45.0
菏泽市	Heze	4340.2	431.9	3336.5	463.3	2626.0	345.8

8-14 1997-2019年保险费收入和赔款给付

Premium and Payment of Insurance Companies 1997 to 2019

年 份 Year	保险费收入 (万元) Premium (10 000 yuan)	赔款及给付支出 (万元) Settled Claim and Payment (10 000 yuan)	简单赔付率 (%) Simple Payment Rate (%)
1997	785298	317889	40.5
1998	837500	294648	35.2
1999	956496	365490	38.2
2000	1110622	402204	36.2
2001	1533204	409588	26.7
2002	2238236	456801	20.4
2003	2835306	561804	19.8
2004	3171584	656966	20.7
2005	3408050	766254	22.5
2006	3962203	1209078	30.5
2007	5017177	1717385	34.2
2008	6739812	1983902	29.4
2009	7928870	2283924	28.8
2010	10300687	2286398	22.2
2011	10360352	2712276	26.2
2012	11280360	3245582	28.8
2013	12804211	4416570	34.5
2014	14549297	5189703	35.7
2015	17876030	6221728	34.8
2016	23021888	7868526	34.2
2017	27380627	8312832	30.4
2018	29598304	9299333	31.4
2019	32388907	9034125	27.9

8-15 人身保险公司主要业务指标(2019年)

Major Business Indicators of Life Insurance Companies (2019)

单位:万元 (10 000 yuan)

类 别	Category	保费收入 Premium Income	赔款支出 Indemnity Expenditure	年金给付 Total Annuity Payment	满期给付 Total Mature Payment	死伤医疗给付 Payment for Death,Injury and Medical Treatment
总 计	**Total**	**23725003**	**4184445**	**1006911**	**1453340**	**852069**
一、人寿保险	**Life Insurance**	**17748037**		**1006911**	**1446868**	**236554**
(一)非分红产品	Non-dividend Insurance	7928877		584826	229532	136168
定期寿险	Time Insurance	69141			105	17023
两全寿险	Endowment Insurance	1425798		129054	203504	39417
终身寿险	WLL	1458325			8083	51799
年 金	Total Annuity Payment	4975614		455773	17841	27929
(二)分红产品	Dividend Insurance	9738987		421952	1213498	86226
定期寿险	Time Insurance					
两全寿险	Endowment Insurance	5181558		124999	1155574	49921
终身寿险	WLL	1024215			9	18962
年 金	Total Annuity Payment	3533215		296953	57916	17344
(三)投资连接产品	Investment Link Insurance	1502			22	130
(四)万能产品	Universal Life Insurance	78671		133	3816	14030
二、意外伤害保险	**Accident Injury Insurance**	**466111**	**116609**			
一年期以内	Within-One-year Period Business	76799	22310			
一年期及一年期以上	One-year Period and more Busine	389312	94299			
三、健康保险	**Health Insurance**	**5510854**	**755516**		**6472**	**615515**
一年期(及一年期以内)	Within-One-year Period Business	1245696	755516			
一年期以上	One-year Period Business	4265159			6472	615515

8-16 财产保险公司主要业务指标(2019年)

Major Business Indicators of Insurance Companies(2019)

单位:万元 (10 000 yuan)

类 别	Category	保费收入 Premium	赔款支出 Payment
总 计	**Total**	**8663904**	**4849679**
机动车辆及第三者责任险	Motor Vehicle and Third Party Liability	5991990	3393231
企财险	Enterprise Property insurance	248182	171374
家财险	Family Property Insurance	44717	28829
工程险	Project Insurance	40311	32702
责任险	Liability Insurance	403456	201930
信用险	Credit Insurance	90255	69140
保证保险	Guarantee Insurance	566390	162863
船舶险	Ship Insurance	20365	11124
货运险	Freight Transport Insurance	85170	31562
特殊风险保险	Peculiar Risk Insurance	40537	11068
农业保险	Agriculture Insurance	360281	280571
健康险	Health Insurance	497481	376174
意外伤害险	Accident Injury Insurance	258087	70350
其 他	Other Property Insurance	16683	8763

8-17 各市保险业务情况(2019年)

Basic Statistics on Insurance by Region (2019)

单位:亿元 (100 million yuan)

地 区	Region	保费收入 Premium	财产险公司 Property Insurance	人寿险公司 Life Insurance	赔款与给付 Claim and Payment	财产险公司 Property Insurance	人寿险公司 Life Insurance
全省总计	**Total**	**3238.9**	**866.4**	**2372.5**	**903.4**	**485.0**	**418.4**
济 南 市	Jinan	532.3	131.5	400.8	121.9	61.4	60.5
青 岛 市	Qingdao	486.9	132.7	354.1	143.6	74.7	68.9
淄 博 市	Zibo	192.7	38.5	154.3	46.5	21.9	24.6
枣 庄 市	Zaozhuang	83.2	19.6	63.6	23.0	10.4	12.6
东 营 市	Dongying	103.3	29.5	73.8	31.7	18.5	13.2
烟 台 市	Yantai	284.9	68.4	216.5	83.9	40.7	43.0
潍 坊 市	Weifang	250.7	67.3	183.4	75.9	42.4	33.6
济 宁 市	Jining	206.2	63.0	143.3	59.8	35.2	24.6
泰 安 市	Tai'an	134.4	29.3	105.1	36.0	16.0	19.9
威 海 市	Weihai	112.9	27.3	85.6	32.8	15.4	17.4
日 照 市	Rizhao	75.1	24.6	50.6	23.9	15.4	8.5
临 沂 市	Linyi	269.2	85.9	183.2	81.2	51.5	29.7
德 州 市	Dezhou	124.4	35.1	89.2	33.0	17.1	15.9
聊 城 市	Liaocheng	119.9	36.8	83.1	33.4	21.3	12.1
滨 州 市	Binzhou	116.4	33.7	82.7	33.5	20.9	12.6
菏 泽 市	Heze	138.9	38.2	100.7	41.3	20.1	21.2

8-18 山东辖区(不含青岛)证券期货市场基本情况

Basic Stituation of Securities and Futures Markets Under Shandong Province(Excluding Qingdao)

项　　目		Item		2018	2019
上市公司数	(家)	Number of Listed Companies	(unit)	166	172
#发行A股公司数	(家)	A Shares	(unit)	165	171
发行B股公司数	(家)	B Shares	(unit)	4	4
A、B股均发行公司数	(家)	Number of Listed Companies (A Shares and B Shares)	(unit)	3	3
境内、外均发行公司数	(家)	Companies Listed Overseas and Domestic	(unit)	7	6
ST公司数	(家)	Number of ST Listed Companies	(unit)		5
*ST公司数	(家)	*ST Listed Companies	(unit)	5	3
证券公司数	(家)	No.of Securities Companies	(unit)	1	1
证券公司分公司数	(家)	No.of Branches of Securities Companies	(unit)	74	83
证券公司营业部数	(家)	No.of Securities Business Department	(unit)	448	455
期货公司数	(家)	No.of Futures Broker Companies	(unit)	3	3
期货公司分公司数	(家)	No.of Branches of Futures Broker Companies	(unit)	19	39
期货公司营业部数	(家)	No.of Trading Offices of Futures Broker Companies	(unit)	74	70
证券投资咨询机构数	(家)	No.of Securities Investment Consultative Institutions	(unit)	9	9
证券投资者资金开户数	(万户)	No.of Opening Account of Securities Investors	(10 000 households)	1014.4	1084.0
上市公司当年境内募集资金总额	(亿元)	Total Domestic Capital Volume Collected by Listed Companies	(100 million yuan)	456.9	722.8
首次公开发行	(亿元)	IPO	(100 million yuan)		70.9
配股	(亿元)	Share Right Issued	(100 million yuan)	51.9	
增发	(亿元)	Adding the Share Issue	(100 million yuan)	189.5	546.4
可转债	(亿元)	Transferable Loans	(100 million yuan)	20.0	56.5
公司债	(亿元)	Corporate Bond	(100 million yuan)	195.5	49.0
市价总值	(亿元)	Total Market Value	(100 million yuan)	12151.2	17068.4
证券营业部代理证券交易额	(亿元)	Trading Volume of Securities Business Department	(100 million yuan)	77973.7	100529.1
期货经营机构代理交易额	(亿元)	Trading Volume of Agency by Futures Managerial Institutions	(100 million yuan)	90777.4	116871.5
全国中小企业股份转让系统挂牌公司	(家)	Listed Company on National SME Share Transfer System	(unit)	510	457
交易所公司债券发行金额	(亿元)	Issued Volume of Corporate Bonds Listed on the Exchange	(100 million yuan)	1013.8	1588
私募基金管理人登记数	(家)	Registration No.of Private investment fund managers	(unit)	296	316

注：证券营业部、期货公司营业数为已开业家数。

a)The number of securities business department(trading offices of futures broker companies) refers to those that has been opened.

8-19 山东省证券期货市场基本情况

Basic Stituation of Securities and Futures Markets of Shandong Province

项　　目	Item	2018	2019
上市公司数 (家)	Number of Listed Companies (unit)	196	211
#发行A股公司数 (家)	A Shares (unit)	194	209
发行B股公司数 (家)	B Shares (unit)	5	5
A、B股均发行公司数 (家)	Number of Listed Companies (A Shares and B Shares) (unit)	3	3
境内、外均发行公司数 (家)	Companies Listed Overseas and Domestic (unit)	8	10
ST公司数 (家)	Number of ST Listed Companies (unit)		5
*ST公司数 (家)	*ST Listed Companies (unit)	5	3
证券公司数 (家)	No.of Securities Companies (unit)	2	2
证券公司分公司数 (家)	No.of Branches of Securities Companies (unit)	101	111
证券公司营业部数 (家)	No.of Securities Business Department (unit)	565	569
期货公司数 (家)	No.of Futures Broker Companies (unit)	3	3
期货公司分公司数 (家)	No.of Branches of Futures Broker Companies (unit)	27	51
期货公司营业部数 (家)	No.of Trading Offices of Futures Broker Companies (unit)	106	103
证券投资咨询机构数 (家)	No.of Securities Investment Consultative Institutions (unit)	15	15
证券投资者资金开户数 (万户)	No.of Opening Account of Securities Investors (10 000 households)	1293.2	1382.7
上市公司当年境内募集资金总额 (亿元)	Total Domestic Capital Volume Collected by Listed Companies (100 million yuan)	540.1	1395.0
首次公开发行 (亿元)	IPO (100 million yuan)	6.45	171.43
配股 (亿元)	Share Right Issued (100 million yuan)	58.76	
增发 (亿元)	Adding the Share Issue (100 million yuan)	209.4	612.6
可转债 (亿元)	Transferable Loans (100 million yuan)	31.9	56.5
公司债 (亿元)	Corporate Bond (100 million yuan)	233.6	49.0
市价总值 (亿元)	Total Market Value (100 million yuan)	14658.6	21428.1
证券营业部代理证券交易额 (亿元)	Trading Volume of Securities Business Department (100 million yuan)	105241.8	139632.9
期货经营机构代理交易额 (亿元)	Trading Volume of Agency by Futures Managerial Institutions (100 million yuan)	119043.5	156726.0
全国中小企业股份转让系统挂牌公司(家)	Listed Company on National SME Share Transfer System (unit)	624	549
交易所公司债券发行金额 (亿元)	Issued Volume of Corporate Bonds Listed on the Exchange (100 million yuan)	1232.8	2093.1
私募基金管理人登记数 (家)	Registration No.of Private investment fund managers (unit)	532	587

注：证券营业部、期货公司营业数为已开业家数。

a)The number of securities business department(trading offices of futures broker companies) refers to those that has been opened.

主要统计指标解释

一般公共预算收入 指国家财政参与社会产品分配所取得的收入，是实现国家职能的财力保证。财政收入所包括的内容几经变化，目前主要包括：

（1）税收收入：包括增值税、消费税、企业所得税、个人所得税、资源税、城市维护建设税、房产税、印花税、城镇土地使用税、土地增值税、车船税、耕地占用税、契税、烟叶税、环境保护税、其他税收收入。

（2）非税收入：包括专项收入、行政事业性收费收入、罚没收入、国有资本经营收入、国有资源(资产)有偿使用收入、其他收入。

一般公共预算支出 国家财政将筹集起来的资金进行分配使用，以满足经济建设和各项事业的需要，主要包括：

（1）一般公共服务支出：反映政府提供一般公共服务的支出。

（2）公共安全支出：反映政府维护社会公共安全方面的支出，有关事务包括武装警察、公安、国家安全、检察、法院、司法行政、监狱、劳教、国家保密、缉私警察等。

（3）教育支出：反映政府教育事务支出。有关具体教育事务包括教育行政管理、学前教育、小学教育、初中教育、普通高中教育、普通高等教育、初等职业教育、中专教育、技校教育、职业高中教育、高等职业教育、广播电视教育、留学生教育、特殊教育、干部继续教育、教育机关服务等。

（4）科学技术支出：反映政府用于科学技术方面的支出。

（5）文化旅游体育与传媒支出：反映政府在文化旅游、文物、体育、广播电视、新闻出版等方面的支出。

（6）社会保障和就业支出：反映政府在社会保障与就业方面的支出。有关事项包括社会保障与就业管理事务、民政管理事务、财政对社会保险基金的补助、补充全国社会保障基金、行政事业单位离退休、企业改革补助、就业补助、抚恤、退役安置、社会福利、残疾人事业、城市居民最低生活保障、其他城镇社会救济、农村社会救济、自然灾害生活补助、红十字事务等。

（7）卫生健康支出：反映政府医疗卫生方面的支出。具体包括医疗卫生管理事务支出、医疗服务支出、医疗保障支出、疾病预防控制支出、卫生监督支出、妇幼保健支出、农村卫生支出等。

（8）城乡社区支出：反映政府城乡社区事务支出。具体包括：城乡社区管理事务支出、城乡社区规划与管理支出、城乡社区公共设施支出、城乡社区住宅支出、城乡社区环境卫生支出、建设市场管理与监督支出等

（9）农林水支出：反映政府农林水事务方面的支出。具体包括农业、林业、水利、扶贫支出、农业综合开发支出等。

存　款 指企业、机关、团体或居民根据资金必须收回的原则，把货币资金存入银行或其他信贷机构保管并取得一定利息的一种信用活动形式。根据存款对象或性质的不同可划分为企业存款、财政存款、机关团体存款、基本建设存款、储蓄存款、农村存款、委托存款、其他存款等科目。它是银行信贷资金的主要来源。

贷　款 指银行或其他信贷机构根据资金必须归还的原则，按一定利率，为企业、个人等提供资金的一种信用活动形式。我国银行贷款分为短期贷款、中期流动资金贷款、中长期贷款、信托贷款、融资租赁、委托贷款、票据融资、各项垫款等。

保险公司 在中国境内的、经过保险监督管理部门批准设立，并依法登记注册的各类商业保险公司。

保险金额 指保险人承担赔偿或者给付保险金责任的最高限额。

保　费 指投保人为取得保险人在约定范围内所承担赔偿责任而支付给保险人的费用。

赔　款 指保险人根据保险合同的规定，向被保险人支付的赔偿保险责任损失的金额。

给　付 包括死伤医疗给付、满期给付和年金给付。死伤医疗给付是指保险人根据人寿保险及长期健康保险合同的规定，因被保险人在保险期内发生保险责任范围内的保险事故支付给被保险人(或受益人)的金额。满期给付是指被保险人生存期满，保险人按人寿保险合同规定支付给被保险人的满期保险金额。年金给付是指保险人因年金保险业务的被保险人生存至规定的年龄，按保险合同约定支付给被保险人的金额。

Explanatory Notes on Main Statistical Indicators

General Pubilic Budget Revenue refers to the revenue of the government finance by means of participating in the distribution of the social products, which is the financial resources for ensuring the government to function. The contents of government revenue have been changed several times. Now it includes the following main items:

(1) Various tax revenues including value added tax, business tax, enterprise income tax, personal income tax, resources tax, fixed assets investment direction regulating tax, tax on city maintenance and construction, real estate tax, stamp tax, tax on use of urban land, land value added tax, vehicle and vessel tax, tax on occupancy of cultivated land, property tax, tobacco leaf tax, and other tax revenues.

(2) Non-tax Revenues including special revenues, revenues from Administrative and institutional fees, penalty and confiscatory revenues , revenues from state-owned capital operationg,revenues from paid use of state-owned resources, and other revenues .

General Pubilic Budget Expenditure refers to the distribution and use of the funds the government finance has raised, so as to meet the needs of economic construction and various causes. It includes the following main items:

(1) Expenditure for general public services: It reflects the expenditure from the government for general public services.

(2) Expenditure for public security: It reflects the expenditure from the government towards safeguarding the public security, including the related affairs of armed police, public security, state security, procuratorial administration,law court, judicial administration, jail , reeducation through labor, state confidentiality, anti-smuggling Patrol,etc.

(3) Expenditure for education: It reflects the expenditure from the government on education, including the related affairs of educational administration management, preschool education, primary education, junior secondary educate, regular senior secondary educate, regular higher education, primary vocational education, specialized secondary educate, technical educate, vocational senior secondary educate, vocational higher education, radio and television education, foreign student educate, special education, cadre continuing education, education institution services,etc.

(4) Expenditure for science and technology: It reflects the expenditure from the government on science and technology.

(5) Expenditure for culture, sport and media: It reflects the expenditure from the government on culture, cultural relics, sport, radio and television, publication, etc.

(6)Expenditure for social Safety net and employment effort:It reflects the expenditure from the government on social security and employment, including the related affairs of management of social security and employment, civil administration, subsidies to social insurance funds, supplement to national social security funds, retirees of government agencies and institutions, subsidies to enterprises reform, subsidies to employment, pension, settling down demobilized servicemen,social security, disabled person administration, minimum living allowance in urban area, other social relief in urban area, social relief in rural area, subsidies to natural disaster, Red Cross business,etc.

(7)Expenditure for medical and health care,and family planning: It reflects the expenditure from the government on health care, including expenditure on management of health care, medical services, medical security, disease control and prevention, public health supervision, rural health care,etc.

(8) Expenditure for urban and rural community affairs: It reflects the expenditure from the government on urban and rural community affairs, including expenditure on management of urban and rural community affairs, plan and management of urban and rural community, public utility of urban and rural community, residential buildings of urban and rural community, environmental sanitation of urban and rural community, management and supervision of markets construction, etc.

(9) Expenditure for agriculture, forestry and water conservancy: It reflects the expenditure from the government on agriculture, forest and irrigation, including expenditure on agriculture, forest, irrigation, poverty alleviation, comprehensive development of agriculture, etc.

Deposit is a form of credit by which enterprises, institutions, organizations or households can put money into banks and other credit institutions for safekeeping and interest earning under the principle of free withdrawal. According to different depositors, deposits are divided into enterprise deposits, treasury deposits, deposits of government agencies and organizations, capital construction deposits, savings deposits, rural saving deposits, entrusted deposits and other deposits. Deposits are major sources of the credit funds of banks.

Loan is a form of credit by which banks and other credit institutions provide funds at certain interest rate to enterprises and individuals in the light of the principle of unconditional repayment. Loans from Chinese banks include circulating capital loans, fixed assets loans, loans to urban and rural individuals engaged in industrial and commercial business and agricultural loans.

Insurance Companies refers to commercial insurance companies of various forms registered by law and established in China with the approval of insurance regulatory agencies.

Amount Insured refers to the maximum that the insurant will get for the claim of the case insured.

Premium is the fee paid by the insurant to the insurer to obtain the obligation of compensation from the insurance within the agreed terms.

Settled Claim is the compensation paid by the insurer to the insurant in accordance with the insurance contract.

Payment includes payment for death, injury or medical treatment, mature payment. and annuity payment. Payment for death, injury or medical treatment refers to the money paid to the insurant (or the beneficiary) in accordance with the life or health insurance contract when the insurant encounters accidents within the insured period covered in the contract. Mature payment refers to the mature payment to the insurant in accordance with the life insurance contract at the end of the insured period. Annuity payment refers to the amount that the insurer pays to the insured in accordance with the insurance contract as the insured of the annuity insurance business survives to the prescribed age.

第
9
篇

价格指数

Price Indices

简　要　说　明

一、本篇资料的主要内容

本篇资料反映了全省生产、投资、流通与消费等环节的价格变动状况。主要包括居民消费、商品零售、生产资料、工业生产者出厂、工业生产者购进、固定资产投资、住宅销售等价格指数。

二、本篇资料的来源

1.居民消费、商品零售和农业生产资料价格指数来源于消费价格统计调查年报，由国家统计局山东调查总队消费价格调查处整理提供。

2.工业生产者出厂、工业生产者购进、固定资产投资、住宅销售等价格指数来源于生产价格统计调查年报，由国家统计局山东调查总队生产价格调查处整理提供。

3.农产品生产者价格指数来源于农产品生产者价格调查年报，由国家统计局山东调查总队农业调查处整理提供。

Brief Introduction

I. Main Content

Data on the price indices in this chapter show the changing trend in production, investment, circulation and consumption, including mainly consumer price indices of residents, retail price indices, producer price indices for industrial products, purchasing price indices for industrial producers,price indices of investment in fixed assets and price indices of residential sales.

II. Source of Data

(1) Data on consumer price indices of residents, retail price indices and price indices of agricultural means of production are based on yearly report on consumer price and are provided by the Division of Consumer Price Survey of the National Bureau of Statistics in Shandong.

(2) Data on producer price indices of industrial products, industrial producer purchasing price indices, price indices of investment in fixed assets and real estate price indices are based on yearly report on production price and are provided by the Division of Production Price Survey of the National Bureau of Statistics in Shandong.

(3)Data on producer price index of agricultural products are based on yearly report on producer price of agricultural products and provided by the Division of Agriculture Statistics of Shandong Provincial Bureau of Statistics.

9-1 居民消费价格指数

Consumer Price Indices

(上年=100) (Preceding Year=100)

类别	Category	2018	2019
居民消费价格指数	**Consumer Price Index**	**102.5**	**103.2**
城市	Urban Areas	102.4	103.1
农村	Rural Areas	102.7	103.6
服务项目价格指数	**Services Price Index**	**102.4**	**102.0**
消费品价格指数	**Consumer Goods Price Index**	**102.5**	**103.9**
食品烟酒	Food, Tobacco, Liquor	102.3	107.9
粮食	Grain	100.4	100.1
食用油	Edible Oil	100.2	101.0
畜肉类	Livestock Meat	95.7	136.9
禽肉类	Poultry	107.0	109.7
水产品	Aquatic Products	102.7	100.6
蛋类	Eggs	112.2	105.3
菜	Vegetables	110.0	103.6
鲜菜	Fresh Vegetables	110.7	103.8
衣着	Clothing	103.2	101.2
居住	Residence	103.1	102.2
生活用品及服务	Daily Necessities and Services	101.6	100.9
交通和通信	Transportation and Communication	101.8	97.8
教育文化和娱乐	Education Culture and Recreation	102.2	102.5
医疗保健	Health Care	103.0	102.0
其他用品和服务	Other Supplies and Services	100.8	104.1
商品零售价格指数	**Retail Price Index**	**102.2**	**102.2**
城市	Urban Areas	102.1	102.0
农村	Rural Areas	102.7	102.9
农业生产资料价格指数	**Price Indices of Means of Agricultural production**	**106.9**	**107.6**

9-2 居民消费和商品零售价格总指数(2019年)

General Consumer and Retail Price Indices(2019)

类别	Categoty	居民消费价格总指数 General Consumer Price Indices			商品零售价格总指数 General Retail Price Indices			农业生产资料价格总指数 General Price Indices of Means of Agricultural Production
		全省 Provincial Indices	城市 Urban Indices	农村 Rural Indices	全省 Provincial Indices	城市 Urban Indices	农村 Rural Indices	
以1950年价格为100	1950=100	757.5	759.5		567.4	538.1	531.8	530.1
以1952年价格为100	1952=100	668.3	671.1		471.8	471.6	482.1	547.7
以1957年价格为100	1957=100	615.6	624.8		429.9	387.4	441.9	511.1
以1965年价格为100	1965=100	606.5	608.2		410.2	420.0	421.8	568.8
以1970年价格为100	1970=100	622.0	624.4		416.6	431.5	428.8	628.9
以1978年价格为100	1978=100	621.3	623.9	611.0	417.1	429.6	429.6	681.1
以1980年价格为100	1980=100	588.0	597.9	574.7	398.7	417.5	410.9	674.5
以1985年价格为100	1985=100	506.7	506.8	489.6	360.0	372.9	373.2	572.6
以1990年价格为100	1990=100	311.3	324.0	302.7	224.9	225.3	236.3	379.0
以1995年价格为100	1995=100	169.7	167.8	175.4	133.5	128.2	144.8	198.6
以2000年价格为100	2000=100	152.4	145.7	162.0	132.9	127.8	144.3	215.8
以上年价格为100	Preceding Year=100	103.2	103.1	103.6	102.2	102.0	102.9	107.6

9–3 历年居民消费价格总指数

General Consumer Price Indices over the Years

年 份 Year	以1950年为100 1950=100	以1952年为100 1952=100	以1978年为100 1978=100	以1990年为100 1990=100	以1995年为100 1995=100	以上年为100 Preceding Year=100
1952	113.2					102.2
1955	120.8	106.7				99.9
1957	122.9	108.5				101.0
1962	132.2	116.8				100.5
1965	124.8	110.3				97.8
1970	121.7	107.4				98.9
1975	121.5	107.3				100.2
1976	121.7	107.5				100.2
1977	121.5	107.3				99.8
1978	121.9	107.6				100.3
1979	122.8	108.4	100.7			100.7
1980	128.9	113.8	105.7			105.0
1981	131.2	115.8	107.6			101.8
1982	132.4	116.8	108.6			100.9
1983	135.6	119.6	111.2			102.4
1984	137.6	121.4	112.9			101.5
1985	149.6	132.0	122.7			108.7
1986	156.3	137.9	128.2			104.5
1987	169.1	149.2	138.7			108.2
1988	200.7	177.1	164.7			118.7
1989	235.5	207.7	199.1			117.3
1990	243.5	214.8	199.7			103.4
1991	255.4	225.3	209.5	104.9		104.9
1992	272.8	240.6	223.7	112.0		106.8
1993	307.4	271.2	252.2	126.3		112.7
1994	379.4	334.6	311.2	155.8		123.4
1995	446.1	393.5	365.9	183.2		117.6
1996	489.0	431.3	401.1	200.8	109.6	109.6
1997	502.6	443.3	412.3	206.4	112.7	102.8
1998	499.6	440.7	409.8	205.2	112.0	99.4
1999	496.1	437.6	406.9	203.8	111.2	99.3
2000	497.1	438.5	407.7	204.2	111.4	100.2
2001	506.0	446.4	415.0	207.9	113.4	101.8
2002	502.5	443.2	412.1	206.4	112.6	99.3
2003	508.0	448.1	416.6	208.7	113.8	101.1
2004	526.3	464.3	431.6	216.2	117.9	103.6
2005	535.2	472.1	439.0	219.9	119.9	101.7
2006	540.6	476.9	443.4	222.1	121.1	101.0
2007	564.4	497.9	462.9	231.9	126.4	104.4
2008	594.3	524.2	487.4	244.2	133.1	105.3
2009	594.3	524.2	487.4	244.2	133.1	100.0
2010	611.5	539.4	501.6	251.3	137.0	102.9
2011	642.2	566.5	526.7	263.9	143.9	105.0
2012	655.7	578.4	537.8	269.4	146.9	102.1
2013	670.2	591.1	549.6	275.4	150.2	102.2
2014	682.9	602.4	560.1	280.6	153.0	101.9
2015	691.1	609.6	566.8	284.0	154.8	101.2
2016	705.6	622.4	578.7	289.9	158.1	102.1
2017	716.2	631.7	587.4	294.3	160.5	101.5
2018	734.1	647.5	602.1	301.6	164.5	102.5
2019	757.6	668.3	621.3	311.3	169.7	103.2

9-4 历年城市居民消费价格总指数

General Urban Consumer Price Indices over the Years

年 份 Year	以1930—1936年平均价格为100 Average Price (1930-1936)=100	以1952年为100 1952=100	以1978年为100 1978=100	以1980年为100 1980=100	以1990年为100 1990=100	以1995年为100 1995=100	以上年为100 Preceding Year=100
1949	260.9						
1952	302.2						102.2
1955	322.5	106.7					99.9
1957	328.0	108.5					101.0
1962	352.9	116.8					100.5
1965	333.5	110.3					97.8
1970	324.9	107.4					98.9
1975	324.2	107.3					100.2
1976	324.9	107.5					100.2
1977	324.3	107.3					99.8
1978	325.2	107.6					100.3
1979	329.7	109.1	101.4				101.4
1980	339.3	112.3	104.3				102.9
1981	346.4	114.6	106.5	102.1			102.1
1982	347.4	115.0	106.9	102.4			100.3
1983	345.3	114.3	106.2	101.8			99.4
1984	350.5	116.0	107.8	103.3			101.5
1985	381.4	126.2	117.3	112.4			108.8
1986	400.5	132.5	123.2	118.0			105.0
1987	436.9	144.6	134.4	128.8			109.1
1988	526.9	174.4	162.1	155.3			120.6
1989	609.6	201.7	187.5	179.7			115.7
1990	625.5	207.0	192.4	184.4			102.6
1991	664.3	219.8	204.3	195.8	106.2		106.2
1992	721.4	238.7	221.9	212.6	115.3		108.6
1993	826.7	273.6	254.3	243.7	132.1		114.6
1994	1036.7	343.1	318.9	305.6	165.7		125.4
1995	1210.9	400.7	372.5	356.9	193.6		116.8
1996	1338.0	442.8	411.6	394.4	213.9	110.5	110.5
1997	1380.8	457.0	424.8	407.0	220.7	114.0	103.2
1998	1376.7	455.6	423.5	405.8	220.0	113.7	99.7
1999	1376.7	455.6	423.5	405.8	220.0	113.7	100.0
2000	1393.2	461.1	428.6	410.7	222.6	115.1	101.2
2001	1408.5	466.2	433.3	415.2	225.0	116.4	101.1
2002	1390.2	460.1	427.7	409.8	222.1	114.9	98.7
2003	1399.9	463.3	430.7	412.7	223.7	115.7	100.7
2004	1439.1	476.3	442.7	424.2	230.0	118.9	102.8
2005	1454.9	481.5	447.6	428.9	232.5	120.2	101.1
2006	1469.5	486.3	452.1	433.2	234.8	121.4	101.0
2007	1525.3	504.8	469.3	449.7	243.7	126.0	103.8
2008	1597.0	528.5	491.4	470.8	255.2	131.9	104.7
2009	1596.1	528.2	491.1	470.6	255.0	131.8	99.9
2010	1637.6	542.0	503.8	482.8	261.6	135.3	102.6
2011	1714.1	567.3	527.4	505.3	273.9	141.8	104.7
2012	1750.1	579.2	538.5	515.9	279.6	144.8	102.1
2013	1786.9	591.4	549.8	526.7	285.5	147.8	102.1
2014	1824.4	603.8	561.3	537.8	291.5	150.9	102.1
2015	1850.0	612.2	569.2	545.3	295.6	153.0	101.4
2016	1890.7	625.7	581.7	557.3	302.1	156.4	102.2
2017	1920.9	635.7	591.0	566.3	306.9	158.9	101.6
2018	1967.0	651.0	605.2	579.8	314.3	162.7	102.4
2019	2028.0	671.2	624.0	597.8	324.0	167.8	103.1

9-5 历年农村居民消费价格总指数
General Rural Consumer Price Indices over the Years

年 份 Year	以1978年为100 1978=100	以1980年为100 1980=100	以1985年为100 1985=100	以1990年为100 1990=100	以1995年为100 1995=100	以上年为100 Preceding Year=100
1979	100.4					100.4
1980	106.2					105.8
1981	107.9	101.6				101.6
1982	109.1	102.7				101.1
1983	113.0	106.4				103.6
1984	114.7	108.0				101.5
1985	124.7	117.4				108.7
1986	129.8	122.2	104.1			104.1
1987	139.4	131.2	111.8			107.4
1988	163.1	153.5	130.8			117.0
1989	194.0	182.5	155.5			118.9
1990	201.7	189.8	161.7			104.0
1991	209.8	197.4	168.2	104.0		104.0
1992	219.5	206.5	175.9	108.8		104.6
1993	242.9	228.6	194.7	120.4		110.7
1994	295.7	278.2	236.9	146.5		121.7
1995	348.6	328.0	279.3	172.7		117.9
1996	379.9	357.5	304.4	188.2	109.0	109.0
1997	389.1	366.1	311.7	192.7	111.6	102.4
1998	385.2	362.4	308.6	190.8	110.5	99.0
1999	379.8	357.3	304.3	188.1	109.0	98.6
2000	377.1	354.8	302.2	186.8	108.2	99.3
2001	386.2	363.3	309.5	191.3	110.8	102.4
2002	385.8	362.9	309.2	191.1	110.7	99.9
2003	391.6	368.3	313.8	194.0	112.4	101.5
2004	409.6	385.2	328.2	202.9	117.5	104.6
2005	419.4	394.5	336.1	207.8	120.3	102.4
2006	423.6	398.4	339.5	209.9	121.6	101.0
2007	446.1	419.5	357.5	221.0	128.0	105.3
2008	473.8	445.5	379.7	234.7	135.9	106.2
2009	474.1	445.8	380.0	234.9	136.0	100.1
2010	490.7	461.4	393.2	243.1	140.8	103.5
2011	519.5	488.7	416.4	257.4	149.1	105.9
2012	529.9	498.5	424.7	262.6	152.1	102.0
2013	543.1	510.9	435.3	269.1	155.9	102.5
2014	551.3	518.6	441.9	273.2	158.2	101.5
2015	556.2	523.3	445.8	275.6	159.6	100.9
2016	566.3	532.7	453.9	280.6	162.5	101.8
2017	574.2	540.1	460.2	284.5	164.8	101.4
2018	589.7	554.7	472.6	292.2	169.2	102.7
2019	610.9	574.7	489.7	302.7	175.3	103.6

9-6 历年商品零售价格总指数

General Retail Price Indices over the Years

年 份 Year	以1930–1936年平均价格为100 Average Price (1930-1936)=100	以1952年为100 1952=100	以1978年为100 1978=100	以1980年为100 1980=100	以1990年为100 1990=100	以1995年为100 1995=100	以上年为100 Preceding Year=100
1949	257.0						
1952	303.6						100.4
1955	325.6	107.2					100.2
1957	333.5	109.8					101.7
1962	359.9	118.5					100.4
1965	349.4	115.1					97.6
1970	343.8	113.3					99.2
1971	343.5	113.2					99.9
1972	342.5	112.8					99.7
1973	342.2	112.7					99.9
1974	341.8	112.6					99.9
1975	342.2	112.7					100.1
1976	342.5	112.8					100.1
1977	342.2	112.7					99.9
1978	343.5	113.2					100.4
1979	349.0	115.0	101.6				101.6
1980	359.5	118.5	104.6				103.0
1981	365.6	120.5	106.4	101.7			101.7
1982	367.8	121.2	107.1	102.3			100.6
1983	363.0	119.7	105.6	101.0			98.7
1984	367.0	121.0	106.8	102.1			101.1
1985	398.2	131.3	115.9	110.8			108.5
1986	416.1	137.2	121.1	115.8			104.5
1987	450.6	148.6	131.2	125.4			108.3
1988	536.3	176.8	156.1	149.2			119.0
1989	626.9	206.7	182.5	174.4			116.9
1990	636.9	210.0	185.4	177.2			101.6
1991	668.1	220.3	194.5	185.9	104.9		104.9
1992	709.5	233.9	206.6	197.4	111.4		106.2
1993	782.6	258.0	227.8	217.7	122.9		110.3
1994	941.5	310.4	274.1	261.9	147.8		120.3
1995	1075.2	354.5	313.0	299.1	168.8		114.2
1996	1150.6	378.9	334.9	320.1	180.6	107.0	107.0
1997	1159.8	381.9	337.6	322.7	182.0	107.9	100.8
1998	1126.2	370.8	327.8	313.3	176.7	104.8	97.1
1999	1093.5	360.0	318.3	304.2	171.6	101.8	97.1
2000	1078.2	355.0	313.8	299.9	169.2	100.4	98.6
2001	1078.2	355.0	313.8	299.9	169.2	100.4	100.0
2002	1065.3	350.7	310.0	296.3	167.2	99.2	98.8
2003	1067.4	351.4	310.7	296.9	167.5	99.4	100.2
2004	1097.3	361.3	319.4	305.2	172.2	102.2	102.8
2005	1103.9	363.4	321.3	307.0	173.2	102.8	100.6
2006	1110.5	365.6	323.2	308.9	174.3	103.4	100.6
2007	1150.5	378.8	334.8	320.0	180.6	107.1	103.6
2008	1206.9	397.4	351.2	335.7	189.4	112.3	104.9
2009	1199.3	394.9	349.0	333.6	188.3	111.6	99.4
2010	1231.6	405.5	358.4	342.6	193.3	114.7	102.7
2011	1288.9	424.3	375.1	358.5	202.3	120.0	104.7
2012	1309.6	431.1	381.1	364.2	205.6	121.9	101.6
2013	1327.9	437.1	386.4	369.3	208.4	123.6	101.4
2014	1341.2	441.5	390.3	373.0	210.5	124.8	101.0
2015	1343.8	442.4	391.1	373.8	211.0	125.1	100.2
2016	1361.3	448.1	396.1	378.6	213.7	126.7	101.3
2017	1372.2	451.7	399.3	381.7	215.4	127.7	100.8
2018	1402.4	461.7	408.1	390.1	220.1	130.5	102.2
2019	1433.3	471.8	417.1	398.6	225.0	133.4	102.2

注：本表已根据现行价格调查统计制度予以调整，均不包括农业生产资料部分。

a)The data in this form have been adjusted according to current statistical system of price survey.Means of agricultural production are excluded.

9-7 历年农业生产资料价格总指数
General Price Indices of Means of Agricultural Production over the Years

年 份 Year	以1950年为100 1950=100	以1952年为100 1952=100	以1978年为100 1978=100	以1990年为100 1990=100	以1995年为100 1995=100	以上年为100 Preceding Year=100
1952	97.0					102.2
1955	103.8	107.0				94.1
1957	103.4	106.7				99.7
1962	106.8	110.1				99.3
1965	92.7	95.5				96.8
1970	84.2	86.8				99.9
1975	79.2	81.6				100.0
1976	79.2	81.6				100.0
1977	79.2	81.6				100.0
1978	78.5	80.9				99.1
1979	78.6	81.0	100.1			100.1
1980	78.6	81.0	100.1			100.0
1981	79.9	82.4	101.8			101.7
1982	80.8	83.3	102.9			101.1
1983	82.9	85.5	105.6			102.6
1984	88.9	91.7	113.2			107.2
1985	92.5	95.5	117.8			104.1
1986	94.4	97.5	120.3			102.1
1987	99.9	103.2	127.3			105.8
1988	114.6	118.4	146.0			114.7
1989	135.5	139.9	172.6			118.2
1990	139.8	144.4	178.1			103.2
1991	142.6	147.3	181.7	102.0		102.0
1992	144.6	149.4	184.2	103.4		101.4
1993	161.4	166.7	205.6	115.4		111.6
1994	200.3	206.9	255.1	143.2		124.1
1995	267.0	275.8	340.1	190.9		133.3
1996	281.7	291.0	358.8	201.4	105.5	105.5
1997	272.1	281.1	346.6	194.6	101.9	96.6
1998	261.8	270.4	336.5	187.2	98.0	96.2
1999	249.0	257.2	320.0	178.0	93.2	95.1
2000	245.8	253.9	315.8	175.7	92.0	98.7
2001	250.2	258.5	321.5	178.9	93.7	101.8
2002	251.0	259.3	322.5	179.4	94.0	100.3
2003	257.0	265.5	330.2	183.7	96.2	102.4
2004	283.2	292.6	363.9	202.5	106.0	110.2
2005	300.7	310.7	386.4	215.0	112.6	106.2
2006	309.8	320.0	398.0	221.5	116.0	103.0
2007	331.8	342.7	426.3	237.2	124.2	107.1
2008	395.8	408.8	508.6	283.0	148.2	119.3
2009	381.2	393.7	489.8	272.5	142.7	96.3
2010	392.6	405.5	504.4	280.7	147.0	103.0
2011	436.2	450.6	560.4	311.9	163.4	111.1
2012	461.9	477.2	593.5	330.3	173.0	105.9
2013	467.5	482.9	600.6	334.3	175.1	101.2
2014	465.1	480.5	597.6	332.6	174.2	99.5
2015	461.9	477.1	593.4	330.3	173.0	99.3
2016	456.8	471.9	586.9	326.6	171.1	98.9
2017	460.9	476.1	592.2	329.6	172.7	100.9
2018	492.7	509.0	633.0	352.3	184.6	106.9
2019	530.1	547.7	681.1	379.1	198.6	107.6

9-8 居民消费价格分类指数(2019年)

Consumer Price Indices by Category(2019)

(上年=100) (preceding year=100)

商品类别	Category	全省 Provincial Indices	城市 Urban Indices	农村 Rural Indices
居民消费价格指数	**Consumer Price Index**	**103.2**	**103.1**	**103.6**
非食品价格指数	Non-food Price Index	101.5	101.4	101.5
服务价格指数	Services Price Index	102.0	102.0	102.0
消费品价格指数	Consumer Goods Price Index	103.9	103.7	104.5
扣除鲜菜鲜果价格指数	Deducting Fruit Vegetable Price Index	103.0	102.9	103.4
一、食品烟酒	**Food, Tobacco, Liquor**	**107.9**	**107.6**	**108.9**
1.食品	Food	110.6	110.1	111.9
(1)粮　食	Grain	100.1	100.3	99.7
(2)薯　类	Tuber	102.7	103.2	101.8
(3)豆　类	Beans	100.1	99.7	100.7
(4)食用油	Edible Oil	101.0	101.8	99.5
(5)菜	Vegetables	103.6	103.3	104.3
(6)畜肉类	Livestock Meat	136.9	135.7	139.6
(7)禽肉类	Poultry	109.7	109.7	109.9
(8)水产品	Aquatic Products	100.6	100.5	101.0
(9)蛋　类	Eggs	105.3	105.2	105.5
(10)奶　类	Milk	101.0	101.0	100.9
(11)干鲜瓜果类	Dried and Fresh Melons and Fruits	109.6	108.8	112.5
(12)糖果糕点类	Candy and Cakes	100.5	100.4	100.9
(13)调味品	Condiment	100.7	100.5	101.5
(14)其他食品类	Other Foods	99.9	99.1	101.3
2.茶及饮料	Tea and Beverages	100.6	100.3	101.4
3.烟　酒	Tobacco and Liquor	101.3	101.7	100.5
(1)烟　草	Tobacco	100.2	100.3	100.1
(2)酒　类	Liquor	102.4	103.2	101.0
4.在外餐饮	Outside Catering	103.7	103.6	104.4
二、衣　着	**Clothing**	**101.2**	**101.0**	**101.7**
1.服　装	Garments	101.1	101.1	101.4
(1)男式服装	Men's Clothing	100.9	100.7	101.9
(2)女式服装	Women's Clothing	101.1	101.2	100.8
(3)儿童服装	Children's Clothing	102.1	102.1	102.3
2.服装材料	Clothing Material	101.1	100.8	101.6
3.其他衣着及配件	Other Clothing and Accessories	101.0	100.2	103.3
4.衣着加工服务费	Clothing processing service fee	102.2	102.2	102.3
5.鞋　类	Footwear	101.1	100.7	102.3
(1)鞋	Shoes	101.1	100.7	102.3
(2)鞋类加工服务	Footwear Processing Services	103.9	104.5	102.7
三、居　住	**Residence**	**102.2**	**102.2**	**102.2**
1.租赁房房租	Rental Housing Rent	104.0	104.0	104.6
2.住房保养维修及管理	Housing Maintenance	102.1	102.0	102.3
(1)住房装潢材料	Housing Decoration Materials	101.4	101.3	101.6
(2)物业管理费	Property Management Fee	98.9	98.9	100.0
(3)住房装潢维修	Housing Decoration Maintenance	103.7	104.1	102.9
3.水电燃料	Water, Electricity and Fuels	100.5	100.7	99.9
(1)水	Water	100.6	100.7	100.3
(2)电	Electricity	99.9	100.0	99.8
(3)燃　气	Gas	103.2	104.8	99.2
(4)取暖费	Heating Fee	100.0	100.0	99.9
(5)其他燃料	Other Fuel	100.1	99.7	100.3
4.自有住房	Self-owned House	102.8	102.6	103.2

9-8 续表 continued

(上年=100) (preceding year=100)

商品类别	Category	全省 Provincial Indices	城市 Urban Indices	农村 Rural Indices
四、生活用品及服务	**Daily Necessities and Services**	**100.9**	**100.8**	**101.2**
1.家具及室内装饰品	Furniture and Interior Decorations	100.8	100.8	100.7
(1)家　具	Furniture	100.9	101.0	100.5
(2)室内装饰品	Interior Decorations	100.4	100.0	101.8
2.家用器具	Household Appliances	100.7	100.3	101.4
(1)大型家用器具	Large Household Appliances	100.7	100.3	101.5
(2)小家电	Small Household Appliances	100.4	100.1	101.2
3.家用纺织品	Home Textiles	99.5	99.6	99.1
(1)床上用品	Bedding Article	99.1	99.3	98.4
(2)窗帘门帘	Curtain	101.3	100.9	102.2
(3)其他家用纺织品	Other Household Textiles	100.8	100.9	100.6
4.家庭日用杂品	The Family Daily Sundry Goods	100.6	100.2	101.2
(1)洗涤卫生用品	Washing Sanitary Articles	101.0	100.7	101.5
(2)厨具餐具茶具	Kitchenware, Tableware, Tea Set	100.0	99.4	101.5
(3)家用手工工具	Home Hand Tools	100.9	100.4	102.2
(4)其他家庭日用杂品	Other Household Articles For Daily Use	100.1	99.8	100.5
5.个人护理用品	Personal Care Products	100.9	100.7	101.7
(1)化妆品	Cosmetics	101.6	101.6	101.6
(2)其他护理用品类	Other Nursing Products	100.1	99.8	101.7
6.家庭服务	Family Services	103.8	104.0	103.0
五、交通和通信	**Transport and Communication**	**97.8**	**97.6**	**98.3**
1.交　通	Transport	97.1	97.0	97.4
(1)交通工具	Transport Tools	97.0	96.8	97.6
(2)交通工具用燃料	Transport Fuels	94.1	94.2	94.1
(3)交通工具使用和维修	Vehicle Use and Maintenance	101.4	101.1	102.2
(4)交通费	Travelling Expenses	100.6	100.6	100.8
2.通　信	Signal Communication	99.1	98.8	99.8
(1)通信工具	Communication Tools	99.0	99.0	98.7
(2)通信服务	Communication Services	99.0	98.6	100.1
(3)邮递服务	Mailing Service	100.4	100.5	100.2
六、教育文化和娱乐	**Education Culture and Recreation**	**102.5**	**102.6**	**102.1**
1.教　育	Education	102.5	102.6	102.3
(1)教育用品	Educational Supplies	105.2	105.9	103.5
(2)教育服务	Education Services	102.4	102.5	102.3
2.文化娱乐	Culture and Entertainment	102.4	102.6	101.5
(1)文娱耐用消费品	Recreational Consumer Durables	99.8	99.8	100.0
(2)其他文娱用品	Other Entertainment Products	102.0	101.6	103.0
(3)文化娱乐服务	Cultural and Recreational Services	101.0	101.2	100.2
(4)旅　游	Tourism	104.2	104.3	103.3
七、医疗保健	**Health Care**	**102.0**	**101.7**	**102.7**
1.药品及医疗器具	Drugs and Medical Devices	104.1	103.2	106.1
(1)中　药	Traditional Chinese Medicine	104.8	105.2	103.8
(2)西　药	West Medicine	105.5	104.1	108.2
(3)滋补保健品	Western Medicine	101.6	101.0	103.9
(4)医疗卫生器具	Medical and Health Equipment	99.6	100.2	97.7
(5)保健器具	Healthcare Apparatus	99.4	99.1	101.3
2.医疗服务	Medical Services	100.2	100.4	99.8
(1)综合医疗类	Comprehensive Health Care	100.9	101.2	100.2
(2)诊断类	Diagnostic	99.7	99.9	99.3
(3)治疗类	Therapeutic	100.4	100.4	100.4
(4)康复类	Rehabilitation	99.5	100.5	97.2
(5)中医医疗服务类	Chinese Medicine Services	100.1	100.3	99.7
(6)其他医疗服务	Other Medical Services	100.4	100.6	99.8
八、其他用品和服务	**Other Supplies and Services**	**104.1**	**104.4**	**103.0**
1.其他用品类	Other Products	104.8	105.4	102.7
(1)首饰手表	Jewelry Watches	107.2	107.7	104.9
(2)其他杂项用品	Other Miscellaneous Supplies	100.5	100.6	100.3
2.其他服务类	Other Services	103.5	103.6	103.2
(1)旅馆住宿	Hotel Accommodation	103.3	103.7	100.4
(2)美容美发洗浴	Hairdressing Bath	102.9	102.6	103.7
(3)养老服务	Pension Services	105.3	105.5	104.8
(4)金融保险	Finance and Insurance	103.7	103.8	103.1
(5)其他服务类	Other Service	103.9	104.8	100.4

9−9　商品零售价格分类指数(2019年)

Retail Indices by Category(2019)

(上年=100)　　　　(preceding year=100)

商品类别	Category	全 省 Provincial Indices	城 市 Urban Indices	农 村 Rural Indices
商品零售价格总指数	**Retail Index**	**102.2**	**102.0**	**102.9**
一、食　品	**Food**	**109.3**	**108.9**	**110.7**
1.粮　食	Grain	100.0	100.1	99.5
2.薯　类	Tuber	103.2	103.5	101.6
3.豆　类	Beans	100.0	99.8	100.4
4.食用油	Edible Oil	101.2	101.7	100.0
5.菜	Vegetables	103.5	103.5	103.8
6.畜肉类	Livestock Meat	137.5	136.7	140.1
7.禽肉类	Poultry	109.9	109.6	111.0
8.水产品	Aquatic Products	100.5	100.4	101.1
9.蛋　类	Eggs	105.1	105.1	105.2
10.奶　类	Milk	101.0	101.1	100.7
11.干鲜瓜果类	Dried and Fresh Melons and Fruits	109.0	108.4	111.5
12.糖果糕点类	Candy and Cakes	100.5	100.4	100.9
13.调味品	Flavoring	100.6	100.3	101.4
14.其他食品类	Other Foods	99.9	99.3	101.6
15.在外餐饮	Outside Catering	104.0	104.0	104.2
二、饮料、烟酒	**Beverages,Tobacco and Liquor**	**101.1**	**101.2**	**100.6**
1.茶及饮料	Tea and Beverages	100.6	100.3	101.6
2.烟　草	Tobacco	100.2	100.2	100.1
3.酒　类	Liquor	102.6	103.2	100.6
三、服装、鞋帽	**Garments,Footwear and Hats**	**100.9**	**100.8**	**101.3**
1.服　装	Garments	101.0	101.0	101.0
(1)男士服装	Men's Clothing	100.8	100.6	101.8
(2)女士服装	Women's Clothing	100.9	101.0	100.3
(3)儿童服装	Children's Clothing	102.2	102.3	101.8
2.鞋帽袜	Footwear and Hats	100.6	100.2	102.3
(1)鞋	Shoes	100.7	100.2	102.3
(2)袜　子	Socks	100.2	99.2	104.1
(3)帽　子	Hats	101.1	100.9	102.1
3.其他衣着配件	Others	100.9	101.0	100.9
四、纺织品	**Textiles**	**99.4**	**99.5**	**99.1**
1.服装材料	Clothing Material	101.4	101.2	102.0
2.床上用品	Bed Articles	99.0	99.1	98.3

9–9 续表 continued

(上年=100) (preceding year=100)

商品类别	Category	全省 Provincial Indices	城市 Urban Indices	农村 Rural Indices
五、家用电器及音像器材	**Household Appliances, Music and Video Equipment**	**99.9**	**99.8**	**100.3**
1.家庭设备	Household Facilities	100.5	100.2	101.6
2.文娱用耐用消费品	Durable Consumer Goods for Cultural and Recreational Use	98.8	99.1	97.1
3.专业音像器材	Professional Music and Video Equipment	99.5	99.4	100.0
六、文化办公用品	**Cultural and Office Appliances**	**100.3**	**99.9**	**102.0**
七、日用品	**Articles for Daily Use**	**100.5**	**100.1**	**101.8**
1.日用百货	General Merchandise for Daily Use	99.6	99.0	101.6
2.厨具餐具茶具	Kitchenware, Tableware, Tea Set	99.9	99.4	101.8
3.清洗用品	Washing Products	102.5	102.3	103.3
4.其它日用品	Other Articles for Daily Use	100.3	100.3	100.5
八、体育娱乐用品	**Sports and Recreation Articles**	**100.9**	**100.9**	**101.0**
1.体育户外用品	Sports Articles	100.1	100.2	99.6
2.娱乐用品	Recreation Articles	101.3	101.2	101.6
九、交通、通信用品	**Transportation and Communication Articles**	**98.0**	**98.0**	**98.0**
1.交通运输机械	Transport machinery	97.8	97.8	97.6
2.通信器材	Communication Equipment	98.8	98.7	99.1
十、家　具	**Furniture**	**101.0**	**101.1**	**100.6**
十一、化妆品	**Cosmetics**	**101.3**	**101.0**	**103.0**
十二、金银饰品	**Gold, Silver and Jewelry**	**108.6**	**109.2**	**105.8**
十三、中西药品及医疗保健用品	**Traditional Chinese and Western Medicines and Health Care Articles**	**103.5**	**103.0**	**105.5**
1.医疗卫生器具	Medical Apparatus and Articles	99.8	100.3	97.3
2.中　药	Traditional Chinese Medicine	104.8	104.9	104.0
3.西　药	Western Medicines	104.6	103.9	107.2
4.保健器具及用品	Health Care Appliances and Supplies	101.0	100.7	103.5
十四、书报杂志及电子出版物	**Books, Newspapers, Magazines and Electronic Publications**	**104.9**	**104.6**	**106.3**
1.教材及参考书	Teaching Materials and Reference Books	105.4	105.7	103.8
2.书报杂志	Books, Newspapers and Magazines	105.3	104.1	110.9
3.计算机办公软件	Computer Office Software	101.7	101.6	102.2
十五、燃　料	**Fuels**	**97.1**	**97.1**	**97.3**
1.煤炭及制品	Coal and Products	99.2	98.8	100.3
2.石油及制品	Petroleum and Products	96.5	96.6	96.1
十六、建筑材料及五金电料	**Building Materials and Hardware**	**101.2**	**101.2**	**101.4**
1.建筑装潢材料	Building Decoration Materials	101.3	101.3	101.3
2.五金水暖	Plumbing Hardware	101.2	100.9	101.7

9-10 农产品生产者价格指数

Producers' Price Indices for Farm Products

(上年＝100) (preceding year=100)

指　标	Item	2014	2015	2016	2017	2018	2019
农产品生产者价格指数	**Producers' Price Indices for Farm Products**	**100.5**	**100.1**	**102.8**	**98.6**	**100.5**	**112.2**
种植业产品	**Planting Products**	**102.4**	**98.3**	**98.5**	**99.3**	**101.2**	**106.1**
#谷物	Cereal	101.9	94.6	89.9	100.5	103.2	99.0
#小麦	Wheat	103.2	97.6	98.6	104.6	98.0	95.0
稻谷	Rice	100.6	99.2	102.7	101.3	99.8	91.0
玉米	Corn	101.7	92.2	82.3	97.5	107.9	102.7
大豆	Beans	99.3	95.7	91.8	101.6	92.9	99.1
油料	Oil-bearing Crops	90.9	109.1	102.7	92.3	85.7	108.8
棉花	Cotton	97.6	87.1	92.7	116.5	99.2	100.1
蔬菜	Vegetable	106.8	110.0	111.5	95.1	102.8	115.9
水果	Fruit	102.3	98.6	93.2	103.8	96.8	118.0
林业产品	**Forestry Products**	**99.9**	**100.9**	**98.7**	**101.2**	**101.4**	**100.3**
畜牧业产品	**Animal Husbandry Products**	**99.5**	**103.3**	**109.7**	**90.7**	**97.3**	**132.2**
活猪	Live Pig	91.2	110.0	126.7	84.2	84.0	162.7
活牛	Live Cattle and Buffaloes	104.3	97.1	95.8	101.2	110.1	112.0
活羊	Live Sheep and Goats	96.8	84.9	94.5	104.6	110.4	114.7
肉禽	Live Poultry	104.1	102.1	97.9	94.5	102.7	105.5
蛋类	Eggs	113.9	93.8	90.8	89.7	122.8	105.2
奶类	Milk	109.9	93.1	93.1	99.3	100.2	104.1
渔业产品	**Fishery Products**	**98.0**	**100.3**	**103.3**	**106.8**	**103.1**	**101.3**
海水养殖鱼类	Seawater Fish	93.5	100.6	87.1	127.4	120.7	102.2
淡水养殖鱼类	Freshwater Fish	107.0	101.0	104.0	103.6	107.8	96.9

9-11 工业、投资价格指数

Price Indices for Industrial, Investment

年份 Year	以1988年为100 (1988=100)		以1990年为100 (1990=100)	以上年为100 (preceding year=100)		
	工业生产者出厂价格指数 Producer Price Indices for Industrial Products	工业生产者购进价格指数 Industrial Producer Purchasing Price Indices	固定资产投资价格指数 Price Indices for Investment in Fixed Assets	工业生产者出厂价格指数 Producer Price Indices for Industrial Products	工业生产者购进价格指数 Industrial Producer Purchasing Price Indices	固定资产投资价格指数 Price Indices for Investment in Fixed Assets
1988	100.0	100.0				
1989	123.8	136.7		123.8	136.7	
1990	129.6	144.1	100.0	104.7	105.4	
1991	133.5	154.2	112.4	103.0	107.0	112.4
1992	146.5	171.0	134.2	109.7	110.9	119.4
1993	180.1	230.3	163.9	123.0	134.7	122.1
1994	223.7	279.4	189.8	124.2	121.3	115.8
1995	261.8	316.2	202.3	117.0	113.2	106.6
1996	272.5	334.3	208.6	104.1	105.7	103.1
1997	275.8	336.3	209.4	101.2	100.6	100.4
1998	264.7	318.1	207.7	96.0	94.6	99.2
1999	257.3	297.1	206.9	97.2	93.4	99.6
2000	272.5	311.1	211.8	105.9	104.7	102.4
2001	270.1	311.1	214.8	99.1	100.0	101.4
2002	266.8	307.0	217.2	98.8	98.7	101.1
2003	276.2	324.5	223.5	103.5	105.7	102.9
2004	293.8	369.3	240.0	106.4	113.8	107.4
2005	304.7	391.1	247.0	103.7	105.9	102.9
2006	311.7	407.9	251.5	102.3	104.3	101.8
2007	322.0	427.5	261.7	103.3	104.8	104.0
2008	349.7	483.5	281.8	108.6	113.1	107.7
2009	329.1	461.7	273.1	94.1	95.5	96.9
2010	352.6	504.6	282.9	107.2	109.3	103.6
2011	373.7	550.9	302.3	106.0	109.2	106.8
2012	367.7	546.5	304.7	98.4	99.2	100.8
2013	361.8	537.8	305.9	98.4	98.4	100.4
2014	356.0	528.1	306.8	98.4	98.2	100.3
2015	338.9	501.7	299.7	95.2	95.0	97.7
2016	333.8	491.7	297.0	98.5	98.0	99.1
2017	352.2	527.6	314.2	105.5	107.3	105.8
2018	365.2	546.6	333.4	103.7	103.6	106.1
2019	364.1	542.2	342.7	99.7	99.2	102.8

9-12 工业生产者出厂价格指数

Producer Price Indices for Industrial Products

(上年=100) (preceding year=100)

类 别	Category	2014	2015	2016	2017	2018	2019
总指数	**Total Price Indices**	**98.4**	**95.2**	**98.5**	**105.5**	**103.7**	**99.7**
轻工业	Light Industry	99.5	98.4	99.0	101.4	101.2	100.6
以农产品为原料	Agricultural Products as Raw Materials	99.5	98.2	99.1	101.3	101.5	100.9
以非农产品为原料	Non-agricultural Products as Raw Materials	99.5	98.8	98.5	101.5	100.5	99.3
重工业	Heavy Industry	97.9	93.7	98.3	107.2	104.6	99.3
采 掘	Mining	91.3	78.5	100.9	120.5	109.8	101.7
原 料	Raw Materials	97.5	90.3	95.9	110.2	106.7	97.2
加 工	Processing	98.8	96.9	99.2	104.9	103.1	100.2
生产资料	Means of Production	98.0	93.8	98.0	106.9	104.4	98.9
采 掘	Mining	91.3	78.5	100.9	120.5	109.8	101.7
原 料	Raw Materials	97.4	90.0	95.9	110.5	106.7	97.0
加 工	Processing	98.9	96.6	98.8	104.7	103.1	99.6
生活资料	Consumer Goods	99.8	99.7	100.0	100.6	101.0	102.3
食 品	Food	99.5	100.0	100.9	99.9	100.4	104.3
衣 着	Clothing	100.3	100.3	100.1	101.9	101.7	100.9
一般日用品	Articles for Daily Use	100.0	99.3	99.9	101.6	101.9	99.5
耐用消费品	Durable Consumer Goods	99.7	99.0	96.4	100.5	101.3	101.1
按工业部门分	**by Industrial Department**						
冶金工业	Metallurgical Industry	95.3	88.2	102.7	114.8	103.7	102.9
电力工业	Power Industry	99.9	98.2	96.2	99.8	97.7	98.2
煤炭及炼焦工业	Coal Industry	87.1	81.2	100.3	131.7	109.3	98.4
石油工业	Petroleum Industry	97.4	74.9	88.4	115.4	115.0	94.3
化学工业	Chemical Industry	98.3	95.7	97.5	105.6	104.3	97.5
机械工业	Machine Building Industry	99.7	98.9	98.7	101.1	101.6	99.7
建筑材料工业	Building Materials Industry	99.9	97.7	99.2	109.5	109.8	102.2
森林工业	Timber Industry	100.6	99.7	99.0	102.2	103.1	102.4
食品工业	Food Industry	99.4	98.9	99.9	99.9	100.7	104.1
纺织工业	Textile Industry	99.4	95.6	97.2	101.6	101.2	97.3
缝纫工业	Tailoring Industry	100.1	100.5	99.5	101.7	101.4	100.6
皮革工业	Leather Industry	100.8	99.8	101.4	100.5	103.0	102.5
造纸工业	Paper Industry	99.2	97.8	99.6	108.2	106.1	93.7
文教艺术用品工业	Industry of Cultural, Educational& Handicrafts Articles	100.5	100.4	100.7	102.5	101.8	99.3
其它工业	Others	100.4	100.5	100.6	103.2	100.0	98.5

9-13 工业生产者出厂价格指数(2019年)
Producer Price Indices for Industrial Products(2019)

(上年=100) (preceding year=100)

类　别	Category	全年平均 Annual Average	一季度 1st Quarter	二季度 2nd Quarter	三季度 3rd Quarter	四季度 4th Quarter
总指数	**Total Price Indices**	**99.7**	**100.2**	**100.2**	**99.3**	**99.0**
(一)核心指数	**Core Indices**	**99.5**	**100.0**	**100.0**	**99.4**	**98.6**
(二)高技术	**High Technology**	**99.8**	**100.7**	**100.3**	**99.1**	**98.9**
(三)能源	**Energy**	**96.1**	**98.7**	**98.7**	**94.1**	**93.1**
(四)按轻重工业分	**By Light and Heavy Industry**					
1.轻工业	Light Industry	100.6	100.9	100.5	100.1	100.8
(1)以农产品为原料	Agricultural Products as Raw Materials	100.9	101.3	100.8	100.2	101.3
(2)以非农产品为原料	Non-agricultural Products as Raw Materials	99.3	99.4	99.3	99.8	98.9
2.重工业	Heavy Industry	99.3	99.9	100.2	99.0	98.2
(1)采掘	Mining	101.7	103.1	103.8	101.3	98.6
(2)原料	Raw Materials	97.2	98.6	98.7	96.2	95.4
(3)加工	Processing	100.2	100.3	100.7	100.3	99.6
(五)按生产生活资料分	**By Means of Production and Consumer Goods**					
1.生产资料	Means of Production	98.9	99.7	99.8	98.6	97.7
(1)采掘	Mining	101.7	103.1	103.8	101.3	98.6
(2)原料	Raw Materials	97.0	98.3	98.6	96.1	95.2
(3)加工	Processing	99.6	100.1	100.0	99.5	98.7
2.生活资料	Consumer Goods	102.3	101.7	102.0	102.0	103.4
(1)食品	Food	104.3	102.6	103.7	103.7	107.1
(2)衣着	Clothing	100.9	101.8	101.0	100.7	99.9
(3)一般日用品	Articles for Daily Use	99.5	100.3	99.7	99.4	98.7
(4)耐用消费品	Durable Consumer Goods	101.1	101.2	100.8	101.4	101.0
(六)按初级中间最终产品分	**By Primary 、Intermediate and Final Products**					
1.初级产品	Primary Products	101.7	103.2	103.9	101.5	98.5
(1)矿产品	Minerals	101.6	103.1	103.9	101.3	98.4
(2)废料	Scrap	105.1	104.4	104.9	108.8	102.6
2.中间产品	Intermediate Products	99.5	100.0	100.2	99.1	98.8
3.最终产品	Final Products	99.8	100.1	100.0	99.4	99.7
(1)最终投资品	Investment Goods	98.8	99.6	99.3	98.3	98.1
(2)最终消费品	Consumer Goods	101.9	101.1	101.6	101.7	103.0
(七)按工业部门分	**By Industrial Department**					
1.冶金工业	Metallurgical Industry	102.9	101.2	103.7	104.2	102.4
2.电力工业	Power Industry	98.2	96.7	98.8	98.6	98.7
3.煤炭及炼焦工业	Coal Industry	98.4	102.6	102.8	98.8	89.6
4.石油工业	Petroleum Industry	94.3	98.1	97.1	90.5	91.9
5.化学工业	Chemical Industry	97.5	98.6	98.4	97.0	95.9
6.机械工业	Machine Building Industry	99.7	99.8	99.6	99.7	99.8
7.建筑材料工业	Building Materials Industry	102.2	103.1	103.6	102.2	100.1
8.森林工业	Timber Industry	102.4	102.4	102.0	102.6	102.6
9.食品工业	Food Industry	104.1	102.5	103.3	103.6	107.1
10.纺织工业	Textile Industry	97.3	100.5	98.5	96.5	93.7
11.缝纫工业	Tailoring Industry	100.6	101.4	100.6	100.5	99.8
12.皮革工业	Leather Industry	102.5	103.3	102.9	102.3	101.4
13.造纸工业	Paper Industry	93.7	96.5	93.5	91.1	93.6
14.文教艺术用品工业	Industry of Cultural, Educational & Handicrafts Articles	99.3	99.9	99.4	99.3	98.5
15.其它工业	Others	98.5	98.6	98.7	98.8	98.0

9-13 续表 continued

(上年=100) (preceding year=100)

类 别	Category	全年平均 Annual Average	一季度 1st Quarter	二季度 2nd Quarter	三季度 3rd Quarter	四季度 4th Quarter
(八)按工业行业分	**by Industrial Sector**	**99.7**	**100.2**	**100.2**	**99.3**	**99.0**
煤炭开采和洗选业	Mining and Washing of Coal	98.7	101.7	101.7	99.3	92.2
石油和天然气开采业	Extraction of Petroleum and Natural Gas	95.7	108.2	101.0	85.4	91.1
黑色金属矿采选业	Mining of Ferrous Metal Ores	118.5	110.6	124.7	129.1	110.2
有色金属矿采选业	Mining of Non-ferrous Metal Ores	108.8	100.1	104.1	115.6	115.8
非金属矿采选业	Mining and Processing of Nonmetal Ores	103.2	104.6	105.3	102.9	100.1
开采专业及辅助性活动	Mining Specialties and Auxiliary Activities					
其他采矿业	Mining of Other Ores	102.8	98.3	98.1	104.9	111.4
农副食品加工业	Processing of Food from Agricultural Products	104.7	102.8	103.7	103.9	108.4
食品制造业	Manufacture of Foods	100.5	100.9	100.9	100.5	99.6
酒、饮料和精制茶制造业	Manufacture of Wine, Drinks and Refined Tea	103.6	102.2	103.2	104.7	104.5
烟草制品业	Manufacture of Tobacco	100.8	100.5	101.0	100.9	100.9
纺织业	Manufacture of Textile	97.4	100.5	98.6	96.6	93.8
纺织服装、服饰业	Manufacture of Textile Wearing Apparel and Finery	100.3	101.3	100.4	100.2	99.5
皮革、毛皮、羽毛及其制品和制鞋业	Manufacture of Leather, Fur, Feather & Its Products and Footwear	102.7	103.2	103.0	102.5	102.2
木材加工及木 竹、藤、棕、草制品业	Timber Processing, Bamboo, Cane, Palm Fiber & Straw Products	102.8	102.7	102.5	103.1	102.8
家具制造业	Manufacture of Furniture	101.4	101.7	101.0	101.2	101.9
造纸及纸制品业	Manufacture of Paper and Paper Products	93.7	96.5	93.5	91.1	93.6
印刷和记录媒介复制业	Printing, Reproduction of Recording Media	97.1	99.9	97.2	96.5	94.9
文教、工美、体育和娱乐用品制造业	Manufacture of Culture, Education,Arts and crafts, Sport and Entertainment Goods	99.9	99.3	100.0	99.9	100.2
石油、煤炭及其他燃料加工业	Processing of Oil, Coal and Other Fuel	94.1	97.3	97.4	91.5	90.7
化学原料和化学制品制造业	Manufacture of Chemical Raw Material and Chemical Products	96.1	97.5	97.3	95.3	94.2
医药制造业	Manufacture of Medicines	101.3	102.4	102.3	101.0	99.6
化学纤维制造业	Manufacture of Chemical Fiber	90.9	90.9	93.0	92.2	87.2
橡胶和塑料制品业	Manufacture of Rubber and Plastic	98.7	98.9	98.7	98.6	98.5
非金属矿物制品业	Manufacture of Non-metallic Mineral Products	101.3	102.2	102.5	101.4	99.2
黑色金属冶炼及压延加工业	Manufacture and Processing of Ferrous Metals	100.7	101.4	105.4	100.0	96.3
有色金属冶炼及压延加工业	Manufacture & Processing of Non-ferrous Metals	103.5	100.2	102.6	105.5	105.6
金属制品业	Manufacture of Metal Products	102.0	102.0	101.6	102.3	102.2
通用设备制造业	Manufacture of General Purpose Machinery	100.6	100.7	100.9	100.8	100.0
专用设备制造业	Manufacture of Special Purpose Machinery	99.2	99.3	98.9	99.5	99.2
汽车制造业	Manufacture of Automotive	99.1	99.7	99.0	98.7	99.2
铁路、船舶、航空航天和其他运输设备制造业	Manufacture of Railroad,Marine,Aerospace and Other Transportation Equipment	98.6	98.7	98.5	98.0	99.3
电气机械及器材制造业	Manufacture of Electrical Machinery & Equipment	98.5	97.9	97.8	98.8	99.3
计算机、通信和其他电子设备制造业	Manufacture of Computer, Communications and Other Electronic Equipment	99.0	100.0	99.5	98.0	98.8
仪器仪表制造业	Manufacture of Measuring Instrument	101.3	101.5	101.4	101.4	100.8
其他制造业	Other Manufacture	101.0	101.4	100.9	101.5	100.0
废弃资源综合利用业	Comprehensive Utilization of Waste	105.1	104.4	104.9	108.8	102.6
金属制品、机械和设备修理业	Metal Products, Machinery and Equipment Repair Industry	103.0	104.3	105.1	101.6	101.1
电力、热力生产和供应业	Production and Supply of Electric Power and Heat Power	98.4	96.8	98.9	98.8	99.0
燃气生产和供应业	Production and Supply of Gas	102.4	103.6	102.2	102.7	101.0
水的生产和供应业	Production and Supply of Water	115.2	117.0	118.0	113.9	112.3

9-14 工业生产者购进价格指数(2019年)

Industrial Producer Purchasing Price Indices(2019)

(上年=100) (preceding year=100)

类 别	Category	全年平均 Annual Average	一季度 1st Quarter	二季度 2nd Quarter	三季度 3rd Quarter	四季度 4th Quarter
总指数	**Total Price Indices**	**99.2**	**100.0**	**99.9**	**98.8**	**98.1**
一、按初级中间最终产品分	**By Primary and Intermediate Products**					
1.初级产品	Primary Products	103.1	101.2	104.8	104.0	102.6
(1)农产品	Farm Produce	104.7	100.3	104.5	106.1	107.8
(2)矿产品	Minerals	101.5	102.0	105.3	102.1	97.0
(3)废料	Scrap	95.2	103.5	95.9	88.8	93.2
2.中间产品	Intermediate Products	98.4	99.7	98.9	97.8	97.1
二、九大类原材料购进价格指数	**By Nine Categories of Raw Material**					
1.燃料、动力类	Fuel and Power	95.9	97.8	97.8	94.6	93.4
2.黑色金属材料类	Ferrous Metals	102.3	102.9	104.1	103.6	98.7
(1)钢材	Steel	98.2	100.6	99.0	97.4	96.0
(2)其它	Others	106.9	105.5	110.0	110.6	101.6
3.有色金属材料及电线类	Nonferrous Metals	99.3	99.0	99.5	99.5	99.4
4.化工原料类	Raw Chemical Materials	96.6	98.7	97.6	95.8	94.2
5.木材及纸浆类	Timber and Paper Pulp	96.0	99.4	96.4	93.3	94.8
6.建筑材料及非金属类	Building Materials and Nonmetal Ores	103.8	105.1	104.2	104.4	101.4
7.其它工业原材料及半成品类	Other Industrial Raw Materials and Semi-finished Products	100.0	100.3	99.8	99.9	100.1
8.农副产品类	Agricultural Products	104.7	100.3	104.6	106.1	107.9
9.纺织原料类	Textile Materials	99.0	101.2	100.5	97.7	96.6

9-15 固定资产投资价格指数(2019年)

Price Indices for Investment in Fixed Assets(2019)

(上年=100) (preceding year=100)

类 别	Category	全年平均 Annual Average	一季度 1st Quarter	二季度 2nd Quarter	三季度 3rd Quarter	四季度 4th Quarter
固定资产投资	**Investment in Fixed Assets**	**102.8**	**103.7**	**104.0**	**102.5**	**101.1**
建筑安装工程	Construction and Installation	102.9	103.9	104.5	102.4	100.9
人工费	Labor Costs	105.3	106.1	105.9	105.4	104.0
材料费	Material Costs	101.9	103.1	103.9	101.2	99.4
钢 材	Steel	100.5	102.6	105.0	99.0	95.7
木、竹材及其制品	Wood, Bamboo and Products	102.5	102.8	103.1	102.7	101.3
水 泥	Cement	101.6	100.6	103.3	102.6	100.0
装饰材料及配件	Decoration Materials and Accessories	102.8	103.6	103.6	102.1	101.9
化工材料	Chemical Materials	103.5	104.7	104.9	102.8	101.8
电气电料	Electric Materials	99.9	100.5	100.6	99.2	99.2
仪表及其他	Instruments and Other Materials	103.2	104.0	104.1	103.0	102.0
机械费	Machinery Costs	104.1	104.5	105.1	103.4	103.6
设备、工器具购置	Purchase for Equipment,Tools and Instruments	99.9	99.7	99.6	100.1	100.1
其他费用	Other Costs	106.3	108.0	107.1	106.4	104.0

注：由于方法制度改革,2019年部分类别发生变动(以下相关表同)。
a)Because of methodological reform,some categories have changed in 2019（the same as in the following tables).

9-16 固定资产投资价格指数

Price Indices for Investment in Fixed Assets

(上年=100) (preceding year=100)

年份 Year	全省固定资产投资 Provincial Investment in Fixed Assets	建筑安装工程 Construction and Installation	人工费 Labor Costs	材料费 Material Costs	钢材 Steel	木、竹材及其制品 Wood, Bamboo and Products	水泥 Cement
1991	112.4	116.6	122.7	120.9	119.6	121.2	118.5
1992	119.4	123.8	118.7	122.4	117.0	109.4	107.8
1993	122.1	124.6	142.9	126.5	127.7	121.6	110.4
1994	115.7	120.1	159.1	119.4	118.9	132.0	107.0
1995	106.6	105.7	111.4	104.2	99.3	100.1	101.9
1996	103.1	103.2	112.8	101.0	99.6	99.9	102.1
1997	100.4	100.7	106.3	100.6	99.3	100.8	101.7
1998	99.2	100.2	104.7	99.0	97.6	100.9	98.3
1999	99.6	101.3	105.8	100.1	98.4	102.1	99.8
2000	102.4	105.1	105.1	106.2	107.4	109.9	98.2
2001	101.4	103.2	106.6	102.7	101.8	111.4	103.8
2002	101.1	102.3	103.3	100.5	100.9	106.1	99.3
2003	102.9	104.7	103.9	106.7	110.9	110.3	101.8
2004	107.4	110.4	108.0	113.2	120.3	106.4	108.6
2005	102.9	103.7	109.5	102.4	101.0	103.3	100.0
2006	101.8	102.1	109.0	100.1	97.2	102.7	101.4
2007	104.0	105.5	110.3	104.7	105.6	106.2	103.2
2008	107.7	110.7	110.5	112.4	116.3	110.4	110.2
2009	96.9	95.4	106.8	91.3	82.2	101.5	101.2
2010	103.6	105.3	110.3	104.4	105.1	102.7	104.3
2011	106.8	109.7	115.1	109.1	108.8	106.6	115.3
2012	100.8	101.2	111.0	97.8	94.8	101.7	98.1
2013	100.4	100.5	107.4	98.1	95.3	100.6	98.1
2014	100.3	100.2	106.0	98.1	95.1	100.7	99.7
2015	97.7	96.6	104.5	93.5	88.2	99.1	96.2
2016	99.1	99.1	101.9	98.0	98.1	99.5	96.2
2017	105.8	108.7	103.0	111.7	118.5	102.5	113.2
2018	106.1	108.7	105.7	110.7	109.9	104.6	116.3
2019	102.8	102.9	105.3	101.9	100.5	102.5	101.6

9-16 续表 continued

(上年=100) (preceding year=100)

年份 Year	装饰材料及配件 Decoration Materials and Accessories	化工材料 Chemical Materials	电气电料 Electric Materials	仪表及其他 Instruments and Other Materials	机械使用费 Machinery Costs	设备工器具购置 Purchase of Equipment,Tools and Instruments	其它费用 Other Costs
1991	101.9	115.3	105.7	105.3	107.1	105.3	107.1
1992	99.9	113.6	96.5	115.0	106.2	115.0	106.2
1993	99.7	121.8	92.5	118.8	113.5	118.8	113.5
1994	100.5	122.6	100.4	107.6	106.0	107.6	106.0
1995	100.0	107.1	108.2	106.2	113.8	106.2	113.8
1996	100.1	102.0	104.8	101.6	107.2	101.6	107.2
1997	101.9	101.7	96.5	98.7	103.5	98.7	103.5
1998	99.9	100.0	92.5	96.0	102.0	96.0	102.0
1999	99.7	101.0	100.4	96.2	98.3	96.2	98.3
2000	100.0	101.6	102.2	97.2	100.4	97.2	100.4
2001	98.4	98.7	102.2	97.1	102.1	97.1	102.1
2002	100.6	101.0	107.6	97.3	104.1	97.3	104.1
2003	100.0	101.1	101.7	98.5	104.2	98.5	104.2
2004	108.5	104.7	103.4	101.1	106.7	101.1	106.7
2005	104.8	103.2	102.6	100.8	103.5	100.8	103.5
2006	103.7	103.5	103.9	100.6	103.4	100.6	103.4
2007	105.7	103.3	104.2	100.8	104.6	100.8	104.6
2008	110.0	114.5	102.7	105.8	104.8	102.5	104.4
2009	103.0	97.1	97.3	101.2	101.3	98.0	102.0
2010	103.9	105.3	103.2	100.9	103.3	100.2	103.6
2011	109.1	108.2	103.5	103.9	105.8	101.8	104.9
2012	100.8	100.6	101.3	103.4	103.6	99.2	103.0
2013	101.2	101.1	101.0	101.6	102.1	99.3	102.1
2014	101.1	101.2	100.9	101.2	101.4	99.9	101.4
2015	98.3	92.6	100.6	99.7	100.1	99.2	100.9
2016	98.2	96.3	100.0	99.7	100.0	98.7	100.0
2017	106.8	103.7	101.8	103.7	101.9	100.6	101.4
2018	112.3	110.9	101.7	102.2	102.3	101.5	101.5
2019	102.8	103.5	99.9	103.2	104.1	99.9	106.3

9-17 各市工业生产者出厂价格指数(2019年)

Ex-factory Price Indices of Industrial Products by Region(2019)

(上年=100) (preceding year=100)

类 别	Category	济南 Ji-nan	青岛 Qing-dao	淄博 Zi-bo	枣庄 Zao-zhuang	东营 Dong-ying	烟台 Yan-tai	潍坊 Wei-fang	济宁 Ji-ning
总指数	**Total Price Indices**	**100.3**	**100.0**	**96.7**	**99.1**	**98.8**	**101.7**	**101.5**	**100.5**
(一)核心指数	**Core Indices**	**100.3**	**99.6**	**96.8**	**99.0**	**100.0**	**101.5**	**101.0**	**99.0**
(二)高技术	**High Technology**	**99.9**	**98.7**	**99.1**	**98.1**	**108.3**	**98.4**	**101.9**	**99.3**
(三)能源	**Energy**	**98.3**	**97.3**	**95.7**	**95.1**	**98.1**	**102.6**	**97.2**	**96.0**
(四)按轻重工业分	**By Light and Heavy Industry**								
1.轻工业	Light Industry	102.4	101.6	99.8	100.9	99.0	101.7	101.5	104.0
(1)以农产品为原料	Agricultural Products as Raw Materials	103.4	102.9	99.0	101.7	99.1	102.1	102.6	104.4
(2)以非农产品为原料	Non-agricultural Products as Raw Materials	101.0	100.2	100.9	97.7	97.4	100.0	96.9	98.7
2.重工业	Heavy Industry	99.8	98.9	96.2	98.4	98.8	101.7	101.4	98.6
(1)采掘	Mining	100.0		110.0	93.8	95.8	111.9	100.5	95.4
(2)原料	Raw Materials	97.7	95.9	91.9	93.6	101.1	102.5	102.6	97.3
(3)加工	Processing	100.4	99.8	99.5	102.4	100.2	100.3	100.8	100.3
(五)按生产生活资料分	**By Means of Production and Consumer Goods**								
1.生产资料	Means of Production	99.7	99.0	96.1	98.2	98.6	101.5	100.5	97.9
(1)采掘	Mining	100.0		110.0	93.8	95.8	111.9	100.5	95.4
(2)原料	Raw Materials	97.5	95.8	91.3	93.7	100.9	102.2	101.9	97.2
(3)加工	Processing	100.3	99.8	99.2	101.3	99.5	100.2	99.9	98.7
2.生活资料	Consumer Goods	103.2	101.8	100.9	103.3	104.3	102.5	104.8	109.9
(1)食品	Food	104.3	104.8	102.6	108.8	103.4	103.1	111.5	115.2
(2)衣着	Clothing	105.0	101.6	107.3	100.4		107.4	100.8	98.5
(3)一般日用品	Articles for Daily Use	102.2	100.3	99.9	99.2	109.2	99.4	99.7	101.0
(4)耐用消费品	Durable Consumer Goods	102.1	100.3	102.3	95.4	100.0	100.4	100.2	100.0
(六)按初级中间最终产品分	**By Primary 、Intermediate and Final Products**								
1.初级产品	Primary Products	100.0		110.0	93.8	95.8	111.9	100.5	95.4
(1)矿产品	Minerals	100.0		110.0	93.8	95.8	111.9	100.5	95.4
(2)废料	Scrap								
2.中间产品	Intermediate Products	100.2	99.9	95.7	100.0	100.5	100.9	101.5	100.9
3.最终产品	Final Products	100.5	100.2	97.0	100.2	100.6	100.7	101.7	102.7
(1)最终投资品	Investment Goods	99.9	99.4	96.1	98.5	100.5	99.9	100.6	99.4
(2)最终消费品	Consumer Goods	102.7	101.5	101.2	102.8	101.9	102.4	104.0	107.4
(七)按工业部门分	**by Industrial Department**								
1.冶金工业	Metallurgical Industry	98.4	98.6	102.4	99.9	102.6	106.9	101.3	109.6
2.电力工业	Power Industry	99.9	96.6	101.0	100.1	99.9	99.5	98.5	100.3
3.煤炭及炼焦工业	Coal Industry			105.7	93.4	103.9	109.9	94.6	94.1
4.石油工业	Petroleum Industry	97.6	98.0	91.8	104.6	98.0	110.1	96.8	103.5
5.化学工业	Chemical Industry	98.2	97.4	91.1	91.4	99.3	97.6	101.8	97.7
6.机械工业	Machine Building Industry	100.0	100.0	99.4	98.3	100.7	99.6	100.7	100.9
7.建筑材料工业	Building Materials Industry	117.1	101.7	101.6	111.0	100.8	105.0	102.7	105.7
8.森林工业	Timber Industry	98.9	99.3	99.3	104.9	99.2		95.6	100.9
9.食品工业	Food Industry	105.3	104.7	103.3	108.5	103.7	102.4	110.1	116.2
10.纺织工业	Textile Industry	102.4	101.0	100.2	96.7	96.9	102.4	97.9	89.9
11.缝纫工业	Tailoring Industry	105.0	102.4	107.3	100.4		107.4	101.4	98.5
12.皮革工业	Leather Industry		99.5	102.2			101.1	98.2	
13.造纸工业	Paper Industry	81.0	96.7	90.2	92.7	95.7	93.3	92.3	98.4
14.文教艺术用品工业	Industry of Cultural, Educational & Handicrafts Articles	97.8	98.4	95.6	100.1		103.1	100.0	100.1
15.其它工业	Others	98.0	100.3	95.3	100.5	105.8	100.4	108.7	91.1

注：2019年，济南市数据不含莱芜区、钢城区。

a)Jinan City data does not include Laiwu District and Gangcheng District in 2019.

9-17 续表 continued

(上年=100) (preceding year=100)

类 别	Category	泰安 Tai 'an	威海 Wei-hai	日照 Ri-zhao	临沂 Lin-yi	德州 De-zhou	聊城 Liao-cheng	滨州 Bin-zhou	菏泽 He-ze
总指数	**General Indices**	**100.2**	**100.1**	**98.2**	**104.0**	**98.3**	**97.8**	**99.4**	**99.4**
(一)核心指数	**Core Indices**	**99.0**	**99.7**	**98.7**	**101.1**	**97.1**	**96.4**	**99.3**	**98.9**
(二)高技术	**High Technology**	**103.4**	**96.8**	**100.1**	**125.5**	**100.4**	**102.7**	**98.8**	**100.0**
(三)能源	**Energy**	**103.4**	**97.7**	**96.7**	**99.2**	**96.1**	**98.1**	**92.8**	**99.9**
(四)按轻重工业分	**By Light and Heavy Industry**								
1.轻工业	Light Industry	100.1	101.8	97.0	105.9	101.0	98.0	100.6	98.9
(1)以农产品为原料	Agricultural Products as Raw Materials	99.8	102.8	96.5	107.5	101.9	98.3	100.4	98.7
(2)以非农产品为原料	Non-agricultural Products as Raw Materials	101.7	99.7	102.3	95.3	97.5	95.5	102.6	99.5
2.重工业	Heavy Industry	100.2	98.9	98.8	103.1	96.7	97.7	98.6	99.7
(1)采掘	Mining	98.0	100.2	112.2	116.5		103.7	102.1	
(2)原料	Raw Materials	102.9	96.7	101.0	100.5	93.5	93.8	97.8	98.4
(3)加工	Processing	99.2	99.3	98.0	103.2	98.0	98.9	99.8	101.5
(五)按生产生活资料分	**By Means of Production and Consumer Goods**								
1.生产资料	Means of Production	99.9	99.3	98.2	101.4	96.6	96.6	98.3	98.9
(1)采掘	Mining	98.0	100.2	112.2	116.5		103.7	102.1	
(2)原料	Raw Materials	103.9	95.8	99.2	101.1	93.0	94.5	97.5	98.3
(3)加工	Processing	98.6	99.7	97.9	100.2	97.8	97.1	98.9	99.6
2.生活资料	Consumer Goods	102.2	101.8	97.8	110.9	101.8	101.8	104.4	100.7
(1)食品	Food	103.7	102.5	97.1	115.4	104.6	105.6	104.9	101.6
(2)衣着	Clothing	97.8	105.1	101.2	101.8	103.4	87.8	99.9	98.4
(3)一般日用品	Articles for Daily Use	101.3	99.1	101.1	95.8	98.3	95.7	102.4	100.2
(4)耐用消费品	Durable Consumer Goods		96.6	100.0	105.2	98.3	100.4	106.0	101.1
(六)按初级中间最终产品分	**By Primary、Intermediate and Final Products**								
1.初级产品	Primary Products	98.0	100.2	112.2	116.5		103.7	102.1	
(1)矿产品	Minerals	98.0	100.2	112.2	116.5		103.7	102.1	
(2)废料	Scrap								
2.中间产品	Intermediate Products	99.9	99.9	97.9	104.1	98.5	98.2	99.2	99.4
3.最终产品	Final Products	99.5	100.2	98.4	105.1	98.8	98.6	100.6	100.0
(1)最终投资品	Investment Goods	98.7	99.3	98.8	101.7	96.5	96.3	98.6	99.3
(2)最终消费品	Consumer Goods	101.5	101.4	97.5	109.8	102.1	101.4	103.5	101.0
(七)按工业部门分	**by Industrial Department**								
1.冶金工业	Metallurgical Industry	96.8	101.1	95.5	101.8	98.0	99.0	102.0	101.2
2.电力工业	Power Industry	99.5	94.6	96.5	99.6	99.8	98.8	94.6	101.3
3.煤炭及炼焦工业	Coal Industry	104.9		106.8	97.4	91.3	91.7	95.1	97.0
4.石油工业	Petroleum Industry	91.9	91.9	91.9	98.8	91.7	105.9	91.9	100.7
5.化学工业	Chemical Industry	96.6	96.9	100.9	105.3	95.9	92.8	95.3	98.2
6.机械工业	Machine Building Industry	101.3	99.6	99.6	102.2	96.5	96.7	98.1	99.4
7.建筑材料工业	Building Materials Industry	97.3	101.7	104.9	102.2	101.5	107.1	104.3	105.7
8.森林工业	Timber Industry	100.0	100.0	99.1	104.8	98.5	103.8	103.6	101.0
9.食品工业	Food Industry	103.1	102.7	97.5	109.7	104.3	104.6	104.9	101.3
10.纺织工业	Textile Industry	98.3	102.8	98.3	96.8	99.2	94.9	97.2	95.1
11.缝纫工业	Tailoring Industry	96.7	103.6	101.2	101.8	103.4	87.8	99.9	98.4
12.皮革工业	Leather Industry	102.4	104.0		113.0		100.0	104.9	
13.造纸工业	Paper Industry	85.1	99.6	91.0	95.9	91.0	86.6	88.0	100.0
14.文教艺术用品工业	Industry of Cultural, Educational & Handicrafts Articles	117.6	102.4	105.0	100.0		99.5		95.8
15.其它工业	Others	102.2	100.2	102.3	91.7	94.1	101.2	100.6	99.9

9-18 各市住宅销售价格指数(2019年)

Price Indices for Real Estate(2019)

(上月=100) (Last Month=100)

类　别	Category	1月 January	2月 February	3月 March	4月 April	5月 May	6月 June
新建商品住宅	New Commercial Residential Buildings						
济　南	Jinan	100.4	100.6	100.8	101.0	100.4	100.3
青　岛	Qingdao	100.6	100.3	100.5	100.4	100.7	100.2
烟　台	Yantai	100.8	100.5	100.6	100.7	100.8	101.1
济　宁	Jining	100.7	101.3	100.5	100.7	101.0	101.2
二手住宅	Second-hand House						
济　南	Jinan	100.6	100.4	100.5	99.7	99.8	99.8
青　岛	Qingdao	100.0	99.7	99.7	99.8	99.6	99.4
烟　台	Yantai	100.6	100.3	100.9	100.8	101.0	100.8
济　宁	Jining	100.6	100.5	100.6	100.9	100.6	100.5

注：2019年，其他市数据暂不发布。
a)Other city data will not be released temporarily in 2019.

9-18 续表 continued

(上月=100) (Last Month=100)

类　别	Category	7月 July	8月 August	9月 September	10月 October	11月 November	12月 December
新建商品住宅	New Commercial Residential Buildings						
济　南	Jinan	100.3	99.8	99.6	99.0	99.3	99.2
青　岛	Qingdao	100.7	100.5	100.1	99.8	100.0	100.3
烟　台	Yantai	101.0	100.8	101.2	100.8	100.6	100.9
济　宁	Jining	100.4	101.2	101.1	100.7	100.5	100.1
二手住宅	Second-hand House						
济　南	Jinan	99.9	99.1	99.7	99.3	99.4	99.7
青　岛	Qingdao	99.4	99.6	99.3	99.4	99.2	99.5
烟　台	Yantai	100.8	100.6	100.2	99.7	99.6	99.1
济　宁	Jining	100.7	101.1	101.0	100.6	100.4	100.6

主要统计指标解释

居民消费价格指数 是反映一定时期内城乡居民所购买的生活消费品和服务项目价格变动趋势和程度的相对数，是对城市居民消费价格指数和农村居民消费价格指数进行综合汇总计算的结果。通过该指数可以观察和分析消费品的零售价格和服务项目价格变动对城乡居民实际生活费支出的影响程度。

城市居民消费价格指数 是反映一定时期内城市居民家庭所购买的生活消费品价格和服务项目价格变动趋势和程度的相对数。通过该指数可以观察和分析消费品的零售价格和服务项目价格变动对城镇居民收入和消费支出的影响。

农村居民消费价格指数 是反映一定时期内农村居民家庭所购买的生活消费品价格和服务项目价格变动趋势和程度的相对数。该指数可以观察农村消费品的零售价格和服务项目价格变动对农村居民收入和生活消费支出的影响。

商品零售价格指数 是反映一定时期内城乡商品零售价格变动趋势和程度的相对数。商品零售价格的变动与国家的财政收入、市场供需的平衡、消费与积累的比例关系有关。因此，该指数可以从一个侧面对上述经济活动进行观察和分析。

农业生产资料价格指数 指反映一定时期内农业生产资料价格变动趋势和程度的相对数。其编制目的是了解农业生产中投入物质资料价格的变动状况，服务于国民经济核算。1994 年以前，农业生产资料价格指数仅仅是商品零售价格指数的一个类别，此后，从商品零售价格指数中分离出来，单独编制。

农产品生产价格指数 是反映一定时期内，农产品生产者出售农产品价格水平变动趋势及幅度的相对数。该指数可以客观反映全国农产品生产价格水平和结构变动情况，满足农业与国民经济核算需要。其中某代表品生产价格指数是通过对全部有出售该产品行为的调查单位的个体指数进行几何平均求得的，类价格指数是通过对其所属的类（或代表品）的价格指数进行加权平均求得的。季度累计价格指数的计算方法与分季指数的计算方法相同。

工业生产者价格指数 包括工业生产者出厂价格指数和工业生产者购进价格指数。

工业生产者出厂价格指数 是反映一定时期内全部工业产品第一次出售时的出厂价格总水平的变动趋势和变动幅度的相对数。

工业生产者购进价格指数 是反映作为中间投入的原材料、燃料、动力购进价格总水平的变动趋势和变动幅度的相对数。

固定资产投资价格指数 是反映一定时期内固定资产投资品及项目的价格变动趋势和程度的相对数。固定资产投资额是由建筑安装工程投资完成额、设备工器具购置投资完成额和其他费用投资完成额三部分组成的。编制固定资产投资价格指数应首先分别编制上述三部分投资的价格指数，然后采用加权算术平均法求出固定资产投资价格总指数。

该指数可以准确地反映固定资产投资中涉及的各类投资品和取费项目价格变动趋势和变动幅度，消除按现价计算的固定资产投资指标中的价格变动因素，真实地反映固定资产投资的规模、速度、结构和效益，为国家科学地制定、检查固定资产投资计划并提高宏观调控水平，为完善国民经济核算体系提供科学的、可靠的依据。

住宅销售价格指数 是反映商品住宅价格总体变化趋势和变化幅度的相对数。各市住宅销售价格指数是由新建商品住宅价格指数和二手住宅价格指数组成。

Explanatory Notes on Main Statistical Indicators

Consumer Price Indices reflect the trend and degree of changes in prices of consumer goods and services purchased by urban and rural households during a given period. They are obtained by combining Consumer Price Indices of Urban Household and Consumer Price Indices of Rural Household. The Indices enable the observation and analysis of the degree of impact of the changes in the prices of retailed goods and services on the actual living expenses of urban and rural residents.

Urban Consumer Price Indices reflect the trend and degree of changes in prices of consumer goods and services purchased by urban households during a given period. It can be used to observe and analyze the impact of price changes in consumer goods and services on urban household income and consumption expenditure.

Rural Consumer Price Indices reflect the trend and degree of changes in prices of consumer goods and services purchased by rural households during a given period. It can be used to observe the impact of change in retail prices of consumer goods and service prices on rural household income and consumption expenditure on living.

Retail Price Indices reflect the trend and degree of change in retail prices of commodities during a given period. The change in retail prices of commodities is related to government revenue, the equilibrium of market supply and demand, and the ratio of consumption to accumulation. Therefore, the retail price indices are useful from an oblique perspective for observing and analyzing the changes of the above economic activities.

Price Indices of Means of Agricultural Production reflect the trend and degree of changes in the prices of the means of agricultural production during a given period. Compilation of these indices helps to understand the price changes of material input in agricultural production and facilitate the compilation of national accounts. Before 1994, price indices for means of agricultural production were a sub-category in the retail price indices for commodities, and it has been compiled separately since 1994.

Indices of Producers' Prices for Farm Products reflect the trend and degree of changes in producers' prices received by farmers when they sell farm products during a given period. These indices depict the change in the level and structure of producers' prices of farm products of the country and meet the needs of agriculture statistics and national account statistics. The producers' price index of a given product is calculated through geometrical mean of individual indices of all surveyed units who sell such product, and the indices of a product category is obtained through weighted mean of price indices of all products in the category. Method for calculating accumulative quarterly indices is the same as for calculating the distinctive quarterly indices.

Producer Price Indices for Industrial Products reflect the trend and degree of changes in general ex-factory prices of all manufactured goods for first sale during a given period.

Industrial Producer Purchasing Price Indices reflect changes in the level and degree of purchasing prices such as intermediate input such as raw materials, fuels and power.

Price Indices of Investment in Fixed Assets reflect the trend and degree of changes in prices of investment goods and projects in fixed assets during a given period. The investment in fixed assets consists of three components, namely the investment in construction and installation, the investment in purchases of equipment and instrument, and the investment in other items. Price indices of investment in fixed assets are calculated as the weighted arithmetic mean of the price indices of the three components of investment in fixed assets.

Removing the factor of price change in the aggregates of investment at current prices, this indicator shows the changes in the prices of commodities and fees involved in the investment of fixed assets, and can be used to observe the actual size, growth, structure, and efficiency of investment in fixed assets and provides reliable and scientific data for government planning, management, decision making, and further improving the current national accounting system.

Price Indices for Real Estate reflect the trend and degree of changes in prices of real estate during a given period, including price indices for selling houses and buildings, price indices for leasing houses and buildings and price indices for land transaction. The methods for the compilation of the three sets of indices are similar in that they all use bottom—up approach under which data are reported from lower level to higher level.

第10篇

居民生活

People's Livelihood

简要说明

一、本篇资料的主要内容

本篇资料反映了全省居民、城镇居民、农村居民的家庭收支、就业、居住、耐用消费品拥有、生产和生活等方面的情况。

二、本篇资料的来源

本篇资料中历年城乡居民收支相关资料来源于城镇住户调查年报和农村住户调查年报，自2013年起，全省实施城乡住户调查一体化改革，居民收支相关资料来源于住户收支与生活状况调查年报，指标名称和口径范围有所调整，由国家统计局山东调查总队居民收支调查处整理提供。

Brief Introduction

I. Content

Data in this chapter show the basic conditions of the people's livelihood in Shandong Province, including income and expenditure of the households, employment, housing condition, consumption and possession of the major consumer goods, etc.

II. Source of Data

Data in this chapter over the years are collected by the sample survey on urban and rural households. Since 2013, Integrated Household Survey has been launched, so data of 2013 collected by annual survey of household incomes and living conditions may different from those of previous years due to the change of indexes and statistics scopes. All data are prepared and provided by the Division of Household Income and Expenditure Survey of the National Bureau of Statistics in Shandong.

10−1 居民人均可支配收入和指数
Per Capita Disposable Income of Households and Index

年 份	全省居民人均可支配收入 Per Capita Disposable Income of Households		城镇居民人均可支配收入 Per Capita Disposable Income of Urban Households		农村居民人均可支配收入 Per Capita Disposable Income of Rural Households	
	绝对数（元） Value (yuan)	指数（2005=100） Index(2005=100)	绝对数（元） Value (yuan)	指数（1978=100） Index(1978=100)	绝对数（元） Value (yuan)	指数（1978=100） Index(1978=100)
1978			391	100.0	115	100.0
1979			420	105.8	160	138.8
1980			448	109.7	210	172.5
1981			495	118.7	252	203.2
1982			525	125.3	300	239.6
1983			537	128.9	361	277.9
1984			639	150.9	395	299.9
1985			748	162.4	408	284.9
1986			854	176.7	449	301.4
1987			987	187.3	518	323.4
1988			1163	183.2	584	311.8
1989			1349	183.7	631	283.1
1990	895		1466	194.5	680	293.9
1991			1688	210.8	764	317.4
1992			1974	227.0	803	319.0
1993			2515	252.4	953	342.0
1994			3444	275.6	1320	389.2
1995			4264	292.1	1715	429.3
1996			4890	303.2	2086	479.1
1997			5191	311.7	2292	514.1
1998			5361	322.9	2454	556.3
1999			5766	347.4	2552	586.9
2000	4095		6417	382.1	2663	616.2
2001			6995	411.9	2810	634.7
2002			7473	445.7	2955	668.3
2003			8212	486.3	3159	703.7
2004			9191	529.6	3519	749.4
2005	6860	100.0	10422	594.2	3946	820.6
2006	7795	112.5	11780	664.9	4387	903.5
2007	9085	125.6	13726	746.0	5009	980.3
2008	10411	136.7	15628	811.6	5671	1045.0
2009	11398	149.7	17006	883.8	6154	1132.8
2010	12922	165.0	18971	961.6	7034	1250.6
2011	15077	183.3	21678	1050.1	8395	1409.4
2012	17127	204.0	24496	1162.5	9506	1564.4
2013	19008	221.5	26882	1248.5	10687	1716.1
2014	20864	238.8	29222	1329.7	11882	1880.8
2015	22703	256.7	31545	1416.1	12930	2027.5
2016	24685	273.4	34012	1494.0	13954	2149.2
2017	26930	293.9	36789	1591.1	15118	2295.3
2018	29205	310.9	39549	1670.7	16297	2410.1
2019	31597	325.8	42329	1734.2	17775	2537.8

注：1.本表2013−2019年人均可支配收入来源于住户收支与生活状况调查，1978−2012年数据是根据历史数据按住户收支与生活状况调查可比口径推算获得。可支配收入绝对数按当年价计算，指数按可比价计算。

a) The data of year 2013-2019 are compiled on the basis of the household survey on income and expenditure and living conditions, the data of year 1978-2012 are reckoned at comparable coverage by the household survey on income and expenditure and living conditions. The absolute amounts of disposable income are calculated at annual price, the index is calculated at comparable prices.

10-2 主要年份城镇居民家庭基本情况

Basic Conditions of Urban Houscholds of Major Years

年 份 Year	调查户数 (户) Number of Households Surveyed (household)	平均每户家庭人口 (人) Average Household Size (person)	平均每户就业人口 (人) Average Number of Employed Persons per Household (person)	平均每一就业者负担人数 (人) Number of Dependents per Employee (person)	人均可支配收入 (元) Per Capita Disposable Income (yuan)	人均消费支出 (元) Per Capita Consumption Expenditure (yuan)	人均住房建筑面积 (平方米) Per Capita Construction Area of Building (sq.m)
1978	380	4.37	2.2	1.99	391	340	5.40
1980	380	4.35	2.5	1.74	448	396	5.70
1981	380	4.19	2.45	1.71	495	450	6.10
1982	430	4.07	2.42	1.68	525	455	6.11
1983	430	3.97	2.37	1.68	537	473	6.65
1984	430	3.93	2.35	1.67	639	521	6.90
1985	900	3.57	2.10	1.70	748	670	7.77
1986	1630	3.54	2.05	1.72	854	751	9.15
1987	1730	3.53	2.05	1.72	987	813	9.61
1988	1830	3.51	2.06	1.71	1163	1026	9.96
1989	2080	3.43	2.01	1.71	1349	1161	10.25
1990	2180	3.38	2.00	1.69	1466	1229	10.05
1991	2180	3.31	1.98	1.67	1688	1407	10.49
1992	2180	3.26	1.98	1.65	1974	1599	10.80
1993	2080	3.24	1.96	1.65	2515	1947	11.20
1994	2080	3.21	1.96	1.64	3444	2635	11.88
1995	2050	3.19	1.96	1.63	4264	3285	12.35
1996	2050	3.16	1.99	1.59	4890	3771	12.13
1997	2100	3.17	2.01	1.58	5191	4041	12.70
1998	2300	3.14	1.98	1.59	5361	4136	12.82
1999	2400	3.12	1.93	1.62	5766	4497	13.10
2000	2500	3.10	1.87	1.66	6417	4991	13.75
2001	2450	3.06	1.82	1.68	6995	5209	14.17
2002	2650	3.02	1.78	1.70	7473	5539	24.57
2003	2650	2.98	1.77	1.68	8212	5994	25.67
2004	2650	2.95	1.77	1.67	9191	6577	26.39
2005	2800	2.91	1.69	1.72	10422	7333	28.49
2006	3000	2.91	1.71	1.70	11780	8309	29.29
2007	3050	2.87	1.68	1.71	13726	9464	29.80
2008	3300	2.87	1.64	1.75	15628	10752	31.33
2009	3300	2.86	1.64	1.74	17006	11711	31.80
2010	3300	2.86	1.67	1.71	18971	12761	32.09
2011	3300	2.83	1.69	1.67	21678	14164	33.18
2012	3300	2.83	1.69	1.67	24496	15349	33.44
2013	3661	2.79	1.63	1.71	26882	16646	36.39
2014	3679	2.83	1.69	1.67	29222	18323	37.30
2015	3738	2.86	1.70	1.68	31545	19854	36.36
2016	3776	2.81	1.65	1.70	34012	21495	37.51
2017	3767	2.82	1.63	1.73	36789	23072	37.61
2018	4070	2.95	1.57	1.88	39549	24798	36.80
2019	4080	2.96	1.55	1.91	42329	26731	37.14

注：1.住房建筑面积指标2001年以前为人均居住面积，2002年以后为人均建筑面积。
2.从2013年起，全省实施城乡住户调查一体化改革，根据国家统一规定，2018年，按照新指标口径对居民收支调查历史数据进行修正（以下相关表同）。

a)Data before 2001 on construction area of builiding means per capita living space, data after 2002 per capita floor space.b)An integrated household survey institution has been emplemented since 2013,including both urban and rural households.According to national uniform regulations,In 2018, the historical data of residents' income and expenditure surveys were revised according to the new indicators.(The same applies to tables following).

10−3 主要年份城镇居民收入
Per Capital Annual Income of Urban Households of Major Years

单位:元/人 (yuan/person)

年份 Year	可支配收入 Disposable Income	工资性收入 Income of Wages and Salaries	经营净收入 Net Business Income	财产净收入 Net income from Properties	转移净收入 Net Income from Transfer
1978	391				
1979	420				
1980	448				
1981	495	464			31
1982	525	489			36
1983	537	505			31
1984	639	595			43
1985	748	654	6		88
1986	854	718	7		129
1987	987	852	4		131
1988	1163	977	4		182
1989	1349	1092	6	12	239
1990	1466	1234	6	16	211
1991	1688	1370	6	16	296
1992	1974	1680	5	27	262
1993	2515	2124	13	37	341
1994	3444	2941	2	54	447
1995	4264	3651	10	67	536
1996	4890	4316	4	103	467
1997	5191	4617	7	119	447
1998	5361	4716	18	118	508
1999	5766	4977	29	115	645
2000	6417	5432	79	128	779
2001	6995	5771	101	182	941
2002	7473	6456	170	102	744
2003	8212	7079	255	156	723
2004	9191	7874	342	178	798
2005	10422	8350	565	249	1258
2006	11780	9568	652	398	1162
2007	13726	10559	856	593	1718
2008	15628	11269	1408	716	2236
2009	17006	11934	1635	912	2525
2010	18971	12847	2099	1355	2670
2011	21678	14204	2789	1679	3006
2012	24496	16036	3193	1926	3341
2013	26882	17427	3653	2137	3666
2014	29222	18866	4036	2271	4049
2015	31545	20386	4375	2475	4309
2016	34012	21812	4778	2740	4681
2017	36789	23431	5194	3034	5131
2018	39549	25041	5584	3337	5588
2019	42329	26611	6046	3575	6097

10-4 主要年份城镇居民消费支出

Per Capital Annual Expenditure of Urban Households of Major Years

单位：元/人 (yuan/person)

年份 Year	消费支出 Consumption Expenditure	食品烟酒 Food,tobacco and Liquor	衣着 Clothing	居住 Residence	生活用品及服务 Supplies and Services	交通通信 Transport and Communications	教育文化娱乐 Recreation, Education and Cultural	医疗保健 Health care and Medical Services	其他用品及服务 Miscellaneous Goods and Services
1978	340								
1979	367								
1980	396								
1981	450	248	72	19	40	10	41	3	19
1982	455	263	73	20	37	12	34	3	13
1983	473	284	71	23	38	13	31	2	11
1984	521	312	85	24	41	12	31	3	13
1985	670	339	103	32	72	11	86	5	21
1986	751	378	106	59	85	13	77	5	28
1987	813	433	121	38	97	14	72	7	30
1988	1026	524	155	39	156	19	86	11	36
1989	1161	603	158	48	145	19	121	16	50
1990	1229	636	186	46	141	23	125	23	48
1991	1407	734	229	60	151	28	124	23	59
1992	1599	816	267	79	166	38	141	32	59
1993	1947	898	349	125	186	59	206	48	76
1994	2635	1213	474	180	248	95	250	72	104
1995	3285	1489	571	224	309	169	294	107	122
1996	3771	1651	658	262	324	194	397	147	137
1997	4041	1662	674	325	344	236	475	180	144
1998	4136	1639	580	326	429	255	530	188	189
1999	4497	1665	602	393	548	270	593	220	205
2000	4991	1727	642	442	558	348	699	324	251
2001	5209	1773	663	522	518	401	755	330	247
2002	5539	1886	698	573	393	519	892	411	166
2003	5994	1986	717	727	453	607	883	447	174
2004	6577	2219	738	836	448	753	922	488	174
2005	7333	2377	800	1103	487	834	958	579	196
2006	8309	2549	923	1300	507	1075	1095	625	234
2007	9464	2937	1016	1677	627	1195	1065	704	244
2008	10752	3350	1107	2135	753	1239	1117	786	267
2009	11711	3562	1206	2310	824	1497	1156	872	284
2010	12761	3743	1324	2670	844	1834	1197	869	280
2011	14164	4271	1494	3026	933	1876	1302	924	338
2012	15349	4583	1606	3325	1035	2005	1391	993	411
2013	16646	4858	1612	3929	1147	2049	1565	1083	403
2014	18323	5298	1801	4016	1431	2377	1770	1188	442
2015	19854	5527	1943	4058	1477	2748	2141	1416	543
2016	21495	5929	1978	4473	1576	3002	2399	1610	527
2017	23072	6180	2034	4895	1736	3284	2622	1781	540
2018	24798	6529	2008	5302	1901	3605	2903	1966	584
2019	26731	6965	2042	5883	2083	3762	3171	2184	640

10-5 主要年份农村居民家庭基本情况

Basic Conditions of Rural Households of Major Years

年 份 Year	调查户数 (户) Number of Households Surveyed (household)	平均每户常住人口 (人) Average Number of Permanent Residents Per Household (person)	平均每户整半劳力 (人) Average Number of Full/Semi Labour Force Per Household (person)	人均住房建筑面积 (平方米) Per Capita Space of Living House at Year-end (sq.m)	人均可支配收入 (元) Per Capita Disposable Income (yuan)	人均消费支出 (元) Per Capita Consumption Expenditure (yuan)
1978	715	5.77	2.54	9.81	115	94
1979	732	5.65	2.67	9.91	160	128
1980	825	5.64	2.70	10.98	210	165
1981	827	5.49	2.63	10.03	252	202
1982	1529	5.13	2.54	10.64	300	230
1983	1438	5.05	2.85	12.50	361	264
1984	1558	4.96	2.86	14.54	395	287
1985	4000	4.72	2.84	15.13	408	322
1986	4200	4.68	2.85	15.74	449	365
1987	4200	4.60	2.86	16.48	518	406
1988	4200	4.54	2.86	17.34	584	482
1989	4200	4.46	2.85	17.96	631	513
1990	4200	4.40	2.82	18.48	680	547
1991	4200	4.34	2.77	19.87	764	613
1992	4200	4.26	2.75	19.31	803	656
1993	4200	4.17	2.77	20.64	953	724
1994	4200	4.10	2.76	21.15	1320	996
1995	4200	4.07	2.78	21.56	1715	1338
1996	4200	4.01	2.68	22.32	2086	1653
1997	4200	3.95	2.65	23.16	2292	1626
1998	4200	3.90	2.64	23.91	2454	1587
1999	4200	3.84	2.60	25.07	2552	1662
2000	4200	3.79	2.60	23.61	2663	1743
2001	4200	3.73	2.54	24.60	2810	1865
2002	4200	3.71	2.58	25.59	2955	1945
2003	4200	3.67	2.62	26.53	3159	2066
2004	4200	3.66	2.67	26.92	3519	2301
2005	4200	3.66	2.69	29.64	3946	2619
2006	4200	3.64	2.69	30.69	4387	2992
2007	4200	3.62	2.69	31.69	5009	3426
2008	4200	3.60	2.68	32.98	5671	3835
2009	4200	3.57	2.68	34.24	6154	4132
2010	4200	3.54	2.67	34.71	7034	4472
2011	4200	3.51	2.53	36.31	8395	5489
2012	4200	3.41	2.51	38.43	9506	6304
2013	3398	3.15	2.30	39.56	10687	6877
2014	3404	3.13	2.28	40.25	11882	7962
2015	3441	3.13	2.28	40.91	12930	8748
2016	3470	3.11	2.24	42.10	13954	9519
2017	3469	3.10	2.22	42.54	15118	10342
2018	3114	3.11	2.17	43.21	16297	11270
2019	3120	3.11	2.15	43.55	17775	12309

注:1.1978年至1980年的住房建筑面积中包括生产用房。
a)The space of production house is included in the space of living house from 1978 to 1980.

10-6 主要年份农村居民人均可支配收入
Per Capita Annual Income of Rural Households of Major Years

单位：元/人 (yuan/person)

年 份 Year	可支配收入 Disposable Income	工资性收入 Income of Wages and Salaries	经营净收入 Net Business Income	财产净收入 Net income from Properties	转移净收入 Net Income from Transfer
1978	115	82	21	7	5
1979	160	109	37	3	10
1980	210	141	45	10	14
1981	252	165	57	11	18
1982	300	220	60	10	11
1983	361	55	286	8	13
1984	395	63	314	4	14
1985	408	81	309	6	12
1986	449	91	339	7	13
1987	518	112	385	6	15
1988	584	144	416	9	16
1989	631	161	444	9	17
1990	680	168	486	9	17
1991	764	181	551	9	23
1992	803	228	537	15	23
1993	953	226	688	9	30
1994	1320	295	961	17	47
1995	1715	409	1231	29	47
1996	2086	523	1467	48	49
1997	2292	686	1495	30	81
1998	2454	723	1604	49	78
1999	2552	780	1610	68	94
2000	2663	828	1699	57	80
2001	2810	926	1738	32	114
2002	2955	999	1773	44	138
2003	3159	1021	1934	60	144
2004	3519	1081	2228	61	149
2005	3946	1305	2369	95	177
2006	4387	1497	2549	117	224
2007	5009	1722	2878	131	279
2008	5671	1964	3172	146	388
2009	6154	2134	3368	173	479
2010	7034	2410	3794	203	627
2011	8395	3031	4324	210	829
2012	9506	3573	4649	219	1064
2013	10687	4189	4979	242	1276
2014	11882	4713	5431	287	1451
2015	12930	5139	5856	326	1608
2016	13954	5569	6267	359	1760
2017	15118	6069	6730	391	1928
2018	16297	6550	7194	429	2124
2019	17775	7165	7799	456	2355

10−7 主要年份农村居民消费支出
Per Capita Consumption Expenditure of Rural Households of Major Years

单位：元/人 (yuan/person)

年 份 Year	消费支出 Consumption Expenditure	食品烟酒 Food,tobacco and Liquor	衣 着 Clothing	居 住 Residence	生活用品及服 务 Supplies and Services	交通通信 Transport and Communications	教 育 文教娱乐 Education, Culture and Recreation	医疗保健 Health Care and Medical Services	其他用品及服 务 Miscellaneous Goods and Services
1978	94	58	13	11	10	1	1		
1979	128	78	17	15	13	1	2	1	
1980	165	99	24	21	11	3	4	2	1
1981	202	113	27	32	19	4	4	3	1
1982	230	116	31	47	22	4	6	3	1
1983	264	134	35	50	25	6	8	5	2
1984	287	149	35	57	24	5	11	5	2
1985	322	168	36	66	24	5	14	7	1
1986	365	182	39	86	26	6	16	8	1
1987	406	202	42	97	28	6	21	10	1
1988	482	238	49	115	36	8	24	11	1
1989	513	259	54	113	37	6	31	13	1
1990	547	297	53	106	34	6	33	17	1
1991	613	333	61	105	40	10	41	21	2
1992	656	358	62	106	39	14	48	26	3
1993	724	416	60	99	41	15	60	25	10
1994	996	577	75	151	53	20	76	31	12
1995	1338	749	102	209	74	43	106	40	16
1996	1653	872	131	265	98	59	144	64	20
1997	1626	872	131	216	98	64	149	71	24
1998	1587	801	116	240	92	78	156	84	21
1999	1662	809	112	250	106	90	183	89	24
2000	1743	762	114	295	114	100	212	117	27
2001	1865	775	118	354	91	131	231	113	52
2002	1945	800	124	327	95	153	267	125	53
2003	2066	841	127	331	91	183	307	136	50
2004	2301	935	130	354	109	217	318	152	86
2005	2619	1000	147	426	134	285	405	182	40
2006	2992	1083	180	521	156	340	444	214	55
2007	3426	1231	201	646	193	407	467	222	60
2008	3835	1383	222	759	237	436	464	270	65
2009	4132	1428	234	888	269	512	449	289	63
2010	4472	1574	266	779	319	621	479	367	67
2011	5489	1828	345	1054	407	723	558	487	87
2012	6304	2004	390	1310	403	903	589	610	93
2013	6877	2190	421	1319	437	1004	684	711	112
2014	7962	2465	489	1547	524	1226	801	776	134
2015	8748	2662	540	1627	553	1393	912	919	142
2016	9519	2833	576	1767	604	1545	1013	1027	153
2017	10342	2960	585	1974	690	1710	1141	1129	152
2018	11270	3162	622	2214	762	1873	1266	1205	166
2019	12309	3423	671	2421	838	1999	1429	1343	184

10−8 调查户和调查人口基本情况(2019年)
Condition of Households Surveyed and Residents Surveyed(2019)

指 标 名 称		Indicator		全体居民 All Household	城镇居民 Urban Household	农村居民 Rural Household
一、调查户基本情况		**Basic Statistics on Households Surveyed**		**7200**	**4080**	**3120**
(一)调查样本住户数	(户)	Number of Households Surveyed	(household)			
(二)户主文化程度		Education of Head of Household				
1.未上过学	(%)	Can not Read	(%)	1.2	0.7	1.7
2.小学	(%)	Primary School	(%)	10.7	6.4	16.6
3.初中	(%)	Junior High School	(%)	46.7	32.6	65.8
4.高中	(%)	Senior High School	(%)	20.1	25.0	13.5
5.大学专科	(%)	Junior College	(%)	12.2	19.8	1.9
6.大学本科	(%)	Bachelor	(%)	8.3	14.1	0.4
7.研究生	(%)	Graduate	(%)	0.7	1.3	0.0
(三)农业经营户比例	(%)	Proportion of Farming Households	(%)	29.4	8.4	57.8
二、期末户均调查人口	**(人)**	**Average Number of Residents Surveyed**	**(person)**	**3.2**	**3.1**	**3.4**
三、期末常住成员情况		**Condition of Permanent Residents**				
(一)户均常住成员	(人)	Average Number of Permanent Residents Per Household	(person)	3.0	3.0	3.1
其中：在校学生人数		Total Enrollment		0.5	0.5	0.6
(二)性别		Sex				
1.男性	(%)	Male	(%)	50.1	50.4	49.9
2.女性	(%)	Female	(%)	49.9	49.6	50.1
(三)户口状况		Condition of Resident Accounts				
1.农业	(%)	Agricultural	(%)	63.8	38.6	96.3
2.非农业	(%)	Non-agricultural	(%)	36.1	61.4	3.6
3.其他	(%)	Others	(%)	0.0	0.0	0.0
四、常住从业人员情况		**Employment of Permanent Residents**				
(一)户均常住从业人数	(人)	Average Number of Employed Permanent Residents Per Household	(person)	1.7	1.5	1.9
(二)就业状况		Employment				
1.雇主	(%)	Employer	(%)	0.8	1.3	0.3
2.公职人员	(%)	Public Officials	(%)	2.2	3.9	0.4
3.事业单位人员	(%)	Institution staff	(%)	6.6	11.9	0.8
4.国有企业雇员	(%)	Employees of State-owned Enterprises	(%)	4.6	8.0	0.9
5.其他雇员	(%)	Other Employees	(%)	53.1	58.2	47.4
6.农业自营	(%)	Agricultural Operations	(%)	22.0	4.7	41.2
7.非农自营	(%)	Non-Agricultural Operations	(%)	10.6	12.0	9.1
(三)主要从事行业		Sector Employment				
1.第一产业	(%)	Primary Industry	(%)	23.7	5.9	43.4
2.第二产业	(%)	Second Industry	(%)	28.0	26.0	30.3
3.第三产业	(%)	Teriary Industry	(%)	48.3	68.1	26.3

10-9 全体居民可支配收入
Disposable Income of All Households

单位：元/人 (yuan/person)

指标名称	Indicator	2018	2019
可支配收入	**Diaposable Income**	**29205**	**31597**
一、工资性收入	**Income of Wages and Salaries**	**16814**	**18111**
(一)工资	Wage	16195	17430
(二)实物福利	Benefits in kind	55	65
(三)其他	Others	564	617
二、经营净收入	**Net Business Income**	**6300**	**6813**
(一)第一产业净收入	Net Income from Primary Industry	2103	2139
1.农业	Farming	1674	1746
2.林业	Forestry	98	100
3.牧业	Animal Husbandry	228	260
4.渔业	Fishery	102	34
(二)第二产业净收入	Net Income from Second Industry	677	877
(三)第三产业净收入	Net Income from Teriary Industry	3521	3796
三、财产净收入	**Net Income from Properties**	**2043**	**2212**
(一)利息净收入	Net Income from Interest	138	133
(二)红利收入	Income from Bonus	164	111
(三)储蓄性保险净收益	Income from Savings Insurance	11	6
(四)转让承包土地经营权租金净收入	Net Income from Land Management Rights Transfer	97	99
(五)出租房屋净收入	Ner Icome from Renting Houses	304	368
(六)出租其他资产净收入	Ner Icome from Renting Other assets	17	10
(七)自有住房折算净租金	Income from Net Rent Equivalent to the value of Owned housing	1260	1415
(八)其他	Others	53	68
四、转移净收入	**Net Income from Transfer**	**4047**	**4461**
(一)转移性收入	Income from Transfer	5748	6325
1.养老金或离退休金	Old-age Pensions	4556	4935
2.社会救济和补助	Relief and Pensions	52	71
3.惠农补贴	Subsidies for Agriculture from The Government	98	99
4.政策性生活补贴	Policy-living Allowance	84	128
5.报销医疗费	Allowance of Medical Expense	260	292
6.家庭外出从业人员寄回带回收入	Sent Back by Non-permanent Resident	409	489
7.赡养收入	Alimony Income	161	225
8.其他经常转移收入	Others	91	88
9.从政府和组织得到的实物产品和服务折价	Equivalent Monetary value of Physical products and services from The Government and other Organizations	35	40
(二)转移性支出	Expenditure for Transfers	1701	1864
1.个人所得税	Personal Income Tax	117	129
2.社会保障支出	Social Security Expenditure	1313	1407
3.外来从业人员寄给家人的支出	Sent to Familiy by Outland Employees	44	56
4.赡养支出	Alimony Expense	122	162
5.其他经常转移支出	Others	106	112

10–10 城镇居民可支配收入
Disposable Income of Urban Households

单位：元/人 (yuan/person)

指 标 名 称	Indicator	2018	2019
可支配收入	**Diaposable Income**	**39549**	**42329**
一、工资性收入	**Income of Wages and Salaries**	**25041**	**26611**
(一)工资	Wage	23975	25455
(二)实物福利	Benefits in kind	78	91
(三)其他	Others	988	1065
二、经营净收入	**Net Business Income**	**5584**	**6046**
(一)第一产业净收入	Net Income from Primary Industry	470	398
1.农业	Farming	291	313
2.林业	Forestry	12	15
3.牧业	Animal Husbandry	32	63
4.渔业	Fishery	135	7
(二)第二产业净收入	Net Income from Second Industry	737	1039
(三)第三产业净收入	Net Income from Teriary Industry	4377	4610
三、财产净收入	**Net Income from Properties**	**3337**	**3575**
(一)利息净收入	Net Income from Interest	180	168
(二)红利收入	Income from Bonus	253	155
(三)储蓄性保险净收益	Income from Savings Insurance	12	3
(四)转让承包土地经营权租金净收入	Net Income from Land Management Rights Transfer	38	38
(五)出租房屋净收入	Ner Icome from Renting Houses	525	632
(六)出租其他资产净收入	Ner Icome from Renting Other assets	27	15
(七)自有住房折算净租金	Income from Net Rent Equivalent to the value of Owned housing	2270	2515
(八)其他	Others	32	50
四、转移净收入	**Net Income from Transfer**	**5588**	**6097**
(一)转移性收入	Income from Transfer	8184	8899
1.养老金或离退休金	Old-age Pensions	7291	7808
2.社会救济和补助	Relief and Pensions	50	76
3.惠农补贴	Subsidies for Agriculture from The Government	13	19
4.政策性生活补贴	Policy-living Allowance	116	153
5.报销医疗费	Allowance of Medical Expense	270	297
6.家庭外出从业人员寄回带回收入	Sent Back by Non-permanent Resident	194	287
7.赡养收入	Alimony Income	110	154
8.其他经常转移收入	Others	105	104
9.从政府和组织得到的实物产品和服务折价	Equivalent Monetary value of Physical products and services from The Government and other Organizations	35	37
(二)转移性支出	Expenditure for Transfers	2596	2802
1.个人所得税	Personal Income Tax	204	222
2.社会保障支出	Social Security Expenditure	1999	2099
3.外来从业人员寄给家人的支出	Sent to Familiy by Outland Employees	78	99
4.赡养支出	Alimony Expense	185	247
5.其他经常转移支出	Others	130	136

10-11 农村居民可支配收入

Disposable Income of Rural Households

单位：元/人 (yuan/person)

指 标 名 称	Indicator	2018	2019
可支配收入	**Diaposable Income**	**16297**	**17775**
一、工资性收入	**Income of Wages and Salaries**	**6550**	**7165**
(一)工资	Wage	6487	7095
(二)实物福利	Benefits in kind	28	31
(三)其他	Others	35	40
二、经营净收入	**Net Business Income**	**7194**	**7799**
(一)第一产业净收入	Net Income from Primary Industry	4140	4383
1.农业	Farming	3400	3591
2.林业	Forestry	205	209
3.牧业	Animal Husbandry	473	514
4.渔业	Fishery	62	69
(二)第二产业净收入	Net Income from Second Industry	602	668
(三)第三产业净收入	Net Income from Teriary Industry	2452	2749
三、财产净收入	**Net Income from Properties**	**429**	**456**
(一)利息净收入	Net Income from Interest	84	89
(二)红利收入	Income from Bonus	53	53
(三)储蓄性保险净收益	Income from Savings Insurance	10	11
(四)转让承包土地经营权租金净收入	Net Income from Land Management Rights Transfer	171	179
(五)出租房屋净收入	Net Income from Renting Houses	29	29
(六)出租其他资产净收入	Net Income from Renting Other assets	5	5
(七)其他	Others	78	92
四、转移净收入	**Net Income from Transfer**	**2124**	**2355**
(一)转移性收入	Income from Transfer	2708	3011
1.养老金或离退休金	Old-age Pensions	1144	1234
2.社会救济和补助	Relief and Pensions	56	64
3.惠农补贴	Subsidies for Agriculture from The Government	204	201
4.政策性生活补贴	Policy-living Allowance	45	95
5.报销医疗费	Allowance of Medical Expense	248	286
6.家庭外出从业人员寄回带回收入	Sent Back by Non-permanent Resident	677	748
7.赡养收入	Alimony Income	225	316
8.其他经常转移收入	Others	74	66
9.从政府和组织得到的实物产品和服务折价	Equivalent Monetary value of Physical products and services from The Government and other Organizations	36	43
(二)转移性支出	Expenditure for Transfers	584	656
1.个人所得税	Personal Income Tax	8	9
2.社会保障支出	Social Security Expenditure	457	515
3.外来从业人员寄给家人的支出	Sent to Familiy by Outland Employees	1	0
4.赡养支出	Alimony Expense	43	52
5.其他经常转移支出	Others	75	80

10-12 全体居民消费支出

Expense on Consumption of All Households

单位：元/人 (yuan/person)

指 标 名 称	Indicator	2018	2019
消费支出	**Expense on Household Consumption**	**18780**	**20427**
#服务性消费支出	Service Consumption	7540	8629
一、食品烟酒	Food,Tobacco and liquor	5031	5417
二、衣着	Clothing	1392	1443
三、居住	Residence	3929	4370
四、生活用品及服务	Supplies and Services	1394	1539
五、交通通信	Transport and Communications	2834	2992
六、教育文化娱乐	Recreation,Education and Cultural	2174	2410
七、医疗保健	Health care	1628	1816
八、其他用品及服务	Others	398	441

10-13 城镇居民消费支出

Expense on Consumption of Urban Households

单位：元/人 (yuan/person)

指 标 名 称	Indicator	2018	2019
消费支出	**Expense on Household Consumption**	**24798**	**26731**
#服务性消费支出	Service Consumption	10304	11736
一、食品烟酒	Food,Tobacco and liquor	6529	6965
二、衣着	Clothing	2008	2042
三、居住	Residence	5302	5883
四、生活用品及服务	Supplies and Services	1901	2083
五、交通通信	Transport and Communications	3605	3762
六、教育文化娱乐	Recreation,Education and Cultural	2903	3171
七、医疗保健	Health care	1966	2184
八、其他用品及服务	Others	584	640

10−14　农村居民消费支出

Expense on Consumption of Rural Households

单位：元/人　　(yuan/person)

指 标 名 称	Indicator	2018	2019
消费支出	**Expense on Household Consumption**	**11270**	**12309**
#服务性消费支出	Service Consumption	4091	4629
一、食品烟酒	Food,Tobacco and liquor	3162	3423
二、衣着	Clothing	622	671
三、居住	Residence	2214	2421
四、生活用品及服务	Supplies and Services	762	838
五、交通通信	Transport and Communications	1873	1999
六、教育文化娱乐	Recreation,Education and Cultural	1266	1429
七、医疗保健	Health care	1205	1343
八、其他用品及服务	Others	166	184

10−15　居民家庭能源消费数量和金额(2019年)

Energy consumption of Households(2019)

指 标 名 称	Indicator	全体居民 All Households		城镇居民 Urban Households		农村居民 Rural Households	
		数量 Amount	金额(元/人) Money (yuan/person)	数量 Amount	金额(元/人) Money (yuan/person)	数量 Amount	金额(元/人) Money (yuan/person)
一、生活用电　　(度)	**Electricity Consumption　(kwh)**	**490.4**	**277.9**	**539.7**	**306.3**	**426.9**	**241.5**
二、生活用燃料	**Living With Fuel**						
(一)燃气	Gas						
1.罐装液化石油气　(公斤/人)	Bottled LPG　(kg/person)	5.4	32.7	3.1	19.3	8.2	49.9
2.管道煤气　(立方米/人)	Gas Pipeline　(Cum/person)	1.2	3.6	1.7	5.0	0.5	1.9
3.管道天然气　(立方米/人)	Natural gas pipeline　(Cum/person)	20.2	53.4	31.4	83.4	5.8	14.9
(二)燃料用油	Fuel Oil						
1.汽油　(升/人)	Gasoline　(Liters/person)	0.11	0.75	0.13	0.88	0.09	0.57
2.柴油　(升/人)	Diesel Oil　(Liters/person)	0.06	0.38	0.01	0.05	0.13	0.80
(三)其他燃料	Other Fuels						
1.煤炭　(公斤/人)	Coke　(kg/person)	109.1	105.6	45.1	45.5	191.6	182.9
2.柴　(公斤/人)	Firewood　(kg/person)	0.004	0.189	0.001	0.073	0.008	0.339
3.草　(公斤/人)	Grass　(kg/person)	0.004	0.025	0.008	0.036	0.0001	0.010
4.沼气　(立方米/人)	Biogas　(Cum/person)	0.002	0.009			0.005	0.022

10-16 居民家庭食品消费数量(2019年)

Food Consumption of Households(2019)

单位：公斤/人 (kg/person)

指标名称	Indicator	全体居民 All Households	城镇居民 Urban Households	农村居民 Rural Households
一、粮食	**Grain**	**117.6**	**104.6**	**134.2**
(一)谷物	Cereal	106.5	93.3	123.4
1.大米	Wheat	11.8	12.8	10.6
2.面粉	Rice	85.3	72.3	102.0
3.玉米	Corn	3.7	2.6	5.0
4.其他谷物及制品	Others	5.7	5.6	5.8
(二)薯类	Tubers	2.0	2.0	2.0
1.红薯	Sweet Potato	0.7	0.7	0.8
2.马铃薯	Potato	0.9	0.9	0.9
3.其他薯类及制品	Others	0.4	0.5	0.4
(三)豆类	Beans	9.1	9.3	8.8
1.大豆	Soybean	0.8	0.4	1.2
2.其他豆类	Others	8.3	8.9	7.6
二、食用油	**Cooking oil**	**8.2**	**8.3**	**8.0**
(一)食用植物油	Edible vegetable oil	8.1	8.1	8.0
(二)食用动物油	Edible animal oil	0.1	0.2	0.1
三、蔬菜及食用菌	**Vegetables and Mushroom**	**94.2**	**103.3**	**82.5**
(一)鲜菜	Fresh Vegetables	90.5	99.0	79.6
(二)干菜及菜制品	Dried Vegetables and Products	1.5	1.7	1.3
(三)鲜菌	Fresh Mushrooms	2.0	2.4	1.5
(四)干菌及制品	Dry Bacteria and Products	0.2	0.2	0.1
四、肉禽及制品	**Products of Meat and Poultry**	**28.2**	**30.3**	**25.3**
(一)肉类	Meat	21.6	23.6	19.1
1.猪肉	Pork	14.6	15.3	13.8
2.牛肉	Beef	1.1	1.6	0.5
3.羊肉	Mutton	1.0	1.2	0.7
4.其他肉类及制品	Other meat and Processed Products	4.9	5.5	4.1
(二)禽类	Poultry	6.5	6.8	6.2
1.鸡	Chickens	4.0	4.0	4.1
2.鸭	Ducks	0.1	0.1	0.1
3.鹅	Gooses	0.0	0.0	0.0
4.其他禽类及制品	Other Poultry and Processed Products	2.4	2.6	2.0
五、水产品	**Aquatic Products**	**13.8**	**18.3**	**8.1**
(一)鱼类	Fish	7.0	8.5	5.1
(二)虾蟹贝类	Shrimp,Shellfish and Crab	4.9	7.0	2.1
(三)藻类	Algae	0.3	0.4	0.2
(四)其他水产品及制品	Others	1.7	2.4	0.7
六、蛋类	**Eggs and Products**	**17.5**	**18.0**	**16.8**
(一)鲜蛋	Fresh Eggs	17.1	17.5	16.6
(二)蛋制品	Egg Products	0.4	0.5	0.3
七、奶类	**Milk and Dairy Products**	**16.9**	**21.8**	**10.7**
(一)鲜奶	Fresh Milk	11.1	14.0	7.3
(二)酸奶	Yoghurt	4.5	6.1	2.5
(三)奶粉	Milk Powder	0.6	0.9	0.3
(四)其他奶制品	Other Milk Products	0.7	0.8	0.6
八、干鲜瓜果类	**Dried and Fresh Melons and Fruits**	**78.1**	**87.6**	**65.9**
(一)鲜瓜果	Fresh Melons and Fruits	71.4	80.3	60.0
(二)瓜果制品	Processed Products of melons and Fruits	1.8	2.3	1.3
(三)坚果类	Nuts and Processed Products	4.9	5.0	4.6
九、糖果糕点类	**Candy and Pastry**	**8.3**	**9.7**	**6.5**
(一)食糖	Sugar	0.8	0.7	0.8
(二)糖果	Candy	0.6	0.7	0.5
(三)糕点	Pastry	6.2	7.3	4.8
(四)其他糖果糕点	Others	0.7	0.9	0.5

10-17 居民家庭住房和耐用消费品拥有情况(2019年)

Household Ownership of Housing and Durables Consumer Goods(2019)

单位：%　　(%)

指标名称	Indicator	全体居民 All Households	城镇居民 Urban Households	农村居民 Rural Households
一、现住房情况	**Housing Condition**			
(一)人均住房建筑面积　(平方米)	Per Capita Construction Area of Building　(sq.m)	39.9	37.1	43.5
(二)按居住空间样式分的户数比重	Proportion of Housing Style			
1.单栋楼房	Single Building Housing	5.6	4.4	7.3
2.单栋平房	Single Bungalow	46.5	15.9	88.0
3.单元房	Units Housing	46.0	77.6	3.2
4.筒子楼或连片平房	Tube-shaped Apartment or Contiguous Bungalow	1.7	1.9	1.3
5.其他	Others	0.2	0.1	0.2
(三)按主要建筑材料分的户数比重	Proportion of Housing Building Materials			
1.钢筋混凝土	Reinforced Concrete	38.3	60.3	8.5
2.砖混材料	Brick and Concrete Materials	41.1	33.8	50.9
3.砖瓦砖木	Brick and Wood Materials	20.2	5.7	39.8
4.竹草土坯	Bamboo,Grass, Adobe Materials	0.3	0.1	0.6
5.其他	Others	0.1	0.2	0.1
(四)按房屋来源分的户数比重	Proportion of Housing Source			
1.租赁住房	Leasehold	2.8	4.1	1.0
2.自建住房	Self-built	52.2	20.5	95.2
3.购买商品房	Commercial Housing	27.5	47.3	0.7
4.购买房改住房	Reform Housing	5.4	9.3	0.2
5.购买保障性住房	Indemnificatory Housing	1.1	1.8	0.1
6.拆迁安置房	Resettlement Housing	9.5	15.3	1.6
7.继承或获赠住房	Inheritance or Gift Housing	0.6	0.5	0.7
8.其他	Others	0.9	1.3	0.4
(五)住房外道路为硬化路面的户比重	Proportion of Hardening Road Near Housing	95.8	98.8	91.8
二、生活设施状况	**Living Condition**			
(一)饮用水状况	Drinking Water Condition			
1.取水位置	Water Intake Location			
①住宅内管道取水	Residential Pipeline Water Intake	79.0	90.5	63.4
②住宅内其他方式取水	Other Residential Water Intake Method	2.8	1.5	4.5
③院内管道取水	Courtyard Pipeline Water Intake	12.7	4.3	24.2
④院内其他方式取水	Other Courtyard Water Intake Method	2.5	2.0	3.2
⑤其他位置取水	Others	3.0	1.7	4.8
2.主要饮用水来源	Source of Drinking Water			
①经过净化处理的自来水	Tap Water	85.0	92.0	75.5
②受保护的井水和泉水	Protected Wells and Springs	12.3	5.9	21.0
③不受保护的井水和泉水	Non-Protected Wells and Springs	1.4	0.4	2.7
④江河湖泊水	Rivers and Lakes Water	0.1	0.1	0.2
⑤其他饮用水来源	Others(%)	1.1	1.6	0.5

10-17 续表 continued

单位：% (%)

指标名称	Indicator	全体居民 All Households	城镇居民 Urban Households	农村居民 Rural Households
3.获取饮用水存在的主要困难	Major Difficulty on Obtaining Drinking Water			
①单次取水往返时间超过半小时	Round-trip Time More Than Half Hour	0.2	0.1	0.3
②间断或定时供水	Intermittent or Regular Supply	3.2	0.8	6.5
③当年连续缺水超过15天	Water over More than 15 days	0.1		0.3
④获取饮用水无困难	No Difficulty	96.6	99.2	93.2
4.饮用前家里采取的主要处理措施	Treatment of Drinking Water			
①煮沸	Boiling	92.4	91.1	94.2
②加漂白剂/氯等	Add bleach / chlorine	0.3	0.1	0.4
③使用水过滤器	Water Filter	4.4	6.3	1.8
④其他处理措施	Others	0.9	0.8	1.0
⑤没有任何水处理措施	No Treatment	2.0	1.6	2.6
(二)住宅内厕所状况	Toilet Condition			
1.水冲式卫生厕所	Flushing Sanitary Toilet	85.3	94.1	73.3
2.水冲式非卫生厕所	Flushing Non-Sanitary Toilet	5.4	2.0	10.1
3.卫生旱厕	Sanitary toilet	5.3	2.3	9.4
4.普通旱厕	Ordinary Toilet	4.0	1.6	7.2
5.无厕所	No Toilet			
(三)主要炊用能源	Major Source of Cooking			
1.天然气、煤气、液化石油气	Natural Gas, Coal Gas, Liquefied Petroleum Gas	71.3	88.5	48.1
2.煤炭	Coal	4.4	1.6	8.2
3.电	Electricity	17.4	8.8	29.1
4.沼气	Biogas	0.05		0.11
5.其他	Others	6.9	1.2	14.5
三、每百户耐用消费品拥有情况	**Number of Durable Consumer Goods Owned by Per 100 Households**			
(一)家用汽车 (辆)	Automobiles (unit)	51.7	60.7	39.4
(二)摩托车 (辆)	Motorcycles (unit)	25.3	12.2	43.2
(三)电冰箱(柜) (台)	Refrigerators (unit)	104.0	105.8	101.5
(四)洗衣机 (台)	Washing Machines (unit)	98.5	100.4	96.0
(五)热水器 (台)	Water Heaters (unit)	93.7	100.2	84.8
(六)空调 (台)	Air Conditioner (unit)	125.5	149.6	92.8
(七)彩色电视机 (台)	Color TV Sets (unit)	106.9	106.3	107.7
(八)照相机 (台)	Cameras (unit)	17.1	27.2	3.4
(九)计算机 (台)	Computers (unit)	63.0	78.7	41.7
其中：接入互联网的计算机 (台)	Computers With Internet Access (unit)	53.4	67.3	34.6
(十)中高档乐器 (架)	High-grade Instruments (unit)	8.2	13.2	1.5
(十一)固定电话 (线)	Fixed-line Phones (unit)	12.2	13.4	10.5
(十二)移动电话 (部)	Mobile Phones (unit)	234.0	236.0	231.4
其中：接入互联网的移动电话 (部)	Mobile Phones With Internet Access (unit)	173.2	186.9	154.7
(十三)健身器材 (组)	Fitness Equipment (unit)	5.7	8.8	1.5
(十四)空气净化器(含新风系统) (台)	Air Purifier (Including Central Ventilation System) (unit)	5.8	9.3	1.1
(十五)吸尘器 (台)	Dust Collector (unit)	11.8	19.1	1.9

10-18 社区基础设施和居民享有的基本社会服务情况(2019年)

Community Infrastructure and Basic Social Services(2019)

单位：% (%)

指标名称	Indicator	全体居民 All Households	城镇居民 Urban Households	农村居民 Rural Households
一、社区基础设施情况和基本公共服务	**Community Infrastructure and Basic Social Services**			
(一)社区通公路的户比重	Proportion of Community Access Roads	100.0	100.0	100.0
(二)社区能便利地乘坐公共汽车的户比重	Proportion of Communities Through Bus	93.1	98.7	85.6
(三)社区通电的户比重	Proportion of Community Having Powered	100.0	100.0	100.0
(四)社区通电话的户比重	Proportion of Community Having Phone	100.0	100.0	100.0
(五)社区能接收有线电视信号的户比重	Proportion of Communities Can Receive TV signals	100.0	100.0	100.0
(六)社区饮用水经过了集中净化处理的户比重	Proportion of Community Drinking Purification water	92.6	97.0	86.8
(七)社区主要饮用水水源无化学污染的户比重	Proportion of Community Water Source Free of Chemical Contamination	99.8	100.0	99.6
(八)社区开通了管道燃气的户比重	Proportion of Community Open Gas Pipeline	53.7	81.7	15.9
(九)社区有集中供暖的户比重	Proportion of Community Have Central Heating	46.6	77.7	4.5
(十)按进社区道路状况分的户比重	Proportion of Road Into the Community			
1.水泥或柏油路面	Cement or Asphalt Road	99.4	99.6	99.2
2.沙石或石板等硬质路面	Hardening Road	0.4	0.4	0.3
3.其他	Others	0.2		0.5
(十一)按社区内主要道路状况分的户比重	Proportion of Community Road Conditions			
1.水泥或柏油路面	Cement or Asphalt Road	98.1	99.4	96.4
2.沙石或石板等硬质路面	Hardening Road	1.5	0.6	2.8
3.其他	Others	0.4		0.8
(十二)社区主要道路有路灯的户比重	Proportion of Community Main Road Have Streetlights	98.9	99.4	98.2
(十三)社区内垃圾能集中处理的户比重	Proportion of Community Can Focus Process Garbage	99.8	100.0	99.6
(十四)社区有健身器材的户比重	Proportion of Community With Fitness Equipment	94.9	95.4	94.2
(十五)社区有绿化园林景观的户比重	Proportion of Community Have Green Landscape	66.7	81.6	46.7
(十六)社区有卫生站(室)的户比重	Proportion of Community Have Health Stations	89.7	91.9	86.6
(十七)按上幼儿园便利程度分的户比重	Proportion of Classification by Kindergarten			
1.社区内有，且便利	Community kindergarten,Convenience	59.2	69.2	45.5
2.社区内无，但入园较便利	No Community kindergarten,Convenience	38.7	30.3	50.0
3.不便利	No Convenience	2.1	0.4	4.4
(十八)按上小学便利程度分的户比重	Proportion of Classification by Primary school and Convenience			
1.社区内有，且便利	Community Primary school,Convenience	41.1	45.2	35.4
2.社区内无，但入学较便利	No Community Primary school,Convenience	56.8	54.1	60.5
3.不便利	No Convenience	2.2	0.7	4.1
(十九)社区本年度未发生盗窃或其他刑事案件的户比重	Proportion of Community Without Theft or Other Criminal Cases	90.6	86.9	95.6
(二十)社区有安全保卫的户比重	Proportion of Community with Security	77.6	84.2	68.8
(二十一)行政村拥有合法行医证的医生的户比重	Proportion of Village have Legitimate Doctor	82.4	90.2	80.7
(二十二)行政村有合格接生员的户比重	Proportion of Village Have Qualified Midwives	7.5	18.5	5.0
二、社会保障	**Social Securities**			
参加医疗保险或享受公费医疗的人数比重	Proportion of Participated Medical Insurance or Public Health Services			
1.新型农村合作医疗	New Rural Cooperative Medical	21.2	10.3	35.4
2.城镇职工基本医疗保险	Urban Basic Medical Insurance	25.1	40.3	5.5
3.城乡居民基本医疗保险	Resident Basic Medical Insurance	50.9	45.4	57.9
4.公费医疗	Public Health Services	0.2	0.3	0.0
5.商业医疗保险	Commercial Medical Insurance	3.1	4.2	1.7
6.其他医疗保险	Others	0.6	0.8	0.2
7.没有参加任何医疗保险	No Medical Insurance	1.5	2.2	0.6

10-19 各市全体居民主要指标(2019年)
Major Indicatous of Urban Households by Region(2019)

单位:元/人 (yuan/person)

地 区	Region	可支配收入 Disposable Income	工资性收入 Income of Wages and Salaries	经营净收入 Net Business Income	财产净收入 Net Income from Properties	转移净收入 Net Income from Transfer	消费支出 Expense on Household Consumption
济南市	Jinan	41472	24010	4229	6279	6954	26639
青岛市	Qingdao	45452	27164	8685	3850	5753	29501
淄博市	Zibo	37543	26266	4114	3064	4099	24537
枣庄市	Zaozhuang	26291	17685	5166	1098	2342	15824
东营市	Dongying	40602	26847	5089	3693	4972	25360
烟台市	Yantai	37783	21249	8620	2937	4978	25113
潍坊市	Weifang	32518	18061	7999	2592	3866	20575
济宁市	Jining	28055	19068	4290	1422	3275	17165
泰安市	Tai'an	29690	18924	5565	1778	3422	18102
威海市	Weihai	39593	22984	7632	2665	6312	25421
日照市	Rizhao	27577	18706	5692	1549	1630	16361
临沂市	Linyi	27619	15176	9507	1365	1572	14483
德州市	Dezhou	22608	13536	6163	1124	1785	15276
聊城市	Liaocheng	21602	13560	5297	1030	1715	13823
滨州市	Binzhou	28517	16086	6637	1918	3876	18852
菏泽市	Heze	20673	8540	5891	1322	4920	14444

10-19 续表 continued

单位:元/人 (yuan/person)

地 区	Region	食品烟酒 Food, Tobacco and liquor	衣着 Clothing	居住 Residence	生活用品及服务 Supplies and Services	交通通信 Transport and Communications	教育文化娱乐 Recreation, Education and Cultural	医疗保健 Health care	其他用品及服务 Others
济南市	Jinan	6588	1522	7948	1900	3513	2804	1841	524
青岛市	Qingdao	8325	2657	6969	1957	4369	2904	1600	720
淄博市	Zibo	6344	2240	5342	1883	3429	3031	1840	428
枣庄市	Zaozhuang	4709	1326	3231	1293	2128	1809	999	330
东营市	Dongying	5932	2445	5562	1538	4921	2872	1575	515
烟台市	Yantai	7669	2371	5283	1616	3457	2193	1781	744
潍坊市	Weifang	4978	1345	4006	1401	3843	2664	1948	391
济宁市	Jining	4880	1254	3273	1439	2420	2132	1409	358
泰安市	Tai'an	4700	1334	3893	1381	2286	2272	1842	395
威海市	Weihai	6442	2419	4346	1902	4299	2514	2691	808
日照市	Rizhao	4780	1433	3015	1119	3084	1652	767	511
临沂市	Linyi	3914	1191	3172	1061	2583	1511	839	212
德州市	Dezhou	4377	1023	4020	833	2202	1324	1252	245
聊城市	Liaocheng	4113	1057	2958	799	1687	1679	1239	291
滨州市	Binzhou	5138	1474	3992	1340	2870	2176	1446	417
菏泽市	Heze	4448	1015	2922	901	1853	1739	1351	216

10-20 各市城镇居民主要指标(2019年)

Major Indicatous of Urban Households by Region(2019)

单位:元/人 (yuan/person)

地区	Region	可支配收入 Disposable Income	工资性收入 Income of Wages and Salaries	经营净收入 Net Business Income	财产净收入 Net Income from Properties	转移净收入 Net Income from Transfer	消费支出 Expense on Household Consumption
济南市	Jinan	51913	30344	2823	9050	9695	33439
青岛市	Qingdao	54484	32921	8455	5234	7874	35266
淄博市	Zibo	45237	31091	4679	4184	5282	28939
枣庄市	Zaozhuang	34030	24527	4587	1889	3027	19791
东营市	Dongying	51128	35545	3908	4595	7080	30730
烟台市	Yantai	47977	28536	8450	4199	6791	31259
潍坊市	Weifang	41664	23335	8742	3990	5596	26103
济宁市	Jining	37139	25472	3774	2520	5373	22218
泰安市	Tai'an	37695	25004	5030	2899	4762	22500
威海市	Weihai	49044	29193	8454	3847	7550	31767
日照市	Rizhao	35732	25207	5980	2599	1947	21993
临沂市	Linyi	37912	21024	12608	2318	1962	18495
德州市	Dezhou	28536	18378	6306	2005	1848	17523
聊城市	Liaocheng	29215	21464	4537	1892	1322	17204
滨州市	Binzhou	37378	23856	5227	3131	5164	24384
菏泽市	Heze	28327	13463	6495	2769	5601	18179

10-20 续表 continued

单位:元/人 (yuan/person)

地区	Region	食品烟酒 Food, Tobacco and liquor	衣着 Clothing	居住 Residence	生活用品及服务 Supplies and Services	交通通信 Transport and Communications	教育文化娱乐 Recreation, Education and Cultural	医疗保健 Health care	其他用品及服务 Others
济南市	Jinan	7956	1947	10374	2431	4303	3575	2166	686
青岛市	Qingdao	9877	3276	8449	2333	5062	3503	1893	873
淄博市	Zibo	7306	2782	6459	2300	3973	3601	1984	533
枣庄市	Zaozhuang	5815	1728	4185	1681	2579	2253	1136	414
东营市	Dongying	7191	3267	6862	1960	5369	3411	1979	692
烟台市	Yantai	9373	3129	6727	2051	4164	2747	2101	965
潍坊市	Weifang	5973	1807	5027	1836	5152	3415	2402	491
济宁市	Jining	6266	1741	4455	1944	2770	2769	1762	510
泰安市	Tai'an	5528	1835	4901	1609	2894	2904	2245	583
威海市	Weihai	7911	3134	5439	2412	5480	3169	3110	1113
日照市	Rizhao	6329	1901	3798	1454	4356	2299	1059	797
临沂市	Linyi	4860	1696	3882	1335	3653	1874	906	291
德州市	Dezhou	4935	1321	4167	932	2602	1798	1445	322
聊城市	Liaocheng	5066	1559	3785	933	2108	2028	1356	369
滨州市	Binzhou	6549	2129	5390	1801	3453	2796	1672	595
菏泽市	Heze	5252	1267	4257	1163	2129	2065	1740	306

10−21 各市农村居民主要指标(2019年)
Major Indicators of Rural Households by Region(2019)

单位:元/人 (yuan/person)

地 区	Region	可支配收入 Disposable Income	工资性收入 Income of Wages and Salaries	经营净收入 Net Business Income	财产净收入 Net Income from Properties	转移净收入 Net Income from Transfer	消费支出 Expense on Household Consumption
济南市	Jinan	19454	10653	7193	435	1174	12300
青岛市	Qingdao	22573	12580	9270	344	379	14899
淄博市	Zibo	19916	15209	2819	500	1388	14452
枣庄市	Zaozhuang	16747	9248	5880	121	1497	10930
东营市	Dongying	19013	9008	7513	1844	648	14344
烟台市	Yantai	21218	9407	8895	885	2031	15125
潍坊市	Weifang	20369	11055	7011	734	1569	13231
济宁市	Jining	17644	11729	4882	163	870	11373
泰安市	Tai'an	18621	10517	6306	228	1569	12020
威海市	Weihai	22171	11539	6117	485	4029	13722
日照市	Rizhao	17312	10523	5329	229	1232	9271
临沂市	Linyi	14979	7994	5698	194	1092	9557
德州市	Dezhou	16028	8161	6005	148	1714	12783
聊城市	Liaocheng	14816	6515	5974	263	2065	10811
滨州市	Binzhou	17480	6408	8393	408	2271	11961
菏泽市	Heze	14176	4361	5378	95	4341	11274

10−21 续表 continued

单位:元/人 (yuan/person)

地 区	Region	食品烟酒 Food, Tobacco and liquor	衣着 Clothing	居住 Residence	生活用品及服务 Supplies and Services	交通通信 Transport and Communications	教育文化娱乐 Recreation, Education and Cultural	医疗保健 Health care	其他用品及服务 Others
济南市	Jinan	3703	625	2832	780	1847	1178	1154	182
青岛市	Qingdao	4393	1091	3222	1004	2611	1389	856	333
淄博市	Zibo	4140	998	2783	927	2181	1725	1510	187
枣庄市	Zaozhuang	3345	829	2053	814	1572	1261	831	225
东营市	Dongying	3349	759	2895	672	4001	1768	748	151
烟台市	Yantai	4899	1138	2935	908	2307	1291	1261	385
潍坊市	Weifang	3658	730	2650	823	2105	1666	1344	257
济宁市	Jining	3291	695	1920	859	2018	1403	1005	184
泰安市	Tai'an	3554	640	2499	1065	1445	1398	1284	135
威海市	Weihai	3734	1101	2330	960	2121	1308	1920	246
日照市	Rizhao	2830	844	2030	697	1483	837	400	151
临沂市	Linyi	2752	572	2300	726	1269	1066	758	115
德州市	Dezhou	3758	692	3858	723	1757	798	1037	160
聊城市	Liaocheng	3265	608	2221	679	1312	1369	1136	221
滨州市	Binzhou	3380	657	2251	765	2144	1403	1165	196
菏泽市	Heze	3765	801	1789	679	1619	1462	1020	139

主要统计指标解释

可支配收入 指调查户在调查期内获得的、可用于最终消费支出和储蓄的总和，即调查户可以用来自由支配的收入。可支配收入既包括现金，也包括实物收入。按照收入的来源，可支配收入包含四项，分别为：工资性收入、经营净收入、财产净收入、转移净收入。计算公式为：

可支配收入 ＝ 工资性收入 ＋ 经营净收入 ＋ 财产净收入 ＋ 转移净收入

其中：经营净收入 ＝ 经营收入 － 经营费用 － 生产性固定资产折旧－生产税净额（生产税－生产补贴）

财产净收入 ＝ 财产性收入 － 财产性支出

转移净收入 ＝ 转移性收入 － 转移性支出

工资性收入 指就业人员通过各种途径得到的全部劳动报酬和各种福利，包括受雇于单位或个人、从事各种自由职业、兼职和零星劳动得到的全部劳动报酬和福利。

经营净收入 指住户或住户成员从事生产经营活动所获得的净收入，是全部经营收入中扣除经营费用、生产性固定资产折旧和生产税之后得到的净收入。

财产净收入 指住户或住户成员将其所拥有的金融资产、住房等非金融资产和自然资源交由其他机构单位、住户或个人支配而获得的回报并扣除相关的费用之后得到的净收入。财产净收入包括利息净收入、红利收入、储蓄性保险净收益、转让承包土地经营权租金净收入、出租房屋净收入、出租其他资产净收入和自有住房折算净租金等。

转移性收入 指国家、单位、社会团体对住户的各种经常性转移支付和住户之间的经常性收入转移。包括政府、非行政事业单位、社会团体对居民转移的养老金或退休金、社会救济和补助、惠农补贴、政策性生活补贴、救灾款、经常性捐赠和赔偿以及报销医疗费等；住户之间的赡养收入、经常性捐赠和赔偿以及农村地区（村委会）在外（含国外）工作的本住户非常住成员寄回带回的收入等。转移性收入不包括住户之间的实物馈赠。

转移性支出 指调查户对国家、单位、住户或个人的经常性或义务性转移支付。包括缴纳的税款、各项社会保障支出、赡养支出、经常性捐赠和赔偿支出以及其他经常转移支出等。

消费支出 指住户用于满足家庭日常生活消费需要的全部支出，包括用于消费品的支出和用于服务性消费的支出。根据用途不同，消费支出可划分为食品烟酒、衣着、居住、生活用品及服务、交通通信、教育文化娱乐、医疗保健、其他用品及服务八大类。根据来源不同，消费支出可划分为现金消费支出、实物消费支出（含自产自用、来自单位、来自政府和其他社会组织）。

食品烟酒 指用于各种食品和烟草、酒类的支出，包括食品和烟酒两个中类。

衣着 指与居民穿着有关的支出，包括服装、服装材料、鞋类、其他衣类及配件、衣着相关加工服务的支出。

居住 指与居住有关的支出，包括房租、水、电、燃料、物业管理等方面的支出，也包括自有住房折算租金。

生活用品及服务 指家庭及个人的各类生活品及家庭服务。包括家具及室内装饰品、家用器具、家用纺织品、家庭日用杂品、个人用品和家庭服务。

交通通信 指用于交通和通信工具及相关的各种服务费、维修费和车辆保险等支出。

教育文化和娱乐 指用于教育和文化娱乐方面的支出。

医疗保健 指用于医疗和保健的药品、用品和服务的总费用。包括医疗器具及药品，以及医疗服务。

其他用品及服务 指无法直接归入上述各类支出的其他用品与服务支出。

就业者负担人数 指家庭人口与就业人口之比。

农村整、半劳动力 整劳动力指男子 18 周岁到 50 周岁，女子 18 周岁到 45 周岁；半劳动力指男子 16 周岁到 17 周岁，51 周岁到 60 周岁；女子 16 周岁到 17 周岁，46 周岁到 55 周岁，同时具有劳动能力的人。虽然在劳动年龄之内，但已丧失劳动能力的人，不应算为劳动力；超过劳动年龄，但能经常参加劳动，计入半劳动力数内。

Explanatory Notes on Main Statistical Indicators

Disposable Income refer to the households income sum that can be used for final consumption expenditure and savings during the period of investigation. Disposable income includes cash and real income. According to sources of income, disposable income includes the wage income, net operating income, net property income, and net transfer income. The formula for computing:

Disposable income = the wage income+ net operating income+net property income+net transfer income

Net operating income =
income - operating costs - depreciation of productive fixed assets - net taxes on production (production tax - production subsidies)

Net property income = income from property - property expenditure

The transfer of net income = income from transfer - transfer expenditure

Wage Income refers to income and all kinds of welfare obtained by laborers employed by different establishments, working independently or part time.

Net Operating Income refers to the net income from operation run by the members of households, and it equals to total income minus operating costs and depreciation of productive fixed assets and taxes on production.

Net Property Income refers to the net income obtained from the financial assets, non-financial assets such as housing and natural resources provided by its owners to other establishments, households or individuals. It includes net interest income, bonus, net income from saving insurance, net income from the transfer of the right to land contractual management, income from house renting, income from renting of other assets and net rental income of home ownership.

Income from Transfer refers to the current transaction between government, establishments, social organization and households, and to the income transaction between households. It includes annuity, pension, social relief, agricultural subsidy, disaster relief fund, and medical expense, which are provided by governments, institutions, social organizations. It also includes supporting expense, regular donations, and income provided by non-permanent population. It does not include donations between households.

Transfer Expenditure refers to the regular or obligatory expenditure provided by the households to governments, institutions, other households or residents. It includes taxes, social security expenditure, supporting expenditure, regular donation and compensation expenditure, etc.

Expense on Service Consumption refers to the consumption of all expenditure needs to meet the family daily life, including those for the consumer spending and for service consumption expenditure. According to different purposes, consumption can be divided into tobacco and food, clothing, housing, daily necessities and services, transportation and communication, education, culture and entertainment, health care, the other services. According to different sources, consumption can be divided into cash consumption, real consumer spending (including self occupied, from the unit, from the government and other social organizations).

Tobacco and Food refers to all kinds of expenditure on foods, tobaccos and beverages, including food and tobacco.

Clothing refers to the expenditure on clothes, clothing materials, shoes, accessories and charges for making clothes.

Housing refers to the expenditure related to residing, including rent, the expenditure of water, fuel, power and real estate management and net rental income of home ownership.

Daily Necessities and Services refers to the expenditure on daily necessities and home service, including the expenditures on furniture, decoration, appliance, textile, personal items and home service.

Transportation and Communication refers to the expenditure on transportation, communication, related service, maintenance, and vehicle insurance.

Education, Culture and Entertainment refers to the expenditure on education, culture and entertainment.

Health Care refers to the expenditure on health care, medicine, related products and service.

Other Services refers to the expenditure on the service that cannot be included in the services mentioned above.

Number of Dependents per Employee refers to the ratio between number of persons in households and the number of dependents.

Rural Full/Semi Labor Force Full labor force refers to persons capable of work, aged 18-50 for males and 18-45 for females. Semi labor force refers to persons capable of work, aged 16-17 and 51-60 for males and 16-17 and 46-55 for females. Persons at their working ages but not capable of work are not to be included as labor force. Persons not at working ages but participating regularly in work are included in semi labor force. For staff and workers as resident population of the household, they are included as full or semi labor force of the household if they are in the labor force.

第11篇

城市建设

City Construction

简 要 说 明

一、本篇资料的主要内容

本篇资料反映了全省各城市基础设施基本情况，包括市政设施、设施水平、供水、公共交通、园林绿化、燃气供热和建设用地等方面的资料。

二、本篇资料的来源

本篇资料来源于省住房和城乡建设厅和省交通运输厅，由山东省统计局综合处和服务业处整理提供。

Brief Introduction

I. Content

Data in this chapter show the basic conditions of public facilities of main cities in Shandong, including urban construction and infrastructure, water supply, public communications, urban greenery, gas and heating and land for construction, etc.

II. Source of Data

Data in this chapter are provided by the Housing and Urban-Rural Development and Transportation Department of Shandong Province. Data in this chapter are prepared and compiled by the Division of Comprehensive Statistics and the Division of Comprehensive Service Statistics of Shandong Provincial Bureau of Statistics.

11-1 城市基础设施
Basic Statistics on Urban Infrastructure

指标名称	Item	2016	2017	2018	2019
一、设施水平	**Urban Facilities**				
城市人口密度 (人/平方公里)	Population Density (person/sq.km)	1502	1554	1622	1665
人均日生活用水量 (升)	Per Capita Daily Water Consumption (litre)	132.8	126.7	126.6	125.5
供水普及率 (%)	Coverage Rate of Water Supply (%)	99.8	99.8	99.4	99.7
燃气普及率 (%)	Coverage Rate of Natural Gas Supply (%)	99.5	99.6	99.2	99.1
人均城市道路面积 (平方米)	Per Capita Area of Roads (sq.m)	24.7	25.1	25.3	25.3
建成区排水管道密度 (公里/平方公里)	Built-up Area Density of Sewage Pipelines (km/sq.km)	11.8	11.4	11.5	11.8
人均公园绿地面积 (平方米)	Per Capita Public Green Areas (sq.m)	17.9	17.8	17.6	17.6
建成区绿化覆盖率 (%)	Coverage Rate of Urban Green Areas (%)	42.3	42.1	41.8	41.8
二、供水情况	**Water Supply**				
供水总量 (万立方米)	Volume of Water Supply (10 000 cu.m)	373322	385519	394788	392093
#生产运营用水 (万立方米)	For Productive Use (10 000 cu.m)	155395	169031	166016	156581
用水人口 (万人)	Population Using Water (10 000 persons)	3361	3527	3673	3853
三、公共交通	**Public Transportation**				
公共汽电车客运总量 (万人次)	Volume of Passenger Traffic (Buses and Trolley Buses,etc.) (10 000 person-times)	390380	389909	385805	403854
公共汽电车运营车数 (辆)	Number of Operating Vehicles (Buses and Trolley Buses,etc.) (unit)	47403	50642	53298	56657
出租汽车数 (辆)	Number of Taxis (unit)	61397	61678	62138	62852
四、市政设施	**Infrastructure by City**				
道路面积 (万平方米)	Area of Roads (10 000 sq.m)	83011	88799	93397	97663
#人行道面积 (万平方米)	Area of Sidewalks (10 000 sq.m)	16794	17161	18473	18964
道路长度 (公里)	Length of Roads (km)	40685	43580	45633	48149
路灯盏数 (盏)	Number of Streetlights (unit)	1869799	1941822	2008130	2061918
桥梁数 (座)	Numer of Bridges (unit)	5481	5440	5708	5855
污水年排放量 (万吨)	Volume of Waste Water Discharged (10 000 tons)	320099	327755	340919	354337
污水年处理量 (万吨)	Volume of Waste Water Treated (10 000 tons)	307953	317772	332217	346414
五、园林绿化	**Parks,Gardens and Green Areas**				
园林绿地面积 (公顷)	Garden Green Area (ha)	225794	235690	243368	252338
公园绿地面积 (公顷)	Park Green Area (ha)	60336	63042	65179	67884
绿化覆盖面积 (公顷)	Coverage of Green Area (ha)	253328	267944	279143	289833
#建成区绿化覆盖面积 (公顷)	Coverage of Urban Green Area (ha)	202635	209230	215930	226228
公园个数 (个)	Number of Parks (unit)	920	1090	1214	1200
公园面积 (公顷)	Area of Parks (ha)	36771	37721	40554	41450

11-2 城市设施水平(2019年)
Basic Statistics on Urban Infrastructure by City (2019)

城市名称	City	城市人口密度(人/平方公里) Population Density (person/sq.km)	人均日生活用水量(升) Per Capita Daily Water Consumption (litre)	供水普及率(%) Coverage Rate of Water Supply (%)	燃气普及率(%) Coverage Rate of Gas Supply (%)	人均城市道路面积(平方米) Per Capita Area of Roads (sq.m)	人均公园绿地面积(平方米) Per Capita Public Green Areas (sq.m)	建成区绿化覆盖率(%) Coverage Rate of Urban Green Areas (%)
合计	**Total**	**1665**	**125.5**	**99.7**	**99.1**	**25.3**	**17.6**	**41.8**
济南市	Jinan	2546	136.8	100.0	100.0	20.5	13.0	41.4
青岛市	Qingdao	1714	150.8	100.0	100.0	19.3	16.9	40.2
胶州市	Jiaozhou	657	138.4	100.0	100.0	20.8	13.7	44.7
平度市	Pingdu	685	109.1	100.0	100.0	26.9	13.3	42.7
莱西市	Laixi	758	143.2	100.0	100.0	24.9	14.2	44.5
淄博市	Zibo	2607	139.5	100.0	100.0	30.1	19.9	45.0
枣庄市	Zaozhuang	2962	96.2	99.9	99.6	26.4	14.3	41.4
滕州市	Tengzhou	3719	117.4	100.0	100.0	22.9	15.4	37.6
东营市	Dongying	687	173.7	100.0	100.0	30.0	27.4	42.2
烟台市	Yantai	2388	131.9	98.9	94.5	29.0	17.8	40.5
龙口市	Longkou	2856	72.5	100.0	99.8	29.0	11.5	38.3
莱阳市	Laiyang	1127	97.2	97.1	100.0	16.8	16.5	38.3
莱州市	Laizhou	1086	84.1	100.0	98.5	19.9	12.8	40.4
蓬莱市	Penglai	1135	103.0	100.0	100.0	28.4	16.8	45.2
招远市	Zhaoyuan	1486	118.7	100.0	100.0	22.7	17.7	39.8
栖霞市	Qixia	5731	107.4	88.4	96.8	14.8	11.7	36.5
海阳市	Haiyang	972	84.5	99.7	99.8	18.2	15.8	42.6
潍坊市	Weifang	1369	126.8	100.0	100.0	28.8	18.5	42.1
青州市	Qingzhou	1237	108.7	100.0	100.0	29.6	15.7	41.6
诸城市	Zhucheng	1500	142.2	100.0	100.0	25.0	23.9	44.8
寿光市	Shouguang	1618	80.3	100.0	100.0	18.3	17.8	43.0
安丘市	Anqiu	1033	120.6	100.0	100.0	41.3	25.1	42.3
高密市	Gaomi	1488	128.3	100.0	100.0	30.6	17.4	39.0
昌邑市	Changyi	1675	110.7	100.0	100.0	18.6	16.4	38.3
济宁市	Jining	1800	91.0	100.0	98.2	34.1	18.0	40.9
曲阜市	Qufu	3242	125.7	100.0	99.5	26.0	16.5	41.5
邹城市	Zoucheng	3628	114.5	100.0	99.7	18.8	13.5	38.8
泰安市	Tai'an	1772	102.0	100.0	100.0	30.9	23.1	45.1
新泰市	Xintai	1126	104.3	100.0	100.0	25.4	18.6	45.0
肥城市	Feicheng	2275	136.4	100.0	100.0	23.9	17.1	41.3
威海市	Weihai	1512	133.6	100.0	100.0	34.6	26.2	45.6
荣成市	Rongcheng	897	87.6	100.0	100.0	30.3	26.0	46.0
乳山市	Rushan	1494	112.4	100.0	100.0	32.8	20.4	45.8
日照市	Rizhao	2212	154.5	100.0	99.9	22.2	18.2	42.1
临沂市	Linyi	1747	125.4	100.0	99.5	25.3	21.6	41.6
德州市	Dezhou	1710	94.0	99.9	100.0	29.3	21.6	40.0
乐陵市	Leling	2614	151.1	100.0	98.5	28.8	13.7	39.1
禹城市	Yucheng	3383	91.5	98.3	99.8	23.2	22.6	39.6
聊城市	Liaocheng	2161	100.5	99.0	93.5	24.9	15.3	42.5
临清市	Linqing	1245	75.4	95.0	90.8	30.3	13.8	41.5
滨州市	Binzhou	1110	139.4	100.0	100.0	25.9	21.2	45.7
邹平市	Zouping	1919	112.7	100.0	100.0	29.9	14.0	39.4
菏泽市	Heze	2169	92.4	98.0	94.3	26.8	13.2	40.5

11-3 城市供水(2019年)

Urban Water Supply by City (2019)

城市名称	City	综合生产能力(万立方米/日) Production Capacity of Water Supply (10 000 cu.m/day)	地下水 Groundwater	供水管道长度(公里) Length of Water Supply Pioelines (km)	供水总量(万立方米) Volume of Water Supply (10 000 cu.m)	生产运营用水 For Productive Use	公共服务用水 For Public Service	居民家庭用水 For Households Use	用水人口(万人) Population with Access to Tap Water (10 000 persons)
合　计	**Total**	**1925.0**	**632.4**	**57028.1**	**392093.0**	**156580.6**	**49609.4**	**126790.0**	**3852.6**
济南市	Jinan	247.0	121.3	5256.4	47022.0	6336.0	11495.4	18249.0	595.7
青岛市	Qingdao	243.0	10.5	8065.5	55377.5	17687.4	9343.4	19809.2	529.5
胶州市	Jiaozhou	16.0	4.0	513.6	4464.9	1123.5	1389.1	1378.6	54.9
平度市	Pingdu	13.6	7.6	642.0	3516.1	921.9	817.4	1146.0	49.3
莱西市	Laixi	13.0	0.1	552.4	3008.0	912.6	723.4	1035.5	34.0
淄博市	Zibo	153.4	94.4	3034.2	26455.0	13212.3	1745.1	7606.7	183.8
枣庄市	Zaozhuang	43.1	31.7	1777.7	9150.7	4430.9	479.5	3251.5	106.3
滕州市	Tengzhou	28.0	23.5	1099.0	4188.8	1397.4	68.0	1645.0	40.0
东营市	Dongying	97.5		1919.9	14068.2	4737.6	1967.1	4076.8	95.3
烟台市	Yantai	103.6	21.1	4181.9	18886.1	6553.4	3110.3	7281.2	215.8
龙口市	Longkou	8.0		391.0	1780.2	676.3	226.5	559.0	29.7
莱阳市	Laiyang	12.4	0.4	362.8	2141.7	880.6	56.0	974.1	29.1
莱州市	Laizhou	10.5		741.1	2060.7	344.3	408.2	818.4	40.0
蓬莱市	Penglai	9.1	1.2	353.1	1692.1	899.2	31.3	645.1	18.0
招远市	Zhaoyuan	9.8	3.5	512.0	1871.7	917.1	319.4	568.9	20.5
栖霞市	Qixia	4.0	1.0	142.6	739.0	57.0	231.0	405.0	16.2
海阳市	Haiyang	11.4		462.5	1200.0	306.4	53.4	721.9	25.4
潍坊市	Weifang	83.7	20.0	2223.6	21574.7	12597.3	2010.7	5504.1	162.4
青州市	Qingzhou	18.3	15.3	809.7	3748.1	1929.8	360.0	1112.1	37.1
诸城市	Zhucheng	23.0	2.7	369.4	7810.0	4423.0	532.0	2008.0	49.0
寿光市	Shouguang	22.0	12.7	708.9	8354.9	6414.5	57.1	1500.8	53.1
安丘市	Anqiu	24.5	0.6	486.3	4696.6	2513.1	570.2	1075.3	37.4
高密市	Gaomi	44.6	12.6	783.1	7728.0	5327.6	232.0	1147.1	29.5
昌邑市	Changyi	13.5	13.5	118.6	4355.0	3349.0	217.0	595.0	20.1
济宁市	Jining	86.9	83.4	1019.6	17460.8	9587.7	70.0	5216.3	159.1
曲阜市	Qufu	10.1	9.0	425.0	3029.1	1503.3	297.0	684.6	21.4
邹城市	Zoucheng	14.5	14.5	472.6	3425.6	1478.6	429.0	1010.0	35.5
泰安市	Tai'an	33.0	17.4	3103.1	6658.1	1860.9	1986.3	1891.0	104.1
新泰市	Xintai	17.5	1.0	899.2	3007.9	531.0	308.0	1810.5	55.9
肥城市	Feicheng	7.2	7.2	292.7	2264.0	328.8	394.0	1158.4	31.2
威海市	Weihai	48.3	0.8	2996.4	9214.8	3398.0	2044.8	2764.0	98.6
荣成市	Rongcheng	19.7	1.2	1057.0	2947.1	1038.9	203.0	1197.0	44.1
乳山市	Rushan	12.9	0.6	599.6	1773.5	559.0	78.5	783.0	21.0
日照市	Rizhao	51.7		1780.5	9087.7	2601.7	1843.6	3166.2	89.3
临沂市	Linyi	88.5	22.3	2786.0	19573.2	7722.6	1594.8	8626.0	223.2
德州市	Dezhou	58.4	0.3	1667.7	13506.5	9123.7	631.0	2898.6	102.8
乐陵市	Leling	9.2	6.1	111.8	2047.0	472.4	457.6	983.7	26.1
禹城市	Yucheng	12.0	8.0	368.3	2272.4	1410.6	86.2	580.0	20.0
聊城市	Liaocheng	52.6	41.4	1445.3	13163.0	3074.8	801.3	2652.8	94.1
临清市	Linqing	15.0	3.9	301.0	2890.9	1635.3	158.5	694.5	31.0
滨州市	Binzhou	66.1	0.4	1365.3	10580.9	4941.8	1385.3	3134.0	88.8
邹平市	Zouping	36.0	6.0	146.2	6345.4	4212.7	103.5	1530.9	39.7
菏泽市	Heze	32.5	11.5	684.0	6955.6	3151.0	293.8	2894.3	94.5

11-4 城市公共交通(2019年)
Public Transportation by City(2019)

城市名称	City	公共汽电车 Bus and Trolley Bus				出租汽车数(辆) Number of Taxis (unit)
		运营车数(辆) Number of Operating Vehicles (unit)	标准运营车数(标台) Number of Standard Operating Vehicles (unit)	运营线路总长度(公里) Length of Operation Lines (km)	客运总量(万人次) Volume of Passenger Traffic (10 000 person -times)	
合　计	**Total**	**56657**	**64046**	**129890**	**403854**	**62852**
济南市	Jinan	8076	9814	11502	84573	11019
青岛市	Qingdao	10965	13371	23264	116658	11981
胶州市	Jiaozhou	1086	1206	1551	5189	454
平度市	Pingdu	1026	951	3590	2832	374
莱西市	Laixi	290	327	2182	259	287
淄博市	Zibo	2863	3137	6959	13812	6110
枣庄市	Zaozhuang	2856	3042	6732	15714	1540
滕州市	Tengzhou	1288	1419	2291	8376	706
东营市	Dongying	1163	1331	3758	6107	3105
烟台市	Yantai	4330	5047	11086	43533	5413
龙口市	Longkou	310	359	1180	1845	442
莱阳市	Laiyang	137	138	122	1146	399
莱州市	Laizhou	126	129	159	976	450
蓬莱市	Penglai	142	148	189	850	600
招远市	Zhaoyuan	322	365	1059	1692	374
栖霞市	Qixia	271	269	1865	465	366
海阳市	Haiyang	267	254	1049	589	394
潍坊市	Weifang	4446	4890	10439	22783	4363
青州市	Qingzhou	461	427	668	2770	497
诸城市	Zhucheng	693	732	2145	3199	372
寿光市	Shouguang	672	626	2037	1616	376
安丘市	Anqiu	383	393	726	685	292
高密市	Gaomi	322	327	1492	916	332
昌邑市	Changyi	160	160	310	882	211
济宁市	Jining	4240	4532	7371	15717	3136
曲阜市	Qufu	363	347	1221	1153	279
邹城市	Zoucheng	1398	1421	1915	3037	797
泰安市	Tai'an	3526	3536	7526	11894	1952
新泰市	Xintai	772	722	2764	2012	258
肥城市	Feicheng	351	341	875	1205	402
威海市	Weihai	2275	2602	9800	22246	2488
荣成市	Rongcheng	474	544	2729	4016	323
乳山市	Rushan	346	373	2800	1212	270
日照市	Rizhao	2866	3269	12355	17624	1068
临沂市	Linyi	2469	2627	3076	9506	2763
德州市	Dezhou	1165	1227	2515	3703	4386
乐陵市	Leling	139	116	587	184	199
禹城市	Yucheng	221	250	627	259	259
聊城市	Liaocheng	1797	1838	3128	5486	2027
临清市	Linqing	343	328	768	547	318
滨州市	Binzhou	1607	1687	6017	7125	1236
邹平市	Zouping	639	664	1330	3304	405
菏泽市	Heze	2013	2096	4362	7373	1668

11-5 城市市政设施(2019年)

Infrastructure by City (2019)

城市名称	City	道路长度(公里) Length of Roads (km)	道路面积(万平方米) Area of Roads (10 000 sq.m)	人行道面积(万平方米) Area of Sidewalks (10 000 sq.m)	路灯盏数(盏) Number of Streetlights (unit)	桥梁数(座) Number of Bridges (unit)
合　计	**Total**	**48148.9**	**97662.7**	**18963.5**	**2061918**	**5855**
济南市	Jinan	6812.6	12231.6	2508.0	202141	1076
青岛市	Qingdao	6315.3	10227.1	2198.2	194932	736
胶州市	Jiaozhou	773.5	1142.2	166.4	22296	113
平度市	Pingdu	752.8	1328.0	245.2	18486	49
莱西市	Laixi	518.1	844.8	153.5	19295	24
淄博市	Zibo	2391.1	5537.9	1185.1	85301	306
枣庄市	Zaozhuang	1302.5	2804.5	702.7	54642	122
滕州市	Tengzhou	610.5	916.3	254.4	23740	38
东营市	Dongying	1113.3	2860.5	398.4	51623	186
烟台市	Yantai	3048.2	6331.8	1102.8	126447	110
龙口市	Longkou	380.7	861.6	260.8	21317	16
莱阳市	Laiyang	336.5	503.7	134.4	7712	26
莱州市	Laizhou	326.9	795.4	116.8	29276	13
蓬莱市	Penglai	299.7	510.9	111.1	20098	43
招远市	Zhaoyuan	294.2	465.8	100.6	10500	56
栖霞市	Qixia	142.5	271.2	51.6	10405	28
海阳市	Haiyang	212.7	462.9	167.1	11464	45
潍坊市	Weifang	2181.0	4678.7	1118.9	99751	118
青州市	Qingzhou	632.5	1099.4	260.5	54520	26
诸城市	Zhucheng	636.4	1224.9	229.1	29046	39
寿光市	Shouguang	589.1	974.5	113.0	32071	7
安丘市	Anqiu	734.5	1542.9	132.1	26356	77
高密市	Gaomi	558.4	901.2	259.4	25510	83
昌邑市	Changyi	175.6	373.0	96.3	9002	29
济宁市	Jining	1968.1	5426.3	1026.5	74018	212
曲阜市	Qufu	312.0	556.9	101.9	51880	32
邹城市	Zoucheng	385.0	668.4	157.5	19674	39
泰安市	Tai'an	1434.7	3216.9	442.1	31186	184
新泰市	Xintai	575.6	1422.2	166.8	19563	38
肥城市	Feicheng	312.7	746.7	76.3	16866	36
威海市	Weihai	1515.4	3415.5	649.1	86625	465
荣成市	Rongcheng	657.3	1335.3	206.0	33877	102
乳山市	Rushan	366.9	689.2	125.5	22158	86
日照市	Rizhao	965.0	1984.8	370.5	61652	124
临沂市	Linyi	2702.3	5640.5	784.1	174400	189
德州市	Dezhou	1189.4	3012.1	567.3	77634	141
乐陵市	Leling	375.9	752.5	191.0	15200	26
禹城市	Yucheng	242.8	471.9	59.5	7696	66
聊城市	Liaocheng	896.7	2368.7	449.9	84216	173
临清市	Linqing	442.0	987.0	315.0	9400	30
滨州市	Binzhou	1084.8	2303.6	411.9	56515	295
邹平市	Zouping	534.0	1186.8	294.5	8184	45
菏泽市	Heze	1050.2	2586.7	502.2	25243	206

11-5 续表 continued

城市名称	City	排水管道长度(公里) Length of Sewage Pipelines (km)	污水年排放量(万吨) Volume of Waste Water Discharged (10 000 tons)	污水处理总量(万吨) Volume of Waste Water Treated Yearly (10 000 tons)	生活垃圾清运量(万吨) Volume of Garbage Disposal (10 000 tons)	生活垃圾无害化处理量(万吨) Volume of Garbage Harmless Diposed (10 000 tons)
合　计	**Total**	**67709.7**	**354336.8**	**346413.7**	**1786.8**	**1785.8**
济南市	Jinan	8886.5	51288.6	50535.6	269.5	269.5
青岛市	Qingdao	9349.6	47069.2	45899.0	282.0	282.0
胶州市	Jiaozhou	717.7	4018.8	3913.6	28.5	28.5
平度市	Pingdu	722.6	3164.0	3092.4	36.9	36.9
莱西市	Laixi	739.9	2707.2	2640.3	21.9	21.9
淄博市	Zibo	3557.7	22488.0	21995.4	97.9	97.9
枣庄市	Zaozhuang	1421.2	7625.6	7452.2	38.8	38.8
滕州市	Tengzhou	585.6	3511.0	3383.3	14.6	14.6
东营市	Dongying	1730.6	13871.9	13514.1	43.6	43.6
烟台市	Yantai	5187.2	17094.3	16718.2	94.9	94.9
龙口市	Longkou	586.2	1513.2	1467.8	11.6	11.6
莱阳市	Laiyang	303.2	1820.0	1782.0	8.9	8.9
莱州市	Laizhou	440.9	1630.0	1583.0	13.0	13.0
蓬莱市	Penglai	402.8	1213.3	1180.6	7.0	7.0
招远市	Zhaoyuan	446.1	1528.0	1490.0	8.9	8.9
栖霞市	Qixia	181.0	668.0	653.0	7.8	7.8
海阳市	Haiyang	389.0	1020.0	998.6	12.7	12.7
潍坊市	Weifang	2336.2	16828.3	16458.1	85.7	85.7
青州市	Qingzhou	837.3	3185.9	3121.0	13.5	13.5
诸城市	Zhucheng	741.9	6727.0	6586.0	24.1	24.1
寿光市	Shouguang	887.6	7101.7	6957.5	20.6	20.6
安丘市	Anqiu	923.8	4077.0	3992.4	15.6	15.6
高密市	Gaomi	676.5	6528.0	6393.3	13.2	13.2
昌邑市	Changyi	238.5	3702.0	3628.0	6.3	6.3
济宁市	Jining	1454.4	14842.0	14545.0	81.7	81.7
曲阜市	Qufu	273.9	2726.2	2658.0	10.0	10.0
邹城市	Zoucheng	374.0	3083.0	3006.0	11.5	11.5
泰安市	Tai'an	1564.1	8129.0	7915.3	44.2	44.2
新泰市	Xintai	622.5	2556.7	2487.7	27.6	27.6
肥城市	Feicheng	298.6	1925.5	1869.8	17.8	17.8
威海市	Weihai	3829.0	8548.0	8340.0	45.3	45.3
荣成市	Rongcheng	1290.9	2506.0	2453.0	16.8	16.8
乳山市	Rushan	822.4	1558.5	1519.5	7.4	7.4
日照市	Rizhao	2416.1	7930.0	7744.1	49.1	49.1
临沂市	Linyi	3993.6	19439.0	18909.9	89.7	89.7
德州市	Dezhou	1752.2	11321.4	11050.5	35.4	34.3
乐陵市	Leling	261.0	1772.0	1728.0	9.6	9.6
禹城市	Yucheng	278.3	2878.0	2809.0	8.1	8.1
聊城市	Liaocheng	1681.9	11168.0	10900.0	32.4	32.4
临清市	Linqing	384.0	3233.0	3149.4	11.2	11.2
滨州市	Binzhou	2016.9	8993.7	8790.9	34.8	34.8
邹平市	Zouping	474.5	5393.6	5285.4	25.9	25.9
菏泽市	Heze	1631.9	5952.3	5817.0	50.6	50.6

11-6 城市园林绿化(2019年)
Parks, Gardens and Green Areas by City (2019)

城市名称	City	绿化覆盖面积(公顷) Coverage of Green Area (ha)	建成区 Urban Green Area	园林绿地面积(公顷) Garden Green Area (ha)	公园绿地面积(公顷) Park Green Area (ha)	公园个数(个) Number of Parks (unit)	公园面积(公顷) Area of Parks (ha)
合计	**Total**	**289832.8**	**226228.0**	**252338.4**	**67883.8**	**1200**	**41450.2**
济南市	Jinan	29735.9	29630.9	26366.9	7750.2	96	3312.0
青岛市	Qingdao	44168.9	30494.0	40844.5	8922.0	192	5773.2
胶州市	Jiaozhou	3416.9	3216.9	3141.4	753.2	21	596.0
平度市	Pingdu	3218.2	3004.2	2718.5	653.6	27	571.7
莱西市	Laixi	1853.4	1653.8	1551.4	482.7	9	334.5
淄博市	Zibo	21981.3	12981.3	19886.0	3666.3	46	1449.2
枣庄市	Zaozhuang	9227.8	6475.8	7353.4	1516.2	48	917.6
滕州市	Tengzhou	2492.6	2284.2	2314.2	613.7	24	403.0
东营市	Dongying	10258.2	6462.2	9660.5	2607.8	56	2557.5
烟台市	Yantai	13862.4	13719.6	12560.7	3876.5	33	1191.1
龙口市	Longkou	2262.2	1745.2	1881.4	342.9	9	203.0
莱阳市	Laiyang	2486.0	1652.0	1613.5	492.4	1	73.0
莱州市	Laizhou	2192.0	2164.5	2012.7	512.3	33	239.9
蓬莱市	Penglai	1524.1	1154.3	1169.1	303.2	10	109.0
招远市	Zhaoyuan	1440.7	1411.1	1313.8	362.3	9	355.3
栖霞市	Qixia	700.0	625.0	600.0	215.0	4	41.0
海阳市	Haiyang	1578.8	1466.2	1461.3	401.0	6	382.7
潍坊市	Weifang	12218.7	7588.0	11169.6	3008.0	45	1585.7
青州市	Qingzhou	3033.0	2185.6	2103.1	581.9	17	155.8
诸城市	Zhucheng	5316.3	2321.7	3191.6	1169.5	14	621.0
寿光市	Shouguang	4189.8	2002.6	3598.7	943.2	43	943.2
安丘市	Anqiu	3609.3	2688.1	3125.7	938.9	11	775.6
高密市	Gaomi	2383.0	2136.8	1927.8	512.0	5	184.0
昌邑市	Changyi	1795.0	1245.4	1354.7	328.7	3	280.0
济宁市	Jining	11709.2	10049.1	9384.4	2868.0	40	1915.1
曲阜市	Qufu	1344.6	1121.5	1070.6	353.5	25	350.7
邹城市	Zoucheng	2055.2	1881.6	1803.3	480.1	15	480.1
泰安市	Tai'an	7615.7	7256.5	7243.1	2409.6	38	1758.7
新泰市	Xintai	3253.0	3142.0	3047.0	1037.0	20	976.0
肥城市	Feicheng	2213.1	1955.1	1940.8	534.6	5	454.0
威海市	Weihai	10781.5	9096.8	9538.2	2582.1	37	1092.6
荣成市	Rongcheng	3260.0	2667.6	2635.7	1145.4	18	846.7
乳山市	Rushan	2029.0	1655.0	1747.3	427.5	10	236.4
日照市	Rizhao	5270.2	4871.0	4838.8	1625.0	42	1084.0
临沂市	Linyi	15461.0	10293.2	13130.4	4811.0	45	4377.2
德州市	Dezhou	7710.2	6604.6	6789.1	2222.0	32	561.4
乐陵市	Leling	1547.4	1288.7	1183.9	357.5	13	242.0
禹城市	Yucheng	1937.4	1496.9	1644.4	458.0	9	168.0
聊城市	Liaocheng	7534.1	5073.7	6004.1	1457.4	34	1276.8
临清市	Linqing	2286.0	1302.0	1913.0	449.0	8	192.6
滨州市	Binzhou	7269.0	6582.0	6415.4	1887.2	31	1255.6
邹平市	Zouping	3272.3	2324.1	2245.3	554.8	3	294.0
菏泽市	Heze	8339.6	7257.5	6843.4	1270.4	13	833.5

11-7 城市燃气供热情况(2019年)
Gas Supply and Heating by City (2019)

城市名称	City	天然气供气量(万立方米) Total Natural Gas Supply (10 000 cu.m)	居民家庭用量 Residential Use	液化石油气供气量(吨) Total Liquefied Petroleum Gas Supply (ton)	居民家庭用量 Residential Use	集中供热面积(万平方米) Heating Area (10 000 sq.m)	住宅 Houses
合　计	**Total**	**1074897.0**	**257281.0**	**298329.8**	**199230.9**	**148256.0**	**121576.5**
济南市	Jinan	134733.0	45695.0	44467.0	25093.0	25400.4	18528.0
青岛市	Qingdao	131867.0	30376.9	30209.7	16678.6	23124.2	19075.9
胶州市	Jiaozhou	16675.0	3438.7	3720.0	3420.0	2158.0	1920.0
平度市	Pingdu	9976.3	1630.2	4197.5	4080.5	1452.0	1271.0
莱西市	Laixi	11660.5	4405.7	4600.0	3400.0	739.5	680.2
淄博市	Zibo	114816.9	21481.4	9139.0	6011.2	7634.2	6516.4
枣庄市	Zaozhuang	11869.3	4820.8	9282.0	6641.0	3356.0	3126.0
滕州市	Tengzhou	25188.6	1920.7			2537.5	2326.5
东营市	Dongying	49283.2	15115.6	506.0	498.0	5250.0	4308.2
烟台市	Yantai	37089.5	8174.0	26380.2	11468.0	8620.0	6353.4
龙口市	Longkou	47563.9	2018.2	2325.0	2197.0	1257.0	1102.0
莱阳市	Laiyang	2746.0	891.7	1650.0	1250.0	805.0	696.7
莱州市	Laizhou	3033.0	853.0	3862.0	3801.0	758.6	608.6
蓬莱市	Penglai	3984.4	563.5	1950.0	1935.5	634.0	549.0
招远市	Zhaoyuan	2450.0	868.5	1200.0	699.0	720.0	620.0
栖霞市	Qixia	3257.5	635.0	2600.0	2220.0	215.6	195.1
海阳市	Haiyang	1661.0	760.0	2200.0	1400.0	510.1	460.0
潍坊市	Weifang	47900.8	9050.0	10090.0	10090.0	9077.5	7499.6
青州市	Qingzhou	8095.2	1756.8	1093.5	500.0	1378.2	1246.8
诸城市	Zhucheng	14563.0	1929.0	7200.0	7180.0	1363.0	816.0
寿光市	Shouguang	9263.0	3010.0	2800.0	2750.0	1470.0	1190.0
安丘市	Anqiu	6074.0	1055.5	4212.1	4001.2	680.0	652.0
高密市	Gaomi	16200.0	4787.0	590.0	220.0	700.0	505.8
昌邑市	Changyi	3248.5	2510.2	2133.0	2088.0	465.6	460.6
济宁市	Jining	44505.6	16373.2	860.0	860.0	10790.6	9613.6
曲阜市	Qufu	6334.3	1187.0			624.0	513.0
邹城市	Zoucheng	4845.9	4341.0	550.0	200.0	1640.0	1501.6
泰安市	Tai'an	40261.2	4801.7	550.0	270.0	3485.5	2936.2
新泰市	Xintai	5932.0	2026.0	3669.4	3507.7	966.4	759.3
肥城市	Feicheng	5141.0	3959.4	327.0	118.0	838.7	751.3
威海市	Weihai	18918.0	4713.0	13734.0	3762.7	7271.4	5399.5
荣成市	Rongcheng	5749.5	1565.8	8128.0	4292.0	1067.0	876.0
乳山市	Rushan	2220.0	1051.7	141.5		716.0	686.0
日照市	Rizhao	28609.0	7278.0	15566.0	8964.0	2444.0	1996.0
临沂市	Linyi	66043.1	10172.3	23504.0	22496.9	6955.1	6564.1
德州市	Dezhou	29894.2	7218.9	7630.0	7425.7	3073.4	2272.4
乐陵市	Leling	3206.0	2300.0	5504.0	5500.0	439.0	419.0
禹城市	Yucheng	9800.0	2100.0	1600.0	450.0	701.9	610.0
聊城市	Liaocheng	42584.7	5915.2	2230.0	2203.0	2351.8	2140.3
临清市	Linqing	4490.0	2016.0	1003.0	1001.0	644.0	622.0
滨州市	Binzhou	22883.1	7642.6	7940.0	7935.0	2479.6	1986.5
邹平市	Zouping	15756.0	2291.0	8760.0	5253.0	456.0	353.0
菏泽市	Heze	4524.0	2580.9	20226.0	7370.0	1005.5	869.0

主要统计指标解释

供水综合生产能力 指按供水设施取水、净化、送水、出厂输水干管等环节设计能力计算的综合生产能力。包括在原设计能力的基础上，经挖、革、改增加的生产能力。计算时，以四个环节中最薄弱的环节为主确定能力。

年末供水管道长度 指从送水泵至用户水表之间所有管道的长度。不包括新安装尚未使用的管道。

全年供水总量 指报告期供水企业(单位)供出的全部水量。包括有效供水量和漏损水量。

生活用水量 包括公共服务用水和居民家庭用水。公共服务用水指为城市社会公共生活服务的用水。包括行政事业单位、部队营区和公共设施服务、社会服务业、批发零售贸易业、旅馆饮食业以及其他公共服务业等单位的用水。居民家庭用水指城市范围内所有居民家庭的日常生活用水。包括城市居民、农民家庭、公共供水站用水。

用水普及率 指报告期末城区内用水人口与总人口的比率。计算公式：

$$\text{用水普及率}=\frac{\text{城区用水人口（含暂住人口）}}{\text{城区人口}+\text{城区暂住人口}}\times 100\%$$

供气管道长度 指报告期末从气源厂压缩机的出口或门站出口至各类用户引入管之间的全部已经通气投入使用的管道长度。不包括煤气生产厂、输配站、液化气储存站、灌瓶站、储配站、气化站、混气站、供应站等厂(站)内的管道。

全年供气总量 指全年燃气企业(单位)向用户供应的燃气数量。包括销售量和损失量。

燃气普及率 指报告期末城区内使用燃气的人口与总人口的比率。计算公式为：

$$\text{燃气普及率}=\frac{\text{城区用气人口（含暂住人口）}}{\text{城区人口}+\text{城区暂住人口}}\times 100\%$$

城市供热能力 指供热企业(单位)向城市热用户输送热能的设计能力。

供热面积 指供热企业(单位)向城市各类房屋建筑物、构筑物及其附属设施供热的全部建筑面积。

年末道路长度 指年末道路长度和与道路相通的广场、桥梁、隧道的长度，按车行道中心线计算。在统计时只统计路面宽度在 3.5 米(含 3.5 米)以上的各种铺装道路，包括开放型工业区和住宅区道路在内。

城市桥梁 指为跨越天然或人工障碍物而修建的构筑物。包括跨河桥、立交桥、人行天桥以及人行地下通道等。包括永久性桥和半永久性桥。

城市排水管道长度 指所有排水总管、干管、支管、检查井及连接井进出口等长度之和。

城市污水日处理能力 指污水处理厂(或处理装置)每昼夜处理污水量的设计能力。

年末运营车数 指年末公交企业(单位)用于运营业务的全部车辆数。以企业(单位)固定资产台帐中已投入运营的车辆数为准。

园林绿地面积 指报告期末用作园林和绿化的各种绿地面积。包括公园绿地、生产绿地、防护绿地、附属绿地和其他绿地的面积。

公园绿地 指城市中向公众开放的、以游憩为主要功能，有一定的游憩设施和服务设施，同时兼有健全生态、美化景观、防灾减灾等综合作用的绿化用地。它是城市建设用地、城市绿地系统和城市市政公用设施的重要组成部分。

生产绿地 指为城市绿化提供苗木、花草、种子的苗圃、花圃、草圃等圃地。

防护绿地 指城市中具有卫生、隔离和安全防护功能的绿地。包括卫生隔离带、道路防护绿地、城市高压走廊绿带、防风林、城市组团隔离带等。

附属绿地 指城市建设用地中绿地之外各类用地中的附属绿化用地。包括居住用地、公共设施用地、工业用地、仓储用地、对外交通用地、道路 广场用地、市政设施用地和特殊用地中的绿地。

其他绿地 指对城市生态环境质量、居民休闲生活、城市景观和生物多样性保护有直接影响的绿地。包括风景名胜区、水源保护区、郊野公园、 森林公园、自然保护区、风景林地、城市绿化隔离带、野生动植物园、湿地、垃圾填埋场恢复绿地等。

市区（县）面积 指城市（县）行政区域内的全部土地面积(包括水域面积)。地级以上城市行政区不包括市辖县(市)。按国务院批准的行政区划面积为准填报。

建成区面积 城市行政区内实际已成片开发建设、市政公用设施和公共设施基本具备的区域。对核心城市，它包括集中连片的部分以及分散的若干个已经成片建设起来，市政公用设施和公共设施基本具备的地区；对一城多镇来说，它包括由几个连片开发建设起来的，市政公用设施和公共设施基本具备的地区组成。因此建成区范围，一般是指建成区外轮廓线所能包括的地区，也就是这个城市实际建设用地所达到的范围。

城市建设用地面积 指城市内的居住用地、公共管理与公共服务用地、商业服务业设施用地、工业用地、物流仓储用地、道路与交通设施用地、公用设施用地、绿地与广场用地。分别统计规划建设用地和现状建设用地。

Explanatory Notes on Main Statistical Indicators

Production Capacity of Water Supply refers to the designed comprehensive production capacity of water facilities, covering the 4 links of water collection, purification, conveyance, and outflow through trunk pipelines. Increase capacity through transformation and innovation projects are included as well. The capacity is determined mainly on the weakest of the above mentioned 4 links.

Length of Water Supply Pipelines at the Year-end refers to the total length of all the pipelines between the water pumps and the user water meters, excluding pipelines newly installed but not used yet.

Annual Volume of Water Supply refers to the total volume of water supplied by water works (units) during the reference period, including both the effective water supply and loss during the water supply.

Consumption of Water for Residential Use refers to the water consumption of households for daily life and the water consumption of public service facilities. The latter refers to water consumption for urban public services, including the consumption of government agencies and public institutions, military barracks, public facilities, wholesale and retail outlets, restaurants, hotels, and other units providing public services. Household water consumption refers to consumption of water for daily life of all households in the boundary of cities, including households of urban residents and farmers, and public water supply stations.

Percentage of Urban Population with Access to Tap Water refers to the ratio of the urban population with access to tap water to the total urban population. The formula is:

$$\text{Coverage of urban population with access to tap water} = \frac{\text{Urban population with access to tap water}}{\text{Urban population}} \times 100\%$$

Length of Gas Pipelines refers to the total length of pipelines in use between the outlet of the compressor of gas work or outlet of gas stations and the leading pipe of users, excluding pipelines within gasworks, delivery stations, LPG storage stations, refilling stations, gas-mixing stations and supply stations.

Volume of Gas Supply refers to the total volume of gas provided to users by gas-producing enterprises (units) in a year, including the volume sold and the volume lost.

Percentage of Urban Population with Access to Gas refers to the ratio of use of gas in urban area population and the total population. at the end of the reference period. The formula is:

$$\text{Coverage rate of urban population with access to gas} = \frac{\text{Urban population with access to gas}}{\text{Urban population}} \times 100\%$$

Heating Capacity in Urban Area refers to the designed capacity of heating enterprises (units) in supplying heating energy to urban users during the reference period.

Area of Heat-supply Service refers to the total area of buildings, structures and their affiliated facilities with heat supply provided by heating enterprises (units).

Length of Paved Roads at the Year-end refers to the length of roads with paved surface including squares bridges and tunnels connected with roads by the end of the year. Length of the roads is measured by the central lines for vehicles for paved roads with a width of 3.5 meters and over, including roads in open-ended factory compounds and residential quarters.

Urban Bridges refer to bridges built to cross over natural or man-made barriers, including bridges over rivers, overpasses for traffic and for pedestrian, underpasses for pedestrian, etc. Both permanent and semi-permanent bridges are included.

Length of Urban Sewage Pipes refers to the total length of general drainage, trunks. branch and inspection wells, connection wells, inlets and outlets, etc.

Number of Vehicles under Operation at the Year-end refers to the total number of vehicles under operation by public transport enterprises (units) at the end of the year, based on the records of operational vehicles by the enterprises (units).

Garden green area refers to a green area for gardening and greening. Including parks, green spaces, protective green, the accessory Greenbelt and other green areas at the end of referenced period.

Park Green Land refers to the green land which is open to the public for relaxation and has service facilities and is used for ecological protection, landscaping and disaster reduction. It is an important part of construction land, urban green space and municipal public facilities.

Production Green Land refers to the nursery, flower garden, and grass garden, which provide seedling, flowers for city greening.

Protection Green Land refers to the green land used for public health, isolation and security. It includes sanitation zone, road protection green space, urban high voltage corridor green space, wind breaks, and urban group isolation zone.

Green Land Attached to Institution refers to the green land attached to the institution which is used for construction. It includes residential land, public facilities land, industrial land, storage land, traffic land, land for roads and squares, municipal facilities land, and green land for special purposes.

Other Green Land refers to the green land which can influence environment, residential leisure life, urban landscape and biodiversity. It includes scenic spots, water source protection area, rural parks, forest parks, nature reserves, forests, urban green space, wildlife parks, wet lands, green land retrieved from landfills.

Urban (county) area refers to the area of administrative region of a city (county), including water area. The administrative region does not include the area of city counties. The area is based on the area approved by the State Council.

Built Area refers to the area which has been developed, and has municipal public facilities. For a core city, it includes the areas connected or the scattered areas which have municipal public facilities. For a city with many towns, it includes the connected areas which have municipal public facilities.

Therefore，built area refers to the area inside the contour lines, including all the construction land.

Area of Urban Construction Land refers to the residential land, public management and public service land, commercial service facilities, industrial land, logistics and storage land, road and traffic facilities, public facilities land, green space and square land. Planning construction land and current construction land are recorded respectively.

第12篇

资源和环境

Natural Resources and Environment

简 要 说 明

一、本篇资料的主要内容

本篇资料主要反映了全省资源和环境保护事业发展状况，资源部分主要包括自然资源、湖泊、河流、山脉和气候以及土地利用和水资源状况，环境保护部分主要包括工业废水、废气、固体废物等工业污染物排放及处理情况和工业污染治理项目建设情况。

二、本篇资料的来源

1、自然资源和湖泊、河流、山脉等表，由省统计局综合处根据年鉴积累资料整理。

2、气象资料主要包括各市平均气温、降水量、日照等方面的资料，数据来源于省气象局，由省统计局综合处整理提供。

3、湿地、造林资料和土地利用情况来源于省自然资源厅，由省统计局能源处整理提供。

4、水资源资料来源于省水利厅，由省统计局能源处整理提供。

5、环境保护资料来源于省生态环境厅，由省统计局能源处整理提供。

Brief Introduction

I. Content

Data in this chapter reflect natural resources of Shandong and development in environment protection. Resources mainly include natural resources, lakes, rivers, mountains and climate. Environment protection mainly shows treatment and discharge of industrial waste water, solid waste and waste gas, construction of projects for pollution treatment.

II. Source of Data

(1) Data on natural resources, lakes, rivers, and mountains are prepared by the Division of Comprehensive Statistics of Shandong Provincial Bureau of Statistics.

(2) Data on climate mainly include average temperature, precipitation and sunshine hours. The data are provided by the Meteorological Bureau of Shandong Province and prepared by the Division of Comprehensive Statistics of Shandong Provincial Bureau of Statistics.

(3) Data on wetland and plantation and land use are provided by the Department of Nature and Resources of Shandong Province and prepared by the Division of Energy Statistics of Shandong Provincial Bureau of Statistics.

(4) Data on water resource are provided by the Department of Water Resources of Shandong Province and prepared by the Division of Energy Statistics of Shandong Provincial Bureau of Statistics.

(5) Data on environment protection are provided by the Ecological Environment Department of Shandong Province and prepared by the Division of Energy Statistics of Shandong Provincial Bureau of Statistics.

12-1 人口和自然资源(2019年)

Population and Natural Resources (2019)

项　　目		Item		2019
一、人　口		**Population**		
年末总人口	(万人)	Total Population(year-end)	(10 000 persons)	10070.21
人口密度	(人/平方公里)	Density of Population	(person/sq.km)	637
二、土　地（2018年）		**Land**		
全省土地面积	(万公顷)	Land Area	(10 000 hectares)	1579.65
农用地		Land for Agriculture Use		1145.96
耕地		Cultivated Land		757.25
园地		Garden Land		71.19
牧草地		Grazing and Pasture Land		0.58
建设用地		Land for Construction		291.94
城镇村及工矿用地		Land for Urban Village, Mining and Manufacturing		245.42
交通用地		Land for Transport Facilities		23.16
水利设施用地		Land for Water Conservancy Facilities		23.36
三、矿　产		**Mineral Resources**		
已发现矿产种类	(种)	Mineral Resources Discovered	(kind)	148
已探明储量的矿产种类	(种)	Number of Mineral Resources with Insured Reserves	(kind)	85
能源矿产	(种)	Energy Resources	(kind)	7
金属矿产	(种)	Metal Mineral	(kind)	25
非金属矿产	(种)	Nonmetal Mineral	(kind)	50
水气矿产	(种)	Water and Gas	(kind)	3
四、水文、水利		**Water Resources**		
水资源总量	(亿立方米)	Average Volume of Water Resources	(100 million cu.m)	195.21
地表水资源量	(亿立方米)	Surface Water Volume	(100 million cu.m)	119.66
海岸线长度	(公里)	Length of Coastlines	(km)	3345

12-2 主要湖泊、河流基本情况
Basic Statistics on Major Lakes and Rivers

湖泊名	Names of Lakes	面积（平方公里） Area of Lakes (sq.km)	河流名	Names of Rivers	面积（平方公里） Drainage Area (sq.km)	河长（公里） Length (km)
小计	Total	1494.6	徒骇河	Tuhaihe River	13136.6	446.5
微山湖	Weishan Lake	531.7	沂河	Yihe River	10909.9	287.5
昭阳湖	Zhaoyang Lake	337.1	马颊河	Majiahe River	10638.4	448.0
独山湖	Dushan Lake	144.6	小清河	Xiaoqinghe River	10498.8	233.0
南阳湖	Nanyang Lake	211.0	大汶河	Dawenhe River	9069.0	211.0
东平湖	Dongping Lake	167.0	潍河	Weihe River	6493.2	233.0
麻大湖	Mada Lake	110.0	沭河	Shuhe River	6161.4	263.0
白云湖	Baiyun Lake	16.2	大沽河	Daguhe River	4161.9	179.9
青沙湖	Qingsha Lake	11.1	弥河	Mihe River	3847.5	206.0

12-3 主要山脉高度
Height of Major Mountains

山名	Mountain Range	标高（米） Height of MountainPeak (m)	山名	Mountain Range	标高（米） Height of MountainPeak (m)
泰山	Taishan Mountains	1532	马耳山	Maer Mountains	707
蒙山	Mengshan Mountains	1156	龙须崮	Longxvgu Mountains	707
崂山	Laoshan Mountains	1133	凤凰山	Fenghuang Mountains	648
鲁山	Lushan Mountains	1108	四海山	Sihai Mountains	625
沂山	Yishan Mountains	1032	鳌子崮	Aozigu Mountains	616
徂徕山	Culai Mountains	1028	黑山	Heishan Mountains	612
昆嵛山	Kunyu Mountains	923	珂楼埠山	Keloubu Mountains	577
九顶山	Jiuding Mountains	834	大山	Dashan Mountains	560
艾山	Aishan Mountains	814	伟德山	Weide Mountains	554
牙山	Yashan Mountains	806	招虎山	Zhaohu Mountains	550
大泽山	Daze Mountains	737	孟良崮	Menglianggu Mountains	536
摩天岭	Motianling Mountains	735	布山	Bushan Mountains	447

12-4 各市平均气温(2019年)

Monthly Average Temperature by Region(2019)

单位:摄氏度 (℃)

城市名	City	一 月 Jan.	二 月 Feb.	三 月 Mar.	四 月 Apr.	五 月 May	六 月 June
济 南 市	Jinan	-0.2	1.4	10.7	14.6	22.3	27.9
青 岛 市	Qingdao	0.0	1.2	8.3	12.2	19.6	22.3
淄 博 市	Zibo	-0.6	1.2	10.1	14.4	22.3	27.3
枣 庄 市	Zaozhuang	1.1	2.5	10.9	15.2	21.8	27.1
东 营 市	Dongying	-0.9	0.8	9.6	13.9	22.3	26.0
烟 台 市	Yantai	-0.5	0.4	7.3	12.1	20.2	22.7
潍 坊 市	Weifang	-0.6	0.9	9.2	13.5	21.4	25.1
济 宁 市	Jining	0.5	2.2	11.0	15.2	21.7	28.1
泰 安 市	Tai'an	-1.3	0.3	8.8	13.5	19.7	25.9
威 海 市	Weihai	0.1	1.0	6.6	10.8	18.4	20.9
日 照 市	Rizhao	0.3	1.4	9.3	12.8	20.6	23.6
临 沂 市	Linyi	0.3	1.7	9.9	14.0	21.3	25.7
德 州 市	Dezhou	-1.3	0.5	10.2	14.0	21.7	27.5
聊 城 市	Liaocheng	-0.7	0.8	10.5	14.2	21.2	27.7
滨 州 市	Binzhou	-1.0	0.7	10.0	14.1	22.5	27.0
菏 泽 市	Heze	0.6	2.2	11.6	15.3	22.0	28.4

12-4 续表 continued

单位:摄氏度 (℃)

城市名	City	七 月 July	八 月 Aug.	九 月 Sept.	十 月 Oct.	十一月 Nov.	十二月 Dec.	全年平均 Annual Average
济 南 市	Jinan	28.2	25.2	22.5	15.3	9.0	1.9	15.0
青 岛 市	Qingdao	26.3	25.7	22.9	15.8	9.5	2.7	13.9
淄 博 市	Zibo	28.0	25.3	22.4	15.0	8.5	1.6	14.7
枣 庄 市	Zaozhuang	28.1	26.3	23.8	16.1	10.7	3.9	15.7
东 营 市	Dongying	28.1	26.0	23.1	15.2	8.5	1.2	14.5
烟 台 市	Yantai	26.6	25.6	22.3	15.3	8.5	2.2	13.6
潍 坊 市	Weifang	27.4	25.2	22.4	14.9	8.7	1.9	14.2
济 宁 市	Jining	28.7	26.0	23.1	15.8	10.1	3.2	15.5
泰 安 市	Tai'an	26.5	23.9	21.1	13.8	8.0	1.2	13.5
威 海 市	Weihai	25.4	25.4	22.3	16.1	9.0	3.1	13.3
日 照 市	Rizhao	26.4	25.6	22.8	15.7	10.0	3.3	14.4
临 沂 市	Linyi	27.0	25.5	23.0	15.5	9.9	3.1	14.8
德 州 市	Dezhou	28.0	25.3	22.2	14.7	8.1	0.6	14.4
聊 城 市	Liaocheng	28.4	25.3	21.7	14.7	8.4	1.1	14.5
滨 州 市	Binzhou	28.0	25.8	22.8	15.1	8.3	0.9	14.6
菏 泽 市	Heze	29.0	26.3	23.2	16.3	10.4	3.1	15.8

12-5 各市降水量(2019年)

Monthly Precipitation by Region(2019)

单位:毫米 (millimeter)

城市名	City	一 月 Jan.	二 月 Feb.	三 月 Mar.	四 月 Apr.	五 月 May	六 月 June
济南市	Jinan	0.4	4.2	2.3	35.0	8.2	28.9
青岛市	Qingdao	2.8	7.0	18.4	37.8	24.0	43.6
淄博市	Zibo	0.4	5.1	5.1	31.4	9.5	47.6
枣庄市	Zaozhuang	20.3	5.0	18.6	48.4	33.4	49.1
东营市	Dongying	0.0	3.3	5.8	34.9	7.1	40.1
烟台市	Yantai	0.8	4.6	13.9	34.4	11.9	50.5
潍坊市	Weifang	1.6	6.0	10.1	34.5	6.6	43.3
济宁市	Jining	9.2	4.2	5.8	45.5	23.8	28.6
泰安市	Tai'an	3.8	5.5	4.6	41.0	16.8	52.6
威海市	Weihai	0.9	7.1	22.6	35.4	12.1	38.7
日照市	Rizhao	11.3	5.9	18.8	42.7	19.0	60.5
临沂市	Linyi	15.1	7.4	19.7	52.9	9.2	58.7
德州市	Dezhou	0.0	5.4	2.8	41.2	10.0	31.0
聊城市	Liaocheng	0.3	7.4	1.1	43.6	14.8	39.5
滨州市	Binzhou	0.0	3.1	6.1	38.0	2.6	22.7
菏泽市	Heze	8.4	5.3	1.2	36.4	7.3	63.8

12-5 续表 continued

单位:毫米 (millimeter)

城市名	City	七 月 July	八 月 Aug.	九 月 Sept.	十 月 Oct.	十一月 Nov.	十二月 Dec.	全 年 Annual Total
济南市	Jinan	117.0	266.9	18.8	26.0	20.9	15.4	543.9
青岛市	Qingdao	98.8	135.3	9.5	18.0	20.5	16.2	431.9
淄博市	Zibo	166.6	454.5	7.9	19.7	21.2	20.8	789.7
枣庄市	Zaozhuang	123.0	427.2	7.2	40.5	9.9	27.4	810.0
东营市	Dongying	103.9	430.8	4.8	10.0	21.4	11.9	673.9
烟台市	Yantai	48.8	139.9	40.2	8.8	56.0	11.6	421.3
潍坊市	Weifang	98.0	353.4	2.3	19.9	17.8	18.0	611.6
济宁市	Jining	108.4	238.9	8.1	50.3	9.0	17.8	549.9
泰安市	Tai'an	112.9	206.6	12.3	40.7	21.1	25.4	543.1
威海市	Weihai	46.8	121.4	49.5	3.8	44.0	27.0	409.2
日照市	Rizhao	145.9	230.0	10.5	30.7	14.5	24.0	613.9
临沂市	Linyi	151.4	370.1	5.6	29.2	14.8	26.9	761.0
德州市	Dezhou	155.1	175.5	16.5	14.5	12.6	9.2	473.7
聊城市	Liaocheng	89.4	190.0	31.6	30.5	13.3	11.6	473.0
滨州市	Binzhou	168.2	331.9	9.0	12.0	19.1	10.0	622.6
菏泽市	Heze	82.9	186.7	17.3	53.8	4.2	16.1	483.3

12-6 各市日照时数(2019年)

Monthly Sunshine Hours by Region(2019)

单位:小时 (hour)

城市名	City	一 月 Jan.	二 月 Feb.	三 月 Mar.	四 月 Apr.	五 月 May	六 月 June
济南市	Jinan	155.0	117.5	254.4	198.0	275.9	254.0
青岛市	Qingdao	163.2	107.4	222.9	191.7	274.1	214.2
淄博市	Zibo	164.0	111.0	240.2	194.8	279.6	245.9
枣庄市	Zaozhuang	120.6	86.6	227.7	169.7	208.5	200.2
东营市	Dongying	175.0	119.5	245.8	222.8	286.3	246.5
烟台市	Yantai	163.7	123.5	223.7	210.8	298.0	230.6
潍坊市	Weifang	165.3	109.4	234.7	202.1	275.4	240.4
济宁市	Jining	118.1	98.3	235.5	185.0	232.6	234.5
泰安市	Tai'an	136.0	108.7	241.8	186.6	244.5	231.2
威海市	Weihai	175.1	148.0	225.1	210.2	272.1	220.7
日照市	Rizhao	148.7	92.2	231.3	162.0	227.7	193.2
临沂市	Linyi	146.3	104.7	231.4	177.4	223.4	205.1
德州市	Dezhou	141.8	103.3	250.4	195.6	296.4	255.0
聊城市	Liaocheng	118.3	92.7	239.7	180.5	263.0	249.5
滨州市	Binzhou	167.4	118.0	252.4	214.0	297.1	253.5
菏泽市	Heze	111.0	99.2	237.2	185.5	232.0	236.2

12-6 续表 continued

单位:小时 (hour)

城市名	City	七 月 July	八 月 Aug.	九 月 Sept.	十 月 Oct.	十一月 Nov.	十二月 Dec.	全 年 Annual Total
济南市	Jinan	200.4	170.2	203.1	187.3	150.9	162.4	2329.1
青岛市	Qingdao	185.0	189.3	220.5	190.5	177.5	169.3	2305.5
淄博市	Zibo	201.1	169.7	196.6	188.1	162.3	161.7	2314.9
枣庄市	Zaozhuang	168.6	157.7	202.6	140.4	139.9	159.1	1981.8
东营市	Dongying	208.2	191.9	207.2	190.6	158.9	154.4	2407.1
烟台市	Yantai	225.7	194.6	217.5	206.9	165.2	140.4	2400.7
潍坊市	Weifang	196.4	171.0	201.2	193.0	161.0	154.1	2304.1
济宁市	Jining	204.2	180.6	198.4	150.1	134.5	151.7	2123.5
泰安市	Tai'an	180.1	165.2	192.5	168.3	153.9	174.4	2183.1
威海市	Weihai	212.1	208.1	215.2	202.0	158.1	143.5	2390.2
日照市	Rizhao	136.0	161.8	199.9	153.1	163.8	163.0	2032.5
临沂市	Linyi	162.4	166.9	207.9	153.9	160.0	164.9	2104.2
德州市	Dezhou	211.9	186.6	212.9	193.8	149.3	144.7	2341.7
聊城市	Liaocheng	208.3	169.7	200.1	168.8	124.4	141.5	2156.4
滨州市	Binzhou	213.9	190.5	202.3	193.5	150.8	137.1	2390.5
菏泽市	Heze	223.9	194.2	195.2	144.8	132.3	149.5	2141.1

12-7 各市土地利用情况

Land Use by Region

单位:公顷 (hectare)

地区	Region	土地调查面积 Area under Land Survey		农用地 Land for Agriculture Use		建设用地 Land for Construction		城镇村及工矿用地 Land for Urban Village, Mining and Manufacturing		交通用地 Land for Transport Facilities		水利设施用地 Land for Water Conservancy Facilities		未利用地 unutilized land	
		2017年	2018年	2017年	2018年	2017年	2018年	2017年	2018年	2017年	2018年	2017年	2018年	2017年	2018年
全省总计	**Total**	**15796514**	**15796514**	**11486081**	**11459586**	**2883724**	**2919396**	**2425759**	**2454162**	**224136**	**231628**	**233829**	**233606**	**1426709**	**1417531**
济南市	Jinan	799841	799841	536024	533398	171041	173911	146819	149020	12440	13107	11781	11784	92776	92532
青岛市	Qingdao	1129336	1129336	798268	792989	252369	258070	209294	213295	24015	25755	19059	19020	78700	78277
淄博市	Zibo	596492	596492	414243	413693	123986	125194	105669	106548	11545	11871	6772	6775	58262	57605
枣庄市	Zaozhuang	456353	456353	328845	328378	88410	89130	74670	75350	7805	7844	5936	5936	39098	38844
东营市	Dongying	824327	824327	428363	429560	141169	142130	94424	95516	12719	13070	34026	33543	254795	252637
烟台市	Yantai	1386454	1386454	1056565	1055240	212794	214434	176938	178433	21180	21321	14677	14680	117095	116780
潍坊市	Weifang	1616724	1616724	1154716	1151479	313082	316723	268105	270997	21620	22301	23357	23426	148926	148522
济宁市	Jining	1118698	1118698	767801	765392	192132	194940	158381	160585	15577	16169	18173	18185	158765	158366
泰安市	Tai'an	776141	776141	582295	581231	132092	133506	113718	114620	9561	10044	8813	8842	61754	61405
威海市	Weihai	579984	579984	440763	439702	91590	92888	80382	81461	6979	7146	4229	4281	47632	47394
日照市	Rizhao	537127	537127	420351	419260	87261	88590	71063	72086	8216	8521	7982	7983	29515	29276
莱芜市	Laiwu	224603	224603	145834	145590	40712	41079	34052	34395	2981	3005	3679	3679	38057	37935
临沂市	Linyi	1719121	1719121	1313958	1311428	292796	295487	247213	249603	20523	20887	25060	24996	112367	112206
德州市	Dezhou	1035767	1035767	812637	811802	189406	191283	160334	162012	12485	12657	16587	16614	33724	32683
聊城市	Liaocheng	862801	862801	691917	690184	160104	162076	143364	144523	11580	12278	5161	5275	10780	10541
滨州市	Binzhou	917219	917219	633687	631965	171257	173696	142370	144376	12045	12486	16843	16834	112275	111558
菏泽市	Heze	1215523	1215523	959814	958294	223521	226258	198964	201341	12864	13165	11693	11752	32188	30970

12-8 各市湿地面积(2013年)

Area of Wetlands by Region (2013)

地区	Region	湿地面积(千公顷) Area of Wetlands (1 000 hectares)	天然湿地 Natural Wetlands	近岸及海岸 Coasts and Seashores	河流 Rivers	湖泊 Lakes	沼泽 Marshland	人工湿地 Man-made Wetlands	湿地面积占行政面积比重(%) Proportion of Wetlands in Total Area of Territory (%)
全省总计	**Total**	**1737.50**	**1103.05**	**728.51**	**257.80**	**62.63**	**54.11**	**634.45**	**11.09**
济南市	Jinan	22.01	11.22		10.44	0.25	0.52	10.75	2.68
青岛市	Qingdao	139.97	102.87	84.62	17.94		0.31	37.10	12.84
淄博市	Zibo	13.58	7.56		6.28		1.28	6.02	2.28
枣庄市	Zaozhuang	15.86	8.97		8.97			6.89	3.47
东营市	Dongying	456.77	339.96	277.45	20.59	0.07	41.85	116.81	57.65
烟台市	Yantai	178.75	141.65	127.70	13.25	0.64	0.05	37.11	13.04
潍坊市	Weifang	215.68	106.13	80.92	20.53	0.80	3.88	109.55	13.62
济宁市	Jining	152.36	67.86		20.04	45.74	2.09	84.50	13.48
泰安市	Tai'an	50.72	36.14		19.51	14.69	1.94	14.58	6.53
威海市	Weihai	114.57	85.44	79.03	6.25		0.17	29.13	21.08
日照市	Rizhao	39.21	25.53	19.68	5.85			13.68	7.38
莱芜市	Laiwu	5.70	2.96		2.96			2.74	2.55
临沂市	Linyi	57.90	32.66		32.66			25.24	3.36
德州市	Dezhou	25.94	11.47		11.47			14.47	2.51
聊城市	Liaocheng	15.31	7.11		6.69	0.42		8.20	1.76
滨州市	Binzhou	176.35	72.19	59.11	11.25		1.82	104.12	18.65
菏泽市	Heze	56.82	43.33		43.12	0.01	0.20	13.49	4.57

12−9 造林面积情况

Area of Afforestation

单位：公顷 (hectare)

年份 Year / 地区 Region		造林总面积 Total Area of Afforestation	按造林方式分 By Approach: 人工造林 Manual Planting	按林种用途分 By Function of Forest: 用材林 Timber Forests	经济林 By-product Forests	防护林 Protection Forests	薪炭林 Fuel Forests	特种用途林 Forests for Special Purpose
2000		153389	153389	18007	100769	34268	63	282
2001		135259	135259	19019	84039	32155		46
2002		152597	152597	43671	80066	27670	1098	92
2003		344079	344079	192653	92130	57709	1039	548
2004		262711	262711	134193	53536	74441	233	308
2005		141141	141141	47470	42674	49559	633	805
2006		134423	134423	40421	34252	59193	7	550
2007		156738	156738	49409	26971	68046	66	254
2008		185575	184928	69516	25947	89726	20	366
2009		182171	180529	42463	26172	113067		469
2010		205131	198998	36101	37856	129877		1297
2011		219028	219028	34598	51154	130896		2380
2012		197956	195875	25178	49195	122277		1306
2013		220473	219129	32569	63604	122536		1764
2014		224972	223560	43411	66219	113208		2134
2015		221207	206552	41627	60372	102643		1910
2016		146684	115179	19229	35812	59264		874
2017		142195	92306	20805	27941	42713		847
2018		147481	118745	30886	36323	49814		1722
2019			125393	38972	35641	49924		856
济南市	Jinan		10631	1719	1077	7777		58
青岛市	Qingdao		9637	2747	4197	2693		
淄博市	Zibo		2864	121	434	2309		
枣庄市	Zaozhuang		4112	179	1866	2053		14
东营市	Dongying		4638	2880	392	1366		
烟台市	Yantai		8832	433	3181	5149		69
潍坊市	Weifang		8238	2516	2623	3030		69
济宁市	Jining		6273	1653	1918	2563		139
泰安市	Tai'an		4073	735	1911	1427		
威海市	Weihai		2416	345	1524	547		
日照市	Rizhao		6192	1772	3077	1343		
临沂市	Linyi		9134	2379	4708	1890		157
德州市	Dezhou		12057	8063	1318	2676		
聊城市	Liaocheng		4997	3477	1191	329		
滨州市	Binzhou		15847	5236	1349	8940		322
菏泽市	Heze		15452	4717	4875	5832		28

12-10 供水用水情况
Water Supply and Water Use

年份 Year / 地区 Region		供水总量(亿立方米) Water Supply (100 million cu.m)	地表水 Surface Water	地下水 Ground-water	其他 Others	用水总量(亿立方米) Water Use (100 million cu.m)	农业 Agriculture	工业 Industry	生活 Consumption	生态 Ecological Protection
2000		249.46	114.40	131.81	3.25	244.09	179.84	43.65	20.61	
2001		251.61	115.60	133.71	2.30	252.73	187.40	41.92	23.08	0.34
2002		252.39	117.66	132.96	1.77	244.73	192.87	36.59	14.98	0.29
2003		219.34	104.12	113.95	1.27	215.70	162.54	27.96	23.92	1.38
2004		214.88	106.28	107.40	1.20	211.30	160.14	24.81	24.67	1.68
2005		211.02	106.70	102.67	1.65	207.65	161.73	18.38	25.17	2.37
2006		225.53	119.77	103.90	1.86	222.24	175.07	18.93	25.62	2.62
2007		219.55	115.59	101.98	1.98	219.55	164.81	24.12	27.42	3.20
2008		219.89	115.51	101.23	3.15	219.89	162.76	24.69	28.71	3.73
2009		219.99	119.62	97.05	3.33	219.99	161.60	24.70	29.77	3.94
2010		222.47	127.15	91.31	4.01	222.47	159.65	26.84	31.34	4.64
2011		224.05	127.33	89.34	7.38	224.05	154.26	29.72	32.89	7.17
2012		221.79	126.12	89.26	6.41	221.79	154.23	28.10	32.81	6.66
2013		217.94	124.94	86.86	6.15	217.94	149.72	28.86	33.31	6.06
2014		214.52	121.26	85.99	7.28	214.52	146.72	28.64	33.39	5.78
2015		212.77	122.00	83.11	7.65	212.77	143.29	29.59	32.99	6.89
2016		213.99	123.26	82.34	8.39	213.99	141.50	30.64	34.22	7.64
2017		209.47	121.08	79.71	8.68	209.47	134.03	28.85	34.57	12.02
2018		212.66	125.66	78.29	8.71	212.66	133.46	32.53	36.05	10.62
2019		225.26	137.05	78.67	9.54	225.26	138.23	31.87	37.29	17.87
济南市	Jinan	19.60	11.64	6.44	1.52	19.60	9.53	2.95	4.61	2.51
青岛市	Qingdao	9.18	6.17	2.47	0.55	9.18	2.17	1.91	4.39	0.72
淄博市	Zibo	10.91	5.79	4.99	0.13	10.91	5.22	3.38	1.69	0.61
枣庄市	Zaozhuang	5.60	1.57	3.60	0.43	5.60	2.50	1.13	1.46	0.50
东营市	Dongying	15.73	14.83	0.74	0.15	15.73	6.78	2.53	1.37	5.04
烟台市	Yantai	9.27	4.20	4.95	0.12	9.27	5.36	1.47	2.42	0.01
潍坊市	Weifang	12.69	4.94	7.07	0.68	12.69	6.64	2.37	3.04	0.64
济宁市	Jining	21.36	10.48	8.90	1.98	21.36	15.39	2.49	2.73	0.74
泰安市	Tai'an	11.69	4.61	5.60	1.49	11.69	7.63	1.06	2.16	0.84
威海市	Weihai	4.24	2.81	1.38	0.04	4.24	2.23	0.86	1.08	0.07
日照市	Rizhao	5.88	3.89	1.48	0.50	5.88	2.66	1.46	1.23	0.53
临沂市	Linyi	16.54	11.91	4.14	0.49	16.54	10.21	1.95	3.41	0.96
德州市	Dezhou	21.54	15.25	6.03	0.25	21.54	17.86	1.72	1.55	0.42
聊城市	Liaocheng	18.93	10.35	8.01	0.58	18.93	14.72	2.00	1.77	0.44
滨州市	Binzhou	20.08	18.68	0.92	0.48	20.08	12.22	2.99	1.72	3.15
菏泽市	Heze	22.03	9.92	11.95	0.16	22.03	17.10	1.58	2.67	0.68

12-11 水资源情况

Water Resources

年 份	Year 地 区 Region	水资源总量(亿立方米) Total Amount of Water Resources (100 millioncu.m)	地 表 水资源量 Surface Water Resources	地下水资源与地表水资源不重复量 Unduplicated Measurement Between Surface Water and Groundwater
2003		489.69	349.29	140.40
2004		349.46	234.51	114.55
2005		415.86	295.85	120.01
2006		199.78	109.56	90.22
2007		387.11	280.19	106.93
2008		328.71	228.96	99.75
2009		284.95	173.80	111.16
2010		309.12	199.08	110.04
2011		347.61	237.49	110.12
2012		274.08	182.17	91.90
2013		291.70	191.07	100.64
2014		148.44	76.61	71.83
2015		168.44	84.30	84.14
2016		220.32	121.18	99.14
2017		225.61	139.14	86.47
2018		343.25	230.58	112.67
2019		195.21	119.66	75.54
济南市	Jinan	15.79	8.42	7.38
青岛市	Qingdao	4.73	2.55	2.17
淄博市	Zibo	14.65	10.21	4.44
枣庄市	Zaozhuang	9.90	6.96	2.94
东营市	Dongying	7.68	5.94	1.74
烟台市	Yantai	8.56	4.96	3.60
潍坊市	Weifang	20.35	14.07	6.28
济宁市	Jining	10.65	4.16	6.49
泰安市	Tai'an	8.28	5.03	3.25
威海市	Weihai	4.04	1.90	2.14
日照市	Rizhao	7.89	5.99	1.90
临沂市	Linyi	45.88	38.61	7.28
德州市	Dezhou	7.30	1.04	6.27
聊城市	Liaocheng	6.26	0.69	5.57
滨州市	Binzhou	10.93	6.21	4.71
菏泽市	Heze	12.31	2.92	9.40

12-12 1981-2017年主要污染物排放及处理情况

Discharge and Treatment of Major Pollutants from 1981 to 2017

单位:万吨 (10 000 tons)

年份 Year	废水排放量 Volume of Waste Water Discharged	#工业 Industry	二氧化硫排放量 Volume of Sulphur Dioxide Discharged	氮氧化物排放量 Volume of Nitrogen Oxides Discharged	烟(粉)尘排放量 Volume of Soot and Dust Discharged	工业固体废物产生量 Volume of Industrial Solid Waste	工业固体废物综合利用量 Volume of Industrial Solid Waste Utilized
1981	104790	87673	119		77	2522	639
1982	105942	82641	120		97	2615	723
1983	110938	88168	122		85	2559	716
1984	129033	106275	142		117	2743	760
1985	131898	105375	160		120	2748	765
1986	127277	98913	171		129	2860	847
1987	132770	93811	173		116	2848	894
1988	144346	97136	191		128	3325	968
1989	137165	91360	189		130	3610	1117
1990	136573	87631	193		121	3880	1337
1991	137051	88728	204		121	3837	2169
1992	137721	86412	226		125	3941	2410
1993	142322	86350	228		135	4201	2353
1994	147979	87316	225		130	4263	2871
1995	158681	96214	232		130	4484	2899
1996	204200	101018				4652	2824
1997	246100	130918	247		108	5131	3448
1998	234048	117069	226		92	5109	3777
1999	224100	107975	183		71	5166	3877
2000	229000	110324	180		67	5407	4173
2001	235271	115233	172		65	6215	5224
2002	230709	106668	169		62	6559	5704
2003	245782	115933	184		62	6786	6054
2004	264014	128706	182		52	7922	7191
2005	280377	139071	200		62	9175	8683
2006	302637	144365	196		58	11011	10397
2007	334255	166574	182		46	11935	11615
2008	358910	176977	169		44	12988	12173
2009	386731	182673	159		42	14138	13826
2010	436371	208257	154		39	16038	15297
2011	443331	187245	183	179	78	19533	18298
2012	479100	183634	175	174	70	18343	17073
2013	494570	181179	164	165	70	18172	17134
2014	514423	180022	159	159	121	19199	18380
2015	550230	185493	153	142	108	19797	18308
2016	507591	160580	113	123	87	22510	18976
2017	499884	145686	74	116	55	23925	19026

注：1.2011年以前，烟(粉)尘排放量为烟尘排放量。2.从2014年起烟(粉)尘排放量包含无组织排放的烟(粉)尘。3.2018年、2019年环境统计数据依据"二污普"结果正在调整中。

a) Before 2011,the volume of soot and dust discharged only includes the smoke discharged .

b) Since 2014,the volume of soot and dust discharged includes those discharged not through exhaust pipes.

c) The environmental statistics in 2018 and 2019 are being adjusted based on the results of the second national survey on pollution sources.

12－13　各市主要污染物排放情况(2017年)

Dicharge of Major Pollutants by Region (2017)

地　区	Region	废　水排放量(万吨) Volume of Waste Water Discharged (10 000 tons)	工　业 Industry	生　活 Daily Life	化学需氧量排放量(吨) Volume of COD Discharged (ton)	工　业 Industry	生　活 Daily Life	氨　氮排放量(吨) Volume of Ammonia Nitrogen Discharged (ton)	工　业 Industry	生　活 Daily Life
全省总计	**Total**	**499884**	**145686**	**353660**	**520802**	**65875**	**424647**	**79900**	**4669**	**74953**
济南市	Jinan	34693	5949	28692	28701	2594	26088	4255	197	4057
青岛市	Qingdao	53421	5613	47687	27615	2184	25399	2797	115	2679
淄博市	Zibo	31934	13060	18864	26514	6486	13308	4270	554	3716
枣庄市	Zaozhuang	18964	6113	12845	20165	2420	17741	3288	131	3156
东营市	Dongying	21696	7654	14032	8534	3184	4442	1101	233	865
烟台市	Yantai	32351	7848	24445	13567	3288	10246	4263	195	4064
潍坊市	Weifang	52293	22007	30240	34745	8558	25674	6656	695	5960
济宁市	Jining	45900	13498	32306	53669	4742	48905	9009	284	8721
泰安市	Tai'an	19466	6367	13098	39191	3198	35941	4757	171	4583
威海市	Weihai	14757	1947	12791	20085	1180	10493	2911	70	2727
日照市	Rizhao	13463	7070	6372	18000	3441	12959	2652	139	2479
莱芜市	Laiwu	4745	1210	3531	9549	401	9147	1603	10	1593
临沂市	Linyi	45870	8769	37063	53919	5335	47548	9963	504	9441
德州市	Dezhou	29440	8263	21161	42606	3733	33921	4903	269	4605
聊城市	Liaocheng	21856	5350	16495	20726	2994	16845	3315	222	3083
滨州市	Binzhou	30167	17923	12219	41826	8330	28416	4830	608	4171
菏泽市	Heze	28867	7046	21817	61388	3808	57576	9327	271	9055

注：1.从2016年起化学需氧量排放量和氨氮排放量统计口径发生变化。
a)Since 2016, the statistical aperture of COD and ammonia nitrogen emissions changed.

12－13　续表 continued

地　区	Region	二氧化硫排放量(吨) Volume of Sulphur Dioxide Discharged (ton)	工　业 Industry	生　活 Daily Life	氮氧化物排放量(吨) Volume of Nitrogen Oxides Discharged (ton)	工　业 Industry	生　活 Daily Life	烟(粉)尘排放量(吨) Volume of Soot and Dust Discharged (ton)	工　业 Industry	生　活 Daily Life
全省总计	**Total**	**739121**	**492756**	**246214**	**1158621**	**550049**	**33986**	**549557**	**370836**	**127321**
济南市	Jinan	32502	16545	15934	23316	21254	2021	32794	25060	7715
青岛市	Qingdao	15541	5137	10404	16674	13898	2776	15405	7245	8160
淄博市	Zibo	97736	66453	31280	66502	62354	4126	59199	42218	16979
枣庄市	Zaozhuang	23216	12729	10468	23400	22441	932	12682	8271	4406
东营市	Dongying	27845	25434	2393	23319	22744	537	4615	4128	478
烟台市	Yantai	51969	26127	25840	35669	31505	4128	32348	16068	16275
潍坊市	Weifang	43806	26681	17069	49395	47035	2243	31985	20308	11665
济宁市	Jining	50219	23569	26650	30403	26839	3557	27503	12531	14972
泰安市	Tai'an	25537	11865	13671	23017	21145	1868	15105	7678	7427
威海市	Weihai	23271	8369	14902	14778	12641	2136	8446	3717	4728
日照市	Rizhao	31566	18355	13195	38236	36672	1532	34477	28099	6376
莱芜市	Laiwu	25705	19988	5715	33487	32854	625	60825	58926	1898
临沂市	Linyi	67922	54920	13002	59093	56973	2110	60138	53349	6788
德州市	Dezhou	50987	34889	16092	29719	28004	1709	22032	18145	3885
聊城市	Liaocheng	46727	41559	5168	31909	31108	801	14061	11021	3040
滨州市	Binzhou	82308	72459	9846	64577	63352	1202	40816	36354	4456
菏泽市	Heze	42265	27678	14586	21006	19231	1685	25800	17718	8075

注：1.2017年17市氮氧化物和烟(粉)尘排放量不含机动车排放源。
a)In 2017, vehicle emission source is excluded in the Volume of Nitrogen Oxides Discharged and Volume of Soot and Dust Discharged in 17 regions.

12-14 各市工业固体废物排放及处理利用情况(2017年)

Emission、Treatment and Utilization of Industrial Solid Wastes by Region(2017)

单位：万吨 (10 000 tons)

地 区	Region	一般工业固体废物产生量 Total Volume of Industrial Solid Waste Produced	一般工业固体废物综合利用量 Total Volume of Industrial Solid Waste Utilized	一般工业固体废物处置量 Volume of Industrial Solid Waste Treated	一般工业固体废物贮存量 Volume of Industrial Wastes in Solid Stocks	危险废物产生量 Hazardous Wastes Produced	危险废物综合利用量 Hazardous Wastes Utilized	危险废物处置量 Hazardous Wastes Disposed
全省总计	**Total**	**23925.4**	**19026.2**	**1900.3**	**3164.2**	**2043.4**	**1660.7**	**295.1**
济 南 市	Jinan	793.1	712.5	82.9	0.2	13.6	3.1	10.8
青 岛 市	Qingdao	769.6	707.2	58.5	4.2	11.5	3.7	8.6
淄 博 市	Zibo	1544.7	1350.5	97.5	98.1	93.7	41.4	45.5
枣 庄 市	Zaozhuang	627.8	564.9	71.2	0.8	19.3	14.7	4.7
东 营 市	Dongying	406.2	366.7	43.3	10.6	32.5	11.5	20.0
烟 台 市	Yantai	2191.9	1493.1	351.8	364.5	229.3	102.7	51.5
潍 坊 市	Weifang	1405.0	1184.6	143.5	82.3	73.3	50.2	21.1
济 宁 市	Jining	1852.8	1767.7	40.1	123.5	811.7	800.6	11.7
泰 安 市	Tai'an	982.4	951.5	7.3	33.3	7.0	0.9	5.9
威 海 市	Weihai	319.3	253.9	27.6	41.7	2.6	0.1	2.5
日 照 市	Rizhao	597.8	428.0	103.1	66.7	314.0	306.7	7.5
莱 芜 市	Laiwu	1870.5	1838.9	30.6	1.3	58.1	56.8	1.0
临 沂 市	Linyi	2010.3	1791.7	202.2	17.7	103.0	59.9	42.7
德 州 市	Dezhou	1005.2	919.7	93.7	3.1	124.5	119.1	5.5
聊 城 市	Liaocheng	2050.6	1355.5	379.3	317.7	32.2	23.7	8.3
滨 州 市	Binzhou	5078.2	2935.9	151.4	1998.5	82.2	52.9	25.1
菏 泽 市	Heze	420.3	403.9	16.2	0.1	35.0	12.9	22.5

主要统计指标解释

自然资源 指人类可以直接从自然界获得，并用于生产和生活的物质资源。自然资源一般可以分成可再生资源和非再生资源两大类。可再生资源指在较短时间内可以再生、可以循环利用的资源，包括土地资源、水资源、气候资源、生物资源和海洋资源等。非再生资源指在使用后不能再生的资源，包括矿产资源和地热能源。

土地资源 土地指陆地的表层部分，它主要由岩石、岩石的风化物和土壤构成。土地资源按利用类型可以分为农用地、建筑用地和未利用地。农用地包括耕地、园地、林地、牧草地和水面。建筑用地包括居民点及工矿用地、交通用地和水利设施用地。未利用地指农用地和建筑用地以外的土地，包括滩涂、荒漠、戈壁、冰川和石山等。

耕地面积 指经过开垦用以种植农作物并经常进行耕耘的土地面积。包括种有作物的土地面积、休闲地、新开荒地和抛荒未满三年的土地面积。

森林资源 指森林、林木、林地以及依托森林、林木、林地生存的野生动物、植物和微生物。林木指树木和竹子。森林指以乔木为主体的植物群落，是集生的乔木及与共同作用的植物、动物、微生物和土壤、气候等的总体。

森林面积 指由乔木树种构成，郁闭度0.2以上(含0.2)的林地或冠幅宽度10米以上的林带的面积，即有林地面积。森林面积包括天然起源和人工起源的针叶林面积、阔叶林面积、针阔混交林面积和竹林面积，不包括灌木林地面积和疏林地面积。

水资源 水在自然界中以固体、液体和气态三种聚集状态存在，分布于海洋、陆地(包括土壤)以及大气之中，通过水循环形成水资源。水资源包括经人类控制并直接可供灌溉、发电、给水、航运、养殖等用途的地表水和地下水，以及江河、湖泊、井、泉、潮汐、港湾和养殖水域等。水资源是发展国民经济不可缺少的重要自然资源。

地表水和地下水 陆地上的水因空间分布不同，分为地表水和地下水。地表水指分别存在于河流、湖泊、沼泽、冰川和冰盖等水体中水分的总称，又称陆地水。地下水指储存在地面以下饱和岩土孔隙、裂隙及溶洞中的水。

水资源总量 指评价区内降水形成的地表和地下产水总量，即地表产流量与降水入渗补给地下水量之和，不包括过境水量。

地表水资源量 指评价区内河流、湖泊、冰川等地表水体中可以逐年更新的动态水量，即当地天然河川径流量。

地下水资源量 指评价区内降水和地表水对饱水岩土层的补给量，包括降水入渗补给量和河道、湖库、渠系、渠灌田间等地表水体的入渗补给量。

内陆水域总面积 指江、河、湖泊、池塘、塘堰、水库等各种流水或蓄水的水面占地面积。

海　洋 是海和洋的统称。洋为地球表面上相连接的广大咸水水体的主体部分。海为地球表面相连接的广大咸水水体被陆地、岛礁、半岛包围或分隔的边缘部分。

海水可养殖面积 指利用滩涂、浅海、港湾进行鱼、虾、蟹、贝、藻等海水经济动植物的人工养殖的水面面积。

径　流 指陆地上接受降水后扣除损耗外，从地表和地下向流域出口断面汇集的水流。径流可分为地表径流、地下径流和壤中流。地表径流指沿地表向河流、湖泊、沼泽、海洋等汇集的水流；地下径流指沿潜水层或隔水层间的含水层，向河流、湖泊、沼泽、海洋等汇集的地下水水流。

径流量 指在一定时段内通过河流某一过水断面的水量，用以反映一个国家或地区水资源的丰歉程度。计算公式为：

径流量=降水量−蒸发量

矿产资源 矿产指由地质作用形成，富集于地壳中或出露于地表达到工农业利用要求的有用矿物。矿产是一种重要的自然资源，是社会发展的重要物质基础。

矿产基础储量 基础储量是查明矿产资源的一部分。它能满足现行采矿和生产所需的指标要求，是控制的、探明的并通过可行性或预可行性研究认为属于经济的、边界经济的部分，用未扣除设计、采矿损失的数量表示。

气　温 指空气的温度，我国一般以摄氏度(℃)为单位表示。气象观测的温度表是放在离地面约1.5米处通风良好的百叶箱里测量的，因此，通常说的气温指的是离地面1.5米处百叶箱中的温度。其统计计算方法为：

月平均气温是将全月各日的平均气温相加，除以该月的天数而得。

年平均气温是将12个月的月平均气温累加后除以12而得。

相对湿度 指空气中实际所含水蒸气密度和同温度下饱和水蒸气密度的百分比值。其统计方法与气温相同。

降水量 指从天空降落到地面的液态或固态(经融化后)水，未经蒸发、渗透、流失而在地面上积聚的深度。其统计计算方法为：

月降水量是将全月各日的降水量累加而得。

年降水量是将12个月的月降水量累加而得。

日照时数 指太阳实际照射地面的时间。其统计方法与降水量相同。

工业废水排放量 指报告期内经过企业厂区所有排放口排到企业外部的工业废水量。包括生产废水、外排的直接冷却水、废气治理设施废水、超标排放的矿井地下水和与工业废水混排的厂区生活污水，不包括独立外排的间接冷却水（清浊不分流的间接冷却水应计算在内）。

城镇生活污水排放量 指城镇居民每年排放的生活污水。用人均系数法测算。测算公式为：

$$\frac{\text{生活污水}}{\text{排放量}} = \frac{\text{城镇生活污水}}{\text{排放系数}} \times \frac{\text{市镇非}}{\text{农业人口}} \times 365$$

城镇生活污水中化学需氧量(COD)产生量 指城镇居民每年排放的生活污水中的 COD 的产生量。用人均系数法测算。测算公式为：

$$\frac{\text{城镇生活污水}}{\text{中}COD\text{排放量}} = \frac{\text{城镇生活污水中}}{COD\text{产生系数}} \times \frac{\text{市镇非}}{\text{农业人口}} \times 365$$

化学需氧量（COD） 测量有机和无机物质化学分解所消耗氧的质量浓度的水污染指数。

工业废气排放量 指报告期内企业厂区内燃料燃烧和生产工艺过程中产生的各种排入大气的含有污染物的气体的总量，以标准状态(273K，101325Pa)计算。测算公式为：

$$\frac{\text{工业废气}}{\text{排放量}} = \frac{\text{燃料燃烧过程}}{\text{中废气排放量}} + \frac{\text{生产工艺过程}}{\text{中废气排放量}}$$

二氧化硫排放量 指报告期内企业在燃料燃烧和生产工艺过程中排入大气的二氧化硫总质量。工业中二氧化硫主要来源于化石燃料（煤、石油等）的燃烧，还包括含硫矿石的冶炼或含硫酸、磷肥等生产的工业废气排放。

氮氧化物排放量 指报告期内企业在燃料燃烧和生产工艺过程中排入大气的氮氧化物总质量。

烟（粉）尘排放量 指报告期内企业在燃料燃烧和生产工艺过程中排入大气的烟尘及工业粉尘的总质量之和。烟尘或工业粉尘排放量可以通过除尘系统的排风量和除尘设备出口烟尘浓度相乘求得。

一般工业固体废物产生量 指未被列入《国家危险废物名录》或者根据国家规定的危险废物鉴别标准（GB5085）、固体废物浸出毒性浸出方法（GB5086）及固体废物浸出毒性测定方法（GB／T 15555）鉴别方法判定不具有危险特性的工业固体废物。

一般工业固体废物综合利用量 指报告期内企业通过回收、加工、循环、交换等方式，从固体废物中提取或者使其转化为可以利用的资源、能源和其他原材料的固体废物量（包括当年利用的往年工业固体废物累计贮存量）。如用作农业肥料、生产建筑材料、筑路等。综合利用量由原产生固体废物的单位统计。

一般工业固体废物处置量 指报告期内企业将工业固体废物焚烧和用其他改变工业固体废物的物理、化学、生物特性的方法，达到减少或者消除其危险成分的活动，或者将工业固体废物最终置于符合环境保护规定要求的填埋场的活动中，所消纳固体废物的量。

一般工业固体废物贮存量 指报告期内企业以综合利用或处置为目的，将固体废物暂时贮存或堆存在专设的贮存设施或专设的集中堆存场所内的量。

危险废物 指列入国家危险废物名录或根据国家规定的危险废物鉴别标准和鉴别方法认定的，具有爆炸性、易燃性、易氧化性、毒性、腐蚀性、易传染疾病等危险特性之一的废物。

危险废物产生量 指报告期内调查对象实际产生的危险废物的量。危险废物指列入国家危险废物名录或者根据国家规定的危险废物鉴别标准和鉴别方法认定的，具有爆炸性、易燃性、易氧化性、毒性、腐蚀性、易传染性疾病等危险特性之一的废物。

危险废物综合利用量 指报告期内调查对象从危险废物中提取物质作为原材料或者燃料的活动中消纳危险废物的量。包括本单位利用或委托、提供给外单位利用的量。

危险废物处置量 指报告期内企业将危险废物焚烧和用其他改变工业固体废物的物理、化学、生物特性的方法，达到减少或者消除其危险成分的活动，或者将危险废物最终置于符合环境保护规定要求的填埋场的活动中，所消纳危险废物的量。处置量包括处置本单位或委托给外单位处置的量。

Explanatory Notes on Main Statistical Indicators

Natural Resources refers to material resources that could be obtained from the nature by human being and used for production and living. Natural resources in general can be classified as renewable resources and non-renewable resources. Renewable resources refer to resources that could be renewed and recycled during a relatively short period of time, including land resource, water resource, climate resource, biology resource and marine resource. Non-renewable resources include resources that could not be renewed, such as minerals and geothermal resource.

Land Resources refers to the surface of the earth, consisting of mainly rocks and its weathering and earth. Land resource can be classified, by its utilization, as land for agriculture, land for construction and unused land. Land for agriculture includes cultivated land, plantation land, forestland, grassland and waters. Land for construction includes land for residential purpose, for manufacturing and mining, for transportation and for water-conservancy projects. Unused land refers to land other than land for agriculture and construction, including beaches, deserts, Gobi, glaciers and rock mountains.

Area of Cultivated Land refers to area of land reclaimed for the regular cultivation of various farm crops, including crop-cover land, fallow, newly reclaimed land and land laid idle for less than 3 years.

Forest Resource refers to forests, trees, forestland and wild animals, plants and microorganism that live on forest and trees. Trees include trees and bamboo. Forest refers to the population of clusters of trees and other plants, animals and microorganism as well as the earth and climate that have interactions with the trees.

Forest Area refers to the area of forest where trees and bamboo grow with canopy density above 0.2, including land of natural woods and planted woods, but excluding bush land and thin forest land. It reflects the total areas of afforestation.

Water Resource refers to water that exists in the nature in solid, liquid and gaseous states, is distributed in the ocean, land (including earth) and air, and constitutes the water resource through the circulation of water. Water resource includes the surface water and underground water that is controlled by the human being for irrigation, power-generation, water supply, navigation and cultivation. It also includes rivers, lakes, wells, springs, tides, gulf and water area for cultivation. Water resource as an important natural resource is indispensable for the development of the national economy.

Surface Water and Underground Water Water on earth can be divided into surface water and underground water according to its distribution. Surface water refers to moisture exists in rivers, lakes, swamps, glaciers, icecaps and so on. It is also called land water. The underground water refers to water deposited underground in the cranny and the hole of saturated rock soil and in the water-eroded cave.

Total Water Resources refers to total volume of water resources measured as run-off for surface water from rainfall and recharge for groundwater in a given area, excluding transit water.

Surface Water Resources refers to total renewable resources which exist in rivers, lakes, glaciers and other collectors from rainfall and are measured as run-off of rivers.

Groundwater Resources refers to replenishment of aquifers with rainfall and surface water.

Inland Water Area refers to water area of rivers, lakes, ponds, reservoir, etc.

Ocean is the general name for sea and ocean. Ocean refers to the main body of large salt water connected with the earth. Sea refers to the edge areas of the salt water on the earth that are comparted or surrounded by land, island, reef or peninsula.

Marine Cultivatable Areas refer to water areas in beach, shallow sea and lough that are used to breed marine cash propagation, such as fish, shrimp, crab, shellfish, alga and so on.

Runoff refers to the water gathered at the way out of the cross section of drainage area either from the surface or underground after deducting the wastage of the precipitation on the land. Runoff can be divided into surface runoff, underground runoff and within soil runoff. Surface runoff refers to water flow to the rivers, lakes, swamps, and seas on the surface of the earth. Underground runoff refers to water flow to rivers, lakes, swamps, and seas through the water-bearing stratum of confined layer or unconfined layer.

Volume of Runoff refers to the total volume of water running through a certain cross section of a river during a certain period of time, reflecting the water resource condition in a country or a region. The formula for calculating volume or runoff is as follows:

Runoff =Precipitation-Evaporation

Mineral Resources refer to useful minerals that can be used for industrial or agricultural purposes enriched in lithosphere or on earth due to the geological process. Minerals are important natural resources, and important material base for social development.

Ensured Mineral Reserves refer to the actual mineral reserves, which equal to the proven mineral reserves (including industrial reserves and prospective reserves) minus extracted parts and underground losses.

Temperature refers to the air temperature. China uses centigrade as the unit. The thermometry used for weather observation is put in a breezy shutter, which is 1.5 meters high from the ground. Therefore, the commonly used temperature refers to the temperature in the breezy shutter 1.5 meters away from the ground. The calculation method is as follows:

Monthly Average Temperature is the summation of average daily temperature of one month divided by the actual days of that particular month.

Annual Average Temperature is the summation of monthly

average of a year divided by 12 months.

Relative Humidity refers to the ratio of actual water vapor pressure to the saturation water vapor density under the current temperature. The statistical method is the same as that of temperature.

Volume of Precipitation refers to the deepness of liquid state or solid state (thawed) water falling from the sky to the ground that has not been evaporated, infiltrated or run off. The calculation method is as follows:

Monthly precipitation is the summation of daily precipitation of a month.

Annual precipitation is the summation of 12 months precipitation of a year.

Sunshine Hours refer to the actual hours of sun irradiating the earth. The calculation method is the same as that of the precipitation.

Industrial Waste Water Discharged Refers to the volume of industrial waste water discharged through all of the drainage system to the outside of factory complex by enterprises during the report period. It includes discharged waste water from production, direct cooling water, waste gas treatment facilities, mine groundwater beyond the standard and domestic sewage mixed with industrial waste water, does not include independently discharged indirect cooling water (voicing split-less indirect cooling water should be taken into account).

Urban Non industrial Waste Water Discharge refers to annual discharge of non-industrial waste water by urban households. It is estimated by per ca pita coefficient using the formula:

$$\text{Urban non-industrial waste water discharge} = \text{urban non-industrial waste water discharge coefficient} \times \text{urban non-agricultural population} \times 365$$

Volume of Chemical Oxygen Demand (COD) Generated by Urban Non-industrial Waster Water refers to chemical oxygen demand generated through the annual discharge of non-industrial waste water by urban households. It is estimated as:

$$\text{Volume of chemical oxygen demand (cod) generated by urban non-industrial waster water} = \text{Coefficient of COD generated through urban non-industrial waste water} \times \text{urban non-agricultural population} \times 365$$

Chemical Oxygen Demand (COD) refers to index of water pollution measuring the mass concentration of oxygen consumed by the chemical breakdown of organic and inorganic matter.

Industrial Waste Air Emission refers to discharge into atmosphere of waste air containing pollutants generated from fuel burning and production process in enterprises within a given period of time. It is calculated at standard status (273K, 101325Pa) as:

$$\text{Industrial waste air emission} = \text{emission through fuel burning} + \text{emission through production process}$$

SO2 Emission refers to the total volume of SO2 discharged into air during the process of fuel combustion and industrial production in enterprises in a given time, and is mainly caused by the combustion of fossil fuel, ore smelting and the production of sulphuric acid and phosphate fertilizers.

Nitrogen Oxides Emission refers to the total volume of nitrogen oxides discharged into air during the process of fuel combustion and industrial production.

Industrial Soot and Dust Emission refers to volume of soot and dust in smoke emitted in process of fuel burning and industrial production in premises of enterprises in the report period. It is calculated by multiplying exhaust volume of dust removal system by dust concentration.

Common Industrial Solid Wastes Produced refers to the industrial solid wastes not listed in the 《National Catalogue of Hazardous Wastes》, or not regarded as hazardous according to the national hazardous waste identification standards (GB5085),solid waste-extraction procedure for leaching toxicity (GB5086), or solid waste-extraction procedure for leaching toxicity (GB/T 15555).

Common Industrial Solid Wastes Comprehensively Utilized refers to volume of solid wastes from which useful materials can be extracted or which can be converted into usable resources, energy or other materials by means of reclamation, processing, recycling and exchange (including utilizing in the year the stocks of industrial solid wastes of the previous year) during the report period, e.g. Examples of such utilization include fertilizers, building materials and road materials. The information shall be collected by the producing units of the wastes.

Common industrial Solid Wastes Disposed refers to the quantity of solid wastes which are burnt or specially disposed using other methods to alter the physical, chemical and biological properties and thus to reduce or eliminate hazards, or placed ultimately in the sites meeting the requirements for environmental protection during the report period.

Stock of Common Industrial Solid Wastes refers to the volume of sold wastes placed in special facilities or special sites by enterprises for purposes of utilization or disposal during the report period.

Hazardous Wastes refers to those included in the national hazardous wastes catalog or specified as any one of the following properties in the national hazardous wastes identification standards: explosive, ignitable, oxidizable, toxic, corrosive or liable to cause infectious diseases or lead to other dangers.

Hazardous Wastes Produced refers to the volume of actual hazardous wastes produced by surveyed samples throughout the year of the survey. Hazardous wastes refers to those included in the national hazardous wastes catalog or specified as any one of the following properties in light of the

national hazardous wastes identification standards and methods: explosive, ignitable, oxidizable, toxic, corrosive, or liable to cause infectious diseases or lead to other dangers.

Hazardous Wastes Comprehensive Utilized refers to the volume of hazardous wastes that are used to extract materials for raw materials or fuel throughout the year of survey, including those utilized by the producing enterprises and those provided to other enterprises for utilization.

Hazardous Wastes Disposed refers to the quantity of hazardous wastes that are burnt or specially disposed using other methods to alter the physical, chemical and biological properties and thus to reduce or eliminate the hazard, or placed in the site meeting the requirement for environmental protection during the report period. The quantity includes all the hazardous wastes produced by the surveyed samples.

第13篇

农　　业

Agriculture

简 要 说 明

一、本篇资料的主要内容

本篇资料反映了全省农业生产和农村经济的基本情况，主要包括农林牧渔业总产值、增加值、耕地、主要农产品产量、农业机械年末拥有量、农村电气化和农业化学化情况以及农田水利建设等方面的统计资料。

二、本篇资料的来源

1、地类面积资料、林业生产资料来源于省自然资源厅，由省统计局农村处整理提供。

2、灌溉面积资料来源于省水利厅，由省统计局农村处整理提供。

3、渔业生产资料、农业机械资料来源于省农业农村厅，由省统计局农村处整理提供。

4、粮食生产情况由山东调查总队农业调查处整理提供。

5、其余资料来源于农村综合统计年报，由省统计局农村处整理提供。

三、本篇资料的统计范围和统计口径

本篇资料的统计范围包括省内所属的各种经济类型、各个系统的全部农林牧渔业生产单位以及各非农行业附属的农林牧渔业生产活动单位。军委系统的农业生产（除军马外）也包括在内，但不包括农业科学试验机构进行的农业生产。

Brief Introduction

I. Content

Data in this chapter show the basic conditions of agricultural production and rural economy, mainly including agricultural output, value added, cultivated land, output of main agricultural produces, agricultural machinery, electrification and chemistry in rural areas and basic construction on irrigation and drainage.

II. Source of Data

1. Data on land and forestry production are provided by the Department of Nature and Resources of Shandong Province.

2. Data on irrigated area are provided by the Water Resources Department of Shandong Province.

3. Data on fishery production means and agricultural machinery are provided by the Department of Agriculture and Rural of Shandong Province.

4. Data on grain output are provided by the Division of Agriculture Survey of the National Bureau of Statistics in Shandong.

5. Other data in this chapter are based on the statistical reporting summary tables of countryside statistics.

III. Scope and Coverage of Statistics

The coverage of the comprehensive statistical reporting includes all productive units of farming, forestry, animal husbandry and fishery and those related non-agricultural affiliated units with various ownership and the activities of horse raising for military purpose and those undertaken by agricultural research institutions are excluded.

13-1 主要年份农林牧渔业总产值
Gross Output Value of Farming,Forestry, Animal Husbandry and Fishery in Major Years

单位:亿元 (100 million yuan)

年份 Year	农林牧渔业总产值 Gross Output Value of Farming, Forestry,Animal Husbandry and Fishery	农业 Farming	种植业 Planting	林业 Forestry	牧业 Animal Husbandry	渔业 Fishery	农林牧渔专业及辅助性活动 Farming,Forestry, Animal Husbandry and Fishery professions and auxiliary activities
1949	20.07	18.01	16.01	0.12	1.66	0.28	
1952	40.00	35.05	31.16	0.25	3.98	0.72	
1955	44.97	40.05	35.40	0.66	3.37	0.89	
1957	36.44	31.21	30.36	0.87	3.54	0.82	
1962	38.32	32.77	32.71	0.26	4.09	1.20	
1965	50.49	42.88	42.79	0.55	5.76	1.30	
1970	66.78	55.75	55.62	0.90	8.14	1.99	
1975	93.43	75.85	75.64	2.65	12.33	2.60	
1976	100.36	80.37	80.12	2.60	14.24	3.15	
1977	99.27	78.83	78.40	2.10	14.72	3.62	
1978	102.22	84.77	83.71	1.81	12.19	3.45	
1979	135.92	113.34	111.33	2.04	16.61	3.93	
1980	160.91	128.81	126.22	4.52	23.43	4.15	
1981	198.50	155.62	151.83	4.91	33.04	4.94	
1982	218.51	171.58	167.98	7.22	34.12	5.59	
1983	259.50	208.75	202.87	8.48	36.21	6.06	
1984	310.11	245.19	236.64	8.60	48.20	8.12	
1985	335.42	248.17	236.62	11.07	62.82	13.36	
1986	361.19	269.51	255.92	12.67	62.84	16.17	
1987	413.18	313.76	299.05	12.11	64.15	23.16	
1988	494.53	331.59	313.98	14.80	108.07	40.07	
1989	547.66	366.24	347.61	14.28	124.71	42.43	
1990	645.75	419.50	397.85	20.45	150.19	55.61	
1991	779.18	491.76	471.53	22.19	186.52	78.71	
1992	815.62	462.58	437.03	23.73	215.73	113.58	
1993	944.99	526.66	511.48	28.24	239.90	150.19	
1994	1282.25	660.13	649.84	36.78	348.78	236.56	
1995	1678.16	931.89	922.96	41.81	433.62	270.84	
1996	1962.12	1090.64	1078.05	49.97	512.60	308.91	
1997	2058.32	1137.19	1107.33	49.86	550.58	320.69	
1998	2174.54	1219.85	1184.65	45.91	583.40	325.38	
1999	2202.95	1254.87	1232.44	44.93	572.95	330.20	
2000	2294.35	1300.44	1280.12	47.62	599.17	347.12	
2001	2453.96	1401.34	1385.22	47.22	654.71	350.69	
2002	2526.05	1420.88	1402.81	48.25	698.44	358.48	
2003	2902.45	1599.32		53.70	831.34	370.04	48.05
2004	3453.91	1891.73		59.49	1022.84	426.09	53.76
2005	3741.81	2033.95		57.57	1125.04	465.52	59.73
2006	4058.62	2283.29		65.48	1025.37	522.94	161.54
2007	4752.65	2589.46		81.98	1317.06	577.31	186.83
2008	5583.98	2863.29		102.24	1715.47	679.12	223.87
2009	5953.15	3170.05		101.27	1699.51	735.75	246.58
2010	6573.77	3588.42		86.53	1796.52	829.77	272.52
2011	7311.11	3737.04		99.96	2205.73	973.24	295.14
2012	7817.84	3829.19		107.01	2328.69	1227.81	325.14
2013	8577.06	4335.77		120.30	2410.56	1347.03	363.40
2014	8988.18	4556.10		131.53	2478.81	1420.85	400.90
2015	9283.92	4662.61		139.92	2602.08	1447.28	432.03
2016	9075.60	4387.51		147.48	2620.29	1409.65	510.66
2017	9140.36	4403.23		165.09	2501.37	1475.96	594.70
2018	9397.39	4678.26		181.63	2432.67	1425.91	678.92
2019	9671.67	4914.43		197.70	2412.06	1397.42	750.06

注:本表绝对数按当年价格计算，2007至2017年数据系与第三次农业普查衔接数据。
a)Data are caculated at current prices.Data from 2007 to 2017 are consistent with those obtained from the Third Agricultural Census.

13-2 主要年份农林牧渔业总产值指数(以1952年为100)

Indices of Farming,Forestry,Animal Husbandry and Fishery in Major Years(1952=100)

年份 Year	农林牧渔业总产值 Indices of Farming,Forestry, Animal Husbandry and Fishery	农业 Farming	种植业 Planting	林业 Forestry	牧业 Animal Husbandry	渔业 Fishery	农林牧渔专业及辅助性活动 Farming,Forestry, Animal Husbandry and Fishery professions and auxiliary activities
1949	57.7	59.1	59.1	56.9	48.0	44.2	
1952	100.0	100.0	100.0	100.0	100.0	100.0	
1955	108.1	109.9	109.3	256.9	81.3	118.4	
1957	94.2	92.1	100.8	360.8	91.9	118.4	
1962	65.5	63.9	71.8	70.6	70.0	114.3	
1965	99.8	96.7	108.6	174.5	114.3	142.9	
1970	123.5	117.7	132.1	264.7	151.2	204.8	
1975	163.2	151.2	169.6	745.1	216.5	252.4	
1976	166.9	152.6	171.1	692.2	237.8	291.8	
1977	164.8	149.4	167.1	556.9	245.5	334.7	
1978	177.1	160.6	178.2	680.4	253.4	383.7	
1979	193.9	177.1	195.7	637.3	287.2	338.8	
1980	212.1	190.0	209.7	680.4	347.4	375.5	
1981	218.8	198.2	218.1	627.5	352.9	336.1	
1982	239.2	215.3	236.9	1043.1	373.1	383.0	
1983	273.7	253.2	275.9	988.2	386.1	399.3	
1984	326.0	302.4	326.8	1109.8	462.2	449.7	
1985	338.2	306.5	326.8	1427.5	520.9	491.8	
1986	339.2	304.4	321.2	1380.4	539.2	566.0	
1987	366.3	331.7	350.4	1364.7	551.7	681.6	
1988	378.6	324.4	337.3	1325.5	703.9	887.8	
1989	383.5	321.8	333.9	1259.2	768.7	959.7	
1990	404.2	335.6	345.3	1235.3	823.3	1150.7	
1991	452.3	370.2	384.0	1315.6	922.9	1393.5	
1992	455.9	345.4	352.9	1380.1	985.7	1721.0	
1993	510.6	381.0	399.8	1526.4	1080.3	2103.1	
1994	578.0	411.1	436.2	1770.6	1295.3	2523.7	
1995	629.4	441.9	471.1	1839.7	1463.7	2720.5	
1996	675.3	478.1	507.4	2141.6	1551.5	2902.8	
1997	707.0	490.1	506.4	2154.4	1716.0	2975.4	
1998	777.0	589.3	562.1	2068.2	1915.1	3121.2	
1999	819.7	615.2	599.2	2072.3	2045.3	3345.9	
2000	851.7	639.8	625.6	2200.8	2155.7	3362.6	
2001	885.8	666.0	655.6	2064.4	2315.2	3315.5	
2002	895.5	649.4	637.2	1971.5	2472.6	3391.8	
2003	944.8	691.6		2121.3	2613.5	3449.5	111.5
2004	998.7	732.4		2138.3	2772.9	3601.3	108.0
2005	1050.6	761.0		2059.2	2975.3	3842.6	109.2
2006	1105.2	802.1		2279.5	3106.2	3992.5	118.8
2007	1141.7	829.4		2457.3	3131.0	4180.1	110.8
2008	1199.9	859.3		2798.9	3315.7	4426.7	113.3
2009	1251.5	882.5		3076.0	3488.1	4701.2	110.1
2010	1296.6	904.6		3380.5	3624.1	4931.6	109.9
2011	1345.9	939.9		3694.9	3714.7	5148.6	107.2
2012	1409.2	963.4		3820.5	4000.7	5359.7	107.7
2013	1462.7	1005.8		4164.3	4084.7	5536.6	109.5
2014	1521.2	1052.1		4568.3	4182.7	5686.1	109.3
2015	1586.6	1101.5		4938.3	4312.4	5868.1	108.5
2016	1656.4	1156.6		5407.4	4424.5	5985.5	115.8
2017	1722.7	1207.5		5942.7	4588.2	5955.6	112.5
2018	1774.4	1254.6		6495.4	4583.6	6003.2	113.5
2019	1788.6	1293.5		7093.0	4372.8	5847.1	109.3

注：本表按可比价格计算；农林牧渔专业及辅助性活动指数以上年为100。

a)Data are caculated at constant prices.Indices of Farming,Forestry,Animal Husbandry and Fishery professions and auxiliary activities in preceding year is considered as 100%.

13－3　农林牧渔业总产值
Gross Output Value of Farming,Forestry,Animal Husbandry and Fishery

单位:亿元　(100 million yuan)

类　别	Category	2018	2019	2019为2018% 2018=100
农林牧渔业总产值	**Gross Output Value of Farming,Forestry, Animal Husbandry and Fishery**	**9397.39**	**9671.67**	**100.8**
一、农业产值	**Output Value of Farming**	**4678.26**	**4914.43**	**103.1**
1.谷物及其他作物	Cereal and Other Corps	1784.41	1792.78	99.3
#粮食	Grain	1154.66	1179.74	101.0
油料	Oil	142.54	134.56	93.4
棉花	Cotton	97.93	93.39	95.2
2.蔬菜园艺作物	Vegetable Gardening Crops	1729.18	1801.02	102.3
#蔬菜(含菜用瓜)	Vegetables	1632.20	1697.49	101.9
3.水果坚果饮料	Fruit and Nut Beverages	1090.79	1242.77	110.3
#水果坚果(含果用瓜)	Fruit and Nut	1060.70	1212.32	110.1
4.中药材	Chinese Herbal Medicines	73.89	77.86	107.7
二、林业产值	**Output Value of Forestry**	**181.63**	**197.70**	**109.2**
1.林木的培育和种植	Trees Cultivation and Planting	73.99	71.70	97.1
2.竹木采运	Bamboo Logging and Transport	38.02	45.77	120.2
3.林产品	Forestry Products	69.63	80.23	115.9
三、牧业产值	**Output Value of Animal Husbandry**	**2432.67**	**2412.06**	**95.4**
1.牲畜饲养	Livestock Feeding	447.52	498.60	110.0
2.猪的饲养	Pig Feeding	950.39	768.79	71.6
3.家禽的饲养	Poultry Feeding	870.36	959.21	110.1
#肉禽	Poultry for Eating	440.82	508.62	109.9
禽蛋	Egg of Poultry	429.54	450.58	101.2
4.狩猎和捕捉动物	Animal Hunting and Trapping	1.99	1.94	99.7
5.其他畜牧业	Other Animal Husbandry	162.42	183.52	116.5
四、渔业产值	**Output Value of Fishery**	**1425.91**	**1397.42**	**97.5**
1.海水产品	Seawater Aquatic Products	1178.92	1164.67	97.8
2.内陆水域水产品	Inland waterways Aquatic Products	246.99	232.75	96.4
五、农林牧渔专业及辅助性活动产值	**Output Value of Farming,Forestry,Animal Husbandry and Fishery professions and auxiliary activities**	**678.92**	**750.06**	**109.3**

注:本表绝对数按当年价格计算,速度按可比口径及价格计算。

a)Absolute data in the table are calculated at current prices, the speed are caculated at constant price and caliber.

13-4 各市农林牧渔业总产值(2019年)

Gross Output Value of Farming,Forestry,Animal Husbandry and Fishery by Region(2019)

单位:万元 (10 000 yuan)

地 区	Region	农林牧渔业总产值 Output Value of Farming,Forestry, Animal Husbandry and Fishery	农业产值 Output Value of Farming	林业产值 Output Value of Forestry	牧业产值 Output Value of Animal Husbandry	渔业产值 Output Value of Fishery	农林牧渔专业及辅助性活动产值 Output Value of Services to Farming, Forestry,Animal Husbandry and Fishery professions and auxiliary activities
全省总计	**Total**	**96716670**	**49144348**	**1976995**	**24120557**	**13974180**	**7500590**
济南市	Jinan	6373045	4240415	249861	1445252	67906	369611
青岛市	Qingdao	7781197	3600911	43066	1671765	1936932	528523
淄博市	Zibo	2749086	1781150	160226	606509	51736	149465
枣庄市	Zaozhuang	3041542	1921457	23727	634869	112761	348728
东营市	Dongying	2817807	959066	29561	771506	761784	295890
烟台市	Yantai	10253935	4313881	215237	1911391	3088497	724929
潍坊市	Weifang	9950470	5250430	79093	2865881	915344	839722
济宁市	Jining	9523910	5158037	137005	2590842	859349	778677
泰安市	Tai'an	5537675	3244629	97966	1502111	174871	518098
威海市	Weihai	5284049	901157	12960	683750	3427216	258966
日照市	Rizhao	3204806	1097539	59713	851345	936338	259871
临沂市	Linyi	7598487	4339657	380566	2155001	288868	434395
德州市	Dezhou	6467329	3045204	197279	2199852	154577	870417
聊城市	Liaocheng	5966881	3916253	51232	1432979	139013	427405
滨州市	Binzhou	4543307	1909360	114448	1149638	909914	459947
菏泽市	Heze	5623144	3465202	125055	1647866	149074	235947

13-5 各市农林牧渔业增加值(2019年)

Added Value of Farming,Forestry, Animal Husbandry and Fishery by Region(2019)

单位:万元 (10 000 yuan)

地 区	Region	增加值 Added Value	农业 Farming	林业 Forestry	牧业 Animal Husbandry	渔业 Fishery	农林牧渔专业及辅助性活动 Services to Farming, Forestry,Animal Husbandry and Fishery professions and auxiliary activities
全省总计	**Total**	**54764679**	**30733646**	**1419873**	**10428795**	**8582071**	**3600294**
济南市	Jinan	3605088	2569771	174898	631569	54358	174492
青岛市	Qingdao	4362093	2125946	27398	785558	1160891	262299
淄博市	Zibo	1564337	1088244	109409	264498	30917	71269
枣庄市	Zaozhuang	1755784	1214943	17330	284579	71873	167059
东营市	Dongying	1590291	587856	20198	354971	494313	132953
烟台市	Yantai	5857406	2583703	153070	884958	1882500	353176
潍坊市	Weifang	5575583	3312114	52265	1238618	571154	401432
济宁市	Jining	5413457	3275240	110789	1084408	567950	375070
泰安市	Tai'an	3139331	2040145	72676	649506	124419	252586
威海市	Weihai	3005227	571155	8188	262138	2044669	119077
日照市	Rizhao	1802772	676580	43621	347204	610307	125060
临沂市	Linyi	4296710	2716950	269858	929470	178579	201854
德州市	Dezhou	3544089	2011684	145135	862593	99371	425306
聊城市	Liaocheng	3378549	2412433	37092	639839	86702	202482
滨州市	Binzhou	2522146	1205257	80324	514176	502433	219958
菏泽市	Heze	3351816	2341625	97624	694710	101636	116221

13-6 主要年份粮、棉、油产量
Output of Grain,Cotton and Oil-bearing Crops in Major Years

年 份 Year	粮 食 Grain		棉 花 Cotton		油 料 Oil-bearing Crops	
	总产量 (万吨) Gross Output (10 000 tons)	单 产 (千克/公顷) Output Per Hectare (kg/hectare)	总产量 (万吨) Gross Output (10 000 tons)	单 产 (千克/公顷) Output Per Hectare (kg/hectare)	总产量 (万吨) Gross Output (10 000 tons)	单 产 (千克/公顷) Output Per Hectare (kg/hectare)
1949	870.0	795	8.1	180	55.6	1170
1952	1199.0	1035	16.9	240	84.5	1470
1955	1276.0	1110	20.9	285	106.1	1485
1957	1126.0	990	17.4	225	70.0	945
1962	910.0	915	3.9	105	42.4	1875
1965	1332.0	1350	19.9	300	67.1	1395
1970	1465.0	1575	27.3	390	78.5	1575
1975	2170.5	2355	24.1	390	84.2	1515
1976	2241.5	2460	15.8	255	58.5	1065
1977	2099.0	2370	14.9	240	67.7	2025
1978	2288.0	2595	15.4	255	95.9	1785
1979	2472.0	2835	16.7	315	109.1	1800
1980	2384.0	2820	53.7	735	143.0	2160
1981	2312.5	2835	67.5	720	142.1	2010
1982	2375.0	3090	96.0	720	142.5	2190
1983	2700.0	3465	122.5	825	152.0	2460
1984	3040.0	3885	172.5	1005	182.0	2790
1985	3137.7	3930	106.2	915	267.9	2745
1986	3250.0	3840	94.1	930	207.6	2355
1987	3393.7	4125	124.4	1020	234.3	2940
1988	3225.0	3990	113.7	825	197.8	2505
1989	3250.0	4035	102.5	780	150.0	1995
1990	3570.0	4380	102.8	690	212.1	2910
1991	3916.9	4845	135.1	870	233.1	3285
1992	3589.3	4533	67.7	455	166.3	2380
1993	4100.0	4992	41.0	539	268.4	3434
1994	4091.1	5015	55.9	705	338.3	3781
1995	4245.0	5220	47.1	707	315.0	3580
1996	4332.7	5260	37.2	773	309.3	3767
1997	3852.2	4766	35.4	894	240.9	2977
1998	4264.8	5244	41.3	996	335.6	3908
1999	4269.0	5271	39.2	1072	320.5	3614
2000	3837.7	4938	59.0	1085	356.9	3730
2001	3720.6	5201	78.1	1062	377.3	3743
2002	3292.7	4763	72.2	1086	340.4	3458
2003	3435.5	5355	87.7	994	361.8	3572
2004	3516.7	5570	109.8	1036	369.7	3913
2005	3917.4	5837	84.6	1000	363.9	4044
2006	4093.0	5848	102.3	1149	328.2	4136
2007	4107.8	5896	95.1	1112	368.8	4190
2008	4353.9	6086	94.0	1172	374.7	4283
2009	4442.7	6088	79.0	1151	349.2	4349
2010	4502.8	6043	59.0	945	347.7	4317
2011	4701.3	6172	60.8	1043	343.7	4367
2012	4815.8	6214	51.4	1012	341.8	4404
2013	4883.4	6099	43.4	923	341.6	4386
2014	5038.3	6087	44.2	1122	329.6	4355
2015	5147.4	6123	33.9	1042	318.7	4302
2016	5332.3	6261	32.9	1179	317.1	4310
2017	5374.3	6356	20.7	1185	318.3	4389
2018	5319.5	6329	21.7	1184	310.9	4370
2019	5357.0	6444	19.6	1158	289.0	4236

注：本表2007至2017年数据系与第三次农业普查衔接数据。
a)Data from 2006 to 2017 are consistent with those obtained from the Third Agricultural Census.

13-7 1978-2019年畜牧业生产情况

Production of Animal Husbandry from 1978 to 2019

年 份 Year	肉类总产量 (万吨) Output of Meat (10 000 tons)	猪存栏 (万头) Stocked Pigs (10 000 heads)	牛存栏 (万头) Stocked Cattle (10 000 heads)	羊存栏 (万只) Stocked Sheep (10 000 heads)	家禽存栏 (万只) Stocked Poultry (10 000 heads)
1978	60.80	1992.00	227.60	756.40	6766.00
1979	65.18	2117.60	221.50	925.80	7204.00
1980	90.10	2112.50	217.80	1041.30	7997.00
1981	96.26	1901.10	213.70	1025.60	8075.00
1982	94.98	1726.20	213.60	989.50	9115.00
1983	94.54	1562.70	222.10	901.80	10216.80
1984	104.38	1681.50	232.60	753.90	14688.90
1985	128.62	1812.80	258.00	783.30	16548.20
1986	141.78	1668.90	292.50	985.30	15120.70
1987	141.02	1547.00	344.60	1404.10	16916.30
1988	171.47	1688.60	416.00	1436.40	21582.10
1989	195.63	1604.10	472.40	1491.30	20471.30
1990	221.61	1576.70	511.80	1528.10	23974.60
1991	241.49	1599.40	501.40	1591.20	24136.80
1992	250.67	1602.60	531.90	1655.20	25810.80
1993	286.61	1603.70	603.00	1703.50	27188.70
1994	338.77	1701.50	681.30	1799.80	35118.60
1995	394.42	1718.10	714.10	1866.10	34613.80
1996	405.52	1723.60	740.10	1877.20	37485.00
1997	460.64	2209.70	811.90	2038.60	41833.00
1998	497.90	2485.90	911.80	2322.00	48484.00
1999	524.49	2560.48	977.25	2536.22	53332.00
2000	499.99	2401.81	779.90	2260.06	47789.90
2001	531.49	2500.29	778.54	2357.24	50263.73
2002	559.66	2602.80	787.88	2466.79	53236.24
2003	591.00	2686.09	804.31	2543.26	55031.28
2004	621.72	2761.01	771.51	2667.51	56875.64
2005	657.78	2771.96	750.45	2645.96	54641.26
2006	698.32	2508.52	632.71	2368.26	52100.31
2007	660.00	2686.01	557.46	2281.96	49627.42
2008	704.52	2786.69	498.53	2033.94	55864.43
2009	730.91	2845.80	452.59	1939.09	54789.42
2010	754.03	2871.65	440.32	1926.95	58214.00
2011	763.07	2998.20	438.27	1887.90	63790.18
2012	822.56	3101.21	433.66	1850.33	70959.78
2013	838.18	3167.00	424.28	1797.90	70261.33
2014	836.81	3179.54	410.53	1765.01	69911.92
2015	845.50	3147.33	407.65	1767.89	71816.01
2016	837.11	3086.81	391.93	1693.10	78056.12
2017	866.01	3040.33	401.48	1754.05	76604.46
2018	854.70	2985.60	380.60	1801.41	75614.88
2019	704.02	2176.50	364.23	1837.44	78864.33

注：本表2006至2017年数据系与第三次农业普查衔接数据。

a)Data from 2006 to 2017 are consistent with those obtained from the Third Agricultural Census.

13-7 续表 continued

年 份 Year	猪出栏 (万头) Slaughtered Pigs (10 000 heads)	牛出栏 (万头) Slaughtered Cattle (10 000 heads)	羊出栏 (万只) Slaughtered Sheeps (10 000 heads)	家禽出栏 (万只) Slaughtered Poultry (10 000 heads)	禽蛋产量 (万吨) Output of Poultry Eggs (10 000 tons)	奶类产量 (万吨) Output of Milk (10 000 tons)
1978	901.20	4.60	142.40		22.50	6.83
1979	1047.50	6.70	228.60		23.67	6.95
1980	1241.60	8.80	377.50		25.62	6.80
1981	1296.80	11.50	460.70		29.47	5.24
1982	1213.20	10.60	521.60		34.30	8.77
1983	1159.20	18.90	616.30		41.07	11.43
1984	1284.00	18.40	519.10		62.28	13.34
1985	1482.60	27.60	558.30	8283.10	72.50	13.26
1986	1681.20	32.30	617.60	9234.50	69.66	15.81
1987	1514.00	49.80	842.10	11397.30	79.14	17.28
1988	1619.60	69.00	1219.00	15904.00	102.97	19.53
1989	1845.40	82.80	1348.40	16701.20	109.43	21.24
1990	1936.20	110.10	1416.40	22769.00	124.25	22.53
1991	1983.50	119.50	1348.70	30792.70	149.14	23.65
1992	2046.00	140.90	1366.10	33467.90	154.30	25.17
1993	2092.90	177.10	1411.00	42837.30	184.07	28.05
1994	2185.70	213.10	1668.20	64716.70	240.75	32.45
1995	2453.00	248.40	2034.10	71286.50	247.15	36.98
1996	2500.90	272.40	2051.80	73508.00	267.30	41.14
1997	2801.10	334.50	2269.30	82549.00	294.30	45.82
1998	3123.20	354.90	2518.90	91299.00	322.00	53.98
1999	3248.13	391.10	2838.80	100246.00	349.06	61.29
2000	3213.24	322.25	2375.73	91195.00	301.04	62.72
2001	3370.69	359.63	2530.15	99493.75	311.58	80.48
2002	3566.19	380.13	2646.54	105550.38	328.33	103.92
2003	3765.90	396.47	2731.23	113458.25	349.11	132.05
2004	4060.41	413.21	2869.43	122660.64	355.83	167.92
2005	4263.54	425.73	3002.98	145089.38	363.20	196.66
2006	4389.90	436.57	3026.24	151090.90	353.89	219.67
2007	3680.17	440.30	3001.42	140913.62	359.90	207.06
2008	3972.95	439.30	2941.33	155662.06	364.98	217.95
2009	4245.45	426.49	2827.01	161151.11	377.12	220.25
2010	4425.46	413.01	2707.40	169549.81	384.84	230.97
2011	4387.82	390.04	2546.51	181519.01	401.64	235.83
2012	4800.79	385.34	2493.35	199140.72	402.44	248.55
2013	5043.03	382.59	2472.15	195931.87	396.59	237.69
2014	5245.73	372.37	2530.64	182274.92	388.38	244.74
2015	5156.44	370.19	2527.12	192051.95	424.28	240.73
2016	5093.23	360.84	2540.84	214260.99	441.12	233.75
2017	5180.69	361.57	2629.76	220423.34	445.15	231.32
2018	5082.26	363.37	2682.36	217200.22	447.44	232.52
2019	3176.44	345.93	2701.14	231299.11	450.63	234.49

13-8 1978-2019年渔业生产情况
Output of Fishery from 1978 to 2019

单位：吨 (tons)

年 份 Year	水产品总产量 Total Aquatic Products	海水产品 Seawater Aquatic Products	海洋捕捞 Ocean Fishing	海水养殖 Mariculture
1978	740283	691451	501504	189947
1979	627531	581165	432700	148465
1980	619591	570854	416814	154040
1981	589905	540408	407194	133214
1982	657698	611824	477729	134095
1983	674813	623122	465382	157740
1984	754572	693277	525027	168250
1985	814047	729568	531977	197591
1986	914411	806086	599376	206710
1987	1106641	983119	717588	265531
1988	1355865	1220408	809820	410588
1989	1539905	1403323	899265	504058
1990	1677973	1522059	1032683	489376
1991	1981169	1779214	1138436	640778
1992	2481648	2251437	1384628	866809
1993	3192828	2896171	1555657	1340514
1994	3506539	3053106	1608172	1444934
1995	3440763	2956402	1461525	1494876
1996	5299159	4683795	2337772	2346023
1997	5512326	4840507	2686824	2153683
1998	5875574	5116993	3003764	2113228
1999	6277843	5440155	3003387	2436767
2000	6306551	5375169	2780483	2594685
2001	6196988	5266599	2511170	2755430
2002	6277536	5403654	2457272	2946382
2003	6378795	5456872	2421393	3035479
2004	6486528	5528613	2440631	3087982
2005	6648983	5655207	2421396	3233811
2006	6837469	5783299	2359570	3423729
2007	7133795	5986873	2451596	3535277
2008	7303048	6094766	2481256	3613510
2009	7535939	6263895	2449591	3814304
2010	7838259	6463345	2350888	3962643
2011	8138280	6647212	2512437	4134775
2012	7885248	6524046	2161603	4362443
2013	8084522	6654179	2087829	4566350
2014	8464587	7085761	2286654	4799107
2015	8722448	7352063	2356409	4995654
2016	8899622	7541952	2414112	5127840
2017	8680030	7371727	2180891	5190836
2018	8614032	7360685	2149830	5210855
2019	8232724	7062086	2091101	4970985

注：本表2012至2017年数据系与第三次农业普查衔接数据。
a)Data from 2012 to 2017 are consistent with those obtained from the Third Agricultural Census.

13-8 续表 continued

年 份 Year	淡水产品产量(吨) Freshwater Aquatic Products (ton)	捕捞量 Fishing Output	养殖量 Breeding Output	水产品养殖面积(万亩) Water Area for Breeding Aquatics (10 000 mu)	海 水 Seawater	淡 水 Freshwater
1978	48832	32507	16325	202.30	26.80	175.50
1979	46366	30968	15398	193.29	26.54	166.75
1980	48737	32436	16301	203.21	28.50	174.71
1981	49497	31489	18008	182.24	28.66	153.58
1982	45874	29696	16178	176.15	35.18	140.97
1983	51691	31713	19978	160.05	32.31	127.74
1984	61295	34438	26857	165.10	37.70	127.40
1985	84479	37370	47109	215.14	49.58	165.56
1986	108325	38641	69684	243.14	56.70	186.44
1987	123522	34103	89419	257.65	70.87	186.78
1988	135457	29354	106103	234.90	104.27	180.63
1989	136582	26847	109735	246.73	103.72	143.01
1990	155914	31545	124369	273.52	105.01	168.51
1991	201955	41772	160183	304.04	112.54	191.50
1992	230211	41074	189137	312.30	115.89	196.41
1993	296657	50088	246569	400.16	223.76	176.40
1994	453433	58373	395060	466.56	197.36	269.21
1995	484362	55428	428933	497.39	197.81	299.58
1996	615364	67222	548142	564.54	242.45	322.09
1997	671819	73221	598598	618.91	274.04	344.87
1998	758582	80336	678246	649.80	283.22	366.58
1999	837689	80002	757687	722.78	336.14	386.65
2000	931382	81214	850168	788.35	420.71	367.64
2001	930389	79991	850397	829.39	434.99	394.40
2002	873882	71142	802740	802.51	439.15	363.36
2003	921923	91019	830904	930.91	537.52	393.38
2004	957915	93484	864431	1014.34	598.02	416.32
2005	993776	110887	882889	1033.11	611.09	422.02
2006	1054170	117390	936780	840.03	564.62	275.42
2007	1146922	114368	1032554	884.99	609.26	275.73
2008	1208282	129643	1078639	993.45	639.33	354.12
2009	1272044	128342	1143702	1029.30	662.10	367.20
2010	1374914	130896	1244018	1136.51	751.42	385.09
2011	1491068	135378	1355690	1174.40	768.19	406.21
2012	1361202	112783	1248419	1205.16	785.56	419.60
2013	1430344	115167	1315177	1240.35	820.23	420.12
2014	1378826	90661	1288165	1252.66	822.73	429.93
2015	1370385	83086	1287299	1269.23	844.80	424.43
2016	1357670	93900	1263770	1259.25	907.20	352.05
2017	1308303	83730	1224573	1250.38	915.57	334.81
2018	1253347	82821	1170526	1173.38	856.29	317.10
2019	1170638	89290	1081348	1138.34	842.25	296.09

13-9 农作物播种面积和产量

Sown Area and Output of Farm Crops

类　别	Category	2018 播种面积(公顷) Sown Area (hectare)	2018 总产量(吨) Total Output (ton)	2018 单产(千克/公顷) Output per Hectare (kg/hectare)	2019 播种面积(公顷) Sown Area (hectare)	2019 总产量(吨) Total Output (ton)	2019 单产(千克/公顷) Output per Hectare (kg/hectare)
农作物总播种面积	**Total Sown Area of Crops**	**11076833**			**10933097**		
一、粮食作物合计	**Grain**	**8404843**	**53195127**	**6329**	**8312814**	**53569996**	**6444**
(一)夏收粮食	Summer Harvest Grain	4059956	24722308	6089	4002713	25532701	6379
1.谷物	Cereals	4059203	24720080	6090	4002033	25530635	6379
#小麦	Wheat	4058592	24716827	6090	4001753	25529185	6380
2.夏杂豆	Beans	754	2228	2955	680	2066	3038
(二)秋收粮食	Autumn Harvest Grain	4344886	28472819	6553	4310100	28037296	6505
1.谷物	Cereals	4083760	27187539	6657	3999745	26505638	6627
(1)稻谷	Rice	113830	985885	8661	115600	1006760	8709
(2)玉米	Corn	3934683	26071601	6626	3846469	25365332	6594
(3)谷子	Millet	31434	117499	3738	34800	124711	3584
(4)高粱	Chinese Sorghum	3265	10558	3234	2267	6844	3020
(5)其他	Others	549	1997	3638	609	1991	3267
2.豆类合计	Beans	157269	442790	2815	187155	532813	2847
#大豆	Soybean	153521	433294	2822	183533	523510	2852
3.薯类(按折粮计算)	Tubers	103857	842490	8112	123200	998844	8108
二、油料作物合计	**Oil-bearing Crops**	**711357**	**3108970**	**4370**	**682168**	**2889538**	**4236**
#花生果	Peanuts	695279	3066694	4411	666490	2847623	4273
油菜籽	Rapeseeds	8596	21757	2531	8871	22534	2540
芝　麻	Sesame	493	828	1680	583	1057	1814
三、棉花	**Cotton**	**183300**	**217000**	**1184**	**169280**	**196000**	**1158**
四、生麻	**Fiber Crops**	**51**	**118**	**2308**	**30**	**64**	**2117**
#生 大 麻	Hemp	36	72	2012	26	55	2095
五、甜菜	**Beetroots**						
六、烟叶	**Tobacco**	**17899**	**46306**	**2587**	**17774**	**43836**	**2466**
#烤烟	Flue-cured Tobacco	17884	46268	2587	17151	42296	2466
七、中草药材	**Medical Materials**	**35017**			**42970**		
八、蔬菜及食用菌	**Vegetable and Mushroom**	**1479551**	**81920429**	**55368**	**1464191**	**81811461**	**55875**
九、瓜果类	**Melon**	**214510**	**11150096**	**51979**	**212035**	**11005306**	**51903**
#西瓜	Watermelon	151168	8103426	53605	145274	7706015	53045
十、其它农作物	**Other Farm Crops**	**30304**			**31835**		
#青饲料	Fresh Feed	3571			6677		

13-10 各市农作物播种面积和产量(2019年)

Sown Area and Output of Farm Crops by Region(2019)

地 区	Region	农作物总播种面积(公顷) Total Sown Area of Farm Crops (hectare)	一、粮食作物合计 Grain Crops			(一)夏收粮食 Summer Harvest Grain		
			播种面积(公顷) Sown Area (hectare)	总产量(吨) Total Output (ton)	单产(千克/公顷) Output per Hectare (kg/hectare)	播种面积(公顷) Sown Area (hectare)	总产量(吨) Total Output (ton)	单产(千克/公顷) Output per Hectare (kg/hectare)
全省总计	**Total**	**10933097**	**8312814**	**53569996**	**6444**	**4002713**	**25532701**	**6379**
济南市	Jinan	619708	479308	2854598	5956	218917	1353076	6181
青岛市	Qingdao	667300	474983	3026054	6371	228818	1426280	6233
淄博市	Zibo	249323	215700	1396920	6476	97795	635489	6498
枣庄市	Zaozhuang	397190	282724	1767420	6251	138821	843859	6079
东营市	Dongying	294641	253231	1320014	5213	106553	643652	6041
烟台市	Yantai	441347	296638	1727623	5824	122830	705641	5745
潍坊市	Weifang	979889	678403	4211354	6208	332002	2086661	6285
济宁市	Jining	971365	716880	4753236	6630	346191	2227686	6435
泰安市	Tai'an	535974	371448	2522678	6791	166014	1117733	6733
威海市	Weihai	200135	121238	579709	4782	48935	241011	4925
日照市	Rizhao	212544	130843	840622	6425	53044	315486	5948
临沂市	Linyi	987588	643953	4127422	6410	292043	1770846	6064
德州市	Dezhou	1200261	1070385	7501894	7009	545453	3723943	6827
聊城市	Liaocheng	979546	806465	5530474	6858	409917	2706869	6603
滨州市	Binzhou	663295	585161	3594293	6142	280410	1806669	6443
菏泽市	Heze	1545198	1185451	7815684	6593	614968	3927802	6387

13-10 续表 1 continued

地 区	Region	1.谷 物 Cereals			#小 麦 Wheat			2.夏杂豆 Beans		
		播种面积(公顷) Sown Area (hectare)	总产量(吨) Total Output (ton)	单产(千克/公顷) Output per Hectare (kg/hectare)	播种面积(公顷) Sown Area (hectare)	总产量(吨) Total Output (ton)	单产(千克/公顷) Output per Hectare (kg/hectare)	播种面积(公顷) Sown Area (hectare)	总产量(吨) Total Output (ton)	单产(千克/公顷) Output per Hectare (kg/hectare)
全省总计	**Total**	**4002033**	**25530635**	**6379**	**4001753**	**25529185**	**6380**	**680**	**2066**	**3038**
济南市	Jinan	218917	1353076	6181	218917	1353076	6181			
青岛市	Qingdao	228818	1426280	6233	228818	1426280	6233			
淄博市	Zibo	97795	635489	6498	97795	635489	6498			
枣庄市	Zaozhuang	138821	843859	6079	138821	843859	6079			
东营市	Dongying	106553	643652	6041	106553	643652	6041			
烟台市	Yantai	122830	705641	5745	122830	705641	5745			
潍坊市	Weifang	331322	2084595	6292	331322	2084595	6292	680	2066	3038
济宁市	Jining	346191	2227686	6435	346191	2227686	6435			
泰安市	Tai'an	166014	1117733	6733	166014	1117733	6733			
威海市	Weihai	48935	241011	4925	48935	241011	4925			
日照市	Rizhao	53044	315486	5948	53044	315486	5948			
临沂市	Linyi	292043	1770846	6064	291763	1769396	6065			
德州市	Dezhou	545453	3723943	6827	545453	3723943	6827			
聊城市	Liaocheng	409917	2706869	6603	409917	2706869	6603			
滨州市	Binzhou	280410	1806669	6443	280410	1806669	6443			
菏泽市	Heze	614968	3927802	6387	614968	3927802	6387			

13-10 续表 2 continued

地区 Region	(二)秋收粮食 Autumn Harvest Grain			1.谷物 Cereals			(1)稻谷 Rice		
	播种面积(公顷) Sown Area (hectare)	总产量(吨) Total Output (ton)	单产(千克/公顷) Output per Hectare (kg/hectare)	播种面积(公顷) Sown Area (hectare)	总产量(吨) Total Output (ton)	单产(千克/公顷) Output per Hectare (kg/hectare)	播种面积(公顷) Sown Area (hectare)	总产量(吨) Total Output (ton)	单产(千克/公顷) Output per Hectare (kg/hectare)
全省总计 Total	**4310100**	**28037296**	**6505**	**3999745**	**26505638**	**6627**	**115600**	**1006760**	**8709**
济南市 Jinan	260391	1501522	5766	244366	1411730	5777	1449	12079	8334
青岛市 Qingdao	246165	1599774	6499	235979	1547278	6557	116	840	7268
淄博市 Zibo	117905	761432	6458	114973	747641	6503	357	2825	7903
枣庄市 Zaozhuang	143903	923561	6418	127824	835697	6538	1754	14315	8163
东营市 Dongying	146678	676362	4611	135187	655803	4851	24212	138805	5733
烟台市 Yantai	173808	1021982	5880	153567	909596	5923	102	850	8354
潍坊市 Weifang	346401	2124694	6134	336226	2076111	6175	31	205	6664
济宁市 Jining	370689	2525551	6813	309149	2251374	7282	43685	428862	9817
泰安市 Tai'an	205434	1404946	6839	175003	1261163	7207	170	1742	10258
威海市 Weihai	72303	338698	4684	63226	297249	4701	220	1495	6802
日照市 Rizhao	77800	525135	6750	66490	445356	6698	2104	18529	8806
临沂市 Linyi	351911	2356576	6697	289770	1965492	6783	37250	353452	9489
德州市 Dezhou	524932	3777952	7197	518758	3751053	7231			
聊城市 Liaocheng	396547	2823606	7120	388949	2797463	7192	8	53	6850
滨州市 Binzhou	304751	1787624	5866	299696	1769158	5903	1516	9068	5980
菏泽市 Heze	570483	3887882	6815	540581	3783476	6999	2627	23640	8999

13-10 续表 3 continued

地区 Region	(2)玉米 Corn			(3)谷子 Millet			(4)高粱 Chinese Sorghum		
	播种面积(公顷) Sown Area (hectare)	总产量(吨) Total Output (ton)	单产(千克/公顷) Output per Hectare (kg/hectare)	播种面积(公顷) Sown Area (hectare)	总产量(吨) Total Output (ton)	单产(千克/公顷) Output per Hectare (kg/hectare)	播种面积(公顷) Sown Area (hectare)	总产量(吨) Total Output (ton)	单产(千克/公顷) Output per Hectare (kg/hectare)
全省总计 Total	**3846469**	**25365332**	**6594**	**34800**	**124711**	**3584**	**2267**	**6844**	**3020**
济南市 Jinan	231773	1361059	5872	10892	38014	3490	141	273	1941
青岛市 Qingdao	235391	1544645	6562	396	1460	3688	9	23	2494
淄博市 Zibo	111968	736922	6582	2525	7458	2953	122	436	3572
枣庄市 Zaozhuang	125215	818001	6533	824	3260	3957	28	94	3375
东营市 Dongying	110285	515388	4673	143	285	1997	548	1324	2416
烟台市 Yantai	152133	903738	5940	1172	4420	3771	27	83	3102
潍坊市 Weifang	328587	2049198	6236	7125	25654	3601	399	896	2247
济宁市 Jining	264245	1818424	6882	1142	3789	3319	57	224	3920
泰安市 Tai'an	172966	1252826	7243	1820	6424	3530	35	107	3096
威海市 Weihai	62963	295543	4694	43	209	4838	1	2	2195
日照市 Rizhao	62113	417240	6717	2223	9423	4239	10	43	4212
临沂市 Linyi	247934	1595155	6434	4410	16424	3724	98	285	2896
德州市 Dezhou	518661	3750544	7231	97	508	5264	0.1	0.3	3849
聊城市 Liaocheng	388272	2795441	7200	654	1931	2954	16	38	2398
滨州市 Binzhou	297209	1756058	5909	170	867	5101	752	2948	3920
菏泽市 Heze	536757	3755149	6996	1165	4586	3936	24	68	2820

13-10 续表 4 continued

地 区	Region	(5)其它谷物 Other Cereals			2.豆 类 Beans			#大 豆 Soybean		
		播种面积(公顷) Sown Area (hectare)	总产量(吨) Total Output (ton)	单 产(千克/公顷) Output per Hectare (kg/hectare)	播种面积(公顷) Sown Area (hectare)	总产量(吨) Total Output (ton)	单 产(千克/公顷) Output per Hectare (kg/hectare)	播种面积(公顷) Sown Area (hectare)	总产量(吨) Total Output (ton)	单 产(千克/公顷) Output per Hectare (kg/hectare)
全省总计	**Total**	**609**	**1991**	**3267**	**187155**	**532813**	**2847**	**183533**	**523510**	**2852**
济 南 市	Jinan	110	304	2750	7705	21167	2747	7273	20119	2766
青 岛 市	Qingdao	68	310	4589	5237	14879	2841	5236	14878	2841
淄 博 市	Zibo				1187	3218	2710	911	2489	2731
枣 庄 市	Zaozhuang	5	27	5898	10159	35968	3541	9904	35305	3565
东 营 市	Dongying	1	1	2682	11244	18662	1660	11118	18534	1667
烟 台 市	Yantai	133	505	3797	10738	32043	2984	10518	31460	2991
潍 坊 市	Weifang	85	158	1864	5300	13751	2595	5218	13537	2594
济 宁 市	Jining	20	75	3732	45325	132346	2920	45027	131508	2921
泰 安 市	Tai'an	12	62	5047	21544	66400	3082	21445	66091	3082
威 海 市	Weihai				4963	11760	2369	4944	11727	2372
日 照 市	Rizhao	40	121	3032	3790	12107	3194	3224	10497	3256
临 沂 市	Linyi	78	175	2250	19221	49390	2570	18815	48356	2570
德 州 市	Dezhou				5260	18651	3546	5215	18566	3560
聊 城 市	Liaocheng				6342	17038	2687	6236	16779	2691
滨 州 市	Binzhou	49	217	4410	4021	10439	2596	3889	10163	2613
菏 泽 市	Heze	9	34	3836	25120	74994	2985	24560	73502	2993

13-10 续表 5 continued

地 区	Region	3.薯类(按折粮薯类计算) Tubers			二、油 料 Oil-bearing Crops			#花 生 果 Peanuts		
		播种面积(公顷) Sown Area (hectare)	总产量(吨) Total Output (ton)	单 产(千克/公顷) Output per Hectare (kg/hectare)	播种面积(公顷) Sown Area (hectare)	总产量(吨) Total Output (ton)	单 产(千克/公顷) Output per Hectare (kg/hectare)	播种面积(公顷) Sown Area (hectare)	总产量(吨) Total Output (ton)	单 产(千克/公顷) Output per Hectare (kg/hectare)
全省总计	**Total**	**123200**	**998844**	**8108**	**682168**	**2889538**	**4236**	**666490**	**2847623**	**4273**
济 南 市	Jinan	8320	68625	8248	19227	65709	3418	18055	63093	3495
青 岛 市	Qingdao	4950	37618	7600	74833	342427	4576	74832	342424	4576
淄 博 市	Zibo	1745	10573	6059	4365	15119	3464	4282	14939	3489
枣 庄 市	Zaozhuang	5920	51896	8767	19833	78771	3972	17734	73963	4171
东 营 市	Dongying	246	1897	7708	703	2032	2891	599	1821	3041
烟 台 市	Yantai	9504	80343	8454	97166	396989	4086	97163	396980	4086
潍 坊 市	Weifang	4875	34832	7145	39345	185593	4717	39267	185432	4722
济 宁 市	Jining	16215	141830	8747	35766	134711	3766	35551	134196	3775
泰 安 市	Tai'an	8888	77382	8706	46321	189969	4101	45836	188831	4120
威 海 市	Weihai	4114	29689	7217	53949	201998	3744	53949	201998	3744
日 照 市	Rizhao	7519	67673	9000	53665	227660	4242	53657	227645	4243
临 沂 市	Linyi	42920	341694	7961	168149	755193	4491	166899	752289	4507
德 州 市	Dezhou	914	8248	9022	3723	16370	4397	2880	13374	4643
聊 城 市	Liaocheng	1256	9105	7250	8506	40155	4721	7644	37445	4899
滨 州 市	Binzhou	1033	8027	7768	2790	9830	3523	2576	9467	3675
菏 泽 市	Heze	4782	29412	6151	53826	227014	4218	45567	203726	4471

13-10 续表 6 continued

地区	Region	#油菜籽 Rapeseeds 播种面积(公顷) Sown Area (hectare)	总产量(吨) Total Output (ton)	单产(千克/公顷) Output per Hectare (kg/hectare)	#芝麻 Sesame 播种面积(公顷) Sown Area (hectare)	总产量(吨) Total Output (ton)	单产(千克/公顷) Output per Hectare (kg/hectare)	三、棉花 Cotton 播种面积(公顷) Sown Area (hectare)	总产量(吨) Total Output (ton)	单产(千克/公顷) Output per Hectare (kg/hectare)
全省总计	**Total**	**8871**	**22534**	**2540**	**583**	**1057**	**1814**	**169280**	**196000**	**1158**
济南市	Jinan	919	2155	2344	129	231	1787	3842	5417	1410
青岛市	Qingdao							276	434	1569
淄博市	Zibo	72	152	2117	2	3	1258	1041	1399	1344
枣庄市	Zaozhuang	1842	4097	2225	47	75	1591	1065	1457	1367
东营市	Dongying	76	165	2173				19606	15418	786
烟台市	Yantai							29	44	1534
潍坊市	Weifang	26	69	2621	50	89	1773	6227	5474	879
济宁市	Jining	199	468	2349	9	24	2560	33783	44227	1309
泰安市	Tai'an	447	1073	2404	36	56	1538	3856	4897	1270
威海市	Weihai									
日照市	Rizhao	2	5	2650				277	330	1190
临沂市	Linyi	937	1906	2034	12	18	1533	2796	3912	1399
德州市	Dezhou	39	127	3234		1	4500	19128	27017	1412
聊城市	Liaocheng	290	706	2433	19	26	1391	5018	6364	1268
滨州市	Binzhou	63	140	2216	119	116	975	22803	22843	1002
菏泽市	Heze	3959	11472	2898	159	419	2640	61778	85503	1384

13-10 续表 7 continued

地区	Region	四、烟叶 Tobacco 播种面积(公顷) Sown Area (hectare)	总产量(吨) Total Output (ton)	单产(千克/公顷) Output per Hectare (kg/hectare)	#烤烟 Cigarettes 播种面积(公顷) Sown Area (hectare)	总产量(吨) Total Output (ton)	单产(千克/公顷) Output per Hectare (kg/hectare)	五、中药材播种面积(公顷) Sown Area of Medical Materials (hectare)
全省总计	**Total**	**17774**	**43836**	**2466**	**17151**	**42296**	**2466**	**42970**
济南市	Jinan	519	1442	2776	519	1442	2776	3437
青岛市	Qingdao	241	551	2281	241	551	2281	835
淄博市	Zibo	189	392	2073	189	392	2073	2159
枣庄市	Zaozhuang							571
东营市	Dongying							275
烟台市	Yantai							163
潍坊市	Weifang	6366	14800	2325	6366	14800	2325	3417
济宁市	Jining							2633
泰安市	Tai'an	2	5	2695	2	5	2695	2842
威海市	Weihai							3246
日照市	Rizhao	2522	6340	2514	2348	5824	2481	3605
临沂市	Linyi	7934	20306	2559	7486	19283	2576	9909
德州市	Dezhou							1118
聊城市	Liaocheng							1125
滨州市	Binzhou							1434
菏泽市	Heze							6200

13-10 续表 8 continued

地 区	Region	六、蔬菜及食用菌 Vegetable and Edible Fungi		#马铃薯 Potato		七、瓜果类 Melon	
		播种面积 (公顷) Sown Area (hectare)	总产量 (吨) Total Output (ton)	播种面积 (公顷) Sown Area (hectare)	总产量 (吨) Total Output (ton)	播种面积 (公顷) Sown Area (hectare)	总产量 (吨) Total Output (ton)
全省总计	**Total**	**1464191**	**81811461**	**132540**	**6526310**	**212035**	**11005306**
济南市	Jinan	100342	6712425	6119	282518	9841	480214
青岛市	Qingdao	107508	6261517	24456	1186366	8344	440825
淄博市	Zibo	24032	1690062	857	29412	1656	84867
枣庄市	Zaozhuang	89573	5169626	38169	2045708	3424	169180
东营市	Dongying	14282	709213	41	1995	4021	169866
烟台市	Yantai	40064	2295815	2710	121043	6341	291574
潍坊市	Weifang	198083	12200583	18305	877915	40931	2287876
济宁市	Jining	163102	6917068	9779	477215	19091	966023
泰安市	Tai'an	102813	5745255	15057	751359	1690	77553
威海市	Weihai	19100	957920	2221	82279	2573	141483
日照市	Rizhao	18571	1064060	1691	86497	2022	107436
临沂市	Linyi	136041	7658029	8756	362021	16826	953231
德州市	Dezhou	100299	6353230	1055	56262	5168	302430
聊城市	Liaocheng	142590	8282709	880	51906	15656	880153
滨州市	Binzhou	32489	1644163	1157	55284	15025	740193
菏泽市	Heze	175302	8149787	1287	58529	59425	2912401

13-10 续表 9 continued

地 区	Region	#西 瓜 Watermelon		#香瓜(甜瓜) Muskmelon		八、其它农作物播种面积 (公顷) Sown Area of Other Farm Crops (hectare)	#青饲料播种面积 Fresh Feed Succulence
		播种面积 (公顷) Sown Area (hectare)	总产量 (吨) Total Output (ton)	播种面积 (公顷) Sown Area (hectare)	总产量 (吨) Total Output (ton)		
全省总计	**Total**	**145274**	**7706015**	**42282**	**2108928**	**31835**	**6677**
济南市	Jinan	6009	299335	2429	121040	3192	816
青岛市	Qingdao	4134	263312	2415	116159	280	258
淄博市	Zibo	1025	58966	348	16496	181	
枣庄市	Zaozhuang	2414	131076	506	21730		
东营市	Dongying	3434	140784	507	26326	2523	1917
烟台市	Yantai	3100	169790	729	29775	946	513
潍坊市	Weifang	25938	1423576	6285	318202	7117	
济宁市	Jining	12206	677825	5677	246991	110	80
泰安市	Tai'an	853	44375	501	22260	7002	322
威海市	Weihai	1279	75652	310	13711	29	
日照市	Rizhao	1108	63748	137	6930	1039	
临沂市	Linyi	6890	426758	5123	304661	1980	401
德州市	Dezhou	4337	256706	578	35773	440	440
聊城市	Liaocheng	8831	487403	6608	384499	186	
滨州市	Binzhou	14198	704238	506	23528	3593	1513
菏泽市	Heze	49517	2482472	9624	420846	3216	417

13-11 各市茶叶、水果生产情况(2019年)

Production of Tea and Fruits by Region(2019)

单位:吨 (ton)

地 区	Region	茶叶产量 Output of Tea	水果产量 Output of Fruits	苹果 Apple	梨 Pear	葡萄 Grape	桃 Peach	杏 Apricot	红枣 Jujube
全省总计	**Total**	**24756**	**17397114**	**9502313**	**1042364**	**1124836**	**3645718**	**156674**	**631015**
济南市	Jinan	610	629485	202192	41880	31263	214017	41112	12104
青岛市	Qingdao	4467	745127	281910	96810	155163	127731	11192	932
淄博市	Zibo	29	920793	446481	14035	81475	275641	3506	1526
枣庄市	Zaozhuang	17	270124	34938	12522	13489	120749	2721	11343
东营市	Dongying		67046	36700	5724	11754	6267	211	6126
烟台市	Yantai	707	6794668	5736034	273161	330964	113054	9362	2038
潍坊市	Weifang	979	902891	210638	45084	84032	321824	2664	30017
济宁市	Jining	14	346009	74000	20958	105048	102601	8651	11574
泰安市	Tai'an	811	499034	160630	25980	16741	131825	29926	5385
威海市	Weihai	478	1171158	1051498	37703	36630	23929	247	147
日照市	Rizhao	14445	359182	117111	10423	6921	200266	617	655
临沂市	Linyi	2017	2649719	509789	30407	105453	1787228	26283	14239
德州市	Dezhou		294508	62099	33426	24406	42149	3335	114772
聊城市	Liaocheng		500146	244397	106085	57479	61840	3608	2618
滨州市	Binzhou	180	759809	77294	211379	10174	32274	10620	413719
菏泽市	Heze		487416	256604	76788	53843	84325	2622	3819

13-11 续表 continued

单位:公顷 (hectare)

地 区	Region	柿子(吨) Persimmon (ton)	山楂(吨) Hawthorn (ton)	其它(吨) Others (ton)	年末实有果园面积 Orchard Area at the Year-end	#苹果园 Apple	梨园 Pear	葡萄园 Grape	桃园 Peach
全省总计	**Total**	**108945**	**288808**	**896439**	**585343**	**246589**	**34282**	**36489**	**128567**
济南市	Jinan	22949	21943	42024	38905	12423	1805	1081	10040
青岛市	Qingdao	2260	2325	66803	29446	8315	3242	4511	6073
淄博市	Zibo	8742	10064	79325	29915	11458	641	2624	8948
枣庄市	Zaozhuang	5101	4514	64747	14678	1150	431	606	5221
东营市	Dongying	2	1	262	3451	1847	348	388	399
烟台市	Yantai	6308	1012	322735	170261	129462	7642	10814	3451
潍坊市	Weifang	24779	108831	75023	34042	5856	1427	2706	12076
济宁市	Jining	3338	4067	15773	18033	3136	759	3018	4976
泰安市	Tai'an	4578	21488	102481	30253	6606	1174	689	6440
威海市	Weihai	953	140	19910	33138	27204	1466	1652	1017
日照市	Rizhao	6632	1472	15086	18607	4340	431	364	7632
临沂市	Linyi	16870	104924	54526	86096	15176	1044	3076	54483
德州市	Dezhou	517	2871	10934	11158	1925	898	738	1489
聊城市	Liaocheng	358	4432	19331	17576	7783	3470	2025	2005
滨州市	Binzhou	2554	474	1321	33763	2263	7358	368	1131
菏泽市	Heze	3006	249	6159	16022	7644	2148	1831	3187

13-12 各市林业生产情况(2019年)
Production of Forestry by Region(2019)

地 区	Region	按主要林种用途分(公顷) by Purpose of Major Forest Types(hectare) 用材林 Forest for Timber	经济林 Economic Forest	防护林 Protection Forest
全省总计	**Total**	**38972**	**35641**	**49924**
济 南 市	Jinan	1719	1077	7777
青 岛 市	Qingdao	2747	4197	2693
淄 博 市	Zibo	121	434	2309
枣 庄 市	Zaozhuang	179	1866	2053
东 营 市	Dongying	2880	392	1366
烟 台 市	Yantai	433	3181	5149
潍 坊 市	Weifang	2516	2623	3030
济 宁 市	Jining	1653	1918	2563
泰 安 市	Tai'an	735	1911	1427
威 海 市	Weihai	345	1524	547
日 照 市	Rizhao	1772	3077	1343
临 沂 市	Linyi	2379	4708	1890
德 州 市	Dezhou	8063	1318	2676
聊 城 市	Liaocheng	3477	1191	329
滨 州 市	Binzhou	5236	1349	8940
菏 泽 市	Heze	4717	4875	5832

13-12 续表 continued

地 区	Region	主要林产品产量(吨) Output of Major Forestry Products(ton)		营林情况(公顷) Forestation(hectare)	
		核 桃 Walnut	板 栗 Chestnut	当年人工造林面积 Forested Area in the Year	森林抚育面积 Laid out Area of Forest Tending
全省总计	**Total**	**164472**	**256351**	**125393**	**188402**
济 南 市	Jinan	39670	28408	10631	2655
青 岛 市	Qingdao	525	2601	9637	7294
淄 博 市	Zibo	8965	6005	2864	3100
枣 庄 市	Zaozhuang	6255	7120	4112	7083
东 营 市	Dongying	1		4638	5400
烟 台 市	Yantai	2629	8154	8832	13133
潍 坊 市	Weifang	10293	41243	8238	2122
济 宁 市	Jining	10641	6040	6273	15867
泰 安 市	Tai'an	51578	41408	4073	6947
威 海 市	Weihai	182	6649	2416	5929
日 照 市	Rizhao	1332	28993	6192	4199
临 沂 市	Linyi	28620	79728	9134	9695
德 州 市	Dezhou	1301		12057	44026
聊 城 市	Liaocheng	1274		4997	18624
滨 州 市	Binzhou	508	2	15847	17490
菏 泽 市	Heze	698		15452	24838

13-13 各市畜牧业生产情况(2019年)

Production of Animal Husbandry by Region(2019)

地 区	Region	大牲畜年末存栏(万头) Stocked Large Livestock at Year-end (10000 heads)	#牛 Cattle	猪年末存栏(万头) Stocked Pigs at Year-end (10000 heads)	羊年末存栏(万只) Stocked Sheep and Goats at Year-end (10000 heads)	家禽年末存栏(万只) Stocked Poultry at Year-end (10000 heads)	兔年末存栏(万只) Stocked Hare at Year-end (10000 heads)
全省总计	**Total**	**371.90**	**364.23**	**2176.50**	**1837.44**	**78864.33**	**1492.00**
济南市	Jinan	24.42	24.27	129.26	100.13	3440.94	87.72
青岛市	Qingdao	16.07	16.07	155.15	19.96	6018.12	86.06
淄博市	Zibo	11.95	11.90	41.78	35.19	1883.73	52.12
枣庄市	Zaozhuang	3.76	3.73	48.40	59.89	1619.37	46.09
东营市	Dongying	12.80	12.79	51.56	89.83	2733.86	0.94
烟台市	Yantai	13.19	13.11	238.86	35.98	7268.47	12.20
潍坊市	Weifang	15.86	15.69	282.77	63.08	12830.34	30.74
济宁市	Jining	25.26	25.18	202.37	154.46	4715.89	229.11
泰安市	Tai'an	12.69	12.59	98.31	86.53	3698.83	30.29
威海市	Weihai	2.87	2.87	71.00	5.07	2343.91	1.12
日照市	Rizhao	7.44	7.40	96.86	36.98	3584.17	124.91
临沂市	Linyi	24.14	24.10	234.82	187.69	10000.80	439.05
德州市	Dezhou	78.35	77.62	280.41	112.77	6911.82	16.41
聊城市	Liaocheng	12.83	8.23	127.18	70.52	10372.80	30.88
滨州市	Binzhou	41.77	41.15	96.34	55.57	4991.84	26.65
菏泽市	Heze	29.61	28.65	338.47	448.80	8182.63	277.74

13-13 续表 1 continued

地 区	Region	牛当年出栏(万头) Slaughtered Cattle in the Year (10000 heads)	猪当年出栏(万头) Slaughtered Pigs in the Year (10000 heads)	羊当年出栏(万只) Slaughtered Sheep and Goats in the Year (10000 heads)	家禽当年出栏(万只) Slaughtered Poultry in the Year (10000 heads)	兔当年出栏(万只) Slaughtered Hare in the Year (10000 heads)
全省总计	**Total**	**345.93**	**3176.44**	**2701.14**	**231299.11**	**3133.54**
济南市	Jinan	20.67	217.66	164.26	7926.85	128.95
青岛市	Qingdao	5.45	257.25	20.77	21396.98	432.05
淄博市	Zibo	10.36	75.27	50.98	6208.16	180.50
枣庄市	Zaozhuang	4.04	100.50	121.02	5427.46	110.63
东营市	Dongying	4.52	84.47	151.06	12718.95	3.72
烟台市	Yantai	6.78	434.23	44.38	22160.44	13.34
潍坊市	Weifang	15.66	549.08	89.15	53379.58	121.44
济宁市	Jining	20.53	376.89	225.26	13114.94	779.94
泰安市	Tai'an	9.91	218.61	147.63	13345.45	119.48
威海市	Weihai	2.58	135.45	7.42	5889.83	1.17
日照市	Rizhao	4.74	156.02	52.55	13103.46	163.85
临沂市	Linyi	23.11	471.94	251.84	34206.64	727.53
德州市	Dezhou	59.68	489.85	166.88	18653.17	30.42
聊城市	Liaocheng	6.59	221.05	102.34	29240.30	107.76
滨州市	Binzhou	43.30	183.78	103.59	17478.15	45.40
菏泽市	Heze	29.92	535.02	649.11	23999.92	167.36

13-13 续表 2 continued

单位:吨 (ton)

地 区	Region	肉类总产量 Output of Meat	#牛肉 Beef	#猪肉 Pork	#羊肉 Mutton	#禽肉 Poultry Meat	奶类产量 Output of Milk	#牛奶 Cow Milk
全省总计	**Total**	**7040153**	**733291**	**2547228**	**368579**	**3336937**	**2344923**	**2280351**
济南市	Jinan	358655	40698	170584	25319	120194	321323	321321
青岛市	Qingdao	527791	11170	205800	2907	301433	288761	261339
淄博市	Zibo	170719	21695	59906	6976	79367	103111	102856
枣庄市	Zaozhuang	174895	8323	77753	16342	70961	27363	27317
东营市	Dongying	261329	7618	62632	18972	172026	401381	401381
烟台市	Yantai	714433	12011	355569	6208	340462	157762	137165
潍坊市	Weifang	1185364	30286	421501	11037	720300	168962	163372
济宁市	Jining	518921	38546	283287	25713	160362	116172	116154
泰安市	Tai'an	394241	19458	175921	18411	176884	220464	220380
威海市	Weihai	190805	5196	107300	1031	77156	77388	69562
日照市	Rizhao	311112	9551	121023	7078	171113	48429	48429
临沂市	Linyi	969926	49726	382686	35071	492131	103277	100597
德州市	Dezhou	758809	120533	378605	21791	237048	304634	304621
聊城市	Liaocheng	635862	13478	188613	15232	412966	66413	66387
滨州市	Binzhou	522403	87341	151134	14097	268642	45105	45091
菏泽市	Heze	899184	62711	424849	88362	319236	116587	116587

13-13 续表 3 continued

单位:吨 (ton)

地 区	Region	羊毛产量 Output of Wool	山羊毛 Goat Wool	绵羊毛 Sheep Wool	禽蛋产量 Poultry Eggs	蚕茧产量 Output of Cocoon	#桑蚕茧 Cocoon	#柞蚕茧 Oak Cocoon
全省总计	**Total**	**9441**	**2601**	**6840**	**4506258**	**12307**	**12273**	**34**
济南市	Jinan	693	305	388	365810	128	128	
青岛市	Qingdao	2	2		200433			
淄博市	Zibo	88	41	47	85297	1415	1415	
枣庄市	Zaozhuang	176	126	50	104933			
东营市	Dongying	1393	7	1386	33701	12	12	
烟台市	Yantai	113	4	109	322584	410	390	20
潍坊市	Weifang	458	43	415	272307	1055	1055	
济宁市	Jining	1269	419	850	338182	0.4	0.4	
泰安市	Tai'an	537	89	447	152882	1528	1528	
威海市	Weihai	0.3		0.3	172623	6	6	0.3
日照市	Rizhao	52	14	37	116282	2616	2602	14
临沂市	Linyi	570	382	188	333574	838	838	
德州市	Dezhou	254	122	133	384177			
聊城市	Liaocheng	694	127	567	442481			
滨州市	Binzhou	327	51	277	204770	29	29	0.03
菏泽市	Heze	2815	870	1945	713116	4270	4270	

13-14 各市水产品产量和养殖面积(2019年)
Output and Breeding Area of Aquatic Products by Region (2019)

地 区	Region	水产品总产量(吨) Total Aquatic Products (ton)	海水产品 Seawater Aquatic products	海洋捕捞 Ocean Fishing	海水养殖 Seawater Cultured	淡水产品产量 Freshwater Aquatic Products
全省总计	**Total**	**8232724**	**7062086**	**2091101**	**4970985**	**1170638**
济南市	Jinan	16167				16167
青岛市	Qingdao	1111655	1097116	300952	796164	14539
淄博市	Zibo	19506				19506
枣庄市	Zaozhuang	65448				65448
东营市	Dongying	439051	355083	69746	285337	83968
烟台市	Yantai	1791359	1782897	528027	1254870	8462
潍坊市	Weifang	459042	434872	124901	309971	24170
济宁市	Jining	308960				308960
泰安市	Tai'an	84435				84435
威海市	Weihai	2642105	2616871	843865	1773006	25234
日照市	Rizhao	463364	444586	169201	275385	18778
临沂市	Linyi	121314				121314
德州市	Dezhou	69580				69580
聊城市	Liaocheng	57198				57198
滨州市	Binzhou	482570	323847	47595	276252	158723
菏泽市	Heze	94156				94156
省属远洋捕捞企业	Provincial Ocean Fishing Enterprises	6814	6814	6814		

13-14 续表 continued

地 区	Region	内陆捕捞 Landlocked Fishing	内陆养殖 Landlocked Cultured	水产品养殖面积(公顷) Breeding Area of Aquatic Products (hectare)	海水养殖 Seawater Cultured	内陆养殖 Landlocked Cultured
全省总计	**Total**	**89290**	**1081348**	**758895**	**561501**	**197394**
济南市	Jinan	3513	12654	4380		4380
青岛市	Qingdao	178	14361	34460	31516	2944
淄博市	Zibo	599	18907	3495		3495
枣庄市	Zaozhuang	2659	62789	9589		9589
东营市	Dongying	3199	80769	114665	94747	19918
烟台市	Yantai	2870	5592	191853	189459	2394
潍坊市	Weifang	1392	22778	75516	65507	10009
济宁市	Jining	34395	274565	52695		52695
泰安市	Tai'an	18599	65836	8451		8451
威海市	Weihai		25234	72708	69733	2975
日照市	Rizhao	1319	17459	45177	35459	9718
临沂市	Linyi	7931	113383	24838		24838
德州市	Dezhou	1074	68506	6622		6622
聊城市	Liaocheng	1627	55571	7047		7047
滨州市	Binzhou	3310	155413	90467	75080	15387
菏泽市	Heze	6625	87531	16932		16932
省属远洋捕捞企业	Provincial Ocean Fishing Enterprises					

13-15 主要农业机械年末拥有量
Major Agricultural Machinery at the Year-end

类 别	单位	Category	Unit	2018	2019
农业机械总动力	**(万千瓦)**	**total power of agricultural machinery**	**(10000 kw)**	**10431.68**	**10679.84**
一、拖拉机及配套机械		**Tractors and related machinery**			
拖拉机	(万台)	Tractor	(10000 units)	247.35	247.33
	(万千瓦)		(10000 kw)	4164.15	4296.72
#大中型(22.1千瓦以上)	(万台)	Large and Medium-sized(14.7 kw and above)	(10000 units)	46.05	48.25
	(万千瓦)		(10000 kw)	2285.64	2435.48
拖拉机配套农具	(万部)	Tractor Supporting Tools	(10000 units)	438.21	439.28
#与58.8千瓦及以上拖拉机配套		Large and Medium-sized	(10000 units)	56.00	57.50
二、种植业机械		**Farming Machinery**			
机引犁	(万台)	Mechanical Power Plow	(10000 units)	140.63	138.22
旋耕机	(万台)	Rotary Tiller	(10000 units)	34.72	35.73
免耕播种机	(万台)			16.61	17.51
精量播种机	(万台)			34.72	35.85
农用水泵	(万台)	Agricultural Water-pump	(10000 units)	294.59	296.19
节水灌溉类机械	(万套)	Water-saving Irrigation Machinery	(10000 units)	53.28	53.74
谷物联合收割机	(万台)	Combine Harvester	(10000 units)	31.52	32.32
	(万千瓦)		(10000 kw)	1546.56	1630.50
#玉米联合收割机	(万台)	Corn Combine Harvester	(10000 units)	13.01	13.47
秸秆粉碎还田机	(万台)	Straw crushing Machinery	(10000 units)	12.93	13.95
机动脱粒机	(万台)	Thresher	(10000 units)	39.69	40.06
三、畜牧机械	**(万台)**	**Animal Husbandry Machinery**	**(10000 units)**	**24.19**	**25.41**
	(万千瓦)		(10000 kw)	139.11	147.82
四、水产机械	**(万台)**	**Fishery Machinery**	**(10000 units)**	**16.36**	**16.72**
	(万千瓦)		(10000 kw)	109.97	110.03
五、农产品初加工机械		**Agricultural Products Primary Processing Machinery**			
农产品初加工动力机械	(万台)	Agricultural Products Primary Processing Power Machinery	(10000 units)	101.08	100.65
	(万千瓦)		(10000 kw)	922.89	918.77
农产品初加工作业机械	(万台)	Agricultural Products Primary Processing Operating Machinery	(10000 units)	51.61	51.85
七、农田基本建设机械	**(万台)**	**Farmland Capital Construction Machinery**	**(10000 units)**	**4.34**	**4.38**
	(万千瓦)		(10000 kw)	288.53	291.14
八、其他机械		**Other Machinery**			
#农用航空器	(架)	Agricultural Aircraft	(unit)	2129	4633

注：部分指标统计口径、指标名称进行提升和更名。

a)Some indicators have been updated and renamed with statistical caliber and indicator names.

13-16 各市主要农业机械年末拥有量(2019年)
Number of Major Agricultural Machinery at the Year-end by Region(2019)

地 区	Region	农业机械总动力(千瓦) total power of agricultural machinery (kw)	#拖拉机及配套机械 Tractors and related machinery			#谷物联合收割机 Combine Harvester	
			拖拉机 Tractor		拖拉机配套农具 Tractor Supporting Tools		
			(台) (unit)	(千瓦) (kw)	(部) (unit)	(台) (unit)	(千瓦) (kw)
全省总计	**Total**	**106798370**	**2473310**	**42967245**	**4392777**	**323247**	**16305022**
济南市	Jinan	5434827	73464	1717914	122318	15746	807088
青岛市	Qingdao	7516905	216496	3769287	444661	19040	1057217
淄博市	Zibo	2429890	21309	784936	43379	7336	457795
枣庄市	Zaozhuang	3093646	37525	1214946	120743	13164	858394
东营市	Dongying	2614127	54404	1292498	123237	9162	468972
烟台市	Yantai	7790181	283490	3250994	358399	10408	522293
潍坊市	Weifang	10213252	177428	3608356	281840	26572	1656774
济宁市	Jining	9529275	108184	2930997	216061	37249	1357391
泰安市	Tai'an	5315266	90834	1875436	164946	21395	673691
威海市	Weihai	5044731	272699	2547105	574790	5429	203662
日照市	Rizhao	2831903	162133	1377960	501445	2623	133899
临沂市	Linyi	7891291	474825	5407054	642650	17673	905438
德州市	Dezhou	12281631	252308	5024827	301693	42341	2232852
聊城市	Liaocheng	10093765	80517	2699612	149369	34669	1712904
滨州市	Binzhou	4792173	79641	1974013	137303	20433	880925
菏泽市	Heze	9925504	88053	3491310	209943	40007	2375728

13-17 各市地类面积

Land Category Area by Region

单位:公顷 (hectare)

地 区	Region	农用地 Agricultural Land		#耕地 Cultivated Land		#水浇地 Irrigated Land		#园 地 Garden Land		#牧草地 Grazing and Pasture Land	
		2017年	2018年	2017年	2018年	2017年	2018年	2017年	2018年	2017年	2018年
全省总计	**Total**	**11486081**	**11459586**	**7589786**	**7572485**	**5140862**	**5139050**	**714357**	**711880**	**5754**	**5753**
济南市	Jinan	536024	533398	355659	353652	261894	263885	25801	25675		
青岛市	Qingdao	798268	792989	517979	514292	245106	243223	37479	37075		
淄博市	Zibo	414243	413693	207325	206946	136812	136481	58365	58261		
枣庄市	Zaozhuang	328845	328378	235855	235547	126365	126971	14558	14524		
东营市	Dongying	428363	429560	227988	229174	167017	168524	4260	4229	5595	5595
烟台市	Yantai	1056565	1055240	445345	444539	142601	142230	230039	229620	81	81
潍坊市	Weifang	1154716	1151479	792707	790137	481343	479765	57757	57413		
济宁市	Jining	767801	765392	603564	601493	454414	452525	9263	9241		
泰安市	Tai'an	582295	581231	363352	364400	223512	229972	39423	39239		
威海市	Weihai	440763	439702	194159	193650	26458	26309	35210	35137	63	63
日照市	Rizhao	420351	419260	238074	238195	53147	52905	25592	25411		
莱芜市	Laiwu	145834	145590	72623	72384	35420	35203	15722	15685		
临沂市	Linyi	1313958	1311428	836217	833769	326398	325057	101879	101722		
德州市	Dezhou	812637	811802	642910	642405	642545	642045	13652	13528		
聊城市	Liaocheng	691917	690184	562953	561664	562514	561225	9791	9693		
滨州市	Binzhou	633687	631965	464802	463319	433389	432013	29059	28976	8	8
菏泽市	Heze	959814	958294	828274	826919	821928	820719	6508	6449	6	6

13-18 各市灌溉面积(2018年)

Irrigated Area by Region(2018)

单位:千公顷 (1000 hectares)

地区	Region	有效灌溉面积 Effective Irrigated Area	#当年实灌 Irrigated in the Year	林地灌溉面积 Irrigated Area of Forest Lands	果园灌溉面积 Irrigated Area of Orchard
全省总计	**Total**	**5235.99**	**4805.38**	**213.82**	**375.36**
济南市	Jinan	256.58	247.02	9.74	7.31
青岛市	Qingdao	331.24	278.36	16.76	29.34
淄博市	Zibo	126.56	126.52	5.38	40.32
枣庄市	Zaozhuang	165.17	131.00	3.23	9.87
东营市	Dongying	189.88	179.25	8.85	5.36
烟台市	Yantai	246.99	212.49	5.16	74.13
潍坊市	Weifang	530.50	472.94	32.28	44.07
济宁市	Jining	475.63	456.21	14.55	8.42
泰安市	Tai'an	247.82	243.20	5.91	15.49
威海市	Weihai	129.02	95.71	1.05	19.32
日照市	Rizhao	115.98	81.87	6.90	13.43
莱芜市	Laiwu	37.40	34.59	0.40	3.56
临沂市	Linyi	359.91	294.24	19.78	37.02
德州市	Dezhou	507.48	504.47	29.18	17.01
聊城市	Liaocheng	487.79	481.49	9.31	16.72
滨州市	Binzhou	381.57	354.13	10.82	13.11
菏泽市	Heze	646.47	611.89	34.52	20.88

13-19 各市农村电气化和农业化学化情况(2019年)

Rural Electrification and Agriculture Chemicals by Region(2019)

单位:吨 (ton)

地区	Region	农用化肥施用量(实物量) Consumption of Chemical Fertilizer (physical volume)	氮肥 Nitrogenous Fertilizer	磷肥 Phosphate Fertilizer	钾肥 Potash Fertilizer	复合肥 Compound Fertilizer	农用化肥施用量(折纯量) Consumption of Chemical Fertilizer (convert to pure volume)	氮肥 Nitrogenous Fertilizer	磷肥 Phosphate Fertilizer
全省总计	**Total**	**11941025**	**3972988**	**1696766**	**969031**	**5302241**	**3953446**	**1191737**	**378924**
济南市	Jinan	737545	283117	127400	55957	271071	214814	70446	26011
青岛市	Qingdao	700731	125481	49770	42699	482780	267105	36144	10799
淄博市	Zibo	270193	77923	32111	17638	142522	81846	21206	6593
枣庄市	Zaozhuang	566549	191691	29355	29758	315744	192109	58957	6236
东营市	Dongying	240730	77050	33033	13231	117416	86006	24706	8391
烟台市	Yantai	967589	271708	110813	101548	483520	337297	90262	26441
潍坊市	Weifang	1196898	256921	107037	89896	743044	437034	81151	28718
济宁市	Jining	1000884	330050	159609	90636	420590	355864	110484	37542
泰安市	Tai'an	565710	173145	72287	56597	263681	184334	39190	16309
威海市	Weihai	342987	111530	39425	39960	152072	98832	27766	8620
日照市	Rizhao	264594	65852	24451	22181	152110	83228	18340	7051
临沂市	Linyi	1121143	400043	107184	113657	500259	318267	90304	24310
德州市	Dezhou	982253	435168	176093	64240	306752	315625	135402	37272
聊城市	Liaocheng	998471	375229	190504	72035	360702	338812	122988	42840
滨州市	Binzhou	557294	249543	76123	34868	196760	196031	75678	23193
菏泽市	Heze	1427454	548535	361571	124130	393218	446242	188715	68597

13-19 续表 continued

单位:吨 (ton)

地区	Region	钾肥 Potash Fertilizer	复合肥 Compound Fertilizer	农用塑料薄膜使用量 Plastic Film Consumption	地膜使用量 Film Consumption	农用柴油量 Diesel Consumption	农药施用量 Pesticides Consumption	地膜覆盖面积(公顷) Film Coverage (hectare)	农村用电量(万千瓦时) Electricity Consumption in Rural Area (10000 kwh)
全省总计	**Total**	**330245**	**2052539**	**267113**	**101591**	**1375518**	**120342**	**1767801**	**4359163**
济南市	Jinan	19236	99121	11634	4461	50920	3477	65583	328744
青岛市	Qingdao	14053	206108	16992	7425	163867	5401	140048	388484
淄博市	Zibo	5843	48205	5653	1367	16468	4031	21232	418505
枣庄市	Zaozhuang	9803	117113	7590	3055	14986	3982	32668	349969
东营市	Dongying	5226	47683	3317	2281	16792	2659	47378	40168
烟台市	Yantai	36080	184513	9390	6334	164677	15827	111361	298270
潍坊市	Weifang	34539	292627	72878	13107	125164	11085	192132	716367
济宁市	Jining	34039	173800	11259	7940	83882	12330	136434	172305
泰安市	Tai'an	19377	109458	9418	4309	43218	5587	69948	124830
威海市	Weihai	14335	48111	3213	2027	232675	7438	28329	148622
日照市	Rizhao	8420	49418	6215	3787	159393	3133	74392	116963
临沂市	Linyi	33012	170641	41887	17531	79344	11254	289598	338943
德州市	Dezhou	21246	121706	16524	7889	55806	9788	202271	140107
聊城市	Liaocheng	24559	148426	22108	5750	65190	7888	113214	167240
滨州市	Binzhou	12317	84842	5336	2750	27149	6215	61410	129206
菏泽市	Heze	38160	150769	23698	11576	75987	10248	181803	480441

主要统计指标解释

农林牧渔业总产值 指以货币表现的农、林、牧、渔业全部产品和对农林牧渔业生产活动进行的各种支持性服务活动的价值总量，它反映一定时期内农林牧渔业生产总规模和总成果。1957年以前的农林牧渔业总产值中包括了厩肥和农民自给性手工业(如农民自制衣服、鞋、袜，自己从事粮食初步加工等)。1958 年及以后，林业中增加了村及村以下竹木采伐产值；牧业中取消了厩肥产值；副业中取消了农民自给性手工业产值，增加了村及村以下办的工业产值；渔业中增加了海洋捕捞水产品产值。1980年及以后，在副业中增加了农民家庭兼营工业商品部分的产值。从 1984 年起村及村以下工业产值划归工业。从 1993 年起取消副业，将野生动物的捕猎划入牧业，野生植物采集和农民家庭兼营商品性工业划归农业。从 2003 年起，执行新的国民经济行业分类标准，农林牧渔业总产值中包括了农林牧渔服务业产值。(2017国民经济行业分类标准中将“农林牧渔服务业”改为“农林牧渔专业及辅助性活动”)。林业中增加了森林采运业产值。农业中取消了家庭兼营商品性工业产值，将野生林产品的采集划归林业。

农林牧渔业总产值的计算方法通常是按农、林、牧、渔业产品及其副产品的产量分别乘以各自单位产品价格求得；少数生产周期较长，当年没有产品或产品产量不易统计的，则采用间接方法匡算其产值；然后将四业产品产值相加即为农林牧渔业总产值。

粮食产量 指全社会的产量。包括国有经济经营的、集体统一经营的和农民家庭经营的粮食产量，还包括工矿企业办的农场和其他生产单位的产量。粮食除包括稻谷、小麦、玉米、高粱、谷子及其他杂粮外，还包括薯类和豆类。其产量计算方法，豆类按去豆荚后的干豆计算；薯类(包括甘薯，不包括芋头和木薯)1963 年以前按每 4 公斤鲜薯折 1 公斤粮食计算，从 1964 年开始改为按 5 公斤鲜薯折 1 公斤粮食计算。作为蔬菜的薯类(如马铃薯等)按鲜品计算，并且不作粮食统计。其他粮食一律按脱粒后的原粮计算。1989 年以前全国粮食产量数据主要靠全面报表取得，1989 年开始使用抽样调查数据。

棉花产量 指全社会的产量。包括春播棉和夏播棉。产量按皮棉计算。不包括木棉。

油料产量 指全部油料作物的生产量。包括花生、油菜籽、芝麻、向日葵籽、胡麻籽（亚麻籽）和其他油料。不包括大豆、木本油料和野生油料。花生以带壳干花生计算。

水产品产量 指人工养殖的水产品和天然生长的水产品的捕捞量。包括海水的鱼类、虾蟹类、贝类和藻类以及内陆水域的鱼类、虾蟹类和贝类，不包括淡水生植物。水产品产量是通过各级水产和统计部门逐级上报取得数据。1995 年及以前，贝类中牡蛎按鲜肉计算；蚶、蛤、蛏按 5 斤鲜品折 1 斤计算。1996 年以后则统一按鲜品计算。

猪、牛、羊肉产量 指当年出栏并已屠宰、除去头蹄下水后带骨肉(即胴体重)的重量。包括全社会范围内的产量。由于畜牧业产品年报数据与普查数据之间存在一定的差距，

根据国家统计局有关文件精神，从 2000 年起，对畜牧业年报数据与普查数据进行衔接。

期初(末)畜禽存栏头(只)数 指报告期初(末)农村各种合作经济组织和国营农场、农民个人、机关、团体、学校、工矿企业、部队等单位以及城镇居民饲养的大牲畜、猪、羊、家禽等畜禽的存栏数。数据上报方式及数据调整情况同猪、牛、羊肉产量。

农作物播种面积 指实际播种或移植有农作物的面积。凡是实际种植有农作物的面积，不论种植在耕地上还是种植在非耕地上，均包括在农作物播种面积中。在播种季节基本结束后，因遭灾而重新改种和补种的农作物面积，也包括在内。它是反映我国耕地面积利用情况的一个重要指标。目前，农作物播种面积主要包括粮食、棉花、油料、糖料、麻类、烟叶、蔬菜和瓜类、药材和其他农作物九大类。

有效灌溉面积 指具有一定的水源，地块比较平整，灌溉工程或设备已经配套，在一般年景下，当年能够进行正常灌溉的耕地面积。在一般情况下，有效灌溉面积应等于灌溉工程或设备已经配备，能够进行正常灌溉的水田和水浇地面积之和。它是反映我国耕地抗旱能力的一个重要指标。

农用化肥施用量 指本年内实际用于农业生产的化肥数量，包括氮肥、磷肥、钾肥和复合肥。化肥施用量要求按折纯量计算数量。折纯量是指把氮肥、磷肥、钾肥分别按含氮、含五氧化二磷、含氧化钾的百分之百成份进行折算后的数量。复合肥按其所含主要成分折算。公式为：

折纯量=实物量×某种化肥有效成份含量的百分比

农业机械总动力 指主要用于农、林、牧、渔业的各种动力机械的动力总和。包括耕作机械、排灌机械、收获机械、农用运输机械、植物保护机械、牧业机械、林业机械、渔业机械和其他农业机械〔内燃机按引擎马力折成瓦(特)计算、电动机按功率折成瓦(特)计算〕。不包括专门用于乡、镇、村、组办工业、基本建设、非农业运输、科学试验和教学等非农业生产方面用的动力机械与作业机械。这个指标的统计数据主要来源于农机部门。

Explanatory Notes on Main Statistical Indicators

Gross Output Value of Farming, Forestry, Animal Husbandry and Fishery refers to the total value of products of farming, forestry, animal husbandry and fishery, and total value of services rendered to support farming, forestry, animal husbandry and fishery activities. It reflects the total scale and results of agricultural production during a given period. Prior to 1957, China's gross agricultural output value included barnyard manure and handicraft products for self consumption (clothes, shoes, stockings, and initial grain processing undertaken by peasants). Since 1958, cutting and felling of bamboo and trees by villages and other cooperative organizations under villages have been included in forestry; value of barnyard manure has been excluded from animal husbandry; self consumed handicrafts has been excluded from sideline occupations, while the output value of industries run by villages and cooperative organizations under village had been included in sideline occupations and the output value of fish catches by motor fishing boats has been added to fishery. Since 1980, the value of handicraft products made for sale by individuals in households had been added to sideline occupations. Since 1984, industries run by villages and under villages have been included in the sector of industry. Since 1993, the subdivision of sideline occupations has been canceled, and the hunting of wild animals has been classified into animal husbandry, and the gathering of wild plants and commodity industry run by rural household have been included in farming. A new industrial classification of economic activities was introduced in 2003. Under the new classification, value of services to farming, forestry, animal husbandry and fishery is included in the gross output value of agriculture, (In the 2017 National Economic Industry Classification Standard,Farming,forestry,animal husbandry and fishery service was changed to Farming, forestry, animal husbandry and fishery professions and auxiliary activities).value of wood felling and transport is included in forestry, value of industrial output by rural households is not included in agriculture, and the collection of wild forest products is taken from agriculture and included in the forestry. The first agriculture census of China revealed some discrepancy between the production of animal products from the annual reports and that from the census. Efforts were made by the Rural Socio economic Survey Organization of NBS to adjust the output value of animal husbandry to make the figures from the annual reports consistent with the census data.

Gross output value of agriculture is obtained by first multiplying the output of each product or by product by its price, resulting in the output value of each single item. For a small number of products, annual output of which is not available or difficult to get due to the long production (growing) process involved, the output value is estimated through an indirect approach. The sum of output value of all products of farming, forestry, animal husbandry and fishery is then equal to the gross output value of agriculture.

Grain Output refers to the total output in the whole country including grains produced by state farms, collective units, rural households, as well as by farms affiliated to industrial and mining enterprises and other production units. Grain includes rice, wheat, corn, sorghum, millet and other miscellaneous grains as well as tubers and bean. Output of beans refers to dry beans without pods. The output of tubers (sweet potatoes, not including taros and cassava) was converted into that of grain at the ratio 4：1, i.e. 4 kilograms of fresh tubers was equivalent to 1 kilogram of grain up to 1963. Since 1964 the ratio for conversion has been 5:1. Tubers supplied as vegetables (such as potatoes) are calculated as fresh vegetables and their output is not included in the output of grain. Output of all other grains refers to husked grain. Data on grain production before 1989 were obtained through Comprehensive Statistical Reporting System. Since 1989, data from sample surveys are used.

Cotton Output refers to the cotton production in the whole country including cotton sown in spring and in autumn. Output is measured as the weight of ginned cotton. Ceiba is not included.

Output of Oil-bearing Crops refers to the total production of oil bearing crops of various kinds, including peanuts, (dry, in shell) rapeseeds, sesame, sunflower seeds, flax seeds, and other oil bearing crops. Soybeans, oil bearing woody plants, and wild oil bearing crops are not included.

Output of Aquatic Products refers to catches of both artificially cultured and naturally grown aquatic products, including fish, shrimps, crabs and shellfish in sea and inland water as well as seaweed. Freshwater plants are not included. Data on output of aquatic products are reported by aquatic product and statistical agencies level by level. Before 1995, among the shellfish, the oyster was counted as fresh meat; 5 kilograms of ark shell, clams and frogs are equivalent to 1 kilogram of fresh aquatic products; they are all counted as fresh aquatic products since 1996.

Output of Pork, Beef, and Mutton refers to the meat of slaughtered hogs, cattle, sheep and goats with head, feet, and offal taken away. Data refers to the production of the whole country. The first agriculture census of China in 1996 revealed some discrepancy between the production of animal products from the annual reports and that from the census. Efforts were made by the Rural Socio economic Survey Organization of NBS to adjust the output value of animal husbandry to make the figures from the annual reports consistent with the census data. Since 1999, NBS conducted sample survey for the major animal husbandry products, such as hogs, cattle, sheep and goats and fowls, and the data from sample surveys are used as national finalized data. Those products, which are not covered by the sample survey, are still reported by statistical agencies level by level.

Number of Livestock or Poultry in Stock at Beginning (or End) refers to the total number of large animals, pigs, sheep, fowls, etc. raised by rural cooperative organizations, state farms, rural individuals, government agencies, schools, industrial and mining enterprises, army, and urban residents at the beginning (or end) of the reference period. Data reporting system and data adjustment are the same as that in the output of pork, beef and mutton.

Sown Area of Crops refers to area of land sown or transplanted with crops regardless of being in cultivated area or non cultivated area. Area of land re sown due to natural disasters is also included. This is an important indicator that can reflect the utilization condition of the cultivated land in China. At present, the sown area of crops mainly include the following 9 categories of crops: grain, cotton, oil bearing crops, sugar crops, fiber crops, Tobacco, Vegetables and melons, medicinal materials and other farm crops.

Irrigated Area refers to areas that are effectively irrigated, i.e. level land, which has water source and complete sets of irrigation facilities to lift and move adequate water for irrigation purpose under normal conditions. Under normal conditions, irrigated area is the sum of watered fields and irrigated fields where irrigation systems or equipment have been installed for regular irrigation purpose. This important indicator reflects drought resistance capacity of the cultivated land in China.

Consumption of Chemical Fertilizers in Agriculture refers to the quantity of chemical fertilizers applied in agriculture in the year, including nitrogenous fertilizer, phosphate fertilizer, potash fertilizer, and compound fertilizer. The consumption of chemical fertilizers is required in calculation to convert the gross weight into weight containing 100% effective component (e.g. 100% nitrogen content in nitrogenous fertilizer, 100% phosphorous pent oxide contents in phosphate fertilizer, 100% potassium oxide contents in potash fertilizer). Compound fertilizer is converted with its major component. The formula is:

Volume of effective component=physical quantity×effective component of certain chemical fertilizer (%)

Total Power of Farm Machinery refers to total mechanical power of machinery used in farming, forestry, animal husbandry, and fishery, including ploughing, irrigation and drainage, harvesting, transport, plant protection, stock breeding, forestry and fishery. The power of internal combustion engines is required to convert horsepower into watts and the power of electric motors is required to be converted into watts. Machinery employed for non agricultural purposes, such as the machines used in township run and village run industry, construction, non agricultural transport, scientific experiments and teaching, is excluded. Data are mainly from agricultural machinery agencies.

第14篇

工　业

Industry

简 要 说 明

一、本篇资料的主要内容

本篇资料反映全省规模以上工业生产和效益基本情况，主要包括规模以上工业、国有控股工业、外商投资和港澳台投资工业、非公有制工业的主要经济指标、相关的财务分析指标和主要工业产品产量等方面的内容。

二、本篇资料的统计范围

本篇资料中规模以上工业企业的统计范围： 2007年至2010年为年主营业务收入500万元及以上的工业法人单位；从2011年开始，为年主营业务收入2000万元及以上的工业法人单位。

三、本篇资料的来源

本篇资料主要来源于工业统计年报，由省统计局工业统计处整理提供。

四、数据使用注意事项

2018 年以来规模以上工业企业主要指标数据与往年数据之间存在不可比因素，其主要原因是：（一）根据统计制度，每年定期对规模以上工业企业调查范围进行调整。每年有部分企业达到规模标准纳入调查范围，也有部分企业因规模变小而退出调查范围，还有新建投产企业、破产、注（吊）销企业等变化。（二）加强统计执法，对统计执法检查中发现的不符合规模以上工业统计要求的企业进行了清理，对相关基数依规进行了修正。（三）加强数据质量管理，剔除跨地区、跨行业重复统计数据。根据国家统计局开展的企业组织结构调查情况，对企业集团（公司）跨地区、跨行业重复计算进行了剔重。（四）“营改增”政策实施后，服务业企业改交增值税且税率较低，工业企业逐步将内部非工业生产经营活动剥离，转向服务业，使工业企业财务数据有所减小。

Brief Introduction

I. Content

Data in this chapter show the basic condition of industrial enterprises above designated size in Shandong, mainly including the output of major industrial products and major economic and relevant financial indicators of industrial enterprises. Industrial enterprises include enterprises above designated size, state-holding enterprises, foreign funded enterprises, enterprises with funds from Hong Kong, Macao and Taiwan, Non-public Industrial Enterprises.

II. Scopes of Statistics

The scopes of industrial enterprises above designated size were: all industrial enterprises with revenue from principal business over 5 million yuan from 2007 to 2010; and all industrial enterprises with revenue from principal business above 20 million yuan since 2011.

III.Source of Data

Data in this chapter are based on the annual report of industrial statistics and are prepared and provide by the Division of Industry Statistics of Shandong Provincial Bureau of Statistics.

Ⅳ. Data Usage Notes

Since 2018， Data of main indicators of industrial enterprises above designated size are not comparable with previous years, the reasons are as following: (1) According to the statistical system, the investigation scope of industrial enterprises above designated size should be adjusted regularly every year. Every year, some enterprises meet the scale criteria to be included in the scope of investigation, some enterprises withdraw from the scope of investigation because of the smaller scale, and there are other changes: new enterprises, bankruptcy, annotation (cancellation) enterprises, etc. (2) Strengthening of statistical law enforcement, cleaning up enterprises found in the inspection of statistical law enforcement that do not meet the standard of industrial statistics above designated size, and amending the relevant cardinality in accordance with regulations. (3) Strengthening data quality management and eliminating duplicated statistical data across regions and across industries. According to the latest survey of organizational structure of enterprises carried out by the National Bureau of Statistics, the repeated calculation of enterprise groups (companies) across regions and industries is weighed. (4) After the implementation of the program to replace the business tax with a value-added tax, the value-added tax was paid by the service enterprises and the tax rate was lower. The industrial enterprises gradually stripped off the internal non-industrial production and operation activities and turned to the service industry, which reduced the financial data of the industrial enterprises.

14-1　规模以上工业企业主要经济指标(2019年)

Main Economic Indicators of Industrial Enterprises above Designated Size(2019)

单位：亿元　　(100 million yuan)

类　　别	Category	企业单位数(个) Number of Enterprises (unit)	资产总计 Total Assets	流动资产合　计 Total Current Assets	负债合计 Total Liabilities
总　　计	**Total**	**27129**	**95643.28**	**50377.68**	**60356.60**
一、按登记注册类型分	**by Status of Registration**				
国有企业	State-owned Enterprises	106	3169.24	233.70	2190.84
集体企业	Collective-owned Enterprises	75	78.08	56.54	49.43
股份合作企业	Cooperative Enterprises	27	35.19	26.48	17.03
股份制企业	Share-holding Corporations Limited	23454	76365.12	40796.54	49111.48
外商及港、澳、台商投资企业	Enterprises with Funds from Hong Kong, Macao and Taiwan	2636	15855.78	9160.65	8880.00
二、按轻重工业分	**by Light & Heavy Industry**				
轻工业	Light Industry	9905	21275.08	12010.93	12514.05
重工业	Heavy Industry	17224	74368.20	38366.74	47842.55
三、按企业规模分	**by Enterprise Size**				
大型企业	Large-sized Enterprises	692	46968.15	22507.11	27712.54
中型企业	Medium-sized Enterprises	2757	21956.02	12544.71	14416.45
小型企业	Small-sized Enterprises	21254	23715.09	13945.97	15784.64
四、按工业门类分	**by Industries**				
采矿业	Mining	356	6964.72	2532.64	4483.80
制造业	Manufacturing	25570	75167.14	44487.62	47019.67
电力、热力、燃气及水的生产和供应业	Production and Supply of Electric,Heat, Gas and Water	1203	13511.42	3357.42	8853.13
五、按行业大类分	**by Sector**				
煤炭开采和洗选业	Mining and Washing of Coal	121	3839.18	1890.27	2492.08
石油和天然气开采业	Extraction of Petroleum and Natural Gas	10	1621.95	87.10	996.69
黑色金属矿采选业	Mining of Ferrous Metal Ores	50	352.58	151.91	215.98
有色金属矿采选业	Mining of Non-ferrous Metal Ores	50	799.26	257.38	534.26
非金属矿采选业	Mining and Processing of Nonmetal Ores	121	213.22	102.40	116.33
开采专业及辅助性活动	Mining Specialties and Auxiliary Activities	4	138.53	43.57	128.47
其他采矿业	Mining of Other Ores				
农副食品加工业	Processing of Food from Agricultural Products	2423	4284.24	2766.86	2943.89
食品制造业	Manufacture of Foods	689	1311.33	714.16	797.98
酒、饮料和精制茶制造业	Manufacture of Wine, Drinks and Refined Tea	182	907.72	492.68	489.51
烟草制品业	Manufacture of Tobacco	5	277.27	185.45	71.21
纺织业	Manufacture of Textile	1528	2078.09	1164.61	1288.35
纺织服装、服饰业	Manufacture of Textile Wearing Apparel and Finery	658	971.71	467.16	583.58

14-1 续表 1 continued

单位:亿元 (100 million yuan)

类别	Category	企业单位数(个) Number of Enterprises (unit)	资产总计 Total Assets	流动资产合计 Total Current Assets	负债合计 Total Liabilities
皮革、毛皮、羽毛及其制品和制鞋业	Manufacture of Leather, Fur, Feather & Its Products and Footwear	219	196.48	139.55	136.27
木材加工及木 竹、藤、棕、草制品业	Processing of Timbers, Manufacture of Wood, Bamboo, Rattan, Palm, and Straw Products	1542	471.39	304.67	349.55
家具制造业	Manufacture of Furniture	270	205.43	121.36	145.63
造纸及纸制品业	Manufacture of Paper and Paper Products	452	2796.87	1346.37	1909.63
印刷和记录媒介复制业	Printing, Reproduction of Recording Media	352	296.93	168.85	166.10
文教、工美、体育和娱乐用品制造业	Manufacture of Culture, Education,Arts and crafts, Sport and Entertainment Goods	625	622.33	391.14	358.84
石油、煤炭及其他燃料加工业	Processing of Oil, Coal and Other Fuel	268	6574.43	4194.39	5226.06
化学原料和化学制品制造业	Manufacture of Chemical Raw Material and Chemical Products	2333	9308.55	4601.06	5839.62
医药制造业	Manufacture of Medicines	546	3800.15	2180.16	1590.64
化学纤维制造业	Manufacture of Chemical Fiber	67	274.68	113.28	158.39
橡胶和塑料制品业	Manufacture of Rubber and Plastic	1239	2809.29	1637.16	1828.30
非金属矿物制品业	Manufacture of Non-metallic Mineral Products	2862	4461.06	2647.95	2721.80
黑色金属冶炼及压延加工业	Manufacture and Processing of Ferrous Metals	334	5215.97	2785.00	3573.32
有色金属冶炼及压延加工业	Manufacture & Processing of Non-ferrous Metals	413	5024.94	2603.81	2950.42
金属制品业	Manufacture of Metal Products	1677	2394.23	1494.22	1557.05
通用设备制造业	Manufacture of General Purpose Machinery	1857	4203.08	2769.11	2310.08
专用设备制造业	Manufacture of Special Purpose Machinery	1593	3404.77	2269.48	1987.40
汽车制造业	Manufacture of Automotive	1145	4516.26	3162.59	2854.37
铁路、船舶、航空航天和其他运输设备制造业	Manufacture of Railroad,Marine,Aerospace and Other Transportation Equipment	298	1719.20	1149.94	1105.20
电气机械及器材制造业	Manufacture of Electrical Machinery & Equipment	1064	3442.77	2112.21	2148.56
计算机、通信和其他电子设备制造业	Manufacture of Computer, Communications and Other Electronic Equipment	520	2866.34	2027.58	1576.23
仪器仪表制造业	Manufacture of Measuring Instrument	281	524.55	379.20	248.54
其他制造业	Other Manufacture	30	36.40	20.94	22.21
废弃资源综合利用业	Comprehensive Utilization of Waste	79	135.25	57.20	57.87
金属制品、机械和设备修理业	Metal Products, Machinery and Equipment Repair Industry	19	35.42	19.49	23.04
电力、热力的生产和供应业	Production and Supply of Electric Power and Heat Power	756	11578.52	2589.42	7621.15
燃气生产和供应业	Production and Supply of Gas	228	887.72	405.00	583.96
水的生产和供应业	Production and Supply of Water	219	1045.18	363.00	648.01

14-1 续表 2 continued

单位:亿元 (100 million yuan)

类　别	Category	营业收入 Business Revenue	营业成本 Business Cost	利润总额 Total Profits	全部从业人员年平均人数(万人) Annual Average of Empolyed Persons (10 000 person)
总　计	**Total**	**83162.34**	**72035.63**	**3652.74**	**550.26**
一、按登记注册类型分	**by Status of Registration**				
国有企业	State-owned Enterprises	2566.15	2405.59	44.60	14.18
集体企业	Collective-owned Enterprises	65.63	56.79	1.96	1.13
股份合作企业	Cooperative Enterprises	32.91	23.68	4.00	0.36
股份制经济	Share-holding Corporations Limited	67577.67	58721.44	2703.45	435.80
外商及港、澳、台商投资企业	Enterprises with Funds from Hong Kong, Macao and Taiwan	12470.23	10394.45	893.95	94.23
二、按轻重工业分	**by Light & Heavy Industry**				
轻工业	Light Industry	19070.24	15844.04	911.49	203.28
重工业	Heavy Industry	64092.10	56191.58	2741.25	346.98
三、按企业规模分	**by Enterprise Size**				
大型企业	Large-sized Enterprises	37484.49	31727.32	2118.05	198.42
中型企业	Medium-sized Enterprises	20786.07	18130.86	814.51	150.52
小型企业	Small-sized Enterprises	23216.11	20630.43	722.81	195.44
四、按工业门类分	**by Industries**				
采矿业	Mining	2596.71	1789.74	327.90	36.46
制造业	Manufacturing	74567.92	64880.98	3005.51	484.22
电力、热力、燃气及水的生产和供应业	Production and Supply of Electric,Heat, Gas and Water	5997.71	5364.90	319.33	29.58
五、按行业大类分	**by Sector**				
煤炭开采和洗选业	Mining and Washing of Coal	1127.29	702.35	248.32	20.80
石油和天然气开采业	Extraction of Petroleum and Natural Gas	780.62	567.96	7.59	7.35
黑色金属矿采选业	Mining of Ferrous Metal Ores	215.55	170.21	20.96	2.01
有色金属矿采选业	Mining of Non-ferrous Metal Ores	210.35	132.21	36.16	2.97
非金属矿采选业	Mining and Processing of Nonmetal Ores	108.43	75.34	12.86	1.47
开采专业及辅助性活动	Mining Specialties and Auxiliary Activities	154.46	141.66	2.01	1.86
其他采矿业	Mining of Other Ores				
农副食品加工业	Processing of Food from Agricultural Products	6127.35	5663.93	125.43	44.27
食品制造业	Manufacture of Foods	1175.72	959.66	66.74	13.34
酒、饮料和精制茶制造业	Manufacture of Wine, Drinks and Refined Tea	613.34	471.12	30.09	5.50
烟草制品业	Manufacture of Tobacco	325.93	107.39	15.95	0.60
纺织业	Manufacture of Textile	2021.14	1852.18	48.50	36.14
纺织服装、服饰业	Manufacture of Textile Wearing Apparel and Finery	815.57	719.60	28.14	18.52

14-1 续表 3 continued

单位:亿元 (100 million yuan)

类别	Category	营业收入 Business Revenue	营业成本 Business Cost	利润总额 Total Profits	全部从业人员年平均人数(万人) Annual Average of Empolyed Persons (10 000 person)
皮革、毛皮、羽毛及其制品和制鞋业	Manufacture of Leather, Fur, Feather & Its Products and Footwear	226.22	207.80	3.25	4.64
木材加工及木 竹、藤、棕、草制品业	Processing of Timbers, Manufacture of Wood, Bamboo, Rattan, Palm, and Straw Products	1060.61	1011.71	13.79	10.33
家具制造业	Manufacture of Furniture	195.39	170.49	5.16	4.06
造纸及纸制品业	Manufacture of Paper and Paper Products	1566.00	1367.91	58.61	9.95
印刷和记录媒介复制业	Printing, Reproduction of Recording Media	274.01	233.34	11.65	4.05
文教、工美、体育和娱乐用品制造业	Manufacture of Culture, Education,Arts and crafts, Sport and Entertainment Goods	607.77	518.14	32.31	9.72
石油、煤炭及其他燃料加工业	Processing of Oil, Coal and Other Fuel	10835.40	9793.62	125.43	10.84
化学原料和化学制品制造业	Manufacture of Chemical Raw Material and Chemical Products	8454.58	7327.72	436.24	37.14
医药制造业	Manufacture of Medicines	2449.55	1381.07	334.38	22.08
化学纤维制造业	Manufacture of Chemical Fiber	171.66	154.95	3.05	1.25
橡胶和塑料制品业	Manufacture of Rubber and Plastic	2336.51	2010.44	85.79	23.89
非金属矿物制品业	Manufacture of Non-metallic Mineral Products	3740.34	3104.33	252.00	30.48
黑色金属冶炼及压延加工业	Manufacture and Processing of Ferrous Metals	6222.60	5763.51	242.04	15.59
有色金属冶炼及压延加工业	Manufacture & Processing of Non-ferrous Metals	6375.00	5938.43	175.12	14.93
金属制品业	Manufacture of Metal Products	2639.50	2377.87	58.49	23.44
通用设备制造业	Manufacture of General Purpose Machinery	3042.16	2467.28	218.80	31.51
专用设备制造业	Manufacture of Special Purpose Machinery	2161.04	1728.34	134.78	24.80
汽车制造业	Manufacture of Automotive	4402.40	3846.68	200.47	30.70
铁路、船舶、航空航天和其他运输设备制造业	Manufacture of Railroad,Marine,Aerospace and Other Transportation Equipment	1107.62	924.39	65.04	8.16
电气机械及器材制造业	Manufacture of Electrical Machinery & Equipment	2240.63	1840.30	94.90	19.05
计算机、通信和其他电子设备制造业	Manufacture of Computer, Communications and Other Electronic Equipment	2859.41	2529.36	101.78	23.60
仪器仪表制造业	Manufacture of Measuring Instrument	312.80	220.80	27.72	4.25
其他制造业	Other Manufacture	33.18	27.38	2.27	0.50
废弃资源综合利用业	Comprehensive Utilization of Waste	155.29	146.62	6.61	0.47
金属制品、机械和设备修理业	Metal Products, Machinery and Equipment Repair Industry	19.17	14.67	0.97	0.44
电力、热力的生产和供应业	Production and Supply of Electric Power and Heat Power	5193.43	4696.55	254.56	24.13
燃气生产和供应业	Production and Supply of Gas	620.54	523.12	52.95	2.34
水的生产和供应业	Production and Supply of Water	183.74	145.23	11.82	3.11

14-2 规模以上国有控股工业企业主要经济指标(2019年)

Main Economic Indicators of State-holding Industrial Enterprises above Designated Size (2019)

单位:亿元 (100 million yuan)

类别	Category	企业单位数(个) Number of Enterprises (unit)	资产总计 Total Assets	流动资产合计 Total Current Assets	负债合计 Total Liabilities
总计	**Total**	**1380**	**29155.88**	**11442.32**	**18245.88**
一、按隶属关系分	**by Type of Ownership**				
中央企业	Central Enterprises	274	10348.67	2577.22	6472.64
地方企业	Local Enterprises	1106	18807.21	8865.10	11773.25
二、按轻重工业分	**by Light & Heavy Industry**				
轻工业	Light Industry	190	1690.86	920.20	792.83
重工业	Heavy Industry	1190	27465.02	10522.12	17453.05
三、按企业规模分	**by Enterprise Size**				
大型企业	Large-sized Enterprises	163	21015.92	7953.06	12714.46
中型企业	Medium-sized Enterprises	344	4567.05	2047.47	3054.11
小型企业	Small-sized Enterprises	761	3092.00	1312.28	2163.98
四、按工业门类分	**by Industries**				
采矿业	Mining	121	6223.65	2134.41	4011.04
制造业	Manufacturing	812	14461.27	7898.22	8670.30
电力、热力、燃气及水的生产和供应业	Production and Supply of Electric,Heat, Gas and Water	447	8470.96	1409.70	5564.54
五、按行业大类分	**by Sector**				
煤炭开采和洗选业	Mining and Washing of Coal	67	3589.70	1738.72	2326.79
石油和天然气开采业	Extraction of Petroleum and Natural Gas	8	1609.80	80.33	995.00
黑色金属矿采选业	Mining of Ferrous Metal Ores	9	137.30	34.40	69.39
有色金属矿采选业	Mining of Non-ferrous Metal Ores	21	707.12	212.47	463.17
非金属矿采选业	Mining and Processing of Nonmetal Ores	14	45.22	27.33	29.96
开采专业及辅助性活动	Mining Specialties and Auxiliary Activities	2			
其他采矿业	Mining of Other Ores				
农副食品加工业	Processing of Food from Agricultural Products	26	52.32	32.14	30.00
食品制造业	Manufacture of Foods	19	67.62	28.00	33.73
酒、饮料和精制茶制造业	Manufacture of Wine, Drinks and Refined Tea	28	340.45	161.93	145.13
烟草制品业	Manufacture of Tobacco	5	277.27	185.45	71.21
纺织业	Manufacture of Textile	9	87.24	50.90	55.68
纺织服装、服饰业	Manufacture of Textile Wearing Apparel and Finery	8	15.49	10.57	8.93

14-2 续表 1 continued

单位:亿元 (100 million yuan)

类 别	Category	企业单位数(个) Number of Enterprises (unit)	资产总计 Total Assets	流动资产合 计 Total Current Assets	负债合计 Total Liabilities
皮革、毛皮、羽毛及其制品和制鞋业	Manufacture of Leather, Fur, Feather & Its Products and Footwear				
木材加工及木 竹、藤、棕、草制品业	Processing of Timbers, Manufacture of Wood, Bamboo, Rattan, Palm, and Straw Products	3	5.30	3.76	3.64
家具制造业	Manufacture of Furniture				
造纸及纸制品业	Manufacture of Paper and Paper Products	11	49.60	21.12	67.07
印刷和记录媒介复制业	Printing, Reproduction of Recording Media	19	31.98	17.70	15.31
文教、工美、体育和娱乐用品制造业	Manufacture of Culture, Education,Arts and crafts, Sport and Entertainment Goods	2			
石油、煤炭及其他燃料加工业	Processing of Oil, Coal and Other Fuel	21	1476.71	774.36	980.35
化学原料和化学制品制造业	Manufacture of Chemical Raw Material and Chemical Products	83	2207.86	682.99	1371.10
医药制造业	Manufacture of Medicines	30	355.65	181.13	124.83
化学纤维制造业	Manufacture of Chemical Fiber	2			
橡胶和塑料制品业	Manufacture of Rubber and Plastic	21	192.47	98.06	143.69
非金属矿物制品业	Manufacture of Non-metallic Mineral Products	128	914.24	445.01	564.55
黑色金属冶炼及压延加工业	Manufacture and Processing of Ferrous Metals	17	1427.21	428.95	896.94
有色金属冶炼及压延加工业	Manufacture & Processing of Non-ferrous Metals	24	503.37	288.19	337.78
金属制品业	Manufacture of Metal Products	35	132.30	78.37	100.05
通用设备制造业	Manufacture of General Purpose Machinery	67	1299.82	822.72	631.35
专用设备制造业	Manufacture of Special Purpose Machinery	71	592.47	382.09	426.72
汽车制造业	Manufacture of Automotive	47	1754.32	1405.72	1154.50
铁路、船舶、航空航天和其他运输设备制造业	Manufacture of Railroad,Marine,Aerospace and Other Transportation Equipment	34	1162.82	784.19	728.39
电气机械及器材制造业	Manufacture of Electrical Machinery & Equipment	49	555.93	352.52	347.07
计算机、通信和其他电子设备制造业	Manufacture of Computer, Communications and Other Electronic Equipment	30	726.70	523.23	338.41
仪器仪表制造业	Manufacture of Measuring Instrument	15	140.17	90.33	43.10
其他制造业	Other Manufacture	3	9.27	5.25	5.75
废弃资源综合利用业	Comprehensive Utilization of Waste	3	7.38	4.06	3.92
金属制品、机械和设备修理业	Metal Products, Machinery and Equipment Repair Industry	2			
电力、热力的生产和供应业	Production and Supply of Electric Power and Heat Power	281	7428.64	1079.98	4964.38
燃气生产和供应业	Production and Supply of Gas	52	291.94	82.88	143.59
水的生产和供应业	Production and Supply of Water	114	750.38	246.84	456.58

14-2 续表 2 continued

单位:亿元 (100 million yuan)

类 别	Category	营业收入 Business Revenue	营业成本 Business Cost	利润总额 Total Profits	全部从业人员年平均人数(万人) Annual Average of Empolyed Persons (10 000 person)
总 计	**Total**	**21351.21**	**17924.52**	**1146.65**	**101.44**
一、按隶属关系分	**by Type of Ownership**				
中央企业	Central Enterprises	8344.10	6928.33	298.67	35.06
地方企业	Local Enterprises	13007.11	10996.18	847.97	66.38
二、按轻重工业分	**by Light & Heavy Industry**				
轻工业	Light Industry	1380.96	915.30	81.57	10.58
重工业	Heavy Industry	19970.25	17009.21	1065.07	90.85
三、按企业规模分	**by Enterprise Size**				
大型企业	Large-sized Enterprises	15358.70	12733.43	927.54	70.23
中型企业	Medium-sized Enterprises	4210.89	3690.70	117.42	21.18
小型企业	Small-sized Enterprises	1636.65	1378.82	92.17	9.55
四、按工业门类分	**by Industries**				
采矿业	Mining	2182.24	1475.63	296.57	30.44
制造业	Manufacturing	15080.24	12712.97	709.07	49.24
电力、热力、燃气及水的生产和供应业	Production and Supply of Electric,Heat, Gas and Water	4088.74	3735.92	141.00	21.76
五、按行业大类分	**by Sector**				
煤炭开采和洗选业	Mining and Washing of Coal	994.65	609.18	237.77	17.93
石油和天然气开采业	Extraction of Petroleum and Natural Gas	776.46	565.29	6.62	7.32
黑色金属矿采选业	Mining of Ferrous Metal Ores	62.98	41.40	11.72	0.78
有色金属矿采选业	Mining of Non-ferrous Metal Ores	178.04	109.13	35.13	2.33
非金属矿采选业	Mining and Processing of Nonmetal Ores	17.15	10.32	3.26	0.27
开采专业及辅助性活动	Mining Specialties and Auxiliary Activities				
其他采矿业	Mining of Other Ores				
农副食品加工业	Processing of Food from Agricultural Products	103.85	100.73	-1.14	0.61
食品制造业	Manufacture of Foods	72.82	54.98	7.29	0.71
酒、饮料和精制茶制造业	Manufacture of Wine, Drinks and Refined Tea	290.56	225.79	16.74	2.01
烟草制品业	Manufacture of Tobacco	325.93	107.39	15.95	0.60
纺织业	Manufacture of Textile	100.41	88.73	1.99	1.07
纺织服装、服饰业	Manufacture of Textile Wearing Apparel and Finery	5.69	4.50	-0.29	0.27

14-2 续表 3 continued

单位:亿元 (100 million yuan)

类　别	Category	营业收入 Business Revenue	营业成本 Business Cost	利润总额 Total Profits	全部从业人员年平均人数(万人) Annual Average of Empolyed Persons (10 000 person)
皮革、毛皮、羽毛及其制品和制鞋业	Manufacture of Leather, Fur, Feather & Its Products and Footwear				
木材加工及木 竹、藤、棕、草制品业	Processing of Timbers, Manufacture of Wood, Bamboo, Rattan, Palm, and Straw Products	4.40	4.42	-0.37	0.07
家具制造业	Manufacture of Furniture				
造纸及纸制品业	Manufacture of Paper and Paper Products	57.17	51.01	0.80	0.58
印刷和记录媒介复制业	Printing, Reproduction of Recording Media	19.98	15.45	1.33	0.50
文教、工美、体育和娱乐用品制造业	Manufacture of Culture, Education,Arts and crafts, Sport and Entertainment Goods				
石油、煤炭及其他燃料加工业	Processing of Oil, Coal and Other Fuel	3388.70	2808.20	66.21	3.28
化学原料和化学制品制造业	Manufacture of Chemical Raw Material and Chemical Products	1502.16	1246.73	139.71	5.85
医药制造业	Manufacture of Medicines	146.67	86.42	8.14	2.01
化学纤维制造业	Manufacture of Chemical Fiber				
橡胶和塑料制品业	Manufacture of Rubber and Plastic	87.95	78.05	-2.60	1.00
非金属矿物制品业	Manufacture of Non-metallic Mineral Products	541.52	393.82	57.00	3.75
黑色金属冶炼及压延加工业	Manufacture and Processing of Ferrous Metals	1604.20	1463.60	53.60	3.72
有色金属冶炼及压延加工业	Manufacture & Processing of Non-ferrous Metals	1648.41	1595.00	15.95	1.88
金属制品业	Manufacture of Metal Products	131.05	122.80	-1.12	1.07
通用设备制造业	Manufacture of General Purpose Machinery	852.22	673.21	99.71	4.40
专用设备制造业	Manufacture of Special Purpose Machinery	243.93	199.77	6.55	2.53
汽车制造业	Manufacture of Automotive	1889.84	1665.94	115.23	4.57
铁路、船舶、航空航天和其他运输设备制造业	Manufacture of Railroad,Marine,Aerospace and Other Transportation Equipment	749.01	620.87	49.31	3.27
电气机械及器材制造业	Manufacture of Electrical Machinery & Equipment	358.57	275.32	25.32	1.94
计算机、通信和其他电子设备制造业	Manufacture of Computer, Communications and Other Electronic Equipment	852.50	749.32	26.69	2.54
仪器仪表制造业	Manufacture of Measuring Instrument	52.93	37.53	4.68	0.64
其他制造业	Other Manufacture	7.40	6.76	-0.11	0.03
废弃资源综合利用业	Comprehensive Utilization of Waste	5.69	5.05	0.27	0.02
金属制品、机械和设备修理业	Metal Products, Machinery and Equipment Repair Industry				
电力、热力的生产和供应业	Production and Supply of Electric Power and Heat Power	3777.56	3480.17	113.74	18.47
燃气生产和供应业	Production and Supply of Gas	191.66	155.27	24.79	0.83
水的生产和供应业	Production and Supply of Water	119.51	100.48	2.47	2.47

14-3 规模以上外商投资和港澳台商投资工业企业主要经济指标(2019年)

Main Economic Indicators of Industrial Enterprises above Designated Size with Funds from Foreign Countries (Territories),Hong Kong,Macao and Taiwan(2019)

单位:亿元 (100 million yuan)

类 别	Category	企业单位数(个) Number of Enterprises (unit)	资产总计 Total Assets	流动资产合计 Total Current Assets	负债合计 Total Liabilities
总 计	**Total**	**2636**	**15855.78**	**9160.65**	**8880.00**
一、按轻重工业分	**by Light & Heavy Industry**				
轻工业	Light Industry	1193	4608.76	2716.35	2551.87
重工业	Heavy Industry	1443	11247.02	6444.30	6328.12
二、按企业规模分	**by Enterprise Size**				
大型企业	Large-sized Enterprises	143	9461.14	5283.19	5483.11
中型企业	Medium-sized Enterprises	533	3217.30	2060.51	1681.21
小型企业	Small-sized Enterprises	1832	2814.43	1687.14	1526.99
三、按工业门类分	**by Industries**				
采矿业	Mining	6	1636.73	692.42	942.18
制造业	Manufacturing	2467	13261.89	8184.98	7463.17
电力、热力、燃气及水的生产和供应业	Production and Supply of Electric,Heat, Gas and Water	163	957.16	283.26	474.65
四、按行业大类分	**by Sector**				
煤炭开采和洗选业	Mining and Washing of Coal	3	1625.91	686.59	937.58
石油和天然气开采业	Extraction of Petroleum and Natural Gas				
黑色金属矿采选业	Mining of Ferrous Metal Ores	1			
有色金属矿采选业	Mining of Non-ferrous Metal Ores	2			
非金属矿采选业	Mining and Processing of Nonmetal Ores				
开采专业及辅助性活动	Mining Specialties and Auxiliary Activities				
其他采矿业	Mining of Other Ores				
农副食品加工业	Processing of Food from Agricultural Products	309	1096.38	800.53	710.07
食品制造业	Manufacture of Foods	122	485.12	296.68	275.87
酒、饮料和精制茶制造业	Manufacture of Wine, Drinks and Refined Tea	36	173.93	96.94	92.85
烟草制品业	Manufacture of Tobacco				
纺织业	Manufacture of Textile	97	286.78	152.87	135.25
纺织服装、服饰业	Manufacture of Textile Wearing Apparel and Finery	114	495.13	169.95	285.36

14-3 续表 1 continued

单位:亿元 (100 million yuan)

类别	Category	企业单位数(个) Number of Enterprises (unit)	资产总计 Total Assets	流动资产合计 Total Current Assets	负债合计 Total Liabilities
皮革、毛皮、羽毛及其制品和制鞋业	Manufacture of Leather, Fur, Feather & Its Products and Footwear	39	49.23	35.59	35.59
木材加工及木竹、藤、棕、草制品业	Processing of Timbers, Manufacture of Wood, Bamboo, Rattan, Palm, and Straw Products	24	25.90	17.32	26.62
家具制造业	Manufacture of Furniture	29	36.26	24.89	19.13
造纸及纸制品业	Manufacture of Paper and Paper Products	34	393.53	185.57	240.92
印刷和记录媒介复制业	Printing, Reproduction of Recording Media	39	70.76	42.43	31.75
文教、工美、体育和娱乐用品制造业	Manufacture of Culture, Education,Arts and crafts, Sport and Entertainment Goods	104	86.88	58.44	45.62
石油、煤炭及其他燃料加工业	Processing of Oil, Coal and Other Fuel	13	50.32	23.01	37.74
化学原料和化学制品制造业	Manufacture of Chemical Raw Material and Chemical Products	172	1580.08	701.36	951.11
医药制造业	Manufacture of Medicines	62	909.99	528.03	372.95
化学纤维制造业	Manufacture of Chemical Fiber	11	30.10	19.51	14.62
橡胶和塑料制品业	Manufacture of Rubber and Plastic	118	230.13	134.32	107.53
非金属矿物制品业	Manufacture of Non-metallic Mineral Products	124	401.08	242.34	165.72
黑色金属冶炼及压延加工业	Manufacture and Processing of Ferrous Metals	12	177.42	44.85	103.64
有色金属冶炼及压延加工业	Manufacture & Processing of Non-ferrous Metals	20	1216.45	606.14	667.33
金属制品业	Manufacture of Metal Products	121	320.05	199.54	174.14
通用设备制造业	Manufacture of General Purpose Machinery	175	661.52	491.18	322.28
专用设备制造业	Manufacture of Special Purpose Machinery	124	589.44	417.62	327.09
汽车制造业	Manufacture of Automotive	200	1886.02	1357.46	1035.46
铁路、船舶、航空航天和其他运输设备制造业	Manufacture of Railroad,Marine,Aerospace and Other Transportation Equipment	52	401.84	287.68	281.14
电气机械及器材制造业	Manufacture of Electrical Machinery & Equipment	94	367.43	250.72	218.27
计算机、通信和其他电子设备制造业	Manufacture of Computer, Communications and Other Electronic Equipment	175	1122.23	906.30	728.02
仪器仪表制造业	Manufacture of Measuring Instrument	34	92.88	78.61	44.13
其他制造业	Other Manufacture	7	11.98	7.28	8.09
废弃资源综合利用业	Comprehensive Utilization of Waste	4	5.24	2.75	2.37
金属制品、机械和设备修理业	Metal Products, Machinery and Equipment Repair Industry	2			
电力、热力的生产和供应业	Production and Supply of Electric Power and Heat Power	83	574.26	143.88	267.10
燃气生产和供应业	Production and Supply of Gas	55	294.44	114.34	159.67
水的生产和供应业	Production and Supply of Water	25	88.45	25.04	47.88

14-3 续表 2 continued

单位:亿元 (100 million yuan)

类 别	Category	营业收入 Business Revenue	营业成本 Business Cost	利润总额 Total Profits	全部从业人员年平均人数(万人) Annual Average of Empolyed Persons (10 000 person)
总 计	**Total**	**12470.23**	**10394.45**	**893.95**	**94.23**
一、按轻重工业分	**by Light & Heavy Industry**				
轻工业	Light Industry	3939.24	3212.81	260.95	40.72
重工业	Heavy Industry	8530.99	7181.65	633.00	53.51
二、按企业规模分	**by Enterprise Size**				
大型企业	Large-sized Enterprises	6257.58	5117.15	547.72	41.29
中型企业	Medium-sized Enterprises	3248.90	2722.52	207.23	30.09
小型企业	Small-sized Enterprises	2812.81	2425.62	129.46	22.34
三、按工业门类分	**by Industries**				
采矿业	Mining	355.20	188.59	126.02	6.33
制造业	Manufacturing	11613.01	9792.86	716.25	85.82
电力、热力、、燃气及水的生产和供应业	Production and Supply of Electric,Heat, Gas and Water	502.02	413.00	51.68	2.08
四、按行业大类分	**by Sector**				
煤炭开采和洗选业	Mining and Washing of Coal	348.90	184.07	125.03	6.29
石油和天然气开采业	Extraction of Petroleum and Natural Gas				
黑色金属矿采选业	Mining of Ferrous Metal Ores				
有色金属矿采选业	Mining of Non-ferrous Metal Ores				
非金属矿采选业	Mining and Processing of Nonmetal Ores				
开采专业及辅助性活动	Mining Specialties and Auxiliary Activities				
其他采矿业	Mining of Other Ores				
农副食品加工业	Processing of Food from Agricultural Products	1252.72	1133.20	43.09	9.64
食品制造业	Manufacture of Foods	425.42	338.22	32.10	3.85
酒、饮料和精制茶制造业	Manufacture of Wine, Drinks and Refined Tea	145.32	107.97	9.32	1.41
烟草制品业	Manufacture of Tobacco				
纺织业	Manufacture of Textile	254.49	215.44	12.46	4.73
纺织服装、服饰业	Manufacture of Textile Wearing Apparel and Finery	287.05	256.91	10.34	4.46

14-3 续表 3 continued

单位：亿元 (100 million yuan)

类别	Category	营业收入 Business Revenue	营业成本 Business Cost	利润总额 Total Profits	全部从业人员年平均人数（万人） Annual Average of Empolyed Persons (10 000 person)
皮革、毛皮、羽毛及其制品和制鞋业	Manufacture of Leather, Fur, Feather & Its Products and Footwear	63.50	57.37	0.34	2.07
木材加工及木 竹、藤、棕、草制品业	Processing of Timbers, Manufacture of Wood, Bamboo, Rattan, Palm, and Straw Products	26.08	23.83	-0.43	0.38
家具制造业	Manufacture of Furniture	29.17	25.07	0.44	0.76
造纸及纸制品业	Manufacture of Paper and Paper Products	273.99	237.04	8.25	1.17
印刷和记录媒介复制业	Printing, Reproduction of Recording Media	62.09	49.78	4.26	0.74
文教、工美、体育和娱乐用品制造业	Manufacture of Culture, Education,Arts and crafts, Sport and Entertainment Goods	93.01	78.30	3.79	2.16
石油、煤炭及其他燃料加工业	Processing of Oil, Coal and Other Fuel	78.26	70.33	0.97	0.36
化学原料和化学制品制造业	Manufacture of Chemical Raw Material and Chemical Products	1360.94	1156.79	93.48	4.05
医药制造业	Manufacture of Medicines	508.79	298.71	93.09	4.39
化学纤维制造业	Manufacture of Chemical Fiber	23.19	18.87	1.66	0.21
橡胶和塑料制品业	Manufacture of Rubber and Plastic	206.70	159.56	20.09	2.29
非金属矿物制品业	Manufacture of Non-metallic Mineral Products	291.89	228.58	30.92	2.79
黑色金属冶炼及压延加工业	Manufacture and Processing of Ferrous Metals	142.08	133.23	0.42	0.42
有色金属冶炼及压延加工业	Manufacture & Processing of Non-ferrous Metals	990.93	899.61	34.78	1.26
金属制品业	Manufacture of Metal Products	370.32	323.62	14.55	3.46
通用设备制造业	Manufacture of General Purpose Machinery	689.63	566.27	49.87	4.49
专用设备制造业	Manufacture of Special Purpose Machinery	437.90	344.99	35.76	3.35
汽车制造业	Manufacture of Automotive	1618.99	1360.07	125.55	8.97
铁路、船舶、航空航天和其他运输设备制造业	Manufacture of Railroad,Marine,Aerospace and Other Transportation Equipment	243.08	199.97	15.05	2.14
电气机械及器材制造业	Manufacture of Electrical Machinery & Equipment	423.67	319.98	34.17	3.78
计算机、通信和其他电子设备制造业	Manufacture of Computer, Communications and Other Electronic Equipment	1220.17	1119.49	32.77	11.21
仪器仪表制造业	Manufacture of Measuring Instrument	71.27	51.02	7.79	0.69
其他制造业	Other Manufacture	11.27	9.72	0.48	0.36
废弃资源综合利用业	Comprehensive Utilization of Waste	4.40	4.55	0.17	0.03
金属制品、机械和设备修理业	Metal Products, Machinery and Equipment Repair Industry				
电力、热力的生产和供应业	Production and Supply of Electric Power and Heat Power	231.21	182.78	27.30	0.79
燃气生产和供应业	Production and Supply of Gas	249.97	216.56	19.77	1.11
水的生产和供应业	Production and Supply of Water	20.84	13.66	4.61	0.18

14-4　规模以上非公有制工业企业主要经济指标(2019年)

Main Economic Indicators of Non-public Industrial Enterprises above Designated Size(2019)

单位:亿元　　(100 million yuan)

类　别	Category	企业单位数(个) Number of Enterprises (unit)	资产总计 Total Assets	流动资产合计 Total Current Assets	负债合计 Total Liabilities
总　计	**Total**	**25244**	**62525.74**	**36801.73**	**40007.95**
一、按轻重工业分	**by Light & Heavy Industry**				
轻工业	Light Industry	9554	18117.90	10433.38	10824.66
重工业	Heavy Industry	15690	44407.84	26368.36	29183.29
二、按企业规模分	**by Enterprise Size**				
大型企业	Large-sized Enterprises	497	23634.99	13414.19	13972.21
中型企业	Medium-sized Enterprises	2297	16446.51	9908.13	10776.44
小型企业	Small-sized Enterprises	20168	20001.33	12278.20	13184.21
三、按工业门类分	**by Industries**				
采矿业	Mining	207	642.21	342.61	386.66
制造业	Manufacturing	24316	57001.72	34582.61	36433.83
电力、热力、燃气及水的生产和供应业	Production and Supply of Electric,Heat, Gas and Water	721	4881.81	1876.51	3187.46
四、按行业大类分	**by Sector**				
煤炭开采和洗选业	Mining and Washing of Coal	52	230.81	139.64	143.30
石油和天然气开采业	Extraction of Petroleum and Natural Gas	2			
黑色金属矿采选业	Mining of Ferrous Metal Ores	39	214.41	117.30	146.00
有色金属矿采选业	Mining of Non-ferrous Metal Ores	12	27.79	8.93	18.17
非金属矿采选业	Mining and Processing of Nonmetal Ores	100	153.03	67.57	75.76
开采专业及辅助性活动	Mining Specialties and Auxiliary Activities	2			
其他采矿业	Mining of Other Ores				
农副食品加工业	Processing of Food from Agricultural Products	2351	3861.98	2537.41	2678.86
食品制造业	Manufacture of Foods	662	1218.92	673.50	738.69
酒、饮料和精制茶制造业	Manufacture of Wine, Drinks and Refined Tea	149	515.94	316.43	328.78
烟草制品业	Manufacture of Tobacco				
纺织业	Manufacture of Textile	1500	1908.62	1065.38	1177.13
纺织服装、服饰业	Manufacture of Textile Wearing Apparel and Finery	646	948.33	453.08	571.74

14-4 续表 1 continued

单位:亿元 (100 million yuan)

类　　别	Category	企业单位数(个) Number of Enterprises (unit)	资产总计 Total Assets	流动资产合　计 Total Current Assets	负债合计 Total Liabilities
皮革、毛皮、羽毛及其制品和制鞋业	Manufacture of Leather, Fur, Feather & Its Products and Footwear	218	196.30	139.46	136.11
木材加工及木 竹、藤、棕、草制品业	Processing of Timbers, Manufacture of Wood, Bamboo, Rattan, Palm, and Straw Products	1537	462.14	297.16	342.72
家具制造业	Manufacture of Furniture	266	195.85	114.54	138.95
造纸及纸制品业	Manufacture of Paper and Paper Products	429	2569.42	1237.96	1732.75
印刷和记录媒介复制业	Printing, Reproduction of Recording Media	328	261.59	148.79	148.86
文教、工美、体育和娱乐用品制造业	Manufacture of Culture, Education,Arts and crafts, Sport and Entertainment Goods	616	594.84	371.14	335.46
石油、煤炭及其他燃料加工业	Processing of Oil, Coal and Other Fuel	242	4605.77	3024.83	3938.59
化学原料和化学制品制造业	Manufacture of Chemical Raw Material and Chemical Products	2181	6761.97	3726.62	4304.35
医药制造业	Manufacture of Medicines	502	3346.88	1937.39	1414.82
化学纤维制造业	Manufacture of Chemical Fiber	64	214.44	87.64	134.73
橡胶和塑料制品业	Manufacture of Rubber and Plastic	1202	2569.44	1514.12	1667.26
非金属矿物制品业	Manufacture of Non-metallic Mineral Products	2678	3385.24	2105.66	2088.52
黑色金属冶炼及压延加工业	Manufacture and Processing of Ferrous Metals	308	3449.75	2137.28	2541.21
有色金属冶炼及压延加工业	Manufacture & Processing of Non-ferrous Metals	377	4060.09	2169.04	2509.64
金属制品业	Manufacture of Metal Products	1618	2197.27	1374.53	1418.67
通用设备制造业	Manufacture of General Purpose Machinery	1763	2848.14	1905.91	1642.14
专用设备制造业	Manufacture of Special Purpose Machinery	1491	2755.40	1848.18	1525.10
汽车制造业	Manufacture of Automotive	1088	2663.81	1687.10	1657.28
铁路、船舶、航空航天和其他运输设备制造业	Manufacture of Railroad,Marine,Aerospace and Other Transportation Equipment	259	519.10	342.35	354.62
电气机械及器材制造业	Manufacture of Electrical Machinery & Equipment	980	2247.84	1528.22	1412.23
计算机、通信和其他电子设备制造业	Manufacture of Computer, Communications and Other Electronic Equipment	481	2090.12	1475.39	1207.85
仪器仪表制造业	Manufacture of Measuring Instrument	263	380.44	286.13	203.18
其他制造业	Other Manufacture	27	27.13	15.69	16.46
废弃资源综合利用业	Comprehensive Utilization of Waste	76	127.87	53.15	53.95
金属制品、机械和设备修理业	Metal Products, Machinery and Equipment Repair Industry	14	17.09	8.52	13.17
电力、热力的生产和供应业	Production and Supply of Electric Power and Heat Power	448	4011.22	1447.64	2562.96
燃气生产和供应业	Production and Supply of Gas	171	578.61	314.63	434.87
水的生产和供应业	Production and Supply of Water	102	291.98	114.24	189.63

14-4 续表 2 continued

单位:亿元 (100 million yuan)

类 别	Category	营业收入 Business Revenue	营业成本 Business Cost	利润总额 Total Profits	全部从业人员年平均人数(万人) Annual Average of Empolyed Persons (10 000 person)
总 计	**Total**	**58921.97**	**51607.96**	**2341.83**	**427.49**
一、按轻重工业分	**by Light & Heavy Industry**				
轻工业	Light Industry	16807.19	14179.38	783.85	183.51
重工业	Heavy Industry	42114.79	37428.58	1557.98	243.98
二、按企业规模分	**by Enterprise Size**				
大型企业	Large-sized Enterprises	20549.27	17631.47	1079.40	117.59
中型企业	Medium-sized Enterprises	15875.53	13847.49	657.96	123.17
小型企业	Small-sized Enterprises	21001.73	18731.17	619.23	181.56
三、按工业门类分	**by Industries**				
采矿业	Mining	386.78	293.83	32.17	5.39
制造业	Manufacturing	56699.86	49746.45	2136.06	414.89
电力、热力、燃气及水的生产和供应业	Production and Supply of Electric,Heat, Gas and Water	1835.33	1567.68	173.61	7.21
四、按行业大类分	**by Sector**				
煤炭开采和洗选业	Mining and Washing of Coal	130.10	91.03	11.44	2.70
石油和天然气开采业	Extraction of Petroleum and Natural Gas				
黑色金属矿采选业	Mining of Ferrous Metal Ores	151.08	127.68	9.04	1.20
有色金属矿采选业	Mining of Non-ferrous Metal Ores	11.05	7.83	0.98	0.26
非金属矿采选业	Mining and Processing of Nonmetal Ores	88.89	63.27	9.81	1.16
开采专业及辅助性活动	Mining Specialties and Auxiliary Activities				
其他采矿业	Mining of Other Ores				
农副食品加工业	Processing of Food from Agricultural Products	5710.01	5284.04	112.68	41.02
食品制造业	Manufacture of Foods	1077.62	880.95	60.88	12.39
酒、饮料和精制茶制造业	Manufacture of Wine, Drinks and Refined Tea	311.90	237.01	13.36	3.36
烟草制品业	Manufacture of Tobacco				
纺织业	Manufacture of Textile	1830.50	1678.82	46.95	33.04
纺织服装、服饰业	Manufacture of Textile Wearing Apparel and Finery	799.06	705.24	28.22	17.91

14-4 续表 3 continued

单位:亿元 (100 million yuan)

类 别	Category	营业收入 Business Revenue	营业成本 Business Cost	利润总额 Total Profits	全部从业人员年平均人数(万人) Annual Average of Empolyed Persons (10 000 person)
皮革、毛皮、羽毛及其制品和制鞋业	Manufacture of Leather, Fur, Feather & Its Products and Footwear	226.05	207.62	3.26	4.64
木材加工及木 竹、藤、棕、草制品业	Processing of Timbers, Manufacture of Wood, Bamboo, Rattan, Palm, and Straw Products	1053.47	1004.53	14.21	10.21
家具制造业	Manufacture of Furniture	192.94	168.44	5.08	3.98
造纸及纸制品业	Manufacture of Paper and Paper Products	1411.16	1233.17	48.77	8.83
印刷和记录媒介复制业	Printing, Reproduction of Recording Media	248.61	213.03	10.17	3.46
文教、工美、体育和娱乐用品制造业	Manufacture of Culture, Education,Arts and crafts, Sport and Entertainment Goods	593.34	505.65	32.55	9.29
石油、煤炭及其他燃料加工业	Processing of Oil, Coal and Other Fuel	6903.72	6477.11	54.58	7.13
化学原料和化学制品制造业	Manufacture of Chemical Raw Material and Chemical Products	6679.97	5850.57	275.51	29.87
医药制造业	Manufacture of Medicines	2228.68	1243.13	320.04	19.19
化学纤维制造业	Manufacture of Chemical Fiber	136.67	124.63	0.57	0.99
橡胶和塑料制品业	Manufacture of Rubber and Plastic	2202.98	1895.07	85.12	22.33
非金属矿物制品业	Manufacture of Non-metallic Mineral Products	3075.33	2613.26	177.57	25.40
黑色金属冶炼及压延加工业	Manufacture and Processing of Ferrous Metals	4218.04	3960.82	142.88	10.46
有色金属冶炼及压延加工业	Manufacture & Processing of Non-ferrous Metals	4496.65	4138.13	145.99	11.39
金属制品业	Manufacture of Metal Products	2451.20	2206.87	56.13	21.56
通用设备制造业	Manufacture of General Purpose Machinery	2157.12	1769.31	117.53	26.52
专用设备制造业	Manufacture of Special Purpose Machinery	1881.47	1498.32	127.53	21.64
汽车制造业	Manufacture of Automotive	2433.34	2107.31	83.93	24.73
铁路、船舶、航空航天和其他运输设备制造业	Manufacture of Railroad,Marine,Aerospace and Other Transportation Equipment	330.64	276.98	15.79	4.64
电气机械及器材制造业	Manufacture of Electrical Machinery & Equipment	1638.40	1366.43	54.59	15.50
计算机、通信和其他电子设备制造业	Manufacture of Computer, Communications and Other Electronic Equipment	1970.22	1749.88	70.13	20.72
仪器仪表制造业	Manufacture of Measuring Instrument	256.18	180.59	22.90	3.55
其他制造业	Other Manufacture	25.78	20.61	2.38	0.47
废弃资源综合利用业	Comprehensive Utilization of Waste	149.60	141.57	6.34	0.45
金属制品、机械和设备修理业	Metal Products, Machinery and Equipment Repair Industry	9.20	7.38	0.44	0.22
电力、热力的生产和供应业	Production and Supply of Electric Power and Heat Power	1354.22	1164.28	138.38	5.14
燃气生产和供应业	Production and Supply of Gas	418.29	359.74	25.92	1.45
水的生产和供应业	Production and Supply of Water	62.82	43.66	9.30	0.62

14-5 规模以上工业企业主要财务分析指标(2019年)

Main Financial Indicators of Industrial Enterprises above Designated Size(2019)

类 别	Category	资产负债率 (%) Assets-Liability Ratio (%)	成本费用利润率 (%) Ratio of Profits to Cost (%)	流动资产周转率 (次) Ratio of Turnover Working Capitals (time)
总 计	**Total**	**63.11**	**4.64**	**1.65**
在总计中:国有控股企业	**of which:State-holding Enterprises**	**62.58**	**5.87**	**1.87**
一、按登记注册类型分	**by Status of Registration**			
国有企业	State-owned Enterprises	69.13	1.78	10.98
集体企业	Collective-owned Enterprises	63.31	3.04	1.16
股份合作企业	Cooperative Enterprises	48.38	13.93	1.24
股份制企业	Share-holding Corporations Limited	64.31	4.22	1.66
外商及港、澳、台商投资企业	Enterprises with Funds from Hong Kong, Macao and Taiwan	56.00	7.72	1.36
二、按轻重工业分	**by Light & Heavy Industry**			
轻工业	Light Industry	58.82	5.07	1.59
重工业	Heavy Industry	64.33	4.52	1.67
三、按企业规模分	**by Enterprise Size**			
大型企业	Large-sized Enterprises	59.00	6.10	1.67
中型企业	Medium-sized Enterprises	65.66	4.12	1.66
小型企业	Small-sized Enterprises	66.56	3.21	1.66
四、按工业门类分	**by Industries**			
采矿业	Mining	64.38	15.25	1.03
制造业	Manufacturing	62.55	4.25	1.68
电力、热力、燃气及水的生产和供应业	Production and Supply of Electric,Heat, Gas and Water	65.52	5.55	1.79
五、按行业大类分	**by Sector**			
煤炭开采和洗选业	Mining and Washing of Coal	64.91	27.99	0.60
石油和天然气开采业	Extraction of Petroleum and Natural Gas	61.45	1.16	8.96
黑色金属矿采选业	Mining of Ferrous Metal Ores	61.26	11.01	1.42
有色金属矿采选业	Mining of Non-ferrous Metal Ores	66.84	20.98	0.82
非金属矿采选业	Mining and Processing of Nonmetal Ores	54.56	14.01	1.06
开采专业及辅助性活动	Mining Specialties and Auxiliary Activities	92.73	1.31	3.54
其他采矿业	Mining of Other Ores			
农副食品加工业	Processing of Food from Agricultural Products	68.71	2.10	2.21
食品制造业	Manufacture of Foods	60.85	6.00	1.65
酒、饮料和精制茶制造业	Manufacture of Wine, Drinks and Refined Tea	53.93	5.34	1.24
烟草制品业	Manufacture of Tobacco	25.68	11.50	1.76
纺织业	Manufacture of Textile	62.00	2.45	1.74
纺织服装、服饰业	Manufacture of Textile Wearing Apparel and Finery	60.06	3.52	1.75

14-5 续表 continued

类　别	Category	资产负债率(%) Assets-Liability Ratio (%)	成本费用利润率(%) Ratio of Profits to Cost (%)	流动资产周转率(次) Ratio of Turnover Working Capitals (time)
皮革、毛皮、羽毛及其制品和制鞋业	Manufacture of Leather, Fur, Feather & Its Products and Footwear	69.36	1.45	1.62
木材加工及木 竹、藤、棕、草制品业	Processing of Timbers, Manufacture of Wood, Bamboo, Rattan, Palm, and Straw Products	74.15	1.32	3.48
家具制造业	Manufacture of Furniture	70.89	2.70	1.61
造纸及纸制品业	Manufacture of Paper and Paper Products	68.28	3.84	1.16
印刷和记录媒介复制业	Printing, Reproduction of Recording Media	55.94	4.43	1.62
文教、工美、体育和娱乐用品制造业	Manufacture of Culture, Education,Arts and crafts, Sport and Entertainment Goods	57.66	5.61	1.55
石油、煤炭及其他燃料加工业	Processing of Oil, Coal and Other Fuel	79.49	1.24	2.58
化学原料和化学制品制造业	Manufacture of Chemical Raw Material and Chemical Products	62.73	5.45	1.84
医药制造业	Manufacture of Medicines	41.86	15.90	1.12
化学纤维制造业	Manufacture of Chemical Fiber	57.67	1.79	1.52
橡胶和塑料制品业	Manufacture of Rubber and Plastic	65.08	3.82	1.43
非金属矿物制品业	Manufacture of Non-metallic Mineral Products	61.01	7.27	1.41
黑色金属冶炼及压延加工业	Manufacture and Processing of Ferrous Metals	68.51	4.04	2.23
有色金属冶炼及压延加工业	Manufacture & Processing of Non-ferrous Metals	58.72	2.83	2.45
金属制品业	Manufacture of Metal Products	65.03	2.27	1.77
通用设备制造业	Manufacture of General Purpose Machinery	54.96	7.69	1.10
专用设备制造业	Manufacture of Special Purpose Machinery	58.37	6.64	0.95
汽车制造业	Manufacture of Automotive	63.20	4.80	1.39
铁路、船舶、航空航天和其他运输设备制造业	Manufacture of Railroad,Marine,Aerospace and Other Transportation Equipment	64.29	6.18	0.96
电气机械及器材制造业	Manufacture of Electrical Machinery & Equipment	62.41	4.39	1.06
计算机、通信和其他电子设备制造业	Manufacture of Computer, Communications and Other Electronic Equipment	54.99	3.67	1.41
仪器仪表制造业	Manufacture of Measuring Instrument	47.38	9.62	0.82
其他制造业	Other Manufacture	61.00	7.30	1.58
废弃资源综合利用业	Comprehensive Utilization of Waste	42.79	4.34	2.71
金属制品、机械和设备修理业	Metal Products, Machinery and Equipment Repair Industry	65.05	5.26	0.98
电力、热力的生产和供应业	Production and Supply of Electric Power and Heat Power	65.82	5.09	2.01
燃气生产和供应业	Production and Supply of Gas	65.78	9.22	1.53
水的生产和供应业	Production and Supply of Water	62.00	6.64	0.51

14-6 规模以上国有控股工业企业主要财务分析指标(2019年)

Main Financial Indicators of State- holding Industrial Enterprises above Designated Size(2019)

类　别	Category	资产负债率(%) Assets-Liability Ratio (%)	成本费用利润率(%) Ratio of Profits to Cost (%)	流动资产周转率(次) Ratio of Turnover Working Capitals (time)
总　计	**Total**	**62.58**	**5.87**	**1.87**
一、按隶属关系分	**by Type of Ownership**			
中央企业	Central Enterprises	62.55	4.02	3.24
地方企业	Local Enterprises	62.60	7.01	1.47
二、按轻重工业分	**by Light & Heavy Industry**			
轻工业	Light Industry	46.89	7.24	1.50
重工业	Heavy Industry	63.55	5.78	1.90
三、按企业规模分	**by Enterprise Size**			
大型企业	Large-sized Enterprises	60.50	6.68	1.93
中型企业	Medium-sized Enterprises	66.87	2.96	2.06
小型企业	Small-sized Enterprises	69.99	5.95	1.25
四、按工业门类分	**by Industries**			
采矿业	Mining	64.45	16.68	1.02
制造业	Manufacturing	59.96	5.14	1.91
电力、热力、燃气及水的生产和供应业	Production and Supply of Electric,Heat, Gas and Water	65.69	3.56	2.90
五、按行业大类分	**by Sector**			
煤炭开采和洗选业	Mining and Washing of Coal	64.82	30.88	0.57
石油和天然气开采业	Extraction of Petroleum and Natural Gas	61.81	1.02	9.67
黑色金属矿采选业	Mining of Ferrous Metal Ores	50.54	23.52	1.83
有色金属矿采选业	Mining of Non-ferrous Metal Ores	65.50	24.89	0.84
非金属矿采选业	Mining and Processing of Nonmetal Ores	66.26	23.65	0.63
开采专业及辅助性活动	Mining Specialties and Auxiliary Activities			
其他采矿业	Mining of Other Ores			
农副食品加工业	Processing of Food from Agricultural Products	57.33	-1.09	3.23
食品制造业	Manufacture of Foods	49.88	11.21	2.60
酒、饮料和精制茶制造业	Manufacture of Wine, Drinks and Refined Tea	42.63	6.18	1.79
烟草制品业	Manufacture of Tobacco	25.68	11.50	1.76
纺织业	Manufacture of Textile	63.83	2.03	1.97
纺织服装、服饰业	Manufacture of Textile Wearing Apparel and Finery	57.68	-4.84	0.54

14-6 续表 continued

类　　别	Category	资　产负债率(%) Assets-Liability Ratio (%)	成本费用利润率(%) Ratio of Profits to Cost (%)	流动资产周转率(次) Ratio of Turnover Working Capitals (time)
皮革、毛皮、羽毛及其制品和制鞋业	Manufacture of Leather, Fur, Feather & Its Products and Footwear			
木材加工及木 竹、藤、棕、草制品业	Processing of Timbers, Manufacture of Wood, Bamboo, Rattan, Palm, and Straw Products	68.67	-7.70	1.17
家具制造业	Manufacture of Furniture			
造纸及纸制品业	Manufacture of Paper and Paper Products	135.23	1.41	2.71
印刷和记录媒介复制业	Printing, Reproduction of Recording Media	47.88	7.02	1.13
文教、工美、体育和娱乐用品制造业	Manufacture of Culture, Education,Arts and crafts, Sport and Entertainment Goods			
石油、煤炭及其他燃料加工业	Processing of Oil, Coal and Other Fuel	66.39	2.27	4.38
化学原料和化学制品制造业	Manufacture of Chemical Raw Material and Chemical Products	62.10	10.11	2.20
医药制造业	Manufacture of Medicines	35.10	5.87	0.81
化学纤维制造业	Manufacture of Chemical Fiber			
橡胶和塑料制品业	Manufacture of Rubber and Plastic	74.66	-2.88	0.90
非金属矿物制品业	Manufacture of Non-metallic Mineral Products	61.75	12.37	1.22
黑色金属冶炼及压延加工业	Manufacture and Processing of Ferrous Metals	62.85	3.47	3.74
有色金属冶炼及压延加工业	Manufacture & Processing of Non-ferrous Metals	67.10	0.98	5.72
金属制品业	Manufacture of Metal Products	75.63	-0.85	1.67
通用设备制造业	Manufacture of General Purpose Machinery	48.57	13.00	1.04
专用设备制造业	Manufacture of Special Purpose Machinery	72.02	2.72	0.64
汽车制造业	Manufacture of Automotive	65.81	6.56	1.34
铁路、船舶、航空航天和其他运输设备制造业	Manufacture of Railroad,Marine,Aerospace and Other Transportation Equipment	62.64	6.95	0.96
电气机械及器材制造业	Manufacture of Electrical Machinery & Equipment	62.43	7.62	1.02
计算机、通信和其他电子设备制造业	Manufacture of Computer, Communications and Other Electronic Equipment	46.57	3.19	1.63
仪器仪表制造业	Manufacture of Measuring Instrument	30.75	9.47	0.59
其他制造业	Other Manufacture	61.97	-1.45	1.41
废弃资源综合利用业	Comprehensive Utilization of Waste	53.12	4.89	1.40
金属制品、机械和设备修理业	Metal Products, Machinery and Equipment Repair Industry			
电力、热力的生产和供应业	Production and Supply of Electric Power and Heat Power	66.83	3.10	3.50
燃气生产和供应业	Production and Supply of Gas	49.18	14.61	2.31
水的生产和供应业	Production and Supply of Water	60.85	2.00	0.48

14-7 规模以上非公有制工业企业主要财务分析指标(2019年)

Main Financial Indicators of Non-public Industrial Enterprises above Designated Size(2019)

类 别	Category	资产负债率(%) Assets-Liability Ratio (%)	成本费用利润率(%) Ratio of Profits to Cost (%)	流动资产周转率(次) Ratio of Turnover Working Capitals (time)
总 计	**Total**	**63.99**	**4.15**	**1.60**
一、按轻重工业分	**by Light & Heavy Industry**			
轻工业	Light Industry	59.75	4.89	1.61
重工业	Heavy Industry	65.72	3.86	1.60
二、按企业规模分	**by Enterprise Size**			
大型企业	Large-sized Enterprises	59.12	5.57	1.53
中型企业	Medium-sized Enterprises	65.52	4.34	1.60
小型企业	Small-sized Enterprises	65.92	3.04	1.71
三、按工业门类分	**by Industries**			
采矿业	Mining	60.21	9.35	1.13
制造业	Manufacturing	63.92	3.93	1.64
电力、热力、燃气及水的生产和供应业	Production and Supply of Electric,Heat, Gas and Water	65.29	10.11	0.98
四、按行业大类分	**by Sector**			
煤炭开采和洗选业	Mining and Washing of Coal	62.08	10.04	0.93
石油和天然气开采业	Extraction of Petroleum and Natural Gas	13.91	33.54	0.61
黑色金属矿采选业	Mining of Ferrous Metal Ores	68.09	6.49	1.29
有色金属矿采选业	Mining of Non-ferrous Metal Ores	65.39	9.55	1.24
非金属矿采选业	Mining and Processing of Nonmetal Ores	49.51	12.92	1.32
开采专业及辅助性活动	Mining Specialties and Auxiliary Activities	43.11	-3.46	0.62
其他采矿业	Mining of Other Ores			
农副食品加工业	Processing of Food from Agricultural Products	69.36	2.02	2.25
食品制造业	Manufacture of Foods	60.60	5.96	1.60
酒、饮料和精制茶制造业	Manufacture of Wine, Drinks and Refined Tea	63.73	4.72	0.99
烟草制品业	Manufacture of Tobacco			
纺织业	Manufacture of Textile	61.67	2.62	1.72
纺织服装、服饰业	Manufacture of Textile Wearing Apparel and Finer	60.29	3.60	1.76

14-7 续表 continued

类 别	Category	资产负债率(%) Assets-Liability Ratio (%)	成本费用利润率(%) Ratio of Profits to Cost (%)	流动资产周转率(次) Ratio of Turnover Working Capitals (time)
皮革、毛皮、羽毛及其制品和制鞋业	Manufacture of Leather, Fur, Feather & Its Products and Footwear	69.34	1.46	1.62
木材加工及木 竹、藤、棕、草制品业	Processing of Timbers, Manufacture of Wood, Bamboo, Rattan, Palm, and Straw Products	74.16	1.37	3.55
家具制造业	Manufacture of Furniture	70.94	2.70	1.68
造纸及纸制品业	Manufacture of Paper and Paper Products	67.44	3.54	1.14
印刷和记录媒介复制业	Printing, Reproduction of Recording Media	56.91	4.26	1.67
文教、工美、体育和娱乐用品制造业	Manufacture of Culture, Education,Arts and crafts, Sport and Entertainment Goods	56.40	5.80	1.60
石油、煤炭及其他燃料加工业	Processing of Oil, Coal and Other Fuel	85.51	0.82	2.28
化学原料和化学制品制造业	Manufacture of Chemical Raw Material and Chemical Products	63.66	4.33	1.79
医药制造业	Manufacture of Medicines	42.27	16.86	1.15
化学纤维制造业	Manufacture of Chemical Fiber	62.83	0.41	1.56
橡胶和塑料制品业	Manufacture of Rubber and Plastic	64.89	4.03	1.45
非金属矿物制品业	Manufacture of Non-metallic Mineral Products	61.69	6.13	1.46
黑色金属冶炼及压延加工业	Manufacture and Processing of Ferrous Metals	73.66	3.49	1.97
有色金属冶炼及压延加工业	Manufacture & Processing of Non-ferrous Metals	61.81	3.36	2.07
金属制品业	Manufacture of Metal Products	64.57	2.35	1.78
通用设备制造业	Manufacture of General Purpose Machinery	57.66	5.74	1.13
专用设备制造业	Manufacture of Special Purpose Machinery	55.35	7.27	1.02
汽车制造业	Manufacture of Automotive	62.21	3.58	1.44
铁路、船舶、航空航天和其他运输设备制造业	Manufacture of Railroad,Marine,Aerospace and Other Transportation Equipment	68.31	5.02	0.97
电气机械及器材制造业	Manufacture of Electrical Machinery & Equipment	62.83	3.43	1.07
计算机、通信和其他电子设备制造业	Manufacture of Computer, Communications and Other Electronic Equipment	57.79	3.69	1.34
仪器仪表制造业	Manufacture of Measuring Instrument	53.41	9.74	0.90
其他制造业	Other Manufacture	60.67	10.12	1.64
废弃资源综合利用业	Comprehensive Utilization of Waste	42.19	4.32	2.81
金属制品、机械和设备修理业	Metal Products, Machinery and Equipment Repair Industry	77.02	4.90	1.08
电力、热力的生产和供应业	Production and Supply of Electric Power and Heat Power	63.89	10.91	0.94
燃气生产和供应业	Production and Supply of Gas	75.16	6.55	1.33
水的生产和供应业	Production and Supply of Water	64.95	17.51	0.55

14-8 2008-2019年规模以上工业增加值

Value Added of Industry Enterprises above Designated Size From 2008 to 2019

类 别	Category	2008	2009	2010	2011	2012	2013
		工业增加值比上年增长(%) Growth Rate(%)	工业增加值比上年增长(%) Growth Rate(%)	工业增加值比上年增长(%) Growth Rate(%)	工业增加值比上年增长(%) Growth Rate(%)	工业增加值比上年增长(%) Growth Rate(%)	工业增加值比上年增长(%) Growth Rate(%)
全省总计	**Total**	**13.8**	**14.9**	**15.0**	**14.0**	**11.4**	**11.3**
在总计中:轻工业	of which:Light Industry	13.2	12.1	12.9	11.9	11.2	10.2
重工业	Heavy Industry	14.1	16.2	16.1	15.1	11.5	11.8
在总计中:国有企业	of which:State-owned Enterprises	4.6	4.6	13.2	15.7	6.1	5.3
集体企业	Collective-owned Enterprises	8.3	17.8	9.9	11.5	10.5	10.6
股份制企业	Cooperative Enterprises	15.1	16.0	15.6	14.6	12.3	12.3
外商及港澳台商投资企业	Enterprises with Funds from Foreign Countries,Hong Kong, Macao and Taiwan	14.1	11.0	14.1	11.1	7.8	10.3
在总计中:国有控股企业	of which:State-holding Enterprises	8.2	4.7	12.5	6.1	3.7	4.8
在总计中:大中型工业企业	of which:Large and Medium-sized Enterprises	8.7	9.1	13.3	11.0	8.0	9.5

注:本表增幅按快报可比价计算。
a)Data in this table are calculated at constant prices of the express report.

14-8 续表 continued

类 别	Category	2014	2015	2016	2017	2018	2019
		工业增加值比上年增长(%) Growth Rate(%)	工业增加值比上年增长(%) Growth Rate(%)	工业增加值比上年增长(%) Growth Rate(%)	工业增加值比上年增长(%) Growth Rate(%)	工业增加值比上年增长(%) Growth Rate(%)	工业增加值比上年增长(%) Growth Rate(%)
全省总计	**Total**	**9.6**	**7.5**	**6.8**	**6.9**	**5.2**	**1.2**
在总计中:轻工业	of which:Light Industry	8.5	7.4	5.5	6.9	0.5	-4.7
重工业	Heavy Industry	10.1	7.5	7.5	6.9	7.4	3.1
在总计中:国有企业	of which:State-owned Enterprises	-0.2	-0.5	-2.6	8.5	13.6	7.4
集体企业	Collective-owned Enterprises	5.7	4.2	4.4	6.6	-7.7	-10.5
股份制企业	Cooperative Enterprises	10.3	7.8	7.4	7.1	4.7	0.8
外商及港澳台商投资企业	Enterprises with Funds from Foreign Countries,Hong Kong, Macao and Taiwan	9.0	7.5	5.6	7.0	9.2	1.4
在总计中:国有控股企业	of which:State-holding Enterprises	2.8	-1.9	4.5	9.3	9.1	3.8
在总计中:大中型工业企业	of which:Large and Medium-sized Enterprises	8.1	5.8	7.2	7.8	7.3	-0.6

14-9 按行业分规模以上工业增加值构成
Its Composition of Industry Enterprises above Designated Size by Sector

类　　别	Category	2018 增加值占规模以上工业比重(%) Composition (%)	2018 工业增加值比上年增长(%) Growth Rate (%)
全省总计	**Total**	**100.0**	**5.2**
采矿业	**Mining**	**6.7**	**-0.9**
煤炭开采和洗选业	Mining and Washing of Coal	3.2	-4.6
石油和天然气开采业	Extraction of Petroleum and Natural Gas	2.4	1.8
黑色金属矿采选业	Mining of Ferrous Metal Ores	0.4	14.6
有色金属矿采选业	Mining of Non-ferrous Metal Ores	0.2	-1.6
非金属矿采选业	Mining and Processing of Nonmetal Ores	0.2	-6.2
开采专业及辅助性活动	Mining Specialties and Auxiliary Activities	0.2	76.0
其他采矿业	Mining of Other Ores	0.0	20.0
制造业	**Manufacturing**	**87.3**	**5.1**
农副食品加工业	Processing of Food from Agricultural Products	6.1	4.8
食品制造业	Manufacture of Foods	1.9	4.9
酒、饮料和精制茶制造业	Manufacture of Wine, Drinks and Refined Tea	1.1	1.9
烟草制品业	Manufacture of Tobacco	1.3	3.3
纺织业	Manufacture of Textile	3.6	-10.1
纺织服装、服饰业	Manufacture of Textile Wearing Apparel and Finery	1.4	-1.4
皮革、毛皮、羽毛及其制品和制鞋业	Manufacture of Leather, Fur, Feather & Its Products and Footwear	0.4	-7.0
木材加工及木 竹、藤、棕、草制品业	Processing of Timbers, Manufacture of Wood, Bamboo, Rattan, Palm, and Straw Products	1.8	-0.1
家具制造业	Manufacture of Furniture	0.5	1.4
造纸及纸制品业	Manufacture of Paper and Paper Products	2.2	0.5
印刷和记录媒介复制业	Printing, Reproduction of Recording Media	0.3	-7.7
文教、工美、体育和娱乐用品制造业	Manufacture of Culture, Education,Arts and crafts, Sport and Entertainment Goods	1.0	5.3
石油、煤炭及其他燃料加工业	Processing of Oil, Coal and Other Fuel	10.0	11.1
化学原料和化学制品制造业	Manufacture of Chemical Raw Material and Chemical Products	10.3	8.0
医药制造业	Manufacture of Medicines	4.3	10.0
化学纤维制造业	Manufacture of Chemical Fiber	0.2	9.7
橡胶和塑料制品业	Manufacture of Rubber and Plastic	2.7	-1.8
非金属矿物制品业	Manufacture of Non-metallic Mineral Products	4.2	6.6
黑色金属冶炼及压延加工业	Manufacture and Processing of Ferrous Metals	4.1	10.8
有色金属冶炼及压延加工业	Manufacture & Processing of Non-ferrous Metals	5.1	6.4
金属制品业	Manufacture of Metal Products	2.7	8.4
通用设备制造业	Manufacture of General Purpose Machinery	4.4	8.7
专用设备制造业	Manufacture of Special Purpose Machinery	3.1	12.2
汽车制造业	Manufacture of Automotive	4.9	3.5
铁路、船舶、航空航天和其他运输设备制造业	Manufacture of Railroad,Marine,Aerospace and Other Transportation Equipment	1.5	3.6
电气机械及器材制造业	Manufacture of Electrical Machinery & Equipment	3.2	9.0
计算机、通信和其他电子设备制造业	Manufacture of Computer, Communications and Other Electronic Equipment	3.8	7.1
仪器仪表制造业	Manufacture of Measuring Instrument	0.4	7.5
其他制造业	Other Manufacture	0.3	0.3
废弃资源综合利用业	Comprehensive Utilization of Waste	0.2	70.7
金属制品、机械和设备修理业	Metal Products, Machinery and Equipment Repair Industry	0.1	61.3
电力、热力、燃气及水的生产和供应业	**Production and Supply of Electric,Heat,Gas and Water**	**6.0**	**14.9**
电力、热力生产和供应业	Production and Supply of Electric Power and Heat Power	5.1	13.4
燃气生产和供应业	Production and Supply of Gas	0.7	30.0
水的生产和供应业	Production and Supply of Water	0.2	12.1

14-9 续表 continued

类 别	Category	2019 增加值占规模以上工业比重(%) Composition (%)	2019 工业增加值比上年增长(%) Growth Rate (%)
全省总计	**Total**	**100.0**	**1.2**
采矿业	**Mining**	**7.4**	**4.5**
煤炭开采和洗选业	Mining and Washing of Coal	4.8	8.0
石油和天然气开采业	Extraction of Petroleum and Natural Gas	1.6	-0.6
黑色金属矿采选业	Mining of Ferrous Metal Ores	0.4	10.5
有色金属矿采选业	Mining of Non-ferrous Metal Ores	0.2	2.6
非金属矿采选业	Mining and Processing of Nonmetal Ores	0.1	-16.2
开采专业及辅助性活动	Mining Specialties and Auxiliary Activities	0.3	19.4
其他采矿业	Mining of Other Ores	0.0	28.5
制造业	**Manufacturing**	**84.9**	**0.3**
农副食品加工业	Processing of Food from Agricultural Products	4.9	-3.6
食品制造业	Manufacture of Foods	1.5	-7.2
酒、饮料和精制茶制造业	Manufacture of Wine, Drinks and Refined Tea	1.0	-9.7
烟草制品业	Manufacture of Tobacco	1.6	7.3
纺织业	Manufacture of Textile	2.8	-13.2
纺织服装、服饰业	Manufacture of Textile Wearing Apparel and Finery	1.4	-5.8
皮革、毛皮、羽毛及其制品和制鞋业	Manufacture of Leather, Fur, Feather & Its Products and Footwear	0.3	-20.4
木材加工及木 竹、藤、棕、草制品业	Processing of Timbers, Manufacture of Wood, Bamboo, Rattan, Palm, and Straw Products	1.0	-10.9
家具制造业	Manufacture of Furniture	0.3	-13.6
造纸及纸制品业	Manufacture of Paper and Paper Products	2.0	1.5
印刷和记录媒介复制业	Printing, Reproduction of Recording Media	0.3	-8.7
文教、工美、体育和娱乐用品制造业	Manufacture of Culture, Education,Arts and crafts, Sport and Entertainment Goods	0.7	-13.5
石油、煤炭及其他燃料加工业	Processing of Oil, Coal and Other Fuel	9.8	3.9
化学原料和化学制品制造业	Manufacture of Chemical Raw Material and Chemical Products	10.4	3.5
医药制造业	Manufacture of Medicines	4.1	-2.7
化学纤维制造业	Manufacture of Chemical Fiber	0.1	0.8
橡胶和塑料制品业	Manufacture of Rubber and Plastic	2.8	-0.4
非金属矿物制品业	Manufacture of Non-metallic Mineral Products	5.0	3.8
黑色金属冶炼及压延加工业	Manufacture and Processing of Ferrous Metals	5.6	14.4
有色金属冶炼及压延加工业	Manufacture & Processing of Non-ferrous Metals	5.1	0.5
金属制品业	Manufacture of Metal Products	2.5	-1.6
通用设备制造业	Manufacture of General Purpose Machinery	3.8	-3.3
专用设备制造业	Manufacture of Special Purpose Machinery	3.3	5.3
汽车制造业	Manufacture of Automotive	4.9	0.8
铁路、船舶、航空航天和其他运输设备制造业	Manufacture of Railroad,Marine,Aerospace and Other Transportation Equipment	1.6	17.6
电气机械及器材制造业	Manufacture of Electrical Machinery & Equipment	3.0	-0.6
计算机、通信和其他电子设备制造业	Manufacture of Computer, Communications and Other Electronic Equipment	4.0	7.1
仪器仪表制造业	Manufacture of Measuring Instrument	0.4	-1.3
其他制造业	Other Manufacture	0.4	32.4
废弃资源综合利用业	Comprehensive Utilization of Waste	0.2	-21.2
金属制品、机械和设备修理业	Metal Products, Machinery and Equipment Repair Industry	0.1	-12.2
电力、热力、燃气及水的生产和供应业	**Production and Supply of Electric,Heat,Gas and Water**	**7.6**	**6.7**
电力、热力生产和供应业	Production and Supply of Electric Power and Heat Power	6.3	5.5
燃气生产和供应业	Production and Supply of Gas	1.0	19.2
水的生产和供应业	Production and Supply of Water	0.4	-1.4

14－10　各市规模以上工业企业主要经济指标(2019年)

Main Economic Indicators of Industrial Enterprises above Designated Size by Region(2019)

单位:亿元 (100 million yuan)

地　区	Region	企业单位数(个) Number of Enterprises (unit)	资　产总　计 Total Assets	流动资产合　计 Total Current Assets	负债合计 Total Liabilities	营业收入 Business Revenue	营业成本 Business Cost	利润总额 Total Profits	全部从业人员年平均人数(万人) Annual Average of Empolyed Persons (10 000 person)
全省总计	**Total**	**27129**	**95643.28**	**50377.68**	**60356.60**	**83162.34**	**72035.63**	**3652.74**	**550.26**
济 南 市	Jinan	2153	6663.13	3945.34	3919.87	6512.66	5530.33	310.86	39.35
青 岛 市	Qingdao	3536	10757.01	6779.44	6288.75	9244.42	7769.92	476.58	65.96
淄 博 市	Zibo	1668	5084.13	2523.69	3189.12	5215.49	4408.71	193.67	30.79
枣 庄 市	Zaozhuang	593	1582.11	740.91	1010.11	1225.99	1017.93	73.67	13.46
东 营 市	Dongying	753	7625.63	4102.52	5724.06	7853.46	7121.21	108.59	26.69
烟 台 市	Yantai	2030	9844.30	4846.76	5900.50	7777.07	6746.45	418.25	52.91
潍 坊 市	Weifang	3163	9171.31	5230.86	6034.41	8493.83	7398.39	357.59	63.09
济 宁 市	Jining	2124	6094.35	2779.37	3460.24	3732.91	3044.08	319.32	40.12
泰 安 市	Tai'an	935	3691.77	2244.56	2588.32	2136.68	1778.35	114.25	21.46
威 海 市	Weihai	1012	3974.90	2221.96	1942.33	2825.99	2164.17	213.30	32.17
日 照 市	Rizhao	714	3907.56	2176.94	2706.48	3238.84	2924.47	153.14	13.06
临 沂 市	Linyi	2938	4718.87	2790.40	3235.44	4710.66	4100.21	162.33	39.94
德 州 市	Dezhou	1381	2885.64	1416.80	1680.39	2722.24	2318.34	145.78	23.00
聊 城 市	Liaocheng	1192	4076.75	2261.77	2721.57	3339.65	3017.88	99.70	21.69
滨 州 市	Binzhou	1247	8714.02	4518.83	5896.17	7451.43	6860.94	172.03	31.78
菏 泽 市	Heze	1686	2991.58	1405.33	1768.07	3912.73	3414.54	249.53	23.08

14-11 各市规模以上国有控股工业企业主要经济指标(2019年)

Main Economic Indicators of State-holding Industrial Enterprises above Designated Size by Region(2019)

单位:亿元 (100 million yuan)

地 区	Region	企业单位数(个) Number of Enterprises (unit)	资 产 总 计 Total Assets	流动资产合 计 Total Current Assets	负债合计 Total Liabilities	营业收入 Business Revenue	营业成本 Business Cost	利润总额 Total Profits	全部从业人员年平均人数(万人) Annual Average of Empolyed Persons (10 000 person)
全省总计	**Total**	**1380**	**29155.88**	**11442.32**	**18245.88**	**21351.21**	**17924.52**	**1146.65**	**101.44**
济 南 市	Jinan	183	2562.29	1312.08	1662.86	2739.75	2385.40	89.47	10.08
青 岛 市	Qingdao	176	4258.55	2675.56	2539.89	3327.87	2760.94	194.71	10.95
淄 博 市	Zibo	101	1084.29	420.81	584.12	1289.55	1035.23	41.82	5.91
枣 庄 市	Zaozhuang	78	793.25	356.67	567.22	433.95	334.39	31.89	5.10
东 营 市	Dongying	39	2162.82	320.76	1439.73	1609.82	1301.94	21.35	9.88
烟 台 市	Yantai	151	3678.37	1082.29	2439.55	3012.51	2664.50	173.38	8.53
潍 坊 市	Weifang	98	1918.91	1024.17	1130.86	1828.48	1533.31	122.72	4.75
济 宁 市	Jining	150	2914.58	1192.91	1660.79	1149.25	835.18	170.85	15.32
泰 安 市	Tai'an	84	1556.57	965.79	1222.38	490.03	414.37	23.06	5.06
威 海 市	Weihai	39	474.34	218.40	254.70	171.53	141.21	2.56	1.89
日 照 市	Rizhao	27	561.53	162.19	347.29	305.17	271.68	10.29	0.88
临 沂 市	Linyi	61	472.64	146.25	298.64	262.24	207.64	23.57	2.05
德 州 市	Dezhou	39	725.38	255.35	361.95	717.01	602.28	59.73	2.18
聊 城 市	Liaocheng	54	907.49	420.65	619.19	545.21	463.40	27.08	3.19
滨 州 市	Binzhou	53	597.78	248.76	421.76	402.17	360.05	9.05	2.01
菏 泽 市	Heze	43	626.90	247.49	404.19	298.36	193.30	60.95	1.95

14−12 各市规模以上外商和港澳台投资工业企业主要经济指标(2019年)
Main Economic Indicators of Industrial Enterprises with Funds from Foreign Countries (Territories), Hong Kong,Macao and Taiwan by Region(2019)

单位:亿元 (100 million yuan)

地　区	Region	企业单位数(个) Number of Enterprises (unit)	资产总计 Total Assets	流动资产合计 Total Current Assets	负债合计 Total Liabilities	营业收入 Business Revenue	营业成本 Business Cost	利润总额 Total Profits	全部从业人员年平均人数(万人) Annual Average of Empolyed Persons (10 000 person)
全省总计	**Total**	**2636**	**15855.78**	**9160.65**	**8880.00**	**12470.23**	**10394.45**	**893.95**	**94.23**
济南市	Jinan	147	987.70	597.64	500.13	825.99	655.38	70.09	6.35
青岛市	Qingdao	865	2949.56	2183.04	1632.32	2726.57	2256.61	176.27	22.41
淄博市	Zibo	100	488.13	271.41	225.04	440.08	364.34	32.34	4.56
枣庄市	Zaozhuang	33	149.08	67.86	73.85	126.78	106.89	5.38	1.69
东营市	Dongying	41	367.37	267.09	210.64	437.46	388.64	20.12	0.91
烟台市	Yantai	454	3315.42	1992.33	2047.69	3202.43	2789.64	174.24	19.14
潍坊市	Weifang	235	809.96	484.70	489.29	801.61	689.79	38.00	5.95
济宁市	Jining	104	2196.28	833.83	1215.68	713.21	533.62	121.05	9.32
泰安市	Tai'an	57	156.84	87.47	101.49	131.80	111.09	5.88	1.15
威海市	Weihai	251	860.77	462.43	416.76	611.73	468.13	50.57	9.31
日照市	Rizhao	75	539.37	271.61	292.18	513.63	462.12	13.52	1.84
临沂市	Linyi	105	845.41	603.29	482.58	612.44	482.81	45.41	4.62
德州市	Dezhou	57	190.43	95.16	85.54	203.27	176.90	10.59	1.85
聊城市	Liaocheng	37	1084.24	491.36	639.75	477.87	410.27	27.90	1.45
滨州市	Binzhou	38	431.60	187.66	255.15	255.57	223.94	-0.35	2.08
菏泽市	Heze	36	402.52	257.86	182.20	339.79	229.94	100.23	1.59

14－13　各市规模以上非公有制工业企业主要经济指标(2019年)
Main Economic Indicators of Non-public Industrial Enterprises above Designated Size by Region(2019)

单位:亿元　　(100 million yuan)

地　区	Region	企业单位数(个) Number of Enterprises (unit)	资　产 总　计 Total Assets	流动资产 合　计 Total Current Assets	负债合计 Total Liabilities	营业收入 Business Revenue	营业成本 Business Cost	利润总额 Total Profits	全部从业人员年平均人数(万人) Annual Average of Empolyed Persons (10 000 person)
全省总计	**Total**	**25244**	**62525.74**	**36801.73**	**40007.95**	**58921.97**	**51607.96**	**2341.83**	**427.49**
济南市	Jinan	1935	3987.48	2560.63	2200.97	3675.28	3063.14	216.81	28.11
青岛市	Qingdao	3302	5798.28	3824.47	3326.13	5591.43	4739.45	258.18	53.05
淄博市	Zibo	1512	3803.99	1996.62	2495.47	3762.71	3241.39	138.04	23.58
枣庄市	Zaozhuang	500	753.28	363.15	419.34	770.49	665.65	40.98	7.94
东营市	Dongying	669	4669.22	3235.61	3811.39	5511.43	5154.55	64.91	15.09
烟台市	Yantai	1800	5382.32	3461.99	3173.39	4380.31	3758.00	220.70	40.67
潍坊市	Weifang	3024	6971.32	4026.54	4710.30	6415.37	5641.62	222.69	56.62
济宁市	Jining	1957	3157.65	1570.36	1780.95	2527.55	2155.13	148.57	24.53
泰安市	Tai'an	830	1860.79	1106.15	1267.26	1393.62	1161.07	53.76	15.20
威海市	Weihai	930	3152.25	1839.92	1506.02	2447.43	1845.15	197.10	27.41
日照市	Rizhao	673	3310.52	1995.76	2333.25	2915.31	2636.83	143.10	11.89
临沂市	Linyi	2849	4150.96	2574.51	2865.19	4382.01	3833.64	141.80	37.02
德州市	Dezhou	1323	2128.74	1148.56	1299.11	1983.43	1697.32	84.66	20.48
聊城市	Liaocheng	1127	3080.37	1782.63	2072.62	2713.78	2481.15	69.90	17.09
滨州市	Binzhou	1175	8002.72	4199.23	5401.82	6866.77	6331.24	159.14	27.93
菏泽市	Heze	1638	2315.86	1115.60	1344.74	3585.04	3202.63	181.50	20.88

14−14 各市规模以上工业企业主要财务分析指标(2019年)
Main Financial Indicators of Industrial Enterprises above Designated Size by Region(2019)

单位：% (%)

地区	Region	资产负债率 Assets-Liability Ratio	成本费用利润率 Ratio of Profits to Cost	流动资产周转率(次) Ratio of Turnover Working Capitals (time)
全省总计	**Total**	**63.11**	**4.64**	**1.65**
济南市	Jinan	58.83	5.07	1.65
青岛市	Qingdao	58.46	5.47	1.36
淄博市	Zibo	62.73	3.98	2.07
枣庄市	Zaozhuang	63.85	6.44	1.65
东营市	Dongying	75.06	1.45	1.91
烟台市	Yantai	59.94	5.68	1.60
潍坊市	Weifang	65.80	4.42	1.62
济宁市	Jining	56.78	9.32	1.34
泰安市	Tai'an	70.11	5.63	0.95
威海市	Weihai	48.86	8.14	1.27
日照市	Rizhao	69.26	4.94	1.49
临沂市	Linyi	68.56	3.58	1.69
德州市	Dezhou	58.23	5.71	1.92
聊城市	Liaocheng	66.76	3.06	1.48
滨州市	Binzhou	67.66	2.39	1.65
菏泽市	Heze	59.10	6.92	2.78

14-15 各市规模以上国有控股工业企业主要财务分析指标(2019年)
Main Financial Indicators of State-holding Industrial Enterprises above Designated Size by Region(2019)

单位：% (%)

地 区	Region	资 产 负债率 Assets-Liability Ratio	成本费用 利 润 率 Ratio of Profits to Cost	流动资产 周 转 率 (次) Ratio of Turnover Working Capitals (time)
全省总计	**Total**	**62.58**	**5.87**	**1.87**
济 南 市	Jinan	64.90	3.47	2.09
青 岛 市	Qingdao	59.64	6.37	1.24
淄 博 市	Zibo	53.87	3.69	3.06
枣 庄 市	Zaozhuang	71.51	8.08	1.22
东 营 市	Dongying	66.57	1.50	5.02
烟 台 市	Yantai	66.32	6.12	2.78
潍 坊 市	Weifang	58.93	7.41	1.79
济 宁 市	Jining	56.98	17.53	0.96
泰 安 市	Tai'an	78.53	4.86	0.51
威 海 市	Weihai	53.70	1.51	0.79
日 照 市	Rizhao	61.85	3.48	1.88
临 沂 市	Linyi	63.19	9.91	1.79
德 州 市	Dezhou	49.90	9.28	2.81
聊 城 市	Liaocheng	68.23	5.11	1.30
滨 州 市	Binzhou	70.55	2.35	1.62
菏 泽 市	Heze	64.48	26.95	1.21

14-16 规模以上工业主要产品产量(2019年)

Output of Major Industrial Products above Designated Size(2019)

名　　称		Item		生产量 Output
铁矿石原矿量	(万吨)	Ironstone in Original Iron Ores	(10 000 tons)	2458.6
原　盐	(万吨)	Salt	(10 000 tons)	1071.8
小麦粉	(万吨)	Wheat Flour	(10 000 tons)	1380.1
大　米	(万吨)	Rice	(10 000 tons)	19.0
精制食用植物油	(万吨)	Refined Edible Vegetable Oil	(10 000 tons)	537.6
鲜、冷藏肉	(万吨)	Frozen,Fresh Meat	(10 000 tons)	710.4
配合饲料+混合饲料	(万吨)	Formula Feed & Mixed Feed	(10 000 tons)	2026.0
速冻米面食品	(万吨)	Quick-frozen Food	(10 000 tons)	2.9
方便面	(万吨)	Instant Noodles	(10 000 tons)	14.1
乳制品	(万吨)	Milk Products	(10 000 tons)	217.8
液体乳	(万吨)	Liquid Milk	(10 000 tons)	208.0
罐　头	(万吨)	Canned Food	(10 000 tons)	60.2
酱　油	(万吨)	Soy Sauce	(10 000 tons)	45.4
发酵酒精(折96度,商品量)	(万千升)	Fermenting Alcohol	(10 000 kiloliter)	50.5
饮料酒	(万千升)	Liquor	(10 000 kiloliter)	546.3
白酒(折65度,商品量)	(万千升)	White Spirit	(10 000 kiloliter)	43.7
啤　酒	(万千升)	Beer	(10 000 kiloliter)	484.3
葡萄酒	(万千升)	Wine	(10 000 kiloliter)	11.4
饮料	(万吨)	Drinks	(10 000 tons)	372.8
碳酸饮料	(万吨)	Carbonated Drinks	(10 000 tons)	62.2
包装饮用水	(万吨)	Bottled Drinking Water	(10 000 tons)	135.0
果汁蔬菜汁类饮料	(万吨)	Juice and Vegetable Juice Beverage	(10 000 tons)	64.4
冷冻饮品	(万吨)	Frozen Drinks	(10 000 tons)	5.4
精制茶	(万吨)	Refined Tea	(10 000 tons)	
卷　烟	(亿支)	Cigarettes	(100 million pieces)	1240.9
化学纤维用浆粕	(万吨)	Chemical Fiber Pulp	(10 000 tons)	10.3
化学纤维	(万吨)	Chemical Fiber	(10 000 tons)	90.8
粘胶短纤维	(万吨)	Viscose Staple Fiber	(10 000 tons)	49.6
合成纤维	(万吨)	Synthetic Fiber	(10 000 tons)	35.4
锦纶纤维	(万吨)	Nylon Fiber	(10 000 tons)	4.9
涤纶纤维	(万吨)	Polyester Fiber	(10 000 tons)	16.5
腈纶纤维	(万吨)	Acrylic Fiber	(10 000 tons)	3.9
丙纶纤维	(万吨)	Polypropylene Fiber	(10 000 tons)	1.4
纱	(万吨)	Yarn	(10 000 tons)	353.4
布	(亿米)	Cloth	(100 million m)	44.4
棉　布	(亿米)	Cotton Cloth	(100 million m)	33.2
棉混纺布(混纺交织布)	(亿米)	Cotton Blended Cloth	(100 million m)	8.9
化学纤维短纤布	(亿米)	Chemical Fiber Cloth	(100 million m)	2.3
印染布	(亿米)	Printed Fabric	(100 million m)	34.3
帘子布	(万吨)	Cord Fabric	(10 000 tons)	6.8
绒线(毛线)	(万吨)	Knitting Wool	(10 000 tons)	3.5
毛机织物(呢绒)	(万米)	Wool Fabric	(10 000 m)	5347.1
亚麻布	(万米)	Ramie and Flax Cloth	(10 000 m)	988.1

14-16　续表 1 continued

名　　称		Item		生产量 Output
服　装	(万件)	Garments	(10 000 pieces)	180236.1
梭织服装	(万件)	Woven Garments	(10 000 pieces)	80530.2
羽绒服	(万件)	Down Wear	(10 000 pieces)	2002.9
西服套装	(万件)	Suits	(10 000 pieces)	3951.2
衬　衫	(万件)	Shirts	(10 000 pieces)	2522.9
针织服装	(万件)	Knitted Clothing	(10 000 pieces)	99838.8
轻　革	(万平方米)	Leather	(10 000 sq.m)	2912.2
皮革鞋靴	(万双)	Shoes	(10 000 pairs)	4866.1
皮革服装	(万件)	Leather Apparel	(10 000 pieces)	
天然毛皮服装	(万件)	Natural Fur Apparel	(10 000 units)	7.7
人造板	(万立方米)	Manmade Plates	(10 000 cu.m)	3831.6
胶合板	(万立方米)	Plywood	(10 000 cu.m)	2328.8
纤维板	(万立方米)	Fiberboard	(10 000 cu.m)	1062.5
刨花板	(万立方米)	Flakeboard	(10 000 cu.m)	229.6
人造板表面装饰板(人造板)	(万立方米)	Secondary Processing Decorative Plates	(10 000 cu.m)	221.5
实木地板(木地板)	(万平方米)	Solid Wood Floor	(10 000 sq.m)	
复合木地板	(万平方米)	Engineered Wooden Floor	(10 000 sq.m)	1335.9
家　具	(万件)	Furniture	(10 000 units)	3543.9
木质家具	(万件)	Wood Furniture	(10 000 units)	3097.8
金属家具	(万件)	Metal Furniture	(10 000 units)	72.3
软体家具(包括床垫、沙发)	(万件)	Soft Furniture	(10 000 units)	57.2
纸　浆	(万吨)	Paper Pulp	(10 000 tons)	355.7
机制纸及纸板	(万吨)	Machine-made Paper and Paperboards	(10 000 tons)	2075.4
未涂布印刷书写用纸	(万吨)	Uncoated Writing Printing Paper	(10 000 tons)	119.6
新闻纸	(万吨)	Newsprint	(10 000 tons)	23.9
纸制品	(万吨)	Paper Products	(10000 tons)	245.4
瓦楞纸箱(纸箱)	(万吨)	Corrugated Box	(10000 tons)	114.7
硫酸(折100%)	(万吨)	Sulfuric	(10 000 tons)	544.2
盐酸(含量31%以上)	(万吨)	Hydrochloric Acid(content of more than 31%)	(10 000 tons)	69.8
氢氧化钠(烧碱)(折100%)	(万吨)	Caustic	(10 000 tons)	961.0
离子膜法烧碱	(万吨)	Ionic Membrane Caustic	(10 000 tons)	824.6
碳酸钠(纯碱)	(万吨)	Soda Ash	(10 000 tons)	428.4
合成氨	(万吨)	Synthetic Ammonia	(10 000 tons)	592.1
农用氮、磷、钾化学肥料总计(折纯)	(万吨)	Chemical Fertilizer	(10 000 tons)	421.7
氮　肥(折含N 100%)	(万吨)	Nitrogen Fertilizer	(10 000 tons)	356.3
尿　素	(万吨)	Urea	(10 000 tons)	331.5
磷肥(折合P2O5 100%)	(万吨)	Phosphate Fertilizer	(10 000 tons)	3.5

14-16 续表 2 continued

名 称		Item		生产量 Output
化学农药原药(折有效成分100%)	(万吨)	Chemical Pesticide	(10 000 tons)	19.9
杀虫剂原药	(万吨)	Insecticides Pesticide	(10 000 tons)	3.8
杀菌剂原药	(万吨)	Fungicides Pesticide	(10 000 tons)	0.4
除草剂原药	(万吨)	Herbicide Pesticide	(10 000 tons)	9.9
乙 烯	(万吨)	Ethylene	(10 000 tons)	121.9
纯 苯	(万吨)	Benzene	(10 000 tons)	123.7
精甲醇	(万吨)	Extracted Methanol	(10 000 tons)	749.3
冰醋酸	(万吨)	Acetic Acid	(10 000 tons)	161.9
涂料(油漆)	(万吨)	Paint	(10 000 tons)	69.5
初级形态的塑料(塑料树脂及共聚物)	(万吨)	Primary Plastic	(10 000 tons)	834.4
聚丙烯树酯	(万吨)	Polypropylene Colophony	(10 000 tons)	193.3
聚氯乙烯树脂	(万吨)	PVC Colophony	(10 000 tons)	240.6
合成橡胶	(万吨)	Synthetic Rubber	(10 000 tons)	67.3
合成纤维单体	(万吨)	Synthetic Fiber Monomer	(10 000 tons)	16.4
合成纤维聚合物	(万吨)	Synthetic Fiber Polymers	(10 000 tons)	6.3
合成洗涤剂	(万吨)	Synthetic Detergents	(10 000 tons)	49.9
中成药	(万吨)	Traditional Chemical Medicine	(10 000 tons)	10.7
橡胶轮胎外胎(轮胎外胎)	(万条)	Tires	(10 000 tires)	37060.8
子午线轮胎外胎	(万条)	Radial Tires	(10 000 tires)	31433.3
塑料制品	(万吨)	Plastic Articles	(10 000 tons)	336.4
塑料薄膜	(万吨)	Plastic Film	(10 000 tons)	90.3
农用薄膜	(万吨)	Agricultural Film	(10 000 tons)	12.5
泡沫塑料	(万吨)	Foam	(10 000 tons)	4.8
塑料人造革、合成革	(万吨)	Plastic leather and synthetic leather	(10 000 tons)	1.2
日用塑料制品	(万吨)	Plastic Products for Daily Use	(10 000 tons)	23.7
硅酸盐水泥熟料	(万吨)	Portland Cement Clinker	(10 000 tons)	8119.1
窑外分解窑熟料(预分解窑熟料)	(万吨)	Precalciner Kiln Clinker	(10 000 tons)	7650.1
水 泥	(万吨)	Cement	(10 000 tons)	14357.1
商品混凝土	(万立方米)	Concrete	(10 000 cu.m)	13632.6
水泥混凝土排水管	(千米)	Cement and Concrete Drain Pipes	(1 000 m)	1513.6
水泥混凝土压力管	(千米)	Cement and Concrete Pressure Pipes	(1 000 m)	605.4
水泥混凝土电杆	(万根)	Cement Concrete Poles	(10 000 units)	77.5
预应力混凝土桩	(万米)	Prestressed concrete piles	(10 000 m)	1105.2
砖(折标准砖)	(亿块)	Brick	(100 million units)	35.5
瓦	(亿片)	Tile	(100 million units)	1.6
天然大理石建筑板材(大理石板材)	(万平方米)	Natural Marble Building Block	(10 000 sq.m)	103.0
天然花岗石建筑板材(花岗石板材)	(万平方米)	Natural Granite Building Block	(10 000 sq.m)	919.1

14-16 续表 3 continued

名 称		Item		生产量 Output
工业锅炉	(蒸发量吨)	Industrial Boilers	(evaporation ton)	33451.2
电站用汽轮机	(万千瓦)	Turbine Power Plant	(10 000 kw)	174.7
金属切削机床	(万台)	Metal-cutting Machine Tools	(10 000 units)	5.1
金属成形机床(锻压设备)	(万台)	Metal Forming Machine	(10 000 units)	0.4
数控金属成形机床(数控锻压设备)	(台)	CNC Metal Forming Machine	(units)	1069.0
铸造机械	(万台)	Casting Machinery	(10 00 0 units)	10.8
起重机	(万吨)	Lifting Equipment	(10 000 tons)	50.5
输送机械	(万吨)	Conveyer	(10 000 tons)	8.1
泵(液体泵)	(万台)	Pumps	(10 000 units)	126.1
气体压缩机	(万台)	Gas Compressor	(unit)	872.9
滚动轴承(轴承)	(亿套)	Rolling Bearings	(100 million units)	3.0
减速机	(万台)	Reducer	(10 000 units)	25.4
阀 门	(万吨)	Valves	(10 000 tons)	40.0
液压元件	(万件)	Hydraulic Components	(10 000 units)	1250.8
气动元件	(万件)	Pneumatic Components	(10 000 units)	1678.4
风 机	(万台)	Fans	(10 000 units)	38.1
粉末冶金零件	(万吨)	Sintered Metal Products	(10 000 tons)	5.2
矿山专用设备	(万吨)	Special Equipment for MIne	(10 000 tons)	70.9
饲料生产专用设备	(台)	Specialized Feed Processing Machinery	(unit)	545.0
棉花加工机械	(台)	Cotton Processing Equipment	(unit)	1744.0
印刷专用设备	(吨)	Printing Special Equipment	(ton)	3015.6
水泥专用设备(水泥设备)	(吨)	Cement Special Equipment	(ton)	9344.0
金属冶炼设备(冶炼设备)	(吨)	Metal Smelting Equipment	(ton)	46794.3
金属轧制设备	(吨)	Metal Rolling Equipment	(ton)	10771.0
包装专用设备(包装机械)	(台)	Packaging Special Equipment	(unit)	5565.0
大型拖拉机	(台)	Large Tractors	(unit)	21412.0
中型拖拉机	(台)	Medium Tractors	(unit)	96924.0
小型拖拉机	(万台)	Small Tractors	(10 000 units)	6.3
收获机械	(台)	Harvesting Machinery	(unit)	33255.0
挖掘、铲土运输机械	(台)	Mining and Shoveling Transport Machinery	(unit)	125470.0
压实机械	(台)	Compacting Machinery	(unit)	5045.0
混凝土机械	(台)	Concrete Machinery	(unit)	8170.0
环境污染防治专用设备	(台(套))	Special Equipment for Environmental Protection	(unit)	106756.0
大气污染防治设备	(台(套))	Air Pollution Control Equipment	(unit)	39751.0
水质污染防治设备	(台(套))	Water Pollution Control Equipment	(unit)	57706.0
铁路货车	(辆)	Railway Freight Wagons	(unit)	5311.0

14-16　续表 4 continued

名　　称		Item		生产量 Output
汽　车	(万辆)	Motor Vehicles	(10 000 units)	113.6
载货汽车	(万辆)	Trucks	(10 000 units)	70.1
客车	(万辆)	Buses	(10 000 units)	4.1
轿　车	(万辆)	Cars	(10 000 units)	12.9
改装汽车	(万辆)	Modified Cars	(10 000 units)	10.0
电动自行车	(万辆)	Electric Bicycle	(10000 units)	88.1
民用钢质船舶	(万载重吨)	Civil Steel Vessels	(10 000 dwts)	99.7
发电设备	(万千瓦)	Power Generating Equipment	(10 000 kw)	221.9
汽轮发电机	(万千瓦)	Steam Turbogenerator	(10 000 kw)	117.4
交流电动机	(万千瓦)	AC Motors	(10 000 kw)	2277.2
变压器	(万千伏安)	Transformers	(10 000 KVA pm)	26320.8
高压开关板	(面)	High Voltage Switch Plate	(10 000 units)	9279.0
低压开关板	(万面)	Low Voltage Switch Plate	(10 000 units)	3.4
电力电缆	(万千米)	Power Cable	(10 000 km)	121.4
通信及电子网络用电缆	(万对千米)	Cable for Communications and Electronic Network	(10 000 couples·km)	33.8
光缆(光纤通讯电缆)	(万芯千米)	Fire Optic Cable	(10 000 cores·km)	852.0
绝缘制品	(吨)	Insulation Products	(ton)	35509.8
原电池及原电池组(非扣式)	(亿只)	Primary Cells and Batteries	(100 million units)	25.0
灯具及照明装置	(万套(台、个)	Lamps and Lighting Fixtures	(10 000 units)	2483.2
电光源(灯泡)	(万只)	Light Bulbs	(10 000 units)	36847.5
家用洗衣机	(万台)	Household Washing Machines	(10 000 units)	513.7
家用电冰箱	(万台)	Household Refrigerators	(10000 units)	732.5
家用冷柜(家用冷冻箱)	(万台)	Household Freezers	(10000 units)	687.7
房间空气调节器	(万台)	Air Conditioners	(10000 units)	876.4
吸排油烟机	(万台)	Vacuum Cleaners	(10000 units)	345.2
电热水器	(万台)	Electric Water Heater	(10000 units)	500.7
微波炉	(万台)	Microwave Ovens	(10000 units)	40.6
电饭锅	(万个)	Electric Cookers	(10000 units)	94.3
电焊机	(万台)	Welders	(10000 units)	29.7
电话单机	(万部)	Telephone Sets	(10000 units)	125.0
移动通信手持机(手机)	(万台)	Mobile Telephones	(10000 units)	1177.2
电子计算机	(万台)	Computers	(10000 units)	118.5
显示器	(万台)	Display	(10000 units)	151.2
打印机	(万台)	Printers	(10000 units)	411.5
半导体分立器件	(亿只)	Discrete Semiconductor Devices	(100 million units)	356.2
彩色电视机	(万台)	Color Television Sets	(10000 units)	1580.6

主要统计指标解释

工 业 指从事自然资源的开采，对采掘品和农产品进行加工和再加工的物质生产部门。具体包括：(1)对自然资源的开采，如采矿、晒盐等(但不包括禽兽捕猎和水产捕捞)；(2)对农副产品的加工、再加工，如粮油加工、食品加工、缫丝、纺织、制革等；(3)对采掘品的加工、再加工，如炼铁、炼钢、化工生产、石油加工、机器制造、木材加工等，以及电力、自来水、煤气的生产和供应等；(4)对工业品的修理、翻新，如机器设备的修理、交通运输工具(如汽车)的修理等。

工业统计调查单位为独立核算法人工业企业。

独立核算法人工业企业指从事工业生产经营活动的单位。独立核算法人工业企业应同时具备以下条件：①依法成立，有自己的名称、组织机构和场所，能够承担民事责任；②独立拥有和使用资产，承担负债，有权与其他单位签订合同；③独立核算盈亏，并能够编制资产负债表。

本年鉴中涉及的企业登记注册类型：

国有控股企业 即原来的国有及国有控股企业。国有企业(即原全民所有制工业或国营工业)指企业全部资产归国家所有，并按《中华人民共和国企业法人登记管理条例》规定登记注册的非公司制的经济组织。包括国有企业、国有独资公司和国有联营企业。1957年以前的公私合营和私营工业，后均改造为国营工业，1992年改为国有工业，这部分工业的资料不单独分列时，均包括在国有企业内。国有控股企业是对混合所有制经济的企业进行的“国有控股”分类。它是指这些企业的全部资产中国有资产(股份)相对其他所有者中的任何一个所有者占资(股)最多的企业。该分组反映了国有经济控股情况。

集体企业 指企业资产归集体所有，并按《中华人民共和国企业法人登记管理条例》规定登记注册的经济组织。是社会主义公有制经济的组成部分。包括城乡所有使用集体投资举办的企业，以及部分个人通过集资自愿放弃所有权并依法经工商行政管理机关认定为集体所有制的企业。

股份合作企业 指以合作制为基础，由企业职工共同出资入股，吸收一定比例的社会资产投资组建，实行自主经营，自负盈亏，共同劳动，民主管理，按劳分配与按股分红相结合的一种集体经济组织。

联营企业 指两个及两个以上相同或不同所有制性质的企业法人或事业单位法人，按自愿、平等、互利的原则，共同投资组成的经济组织。联营企业包括：

国有联营企业指国有企业与国有企业间的联营；

集体联营企业指集体企业与集体企业间的联营；

国有与集体联营企业指国有企业与集体企业间的联营。

有限责任公司 指根据《中华人民共和国公司登记管理条例》规定登记注册，由两个以上，五十个以下的股东共同出资，每个股东以其所认缴的出资额对公司承担有限责任，公司以其全部资产对其债务承担责任的经济组织。

有限责任公司包括国有独资公司以及其他有限责任公司。

股份有限公司 指根据《中华人民共和国企业法人登记管理条例》规定登记注册，其全部注册资本由等额股份构成并通过发行股票筹集资本，股东以其认购的股份对公司承担有限责任，公司以其全部资产对其债务承担责任的经济组织。

私营企业 指由自然人投资设立或由自然人控股，以雇佣劳动为基础的营利性经济组织。包括按照《公司法》、《合伙企业法》、《私营企业暂行条例》规定登记注册的私营有限责任公司、私营股份有限公司、私营合伙企业和私营独资企业。

港、澳、台商投资企业 指企业注册登记类型中的港、澳、台资合资、合作、独资经营企业和股份有限公司之和。

外商投资企业 指企业注册登记类型中的中外合资、合作经营企业、外资企业和外商投资股份有限公司之和。

“三资”企业系指港、澳、台商投资企业和外资企业的简称。

轻工业 指主要提供生活消费品和制作手工工具的工业。按其所使用的原料不同，可分为两大类：(1)以农产品为原料的轻工业，是指直接或间接以农产品为基本原料的轻工业。主要包括食品制造、饮料制造、烟草加工、纺织、缝纫、皮革和毛皮制作、造纸以及印刷等工业；(2)以非农产品为原料的轻工业，是指以工业品为原料的轻工业。主要包括文教体育用品、化学药品制造、合成纤维制造、日用化学制品、日用玻璃制品、日用金属制品、手工工具制造、医疗器械制造、文化和办公用机械制造等工业。

重工业 指为国民经济各部门提供物质技术基础的主要生产资料的工业。按其生产性质和产品用途，可以分为下列三类：(1)采掘(伐)工业，是指对自然资源的开采，包括石油开采、煤炭开采、金属矿开采、非金属矿开采等工业；(2)原材料工业，指向国民经济各部门提供基本材料、动力和燃料的工业。包括金属冶炼及加工、炼焦及焦炭、化学、化工原料、水泥、人造板以及电力、石油和煤炭加工等工业；(3)加工工业，是指对工业原材料进行再加工制造的工业。包括装备国民经济各部门的机械设备制造工业、金属结构、水泥制品等工业，以及为农业提供的生产资料如化肥、农药等工业。

根据上述划分原则，修理业中以重工业产品为修理作业对象的划为重工业，反之划为轻工业。

工业总产值

(1)定义：

工业总产值是以货币形式表现的，工业企业在一定时期内生产的工业最终产品或提供工业性劳务活动的总价值量。

它反映一定时间内工业生产的总规模和总水平。

(2)计算原则：

工业生产的原则，即凡是企业在报告期生产的经检验合格的产品，不管是否在报告期销售，均包括在内。

最终产品的原则，即凡是计入工业总产值的产品，必须是本企业生产的经检验合格的，不需要再进行任何加工的最终产品。如果企业有中间产品(半成品)对外销售，则对外销售的中间产品应视为企业的最终产品。

工厂法原则，即工业总产值是以工业企业作为基本计算(核算)单位，即按企业的最终产品计算工业总产值。按这种方法计算的工业总产值，不允许同一产品价值在企业内部重复计算，不能把企业内部各个车间(分厂)生产的成果相加，但允许企业间的重复计算。

(3)内容及计算方法：

1995 年全国工业普查对工业总产值(原规定)的内容及计算原则和方法做了某些修订，修订后的工业总产值(新规定)包括三项内容：即本期生产成品价值、对外加工费收入、在制品半成品期末期初差额价值三部分。

本期产成品价值：指企业本期生产，并在报告期内不再进行加工，经检验、包装入库的全部工业成品(半成品)价值合计，包括企业生产的自制设备及提供给本企业在建工程、其他非工业部门和福利部门等单位使用的成品价值。本期生产成品价值为按自备原材料生产的产品的数量乘以本期不含增值税(销项税额)的产品实际销售平均单价计算；会计核算中按成本价格转帐的自制设备和自产自用的成品，按成本价格计算生产成品价值。生产成品价值中不包括用定货者来料加工的成品(半成品)价值。

对外加工费收入：指企业在报告期内完成的对外承接的工业品加工(包括用定货者来料加工产品)的加工费收入和对外工业修理作业所取得的加工费收入。对外加工费收入按不含增值税(销项税额)的价格计算，可根据会计“产品销售收入”科目的有关资料取得。

对于本企业对内非工业部门提供的加工修理、设备安装的劳务收入，如果企业会计核算基础较好，能取得这部分资料，而且这部分价值所占比重较大，应包括在对外加工费收入中。自制半成品在制品期末期初差额价值：指企业报告期在制品期末减期初的差额价值，本指标一般可以从会计核算资料中取得。如果会计产品成本核算中不计算半成品、在制品的成本，则总产值中也不包括这部分价值，反之则包括。

(4)工业总产值统计范围变化和计算方法修订情况：

1984 年以前工业总产值不包括村办工业，村办工业总产值划归农业。1984 年以后工业总产值包括村办工业。

1995 年工业普查对工业总产值计算方法做了修订，即从 1995 年始按新修订(新规定)方法计算工业总产值。新规定与原规定的区别如下：

全价与加工费的计算原则不同：新规定为凡自备原材料，不论其生产繁简程度如何，一律按全价计算工业总产值；凡来料加工，允许按加工费计算工业总产值。原规定则视生产加工的繁简程度不同，规定哪些行业按全价，哪些行业按加工费计算工业总产值。

自制半成品、在产品期末期初差额价值的计算原则不同：新规定要求，凡会计产品成本核算时计算了成本的差额价值，总产值中就应包括，否则可不包括；原规定则按生产周期六个月的界限区分，凡生产周期六个月以上的企业，总产值计算中应包括这部分差额价值，否则可不包括。

计算价格不同：新规定按不含增值税(销项税额)的价格计算；原规定则按含增值税(销项税额)的价格计算。

工业增加值 指工业企业在报告期内以货币表现的工业生产活动的最终成果。

工业增加值有两种计算方法：一是生产法，即工业总产出减去工业中间投入加上应交增值税；二是收入法，即从收入的角度出发，根据生产要素在生产过程中应得到的收入份额计算，具体构成项目有固定资产折旧、劳动者报酬、生产税净额、营业盈余，这种方法也称要素分配法。本年鉴中的工业增加值是以生产法计算的。

生产法工业增加值的计算方法为：

工业增加值=工业总产出−工业中间投入+应交增值税

(1)工业总产出：指工业企业在一定时期内工业生产活动的总成果。工业总产出包括：成品生产价值，对外加工费收入，自制半成品、在产品期末期初差额价值。1995 年后用新规定计算的工业总产值代替。

(2)工业中间投入：指工业企业在工业生产活动中消耗的外购物质产品和对外支付的服务费用。服务费用包括支付给物质生产部门(工业、农业、批发零售贸易业、建筑业、运输邮电业)的服务费用和支付给非物质生产部门(如保险、金融、文化教育、科学研究、医疗卫生、行政管理等)的服务费用。工业中间投入的确定须遵循以下原则：必须从外部购入的，并已计入工业总产出的产品和服务价值；必须是本期投入生产，并一次性消耗掉(包括本期摊销的低值易耗品等)的产品和服务价值。

资产总计 指企业拥有或控制的能以货币计量的经济资源，包括各种财产、债权和其他权利。资产按流动性分为流动资产、长期投资、固定资产、无形资产、递延资产和其他资产。该指标根据企业会计“资产负债表”中“资产总计”项目的期末数增列。

流动资产合计 资产满足以下条件之一应归为流动资产：(1) 预计在一个正常营业周期中变现、出售或耗用，主要包括存货、应收账款等；(2) 主要为交易目的而持有；(3) 预计在资产负债表日起一年内（含一年）变现；(4) 自资产负债日起一年内，交换其他资产或清偿负债的能力不受限制的现金或现金等价物。包括货币资金、应收票据、应收账款、存货等项目。来源于会计“资产负债表”中“流动资产合计”项目的期末余额数。

负债合计 指企业所承担的能以货币计量，将以资产或劳务偿付的债务，偿还形式包括货币、资产或提供劳务。负债一般按偿还期长短分为流动负债和长期负债。根据会计“资产负债表”中“负债合计”的年末数填列。

营业收入 指企业经营主要业务和其他业务所确认的收入总额。营业收入包括“主营业务收入”和“其他业务收入”。来源于会计“利润表”中“营业收入”项目的本年累计数。

营业成本 指企业经营主要业务和其他业务所发生的成本总额。包括企业（单位）在报告期内从事销售商品、提供劳务等日常活动发生的各种耗费。包括“主营业务成本”和“其他业务成本”。来源于会计“利润表”中“营业成本”项目的本年累计数。

利润总额　指企业生产经营活动的最终成果，是企业在一定时期内实现的盈亏相抵后的利润总额(亏损以“-”号表示)，它等于营业利润加上补贴收入加上投资收益加上营业外净收入再加上以前年度损益调整。

从业人员平均人数　是指报告期内每天拥有的从业人员人数。其计算公式为：

$$\text{季平均人数}=\frac{\text{季内各月平均人数之和}}{3}$$

$$\text{月平均人数}=\frac{\text{报告月内每天实有人数之和}}{\text{报告月日历日数}}$$

$$\text{年平均人数}=\frac{\text{年内各月平均人数之和}}{12}$$

资产负债率　该指标既反映企业经营风险的大小，也反映企业利用债权人提供的资金从事经营活动的能力。计算公式为：

$$\text{资产负债率}(\%)=\frac{\text{负债总额}}{\text{资产总额}}\times 100\%$$

资产与负债均为报告期期末数。

成本费用利润率　反映企业投入的生产成本及费用的经济效益，同时也反映企业降低成本所取得的经济效益。计算公式为：

$$\text{成本费用利润率}(\%)=\frac{\text{利润总额}}{\text{成本费用总额}}\times 100\%$$

公式中：成本费用总额为产品销售成本、销售费用、管理费用、财务费用之和。

流动资产周转率　指一定时期内流动资产完成的周转次数，反映投入工业企业流动资金的周转速度。计算公式为：

$$\text{流动资产周转率}=\frac{\text{产品销售收入}}{\text{全部流动资产平均余额}}$$

公式中：全部流动资产平均余额为期初和期末的流动资产之和的算术平均值。

Explanatory Notes on Main Statistical Indicators

Industry refers to the material production sector which is engaged in extraction of natural resources and processing and reprocessing of minerals and agricultural products, including (1) extraction of natural resources, such as mining, salt production (but not including hunting and fishing); (2) processing and reprocessing of farm and sideline produces, such as rice husking, flour milling, wine making, oil pressing, silk reeling, spinning and weaving, and leather making; (3) manufacture of industrial products, such as steel making, iron smelting, chemicals manufacturing, petroleum processing, machine building, timber processing; water and gas production and electricity generation and supply; (4)repairing of industrial products such as the repairing of machinery and means of transport (including cars).

Units of industrial statistics survey corporate industrial enterprises with independent accounting system.

Corporate industrial enterprises with independent accounting system refer to enterprises engaging in industrial production activities, which meet the following requirements: (1)They are established legally, having their own names, organizations, location, able to take civil liability; (2)They possess and use their assets independently, assume liabilities, and are entitled to sign contracts with other units; (3)They are financially independent and compile their own balance sheets.

Enterprises covered in the industrial statistics in the Yearbook include following categories by their registration:

State-holding Enterprises refer to state owned enterprises plus state holding enterprises. State owned enterprises (originally known as state run enterprises with ownership by the whole society) are non corporate economic entities registered in accordance with the Regulation of the People's Republic of China on the Management of Registration of Legal Enterprises, where all assets are owned by the state. Included in this category are state owned enterprises, state funded corporations and state owned joint operation enterprises. Joint state private industries and private industries, which existed before 1957, were transformed into state run industries since 1957, and into state owned industries after 1992. Statistics on those enterprises are included in the state owned industries instead of grouping them separately. State holding enterprises is a sub classification of enterprises with mixed ownership, referring to enterprises where the percentage of state assets (or shares by the state) is larger than any other single share holder of the same enterprise. This sub classification illustrates the control of the state over a particular industry.

Collective-owned Enterprises refer to economic entities registered in accordance with the Regulation of the People's Republic of China on the Management of Registration of Legal Enterprises, where assets are owned by collectively. Collective enterprises constitute an integral part of the socialist economy with public ownership. They include urban and rural enterprises invested by collectives, and some enterprises registered in industrial and commercial administration agency as collective units where funds are pulled together by individuals who voluntarily give up their right of ownership.

Share-holding Cooperative Enterprises refer to economic units set up on cooperative basis, with funding partly from members of the enterprise and partly from outside investment, where the operation and management is decided by the members who also participate in the production, and the distribution of income is based both on work (labour input) and on shares (capital input).

Joint Operation Enterprises refer to economic units that are established by joint investment by two or more corporate enterprises or institutions of the same or different types of ownership on voluntary, equal and mutual beneficial basis. They include:

a)state owned joint operation enterprises (joint operation between state owned enterprises);

b)collective joint operation enterprises (joint operation between collective enterprises; and

c)state collective joint operation enterprises (joint operation between state and collective enterprises).

Limited Liability Corporations refer to economic units registered in accordance with the Regulation of the People's Republic of China on the Management of Registration of Corporations, with capitals from 2 to 49 investors, each investor bears limited liability to the corporation depending on his/her holding of shares, and the corporation bears liability to its debt to the maximum of its total assets.

Share-holding Corporations Ltd. refer to economic units registered in accordance with the Regulation of the People's Republic of China on the Management of Registration of Corporate Enterprises, with total registered capitals divided into equal shares and raised through issuing stocks. Each investor bears limited liability to the corporation depending on the holding of shares, and the corporation bears liability to its debt to the maximum of its total assets.

Private Enterprises refer to economic units invested or controlled (by holding the majority of the shares) by natural persons who hire labours for profit making activities. Included in this category are private limited liability corporations, private share holding corporations Ltd., private partnership enterprises and private sole investment enterprises registered in accordance with the Corporation Law, Partnership Enterprise Law and Tentative Regulation on Private Enterprises.

Enterprises with Funds from Hong Kong, Macao and Taiwan refers to all industrial enterprises registered as the joint venture, cooperative, sole (exclusive) investment industrial enterprises and limited liability corporations with funds from Hong Kong, Macao and Taiwan.

Foreign Funded Enterprises refers to all industrial enterprises registered as the joint venture, cooperative, sole (exclusive) investment industrial enterprises and limited liability corporations with foreign funds.

Enterpries with Hong Kong, Macao, Taiwan and foreign fund refer to all the enterpries with funds from Hong Kong Macao and Taiwan and foreign funded enterprises.

Light Industry refers to the industry that produces

consumer goods and hand tools. It consists of two categories, depending on the materials used:

(1) Industries using farm products as raw materials. These are branches of light industry which directly or indirectly use farm products as basic raw materials, including the manufacture of food and beverages, tobacco processing, textile, clothing, fur and leather manufacturing, paper making, printing, etc.

(2) Industries using non farm products as raw materials. These are branches of light industry which use manufactured goods as raw materials, including the manufacture of cultural, educational articles and sports goods, chemicals, synthetic fiber, chemical products for daily use, glass products for daily use, metal products for daily use, hand tools, medical apparatus and instruments, and the manufacture of cultural and clerical machinery.

Heavy Industry refers to the industry which produces capital goods, and provides various sectors of the national economy with necessary material and technical basis. It consists of the following three branches according to the purpose of production or the use of products:

(1) Mining, quarrying and logging industry refers to the industry that extracts natural resources, including extraction of petroleum, coal, metal and non metal ores.

(2) Raw materials industry refers to the industry that provides various sectors of the national economy with raw materials, fuels and power. It includes smelting and processing of metals, coking and coke chemistry, chemical materials and building materials such as cement, plywood, and power, petroleum refining and coal dressing.

(3) Manufacturing industry refers to the industry that processes raw materials. It includes machine building industry which equips sectors of the national economy, industries of metal structure and cement products, industries producing means of agricultural production, such as chemical fertilizers and pesticides.

According to the above principle of classification, the repairing trades, which are engaged primarily in repairing products of heavy industry are classified into heavy industry while these engaged in repairing products of light industry are classified into light industry.

Gross Industrial Output Value

(1) Definition: Gross industrial output value is the total volume of final industrial products produced and industrial services provided during a given period. It reflects the total achievements and overall scale of industrial production during a given period.

(2) Principles for calculation:

Statistics on industrial production follow the principle that all products produced by the enterprises and accepted during the reference period are to be included no matter whether they are sold or not during the reference period.

Determination of final products follow the principle that all products that are included in the calculation of grow industrial output value are the final products of the enterprise which have been accepted through quality check and require no further processing. If an enterprise has intermediate (semi finished) products to sell, these intermediate products are considered as the final products of the enterprise.

Gross industrial output value is calculated following the principle of factory approach, i.e. industrial enterprise is used as the basic accounting unit in calculating the gross industrial output value. By this approach, value of the same product is not to be double counted, and the output value of different workshops (branch factories) should not be added. However, this approach does not exclude the possibility of double counting between enterprises.

(3) Content and calculation method: The old definition of gross industrial output value was modified during the national industrial census in 1995. The revised (new) definition of gross industrial output value consists of 3 components: value of the finished products during the reference period, income from external processing, and value of change in semi finished products at the end and at the beginning of the reference period.

Value of the finished products during the reference period: refers to the value of all finished (semi finished) industrial products that are produced during the reference period without the need for further processing, checked for acceptance, packed and put into the warehouse of the enterprise, including the value of own produced equipment and the value of products provided to the projects under construction of the enterprise, and to other non industrial or welfare units. Value of finished products during the reference period is calculated by the quantity of products produced using own materials multiplied by the average unit prices at which products are sold (excluding value added tax). Own produced equipment and products produced for own use are value at cost prices as in the case of enterprise accounting. Value of finished products does not include the value of finished products (semi finished products) that are produced using the materials from the clients who make the orders.

Income from external processing: refers to income from contracted external processing of industrial products (including processing of industrial products using materials from the clients), and the income from industrial repairing work provided to other units. Income from external processing is calculated using information from the item “products sales income” in the enterprise accounting at the prices excluding value added tax.

For income from services such as processing, repairing and installation of equipment provided to non industrial units within the enterprise, if the accounting work of the enterprise is good enough to separate it from other records, and the share of such services is significant, it should also be included in the income from external processing.

Value of change in semi finished products at the end and at the beginning of the reference period: refers to the value of change in semi finished products at the end and at the beginning of the reference period, which generally can be obtained from accounting records of enterprises. If the enterprise accounting excludes the cost of semi finished products, then it should not be included in the gross industrial output value, and vice versa.

(4) Changes in the coverage and method of calculation of gross industrial output value

Prior to 1984, the value of rural industry run by villages was classified into agriculture instead of industry. Since 1984, it has been included in the gross industrial output value. Method of calculation for the gross industrial output value was modified in the industrial census in 1995. The difference in the new method as compared with the old one is outlined below:

Principle in using full value vs. processing fee: The new method stipulates that all products produced using own materials are to be calculated with full value in reporting the gross industrial output value irrespective of sophistication of production, and for external processing, it allows calculation using processing fee. In the old method, however, the use of full value or processing fee was determined by the degree of sophistication of production in different branches of industries.

Principle in determining the value of change in semi finished products: The new method requires that value of the change in semi finished products should be included in the gross industrial output value if it is included in the accounting record of the enterprise, otherwise it should not be included. By the old method, it is determined by the type of enterprises in terms of production cycle. If the production cycle is over 6 months, the value of change in semi finished products is included in the gross industrial output value, otherwise it is excluded.

Difference in prices: The new method uses prices excluding value added tax in the calculation of gross industrial output value, while the old method used prices including value added tax.

Value-added of Industry refers to the final results of industrial production of industrial enterprises in money terms during the reference period.

Industrial value added can be calculated by two approaches: the production approach, i.e. gross industrial output value minus intermediate input plus value added tax, and the income approach, i.e. income for various factors used in the course of production, including depreciation of fixed assets, remuneration of labourers, net of production tax, and operating surplus. Value added of industry in the Yearbook is calculated by production approach as following:

Value added of industry=gross industrial outputindustrial intermediate input+value added tax

(1)Gross industrial output: refers to the total achievements of industrial production during a given period. Gross industrial output includes value of finished products, income from external processing, and value of change in semi finished products at the end and at the beginning of the reference period. Since 1995, it was substituted by the gross industrial output value by new method.

(2) Industrial intermediate input: refers to purchased goods and paid services consumed during the industrial production of enterprises. Fees paid for services include fees paid for the services provided by material production sectors (industry, agriculture, wholesale and retail trade, construction, transport, post and telecommunications) and by non material production sectors (insurance, banking, culture, education, scientific research, health and medical care, public administration, etc.). The determination of industrial intermediate input follows the principle that the goods and services must be purchased from outside and included in the gross industrial output, and that the goods and services are inputted into production and consumed (include low value consumables) during the reference period..

Total Assets refer to all economic resources, in monetary terms, that is owned or controlled by enterprises, including properties, creditors equity and other economic rights of all forms. Classified by the degree of equitability, total assets include circulating assets, long term investment, fixed assets, intangible assets and deferred assets, and other assets. Data on this indicator can be obtained by the year end figures of total assets in the Assets and Liability Table of accounting records of enterprises.

Total Current Assets refer to the assets that meet one of the following requirements: (1) expected to be cashed, sold or used in a normal operation cycle, mainly including inventory and accounts receivable; (2) be owned for trading purpose mainly; (3) expected to be cashed in one year (including one year) from the day of the Balance Sheet; (4) unlimited cash or cash equivalents that can be exchanged with other assets or being capable of settling debts during one year since the day of the Balance Sheet. Included are monetary capital, notes receivable, accounts receivable and inventories. Data on this indicator can be obtained from the year-end figures of total current assets in the Balance Sheet of accounting records.

Total Liabilities refer to payable liabilities of enterprises that have to repay in terms of money, assets or labour services. In terms of payment, it can be divided into liquid liabilities and long term liabilities. Data on this item is obtained from the ending figures on total liabilities from the Assets and Liability Table from the enterprises.

Business Revenue refers to the total revenue recognized by an enterprise in its principal business and other business operations. Business revenue includes " revenue from principal Business" and " revenue from other business". It comes from this year’s cumulative report of "business revenue" items from the "income statement".

Business Cost refers to the total cost incurred by an enterprise in its principal business and other business operations. It includes various expenditures incurred by enterprises (units) in their daily activities of selling goods and providing labour services during the reporting period. It includes "Cost of principal business" and "Cost of other business". It comes from this year’s cumulative report of "operating cost" items from the "income statement".

Total Profits refer to the final achievements of production and operation of the enterprises, represented by the total profits after deducting losses (loss is expressed by the negative figure). It is the sum of profits from operation, income from subsidies, investment earnings, net income from activities other than operation, and adjustment of profits and losses of previous years.

Average Annual Number of Employed Persons Employed persons refer to all those who are employed in enterprises and receive remunerations therefrom, including currently working employees, retirees who are re employed, teachers of local run schools, as well as foreigners, staff from Hong Kong, Macao and Taiwan, part time employees and persons with second job who are employed by the enterprise, and employees of other units temporarily working in the enterprises, but excluding former employees who left the enterprise with their employment records still kept by the enterprises.

Average number of employed persons refers to the number of employees everyday during the reference period, calculated with the following formula:

$$\text{Monthly average number} = \frac{\text{sum of actual employees everyday in reference month}}{\text{number of calendar dates in reference month}}$$

$$\text{Quarterly average number} = \frac{\text{sum of monthly average number in reference quarter}}{3}$$

$$\text{Annual average number} = \frac{\text{sum of monthly average number in reference year}}{12}$$

Ratio of Profits to Total Industrial Costs refers to the ratio of profits realized in a given period to the total costs in the same period, which reflects the economic efficiency of input cost and is calculated as follows:

$$\text{Ratio of Profits to Total Industrial Cost (\%)} = \frac{\text{total profits}}{\text{total costs}} \times 100\%$$

Total costs in the above formula is the sum of cost of products sold, marketing cost, management cost and financial cost.

Ratio of Turnover of Working Capitals refers to the number of times of turnover of working capital in a given period of time, which reflects the speed of the turnover of working capital of industrial enterprises, and is calculated as follows:

$$\text{Ratio of Turnover of Working Capital} = \frac{\text{sales revenue of products}}{\text{average balance of total working capital}}$$

In the above formula, average balance of total working capital refers to the arithmetic mean of the sum of working capital at the beginning and at the end of the reference period.

第15篇

建筑业

Construction

简 要 说 明

一、本篇资料的主要内容

本篇资料反映了全省建筑业基本情况，主要包括建筑业总产值、从业人员、建筑企业生产指标、财务指标等方面的内容。

二、本篇资料的来源

本篇资料来源于建筑业统计年报，由省统计局投资处整理提供。

Brief Introduction

I. Content

Data in this chapter show the basic conditions of the construction industry in Shandong Province, mainly including the gross output value of construction, number of employed persons, major production indices and financial indicators.

II. Source of Data

Data in this chapter are based on the annual report of construction industry, and are prepared and provided by the Division of Investment and Construction Statistics of Shandong Provincial Bureau of Statistics.

15-1 主要年份建筑业总产值

Gross Output Value of Construction Enterprises in Major Years

单位:亿元 (100 million yuan)

年 份 Year	总 计 Total	#国有经济 State-owned Construction Enterprises	中 央 Central	地 方 Local	#集体经济 Collective Owned Construction Enterprises	#城 镇 Township
1957	1.32	1.32	0.67	0.65		
1962	1.20	0.99	0.44	0.55	0.21	0.21
1965	2.51	1.66	0.53	1.13	0.85	0.85
1970	3.02	1.76	0.76	1.00	1.26	1.26
1975	7.24	4.66	2.27	2.39	2.58	2.58
1978	11.34	7.62	2.54	5.08	3.72	3.72
1979	11.96	8.14	2.62	5.52	3.82	3.82
1980	14.26	9.76	4.01	5.75	4.50	4.50
1981	13.42	9.41	4.98	4.43	4.01	4.01
1982	14.50	9.46	4.41	5.05	5.04	5.04
1983	15.89	10.45	4.56	5.89	5.44	5.44
1984	23.07	16.25	8.62	7.63	6.82	6.82
1985	31.21	22.05	12.21	9.84	9.16	9.16
1986	34.71	24.44	14.87	9.57	10.27	10.27
1987	40.91	28.67	17.51	11.16	12.24	12.24
1988	49.38	33.34	20.04	13.30	16.04	16.04
1989	55.24	37.94	22.36	15.71	17.30	17.30
1990	58.89	40.60	24.27	16.33	18.29	18.29
1991	71.40	47.77	27.40	20.38	32.63	32.63
1992	98.66	61.86	32.81	29.05	36.81	36.81
1993	141.14	93.32	46.57	46.75	46.71	46.71
1994	206.42	133.92	78.70	55.22	65.13	65.13
1995	257.95	163.73	92.25	71.48	82.08	82.08
1996	593.90	198.27	101.45	96.82	363.92	100.44
1997	652.59	228.26	112.47	115.79	387.09	120.19
1998	702.64	279.97	104.79	135.25	328.63	102.06
1999	770.80	248.19	113.14	135.05	326.12	113.55
2000	820.52	249.48	120.37	129.11	310.30	110.27
2001	986.49	246.45	94.37	152.08	286.76	189.22
2002	1153.24	254.86	86.30	168.56	274.99	186.23
2003	1485.89	331.17	126.80	204.37	294.14	201.40
2004	1969.01	657.70	302.85	354.85	263.02	
2005	2509.17	782.56	365.49	417.07	320.29	
2006	2791.81	799.34	370.15	429.19	309.72	
2007	3289.05	977.26	459.81	517.45	329.43	
2008	3842.52	963.53	478.23	485.30	338.76	
2009	4579.15	1136.65	599.49	537.16	337.03	
2010	5496.59	1368.34	704.30	664.04	377.57	
2011	6482.90	1680.49	920.80	759.69	401.61	
2012	7281.33	1811.97	968.40	843.57	426.27	
2013	8467.67	1984.39	1068.93	915.46	383.52	
2014	9313.45	2197.68	1242.32	955.36	418.33	
2015	9378.54	2322.58	1323.14	999.45	385.92	
2016	10087.43	2564.51	1463.21	1101.30	381.76	
2017	11477.80	2936.38	1698.82	1237.56	353.97	
2018	12898.29	3656.71	2169.51	1487.19	253.00	
2019	14269.29	4288.38	2598.34	1690.04	249.67	

注:1.1995年前不含县以下集体施工企业。2.从2004年开始国有经济含国有控股。

a)Before 1995,Data in this table don't include the data of enterprises of collective owned ones under county level.

b)Since 2004,state-owned enterprises include state-controlled ones.

15-2 主要年份计算建筑业劳动生产率的平均人数

Average Number of Employed Persons in Construction Enterprises for calculating the Labor Productivity in Major Years

单位:万人 (10 000 persons)

年份 Year	总计 Total	#国有经济 State-owned Construction Enterprises	中央 Central	地方 Local	#集体经济 Collective Owned Construction Enterprises	#城镇 Township
1957	4.21	4.21	2.14	2.07		
1962	6.48	4.91	2.13	2.78	1.56	1.56
1965	7.35	4.77	1.52	3.25	2.59	2.59
1970	10.31	5.76	2.66	3.10	4.52	4.52
1975	18.81	11.33	5.36	5.97	7.47	7.47
1978	25.20	16.21	5.40	10.81	9.07	9.07
1979	26.00	16.96	6.24	10.72	8.88	8.88
1980	26.91	18.07	8.91	9.16	9.00	9.00
1981	28.55	19.20	11.07	8.20	9.11	9.11
1982	27.36	17.52	9.00	8.71	9.51	9.51
1983	27.88	18.02	6.42	11.55	9.71	9.71
1984	33.93	22.26	9.37	12.93	11.56	11.56
1985	40.53	26.89	13.13	13.67	13.47	13.47
1986	38.57	24.69	15.17	9.67	13.88	13.88
1987	39.34	24.50	14.97	9.62	14.93	14.93
1988	40.48	24.88	14.74	10.08	15.73	15.73
1989	38.90	22.86	13.63	10.83	14.54	14.54
1990	38.15	21.83	11.65	10.18	14.87	14.87
1991	39.72	23.83	12.51	11.32	15.89	15.89
1992	45.10	23.44	11.66	11.78	19.85	19.85
1993	52.78	29.57	11.87	17.70	22.94	22.94
1994	66.22	37.17	20.10	17.07	27.36	27.36
1995	66.84	35.32	14.91	20.40	29.13	29.13
1996	188.02	40.96	14.82	26.14	138.19	38.19
1997	175.78	40.49	14.39	26.10	126.15	40.15
1998	169.11	38.59	11.28	27.30	100.52	31.99
1999	164.95	33.56	10.86	22.70	92.07	26.96
2000	171.94	31.80	10.27	21.53	85.33	25.60
2001	181.07	29.15	8.15	21.00	71.17	50.65
2002	183.56	23.08	4.57	18.50	61.28	39.98
2003	210.11	29.43	8.50	20.93	54.59	34.83
2004	238.91	53.85	16.50	37.35	43.98	
2005	249.81	48.93	16.21	32.72	45.07	
2006	282.30	59.04	27.76	31.28	42.53	
2007	288.40	51.78	17.36	34.42	41.09	
2008	300.24	44.74	18.32	26.42	41.15	
2009	305.99	42.81	17.99	24.82	33.15	
2010	344.88	54.00	25.20	28.80	34.19	
2011	307.56	45.07	21.18	23.89	27.74	
2012	270.26	38.87	18.57	20.30	22.76	
2013	305.01	44.17	23.15	21.02	20.57	
2014	332.49	48.78	25.04	23.74	22.58	
2015	310.73	43.10	21.65	21.45	19.29	
2016	322.58	40.56	19.74	20.82	18.17	
2017	349.15	50.42	27.55	22.87	15.70	
2018	351.84	55.48	30.96	24.52	12.15	
2019	345.09	55.71	29.03	26.68	10.22	

注:1.1995年前不含县以下集体施工企业。2.从2004年开始国有经济含国有控股。

a)Before 1995,Data in this table don't include the data of enterprises of collective owned ones under county level.

b)Since 2004,state-owned enterprises include State-controlled ones.

15-3 建筑业企业生产指标(2019年)
Main Production Indicators of Construction Enterprises(2019)

类 别	Category	企业个数(个) Number of Enterprises (unit)	建筑业总产值(万元) Gross Output Value (10 000 yuan)	竣工产值(万元) Value of Projects Completed (10 000 yuan)	签定合同额(万元) Value of Contracts (10 000 yuan)	#上年结转 Carryover of Last Year
总 计	**Total**	**7299**	**142692855**	**62748155**	**271418579**	**106711590**
#国有及国有控股企业	State-owned and State-controlled Enterprises	554	42883820	13809439	106849800	48380623
一、按登记注册类型分	**Grouped by Registration Status**					
内资企业	Domestic Funded	7289	142508326	62660746	271142173	106670487
国有企业	State-owned	216	3786516	1825596	7199695	3059331
集体企业	Collective-owned	279	2496671	1612278	4167935	1674255
股份合作企业	Stock-holding Cooperation	28	176333	99572	274040	112075
联营企业	Joint-owned	6	32564	6190	51372	36070
国有联营企业	State-owned	2	17569	593	33838	33564
集体联营企业	Collective-owned	3	6096	5597	7635	1506
国有与集体联营企业	State-and-collective owned					
其他联营企业	Others	1	8899		9899	1000
有限责任公司	Company with Limited Liabilition	2295	79843338	32456114	164034463	68752500
国有独资公司	State-owned	108	14118187	4391673	32489975	13292651
其他有限责任公司	Others	2187	65725151	28064441	131544488	55459849
股份有限公司	Stock-holding Company limited	251	15936057	6427356	29284469	10874483
私营企业	Private-owned	4207	40210758	20228804	66071121	22127925
私营独资企业	Solely Owned	19	112519	119341	132388	6153
私营合伙企业	Joint Owned	5	100091	13860	87889	61632
私营有限责任公司	Company with Limited Liabilition	4022	37603816	19037498	61360868	20252595
私营股份有限公司	Stock-holding Company limited	161	2394332	1058105	4489976	1807546
其他企业	Others	7	26089	4836	59076	33847
港、澳、台商投资企业	Funded from Hong Kong,Macao and Taiwan	2	129501	66411	216287	36502
合资经营企业(港或澳、台资)	Joint Ventures	2	129501	66411	216287	36502
合作经营企业(港或澳、台资)	Cooperative Joint Venture					
港、澳、台商独资经营企业	Solely Owned					
港、澳、台商投资股份有限公司	Share-holding Company Limited					
外商投资企业	Foreign Funded	8	55028	20998	60119	4602
中外合资经营企业	Chinese-foreign Joint Venture	6	47547	18614	54868	4465
中外合作经营企业	Chinese-foreign Cooperative Joint Venture	1	2384	2384	155	
外资企业	Solely Owned					
外商投资股份有限公司	Share-holding Company Limited	1	5097		5097	137

15-3 续表 1 continued

类 别	Category	企业个数（个）Number of Enterprises (unit)	建筑业总产值（万元）Gross Output Value (10 000 yuan)	竣工产值（万元）Value of Projects Completed (10 000 yuan)	签定合同额（万元）Value of Contracts (10 000 yuan)	#上年结转 Carryover of Last Year
二、按国民经济行业分）	**by Sector**					
房屋建筑业	Building	3506	86592220	41776938	163772384	65327299
土木工程建筑业	Civil Engineering	1853	38639019	12426204	84147778	37321587
建筑安装业	Construction Installation	882	9868819	5376414	14030756	2467736
建筑装饰、装修和其他建筑业	Building Decoration and Others	1058	7592797	3168598	9467661	1594969
#建筑装饰和装修业	Building Decoration	819	6335292	2453845	7928041	1267352
三、按企业资质等级分	**by Qualification Criteria**					
施工总承包	Construction Contract	5079	129974499	56967593	255121241	103673306
特 级	Special Grade	44	46429014	19105260	100986307	43322071
一 级	First Grade	528	51401745	21193762	100802036	42130971
二 级	Second Grade	2077	22735642	11859876	37709556	12911791
三级及以下	Third Grade and below	2430	9408098	4808695	15623342	5308473
专业承包	Professional Contract	2220	12718356	5780562	16297338	3038284
一 级	First Grade	398	7488919	3045954	9468455	1536896
二 级	Second Grade	1032	3127548	1608901	4153177	939269
三级及以下	Third Grade and below	790	2101889	1125708	2675706	562119
四、按控股情况分	**by Share Holding**					
#国有控股	State-controlled	553	42871870	13802269	106835623	48378323
#集体控股	Collective-controlled	504	8214944	4660311	14249189	5567785
#私人控股	Private-controlled	5737	80647641	39336538	128364196	43033118
#港澳台商控股	Controlled by Investors from Hong Kong,Macao and Taiwan	2	145052	65661	231783	35642
#外商控股	Foreign-controlled	6	54442	20458	59724	4217

15-3 续表 2 continued

类 别	Category	房屋建筑施工面积（平方米）Floor Space of Buildings under Construction (sq.m)	房屋建筑竣工面积（平方米）Floor Space of Buildings Completed (sq.m)	#住 宅 Residential	年 末 从业人员（人）Staff Employed (person)
总 计	**Total**	**836860541**	**219256865**	**151725453**	**3121836**
#国有及国有控股企业	State-owned and State-controlled Enterprises	148238663	26843073	15620630	493968
一、按登记注册类型分	**Grouped by Registration Status**				
内资企业	DomesticFunded	836846241	219250865	151719453	3120358
国有企业	State-owned	12235770	3736059	2573354	83535
集体企业	Collective-owned	23810056	9095236	7044059	97291
股份合作企业	Stock-holding Cooperation	929829	532528	432986	7100
联营企业	Joint-owned	31822	18222		527
国有联营企业	State-owned				85
集体联营企业	Collective-owned	31822	18222		382
国有与集体联营企业	State-and-collective owned				
其他联营企业	Others				60
有限责任公司	Company with Limited Liabilition	466284574	105781713	72821132	1505648
国有独资公司	State-owned	62322853	9360985	5079252	153016
其他有限责任公司	Others	403961721	96420728	67741880	1352632
股份有限公司	Stock-holding Company limited	78118365	19010430	11772730	316500
私营企业	Private-owned	255028750	81059689	57064075	1109022
私营独资企业	Solely Owned	667197	400671	337412	2725
私营合伙企业	Joint Owned		5977	2655	2010
私营有限责任公司	Company with Limited Liabilition	235981853	76092596	54001950	1049000
私营股份有限公司	Stock-holding Company limited	18379700	4560445	2722058	55287
其他企业	Others	407075	16988	11117	735
港、澳、台商投资企业	Funded from Hong Kong,Macao and Taiwan	14300	6000	6000	625
合资经营企业(港或澳、台资)	Joint Ventures	14300	6000	6000	625
合作经营企业(港或澳、台资)	Cooperative Joint Venture				
港、澳、台商独资经营企业	Solely Owned				
港、澳、台商投资股份有限公司	Share-holding Company Limited				
外商投资企业	Foreign Funded				853
中外合资经营企业	Chinese-foreign Joint Venture				604
中外合作经营企业	Chinese-foreign Cooperative Joint Venture				73
外资企业	Solely Owned				
外商投资股份有限公司	Share-holding Company Limited				176

15-3 续表 3 continued

类 别	Category	房屋建筑施工面积(平方米) Floor Space of Buildings under Construction (sq.m)	房屋建筑竣工面积(平方米) Floor Space of Buildings Completed (sq.m)	#住 宅 Residential	年 末从业人员(人) Staff Employed (person)
二、按国民经济行业分）	**by Sector**				
房屋建筑业	Building	793512220	207647553	145393598	2146488
土木工程建筑业	Civil Engineering	21045809	4740071	3143206	548654
建筑安装业	Construction Installation	18395239	3806506	2064680	254035
建筑装饰、装修和其他建筑业	Building Decoration and Others	3907273	3062735	1123969	172659
#建筑装饰和装修业	Building Decoration	2844304	1909554	679866	148918
三、按企业资质等级分	**by Qualification Criteria**				
施工总承包	Construction Contract	821619337	210125095	148237226	2806779
特 级	Special Grade	328905410	71245124	42604811	663706
一 级	First Grade	277171793	69829796	51038842	1054906
二 级	Second Grade	164391336	51125634	41483620	737305
三级及以下	Third Grade and below	51150798	17924541	13109953	350862
专业承包	Professional Contract	15241204	9131770	3488227	315057
一 级	First Grade	6101355	5275258	1859814	140656
二 级	Second Grade	3940472	1866865	561281	94540
三级及以下	Third Grade and below	5199377	1989647	1067132	79861
四、按控股情况分	**by Share Holding**				
#国有控股	State-controlled	148238663	26843073	15620630	490668
#集体控股	Collective-controlled	64921341	19313740	13479152	220251
#私人控股	Private-controlled	546540634	155043048	110001692	2099547
#港澳台商控股	Controlled by Investors from Hong Kong,Macao and Taiwan				559
#外商控股	Foreign-controlled				835

15-4 建筑业主要财务指标(2019年)

Major Financial Indicators of Construction Enterprises(2019)

单位:万元 (10 000 yuan)

类 别	Category	年初存货 Inventory at Beginning of year	流动资产 Liquid Assets	固定资产 Fixed Assets	在建工程 Project under Constr-uction	资产合计 Total Assets	流动负债 Liquid Liabilities
总 计	**Total**	**23748684**	**127988300**	**15039267**	**1560574**	**156458908**	**105910664**
#国有及国有控股企业	State-owned and State-controlled Enterprises	7552795	46621146	4732805	462811	58101639	42548962
一、按登记注册类型分	**Grouped by Registration Status**						
内资企业	Domestic Funded	23737152	127835547	14980711	1557064	156246951	105798149
国有企业	State owned	652896	3618435	535213	63895	5148517	3669217
集体企业	Collective-owned	410283	1945186	275770	15684	2311717	1533101
股份合作企业	Stock-holding Cooperation	127926	319581	27114	1943	353043	283050
联营企业	Joint-owned	2394	12811	3376		14482	11580
国有联营企业	State-owned						
集体联营企业	Collective-owned	1435	4370	3229		5969	3448
其他联营企业	Others	959	8440	148		8513	8132
有限责任公司	Company with Limited Liabilition	14228032	74712869	8243771	848681	90362638	63896205
国有独资公司	State owned	2577897	16031409	1735286	276431	19413298	14374327
其他有限责任公司	Others	11650135	58681460	6508486	572250	70949340	49521877
股份有限公司	Stock holding Company limited	1962920	13970711	1330430	92614	17768306	12372728
私营企业	Private owned	6347045	33245232	4564475	534247	40271448	24023335
私营独资企业	Solely Owned	455	13900	2291		15962	
私营合伙企业	Joint Owned	30029	110985	82065		174091	41408
私营有限责任公司	Company with Limited Liabilitior	5820200	31151420	4219807	498883	37641131	22527305
私营股份有限公司	Stock holding Company limited	496361	1968927	260311	35365	2440265	1454622
其他企业	Others	5655	10723	563		16800	8934
港、澳、台商投资企业	Funded from Hong Kong,Macao and Taiwan	1975	94789	14628	1036	105212	54017
合资经营企业(港或澳、台资)	Joint Ventures	1975	94789	14628	1036	105212	54017
合作经营企业(港或澳、台资)	Cooperative Joint Venture						
港、澳、台商独资经营企业	Solely Owned						
港、澳、台商投资股份有限公司	Share holding Company Limited						
外商投资企业	Foreign Funded	9557	57963	43928	2474	106745	58499
中外合资经营企业	Chinese foreign Joint Venture	9323	43529	36183	2467	78131	40047
中外合作经营企业	Chinese foreign Cooperative Joint Venture	208	5831	4538		6976	4009
外资企业	Solely Owned						
外商投资股份有限公司	Share holding Company Limited	27	8603	3207	7	21637	14443

15-4 续表 1 continued

单位:万元 (10 000 yuan)

类 别	Category	年初存货 Inventory at Beginning of year	流动资产 Liquid Assets	固定资产 Fixed Assets	在建工程 Project under Construction	资产合计 Total Assets	流动负债 Liquid Liabilities
二、按国民经济行业分	**by Sector**						
房屋建筑业	Building	13195359	64507897	6692744	819146	76682634	50185204
土木工程建筑业	Civil Engineering	8173964	50202825	6739024	577827	63713124	45447063
建筑安装业	Construction Installation	1221976	7578298	872335	79876	9258625	5968515
建筑装饰、装修和其他建筑业	Building Decoration and Others	1157385	5699280	735164	83724	6804525	4309882
#建筑装饰和装修业	Building Decoration	991430	4509279	406274	59179	5308514	3338764
三、按企业资质等级分	**by Qualification Criteria**						
施工总承包	Construction Contract	21760280	116890350	13314516	1411913	143105232	97352023
特 级	Special Grade	5024994	31553161	2249074	217355	40521275	28721280
一 级	First Grade	9547997	47927880	5327021	447167	56702927	40550253
二 级	Second Grade	5277489	26918121	3940985	498741	32963871	20431763
三级及以下	Third Grade and below	1909800	10491189	1797436	248650	12917158	7648727
专业承包	Professional Contract	1988404	11097950	1724751	148661	13353676	8558642
一 级	First Grade	1082344	5256621	474167	59057	6049745	4166415
二 级	Second Grade	596177	3496367	723969	67718	4428991	2700266
三级及以下	Third Grade and below	309883	2344962	526615	21886	2874941	1691960
四、按控股情况分	**by Share Holding**						
#国有控股	State-controlled	7552795	46621146	4732805	462811	58101639	42548962
#集体控股	Collective-controlled	1680981	7816310	998667	68916	9194204	6446779
#私人控股	Private-controlled	11762720	61733063	7858775	901737	74624370	46597018
#港澳台商控股	Controlled by Investors from Hong Kong,Macao and Taiwan	910	104968	15591	1036	114172	59944
#外商控股	Foreign-controlled	8593	51222	40773	2474	99468	53672

15-4 续表 2 continued

单位:万元 (10 000 yuan)

类　别	Category	非流动负债 Non-current liabilities	负债合计 Total Liabilities	所有者权益 Creditors' Equity	主营业务收入 Revenue from Principal Business	主营业务成本 Cost of Principal Business
总　计	**Total**	**5698458**	**115055992**	**41402917**	**134337858**	**123353385**
#国有及国有控股企业	State owned and State controlled Enterprises	3525973	47146663	10954976	45064345	41867385
一、按登记注册类型分	**Grouped by Registration Status**					
内资企业	Domestic Funded	5662299	114905871	41341080	134182395	123227403
国有企业	State-owned	445934	4191326	957191	2755858	2507073
集体企业	Collective-owned	28148	1696776	614941	1980115	1804009
股份合作企业	Stock-holding Cooperation	590	292781	60262	178868	161186
联营企业	Joint-owned	15	11595	2888	16630	14861
国有联营企业	State-owned					
集体联营企业	Collective-owned	15	3463	2506	8690	7488
其他联营企业	Others		8132	382	7940	7373
有限责任公司	Company with Limited Liabilition	3672038	69909295	20453343	77520211	71736198
国有独资公司	State-owned	1286756	15674269	3739030	16543978	15373140
其他有限责任公司	Others	2385282	54235027	16714314	60976233	56363059
股份有限公司	Stock-holding Company limited	830295	13342767	4425538	14225359	12730098
私营企业	Private-owned	685280	25448916	14822532	37503207	34271873
私营独资企业	Solely Owned		448	15514	17764	14976
私营合伙企业	Joint Owned		41460	132631	85381	74277
私营有限责任公司	Company with Limited Liabilition	577551	23764903	13876228	35356830	32305621
私营股份有限公司	Stock-holding Company limited	107728	1642106	798159	2043232	1877000
其他企业	Others		12414	4386	2147	2105
港、澳、台商投资企业	Funded from Hong Kong,Macao and Taiwan	35578	89723	15490	95290	83567
合资经营企业(港或澳、台资)	Joint Ventures	35578	89723	15490	95290	83567
合作经营企业(港或澳、台资)	Cooperative Joint Venture					
港、澳、台商独资经营企业	Solely Owned					
港、澳、台商投资股份有限公司	Share-holding Company Limited					
外商投资企业	Foreign Funded	581	60398	46347	60172	42416
中外合资经营企业	Chinese-foreign Joint Venture	581	41947	36185	52075	35513
中外合作经营企业	Chinese-foreign Cooperative Joint Venture		4009	2968	2384	2093
外资企业	Solely Owned					
外商投资股份有限公司	Share-holding Company Limited		14443	7194	5713	4810

15-4 续表 3 continued

单位:万元 (10 000 yuan)

类别	Category	非流动负债 Non-current liabilities	负债合计 Total Liabilities	所有者权益 Creditors' Equity	主营业务收入 Revenue from Principal Business	主营业务成本 Cost of Principal Business
二、按国民经济行业分	**by Sector**					
房屋建筑业	Building	2219660	54755710	21926923	75612757	69823637
土木工程建筑业	Civil Engineering	3236767	48980131	14732994	41118365	37600045
建筑安装业	Construction Installation	101349	6752426	2506199	10204121	9340726
建筑装饰、装修和其他建筑业	Building Decoration and Others	140682	4567725	2236801	7402615	6588978
#建筑装饰和装修业	Building Decoration	120410	3559131	1749383	6056469	5412128
三、按企业资质等级分	**by Qualification Criteria**					
施工总承包	Construction Contract	5487127	106099063	37006168	121075507	111553996
特　级	Special Grade	2052689	31698165	8823109	42804145	39674654
一　级	First Grade	2128587	43731567	12971360	46264899	43126177
二　级	Second Grade	965412	22185533	10778338	22728273	20475416
三级及以下	Third Grade and below	340439	8483798	4433361	9278190	8277749
专业承包	Professional Contract	211331	8956928	4396748	13262351	11799390
一　级	First Grade	95418	4318435	1731310	7337160	6611677
二　级	Second Grade	44347	2833215	1595776	3451016	3003673
三级及以下	Third Grade and below	71566	1805278	1069663	2474174	2184040
四、按控股情况分	**by Share Holding**					
#国有控股	State-controlled	3525973	47146663	10954976	45064345	41867385
#集体控股	Collective-controlled	300953	7047686	2146518	7193461	6539688
#私人控股	Private-controlled	1287007	49833868	24790502	71764905	65974167
#港澳台商控股	Controlled by Investors from Hong Kong,Macao and Taiwan	35578	95522	18650	110245	96895
#外商控股	Foreign-controlled	581	55571	43896	59587	41704

15-4 续表 4 continued

单位:万元 (10 000 yuan)

类别	Category	主营业务税金及附加 Taxes and Other Charges on Principal Business	销售费用 Sales Expenses	管理费用 Management Expenses	财务费用 Financial Expenses	利润总额 Total Profits
总计	**Total**	**831317**	**306710**	**4057000**	**972670**	**4124815**
#国有及国有控股企业	State-owned and State-controlled Enterprises	132452	50183	1101823	351791	1310265
一、按登记注册类型分	**Grouped by Registration Status**					
内资企业	Domestic Funded	830697	306652	4045125	968398	4111790
国有企业	State-owned	16925	4667	149349	21809	52647
集体企业	Collective-owned	32090	7536	55431	7204	71411
股份合作企业	Stock-holding Cooperation	3685	1754	11897	2221	5031
联营企业	Joint-owned	94		901	15	760
国有联营企业	State-owned					
集体联营企业	Collective-owned	78		376	14	735
其他联营企业	Others	16		525	1	25
有限责任公司	Company with Limited Liabilition	378648	111192	2139827	548148	2391927
国有独资公司	State-owned	48688	11394	390011	127198	528130
其他有限责任公司	Others	329960	99798	1749816	420950	1863797
股份有限公司	Stock-holding Company limited	110552	29428	376620	110955	432742
私营企业	Private-owned	288686	151948	1310953	278006	1157401
私营独资企业	Solely Owned	65	346	243	232	1983
私营合伙企业	Joint Owned	158	236	1680	2070	875
私营有限责任公司	Company with Limited Liabilition	274206	141186	1246362	255611	1097659
私营股份有限公司	Stock-holding Company limited	14258	10180	62668	20093	56884
其他企业	Others	17	127	148	39	-129
港、澳、台商投资企业	Funded from Hong Kong,Macao and Taiwan	223	18	6215	3114	1961
合资经营企业(港或澳、台资)	Joint Ventures	223	18	6215	3114	1961
合作经营企业(港或澳、台资)	Cooperative Joint Venture					
港、澳、台商独资经营企业	Solely Owned					
港、澳、台商投资股份有限公司	Share-holding Company Limited					
外商投资企业	Foreign Funded	397	41	5660	1158	11065
中外合资经营企业	Chinese-foreign Joint Venture	317	41	4280	707	11777
中外合作经营企业	Chinese-foreign Cooperative Joint Venture	21		373	127	-229
外资企业	Solely Owned					
外商投资股份有限公司	Share-holding Company Limited	59		1007	325	-484

15-4 续表 5 continued

单位:万元 (10 000 yuan)

类 别	Category	主营业务税金及附加 Taxes and Other Charges on Principal Business	销售费用 Sales Expenses	管理费用 Management Expenses	财务费用 Financial Expenses	利润总额 Total Profits
二、按国民经济行业分	**by Sector**					
房屋建筑业	Building	558456	100699	1702138	510496	2412994
土木工程建筑业	Civil Engineering	161739	86739	1603741	377990	1131167
建筑安装业	Construction Installation	59900	70997	404437	30124	290322
建筑装饰、装修和其他建筑业	Building Decoration and Others	51221	48274	346684	54060	290332
#建筑装饰和装修业	Building Decoration	40071	35176	245793	46890	250961
三、按企业资质等级分	**by Qualification Criteria**					
施工总承包	Construction Contract	740780	198946	3389033	887594	3650149
特 级	Special Grade	134404	27161	767543	254339	1414084
一 级	First Grade	291034	58291	1113277	410361	1114366
二 级	Second Grade	218024	62357	1007797	157434	813036
三级及以下	Third Grade and below	97318	51137	500417	65461	308663
专业承包	Professional Contract	90537	107765	667967	85076	474666
一 级	First Grade	39162	47509	273843	45856	271285
二 级	Second Grade	32892	31566	242225	25913	123695
三级及以下	Third Grade and below	18483	28691	151899	13307	79686
四、按控股情况分	**by Share Holding**					
#国有控股	State-controlled	132452	50183	1101823	351791	1310265
#集体控股	Collective-controlled	68337	18321	262646	65079	208072
#私人控股	Private-controlled	561967	213127	2233683	475352	2302112
#港澳台商控股	Controlled by Investors from Hong Kong,Macao and Taiwan	234		6480	3211	3272
#外商控股	Foreign-controlled	392	41	5553	939	11242

15-5 各市建筑业主要生产指标(2019年)

Main Production Indicators of Construction Enterprises by Region(2019)

地 区 Region	企业个数(个) Number of Enterprises (unit)	建筑业合同(万元) Value of Construction Contracts (10 000 yuan)	#上年结转合同额 Carryover of Last Year	建筑业总产值(万元) Gross Output Value of Construction (10 000 yuan)	竣工产值(万元) Value of Construction Completed (10 000 yuan)	房屋建筑施工面积(平方米) Floor Space under Construction (sq.m)	房屋建筑竣工面积(平方米) Floor Space Completed (sq.m)	#住宅 Residential	年末从业人员(人) Employees at year-end (person)
全省总计 Total	**7299**	**271418579**	**106711590**	**142692855**	**62748155**	**836860541**	**219256865**	**151725453**	**3121836**
济南市 Jinan	865	83932856	38577278	35139777	12943615	149554405	34025403	21544569	501740
青岛市 Qingdao	698	60136092	22637707	28099476	11039974	175382369	36052864	21697272	571721
淄博市 Zibo	411	14938041	4782346	10021167	5025356	84637617	20479244	13641390	271268
枣庄市 Zaozhuang	249	4587621	1504555	3107315	1423053	22565598	7233198	5568264	111869
东营市 Dongying	300	4397202	1590661	2568698	1570850	5565960	2217409	1548265	61189
烟台市 Yantai	802	10571246	3528946	7566398	4288988	41769413	15694422	11913972	186094
潍坊市 Weifang	582	16080368	5864701	9905258	4705490	76930004	19932263	15107832	184070
济宁市 Jining	617	12214476	5066691	6745029	3095966	47808930	13765990	8491524	205880
泰安市 Tai'an	336	14240618	3745632	9945685	5047199	21272191	8213071	6321287	291019
威海市 Weihai	428	5358024	1982379	3203103	1275119	24159974	5416422	2893757	70710
日照市 Rizhao	327	8441299	3417326	4628117	1788513	22385040	6659725	5431656	67684
临沂市 Linyi	495	15067523	5197575	10317470	5168869	80881176	24424122	17545740	269658
德州市 Dezhou	264	6613990	3168907	3357032	1277738	25526787	5967520	4256139	80816
聊城市 Liaocheng	272	6832108	3287350	2819718	1465944	26066738	6078051	4921584	87550
滨州市 Binzhou	292	3224711	846252	2040440	856087	12456693	3664694	2653371	43267
菏泽市 Heze	361	4782404	1513285	3228173	1775393	19897646	9432467	8188831	117301

15-6 各市建筑业主要财务指标(2019年)

Financial Indicators of Construction Enterprises by Region(2019)

单位:万元 (10 000 yuan)

地区	Region	流动资产 Liquid Assets	固定资产 Fixed Assets	在建工程 Projects under Construction	资产合计 Total Assets	流动负债 Liquid Liabilities	非流动负债 Non-current liabilities	负债合计 Total Liabilities
全省总计	**Total**	**127988300**	**15039267**	**1560574**	**156458908**	**105910664**	**5698458**	**115055992**
济南市	Jinan	30684434	2515668	295582	37373949	26895079	1432477	29291370
青岛市	Qingdao	21680024	2260972	247405	27061418	18713651	1746350	20734724
淄博市	Zibo	6280300	1045827	46077	7349618	4624059	146894	4851843
枣庄市	Zaozhuang	2966597	529350	17854	3642194	2258993	113769	2462694
东营市	Dongying	4293106	598771	18944	4894268	3587189	65442	3730108
烟台市	Yantai	8209552	1372427	235445	9818016	6201117	248241	6651934
潍坊市	Weifang	8951898	1099686	114935	10693338	6874475	315223	7457381
济宁市	Jining	9237838	915559	118869	10417525	7055622	288210	7435032
泰安市	Tai'an	5688197	800721	53337	8106501	4570942	156860	5464221
威海市	Weihai	3846030	605762	75648	4511246	3020968	54854	3253615
日照市	Rizhao	5421458	544026	83958	6488255	4696256	145162	4892843
临沂市	Linyi	8860511	1005551	89623	11046571	7323754	176743	7708735
德州市	Dezhou	2934219	446071	25454	4006596	2627715	100692	2737928
聊城市	Liaocheng	3458791	331272	60824	3906997	2887682	163909	3056149
滨州市	Binzhou	2505123	513935	68863	3430288	2292101	389071	2713219
菏泽市	Heze	2970220	453669	7756	3712128	2281061	154564	2614195

15-6 续表 continued

单位:万元 (10 000 yuan)

地区	Region	所有者权益 Owner's Equity	实收资本 Paid-in Capitals	主营业务收入 Revenue from Principal Business	主营业务成本 Cost of Principal Business	主营业务税金及附加 Taxes and Other Charges on Principal Business	管理费用 Management Expenses	财务费用 Financial Expenses	利润总额 Total Profits
全省总计	**Total**	**41402917**	**22695183**	**134337858**	**123353385**	**831317**	**4057000**	**972670**	**4124815**
济南市	Jinan	8082579	4443837	34930764	32463436	121775	945180	132963	1043075
青岛市	Qingdao	6326694	3463570	26582972	24130775	107556	663108	288177	799620
淄博市	Zibo	2497775	1210962	8944271	8292994	111675	264090	44811	234543
枣庄市	Zaozhuang	1179500	628429	3043068	2662319	68956	109253	17067	167060
东营市	Dongying	1164160	782750	2780043	2571993	15853	131284	34991	33240
烟台市	Yantai	3166082	1733992	7333992	6499948	82726	288428	83338	345164
潍坊市	Weifang	3235957	1454921	8223309	7577608	55319	177144	59829	354068
济宁市	Jining	2982493	1718797	7111573	6513243	46201	279785	56334	216842
泰安市	Tai'an	2642279	1754124	8950855	8455806	68925	236342	29973	116603
威海市	Weihai	1257631	624752	2983620	2677154	16845	144785	19238	105356
日照市	Rizhao	1595412	985218	4055859	3709344	19610	142211	52779	136526
临沂市	Linyi	3337836	1338013	8237499	7509406	48179	293029	61323	268011
德州市	Dezhou	1268668	632770	3175673	2869729	24354	123995	25028	118265
聊城市	Liaocheng	850848	697504	2938170	2748226	15950	119608	23006	45346
滨州市	Binzhou	717069	546832	1826706	1692162	13249	69243	10812	36141
菏泽市	Heze	1097933	678714	3219486	2979242	14145	69517	33003	104955

主要统计指标解释

建筑业统计单位 指从事房屋、构筑物建造和设备安装活动的法人企业。建筑业法人企业应具有建筑业资质并能够独立核算，同时其应具备以下条件：①依法成立，有自己的名称、组织机构和场所，能够承担民事责任；②独立拥有和使用资产，承担负债，有权与其他单位签订合同；③独立核算盈亏，能够编制资产负债表。

建筑业总产值 是以货币形式表现的建筑业企业在一定时期内生产的建筑业产品和提供的服务的总和。建筑业总产值包括：

⑴建筑工程产值：指列入建筑工程预算内的各种工程价值。

⑵安装工程产值：指设备安装工程价值，不包括被安装设备本身的价值。

⑶其他产值：建筑业总产值中除建筑工程、安装工程以外的产值。包括房屋构筑物修理产值、非标准设备制造产值、总包企业向分包企业收取的管理费以及不能明确划分的施工活动所完成的产值。

a.房屋构筑物修理产值：指房屋和构筑物修理所完成的产值，但不包括被修理房屋、构筑物本身价值和生产设备的修理产值。

b.非标准设备制造产值：指加工制造没有定型的非标准生产设备的加工费和原材料价值(如化工厂、炼油厂用的各种罐、槽，矿井生产统一使用的各种漏斗、三角槽、阀门等)以及附属加工厂为本企业承建工程制作的非标准设备的价值。

房屋建筑施工面积 指在报告期内施过工的全部房屋建筑面积，包括本期新开工的房屋面积、上期施工跨入本期继续施工的房屋面积、上期停缓建在本期恢复施工的房屋面积、本期竣工的房屋面积及本期施工后又停缓建的房屋面积。

房屋建筑竣工面积 指在报告期内房屋建筑按照设计要求全部完工，达到了使用条件，经验收鉴定合格，正式移交使用单位的房屋建筑面积。

Explanatory Notes on Main Statistical Indicators

Statistical Unit in Construction refers to corporate enterprise engaged in the construction of buildings and structures and in the installation of equipment. A corporate construction enterprise should have qualification certificates with independent accounting system, and should meet the following 3 requirements: a) being set up in line with relevant legal basis, having its full name, organization and location, and capable of taking civil liabilities; b) independently possessing and using its assets and assuming its liabilities, and entitled to sign contracts with other institutions; and c) making independent accounts of its profits and losses, and capable of compiling its own balance sheet.

Gross Output Value of Construction refers to total of construction products and services, expressed in money terms, produced or rendered by construction and installation enterprises during a given period of time. It includes:

(1)Output value of construction projects, that is the value of projects covered by the project budgets;

(2)Output value of installation projects, that is the value of the installation of equipment, (excluding the value of the equipment to be installed);

(3)Output value of others, that is the output value of construction industry excluding that of construction projects and installation projects. It includes: output value of repair of buildings and structures; output value of non standard equipment manufacturing; overhead expenses received by contracted enterprises to the sub contracted enterprises and the completed output value of construction activities that have no clear definition.

a. Output value of repair of buildings and structures, that is the value created through the repairs of buildings or structures, but does not include the value of buildings or structures being repaired and the value of the repair of production equipment;

b. Output value of manufactured non standard equipment, that is the value of non standard production equipment including raw materials and manufacturing cost made for the construction project (i.e., chemical plant; kettles or tanks used by refineries; various fillers, triangle tanks, valves used by mines), and the output value of equipment manufactured by subsidiary workshops.

Floor Space of Buildings under Construction refers to floor space of buildings under construction during the reference period, including newly started buildings, buildings started earlier and continued during the reference period, and buildings suspended earlier but restarted during the reference period, buildings completed during the reference period, and buildings under construction and then suspended during the reference period.

Floor Space of Buildings Completed refers to the floor space of buildings that are completed in the reference period in accordance with the requirements of the design, up to the standard for putting them into use, and have been checked and accepted by concerned departments as qualified ones.

第16篇

规模以上服务业

Service Enterprises Above Designated Size

简 要 说 明

一、本篇资料的主要内容

本篇资料主要反映规模以上服务业的基本情况、财务状况、劳动报酬情况等。据国家统计报表制度，2012年规模以上服务业年报首次纳入“一套表”联网直报系统。

二、本篇资料的来源

本篇资料来源于规模以上服务业年报数据，由省统计局服务业处整理提供。

Brief Introduction

I. Content

Data in this chapter reflect the basic information, financial condition, employed persons, labor remuneration and E-commerce transactions of some service enterprises above designated size. According to the National Statistical Reporting System, some service enterprises above designated size have been integrated into the "network reporting" system since 2012.

II. Source of Data

Data in this chapter are based on the yearly statistics report of some service enterprises above designated size and are prepared and compiled by the Division of comprehensive Service Statistics of Shandong Provincial Bureau of Statistics.

16-1 规模以上服务业企业主要财务状况

Main Financial Indicators of Service Enterprises above the Designated

单位:亿元 (100 million yuan)

项 目	Item	2018	2019	2019年比2018年增长(%) Growth Rate in 2019 Over 2018(%)
资产总计	Total Assets	26329.43	28636.63	8.8
负债合计	Total Liabilities	13486.83	14701.28	9.0
营业收入	Business Revenue	7355.05	8304.36	12.9
营业成本	Business Costs	5800.70	6682.57	15.2
税金及附加	Tax and Extra Charges on Business	50.63	52.43	3.6
销售费用	Sales Expenses	299.41	310.07	3.6
管理费用	Management Expenses	684.50	681.39	-0.5
财务费用	Financial Expenses	196.15	218.66	11.5
营业利润	Business Profits	682.16	633.29	-7.2
利润总额	Total Profits	723.22	677.35	-6.3
所得税费用	Income Taxes Payable	123.62	137.73	11.4
应付职工薪酬	Total Wages Payable	1371.70	1497.56	9.2
应交增值税	Value-added Tax Payable	177.86	184.12	3.5

注:增速按可比口径计算。

a)The growth rates are calculated on comparable coverage.

16-2 规模以上服务业企业分登记注册类型财务状况

Financial Indicators of Service Enterprises above Designated Size by Registration Type

单位:万元 (10 000 yuan)

类　别	Category	企业单位数(个) Number of Industial Enterprises (unit)	资产总计 Total Assets	负债合计 Total Liabilities
全省总计	**Provincial Total**	**8320**	**286366277**	**147012817**
按登记注册类型分	**by Status of Registration**			
内资企业	**Domestic Funded Enterprises**	**8080**	**271765669**	**139291894**
国有企业	State-owned Enterprises	247	10091035	6015691
集体企业	Collective-owned Enterprises	49	393950	248107
股份合作企业	Cooperative Enterprises	9	69953	36806
联营企业	Joint Ownership Enterprises			
有限责任公司	Limited Liability Corporations	2687	204738371	101654546
股份有限公司	Share-holding Corporations Limited	316	30258475	14061914
私营企业	Private Enterprises	4624	25033385	16443729
其他企业	Other Enterprises	148	1180500	831100
港、澳、台商投资企业	**Enterprises with Funds from Hong Kong, Macao and Taiwan**	**99**	**7760548**	**4719544**
合资经营企业(港或澳、台资)	Joint-ventures Enterprises	45	2844929	1172268
合作经营企业(港或澳、台资)	Cooperative Enterprises	1	48691	19304
港澳台商独资经营企业	Enterprises with Sole Investment	46	3086809	2021415
港澳台商投资股份有限公司	Share-holding Corporations Ltd. With Funds from Hong Kong, Macao and Taiwan	5	1720972	1483375
其他港澳台投资企业	Other Enterprises	2	59148	23182
外商投资企业	**Foreign Funded Enterprises**	**141**	**6840060**	**3001379**
中外合资经营企业	Joint-venture Enterprises	71	4904692	1968768
中外合作经营企业	Cooperation Enterprises	3	14347	5011
外资企业	Enterprises with Sole Foreign Funds	62	1395808	820372
外商投资股份有限公司	Share-holding Corporations Ltd. With Foreign Investment	2	497269	195030
其他外商投资企业	Other Enterprises	3	27945	12199

16-2 续表 1 continued

单位:万元 (10 000 yuan)

类　　别	Category	营业收入 Business Revenue	营业成本 Business Costs	税金及附加 Tax and Extra Charges on Business
全省总计	**Provincial Total**	**83043564**	**66825677**	**524313**
按登记注册类型分	**by Status of Registration**			
内资企业	**Domestic Funded Enterprises**	**76749623**	**62429946**	**485364**
国有企业	State-owned Enterprises	3845610	3246904	24395
集体企业	Collective-owned Enterprises	155569	106718	3582
股份合作企业	Cooperative Enterprises	20644	9698	690
联营企业	Joint Ownership Enterprises			
有限责任公司	Limited Liability Corporations	38043327	30850233	285039
股份有限公司	Share-holding Corporations Limited	9237581	7025190	50613
私营企业	Private Enterprises	24721940	20629951	118846
其他企业	Other Enterprises	724952	561252	2199
港、澳、台商投资企业	**Enterprises with Funds from Hong Kong, Macao and Taiwan**	**2502245**	**1758726**	**16999**
合资经营企业(港或澳、台资)	Joint-ventures Enterprises	762946	500292	4328
合作经营企业(港或澳、台资)	Cooperative Enterprises	13856	14150	46
港澳台商独资经营企业	Enterprises with Sole Investment	1341411	934573	10348
港澳台商投资股份有限公司	Share-holding Corporations Ltd. With Funds from Hong Kong, Macao and Taiwan	381801	308838	2235
其他企业	Other Enterprises	2232	872	43
外商投资企业	**Foreign Funded Enterprises**	**3791696**	**2637005**	**21950**
中外合资经营企业	Joint-venture Enterprises	2320560	1648491	10003
中外合作经营企业	Cooperation Enterprises	7050	2627	454
外资企业	Enterprises with Sole Foreign Funds	878052	675020	10281
外商投资股份有限公司	Share-holding Corporations Ltd. With Foreign Investment	571305	300185	911
其他企业	Other Enterprises	14729	10681	301

16-2 续表 2 continued

单位:万元 (10 000 yuan)

类 别	Category	销售费用 Selling Expreses	管理费用 Mangement Expenses	财务费用 Financial Expenses	营业利润 Business Profits
全省总计	**Provincial Total**	**3100733**	**6813902**	**2186623**	**6332908**
按登记注册类型分	**by Status of Registration**				
内资企业	**Domestic Funded Enterprises**	**2869596**	**6365013**	**2075410**	**5259248**
国有企业	State-owned Enterprises	117160	458129	72524	91740
集体企业	Collective-owned Enterprises	4353	34218	1119	5827
股份合作企业	Cooperative Enterprises	1485	8640	66	-180
联营企业	Joint Ownership Enterprises				
有限责任公司	Limited Liability Corporations	1348477	3231394	1629945	2829307
股份有限公司	Share-holding Corporations Limited	414715	585853	192733	1397927
私营企业	Private Enterprises	961808	1947433	172099	901431
其他企业	Other Enterprises	21600	99346	6925	33195
港、澳、台商投资企业	**Enterprises with Funds from Hong Kong, Macao and Taiwan**	**146295**	**163565**	**55611**	**358282**
合资经营企业(港或澳、台资)	Joint-ventures Enterprises	30019	60390	31093	143162
合作经营企业(港或澳、台资)	Cooperative Enterprises		523	550	-1414
港澳台商独资经营企业	Enterprises with Sole Investment	98279	88007	20162	180437
港澳台商投资股份有限公司	Share-holding Corporations Ltd. With Funds from Hong Kong, Macao and Taiwan	17998	13538	3810	35884
其他企业	Other Enterprises		1108	-3	212
外商投资企业	**Foreign Funded Enterprises**	**84841**	**285325**	**55602**	**715379**
中外合资经营企业	Joint-venture Enterprises	15574	178352	35997	446411
中外合作经营企业	Cooperation Enterprises	2015	1955	78	129
外资企业	Enterprises with Sole Foreign Funds	23819	87283	16905	58912
外商投资股份有限公司	Share-holding Corporations Ltd. With Foreign Investment	42881	16086	2343	208625
其他企业	Other Enterprises	553	1649	279	1303

16-2 续表 3 continued

单位:万元 (10 000 yuan)

类　　别	Category	利润总额 Total Profits	所得税费用 Income Taxes Payable	应付职工薪酬 Total Wages Payable	应交增值税 Value-added Tax Payable
全省总计	**Provincial Total**	**6773456**	**1377340**	**14975618**	**1841196**
按登记注册类型分	**by Status of Registration**				
内资企业	**Domestic Funded Enterprises**	**5681228**	**1214238**	**14182089**	**1695787**
国有企业	State-owned Enterprises	146032	21515	1284567	54969
集体企业	Collective-owned Enterprises	10000	3836	32726	4267
股份合作企业	Cooperative Enterprises	-164	35	3915	871
联营企业	Joint Ownership Enterprises				
有限责任公司	Limited Liability Corporations	3047486	673457	7609666	825950
股份有限公司	Share-holding Corporations Limited	1407132	333154	1601110	229952
私营企业	Private Enterprises	1037930	177484	3405165	572499
其他企业	Other Enterprises	32811	4758	244939	7278
港、澳、台商投资企业	**Enterprises with Funds from Hong Kong, Macao and Taiwan**	**371714**	**34285**	**304248**	**73573**
合资经营企业(港或澳、台资)	Joint-ventures Enterprises	146225	15681	101730	14586
合作经营企业(港或澳、台资)	Cooperative Enterprises	-1695		185	221
港澳台商独资经营企业	Enterprises with Sole Investment	191675	15503	175795	49755
港澳台商投资股份有限公司	Share-holding Corporations Ltd. With Funds from Hong Kong, Macao and Taiwan	35313	3101	25311	8978
其他企业	Other Enterprises	196		1227	32
外商投资企业	**Foreign Funded Enterprises**	**720515**	**128817**	**489282**	**71836**
中外合资经营企业	Joint-venture Enterprises	450597	104102	270680	33808
中外合作经营企业	Cooperation Enterprises	-27	455	1611	175
外资企业	Enterprises with Sole Foreign Funds	62394	11041	175684	17911
外商投资股份有限公司	Share-holding Corporations Ltd. With Foreign Investment	206122	12744	39437	19661
其他企业	Other Enterprises	1428	476	1870	281

16-3 规模以上服务业企业分控股情况财务状况

Financial Indicators of Service Enterprises above Designated Size by Holding Type

单位:万元 (10 000 yuan)

类 别	Category	企业单位数(个) Number of Industial Enterprises (unit)	资产总计 Total Assets	负债合计 Total Liabilities	营业收入 Business Revenue	营业成本 Business Costs
全省总计	**Provincial Total**	**8320**	**286366277**	**147012817**	**83043564**	**66825677**
按控股情况分	**by Holding Type**					
国有控股	State-holding	**1267**	**210898563**	**98861668**	**34927680**	**28671169**
集体控股	Collective-holding	213	5276387	3443294	2042321	1535022
私人控股	Private-holding	5818	41908428	27221348	32968860	26882953
港澳台商控股	Holdings form Hong Kong, Macao and Taiwan	78	6578282	4517670	2468556	1702286
外商控股	Foreign-holding	103	3924020	1682844	2317753	1680145
其他	Others	633	15556036	9882171	7252312	5532183

16-3 续表 1 continued

单位:万元 (10 000 yuan)

类 别	Category	税金及附加 Tax and Extra Charges on Business	销售费用 Selling Expreses	管理费用 Mangement Expenses	财务费用 Financial Expenses	营业利润 Business Profits
全省总计	**Provincial Total**	**524313**	**3100733**	**6813902**	**2186623**	**6332908**
按控股情况分	**by Holding Type**					
国有控股	State-holding	235923	1081467	2582167	1540018	3500381
集体控股	Collective-holding	25274	74168	312431	41568	97541
私人控股	Private-holding	174744	1361746	2767208	374805	1357127
港澳台商控股	Holdings form Hong Kong, Macao and Taiwan	16718	172580	150883	35034	378470
外商控股	Foreign-holding	16551	78488	152495	30675	358288
其他	Others	48875	307076	673312	150847	623626

16–3 续表 2 continued

单位:万元 (10 000 yuan)

类 别	Category	利润总额 Total Profits	所得税费用 Income Taxes Payable	应付职工薪酬 Total Wages Payable	应交增值税 Value-added Tax Payable
全省总计	**Provincial Total**	**6773456**	**1377340**	**14975618**	**1841196**
按控股情况分	**by Holding Type**				
国有控股	State-holding	3675626	840985	7202150	742893
集体控股	Collective-holding	138224	25405	345943	40346
私人控股	Private-holding	1549565	293666	4782116	763866
港澳台商控股	Holdings form Hong Kong, Macao and Taiwan	391042	28032	314939	90352
外商控股	Foreign-holding	359932	41213	311821	48675
其他	Others	629541	141948	1694777	140981

16–4 规模以上服务业企业分行业财务状况(2019年)

Financial Indicators of Service Enterprises above Designated Size by Sector(2019)

单位:万元 (10 000 yuan)

行 业	Category	企业单位数(个) Number of Industial Enterprises (unit)	资产总计 Total Assets	负债合计 Total Liabilities	营业收入 Business Revenue
全省总计	**Provincial Total**	**8320**	**286366277**	**147012817**	**83043564**
按行业分	**Grouped by Sector**				
交通运输、仓储和邮政业	Transport, Storage and Postal Services	3136	119472370	58982825	40451247
信息传输、软件和信息技术服务业	Information Transmission, Software and Information Technology Services	674	24881978	10551814	14393476
房地产业	Real Estate	637	11142247	6831642	2519604
租赁和商务服务业	Leasing and Business Services	1464	80982343	43917263	10482697
科学研究和技术服务业	Scientific Research and Technical Services	1083	15846801	9298208	8028596
水利、环境和公共设施管理业	Management of Water Conservancy, Environment and Public Facilities	292	22881567	10796130	2551987
居民服务、修理和其他服务业	Households' service, Repair and Other Services	249	971967	731629	662035
教育	Education	162	1342519	716544	515674
卫生和社会工作	Health and Social Work	308	3151675	2113216	1876990
文化、体育和娱乐业	Culture, Sports and Entertainment	315	5692812	3073546	1561258

16-4 续表 1 continued

单位:万元 (10 000 yuan)

行业	Category	营业成本 Business Costs	税金及附加 Tax and Extra Charges on Business	销售费用 Selling Expreses	管理费用 Mangement Expenses
全省总计	**Provincial Total**	**66825677**	**524313**	**3100733**	**6813902**
按行业分	**Grouped by Sector**				
交通运输、仓储和邮政业	Transport, Storage and Postal Services	35821931	175764	714228	2125669
信息传输、软件和信息技术服务业	Information Transmission, Software and Information Technology Services	10171515	58776	1064952	970555
房地产业	Real Estate	1712596	52276	193684	447780
租赁和商务服务业	Leasing and Business Services	8577325	100334	348500	1125084
科学研究和技术服务业	Scientific Research and Technical Services	5653943	50723	274479	1105889
水利、环境和公共设施管理业	Management of Water Conservancy, Environment and Public Facilities	1653766	47984	111799	280708
居民服务、修理和其他服务业	Households' service, Repair and Other Services	469195	3960	63140	83894
教育	Education	323295	4119	49740	105739
卫生和社会工作	Health and Social Work	1417871	7084	93384	296257
文化、体育和娱乐业	Culture, Sports and Entertainment	1024241	23294	186827	272327

16-4 续表 2 continued

单位:万元 (10 000 yuan)

行业	Category	财务费用 Financial Expenses	营业利润 Business Profits	利润总额 Total Profits
全省总计	**Provincial Total**	**2186623**	**6332908**	**6773456**
按行业分	**Grouped by Sector**			
交通运输、仓储和邮政业	Transport, Storage and Postal Services	1017385	2497886	2680065
信息传输、软件和信息技术服务业	Information Transmission, Software and Information Technology Services	36937	1707479	1756869
房地产业	Real Estate	133943	229747	218841
租赁和商务服务业	Leasing and Business Services	703560	496378	635672
科学研究和技术服务业	Scientific Research and Technical Services	64264	793837	816945
水利、环境和公共设施管理业	Management of Water Conservancy, Environment and Public Facilities	171638	388873	413251
居民服务、修理和其他服务业	Households' service, Repair and Other Services	2779	40497	42591
教育	Education	10615	23173	25062
卫生和社会工作	Health and Social Work	21919	35149	29732
文化、体育和娱乐业	Culture, Sports and Entertainment	23583	119889	154428

16-4 续表 3 continued

单位:万元 (10 000 yuan)

行业	Category	所得税费用 Income Taxes Payable	应付职工薪酬 Total Wages Payable	应交增值税 Value-added Tax Payable
全省总计	**Provincial Total**	**1377340**	**14975618**	**1841196**
按行业分	**Grouped by Sector**			
交通运输、仓储和邮政业	Transport, Storage and Postal Services	701318	6257287	724718
信息传输、软件和信息技术服务业	Information Transmission, Software and Information Technology Services	267627	2406091	441738
房地产业	Real Estate	56607	808065	100797
租赁和商务服务业	Leasing and Business Services	124346	1975008	205839
科学研究和技术服务业	Scientific Research and Technical Services	117721	1890361	221061
水利、环境和公共设施管理业	Management of Water Conservancy, Environment and Public Facilities	61886	384428	75972
居民服务、修理和其他服务业	Households' service, Repair and Other Services	10982	181040	16833
教育	Education	7374	200672	12449
卫生和社会工作	Health and Social Work	14734	557552	3067
文化、体育和娱乐业	Culture, Sports and Entertainment	14745	315115	38723

16-5 各市规模以上服务业企业财务状况(2019年)

Financial Indicators of Service Enterprises above Designated Size by Region(2019)

单位:万元 (10 000 yuan)

地区	Region	企业单位数(个) Number of Industial Enterprises (unit)	资产总计 Total Assets	负债合计 Total Liabilities	营业收入 Business Revenue	营业成本 Business Costs	税金及附加 Tax and Extra Charges on Business	销售费用 Selling Expreses
全省总计	**Total**	**8320**	**286366277**	**147012817**	**83043564**	**66825677**	**524313**	**3100733**
济南市	Jinan	1524	109432703	48934690	23676909	19305386	123852	875113
青岛市	Qingdao	1906	56980290	29019513	22549802	18394980	124098	717990
淄博市	Zibo	475	12237014	5760872	3317125	2584067	30011	116365
枣庄市	Zaozhuang	139	1585387	1116809	800094	615285	4551	54505
东营市	Dongying	286	5354618	3472003	2581560	2149828	20837	53305
烟台市	Yantai	642	23157553	13623582	5837598	4615228	48931	224260
潍坊市	Weifang	495	19585728	8057674	3619409	2793635	25257	168305
济宁市	Jining	713	7239317	4263541	3268146	2668232	27210	142255
泰安市	Tai'an	228	3918115	3038564	2712680	2353530	23363	97128
威海市	Weihai	233	4755710	2331852	1672064	1285962	12816	120211
日照市	Rizhao	246	19518662	12282071	3451506	2701378	22978	55788
临沂市	Linyi	420	8115991	5653443	3241299	2377710	24465	191083
德州市	Dezhou	207	2864290	1506222	1178070	906681	7833	45878
聊城市	Liaocheng	274	6225802	4824960	1976573	1644091	13571	69157
滨州市	Binzhou	241	2426778	1627332	1528790	1240461	8470	57132
菏泽市	Heze	291	2968321	1499691	1631942	1189223	6072	112260

16-5 续表 continued

单位:万元 (10 000 yuan)

地 区	Region	管理费用 Mangement Expenses	财务费用 Financial Expenses	营业利润 Business Profits	利润总额 Total Profits	所得税费用 Income Taxes Payable	应付职工薪酬 Total Wages Payable	应交增值税 Value-added Tax Payable
全省总计	**Total**	**6813902**	**2186623**	**6332908**	**6773456**	**1377340**	**14975618**	**1841196**
济南市	Jinan	1957155	642374	1765689	1778460	468737	5267402	669423
青岛市	Qingdao	1763960	360602	2156392	2330899	405680	3427093	390591
淄博市	Zibo	313427	99687	184209	199353	29629	708600	61938
枣庄市	Zaozhuang	90971	26208	18885	25962	10924	163683	20056
东营市	Dongying	208758	45349	125430	117480	42168	441730	47358
烟台市	Yantai	520253	275832	299667	302668	82159	1041435	102043
潍坊市	Weifang	337565	119470	441885	481761	66417	671931	83546
济宁市	Jining	237834	66299	169736	198215	41554	514392	64186
泰安市	Tai'an	158208	25366	50462	98127	22560	403546	131668
威海市	Weihai	181909	32144	113027	126694	25263	320725	37080
日照市	Rizhao	189903	303931	365634	400079	77144	452339	31591
临沂市	Linyi	341121	72093	252723	257423	30227	590421	87854
德州市	Dezhou	123948	18001	74209	93851	16482	206282	17939
聊城市	Liaocheng	148819	49488	58967	72520	21024	288479	35827
滨州市	Binzhou	116583	26314	79384	100196	10405	238775	33210
菏泽市	Heze	123489	23466	176608	189770	26966	238786	26887

主要统计指标解释

规模以上服务业 辖区内年营业收入 2000 万元及以上服务业法人单位。包括：交通运输、仓储和邮政业，信息传输、软件和信息技术服务业，水利、环境和公共设施管理业三个门类和卫生行业大类。

辖区内年营业收入 1000 万元及以上服务业法人单位。包括：租赁和商务服务业，科学研究和技术服务业，教育三个门类，以及物业管理、房地产中介服务、房地产租赁经营和其他房地产业四个行业小类。

辖区内年营业收入 500 万元及以上服务业法人单位。包括：居民服务、修理和其他服务业，文化、体育和娱乐业两个门类，以及社会工作行业大类。

Explanatory Notes on Main Statistical Indicators

The statistical coverage of some service enterprises above designated size The corporative enterprises with annual revenue from business above 20 million yuan of some services business, including three sectors of transport, storage and postal services, information transmission, software and information technology services, management of Water Conservancy, Environment and Public Facilities, and one major categories of health services. The corporative enterprises with annual revenue from business above 10 million yuan of some services business, including three sectors of leasing and business services, scientific research and technical services, education, and four sub-categories of property management ,real estate agent services, real estate lease operation and other real estate,etc. The corporative enterprises with annual revenue from business above 5 million yuan of some services business, including two sectors of households' service, repair and other services, culture, sports and entertainment services, and one major categories of social services .

第
17
篇

运输和邮电

Transport, Post and Telecommunication Services

简 要 说 明

一、本篇资料的主要内容

本篇资料反映了全省交通运输业和邮电通讯业发展的基本状况，主要包括交通设施基本情况、客货运量及周转量、交通运输企业主要技术经济指标、沿海主要港口货物吞吐量、邮政和电信基本情况、地方交通和营业性运输车辆、民用汽车拥有量等方面的内容。

二、本篇资料的来源

本篇资料中，交通运输资料分别来源于济南铁路局、山东省地方铁路局、省交通厅、省公安厅交警总队，邮电通信业资料来源于省通信管理局和省邮政局。

本篇资料由省统计局服务业处整理提供。

Brief Introduction

I. Content

Data in this chapter cover mainly the basic conditions of the development of transport, post and telecommunications in Shandong Province, including the basic conditions of transport, the freight traffic and passenger traffic accomplished by various means, major financial indices of related enterprises, cargo handled at principal sea ports, the possession of the transport equipment and the basic conditions of post and telecommunication services.

II. Source of Data

Data in this chapter are provided by Jinan Railway Board, Shandong Local Railway Board, Shandong Communications Department, and Traffic Police General Brigade of Shandong Public Security Department. Data on post and telecommunication services are provided by Shandong Communication Administration and Shandong Post Bureau.

Data in this chapter are prepared and compiled by the Division of Comprehensive Service Statistics of Shandong Provincial Bureau of Statistics.

17-1 主要年份运输线路长度

Length of Transport Routes in Major Years

单位:公里 (km)

年份 Year	铁路通车里程 Length of Railways in operation	公路通车里程 Length of Highways in Operation	#晴雨通车 In Operation Regardless of Weather	内河通航里程 Length of Navigabe Inland Waterways	#通机动船 In Operation for Motor Vessels
1949	887	3152	65	1082	
1952	954	7669	170	1459	409
1955	956	9070	667	1459	409
1957	1154	13425	2115	1642	1063
1962	1168	15766	4189	2179	1353
1965	1208	22176	5669	1827	1310
1970	1276	29159	12666	1821	1629
1975	1275	31712	20212	1876	1764
1976	1386	32978	21645	2118	1802
1977	1386	33629	23636	2343	1811
1978	1385	34244	25289	2403	1880
1979	1388	35139	26106	1972	1953
1980	1411	35311	26544	1970	1736
1981	1582	35292	27284	1849	1712
1982	1565	35504	27875	1859	1722
1983	1565	35722	28480	1859	1722
1984	1569	35935	29427	1859	1725
1985	1572	36327	30250	1840	1706
1986	2041	37005	31286	1840	1706
1987	2042	37530	32468	1840	1706
1988	2042	38759	34057	1840	1706
1989	2042	39783	35557	1840	1706
1990	2041	40772	37015	1840	1706
1991	2042	41937	39081	1891	1780
1992	2048	43134	40612	1891	1780
1993	2048	46033	43992	1891	1780
1994	2048	50225	48385	1891	1780
1995	2048	54243	52702	1891	1780
1996	2620	57271	55882	1891	1780
1997	2721	59260	58028	1414	1302
1998	2658	64145	63142	1414	1302
1999	2672	67847	67055	1476	
2000	2672	70686	70038	1476	
2001	2709	71128	70701	1476	
2002	2709	74029	73665	1476	
2003	3236	76266	75948	1012	
2004	3348	77768	77483	1012	
2005	3402	80132	79854	1012	
2006	3405	204911	203363	1012	
2007	3379	212236	211279	1012	
2008	3329	220687	219525	1012	
2009	3620	226693	225235	1012	
2010	3833	229858	228906	1150	
2011	4177	233189	232264	1150	
2012	4306	244586	243779	1150	
2013	4397	252785	252066	1150	
2014	4546	259514	259031	1150	
2015	4863	263447	262986	1150	
2016	4882	265720	265265	1150	
2017	5115	270590	270150	1150	
2018	5676	275642	275344	1150	
2019	5972	280325	280186	1150	

注:2006年起，村道纳入公路通车里程。
a)Length of highways includes that of village-level highways since 2006.

17-2 主要年份旅客运量及周转量

Passenger Traffic and Turnover Volume in Major Years

年份 Year	客运量(万人) Passenger Traffic (10 000 Persons)	铁路 Railways	公路 Highways	水路 Waterways	周转量(百万人公里) Passenger Turnover (million Passenger-km)	铁路 Railways	公路 Highways	水路 Waterways
1949	928	846	82		1368	1287	81	
1952	1196	938	251	7	1553	1365	180	8
1955	1775	1086	678	11	2229	1786	438	5
1957	3019	1872	1128	19	3002	2427	565	10
1962	7590	5923	1599	68	7664	6690	933	41
1965	4566	2457	2077	32	3664	2699	953	12
1970	5725	2454	3240	31			1445	14
1975	7084	3202	3844	38	6676	4708	1953	15
1976	7614	3233	4239	52	6996	4791	2189	16
1977	8679	3522	5103	54	7702	5127	2560	15
1978	9431	3467	5897	67	8448	5535	2895	18
1979	10857	3431	7338	88	9373	5950	3403	19
1980	12208	3586	8532	90	10624	6769	3839	16
1981	12682	3600	8994	88	11365	7272	4077	16
1982	13109	3695	9322	92	12283	7788	4477	18
1983	14839	3792	10942	102	14237	8954	5264	19
1984	17309	4071	13125	113	17058	10615	6423	20
1985	19772	4073	15565	134	20357	12433	7901	23
1986	26459	4005	22311	143	24671	13895	10752	24
1987	25209	4212	20811	186	27316	15608	11680	28
1988	29035	4447	24297	291	32412	17974	14402	36
1989	30718	3905	26419	344	32286	16552	15693	41
1990	29798	3303	26136	359	30138	14830	15255	53
1991	31940	3286	28240	405	32620	15873	16598	96
1992	33920	3244	30145	486	35164	17043	18002	119
1993	33634	3346	29693	595	34068	17785	16114	169
1994	34592	3587	30253	627	35627	18273	17126	222
1995	36425	3414	32317	694	35097	17418	17449	230
1996	39199	2854	35611	734	35344	15317	19696	331
1997	43218	3071	39234	913	40060	17277	22347	436
1998	50904	3223	46467	868	45229	18327	24599	483
1999	59350	3670	54817	863	51828	20568	28846	414
2000	66128	3840	61466	822	54873	22180	32358	335
2001	70497	3723	65787	987	59432	23373	35573	486
2002	74626	3566	69948	1112	64294	24644	39173	477
2003	75492	3324	71053	1115	61769	22024	39223	522
2004	89388	3857	84290	1241	74799	26696	47545	558
2005	98485	3952	93178	1355	82778	28268	53910	600
2006	109472	4757	103298	1417	93014	32223	60128	663
2007	123963	5127	117309	1527	106879	34039	72022	818
2008	213387	5470	205917	2000	141867	36694	104569	604
2009	234234	5806	226134	2294	158713	37993	119723	997
2010	248720	6041	240044	2635	164471	42135	121151	1185
2011	250469	6609	241457	2403	172751	45872	125691	1188
2012	264935	7650	254711	2574	183196	50951	130995	1250
2013	269391	8484	258327	2580	189285	54995	133137	1153
2014	73582	9508	62052	2022	114056	61734	51141	1181
2015	59625	10666	46960	1999	112745	64444	47137	1164
2016	62727	11904	48823	2000	116882	68442	47240	1200
2017	64536	13388	49111	2037	122676	73365	48104	1207
2018	66613	14525	50044	2044	126935	76302	49357	1276
2019	67317	15722	49581	2014	127981	77287	49256	1439

注：1.2008年起，公路、水路数据改用全国公路水路运输量专项调查数据(下同)。
2.交通运输部2014年修订了公路、水运运输量统计试行方案，统计口径发生了变化。

a)Since 2008, data on highways and waterways are based on the National Special Highway and Waterways Survey.The same as the following tables.

b)The pilot statistical investigation program on passenger traffic and turnover was revised in 2014,and the statistical scope was adjusted.

17-3 主要年份货物运量及周转量

Freight Traffic and Turnover Volume in Major Years

年份 Year	货运量(万吨) Freight Traffic (10 000 tons)	铁路 Railways	公路 Highways	水路 Waterways	周转量(百万吨公里) Freight Turnover (million ton-km)	铁路 Railways	公路 Highways	水路 Waterways
1949	547	381	166	0.2	1245	1178	66	1
1952	1802	640	1029	133	3711	3346	154	211
1955	3305	895	2013	397	4919	4359	246	344
1957	4558	1238	2973	347	6923	6190	327	406
1962	4500	1801	2419	280	8106	7309	421	376
1965	7544	2821	4339	385	11929	10721	750	458
1970	10081	3911	5693	477	19167	17346	1186	635
1975	14598	4214	9781	603	22198	18947	2374	877
1976	17320	4904	11732	684	24062	20096	2942	1024
1977	21484	5365	15255	864	27326	22293	3865	1168
1978	22964	5940	16128	896	31005	25746	4060	1199
1979	22536	5951	15748	837	31586	26540	3634	1113
1980	22086	5687	15629	770	31329	26087	4005	1237
1981	20496	5306	14427	763	31941	26332	4093	1516
1982	21641	5415	15413	813	35160	28400	4937	1823
1983	23726	5655	17216	855	38996	30966	5787	2243
1984	25310	6035	18389	886	41974	33250	6505	2219
1985	27371	6403	20105	863	48431	37342	8139	2468
1986	32299	6789	24619	893	57599	44618	10287	2694
1987	36012	7072	28008	932	64533	49069	12231	3234
1988	39866	7322	31670	874	72723	53851	15325	3547
1989	43098	7934	34331	833	78996	58657	16612	3727
1990	41443	8012	32654	777	77845	58546	15705	3594
1991	44145	8372	34587	1186	81402	59694	16660	5047
1992	47676	8609	37684	1381	87617	62750	18931	5936
1993	51250	9023	40820	1407	92257	63127	20444	8687
1994	57187	9259	46485	1443	101437	66744	23069	11625
1995	66546	9256	55669	1621	112655	69857	26397	16401
1996	70664	10226	58270	2168	122849	71385	30559	20895
1997	72780	10368	60340	2072	126093	73323	31915	20855
1998	76813	10224	64716	1867	118753	65877	34322	18513
1999	80212	10553	67696	1956	127304	73588	35350	18330
2000	92483	11253	76778	4452	403315	79964	40575	282776
2001	99464	12426	81574	5464	467545	84815	41143	341587
2002	107454	13624	89714	4116	304075	92525	46009	165541
2003	117712	17167	95900	4645	342906	107157	50987	184762
2004	132036	17862	106887	7287	478309	111109	59606	307594
2005	147999	18338	120455	9206	558286	121908	71182	365196
2006	167511	19126	136750	11635	665521	151159	84510	429852
2007	198507	19923	163959	14625	642854	131151	106926	404777
2008	247489	20872	216604	10013	1010234	134133	511792	364309
2009	284463	19596	251587	13280	1095569	134139	604502	356928
2010	298055	18056	264366	15633	1174705	144775	621680	408250
2011	314962	19711	279380	15871	1258364	152606	662435	443323
2012	330270	19814	296752	13704	1099119	149384	705922	243813
2013	344401	19043	311812	13546	1026088	138910	749888	137290
2014	260983	16792	230018	14172	817690	123808	571138	122744
2015	258444	15786	227934	14724	833415	107728	587699	137988
2016	281557	16745	249752	15060	879552	113668	607143	158741
2017	322564	17853	288052	16659	962225	121363	665022	175840
2018	349481	18710	312807	17964	995988	126468	685968	183552
2019	304732	20850	266124	17758	1007631	143456	674620	189555

注：1、交通运输部2014年修订了公路、水运运输量统计试行方案，统计口径发生了变化。
2、交通运输部对2019年公路数据重新核定，与以往不可比（以下相关表同）。

a)The pilot statistical investigation program on passenger traffic and turnover was revised in 2014,and the statistical scope was adjusted.

b)The data of traffic was re-approved in 2019,and not comparable with the previous（the same as in the following tables).

17-4 沿海主要港口货物吞吐量
Volume of Freight Handled in Major Coastal Ports

单位:万吨 (10000 tons)

港口名称	Seaport	1990	1995	2000	2005	2010	2014	2015	2016	2017	2018	2019
总　计	**Total**	**5445**	**10594**	**16025**	**38401**	**86421**	**128593**	**134218**	**142856**	**151571**	**161512**	**161064**
青岛港	Qingdao	3034	5103	8661	18679	35012	47701	49749	51463	51149	54250	57736
烟台港	Yantai	668	1361	1964	4506	15033	31971	33027	35407	40058	44308	38632
日照港	Rizhao	925	1452	2674	8421	22597	35324	36082	38286	40189	43763	46377
威海港	Weihai	100	379	658	1532	2407	7110	7324	7554	7806	5570	3730

17-5 交通运输企业主要技术经济指标
Major Technical and Economic Indicators of Transportation Enterprises

类　别	Category	2013	2014	2015	2016	2017	2018	2019
铁路运输	**Railway Transport**							
货车周转时间 (天)	Turning Around Time of Freight Locomotives (day)	2.0	1.9	2.0	2.0	1.8	1.7	1.5
货车全周转距离 (公里)	Turning Around Length of Freight Locomotives (km)	426	427	432	434	435	419	419
货车中转距离 (公里)	Transfer Length of Freight Locomotives (km)	198	194	190	199	220	216	222
平均一日装车数 (车)	Daily Loading Coach (coach)	8251	7351	7081	7778	8316	8921	10072
平均一日卸车数 (车)	Daily Unloading Coach (coach)	9099	8857	8461	9111	9592	10696	12119
货车静载重 (吨)	Static Load of Freight Locomotives (ton)	63.2	62.6	61.1	58.8	58.9	57.5	56.8
货运机车日产量 (万总重吨公里)	Average Daily Ton-kilometers of Freight Locomotives (10 000 tonkm)	133.9	132.3	131.7	138.2	146.7	149.5	156.2
内燃机车每万吨公里耗油 (公斤)	Oil Consumption of Diesel Locomotives per 10000 Ton-km (kg)	27.9	28.4	33.4	34.9	35.8	38.0	38.6
沿海水运船舶	**Coastal Waterways Transport**							
全部船舶净载重量 (万吨)	Static Load of Vessels (10 000 tons)	1489	1598	1755	1909	1810	1659	1713
码头舶位 (个)	Berths in Ports (unit)	519	540	556	567	581	597	596
最大靠舶能力 (万吨)	Maximum Capacity on Berths (10 000 tons)	30	30	30	30	30	40	40
年综合通过能力 (万吨)	Integrated Capacity (10 000 tons)	57309	63236	67089	72097	78820	85866	90823
旅客吞吐量 (万人)	Passenger Handled (10 000 persons)	1298	1321	1378	1404	1446	1461	1480

17-6 1978-2019年邮政基本情况

Basic Conditions of Post Services from 1978 to 2019

年 份 Year	邮政局总计 (处) Post &Telecommunication offices (unit)	#设在农村 in Rural Area	邮路总长度 (万公里) Length of Postal Routes (10 000 km)	函 件 (万件) Letters (10 000 pcs)	报刊期发数 (万份) Issue of Newspapers and Magazines (10 000 copies)
1978	2349	2048		15532	542
1979	2348	2042	22.6	16336	613
1980	2363	2057	22.5	17324	775
1981	2363	2052	22.8	17540	859
1982	2371	2050	4.2	17340	946
1983	2384	2048	4.2	17434	1131
1984	2415	2060	4.4	18958	1572
1985	2516	2153	4.7	21930	2017
1986	2531	2174	5.0	23745	1743
1987	2540	2176	5.2	26940	1888
1988	2576	2196	5.3	28884	1777
1989	2608	2210	5.3	30043	1176
1990	2647	2233	5.8	29486	1047
1991	2672	2247	5.7	28001	1174
1992	2699	2267	6.7	28266	1326
1993	3259	2492	8.5	32966	1247
1994	4180		9.7	35920	982
1995	4080	3400	10.5	38789	1180
1996	3727	3013	13.4	35112	1020
1997	5397		15.1	32859	996
1998	5382		15.1	33114	1147
1999	4414	3497	18.5	35138	1568
2000	3011	2255	17.0	32878	1701
2001	3040	2225	15.9	31400	1324
2002	3012	2193	16.5	51496	972
2003	3007	2166	15.7	58220	1152
2004	3009	2118	16.2	50087	716
2005	3025	2118	17.3	24075	823
2006	3043	2105	17.0	44356	703
2007	3046	2086	17.4	47157	763
2008	2934	2080	17.7	46362	823
2009	2862	2030	18.1	52074	868
2010	2840	1991	6.8	53963	1618
2011	2851	2012	6.6	46014	796
2012	2856	2022	7.3	45663	976
2013	2861	2022	7.3	42389	914
2014	2870	2044	7.6	29233	976
2015	2870	2049	8.0	18787	943
2016	2878	2041	10.0	10328	837
2017	2880	2054	45.2	6978	1151
2018	2873	2063	40.8	6369	854
2019	2889	2060	44.3	6263	921

17-7 1978-2019年电信业务总量

Business Volume of Telecommunication Services from 1978 to 2019

年份 Year	电信业务总量（万元） Business Volume of Telecommunication Services (10 000 Yuan)	电报（万份） Telegraph (10 000 copies)	长话电路（路） Lines of Long-distance Calls (line)	长途电话（万次） Long-distance Calls (10 000 times)	市内电话（万户） Local Telephones (10 000 subscribers)	农村电话（万户） Rural Telephones (10 000 subscribers)
1978	10058	588	1082	1308	6.3	3.8
1979	10515	632	1177	1428	7.1	4.3
1980	11030	711	1282	1525	7.5	4.4
1981	11291	789	1415	1532	8.0	4.5
1982	11629	805	1532	1649	8.5	4.6
1983	12529	917	1653	1789	9.4	4.8
1984	13751	908	1929	1963	10.7	5.1
1985	16186	1132	2190	2325	12.1	5.2
1986	17735	1203	2638	2569	13.4	5.5
1987	20719	1519	3341	2984	15.2	5.9
1988	27124	1918	4392	3987	18.5	6.4
1989	32153	1812	5694	4693	22.3	6.9
1990	39401	1634	7436	5800	26.5	7.3
1991	103322	1651	12675	8724	32.9	8.1
1992	156134	1673	18422	16978	45.8	9.5
1993	274917	1412	32615	32273	69.6	12.8
1994	404027	987	47589	52719	84.8	19.2
1995	537135	667	40634	55755	165.8	46.1
1996	697719	458	54179	61409	227.0	80.0
1997	957400	324	67834	79719	283.5	128.6
1998	1338886	226	98760	97077	346.7	179.6
1999	1411800	202	163381	96553	413.8	283.8
2000	1865000	178	222500	96010	547.0	559.0
2001	2300200	138	108000	101682	661.0	827.0
2002	2759820		135000	99470	790.0	950.0
2003	3325632		268530	149245	1008.0	1085.0
2004	4846250		510000	121275	1314.0	1198.0
2005	6754670		290996	152883	1410.9	1275.7
2006	9286877		462662	148631	1380.5	1256.7
2007	11799357		350028	157152	1377.6	1211.5
2008	14262026		413082	124858	1398.4	1053.7
2009	15867854		1238400	123510	1291.3	965.0
2010	19209000				1193.5	829.6
2011	7236000				1087.6	809.0
2012	7976000				1101.3	786.8
2013	8637000				1032.2	712.2
2014	10678489				879.3	538.9
2015	12531166				773.2	343.9
2016	8633818				678.2	292.2
2017	14947602				639.0	245.0
2018	36519157				618.1	228.3
2019	57866070					

注：2016年起，电信业务总量按2015年价格计算。

a)The business volume of telecommunication services was calculated at 2015 constant prices since 2016.

17-8 邮电业务基本情况

Basic Conditions of Post and Telecommunication Services

类 别		Category		2014	2015	2016	2017	2018	2019
邮电业务总量	(亿元)	Business Volume of Telecommunication Services	(100 million yuan)	1213.6	1458.6	1165.0	1887.7	4180.3	6504.6
函 件	(万件)	Letters	(10 000 pcs)	29233	18787	10328	6978	6369	6263
特快专递	(万件)	Express Mail Services	(10 000 pcs)						
报刊期发数	(万份)	Issue of Newspapers and Magazines	(10 000 copies)	976	943	837	1151	854	921
年末移动电话用户	(万户)	Number of Mobile Telephone Subscribers at Year-end	(10 000 subscribers)	8664.1	9413.8	9594.5	9943.9	10569.6	10785.5
#4G移动电话用户	(万户)	3G Mobile Phone Subscribers	(10 000 subscribers)			4647.5	6242.6	7294.2	8112.7
固定电话年末用户	(万户)	Number of Fixed Telephone Subscribers at Year-end	(10 000 subscribers)	1418.3	1117.1	970.4	884.0	846.3	1185.2
#城市电话用户	(万户)	Urban Fixed Telephone Subscribers	(10 000 subscribers)	879.4	773.2	678.2	639.0	618.1	
农村电话用户	(万户)	Rural Telephone Subscribers	(10 000 subscribers)	538.9	343.9	292.2	245.0	228.3	
邮政所	(处)	Post Offices	(unit)	2870	2870	2878	2880	2873	2889
邮路总长度	(公里)	Length of Postal Routes	(km)	75699	79605	104002	452268	408336	442719
国际互联网总网民数	(万人)	Number of Internet Subscribers	(10 000 persons)	4634	4789	5207			
互联网宽带接入用户	(万户)	Number of Internet Broad Band Subscribers	(10 000 subscribers)	1523.9	1625.7	2366.5	2588.7	2884.8	3186.1
移动互联网用户	(万户)	Number of Mobile Internet Subscribers	(10 000 persons)	5569.2	6109.6	7391.2	8508.0	9552.3	8855.3

注：1. 2016年起，邮电业务总量按2015年价格计算。
a)The business volume of post and telecommunication services was calculated at 2015 constant prices since 2016.

17-9 各市邮电业务基本情况(2019年)

Basic Conditions of Post and Telecommunication Services by Region (2019)

地 区	Region	邮电业务总量(亿元) Business Volume of Post and Telecommunication Services (100 million yuan)	邮政业务总量(亿元) Business Volume of Post Services (100 million yuan)	电信业务总量(亿元) Business Volume of Telecommunication Services (100 million yuan)	移动电话用户数(万户) Number of Mobile Telephone Subscribers (10 000 subscribers)	固定电话用户数(万户) Number of Fixed Telephone Subscribers (10 000 subscribers)	互联网宽带接入用户(万户) Number of Internet Broad Band Subscribers (10 000 subscribers)
全省总计	**Total**	**6504.6**	**718.0**	**5786.6**	**10785.5**	**1185.2**	**3186.1**
济南市	Jinan	869.4	115.1	754.3	1137.7	174.7	395.5
青岛市	Qingdao	915.6	103.5	812.1	1246.0	155.6	380.3
淄博市	Zibo	284.1	24.8	259.3	520.9	66.0	153.7
枣庄市	Zaozhuang	207.9	21.0	186.9	374.5	42.1	121.9
东营市	Dongying	155.3	6.9	148.4	278.9	33.6	89.8
烟台市	Yantai	471.7	42.9	428.8	840.2	103.4	236.6
潍坊市	Weifang	578.2	64.3	513.9	1027.9	112.8	281.2
济宁市	Jining	435.0	38.5	396.5	807.5	66.1	224.8
泰安市	Tai'an	259.6	23.9	235.7	533.5	62.8	146.3
威海市	Weihai	210.2	22.9	187.4	373.5	41.8	111.0
日照市	Rizhao	166.7	15.6	151.1	308.6	31.5	89.2
临沂市	Linyi	685.3	111.7	573.6	1040.8	103.6	281.1
德州市	Dezhou	263.1	36.1	227.0	524.6	51.4	156.9
聊城市	Liaocheng	310.6	35.7	274.9	566.2	53.3	156.0
滨州市	Binzhou	208.7	20.7	188.0	415.0	33.4	150.3
菏泽市	Heze	437.0	34.3	402.7	789.7	53.1	211.6

17−10 各市公路情况(2019年)

Basic Conditions of Highways by Region (2019)

单位:公里 (km)

地 区	Region	公路里程 Length of Highways	等级公路里程 Expressway and Class I to IV Highways	二级及二级以上公路合计 Second Class and Above	高速公路里程 Length of Expressway	晴雨通车里程 Length of Highways Regardless of Weather	公路密度(公里/百平方公里) Road Density (km/100 sq.km)
全省总计	**Total**	**280325**	**279931**	**44521**	**6447**	**280186**	**179**
济南市	Jinan	17771	17756	2795	654	17766	173
青岛市	Qingdao	14686	14686	4107	849	14686	133
淄博市	Zibo	11396	11280	1843	208	11353	191
枣庄市	Zaozhuang	8925	8892	1512	186	8902	196
东营市	Dongying	9280	9280	1305	237	9280	108
烟台市	Yantai	19682	19682	4291	607	19682	144
潍坊市	Weifang	28869	28869	5129	565	28869	179
济宁市	Jining	20556	20491	3078	327	20512	184
泰安市	Tai'an	15975	15975	2353	284	15975	206
威海市	Weihai	7183	7183	1872	165	7183	124
日照市	Rizhao	9605	9605	1797	215	9605	179
临沂市	Linyi	29552	29552	4404	515	29552	172
德州市	Dezhou	21996	21996	2408	476	21996	212
聊城市	Liaocheng	20614	20614	2204	397	20614	236
滨州市	Binzhou	17032	16867	2484	314	17008	186
菏泽市	Heze	27204	27204	2939	447	27204	222

17−11 各市地方交通旅客运输量(2019年)

Passenger Transport Volume of Local Traffic by Region (2019)

地 区	Region	客运量(万人) Passenger Traffic (10 000persons)	公路 Highways	水运 Waterways	周转量(百万人公里) Passenger-Kilometers (million passenger-km)	公路 Highways	水运 Waterways
全省总计	**Total**	**51595**	**49581**	**2014**	**50694**	**49256**	**1439**
济南市	Jinan	3308	3244	64	5415	5412	3.8
青岛市	Qingdao	4779	4593	186	7437	7418	18.7
淄博市	Zibo	599	599		1759	1759	
枣庄市	Zaozhuang	2580	2505	75	1837	1834	2.7
东营市	Dongying	440	436	4	928	928	0.8
烟台市	Yantai	5832	5098	734	5613	4831	782.3
潍坊市	Weifang	6053	6053		4734	4734	
济宁市	Jining	4043	3730	313	2369	2356	12.9
泰安市	Tai'an	2956	2951	5	2008	2007	0.6
威海市	Weihai	3415	2868	547	3583	3039	544.5
日照市	Rizhao	2517	2474	43	2089	2021	68.5
临沂市	Linyi	5084	5065	19	4703	4701	1.8
德州市	Dezhou	1915	1904	11	1630	1630	0.3
聊城市	Liaocheng	2101	2086	14	1779	1778	1.7
滨州市	Binzhou	1050	1050		1052	1052	
菏泽市	Heze	4925	4925		3757	3757	

17−12 各市地方交通货物运输量(2019年)

Freight Transport Volume of Local Traffic by Region (2019)

地 区	Region	货运量(万吨) Volume of Freight Traffic (10 000tons)	公路 Highways	水运 Waterways	周转量(百万吨公里) Freight Turnover (million ton-km)	公路 Highways	水运 Waterways
全省总计	**Total**	**283882**	**266124**	**17758**	**864175**	**674620**	**189555**
济南市	Jinan	28177	28064	113	57575	56142	1433
青岛市	Qingdao	27458	24965	2493	153416	56011	97405
淄博市	Zibo	16925	16925		40468	40468	
枣庄市	Zaozhuang	6821	6113	708	18658	15804	2854
东营市	Dongying	6118	6062	56	15396	15207	189
烟台市	Yantai	21626	17314	4312	53597	38339	15258
潍坊市	Weifang	28717	24858	3859	82499	57344	25155
济宁市	Jining	30063	26985	3078	75565	62433	13132
泰安市	Tai'an	7370	7346	24	16123	16027	95
威海市	Weihai	9304	7387	1917	38866	16868	21998
日照市	Rizhao	8937	8174	763	29751	18593	11158
临沂市	Linyi	33282	33282		135785	135785	
德州市	Dezhou	13665	13665		27588	27588	
聊城市	Liaocheng	18666	18666		49971	49971	
滨州市	Binzhou	12173	11839	334	36825	36347	478
菏泽市	Heze	14578	14479	99	32093	31694	399

17−13 各市民用汽车拥有量(2019年)

Possession of Private Vehicles by Region(2019)

单位:辆 (Unit)

地 区	Region	民用汽车总计 Total	载客汽车 Passenger Vehicles	大型 Large	中型 Medium	小型 Small	微型 Minicar
全省总计	**Total**	**23509818**	**20613493**	**132432**	**40073**	**20143066**	**297922**
济南市	Jinan	2597759	2383842	15771	3956	2339735	24380
青岛市	Qingdao	2928198	2637630	21426	6450	2576355	33399
淄博市	Zibo	1136259	1023042	7051	2016	1004593	9382
枣庄市	Zaozhuang	835530	750576	4343	1147	729882	15204
东营市	Dongying	741404	656761	4206	1744	645211	5600
烟台市	Yantai	1761236	1585699	10929	4422	1552330	18018
潍坊市	Weifang	2492586	2134728	12089	3566	2087868	31205
济宁市	Jining	1573002	1300024	10561	2076	1265683	21704
泰安市	Tai'an	869969	763053	6283	1531	747293	7946
威海市	Weihai	818777	718035	5493	2569	704722	5251
日照市	Rizhao	711206	614954	3759	880	601204	9111
临沂市	Linyi	2644507	2233989	8493	3018	2162449	60029
德州市	Dezhou	1100292	965051	3883	1246	945661	14261
聊城市	Liaocheng	1086686	945198	6005	919	922790	15484
滨州市	Binzhou	972662	839278	4979	995	823758	9546
菏泽市	Heze	1213677	1036760	6545	1770	1011061	17384

17-13 续表 continued

单位:辆 (Unit)

地区	Region	载货汽车 Trucks	大型 Large	中型 Medium	小型 Small	微型 Minicar	其它汽车 Others
全省总计	**Total**	**2630406**	**847058**	**79942**	**1701534**	**1872**	**265919**
济南市	Jinan	195030	41903	3985	149056	86	18887
青岛市	Qingdao	273308	69370	14656	188886	396	17260
淄博市	Zibo	101430	32721	3499	64765	445	11787
枣庄市	Zaozhuang	80957	32529	1757	46655	16	3997
东营市	Dongying	75164	24313	1465	49348	38	9479
烟台市	Yantai	155673	42835	7039	105774	25	19864
潍坊市	Weifang	325533	79212	13449	232734	138	32325
济宁市	Jining	252198	129505	3480	119093	120	20780
泰安市	Tai'an	90275	22557	3087	64621	10	16641
威海市	Weihai	91687	16501	2754	72401	31	9055
日照市	Rizhao	88981	23736	1616	63614	15	7271
临沂市	Linyi	387417	153561	13435	220072	349	23101
德州市	Dezhou	116106	36034	2248	77752	72	19135
聊城市	Liaocheng	132509	60554	1653	70259	43	8979
滨州市	Binzhou	116917	37949	2483	76470	15	16467
菏泽市	Heze	146662	43771	3285	99533	73	30255

17-14 各市私人汽车拥有量(2019年)

Possession of Private Vehicles by Region (2019)

单位:辆 (Unit)

地区	Region	汽车总计 Total	载客汽车 Passenger Vehicles	大型 Large	中型 Medium	小型 Small	微型 Minicar
全省总计	**Total**	**21083077**	**19281707**	**4008**	**15190**	**18983111**	**279398**
济南市	Jinan	2345686	2209395	896	1594	2183137	23768
青岛市	Qingdao	2534523	2375743	209	1854	2348192	25488
淄博市	Zibo	1033488	964100	201	1026	953641	9232
枣庄市	Zaozhuang	631286	583142	76	440	570410	12216
东营市	Dongying	666064	618966	284	521	612837	5324
烟台市	Yantai	1606507	1488445	43	1711	1469136	17555
潍坊市	Weifang	2328907	2049763	994	2047	2016185	30537
济宁市	Jining	1370698	1236360	348	903	1213875	21234
泰安市	Tai'an	804209	728274	53	727	719621	7873
威海市	Weihai	749862	677432	219	960	671129	5124
日照市	Rizhao	651757	586004	39	341	576641	8983
临沂市	Linyi	2394440	2155462	262	1504	2097146	56550
德州市	Dezhou	984550	901852	165	397	887663	13627
聊城市	Liaocheng	970875	904657	67	352	888985	56550
滨州市	Binzhou	890908	802516	43	313	792760	9400
菏泽市	Heze	1119222	999501	109	500	981664	17228

17-14 续表 continued

单位:辆 (Unit)

地区	Region	载货汽车 Trucks	大型 Large	中型 Medium	小型 Small	微型 Minicar	其它汽车 Others
全省总计	**Total**	**1599526**	**126193**	**41209**	**1431064**	**1060**	**201844**
济南市	Jinan	124661	11605	1537	111439	80	11630
青岛市	Qingdao	148820	2769	3713	142254	84	9960
淄博市	Zibo	60036	4946	2187	52863	40	9352
枣庄市	Zaozhuang	45100	3769	732	40585	14	3044
东营市	Dongying	42189	2888	650	38630	21	4909
烟台市	Yantai	101973	12208	4041	85702	22	16089
潍坊市	Weifang	252328	34527	9604	208065	132	26816
济宁市	Jining	123071	20042	1404	101516	109	11267
泰安市	Tai'an	62619	4117	1701	56791	10	13316
威海市	Weihai	65882	7103	1516	57234	29	6548
日照市	Rizhao	60096	3181	797	56103	15	5657
临沂市	Linyi	219378	9037	8609	201403	329	19600
德州市	Dezhou	66342	795	810	64681	56	16356
聊城市	Liaocheng	59072	1885	526	56621	40	7146
滨州市	Binzhou	74712	4821	1656	68223	12	13680
菏泽市	Heze	93247	2500	1726	88954	67	26474

17-15 各市营业性运输车辆(2019年)

Transport Vehicles in Operation by Region (2019)

单位:辆 (Unit)

地区	Region	汽车 Vehicles	客车 Passenger Vehicles	货车 Trucks
全省总计	**Total**	**1579723**	**247384**	**1252310**
济南市	Jinan	129998	31107	94015
青岛市	Qingdao	130069	55005	74543
淄博市	Zibo	63206	13014	46732
枣庄市	Zaozhuang	43620	6161	37332
东营市	Dongying	39156	6621	30561
烟台市	Yantai	84350	19094	62342
潍坊市	Weifang	234735	17708	199748
济宁市	Jining	171862	17198	148197
泰安市	Tai'an	71029	10944	47402
威海市	Weihai	44216	7781	34955
日照市	Rizhao	37273	6293	29951
临沂市	Linyi	213651	17070	193570
德州市	Dezhou	66621	10506	54398
聊城市	Liaocheng	82600	10212	71534
滨州市	Binzhou	78069	6643	61794
菏泽市	Heze	89268	12027	65236

注:公路营运载客汽车不包括在公路运输管理部门管理并注册登记为公共汽车和出租汽车的车辆。
a)Passenger vehicles do not include those managed by department of highway transportation and registered as buses and taxis.

17-16 按行业分企业信息化及电子商务情况(2019年)

行业	Industry	企业数(个) Number of Enterprises (unit)	期末使用计算机数(台) Computers Used at the End of Period (unit)
全 省	**Total**	**66593**	**2877141**
采矿业	Mining	346	89283
制造业	Manufacturing	25114	1164022
电力、热力、燃气及水生产和供应业	Production and Supply of Electricity, Heat, Gas and Water	1197	116604
建筑业	Construction	7650	297994
批发和零售业	Wholesale and Retail Trades	14521	335865
交通运输、仓储和邮政业	Transport, Storage and Post	3116	175990
住宿和餐饮业	Hotels and Catering Services	2335	45435
信息传输、软件和信息技术服务业	Information Transmission, Software and Information Technology Services	672	210851
房地产业	Real Estate	7797	157693
租赁和商务服务业	Leasing and Business Services	1457	73942
科学研究和技术服务业	Scientific Research and Technical Services	1080	117720
水利、环境和公共设施管理业	Management of Water Conservancy, Environment and Public Facilities	290	10755
居民服务、修理和其他服务业	Service to Households, Repair and Other Services	245	5762
教育	Education	159	20680
卫生和社会工作	Health and Social Service	307	34223
文化、体育和娱乐业	Culture, Sports and Entertainment	307	20322

注：有电子商务交易活动的企业是指通过计算机网络开展电子商务销售或电子商务采购的企业。

a) Enterprises with E-Commerce Transactions refers to those enterprises which performed sales or purchases through internet.

Informatization and E-Commerce of Enterprises by Industrial Sector (2019)

每百人使用计算机数(台) Computers Used Per 100 Persons (unit)	企业拥有网站数(个) Websites of Enterprises (unit)	每百家企业拥有网站数(个) Websites Per 100 Enterprises (unit)	有电子商务交易活动 With E-Commerce Transactions		电子商务销售额(万元) Sales of E-Commerce (10 000 yuan)	电子商务采购额(万元) Purchases of E-Commerce (10 000 yuan)
			企业数(个) Enterprises (unit)	比重(%) Proportion (%)		
27	**34805**	**52**	**8348**	**12.5**	**128823549**	**79597710**
25	164	47	16	4.6	455352	1570217
24	17063	68	3293	13.1	81764396	45831865
39	550	46	93	7.8	650248	4925517
13	3323	43	508	6.6	1300047	1972911
46	5320	37	2025	13.9	37473153	23475114
32	1120	36	336	10.8	4238422	638930
24	899	39	825	35.3	459855	8715
108	747	111	215	32.0	1839507	918837
43	3211	41	387	5.0	46894	120820
24	767	53	229	15.7	340727	84868
80	794	74	155	14.4	56617	41147
9	144	50	58	20.0	20437	936
13	101	41	28	11.4	5332	2981
86	117	74	24	15.1	33275	1855
58	274	89	45	14.7	4355	1843
65	211	69	111	36.2	134932	1153

17－17 各市企业信息化及电子商务情况(2019年)

地 区	Region	企业数(个) Number of Enterprises (unit)	期末使用计算机数(台) Computers Used at the End of Period (unit)	每百人使用计算机数(台) Computers Used Per 100 Persons (unit)
全省总计	**Total**	**66593**	**2877141**	**27**
济南市	Jinan	8258	582672	38
青岛市	Qingdao	10201	547180	39
淄博市	Zibo	4059	159278	23
枣庄市	Zaozhuang	1525	51874	19
东营市	Dongying	2061	149724	34
烟台市	Yantai	5495	256623	28
潍坊市	Weifang	6174	267962	26
济宁市	Jining	5339	150699	20
泰安市	Tai'an	2479	99736	18
威海市	Weihai	2770	120442	25
日照市	Rizhao	1822	71864	27
临沂市	Linyi	5449	130575	18
德州市	Dezhou	2715	79750	22
聊城市	Liaocheng	2632	69328	19
滨州市	Binzhou	2368	77067	18
菏泽市	Heze	3246	62367	15

注：有电子商务交易活动的企业是指通过计算机网络开展电子商务销售或电子商务采购的企业。

a) Enterprises with E-Commerce Transactions refers to those enterprises which performed sales or purchases through internet.

Informatization and E-Commerce of Enterprises by Region (2019)

企业拥有网站数(个) Websites of Enterprises (unit)	每百家企业拥有网站数(个) Websites Per 100 Enterprises (unit)	有电子商务交易活动 With E-Commerce Transactions		电子商务销售额(万元) Sales of E-Commerce (10 000 yuan)	电子商务采购额(万元) Purchases of E-Commerce (10 000 yuan)
		企业数(个) Enterprises (unit)	比重(%) Proportion (%)		
34805	**52**	**8348**	**12.5**	**128823549**	**79597710**
5065	61	822	10.0	9166193	5992775
5636	55	2651	26.0	38032793	25761107
2295	57	748	18.4	10573829	8565363
780	51	123	8.1	622231	270747
1116	54	410	19.9	14395844	2198195
2739	50	561	10.2	17846909	10712974
3070	50	392	6.3	6634674	10383330
2447	46	389	7.3	1595726	904165
1301	53	200	8.1	1926348	742202
1344	49	244	8.8	3444615	2288520
974	54	175	9.6	1628255	1138788
2675	49	437	8.0	3915479	1011084
1548	57	285	10.5	3219700	185252
1223	47	158	6.0	2954495	1610163
1162	49	225	9.5	4107236	1971018
1430	44	528	16.3	5481214	1674786

主要统计指标解释

铁路营业里程　又称营业长度(包括正式营业和临时营业里程)，指办理客货运输业务的铁路正线总长度。凡是全线或部分建成双线及以上的线路，以第一线的实际长度计算；复线、站线、段管线、岔线和特殊用途线以及不计算运费的联络线都不计算营业里程。该指标可以反映铁路运输业基础设施的发展水平，也是计算客货周转量、运输密度和机车车辆运用效率等指标的基础资料。

公路里程　指在一定时期内实际达到《公路工程\[WTBZ\]技术标准 JTJ01-88》规定的等级公路，并经公路主管部门正式验收交付使用的公路里程数。包括大中城市的郊区公路以及通过小城镇街道部分的公路里程和桥梁、渡口的长度，不包括大中城市的街道、厂矿、林区生产用道和农业生产用道的里程。两条或多条公路共同经由同一路段，只计算一次，不得重复计算里程长度。该指标可以反映公路建设的发展规模，也是计算运输网密度等指标的基础资料。

内河航道里程　也称内河通航里程，指在一定时期内，能通航运输船舶及排筏的天然河流、湖泊水库、运河及通航渠道的长度。包括全年季节性通航累计三个月以上的航道，不包括仅供零散流放竹、木排的河道。该指标可以反映内河水运网的规模、水平和发展情况。

货(客)运量　指在一定时期内，各种运输工具实际运送的货物(旅客)数量。该指标是反映运输业为国民经济和人民生活服务的数量指标，也是制定和检查运输生产计划、研究运输发展规模和速度的重要指标。货运按吨计算，客运按人计算。货物不论运输距离长短、货物类别，均按实际重量统计。旅客不论行程远近或票价多少，均按一人一次客运量统计；半价票、小孩票也按一人统计。

货物(旅客)周转量　指在一定时期内，由各种运输工具运送的货物(旅客)数量与其相应运输距离的乘积之总和。该指标可以反映运输业生产的总成果，也是编制和检查运输生产计划，计算运输效率、劳动生产率以及核算运输单位成本的主要基础资料。计算货物周转量通常按发出站与到达站之间的最短距离，也就是计费距离计算。计算公式为：

货物（旅客）周转量=Σ（货物（旅客）运输量×运输距离）

铁路货车平均静载重　指铁路货车在始发站静止状态下平均每车装载的货物重量，用以分析货车完成装车时车辆载重力的利用情况。计算公式为：

$$货车平均静载量=\frac{货物发送吨数}{装车数}$$

铁路货运机车日产量　指在一定时期内，平均每台货运机车在一昼夜内所完成的总重吨公里数，包括载运货物的重量和车辆本身的自重。该指标从时间和牵引能力两方面反映了机车运用效率。计算公式为：

$$货运机车平均日产量=\frac{货运总重吨公里数}{货运机车台日数}$$

沿海主要港口货物吞吐量　指经水运进出沿海主要港区范围，并经过装卸的货物数量，包括邮件及办理托运手续的行李、包裹以及补给运输船舶的燃、物料和淡水。货物吞吐量按货物流向分为进口、出口吞吐量，按货物交流性质分为外贸货物吞吐量和国内贸易货物吞吐量。货物吞吐量的货类构成及其流向，是衡量港口生产能力大小的重要指标。

民用汽车拥有量　指报告期末，在公安交通管理部门按照《机动车注册登记工作规范》，已注册登记领有民用车辆牌照的全部汽车数量。汽车拥有量统计的主要分类：根据汽车结构分为载客汽车、载货汽车及其他汽车；根据汽车所有者不同分为个人(私人)汽车、单位汽车；根据汽车的使用性质分为营运汽车、非营运汽车；根据汽车大小规格不同载客汽车分为大型、中型、小型和微型，载货汽车分为重型、中型、轻型和微型。

邮电业务总量　指以价值量形式表现的邮电通信企业为社会提供各类邮电通信服务的总数量。邮电业务量按专业分类包括函件、包件、汇票、报刊发行、邮政快件、特快专递、邮政储蓄、集邮、公众电报、用户电报、传真、长途电话、出租电路、无线寻呼、移动电话、分组交换数据通信、出租代维等。计算方法为各类产品乘以相应的平均单价(不变价)之和，再加上出租电路和设备、代用户维护电话交换机和线路等的服务收入。该指标综合反映了一定时期邮电业务发展的总成果，是研究邮电业务量构成和发展趋势的重要指标。计算公式为：

邮电业务总量=Σ（各类邮电业务量×不变单价）
+出租代维及其他业务收入
=邮政业务总量+电信业务总量

移动电话用户　指通过移动电话交换机进入移动电话网、占用移动电话号码的各类电话用户。包括签约用户和智能网预付费用户。一个移动电话号码统计为一户。

互联网上网人数　指平均每周使用互联网至少 1 小时的中国公民人数。

本地电话用户　指接入本地电信运营商固定电话网上的电话用户。包括：住宅用户、单位用户、公用电话用户等。按电话用户位置又分为市内电话用户和农村电话用户。1997年以前，“市内电话用户”是指接入县城及县以上城市的电话网上的电话用户；“农村电话用户”是指接入县邮电局农话台及县以下农村电话交换点，以县城为中心(除市话用户外)联通县、乡(镇)、行政村、村民小组的用户。从 1997 年起，电话用户数分组调整为以用户所在区域划分为“城市电话用户”和“乡村电话用户”，与过去的按市内电话和农村电话划分方法不同。而电话用户总数、电话机总部数统计范围不变。

城市电话用户　指直辖市、省辖市、地级市、县级市的市区、市郊区及县城(包括县人民政府所在地的县城关区或行政建制相当于县人民政府所在地的镇)范围内接入局用交换机的电话用户数，包括分布在农村地区的独立工矿区、林区、驻军等电话用户数。

农村电话用户　指按行政区划属于城市范围以外的乡(镇)、村的电话用户数。

Explanatory Notes on Main Statistical Indicators

Length of Railways in Operation refers to the total length of the trunk line under passenger and freight transportation (including both full operation and temporary operation). The calculation is based on the actual length of the first line even if this line has a full or partial double track or more tracks, excluding double tracks, station sidings, tracks under the charge of stations, branch lines, special purpose lines and the non payable connecting lines. The length of railways in operation is an important indicator to show the development of the infrastructure for the railway transport, and also the essential data to calculate volume of passenger freight transport, traffic density and utilization efficiency of the locomotives and carriages.

Length of Highways refers to the length of highways which are built in conformity with the grades specified by the highway engineering standard formulated by the Ministry of Communications,and have been formally checked and accepted by the departments of highways and put into use. The length of highways includes that of the suburb highways at large and medium sized cities, highways passing through streets at small cities and towns, and also the length of bridges and ferries. It does not include the length of streets in big and medium sized cities and highways built for the production purpose at factories, mines, forest areas and agricultural areas. If two or more highways go the same section of the way, the length of the section is only calculated for once and no duplication is allowed. The length of highways is an important indicator to show the development of the highway construction and to provide essential information to calculate the transport network density.

Length of Navigable Inland Waterways it is an indicator reflecting the size and development of inland water network, it refers to the length of the natural rivers, lakes, reservoirs, canals, and ditches open to navigation during a given period, which enables the transport by ships and rafts. It includes the channels open to navigation for over an accumulative 3 months in a year, yet this does not include the river courses, which are only used to float odd logs and bamboo rafts. This indicator can reflect the scale, level and development situation of the inland waterway network.

Freight (Passenger) Traffic refers to the volume of freight (passenger) transported with various means. Freight transport is calculated in tons and passenger traffic is calculated in the number of persons. Despite the type of freight and traveling distance, the freight transport is calculated in the actual weight of the goods: and despite the traveling distance and ticket price, the passenger traffic is calculated by the principle that one person can be counted only once in one travel. The passengers who travel with a half price ticket or a child ticket is also calculated as one person. The freight (passenger) traffic provides a quantitative measure to show how the transport industry serves the national economy and people, and is also an important indicator for planning the transport industry and for studying the development scale and speed of the transport industry.

Freight Ton kilometers (Passenger kilometers) refer to the sum of the products of the volume of transported cargo (passengers) multiplying by the transport distance. It is an important indicator to reflect the achievement of transportation industry. Normally, the shortest distance between the departure station and the destination station (i.e., the payable distance) is the basis to calculate the freight ton kilometers. This is an important indicator to show the total results of the transport industry, to prepare and examine the transport plan and to measure the efficiency, the labour productivity and the unit cost of transport.The formula is as follows:

$$\begin{matrix}\text{Freight ton - kilometres}\\\text{(passenger - kilometres)}\end{matrix}=\sum\begin{matrix}\text{freight}\\\text{(passenger)traffic}\end{matrix}\times\begin{matrix}\text{distance of}\\\text{transportation}\end{matrix}$$

Static Load of Freight Cars refers to the average cargo weight as loaded by each freight car under the static condition at the departure station. It is used to show the utilization extent of the loading capacity of the freight cars. The formula is:

$$\begin{matrix}\text{Static load (ton)}\\\text{of freight car}\end{matrix}=\frac{\text{tonnage of goods dispatched}}{\text{number of freight cars loaded}}$$

Average Daily Haul of Freight Locomotives refers to the average total ton kilometers accomplished by each freight transport locomotive over day and night during a given period of time. It includes both the weight of the goods carried and the dead weight of the train itself. It is a comprehensive indicator reflecting the locomotive efficiency in terms of both time and the pulling force.

$$\begin{matrix}\text{Average daily haul of}\\\text{freight transport locomotive}\\\text{(ton - kilometre)}\end{matrix}=\frac{\begin{matrix}\text{Total ton - kilometres}\\\text{of freight}\end{matrix}}{\begin{matrix}\text{Daily number of freight}\\\text{transport locomotive}\end{matrix}}$$

Volume of Freight Handled in Major Coastal Ports refers to the volume of cargo passing in and out the harbor area of the major coastal ports and having been loaded and unloaded. The volume includes that of the postal matters, registered luggage and fuels, materials and fresh water as supplies of the ships. The volume of freight handled may be classified by direction of flow as freight for import and freight for export, or by nature of cargo as freight for domestic trade and freight for foreign trade. As an important indicator, the volume of freight handled by type of cargo and by main flow direction reflects the production capacity of ports.

Possession of Civil Motor Vehicles refer to the total numbers of vehicles that are registered and received vehicles license tags according to the Work Standard for Motor Vehicles Registration formulated by transport management office under department of public security at the end of reference period. They are divided into following categories according to the

structure of motor vehicles: passenger vehicles, trucks and others; and private vehicles and vehicles for units use according to ownerships; working vehicles and non working vehicles according to kind of usage; large passenger vehicles, medium passenger vehicles, small passenger vehicles and mini passenger vehicle, heavy trucks, light heavy trucks, light trucks and mini trucks according to sizes of vehicles.

Business Volume of Post and Telecommunications refers to the total amount of post and telecommunication services, expressed in value terms, provided by the post and telecommunications departments for the society. Post and telecommunication services can be classified as letters, parcels, remittance, issue of newspapers and magazines, fast mail service, express mail service, savings deposits, stamps for collection, public and individual telegraph service, facsimiles, long distance telephone service, leasing of telephone lines, urban paging service, mobile telephone service, data transfer and transmission, etc. The accounting approach is to multiply the service products of all types with their average unit price (constant price) to get sum of business value, plus income from other services such as leasing of telephone lines and equipment, maintenance of telephone switchboards and lines on behalf of customers. This indicator reflects the overall results of post and telecommunications service during a given period, and is important to study the composition of business service and the development of post and telecommunications service.

The formula is as follows:

Business volume of post and telecommunications

=∑(Transaction of post and telecommunication services

×price[constant price])

+Income from leasing, maintenance and other services

= business volume of postal service

+ business volume of telecommunications service

Mobile Telephone Subscribers refer to the persons who own mobile telephone numbers and are connected with the mobile telephone communication network through the mobile telephone switchboards, including contracted subscribers and pre paid subscribers for intelligent network. One mobile telephone is taken as a subscriber.

Internet Users refer to the number of Chinese citizens who use Internet at least for one hour each week.

Local Telephone Subscribers refer to subscribers that are connected to the local telecommunication service provider through fix line network, including household subscribers, institutional subscribers and public telephones. They are also classified as city subscribers and rural subscribers according to locations. Before 1997, city subscribers referred to those connected to city telephone networks in county towns and cities, while village subscribers referred to those connected to village telephone stations at and below counties. Since 1997, the classification of telephone subscribers was modified on the basis of physical location of the subscribers as urban telephone subscribers and rural telephone subscribers, which is different from the previous classification of categorizing local telephones and rural telephones, while the definition of total subscribers and total number of telephones remain unchanged.

Urban Telephone Subscribers refer to number of telephone subscribers, located at municipalities, cities under the jurisdiction of province, cities at prefecture level, downtown and suburb of city at county level town and county towns (including country towns where county government located, and towns of county level according to the administrative organizational system), that are connected to the public line telephone network, including rural mineral area, forest area, military area.

Rural Telephone Subscribers refer to telephone subscribers, located at counties (towns) and villages outside the range of cities according to administrative jurisdiction.

第18篇

批发和零售、住宿和餐饮业

Wholesale, Retail, Hotels and Catering Services

简 要 说 明

一、本篇资料的主要内容

本篇资料反映全省市场发展情况、批发和零售业、住宿和餐饮业经营情况和效益情况等，主要包括批发和零售业商品流转情况及财务状况、住宿和餐饮业经营情况及财务状况、社会消费品零售总额等内容。

二、本篇资料的来源

本篇资料中除特别注明外，其余均来自限额以上批发和零售业、住宿和餐饮业年报资料和定期报表统计资料。

本篇资料由省统计局贸易处整理提供。

Brief Introduction

I. Content

Data in this chapter are supposed to show the development of Shandong's domestic market, wholesale and retail trade, hotels and catering services, mainly including the circulation of commodities in the wholesale and retail trade, the financial indices of related businesses and the total retail sales of consumer goods.

II. Source of Data

Except the data specifically noted, all data in this chapter are based on the annual report of wholesale, retail, hotels and catering services and periodic statistical statements.

Data in this chapter are prepared and compiled by the Division of Trade and External Economic Relations Statistics of Shandong Provincial Bureau of Statistics.

18-1 批发和零售业情况

Basic Conditions of Wholesale and Retail Trades

指　　标	Item	2014	2015	2016	2017	2018	2019
批发和零售业	**Wholesale and Retail Trades**						
法人企业 (个)	Number of Corporation Enterprises (unit)	17474	17157	16894	16865	15695	15617
年末从业人数 (万人)	Engaged Persons at Year-end (10 000 persons)	102	98	96	90.1	82.5	74.3
商品购进额 (亿元)	Total Purchases (100 million yuan)	29233	27089.1	29289.7	29812.8	30902.8	35945.1
#进口额 (亿元)	Imports (100 million yuan)	1290.7	817.7	765.7	872.6	769.5	1189.6
商品销售额 (亿元)	Total Sale (100 million yuan)	32112	29650.1	32129.2	32944.0	34878.2	40037.2
#出口额 (亿元)	Exports (100 million yuan)	955.5	1002.2	895.5	1042.4	1233.0	1370.1
期末商品库存额 (亿元)	Total Stock at Year-end (100 million yuan)	1693.2	1701.3	1686.3	1903.5	1961.1	2003.6
批发业	**Wholesalel Trade**						
法人企业 (个)	Number of Corporation Enterprises (unit)	8681	8452	8217	8310	8298	9938
年末从业人数 (万人)	Engaged Persons at Year-end (10 000 persons)	42	39	38	35.1	32.6	32.3
商品购进额 (亿元)	Total Purchases (100 million yuan)	20351	18067.2	19803.3	21821.3	24409.3	30080.8
#进口额 (亿元)	Imports (100 million yuan)	1173.2	729.7	680.2	796.0	676.8	1058.9
商品销售额 (亿元)	Total Sales (100 million yuan)	22154	19692.5	21625.3	24016.9	27161.1	33144.5
#出口额 (亿元)	Exports (100 million yuan)	938	996.5	892.2	1039.5	1230.8	1364.0
期末商品库存额 (亿元)	Total Stock at Year-end (100 million yuan)	975	1015.5	1001.3	1156.7	1183.3	1304.3
零售业	**Retail Trade**						
法人企业 (个)	Number of Corporation Enterprises (unit)	8793	8705	8677	8555	7397	5679
年末从业人数 (万人)	Engaged Persons at Year-end (10 000 persons)	60	59	59	55.1	50.0	42.0
商品购进额 (亿元)	Total Purchases (100 million yuan)	8882.4	9021.8	9486.4	7991.5	6493.6	5864.3
#进口额 (亿元)	Imports (100 million yuan)	117.5	88.0	85.5	76.6	92.8	130.7
商品销售额 (亿元)	Total Sales (100 million yuan)	9957.8	9957.6	10503.9	8927.2	7717.1	6892.7
#出口额 (亿元)	Exports (100 million yuan)	17.5	5.7	3.3	2.9	2.2	6.1
期末商品库存额 (亿元)	Total Stock at Year-end (100 million yuan)	718.2	685.8	684.9	746.8	777.8	699.3
年末零售营业面积 (万平方米)	Business Area of Retail at Year-end (10 000 sq.m)	3074	3111	3097	2908	2968	3043.9

18-2 限额以上批发和零售业商品购进、销售、库存总额(2019年)

单位:万元

指标名称	Indicator	法人单位(个) Corporate Unit (unit)
总　计	**Total**	**15050**
一、批发业	**Wholesale Trade**	**9555**
1.按登记注册类型分	by Status of Registration	
内　资	Domestic Funded Enterprises	9439
国　有	State-owned	49
集　体	Collective-owned	9
股份合作	Cooperative	3
联营企业	Joint Ownership	1
有限责任公司	Limited Liability Corporations	1851
股份有限公司	Share-holding Corporations Ltd.	139
私营企业	Private Enterprises	7373
其　他	Others	14
港澳台商投资企业	Enterprises with Funds from Hong Kong,Macao and Taiwan	38
与港澳台商合资经营	Joint-venture	8
与港澳台商合作经营	Cooperative	
港澳台商独资	Sole Investment	28
港澳台商独资股份有限公司	Share-holding Corporations Ltd. with Sole Investment	1
其他港澳台投资企业	Others	1
外商投资企业	Foreign Funded Enterprises	78
中外合资经营	Joint-venture	26
中外合作经营	Cooperative	2
外资企业	Sole Foreign Investment	48
外商投资股份有限公司	Share-holding Corporations Ltd. with Foreign Investment	1
其他外商投资企业	Others	1
2.按国民经济行业分(GB/T 4754-2017)	by Sector	
农、林、牧产品批发业	Wholesale of Farm Produce and Livestock Products	519
食品、饮料及烟草制品批发	Wholesale of Food, Beverages and Tobaccos	863
纺织、服装及家庭用品批发	Wholesale of Textiles, Garments and Daily Consumer Articles	660
文化、体育用品及器材批发	Wholesale of Culture, Sports Appliances and Equipments	253
医药及医疗器材批发	Wholesale of Medicines and Medical Appliances	623
矿产品、建材及化工产品批发	Wholesale of Mineral Products, Building Materials and Chemical Products	4957
机械设备、五金产品及电子产品批发	Wholesale of Machinery, Hardware and Electronic Equipment	1418
贸易经纪与代理	Trade Broker and Agency	54
其他批发业	Other Wholesale not Classified Elsewhere	208

Total Purchases,Sales and Inventory of Enterprises above Designated Size of Wholesale and Retail Trades(2019)

(10 000 yuan)

购进总额		销售总额 Total Sale Value				年末库存总额
Total Purchases Value	#进口 Import	合计 Total	批发 Wholesale	#出口 Export	零售 Retail	Inventory (year-end)
359450952	**11896000**	**400371746**	**328416418**	**13701037**	**70596294**	**20035549**
300808435	**10589099**	**331445021**	**322663883**	**13639552**	**7442705**	**13042792**
295621310	10376255	324518629	315991787	12146678	7200490	12521838
606622		656425	601466	8243	4452	135261
563488		549765	444175		105590	13120
21088	1492	24863	24863			1495
11974		13044	13044			778
144828495	4921168	161760852	157993165	4807335	3325712	5384671
11703900	963698	13435520	11852316	420820	1572746	523667
137819583	4489896	148000715	144990916	6910279	2186387	6459869
66160		77445	71842		5603	2977
2885270	110438	4412611	4398828	1273170	4269	442070
477182	95562	540879	531326	48807	40	33238
2118453	13113	3579377	3575147	1224362	4230	404989
6902	1763	9274	9274			1597
282734		283082	283082			2246
2301856	102407	2513782	2273268	219705	237946	78883
786030	11103	821695	820863	30010	833	27791
25126	6	37589	37589	3734		7189
1013320	91297	1177118	1169442	185962	5109	43903
477379		477379	245375		232004	
7266637	459359	7656989	7568888	355689	65827	699189
20183219	808422	26085420	25089923	1009851	907454	1658547
16336513	1077273	18534197	17872024	3672619	654385	949688
5931858	134900	7130976	6270950	328321	805579	540308
17107675	280596	19852650	19654167	173649	147593	1485024
205312268	6661420	219176958	214167051	3915780	4071413	5812854
22937149	767283	26656977	25760599	3473819	739989	1414281
1783990	86849	2033069	2015113	598873	16119	104042
3949127	312997	4317786	4265170	110952	34345	378860

18-2 续表

单位:万元

指 标 名 称	Indicator	法人单位(个) Corporate Unit (unit)
二、零售业	**Retail Trade**	**5495**
1.按登记注册类型分	by Status of Registration	
内 资	Domestic Funded Enterprises	5384
国 有	State-owned	27
集 体	Collective-owned	33
股份合作	Cooperative	17
联营企业	Joint Ownership	2
有限责任公司	Limited Liability Corporations	1426
股份有限公司	Share-holding Corporations Ltd.	147
私营企业	Private Enterprises	3724
其 他	Others	8
港澳台商投资企业	Enterprises with Funds from Hong Kong,Macao and Taiwan	65
与港澳台商合资经营	Joint-venture	10
与港澳台商合作经营	Cooperative	
港澳台商独资	Sole Investment	49
港澳台商独资股份有限公司	Share-holding Corporations Ltd. with Sole Investment	4
其他港澳台投资企业	Others	2
外商投资企业	Foreign Funded Enterprises	46
中外合资经营	Joint-venture	12
中外合作经营	Cooperative	3
外资企业	Sole Foreign Investment	24
外商投资股份有限公司	Share-holding Corporations Ltd. With Foreign Investment	6
其他外商投资企业	Others	1
2.按国民经济行业分(GB/T 4754-2017)	by Sector	
综合零售	Integrated Retail	637
食品、饮料及烟草制品专门零售	Retail of Food, Beverages and Tobaccos	356
纺织、服装及日用品专门零售	Special Retail of Textiles, Garments and Daily Consumer Articles	249
文化、体育用品及器材专门零售	Retail of Culture, Sports Appliances and Equipments	227
医药及医疗器材专门零售业	Retail of Medicines and Medical Appliances	320
汽车、摩托车、零配件和燃料及其他动力销售	Retail of Motor Vehicles, Motorcycles,Parts,Fuel and Other Power	2612
家用电器及电子产品专门零售业	Special Retail of Household Electric Appliances and Electronic Products	648
五金、家具及室内装修材料专门零售	Special Retail of Hardware, Furniture and Decoration Materials	239
货摊、无店铺及其他零售业	Non-shop and Other Retails	207

continued

(10 000 yuan)

购进总额 Total Purchases Value	#进口 Import	销售总额 Total Sale Value 合计 Total	批发 Wholesale	#出口 Export	零售 Retail	年末库存总额 Inventory (year-end)
58642516	**1306901**	**68926724**	**5752534**	**61484**	**63153589**	**6992757**
54397165	1133676	63602929	5235489	61484	58346839	6476596
511956		540935	210560		330375	25456
125141		135702	5916		129655	10461
79214		86635	40		86595	12377
4672		5775			5775	372
21270764	509582	24898204	1655238	77	23240675	2792026
9018979	72827	10991409	1358660		9632750	545731
23379915	551268	26934509	2002542	61407	24913788	3090009
6525		9760	2534		7225	165
2559171	108475	3158634	204637		2953997	405438
460246	19273	529060	64513		464548	63096
1986026	63695	2512099	136282		2375817	332718
61638	25508	65857	3843		62014	6444
51261		51618			51618	3181
1686181	64749	2165162	312408		1852753	110723
401975	13296	505052			505052	37485
134679	2256	151861			151861	9443
295482	49197	332409	14724		317685	23985
851416		1173211	297685		875526	39532
2629		2629			2629	278
13292104	76686	16459665	1089029		15366679	1685408
998938	8655	1285204	248922	3233	1035638	158042
1952838	13734	2650144	488013	25394	2157711	539249
1206118	2138	1473199	190121		1283078	277708
2693690	105399	3282314	322069		2960245	407572
29243560	1071227	33638834	2381731	8111	31255948	3138873
3729501	23966	4182446	309055	69	3870629	388557
544912	2909	665816	123954	11088	534199	55258
4980856	2187	5289103	599640	13589	4689462	342090

18-3 限额以上批发和零售业企业财务状况(2019年)

单位:万元

指 标 名 称	Indicator	企业数(个) Number of Enterprises (unit)
总 计	**Total**	**15050**
一、批发业	**Wholesale Trade**	**9555**
1.按登记注册类型分	by Status of Registration	
内 资	Domestic Funded Enterprises	9439
国 有	State-owned	49
集 体	Collective-owned	9
股份合作	Cooperative	3
联营企业	Joint Ownership	1
有限责任公司	Limited Liability Corporations	1851
股份有限公司	Share-holding Corporations Ltd.	139
私营企业	Private Enterprises	7373
其 他	Others	14
港澳台商投资企业	Enterprises with Funds from Hong Kong,Macao and Taiwan	38
与港澳台商合资经营	Joint-venture	8
与港澳台商合作经营	Cooperative	
港澳台商独资	Sole Investment	28
港澳台商独资股份有限公司	Share-holding Corporations Ltd. with Sole Investment	1
其他港澳台投资企业	Others	1
外商投资企业	Foreign Funded Enterprises	78
中外合资经营	Joint-venture	26
中外合作经营	Cooperative	2
外资企业	Sole Foreign Investment	48
外商投资股份有限公司	Share-holding Corporations Ltd. with Foreign Investment	1
其他外商投资企业	Others	1
2.按国民经济行业分(GB/T 4754-2017)	by Sector	
农、林、牧产品批发业	Wholesale of Farm Produce and Livestock Products	519
食品、饮料及烟草制品批发	Wholesale of Food, Beverages and Tobaccos	863
纺织、服装及家庭用品批发	Wholesale of Textiles, Garments and Daily Consumer Articles	660
文化、体育用品及器材批发	Wholesale of Culture, Sports Appliances and Equipments	253
医药及医疗器材批发	Wholesale of Medicines and Medical Appliances	623
矿产品、建材及化工产品批发	Wholesale of Mineral Products, Building Materials and Chemical Products	4957
机械设备、五金产品及电子产品批发	Wholesale of Machinery, Hardware and Electronic Equipment	1418
贸易经纪与代理	Trade Broker and Agency	54
其他批发业	Other Wholesale not Classified Elsewhere	208

Financial Indicators of Enterprises above Designated Size of Wholesale and Retail Trades(2019)

(10 000 yuan)

年末资产负债 Assets and Liabilities at Year-end						损益及分配 Losses,Profits and Distribution	
流动资产合计 Total Working Capitals	固定资产原价 Original Value of Fixed Assets	本年折旧 Depreciation in the Year	资产合计 Total Assests	负债合计 Total Liabilities	所有者权益合计 Total Owner's Equities	营业收入合计 Business Revenue	主营业务收入 Revenue from Principal Business
143950482	**17003397**	**1186162**	**182541827**	**144893648**	**37945456**	**362946437**	**359066954**
117049210	**8959382**	**594104**	**144536342**	**114834723**	**29615200**	**300611807**	**298036075**
113685894	8631426	564667	140509065	111920392	28502632	294205779	291690401
347791	120203	5252	485577	360263	110115	646049	640878
233109	23911	1310	272224	255112	17112	541696	541127
8300	4083	219	12323	7707	4616	22778	22778
20859	9775	1065	33409	32185	1223	11967	11967
56682084	4700093	281945	70394195	56905614	13454496	146475438	144552706
8548154	810294	45093	11646384	6161053	5557149	12578044	12438101
47832893	2958036	229676	57647380	48188935	9349869	133852711	133405749
12704	5032	108	17573	9521	8052	77096	77096
2403809	170375	15059	2733345	2178730	554616	4145129	4111411
409634	17899	500	517446	322072	195374	514868	506357
1833887	152401	14550	2055564	1703868	351696	3373026	3347819
1949	30	5	1965	914	1052	8153	8153
158339	45	5	158370	151876	6494	249082	249082
959507	157582	14377	1293933	735602	557952	2260900	2234263
348935	39721	1564	398823	229649	169175	738420	736258
15134	11110	592	20417	21888	-1471	34185	34185
513699	33218	5366	672400	384349	287673	1078938	1066758
81740	73533	6856	202292	99717	102575	409357	397062
3982402	639749	33270	4973815	4022279	938826	7230741	7218643
9188850	1731622	89934	11405026	7525313	3860293	23773586	23627518
9826249	493235	21389	11753377	9593050	2157892	16953655	16724992
4590767	359386	17352	5574072	4290655	1278420	6633638	6444962
12066837	776976	62057	14077939	11302872	2768922	17938265	17856819
63288883	4234275	295562	80972585	65544895	15412349	197838338	196205040
11586074	601527	63854	12888310	10410354	2455779	24420882	24156101
1394797	21969	1325	1596013	1157870	437614	1950501	1940334
1124353	100645	9362	1295205	987435	305106	3872203	3861666

18-3 续表 1

单位:万元

指标名称	Indicator	企业数(个) Number of Enterprises (unit)
二、零售业	**Retail Trade**	**5495**
1.按登记注册类型分	by Status of Registration	
内 资	Domestic Funded Enterprises	5384
国 有	State-owned	27
集 体	Collective-owned	33
股份合作	Cooperative	17
联营企业	Joint Ownership	2
有限责任公司	Limited Liability Corporations	1426
股份有限公司	Share-holding Corporations Ltd.	147
私营企业	Private Enterprises	3724
其 他	Others	8
港澳台商投资企业	Enterprises with Funds from Hong Kong,Macao and Taiwan	65
与港澳台商合资经营	Joint-venture	10
与港澳台商合作经营	Cooperative	
港澳台商独资	Sole Investment	49
港澳台商独资股份有限公司	Share-holding Corporations Ltd. with Sole Investment	4
其他港澳台投资企业	Others	2
外商投资企业	Foreign Funded Enterprises	46
中外合资经营	Joint-venture	12
中外合作经营	Cooperative	3
外资企业	Sole Foreign Investment	24
外商投资股份有限公司	Share-holding Corporations Ltd. With Foreign Investment	6
其他外商投资企业	Others	1
2.按国民经济行业分(GB/T 4754-2017)	by Sector	
综合零售	Integrated Retail	637
食品、饮料及烟草制品专门零售	Retail of Food, Beverages and Tobaccos	356
纺织、服装及日用品专门零售	Special Retail of Textiles, Garments and Daily Consumer Articles	249
文化、体育用品及器材专门零售	Retail of Culture, Sports Appliances and Equipments	227
医药及医疗器材专门零售业	Retail of Medicines and Medical Appliances	320
汽车、摩托车、零配件和燃料及其他动力销售	Retail of Motor Vehicles, Motorcycles,Parts,Fuel and Other Power	2612
家用电器及电子产品专门零售业	Special Retail of Household Electric Appliances and Electronic Products	648
五金、家具及室内装修材料专门零售	Special Retail of Hardware, Furniture and Decoration Materials	239
货摊、无店铺及其他零售业	Non-shop and Other Retails	207

continued

(10 000 yuan)

年末资产负债 Assets and Liabilities at Year-end						损益及分配 Losses,Profits and Distribution	
流动资产合计 Total Working Capitals	固定资产原价 Original Value of Fixed Assets	本年折旧 Depreciation in the Year	资产合计 Total Assests	负债合计 Total Liabilities	所有者权益合计 Total Owner's Equities	营业收入合计 Business Revenue	#主营业务收入 Revenue from Principal Business
26901272	**8044014**	**592058**	**38005485**	**30058925**	**8330256**	**62334630**	**61030880**
25582508	7205649	532133	35734991	28662726	7455962	57402274	56229607
117297	85823	5270	301718	219226	70554	530420	517843
63445	19206	730	84380	62122	21417	121350	120298
19335	10522	536	30102	20271	9831	78434	78407
939	664	38	1483	675	808	5216	5180
9281768	3330855	195869	12884004	10301356	2557208	22538120	22030655
6491393	1508684	120638	9945470	7798087	2607233	9728403	9463686
9606308	2247871	208837	12483291	10259455	2185902	24390746	24003953
2024	2025	215	4544	1536	3009	9587	9587
842328	369793	31943	1211596	789521	422075	2979992	2917212
134989	29542	2753	232545	145047	87498	559079	550622
678174	320070	27863	938596	621254	317342	2306238	2255295
13990	17866	1218	23113	14476	8637	66306	64388
15175	2314	109	17343	8744	8599	48369	46907
476436	468573	27982	1058897	606678	452219	1952363	1884060
228497	138790	6229	358972	209000	149972	463233	436612
69020	51354	2226	87766	36402	51364	142702	138638
72019	93369	9162	196769	161860	34909	313747	305917
103918	184321	10356	411409	196967	214442	1030277	1000491
2982	740	10	3982	2449	1533	2404	2403
9780215	3869135	226090	14817894	11637334	3172064	14808599	14181791
662298	193850	11789	867337	658601	206520	1192599	1178687
1133725	212725	22289	1493173	1076492	414603	2443029	2423243
698465	173278	8864	904835	610113	292813	1321194	1274889
1504261	147206	15416	1756107	1411049	330393	3002429	2966865
10345122	2842347	275409	14628307	11923263	3130661	30602284	30121263
1448598	244289	15675	1767504	1431203	331093	3632160	3604156
322510	96540	5678	448515	322902	118958	607091	604902
1006078	264645	10848	1321813	987969	333152	4725246	4675085

18-3 续表 2

单位:万元

指标名称	Indicator	营业成本 Cost of Business
总　计	**Total**	**340612453**
一、批发业	**Wholesale Trade**	**285551150**
1.按登记注册类型分	by Status of Registration	
内　资	Domestic Funded Enterprises	279603756
国　有	State-owned	617200
集　体	Collective-owned	525347
股份合作	Cooperative	21528
联营企业	Joint Ownership	11974
有限责任公司	Limited Liability Corporations	138563059
股份有限公司	Share-holding Corporations Ltd.	11648335
私营企业	Private Enterprises	128142886
其　他	Others	73427
港澳台商投资企业	Enterprises with Funds from Hong Kong,Macao and Taiwan	3886540
与港澳台商合资经营	Joint-venture	488260
与港澳台商合作经营	Cooperative	
港澳台商独资	Sole Investment	3145882
港澳台商独资股份有限公司	Share-holding Corporations Ltd. with Sole Investment	7512
其他港澳台投资企业	Others	244886
外商投资企业	Foreign Funded Enterprises	2060853
中外合资经营	Joint-venture	704526
中外合作经营	Cooperative	26012
外资企业	Sole Foreign Investment	938155
外商投资股份有限公司	Share-holding Corporations Ltd. with Foreign Investment	392160
其他外商投资企业	Others	
2.按国民经济行业分(GB/T 4754-2017)	by Sector	
农、林、牧产品批发业	Wholesale of Farm Produce and Livestock Products	7004197
食品、饮料及烟草制品批发	Wholesale of Food, Beverages and Tobaccos	19863793
纺织、服装及家庭用品批发	Wholesale of Textiles, Garments and Daily Consumer Articles	15782440
文化、体育用品及器材批发	Wholesale of Culture, Sports Appliances and Equipments	6086017
医药及医疗器材批发	Wholesale of Medicines and Medical Appliances	15500356
矿产品、建材及化工产品批发	Wholesale of Mineral Products, Building Materials and Chemical Products	192925666
机械设备、五金产品及电子产品批发	Wholesale of Machinery, Hardware and Electronic Equipment	22758521
贸易经纪与代理	Trade Broker and Agency	1875608
其他批发业	Other Wholesale not Classified Elsewhere	3754552

continued

(10 000 yuan)

损益及分配 Losses,Profits and Distribution							工资、福利、增值税 Wages,Welfare and Value Added Tax	
税金及附加 Taxes and Other Charges on Business	销售费用 Expenses on Sales	管理费用 Expenses on Management	财务费用 Expenses on Finance	营业利润 Profits from Business	利润总额 Total Profits	所得税费用 Income Tax Expense	应付职工薪酬(本年贷方累计发生额) Payroll payable (Cumulative amount of credits)	应交增值税 Value Added Tax Payable
2045377	**10387115**	**4916059**	**1779707**	**4110102**	**4332040**	**866344**	**5539920**	**2542368**
1812738	**6328088**	**3057548**	**1328105**	**3265186**	**3418741**	**656198**	**3248757**	**1875523**
1805906	6133610	2940823	1315658	3155217	3309099	631074	3158581	1850036
1428	17686	20281	7300	-12517	2678	923	36003	2237
261	3385	12114	6762	-2183	-1528	5	9377	1877
92	310	628	231	486	516	18	430	139
	147	698	1187	-2130	1680		244	0
1546143	2715386	1420478	582244	1907638	1971745	404940	1480488	1047726
19397	566952	154564	87372	179590	183507	33714	234470	3842
238475	2828678	1331554	630389	1082511	1148675	191422	1395597	794116
111	1067	506	173	1823	1825	53	1971	100
3079	115165	75681	3733	46717	47300	7931	49333	9162
496	14590	5394	5830	853	947	555	5507	1872
2486	96241	69759	-2771	45594	46083	7330	43478	7157
17	225	141	140	118	118	7	151	83
80	4109	387	533	153	153	38	197	52
3753	79313	41045	8715	63252	62342	17193	40843	16325
831	23053	13028	283	-8539	-8225	772	13636	2884
69	3610	2143	683	389	437	461	738	383
2375	31459	23006	5776	80709	80310	15960	16494	13057
479	21191	2867	1973	-9308	-10180		9976	
6107	109623	78016	111729	-57797	-35331	3920	81837	16773
1083393	1057019	735016	23569	1076142	1125072	243264	828292	425501
32600	618804	251749	78851	203493	210504	37105	298786	113388
9201	190680	136737	2597	194569	195256	19465	172148	28020
370916	1196172	453092	165589	296647	301353	62087	383202	282168
249256	2443908	958506	820881	1105917	1170341	200696	1010330	680856
36769	614453	377488	79327	447390	432377	83393	413815	143092
1375	30736	33794	28283	4034	5319	545	29966	5980
23121	66693	33150	17279	-5209	13851	5722	30380	179745

18-3 续表 3

单位:万元

指标名称	Indicator	营业成本 Cost of Business
二、零售业	**Retail Trade**	**55061304**
1.按登记注册类型分	by Status of Registration	
内　资	Domestic Funded Enterprises	50885619
国　有	State-owned	446617
集　体	Collective-owned	104493
股份合作	Cooperative	70304
联营企业	Joint Ownership	3999
有限责任公司	Limited Liability Corporations	19842556
股份有限公司	Share-holding Corporations Ltd.	8568151
私营企业	Private Enterprises	21841816
其　他	Others	7683
港澳台商投资企业	Enterprises with Funds from Hong Kong,Macao and Taiwan	2480800
与港澳台商合资经营	Joint-venture	453660
与港澳台商合作经营	Cooperative	
港澳台商独资	Sole Investment	1924863
港澳台商独资股份有限公司	Share-holding Corporations Ltd. with Sole Investment	56248
其他港澳台投资企业	Others	46029
外商投资企业	Foreign Funded Enterprises	1694885
中外合资经营	Joint-venture	359722
中外合作经营	Cooperative	118562
外资企业	Sole Foreign Investment	262668
外商投资股份有限公司	Share-holding Corporations Ltd. with Foreign Investment	952788
其他外商投资企业	Others	1146
2.按国民经济行业分(GB/T 4754-2017)	by Sector	
综合零售	Integrated Retail	12434826
食品、饮料及烟草制品专门零售	Retail of Food, Beverages and Tobaccos	986409
纺织、服装及日用品专门零售	Special Retail of Textiles, Garments and Daily Consumer Articles	1864296
文化、体育用品及器材专门零售	Retail of Culture, Sports Appliances and Equipments	1074807
医药及医疗器材专门零售业	Retail of Medicines and Medical Appliances	2440483
汽车、摩托车、零配件和燃料及其他动力销售	Retail of Motor Vehicles, Motorcycles,Parts,Fuel and Other Power	28243736
家用电器及电子产品专门零售业	Special Retail of Household Electric Appliances and Electronic Products	3298709
五金、家具及室内装修材料专门零售	Special Retail of Hardware, Furniture and Decoration Materials	531037
货摊、无店铺及其他零售业	Non-shop and Other Retails	4187001

continued

(10 000 yuan)

损益及分配 Losses,Profits and Distribution							工资、福利、增值税 Wages,Welfare and Value Added Tax	
税金及附加 Taxes and Other Charges on Business	销售费用 Expenses on Sales	管理费用 Expenses on Management	财务费用 Expenses on Finance	营业利润 Profits from Business	利润总额 Total Profits	所得税费用 Income Tax Expense	应付职工薪酬(本年贷方累计发生额) Payroll payable (Cumulative amount of credits)	应交增值税 Value Added Tax Payable
232639	**4059027**	**1858511**	**451602**	**844916**	**913299**	**210147**	**2291163**	**666845**
195938	3631639	1692284	439086	707614	771058	174640	2099091	621567
808	29656	14599	3066	37321	38680	678	15498	2465
498	5898	8407	1102	1287	1468	316	7459	1685
400	4284	1953	337	1162	1220	144	2748	815
23	218	289	29	659	659	160	245	137
103308	1560283	634736	180876	266429	295367	78402	839302	274681
31072	664445	251322	71197	225019	232000	25617	321046	70364
59805	1365820	780808	182365	175278	201202	69295	911640	271401
25	1035	171	113	460	463	28	1152	19
30094	275120	66632	8128	131506	134626	34126	126001	29440
19260	29136	13343	3019	40971	40875	10781	16581	5725
10603	236412	50949	4749	90254	92334	23006	104805	22938
181	8484	1205	101	474	1590	151	3042	609
50	1088	1136	260	-193	-173	188	1573	168
6607	152268	99595	4389	5795	7615	1381	66071	15839
2730	42604	65868	-1901	2521	3431	1223	32922	7798
857	16819	1717	-272	5519	5522	1433	7062	727
1475	29896	15777	2742	2122	2763	-538	16326	2240
1539	62940	16069	3864	-5403	-5139	-998	9617	5101
7	9	166	-44	1037	1038	261	144	-27
88823	1329177	661423	145201	334649	355767	77601	772659	180510
3623	92340	47218	6567	38916	43243	9932	59086	16530
25716	320806	112092	14592	116495	117819	30992	145290	48043
11148	126370	53717	9711	38780	40794	4174	95087	12934
10328	335696	171609	12796	25510	28523	10597	244807	48516
72031	1167911	627135	239635	237499	265340	58869	753929	266890
7921	212537	105610	14473	-834	2423	4082	122837	36023
2710	27046	30949	5004	8660	8265	365	22024	7093
10338	447145	48759	3622	45240	51126	13535	75445	50307

18-4 各市限额以上批发和零售业商品购进、销售、库存总额(2019年)

Total Purchases,Sales and Inventory of Enterprises above Designated Size of Wholesale and Retail Trades by Region(2019)

单位：亿元 (100 million yuan)

地区	Region	法人单位(个) Corporate Unit (unit)	年末从业人数(万人) Persons Employed at Year-end (10 000 person)	购进总额 Total Purchases Value	#进口 Import	销售总额 Total Sale Value 合计 Total	批发 Wholesale	#出口 Export	零售 Retail	年末库存总额 Inventory (year-end)
全省总计	**Total**	**15050**	**74.3**	**35945.1**	**1189.6**	**40037.2**	**32841.6**	**1370.1**	**7059.6**	**2003.6**
济南市	Jinan	2687	13.9	5594.4	157.6	6518.4	5101.0	187.5	1410.6	354.8
青岛市	Qingdao	2458	12.9	8014.9	452.8	8668.6	7117.8	565.6	1530.9	434.7
淄博市	Zibo	1071	3.9	1943.3	40.9	2351.7	2015.2	28.8	326.2	97.3
枣庄市	Zaozhuang	299	1.5	322.0	2.1	370.7	257.5	9.8	113.0	24.5
东营市	Dongying	502	2.8	2852.7	10.8	3028.2	2840.2	68.0	183.5	128.3
烟台市	Yantai	1168	6.9	2839.7	141.7	3188.6	2578.9	132.5	600.2	207.7
潍坊市	Weifang	1132	6.1	2885.7	46.3	3210.3	2651.7	116.4	553.3	198.8
济宁市	Jining	1353	5.2	1452.9	26.2	1645.9	1266.8	34.3	369.4	80.8
泰安市	Tai'an	598	2.8	1282.3	5.5	1406.4	1204.7	8.0	201.7	54.5
威海市	Weihai	477	3.2	727.1	150.6	846.4	477.9	43.8	366.9	46.3
日照市	Rizhao	329	1.7	2040.9	44.1	2185.4	2043.0	32.3	137.3	70.5
临沂市	Linyi	1117	4.9	1580.6	28.2	1818.3	1292.9	42.3	484.8	117.9
德州市	Dezhou	472	2.3	561.2	6.3	677.4	447.1	4.2	229.7	55.9
聊城市	Liaocheng	587	2.0	1293.8	50.2	1395.5	1218.4	41.3	175.2	42.6
滨州市	Binzhou	360	2.0	1306.6	25.0	1411.7	1230.3	50.0	161.6	53.1
菏泽市	Heze	440	2.3	1247.0	1.4	1313.7	1098.4	5.3	215.3	35.9

18-5 各市限额以上批发和零售业财务状况(2019年)

Financial Indicators of Enterprises above Designated Size of Wholesale and Retail Trades by Region(2019)

单位:亿元 (100 million yuan)

地区	Region	企业数(个) Number of Enterprises (unit)	流动资产合计 Total Working Capitals	固定资产原价 Original Value of Fixed Assets	本年折旧 Depreciati-on in the Year	资产合计 Total Assests	负债合计 Total Liabilities	所有者权益合计 Total Owners' Equities	营业收入合计 Business Revenue	主营业务收入 Revenue from Principal Business
全省总计	**Total**	**15050**	**14395.0**	**1700.3**	**118.6**	**18254.2**	**14489.4**	**3794.5**	**36294.6**	**35906.7**
济南市	Jinan	2687	2931.4	289.8	15.8	3750.2	2856.9	891.9	5926.4	5772.8
青岛市	Qingdao	2458	3197.8	275.5	17.8	3791.0	3088.1	744.2	7878.5	7835.9
淄博市	Zibo	1071	792.7	127.7	6.2	1349.2	978.9	376.0	2103.2	2085.4
枣庄市	Zaozhuang	299	154.2	31.7	2.9	202.0	145.4	54.7	344.3	338.9
东营市	Dongying	502	929.7	62.8	4.3	1056.2	973.2	82.2	2738.5	2719.8
烟台市	Yantai	1168	1348.9	222.9	19.4	1737.5	1375.6	361.1	2894.1	2874.9
潍坊市	Weifang	1132	1269.4	149.0	11.2	1570.8	1327.6	242.2	2899.9	2853.8
济宁市	Jining	1353	527.7	86.4	8.8	669.0	520.3	141.9	1505.7	1497.5
泰安市	Tai'an	598	416.6	55.2	4.0	666.5	386.4	280.2	1259.0	1246.9
威海市	Weihai	477	267.2	67.6	3.9	375.4	261.7	113.4	796.3	785.9
日照市	Rizhao	329	601.7	65.7	2.5	711.1	654.3	54.9	1962.1	1944.0
临沂市	Linyi	1117	538.1	83.8	7.1	667.8	515.9	148.0	1636.2	1624.2
德州市	Dezhou	472	213.8	68.9	7.1	308.5	233.4	78.1	618.4	613.0
聊城市	Liaocheng	587	304.0	37.7	3.1	366.2	267.1	98.8	1239.9	1233.1
滨州市	Binzhou	360	618.6	39.5	3.2	700.8	629.8	69.5	1298.1	1292.3
菏泽市	Heze	440	283.3	36.2	1.2	332.0	274.7	57.3	1194.0	1188.2

18-5 续表 continued

单位:亿元 (100 million yuan)

地区	Region	营业成本 Cost of Business	税金及附加 Taxes and Other Charges on Business	销售费用 Expenses on Sales	管理费用 Expenses on Managem-ent	财务费用 Expenses on Finance	营业利润 Profits from Business	利润总额 Total Profits	所得税费用 Income Tax Expense	应付职工薪酬(本年贷方累计发生额) Payroll payable (Cumulative amount of credits)	应交增值税 Value Added Tax Payable
全省总计	**Total**	**34061.2**	**204.5**	**1038.7**	**491.6**	**178.0**	**411.0**	**433.2**	**86.6**	**554.0**	**254.2**
济南市	Jinan	5459.1	56.0	204.0	107.4	31.0	81.9	83.5	15.4	111.9	40.5
青岛市	Qingdao	7406.8	25.9	234.4	106.9	27.5	87.8	94.5	22.1	109.5	69.6
淄博市	Zibo	1981.8	8.4	61.6	26.9	14.7	32.3	35.1	6.0	56.5	14.6
枣庄市	Zaozhuang	309.5	4.8	15.9	8.2	2.0	3.0	4.1	1.5	9.9	4.7
东营市	Dongying	2672.0	5.0	29.2	14.1	16.3	-1.0	-2.0	4.0	19.5	8.3
烟台市	Yantai	2639.6	17.5	133.5	43.8	16.9	43.0	46.4	9.5	52.3	23.8
潍坊市	Weifang	2712.1	15.4	73.0	40.9	10.6	43.2	44.9	4.7	43.2	24.3
济宁市	Jining	1382.6	11.1	67.1	24.2	10.6	21.8	23.7	4.7	26.7	12.3
泰安市	Tai'an	1186.8	6.4	26.0	15.7	5.2	50.5	50.8	3.4	16.7	8.9
威海市	Weihai	709.2	5.4	40.4	21.4	2.8	18.2	19.1	3.7	19.2	7.3
日照市	Rizhao	1903.1	5.0	19.4	12.6	14.4	4.2	4.8	2.1	8.9	6.1
临沂市	Linyi	1534.9	12.6	50.9	25.0	5.4	9.1	10.1	4.1	28.8	10.5
德州市	Dezhou	566.9	11.9	20.0	12.4	3.4	8.9	9.0	1.5	12.8	6.7
聊城市	Liaocheng	1193.9	5.7	20.6	11.8	5.6	2.8	3.1	1.3	13.2	7.2
滨州市	Binzhou	1259.5	4.6	25.1	9.4	8.2	-4.2	-4.0	1.2	11.9	5.5
菏泽市	Heze	1143.4	8.7	17.8	10.8	3.3	9.5	10.0	1.5	13.0	4.0

18-6 限额以上住宿和餐饮业情况

Basic Conditions of Hotels and Catering Services

指 标	Item	2014	2015	2016	2017	2018	2019
住宿和餐饮业	**Hotels and Catering Services**						
法人企业 (个)	Number of Corporation Enterprises (unit)	3354	3211	3138	3010	2700	2466
年末从业人数 (万人)	Engaged Persons at Year-end (10 000 persons)	24.8	23.0	23.1	22.6	20.0	19.3
营业额 (亿元)	Business Revenue (100 million yuan)	538.4	547.3	561.5	494.6	386.9	385.9
#餐费收入 (亿元)	From Meals (100 million yuan)	369.6	374.7	381.2	320.3	240.8	242.7
年末餐饮营业面积(万平方米)	Business Area of Catering Services at Year-end(10 000 sq.m)	714.6	598.7	485.2	486.9	448.8	799.4
住宿业	**Hotels**						
法人企业 (个)	Number of Corporation Enterprises (unit)	1086	1089	1081	1144	1099	1089
年末从业人数 (万人)	Engaged Persons at Year-end (10 000 persons)	10.5	10.3	10.1	10.3	9.2	9.1
营业额 (亿元)	Business Revenue (100 million yuan)	211.4	219.1	227.8	213.1	170.9	171.0
#客房收入 (亿元)	From Hotel Rooms (100 million yuan)	91.7	96.8	101.7	102.8	85.3	85.3
餐费收入 (亿元)	From Meals (100 million yuan)	100.4	102.9	105.9	91.8	67.5	67.7
客房数 (万间)	Number of Room (10 000 rooms)	20.8	14.7	21.5	17.4	21.8	17.4
床位数 (万位)	Number of Beds (10 000 beds)	32.3	24.5	31.1	28.2	33.6	27.5
年末餐饮营业面积 (万平方米)	Business Area of Catering Services at Year-end (10 000 sq.m)	233.7	219.8	173.2	182.4	179.1	453.1
餐饮业	**Catering Services**						
法人企业 (个)	Number of Corporation Enterprises (unit)	2268	2122	2057	1866	1601	1377
年末从业人数 (万人)	Engaged Persons at Year-end (10 000 persons)	14.3	12.7	13.0	12.3	10.9	10.2
营业额 (亿元)	Business Revenue (100 million yuan)	327.0	328.2	333.7	281.5	216.0	215.0
#餐费收入 (亿元)	From Meals (100 million yuan)	269.2	271.7	275.3	228.5	173.3	175.1
年末餐饮营业面积 (万平方米)	Business Area of Catering Services at Year-end (10 000 sq.m)	480.8	378.9	312.0	304.5	269.7	346.3

18-7 限额以上住宿和餐饮业经营情况(2019年)
Business of Hotels and Catering Services above Designated Size(2019)

指标名称	Indicator	法人单位(个) Corporate Unit (unit)	从业人数(人) Employed Persons (person)
总　计	**Total**	**2466**	**192837**
一、住宿业	**Hotels**	**1089**	**91292**
1.按登记注册类型分	by Status of Registration		
内　资	Domestic Funded Enterprises	1069	87929
国　有	State-owned	88	15127
集　体	Collective-owned	9	785
股份合作	Cooperative	2	221
联营企业	Joint Ownership		
有限责任公司	Limited Liability Corporations	330	37957
股份有限公司	Share-holding Corporations Ltd.	28	2385
私营企业	Private Enterprises	612	31454
其　他	Others		
港澳台商投资企业	Enterprises with Funds from Hong Kong,Macao and Taiwan	12	2480
与港澳台商合资经营	Joint-venture	4	832
与港澳台商合作经营	Cooperative		
港澳台商独资	Sole Investment	8	1648
港澳台商独资股份有限公司	Share-holding Corporations Ltd. with Sole Investment		
其他港澳台投资企业	Others		
外商投资企业	Foreign Funded Enterprises	8	883
中外合资经营	Joint-venture	5	668
中外合作经营	Cooperative		
外资企业	Sole Foreign Investment	1	28
外商投资股份有限公司	Share-holding Corporations Ltd. With Foreign Investment	1	55
其他外商投资企业	Others	1	132
2.按国民经济行业分(GB/T 4754-2017)	by Sector		
旅游饭店	Tourist Hotels	593	68718
一般旅馆	General Hotels	450	20350
民宿服务	Homestay Service	6	130
露营地服务	Campground Service	1	68
其他住宿业	Other Accommodation Services	39	2026

18-7 续表 1 continued

指 标 名 称	Indicator	法人单位(个) Corporate Unit (unit)	从业人数(人) Employed Persons (person)
二、餐饮业	**Catering Services**	**1377**	**101545**
1.按登记注册类型分	by Status of Registration		
内　资	Domestic Funded Enterprises	1351	91230
国　有	State-owned	30	3223
集　体	Collective-owned	6	292
股份合作	Cooperative	2	105
联营企业	Joint Ownership		
有限责任公司	Limited Liability Corporations	366	32139
股份有限公司	Share-holding Corporations Ltd.	25	1802
私营企业	Private Enterprises	922	53669
其　他	Others		
港澳台商投资企业	Enterprises with Funds from Hong Kong,Macao and Taiwan	12	4615
与港澳台商合资经营	Joint-venture	4	797
与港澳台商合作经营	Cooperative		
港澳台商独资	Sole Investment	8	3818
港澳台商独资股份有限公司	Share-holding Corporations Ltd. with Sole Investment		
其他港澳台投资企业	Others		
外商投资企业	Foreign Funded Enterprises	14	5700
中外合资经营	Joint-venture	5	152
中外合作经营	Cooperative		
外资企业	Sole Foreign Investment	9	5548
外商投资股份有限公司	Share-holding Corporations Ltd. with Foreign Investment		
其他外商投资企业	Others		
2.按国民经济行业分(GB/T 4754-2017)	by Sector		
正餐服务	Dinner service	1228	81359
快餐服务	Fast Food Service	79	14015
饮料及冷饮服务	Beverages and cold drinks service	8	745
餐饮配送及外卖送餐服务	Catering Delivery and Takeout Service	46	3496
其他餐饮业	Other Catering Services	16	1930

18-7 续表 2 continued

单位:万元 (10 000 yuan)

指标名称	Indicator	营业额 Business Revenue	客房收入 Revenue from Hotel Rooms	餐费收入 Revenue from Meals	商品销售收入 Revenue from Commodities	其他收入 Other Revenue
总 计	**Total**	**3859276**	**1118053**	**2427359**	**96413**	**217451**
一、住宿业	**Hotels**	**1709746**	**852570**	**676836**	**30847**	**149494**
1.按登记注册类型分	by Status of Registration					
内 资	Domestic Funded Enterprises	1620018	808983	641367	29808	139860
国 有	State-owned	269244	106130	132295	6843	23976
集 体	Collective-owned	10894	3406	5622	173	1693
股份合作	Cooperative	5072	1647	3196	6	224
联营企业	Joint Ownership					
有限责任公司	Limited Liability Corporations	709189	340173	285242	15146	68628
股份有限公司	Share-holding Corporations Ltd.	44033	19895	19989	627	3523
私营企业	Private Enterprises	581587	337733	195023	7015	41816
其 他	Others					
港澳台商投资企业	Enterprises with Funds from Hong Kong,Macao and Taiwan	71411	31638	29761	959	9054
与港澳台商合资经营	Joint-venture	17987	9491	6038	124	2334
与港澳台商合作经营	Cooperative					
港澳台商独资	Sole Investment	53424	22147	23722	835	6720
港澳台商独资股份有限公司	Share-holding Corporations Ltd. with Sole Investment					
其他港澳台投资企业	Others					
外商投资企业	Foreign Funded Enterprises	18316	11948	5708	80	580
中外合资经营	Joint-venture	11495	6432	4673	31	359
中外合作经营	Cooperative					
外资企业	Sole Foreign Investment	1015	920	95		
外商投资股份有限公司	Share-holding Corporations Ltd. With Foreign Investment	1009	524	384		102
其他外商投资企业	Others	4797	4073	556	50	119
2.按国民经济行业分 (GB/T 4754-2017)	by Sector					
旅游饭店	Tourist Hotels	1296817	574155	578000	23086	121576
一般旅馆	General Hotels	373146	252376	87485	7339	25946
民宿服务	Homestay Service	2515	1883	627	5	
露营地服务	Campground Service	327	12	13		302
其他住宿业	Other Accommodation Services	36942	24144	10712	417	1669

18-7 续表 3 continued

单位:万元 (10 000 yuan)

指标名称	Indicator	营业额 Business Revenue	客房收入 Revenue from Hotel Rooms	餐费收入 Revenue from Meals	商品销售收入 Revenue from Commodities	其他收入 Other Revenue
二、餐饮业	**Catering Services**	**2149529**	**265484**	**1750522**	**65566**	**67957**
1.按登记注册类型分	by Status of Registration					
内　资	Domestic Funded Enterprises	1796717	262075	1406159	62525	65958
国　有	State-owned	45553	15572	27472	1048	1462
集　体	Collective-owned	5774	1006	3930	687	151
股份合作	Cooperative	1703	1068	618	13	4
联营企业	Joint Ownership					
有限责任公司	Limited Liability Corporations	652157	112551	472024	30200	37383
股份有限公司	Share-holding Corporations Ltd.	27482	5803	19478	839	1362
私营企业	Private Enterprises	1064048	126075	882638	29739	25595
其　他	Others					
港澳台商投资企业	Enterprises with Funds from Hong Kong,Macao and Taiwan	86172	2800	78424	2952	1997
与港澳台商合资经营	Joint-venture	13646	2800	8457	392	1997
与港澳台商合作经营	Cooperative					
港澳台商独资	Sole Investment	72526		69966	2560	
港澳台商独资股份有限公司	Share-holding Corporations Ltd.					
其他港澳台投资企业	with Sole Investment					
外商投资企业	Foreign Funded Enterprises	266641	609	265940	89	3
中外合资经营	Joint-venture	4181	38	4050	89	3
中外合作经营	Cooperative					
外资企业	Sole Foreign Investment	262460	571	261889		
外商投资股份有限公司	Share-holding Corporations Ltd.					
其他外商投资企业	with Foreign Investment					
2.按国民经济行业分(GB/T 4754-2017)	by Sector					
正餐服务	Dinner service	1507767	265102	1137269	46018	59378
快餐服务	Fast Food Service	481229	381	469713	10886	248
饮料及冷饮服务	Beverages and cold drinks service	33959		30504	3289	166
餐饮配送及外卖送餐服务	Catering Delivery and Takeout Service	102389		89649	4776	7964
其他餐饮业	Other Catering Services	24185		23387	597	201

18-8 各市限额以上住宿和餐饮业经营情况(2019年)

Business of Hotels and Catering Services above Designated Size by Region (2019)

地 区	Region	法人单位(个) Corporation Unit (unit)	从业人数(人) Persons Employed (person)	营业额(万元) Business Revenue (10000 yuan)	客房收入 Revenue from Hotel Rooms	餐费收入 Revenue from Meals	商品销售收入 Revenue from Commodi-ties	其他收入 Other Revenue
全省总计	**Total**	**2466**	**192837**	**3859276**	**1118053**	**2427359**	**96413**	**217451**
济南市	Jinan	437	37111	795936	241601	474458	16764	63113
青岛市	Qingdao	451	43249	1183612	274912	831266	19318	58116
淄博市	Zibo	134	8158	153205	43949	93285	8793	7178
枣庄市	Zaozhuang	43	2911	42479	19188	18873	1244	3174
东营市	Dongying	49	5106	91284	25561	56362	1578	7783
烟台市	Yantai	259	17560	363015	116202	229185	4567	13061
潍坊市	Weifang	177	14529	242371	72635	147841	5360	16536
济宁市	Jining	271	12463	151805	60898	84144	2079	4684
泰安市	Tai'an	83	7164	112619	40196	64424	4015	3984
威海市	Weihai	116	11474	211389	62370	127279	6880	14860
日照市	Rizhao	59	4133	77217	27947	44600	2143	2527
临沂市	Linyi	115	9065	159369	46887	97422	6117	8943
德州市	Dezhou	57	5743	91917	22914	48494	13994	6514
聊城市	Liaocheng	73	5769	73705	24814	42030	1642	5218
滨州市	Binzhou	54	3742	44398	14328	28539	643	888
菏泽市	Heze	88	4660	64956	23651	39155	1278	872

18-9　限额以上住宿和餐饮业财务状况(2019年)

单位:万元

指 标 名 称	Indicator	企业数(个) Number of Enterprises (unit)
总　计	**Total**	**2466**
一、住宿业	**Hotels**	**1089**
1.按登记注册类型分	by Status of Registration	
内 资	Domestic Funded Enterprises	1069
国 有	State-owned	88
集 体	Collective-owned	9
股份合作	Cooperative	2
联营企业	Joint Ownership	
有限责任公司	Limited Liability Corporations	330
股份有限公司	Share-holding Corporations Ltd.	28
私营企业	Private Enterprises	612
其　他	Others	
港澳台商投资企业	Enterprises with Funds from Hong Kong,Macao and Taiwan	12
与港澳台商合资经营	Joint-venture	4
与港澳台商合作经营	Cooperative	
港澳台商独资	Sole Investment	8
港澳台商独资股份有限公司	Share-holding Corporations Ltd. With Sole Investment	
其他港澳台投资企业	Others	
外商投资企业	Foreign Funded Enterprises	8
中外合资经营	Joint-venture	5
中外合作经营	Cooperative	
外资企业	Sole Foreign Investment	1
外商投资股份有限公司	Share-holding Corporations Ltd. with Foreign Investment	1
其他外商投资企业	Others	1
2.按国民经济行业分(GB/T 4754-2017)	by Sector	
旅游饭店	Tourist Hotels	593
一般旅馆	General Hotels	450
民宿服务	Homestay Service	6
露营地服务	Campground Service	1
其他住宿业	Other Accommodation Services	39

Financial Indicators of Enterprises above Designated Size of Hotels and Catering Services(2019)

(10 000 yuan)

年末资产负债 Assets and Liabilities at Year-end						损益及分配 Losses,Profits and Distribution	
流动资产合计 Total Working Capitals	固定资产原价 Original Value of Fixed Assets	本年折旧 Depre-ciation in the Year	资产合计 Total Assests	负债合计 Total Liabilities	所有者权益合计 Total Owner's Equities	营业收入合计 Business Revenue	主营业务收入 Revenue from Principal Business
2932125	**5310894**	**298291**	**7827001**	**6326715**	**1503016**	**3718238**	**3650383**
1843424	**3448244**	**189853**	**4565862**	**3680227**	**890162**	**1650753**	**1608584**
1760352	3074609	179223	4255770	3466535	793763	1566076	1530748
260310	836882	51459	769575	340112	429312	263826	255714
7703	24349	1221	23287	19467	5234	10585	10474
7373	5144	138	13364	11403	1962	4903	4903
691847	1448365	80925	1840306	1588041	250757	684278	665256
63094	73560	2697	145285	63496	81789	42434	40053
730025	686309	42783	1463954	1444016	24710	560052	554349
76331	324063	9617	280119	169246	110873	67416	60726
48772	55106	1446	75937	66779	9158	17022	17022
27559	268956	8172	204182	102468	101714	50394	43704
6742	49573	1013	29973	44446	-14474	17260	17110
3609	42460	697	24775	32318	-7543	10828	10679
1634	5199	199	2778	4374	-1596	958	958
70	23	2	88	247	-159	952	952
1429	1891	116	2332	7508	-5176	4522	4521
1507649	3025042	167347	3789932	2937478	852210	1251364	1212709
293996	408515	19563	664276	624907	36202	361441	358005
2591	2165	1253	4095	2941	1154	2388	2388
118	257	21	606	604	3	239	239
39071	12265	1669	106953	114298	592	35321	35244

18-9 续表 1

单位:万元

指 标 名 称	Indicator	企业数(个) Number of Enterprises (unit)
二、餐饮业	**Catering Services**	**1377**
1.按登记注册类型分	by Status of Registration	
内 资	Domestic Funded Enterprises	1351
国 有	State-owned	30
集 体	Collective-owned	6
股份合作	Cooperative	2
联营企业	Joint Ownership	
有限责任公司	Limited Liability Corporations	366
股份有限公司	Share-holding Corporations Ltd.	25
私营企业	Private Enterprises	922
其 他	Others	
港澳台商投资企业	Enterprises with Funds from Hong Kong,Macao and Taiwan	12
与港澳台商合资经营	Joint-venture	4
与港澳台商合作经营	Cooperative	
港澳台商独资	Sole Investment	8
港澳台商独资股份有限公司	Share-holding Corporations Ltd. With Sole Investment	
其他港澳台投资企业	Others	
外商投资企业	Foreign Funded Enterprises	14
中外合资经营	Joint-venture	5
中外合作经营	Cooperative	
外资企业	Sole Foreign Investment	9
外商投资股份有限公司	Share-holding Corporations Ltd. with Foreign Investment	
其他外商投资企业	Others	
2.按国民经济行业分(GB/T 4754-2017)	by Sector	
正餐服务	Dinner service	1228
快餐服务	Fast Food Service	79
饮料及冷饮服务	Beverages and cold drinks service	8
餐饮配送及外卖送餐服务	Catering Delivery and Takeout Service	46
其他餐饮业	Other Catering Services	16

continued

(10 000 yuan)

年末资产负债 Assets and Liabilities at Year-end						损益及分配 Losses,Profits and Distribution	
流动资产合计 Total Working Capitals	固定资产原价 Original Value of Fixed Assets	本年折旧 Depre-ciation in the Year	资产合计 Total Assests	负债合计 Total Liabilities	所有者权益合计 Total Owner's Equities	营业收入合计 Business Revenue	#主营业务收入 Revenue from Principal Business
1088701	**1862650**	**108438**	**3261140**	**2646487**	**612853**	**2067485**	**2041799**
1037515	1724818	100568	3057387	2436274	618885	1736230	1710659
41470	50471	2016	77216	72154	4841	45359	44539
1870	2353	85	3259	2629	603	5451	5451
1243	2028	75	1853	1710	143	1618	1618
379130	1040387	49809	1479336	1086887	390418	627610	611164
15430	33398	1610	52429	22196	29994	26694	26278
598371	596181	46973	1443293	1250699	192886	1029498	1021608
29618	87530	4071	122795	161348	-38124	79702	79590
11592	65660	2762	73789	114353	-40564	11412	11299
18026	21870	1309	49006	46995	2440	68291	68291
21568	50302	3800	80958	48865	32092	251553	251550
3617	618	95	4960	5019	-58	4061	4057
17951	49683	3706	75997	43847	32151	247493	247493
962151	1738676	99517	2986044	2457773	526665	1465248	1440727
64233	105274	7447	187335	139618	47660	451329	450226
14618	3395	457	22171	8962	13209	31999	31988
30154	14035	968	46299	25239	21050	95234	95181
17544	1271	50	19291	14896	4269	23677	23677

18-9 续表 2

单位:万元

指 标 名 称	Indicator	营业成本 Cost of Business
总 计	**Total**	**1664053**
一、住宿业	**Hotels**	**601434**
1.按登记注册类型分	by Status of Registration	
内 资	Domestic Funded Enterprises	576965
国 有	State-owned	87408
集 体	Collective-owned	4486
股份合作	Cooperative	2379
联营企业	Joint Ownership	
有限责任公司	Limited Liability Corporations	250059
股份有限公司	Share-holding Corporations Ltd.	12359
私营企业	Private Enterprises	220274
其 他	Others	
港澳台商投资企业	Enterprises with Funds from Hong Kong,Macao and Taiwan	19732
与港澳台商合资经营	Joint-venture	2676
与港澳台商合作经营	Cooperative	
港澳台商独资	Sole Investment	17057
港澳台商独资股份有限公司	Share-holding Corporations Ltd. with Sole Investment	
其他港澳台投资企业	Others	
外商投资企业	Foreign Funded Enterprises	4737
中外合资经营	Joint-venture	3416
中外合作经营	Cooperative	
外资企业	Sole Foreign Investment	61
外商投资股份有限公司	Share-holding Corporations Ltd. With Foreign Investment	724
其他外商投资企业	Others	537
2.按国民经济行业分(GB/T 4754-2017)	by Sector	
旅游饭店	Tourist Hotels	454932
一般旅馆	General Hotels	131495
民宿服务	Homestay Service	728
露营地服务	Campground Service	42
其他住宿业	Other Accommodation Services	14237

continued

(10 000 yuan)

损益及分配 Losses,Profits and Distribution							工资、福利、增值税 Wages,Welfare and Value Added Tax	
税金及附加 Taxes and Other Charges on Business	销售费用 Expenses on Sales	管理费用 Expenses on Management	财务费用 Expenses on Finance	营业利润 Profits from Business	利润总额 Total Profits	所得税费用 Income Tax Expense	应付职工薪酬(本年贷方累计发生额) Payroll payable (Cumulative amount of credits)	应交增值税 Value Added Tax Payable
37444	**1224617**	**846702**	**109903**	**-163584**	**-134045**	**25442**	**959799**	**60012**
21242	**612822**	**484411**	**59555**	**-122307**	**-104687**	**9595**	**485706**	**33821**
19159	591355	450025	50691	-115408	-98266	7840	462805	32141
3119	122711	84193	-235	-24697	-13010	2732	101003	5222
71	4395	2898	57	-1402	-1382	8	3898	395
22	1301	1244	11	-54	-38		964	175
9818	246440	197185	22984	-47106	-43163	3495	204022	14966
216	15925	13313	737	-2197	-1590	246	11264	879
5913	200583	151193	27138	-39952	-39083	1360	141654	10506
2019	12924	29246	5534	-1564	-1336	1754	17374	1502
367	6432	7273	2174	-1424	-1319	44	4547	379
1652	6492	21973	3361	-140	-18	1710	12827	1123
65	8543	5140	3330	-5335	-5086		5527	179
47	2810	4517	3275	-4025	-4055		4109	-115
4	498	175	27	195	196		130	30
4	35	167	2	20	33		341	34
10	5200	281	27	-1526	-1260		946	229
17968	457305	378306	50165	-99987	-81152	8261	385020	25132
3087	139019	93354	6345	-12809	-14030	1309	91237	7978
12	1088	457	130	-28	-26	2	468	54
0	208	56		-67	-64		202	6
174	15202	12238	2914	-9416	-9416	22	8778	651

18-9 续表 3

单位：万元

指 标 名 称	Indicator	营业成本 Cost of Business
二、餐饮业	Catering Services	1062619
1.按登记注册类型分	by Status of Registration	
内 资	Domestic Funded Enterprises	903751
国 有	State-owned	21182
集 体	Collective-owned	4011
股份合作	Cooperative	671
联营企业	Joint Ownership	
有限责任公司	Limited Liability Corporations	311026
股份有限公司	Share-holding Corporations Ltd.	12487
私营企业	Private Enterprises	554374
其 他	Others	
港澳台商投资企业	Enterprises with Funds from Hong Kong,Macao and Taiwan	28877
与港澳台商合资经营	Joint-venture	6130
与港澳台商合作经营	Cooperative	
港澳台商独资	Sole Investment	22747
港澳台商独资股份有限公司	Share-holding Corporations Ltd. with Sole Investment	
其他港澳台投资企业	Others	
外商投资企业	Foreign Funded Enterprises	129991
中外合资经营	Joint-venture	2214
中外合作经营	Cooperative	
外资企业	Sole Foreign Investment	127777
外商投资股份有限公司	Share-holding Corporations Ltd. With Foreign Investment	
其他外商投资企业	Others	
2.按国民经济行业分(GB/T 4754-2017)	by Sector	
正餐服务	Dinner service	726054
快餐服务	Fast Food Service	228798
饮料及冷饮服务	Beverages and cold drinks service	15169
餐饮配送及外卖送餐服务	Catering Delivery and Takeout Service	76364
其他餐饮业	Other Catering Services	16234

continued

(10 000 yuan)

损益及分配 Losses,Profits and Distribution							工资、福利、增值税 Wages,Welfare and Value Added Tax	
税金及附加 Taxes and Other Charges on Business	销售费用 Expenses on Sales	管理费用 Expenses on Management	财务费用 Expenses on Finance	营业利润 Profits from Business	利润总额 Total Profits	所得税费用 Income Tax Expense	应付职工薪酬（本年贷方累计发生额） Payroll payable (Cumulative amount of credits)	本年应交增值税 Value Added Tax Payable
16202	**611795**	**362291**	**50347**	**-41277**	**-29357**	**15848**	**474093**	**26191**
15672	505511	326728	45211	-67833	-55840	7859	412042	25974
464	17114	14172	883	-7239	-4672	4	13881	999
67	526	876	115	-119	-114	4	1498	131
10	385	611		-59	-50		478	54
7661	199143	137230	19179	-42199	-37524	3699	150077	9163
454	8090	6395	151	-799	-733	40	7684	390
7016	280252	167444	24885	-17418	-12748	4112	238424	15238
366	39800	7303	5257	-144	-421	1347	29596	26
334	5820	3557	4133	-6632	-6892		4284	171
32	33980	3746	1124	6488	6471	1347	25312	-146
164	66485	28261	-121	26700	26904	6642	32454	191
19	771	1175	5	-122	-117	8	728	87
146	65714	27086	-126	26822	27021	6633	31727	104
14766	448237	307293	48354	-84517	-73907	5600	366838	23594
970	144667	38760	1408	36060	36803	7780	71047	1130
12	12782	1514	-50	2571	2664	1213	13376	116
378	3351	10775	469	4490	4909	1136	15099	946
75	2758	3949	166	119	173	119	7733	405

18−10 各市限额以上住宿和餐饮业财务状况(2019年)

Financial Indicators of Enterprises above Designated Size of Hotels and Catering Services by Region(2019)

单位:万元 (10 000 yuan)

地区	Region	企业数(个) Number of Enterprises (unit)	流动资产合计 Total Working Capitals	固定资产原价 Original Value of Fixed Assets	本年折旧 Deprecia-tion in the Year	资产合计 Total Assests	负债合计 Total Liabilities	所有者权益合计 Total Owners' Equities	营业收入合计 Business Revenue	主营业务收入 Revenue from Principal Business
全省总计	**Total**	**2466**	**2932125**	**5310894**	**298291**	**7827001**	**6326715**	**1503016**	**3718238**	**3650383**
济南市	Jinan	437	628020	846238	43189	1304450	1135341	166707	768192	754512
青岛市	Qingdao	451	885721	1114399	54397	1659993	1352968	307623	1125216	1109267
淄博市	Zibo	134	86163	177443	10037	218316	299039	-82552	151212	144788
枣庄市	Zaozhuang	43	53485	146470	40286	214354	157250	56774	41303	39730
东营市	Dongying	49	76762	130303	5983	252417	232691	20878	87616	83376
烟台市	Yantai	259	211963	692453	26007	771182	580263	190391	345687	343743
潍坊市	Weifang	177	207328	275336	20100	457392	466363	-8827	234059	226549
济宁市	Jining	271	116840	380934	16355	488590	281761	205413	156099	155406
泰安市	Tai'an	83	85450	138288	6236	264144	245780	18364	107660	105751
威海市	Weihai	116	168394	351930	20825	527056	428485	98549	207158	200202
日照市	Rizhao	59	59832	90861	4742	135045	143554	-10615	73569	72359
临沂市	Linyi	115	107004	510852	26281	745993	302544	450527	151813	149867
德州市	Dezhou	57	53685	151991	7083	202057	170398	31659	88452	86981
聊城市	Liaocheng	73	75928	106108	4645	184711	174272	10092	72341	70458
滨州市	Binzhou	54	71454	133553	8807	290597	284860	8472	43267	42930
菏泽市	Heze	88	44097	63735	3319	110707	71147	39560	64594	64464

18−10 续表 continued

单位:万元 (10 000 yuan)

地区	Region	营业成本 Cost of Business	税金及附加 Taxes and Other Charges on Business	营业费用 Expenses on Business	管理费用 Expenses on Management	财务费用 Expenses on Finance	营业利润 Profits from Business	利润总额 Total Profits	所得税费用 Income Tax Expense	应付职工薪酬(本年贷方累计发生额) Payroll payable (Cumulative amount of credits)	应交增值税 Value Added Tax Payable
全省总计	**Total**	**1664053**	**37444**	**1224617**	**846702**	**109903**	**-163584**	**-134045**	**25442**	**959799**	**60012**
济南市	Jinan	305721	6545	287519	169682	16367	-13300	-4453	4793	192488	12803
青岛市	Qingdao	505562	7759	338386	239602	26699	9416	14291	15287	265264	12987
淄博市	Zibo	76381	1663	48563	33012	6096	-16065	-13212	137	36333	3485
枣庄市	Zaozhuang	19398	497	15524	10145	958	-5228	-5015	47	10818	895
东营市	Dongying	34203	1161	32839	24010	6095	-11754	-11924	352	26202	1680
烟台市	Yantai	191585	5016	91254	76776	7941	-26693	-23057	1293	83544	6225
潍坊市	Weifang	98628	3104	91604	51492	9277	-19750	-18837	987	70941	3848
济宁市	Jining	64431	1748	41135	47500	4662	-17382	-15637	474	49420	4253
泰安市	Tai'an	41599	1316	39754	26016	5287	-7947	-5793	167	29459	2857
威海市	Weihai	94908	2693	73923	46665	11192	-21082	-19063	249	58363	1677
日照市	Rizhao	30871	528	24819	23742	1534	-6435	-6255	210	19666	1313
临沂市	Linyi	65546	2103	54692	42278	4600	-16387	-15805	122	38047	2195
德州市	Dezhou	41507	1378	30256	16380	1838	6743	6419	824	24673	1923
聊城市	Liaocheng	36590	688	25605	16081	3534	-9386	-9095	182	24356	1785
滨州市	Binzhou	22498	478	13961	12975	1651	-10443	-9066	23	13453	791
菏泽市	Heze	34625	769	14784	10348	2174	2109	2456	296	16772	1297

18-11 亿元以上商品交易市场情况(2019年)

Basic Statistics on Commodity Exchange Markets of Turnover above 100 Million Yuan (2019)

类别	Category	市场数量(个) Number of Markets (unit)	摊位数(个) Number of Booths (unit)	年末出租摊位数(个) Number of Booths Rented at Year End (unit)	年末营业面积(平方米) Operating Area at Year End (sq.m)	成交额(亿元) Turnover (100 million yuan)
总计	**Total**	**371**	**314052**	**285694**	**31438014**	**8544.1**
一、按市场类别分组	**Grouped by Market Category**					
综合市场	Comprehensive Markets	75	107982	98273	6028299	1352.8
生产资料综合市场	Means of production Comprehensive Markets	3	2197	2151	140809	24.3
工业消费品综合市场	Industrial consumer products Comprehensive Markets	23	42707	37731	2668374	723.0
农产品综合市场	Farmer Produces Comprehensive Markets	23	18670	17109	1141131	221.2
其他综合市场	Other Comprehensive Markets	26	44408	41282	2077985	384.2
专业市场	Special Markets	296	206070	187421	25409715	7191.3
生产资料市场	Means of Production Markets	54	25550	22631	8239402	2590.5
农业生产用具市场	Agricultural Tools Markets	1	83	83	80000	1.4
农用生产资料市场	Agricultural Production Markets	1	100	95	1500	1.6
煤炭市场	Coal and Charcoal Markets					
木材市场	Wood Markets	6	1689	1635	766068	138.0
建材市场	Building Materials Markets	15	10380	8777	1359315	218.7
化工材料及制品市场	Chemical Materials and Products Markets	1	875	875	110000	753.7
金属材料市场	Metal Materials Markets	21	7089	5989	4846435	1315.9
机械设备市场	Mechanical Device Markets	4	3649	3595	373692	120.6
其他生产资料市场	Other Means of Production Markets	5	1685	1582	702392	40.6
农产品市场	Agricultural Products Markets	87	72399	66903	7152362	2223.9
粮油市场	Grain and Oil Markets	7	2360	1700	340068	133.4
肉禽蛋市场	Meat, Poultry and Eggs Markets	4	2484	2390	82060	13.9
水产品市场	Aquatic Products Markets	20	15093	14001	986948	629.6
蔬菜市场	Vegetables Markets	36	41316	38140	4422910	884.8
干鲜果品市场	Dried and Fresh Melons and Fruits Markets	15	7993	7745	1043220	426.4
棉麻土畜、烟叶市场	Cotton ,Hemp,Local Livestock and Tobacco Markets					
其他农产品市场	Other Agricultural Products Markets	5	3153	2927	277156	135.9
食品、饮料及烟酒市场	Food, Beverages, Tobacco, and Liquor Markets	10	9722	8508	634010	177.9
食品饮料市场	Food and Beverage Markets	4	5744	5625	291580	89.4
茶叶市场	Tea Markets	2	800	670	90000	19.7
烟酒市场	Tobacco and Liquor Markets	1	360	283	16000	25.5
其他食品饮料及烟酒市场	Other Food, Beverages, Tobacco, and Liquor Markets	3	2818	1930	236430	43.2
纺织、服装、鞋帽市场	Textile, Garments, Footgear, and Hats Markets	38	35771	33861	1572431	566.5
布料及纺织品市场	Fabrics and Textile Markets	5	2346	2106	208800	56.7
服装市场	Clothing Markets	21	25296	24124	870670	428.8
鞋帽市场	Shoes and Hats Markets	5	2742	2441	105941	46.2
其他纺织服装鞋帽市场	Others	7	5387	5190	387020	34.7
日用品及文化用品市场	Daily Use and Cultural Goods Markets	14	12079	10646	782828	333.0
小商品市场	Merchandise Markets	9	9596	8163	569428	264.8
箱包市场	Case and Bag Markets	1	150	150	8400	1.5

18-11 续表 continued

类别	Category	市场数量(个) Number of Markets (unit)	摊位数(个) Number of Booths (unit)	年末出租摊位数 Number of Booths Rented at Year End	年末营业面积(平方米) Operating Area at Year End (sq.m)	成交额(亿元) Turnover (100 million yuan)
玩具市场	Toy Markets	1	600	600	60000	20.9
文具市场	Stationery Markets	1	578	578	60000	4.8
图书、报刊杂志市场	Books, Newspapers and Magazines Markets	1	135	135	25000	11.0
音像制品及电子出版物市场	Video products and E-journal Markets					
体育用品市场	Sports Goods Markets					
其他日用品及文化用品市场	Other Daily Use and Cultural Goods Markets	1	1020	1020	60000	30.0
黄金、珠宝、玉器等首饰市场	Gold,Jewelry,Jade Markets	2	2049	987	546600	119.8
电器、通讯器材、电子设备市场	Electrical Appliances, Communication Appliances, Electronic Equipment Markets	7	3094	2825	267900	75.8
家电市场	Household Appliances Markets	3	1152	1066	169000	54.0
通讯器材市场	Communication Appliances					
照相、摄像器材市场	Camera Equipment Markets					
计算机及辅助设备市场	Computers and Auxiliary Equipment Markets	4	1942	1759	98900	21.7
其他电器、通讯器材、电子设备市场	Others					
医药、医疗用品及器材市场	Medicine,Medical Supplies and Equipment Markets	1	968	806	60000	4.3
中药材市场	Chinese Medicine Markets	1	968	806	60000	4.3
其他医药、医疗用品及器材市场	Others					
家具、五金及装饰材料市场	Furniture,Hardware,and Decorative Materials Markets	42	30581	27194	3686835	535.9
家具市场	Furniture Markets	8	5124	4745	660385	54.0
装饰材料市场	Decoration Materials Markets	19	9804	8569	1408748	205.9
灯具市场	Lamps Markets	1	970	970	150000	38.6
厨具、盥洗设备市场	Kitchen Utensils and Washing Equipment Markets	1	366	352	21608	2.2
五金材料市场	Hardware Materials Markets	8	7333	6199	631685	128.7
其他装修市场	Others	5	6984	6359	814409	106.7
汽车、摩托车及零配件市场	Automobile, Motorcycle and Spare Parts Markets	31	7433	6726	1884437	401.2
汽车市场	Automobile Markets	22	4122	3755	1656583	310.4
摩托车市场	Motorcycle Markets					
机动车零配件市场	Motor Vehicle Spare Parts Markets	9	3311	2971	227854	90.8
花、鸟、鱼、虫市场	Flowers,Birds,Fish,Insects Markets	2	2350	2350	339960	115.0
花卉市场	Flower Markets	2	2350	2350	339960	115.0
鸟市场	Bird Markets					
观赏鱼市场	Ornamental Fish Markets					
其他花鸟鱼虫市场	Others					
旧货市场	Second Hand Markets					
古玩、古董、字画市场	Antique,Antiques,Calligraphy and Painting Markets					
邮票、硬币市场	Stamps,Coins Markets					
其他旧货市场	Other Second Hand Markets					
其他专业市场	Others	8	4074	3984	242950	47.5
二、按营业状态分组	**Grouped by Operating Status**					
1.常年营业	Perennial operating	361	306304	278277	30460404	8218.3
2.季节性营业	Seasonal operating	10	7748	7417	977610	325.8
3.其他	Others					
三、按经营方式分组	**Grouped by Operating Mode**					
1.以批发为主	Wholesale	272	247200	224318	25906709	7874.8
2.以零售为主	Retail	99	66852	61376	5531305	669.3
四、按经营环境分组	**Grouped by Operating Environment**					
1.露天式	Open Air	90	48764	44042	9779933	1773.3
2.封闭式	Closed	248	234828	214721	19284915	6111.6
3.其他	Others	33	30460	26931	2373166	659.1

18-12 亿元以上商品交易市场成交情况(2019年)

Basic Statistics on Commodity Exchange Markets of Turnover above 100 Million Yuan(2019)

类　　别	Category	年末出租摊位数(个) Number of Booths Rented at Year end (unit)	全年成交额(亿元) Turnover (100 million yuan)
合　计	**Total**	**285694**	**8544.1**
1.粮油、食品类	Grain、Oil and Food	105709	2789.2
#粮油类	Grain and Oil	6316	236.4
肉禽蛋类	Meal,Doultr and Eggs	9549	278.2
水产品类	Aquatil Prodults	22353	770.8
蔬菜类	Vegetables	44252	878.0
干鲜果品类	Dried and Fresh Molons and Fruits	18415	512.2
2.饮料类	Beverages	3370	79.2
3.烟酒类	Tobacco and Liquor	4663	86.5
4.服装、鞋帽、针、纺织品类	Clothing, Shoes, Hats and Textiles	57777	845.8
(1)服装类	Clothing	36704	491.3
(2)鞋帽类	Shoes and Hats	10045	128.4
(3)针、纺织品类	Knitwear and Textiles	11028	226.0
5.化妆品类	Cosmetics	2490	41.3
6.金银珠宝类	Gold,Silver and Jewelry	1315	134.0
7.日用品类	Articles for Daily Use	19694	425.2
#可穿戴智能设备	Wearable smart device	225	0.8
8.五金电料类	Hardware & Electrical Materials	10141	181.9
9.体育、娱乐用品类	Sports & Recreational Articles	1162	16.4
#照相器材类	Cameras and Related Equipments	30	0.1
10.书报杂志类	Newspapers and Magazines	328	13.5
11.电子出版物及音像制品类	E-journals and Video Products	260	5.2
12.家用电器和音像器材类	Household Appliances and Video Appliance	3605	82.4
#能效等级为1和2级的商品	Products with energy efficiency levels 1 and 2	47	0.2
#智能家用电器和音像器材	Smart home appliances and audiovisual equipment	47	0.5
13.中西药材品类	Traditional Chinese and Western Medicines	1007	6.0
#西药类	Western Medicines	56	0.5
中草药及中成药类	Traditional Chinese Medicines	814	4.3
14.文化办公用品类	Cultural and Offices Appliances	4357	55.1
#计算机及其配套产品	Computers and Auxiliary Equipments	1794	21.9
15.家具类	Furniture	7697	109.2
16.通讯器材类	Communication Appliances	812	18.7
#智能手机	Smart phone	31	0.3
17.煤炭及制品类	Coal and Related Products	14	0.5
18.木材及制品类	Wood and Wooden Products	2543	159.4
19.石油及制品类	Petroleum and Related Products	197	169.9
20.化工材料及制品类	Chemical Materials and Related Products	1262	593.8
#化肥类	Fertilizers	43	0.8
21.金属材料类	Metal Materials	7729	1361.1
22.建筑及装潢材料类	Building and Decoration Materials	19163	476.9
23.机电产品及设备类	Mechanical & Electrical Products	5899	165.1
#农机类	Agricultural Machineries	219	6.7
24.汽车类	Automobiles	6493	398.3
#新能源汽车	New energy vehicles	71	4.9
25.种子饲料类	Seeds and Feedstuff	390	3.4
26.棉麻类	Cotton and Hemp	52	0.2
27.其他类	Others	17565	325.7

18−13 各市亿元以上商品交易市场情况(2019年)

Basic Statistics on Commodity Exchange Markets of Turnover above 100 Million Yuan by Region(2019)

地 区	Region	市场数量(个) Number of Markets (unit)	摊位数(个) Number of Booths (unit)	年末出租摊位数 Number of Booths Rented at Year End	年末营业面积(平方米) Operating Area at Year End (sq.m)	成交额(万元) Turnover (10 000 yuan)
全省总计	**Total**	**371**	**314052**	**285694**	**31438014**	**85440859**
济南市	Jinan	26	19355	18623	1593345	5316868
青岛市	Qingdao	52	58528	54980	4250884	12699425
淄博市	Zibo	13	12377	10930	1027300	10011303
枣庄市	Zaozhuang	15	15815	11772	909829	1506453
东营市	Dongying	1	942	896	60000	11250
烟台市	Yantai	20	22457	20194	1954474	4466831
潍坊市	Weifang	26	25285	23668	3990220	7080188
济宁市	Jining	13	13164	12726	1802270	4140943
泰安市	Tai'an	6	11996	11013	3138510	5050686
威海市	Weihai	5	2922	2880	218692	563051
日照市	Rizhao	8	10718	9685	703102	1578765
临沂市	Linyi	71	46577	44274	4667882	14552247
德州市	Dezhou	47	24190	19842	2859125	5885180
聊城市	Liaocheng	6	12236	10845	1598518	4849142
滨州市	Binzhou	8	4317	3784	611590	5295183
菏泽市	Heze	54	33173	29582	2052273	2433344

18-14　连锁门店及配送中心分布情况(2019年)

Distribution of Stores and Distribution Centers of chain stores of Wholesale and Retail Trades and Hotel and Catering Services(2019)

单位：个　(unit)

地　区	Region	门店总数 Number of Stores	直营店数 Under Direct Management	加盟店数 Through License Arrangement	配送中心数 Distribution Centers	自　有 Under Direct Management
合　计	**Total**	**17838**	**14858**	**2980**	**170**	**154**
批发和零售业	**Wholesale and etail Trades**	**16988**	**14099**	**2889**	**150**	**134**
北　京	Beijing	18	9	9		
天　津	Tianjin	7	2	5		
河　北	Hebei	273	32	241	2	2
山　西	Shanxi	58	2	56		
内蒙古	Inner Mongolia	22	5	17		
辽　宁	Liaoning	45	6	39		
吉　林	Jilin	28	2	26		
黑龙江	Heilongjiang	38	1	37		
上　海	Shanghai	18	5	13		
江　苏	Jiangsu	120	16	104		
浙　江	Zhejiang	82	6	76		
安　徽	Anhui	56	3	53		
福　建	Fujian	40	3	37		
江　西	Jiangxi	42	3	39		
山　东	Shandong	15481	13955	1526	148	132
济　南	Jinan	1376	1262	114	24	14
青　岛	Qingdao	3908	3491	417	38	33
河　南	Henan	131	11	120		
湖　北	Hubei	46	22	24		
湖　南	Hunan	64	1	63		
广　东	Guangdong	41	4	37		
广　西	Guangxi	8		8		
海　南	Hainan	3	2	1		
重　庆	Chongqing	49	1	48		
四　川	Sichuan	123	3	120		
贵　州	Guizhou	54		54		
云　南	Yunnan	49	1	48		
陕　西	Shanxi	46	1	45		
甘　肃	Ganshu	31	1	30		
青　海	Qinghai	2		2		
宁　夏	Ningxia	10	1	9		
新　疆	Xinjiang	3	1	2		
住宿和餐饮业	**Hotel and Catering Services**	**850**	**759**	**91**	**20**	**20**
北　京	Beijing	2	2			
天　津	Tianjin	1	1			
河　北	Hebei	1	1			
山　西	Shanxi	1	1			
辽　宁	Liaoning	5	5			
吉　林	Jilin					
上　海	Shanghai	1	1			
江　苏	Jiangsu	1	1			
浙　江	Zhejiang	1	1			
安　徽	Anhui	1	1			
山　东	Shandong	824	733	91	20	20
济　南	Jinan	261	246	15	14	14
青　岛	Qingdao	232	189	43	1	1
河　南	Henan	2	2			
湖　北	Hubei	2	2			
湖　南	Hunan	2	2			
广　东	Guangdong	2	2			
重　庆	Chongqing					
四　川	Sichuan	1	1			
陕　西	Shanxi	2	2			
青　海	Qinghai	1	1			

注：本表数据是指总部设在山东的连锁企业的门店及配送中心的分布情况。

a)Data in this table refers to the distribution of stores and distribution centers of chain stores that headquarters in Shandong.

18−15 批发和零售业连锁经营情况(2019年)

指标	Item	连锁总店(总部)数(个) Number of chain head stores (unit)	合计 Total
总计	**Total**	**181**	**16988**
一、按行业分组	**by Sector**		
批发业	Wholesale Trade	11	3075
零售业	Retail Trade	170	13913
二、按登记注册类型分组	**by Status of Registration**		
内资企业	Domestic Funded Enterprises	175	16320
国有企业	State-owned Enterprises	6	335
集体企业	Collective-owned Enterprises	2	44
股份合作企业	Cooperative Enterprises	2	89
联营企业	Joint Ownership Enterprises		
有限责任公司	Limited Liability Corporations	69	5323
股份有限公司	Share-holding Corporations Limited	17	5688
私营企业	Private Enterprises	77	4701
其他企业	Other Enterprises	2	140
港、澳、台商投资企业	Enterprises with Funds from Hong Kong, Macao and Taiwan	2	445
合资经营企业(港或澳、台资)	Joint-ventures Enterprises	1	200
合作经营企业(港或澳、台资)	Cooperative Enterprises		
港、澳、台商独资经营企业	Enterprises with Sole Investment	1	245
港、澳、台商投资股份有限公司	Share-holding Corporations Ltd. With Funds from Hong Kong,Macao and Taiwan		
其他港澳台投资企业	Others		
外商投资企业	Foreign Funded Enterprises	4	223
中外合资经营企业	Joint-venture Enterprises	2	111
中外合作经营企业	Cooperation Enterprises	1	2
外资企业	Enterprises with Sole Foreign Funds		
外商投资股份有限公司	Share-holding Corporations Ltd. With Foreign Investment	1	110
其他外商投资企业	Others		
三、按连锁零售业态分组	**by Business Categories**		
便利店	Convenience Store	5	457
折扣店	Discount store		
超　市	Supermarket	25	2215
大型超市	Large supermarket	6	245
仓储会员店	Warehouse club stores		
百货店	Department store	12	910
专业店	Professional store	114	11078
其中：加油站	In:Gas Station	17	3937
专卖店	Specialty store	13	1764
家居建材商店	Home-furnishings store		
厂家直销中心	Factory Outlet Center		
其　他	Others	6	319

Business of chain operation of Wholesale and Retail Trade(2019)

门店总数(个) Number of Stores(unit)		年末零售营业面积(平方米) Operational Area(sq.m)			年末从业人员数(人) Engaged Persons(person)		
直营店 Under Direct Management	加盟店 Through License Arrangement	合计 Total	直营店 Under Direct Management	加盟店 Through License Arrangement	合计 Total	直营店 Under Direct Management	加盟店 Through License Arrangement
14099	**2889**	**28427375**	**18787807**	**9639568**	**186237**	**168142**	**18095**
2988	87	716332	710224	6108	28432	28218	214
11111	2802	27711043	18077583	9633460	157805	139924	17881
13514	2806	27893597	18260669	9632928	179150	161470	17680
335		129404	129404		3345	3345	
24	20	202000	200500	1500	697	637	60
72	17	406113	399101	7012	2033	1931	102
3877	1446	3105079	3016601	88478	53371	41095	12276
4797	891	22925117	13542270	9382847	95589	92456	3133
4355	346	1117337	969053	148284	24005	21914	2091
54	86	8547	3740	4807	110	92	18
445		128773	128773		3407	3407	
200		59120	59120		1500	1500	
245		69653	69653		1907	1907	
140	83	405005	398365	6640	3680	3265	415
28	83	303302	296662	6640	2519	2104	415
2		12120	12120		651	651	
110		89583	89583		510	510	
374	83	44588	37948	6640	1731	1316	415
2198	17	3710196	3703184	7012	42997	42895	102
245		2103815	2103815		16627	16627	
403	507	5691539	5656788	34751	42612	41015	1597
10456	622	16369899	7003194	9366705	64985	62787	2198
3553	384	15397592	6049496	9348096	27063	25527	1536
223	1541	112275	23373	88902	13511	1172	12339
200	119	395063	259505	135558	3774	2330	1444

18-15 续表 1 continued

指标	Item	连锁门店商品购进额(万元) Total Purchases of chain store(10000 yuan) 合计 Total	直营店 Under Direct Management	加盟店 Through License Arrangement
总计	**Total**	**21227722**	**20966916**	**260806**
一、按行业分组	**by Sector**			
批发业	Wholesale Trade	7896022	7884154	11868
零售业	Retail Trade	13331700	13082762	248938
二、按登记注册类型分组	**by Status of Registration**			
内资企业	Domestic Funded Enterprises	20544995	20299210	245786
国有企业	State-owned Enterprises	316644	316644	
集体企业	Collective-owned Enterprises	77082	76492	590
股份合作企业	Cooperative Enterprises	94596	92255	2341
联营企业	Joint Ownership Enterprises			
有限责任公司	Limited Liability Corporations	4698495	4648137	50358
股份有限公司	Share-holding Corporations Limited	14022055	13875330	146725
私营企业	Private Enterprises	1333957	1289275	44682
其他企业	Other Enterprises	2167	1076	1091
港、澳、台商投资企业	Enterprises with Funds from Hong Kong, Macao and Taiwan	166935	166935	
合资经营企业(港或澳、台资)	Joint-ventures Enterprises	87215	87215	
合作经营企业(港或澳、台资)	Cooperative Enterprises			
港、澳、台商独资经营企业	Enterprises with Sole Investment	79720	79720	
港、澳、台商投资股份有限公司	Share-holding Corporations Ltd. With Funds from Hong Kong,Macao and Taiwan			
其他港澳台投资企业	Others			
外商投资企业	Foreign Funded Enterprises	515792	500772	15021
中外合资经营企业	Joint-venture Enterprises	211532	196512	15021
中外合作经营企业	Cooperation Enterprises	69711	69711	
外资企业	Enterprises with Sole Foreign Funds			
外商投资股份有限公司	Share-holding Corporations Ltd. With Foreign Investment	234549	234549	
其他外商投资企业	Others			
三、按连锁零售业态分组	**by Business Categories**			
便利店	Convenience Store	81389	66369	15021
折扣店	Discount store			
超　市	Supermarket	2993745	2991404	2341
大型超市	Large supermarket	1639719	1639719	
仓储会员店	Warehouse club stores			
百货店	Department store	4090542	4044870	45672
专业店	Professional store	11747530	11631911	115619
其中：加油站	In:Gas Station	8176214	8075162	101052
专卖店	Specialty store	149407	91120	58287
家居建材商店	Home-furnishings store			
厂家直销中心	Factory Outlet Center			
其　他	Others	525389	501523	23866

18-15 续表 2 continued

指标	Item	连锁门店商品销售额(万元) Sale Value of chain store(10000 yuan)		
		合计 Total	直营店 Under Direct Management	加盟店 Through License Arrangement
总计	**Total**	**23570738**	**23284973**	**285765**
一、按行业分组	**by Sector**			
批发业	Wholesale Trade	7917851	7914566	3285
零售业	Retail Trade	15652887	15370407	282479
二、按登记注册类型分组	**by Status of Registration**			
内资企业	Domestic Funded Enterprises	22751086	22483781	267306
国有企业	State-owned Enterprises	709459	709459	
集体企业	Collective-owned Enterprises	115125	114227	898
股份合作企业	Cooperative Enterprises	109387	106676	2711
联营企业	Joint Ownership Enterprises			
有限责任公司	Limited Liability Corporations	5214915	5146782	68133
股份有限公司	Share-holding Corporations Limited	15159812	15000368	159445
私营企业	Private Enterprises	1439861	1404968	34893
其他企业	Other Enterprises	2527	1301	1226
港、澳、台商投资企业	Enterprises with Funds from Hong Kong, Macao and Taiwan	228782	228782	
合资经营企业(港或澳、台资)	Joint-ventures Enterprises	105042	105042	
合作经营企业(港或澳、台资)	Cooperative Enterprises			
港、澳、台商独资经营企业	Enterprises with Sole Investment	123740	123740	
港、澳、台商投资股份有限公司	Share-holding Corporations Ltd. With Funds from Hong Kong,Macao and Taiwan			
其他港澳台投资企业	Others			
外商投资企业	Foreign Funded Enterprises	590869	572410	18459
中外合资经营企业	Joint-venture Enterprises	276786	258327	18459
中外合作经营企业	Cooperation Enterprises	79534	79534	
外资企业	Enterprises with Sole Foreign Funds			
外商投资股份有限公司	Share-holding Corporations Ltd. With Foreign Investment	234549	234549	
其他外商投资企业	Others			
三、按连锁零售业态分组	**by Business Categories**			
便利店	Convenience Store	97439	78981	18459
折扣店	Discount store			
超　市	Supermarket	3327439	3324727	2711
大型超市	Large supermarket	2314354	2314354	
仓储会员店	Warehouse club stores			
百货店	Department store	4631005	4575574	55431
专业店	Professional store	12513870	12397711	116160
其中：加油站	In:Gas Station	8725891	8621878	104014
专卖店	Specialty store	199767	130158	69609
家居建材商店	Home-furnishings store			
厂家直销中心	Factory Outlet Center			
其　他	Others	486864	463470	23395

18-16 住宿和餐饮业连锁经营情况(2019年)

指 标 名 称	Indicator	连锁总店或总部数(个) Number of chain head stores (unit)	门店总数(个) Number of Stores (unit)
总　计	**Total**	**20**	**850**
一、按行业分组	**by Sector**		
住宿业	Hotel Services	3	101
餐饮业	Catering Services	17	749
二、按登记注册类型分组	**by Status of Registration**		
内资企业	Domestic Funded Enterprises	17	423
国有企业	State-owned Enterprises	1	32
集体企业	Collective-owned Enterprises		
股份合作企业	Cooperative Enterprises		
联营企业	Joint Ownership Enterprises		
有限责任公司	Limited Liability Corporations	7	216
股份有限公司	Share-holding Corporations Limited	2	49
私营企业	Private Enterprises	7	126
其他企业	Other Enterprises		
港、澳、台商投资企业	Enterprises with Funds from Hong Kong, Macao and Taiwan	2	110
合资经营企业(港或澳、台资)	Joint-ventures Enterprises		
合作经营企业(港或澳、台资)	Cooperative Enterprises		
港、澳、台商独资经营企业	Enterprises with Sole Investment	2	110
港、澳、台商投资股份有限公司	Share-holding Corporations Ltd. With Funds from Hong Kong, Macao and Taiwan		
其他港澳台投资企业	Others		
外商投资企业	Foreign Funded Enterprises	1	317
中外合资经营企业	Joint-venture Enterprises		
中外合作经营企业	Cooperation Enterprises		
外资企业	Enterprises with Sole Foreign Funds	1	317
外商投资股份有限公司	Share-holding Corporations Ltd. With Foreign Investment		
其他外商投资企业	Others		

Business of chain operation of Hotels and Catering Services(2019)

直营店 Under Direct Management	年末从业人员(人) Engaged Persons (person)	直营店 Under Direct Management	年末餐饮营业面积(平方米) Operational Area (sq.m)	直营店 Under Direct Management	客房数(间) Number of rooms (room)	直营店 Under Direct Management	床位数(个) Number of Beds (unit)	直营店 Under Direct Management
759	**25018**	**23497**	**436308**	**412137**	**16669**	**15561**	**24029**	**22699**
86	2596	2440	4550	4250	9791	8683	14010	12680
673	22422	21057	431758	407887	6878	6878	10019	10019
332	16126	14605	318067	293896	16669	15561	24029	22699
32	210	210	6876	6876				
216	3349	3349	42089	42089	7928	7928	11540	11540
34	9985	9829	214504	214204	8217	7109	11749	10419
50	2582	1217	54598	30727	524	524	740	740
110	3507	3507	37266	37266				
110	3507	3507	37266	37266				
317	5385	5385	80975	80975				
317	5385	5385	80975	80975				

18-16 续表

指标名称	Indicator	餐位数(位) Number of Diningseats (unit)	直营店 Under Direct Management
总　计	**Total**	**114782**	**106805**
一、按行业分组	**by Sector**		
住宿业	Hotel Services	3977	3857
餐饮业	Catering Services	110805	102948
二、按登记注册类型分组	**by Status of Registration**		
内资企业	Domestic Funded Enterprises	62901	54924
国有企业	State-owned Enterprises	2279	2279
集体企业	Collective-owned Enterprises		
股份合作企业	Cooperative Enterprises		
联营企业	Joint Ownership Enterprises		
有限责任公司	Limited Liability Corporations	25063	25063
股份有限公司	Share-holding Corporations Limited	22552	22432
私营企业	Private Enterprises	13007	5150
其他企业	Other Enterprises		
港、澳、台商投资企业	Enterprises with Funds from Hong Kong,Macao and Taiwan	9526	9526
合资经营企业(港或澳、台资)	Joint-ventures Enterprises		
合作经营企业(港或澳、台资)	Cooperative Enterprises		
港、澳、台商独资经营企业	Enterprises with Sole Investment	9526	9526
港、澳、台商投资股份有限公司	Share-holding Corporations Ltd. With Funds from Hong Kong, Macao and Taiwan		
其他港澳台投资企业	Others		
外商投资企业	Foreign Funded Enterprises	42355	42355
中外合资经营企业	Joint-venture Enterprises		
中外合作经营企业	Cooperation Enterprises		
外资企业	Enterprises with Sole Foreign Funds	42355	42355
外商投资股份有限公司	Share-holding Corporations Ltd. With Foreign Investment		
其他外商投资企业	Others		

continued

连锁门店商品购进额(万元) Total Purchases of chain store (10000 yuan)	直营店 Under Direct Management	统一配送商品购进额 Centralized Purchases and Delivery	连锁门店营业额(万元) Bussiness Revenue of chain store (10000 yuan)	直营店 Under Direct Management	餐费收入 From Meals	直营 Under Direct Management
179319	**164857**	**157013**	**735393**	**684885**	**576891**	**531362**
191	191	191	49857	44866	411	398
179129	164666	156822	685536	640020	576481	530964
94652	80189	72346	435467	384958	279524	233995
3589	3589	3589	8703	8703	8703	8703
15926	15926	15438	76689	76689	35652	35652
49315	49315	38466	275220	270228	165206	165194
25823	11360	14854	74855	29338	69963	24447
16246	16246	16246	58227	58227	55667	55667
16246	16246	16246	58227	58227	55667	55667
68422	68422	68422	241700	241700	241700	241700
68422	68422	68422	241700	241700	241700	241700

18-17 主要年份社会消费品零售总额

Retail Sale of Consumer Goods in Major Years

单位:亿元 (100 million yuan)

年份 Year	社会消费品零售总额 Retail Sale of Consumer Goods	按所在地分 by Location			按行业分 by Sector				
		市 City	县 County	县以下 Under County Level	批发和零售业 Wholesale and Retail Trades	住宿和餐饮业 Hotels and Catering Services	制造业 Manufacturing	农业生产者 Agricultural Producers	其他行业 Other Sectors
1949	6.23				3.92	0.63	1.68		
1952	19.01				13.23	1.92	3.21	0.53	0.12
1957	26.00				21.86	1.08	2.19	0.51	0.45
1962	30.49				25.39	1.37	1.98	1.60	0.15
1965	33.85				29.92	1.83	1.35	0.60	0.15
1970	40.94				36.53	1.37	1.87	0.95	0.22
1975	60.32				51.98	2.72	2.85	1.54	1.22
1978	79.73	23.39	21.14	35.19	68.40	3.65	4.57	2.34	0.77
1979	92.22	27.46	23.10	41.66	78.38	4.25	6.09	2.64	0.86
1980	114.01	32.36	27.78	53.86	94.61	5.03	10.00	3.38	0.99
1981	131.47	35.84	34.40	61.23	107.10	5.82	13.42	3.53	1.60
1982	141.48	41.63	34.22	65.64	112.90	7.64	14.12	4.82	2.00
1983	162.14	47.85	37.49	76.80	127.67	9.83	16.93	5.16	2.55
1984	189.08	66.58	37.98	84.52	147.25	11.23	20.57	6.16	3.87
1985	227.03	84.16	46.50	96.38	173.62	13.86	25.27	8.94	5.34
1986	261.64	96.22	54.18	111.25	194.85	15.48	31.38	12.32	7.61
1987	300.69	119.11	58.69	122.89	217.34	18.16	41.14	14.91	9.14
1988	392.37	164.12	73.40	154.85	287.09	22.88	49.85	20.50	12.05
1989	430.74	199.91	72.75	158.09	315.80	23.93	49.86	26.34	14.81
1990	460.13	218.97	79.19	161.96	338.02	25.07	50.24	30.41	16.38
1991	536.03	263.90	86.76	185.36	392.19	30.67	59.41	35.48	18.28
1992	653.23	336.37	99.77	217.08	471.87	37.56	77.87	44.17	21.76
1993	875.00	476.00	123.37	275.63	610.75	52.50	124.25	67.37	20.13
1994	1183.67	655.75	168.08	359.84	795.42	85.23	139.67	111.27	52.08
1995	1532.39	891.85	171.62	468.92	991.45	125.65	188.49	153.24	73.55
1996	1833.77	1085.59	187.04	561.14	1173.62	161.37	232.89	168.71	97.19
1997	2117.72	1304.52	207.54	605.67	1348.99	184.24	264.72	220.24	99.53
1998	2400.27	1471.36	230.43	698.48	1497.77	223.22	307.23	254.43	117.62
1999	2659.30	1632.81	255.29	771.20	1672.70	260.61	319.12	281.89	124.98
2000	2988.30	1846.77	286.88	854.66	1900.56	310.78	328.72	304.80	143.43
2001	3291.04	2040.44	319.23	931.36	2119.43	362.02	329.10	322.52	157.97
2002	3652.03	2308.08	339.64	1004.30	2410.34	427.29	321.38	325.03	167.99
2003	4114.01	2637.09	415.51	1061.41	3398.18	518.36			197.47
2004	4653.79	2921.00	517.90	1214.89	3909.20	581.50			163.09
2005	5366.71	3386.04	598.29	1382.38	4502.52	675.75			188.44
2006	6212.32	3954.01	692.84	1565.47	5203.03	796.62			212.66
2007	7328.39	4672.93	826.82	1828.64	6135.16	956.52			236.71
2008	8977.22	5698.86	1044.43	2233.93	7845.43	895.96			235.83
2009	10293.79	6693.07	1197.16	2403.56	8616.39	1393.50			283.89
2010	12028.30								
2011	13939.83								
2012	15785.25								
2013	17703.85								
2014	19706.36								
2015	21550.95								
2016	23482.07								
2017	25527.94								
2018	27480.28								
2019	29251.18								

注：2005－2008年社会消费品零售总额及分组数据，根据国家统一办法，依据第二次经济普查数据进行了调整。自2010年，社会消费品零售总额分组重新调整。 1993－2019年社会消费品零售总额及分组数据根据第四次经济普查数据进行了修订。

a)According to national regulation,data in this table from 2005 to 2008 are modified on the second national economic census.Since 2010,the group of Retail Sale of Consumer Goods has been adjusted.Figures of total retail sales of consumer goods of 1993-2019 are revised according to the result of the fourth national economic census.

18-18 各市社会消费品零售总额(2019年)

Retail Sale of Consumer Goods by Region(2019)

地区	Region	绝对额（亿元）Amount (100 million yuan)					比上年增长（%）Growth Rate (%)				
		社会消费品零售总额 Total Retail Sales of Consumer Goods	按经营地分 by Operation Place		按消费形态分 by Consumption Pattern		社会消费品零售总额 Total Retail Sales of Consumer Goods	按经营地分 by Operation Place		按消费形态分 by Consumption pattern	
			城镇 Urban	乡村 Rural	商品零售 Retail Sales	餐饮收入 Catering Income		城镇 Urban	乡村 Rural	商品零售 Retail Sales	餐饮收入 Catering Income
全省总计	**Total**	**29251.18**	**23215.41**	**6035.77**	**25895.16**	**3356.02**	**6.4**	**6.2**	**7.2**	**6.0**	**9.7**
济南市	Jinan	4420.41	3967.01	453.40	3795.95	624.46	8.1	8.1	7.7	8.4	6.3
青岛市	Qingdao	5126.60	4245.66	880.93	4431.12	695.48	8.1	7.7	10.3	7.1	14.8
淄博市	Zibo	1155.84	1070.64	85.20	1072.55	83.29	6.2	6.1	7.2	6.2	6.1
枣庄市	Zaozhuang	921.45	650.54	270.91	808.11	113.34	4.9	2.9	10.2	4.3	9.2
东营市	Dongying	665.10	537.62	127.48	600.15	64.95	2.2	1.7	4.1	3.4	-7.8
烟台市	Yantai	2805.00	2210.92	594.08	2562.45	242.55	7.4	7.3	7.8	7.2	8.9
潍坊市	Weifang	2388.00	1500.23	887.77	2128.64	259.36	5.6	4.9	7.0	5.5	6.8
济宁市	Jining	2153.70	1518.91	634.79	1851.41	302.29	2.2	1.5	4.0	1.5	7.0
泰安市	Tai'an	1054.11	804.41	249.70	915.11	139.00	3.7	3.5	4.4	2.7	10.8
威海市	Weihai	1163.18	962.97	200.21	1044.23	118.95	9.3	9.2	9.4	9.4	8.4
日照市	Rizhao	604.50	485.90	118.60	503.64	100.86	8.0	7.9	8.6	7.6	9.9
临沂市	Linyi	2523.28	2170.97	352.31	2380.88	142.40	3.5	3.3	4.2	3.5	3.2
德州市	Dezhou	1114.33	937.43	176.90	1001.68	112.65	7.0	6.6	8.5	6.7	9.9
聊城市	Liaocheng	827.22	625.38	201.84	717.20	110.02	6.0	5.6	7.3	6.3	4.1
滨州市	Binzhou	710.44	568.35	142.09	642.91	67.53	6.8	6.7	7.1	6.6	8.2
菏泽市	Heze	1618.02	1327.17	290.85	1486.74	131.28	9.2	9.1	9.5	9.1	10.4

主要统计指标解释

社会消费品零售总额 指企业（单位、个体户）通过交易直接售给个人、社会集团非生产、非经营用的实物商品金额，以及提供餐饮服务所取得的收入金额。个人包括城乡居民和入境人员，社会集团包括机关、社会团体、部队、学校、企事业单位、居委会或村委会等。

商品购进额 指从本企业以外的单位和个人购进（包括从国外直接进口）作为转卖或加工后转卖的商品金额（含增值税）。本指标反映批发和零售业从国内外市场上购进商品的总价。

商品购进包括：(1) 从工农业生产者、批发和零售业、住宿和餐饮业、出版社或报社的出版发行部门和其他服务业等企事业单位和个体经营户购进的商品；(2) 从机关社会团体购进的商品；(3) 从海关、市场管理部门购进的缉私和没收的商品；(4) 从居民收购的废旧商品等。

不包括：(1) 企业为本单位自身经营用，不是作为转卖而购进的商品，如材料物资、包装物、低值易耗品、办公用品等；(2) 未通过买卖行为而收入的商品，如接受其他部门移交的商品、借入的商品、收入代其他单位保管的商品、其他单位赠送的样品、加工回收的成品等；(3) 经本单位介绍，由买卖双方直接结算，本单位只收取手续费的业务；(4) 销售退回和买方拒付货款的商品；(5) 商品溢余；(6) 期货交易商品。

商品销售额 指对本单位以外的单位和个人出售的商品金额（包括售给本单位消费用的商品，含增值税），在批发和零售业中，本指标反映在国内市场上销售商品以及出口商品的总价。

商品销售包括：(1) 售给个人和社会集团消费用的商品；(2) 售给农业、工业、建筑业、服务业等国民经济各行业用于生产、经营用的商品，包括售予批发和零售业作为转卖或加工后转卖的商品；(3) 对国（境）外直接出口的商品。

商品销售不包括：(1) 未通过买卖行为付出的商品，如因机构变动移交给其他企业单位的商品、借出的商品、归还受其他单位委托代保管的商品、付出的加工原料和赠送给其他单位的样品等；(2) 促销返券所销售的、不计入营业收入的商品；(3) 经本单位介绍，由买卖双方直接结算，本单位只收取手续费的业务；(4) 未发生所有权转移的商品预付卡销售，如加油卡；(5) 汽车维修、电话卡销售等服务性经济活动；(6) 购货退回的商品；(7) 商品损耗和损失；(8) 出售本单位自用的废旧物资；(9) 期货交易商品；(10) 自来水供应企业、电力企业、天然气供应企业提供的水、电、气。

期末商品库存额 对于批发和零售业法人单位和个体经营户，是指报告期末取得所有权的全部商品金额（含增值税）；对于批发和零售业产业活动单位，是指报告期末实际在库且归属法人具有所有权的全部商品金额（含增值税）。这个指标反映批发和零售业的商品库存情况，以及对市场商品供应的保证程度。

库存商品包括：(1) 存放在本单位（如门市部、批发站、采购站、经营处）的仓库、货场、货柜和货架中的商品；(2) 挑选、整理、包装中的商品；(3) 已记入购进而尚未运到本单位的商品，即发货单或银行承兑凭证已到而货未到的商品；(4) 寄放他处的商品，如因购货方拒绝付款而暂时存在购货方的商品；(5) 委托其他单位代销（未作销售或调出）尚未售出的商品；(6) 代其他单位购进尚未交付的商品。

库存商品不包括：(1) 所有权不属于本单位的商品，如商品已作销售但买方尚未取走的商品，代替他人保管、运输、加工的商品，代其他单位销售（未做购进或调入）而未售出的商品；(2) 委托外单位加工的商品（包括本单位所属加工厂和其他生产单位加工生产尚未收回成品的商品）；(3) 外贸企业代理其他单位从国外进口，尚未付给订货单位的商品；(4) 代国家储备部门保管的商品。

库存商品金额可以采用进价或售价进行核算。采用进价核算的商品，应按商品进货原则（或实际采购成本）计算期末库存；采用售价核算的商品，应按商品的售价计算期末库存。购入的商品，在商品到达验收入库后计算期末库存（对已记入购进尚未运到的商品，也可计算期末库存）；对于月终尚未开出承兑商业汇票的入库商品，按应付给供货单位的价款暂估计算期末库存；年度终了，凡已转入库存和已作销售的进口商品，属于国外以离岸价格成交、有应付未付国外运保费的，应先估计期末库存，委托其他单位代销的商品包括在期末库存中；委托外单位加工的商品，在发出商品时作减少期末库存，当加工商品收回时增加期末库存（包括商品进货原价、加工费用、加工税金等）。

营业额 指住宿和餐饮业单位在经营活动中，因提供服务或销售商品等取得的全部收入（含增值税），收入主要来源于提供客房、餐费服务、商品销售和其他服务，如商务服务。不包括多产业法人企业附营的其他行业产业活动单位的餐费收入、商品销售收入等各项收入。

客房收入 指住宿和餐饮业单位在经营活动中因提供住宿服务取得的收入（含增值税）。不包括多产业法人企业附营的其他行业产业活动单位的客房收入。

餐费收入 指本单位为顾客提供就餐服务取得的收入（含增值税）。包括：经烹饪、调制加工后出售的各种食品，如主食、炒菜、凉拌菜等的收入。不包括多产业法人企业附营的其他行业产业活动单位的餐费收入。

亿元商品交易市场 指年成交额在亿元及以上的商品交易市场。商品交易市场是指经有关部门和组织批准设立，有固定场所、设施，有经营管理部门和监管人员，若干市场经营者入内，常年或实际开业三个月以上，集中、公开、独

立地进行生活消费品、生产资料等现货商品交易以及提供相关服务的交易场所，包括各类消费品市场、生产资料市场等。

连锁总店（总部） 负责连锁企业资源（商号、商誉、经营模式、服务标准、管理模式等）的开发、配置、控制或使用等功能的企业核心管理机构。连锁经营是指经营同类商品或服务，使用统一商号的若干店铺，在同一总店（总部）的管理下，采取统一采购或特许经营等方式，实现规模效益的组织形式，包括直营连锁、特许连锁和自愿连锁三种形式。系统内企业，如新华书店、烟草公司、石油公司等，应注意是否具备连锁经营特征，如果不具备连锁经营特征，则不能纳入连锁统计范畴。

直营连锁：是指连锁店铺由连锁公司全资或控股开设，在总部的直接控制下，开展统一经营的连锁经营形式。

特许连锁：是指拥有注册商标、企业标志、专利、专有技术等经营资源的企业（特许人），以合同形式将其拥有的经营资源许可其他经营者（被特许人）使用，被特许人按合同约定在统一的经营模式下开展经营，并向特许人支付特许经营费用的连锁经营形式。

自愿连锁：是指若干个店铺或企业自愿组合起来，在不改变各自资产所有权关系的情况下，以同一个品牌形象面对消费者，以共同进货为纽带开展的连锁经营形式。

Explanatory Notes on Main Statistical Indicators

Total Retail Sales of Consumer Goods refers to the amount obtained by enterprises (units, self-employed individuals) through direct sales of non-production and non-business physical commodity to individuals, social institutions, and revenue from providing catering services. Individuals include rural and urban households, population from abroad, social institutions include government agencies, social organizations, military units, schools, institutions, neighbourhood (village) committees.

Total Purchases of Commodities refer to the total value of purchases of commodities by enterprises (establishments) from other establishments or individuals (including direct import from abroad) for the purpose of re-selling, either with or without further processing of the commodities purchased. The commodities include: (1) commodities purchased from agricultural and industrial producer, wholesaler, retailer, publishing house and other enterprises, institutions and individual operators of service business; (2) commodities purchased from institutions and social groups; (3) confiscated goods purchased from the customs authorities or market management agencies; (4) second-hand goods and wastes purchased from residents; The commodities exclude (1) commodities purchased by enterprises (establishments) for use in their own business operation, commodities obtained without buying or selling procedures such as materials, consumable goods of low value, office appliance, etc. (2) received goods without trading, such as goods handed over from others, borrowed goods, preserved goods for others, donated goods from others, processed and retrieved goods, etc. (3) goods of direct settlement between buyer and seller with handling fees introduced by others, (4) goods returned or refused to pay by the buyer, (5) excessive goods, (6) futures trading commodities.

Total Sales of Commodities refer to value of commodities sold by the establishments to other establishments and individuals (including goods sold for self consumption, including the value-added tax). The commodities include: (1) commodities sold to individuals and social groups for their consumption; (2) commodities sold to establishments in all industries for their production and operation, including agriculture, industry, construction, and catering services including commodities sold to wholesale and retail establishments for re-selling, with or without further processing; and (3) commodities for direct export to abroad. Excluded are (1) extended commodities without trading, such as goods handed over to other enterprises and institutions because of the change of organizations, lent goods, returned goods preserved for others, extended processing materials and samples donated to others, (2) goods sold by coupon rebates that are not included in business income, (3) goods of direct settlement between buyer and seller with handling fees introduced by others, (4) prepaid cards for goods without transfer of ownership, such as gas cards, (5) Service-oriented economic activities such as automobile maintenance and telephone card sales, (6) goods returned after purchase, (7) damaged and spoiled goods, (8) waste and used goods of self use, (9) futures trading commodities, (10) water, electricity and gas supplied by water supply enterprises, electric power enterprises and natural gas supply enterprises.

Total Stock of Commodities For the legal entities and self-employed individuals engaged in wholesale and retail trade, it refers to total value (including VAT) of commodities possessed at the end of the reference period; and for wholesale and retail establishments, it refers to the value (including VAT) of all commodities actually in stock and owned by their legal persons at the end of reference period. The commodities in stock includes: (1) commodities located in storage, garages, counters, and shelves of operating places of wholesale and retail trades (such as sale stores, wholesale centres, procurement stations and operating offices); (2) commodities in the process of being selected, sorted, and packed; (3) commodities not arrived but recorded as purchase in the account, i.e. commodities not arrived but payment receipts for the commodities from the sellers or the banks arrived; (4) commodities deposited in other places rather than places mentioned above, for instance: commodities in the hold of purchasers temporarily due to the refusal of payment; (5) commodities entrusted to other units to sell but not sold yet; (6) commodities purchased for other units but not delivered yet. Commodities not included as stock are those not owned by the enterprises (units), commodities on commission for processing, imported commodities of agency of foreign trade enterprise but not yet delivered to ordering units and finally those put in stock on behalf of the state reserves units.

The amount of inventory goods can be calculated using the purchase price or the selling price. In order to calculate the ending stocks at purchase price, the principle of accounting on the basis of actual purchase cost should be adopted; and to calculated the ending stocks at selling price, the principle of accounting on the basis of selling price adopted. Goods purchased should be calculated when they are delivered, checked and put in storage (for the goods purchase but not delivered, they are also included in the ending stocks). For the goods in storage and without commercial acceptance, the ending stocks are calculated at the price provided by the suppliers; at the end of the year, all the imported goods in storage or sold, which are transacted at F.O.B. prices and have not been paid the premiums payable, should be calculated as ending stocks, including the goods entrusted other units to sell. When the goods entrusted other units to manufacture are delivered, the ending stocks should be reduced; when it delivered back, the ending stocks increased (including purchase price, processing cost, processing taxes, etc.).

Business Revenue refers to the total income that the hotels and catering services enterprise received from providing services or selling commodities through business activities,

including income from hotels, catering services, selling of commodities (including VAT) and other services. It excludes the income provided by the industrial units in other industries of this corporate enterprise.

Income from hotel rooms refers to the income of hotel and catering services provided by the enterprise in the hotel and catering service industry. It excludes the room income provided by the industrial units in other industries of this corporate enterprise.

Income from catering services refers to the income that the enterprise received by providing catering services, including selling of cooked or prepared foods, such as stable food, cooked dishes or cold dishes. It excludes the income provided by the industrial units in other industries of this corporate enterprise.

Volume of Transaction at Large Commodity Markets (with transaction value over 100 million yuan) refers to the commodity markets with an annual transaction at and above 100 million. The commodity market refers to the markets approved and managed by related departments, where there are fixed sites, facilities, managers and administration offices, where there are a certain number of traders to operate for three month and above or all the year, where the commodities including the articles for daily consumption and capital goods and services are traded in a centralized, independent and open way. Such market includes markets of daily goods and market of capital goods, etc.

Chain Enterprise (also called chain stores or chain corporations) refer to the core leading stores responsible for development, allocation, administration and utilization of resources (name of stores, brand of stores, operation model, service standard, management way, etc.) of chain stores. Chain stores refers to the stores engaged in providing homogeneous commodities or services, with the central leadership of head store (headquarters) and guided by common policies, conduct centralized purchase and distributed selling of commodities, in order to gain better efficiency through standardized operation. The chain stores include regular chain stores, franchise chain stores and voluntary chain stores. In-system enterprises, such as Xinhua Bookstore, Tobacco Company, and Oil Company, should pay attention to whether they have the characteristics of chain operation. If they do not have the characteristics of chain operation, they cannot be included in the chain statistics category.

Chain stores have 3 categories:

a) Chain stores under direct management: These are formal chain stores invested or controlled by the headquarters. They operate under the direct and unified management from the headquarters. Adopting a direct management approach, the headquarters give orders and control all retail stores, which follow completely the directives from the headquarters. Large monopolized commercial companies develop and expand their business through purchasing, merging, direct investment and controlling of shares.

b) Chain stores through special permit: Through contracts, chain stores (or their owners) obtain licenses from the headquarters to use designated trade marks, names, operation know how, and to sell the commodity developed by the headquarters. Under this arrangement, each store in the chain is an independent legal entity and operates under the guidance from the headquarters.

c) Chain stores through voluntary arrangement: Under this arrangement, all stores operate together under the guidance of the headquarters, while maintaining their status of independent legal entities with full ownership of their assets. They use the same store name, sign contracts with the headquarters concerning purchase, sale, publicity, etc. and operate under the contract. They are free to engage in other activities which are not bounded in the contract. They could join or leave the chain on voluntary basis.

第19篇

教育和科技

Education, Science and Technology

简 要 说 明

一、本篇资料的主要内容

本篇资料反映了全省教育和科技事业基本情况。教育部分主要包括高等教育、中等教育、初等教育、成人高等教育、职业教育、幼儿园等方面基本情况；科技部分主要包括科技成果、专利、规模以上工业科技活动和全社会科技活动情况。

二、本篇资料的来源

1.教育部分中，技工学校的资料来源于省人力资源和社会保障厅，其他资料来源于省教育厅。

2.科技部分中，科技成果资料来源于省科学技术厅，专利资料来源于省市场监督管理局，规模以上工业企业科技活动和全社会科技活动资料来源于省统计局统计年报。

本篇资料由省统计局人口处（社科处）整理提供。

Brief Introduction

I. Content

Data in this chapter show the basic conditions of education and technology. Data on education show the development of higher education, secondary education, primary education, vocational education and kindergartens. Data on technology show the basic conditions of scientific and technological achievements and prizes, number of patent applications examined and granted, scientific and technological activities of industrial enterprises above designate size and basic conditions of R&D institutions.

II. Source of Data

(1)Data on the basic conditions of technical schools are provided by Shandong Human Resources and Social Security Department and other data on education are provided by Shandong Provincial Education Department.

(2)Data on scientific and technological are provided by Department of Science and Technology of Shandong Province. Data on patents are provided by S Shandong Provincial Department of Market Regulatory Authority. Data on scientific and technological activities come from the annual report of scientific and technological activities, which is provided by Shandong Provincial Bureau of Statistics.

Data in this chapter are provided and compiled by the Division of Urbanization,Population and Employment Statistics（by the Division of Social,Science and Culture Industry Employment Statistics）of Shandong Provincial Bureau of Statistics.

19-1 各级各类学校基本情况(2019年)

Basic Statistics on Education Institutions(2019)

项 目	Item	学校数(所) Number of Schools (unit)	招生数(人) New Enrollment (person)	在校学生数(人) Total Enrol -lment (person)	毕业生数(人) Graduates (person)	教职工数(人) Teachers and Staff (person)	#专任教师 Full-time Teachers
高等教育	**Higher Education**						
研究生培养机构	Institutions Providing Postgraduate Programs	**34**	**40675**	**114618**	**27640**		
普通高校	Regular Institutions of Higher Education	31	40580	114356	27593		
科研机构	Research Institutions	3	95	262	47		
普通高等学校	Regular Institutions of Higher Education	**146**	**741661**	**2183944**	**577980**	**164932**	**117609**
本科院校	Universities with Full Undergraduate Courses	70	402707	1375239	330245	115478	80342
#独立学院	Non-university Tertiary	10	27777	89236	23500	5956	4296
专科(高职)院校	Colleges with Specialized Courses	76	338954	808701	247351	49454	37267
#高等职业学校	Vocational and Technical Colleges	70	312705	741924	226493	45500	34352
成人高等教育	Institutions of Higher Education for Adult	11	292911	556026	158662	1257	785
民办的其他高等教育机构	Other Private Institutions of Higher Education	65				1879	1014
中等教育	**Secondary Education**						
高中阶段教育	Senior Secondary Education						
普通高中	Regular Senior Secondary Schools	640	587874	1672070	551604	177913	142963
中等职业学校	Vocational Secondary Education	391	267223	730464	259891	58249	48099
技工学校	Technical Schools	181	151122	355409	91679	29438	22294
初中阶段教育	Junior Secondary Education						
普通初中	Regular Junior Secondary Schools	3151	1173111	3609195	1023992	359018	292845
初等教育	**Primary Education**						
普通小学	Regular Primary Schools	9646	1278551	7385622	1177488	396465	442729
特殊教育学校	**Special Education**	**150**	**6333**	**38986**	**4618**	**6248**	**5517**
学前教育	**Pre-school Education**	**23588**	**1297309**	**3381184**	**1086991**	**336935**	**219385**

注：1、研究生机构的学生数据为硕士研究生和博士研究生数据；2、普通高等学校的学生数据为普通本专科学生数据，按学校类型归类；
3、成人高等教育学生数含普通高校开展的成人高等教育学生数。

a)Data on students of Institutions Providing Postgraduate Programs refers to graduate students and doctoral students.

b)Data on students of Regular Institutions of Higher Education refers to undergraduats.

c)Data on students of Higher Adult Education including those in both Institutions of Higher Education for Adult and Regular Institutions of Higher Education.

19-2 主要年份普通高等教育基本情况

Basic Statistics on Higher Education in Major Years

年 份 Year	学校数 (所) Number of Schools (unit)	招生数 (人) New Enrollment (person)	在校学生数 (人) Total Enrollment (person)	毕业生数 (人) Graduates (person)	教职工数 (人) Teachers and Staff (person)	#专任教师 Full-time Teachers
1949	7	1405	3969	70	1908	484
1952	7	2777	6753	1703	3684	1024
1955	7	3280	8915	1825	3397	1471
1957	7	3122	12532	1686	4518	2114
1962	26	3496	26001	7148	10144	4318
1965	16	5621	22164	6102	9156	3898
1970	16			9162	10185	4526
1975	21	7366	17582	6033	13858	5601
1976	22	8896	21340	6072	15035	5941
1977	27	13192	25735	7203	17712	7028
1978	34	19712	38390	7015	20202	7855
1979	35	12856	44771	5364	23544	9478
1980	35	14402	51427	7684	26130	10347
1981	37	14160	59645	6311	27512	10379
1982	37	15765	51794	23993	30381	12065
1983	41	19827	55276	16806	31535	12943
1984	47	24862	66429	13563	33591	13919
1985	49	32745	83567	16159	36383	14974
1986	49	30211	92422	21183	39009	15951
1987	50	32972	95891	29428	41620	16716
1988	50	35714	101281	30869	43990	17585
1989	51	34308	103928	31766	46037	18162
1990	49	35023	105822	33104	46704	18377
1991	49	36067	107093	34500	46839	17825
1992	51	57878	130188	34994	47483	18059
1993	51	57918	151758	33935	48156	18405
1994	49	55036	156639	50457	49537	19460
1995	49	55611	160398	52083	50829	19932
1996	49	56544	169184	47835	51490	20079
1997	48	56950	175920	50141	50374	20414
1998	49	62994	187473	51477	50261	20581
1999	52	82410	213679	49612	49624	21252
2000	58	124817	303826	49687	54910	24764
2001	65	183553	449360	69583	64362	30902
2002	75	218719	583601	94697	72408	37412
2003	85	273894	761417	117253	84391	45457
2004	97	327452	946124	166959	93653	53847
2005	104	400573	1171284	224611	109920	64636
2006	109	445034	1338122	268384	121167	74676
2007	111	453479	1440378	355735	128761	81889
2008	114	514176	1534009	411143	134072	87432
2009	128	501082	1592974	431598	136753	89734
2010	133	495722	1631373	444003	139100	91413
2011	139	497292	1645589	472882	142698	94621
2012	137	498621	1658490	474266	142370	96058
2013	140	527539	1698545	475858	142240	98685
2014	142	580763	1796665	464076	143939	101380
2015	143	595646	1900612	474195	147035	104724
2016	144	624408	1995880	509142	150345	107748
2017	145	612660	2015345	571220	154311	110807
2018	145	629065	2040793	585871	158526	112717
2019	146	741661	2183944	577980	164932	117609

注：普通高等教育学生数据为普通本专科数据，含部分成人高校举办的高职班。

a)Data on higher education student is about normal university and technological university, with some held in adult colleges of higher vocational education.

19-3 主要年份中等专业教育基本情况

Basic Statistics on Vocational Secondary Education in Major Years

年 份 Year	学校数 (所) Number of Schools (unit)	招生数 (人) New Enrollment (person)	毕业生数 (人) Graduates (person)	在校学生数 (人) Total Enrollment (person)	教职工数 (人) Teachers and Staff (person)	#专任教师 Full-time Teachers
1949	34	4784	1778	13738	1207	441
1950	48	7734	4292	14206	1663	709
1951	80	11179	4855	21918	3372	1307
1952	171	33756	5223	50175	6845	2744
1953	76	8478	23488	33516	4916	1812
1954	69	9478	9812	32458	4509	1807
1955	58	7738	11553	25336	3707	1477
1956	90	30047	9403	45706	6522	2573
1957	86	7972	12089	40738	6112	2742
1958	394	106779	15584	129494	8704	4537
1959	487	58777	21286	110617	11394	4955
1960	474	79722	32699	143184	15798	7893
1961	198	10395	22687	65735	12433	6008
1962	85	585	16909	23599	6072	2797
1963	79	9685	13814	18942	5883	3312
1964	94	15282	6751	27420	6086	2769
1965	275	35768	2242	72974	9197	4850
1966	158	2831	3403	50097	9128	4310
1967	160	2810	11544	41288	9159	4388
1968	155	11861	28731	24411	9461	4328
1969	128	2107	10537	15956	8410	3942
1970	126	2648	12356	6238	8121	3997
1971	135	18497	11758	12823	7776	5403
1972	140	9746	1313	11581	8756	3773
1973	122	16377	1980	25717	8366	3771
1974	129	18963	9440	34035	10175	4434
1975	144	21442	15786	40798	11378	5038
1976	178	23328	19908	44345	13296	5522
1977	176	23195	29665	33142	14004	5649
1978	189	25961	9006	49466	14814	6158
1979	195	26574	2882	75484	16080	6792
1980	203	28137	35212	68593	17617	7898
1981	165	27797	32661	63864	18563	8115
1982	174	29235	26782	66640	20482	9204
1983	179	31570	21413	77601	21503	9775
1984	188	33597	27166	84125	22539	10184
1985	208	45163	30024	100176	24511	11333
1986	227	44130	31422	114039	27320	12807
1987	214	40120	36247	103128	26820	12846
1988	225	44606	33551	114168	28985	14522
1989	230	48407	28370	134515	29314	14719
1990	236	48634	35423	148504	31634	16000
1991	240	52092	45259	155092	31842	15617
1992	234	55353	52088	158309	32857	15972
1993	241	77875	51360	185062	34354	16769
1994	243	89643	50801	222551	35066	17526
1995	244	95442	58680	258801	36084	18211
1996	255	105468	78496	289827	38030	19898
1997	252	112348	90545	311161	38458	20291
1998	254	114956	99483	327031	39160	20949
1999	251	122331	106740	344062	39274	21311
2000	243	93493	103629	333184	37241	20409
2001	200	92215	110827	310508	28002	15607
2002	165	115941	111333	314135	27005	15369
2003	154	94625	64046	256655	23630	13761
2004	145	87889	65953	260276	21621	12771
2005	134	86044	75076	257161	20406	12193
2006	130	90432	79902	264456	20563	12634
2007	135	98634	92275	283231	20985	13223
2008	130	93217	83077	271905	20308	13224
2009	124	99212	88355	271993	19981	13093

19−4 主要年份普通中学基本情况

Basic Statistics on Senior and Junior Secondary Education in Major Years

年 份 Year	学校数 (所) Number of Schools (unit)	招生数 (万人) New Enrollment (10 000 persons)	毕业生数 (万人) Graduates (10 000 persons)	在校学生数 (万人) Total Enrollment (10 000 persons)	教职工数 (人) Teachers and Staff (person)	#专任教师 Full-time Teachers
1949	66	1.08	0.34	3.89	3431	1585
1952	189	6.12	0.99	10.44	10170	4507
1955	218	6.74	5.08	17.51	14778	6756
1957	1004	17.64	6.20	33.99	24369	14054
1962	1247	15.04	12.77	43.21	37062	21542
1965	6166	34.06	11.67	80.74	53914	37339
1970	13938	103.39	58.50	188.13	122751	100261
1975	14621	172.20	113.98	305.11	200906	161092
1976	19822	263.31	127.48	437.85	275864	228657
1977	20171	260.62	161.35	522.33	330445	277784
1978	17361	210.68	218.75	478.22	318128	264663
1979	16322	176.14	192.39	418.22	304551	246035
1980	14646	144.10	107.90	407.91	309538	247920
1981	12974	125.17	117.55	361.45	296240	233102
1982	11160	119.41	106.37	328.57	271664	212707
1983	9971	112.21	86.35	315.39	256926	200957
1984	9175	115.88	85.31	334.42	257968	201521
1985	9038	123.80	96.87	356.32	268321	209202
1986	8259	125.02	105.22	376.19	283726	220304
1987	7877	125.52	116.95	379.54	297083	232958
1988	7474	125.17	120.41	373.53	307364	241845
1989	6997	123.30	118.61	363.74	315494	245260
1990	6699	125.60	115.14	367.30	324027	249459
1991	6310	129.17	115.30	372.98	329927	253428
1992	5897	132.87	115.58	382.49	335020	258308
1993	5640	139.14	115.88	395.28	337259	260896
1994	5429	154.67	116.82	427.15	345640	268514
1995	5073	167.06	118.14	470.46	358301	279301
1996	4820	169.69	122.97	512.22	375463	294849
1997	4693	178.19	141.95	541.38	392365	310926
1998	4635	201.28	159.91	571.54	404824	322785
1999	4586	222.20	164.88	620.43	414538	333884
2000	4575	234.18	167.96	678.60	430754	350353
2001	4684	220.94	188.59	702.18	451014	359665
2002	4648	201.65	205.62	689.17	461898	369664
2003	4606	192.94	222.82	654.34	468627	374811
2004	4569	192.32	213.80	628.34	473687	379100
2005	4404	179.71	207.29	592.49	470584	377133
2006	4175	164.60	196.70	554.04	462298	372370
2007	4039	162.49	191.02	520.31	454920	370255
2008	3893	160.54	172.88	502.14	445545	367658
2009	3750	160.24	158.65	499.34	442447	372550
2010	3645	164.12	156.89	501.07	438787	372082
2011	3569	161.83	157.80	501.58	462765	376760
2012	3522	159.88	153.20	492.64	464942	376819
2013	3464	158.53	156.04	488.48	466088	382340
2014	3461	153.58	153.73	486.06	471653	386923
2015	3446	151.12	156.01	479.93	475798	390059
2016	3504	160.35	157.62	482.41	484579	397471
2017	3560	164.39	151.42	494.85	502004	410339
2018	3671	164.26	148.46	509.93	515123	419903
2019	3791	176.10	157.56	528.13	536931	435808

注：专任教师按照教师教授学生层次归类。

a)Full-time teachers classified according to the academic level of their students.

19-5 主要年份技工学校基本情况

Basic Statistics on Technical Schools in Major Years

年 份 Year	学校数 (所) Number of Schools (unit)	招生数 (人) New Enrollment (person)	毕业生数 (人) Graduates (person)	在校学生数 (人) Total Enrollment (person)	教职工数 (人) Teachers and Staff (person)	#专任教师 Full-time Teachers
1953	1	150		150	25	15
1955	2	452	150	802	206	72
1957	6	1525	452	2300	614	213
1962	19	1274	906	5188	2078	688
1965	18	2336	1381	6662	1214	503
1970	6		452		639	106
1975	26	3407	1700	5652	1751	345
1976	26	3144	1704	5841	2204	435
1977	29	6083	5421	6414	3189	735
1978	64	13669	301	19651	7042	1563
1979	72	11673	4950	26632	7055	1951
1980	94	15698	9854	32208	8974	2978
1981	100	9323	11190	29605	9749	3474
1982	103	9379	12857	25953	10154	3474
1983	106	10698	11562	24343	10560	3508
1984	119	12851	8624	28302	11215	3732
1985	134	16748	9219	35163	14142	3423
1986	163	22069	10035	47114	19968	3928
1987	206	28114	11281	63839	22647	5390
1988	236	40381	16036	87832	26382	5996
1989	256	40821	22402	105330	27843	7088
1990	266	42429	28654	118605	19084	10084
1991	279	44081	39679	122591	33739	11210
1992	290	46436	39628	128557	37579	12233
1993	302	55920	42320	142660	37222	12853
1994	306	67812	45358	165989	39351	13424
1995	312	70251	65457	169023	38891	13948
1996	312	77595	62981	185253	37747	13778
1997	305	74054	65310	192675	35160	14059
1998	305	55668	59292	188493	33806	14035
1999	302	50896	71460	161531	28871	14531
2000	279	48008	66546	137718	24484	14066
2001	278	53283	55769	132122	23152	16060
2002	249	83186	49634	165386	22190	13072
2003	244	105896	46247	212811	20684	13371
2004	249	121444	58834	274432	21370	14607
2005	229	138505	78091	325924	22049	15058
2006	197	148625	98239	357648	22309	16211
2007	200	159954	110278	385325	26744	23586
2008	197	161000	121000	415000	24700	18847
2009	196	147000	140300	396200	24963	19378
2010	209	136995	133615	397719	18183	14962
2011	208	149407	123404	381503	24379	21050
2012	213	154546	113066	401207	29909	21451
2013	207	144165	121782	369922	30860	23977
2014	203	128007	108046	329473	29404	23000
2015	194	131550	98154	318182	29228	22613
2016	194	133600	89629	335348	29133	22908
2017	194	129109	103815	332634	29294	22565
2018	181	135184	96351	329897	29388	22525
2019	181	151122	91679	355409	29438	22294

19-6 主要年份小学基本情况

Basic Statistics on Primary Schools in Major Years

年 份 Year	学校数 (所) Number of Schools (unit)	招生数 (万人) New Enrollment (10 000 persons)	毕业生数 (万人) Graduates (10 000 persons)	在校学生数 (万人) Total Enrollment (10 000 persons)	教职工数 (人) Teachers and Staff (person)	#专任教师 Full-time Teachers
1949	27476	64.85	5.92	193.00	47640	45710
1952	55096	138.44	15.52	453.75	130791	122107
1955	52171	91.05	19.65	432.74	135050	126975
1957	52337	90.99	43.32	490.88	153512	146366
1962	58670	125.37	40.61	487.56	185043	180870
1965	143202	289.83	44.92	966.72	322560	316441
1970	79041	206.71	138.66	813.58	331613	296931
1975	82327	240.58	143.75	1091.22	401530	390571
1976	78698	215.88	208.06	1059.68	403562	391905
1977	78137	220.55	198.87	1035.87	399653	388337
1978	79375	234.57	181.42	1041.84	395247	384540
1979	78828	219.38	164.83	1040.06	407704	393271
1980	78796	211.68	155.64	1041.70	418828	402739
1981	78829	197.06	154.84	1017.62	417223	400449
1982	77893	190.23	159.74	978.73	414849	395455
1983	76610	184.50	160.87	946.26	414753	393013
1984	74314	176.38	160.80	927.50	410443	387448
1985	71062	167.67	164.07	894.06	405550	379751
1986	65447	161.76	158.81	870.41	412879	384564
1987	64095	152.42	158.86	844.87	421864	394296
1988	63006	156.57	154.47	830.01	432249	404509
1989	62321	162.45	149.77	823.19	439419	408468
1990	61845	158.09	144.84	818.21	446395	414653
1991	59976	156.99	143.85	815.15	447368	414924
1992	56885	163.94	141.97	826.21	450396	416662
1993	54009	185.75	145.75	853.57	448575	415928
1994	50824	206.15	153.03	895.54	448601	414912
1995	47068	205.33	154.07	940.36	456568	422989
1996	40458	194.37	152.29	971.86	463651	429345
1997	37377	183.70	155.59	990.19	468548	434671
1998	34480	146.34	173.92	951.34	467987	435156
1999	29453	116.04	191.40	870.72	451063	418828
2000	26017	104.48	195.12	774.88	440161	408200
2001	21342	101.36	176.17	699.19	422905	390374
2002	19590	107.26	144.10	662.59	414600	383816
2003	18303	107.86	128.24	642.78	410968	380066
2004	16943	110.17	124.69	627.80	410264	378793
2005	15871	104.27	113.31	615.37	410394	377729
2006	14611	107.18	101.69	623.02	415117	381673
2007	14064	111.46	103.87	634.01	420353	386641
2008	13503	104.61	107.48	632.98	420552	387957
2009	12858	101.78	109.47	626.81	421057	389962
2010	12405	111.30	110.26	629.25	417504	387453
2011	12047	119.40	106.82	644.07	393612	386280
2012	11573	109.55	106.16	627.67	387203	382562
2013	11151	115.69	103.30	625.98	383692	387312
2014	10770	124.70	101.02	648.47	378886	389080
2015	10404	124.43	98.92	674.63	379239	396368
2016	10027	123.91	107.15	691.31	386405	408856
2017	9738	126.98	110.96	708.47	391838	421877
2018	9674	129.64	111.52	725.97	392333	430702
2019	9646	127.86	117.75	738.56	396465	442729

注：专任教师按照教师教授学生层次归类，包含九年一贯制和十二年一贯制学校中从事小学教育的专任教师。

a)Full-time teachers classified according to the academic level of their students,including the primary education section of the nine-year and twelve-year primary-secondary schools.

19－7　1985－2019年成人高等教育基本情况

Basic Statistics on Adult Education from 1985 to 2019

年 份 Year	学校数（所） Number of Schools (unit)	招生数（人） New Enrollment (person)	毕业生数（人） Graduates (person)	在校学生数（人） Total Enrollment (person)	教职工数（人） Teachers and Staff (person)	#专任教师 Full-time Teachers
1985	53	41358	14543	85909	7918	3677
1986	55	38305	18626	119123	9514	4417
1987	58	30789	30352	110258	8900	3847
1988	53	43784	35680	101606	10179	4137
1989	53	43386	30687	115753	11552	4754
1990	53	32580	29317	114764	12745	5164
1991	54	26409	40382	104560	12669	4926
1992	51	49078	41748	105427	12883	5017
1993	53	71210	31104	149282	12648	5257
1994	53	81379	30786	196381	13048	5872
1995	53	61032	55764	198934	13159	6037
1996	53	59850	65204	194454	13308	6495
1997	53	65775	74017	185029	14096	6925
1998	46	73618	61603	198780	13023	6557
1999	40	87117	61611	221161	14335	7131
2000	40	82423	70810	219977	14090	7084
2001	34	103165	57373	255775	13911	6841
2002	29	111023	69723	316605	11797	6182
2003	27	128242	79518	373086	9877	5300
2004	24	132313	107645	268112	11056	6247
2005	24	108707	118379	258521	11481	6683
2006	24	95858	34999	295189	12775	7516
2007	23	106857	97584	297085	12627	7537
2008	22	152713	93079	355307	7390	4840
2009	21	136048	105081	377343	6240	4142
2010	18	133191	110347	388741	4225	2946
2011	17	147677	144703	386481	3951	2731
2012	17	166515	120404	428180	4286	2917
2013	11	165522	128297	459803	2843	1982
2014	11	178737	147592	485274	2259	1544
2015	11	163012	161377	484493	2200	1493
2016	11	179199	167440	502274	1604	1082
2017	11	157559	279185	375102	1580	1048
2018	11	233966	181058	426995	1479	970
2019	11	292911	158662	556026	1257	785

注：自2001年起成人高等学历教育统计口径调整为不含电大普通专科班及高职。
a)After 2001,adult higher education exclude regular specialized courses and vocational education.

19-8 研究生教育基本情况

Basic Statistics on Postgraduate Education

项　　目	Item	2013	2014	2015	2016	2017	2018	2019
一、培养单位数　（个）	**Institutions Providing Postgraduate Programs (unit)**	**33**	**33**	**33**	**33**	**33**	**33**	**34**
高等学校　（个）	Regular Institutions of Higher Education (unit)	29	30	30	30	30	30	31
科研单位　（个）	Research Institutions (unit)	4	3	3	3	3	3	3
二、招生数　（人）	**Enrollment (person)**	**26404**	**26545**	**27548**	**28543**	**35564**	**37796**	**40675**
攻读博士学位（人）	Appliants for Doctor's Degree (person)	2033	1967	2025	2109	2312	2663	3022
高等学校　（人）	Regular Institutions of Higher Education (person)	1954	1967	2025	2109	2312	2663	3022
科研单位　（人）	Research Institutions (person)	79						
攻读硕士学位（人）	Appliants for Master's Degree (person)	24371	24578	25523	26434	33252	35133	37653
高等学校　（人）	Regular Institutions of Higher Education (person)	24235	24528	25473	26384	33198	35041	37558
科研单位　（人）	Research Institutions (person)	136	50	50	50	54	92	95
三、在校生数　（人）	**Total Enrollment (person)**	**72962**	**74313**	**77630**	**82055**	**91908**	**102531**	**114618**
攻读博士学位（人）	Appliants for Doctor's Degree (person)	8495	8467	8913	9322	10060	10835	11895
高等学校　（人）	Regular Institutions of Higher Education (person)	8274	8467	8913	9322	10060	10835	11895
科研单位　（人）	Research Institutions (person)	221						
攻读硕士学位（人）	Appliants for Master's Degree (person)	64467	65846	68717	72733	81848	91696	102723
高等学校　（人）	Regular Institutions of Higher Education (person)	64059	65701	68569	72582	81694	91499	102461
科研单位　（人）	Research Institutions (person)	408	145	148	151	154	197	262
四、毕业生数　（人）	**Graduates (person)**	**22623**	**23379**	**23192**	**24137**	**24755**	**26286**	**27640**
攻读博士学位（人）	Appliants for Doctor's Degree (person)	1557	1532	1494	1591	1529	1569	1712
高等学校　（人）	Regular Institutions of Higher Education (person)	1488	1532	1494	1591	1529	1569	1712
科研单位　（人）	Research Institutions (person)	69						
攻读硕士学位（人）	Appliants for Master's Degree (person)	21066	21847	21698	22546	23226	24717	25928
高等学校　（人）	Regular Institutions of Higher Education (person)	20939	21800	21652	22500	23175	24647	25881
科研单位　（人）	Research Institutions (person)	127	47	46	46	51	70	47

19-9 各市中等职业学校基本情况(2019年)

Basic Statistics on Secondary Vocational Schools by Region (2019)

地　区	Region	学校数(所) Schools (unit)	招生数(人) New Enrollment (person)	毕业生数(人) Graduates (person)	在校学生数(人) Total Enrollment (person)	专任教师数(人) Full-time Teachers (person)
全省总计	**Total**	**391**	**267223**	**259891**	**730464**	**48099**
济南市	Jinan	40	20796	20528	56816	4058
青岛市	Qingdao	50	27392	29304	80227	6888
淄博市	Zibo	16	9621	12282	25723	1931
枣庄市	Zaozhuang	18	14057	16266	38487	1703
东营市	Dongying	8	7655	6897	21206	1051
烟台市	Yantai	30	14637	17857	46843	4594
潍坊市	Weifang	33	25766	27394	71481	4610
济宁市	Jining	20	19420	16467	47832	2871
泰安市	Tai'an	15	13830	12478	39319	2292
威海市	Weihai	18	6352	5840	19137	1965
日照市	Rizhao	13	10831	9565	27090	1611
临沂市	Linyi	31	32544	24393	84709	3901
德州市	Dezhou	30	15689	16111	42697	2630
聊城市	Liaocheng	17	15440	12131	39328	3032
滨州市	Binzhou	17	10093	12072	27397	2049
菏泽市	Heze	35	23100	20306	62172	2913

注：不含技工学校数据。
a)Data in the table excludes that on Technical Schools.

19-10 各市普通中学情况(2019年)

Basic Statistics on Secondary Schools by Region (2019)

地　区	Region	普通高中 Senior Secondary Schools					普通初中 Junior Secondary Schools				
		学校数(所) Schools (unit)	招生数(人) New Enrollment (person)	毕业生数(人) Graduates (person)	在校学生数(人) Total Enrollment (person)	专任教师数(人) Full-time Teachers (person)	学校数(所) Schools (unit)	招生数(人) New Enrollment (person)	毕业生数(人) Graduates (person)	在校学生数(人) Total Enrollment (person)	专任教师数(人) Full-time Teachers (person)
全省总计	**Total**	**640**	**587874**	**551604**	**1672070**	**142963**	**3151**	**1173111**	**1023992**	**3609195**	**292845**
济南市	Jinan	56	48406	47385	140910	11160	256	81129	75624	252619	23017
青岛市	Qingdao	73	49350	39531	126515	12187	254	95633	81400	282438	24872
淄博市	Zibo	34	30632	30470	89119	7428	155	42584	42432	172301	15509
枣庄市	Zaozhuang	25	22312	24829	68150	5370	109	54358	41899	151827	10468
东营市	Dongying	15	14201	14138	41726	3693	84	22567	22260	90874	8397
烟台市	Yantai	47	27806	30018	84036	9189	223	55487	45807	214310	21056
潍坊市	Weifang	59	56192	56485	163856	17325	303	113743	86303	326246	28046
济宁市	Jining	40	46503	43179	135932	10485	276	108226	89880	325201	24983
泰安市	Tai'an	38	35133	35352	106009	8650	169	52856	61428	203990	17138
威海市	Weihai	18	10457	9979	29720	3766	90	24230	19139	90775	8452
日照市	Rizhao	16	20271	16893	54150	4413	82	31080	33990	96576	8301
临沂市	Linyi	59	68912	57383	185309	14432	292	148517	132180	419869	30436
德州市	Dezhou	26	37502	33563	105642	8303	172	67801	69137	204106	15797
聊城市	Liaocheng	42	42049	36960	117346	8975	202	85190	64349	232557	16788
滨州市	Binzhou	36	23011	23368	66550	6424	137	37040	40001	125243	11102
菏泽市	Heze	56	55137	52071	157100	11163	347	152670	118163	420263	28483

注：专任教师按照教师教授学生层次归类。
a)Full-time teachers classified according to the academic level of their students.

19-11 各市小学基本情况(2019年)

Basic Statistics on Primary Schools by Region (2019)

地 区	Region	学校数(所) Schools (unit)	招生数(人) New Enrollment (Person)	毕业生数(人) Graduates (person)	在校学生数(人) Total Enrollment (person)	专任教师数(人) Full-time Teachers (person)
全省总计	**Total**	**9646**	**1278551**	**1177488**	**7385622**	**442729**
济南市	Jinan	683	99802	81026	541355	36067
青岛市	Qingdao	720	107475	95378	583784	38095
淄博市	Zibo	296	41663	42681	202387	15830
枣庄市	Zaozhuang	503	59102	53694	374628	21859
东营市	Dongying	106	24365	22540	113292	8377
烟台市	Yantai	295	59760	55293	269318	18941
潍坊市	Weifang	731	98934	112060	567614	40158
济宁市	Jining	1054	108168	109235	659138	40023
泰安市	Tai'an	512	62808	53058	307794	20377
威海市	Weihai	92	25295	23888	121660	7925
日照市	Rizhao	281	32673	31198	200502	12064
临沂市	Linyi	1308	171185	148469	1085265	53449
德州市	Dezhou	689	69854	67557	424290	27018
聊城市	Liaocheng	677	103423	88556	630536	34545
滨州市	Binzhou	291	45904	37171	261346	16582
菏泽市	Heze	1408	168140	155684	1042713	51419

注：专任教师按照教师教授学生层次归类。
a)Full-time teachers classified according to the academic level of their students.

19-12 各市幼儿园基本情况(2019年)

Basic Statistics on Kindergartens by Region (2019)

地 区	Region	幼儿园数(所) Number of Kindergartens (unit)	入园(班)幼儿数(人) Entrants (person)	在园(班)幼儿数(人) Enrolment (person)	离园(班)幼儿数(人) Graduates (person)	专任教师数(人) Full-timeTeachers (person)
全省总计	**Total**	**23588**	**1297309**	**3381184**	**1086991**	**219385**
济南市	Jinan	2147	120164	319800	81299	23234
青岛市	Qingdao	2352	107562	294768	87895	23424
淄博市	Zibo	751	48384	134029	39957	9837
枣庄市	Zaozhuang	741	58495	132660	39310	5016
东营市	Dongying	391	28309	75349	19600	6767
烟台市	Yantai	944	54762	173861	54515	11990
潍坊市	Weifang	1871	103803	286996	87910	22948
济宁市	Jining	2267	113769	306592	113228	17029
泰安市	Tai'an	1280	65445	170140	56948	13653
威海市	Weihai	319	24832	78104	23417	4912
日照市	Rizhao	692	38855	107464	32833	7445
临沂市	Linyi	3233	166034	402719	134367	24294
德州市	Dezhou	1969	101088	214835	52265	13633
聊城市	Liaocheng	881	76411	184091	60669	8334
滨州市	Binzhou	814	61837	133960	36977	8694
菏泽市	Heze	2936	127559	365816	165801	18175

19－13 各市特殊教育基本情况(2019年)

Baisc Statistics on Special Education by Region(2019)

地 区	Region	学校数(所) Schools (unit)	招生数(人) New Enrollment (person)	毕业生数(人) Graduates (person)	在校学生数(人) Total Enrollment (person)	专任教师数(人) Full-time Teachers (person)
全省总计	**Total**	**150**	**6333**	**4618**	**38986**	**5517**
济 南 市	Jinan	13	356	479	2575	536
青 岛 市	Qingdao	13	699	536	4249	584
淄 博 市	Zibo	9	269	193	1646	381
枣 庄 市	Zaozhuang	6	202	171	1659	148
东 营 市	Dongying	2	120	79	703	87
烟 台 市	Yantai	9	468	281	2301	305
潍 坊 市	Weifang	11	720	603	3996	508
济 宁 市	Jining	12	580	428	3777	409
泰 安 市	Tai'an	7	265	201	1528	247
威 海 市	Weihai	4	184	118	940	161
日 照 市	Rizhao	8	283	214	1875	223
临 沂 市	Linyi	14	1031	416	6003	674
德 州 市	Dezhou	13	417	384	2605	335
聊 城 市	Liaocheng	10	288	232	2033	341
滨 州 市	Binzhou	8	158	101	1243	189
菏 泽 市	Heze	11	293	182	1853	389

注：专任教师按照教师教授学生层次归类。

a) Full-time teachers classified according to the academic level of their students.

19-14 各市中小学教职工情况(2019年)

Basic Statistics on Teachers and Staff of Primary and Secondary Schools by Region (2019)

单位:人 (person)

地 区	Region	普通中学教职工 Teachers and Staff of Secondary Schools	#专任教师 Full-time Teachers	小 学 教职工 Teachers and Staff of Primary Schools	#专任教师 Full-time Teachers
全省总计	**Total**	**536931**	**435808**	**396465**	**442729**
济南市	Jinan	45282	34177	29543	36067
青岛市	Qingdao	43103	37059	36616	38095
淄博市	Zibo	27125	22937	14170	15830
枣庄市	Zaozhuang	20552	15838	21106	21859
东营市	Dongying	15107	12090	6440	8377
烟台市	Yantai	37578	30245	15424	18941
潍坊市	Weifang	56440	45371	33776	40158
济宁市	Jining	42922	35468	37552	40023
泰安市	Tai'an	30175	25788	18183	20377
威海市	Weihai	15740	12218	6455	7925
日照市	Rizhao	14785	12714	11176	12064
临沂市	Linyi	54305	44868	48161	53449
德州市	Dezhou	29101	24100	25132	27018
聊城市	Liaocheng	32513	25763	31559	34545
滨州市	Binzhou	23421	17526	13408	16582
菏泽市	Heze	48782	39646	47764	51419

注：专任教师按照教师教授学生层次归类，小学专任教师含有一贯制学校中从事小学教育的专任教师。

a) Full-time teachers are classified according to the academic level of their students, primary full-time teachers including the ones engaged in primary education in general secondary school.

19-15 各市普通中小学专任教师学历情况(2019年)
Basic Statistics on Education of Teachers and Staff of Primary and Secondary Schools by Region (2019)

单位:人 (person)

地 区	Region	普通高中专任教师 Full-time Teachers of Senior Secondary Schools	#本科及以上 With Undergraduate Education or Higher	普通初中专任教师 Full-time Teachers of Junior Secondary Schools	#本科及以上 With Undergraduate Education or Higher	普通小学专任教师 Full-time Teachers of Regular Primary Schools	#本科及以上 With Undergraduate Education or Higher
全省总计	**Total**	**142963**	**141527**	**292845**	**264369**	**442729**	**314605**
济南市	Jinan	11160	11153	23017	22059	36067	29259
青岛市	Qingdao	12187	12183	24872	24314	38095	32958
淄博市	Zibo	7428	7402	15509	15236	15830	14073
枣庄市	Zaozhuang	5370	5356	10468	9903	21859	17529
东营市	Dongying	3693	3685	8397	7618	8377	6349
烟台市	Yantai	9189	9134	21056	19876	18941	16146
潍坊市	Weifang	17325	17217	28046	26284	40158	32006
济宁市	Jining	10485	10406	24983	21475	40023	24746
泰安市	Tai'an	8650	8598	17138	14915	20377	13249
威海市	Weihai	3766	3736	8452	8193	7925	7357
日照市	Rizhao	4413	4388	8301	7461	12064	8810
临沂市	Linyi	14432	14169	30436	27914	53449	38231
德州市	Dezhou	8303	8114	15797	12790	27018	14416
聊城市	Liaocheng	8975	8816	16788	14535	34545	22089
滨州市	Binzhou	6424	6235	11102	9779	16582	11085
菏泽市	Heze	11163	10935	28483	22017	51419	26302

注：专任教师按照教师教授学生层次归类。

a)Full-time teachers classified according to the academic level of their students.

19-16 各市幼儿园、特殊教育专任教师学历情况(2019年)
Basic Statistics on Education of Teachers and Staff of Kindergartens and Special Education(2019)

单位:人 (person)

地区	Region	幼儿园专任教师 Full-time Teachers of Kindergartens	#本科及以上 With Undergraduate Education or Higher	特殊教育专任教师 Full-time Teachers of Special Education	#本科及以上 With Undergraduate Education or Higher
全省总计	**Total**	**219385**	**47061**	**5517**	**4328**
济南市	Jinan	23234	5971	536	474
青岛市	Qingdao	23424	7153	584	556
淄博市	Zibo	9837	2774	381	368
枣庄市	Zaozhuang	5016	1624	148	125
东营市	Dongying	6767	3482	87	74
烟台市	Yantai	11990	2634	305	261
潍坊市	Weifang	22948	5874	508	444
济宁市	Jining	17029	2214	409	323
泰安市	Tai'an	13653	2241	247	201
威海市	Weihai	4912	1733	161	150
日照市	Rizhao	7445	1283	223	139
临沂市	Linyi	24294	2660	674	437
德州市	Dezhou	13633	1433	335	167
聊城市	Liaocheng	8334	1864	341	214
滨州市	Binzhou	8694	2191	189	150
菏泽市	Heze	18175	1930	389	245

注：专任教师按照教师教授学生层次归类。
a)Full-time teachers classified according to the academic level of their students.

19-17 1978-2019年重要科技成果数量

Major Achievements in Science and Technology from 1978 to 2019

单位:项 (unit)

年 份 Year	成 果 数 量 Number of Achievements	#农 业 Agriculture	#工 业 Industry	国际领先 先进水平 Advanced Internationally	国内领先 先进水平 Advanced nationally
1978	652	116	443	19	283
1979	456	90	261	21	149
1980	657	195	396	25	210
1981	704	169	485	29	201
1982	732	153	516	35	298
1983	977	209	660	26	378
1984	997	196	730	21	420
1985	1196	277	758	41	566
1986	1337	183	933	75	634
1987	1525	264	964	92	838
1988	1786	300	1104	118	1045
1989	1957	325	1220	135	1081
1990	2112	375	1246	150	1148
1991	2488	541	1405	175	1503
1992	2668	57	1265	327	1538
1993	2858	605	1418	372	1745
1994	3113	696	1487	416	2131
1995	3251	702	1524	466	2272
1996	3388	709	1599	471	2353
1997	3507	737	1517	456	2678
1998	3558	614	1515	724	2516
1999	3688	557	1270	744	2737
2000	3728	575	1289	599	2861
2001	3112	494	1138	506	2439
2002	3018	452	1117	486	2371
2003	2896	433	1071	466	2276
2004	3028	454	1120	485	2392
2005	2408	320	539	534	1741
2006	2313	338	630	448	1742
2007	2346	330	704	543	1662
2008	2330	301	677	592	1618
2009	2364	306	849	751	1412
2010	2367	391	751	676	1316
2011	2379	305	723	647	1296
2012	2393	338	853	609	1349
2013	2332	297	866	681	1067
2014	2955	440	1095	817	1146
2015	3011	385	1019	967	1212
2016	3016	421	919	762	1095
2017	2537	363	796	610	973
2018	1791	232	451	416	682
2019	2552	316	807	735	957

19-18 科技成果情况

Basic Statistics on Science and Technology

单位:项 (unit)

类 别	Category	2012	2013	2014	2015	2016	2017	2018	2019
一、国家级科技成果奖励成果	**National Scientific and Techinical Award**	**26**	**21**	**28**	**33**	**31**	**19**	**25**	**32**
国家技术发明奖	National Technology Invention Award	9	7	5	5	7	3	4	5
国家自然科学奖	State Natural Science Award		1	3	2			3	1
国家科技进步奖	The State Scientific and Technological Progress Award	17	13	20	26	23	16	17	26
国际合作奖	International Cooperation Award					1		1	
二、省级重要科技成果	**Important Scientific and Technical Award**	**2393**	**2332**	**2955**	**3011**	**3016**	**2537**	**1791**	**2552**
三、省科学技术奖	**Provincial Science and Technology Award**								
自然科学奖	Natural Science Award	14	17	20	13	11	17	24	29
技术发明奖	Technological Invention Award	13	16	20	13	12	7	13	13
科技进步奖	Scientific and Technological Progress Award	472	413	195	112	112	122	157	199
四、专利情况	**Patent Applications**								
申请量	Number of Patent Applications	128614	155170	158619	193220	212911	204861	238795	263407
其中发明专利	Inventions	40381	67642	77298	93475	88359	67773	75817	69511
授权量	Number of Patent Applications Granted	75522	76976	72818	98101	98093	100522	132382	146481
其中发明专利	Inventions	7454	8913	10538	16881	19404	19090	20338	20652

注：2017年以前，专利申请量是指国家知识产权局受理的专利申请数量；从2017年开始，是指国家知识产权局受理的按规定缴足申请费、符合进入初步审查阶段条件的专利申请数量。

a)Before 2017, the amount of patent application refers to the number of patent applications accepted by the State Intellectual Property Office; from 2017, it refers to the amount of application fees paid by the State Intellectual Property Office and the number of patent applications that have entered the preliminary examination stage.

19-19　各市国内三种专利申请受理数和授权数（2019年）

Patents Application Accepted and Granted by Region(2019)

单位：件　　(unit)

地　区	Region	申请受理数合　计 Number of Patents Application Accepted	发　明 Inventions	实用新型 Utility Models	外观设计 Designs	申请授权数合　计 Number of Patents Application Granted	发　明 Inventions	实用新型 Utility Models	外观设计 Designs
总　计	**Total**	**263407**	**69511**	**166893**	**27003**	**146481**	**20652**	**106429**	**19400**
济南市	Jinan	46578	16119	27359	3100	25160	4843	17850	2467
青岛市	Qingdao	67968	21609	40560	5799	38737	7704	26866	4167
淄博市	Zibo	11618	3349	7248	1021	6319	1000	4455	864
枣庄市	Zaozhuang	7892	1616	5507	769	3450	199	2606	645
东营市	Dongying	7363	1682	5316	365	3993	478	3248	267
烟台市	Yantai	15924	4559	9943	1422	8681	1407	6276	998
潍坊市	Weifang	25651	5967	16637	3047	15677	1635	11810	2232
济宁市	Jining	14329	2232	10875	1222	8719	545	7362	812
泰安市	Tai'an	7533	1869	5012	652	4325	407	3415	503
威海市	Weihai	8455	1962	5555	938	5133	555	3851	727
日照市	Rizhao	4628	983	3263	382	2457	238	1984	235
临沂市	Linyi	13107	2145	7866	3096	7052	480	4539	2033
德州市	Dezhou	9130	1410	6369	1351	4796	292	3548	956
聊城市	Liaocheng	7407	1409	4944	1054	3919	307	2944	668
滨州市	Binzhou	7155	1596	4886	673	3540	364	2738	438
菏泽市	Heze	8669	1004	5553	2112	4523	198	2937	1388

19-20 R&D经费支出情况

单位：万元

类别	Category	R&D经费内部支出合计 Internal Expenditure on R&D	基础研究支出 Basic Research	应用研究支出 Applied Research
总　计		**14947162**	**573401**	**993446**
一、按行业分	**by Sector**			
农、林、牧、渔业	Agriculture,Forestry,Animal Husbandry and Fishing	23887	271	807
采矿业	Mining	387219	86749	34459
制造业	Manufacturing	11748340	7740	247711
电力、燃气及水的生产和供应业	Production and Supply of Electric Power and Heat Power	86212	76	1350
建筑业	Construction	691401	779	36002
批发和零售业	Wholesale and Retail Trade			
交通运输、仓储和邮政业	Traffic,Transport,Storage and Post	30842		601
住宿和餐饮业	Hotels and Catering Services			
信息传输、软件和信息技术服务业	Information Transfer, Software and Information Technology Services	155927		12720
金融业	Financial Intermediation	1916		102
房地产业	Real Estate			
租赁和商务服务业	Leasing and Business Services	12247	353	346
科学研究和技术服务业	Scientific Research and Technical Service	984137	176522	262582
水利、环境和公共设施管理业	Management of Water Conservancy,Environment and Public Facilities	10465		24
居民服务、修理和其他服务业	Households Services, Repair and Other Services			
教　育	Education	676298	261220	316219
卫生和社会工作	Health and Social Work	134856	39643	80474
文化、体育和娱乐业	Culture,Sports and Entertainment	3416	49	48
公共管理、社会保障和社会组织	Public management and Social Organization			
国际组织	International Organization			
二、按地区分	**by Region**			
济南市	Jinan	2255265	173425	304344
青岛市	Qingdao	2946168	190477	247791
淄博市	Zibo	1059388	14667	81539
枣庄市	Zaozhuang	306761	1152	23284
东营市	Dongying	683802	100309	52312
烟台市	Yantai	1266179	22839	34884
潍坊市	Weifang	1192161	9156	33069
济宁市	Jining	542618	17779	22668
泰安市	Tai'an	643972	23081	40965
威海市	Weihai	669407	159	12760
日照市	Rizhao	551489	1330	16755
临沂市	Linyi	782114	5016	40231
德州市	Dezhou	751925	2535	24789
聊城市	Liaocheng	422001	4083	21259
滨州市	Binzhou	636901	5732	23252
菏泽市	Heze	237010	1662	13547

Basic Statistics On Expenditure on R&D

(10 000 yuan)

试验发展支　出 Experimental Development	政府资金 Government Appropriation Funds	企业资金 Self-raised Funds by Enterprises	境外资金 Foreign funds	其他资金 Other Funds	R&D经费外　部支出合计 External expenditure on R&D	对境内研究机构的支　出 Expenditure On Domestic Research Institutions	对境内高等学校支出 Expenditure On Domestic colleges and universities	对境内企业支出 Expenditure On Domestic Enterprises	对境外支　出 Expenditure On Overseas
13380315	**1465294**	**13252316**	**1283**	**228270**	**721126**	**209894**	**94129**	**295481**	**121036**
22809	4018	19825		44	1105	861	245		
266011	2830	383030		1358	28455	6456	12186	9814	
11492888	375734	11371642	469	496	574079	173569	50486	229630	120394
84786	186	86026			10050	1782	1471	6796	
654621	565	690725		111	6745	1923	3483	1338	2
30241	664	30179			6424	7	230	6035	153
143207	7572	144989		3366	20013		331	19662	20
1813		1916							
11549	1107	11140			6495	51	23	6421	
545033	575936	326024	223	81955	30856	15215	6916	8102	152
10441	61	10396		8	2164	34	573	1558	
98860	399576	138547	280	137896	34517	9997	18019	6070	316
14738	96981	34537	302	3036					
3319	65	3342	9		222		166	56	
1777496	400175	1775344	182	79564	107132	40039	14216	51336	1513
2507901	484078	2401886	693	59512	179172	34812	32494	72636	38810
963183	94615	954261	85	10428	44107	29978	4234	5630	4258
282325	10075	293961		2725	10216	3908	3000	2338	971
531182	22395	645625		15782	24000	6313	9087	8599	
1208456	62164	1195459	2	8554	31228	6661	5982	16550	2026
1149937	97963	1087578		6620	78724	4047	4329	44343	25919
502171	38020	486227		18370	40286	2424	2557	10914	24391
579927	43918	585196	302	14556	14429	6805	2682	4083	859
656487	19714	649542		151	39118	10400	4594	12561	11563
533405	13157	534993		3338	21728	4214	1033	11328	5151
736867	28941	748247		4926	68349	21679	2827	41850	1963
724601	98641	651774		1510	15673	4615	2451	8550	57
396659	16018	405702	19	262	11777	7317	2445	1359	657
607918	22022	613118		1762	5177	2070	1301	1761	46
221800	13397	223403		210	30008	24613	899	1644	2852

19-21 R&D人员情况
Basic Statistics On R&D Personnel

类 别	Category	有研究与试验发展活动单位数(个) Number of Units with Research and Development Activities (unit)	研究与试验发展人员(人) Research and Development Personnel (person)	全时人员 Full-time Personnel	非全时人员 Part-time Personnel
总 计		**8317**	**442233**	**297070**	**145163**
一、按行业分	**by Sector**				
农、林、牧、渔业	Agriculture,Forestry,Animal Husbandry and Fishing	34	954	651	303
采矿业	Mining	80	13023	7065	5958
制造业	Manufacturing	6942	288253	215608	72645
电力、燃气及水的生产和供应业	Production and Supply of Electric Power and Heat Power	92	2896	2052	844
建筑业	Construction	137	14060	9450	4610
批发和零售业	Wholesale and Retail Trade				
交通运输、仓储和邮政业	Traffic,Transport,Storage and Post	36	1585	720	865
住宿和餐饮业	Hotels and Catering Services				
信息传输、软件和信息技术服务业	Information Transfer, Software and Information Technology Services	155	7138	5966	1172
金融业	Financial Intermediation	2	328	46	282
房地产业	Real Estate				
租赁和商务服务业	Leasing and Business Services	24	754	501	253
科学研究和技术服务业	Scientific Research and Technical Service	423	27899	20719	7180
水利、环境和公共设施管理业	Management of Water Conservancy,Environment and Public Facilities	22	358	241	117
居民服务、修理和其他服务业	Households Services, Repair and Other Services				
教 育	Education	231	66341	28773	37568
卫生和社会工作	Health and Social Work	128	18357	5045	13312
文化、体育和娱乐业	Culture,Sports and Entertainment	11	287	233	54
公共管理、社会保障和社会组织	Public management and Social Organization				
国际组织	International Organization				
二、按地区分	**by Region**				
济南市	Jinan	1089	82024	52153	29871
青岛市	Qingdao	1726	87053	62243	24810
淄博市	Zibo	765	33511	23180	10331
枣庄市	Zaozhuang	190	7976	4639	3337
东营市	Dongying	171	13113	9153	3960
烟台市	Yantai	589	33995	23306	10689
潍坊市	Weifang	514	31344	22297	9047
济宁市	Jining	434	20009	12419	7590
泰安市	Tai'an	353	23392	14022	9370
威海市	Weihai	386	20468	14905	5563
日照市	Rizhao	348	11696	7533	4163
临沂市	Linyi	437	19275	13534	5741
德州市	Dezhou	636	20830	13458	7372
聊城市	Liaocheng	149	11926	8038	3888
滨州市	Binzhou	303	18028	11320	6708
菏泽市	Heze	227	7593	4870	2723

19-22 R&D人员折合全时当量情况
Basic Statistics On Full-time Equivalent of R&D Personnel

单位：人年 (man year)

类别	Category	R&D人员折合全时当量 Full-time Equivalent of R&D Personnel	基础研究人员 Basic Research Personnel	应用研究人员 Applied Research Personnel	试验发展人员 Experimental Development Personnel
总　计		**278788**	**21374**	**32797**	**224622**
一、按行业分	**by Sector**				
农、林、牧、渔业	Agriculture,Forestry,Animal Husbandry and Fishing	780	22	93	666
采矿业	Mining	7317	293	1171	5853
制造业	Manufacturing	189203	280	5628	183295
电力、燃气及水的生产和供应业	Production and Supply of Electric Power and Heat Power	1684	3	46	1635
建筑业	Construction	9358	56	701	8601
批发和零售业	Wholesale and Retail Trade				
交通运输、仓储和邮政业	Traffic,Transport,Storage and Post	864		46	817
住宿和餐饮业	Hotels and Catering Services				
信息传输、软件和信息技术服务业	Information Transfer, Software and Information Technology Services	5302		352	4950
金融业	Financial Intermediation	52		35	16
房地产业	Real Estate				
租赁和商务服务业	Leasing and Business Services	533	29	26	478
科学研究和技术服务业	Scientific Research and Technical Service	22584	4346	5800	12443
水利、环境和公共设施管理业	Management of Water Conservancy,Environment and Public Facilities	251		9	242
居民服务、修理和其他服务业	Households Services, Repair and Other Services				
教　育	Education	30763	14067	13753	2942
卫生和社会工作	Health and Social Work	9979	2273	5131	2575
文化、体育和娱乐业	Culture,Sports and Entertainment	117	4	6	108
公共管理、社会保障和社会组织	Public management and Social Organization				
国际组织	International Organization				
二、按地区分	**by Region**				
济南市	Jinan	50015	7892	9691	32431
青岛市	Qingdao	59422	5258	6589	47579
淄博市	Zibo	22360	778	2012	19570
枣庄市	Zaozhuang	5068	130	1299	3640
东营市	Dongying	8114	829	964	6321
烟台市	Yantai	20761	1011	1692	18059
潍坊市	Weifang	19467	610	2301	16556
济宁市	Jining	12729	1372	1087	10270
泰安市	Tai'an	14321	1676	2193	10451
威海市	Weihai	13903	34	655	13214
日照市	Rizhao	6501	123	525	5853
临沂市	Linyi	11932	378	1263	10290
德州市	Dezhou	11941	308	1097	10536
聊城市	Liaocheng	5852	319	651	4882
滨州市	Binzhou	12283	458	554	11272
菏泽市	Heze	4121	199	225	3699

19-23 规模以上工业企业R&D经费支出情况

单位：万元

类别	Category	R&D经费内部支出合计 Internal Expenditure on R&D	基础研究支出 Basic Research
总计		**12109485**	**94565**
一、按企业规模分	**by Enterprise Size**		
大型企业	Large-sized Enterprises	6569652	91624
中型企业	Medium-sized Enterprises	2853525	1620
小型企业	Small-sized Enterprises	2645986	1321
微型企业	Micro-enterprises	40322	
二、按登记注册类型分	**by Status of Registration**		
内资企业	Domestic Funded Enterprises	10303111	94537
国有企业	State-owned Enterprises	42735	
集体企业	Collective-owned Enterprises	11911	
股份合作企业	Cooperative Enterprises	1853	
联营企业	Joint Ownership Enterprises		
有限责任公司	Limited Liability Corporations	4551722	1219
股份有限公司	Share-holding Corporations Limited	2636601	92184
私营企业	Private Enterprises	3057798	1135
其他企业	Other Enterprises	492	
港、澳、台商投资企业	Enterprises with Funds from Hong Kong, Macao and Taiwan	507083	
合资经营企业(港或澳、台资)	Joint-ventures Enterprises	221660	
合作经营企业(港或澳、台资)	Cooperative Enterprises	1349	
港、澳、台商独资经营企业	Enterprises with Sole Investment	244104	
港、澳、台商投资股份有限公司	Share-holding Corporations Ltd. With Funds from Hong Kong, Macao and Taiwan	25337	
其他港澳台投资企业	Other Enterprises with Funds from Hong Kong,Mcao and Taiwan	14633	
外商投资企业	Foreign Funded Enterprises	1299291	28
中外合资经营企业	Joint-venture Enterprises	822172	13
中外合作经营企业	Cooperation Enterprises	57427	
外资企业	Enterprises with Sole Foreign Funds	364464	15
外商投资股份有限公司	Share-holding Corporations Ltd. With Foreign Investment	44914	
其他外商投资企业	Other Foreign Funded Enterprises	10314	
三、按工业行业大类分	**by Sector**		
采掘业	**Mining**	**387219**	**86749**
煤炭开采和洗选业	Mining and Washing of Coal	120218	
石油和天然气开采业	Extraction of Petroleum and Natural Gas	131695	86749
黑色金属矿采选业	Mining of Ferrous Metal Ores	16821	
有色金属矿采选业	Mining of Non-ferrous Metal Ores	61855	
非金属矿采选业	Mining and Processing of Nonmetal Ores	6824	
开采专业及辅助性活动	Mining Specialties and Auxiliary Activities	49806	
其他采矿业	Mining of Other Ores		
制造业	**Manufacturing**	**11636055**	**7740**
农副食品加工业	Processing of Food from Agricultural Products	387856	725
食品制造业	Manufacture of Foods	171090	231
酒、饮料和精制茶制造业	Manufacture of Wine, Drinks and Refined Tea	110712	3999
烟草制品业	Manufacture of Tobacco		
纺织业	Manufacture of Textile	274290	515
纺织服装、服饰业	Manufacture of Textile Wearing Apparel and Finery	82810	
皮革、毛皮、羽毛及其制品和制鞋业	Manufacture of Leather, Fur, Feather & Its Products and Footwear	20661	
木材加工及木 竹、藤、棕、草制品业	Processing of Timbers, Manufacture of Wood, Bamboo, Rattan, Palm, and Straw Products	43045	
家具制造业	Manufacture of Furniture	14152	

Expenditures of Industrial Enterprises above Designated Size on R&D

(10 000 yuan)

应用研究支出 Applied Research	试验发展支出 Experimental Development	政府资金 Government Appropriation Funds	企业资金 Self-raised Funds by Enterprises	境外资金 Foreign funds	其他资金 Other Funds	R&D经费外部支出合计 External expenditure on R&D	对境内研究机构的支出 Expenditure On Domestic Research Institutions	对境内高等学校支出 Expenditure On Domestic colleges and universities	对境外支出 Expenditure On Overseas
283520	**11731401**	**378750**	**11728413**	**469**	**1854**	**612584**	**181807**	**64143**	**120394**
151003	6327025	273598	6293747	457	1850	429088	100596	45591	108331
49980	2801925	57971	2795539	12	4	116754	63721	9201	7006
79626	2565040	46332	2599654			65998	17476	9152	5057
2912	37410	849	39473			745	14	199	
237152	9971423	349135	9951654	469	1854	490746	116219	61415	86117
3938	38797	382	42353			2451	119	1034	
323	11587	123	11788			140	50	90	
	1853	78	1775						
101192	4449311	227086	4324179	457		177993	58284	21061	16774
41203	2503214	82091	2552657		1852	249735	31909	30452	63182
90495	2966169	39375	3018410	12	2	60428	25858	8778	6161
	492		492						
11235	495848	8911	498172			66109	50244	314	7727
9286	212375	8180	213481			43499	31227	274	7727
	1349		1349						
35	244068	394	243709			21067	19018	20	
18	25319	326	25012			1523			
	1896	12737	12	14621			20		20
	35134	1264130	20704	1278588			55730	15344	2414
	13762	808397	12806	809366			49968	14677	1607
	16286	41142	850	56577			759	36	263
	2927	361522	6569	357895			4726	631	467
	2159	42756	479	44435			277		78
		10314		10314					
	34459	**266011**	**2830**	**383030**		**1358**	**28455**	**6456**	**12186**
	27596	92622	1861	118357			5860	1725	2344
	1597	43349	23	130313		1358	12039	2171	5717
	3169	13652	264	16557			235	123	67
	997	60858	630	61225			5384	750	2599
	1016	5808		6824			121		121
	84	49722	52	49755			4817	1688	1338
	247711	**11380604**	**375734**	**11259357**	**469**	**496**	**574079**	**173569**	**50486**
	10063	377068	6407	381449			6868	1456	2648
	1641	169218	4630	166461			2985	1606	872
	3820	102894	2722	107978		12	4249	2131	1492
	3462	270313	2372	271916		2	3630	1573	1713
	564	82246	1132	81678			206	17	61
	78	20584	755	19907			67	15	42
	674	42371	710	42335			829	273	429
	1	14151	12	14140			47	28	12

19－23 续表

单位：万元

类 别	Category	R&D经费内部支出合计 Internal Expenditure on R&D	基础研究支 出 Basic Research
造纸及纸制品业	Manufacture of Paper and Paper Products	277983	
印刷和记录媒介复制业	Printing, Reproduction of Recording Media	38897	
文教、工美、体育和娱乐用品制造业	Manufacture of Culture, Education,Arts and crafts, Sport and Entertainment Goods	120180	
石油、煤炭及其他燃料加工业	Processing of Oil, Coal and Other Fuel	726710	
化学原料和化学制品制造业	Manufacture of Chemical Raw Material and Chemical Products	1580446	
医药制造业	Manufacture of Medicines	810290	523
化学纤维制造业	Manufacture of Chemical Fiber	35139	
橡胶和塑料制品业	Manufacture of Rubber and Plastic	467875	
非金属矿物制品业	Manufacture of Non-metallic Mineral Products	468860	968
黑色金属冶炼及压延加工业	Manufacture and Processing of Ferrous Metals	827782	
有色金属冶炼及压延加工业	Manufacture & Processing of Non-ferrous Metals	708197	
金属制品业	Manufacture of Metal Products	374599	101
通用设备制造业	Manufacture of General Purpose Machinery	828863	391
专用设备制造业	Manufacture of Special Purpose Machinery	562780	217
汽车制造业	Manufacture of Automotive	681488	
铁路、船舶、航空航天和其他运输设备制造业	Manufacture of Railroad,Marine,Aerospace and Other Transportation Equipment	283210	39
电气机械及器材制造业	Manufacture of Electrical Machinery & Equipment	697696	
计算机、通信和其他电子设备制造业	Manufacture of Computer, Communications and Other Electronic Equipment	890584	34
仪器仪表制造业	Manufacture of Measuring Instrument	135712	
其他制造业	Other Manufacture	3716	
废弃资源综合利用业	Comprehensive Utilization of Waste	5234	
金属制品、机械和设备修理业	Metal Products, Machinery and Equipment Repair Industry	5199	
电力、热力、燃气及水的生产和供应业	**Production and Supply of Electric, Heat,Has and Water**	**86212**	**76**
电力、热力的生产和供应业	Production and Supply of Electric Power and Heat Power	76184	39
燃气生产和供应业	Production and Supply of Gas	5493	37
水的生产和供应业	Production and Supply of Water	4535	
四、按地区分	**by Region**		
济南市	Jinan	1299148	216
青岛市	Qingdao	2023543	3626
淄博市	Zibo	875301	567
枣庄市	Zaozhuang	278747	127
东营市	Dongying	604668	86997
烟台市	Yantai	1092396	1473
潍坊市	Weifang	1135286	272
济宁市	Jining	468365	57
泰安市	Tai'an	556730	
威海市	Weihai	653111	
日照市	Rizhao	491558	39
临沂市	Linyi	688754	246
德州市	Dezhou	709223	101
聊城市	Liaocheng	401918	
滨州市	Binzhou	599606	844
菏泽市	Heze	231133	

continued

(10 000 yuan)

应用研究支出 Applied Research	试验发展支出 Experimental Development	政府资金 Government Appropriation Funds	企业资金 Self-raised Funds by Enterprises	境外资金 Foreign funds	其他资金 Other Funds	R&D经费外部支出合计 External expenditure on R&D	对境内研究机构的支出 Expenditure On Domestic Research Institutions	对境内高等学校支出 Expenditure On Domestic colleges and universities	对境外支出 Expenditure On Overseas
3819	274164	2654	275329			613	437	100	
1420	37477	322	38576			39	5	2	33
3084	117096	2405	117774			987	416	497	
43131	683579	65654	661056			10160	4649	1182	44
40859	1539587	23970	1555993		483	43105	14965	6848	4034
11842	797925	47049	763241			172628	80084	5313	21973
1309	33829	2987	32152			254	19	235	
8700	459175	6546	461329			37553	9007	2630	21340
13973	453919	23757	445103			3794	923	1570	252
11789	815993	90602	737181			3154	2652	325	
6527	701670	1553	706645			1485	189	314	84
5497	369001	1530	373069			5518	155	860	132
36294	792178	24563	804288	12		40605	2659	3724	12426
7241	555323	14952	547829			14983	1117	890	9049
13345	668143	6674	674814			52295	29542	1216	5000
4859	278312	1271	281483	457		78453	13898	14750	31222
8253	689443	18129	679567			31515	3367	1368	4832
2196	888355	15011	875574			53924	1181	996	9224
2856	132856	7025	128687			3838	914	400	
	3716	150	3566						
416	4818	192	5042			297	295		
	5199		5199						
1350	**84786**	**186**	**86026**			**10050**	**1782**	**1471**	
925	75220	84	76100			10034	1778	1459	
	5457	102	5391			1	1		
426	4109		4535			15	3	12	
35556	1263376	23556	1275592			61768	30549	3216	1156
22595	1997321	47849	1975227	457	10	137016	20284	18146	38525
34707	840027	32171	843118	12		41968	29088	3697	4258
10531	268089	3423	275324			9259	3155	2795	971
36493	481178	2919	600392		1358	23265	6109	8765	
15117	1075806	14887	1077509			30284	6335	5553	2026
6819	1128195	79288	1055998			78080	4021	4017	25919
8444	459865	9953	458413			39962	2323	2420	24391
14597	542133	10993	545735		2	10022	5439	1078	859
7519	645592	15567	637544			39102	10393	4594	11563
9176	482343	5000	486558			11845	4150	341	5151
31037	657471	20048	668221		485	67737	21508	2491	1963
17385	691738	91443	617780			15454	4511	2420	57
12869	389049	3801	398117			11708	7274	2418	657
7715	591047	7702	591904			5105	2057	1293	46
12962	218171	10152	220982			30008	24613	899	2852

19-24 规模以上工业企业R&D人员情况

单位：人

类 别	Category	研究与试验发展人员 Research and Development Personnel
总 计		**304172**
一、按企业规模分	**by Enterprise Size**	
大型企业	Large-sized Enterprises	127368
中型企业	Medium-sized Enterprises	82622
小型企业	Small-sized Enterprises	92732
微型企业	Micro-enterprises	1450
二、按登记注册类型分	**by Status of Registration**	
内资企业	Domestic Funded Enterprises	262285
国有企业	State-owned Enterprises	1410
集体企业	Collective-owned Enterprises	267
股份合作企业	Cooperative Enterprises	84
联营企业	Joint Ownership Enterprises	
有限责任公司	Limited Liability Corporations	104092
股份有限公司	Share-holding Corporations Limited	64192
私营企业	Private Enterprises	92228
其他企业	Other Enterprises	12
港、澳、台商投资企业	Enterprises with Funds from Hong Kong, Macao and Taiwan	13393
合资经营企业(港或澳、台资)	Joint-ventures Enterprises	6037
合作经营企业(港或澳、台资)	Cooperative Enterprises	86
港、澳、台商独资经营企业	Enterprises with Sole Investment	5784
港、澳、台商投资股份有限公司	Share-holding Corporations Ltd. With Funds from Hong Kong, Macao and Taiwan	1017
其他港澳台投资企业	Other Enterprises with Funds from Hong Kong,Mcao and Taiwan	469
外商投资企业	Foreign Funded Enterprises	28494
中外合资经营企业	Joint-venture Enterprises	14722
中外合作经营企业	Cooperation Enterprises	859
外资企业	Enterprises with Sole Foreign Funds	10621
外商投资股份有限公司	Share-holding Corporations Ltd. With Foreign Investment	1963
其他外商投资企业	Other Foreign Funded Enterprises	329
三、按工业行业大类分	**by Sector**	
采掘业	**Mining**	**13023**
煤炭开采和洗选业	Mining and Washing of Coal	5722
石油和天然气开采业	Extraction of Petroleum and Natural Gas	3093
黑色金属矿采选业	Mining of Ferrous Metal Ores	524
有色金属矿采选业	Mining of Non-ferrous Metal Ores	1895
非金属矿采选业	Mining and Processing of Nonmetal Ores	309
开采专业及辅助性活动	Mining Specialties and Auxiliary Activities	1480
其他采矿业	Mining of Other Ores	
制造业	**Manufacturing**	**288253**
农副食品加工业	Processing of Food from Agricultural Products	9268
食品制造业	Manufacture of Foods	5928
酒、饮料和精制茶制造业	Manufacture of Wine, Drinks and Refined Tea	2586
烟草制品业	Manufacture of Tobacco	
纺织业	Manufacture of Textile	14211
纺织服装、服饰业	Manufacture of Textile Wearing Apparel and Finery	2668
皮革、毛皮、羽毛及其制品和制鞋业	Manufacture of Leather, Fur, Feather & Its Products and Footwear	960
木材加工及木 竹、藤、棕、草制品业	Processing of Timbers, Manufacture of Wood, Bamboo, Rattan, Palm, and Straw Products	1140
家具制造业	Manufacture of Furniture	732

Basic Statistics On R&D Personnel of Industrial Enterprises above Designated Size

(person)

本年度参加项目人员 Personnel involved in the project current year	科技管理和服务人员 Technology management and service personnel	全时人员 Full-time Personnel	非全时人员 Part-time Personnel
278510	**25662**	**224725**	**79447**
117925	9443	91796	35572
75358	7264	60844	21778
83866	8866	70944	21788
1361	89	1141	309
240399	21886	193606	68679
1252	158	1078	332
238	29	166	101
78	6	75	9
95431	8661	72877	31215
59335	4857	49613	14579
84054	8174	69788	22440
11	1	9	3
11916	1477	9405	3988
5427	610	4234	1803
76	10	67	19
5288	496	4326	1458
907	110	656	361
218	251	122	347
26195	2299	21714	6780
13655	1067	11570	3152
814	45	730	129
9542	1079	7556	3065
1870	93	1681	282
314	15	177	152
11792	**1231**	**7065**	**5958**
5101	621	2575	3147
2825	268	2270	823
462	62	362	162
1739	156	1010	885
252	57	250	59
1413	67	598	882
264142	**24111**	**215608**	**72645**
8391	877	6985	2283
5447	481	4341	1587
2406	180	1966	620
13161	1050	9563	4648
2335	333	1643	1025
877	83	796	164
1039	101	834	306
644	88	515	217

19-24 续表

单位：人

类别	Category	研究与试验发展人员 Research and Development Personnel
造纸及纸制品业	Manufacture of Paper and Paper Products	4603
印刷和记录媒介复制业	Printing, Reproduction of Recording Media	1985
文教、工美、体育和娱乐用品制造业	Manufacture of Culture, Education,Arts and crafts, Sport and Entertainment Goods	4431
石油、煤炭及其他燃料加工业	Processing of Oil, Coal and Other Fuel	6148
化学原料和化学制品制造业	Manufacture of Chemical Raw Material and Chemical Products	28686
医药制造业	Manufacture of Medicines	20193
化学纤维制造业	Manufacture of Chemical Fiber	777
橡胶和塑料制品业	Manufacture of Rubber and Plastic	12781
非金属矿物制品业	Manufacture of Non-metallic Mineral Products	14135
黑色金属冶炼及压延加工业	Manufacture and Processing of Ferrous Metals	8697
有色金属冶炼及压延加工业	Manufacture & Processing of Non-ferrous Metals	8968
金属制品业	Manufacture of Metal Products	12280
通用设备制造业	Manufacture of General Purpose Machinery	28979
专用设备制造业	Manufacture of Special Purpose Machinery	23473
汽车制造业	Manufacture of Automotive	20543
铁路、船舶、航空航天和其他运输设备制造业	Manufacture of Railroad,Marine,Aerospace and Other Transportation Equipment	7101
电气机械及器材制造业	Manufacture of Electrical Machinery & Equipment	20802
计算机、通信和其他电子设备制造业	Manufacture of Computer, Communications and Other Electronic Equipment	19411
仪器仪表制造业	Manufacture of Measuring Instrument	6316
其他制造业	Other Manufacture	113
废弃资源综合利用业	Comprehensive Utilization of Waste	152
金属制品、机械和设备修理业	Metal Products, Machinery and Equipment Repair Industry	186
电力、热力、燃气及水的生产和供应业	**Production and Supply of Electric, Heat,Has and Water**	**2896**
电力、热力的生产和供应业	Production and Supply of Electric Power and Heat Power	2206
燃气生产和供应业	Production and Supply of Gas	426
水的生产和供应业	Production and Supply of Water	264
四、按地区分	**by Region**	
济南市	Jinan	34326
青岛市	Qingdao	55180
淄博市	Zibo	25254
枣庄市	Zaozhuang	5917
东营市	Dongying	9166
烟台市	Yantai	27631
潍坊市	Weifang	25281
济宁市	Jining	12426
泰安市	Tai'an	15895
威海市	Weihai	19200
日照市	Rizhao	9246
临沂市	Linyi	15428
德州市	Dezhou	17492
聊城市	Liaocheng	9153
滨州市	Binzhou	15842
菏泽市	Heze	6735

continued

(person)

本年度参加项目人员 Personnel involved in the project current year	科技管理和服务人员 Technology management and service personnel	全时人员 Full-time Personnel	非全时人员 Part-time Personnel
4306	297	3203	1400
1802	183	1478	507
4001	430	3287	1144
5564	584	3562	2586
26446	2240	20815	7871
18803	1390	16491	3702
717	60	392	385
11650	1131	9007	3774
12761	1374	10435	3700
7712	985	5534	3163
8297	671	5839	3129
11241	1039	9087	3193
26866	2113	22354	6625
21551	1922	18078	5395
18970	1573	16465	4078
6452	649	5948	1153
18463	2339	15922	4880
17896	1515	15475	3936
5933	383	5243	1073
98	15	84	29
133	19	115	37
180	6	151	35
2576	**320**	**2052**	**844**
1976	230	1524	682
381	45	349	77
219	45	179	85
31662	2664	26144	8182
49766	5414	43562	11618
23234	2020	19001	6253
5437	480	3986	1931
8502	664	6184	2982
25621	2010	20059	7572
23081	2200	19615	5666
11245	1181	8613	3813
14759	1136	10111	5784
17496	1704	14592	4608
8522	724	6711	2535
14273	1155	11729	3699
15961	1531	12097	5395
8310	843	7173	1980
14564	1278	10518	5324
6077	658	4630	2105

19–25 规模以上工业企业R&D人员折合全时当量情况

Full-time Equivalent of R&D Personnel of Industrial Enterprises above Designated Size

单位：人年 (man year)

类别	Category	R&D人员折合全时当量 Full-time Equivalent of R&D Personnel	基础研究人员 Basic Research Personnel	应用研究人员 Applied Research Personnel	试验发展人员 Experimental Development Personnel
总计		**198205**	**577**	**6845**	**190784**
一、按企业规模分	**by Enterprise Size**				
大型企业	Large-sized Enterprises	87677	444	3341	83892
中型企业	Medium-sized Enterprises	51780	83	1761	49937
小型企业	Small-sized Enterprises	57732	51	1554	56128
微型企业	Micro-sized Enterprises	1016		189	827
二、按登记注册类型分	**by Status of Registration**				
内资企业	Domestic Funded Enterprises	170553	570	5500	164483
国有企业	State-owned Enterprises	868		52	816
集体企业	Collective-owned Enterprises	188		6	182
股份合作企业	Cooperative Enterprises	67			67
联营企业	Joint Ownership Enterprises				
有限责任公司	Limited Liability Corporations	67828	68	2881	64879
股份有限公司	Share-holding Corporations Limited	43976	410	1084	42482
私营企业	Private Enterprises	57616	92	1477	56047
其他企业	Other Enterprises	10			10
港、澳、台商投资企业	Enterprises with Funds from Hong Kong, Macao and Taiwan	9554		173	9381
合资经营企业(港或澳、台资)	Joint-ventures Enterprises	3956		147	3808
合作经营企业(港或澳、台资)	Cooperative Enterprises	59			59
港、澳、台商独资经营企业	Enterprises with Sole Investment	4379		1	4378
港、澳、台商投资股份有限公司	Share-holding Corporations Ltd. With Funds from Hong Kong, Macao and Taiwan	789		1	788
其他港澳台投资企业	Other Enterprises with Funds from Hong Kong,Mcao and Taiwan	370		23	347
外商投资企业	Foreign Funded Enterprises	18098	7	1172	16919
中外合资经营企业	Joint-venture Enterprises	10344	1	752	9591
中外合作经营企业	Cooperation Enterprises	659		267	393
外资企业	Enterprises with Sole Foreign Funds	5750	6	97	5647
外商投资股份有限公司	Share-holding Corporations Ltd. With Foreign Investment	1141		56	1085
其他外商投资企业	Other Foreign Funded Enterprises	204			204
三、按工业行业大类分	**by Sector**				
采掘业	**Mining**	**7317**	**293**	**1171**	**5853**
煤炭开采和洗选业	Mining and Washing of Coal	3362		1030	2332
石油和天然气开采业	Extraction of Petroleum and Natural Gas	1990	293	58	1639
黑色金属矿采选业	Mining of Ferrous Metal Ores	251		17	234
有色金属矿采选业	Mining of Non-ferrous Metal Ores	784		39	745
非金属矿采选业	Mining and Processing of Nonmetal Ores	165		22	143
开采专业及辅助性活动	Mining Specialties and Auxiliary Activities	765		5	760
其他采矿业	Mining of Other Ores				
制造业	**Manufacturing**	**189203**	**280**	**5628**	**183295**
农副食品加工业	Processing of Food from Agricultural Products	5691	38	315	5338
食品制造业	Manufacture of Foods	3763	9	94	3661
酒、饮料和精制茶制造业	Manufacture of Wine, Drinks and Refined Tea	1466	68	57	1341
烟草制品业	Manufacture of Tobacco				
纺织业	Manufacture of Textile	9710	53	291	9366
纺织服装、服饰业	Manufacture of Textile Wearing Apparel and Finery	1731		22	1709
皮革、毛皮、羽毛及其制品和制鞋业	Manufacture of Leather, Fur, Feather & Its Products and Footwear	447		23	424
木材加工及木 竹、藤、棕、草制品业	Processing of Timbers, Manufacture of Wood, Bamboo, Rattan, Palm, and Straw Products	635		14	621
家具制造业	Manufacture of Furniture	363			363

19-25 续表 continued

单位：人年 (man year)

类 别	Category	R&D人员折合全时当量 Full-time Equivalent of R&D Personnel	基础研究人员 Basic Research Personnel	应用研究人员 Applied Research Personnel	试验发展人员 Experimental Development Personnel
造纸及纸制品业	Manufacture of Paper and Paper Products	2552		60	2492
印刷和记录媒介复制业	Printing, Reproduction of Recording Media	1342		125	1217
文教、工美、体育和娱乐用品制造业	Manufacture of Culture, Education,Arts and crafts, Sport and Entertainment Goods	2794		74	2720
石油、煤炭及其他燃料加工业	Processing of Oil, Coal and Other Fuel	3972		126	3846
化学原料和化学制品制造业	Manufacture of Chemical Raw Material and Chemical Products	19259		618	18641
医药制造业	Manufacture of Medicines	14097	33	536	13527
化学纤维制造业	Manufacture of Chemical Fiber	506		20	486
橡胶和塑料制品业	Manufacture of Rubber and Plastic	8614		155	8459
非金属矿物制品业	Manufacture of Non-metallic Mineral Products	8692	32	471	8189
黑色金属冶炼及压延加工业	Manufacture and Processing of Ferrous Metals	5943		224	5718
有色金属冶炼及压延加工业	Manufacture & Processing of Non-ferrous Metals	5846		98	5748
金属制品业	Manufacture of Metal Products	8023		160	7863
通用设备制造业	Manufacture of General Purpose Machinery	19011	29	863	18119
专用设备制造业	Manufacture of Special Purpose Machinery	15110	13	204	14893
汽车制造业	Manufacture of Automotive	12959		206	12753
铁路、船舶、航空航天和其他运输设备制造业	Manufacture of Railroad,Marine,Aerospace and Other Transportation Equipment	4889	4	338	4547
电气机械及器材制造业	Manufacture of Electrical Machinery & Equipment	13442		267	13175
计算机、通信和其他电子设备制造业	Manufacture of Computer, Communications and Other Electronic Equipment	13538	3	129	13406
仪器仪表制造业	Manufacture of Measuring Instrument	4499		121	4378
其他制造业	Other Manufacture	87			87
废弃资源综合利用业	Comprehensive Utilization of Waste	88		15	74
金属制品、机械和设备修理业	Metal Products, Machinery and Equipment Repair Industry	137			137
电力、热力、燃气及水的生产和供应业	**Production and Supply of Electric, Heat, Has and Water**	**1684**	**3**	**46**	**1635**
电力、热力的生产和供应业	Production and Supply of Electric Power and Heat Power	1267	2	36	1229
燃气生产和供应业	Production and Supply of Gas	241	2		239
水的生产和供应业	Production and Supply of Water	176		10	166
四、按地区分	**by Region**				
济南市	Jinan	23454	18	839	22597
青岛市	Qingdao	37967	79	798	37090
淄博市	Zibo	17636	11	701	16924
枣庄市	Zaozhuang	3760	2	471	3287
东营市	Dongying	5554	311	262	4981
烟台市	Yantai	16994	47	720	16227
潍坊市	Weifang	16243	6	212	16025
济宁市	Jining	8009	4	119	7886
泰安市	Tai'an	9755		443	9312
威海市	Weihai	13162		173	12989
日照市	Rizhao	5410	2	188	5220
临沂市	Linyi	9664	15	652	8997
德州市	Dezhou	10442		665	9777
聊城市	Liaocheng	5079		317	4762
滨州市	Binzhou	11292	82	129	11082
菏泽市	Heze	3784		156	3628

19-26 按行业分规模以上工业企业新产品开发及生产情况(2019年)

New Products Development and Production of Industrial Enterprises above Designated Size by Industrial Sector(2019)

行业	Sector	新产品项目数(项) New Products (unit)	开发新产品经费(万元) Expenditure on new products Development (10 000 yuan)	新产品销售收入(万元) Sales Revenue of New Products (10 000 yuan)
总计	**Total**	**44196**	**10566243**	**134800845**
煤炭开采和洗选业	Mining and Washing of Coal	176	51167	147028
石油和天然气开采业	Extraction of Petroleum and Natural Gas	153	18853	57
黑色金属矿采选业	Mining of Ferrous Metal Ores	22	5297	95890
有色金属矿采选业	Mining of Non-ferrous Metal Ores	99	18285	97748
非金属矿采选业	Mining and Processing of Nonmetal Ores	42	5298	64062
开采专业及辅助性活动	Mining Specialties and Auxiliary Activities	136	45104	2846
其他采矿业	Mining of Other Ores			
农副食品加工业	Processing of Food from Agricultural Products	1806	344460	3097592
食品制造业	Manufacture of Foods	1114	153596	1523944
酒、饮料和精制茶制造业	Manufacture of Wine, Drinks and Refined Tea	299	72707	1108528
烟草制品业	Manufacture of Tobacco	62	19218	106780
纺织业	Manufacture of Textile	1107	279887	3159630
纺织服装、服饰业	Manufacture of Textile Wearing Apparel and Finery	241	78633	1115268
皮革、毛皮、羽毛及其制品和制鞋业	Manufacture of Leather, Fur, Feather & Its Products and Footwear	91	35003	314430
木材加工及木 竹、藤、棕、草制品业	Processing of Timbers, Manufacture of Wood, Bamboo, Rattan, Palm, and Straw Products	186	27509	289211
家具制造业	Manufacture of Furniture	100	13838	100379
造纸及纸制品业	Manufacture of Paper and Paper Products	489	242157	4482234
印刷和记录媒介复制业	Printing, Reproduction of Recording Media	274	31784	416940
文教、工美、体育和娱乐用品制造业	Manufacture of Culture, Education,Arts and crafts, Sport and Entertainment Goods	727	107488	1222321
石油、煤炭及其他燃料加工业	Processing of Oil, Coal and Other Fuel	513	334971	5821228
化学原料和化学制品制造业	Manufacture of Chemical Raw Material and Chemical Products	4438	1218743	14665577
医药制造业	Manufacture of Medicines	3902	802234	8891329
化学纤维制造业	Manufacture of Chemical Fiber	165	40199	347207
橡胶和塑料制品业	Manufacture of Rubber and Plastic	1800	439363	5553776
非金属矿物制品业	Manufacture of Non-metallic Mineral Products	2271	394761	3782286
黑色金属冶炼及压延加工业	Manufacture and Processing of Ferrous Metals	595	583707	8604719
有色金属冶炼及压延加工业	Manufacture & Processing of Non-ferrous Metals	869	471160	8393116
金属制品业	Manufacture of Metal Products	2079	328876	4909392
通用设备制造业	Manufacture of General Purpose Machinery	4622	841914	12285322
专用设备制造业	Manufacture of Special Purpose Machinery	4762	635113	7222429
汽车制造业	Manufacture of Automotive	2784	754437	12809207
铁路、船舶、航空航天和其他运输设备制造业	Manufacture of Railroad,Marine,Aerospace and Other Transportation Equipment	980	303800	5885407
电气机械及器材制造业	Manufacture of Electrical Machinery & Equipment	3475	713865	7253717
计算机、通信和其他电子设备制造业	Manufacture of Computer, Communications and Other Electronic Equipment	1993	938206	9057447
仪器仪表制造业	Manufacture of Measuring Instrument	1376	149979	890020
其他制造业	Other Manufacture	62	3376	35990
废弃资源综合利用业	Comprehensive Utilization of Waste	15	2460	89494
金属制品、机械和设备修理业	Metal Products, Machinery and Equipment Repair Industry	43	7598	48019
电力、热力生产和供应业	Production and Supply of Electric Power and Heat Power	292	47288	830522
燃气生产和供应业	Production and Supply of Gas	18	1781	71222
水的生产和供应业	Production and Supply of Water	18	2132	8532

19-27 高技术制造业R&D活动及新产品开发情况(2018年)

Statistics on R&D Activities and New Products Development in High-tech Manufacturing Industry(2018)

行业	Industry	有R&D活动的企业数(个) Number of Enterprises with R&D Activities (unit)	R&D人员折合全时当量(人年) Full-time Equivalent of R&D Personnel (man year)	R&D经费内部支出(万元) Internal Expenditure on R&D (10 000 yuan)
合　计	**Total**	**898**	**49617**	**2265528**
医药制造业	Medical and Pharmaceutical Products	350	17465	943642
航空、航天器及设备制造业	Aviation and Aircrafts Manufacturing	4	344	6877
电子及通信设备制造业	Electronic and Communication Equipment	289	14397	690152
计算机及办公设备制造业	Electronic Computers and Office Equipments	25	11048	409302
医疗仪器设备及仪器仪表制造业	Medical Treatment Instruments and Meters	221	6025	190454
信息化学品制造业	Manufacture of Electronic Chemicals	9	338	25102

19-27 续表 continued

行业	Industry	专利申请数(件) Patent Applications (piece)	拥有发明专利(件) Patents in Force (piece)	新产品开发项目数(项) New Products (units)	新产品开发经费支出(万元) Expenditure on New Products Development (10 000 yuan)
合　计	**Total**	**17712**	**19986**	**7848**	**2182509**
医药制造业	Medical and Pharmaceutical Products	2146	5780	3800	854590
航空、航天器及设备制造业	Aviation and Aircrafts Manufacturing	31	66	48	6908
电子及通信设备制造业	Electronic and Communication Equipment	5242	10209	1980	697952
计算机及办公设备制造业	Electronic Computers and Office Equipments	8269	1544	425	406325
医疗仪器设备及仪器仪表制造业	Medical Treatment Instruments and Meters	1691	2158	1499	192287
信息化学品制造业	Manufacture of Electronic Chemicals	333	229	96	24447.3

注：本表的数据口径为规模以上工业企业。

a)Data in this table cover industrial enterprises above designated size.

19−28 高技术制造业基本情况

Statistics on Production and Management in High-tech Manufacturing Industry

项　目	Item	2014	2015	2016	2017	2018
生产经营情况	**Production Operation**					
企业数 (个)	Number of Enterprises (unit)	2114	2268	2207	2141	1979
从业人员年平均人数 (万人)	Annual Average Number of Persons Engaged (10 000 persons)	72.6	73.2	75.0	72.8	63.1
主营业务收入 (亿元)	Revenue from Principal Business (100 million yuan)	10212.1	11535.3	12263.5	12206.8	7065.4
利润 (亿元)	Profits (100 million yuan)	781.3	874.2	952.7	948.2	621.8
R&D及相关活动情况	**R&D and related Activities**					
有R&D活动的企业数 (个)	Number of Enterprises with R&D Activities (unit)	627	779	904	1001	898
R&D人员全时当量 (人年)	Full-time Equivalent of R&D Personnel (man year)	49122	50774	51955	51057	49617
R&D经费内部支出 (亿元)	Internal Expenditure on R&D (100 million yuan)	176.0	207.7	222.5	250.6	226.6
新产品开发经费 (亿元)	Expenditure on New Products Development (100 million yuan)	172.2	195.1	222.1	262.6	218.3
专利申请数 (件)	Number of Patent Applications Examined (unit)	9775	11527	13983	17187	17712
拥有发明专利数 (件)	Number of Invention Patents (unit)	6883	9569	12298	17553	19986
固定资产投资情况	**Investment in Fixed Assets**					
施工项目数 (个)	Number of Projects Under Construction (unit)	1254	1576	1828		
#新开工项目数 (个)	Number of New Projects (unit)	863	1176	1287		
全部建成或投产项目数 (个)	Number of Projects Completed or Put into Use (unit)	811	1124	1249		
投资额 (亿元)	Investment (100 million yuan)	1412.9	1643.9	1866.6		
新增固定资产 (亿元)	New Added Fixed Assets (100 million yuan)	911.8	1071.2	1041.5		

注：1.生产经营情况的数据口径为规模以上工业企业。2.从2015年起高技术制造业汇总范围包括信息化学品制造业。

a)Data on production operation cover industrial enterprises above designated size.

b)Data on high-tech manufacturing Industry include manufacture of electronic chemical since 2015.

主要统计指标解释

普通高等学校 指按照国家规定的设置标准和审批程序批准举办的，通过全国普通高等学校统一招生考试，招收高中毕业生为主要培养对象，实施高等教育的全日制大学、独立设置的学院和高等专科学校、高等职业学校和其他机构。

大学、独立设置的学院主要实施本科层次以上教育，高等专科学校、高等职业学校实施专科层次教育，其他机构是承担国家普通招生计划任务不计校数的机构。包括普通高等学校分校和批准筹建的普通高等学校等。

成人高等学校 指按照国家规定的设置标准和审批程序批准举办的，通过全国成人高等学校统一招生考试，招收具有高中毕业或同等学历的在职从业人员为主要培养对象，利用函授、业余、脱产等多种形式对其实施高等学历教育的学校。包括职工高等学校、农民高等学校、管理干部学院、教育学院、独立函授学院、广播电视大学、其他机构等。其他机构是承担国家成人招生计划任务不计校数的机构。

小学学龄儿童净入学率 指调查范围内已入小学学习的学龄儿童占校内外学龄儿童总数(包括弱智儿童，不包括盲聋哑儿童)的比重。计算公式为：

$$\text{小学学龄儿童净入学率}=\frac{\text{已入学的小学学龄儿童数}}{\text{校内外小学学龄儿童总数}}\times 100\%$$

国家财政性教育经费 包括国家财政预算内教育经费，各级政府征收用于教育的税费，企业办学校教育经费，校办产业、勤工俭学和社会服务收入用于教育的经费。

财政预算内教育经费 指中央、地方各级财政或上级主管部门在年度内安排，并计划拨到教育部门和其他部门主办的各级各类学校、教育事业单位，列入国家预算支出科目的教育经费，包括教育事业拨款、科研经费拨款、基建拨款和其他经费拨款。

研究与试验发展(R&D) 指在科学技术领域，为增加知识总量，以及运用这些知识去创造新的应用进行的系统的创造性的活动，包括基础研究、应用研究、试验发展三类活动。国际上通常采用 R&D 活动的规模和强度指标反映一国的科技实力和核心竞争力。

基础研究 指为了获得关于现象和可观察事实的基本原理的新知识(揭示客观事物的本质、运动规律，获得新发现、新学说)而进行的实验性或理论性研究，它不以任何专门或特定的应用或使用为目的。其成果以科学论文和科学著作为主要形式。用来反映知识的原始创新能力。

应用研究 指为获得新知识而进行的创造性研究，主要针对某一特定的目的或目标。应用研究是为了确定基础研究成果可能的用途，或是为达到预定的目标探索应采取的新方法(原理性)或新途径。其成果形式以科学论文、专著、原理性模型或发明专利为主。用来反映对基础研究成果应用途径的探索。

试验发展 指利用从基础研究、应用研究和实际经验所获得的现有知识，为产生新的产品、材料和装置，建立新的工艺、系统和服务，以及对已产生和建立的上述各项作实质性的改进而进行的系统性工作。其成果形式主要是专利、专有技术、具有新产品基本特征的产品原型或具有新装置基本特征的原始样机等。在社会科学领域，试验发展是指把通过基础研究、应用研究获得的知识转变成可以实施的计划(包括为进行检验和评估实施示范项目)的过程。人文科学领域没有对应的试验发展活动。主要反映将科研成果转化为技术和产品的能力，是科技推动经济社会发展的物化成果。

研究与试验发展人员 指参与研究与试验发展项目研究、管理和辅助工作的人员，包括项目(课题)组人员，企业科技行政管理人员和直接为项目(课题)活动提供服务的辅助人员。反映投入从事拥有自主知识产权的研究开发活动的人力规模。

研究与试验发展人员全时当量 指全时人员数加非全时人员按工作量折算为全时人员数的总和。例如：有两个全时人员和三个非全时人员(工作时间分别为 20%、30%和 70%)，则全时当量为 2+0.2+0.3+0.7=3.2 人年。为国际上比较科技人力投入而制定的可比指标。

R&D 经费内部支出合计 指调查单位用于内部开展 R&D 活动（基础研究、应用研究和试验发展）的实际支出。包括用于 R&D 项目（课题）活动的直接支出，以及间接用于 R&D 活动的管理费、服务费、与 R&D 有关的基本建设支出以及外协加工费等。不包括生产性活动支出、归还贷款支出以及与外单位合作或委托外单位进行 R&D 活动而转拨给对方的经费支出。

专　利 是专利权的简称，是对发明人的发明创造经审查合格后，由专利局依据专利法授予发明人和设计人对该项发明创造享有的专有权。包括发明、实用新型和外观设计。反映拥有自主知识产权的科技和设计成果情况。

发　明 指对产品、方法或者其改进所提出的新的技术方案。是国际通行的反映拥有自主知识产权技术的核心指标。

Explanatory Notes on Main Statistical Indicators

Regular Institutions of Higher Learning refer to educational establishments set up according to the government evaluation and approval procedures, enrolling graduates from senior secondary schools and providing higher education courses and training for senior professionals. They include full time universities, colleges, high professional schools, high professional vocational schools and others.

Universities and colleges are mainly providing undergraduate courses; those high professional schools and high professional vocational schools are mainly providing professional trainings; and others refer to educational establishments, which are responsible for enrolling students but not covered in the total number of schools, including: branch schools of universities and colleges, and universities and colleges that have been proved and prepared to construct.

Institutions of Higher Learning for Adults refer to educational establishments, set up in line with relevant rules approved by the government, enrolling staff and workers with senior secondary school or equivalent education, and providing higher education courses in many forms of correspondence, spare time, or full time for adults. Professionals thus trained receive a qualification equivalent to graduates studying regular courses at regular universities, colleges and professional colleges. Institutions of higher learning for adults include schools of high education for staff and workers, schools of high education for peasants, colleges for management cadres, pedagogical colleges, independent correspondence colleges, Radio and TV universities and other educational establishments. Other educational establishments are responsible for enrolling adult students but not covered in the number of schools.

Enrollment Rate of Primary School Age Children refers to the proportion of school age children enrolled at schools to the total number of school age children both in and outside schools (including retarded children, but excluding blind, deaf and mute children). The formula is:

$$\begin{array}{c}\text{Enrolment Rate}\\ \text{of Primary}\\ \text{School - age Children}\end{array} = \frac{\begin{array}{c}\text{Total Primary School - age}\\ \text{Children at Schools}\end{array}}{\begin{array}{c}\text{Total Primary School - age}\\ \text{Children Whether or}\\ \text{Not Attending School}\end{array}} \times 100\%$$

Government Appropriation for Education refers to state budgetary fund for education, taxes and fees collected by governments at all levels that are used for education purpose, education fund for enterprise run schools, income from school run enterprises, work study programme and social services that are used for education purpose.

Budgetary Fund for Education refers to education fund that is planned to allocate to various schools and education institutions by central and local financial departments at various levels within the reference year, which is within the state budgetary expenditure, including: appropriate funds for education, science and research, capital construction and others.

Research and Development (R&D) refers to systematic and creative activities in the field of science and technology aiming at increasing the knowledge and using the knowledge for new application. R&D includes 3 categories of activities: basic research, applied research and experiments and development. The scale and intensity of R&D are widely used internationally to reflect the strength of S&T and the core competitiveness of a country in the world.

Basic Research refers to empirical or theoretical research aiming at obtaining new knowledge on the fundamental principles of phenomena of observable facts to reveal the nature and law of movement of objects and to acquire new discoveries or new theories. Basic research takes no specific or designated application as the aim of the research. Results of basic research are mainly released or disseminated in the form of scientific papers or monographs. This indicator reflects the original innovation capacity of knowledge.

Applied Research refers to creative research aiming at obtaining new knowledge on a specific objective or target. Purpose of the applied research is to identify the possible use of results from basic research, or to explore new (fundamental) methods or new approaches. Results of applied research are expressed in the form of scientific papers, monographs, fundamental models or invention patents. This indicator reflects the exploration of ways to apply the results of basic research.

Experiments and Development refer to systematic activities aiming at using the knowledge from basic and applied researches or from practical experience to develop new products, materials and equipment, to establish new production process, systems and services, or to make substantial improvement on the existing products, process or services. Results of experiment and development activities are embodied in patents, exclusive technology, and monotype of new products or equipment. In social sciences, experiment and development activities refer to the process of converting the knowledge from basic or applied researches into feasible programmes (including conduct of demonstration projects for assessment and evaluation). There are no experiment and development activities in the science of humanities. This indicator reflects the capability of transferring the results of S&T into technique and products, which is the materialized measurement of S&T pushing forward the economic and social development.

R&D Personnel refer to persons engaged in research, management and supporting activities of R&D, including persons in the project teams, persons engaged in the management of S&T activities of enterprises and supporting staff providing direct service to the research projects. This indicator reflects the size of personnel engaged in R&D activities with independent intellectual property.

Full time Equivalent of R&D Personnel refers to the sum of the full time persons and the full time equivalent of part time persons converted by workload. For instance, if there are 2 full time persons and 3 part time workers (20%, 30% and 70% of working hours respectively on R&D activities), the full time equivalent is 2+0.2+0.3+0.7=3.2 person years. This is an internationally comparable indicator of input of personnel in S&T activities.

Total Internal Expenditure of Funds on R&D refers to the real expenditure of surveyed units on their own R&D activities(basic research, application study, test and development)including direct expenditure on R&D activities,expenditure on capital construction and material processing by others.Excluding the expenditure on production activities,return of loan,and fee transferred to coopertated and entrusted agencies on R&D activities.

Patent is an abbreviation for the patent right and refers to the exclusive right of ownership by the inventors or designers for the creation or inventions, given from the patent offices after due process of assessment and approval in accordance with the Patent Law. Patents are granted for inventions, utility models and designs. This indicator reflects the achievements of S&T and design with independent intellectual property.

Inventions refer to the new technical proposals to the products or methods or their modifications. This is universal core indicator reflecting the technologies with independent intellectual property.

第 20 篇

文化、体育和卫生

Culture, Sports and Health

简　要　说　明

一、本篇资料的主要内容

本篇资料反映了全省文化、体育和卫生基本情况。文化部分主要包括文化、文物、广播、电视、档案、报纸杂志出版、图书出版等方面的发展状况。体育部分主要包括运动员、教练员、裁判员发展人数等情况。卫生部分主要包括卫生机构及其人员、床位数、县及县以上医院诊疗人次数、入院人数等基本情况。

二、本篇资料的来源

1.文化部分中，艺术事业、图书馆事业、群众文化事业的资料来源于省文化和旅游厅，广播电视资料来源于省广播电视局，电影有关资料来源于省电影局，新闻出版有关资料来源于省新闻出版局，档案馆有关资料来源于省档案馆。

2.体育部分的资料来源于省体育局。

3.卫生部分的资料来源于省卫健委。

本篇资料由省统计局人口处（社科处）整理提供。

Brief Introduction

I. Content

Data in this chapter show the basic conditions of culture,sports and health. Data on culture show the basic conditions on arts, cultural relics, broadcasting, television, archives and publication. Data on sports mainly include the number of athletes, coaches and referees. Data on health include the number of institutions, personnel, hospital beds.

II. Source of Data

(1)Data on the causes of arts, libraries, mass culture are provided by the Department of Culture and Tourism of Shandong Provincet. Data on broadcasting and television are provided by Shandong Provincial Administration of Radio and Television. Data on film are provided by Shandong Provincial Administration of Film. Data on news and publication are provided by Shandong Provincial Administration of Press and Publication. Data on archives and publication are provided by Shandong Provincial Archives Administration.

(2)Data on sports are provided by Shandong Provincial Physical Culture Administration.

(3)Data on public health are provided by Shandong Provincial Department of Health.

In this chapter, data are prepared by the Division of Urbanization,Population and Employment Statistics（by the Division of Social,Science and Culture Industry Employment Statistics）of Shandong Provincial Bureau of Statistics.

20-1 主要年份文化、文物事业基本情况

Number of Institutions for Culture and Cultural Relics of Major Years

年份 Year	文化(艺术)馆 Cultural Centre		文化站 Cultural Station		艺术表演团体 Art Performance Troups	
	机构数(个) Number (unit)	人数(人) Personnel (person)	机构数(个) Number (unit)	人数(人) Personnel (person)	机构数(个) Number (unit)	人数(人) Personnel (person)
1949	39				46	
1952	166		139		113	
1957	134		283		175	
1962	130		500		180	
1965	141	1261	6	10	176	9923
1970	137	1601			154	9599
1975	151	1891	887	944	157	12709
1976	150	1979	1644	1803	157	13396
1977	155	2110	1988	2185	156	13557
1978	155	2151	2103	2196	155	13219
1979	155	2138	2104	2163	155	12896
1980	155	2251	2117	2197	156	12562
1981	156	2420	2099	2218	157	11930
1982	155	2490	2107	2268	157	11280
1983	155	2609	2102	2172	157	10584
1984	154	2590	2132	2204	159	9922
1985	157	2818	2198	2230	158	9317
1986	159	2940	2276	2292	149	9177
1987	157	2849	2345	2410	139	7751
1988	159	3043	2423	2787	127	7344
1989	159	3140	2452	2643	123	6992
1990	159	3127	2482	2666	119	6703
1991	156	3100	2504	2783	120	6640
1992	156	3129	2481	2798	120	6657
1993	157	3145	2454	2862	119	6430
1994	157	3197	2387	2882	118	6448
1995	158	3265	2363	3117	118	6170
1996	159	3237	2466	3286	118	6090
1997	158	3264	2482	3177	118	6148
1998	158	3252	2494	3339	118	6170
1999	158	3194	2493	3293	117	6077
2000	159	3055	2422	3304	118	5943
2001	159	2975	1912	2943	121	5990
2002	156	2935	1866	3019	121	6030
2003	157	2968	1792	3022	120	5988
2004	159	3136	1783	3190	118	5995
2005	158	2982	1768	3166	117	6066
2006	158	3058	1857	3330	118	6250
2007	157	3012	1826	3715	119	6163
2008	156	3025	1826	3754	119	6254
2009	158	3115	1867	4593	118	6279
2010	158	3055	1855	4543	119	6268
2011	160	3086	1828	4643	116	6163
2012	158	3033	1821	4987	104	5722
2013	159	3062	1807	4915	103	5557
2014	158	3047	1811	5181	104	5728
2015	157	3034	1814	5534	104	5368
2016	157	3006	1816	5262	103	5651
2017	157	2978	1815	5334	105	5689
2018	157	2950	1819	5329	105	5539
2019	157	2864	1815	5581	104	5665

20-1 续表 continued

年 份 Year	剧 场(院) Theaters		图 书 馆 Libraries		博 物 馆 Museums	
	机构数 (个) Number (unit)	人 数 (人) Personnel (person)	机构数 (个) Number (unit)	人 数 (人) Personnel (person)	机构数 (个) Number (unit)	人 数 (人) Personnel (person)
1949	5		3			
1952	15		3			
1957	44		40			
1962	129		84			
1965	128	755	27	257	7	183
1970	83	600	12	193	5	155
1975	81	592	43	436	8	211
1976	71	577	62	564	9	237
1977	76	658	66	621	9	246
1978	75	661	80	737	10	298
1979	77	705	88	876	10	310
1980	71	627	88	924	10	317
1981	72	649	89	1004	9	268
1982	71	667	89	1075	15	338
1983	61	660	89	1131	17	364
1984	65	678	92	1240	19	380
1985	62	705	99	1338	23	488
1986	123	2193	101	1486	30	527
1987	119	2310	105	1613	36	763
1988	116	2388	111	1780	40	876
1989	118	2413	113	1796	40	979
1990	117	2516	115	1876	41	1021
1991	121	2736	118	1956	45	1141
1992	120	2772	122	2055	45	1215
1993	119	2837	126	2178	52	1329
1994	118	2878	126	2256	54	1418
1995	115	2783	130	2318	56	1462
1996	111	2727	131	2359	54	1522
1997	107	2652	131	2471	54	1562
1998	107	2577	131	2536	56	1422
1999	107	2544	133	2555	57	1663
2000	105	2473	133	2506	59	1633
2001	105	2444	136	2503	66	1611
2002	104	2434	140	2559	70	1566
2003	104	2353	140	2573	73	1634
2004	95	2088	142	2633	72	1684
2005	94	1881	145	2690	75	1723
2006	95	2098	143	2624	76	1770
2007	92	1937	145	2640	87	1915
2008	90	1827	147	2606	96	2064
2009	82	1640	150	2669	111	2307
2010	91	1904	149	2680	114	2456
2011	93	2134	150	2697	120	2787
2012	93	2083	150	2647	178	4353
2013	93	1719	153	2760	194	4748
2014	93	1734	153	2730	243	5369
2015	92	1632	154	2750	312	6310
2016	93	1602	154	2828	393	7152
2017	100	1821	154	2877	485	7976
2018	106	1902	154	2843	517	8059
2019	93	1732	154	2816	541	8319

20-2 文化、文物机构人员情况(2019年)

Number of Institution and Personnel in Culture and Culture Relics(2019)

项 目	Item	机构数(个) Number of Institutions (unit)	人员数(人) Number of Employed Persons (person)
总 计	**Total**	**20989**	**99684**
文化	Culture	2680	26848
公有制艺术表演团体	Public Arts Performance Troupes	104	5665
公有制艺术表演场馆	Public Arts Centers	93	1732
艺术展览创作机构	Art exhibition and Creation Institutions	88	576
公共图书馆业	Public Libraries	154	2816
群众文化服务业	Mass Culture	1972	8445
艺术馆、文化馆	Cultural and Art Centers	157	2864
文化站	Cultural Stations	1815	5581
艺术教育业	Culture Education	3	311
文艺科研机构	Art Research	7	162
文化行政主管部门	Administrative department of culture	158	5383
其他文化机构	Other cultural institutions	101	1758
文物	Cultural Relics	727	11981
文物保护管理机构	Agency of Relics Preservation	98	2271
文物科研机构	Scientific and Research Historical Relics Agency	13	191
博物馆	Museums	541	8319
文物商店	Cultural Relics Agencies	4	51
其他文物机构	Other cultural relics institutions	71	1149
文化市场经营机构	Business Units Dealing in Culture Market	17582	60855
娱乐场所	Place of entertainment	3502	14179
互联网上网服务营业场所(网吧)	Internet service establishments (Internet bar)	11134	15120

注：文化市场经营机构含互联网上网服务营业场所和娱乐场所。
a) Business units dealing in culture market include internet service and entertainment venues.

20-3 各市文化、文物事业基本情况(2019年)

Basic Statistics on Culture and Cultural Relics by Region (2019)

地 区	Region	公共图书馆数(个) Public Libraries (unit)	公共图书馆藏书量(万册) Total Collections (10 000 volumes)	艺术表演团体(个) Performance Troupes (unit)	艺术表演场所(个) Art Performance Places (unit)	文化馆(群众艺术馆)(个) Cultural (Mass Art) Centers (unit)	文化站(个) Cultural Stations (unit)	文化事业费(万元) Total Cultural Expenditures (10 000 yuan)	文物事业费(万元) Total Cultural Relics Expenditures (10 000 yuan)	博物馆(个) Museums (unit)
全省总计	**Total**	154	6616	104	93	157	1815	451910	146496	541
济南市	Jinan	13	693	9	9	13	161	45782	11113	43
青岛市	Qingdao	12	812	9	9	12	134	50284	10093	94
淄博市	Zibo	9	310	3	8	9	88	26155	9420	57
枣庄市	Zaozhuang	7	175	2	4	7	62	9015	7148	19
东营市	Dongying	6	310	2	2	6	40	16086	2289	14
烟台市	Yantai	14	652	10	6	14	155	31179	10264	35
潍坊市	Weifang	12	739	6	2	13	118	25202	15181	46
济宁市	Jining	12	278	12	8	12	154	39077	28464	49
泰安市	Tai'an	7	178	4	5	7	88	13249	5058	41
威海市	Weihai	5	366	4	2	6	73	21857	4895	8
日照市	Rizhao	5	132	1	2	5	53	10308	2637	14
临沂市	Linyi	13	364	5	7	13	160	20858	8952	47
德州市	Dezhou	12	193	6	8	12	134	17879	4661	15
聊城市	Liaocheng	8	151	5	7	9	135	15217	3105	17
滨州市	Binzhou	8	175	9	1	8	91	10990	2008	19
菏泽市	Heze	10	182	11	9	10	169	16604	3236	20

注：全省数据含省本级数据。
a)Provincial data include provincial level data.

20-4 电影基本情况
Basic Statistics on Film

项 目	Item	2015	2016	2017	2018	2019
电影剧本(梗概)备案公示数量(部)	Number of Filing and Publicity of Movie Scripts (unit)	80	102	194	198	109
电影完成片数量 (部)	Number of Completed Films (unit)	25	19	51	42	57
农村公益电影放映队数量 (个)	Number of Movie Charity Projection Teams in Rural Areas (unit)	3265	3502	3717	3838	4191
农村公益电影放映场次 (万场)	Number of Movie Charity Projection in Rural Areas (10 000 stages)	84	82	83	80	78
城市影院银幕数量 (块)	Number of Movie Screens in City Cinemas (piece)	1945	2305	2712	3159	3592
城市电影观影人次 (万人)	Number of Movie Viewers in City Cinemas (10 000 persons)	5502	5807	7189	7769	8095
城市电影票房收入 (亿元)	City Movie Box Office (100 million yuan)	17.1	18.8	22.9	26.0	28.8

20-5 广播电视基本情况
Basic Statistics on Radio and Television Stations

项 目	Item	2015	2016	2017	2018	2019
广播	**Radio**					
广播节目综合人口覆盖率 (%)	Radio Coverage Rate of the Population (%)	98.8	99.0	99.1	99.1	99.1
广播节目套数 (套)	Number of Radio Programs (set)	162	161	162	181	172
广播节目制作时间 (万小时)	Length of Radio Programs Produced (10 000 hours)	53.4	56.0	56.0	55.9	59.1
公共广播节目播出时间 (万小时)	Length of Public Radio Programs Broadcasted (10 000 hours)	93.9	95.7	94.5	97.0	102.4
对外广播节目播出套数 (套)	Number of International Radio Programs Broadcasted (set)	1	1	1	1	
对外广播节目播出时间 (万小时)	Length of International Radio Programs Broadcasted (10 000 hours)	0.1	0.1	0.1	0.1	
广播节目播出语言种类 (种)	Kinds of Languages of Radio Programs Broadcasted (kind)	1	1	1	1	1
电视	**Television**					
电视节目综合人口覆盖率 (%)	TV Coverage Rate of Population (%)	98.6	98.6	98.9	99.1	99.1
有线广播电视用户数 (万户)	Number of Users of Cable Radio and TV (10 000 households)	1806.8	1848.1	1765.7	1684.2	1579.2
有线广播电视入户率 (%)	Popularization Rate of Cable Radio and TV (%)	58.5	61.5	55.9	53.0	49.2
电视节目套数 (套)	Number of TV Programs (set)	224	224	251	261	259
电视节目制作时间 (万小时)	Length of TV Programs Produced (10 000 hours)	22.2	23.3	25.8	24.4	24.0
公共电视节目播出时间 (万小时)	Length of Public TV Programs Broadcasted (10 000 hours)	115.5	115.5	133.8	141.8	142.4
电视节目播出语言种类 (种)	Kinds of Languages of TV Programs Broadcasted (kind)	3	3	3	3	3
对外电视节目播出套数 (套)	Number of International TV Programs Broadcasted (set)	1	1	1	1	1
对外电视节目播出时间 (万小时)	Length of International TV Programs Broadcasted (10 000 hours)	0.9	0.9	0.9	0.9	0.9
广播电视技术及其他	**TV Technology and Others**					
广播电视总收入 (亿元)	Revenue of Radio and TV (100 million yuan)	172.3	159.8	172.9	170.3	172.7
广播电视从业人员数 (万人)	Staff and Workers of Radio and TV (10 000 persons)	5.8	5.9	5.9	5.3	5.3
中、短波转播发射台 (座)	Transmission and Relaying Stations of Medium and Short Wave Broadcast (unit)	30	33	31	30	30
调频、电视转播发射台 (座)	Relaying Stations and TV Transmission of Frequency Modulation Broadcasting (unit)	206	206	204	201	198
微波实有站 (座)	Microwave Stations (unit)	38	28	27	32	34

20-6 图书、期刊和报纸出版情况(2019年)

Number of Books,Magazines and Newspapers Published (2019)

类 别	Item	种 数 (种) Number of Publications (kind)	总印数 (万册、万份) Total Printed Copies (10 000 Copies)
图书总计	**Books**	**16348**	**55322.1**
马列主义、毛泽东思想	Marxism-Leninism, Mao Zedong Thought	9	1.7
哲学	Philosophy	256	63.8
社会科学总论	General Social Sciences	45	35.2
政治、法律	Politics and Law	139	127.5
军事	Military Affairs	22	21.6
经济	Economics	208	39.1
文化、科学、教育、体育	Culture, Science, Education and Sports	11541	49476.7
语言、文字	Languages	203	144.5
文学	Literature	2085	4471.0
艺术	Arts	368	108.0
历史、地理	History and Geography	465	379.3
自然科学总论	General Natural Sciences	6	12.4
数理科学、化学	Mathematics and Chemistry	70	33.0
天文学、地球科学	Astronomy and Geology	56	29.9
生物科学	Biology	36	18.5
医学、卫生	Medicine and Health Care	216	77.8
农业科学	Agricultural Science	51	17.7
工业技术	Industrial Technology	408	208.1
交通运输	Transportation	70	13.7
航空、航天	Aeronautics and Aerospace		
环境科学	Environmental Science	33	16.6
综合性图书	General Books	61	26.1
图片(不使用《中国标准书号》)	Picture (not subject to CSBN)		
期刊总计	**Magazine**	**265**	**7870.6**
综 合	Synthesis	17	225.7
哲学社会科学	Philosophy and Social Science	73	2794.0
自然科学技术	Natural Science and Technology	130	489.1
文化教育	Culture and Education	30	3533.1
文学艺术	Literature and Arts	15	828.7
画 刊	Pictorial		
少 儿	Children's Books	6	3411.3
报纸总计	**Newspaper**	**132**	**184866.6**
综合报	Synthetical Newspaper	40	151540.0
专业报	Special Newspaper	26	21169.4
生活服务报	Life Service Newspaper	16	5215.1
读者对象报	Reader Object Newspaper	4	5989.0
高校校报	College Newspaper	46	953.2

20-7 档案馆基本情况(2019年)
Statistics on Archive Institution(2019)

项 目	Item	总计 Total	国家综合档案馆 National Comprehen-sive Archive	省级 Provincial Level	市地级 City Level	县级 County Level
档案馆 (个)	Number of Institutions (unit)	212	163	1	16	146
现有专职人数 (人)	Number of Personnel (person)	2693	2216	98	444	1674
档案馆面积 (平方米)	Floor Space of Archives Institution (sq.m)	705697	602831	49230	172818	380783
馆藏档案	Number of Archives					
全 宗 (个)	Whole Volume (unit)	23147	22888	367	4596	17925
案 卷 (卷)	Files (volume)	20857326	13892754	647100	3677485	9568169
建国前档案案卷 (卷)	Before 1949 Files (volume)	362612	348991	10462	329320	9209
建国后档案案卷 (卷)	After 1949 Files (volume)	20494714	13543763	636638	3348165	9558960
馆藏资料 (册)	Number of Material Stored (volume)	2710842	2601319	111830	568239	1921250
档案资料利用情况	Use of Archiver					
利用档案 (卷(件)次)	Number of Archives Used (volume-times)	1573581	981408	48925	410371	522112
利用资料 (册次)	Number of Material Used (vomume-times)	29913	28055	89	6495	21471
利用档案人次 (人次)	Number of Persons Using Material (person-times)	691971	226430	5730	34238	186462
开放案卷 (卷)	Opening Archives (volume)	5338817	1471646		523511	948135
开放档案目录(案卷级) (万条)	Catalog of Opening Archives (Files) (10 000 units)	390.26	77.22		31.95	45.27

注：开放案卷、开放档案目录，省级仅有“文件级”的数据，故该两项为空。
a)Catalog of opening archives: only "file level" data is available at the provincial level, so the two items are empty.

20-7 续表 continued

项 目	Item	国家专门档案馆 National Special Archives	部门档案馆 Departm-ent Archives	大型企业档案馆 Enterprise Archive Institution	省、部属事业单位档案馆 Province and Ministry Archive Institution
档案馆 (个)	Number of Institutions (unit)	18	4	5	22
现有专职人数 (人)	Number of Personnel (person)	257	35	27	158
档案馆面积 (平方米)	Floor Space of Archives Institution (sq.m)	58685	7338	16222	20619
馆藏档案	Number of Archives				
全 宗 (个)	Whole Volume (unit)	11	3	160	85
案 卷 (卷)	Files (volume)	4770958	362691	639802	1191121
建国前档案案卷 (卷)	Before 1949 Files (volume)	13465	10		146
建国后档案案卷 (卷)	After 1949 Files (volume)	4757493	362681	639802	1190975
馆藏资料 (册)	Number of Material Stored (volume)	16628	39580	16732	36583
档案资料利用情况	Use of Archiver				
利用档案 (卷(件)次)	Number of Archives Used (volume-times)	401511	34121	13876	142665
利用资料 (册次)	Number of Material Used (vomume-times)	433	13	83	1329
利用档案人次 (人次)	Number of Persons Using Material (person-times)	372580	31613	3007	58341
开放案卷 (卷)	Opening Archives (volume)	3505017	8000		354154
开放档案目录(案卷级) (万条)	Catalog of Opening Archives (Files) (10 000 units)	277.22	8	5.26	22.56

20－8 等级运动员、教练员、裁判员发展人数
Basic Statistics on Athletes, Coaches and Referees

单位：人 (person)

项 目	Item	2012	2013	2014	2015	2016	2017	2018	2019
等级运动员	**Number of Athletes and Referees in Grades**	**3360**	**4650**	**4045**	**4006**	**4304**	**2908**	**3356**	**6500**
国际运动健将	International Master of Sportsmen	7	23	13	21	14	9	16	6
运动健将	Master of Sportsmen	121	110	83	134	178	137	174	94
一 级	First Grade Sportsmen	1067	572	1109	907	771	742	809	2051
二 级	Second Grade Sportsmen	2165	3945	2840	2944	3341	2020	2357	4438
聘任教练员	**Employed Coaches**	**157**	**163**	**129**	**134**	**97**	**105**	**127**	**165**
国家级	National Coaches	3	1	6			1	2	2
高 级	Senior Coaches	17	25	17	18	6	10	40	35
一 级	First Grade Coaches	54	53	38	39	32	27	43	54
二 级	Second Grade Coaches	75	75	55	59	52	55	35	62
三 级	Third Grade Trainers	8	9	13	18	7	12	7	12
等级裁判员	**Number of Referees in Grades**	**1784**	**3213**	**3481**	**3630**	**2038**	**2524**	**4454**	**5003**
国际级	International Referees								4
国家级	National Referees	55	1	30	2				21
一 级	First Grade Referees	450	544	928	745	75	196	508	605
二 级	Second Grade Referees	1279	2668	2523	2883	1963	2328	3946	4373

20-9 分项目分技术等级运动员发展人数（2019年）

Certified Athletes by Type of Sports and Technical Grade(2019)

单位：人 (person)

项 目	Item	合 计 Total	国际级运动健将 International Master of Sportsmen	运动健将 Master of Sportsmen	一级运动员 First Grade Sportsmen	二级运动员 Second Grade Sportsmen
合计	**Total**	**6500**	**6**	**94**	**2051**	**4438**
田径	Track and Field Events	1682	4		134	1546
游泳	Swimming	340		3	111	229
跳水	Diving	27		1	24	3
体操	Artistic Gymnastics	16		2	14	2
艺术体操	Eurhythmics	16			16	
蹦床	Trampoline	12		3	10	2
举重	Weightlifting	34			6	28
拳击	Boxing	90		4	34	54
摔跤	Wrestling	139			34	104
中国式摔跤	Chinese Wrestling	100			60	40
柔道	Judo	126		1	56	70
跆拳道	Taekwondo	83			39	44
自行车	cycling	62			23	37
击剑	Fencing	62			19	43
马术	Equestrian	14			1	13
现代五项	Modern Pentathlon	22			17	5
射击	Shooting	78			52	24
射箭	Archery	35			24	11
赛艇	Rowing	251	1		77	174
皮划艇	Canoe Kayak	294			75	219
帆船	Sailing	21		3	18	3
帆板	Windsurfing	22			18	4
足球	Football	364			77	287
篮球	Basketball	535		3	122	413
排球	Volleyball	310		7	191	119
沙滩排球	Beach Volleyball	32			15	17
乒乓球	Table Tennis	240		2	64	176
羽毛球	Badminton	90			62	28
网球	Tennis	139			2	137
手球	Handball	261		7	62	199
棒球	Baseball	88			24	64
垒球	Softball	66			20	46
短道速滑	Short-track Speed Skating	9			4	5
花样滑冰	Figure Skating	2			1	1
冰球	Ice Hockey	1			1	
冰壶	Curling	1			1	
高山滑雪	Alpine Skiing	1			1	
越野滑雪	Cross-country Skiing	50			50	
跳台滑雪	Ski Jumping	2			2	
自由式滑雪	Freestyle Skiing	13		3	13	
单板滑雪	Snowboarding	34			34	
技巧	Acrobatic Gymnastics	40			10	30
软式网球	Soft Tennis	1				1
武术	Wushu	109	1		23	86
围棋	Weiqi	11			2	9
国际象棋	Chess	47		5	21	26
象棋	Chinese Chess	9		1	5	4
登山	Mountain Climbing	1			1	
攀岩	Rock Climbing	32			18	14
铁人三项	Triathlon	8			8	
高尔夫球	Golf ball	48			29	19
橄榄球	Rugby	241		28	199	40
航空模型	Model Airplane	2				2
速度轮滑	Speed Roller Skating	1				1
健美操	Aerobics	57		14	57	
五人制足球	Futsal	26			22	4
竞走	Heel-and-toe Walking Race	5				5
散打	Sanda	72			31	41
空手道	Karate	17			10	7
小轮车	Bicycle Motocross	9			7	2

20－10 体育系统机构人员情况（2019年）

Number of Institutions and Engaged Persons of Physical Education System(2019)

单位：个、人 (unit,person)

指 标	Item	省级 Provincial Level 机构 Institutions	省级 人员 Persons	地级 Prefectural Level 机构 Institutions	地级 人员 Persons	县级 County Level 机构 Institutions	县级 人员 Persons
总 计	**Total**	**34**	**3302**	**99**	**3228**	**232**	**4475**
独立行政机关	Independent Administrative Agencies of Government	1	53	14	335	26	472
合并行政机关	Combined Administrative Agencies of Government			3	57	64	861
竞技体校	Competitive Sports Schools			1	94	15	509
其他事业单位	Other Institutions	12	326	34	302	89	1946
本科院校	Colleges	1	613				
企业	Companies			2	34		
少儿体育运动学校(业余体校)	Spare-time Sports Schools			4	195	18	332
体育场馆	Stadiums and Gymnasiums	1	126	20	634	3	21
体育科研机构	Sport Scientific Research Institutions	1	49	3	20		
体育类民办非企业	People-run Non-enterprise Sport Units					1	45
体育运动学校	Physical Education and Sport Schools	1	128	14	1322	5	88
体育中学	Sport Middle Schools			1	62	11	201
训练基地	Training Bases	2	39	2	55		
运动项目管理部门(优秀运动队)	Sports Events Managing Agencies	15	1968	1	118		
其他机构	Other Institutions						

20－11 卫生总费用

Total Health Expenditure

年份 Year	卫生总费用(亿元) Total Health Expenditure (100 million yuan)	政府卫生支出 Government Health Expenditure 绝对数(亿元) Level (100 million yuan)	政府卫生支出 占卫生总费用比重(%) As Percentage of Health Expenditure (%)	社会卫生支出 Social Health Expenditure 绝对数(亿元) Level (100 million yuan)	社会卫生支出 占卫生总费用比重(%) As Percentage of Health Expenditure (%)	个人现金卫生支出 Out-of-pocket Health Expenditure 绝对数(亿元) Level (100 million yuan)	个人现金卫生支出 占卫生总费用比重(%) As Percentage of Health Expenditure (%)	人均卫生总费用(元) Per Capita Health Expenditure (yuan)	卫生总费用占GDP比重(%) Health Expenditure as Percentage of GDP (%)
1998	195.71	30.66	15.67	56.62	28.93	108.43	55.40	221.44	2.79
1999	227.96	31.96	14.02	58.05	25.46	137.96	60.52	256.63	3.04
2000	271.98	34.96	12.85	67.16	24.69	169.85	62.45	302.30	3.26
2001	301.92	39.60	13.12	90.42	29.95	171.89	56.93	333.94	3.28
2002	353.46	48.42	13.70	96.92	27.42	208.13	58.88	389.19	3.44
2003	399.68	59.13	14.79	117.92	29.50	222.64	55.70	438.01	3.31
2004	448.60	69.68	15.53	136.31	30.39	242.61	54.08	488.67	2.99
2005	542.13	83.83	15.46	168.77	31.13	289.53	53.41	586.21	2.93
2006	650.10	108.89	16.75	219.95	33.83	321.26	49.42	698.36	2.94
2007	801.02	148.01	18.48	272.91	34.07	380.10	47.45	855.15	3.08
2008	987.17	193.19	19.57	359.72	36.44	434.26	43.99	1048.25	3.18
2009	1163.20	254.02	21.84	428.68	36.85	480.51	41.31	1228.26	3.43
2010	1345.30	327.40	24.34	497.02	36.95	520.88	38.72	1403.13	3.43
2011	1648.65	425.10	25.78	616.02	37.37	607.53	36.85	1710.70	3.63
2012	1928.88	498.38	25.84	726.42	37.66	704.09	36.50	1991.65	3.86
2013	2245.97	571.45	25.44	874.71	38.95	799.80	35.61	2307.49	4.11
2014	2484.16	619.70	24.95	1039.50	41.84	824.97	33.21	2537.60	4.18
2015	2844.96	722.22	25.39	1213.99	42.67	908.75	31.94	2889.11	4.52
2016	3354.70	813.19	24.24	1536.92	45.81	1004.59	29.95	3372.70	4.93
2017	3570.82	842.49	23.59	1679.35	47.03	1048.99	29.38	3568.74	4.92
2018	4140.82	917.10	22.15	1982.61	47.88	1241.11	29.97	4121.35	5.41

20-12 卫生事业基本情况
Basic Statistics of Health Institutions

年份 Year	卫生机构数(个) Number of Health Institutions (unit)	#医院、卫生院 Hospitals and Township Hospitals	卫生机构床位数(万张) Number of Beds (10 000 sets)	#医院、卫生院 Hospitals and Township Hospitals	卫生技术人员数(万人) Medical Technical Personnel (10 000 persons)	#执业(助理)医师 Licensed (Assistant) Doctors
1949	288	112	0.3	0.3	2.6	1.8
1952	1879	223	1.8	0.9	3.9	2.0
1955	4620	221	2.1	1.1	6.0	2.9
1957	10235	232	2.4	1.5	7.3	3.3
1962	19460	349	4.9	3.4	9.0	4.3
1965	16336	502	5.4	3.8	8.9	4.4
1970	6173	2155	6.2	5.7	7.9	3.7
1975	7092	2336	9.3	8.6	12.4	5.0
1976	7438	2402	10.2	9.4	13.6	5.2
1977	8003	2420	11.1	10.3	14.4	5.5
1978	8389	2453	12.0	11.1	15.0	5.7
1979	8731	2541	12.5	11.6	16.1	6.2
1980	8908	2552	12.7	11.7	16.9	6.2
1981	9448	2565	12.9	11.8	17.9	6.9
1982	9830	2583	13.2	12.0	18.7	7.3
1983	9965	2597	13.5	12.2	19.3	7.6
1984	9972	2626	14.1	12.8	19.8	7.7
1985	10304	2623	14.7	13.4	20.5	8.0
1986	10399	2659	15.3	13.9	21.3	8.3
1987	10634	2690	16.2	14.7	22.1	8.7
1988	10475	2767	16.8	15.2	22.8	9.2
1989	10707	2975	17.2	15.5	23.4	10.4
1990	11040	3037	17.7	16.0	24.1	10.7
1991	11141	3066	18.2	16.5	24.1	10.5
1992	10865	3097	18.7	17.1	24.7	10.6
1993	10881	3096	19.5	17.7	25.8	11.1
1994	10654	3134	19.9	18.1	26.4	11.5
1995	10463	3104	20.0	18.2	27.1	11.9
1996	11968	3139	20.0	18.7	28.7	12.8
1997	10993	3151	20.7	19.4	29.4	13.0
1998	11008	3170	20.8	19.6	30.1	13.3
1999	14611	3151	21.3	20.1	30.8	13.9
2000	17118	3150	21.5	20.3	31.5	14.5
2001	17348	3000	21.8	20.7	31.8	14.9
2002	17500	2980	22.1	21.0	32.2	15.4
2003	16025	2929	21.8	20.8	31.1	13.4
2004	16574	2891	23.2	21.6	32.3	13.9
2005	16788	2922	25.1	23.5	32.5	14.1
2006	17016	2942	25.9	24.3	33.7	14.6
2007	15337	3075	28.3	26.5	34.6	15.0
2008	14973	3008	32.0	29.7	37.6	16.0
2009	15094	3024	34.7	32.1	40.6	16.9
2010	16496	3099	38.2	35.1	44.1	17.8
2011	68275	3135	41.6	37.8	48.2	18.6
2012	68840	3188	47.3	43.0	53.0	20.1
2013	75475	3426	49.0	44.6	59.8	23.2
2014	77066	3491	50.0	45.9	60.4	23.1
2015	77435	3556	51.9	47.7	61.9	23.7
2016	77050	3643	54.3	49.8	64.3	24.5
2017	79099	4108	58.5	53.8	68.9	26.5
2018	81512	4219	60.8	56.0	73.9	29.0
2019	83661	4203	63.0	58.1	78.3	31.5

注：1.自2011年，医疗卫生机构数含村卫生室。2.自2013年，医疗卫生机构数含部分计划生育技术服务机构。
a)Since 2011, the number of health institutions include village health room.
b)Since 2013 ,the data of health institutions include technical service centers for birth control.

20-13 医院工作状况

Basic Statistics of Hospitals above County Level

项 目	Item	2014	2015	2016	2017	2018	2019
机构数 (个)	Number of Medical Units (unit)	1854	1926	2019	2450	2579	2615
诊疗人次数 (万人次)	Number of Patients Treated (10 000 person-times)	17921	18711	20363	22518	23295	24961
#门诊急诊人次数 (万人次)	Out-Patients and Emergency Patients (10 000 person-times)	17455	18257	19799	21831	22606	24240
#死亡人数 (人)	Casualties (person)	23031	24180	25060	29188	27655	29766
观察室收容病人数 (万人次)	Number of Inpatients (10 000 person-times)	228	216	229	262	216	183
#死亡人数 (人)	Casualties In-Patient (person)	3884	4223	4312	4108	5056	4737
健康检查人数 (万人)	Number of People Having Physical Checkup (10 000 persons)	1103	1145	1172	1287	1367	1481
本年入院人数 (万人)	Hospital Admissions (10 000 persons)	1129	1167	1298	1412	1447	1498
本年出院人数 (万人)	Number of People Discharged from Hospitals (10 000 persons)	1124	1162	1293	1408	1445	1491
本年住院病人手术人次数 (万人次)	Number of Operations on Inpatients (10 000 person-times)	279	283	330	381	396	431
年底实有病床数 (张)	Beds Owned by Hospitals at the Year-end (set)	358855	378320	400077	441012	460690	481391
实际开放总床日数 (万床日)	Total Number of Beds Used at Midnight (10 000 bed-days)	12482	13208	13925	15073	15769	16457
平均每日开放病床数 (张)	Average Number of Beds Used Every Day (set)	341961	361851	381505	412962	432014	450867
实际占用总床日数 (万床日)	Total Number of Beds Occupied (10 000 bed-days)	10825	11135	11812	12572	13015	13278
出院者占用总床日数 (万床日)	Total Number of Beds for Patients Discharged (10 000 bed-days)	10617	10882	11565	12157	12666	12883
病床周转次数 (次)	Turnover of Beds (time)	32.9	32.1	33.9	34.1	33.4	33.1
病床工作日 (日)	Days of Beds in Use (day)	316.6	307.7	309.6	304.4	301.3	294.5
病床使用率 (%)	Utilization Rate of Beds (%)	86.7	84.3	84.8	83.4	82.5	80.7
出院者平均在院日数 (日)	Average Hospitalization Period (day)	9.4	9.4	8.9	8.6	8.8	8.6

20-14 各类医疗卫生机构基本情况(2019年)

Basic Statistics on Medical Institutions(2019)

医疗机构分类	Institutions	机构数(个) Number of Institutions (unit)	床位数(张) Number of Beds	卫生技术人员(人) Number of Medical Personnel (person)	执业(助理)医师 Licensed (Assistant) Doctors	注册护士 Registered Nurse	诊疗人次数(万人次) Visit (10 000 times)
总计	**Total**	**83661**	**629837**	**783098**	**315389**	**341391**	**67468**
医院	**Hospital**	**2615**	**481391**	**491269**	**175176**	**244062**	**24961**
综合医院	Genaral Hospital	1507	327888	352346	125777	176883	19001
中医医院	Traditional Chinese Medicine Hospital	320	68211	72089	27377	32517	3413
专科医院	Specialized Hospital	679	76716	60948	20032	31715	2339
基层医疗卫生机构	**Basic Medical Institutions**	**79825**	**119299**	**233420**	**119932**	**75711**	**39680**
社区卫生服务中心(站)	Health Service Center for Community	2421	18619	37283	15635	13999	4339
卫生院	Health Centers	1588	99960	97300	41589	30380	7709
村卫生室	Village clinic	53663		21966	19626	2340	20280
门诊部	Outpatient Department	1556	628	17793	8728	7253	884
诊所、卫生所、医务室	Infirmaries and Clinics	20597	92	59078	34354	21739	6467
专业公共卫生机构	**Specialized Public Health Institutions**	**1018**	**26550**	**54264**	**19058**	**20021**	**2794**
疾病预防控制中心	Center for Disease Control and Prevention	199		8348	4254	719	
专科疾病防治院(所、站)	Specialized Disease Prevention &Treatment Institution	127	5796	4858	1663	1950	268
健康教育所(站、中心)	Health Education Institute	3		53	19	30	
妇幼保健院(所、站)	Women and Children Care Agencies	161	20690	34719	12292	16084	2459
急救中心(站)	First-Aid Center	18	64	355	109	173	68
采供血机构	Pick and Supply Blood Institution	25		1882	369	911	
卫生监督所(中心)	Medical Supervision Institution	150		3153			
计划生育技术服务机构	Institutions of Technical Service for Family Planning	335		896	352	154	
其他机构	**Other Institutions**	**203**	**2597**	**4145**	**1223**	**1597**	**33**
疗养院	Sanatorium	13	2597	1316	464	634	33
临床检验中心	Clinical Laboratory Center	44		740	113	6	

20-15 各市卫生事业基本情况(2019年)

Statistics on Health Service by Region(2019)

地 区	Region	卫生机构数(个) Number of Health Institutions (unit)	医院 Hospitals	疾病预防控制机构数 Sanitation Stations	妇幼保健机构 Maternity and Child Care Center	床位数(张) Beds (set)	医院 Hospitals	卫生机构人员(人) Health Care Institutions personnel (person)	卫生技术人员(人) Medical Technical Personnel (person)	执业(助理)医师 Licensed (Assistant) Doctors	注册护士 Nurses
全省总计	**Total**	**83661**	**2615**	**199**	**161**	**629837**	**481391**	**1001908**	**783098**	**315389**	**341391**
济 南 市	Jinan	7487	289	15	15	66623	56315	122370	97532	38267	43723
青 岛 市	Qingdao	8317	324	46	12	60519	51311	108728	90361	37813	40864
淄 博 市	Zibo	4709	157	9	9	31757	24202	51936	42098	17268	17482
枣 庄 市	Zaozhuang	2652	81	6	7	23981	18313	35523	28537	11106	13729
东 营 市	Dongying	1744	67	6	7	13238	11502	23460	19723	7948	8895
烟 台 市	Yantai	5857	190	15	14	42385	32017	65337	51661	20434	21295
潍 坊 市	Weifang	7974	214	18	13	62734	46831	90749	72182	29955	31716
济 宁 市	Jining	7179	218	12	12	53010	40788	84680	64963	25334	29635
泰 安 市	Tai'an	4519	110	8	7	33210	25742	53006	39889	15533	17794
威 海 市	Weihai	2386	69	5	5	19843	15869	30552	24862	9964	11116
日 照 市	Rizhao	2490	62	5	5	16094	11048	26079	19821	7867	8594
临 沂 市	Linyi	7893	218	15	14	69122	47543	94104	71110	27376	31145
德 州 市	Dezhou	5395	125	12	12	28156	19206	46895	35268	16215	13593
聊 城 市	Liaocheng	6190	151	9	10	34223	25978	50483	38597	15403	15668
滨 州 市	Binzhou	3005	98	8	8	22255	16812	35449	28142	11316	12342
菏 泽 市	Heze	5864	242	10	11	52687	37914	82557	58352	23590	23800

注:1.医院中不包括卫生院。2.本表内数字包括诊所、卫生保健所、医务室的机构、人员数。3.妇幼保健机构包括妇幼保健院、所、站。
a)Number of hospitals exclude the township hospitals.b)Data in this table include the number of clinics,health care centers,medical staff.
c)Maternity and child care centers include centers on different level.

主要统计指标解释

医疗卫生机构 指从卫生计生行政部门取得《医疗机构执业许可证》，或从民政、工商行政、机构编制管理部门取得法人单位登记证书，为社会提供医疗保健、疾病控制、卫生监督服务或从事医学科研和医学在职培训等工作的单位。医疗卫生机构包括医院、基层医疗卫生机构、专业公共卫生机构、其他医疗卫生机构。

医院 包括综合医院、中医医院、中西医结合医院、民族医院、各类专科医院和护理院，不包括专科疾病防治院、妇幼保健院和疗养院。

卫生人员 指在医院、基层医疗卫生机构、专业公共卫生机构及其他医疗卫生机构工作的职工，包括卫生技术人员、乡村医生和卫生员、其他技术人员、管理人员和工勤人员。一律按支付年底工资的在岗职工统计，包括各类聘任人员(含合同工)及返聘本单位半年以上人员，不包括临时工、离退休人员、退职人员、离开本单位仍保留劳动关系人员、本单位返聘和临聘不足半年人员。

卫生技术人员 包括执业医师、执业助理医师、注册护士、药师(士)、检验技师(士)、影像技师(士)、卫生监督员和见习医(药、护、技)师(士)等卫生专业人员。不包括从事管理工作的卫生技术人员(如院长、副院长、党委书记等)。

床位数 指年底固定实有床位(非编制床位)，包括正规床、简易床、监护床、正在消毒和修理床位、因扩建或大修而停用的床位，不包括产科新生儿床、接产室待产床、库存床、观察床、临时加床和病人家属陪侍床。

总诊疗人次数 指所有诊疗工作的总人次数，统计界定原则为：①按挂号数统计，包括门诊、急诊、出诊、预约诊疗、单项健康检查、健康咨询指导（不含健康讲座）人次。患者一次就诊多次挂号，按实际诊疗次数统计，不包括根据医嘱进行的各项检查、治疗、处置工作量以及免疫接种、健康管理服务人次数；②未挂号就诊、本单位职工就诊及外出诊（不含外出会诊）不收取挂号费的，按实际诊疗人次统计。

Explanatory Notes on Main Statistical Indicators

Health Care Institutions refer to the units which have been qualified the Certification of Health Care Institution issued by the administration of public health, or qualified the Certification of Corporate Unit issued by the administration of civil affairs, the administration for industry and commerce, or the commission office for public sector reform, and which engage in medical care, disease prevention and control, health supervision and inspection, medicine research and health education, etc, including: hospitals, primary-level medical and health care institutions, public health centers, and so on.

Hospitals include polyclinics, traditional Chinese therapeutics and western therapeutics, ethical hospitals, various specialty hospitals and nursing hospitals, exclusive of women and children care agencies, special disease prevention and curing agencies.

Health Care Employees refer to the employees engaged in hospitals, primary-level medical and health care institutions, and other medical and health institutions, including medical technical personnel, rural doctors and hygienists, other technical personnel, administrative staff and handymen. The data is based on the year end payroll, including all kinds employees (contract workers) and rehired retired staff, and excluding temporary workers, retired personnel, resigned personnel, personnel who have left the institution but kept labor relations, and rehired personnel on duty less than six months.

Medical Technical Personnel refers to the professional staff engaged in health care, including licensed doctors, licensed assistant doctors, registered nurses, pharmacists, and laboratory technicians, imaging technicians, health care supervisors, and intern doctors ,pharmacists, nurses, and technicians and so on, excluding the personnel engaged in managerial jobs, such as presidents, vice presidents or party secretaries.

The Number of Beds refer to the number of fixed existing beds which include regular beds, simple beds, care beds, beds being disinfected or fixed and beds not in use because of expansion and housing repairs, excluding neonatal beds, beds for expectant mothers, stored beds, observation beds, temporarily added beds and accompanying beds.

Total Visits refer to all the people visiting health institutions. The data is based on the registration number, including outpatients, emergency treatments, home visits, appointment clinics, health examinations and health counseling, and also on the number of people on medical treatment unregistered in and out of their units, with excluded the number of people on medical device for physical checkup, treatment, disposal workload, immunization and health management.

第 21 篇

公共管理和社会服务

Public Management and Social Services

简 要 说 明

一、本篇资料的主要内容

本篇资料反映了全省民政、司法、测绘、标准计量、质检和残疾人事业发展情况。

二、本篇资料的来源

1.民政部分的资料来源于省民政厅、省退役军人事务厅、省法院。

2.司法部分的资料来源于省司法厅、省检察院、省高院。

3.测绘部分的资料来源于省自然资源厅。

4.交通、火灾部分资料来源于省公安厅、省应急厅。

5.标准计量、质检部分的资料来源于省市场监管局。

6.残联资料来源于山东残疾人联合会。

本篇资料中，测绘和标准计量部分由省统计局综合处加工整理，其他各部分资料由省统计局人口处（社科处）整理提供。

Brief Introduction

I. Content

Data in this chapter show the basic conditions of civil affairs, legal and judicial affairs, surveying and mapping, standard measuring ,quality inspection and work for persons with disabilities .

II. Source of Data

(1)Data on civil affairs are provided by Shandong Provincial Department of Civil Affairs,Provincial Department of Retired Military Affairs and Provincial Department of Court.

(2)Data on legal and judicial affairs are provided by Shandong Provincial Department of Justice, Provincial Department of Procuratorate and Provincial Department of High Court.

(3)Data on surveying and mapping are provided by the Department of Nature and Resources of Shandong Province.

(4) Data on traffic and fire are provided by Shandong Provincial Department of Public Security and Provincial Department of Emergency.

(5)Data on standard measuring are provided by Shandong Provincial Department of Market Regulatory Authority .

(6)Data on Disabled persons are from the Shandong Disabled Persons Federation.

In this chapter, data on surveying are prepared by the Division of Comprehensive Statistics of Shandong Provincial Bureau of Statistics. Other data are prepared by the Division of Urbanization,Population and Employment Statistics（by the Division of Social,Science and Culture Industry Employment Statistics）of Shandong Provincial Bureau of Statistics.

21-1 民政事业基本情况

Basic Statistics on Civil Affairs

项目	Item	2015	2016	2017	2018	2019
一、民政事业支出情况	**Civil Affairs Expenditures**					
民政事业费总支出 (万元)	Total Operating Expenses For Civil Affairs (10 000 yuan)	2871389	3048813	3394553	3209887	1691003
基本建设支出 (万元)	Capital expenditures (10 000 yuan)	180588	131334	66800	57604	56021
二、社会救助情况	**Social Relief**					
城镇居民最低生活保障人数(人)	Number of Urban Residents for Minimum Livelihood Guarantee (person)	372321	308575	237786	159119	132837
城镇最低生活保障支出 (万元)	Expenditures by Urban Residents for Minimum Livelihood Guarantee (10 000 yuan)	163876	146030	126638	94895	82403
农村最低生活保障人数 (人)	Number of Rural residents for Minimum Livelihood Guarantee (person)	2374164	2176628	1815546	1171327	1177686
农村最低生活保障支出 (万元)	Expenditures by Rural residents for Minimum Livelihood Guarantee (10 000 yuan)	515061	548395	520892	413789	418351
农村特困供养人数 (人)	Rural Poor of Dependents (person)	212224	210594	210461	55610	241442
三、社会组织情况	**Social Organization**					
社会组织个数 (个)	Total (unit)	43411	45963	48727	51269	56022
社会团体 (个)	Social Groups (unit)	17378	17380	17657	17533	18153
民办非企业 (个)	Private Non-Enterprise (unit)	25915	28448	30903	33536	37657
基金会 (个)	Foundation (unit)	118	135	167	200	212
四、社会事务情况	**Social Affairs**					
孤儿数 (人)	Number of Orphans (person)	17534	17360	16072	10818	9479
家庭儿童收养登记数 (件)	Number of Adoption Registration of Chidren Adopted by Families (case)	2414	1982	1662	1318	1143
殡葬类单位数 (个)	Number of Funeral and Interment Enterprises (unit)	171	172	178	179	199
火化炉数 (台)	Number of Cremators (set)	504	518	542	569	582
全年处理遗体数据 (具)	Cremated Remains During the Year (bodies)	586755	611920	627723	659823	674830
五、基层自治组织情况	**Primary-Level Self-Governing Bodies**					
村民委员会 (个)	Villagers ' Committee (unit)	74250	74217	74167	69599	69546
居民委员会 (个)	Residents ' Committee (unit)	6651	6731	6828	7386	7594
六、福利彩票情况	**Welfare Lottery**					
销售额 (亿元)	Sales (100 millon yuan)	144.9	146.9	151.5	152.9	136.0
全省各级留用公益金 (亿元)	At All Levels In the Province Retained the Community Chest (100 millom yuan)	20.3	21.1	21.8	22.1	20.2

注：2019年开始民政事业费支出不再包含退役军人安置、优待抚恤、减灾救灾、医疗救助等资金支出。

a)Form 2019,total operating expenses for civil affairs does not contain some capital expenditures of veteran placement,preferential treatment, disaster reduction and relief,medical support.

21−2 婚姻登记情况

Basic Statistics on Marriages and Divorces

项　　目		Item		2015	2016	2017	2018	2019
一、国内登记结婚		**Domestic Marriage Registration**						
准予登记结婚	(对)	Registered Marriage	(couple)	701034	670678	625812	599034	532960
#恢复结婚	(对)	Resuming of Marriage	(couple)	1955	1610	13368	13706	8774
初婚人数	(人)	First Marriage	(person)	1104987	995075	901747	839568	723525
再婚人数	(人)	Number of Remarriage	(person)	297081	346281	349877	358500	342395
男　性	(人)	Male	(person)	139453	162761	162598	167142	159052
女　性	(人)	Female	(person)	157628	183520	187279	191358	183343
二、涉外登记结婚		**Marriage Registration Concerning Foreigners**						
准予登记结婚	(对)	Registered Marriage	(couple)	1085	1091	1122	1316	1559
准予登记结婚人数	(人)	Number of Persons Registered	(person)	2170	2182	2244	2632	3118
国内公民	(人)	Domestic Citizens	(person)	1069	1024	1111	1313	1529
男　性	(人)	Male	(person)	329	361	499	700	973
女　性	(人)	Female	(person)	740	663	612	613	556
港澳居民	(人)	Compatriots in Hong Kong and Macao	(person)	51	91	27	30	36
台湾居民	(人)	Compatriots in Taiwan	(person)	180	138	145	127	146
华　侨	(人)	Overseas Chinese	(person)	22	24	24	28	38
外国人	(人)	Foreigners	(person)	848	905	937	1134	1369
三、离婚登记		**Divorce Registration**						
法院受理离婚案件	(件)	Divorce Case Handled	(unit)	121126	117863	114869	115692	107613
准予登记离婚总数	(对)	Number of Registered Divorce	(couple)	240933	254506	272501	274497	284561
民政部门办理离婚	(对)	Divorces Handled through Civil Administration Departments	(couple)	185305	201101	220424	224524	237355
#涉外及华侨、港澳台居民登记离婚	(对)	Divorces Concerning Foreigners,Overseas Chinese, Hong Kong, Macao and Taiwan residents	(couple)	152	143	172	192	186
法院调解离婚	(对)	Divorces through Law Court Mediation	(couple)	36222	33327	35425	35404	33024
法院判决离婚	(对)	Divorces through Law Court Judgment	(couple)	19406	20078	16652	14569	14182

21-3 养老服务机构和设施情况

Statistics on Old-age Care Institutions and Facilities

年份 地区	Year Region	养老机构和设施数量（个） Number of Old-age Care Institutions and Facilities	养老机构数量 Number of Old-age Care Institutions	养老设施数量 Number of Old-age Care Facilities	养老床位数量（个） Number of Beds in Old-age Care Institutions	年末收养人数（人） Number of persons who are cared in Old-age Care Institutions at the End of the Year
全 省	**Total**	**15299**	**1950**	**13349**	**646002**	**337464**
济南市	Jinan	1575	141	1434	49153	25215
青岛市	Qingdao	1299	242	1057	57676	30500
淄博市	Zibo	980	133	847	33577	20433
枣庄市	Zaozhuang	549	67	482	21601	11384
东营市	Dongying	323	40	283	12977	5691
烟台市	Yantai	1440	207	1233	62830	37930
潍坊市	Weifang	910	125	785	43571	15775
济宁市	Jining	1066	205	861	65106	40056
泰安市	Tai'an	1252	91	1161	38003	22405
威海市	Weihai	838	156	682	48125	20294
日照市	Rizhao	493	45	448	17178	9449
临沂市	Linyi	952	76	876	40716	15727
德州市	Dezhou	540	67	473	23610	12398
聊城市	Liaocheng	444	82	362	27382	11011
滨州市	Binzhou	706	93	613	33883	15565
菏泽市	Heze	1932	180	1752	70614	43631

21-4　律师、公证工作基本情况

Basic Statistics on Lawyers and Notarization

项　　目		Item		2012	2013	2014	2015	2016	2017	2018	2019
律师工作		**Lawyers**									
律师事务所	(个)	Number of Law Offices	(unit)	1283	1372	1512	1629	1796	1931	2029	2165
国资所	(个)	State-owned	(unit)	43	42	41	37	35	33	25	22
合作所	(个)	Cooperative	(unit)								
合伙所	(个)	Partnership	(unit)	893	936	1021	1079	1173	1276	1399	1551
个人发起所	(个)	Initiated by Individual	(unit)	347	394	450	513	588	622	605	592
执业律师	(人)	Number of Lawyers	(person)	15633	16941	18405	20043	22043	24437	26986	29960
专职律师	(人)	Full-time Lawyers	(person)	14497	15724	17147	18726	20601	22715	24478	
兼职律师	(人)	Part-time Lawyers	(person)	532	556	568	615	624	656	676	
公证工作		**Notarization**									
公证处	(个)	Number of Notary Offices	(unit)	158	158	158	157	157	157	158	160
公证员	(人)	Notaries	(person)	908	903	1040	1054	1017	2292	1037	1013
公证员助理	(人)	Assistant Notaries	(person)	369	513	518	528	569	714	827	905
办理各类公证事项	(万件)	Number of Notarized Affair	(10 000 units)	58.9	64	67.8	70.9	77.1	84.4	87.3	84.6

21-5　各市交通事故情况（2019年）

Basic Statistics on Traffic Accidents by Region (2019)

地　区	Region	发生数(起) Number of Traffic Accidents (case)	死亡人数(人) Number of Deaths (person)	受伤人数(人) Number of Injuries (person)	直接财产损失(万元) Direct Property Losses (10 000 yuan)
全省总计	**Total**	**13145**	**3556**	**12176**	**5333.20**
济 南 市	Jinan	3334	472	3453	905.48
青 岛 市	Qingdao	1786	315	1782	545.51
淄 博 市	Zibo	1095	316	903	528.69
枣 庄 市	Zaozhuang	282	112	191	88.89
东 营 市	Dongying	458	128	445	100.00
烟 台 市	Yantai	591	210	553	152.98
潍 坊 市	Weifang	1033	307	905	478.21
济 宁 市	Jining	792	211	745	249.25
泰 安 市	Tai'an	475	193	416	222.04
威 海 市	Weihai	170	140	58	79.32
日 照 市	Rizhao	423	112	345	230.29
临 沂 市	Linyi	522	288	302	381.57
德 州 市	Dezhou	632	222	534	286.97
聊 城 市	Liaocheng	1038	241	1144	493.63
滨 州 市	Binzhou	273	112	218	171.99
菏 泽 市	Heze	156	138	80	145.98

注：全省总计含高速交警总队和直属公安局数据。

a)The total including data of high-speed traffic police corps and directly under the provincial public security bureau.

21－6　火灾事故情况（2019年）
Basic Statistics on Fire Accidents(2019)

项　目	Item	合　计 Total	特　大 Extraordinarily Serious	重　大 Serious	较　大 Comparatively Serious	一　般 Ordinary
发　生　（起）	Fire Accidents (case)	19010			1	19004
死　亡　（人）	Deaths (person)	27			3	24
受　伤　（人）	Injuries (person)	5				5
直接经济损失　（万元）	Direct Economic Losses (10 000 yuan)	19075			8	18967
平均每起事故损失　（元）	Average Loss of Fire (yuan)	1000				998

21－7　各市火灾事故情况（2019年）
Basic Statistic on Fires by Region(2019)

地　区	Region	发生数（起）Number of Fire Accidents (case)	死亡人数（人）Number of Deaths (person)	受伤人数（人）Number of Injuries (person)	直接经济损失（万元）Direct Economic Losses (10 000 yuan)
全省总计	**Total**	**19010**	**27**	**5**	**19075**
济南市	Jinan	2947	9	2	1345
青岛市	Qingdao	704	6	1	1239.9
淄博市	Zibo	634			681.4
枣庄市	Zaozhuang	926			394
东营市	Dongying	1228	2	1	598.9
烟台市	Yantai	942	2		1300.9
潍坊市	Weifang	916			372.6
济宁市	Jining	1267			539.3
泰安市	Tai'an	1016			465.1
威海市	Weihai	771	2		1401.2
日照市	Rizhao	269	1		1496.4
临沂市	Linyi	2245			2490.5
德州市	Dezhou	2377	1		2843.5
聊城市	Liaocheng	1352			2795.1
滨州市	Binzhou	455	1		285.9
菏泽市	Heze	961	3	1	825.3

21-8 人民检察院审查批准、决定逮捕犯罪嫌疑人和提起公诉被告人情况（2019年）

Arrests of Criminal Suspects and Defendants under Public Prosecution Approved by People's Procuratorate (2019)

案件分类	Category of Cases	批捕、决定逮捕合计 Total of Arrests		决定起诉合计 Total of Public Prosecutions	
		件 (case)	人 (person)	件 (case)	人 (case)
合　计	**Total**	**33919**	**44635**	**86690**	**111917**
公安、安全、监狱机关提请小计	Sub-total of Requests by Departments of State and Public Security and Prisons	33865	44573	85964	111068
危害国家安全案	Offences Against State Security	5	7	1	1
危害公共安全案	Offences Against Public Security	3868	3976	43793	44030
破坏社会主义市场经济秩序案	Offences Against Socialist Economic Order	3536	5309	4383	9090
侵犯公民人身、民主权利案	Offences Against Citizens' Personal and Democratic Rights	6373	7410	11184	13986
侵犯财产案	Offences Against Properties	11159	14308	14745	20140
妨害社会管理秩序案	Offences Against Social Management of Order	8908	13547	11840	23793
危害国防利益案	Offences Against National Defense	16	16	18	28
军人违反职责案	Offences on Dereliction of Duty by Servicemen				
职务犯罪案件小计	Sub-total of Cases Handled Directly by Procuratorate's Offices	54	62	726	849
贪污贿赂案	Offences on Corruption and Bribery	42	47	675	774
渎职侵权案	Offences on Abuse and Dereliction of Duty	12	15	51	75

21-9 人民法院审理一审案件情况

First Trial Cases by Courts

单位：件 (case)

年份 Year	收案 Cases Accepted	刑事 Criminal	民事 Civil	行政 Administrative
2005	537098	41768	476405	18925
2006	530542	42175	468457	19910
2007	535832	43501	472368	19963
2008	603565	44935	534050	24580
2009	625334	45711	552631	26992
2010	652618	44885	578371	29362
2011	681311	48777	603837	28697
2012	711631	56597	629299	25735
2013	699878	54966	626509	18403
2014	730167	58763	655196	16208
2015	848676	63910	767974	16792
2016	848117	60802	769902	17413
2017	803382	63629	724970	14783
2018	926131	70425	838135	17571
2019	989818	87276	879704	22838

注：一审案件指人民法院按照诉讼级别管辖按第一审程序审理的案件。

a) First trial cases refer to cases accepted by people's courts according to the first trial proceedings.

21-10 各市测绘持证单位个数和人员情况(2019年)

Basic Statistics on Surveying and Mapping Departments by Region(2019)

地区	Region	持证单位数(个) Departments with Certificate (unit)	#甲级 First-class	乙级 Second-class	测绘专业技术人员(人) Surveying and Mapping Technical Personnel (person)	#高级职称 Senior Title	中级职称 Intermediate Title	测绘服务总值(万元) Output Value (10 000 yuan)
全省总计	**Total**	**1183**	**62**	**221**	**13614**	**1834**	**5300**	**674665**
济南市	Jinan	203	29	50	4273	606	1622	273857
青岛市	Qingdao	155	7	32	1681	334	629	96126
淄博市	Zibo	62	4	12	575	81	226	35150
枣庄市	Zaozhuang	37		4	248	25	108	4759
东营市	Dongying	72	5	19	808	116	326	48808
烟台市	Yantai	89	4	17	1189	134	466	61569
潍坊市	Weifang	95	3	17	840	79	327	28864
济宁市	Jining	73	2	7	599	75	253	16891
泰安市	Tai'an	55	1	9	504	62	173	17919
威海市	Weihai	40	2	5	324	31	131	13355
日照市	Rizhao	39	2	8	322	40	142	12011
临沂市	Linyi	73	2	12	681	71	278	23144
德州市	Dezhou	64	1	10	606	88	219	16084
聊城市	Liaocheng	45		8	318	33	127	9129
滨州市	Binzhou	30		2	240	26	102	4094
菏泽市	Heze	51		9	406	33	171	12904

21-11 残疾人事业基本情况

Basic Statistics on the Work for Persons with Disabilities

项目		Item		2019
康复		**Rehabilitation**		
视力残疾人接受基本康复服务	(人)	Basic Vision Rehabilitation Services for Persons with Disabilities	(person)	116726
0-6岁儿童	(人)	0-6 Years old Children	(person)	578
7-17岁儿童	(人)	7-17 Years old Children	(person)	2757
成人	(人)	Adult	(person)	113391
听力残疾人接受基本康复服务	(人)	Basic Rehabilitation Services for Persons with Hearing Disabilities	(person)	74873
0-6岁儿童	(人)	0-6 Years old Children	(person)	2258
7-17岁儿童	(人)	7-17 Years old Children	(person)	3795
成人	(人)	Adult	(person)	68820
肢体残疾人接受基本康复服务	(人)	Basic Rehabilitation Services for Persons with Physically Disabled	(person)	763323
0-6岁儿童	(人)	0-6 Years old Children	(person)	4135
7-17岁儿童及成人	(人)	7-17 Years old Children and Adult	(person)	759188
智力残疾人接受基本康复服务	(人)	Basic Rehabilitation Services for People with Mental Retardation	(person)	105893
0-6岁儿童	(人)	0-6 Years old Children	(person)	4249
7-17岁儿童及成人	(人)	7-17Years old Children and Adult	(person)	101644
精神残疾人接受基本康复服务	(人)	Basic Rehabilitation Services for persons with Mental Disabilities	(person)	130578
0-6岁孤独症儿童	(人)	0-6 Years old Autism Children	(person)	2335
7-17岁孤独症儿童	(人)	7-17 Years old Autism Children	(person)	3229
成年精神残疾人	(人)	Adults with Mental Disabilities	(person)	125014
残疾人康复机构	(个)	Rehabilitation of Persons with Disabilities	(unit)	590
康复机构在岗人员	(万人)	Rehabilitation institutions Employed Personnel	(10 000 persons)	2.6
社区康复协调员	(万人)	Community Rehabilitation Coordinator	(10 000 persons)	4.5
教育		**Education**		
高等院校录取残疾考生	(人)	Admissions for Candidates with Disabilities in Colleges and Universities	(people)	828
就业		**Employment**		
残疾人就业状况	(万人)	the Employment Situation of Persons with Disabilities	(10 000 persons)	49.2
按比例就业	(万人)	Proportional Employment	(10 000 persons)	5.3
集中就业	(万人)	Focus on Employment	(10 000 persons)	1.5
个体就业	(万人)	individual Employment	(10 000 persons)	3.2
公益性岗位就业	(万人)	Public Welfare Jobs Employment	(10 000 persons)	0.4
辅助性就业	(万人)	Accessible Employment	(10 000 persons)	0.3
农村种养殖	(万人)	Species Breeding in Rural Areas	(10 000 persons)	26.9
灵活就业	(万人)	Flexible Employment	(10 000 persons)	11.5
社会保障		**Social Security**		
残疾居民参加城乡社会养老保险	(万人)	Disabled Residents in Urban and Rural Social Endowment insurance	(10 000 persons)	164.7
其中重度残疾人	(万人)	Severe Disabilities	(10 000 persons)	80.9
托养服务机构	(个)	Fostering Services (unit)		310
托养残疾人数	(万人)	Farmed Out the Number of Persons with Disabilities	(10 000 persons)	2.8
扶贫		**Poverty Alleviation**		
残疾人就业基地建设		the Disabled Poor Base Construction		
残疾人就业基地	(个)	Bases for Poverty Alleviation of Persons with Disabilities	(unit)	240
安置残疾人就业	(万人)	Disabled Employment	(10 000 persons)	0.6
扶持带动残疾人户数	(万户)	Support-Led Families of Persons with Disabilities	(10 000 persons)	0.3
实用技术培训	(万人次)	Practical Techniques Training	(10 000 person-times)	1.4
农村残疾人危房改造	(户)	Renovate Dangerous Rural Persons with Disabilities	(household)	1388
维权		**Activist**		
处理残疾人来信	(件次)	Letter From Dealing with Persons with Disabilities	(times)	802
接待残疾人来访	(人次)	Receiving Visiting Persons with Disabilities	(people-times)	2135
电话接听和处理残疾人反映问题	(件次)	Handled Phones Reflect the Problems of Persons with Disabilities	(piece-times)	8312

21-12 制造业各大类行业产品质量合格率(2019年)
Product Quality Qualified Rate of Manufacturing Industry(2019)

类　别	Category	产品质量合格率(%) Product Quality Qualified Rate (%)
农副食品加工业	Processing of Food from Agricultural Products	99.49
食品制造业	Manufacture of Foods	99.19
酒、饮料和精制茶制造业	Manufacture of Wine, Drinks and Refined Tea	98.92
烟草制品业	Manufacture of Tobacco	100.00
纺织业	Manufacture of Textile	95.90
纺织服装、服饰业	Manufacture of Textile Wearing Apparel and Finery	96.37
皮革、毛皮、羽毛及其制品和制鞋业	Manufacture of Leather, Fur, Feather & Its Products and Footwear	95.58
木材加工和木、竹、藤、棕、草制品业	Processing of Timbers, Manufacture of Wood, Bamboo, Rattan, Palm and Straw Products	97.51
家具制造业	Manufacture of Furniture	97.20
造纸和纸制品业	Manufacture of Paper and Paper Products	99.60
印刷和记录媒介复制业	Printing, Reproduction of Recording Media	100.00
文教、工美、体育和娱乐用品制造业	Manufacture of Culture, Education,Arts and crafts, Sport and Entertainment Goods	94.85
石油、煤炭及其他核燃料加工业	Processing of Oil,Coal and Other Fuel	100.00
化学原料和化学制品制造业	Manufacture of Chemical Raw Material and Chemical Products	94.00
医药制造业	Manufacture of Medicines	99.97
橡胶和塑料制品业	Manufacture of Rubber and Plastic	93.22
非金属矿物制品业	Manufacture of Non-metallic Mineral Products	93.19
黑色金属冶炼和压延加工业	Manufacture and Processing of Ferrous Metals	98.28
有色金属冶炼和压延加工业	Manufacture & Processing of Non-ferrous Metals	89.85
金属制品业	Manufacture of Metal Products	97.37
通用设备制造业	Manufacture of General Purpose Machinery	97.09
专用设备制造业	Manufacture of Special Purpose Machinery	96.19
汽车制造业	Manufacture of Automotive	98.51
铁路、船舶、航空航天和其他运输设备制造业	Manufacture of Railroad,Marine,Aerospace and Other Transportation Equipment	88.89
电气机械和器材制造业	Manufacture of Electrical Machinery & Equipment	90.98
计算机、通信和其他电子设备制造业	Manufacture of Computer, Communications and Other Electronic Equipment	100.00
仪器仪表制造业	Manufacture of Measuring Instrument	83.54
其他制造业	Other Manufacture	

21−13 产品质量监督抽查情况(2019年)

Results of Sampling Check on the Quality of Products (2019)

项　目	Item	抽查企业 (家) Number of Enterprises Supervised (unit)	抽查产品 (批) Production Supervised (batch-time)	不合格产品 (批) Production Unqualified (batch-time)
合　计	**Total**	**5330**	**6051**	**448**
食品相关产品	Food related products	663	692	26
日用消费及纺织品	Consumer Goods and Textiles	494	584	22
建筑与装饰装修材料	Building & Decoration Material	1172	1252	106
农业生产资料	Agricultural Means of Production	439	707	79
轻工产品	Light Industry Products	482	533	36
机械及安防产品	Machinery, Security and Protection Products	1357	1469	105
电子电器	Electronic and Electrical Appliances	263	327	40
电工及材料	Electrical Engineering and Materials	460	487	34

21-14 各市质量强省建设情况(2019年)

Statistics on Quality Province by Region(2019)

地 区	Region	国内注册商标期末有效量(件) The Volume of Domestically Registered Trademarks in Validity at the End of the Period (case)	马德里国际注册期末有效量(件) The Volume of Trademarks Registered Under the Madrid System in Validity at the End of the Period (case)	地理标志商标期末有效数(件) The Number of Geographical Indications in Validity at the End of the Period (case)	驰名商标期末实有数(件) The Actual Number of Famous Trademarks at the End of the Period (case)	年末累计省长质量奖(个) Shandong provincial governor Quality Award end to This Year (unit)	年末累计地理标志保护产品(个) Products Protected by Geographical Indications end to This Year (unit)
全省总计	**Total**	**1297764**	**8146**	**737**	**789**	**77**	**79**
济南市	Jinan	212091	506	40	73	12	7
青岛市	Qingdao	246891	4808	25	150	10	6
淄博市	Zibo	56335	126	50	67	4	3
枣庄市	Zaozhuang	30256	61	14	13		4
东营市	Dongying	23736	1403	35	21	6	1
烟台市	Yantai	89269	212	54	75	7	9
潍坊市	Weifang	110409	224	97	101	9	12
济宁市	Jining	53510	64	131	49	4	9
泰安市	Tai'an	39693	73	50	53		2
威海市	Weihai	41818	128	52	35	6	4
日照市	Rizhao	24300	70	34	7	2	3
临沂市	Linyi	172648	75	33	59	5	
德州市	Dezhou	43162	95	19	30	2	2
聊城市	Liaocheng	53002	54	46	21	6	1
滨州市	Binzhou	34389	80	24	24	2	6
菏泽市	Heze	52158	167	32	11	2	3

21-15 各市标准化工作情况(2019年)
Statistics on Standardization by Region(2019)

单位：项 (unit)

地区	Region	制定国际标准数量 Number of Formulation International Standards		主导制定国家标准数量 Number of Leading Formulation National Standards		制修订地方标准数量 Number of Formulation or Revision Local Standards		标准化试点项目数量 Number of Standardization Project			
								国家级 National		省级 Provincial	
		本年度 This Year	累计 Accumul -ative	本年度 This Year	累计 Accumul -ative	本年度 This Year	累计 Accumul -ative	本年度 This Year	累计 Accumul -ative	本年度 This Year	累计 Accumul -ative
全省总计	**Total**	**30**	**157**	**79**	**1517**	**456**	**3725**		**419**	**198**	**1340**
省直	Shengzhi			6	230	303	1890		3		10
济南市	Jinan	2	19	19	283	54	552		60	19	181
青岛市	Qingdao	11	98	26	486	16	209		49	15	95
淄博市	Zibo	2	9	1	128	2	70		25	4	68
枣庄市	Zaozhuang		1		5	4	37		10	9	48
东营市	Dongying		1	2	23		29		21	8	45
烟台市	Yantai	6	8	6	108	19	245		26	18	80
潍坊市	Weifang	2	4	4	62	8	101		47	12	89
济宁市	Jining			2	35	4	89		19	13	80
泰安市	Tai'an			2	48	23	282		23	5	67
威海市	Weihai	2	4	3	31	11	54		26	20	91
日照市	Rizhao		1		7	4	28		12	20	92
临沂市	Linyi	2	9	3	22	2	47		16	10	87
德州市	Dezhou				19	1	19		20	5	67
聊城市	Liaocheng	2	2	4	11	4	36		17	7	64
滨州市	Binzhou	1	1	1	11		23		28	16	97
菏泽市	Heze				8	1	14		17	17	79

主要统计指标解释

律　师　指依法取得律师执业证书，担任法律顾问，民事(刑事、行政)案件代理人、刑事案件辩护人、办理非诉讼业务，解答法律询问，代写法律事务文书等，为社会提供法律服务的人员。

公证人员　指在公证处工作的人员总称，包括公证处主任、副主任、公证员、公证员助理(助理公证员)和其他从事辅助性工作的人员。

公证文书　指公证处根据当事人申请，依照事实和法律，按照法定程序制作的，具有法律效力的司法证明文书。根据公证书用途和使用地，公证书分为国内公证书、国内经济公证书、涉外民事公证书、涉外经济公证书四类。

调解民间纠纷　指调解委员会按照法律规定，根据自愿原则，用说服教育的方法调解民间发生的有关民事权利和义务争执的件数，包括调解成功数和调解未成功数。该指标主要反映人民调解委员会的工作量。

受理劳动争议案件数　指劳动争议仲裁委员会根据国家有关规定，对劳动争议当事人的申请予以审查，符合受理条件而正式立案、准备处理的劳动争议案件数。

Explanatory Notes on Main Statistical Indicators

Lawyers are certified legal workers according to law, and who are employed by legal counseling firms to act as legal advisers, agents in criminal or civil lawsuits, or defenders in criminal lawsuits, or to handle non litigious legal affairs, to advise on matters of law or to write legal papers for others, and provide service to the public.

Notary Personnel refer to people working for notary offices including:directors,deputy directors,notaries,assistant notaries and other people providing assistance.

Notary Documents refer to the judicial notary documents drawn up at the request of the interested party and are in accordance with facts and the law and following certain legal proceedings.

Mediation of Civil Disputes refers to number of cases made by mediation committees in mediating in civil disputes concerning civil rights and duties through persuasion and education in accordance with the provisions of law on a voluntary basis, so as to solve disputes by helping the parties involved come to an agreement and understanding, including those unsuccessful ones. This indicator reflects the workload of the mediation committees.

Number of Labour Dispute Cases Accepted refers to the number of cases of labour dispute submitted that, after being reviewed by the labour dispute arbitration committees in line with the relevant national regulations, are accepted and registered for treatment.

第
22
篇

各县(市、区)主要经济指标

Main Indicators of Counties (Cities and Districts at County Level)

简 要 说 明

一、本篇资料的主要内容

本篇资料反映了全省各县（市、区）经济社会事业发展基本情况，主要包括人口、土地面积、农业、财政、金融、出口、农民收入和教育等方面的内容。

二、本篇资料的来源

本篇资料粮食数据、居民人均可支配收入分别由山东调查总队农业调查处、居民收支调查处整理提供，其余资料由省统计局农村处、核算处整理提供。

Brief Introduction

I. Content

Data in this chapter show the development in society and economy of counties or cities on the county level, mainly including population, area, agriculture, finance, banking, post services and telecommunication, foreign trade, income of rural households and education.

II. Source of Data

Grain data and disposable income of rural households in this chapter are provided respectively by the Division of Rural Surveys and the Division of Residents' Income and Expenditure Surveys of NBS Survey office in Shandong. The rest of data are are provided by the Division of Countryside Statistics and National Accounts of Shandong Provincial Bureau of Statistics.

22-1 各县(市、区)主要经济指标(2019年)

Major Economic Indicators of Counties(Cities and Districts at County Level,2019)

地 区	Region	年末总人口(万人) Total Population at Year-end (10 000 persons)	行政区域土地面积(平方公里) Area of Local land (sq.km)	地区生产总值(亿元) Gross Domestic Product (100 million yuan)	一般公共预算收入(万元) General Public Budget Revenue (10 000 yuan)	一般公共预算支出(万元) General Public Budget Expenditure (10 000 yuan)
济南市	**Jinan**					
历下区	Lixia	71.4	101	1685.4	1479133	868189
市中区	Shizhong	66.5	282	1060.5	1002551	615581
槐荫区	Huaiyin	45.1	152	605.1	529037	453693
天桥区	Tianqiao	53.2	259	554.9	441005	380016
历城区	Licheng	95.0	1301	2132.9	1082844	726269
长清区	Changqing	57.2	1209	317.9	256307	585007
章丘区	Zhangqiu	105.5	1719	911.0	642171	729543
济阳区	Jiyang	59.7	1099	228.9	269518	508122
莱芜区	Laiwu	99.5	1740	755.8	402190	606328
钢城区	Gangcheng	30.1	506	278.1	208397	186508
平阴县	Pingyin	37.4	715	223.2	230135	325176
商河县	Shanghe	64.3	1162	163.0	135125	438097
青岛市	**Qingdao**					
市南区	Shinan	55.1	32	1217.5	872218	496106
市北区	Shibei	91.4	66	912.8	947110	655442
黄岛区	Huangdao	132.9	2128	3554.4	2680471	2310526
崂山区	Laoshan	31.7	396	818.1	1571045	1021655
李沧区	Licang	42.3	99	518.0	1062595	837013
城阳区	Chengyang	56.4	584	1121.8	1534000	1203845
即墨区	Jimo	118.3	1921	1201.1	1118727	1371321
胶州市	Jiaozhou	86.7	1324	1147.6	1013877	1170272
平度市	Pingdu	138.8	3176	684.7	580550	1020663
莱西市	Laixi	74.4	1568	526.4	509591	749327
淄博市	**Zibo**					
淄川区	Zichuan	63.5	960	460.2	335640	433592
张店区	Zhangdian	86.6	360	948.7	878770	856057
博山区	Boshan	43.9	698	227.0	223332	333767
临淄区	Linzi	61.3	664	732.5	720666	507239
周村区	Zhoucun	34.3	307	225.9	223496	319330
桓台县	Huantai	50.4	509	611.5	368537	442809
高青县	Gaoqing	36.9	831	176.4	158055	300190
沂源县	Yiyuan	57.5	1636	260.3	216428	379323
枣庄市	**Zaozhuang**					
市中区	Shizhong	59.2	374	253.4	226608	321145
薛城区	Xuecheng	58.7	507	322.2	224032	315321
峄城区	Yicheng	42.6	637	141.3	94301	242998
台儿庄区	Taierzhuang	34.4	532	114.7	79200	209073

注：1.表中数据为快报数(以下相关表同)。2.表中年末总人口数为公安户籍人口数。
a):Data in this table are preliminary data(the same as in the following tables).
b.Data of population are taken from the annual reports of public security departments.

22-1 续表 1 continued

地 区	Region	年末总人口(万人) Total Population at Year-end (10 000 person)	行政区域土地面积(平方公里) Area of Local land (sq.km)	地区生产总值(亿元) Gross Domestic Product (100 million yuan)	一般公共预算收入(万元) General Pubilic Budget Revenue (10 000 yuan)	一般公共预算支出(万元) General Pubilic Budget Expenditure (10 000 yuan)
山亭区	Shanting	53.7	1019	114.0	51305	245952
滕州市	Tengzhou	175.6	1495	748.4	680016	886815
东营市	**Dongying**					
东营区	Dongying	67.6	1178	431.3	393850	312419
河口区	Hekou	21.9	2267	181.4	239495	244432
垦利区	Kenli	23.9	2331	265.0	288743	323678
利津县	Lijin	31.0	1301	221.5	179022	302467
广饶县	Guangrao	53.4	1166	589.2	436178	501820
烟台市	**Yantai**					
芝罘区	Zhifu	70.8	179	953.9	681183	374862
福山区	Fushan	55.3	838	1912.9	1321000	1219080
牟平区	Mouping	44.8	1513	336.2	362050	256058
莱山区	Laishan	28.3	334	427.5	456916	456403
长岛县	Changdao	4.1	59	74.4	14360	109106
龙口市	Longkou	63.5	906	1074.8	1010077	1006533
莱阳市	Laiyang	85.1	1731	438.4	222226	446048
莱州市	Laizhou	83.9	1931	663.7	400017	461105
蓬莱市	Penglai	40.1	1009	357.0	330003	414697
招远市	Zhaoyuan	56.0	1433	682.2	531231	600782
栖霞市	Qixia	58.7	2016	297.4	153502	354378
海阳市	Haiyang	63.8	1910	434.8	282020	422922
潍坊市	**Weifang**					
潍城区	Weicheng	36.0	270	292.5	211977	190493
寒亭区	Hanting	48.2	1301	499.2	580229	557634
坊子区	Fangzi	55.6	896	213.3	179650	350282
奎文区	Kuiwen	56.6	180	804.3	1121451	2031800
临朐县	Linqu	92.8	1831	308.0	200109	438066
昌乐县	Changle	64.0	1101	315.6	255383	345487
青州市	Qingzhou	95.9	1569	549.3	488811	596254
诸城市	Zhucheng	111.9	2151	636.8	653075	787968
寿光市	Shouguan	110.9	1990	768.1	944116	1012670
安丘市	Anqiu	97.8	1712	319.1	254800	486200
高密市	Gaomi	89.9	1527	500.0	500108	538758
昌邑市	Changyi	58.5	1628	444.1	320932	443383
济宁市	**Jining**					
任城区	Rencheng	126.4	884	866.7	859223	819647
兖州区	Yanzhou	65.3	650	671.1	548676	609595
微山县	Weishan	73.7	1738	379.7	296326	426916
鱼台县	Yutai	48.3	653	177.8	105234	288579

22-1 续表 2 continued

地 区	Region	年末总人口(万人) Total Population at Year-end (10 000 person)	行政区域土地面积(平方公里) Area of Local land (sq.km)	地区生产总值（亿元） Gross Domestic Product (100 million yuan)	一般公共预算收入(万元) General Pubilic Budget Revenue (10 000 yuan)	一般公共预算支出(万元) General Pubilic Budget Expenditure (10 000 yuan)
金乡县	Jinxiang	68.3	888	209.2	158166	419226
嘉祥县	Jiaxiang	93.4	975	278.6	208432	482873
汶上县	Wenshang	82.5	889	216.2	150016	380088
泗水县	Sishui	64.8	1118	176.7	92356	363119
梁山县	Liangshan	84.8	961	231.5	180100	440500
曲阜市	Qufu	65.8	815	355.1	250000	482300
邹城市	Zoucheng	121.8	1617	807.6	777870	856436
泰安市	**Tai'an**					
泰山区	Taishan	63.9	337	485.4	335936	258944
岱岳区	Daiyue	100.7	1750	534.6	258517	390000
宁阳县	Ningyang	83.5	1124	245.2	126970	400600
东平县	Dongping	81.4	1340	207.4	124616	394738
新泰市	Xintai	145.4	1934	500.8	406789	716116
肥城市	Feicheng	98.5	1277	690.3	404187	599196
威海市	**Weihai**					
环翠区	Huancui	79.9	992	1211.1	1045950	774389
文登区	Wendeng	57.3	1616	544.5	451369	570068
荣成市	Rongcheng	65.6	1528	930.8	636018	1034539
乳山市	Rushan	54.2	1665	277.4	278898	379719
日照市	**Rizhao**					
东港区	Donggang	96.2	1262	890.7	726300	650000
岚山区	Lanshan	43.6	784	490.3	404823	295850
五莲县	Wulian	51.2	1497	194.1	137905	352752
莒 县	Juxian	116.7	1821	374.3	233818	570502
临沂市	**Linyi**					
兰山区	Lanshan	127.0	891	1142.2	926684	600279
罗庄区	Luozhuang	73.5	569	461.3	336000	349000
河东区	Hedong	85.9	834	512.7	357000	464000
沂南县	Yinan	98.3	1719	220.6	151000	493000
郯城县	Tancheng	104.1	1195	306.5	140006	414000
沂水县	Yishui	119.4	2414	423.1	207000	522000
兰陵县	Lanling	145.5	1724	260.5	167819	548072
费 县	Feixian	91.8	1660	390.7	234000	477000
平邑县	Pingyi	111.7	1823	230.8	122770	465203
莒南县	Junan	106.8	1751	287.6	206000	543000
蒙阴县	Mengyin	58.2	1602	167.3	105430	343797
临沭县	Linshu	67.9	1010	197.1	151500	385413

22-1 续表 3 continued

地 区	Region	年末总人口(万人) Total Population at Year-end (10 000 persons)	行政区域土地面积(平方公里) Area of Local land (sq.km)	地区生产总值(亿元) Gross Domestic Product (100 million yuan)	一般公共预算收入(万元) General Pubilic Budget Revenue (10 000 yuan)	一般公共预算支出(万元) General Pubilic Budget Expenditure (10 000 yuan)
德州市	**Dezhou**					
德城区	Decheng	66.7	538	696.9	545060	519993
陵城区	Lingcheng	59.4	1213	233.1	115375	238664
宁津县	Ningjin	49.2	833	235.5	80369	271100
庆云县	Qingyun	34.5	501	162.8	72877	208235
临邑县	Linyi	55.5	1016	271.0	152090	277911
齐河县	Qihe	64.2	1411	336.8	329170	440456
平原县	Pingyuan	47.5	1047	233.5	106107	267377
夏津县	Xiajin	54.8	882	195.9	87637	273462
武城县	Wucheng	40.1	751	177.1	92174	257897
乐陵市	Leling	72.2	1173	237.3	126248	338149
禹城市	Yucheng	54.2	992	242.3	206290	371413
聊城市	**Liaocheng**					
东昌府区	Dongchangfu	130.0	1443	723.0	835714	1854349
茌平区	Chiping	57.2	1003	301.1	294519	338335
阳谷县	Yanggu	83.5	1008	270.1	140975	397175
莘 县	Shenxian	111.8	1388	213.2	103968	456105
东阿县	Donge	41.3	727	166.8	181895	248302
冠 县	Guanxian	87.5	1161	205.9	109503	397699
高唐县	Gaotang	51.5	947	146.4	121475	252640
临清市	Linqing	84.0	951	233.3	178238	326168
滨州市	**Binzhou**					
滨城区	Bincheng	63.2	1040	642.0	576159	561542
沾化区	Zhanhua	39.9	2218	158.1	151006	293237
惠民县	Huimin	65.5	1362	190.1	144888	352582
阳信县	Yangxin	47.3	798	219.2	135001	278061
无棣县	Wudi	49.0	2077	326.8	285918	410482
博兴县	Boxing	50.6	900	366.8	303149	396003
邹平市	Zouping	74.6	1250	554.3	694778	694135
菏泽市	**Heze**					
牡丹区	Mudan	165.4	1415	834.9	555472	879486
定陶区	Dingtao	71.1	846	206.6	112223	352996
曹 县	Caoxian	170.4	1974	454.6	182013	669515
单 县	Shanxian	127.4	1647	333.6	169529	539439
成武县	Chengwu	72.4	998	147.7	102106	386600
巨野县	Juye	109.9	1308	346.6	285803	471086
郓城县	Yuncheng	128.0	1633	435.3	322117	554415
鄄城县	Juancheng	94.3	1032	233.7	104431	447181
东明县	Dongming	87.9	1370	417.0	219189	848146

22-1　续表 4 continued

地　区	Region	年末金融机构各项存款余额（万元）Deposit Balance of Financial Institution at Year-end (10 000 yuan)	城乡居民储蓄存款余额（万元）Urban and Rural Household Savings Deposits (10 000 yuan)	年末金融机构各项贷款余额（万元）Loan Balance of Financial Institution at Year-end (10 000 yuan)	出口总额（万元）Total Exports (10 000 yuan)
济南市	**Jinan**				
历下区	Lixia				298840
市中区	Shizhong				562521
槐荫区	Huaiyin				191723
天桥区	Tianqiao				346053
历城区	Licheng				375328
长清区	Changqing	4302694	2905830	2239211	73251
章丘区	Zhangqiu	8751810	5756706	6048601	505752
济阳区	Jiyang	2963767	1905653	1893030	191709
莱芜区	Laiwu	6867600		4937900	717367
钢城区	Gangcheng				169547
平阴县	Pingyin	2363660	1543933	1653278	481888
商河县	Shanghe	2252153	1671000	1364390	65832
青岛市	**Qingdao**				
市南区	Shinan	71505200		109259400	4620072
市北区	Shibei				1232620
黄岛区	Huangdao	18884809	8110180	16397869	8053325
崂山区	Laoshan				3494786
李沧区	Licang				608114
城阳区	Chengyang	13190200	6200800	10490300	5515328
即墨区	Jimo	12518070	6627186	10001551	3134512
胶州市	Jiaozhou	9925525	5084409	8454106	3931637
平度市	Pingdu	7620872	5526669	4628765	1701700
莱西市	Laixi	4873015	3293234	4152438	1853995
淄博市	**Zibo**				
淄川区	Zichuan	5867367	4416739	2840410	717095
张店区	Zhangdian	19692121	9744903	16305695	1253448
博山区	Boshan	3560823	2904702	1555800	300005
临淄区	Linzi	7628790	5238421	5618031	438885
周村区	Zhoucun	3805027	2885431	1745062	413244
桓台县	Huantai	4388847	2440748	4339067	508709
高青县	Gaoqing	1823330	1387442	1413266	137515
沂源县	Yiyuan	2890256	2060152	2086553	296540
枣庄市	**Zaozhuang**				
市中区	Shizhong	4778207	3250139	3636836	267705
薛城区	Xuecheng	5016600	2872300	4095298	358054
峄城区	Yicheng	1399100	951900	946500	203000
台儿庄区	Taierzhuang	1256600	904767	815196	42302

22-1 续表 5 continued

地 区	Region	年末金融机构各项存款余额(万元) Deposit Balance of Financial Institution at Year-end (10 000 yuan)	城乡居民储蓄存款余额(万元) Urban and Rural Household Savings Deposits (10 000 yuan)	年末金融机构各项贷款余额(万元) Loan Balance of Financial Institution at Year-end (10 000 yuan)	出口总额(万元) Total Exports (10 000 yuan)
山亭区	Shanting	1398600	942800	701500	178760
滕州市	Tengzhou	7849800	5721500	5382514	344520
东营市	**Dongying**				
东营区	Dongying	23606200	9712700	18460700	345947
河口区	Hekou	2661750	1621173	1585741	89065
垦利区	Kenli	3582000	2026000	4103000	419135
利津县	Lijin	1820228	1193271	1746709	81605
广饶县	Guangrao	6181100	3309474	6727702	2098434
烟台市	**Yantai**				
芝罘区	Zhifu	23082365	4531598	18206966	1209815
福山区	Fushan	21564449	6774389	14086993	8150740
牟平区	Mouping	4434117	3055786	2323338	569763
莱山区	Laishan	5555410	3151335	3487017	699359
长岛县	Changdao	491128	333828	131317	31559
龙口市	Longkou	9764640	6095574	5947792	1775600
莱阳市	Laiyang	4976034	3649296	2348726	573214
莱州市	Laizhou	7763174	6133048	2900355	752056
蓬莱市	Penglai	4556991	3329723	3286063	428639
招远市	Zhaoyuan	6201177	4109193	2874859	945725
栖霞市	Qixia	2899800	2463800	1245100	477405
海阳市	Haiyang	4202251	3398824	3036653	650620
潍坊市	**Weifang**				
潍城区	Weicheng	6601822	2883376	4893649	284748
寒亭区	Hanting	9169198	4004689	6796735	1443044
坊子区	Fangzi	3050708	2207375	1926016	326125
奎文区	Kuiwen	10636269	4645439	7884213	2397007
临朐县	Linqu	5078322	3682817	3071052	313202
昌乐县	Changle	3997167	2823909	3306666	596846
青州市	Qingzhou	7892298	6401699	5360763	648340
诸城市	Zhucheng	7674896	5648157	5790471	1065631
寿光市	Shouguan	10643454	6843230	8365701	1822347
安丘市	Anqiu	4970385	3814314	4191105	581400
高密市	Gaomi	6047000	4368000	5193000	1255009
昌邑市	Changyi	4470915	3598202	2914885	585483
济宁市	**Jining**				
任城区	Rencheng	25313300	10182626	21216200	988772
兖州区	Yanzhou	4888373	3398538	2970178	572409
微山县	Weishan	2552232	1976583	1288067	59177
鱼台县	Yutai	1936245	1479598	1111470	64017

22-1 续表 6 continued

地 区	Region	年末金融机构各项存款余额（万元）Deposit Balance of Financial Institution at Year-end (10 000 yuan)	城乡居民储蓄存款余额（万元）Urban and Rural Household Savings Deposits (10 000 yuan)	年末金融机构各项贷款余额（万元）Loan Balance of Financial Institution at Year-end (10 000 yuan)	出口总额（万元）Total Exports (10 000 yuan)
金乡县	Jinxiang	2939130	2415211	1724296	412241
嘉祥县	Jiaxiang	4158809	3318244	1951042	147340
汶上县	Wenshang	3252306	2529737	1674623	79389
泗水县	Sishui	2237864	1842308	1170204	70908
梁山县	Liangshan	4126832	3479356	1749929	74582
曲阜市	Qufu	3838700	2802000	2075900	266900
邹城市	Zoucheng	8912438	4622265	6847116	116400
泰安市	**Tai'an**				
泰山区	Taishan	6677700	3137100	5292500	330000
岱岳区	Daiyue	6950000	4500000	4960000	462826
宁阳县	Ningyang	3309560	2530488	1733117	123328
东平县	Dongping	3258464	2613714	2588813	36248
新泰市	Xintai	7474117	5638201	4280454	159600
肥城市	Feicheng	6563480	4610000	3345699	232398
威海市	**Weihai**				
环翠区	Huancui	22783488	11542484	16106215	5493934
文登区	Wendeng	6543691	4517943	4371995	1366762
荣成市	Rongcheng	8954666	5671369	6296456	1884019
乳山市	Rushan	4227678	3369659	2065364	469396
日照市	**Rizhao**				
东港区	Donggang	16234500	7167551	17913900	1176781
岚山区	Lanshan	2535662	1865795	2065859	1577280
五莲县	Wulian	2953200	2288100	1762000	317604
莒 县	Juxian	5565950	4301491	3799092	312138
临沂市	**Linyi**				
兰山区	Lanshan	25795388	11731200	26842865	957369
罗庄区	Luozhuang	4334900	2815100	4526200	488394
河东区	Hedong	5883312	3330500	5280235	2620587
沂南县	Yinan	4145500	3356500	2286000	176418
郯城县	Tancheng	3197715	2692958	2147608	204379
沂水县	Yishui	5294100	4230500	3647000	747475
兰陵县	Lanling	4052617	3211774	2860312	98971
费 县	Feixian	3739200	2950300	2313700	413643
平邑县	Pingyi	3491393	2654374	2084483	85415
莒南县	Junan	4872400	3577000	2950100	504198
蒙阴县	Mengyin	2592500	1984900	1565300	156609
临沭县	Linshu	3180110	2163182	2659298	351853

22-1 续表 7 continued

地 区	Region	年末金融机构各项存款余额(万元) Deposit Balance of Financial Institution at Year-end (10 000 yuan)	城乡居民储蓄存款余额(万元) Urban and Rural Household Savings Deposits (10 000 yuan)	年末金融机构各项贷款余额(万元) Loan Balance of Financial Institution at Year-end (10 000 yuan)	出口总额(万元) Total Exports (10 000 yuan)
德州市	**Dezhou**				
德城区	Decheng	12587699	6841105	8745386	741950
陵城区	Lingcheng	2421381	1968453	1097044	97681
宁津县	Ningjin	3020447	2373159	1042882	119672
庆云县	Qingyun	1633236	1142675	841213	34666
临邑县	Linyi	2748744	2043273	1268952	294387
齐河县	Qihe	3416691	2256165	2407339	125962
平原县	Pingyuan	2428052	1929471	884608	81686
夏津县	Xiajin	2174620	1758558	1248326	39910
武城县	Wucheng	2103163	1720807	948421	74478
乐陵市	Leling	2725291	2080810	1698144	177718
禹城市	Yucheng	2751681	1948071	1979841	252271
聊城市	**Liaocheng**				
东昌府区	Dongchangfu	14918200	7849300	11981200	667273
茌平区	Chiping	3847400	2788600	2165100	148571
阳谷县	Yanggu	4032793	3024657	2565984	272000
莘 县	Shenxian	3763817	3268763	1713349	49346
东阿县	Donge	2316000	1753800	1380600	71190
冠 县	Guanxian	3298623	2619119	2118891	353372
高唐县	Gaotang	2601657	2088961	2042379	135036
临清市	Linqing	4039036	3449419	2485928	374558
滨州市	**Binzhou**				
滨城区	Bincheng	10785200	4799700	10025989	1101403
沾化区	Zhanhua	1656100	1047400	984105	48977
惠民县	Huimin	2525538	1836480	1890264	143422
阳信县	Yangxin	1725958	1225550	1403905	102600
无棣县	Wudi	2413800	1525200	1820632	124711
博兴县	Boxing	4453683	2807330	3675300	1019607
邹平市	Zouping	6019359	3830250	7026851	573448
菏泽市	**Heze**				
牡丹区	Mudan	11899882	7362805	10651412	59200
定陶区	Dingtao	2615941	2164173	1434890	227670
曹 县	Caoxian	4929464	4074710	2590246	717105
单 县	Shanxian	4155000	3431000	2221000	130242
成武县	Chengwu	2773604	2382993	1095108	74727
巨野县	Juye	4611126	3778071	2475794	322664
郓城县	Yuncheng	5566790	4788750	2466566	47292
鄄城县	Juancheng	3352701	2920538	1297528	103800
东明县	Dongming	3475344	2456501	2017471	36536

22-1 续表 8 continued

地 区	Region	粮食面积(公顷) Area of Grain (hectares)	粮食产量(吨) Output of Grain (ton)	油料产量(吨) Output of Oil-bearing Crops (ton)	蔬菜产量(吨) Output of Vegetables (ton)	水果产量(吨) Output of Fruits (ton)	肉类总产量(吨) Output of Meat (ton)	奶类产量(吨) Output of Milk (ton)
济南市	**Jinan**							
历下区	Lixia							
市中区	Shizhong	3973	18975	22	7570	3548	1095	194
槐荫区	Huaiyin	2255	13063	120	11346		189	
天桥区	Tianqiao	12940	68024	214	15570	1060	1200	
历城区	Licheng	19660	102727	1758	257833	142126	6829	2160
长清区	Changqing	43718	260990	17976	521563	54776	35051	36583
章丘区	Zhangqiu	106967	604249	6145	1772527	71786	97753	82128
济阳区	Jiyang	98481	597458	2292	1081591	25401	24329	27486
莱芜区	Laiwu	31238	191225	18340	1236667	106588	80814	2071
钢城区	Gangcheng	4505	25835	9588	194469	104747	14862	1224
平阴县	Pingyin	34773	191813	9083	639485	100864	39929	40527
商河县	Shanghe	120800	780240	172	973805	18589	56604	128951
青岛市	**Qingdao**							
市南区	Shinan							
市北区	Shibei							
黄岛区	Huangdao	48627	253459	95630	589894	97950	64598	8777
崂山区	Laoshan	139	975	229	11087	7116		
李沧区	Licang							
城阳区	Chengyang	1831	9420	103	41462	16652	2016	5610
即墨区	Jimo	77865	428639	43332	573468	24026	69596	36301
胶州市	Jiaozhou	61422	359110	29004	1074812	39655	34782	16874
平度市	Pingdu	198826	1424802	98647	2773659	265451	183104	29946
莱西市	Laixi	86273	549651	75482	1197135	294278	173696	191253
淄博市	**Zibo**							
淄川区	Zichuan	13837	53128	1001	29926	25029	12554	233
张店区	Zhangdian	4129	20503	279	20004	4153	2962	436
博山区	Boshan	5459	19639	909	57477	76223	2838	25
临淄区	Linzi	46176	323382	29	918105	15300	49533	9176
周村区	Zhoucun	10319	50474	226	23683	6577	8993	591
桓台县	Huantai	45595	330091	21	52526	3153	12201	7405
高青县	Gaoqing	80911	567876	570	329071	18333	49224	85245
沂源县	Yiyuan	9274	31827	12084	259271	772026	32415	
枣庄市	**Zaozhuang**							
市中区	Shizhong	14206	71567	9992	152250	14310	17139	1517
薛城区	Xuecheng	37953	223971	5087	232596	14553	14783	344
峄城区	Yicheng	50245	274666	10125	670108	50749	25213	943
台儿庄区	Taierzhuang	49378	268714	1320	594197	16027	20198	23166

22-1 续表 9 continued

地 区	Region	粮食面积（公顷） Area of Grain (hectares)	粮食产量（吨） Output of Grain (ton)	油料产量（吨） Output of Oil-bearing Crops (ton)	蔬菜产量（吨） Output of Vegetables (ton)	水果产量（吨） Output of Fruits (ton)	肉类总产量（吨） Output of Meat (ton)	奶类产量（吨） Output of Milk (ton)
山亭区	Shanting	23917	140355	20729	178972	119475	27904	656
滕州市	Tengzhou	107024	788148	31520	3341503	55010	69657	737
东营市	**Dongying**							
东营区	Dongying	24627	126417	87	69692	7903	9188	6504
河口区	Hekou	24476	104999	545	21093	29924	41732	248421
垦利区	Kenli	55806	285339	200	45114	7591	42274	21140
利津县	Lijin	66287	336904	1200	193596	16511	53525	51
广饶县	Guangrao	82035	466354		379718	5119	114309	123165
烟台市	**Yantai**							
芝罘区	Zhifu	55	285	145	13704	2321	406	204
福山区	Fushan	2328	11749	6833	49984	175155	17015	6253
牟平区	Mouping	18989	96268	34258	139145	713311	146670	23804
莱山区	Laishan	1685	8704	2629	39407	44208	1346	104
长岛县	Changdao	74	312			394	6	3
龙口市	Longkou	14431	90283	6546	230956	464712	42159	37137
莱阳市	Laiyang	68569	384925	85188	537100	473929	121258	46257
莱州市	Laizhou	82421	518285	44542	316919	335271	109936	6645
蓬莱市	Penglai	8517	47696	19939	151091	1429551	99947	6843
招远市	Zhaoyuan	36931	210613	55144	128053	664114	62551	10215
栖霞市	Qixia	13608	77218	53224	216891	2028779	36437	2338
海阳市	Haiyang	49031	281285	88541	472564	462923	76702	17960
潍坊市	**Weifang**							
潍城区	Weicheng	10480	61642	20	103920	11214	8854	2499
寒亭区	Hanting	44713	278209	1932	264936	34722	15661	19405
坊子区	Fangzi	47034	292292	6822	607796	25819	50377	443
奎文区	Kuiwen	1833	10887	227			239	17
临朐县	Linqu	30478	165466	17589	253362	327725	116240	61257
昌乐县	Changle	34799	206353	37986	1117310	52638	129674	31921
青州市	Qingzhou	31976	177597	29	1844625	94820	127428	13755
诸城市	Zhucheng	127267	764102	48973	1143947	61512	218089	2096
寿光市	Shouguan	82775	563751	183	3572570	35791	162345	21471
安丘市	Anqiu	53430	321302	43925	1836109	129114	95595	3344
高密市	Gaomi	130775	855371	20171	865790	46246	152365	6675
昌邑市	Changyi	82844	514383	7737	590219	83291	108497	6080
济宁市	**Jining**							
任城区	Rencheng	64650	459200	109	299807	35779	13468	11739
兖州区	Yanzhou	46273	326246	3049	478328	6036	22283	2026
微山县	Weishan	50339	335192	1380	342548	4163	20686	95
鱼台县	Yutai	48379	373170		662797	5551	23104	232

22-1 续表 10 continued

地 区	Region	粮食面积（公顷）Area of Grain (hectares)	粮食产量（吨）Output of Grain (ton)	油料产量（吨）Output of Oil-bearing Crops (ton)	蔬菜产量（吨）Output of Vegetables (ton)	水果产量（吨）Output of Fruits (ton)	肉类总产量（吨）Output of Meat (ton)	奶类产量（吨）Output of Milk (ton)
金乡县	Jinxiang	36824	222745	1663	2230619	44444	39333	13247
嘉祥县	Jiaxiang	102594	665126	2314	393420	16439	58401	7848
汶上县	Wenshang	99327	670577	7130	228818	6941	67274	46283
泗水县	Sishui	38598	232021	54763	636249	51567	77218	2525
梁山县	Liangshan	97760	588909	9596	738476	49961	89887	19291
曲阜市	Qufu	63879	436346	8273	157439	45882	53104	8744
邹城市	Zoucheng	68257	443705	46435	748567	79246	54163	4142
泰安市	**Tai'an**							
泰山区	Taishan	3535	24827	17	10317	5685	4556	11251
岱岳区	Daiyue	60962	441352	14747	1854770	109434	70016	65188
宁阳县	Ningyang	84590	583444	62873	883491	93858	92990	39784
东平县	Dongping	99599	620156	16845	574125	9060	41829	9458
新泰市	Xintai	52157	373727	87134	1296108	201416	117662	8871
肥城市	Feicheng	70606	479172	8352	1126446	79581	67189	85912
威海市	**Weihai**							
环翠区	Huancui	10676	44513	14848	72521	141871	16107	9927
文登区	Wendeng	37643	184517	68147	274669	315991	65251	35299
荣成市	Rongcheng	36100	171360	39733	220836	246416	34078	16904
乳山市	Rushan	36819	179319	79269	389893	466880	75370	15257
日照市	**Rizhao**							
东港区	Donggang	21716	140277	36792	109182	110819	42744	1519
岚山区	Lanshan	18330	121533	32177	119619	42495	38711	24480
五莲县	Wulian	34151	195502	69559	262203	70269	66262	
莒 县	Juxian	56647	383310	89133	573057	135600	163394	22430
临沂市	**Linyi**							
兰山区	Lanshan	30458	174659	20471	120770	52205	21096	7558
罗庄区	Luozhuang	27603	161884	10406	116460	4512	16855	17819
河东区	Hedong	45721	295825	22298	233578	28589	27909	2918
沂南县	Yinan	58280	350570	77374	1082363	97184	182363	14160
郯城县	Tancheng	94084	714291	13107	587661	16444	64189	4463
沂水县	Yishui	48862	293455	91354	812375	722120	126939	12302
兰陵县	Lanling	99128	659473	59921	3383445	85691	93537	22975
费 县	Feixian	49762	297563	83676	463956	258543	124621	3406
平邑县	Pingyi	46555	279899	48071	284851	245904	72272	997
莒南县	Junan	73424	469255	127480	233950	80603	120003	3525
蒙阴县	Mengyin	18021	125887	35059	178953	1027469	34196	
临沭县	Linshu	52057	304662	165973	159668	30454	85946	13154

22-1 续表 11 continued

地 区	Region	粮食面积(公顷) Area of Grain (hectares)	粮食产量(吨) Output of Grain (ton)	油料产量(吨) Output of Oil-bearing Crops (ton)	蔬菜产量(吨) Output of Vegetables (ton)	水果产量(吨) Output of Fruits (ton)	肉类总产量(吨) Output of Meat (ton)	奶类产量(吨) Output of Milk (ton)
德州市	**Dezhou**							
德城区	Decheng	34475	223598	83	80692	12788	9023	371
陵城区	Lingcheng	132891	949217	216	552257	10021	99341	51461
宁津县	Ningjin	90818	629042	1161	351271	12035	39635	6825
庆云县	Qingyun	42408	271407	127	127130	38717	23327	128
临邑县	Linyi	109837	754754	4443	465187	6265	82994	23676
齐河县	Qihe	153170	1106330	792	968635	10980	81120	52734
平原县	Pingyuan	115423	828110	613	1319303	21259	117532	19471
夏津县	Xiajin	90108	600408	2725	235992	33178	96911	1754
武城县	Wucheng	88362	626350	4114	272268	18035	24625	5764
乐陵市	Leling	117105	826119	16	336176	123830	83356	41286
禹城市	Yucheng	95786	686559	2079	1644320	7399	100943	101163
聊城市	**Liaocheng**							
东昌府区	Dongchangfu	109443	783126	2863	1184735	29198	61856	5515
茌平区	Chiping	104880	722244	1300	411515	18610	37437	2447
阳谷县	Yanggu	107193	757673	3815	1895268	48113	116731	9377
莘 县	Shenxian	114704	771456	14549	2386678	45431	158663	110
东阿县	Donge	69335	475552	1250	262124	20805	35945	3010
冠 县	Guanxian	102477	686957	7958	1283615	287926	104151	13484
高唐县	Gaotang	95791	644774	7279	213089	11407	73722	2918
临清市	Linqing	102641	688693	1141	645684	38654	47357	29553
滨州市	**Binzhou**							
滨城区	Bincheng	73718	440438	174	118080	15352	32103	19674
沾化区	Zhanhua	70585	396061	828	27884	301249	50973	4255
惠民县	Huimin	116031	742163	6762	1107669	83437	89332	2560
阳信县	Yangxin	67645	425261		169453	209975	110982	110
无棣县	Wudi	74061	427706	1324	25484	117261	147097	
博兴县	Boxing	74978	475471		116815	3222	30838	411
邹平市	Zouping	108143	687194	741	78777	29313	61078	18094
菏泽市	**Heze**							
牡丹区	Mudan	133194	857213	21180	889521	77094	134571	12092
定陶区	Dingtao	89766	593908	6503	670481	19251	65817	1537
曹 县	Caoxian	201720	1326954	30866	476351	34483	148374	80384
单 县	Shanxian	134216	892230	45818	1677141	144012	93584	6506
成武县	Chengwu	82251	553266	2067	1039519	25486	56915	277
巨野县	Juye	101371	661223	8491	1304358	67987	73044	1548
郓城县	Yuncheng	166259	1109461	28183	1227260	45382	146953	4531
鄄城县	Juancheng	122859	818412	31980	328528	42539	81459	2165
东明县	Dongming	153814	1003017	51926	536628	31181	98466	7547

22-1 续表 12 continued

地 区	Region	普通中学专任教师数（人） Full-time Teachers in Secondary Schools (person)	小 学专任教师数（人） Full-time Teachers in Primary Schools (person)	普通中学在校学生数（人） Total Enrollment in Secondary Schools (person)	小 学在校学生数（人） Total Enrollment in Primary Schools (person)	城镇居民人均可支配收入（元） Per Captita Disposable Income of Urban Households (yuan)	农村居民人均可支配收入（元） Per Captita Disposable Income of Rural Households (yuan)
济南市	**Jinan**						
历下区	Lixia	2393	3708	29906	59823	61022	
市中区	Shizhong	3433	3814	39973	58953	59290	
槐荫区	Huaiyin	1496	2895	18003	47682	53551	
天桥区	Tianqiao	2060	3043	22477	45067	52535	18285
历城区	Licheng	5235	4832	63661	80699	49837	21666
长清区	Changqing	2321	2076	24653	28577	42398	19431
章丘区	Zhangqiu	5157	3795	46910	55172	41785	22924
济阳区	Jiyang	1990	2595	27828	39161	34233	18302
莱芜区	Laiwu	5143	3076	60825	44861	37567	18458
钢城区	Gangcheng	1291	995	12491	12724	43837	19695
平阴县	Pingyin	1579	1489	16744	18625	30740	16124
商河县	Shanghe	2198	2489	28278	41169	29980	16168
青岛市	**Qingdao**						
市南区	Shinan	1082	2048	9058	33774	62460	
市北区	Shibei	2412	3470	23329	61068	57638	
黄岛区	Huangdao	6682	6558	68334	105824	53482	22830
崂山区	Laoshan	977	1631	7789	25077	60592	25453
李沧区	Licang	1380	2054	12908	39995	57271	
城阳区	Chengyang	3645	3396	34783	71801	58599	24400
即墨区	Jimo	6360	5333	64020	84127	49493	23002
胶州市	Jiaozhou	4021	4173	49582	62724	48158	22785
平度市	Pingdu	5714	4849	58444	67972	46178	21819
莱西市	Laixi	4038	2414	41252	31067	46612	22138
淄博市	**Zibo**						
淄川区	Zichuan	3479	2049	36237	26156	42261	19768
张店区	Zhangdian	4846	4047	64571	63793	47013	22988
博山区	Boshan	2250	1400	23219	15016	40949	18672
临淄区	Linzi	3314	2003	38526	25996	46784	22950
周村区	Zhoucun	1861	1320	20909	16997	40495	19327
桓台县	Huantai	3240	1289	30859	19770	43764	21457
高青县	Gaoqing	1743	1399	19314	14356	34476	16818
沂源县	Yiyuan	3099	1815	30257	20185	41288	19128
枣庄市	**Zaozhuang**						
市中区	Shizhong	2539	3501	36247	65770	34462	17495
薛城区	Xuecheng	3142	3421	39260	56622	31673	16167
峄城区	Yicheng	1863	2625	27095	45521	30629	16827
台儿庄区	Taierzhuang	1180	1953	18810	35241	28441	14659

22-1 续表 13 continued

地区	Region	普通中学专任教师数(人) Full-time Teachers in Secondary Schools (person)	小学专任教师数(人) Full-time Teachers in Primary Schools (person)	普通中学在校学生数(人) Total Enrollment in Secondary Schools (person)	小学在校学生数(人) Total Enrollment in Primary Schools (person)	城镇居民人均可支配收入(元) Per Captita Disposable Income of Urban Households (yuan)	农村居民人均可支配收入(元) Per Captita Disposable Income of Rural Households (yuan)
山亭区	Shanting	1498	2679	16676	38861	23556	14348
滕州市	Tengzhou	5616	7680	81889	132613	37473	17871
东营市	**Dongying**						
东营区	Dongying	2902	1096	23433	29480	51819	21867
河口区	Hekou	1220	938	12253	10815	48248	19886
垦利区	Kenli	938	883	10725	13445	47343	19815
利津县	Lijin	1789	1068	16421	9638	40512	18706
广饶县	Guangrao	2953	1852	31348	25928	45877	21880
烟台市	**Yantai**						
芝罘区	Zhifu	4455	2071	45104	44615	50914	
福山区	Fushan	2134	2212	31295	41453	49143	23956
牟平区	Mouping	1507	1115	11600	14335	46558	21872
莱山区	Laishan	1140	776	10741	16307	56169	24488
长岛县	Changdao	238	132	1269	856	38124	24269
龙口市	Longkou	3195	1739	32327	29103	51445	24134
莱阳市	Laiyang	2605	1931	25738	29946	36843	18107
莱州市	Laizhou	3752	2286	37040	27130	47371	22828
蓬莱市	Penglai	1740	1173	18067	14971	48934	23312
招远市	Zhaoyuan	2754	1320	24652	18820	48426	23349
栖霞市	Qixia	2770	1727	18293	13502	35082	17155
海阳市	Haiyang	2918	1479	26707	18692	46244	20663
潍坊市	**Weifang**						
潍城区	Weicheng	1067	1980	10732	32509	43061	21279
寒亭区	Hanting	2155	2904	22059	24684	39855	20285
坊子区	Fangzi	2869	2296	38259	30442	39273	20147
奎文区	Kuiwen	3478	3111	36512	53743	46532	
临朐县	Linqu	3516	3649	37077	59088	36308	18655
昌乐县	Changle	3907	3126	47066	38012	37586	19508
青州市	Qingzhou	4342	3875	38359	54136	40464	20582
诸城市	Zhucheng	6048	4528	66994	58168	42511	21897
寿光市	Shouguan	5716	4795	59034	70111	43250	22484
安丘市	Anqiu	2656	3479	40857	48826	36406	19163
高密市	Gaomi	4392	3718	51652	57638	41106	19749
昌邑市	Changyi	2582	2255	27330	29648	38461	20562
济宁市	**Jining**						
任城区	Rencheng	6063	4958	77506	80037	42227	18089
兖州区	Yanzhou	2635	2939	31788	43431	41188	19585
微山县	Weishan	2641	3035	27983	42433	33203	17219
鱼台县	Yutai	1838	1717	21492	31933	31916	16810

22-1 续表 14 continued

地 区	Region	普通中学专任教师数（人）Full-time Teachers in Secondary Schools (person)	小 学专任教师数（人）Full-time Teachers in Primary Schools (person)	普通中学在校学生数（人）Total Enrollment in Secondary Schools (person)	小 学在校学生数（人）Total Enrollment in Primary Schools (person)	城镇居民人均可支配收入（元）Per Captita Disposable Income of Urban Households (yuan)	农村居民人均可支配收入（元）Per Captita Disposable Income of Rural Households (yuan)
金乡县	Jinxiang	2821	3681	36278	53006	33758	18056
嘉祥县	Jiaxiang	3975	4979	65121	90794	32107	16856
汶上县	Wenshang	2559	3355	33889	56989	32295	17090
泗水县	Sishui	2076	3122	29709	43854	26926	13715
梁山县	Liangshan	2805	3604	44523	81608	31519	16478
曲阜市	Qufu	3093	2386	28420	41443	32553	17111
邹城市	Zoucheng	4752	5083	50652	77564	39087	18651
泰安市	**Tai'an**						
泰山区	Taishan	4346	2171	53624	47626	43544	19696
岱岳区	Daiyue	4419	3675	50104	46594	37260	17794
宁阳县	Ningyang	3257	3089	39613	40179	37206	17679
东平县	Dongping	3333	2550	40953	40609	32685	17146
新泰市	Xintai	6252	5173	80432	77171	38862	18585
肥城市	Feicheng	4181	3719	45273	55615	39626	19503
威海市	**Weihai**						
环翠区	Huancui	4572	3753	55176	65229	50309	21480
文登区	Wendeng	2633	1434	21636	19125	46363	23587
荣成市	Rongcheng	3190	1791	28542	25394	47334	24229
乳山市	Rushan	1823	947	15141	11912	41203	18769
日照市	**Rizhao**						
东港区	Donggang	3954	3860	55278	67719	36823	15922
岚山区	Lanshan	1711	1302	15846	21628	36081	17524
五莲县	Wulian	2756	1794	25944	24099	29387	16858
莒 县	Juxian	4418	4444	55889	80252	29219	16599
临沂市	**Linyi**						
兰山区	Lanshan	8485	6926	107547	228262	39705	15811
罗庄区	Luozhuang	3898	2375	46343	86143	39640	15702
河东区	Hedong	3743	3957	43180	89507	38865	15678
沂南县	Yinan	3579	3762	42935	69898	37027	14372
郯城县	Tancheng	3321	4933	46052	89695	37633	14987
沂水县	Yishui	4802	3867	47460	74866	38394	15436
兰陵县	Lanling	6108	5866	90870	138749	34684	15383
费 县	Feixian	3503	3492	40284	77133	38333	14683
平邑县	Pingyi	3628	4241	42671	75458	37204	14816
莒南县	Junan	3770	3993	39941	61633	34891	14319
蒙阴县	Mengyin	2148	2058	23284	42319	36025	13992
临沭县	Linshu	2842	2530	34611	51074	38817	14335

22-1 续表 15 continued

地 区	Region	普通中学专任教师数(人) Full-time Teachers in Secondary Schools (person)	小 学专任教师数(人) Full-time Teachers in Primary Schools (person)	普通中学在校学生数(人) Total Enrollment in Secondary Schools (person)	小 学在校学生数(人) Total Enrollment in Primary Schools (person)	城镇居民人均可支配收入(元) Per Captita Disposable Income of Urban Households (yuan)	农村居民人均可支配收入(元) Per Captita Disposable Income of Rural Households (yuan)
德州市	**Dezhou**						
德城区	Decheng	2028	3444	28994	72295	29523	16442
陵城区	Lingcheng	1724	2481	24485	34194	28168	15744
宁津县	Ningjin	1701	1881	26340	35684	28175	15815
庆云县	Qingyun	2146	1822	23749	33926	28090	15417
临邑县	Linyi	3211	1961	27206	33486	28808	16266
齐河县	Qihe	2083	2462	26059	35271	29064	16362
平原县	Pingyuan	1693	2369	20767	27456	28747	16033
夏津县	Xiajin	2460	2389	34075	41112	27737	15351
武城县	Wucheng	1864	1385	20309	28591	28571	15935
乐陵市	Leling	3318	2953	33782	47581	28712	16249
禹城市	Yucheng	2154	2153	25223	33378	28852	16238
聊城市	**Liaocheng**						
东昌府区	Dongchangfu	8071	8777	93950	158065	30603	15022
茌平区	Chiping	2220	2595	27570	46817	30414	15186
阳谷县	Yanggu	3174	3939	36998	61430	27757	14648
莘 县	Shenxian	4097	5251	60385	119987	26874	15042
东阿县	Donge	1734	1927	18546	24077	24571	14726
冠 县	Guanxian	3027	4720	43156	87105	28409	14604
高唐县	Gaotang	1906	2119	26212	41299	28840	14969
临清市	Linqing	2606	3435	44587	90952	28227	14583
滨州市	**Binzhou**						
滨城区	Bincheng	2947	2458	25541	52018	38666	18563
沾化区	Zhanhua	1567	1558	14041	19884	36499	17677
惠民县	Huimin	2426	2235	25838	34861	36441	16712
阳信县	Yangxin	2687	1307	24926	32482	36098	16131
无棣县	Wudi	2001	2404	21795	40192	36280	18006
博兴县	Boxing	2457	2086	24467	26097	37920	18317
邹平市	Zouping	3296	2933	38481	49292	37980	20113
菏泽市	**Heze**						
牡丹区	Mudan	4457	5669	68320	129520	30971	14431
定陶区	Dingtao	2655	3419	34312	59176	26224	14129
曹 县	Caoxian	4168	8485	66663	171730	28108	14005
单 县	Shanxian	5617	6158	63968	109294	27030	14120
成武县	Chengwu	2100	4593	25878	78819	26976	14251
巨野县	Juye	3684	5128	61849	119494	29216	14408
郓城县	Yuncheng	5793	5860	76915	124670	28836	14520
鄄城县	Juancheng	3069	4291	44194	91277	25716	13689
东明县	Dongming	3860	4263	53664	91848	27509	14002

附录1

全国各省（市、自治区）主要经济指标

Main Economic Indicators of the Whole Country by Region

简 要 说 明

一、本篇资料的主要内容

本篇资料反映了全国各省、自治区、直辖市经济社会发展基本情况，主要包括行政区划、人口、国内生产总值及其构成、劳动工资、财政、农业、工业、投资、建筑业、交通运输、国内贸易、进出口、价格指数、居民生活和国际旅游等方面的资料。

二、本篇资料的来源

本篇资料来源于中国统计出版社出版的《中国统计摘要 2020》，由省统计局综合处整理。

Brief Introduction

I. Content

Data in this chapter reflect the basic Socio-economic development of some provinces, mainly including divisions of administrative areas, population, GDP and its components, wages, finance, agriculture, industry, investment, construction industry, communications, domestic trade, exports and imports, price indices, livelihood and tourism, etc.

II. Source of Data

Data in this chapter come from China Statistics Abstract 2020 published by China Statistics Press and are prepared and compiled by the Division of Comprehensive Statistics of Shandong Provincial Bureau of Statistics.

附录 1-1　各地区行政区划(2019年底)

Divisions of Administrative Areas by Region(Year-end of 2019)

单位：个　　(unit)

省级区划名称	Provinces, Autonomous Regions and Municipalities	地级区划数 Number of Regions at Prefecture Level	#地级市 Cities at Prefecture Level	县级区划数 Number of Regions at County Level	#市辖区 Districts under the Jurisdiction of Cities	#县级市 Cities at County Level	#县 Counties	#自治县 Autonomous Counties
全国总计	**National Total**	**333**	**293**	**2846**	**965**	**387**	**1323**	**117**
北京市	Beijing			16	16			
天津市	Tianjin			16	16			
河北省	Hebei	11	11	168	47	21	94	6
山西省	Shanxi	11	11	117	26	11	80	
内蒙古自治区	Inner Mongolia	12	9	103	23	11	17	
辽宁省	Liaoning	14	14	100	59	16	17	8
吉林省	Jilin	9	8	60	21	20	16	3
黑龙江省	Heilongjiang	13	12	121	54	21	45	1
上海市	Shanghai			16	16			
江苏省	Jiangsu	13	13	96	55	22	19	
浙江省	Zhejiang	11	11	90	37	20	32	1
安徽省	Anhui	16	16	105	44	9	52	
福建省	Fujian	9	9	85	29	12	44	
江西省	Jiangxi	11	11	100	27	11	62	
山东省	**Shandong**	**16**	**16**	**137**	**57**	**27**	**53**	
河南省	Henan	17	17	158	53	22	83	
湖北省	Hubei	13	12	103	39	25	36	2
湖南省	Hunan	14	13	122	36	18	61	7
广东省	Guangdong	21	21	122	65	20	34	3
广西壮族自治区	Guangxi	14	14	111	41	9	49	12
海南省	Hainan	4	4	23	8	5	4	6
重庆市	Chongqing			38	26		8	4
四川省	Sichuan	21	18	183	54	18	107	4
贵州省	Guizhou	9	6	88	15	9	52	11
云南省	Yunnan	16	8	129	17	17	66	29
西藏自治区	Tibet	7	6	74	8		66	
陕西省	Shaanxi	10	10	107	30	6	71	
甘肃省	Gansu	14	12	86	17	5	57	7
青海省	Qinghai	8	2	44	7	4	26	7
宁夏回族自治区	Ningxia	5	5	22	9	2	11	
新疆维吾尔自治区	Xinjiang	14	4	106	13	26	61	6
香港特别行政区	Hong Kong Special Administrative Region							
澳门特别行政区	Macao Special Administrative Region							
台湾省	Taiwan							

注：本表资料由民政部提供。

a)Data in this table are provided by the Ministry of Civil Affairs.

附录 1-1 续表 continued

单位：个 (unit)

省级区划名称	Provinces, Autonomous Regions and Municipalities	乡镇级区划数 Number of Regions at Township Level	#镇 数 Number of Towns	#乡 数 Number of Townships	#民族乡 Minority Autonomous Township	#街道办事处 Street Communities
全国总计	**National Total**	**38727**	**20988**	**9222**	**966**	**8515**
北京市	Beijing	333	143	38	5	152
天津市	Tianjin	248	126	3	1	119
河北省	Hebei	2255	1156	790	46	308
山西省	Shanxi	1396	577	612		207
内蒙古自治区	Inner Mongolia	1024	508	270	17	246
辽宁省	Liaoning	1355	640	201	54	514
吉林省	Jilin	937	426	182	28	329
黑龙江省	Heilongjiang	1240	557	345	52	338
上海市	Shanghai	215	106	2		107
江苏省	Jiangsu	1261	718	40	1	503
浙江省	Zhejiang	1360	619	259	14	482
安徽省	Anhui	1498	968	271	9	259
福建省	Fujian	1107	653	270	19	184
江西省	Jiangxi	1563	828	570	8	165
山东省	**Shandong**	**1824**	**1087**	**68**		**669**
河南省	Henan	2451	1173	618	12	660
湖北省	Hubei	1249	760	162	10	327
湖南省	Hunan	1937	1134	392	83	411
广东省	Guangdong	1606	1114	11	7	481
广西壮族自治区	Guangxi	1250	806	312	59	132
海南省	Hainan	218	175	21		22
重庆市	Chongqing	1029	629	172	14	228
四川省	Sichuan	3440	1926	1065	83	449
贵州省	Guizhou	1440	837	315	193	288
云南省	Yunnan	1405	679	540	140	186
西藏自治区	Tibet	697	142	534	9	21
陕西省	Shaanxi	1312	975	21		316
甘肃省	Gansu	1357	892	337	32	128
青海省	Qinghai	403	144	222	28	37
宁夏回族自治区	Ningxia	240	103	90		47
新疆维吾尔自治区	Xinjiang	1077	387	489	42	200
香港特别行政区	Hong Kong Special Administrative Region					
澳门特别行政区	Macao Special AdministrativeRegion					
台湾省	Taiwan					

注：乡镇级总数包含河北省、新疆维吾尔自治区的各一个区公所。
a)Number of regions at townships level include one district office of Hebei and Xinjiang separately.

附录 1-2　地区生产总值、增长速度及构成(2019年)

Gross Domestic Product ,Growth Rate and composition(2019)

地　区　Region	地区生产总值(亿元) Gross Domestic Product (100 million yuan)	第一产业 Primary Industry	第二产业 Secondary Industry	第三产业 Tertiary Industry	地区生产总值比上年增长(%) Growth Rate (%)	构成(%) composition 第一产业 Primary Industry	第二产业 Secondary Industry	第三产业 Tertiary Industry
北　京 Beijing	35371.3	113.7	5715.1	29542.5	106.1	0.3	16.2	83.5
天　津 Tianjin	14104.3	185.2	4969.2	8949.9	104.8	1.3	35.2	63.5
河　北 Hebei	35104.5	3518.4	13597.3	17988.8	106.8	10.0	38.7	51.2
山　西 Shanxi	17026.7	824.7	7453.1	8748.9	106.2	4.8	43.8	51.4
内蒙古 Inner Mongolia	17212.5	1863.2	6818.9	8530.5	105.2	10.8	39.6	49.6
辽　宁 Liaoning	24909.5	2177.8	9531.2	13200.4	105.5	8.7	38.3	53.0
吉　林 Jilin	11726.8	1287.3	4134.8	6304.7	103.0	11.0	35.3	53.8
黑龙江 Heilongjiang	13612.7	3182.5	3615.2	6815.0	104.2	23.4	26.6	50.1
上　海 Shanghai	38155.3	103.9	10299.2	27752.3	106.0	0.3	27.0	72.7
江　苏 Jiangsu	99631.5	4296.3	44270.5	51064.7	106.1	4.3	44.4	51.3
浙　江 Zhejiang	62351.7	2097.4	26566.6	33687.8	106.8	3.4	42.6	54.0
安　徽 Anhui	37114.0	2915.7	15337.9	18860.4	107.5	7.9	41.3	50.8
福　建 Fujian	42395.0	2596.2	20581.7	19217.0	107.6	6.1	48.5	45.3
江　西 Jiangxi	24757.5	2057.6	10939.8	11760.1	108.0	8.3	44.2	47.5
山　东 Shandong	**71067.5**	**5116.4**	**28310.9**	**37640.2**	**105.5**	**7.2**	**39.8**	**53.0**
河　南 Henan	54259.2	4635.40	23605.8	26018.0	107.0	8.5	43.5	48.0
湖　北 Hubei	45828.3	3809.1	19098.6	22920.6	107.5	8.3	41.7	50.0
湖　南 Hunan	39752.1	3647.0	14947.0	21158.2	107.6	9.2	37.6	53.2
广　东 Guangdong	107671.1	4351.3	43546.4	59773.4	106.2	4.0	40.4	55.5
广　西 Guangxi	21237.1	3387.7	7077.4	10772.0	106.0	16.0	33.3	50.7
海　南 Hainan	5308.9	1080.4	1099.0	3129.5	105.8	20.3	20.7	58.9
重　庆 Chongqing	23605.8	1551.4	9496.8	12557.5	106.3	6.6	40.2	53.2
四　川 Sichuan	46615.8	4807.2	17365.3	24443.3	107.5	10.3	37.3	52.4
贵　州 Guizhou	16769.3	2280.6	6058.5	8430.3	108.3	13.6	36.1	50.3
云　南 Yunnan	23223.8	3037.6	7961.6	12224.6	108.1	13.1	34.3	52.6
西　藏 Tibet	1697.8	138.2	635.6	924.0	108.1	8.1	37.4	54.4
陕　西 Shaanxi	25793.2	1990.9	11980.8	11821.5	106.0	7.7	46.4	45.8
甘　肃 Gansu	8718.3	1050.5	2862.4	4805.4	106.2	12.0	32.8	55.1
青　海 Qinghai	2966.0	301.9	1159.8	1504.3	106.3	10.2	39.1	50.7
宁　夏 Ningxia	3748.5	279.9	1584.7	1883.8	106.5	7.5	42.3	50.3
新　疆 Xinjiang	13597.1	1781.8	4795.5	7019.9	106.2	13.1	35.3	51.6

注：本表绝对数按当年价格计算，增长速度按不变价格计算。
a)Absolute figure are calculated at current prices,growth rate at constant prices.

附录 1-3 年末总人口
Basic Statistics on National Population

单位:万人 (10 000 persons)

地区	Region	2011	2012	2013	2014	2015	2016	2017	2018	2019
全国	**Total**	**134735**	**135404**	**136072**	**136782**	**137462**	**138271**	**139008**	**139538**	**140005**
北京	Beijing	2019	2069	2115	2152	2171	2173	2171	2154	2154
天津	Tianjin	1355	1413	1472	1517	1547	1562	1557	1560	1562
河北	Hebei	7241	7288	7333	7384	7425	7470	7520	7556	7592
山西	Shanxi	3593	3611	3630	3648	3664	3682	3702	3718	3729
内蒙古	Inner Mongolia	2482	2490	2498	2505	2511	2520	2529	2534	2540
辽宁	Liaoning	4383	4389	4390	4391	4382	4378	4369	4359	4352
吉林	Jilin	2749	2750	2751	2752	2753	2733	2717	2704	2691
黑龙江	Heilongjiang	3834	3834	3835	3833	3812	3799	3789	3773	3751
上海	Shanghai	2347	2380	2415	2426	2415	2420	2418	2424	2428
江苏	Jiangsu	7899	7920	7939	7960	7976	7999	8029	8051	8070
浙江	Zhejiang	5463	5477	5498	5508	5539	5590	5657	5737	5850
安徽	Anhui	5968	5988	6030	6083	6144	6196	6255	6324	6366
福建	Fujian	3720	3748	3774	3806	3839	3874	3911	3941	3973
江西	Jiangxi	4488	4504	4522	4542	4566	4592	4622	4648	4666
山东	**Shandong**	**9637**	**9685**	**9733**	**9789**	**9847**	**9947**	**10006**	**10047**	**10070**
河南	Henan	9388	9406	9413	9436	9480	9532	9559	9605	9640
湖北	Hubei	5758	5779	5799	5816	5852	5885	5902	5917	5927
湖南	Hunan	6596	6639	6691	6737	6783	6822	6860	6899	6918
广东	Guangdong	10505	10594	10644	10724	10849	10999	11169	11346	11521
广西	Guangxi	4645	4682	4719	4754	4796	4838	4885	4926	4960
海南	Hainan	877	887	895	903	911	917	926	934	945
重庆	Chongqing	2919	2945	2970	2991	3017	3048	3075	3102	3124
四川	Sichuan	8050	8076	8107	8140	8204	8262	8302	8341	8375
贵州	Guizhou	3469	3484	3502	3508	3530	3555	3580	3600	3623
云南	Yunnan	4631	4659	4687	4714	4742	4771	4801	4830	4858
西藏	Tibet	303	308	312	318	324	331	337	344	351
陕西	Shaanxi	3743	3753	3764	3775	3793	3813	3835	3864	3876
甘肃	Gansu	2564	2578	2582	2591	2600	2610	2626	2637	2647
青海	Qinghai	568	573	578	583	588	593	598	603	608
宁夏	Ningxia	639	647	654	662	668	675	682	688	695
新疆	Xinjiang	2209	2233	2264	2298	2360	2398	2445	2487	2523

注:1.全国总计含中国人民解放军现役军人数,不包括香港、澳门特别行政区和台湾地区数据;分省数据不含中国人民解放军现役军人数。

a)The military personnel were included in the national total population,but excluded in the regional total population.The national total population excluded the population of Hong Kong,Macao and Taiwan.

附录 1-4 全社会固定资产投资

Total Investment in Fixed Assets in the Whole Country

单位:亿元 (100 million yuan)

地　区	Region	2011	2012	2013	2014	2015	2016	2017
全国总计	**Total**	**311485.1**	**374694.7**	**446294.1**	**512020.7**	**561999.8**	**606465.7**	**641238.4**
北　京	Beijing	5578.9	6112.4	6847.1	6924.2	7496.0	7943.9	8370.4
天　津	Tianjin	7067.7	7934.8	9130.2	10518.2	11832.0	12779.4	11288.9
河　北	Hebei	16389.3	19661.3	23194.2	26671.9	29448.3	31750.0	33406.8
山　西	Shanxi	7073.1	8863.3	11031.9	12354.5	14074.2	14198.0	6040.5
内蒙古	Inner Mongolia	10365.2	11875.7	14217.4	17591.8	13702.2	15080.0	14013.2
辽　宁	Liaoning	17726.3	21836.3	25107.7	24730.8	17917.9	6692.2	6676.7
吉　林	Jilin	7441.7	9511.5	9979.3	11339.6	12705.3	13923.2	13283.9
黑龙江	Heilongjiang	7475.4	9694.7	11453.1	9829.0	10182.9	10648.3	11292.0
上　海	Shanghai	4962.1	5117.6	5647.8	6016.4	6352.7	6755.9	7246.6
江　苏	Jiangsu	26692.6	30854.2	36373.3	41938.6	46246.9	49663.2	53277.0
浙　江	Zhejiang	14185.3	17649.4	20782.1	24262.8	27323.3	30276.1	31696.0
安　徽	Anhui	12455.7	15425.8	18621.9	21875.6	24386.0	27033.4	29275.1
福　建	Fujian	9910.9	12439.9	15327.4	18177.9	21301.4	23237.4	26416.3
江　西	Jiangxi	9087.6	10774.2	12850.3	15079.3	17388.1	19694.2	22085.3
山　东	**Shandong**	**26749.7**	**31256.0**	**36789.1**	**42495.5**	**48312.4**	**53322.9**	**55202.7**
河　南	Henan	17769.0	21450.0	26087.5	30782.2	35660.3	40415.1	44496.9
湖　北	Hubei	12557.3	15578.3	19307.3	22915.3	26563.9	30011.7	32282.4
湖　南	Hunan	11880.9	14523.2	17841.4	21242.9	25045.1	28353.3	31959.2
广　东	Guangdong	17069.2	18751.5	22308.4	26293.9	30343.0	33303.6	37761.7
广　西	Guangxi	7990.7	9808.6	11907.7	13843.2	16227.8	18236.8	20499.1
海　南	Hainan	1657.2	2145.4	2697.9	3112.2	3451.2	3890.4	4244.4
重　庆	Chongqing	7473.4	8736.2	10435.2	12285.4	14353.2	16048.1	17537.0
四　川	Sichuan	14222.2	17040.0	20326.1	23318.6	25525.9	28812.0	31902.1
贵　州	Guizhou	4235.9	5717.8	7373.6	9025.8	10945.5	13204.0	15503.9
云　南	Yunnan	6191.0	7831.1	9968.3	11498.5	13500.6	16119.4	18936.0
西　藏	Tibet	516.3	670.5	876.0	1069.2	1295.7	1596.0	1975.6
陕　西	Shaanxi	9431.1	12044.5	14884.1	17191.9	18582.2	20825.3	23819.4
甘　肃	Gansu	3965.8	5145.0	6527.9	7884.1	8754.2	9664.0	5827.8
青　海	Qinghai	1435.6	1883.4	2361.1	2861.2	3210.6	3528.1	3883.6
宁　夏	Ningxia	1644.7	2096.9	2651.1	3173.8	3505.4	3794.2	3728.4
新　疆	Xinjiang	4632.1	6158.8	7732.3	9447.7	10813.0	10287.5	12089.1
不分地区	Not Classified by Region	5651.3	6106.4	5655.4	6268.4	5552.4	5378.0	5220.3

附录 1–5 固定资产投资增长速度

Investment in Fixed Assets growth rate

单位:% (%)

地区	Region	2016	2017	2018	2019
全国总计	**Total**	**8.1**	**7.2**	**5.9**	**5.4**
北京	Beijing	5.9	5.3	-5.5	-2.5
天津	Tianjin	8.0	0.5	-5.6	13.1
河北	Hebei	8.4	5.3	6.0	6.5
山西	Shanxi	0.8	6.3	5.7	9.3
内蒙古	Inner Mongolia	10.1	-7.2	-28.3	6.7
辽宁	Liaoning	-63.5	0.1	3.7	0.3
吉林	Jilin	10.1	1.4	1.6	-16.2
黑龙江	Heilongjiang	5.5	6.2	-4.7	6.3
上海	Shanghai	6.3	7.2	5.2	5.1
江苏	Jiangsu	7.5	7.5	5.5	5.1
浙江	Zhejiang	10.9	8.6	7.1	10.0
安徽	Anhui	11.7	11.0	11.8	9.2
福建	Fujian	9.3	13.9	11.5	5.9
江西	Jiangxi	14.0	12.3	11.1	9.2
山东	**Shandong**	**10.5**	**7.3**	**4.1**	**-8.2**
河南	Henan	13.7	10.4	8.1	8.0
湖北	Hubei	13.1	11.0	11.0	10.7
湖南	Hunan	13.8	13.1	10.0	10.1
广东	Guangdong	10.0	13.5	10.7	11.1
广西	Guangxi	12.8	12.8	10.8	9.6
海南	Hainan	11.7	10.1	-12.5	-9.2
重庆	Chongqing	12.1	9.5	7.0	5.6
四川	Sichuan	13.1	10.6	10.2	8.6
贵州	Guizhou	21.1	20.1	15.8	0.9
云南	Yunnan	19.8	18.0	11.6	8.5
西藏	Tibet	23.2	23.8	9.8	-2.2
陕西	Shaanxi	12.3	14.6	10.4	2.5
甘肃	Gansu	10.5	-40.3	-3.9	6.6
青海	Qinghai	9.9	10.5	7.3	5.0
宁夏	Ningxia	8.2	3.0	-18.2	-10.3
新疆	Xinjiang	-5.1	20.0	-25.2	2.5

附录 1-6　房地产开发企业房屋施工、竣工面积和商品房销售面积

Floor Space of Buildings for Real Estate Development

单位:万平方米　　(10 000 sq.m)

地　区	Region	房屋施工面积 Floor Space of Builings under Construction		房屋竣工面积 Floor Space of Builings Completed		商品房销售面积 Floor Space of Builings Sold	
		2018	2019	2018	2019	2018	2019
全国总计	**Total**	**822300**	**893821**	**93550**	**95942**	**171654**	**171558**
北　京	Beijing	12963	12515	1558	1343	696	939
天　津	Tianjin	10324	11453	2092	1656	1250	1479
河　北	Hebei	28172	29853	2390	2680	5252	5283
山　西	Shanxi	16950	19549	1408	2739	2361	2366
内蒙古	Inner Mongolia	15054	15889	1416	951	2008	2008
辽　宁	Liaoning	24217	23787	2274	1818	3935	3696
吉　林	Jilin	12080	12404	1520	1222	2074	2122
黑龙江	Heilongjiang	10588	11441	1203	1204	1913	1684
上　海	Shanghai	14672	14803	3116	2670	1767	1696
江　苏	Jiangsu	62673	65687	8536	9369	13484	13973
浙　江	Zhejiang	44537	49605	5190	5739	9755	9378
安　徽	Anhui	41128	43591	4488	5674	10038	9229
福　建	Fujian	32826	34140	3739	2882	6213	6456
江　西	Jiangxi	20739	23557	2032	2231	6201	6459
山　东	**Shandong**	**69063**	**75767**	**10513**	**10179**	**13455**	**12727**
河　南	Henan	54686	57567	6655	6571	13990	14278
湖　北	Hubei	31316	33825	2774	2559	8865	8602
湖　南	Hunan	35782	40045	4161	3975	9239	9104
广　东	Guangdong	79935	86825	7615	9956	14336	13847
广　西	Guangxi	25399	29807	2193	2038	6213	6712
海　南	Hainan	9575	9222	1187	1302	1432	829
重　庆	Chongqing	27227	27987	4083	5069	6536	6105
四　川	Sichuan	44066	49114	5635	4580	12211	12979
贵　州	Guizhou	21953	27775	1280	955	5182	5323
云　南	Yunnan	21800	26314	1447	1844	4532	4835
西　藏	Tibet	359	764	50	19	73	128
陕　西	Shaanxi	24618	27728	1525	1782	4119	4401
甘　肃	Gansu	9429	10977	752	674	1596	1705
青　海	Qinghai	2549	2922	320	133	448	481
宁　夏	Ningxia	6048	5937	1214	1011	1026	1010
新　疆	Xinjiang	11575	12970	1183	1117	1452	1724

附录 1-7 房地产开发企业(单位)投资和商品房销售额

Investment and Total Sale of Commercial Buildings of Enterprises for Real Estate Development

单位:亿元 (100 million yuan)

地区	Region	房地产开发投资额 Investment for Real Estate		商品房销售额 Total Sale of Commercial Buildings		#住宅 Residential	
		2018	2019	2018	2019	2018	2019
全国总计	**Total**	**120263.5**	**132194.3**	**149972.7**	**159725.1**	**126392.6**	**139440.0**
北京	Beijing	3873.4	3838.4	2377.0	3371.0	1971.1	3032.4
天津	Tianjin	2424.5	2727.8	2006.6	2274.1	1816.5	2132.5
河北	Hebei	4476.4	4347.1	4035.0	4138.6	3567.3	3714.6
山西	Shanxi	1376.6	1656.5	1610.6	1631.8	1473.2	1452.4
内蒙古	Inner Mongolia	882.8	1041.9	1113.9	1243.9	909.0	1104.1
辽宁	Liaoning	2599.3	2834.0	2967.3	3049.1	2615.8	2814.9
吉林	Jilin	1175.9	1315.5	1452.4	1581.5	1233.5	1373.5
黑龙江	Heilongjiang	944.4	958.0	1320.3	1268.2	1112.3	1070.0
上海	Shanghai	4033.2	4231.4	4751.5	5203.8	3864.0	4457.2
江苏	Jiangsu	10982.3	12009.3	14527.3	16259.6	12693.9	14894.8
浙江	Zhejiang	9944.9	10683.0	14089.8	14352.1	12096.3	12723.1
安徽	Anhui	5974.1	6670.5	7077.0	6823.5	6174.8	6126.7
福建	Fujian	4940.3	5673.1	6579.5	6938.8	5074.5	5685.3
江西	Jiangxi	2174.9	2239.1	4219.9	4710.4	3524.3	4038.0
山东	**Shandong**	**7553.0**	**8614.9**	**10065.7**	**10271.2**	**8682.8**	**9287.1**
河南	Henan	7015.5	7464.6	8055.3	9010.0	6903.8	8016.9
湖北	Hubei	4693.1	5111.7	7531.4	7751.8	6591.4	6903.7
湖南	Hunan	3945.9	4445.5	5354.0	5578.0	4377.4	4721.4
广东	Guangdong	14412.2	15852.2	18742.1	19748.2	15595.3	16758.0
广西	Guangxi	3004.1	3814.4	3826.5	4366.2	3330.7	3913.4
海南	Hainan	1715.0	1336.2	2083.3	1275.8	1832.0	1090.6
重庆	Chongqing	4248.8	4439.3	5272.7	5129.4	4442.9	4457.8
四川	Sichuan	5697.9	6573.2	8532.3	9666.7	6621.2	7869.0
贵州	Guizhou	2349.2	2990.8	2921.0	3183.6	2278.1	2527.4
云南	Yunnan	3247.2	4151.4	3406.8	3846.2	2690.8	3255.8
西藏	Tibet	92.6	129.6	52.8	96.8	42.9	81.2
陕西	Shaanxi	3534.7	3903.6	3407.4	3960.2	2808.8	3359.2
甘肃	Gansu	1116.4	1257.8	922.3	1019.3	774.6	907.1
青海	Qinghai	351.8	406.3	289.9	367.3	224.1	295.6
宁夏	Ningxia	449.6	403.1	517.7	573.9	420.6	498.5
新疆	Xinjiang	1033.4	1074.0	863.3	1034.3	648.6	877.9

附录 1-8 一般公共预算收入

General Public Budget Revenue

单位:亿元 (100 million yuan)

地 区	Region	2009	2010	2011	2012	2013	2014	2015	2016	2017	2018	2019
地方总计	**Total**	**32580.7**	**40610.0**	**52547.1**	**61078.3**	**69011.2**	**75876.6**	**83002.0**	**87239.4**	**91469.4**	**97903.4**	**101076.8**
北 京	Beijing	2026.8	2353.9	3006.3	3314.9	3661.1	4027.2	4723.9	5081.3	5430.8	5785.9	5817.1
天 津	Tianjin	821.4	1068.8	1455.1	1760.0	2079.1	2390.4	2667.1	2723.5	2310.4	2106.2	2410.3
河 北	Hebei	1066.2	1330.8	1737.8	2084.3	2295.6	2446.6	2649.2	2849.9	3233.8	3513.9	3742.7
山 西	Shanxi	805.8	969.7	1213.4	1516.4	1701.6	1820.6	1642.4	1557.0	1867.0	2292.7	2347.6
内 蒙 古	Inner Mongolia	850.8	1070.0	1356.7	1552.7	1721.0	1843.7	1964.5	2016.4	1703.2	1857.6	2059.7
辽 宁	Liaoning	1591.0	2004.8	2643.2	3105.4	3343.8	3192.8	2127.4	2200.5	2392.8	2616.1	2652.0
吉 林	Jilin	487.1	602.4	850.1	1041.3	1157.0	1203.4	1229.4	1263.8	1210.9	1240.9	1116.9
黑 龙 江	Heilongjiang	641.6	755.6	997.6	1163.2	1277.4	1301.3	1165.9	1148.4	1243.3	1282.6	1262.6
上 海	Shanghai	2540.3	2873.6	3429.8	3743.7	4109.5	4585.6	5519.5	6406.1	6642.3	7108.1	7165.1
江 苏	Jiangsu	3228.6	4079.9	5148.9	5860.7	6568.5	7233.1	8028.6	8121.2	8171.5	8630.2	8802.4
浙 江	Zhejiang	2142.4	2608.5	3150.8	3441.2	3796.9	4122.0	4809.9	5302.0	5804.4	6598.2	7048.0
安 徽	Anhui	863.9	1149.4	1463.6	1792.7	2075.1	2218.4	2454.3	2672.8	2812.4	3048.7	3182.5
福 建	Fujian	932.3	1151.5	1501.5	1776.2	2119.4	2362.2	2544.2	2654.8	2809.0	3007.4	3052.7
江 西	Jiangxi	581.2	777.8	1053.4	1372.0	1621.2	1881.8	2165.7	2151.5	2247.1	2373.0	2486.5
山 东	**Shandong**	**2198.6**	**2749.4**	**3455.9**	**4059.4**	**4559.9**	**5026.8**	**5529.3**	**5860.2**	**6098.6**	**6485.4**	**6526.6**
河 南	Henan	1126.1	1381.0	1721.8	2040.3	2415.4	2739.3	3016.1	3153.5	3407.2	3766.0	4041.6
湖 北	Hubei	800.4	1011.2	1526.9	1823.1	2191.2	2566.9	3005.5	3102.1	3248.3	3307.1	3388.4
湖 南	Hunan	845.0	1066.0	1517.1	1782.2	2030.9	2262.8	2515.4	2697.9	2757.8	2860.8	3007.0
广 东	Guangdong	3649.2	4515.7	5514.8	6229.2	7081.5	8065.1	9366.8	10390.4	11320.3	12105.3	12651.5
广 西	Guangxi	620.8	772.3	947.7	1166.1	1317.6	1422.3	1515.2	1556.3	1615.1	1681.4	1811.9
海 南	Hainan	178.2	271.1	340.1	409.4	481.0	555.3	627.7	637.5	674.1	752.7	814.1
重 庆	Chongqing	655.6	1018.4	1488.3	1703.5	1693.2	1922.0	2154.8	2227.9	2252.4	2265.5	2134.9
四 川	Sichuan	1174.2	1561.0	2044.8	2421.3	2784.1	3061.1	3355.4	3388.9	3578.0	3911.0	4070.7
贵 州	Guizhou	416.5	533.9	773.1	1014.1	1206.4	1366.7	1503.4	1561.3	1613.8	1726.9	1767.4
云 南	Yunnan	698.2	871.2	1111.2	1338.2	1611.3	1698.1	1808.1	1812.3	1886.2	1994.3	2073.5
西 藏	Tibet	30.1	36.7	54.8	86.6	95.0	124.3	137.1	156.0	185.8	230.4	222.0
陕 西	Shaanxi	733.9	957.9	1500.2	1600.7	1748.3	1890.4	2060.0	1834.0	2006.7	2243.1	2287.7
甘 肃	Gansu	286.7	353.6	450.1	520.4	607.3	672.7	743.9	787.0	815.7	871.1	850.2
青 海	Qinghai	87.7	110.2	151.8	186.4	223.9	251.7	267.1	238.5	246.2	272.9	282.1
宁 夏	Ningxia	111.5	153.6	220.0	264.0	308.3	339.9	373.4	387.7	417.6	436.5	423.6
新 疆	Xinjiang	388.8	500.6	720.4	909.0	1128.5	1282.3	1330.9	1299.0	1466.5	1531.4	1577.6

注:本表数据为地方财政本级收入。

a)Data in this table are the revenue of local governments.

附录 1-9 一般公共预算支出
General Public Budget Expenditure

单位:亿元 (100 million yuan)

地 区	Region	2009	2010	2011	2012	2013	2014	2015	2016	2017	2018	2019
地方总计	**Total**	**60593.8**	**73602.0**	**92733.7**	**107188.3**	**119740.3**	**129215.5**	**150335.6**	**160351.4**	**173228.3**	**188196.3**	**203758.9**
北 京	Beijing	2301.7	2716.0	3245.2	3685.3	4173.7	4524.7	5737.7	6406.8	6824.5	7471.4	7408.3
天 津	Tianjin	1099.2	1351.3	1796.3	2143.2	2549.2	2884.7	3232.4	3699.4	3282.5	3103.2	3508.7
河 北	Hebei	2311.8	2778.9	3537.4	4079.4	4409.6	4677.3	5632.2	6049.5	6639.2	7726.2	8313.7
山 西	Shanxi	1556.7	1928.4	2363.9	2759.5	3030.1	3085.3	3423.0	3428.9	3756.4	4283.9	4713.1
内 蒙 古	Inner Mongolia	1925.1	2280.5	2989.2	3426.0	3686.5	3880.0	4253.0	4512.7	4529.9	4831.5	5097.9
辽 宁	Liaoning	2651.4	3194.4	3905.9	4558.6	5197.4	5080.5	4481.6	4577.5	4879.4	5337.7	5761.4
吉 林	Jilin	1479.2	1787.3	2201.7	2471.2	2744.8	2913.2	3217.1	3586.1	3725.7	3789.6	3933.4
黑 龙 江	Heilongjiang	1877.7	2253.3	2794.1	3171.5	3369.2	3434.2	4020.7	4227.3	4641.1	4676.8	5011.6
上 海	Shanghai	2989.6	3302.9	3914.9	4184.0	4528.6	4923.4	6191.6	6918.9	7547.6	8351.5	8179.3
江 苏	Jiangsu	3885.0	4835.2	6221.7	7027.7	7798.5	8472.4	9687.6	9982.0	10621.0	11657.4	12573.6
浙 江	Zhejiang	2653.8	3208.4	3842.6	4161.9	4730.5	5159.6	6646.0	6974.3	7530.3	8629.5	10053.0
安 徽	Anhui	2101.0	2566.9	3303.0	3961.0	4349.7	4664.1	5239.0	5523.0	6203.8	6572.1	7391.0
福 建	Fujian	1403.8	1678.7	2198.2	2607.5	3068.8	3306.7	4001.6	4275.4	4684.2	4832.7	5097.3
江 西	Jiangxi	1548.6	1911.0	2534.6	3019.2	3470.3	3882.7	4412.5	4617.4	5111.5	5667.5	6402.6
山 东	**Shandong**	**3267.7**	**4145.0**	**5002.1**	**5904.5**	**6688.8**	**7177.3**	**8250.0**	**8755.2**	**9258.4**	**10101.0**	**10736.8**
河 南	Henan	2902.6	3413.2	4248.8	5006.4	5582.3	6028.7	6799.4	7453.7	8215.5	9217.7	10176.3
湖 北	Hubei	2107.3	2465.2	3214.7	3759.8	4371.6	4934.1	6132.8	6423.0	6801.3	7258.3	7967.7
湖 南	Hunan	2118.6	2702.5	3520.8	4119.0	4690.9	5017.4	5728.7	6339.2	6869.4	7479.6	8091.8
广 东	Guangdong	4305.4	5414.8	6712.4	7387.9	8411.0	9152.6	12827.8	13446.1	15037.5	15729.3	17314.1
广 西	Guangxi	1606.3	1994.4	2545.3	2985.2	3208.7	3479.8	4065.5	4441.7	4908.6	5310.7	5849.0
海 南	Hainan	485.0	578.5	778.8	911.7	1011.2	1099.7	1239.4	1376.5	1444.0	1691.3	1859.1
重 庆	Chongqing	1298.4	1771.0	2570.2	3046.4	3062.3	3304.4	3792.0	4001.8	4336.3	4540.9	4847.8
四 川	Sichuan	3591.0	4242.5	4674.9	5451.0	6220.9	6796.6	7497.5	8008.9	8694.8	9707.5	10349.6
贵 州	Guizhou	1358.8	1640.2	2249.4	2755.7	3082.7	3542.8	3939.5	4262.4	4612.5	5029.7	5921.4
云 南	Yunnan	1949.8	2285.7	2929.6	3572.7	4096.5	4438.0	4712.8	5018.9	5713.0	6075.0	6770.1
西 藏	Tibet	470.1	551.0	758.1	905.3	1014.3	1185.5	1381.5	1588.0	1681.9	1970.7	2180.9
陕 西	Shaanxi	1839.9	2217.6	2930.8	3323.8	3665.1	3962.5	4376.1	4389.4	4833.2	5302.4	5721.6
甘 肃	Gansu	1245.6	1466.7	1791.2	2059.6	2309.6	2541.5	2958.3	3150.0	3304.4	3772.2	3956.7
青 海	Qinghai	486.7	743.4	967.5	1159.0	1228.0	1347.4	1515.2	1524.8	1530.4	1647.4	1863.7
宁 夏	Ningxia	427.8	555.9	705.9	864.4	922.5	1000.5	1138.5	1254.5	1372.8	1419.1	1438.4
新 疆	Xinjiang	1349.2	1698.9	2284.5	2720.1	3067.1	3317.8	3804.9	4138.3	4637.2	5012.5	5269.1

注:本表数据为地方财政本级支出。

a)Data in this table are the expenditure of local governments.

附录 1-10 居民消费价格分类指数(2019年)
Consumer Price Indices by Category (2019)

(上年=100) (preceding year=100)

地区 Region	居民消费价格指数 General Index	食品烟酒 Food, Tobacco, Liquor	衣着 Clothing	居住 Residence	生活用品及服务 Daily Necessities and Services	交通和通信 Transportation and Communication	教育文化和娱乐 Recreation, Education and Culture	医疗保健 Medical Care	其他用品和服务 Other Supplies and Services
全国 Total	**102.9**	**107.0**	**101.6**	**101.4**	**100.9**	**98.3**	**102.2**	**102.4**	**103.4**
北京 Beijing	102.3	105.2	101.9	101.3	99.7	97.2	101.0	108.4	103.2
天津 Tianjin	102.7	104.6	102.1	102.4	100.9	99.3	104.2	100.9	105.0
河北 Hebei	103.0	105.9	101.2	101.6	101.2	97.9	103.4	104.4	104.6
山西 Shanxi	102.7	106.3	101.1	101.7	100.4	98.7	102.9	101.8	102.5
内蒙古 Inner Mongolia	102.4	105.4	101.8	101.8	100.8	98.8	101.2	101.7	102.5
辽宁 Liaoning	102.4	106.1	101.8	100.7	100.7	98.2	101.7	101.6	102.8
吉林 Jilin	103.0	107.5	102.1	102.3	101.5	96.6	102.1	101.7	103.6
黑龙江 Heilongjiang	102.8	107.4	100.9	99.6	100.3	99.3	103.5	102.0	102.9
上海 Shanghai	102.5	105.0	103.2	101.9	100.9	97.8	101.2	103.3	103.3
江苏 Jiangsu	103.1	107.1	102.8	101.9	102.3	98.9	102.6	101.0	104.2
浙江 Zhejiang	102.9	106.2	101.8	100.6	101.8	99.0	103.7	104.8	103.2
安徽 Anhui	102.7	107.1	102.1	100.8	101.3	97.5	102.2	101.5	103.0
福建 Fujian	102.6	107.3	102.7	100.5	100.6	97.8	101.4	101.4	103.1
江西 Jiangxi	102.9	107.8	100.9	101.0	100.3	97.8	102.4	101.0	102.9
山东 Shandong	**103.2**	**107.9**	**101.2**	**102.2**	**100.9**	**97.8**	**102.5**	**102.0**	**104.1**
河南 Henan	103.0	107.4	100.7	100.8	100.6	99.0	102.7	101.9	105.2
湖北 Hubei	103.1	107.0	101.6	101.9	100.4	99.3	102.5	101.8	102.6
湖南 Hunan	102.9	107.3	101.1	101.5	100.5	98.6	102.0	101.4	102.5
广东 Guangdong	103.4	108.1	102.1	100.8	100.6	98.3	102.2	103.9	103.5
广西 Guangxi	103.7	109.5	101.7	101.7	101.1	98.1	102.1	101.8	103.0
海南 Hainan	103.4	108.1	102.1	101.1	101.0	99.1	101.4	101.5	104.1
重庆 Chongqing	102.7	106.8	100.2	102.0	100.6	98.6	101.9	100.7	102.8
四川 Sichuan	103.2	108.9	101.2	101.5	100.2	97.1	100.8	102.8	103.2
贵州 Guizhou	102.4	106.4	100.2	101.1	100.1	98.5	100.6	102.9	101.9
云南 Yunnan	102.5	106.6	99.9	101.5	100.6	98.2	101.9	102.0	102.3
西藏 Tibet	102.3	103.3	104.0	101.9	103.7	98.7	100.2	103.0	102.7
陕西 Shaanxi	102.9	105.6	102.1	102.4	101.3	98.8	102.8	101.4	104.0
甘肃 Gansu	102.3	105.4	100.7	101.7	100.8	99.0	100.7	102.0	102.8
青海 Qinghai	102.5	105.3	100.4	100.7	100.5	98.8	103.7	102.1	103.5
宁夏 Ningxia	102.1	104.8	100.4	101.1	100.0	98.1	100.3	104.0	103.9
新疆 Xinjiang	101.9	104.9	99.9	101.7	101.3	98.2	100.8	101.1	103.2

附录 1-11 城镇居民人均可支配收入
Per Capita Disposable Income of Urban Households

单位:元 (yuan)

地 区	Region	2010	2011	2012	2013	2014	2015	2016	2017	2018	2019
全国总计	**Total**	**19109**	**21810**	**24565**	**26467**	**28844**	**31195**	**33616**	**36396**	**39251**	**42359**
北 京	Beijing	29073	32903	36469	44564	48532	52859	57275	62406	67990	73849
天 津	Tianjin	24293	26921	29626	28980	31506	34101	37110	40278	42976	46119
河 北	Hebei	16263	18292	20543	22227	24141	26152	28249	30548	32977	35738
山 西	Shanxi	15648	18124	20412	22258	24069	25828	27352	29132	31035	33262
内 蒙 古	Inner Mongolia	17698	20408	23150	26004	28350	30594	32975	35670	38305	40782
辽 宁	Liaoning	17713	20467	23223	26697	29082	31126	32876	34993	37342	39777
吉 林	Jilin	15411	17797	20208	21331	23218	24901	26530	28319	30172	32299
黑 龙 江	Heilongjiang	13857	15696	17760	20848	22609	24203	25736	27446	29191	30945
上 海	Shanghai	31838	36230	40188	44878	48841	52962	57692	62596	68034	73615
江 苏	Jiangsu	22944	26341	29677	31585	34346	37173	40152	43622	47200	51056
浙 江	Zhejiang	27359	30971	34550	37080	40393	43714	47237	51261	55574	60182
安 徽	Anhui	15788	18606	21024	22789	24839	26936	29156	31640	34393	37540
福 建	Fujian	21781	24907	28055	28174	30722	33275	36014	39001	42121	45620
江 西	Jiangxi	15481	17495	19860	22120	24309	26500	28673	31198	33819	36546
山 东	**Shandong**	**19946**	**22792**	**25755**	**26882**	**29222**	**31545**	**34012**	**36789**	**39549**	**42329**
河 南	Henan	15930	18195	20443	21741	23672	25576	27233	29558	31874	34201
湖 北	Hubei	16058	18374	20840	22668	24852	27051	29386	31889	34455	37601
湖 南	Hunan	16566	18844	21319	24352	26570	28838	31284	33948	36698	39842
广 东	Guangdong	23898	26897	30227	29537	32148	34757	37684	40975	44341	48118
广 西	Guangxi	17064	18854	21243	22689	24669	26416	28324	30502	32436	34745
海 南	Hainan	15581	18369	20918	22411	24487	26356	28453	30817	33349	36017
重 庆	Chongqing	17532	20250	22968	23058	25147	27239	29610	32193	34889	37939
四 川	Sichuan	15461	17899	20307	22228	24234	26205	28335	30727	33216	36154
贵 州	Guizhou	14143	16495	18701	20565	22548	24580	26743	29080	31592	34404
云 南	Yunnan	16065	18576	21075	22460	24299	26373	28611	30996	33488	36238
西 藏	Tibet	14980	16196	18028	20394	22016	25457	27802	30671	33797	37410
陕 西	Shaanxi	15695	18245	20734	22346	24366	26420	28440	30810	33319	36098
甘 肃	Gansu	13189	14989	17157	19873	21804	23767	25693	27763	29957	32323
青 海	Qinghai	13855	15603	17566	20352	22307	24542	26757	29169	31515	33830
宁 夏	Ningxia	15344	17579	19831	21476	23285	25186	27153	29472	31895	34328
新 疆	Xinjiang	13644	15514	17921	21091	23214	26275	28463	30775	32764	34664

注:1.本表绝对数按当年价格计算。从2013年起，国家统计局开展了城乡一体化住户收支与生活状况调查，本表数据来源于此调查，与2013年前的分城镇和农村住户调查的调查范围、调查方法、指标口径有所不同(下表同)。

a)Absolute figures in this table are calculated at current prices.The NBS started an integrated household income and expenditure survey in 2013, including both urban and rural households. The data are compiled on the basis of the survey. The coverage, methodology and definitions used in the survey are different from those used for the separate urban and rural household surveys prior to 2013. (The same applies to tables following).

附录 1-12 城镇、农村居民人均收支情况

Per Capita Income and Expenditure of Urban And Rural Households

单位:元

地区	Region	城镇居民 Urban Households				农村居民 Rural Households			
		#人均可支配收入 Per Capita Disposable Income		#人均消费支出 Per Capita Consumption Expenditure		#人均可支配收入 Per Capita Disposable Income		#人均消费支出 Per Capita Consumption Expenditure	
		2018年	2019年	2018年	2019年	2018年	2019年	2018年	2019年
全国总计	**Total**	**39251**	**42359**	**26112**	**28063**	**14617**	**16021**	**12124**	**13328**
北京	Beijing	67990	73849	42926	46358	26490	28928	20195	21881
天津	Tianjin	42976	46119	32655	34811	23065	24804	16863	17843
河北	Hebei	32977	35738	22127	23483	14031	15373	11383	12372
山西	Shanxi	31035	33262	19790	21159	11750	12902	9172	9728
内蒙古	Inner Mongolia	38305	40782	24437	25383	13803	15283	12661	13816
辽宁	Liaoning	37342	39777	26448	27355	14656	16108	11455	12030
吉林	Jilin	30172	32299	22394	23394	13748	14936	10826	11457
黑龙江	Heilongjiang	29191	30945	21035	22165	13804	14982	11417	12495
上海	Shanghai	68034	73615	46015	48272	30375	33195	19965	22449
江苏	Jiangsu	47200	51056	29462	31329	20845	22675	16567	17716
浙江	Zhejiang	55574	60182	34598	37508	27302	29876	19707	21352
安徽	Anhui	34393	37540	21523	23782	13996	15416	12748	14546
福建	Fujian	42121	45620	28145	30946	17821	19568	14943	16281
江西	Jiangxi	33819	36546	20760	22714	14460	15796	10885	12497
山东	**Shandong**	**39549**	**42329**	**24798**	**26731**	**16297**	**17775**	**11270**	**12309**
河南	Henan	31874	34201	20989	21972	13831	15164	10392	11546
湖北	Hubei	34455	37601	23996	26422	14978	16391	13946	15328
湖南	Hunan	36698	39842	25064	26924	14093	15395	12721	13969
广东	Guangdong	44341	48118	30924	34424	17168	18818	15411	16949
广西	Guangxi	32436	34745	20159	21591	12435	13676	10617	12045
海南	Hainan	33349	36017	22971	25317	13989	15113	10956	12418
重庆	Chongqing	34889	37939	24154	25785	13781	15133	11977	13112
四川	Sichuan	33216	36154	23484	25367	13331	14670	12723	14056
贵州	Guizhou	31592	34404	20788	21402	9716	10756	9170	10222
云南	Yunnan	33488	36238	21626	23455	10768	11902	9123	10260
西藏	Tibet	33797	37410	23029	25637	11450	12951	7452	8418
陕西	Shaanxi	33319	36098	21966	23514	11213	12326	10071	10935
甘肃	Gansu	29957	32323	22606	24454	8804	9629	9065	9694
青海	Qinghai	31515	33830	22998	23799	10393	11499	10352	11343
宁夏	Ningxia	31895	34328	21977	24161	11708	12858	10790	11465
新疆	Xinjiang	32764	34664	24191	25594	11975	13122	9421	10318

附录 1-13 农村居民人均纯收入
Per Capita Net Income of Rural Households

单位:元

地区	Region	2006	2007	2008	2009	2010	2011	2012	2013
全国总计	**Total**	**3587**	**4140**	**4761**	**5153**	**5919**	**6977**	**7917**	**8896**
北京	Beijing	8275	9440	10662	11669	13262	14736	16476	18337
天津	Tianjin	6228	7010	7911	8688	10075	12321	14026	15841
河北	Hebei	3802	4293	4795	5150	5958	7120	8081	9102
山西	Shanxi	3181	3666	4097	4244	4736	5601	6357	7154
内蒙古	Inner Mongolia	3342	3953	4656	4938	5530	6642	7611	8596
辽宁	Liaoning	4090	4773	5576	5958	6908	8297	9384	10523
吉林	Jilin	3641	4191	4933	5266	6237	7510	8598	9621
黑龙江	Heilongjiang	3552	4132	4856	5207	6211	7591	8604	9634
上海	Shanghai	9139	10145	11440	12483	13978	16054	17804	19595
江苏	Jiangsu	5813	6561	7356	8004	9118	10805	12202	13598
浙江	Zhejiang	7335	8265	9258	10007	11303	13071	14552	16106
安徽	Anhui	2969	3556	4202	4504	5285	6232	7160	8098
福建	Fujian	4835	5467	6196	6680	7427	8779	9967	11184
江西	Jiangxi	3460	4045	4697	5075	5789	6892	7829	8781
山东	**Shandong**	**4368**	**4985**	**5641**	**6119**	**6990**	**8342**	**9446**	**10620**
河南	Henan	3261	3852	4454	4807	5524	6604	7525	8475
湖北	Hubei	3419	3997	4656	5035	5832	6898	7852	8867
湖南	Hunan	3390	3904	4512	4909	5622	6567	7440	8372
广东	Guangdong	5080	5624	6400	6907	7890	9372	10543	11669
广西	Guangxi	2770	3224	3690	3980	4543	5231	6008	6791
海南	Hainan	3256	3791	4390	4744	5275	6446	7408	8343
重庆	Chongqing	2874	3509	4126	4478	5277	6480	7383	8332
四川	Sichuan	3002	3547	4121	4462	5087	6129	7001	7895
贵州	Guizhou	1985	2374	2797	3005	3472	4145	4753	5434
云南	Yunnan	2250	2634	3103	3369	3952	4722	5417	6141
西藏	Tibet	2435	2788	3176	3532	4139	4904	5719	6578
陕西	Shaanxi	2260	2645	3136	3438	4105	5028	5763	6503
甘肃	Gansu	2134	2329	2724	2980	3425	3909	4507	5108
青海	Qinghai	2358	2684	3061	3346	3863	4608	5364	6196
宁夏	Ningxia	2760	3181	3681	4048	4675	5410	6180	6931
新疆	Xinjiang	2737	3183	3503	3883	4643	5442	6394	7296

注:本表按当年价格计算。

a)Figures in this table are calculated at current prices.

附录 1-14 农林牧渔业总产值及增长速度(2019年)

Gross Output Value and Growth Rate of Farming,Forestry, Animal Husbandry and Fishery(2019)

地区	Region	农林牧渔业总产值(亿元) Gross Output Value (100 million yuan)	#农业 Farming	#林业 Forestry	#牧业 Animal Husbandry	#渔业 Fishery	农林牧渔业总产值比上年增长(%) Growth Rate (%)
全国总计	**Total**	**123967.9**	**66066.5**	**5775.7**	**33064.3**	**12572.4**	**2.8**
北京	Beijing	281.7	102.3	115.6	49.3	5.3	-6.3
天津	Tianjin	414.4	202.9	24.9	100.4	71.4	0.6
河北	Hebei	6061.5	3114.9	231.4	2035.4	212.5	1.9
山西	Shanxi	1626.5	936.8	101.3	478.6	6.9	2.0
内蒙古	Inner Mongolia	3176.3	1606.3	100.9	1390.5	27.8	2.1
辽宁	Liaoning	4368.2	1912.0	117.4	1479.5	669.6	3.0
吉林	Jilin	2442.7	1014.1	68.1	1239.6	40.1	2.3
黑龙江	Heilongjiang	5930.0	3774.5	193.9	1671.8	123.1	2.5
上海	Shanghai	284.8	145.8	18.3	48.2	55.0	-7.3
江苏	Jiangsu	7503.2	3828.6	162.0	1213.0	1741.0	0.7
浙江	Zhejiang	3355.2	1595.0	185.5	395.2	1080.9	1.8
安徽	Anhui	5162.1	2365.4	351.3	1628.9	521.3	2.3
福建	Fujian	4636.6	1774.8	417.3	914.4	1361.7	3.6
江西	Jiangxi	3481.3	1624.3	342.8	888.9	476.5	3.0
山东	**Shandong**	**9671.7**	**4914.4**	**197.7**	**2412.1**	**1397.4**	**0.8**
河南	Henan	8541.8	5408.6	140.8	2316.5	118.2	3.0
湖北	Hubei	6681.9	3257.9	258.5	1521.5	1152.7	3.5
湖南	Hunan	6405.1	3052.1	430.7	2003.1	441.8	3.2
广东	Guangdong	7175.9	3530.2	408.5	1404.1	1524.8	3.5
广西	Guangxi	5498.8	3102.3	410.5	1189.7	538.9	4.8
海南	Hainan	1689.4	819.6	106.4	300.8	390.9	2.6
重庆	Chongqing	2337.8	1397.5	113.1	679.5	105.3	2.8
四川	Sichuan	7889.3	4395.0	372.2	2647.9	263.5	2.6
贵州	Guizhou	3889.0	2535.7	275.4	829.6	57.7	5.9
云南	Yunnan	4935.7	2680.2	395.5	1600.7	105.4	5.6
西藏	Tibet	212.8	94.9	3.5	108.4	0.4	7.7
陕西	Shaanxi	3536.8	2445.8	106.1	757.2	31.4	4.3
甘肃	Gansu	1887.6	1306.4	38.1	395.6	2.0	5.8
青海	Qinghai	454.4	181.3	11.3	250.8	3.9	4.6
宁夏	Ningxia	584.8	330.8	11.2	197.8	17.4	3.1
新疆	Xinjiang	3850.6	2616.3	65.6	915.3	27.5	3.5

注：本表绝对数按当年价格计算，增长速度按可比价格计算。
a)Absolute figures in this table are calculated at current prices while growth rate at constant prices.

附录 1-15 主要农产品产量(2019年)
Output of Major Agriculture Products(2019)

单位:万吨 (10 000 tons)

地区	Region	粮食 Grain	油料 Oil Crops	棉花 Cotton	蔬菜 Vegetables	水果 Fruits	肉类 Meat	#猪肉 Pork	#牛肉 Beef	#羊肉 Mutton	奶类 Milk
全国总计	**Total**	**66384.3**	**3493.0**	**588.9**	**72102.6**	**27400.8**	**7758.8**	**4255.3**	**667.3**	**487.5**	**3297.6**
北京	Beijing	28.8	0.3	0.00	111.5	59.9	5.1	2.3	0.7	0.4	26.4
天津	Tianjin	223.3	0.4	1.8	242.8	57.4	30.4	15.6	2.5	0.8	47.4
河北	Hebei	3739.2	119.5	22.7	5093.1	1391.5	433.4	241.9	57.2	31.0	433.8
山西	Shanxi	1361.8	13.7	0.3	827.8	862.7	91.0	56.8	6.6	8.0	92.3
内蒙古	Inner Mongolia	3652.5	228.7	0.01	1090.8	280.4	264.6	62.6	63.8	109.8	582.9
辽宁	Liaoning	2430.0	97.7	0.00	1885.4	820.7	367.9	189.4	29.6	6.8	134.7
吉林	Jilin	3877.9	81.8		445.4	153.9	243.2	108.3	41.9	4.7	40.0
黑龙江	Heilongjiang	7503.0	11.5		655.4	165.0	237.1	135.2	45.5	12.7	467.0
上海	Shanghai	95.9	0.8	0.01	268.1	48.1	10.8	8.9	0.0	0.2	29.7
江苏	Jiangsu	3706.2	94.3	1.6	5643.7	983.6	274.5	146.2	2.9	6.5	62.4
浙江	Zhejiang	592.1	31.9	0.8	1903.1	744.1	94.3	60.2	1.3	2.3	15.5
安徽	Anhui	4054.0	161.4	5.6	2213.6	706.3	402.8	197.8	9.5	18.8	33.8
福建	Fujian	493.9	22.0	0.0	1570.7	727.2	255.2	103.0	2.1	2.2	15.0
江西	Jiangxi	2157.5	120.8	6.6	1581.8	693.3	299.8	206.8	13.1	2.3	7.3
山东	**Shandong**	**5357.0**	**289.0**	**19.6**	**8181.1**	**2840.2**	**704.0**	**254.7**	**73.3**	**36.9**	**234.5**
河南	Henan	6695.4	645.5	2.7	7368.7	2589.7	560.4	344.4	36.2	28.1	208.5
湖北	Hubei	2725.0	313.9	14.4	4086.7	1010.2	349.2	243.0	16.0	9.9	13.4
湖南	Hunan	2974.8	239.2	8.2	3969.4	1062.0	459.4	348.5	19.0	15.9	6.3
广东	Guangdong	1240.8	110.2		3528.0	1768.6	412.1	221.9	4.1	2.0	13.9
广西	Guangxi	1332.0	71.6	0.1	3636.4	2472.1	380.0	192.1	12.4	3.5	8.7
海南	Hainan	145.0	8.7		572.0	456.1	67.1	29.5	2.2	1.2	0.2
重庆	Chongqing	1075.2	65.2		2008.8	476.4	163.8	112.1	7.3	6.8	4.2
四川	Sichuan	3498.5	367.4	0.3	4639.1	1136.7	559.5	353.4	36.4	27.1	66.8
贵州	Guizhou	1051.2	103.0	0.0	2734.8	442.0	205.9	150.3	21.5	5.0	5.3
云南	Yunnan	1870.0	62.5	0.00	2304.1	860.3	405.9	287.5	39.0	20.0	66.7
西藏	Tibet	103.9	5.7		77.5	2.4	28.4	0.8	21.2	5.8	48.2
陕西	Shaanxi	1231.1	60.1	0.8	1897.4	2012.8	109.5	80.9	8.5	9.3	159.7
甘肃	Gansu	1162.6	63.2	3.3	1388.8	710.1	101.7	48.0	22.7	25.0	44.7
青海	Qinghai	105.5	28.9		151.9	3.7	37.4	7.7	14.6	13.9	35.5
宁夏	Ningxia	373.2	7.7		565.9	258.6	33.5	7.8	11.5	10.4	183.4
新疆	Xinjiang	1527.1	66.4	500.2	1458.8	1604.8	170.7	37.6	44.5	60.3	209.4

注:1、水果产量含果用瓜。
a)Data of output of fruits include yield of melon and fruit.

附录 1-16　主要工业产品产量(2019年)
Output of Major Industrial Products(2019)

地　区	Region	原　油 (万吨) Crude Petroleum Oil (10 000 tons)	发电量 (亿千瓦小时) Electricity (100 million kwh)	生　铁 (万吨) Pig Iron (10 000 tons)	粗　钢 (万吨) Crude Steel (10 000 tons)	钢　材 (万吨) Steel (10 000 tons)	水　泥 (万吨) Cement (10 000 tons)
全国总计	**Total**	**19101.4**	**75034.3**	**80936.5**	**99634.2**	**120477.4**	**235012.1**
北　京	Beijing		464.1			170.7	318.8
天　津	Tianjin	3111.9	733.0	2073.1	2194.8	5455.0	687.7
河　北	Hebei	550.0	3297.7	21774.4	24157.7	28409.6	10523.8
山　西	Shanxi		3361.7	5557.1	6039.1	5594.2	5257.5
内蒙古	Inner Mongolia	11.8	5495.1	2303.1	2653.7	2563.8	3377.7
辽　宁	Liaoning	1053.3	2072.9	6855.6	7361.9	7254.4	4677.4
吉　林	Jilin	385.7	946.4	1257.1	1356.6	1544.2	1815.0
黑龙江	Heilongjiang	3110.0	1111.9	800.7	896.1	782.0	1989.6
上　海	Shanghai	39.1	822.1	1490.1	1640.3	1819.7	441.5
江　苏	Jiangsu	151.4	5166.4	7347.6	12017.1	14211.4	16072.3
浙　江	Zhejiang		3537.6	835.5	1350.7	3468.2	13441.0
安　徽	Anhui		2886.7	2530.0	3222.5	3158.4	14018.8
福　建	Fujian		2578.0	1038.1	2390.3	3737.7	9475.0
江　西	Jiangxi		1375.9	2218.0	2524.5	2795.7	9691.3
山　东	**Shandong**	**2237.8**	**5897.2**	**5770.1**	**6357.0**	**9289.4**	**14643.0**
河　南	Henan	251.1	2888.3	2573.8	3299.1	3838.0	10496.6
湖　北	Hubei	53.6	2957.5	2765.2	3611.5	3771.6	11626.0
湖　南	Hunan		1559.4	1973.9	2385.7	2451.6	11251.2
广　东	Guangdong	1475.1	5051.0	2086.1	3229.1	4510.5	16895.5
广　西	Guangxi	50.3	1846.3	1466.1	2662.7	3346.7	12093.0
海　南	Hainan	30.5	345.7				2019.0
重　庆	Chongqing		811.6	611.0	920.9	1136.4	6757.7
四　川	Sichuan	8.4	3923.9	2131.3	2733.3	3308.2	14184.6
贵　州	Guizhou		2206.5	351.2	442.3	707.7	11061.1
云　南	Yunnan		3465.6	1788.0	2154.7	2323.3	12907.4
西　藏	Tibet		85.5				1080.9
陕　西	Shaanxi	3543.2	2193.2	1237.1	1430.7	2037.5	6642.7
甘　肃	Gansu	58.1	1630.5	659.1	877.8	936.7	4450.1
青　海	Qinghai	228.0	886.1	151.9	178.8	180.6	1348.8
宁　夏	Ningxia		1766.0	120.8	308.6	306.2	1889.7
新　疆	Xinjiang	2752.1	3670.5	1170.6	1236.9	1367.9	3877.1

附录 1-16 续表 continued

地区	Region	布(亿米) Cloth (100 million m)	家用电冰箱(万台) Home Refrigerators (10 000 units)	农用化肥(万吨) Chemical Fertilizes (10 000 tons)	汽车(万辆) Motor Vehicles (10 000 sets)	程控交换机(万线) Program Controlled Switchboards (10 000 lines)	移动通信手持机(万台) Mobile Communication Handsets (10 000 units)	微型计算机设备(万台) Microcomputer Equipments (10 000 units)
全国总计	**Total**	**575.6**	**7904.3**	**5731.2**	**2552.8**	**790.5**	**170100.6**	**34163.2**
北京	Beijing				164.0		8373.3	513.2
天津	Tianjin	3.7	44.6	16.4	104.1		11.5	
河北	Hebei	15.8		186.7	105.0	38.4		
山西	Shanxi	0.2		400.6	6.5		1862.2	
内蒙古	Inner Mongolia			515.4				
辽宁	Liaoning	0.9	178.2	38.1	79.2	3.5	46.1	3.0
吉林	Jilin	0.3		29.0	288.9			
黑龙江	Heilongjiang	0.1		46.6	18.9		259.5	
上海	Shanghai	1.2	33.8	1.0	274.9	4.2	4173.2	1121.7
江苏	Jiangsu	114.9	1068.1	200.6	82.8		5003.8	6032.3
浙江	Zhejiang	126.0	567.9	50.4	99.1	104.6	4652.6	277.7
安徽	Anhui	10.7	2505.9	271.3	77.6		81.7	2253.8
福建	Fujian	106.2		90.3	16.9		1802.9	2192.4
江西	Jiangxi	10.4	93.3	29.8	49.1		4897.6	
山东	**Shandong**	**53.6**	**732.5**	**425.5**	**77.7**		**1177.2**	**0.9**
河南	Henan	15.2	251.6	416.5	60.9		21744.1	
湖北	Hubei	57.6	539.9	569.6	224.0		3920.0	1270.2
湖南	Hunan	2.1		59.5	56.1		1262.9	128.8
广东	Guangdong	22.9	1631.4	15.8	311.7	638.4	70502.8	5784.7
广西	Guangxi	0.2		34.8	183.0		594.7	245.1
海南	Hainan			65.6				
重庆	Chongqing	2.0		83.6	138.3		17431.9	7614.3
四川	Sichuan	17.6	99.5	451.9	61.9	1.4	14811.4	6584.2
贵州	Guizhou	0.3	157.6	372.4	4.6		3289.1	0.1
云南	Yunnan			296.9	10.0		2792.2	140.6
西藏	Tibet							
陕西	Shaanxi	9.0		127.6	54.7		1409.9	
甘肃	Gansu			22.6	0.1			
青海	Qinghai			560.7				
宁夏	Ningxia	0.6		45.4				
新疆	Xinjiang	4.0		306.5	2.5			

附录 1-17　规模以上工业主要经济指标(2019年)

Main Indicators on Economic Efficiency of Industrial Enterprises above Designated Size(2019)

单位:亿元　　　　(100 million yuan)

地　区	Region	资产总计 Total Assets	流动资产合计 Current Assets	负债合计 Total Liabilities	营业收入 Business Revenue	营业成本 Business Cost	利润总额 Total Profits
全国总计	**Total**	**1191375.3**	**587317.3**	**673949.8**	**1057824.9**	**889442.1**	**61995.5**
北　京	Beijing	52444.2	19049.6	22273.5	22856.4	18874.8	1683.5
天　津	Tianjin	21563.0	10565.5	12596.9	18717.6	15884.5	1212.0
河　北	Hebei	46788.1	21645.5	28114.0	40416.9	35203.5	2013.1
山　西	Shanxi	41434.5	17015.9	29550.5	21123.5	17142.5	1184.0
内蒙古	Inner Mongolia	31314.0	10850.6	19093.3	16233.1	13001.6	1431.7
辽　宁	Liaoning	38850.8	19380.6	24563.6	30365.5	25783.3	1332.0
吉　林	Jilin	16710.4	8040.3	9926.3	14024.4	11538.0	740.5
黑龙江	Heilongjiang	16396.8	7170.6	9610.8	9916.6	8150.6	389.1
上　海	Shanghai	44031.5	25415.0	20770.7	38841.0	31312.3	2874.5
江　苏	Jiangsu	120515.1	69481.8	63786.6	118768.3	100600.0	6733.8
浙　江	Zhejiang	84743.5	46665.5	46706.6	74962.5	62649.5	4759.5
安　徽	Anhui	38104.2	19246.2	21536.5	37042.2	31600.0	2159.6
福　建	Fujian	38755.6	19803.8	19705.4	56921.8	49145.3	3815.1
江　西	Jiangxi	26200.8	13028.9	13771.9	34851.5	30156.0	2158.8
山　东	**Shandong**	**99292.1**	**53271.9**	**63392.9**	**84541.9**	**73322.6**	**3669.4**
河　南	Henan	50712.0	23625.4	28864.1	48544.5	41987.7	2762.4
湖　北	Hubei	42224.4	19703.2	21810.0	45212.9	37950.4	2867.8
湖　南	Hunan	28705.2	13147.2	14569.7	37310.8	30558.3	1870.8
广　东	Guangdong	137930.4	83743.5	77910.9	146517.7	122278.5	8915.3
广　西	Guangxi	18371.6	9189.8	11704.5	17433.4	15134.7	777.7
海　南	Hainan	3285.1	1439.9	1722.4	2280.7	1769.0	171.6
重　庆	Chongqing	20188.0	9749.2	11461.1	20793.9	17729.1	1102.8
四　川	Sichuan	47022.1	20251.0	26220.0	43811.1	36334.4	2900.0
贵　州	Guizhou	15521.8	6896.6	9515.9	9292.1	6982.0	867.2
云　南	Yunnan	21063.0	7946.9	12147.2	14612.6	11428.7	879.9
西　藏	Tibet	1692.6	444.8	888.7	288.3	233.5	5.2
陕　西	Shaanxi	35183.3	13231.4	18937.5	24526.8	19642.8	2167.0
甘　肃	Gansu	12153.0	4316.8	7622.8	9151.8	7953.7	251.8
青　海	Qinghai	6671.5	2097.4	4857.3	2339.3	1914.7	-541.9
宁　夏	Ningxia	10682.7	3665.7	6518.8	4824.9	4027.7	218.1
新　疆	Xinjiang	22824.1	7236.8	13799.1	11301.0	9152.3	623.4

注：本表为快报数据。
a):Data in this table are preliminary data.

附录 1-18 建筑业总产值和房屋建筑面积
Output Value of Construction and Floor Space of Buildings

地区	Region	总产值(亿元) Total Output Value (100 million yuan)		施工面积(万平方米) Floor Space of Buildings Under Construction (10 000 sq.m)		竣工面积(万平方米) Floor Space of Buildings Completed (10 000 sq.m)	
		2018	2019	2018	2019	2018	2019
全国总计	**Total**	**235085.5**	**248445.8**	**1408920.4**	**1441644.8**	**413508.8**	**402410.9**
北京	Beijing	10939.8	11999.4	71969.3	80556.8	9771.3	10932.1
天津	Tianjin	3791.1	4096.5	13379.9	15616.9	2119.6	2371.7
河北	Hebei	5740.3	5848.0	35665.3	34994.7	9054.4	8939.3
山西	Shanxi	4071.5	4653.3	16651.8	16990.3	3692.6	3836.4
内蒙古	Inner Mongolia	1040.1	1086.1	5369.2	5785.4	1699.8	1459.9
辽宁	Liaoning	3528.4	3554.6	13659.8	15312.8	4310.0	4335.0
吉林	Jilin	2183.6	1863.1	8504.3	7987.5	3132.4	2935.2
黑龙江	Heilongjiang	1194.3	1181.4	3765.4	3430.2	1438.5	1301.4
上海	Shanghai	7072.2	7812.7	47577.4	50918.9	7960.1	9232.0
江苏	Jiangsu	30846.7	33103.6	249176.8	255297.7	74806.3	77899.5
浙江	Zhejiang	28756.2	20390.2	214499.4	182718.5	62123.3	43545.6
安徽	Anhui	7888.5	8503.3	46758.4	48611.4	15894.5	15706.7
福建	Fujian	11548.8	13164.4	72626.8	76606.3	17294.2	17810.5
江西	Jiangxi	6993.4	7944.8	33274.7	33897.5	15638.5	14869.3
山东	**Shandong**	**12898.3**	**14269.3**	**81483.6**	**83686.1**	**22255.7**	**21925.7**
河南	Henan	11360.5	12701.0	63789.7	64256.1	20623.9	20736.2
湖北	Hubei	15133.9	16979.6	88238.1	92042.2	32691.9	33907.9
湖南	Hunan	9581.4	10800.6	59247.4	65247.3	19929.3	21041.9
广东	Guangdong	13714.4	16633.4	73731.3	84392.3	18536.5	22174.0
广西	Guangxi	4671.7	5407.3	26494.8	29487.8	8723.5	8685.7
海南	Hainan	339.2	366.0	2202.3	2309.5	594.9	485.0
重庆	Chongqing	7819.4	8223.0	35140.0	36557.8	13780.1	13618.3
四川	Sichuan	12983.8	14668.2	58007.4	61743.0	20876.7	20341.0
贵州	Guizhou	3330.0	3714.9	16660.9	15929.5	4904.3	4131.0
云南	Yunnan	5458.5	6122.1	19224.4	19766.7	7514.7	6805.4
西藏	Tibet	172.8	220.3	518.5	348.2	144.5	242.7
陕西	Shaanxi	7120.2	7883.9	29645.2	35276.5	7071.9	6769.8
甘肃	Gansu	1796.4	1916.4	9992.4	10689.9	2648.5	2686.7
青海	Qinghai	435.1	460.7	990.6	904.6	451.6	396.3
宁夏	Ningxia	565.0	601.4	2334.5	2251.2	801.5	679.1
新疆	Xinjiang	2110.1	2276.7	8341.1	8031.4	3023.9	2609.7

附录 1-19 建筑业主要效益指标(2019年)
Main Economic Indicators on Construction Enterprises(2019)

地区	Region	企业个数(个) Number of Enterprises (unit)	从事建筑业活动的从业人员平均人数(万人) Average Number of Employed Persons (10 000 persons)	按建筑业总产值计算的劳动生产率(元/人) Labor Productivity in Terms of Total Output Value (yuan/person)	人均竣工产值(元/人) Per Capita Output Value of Buildings Completed (yuan/person)	人均施工面积(平方米/人) Per Capita Floor Space of Buildings Under Construction (sq.m/person)	人均竣工面积(平方米/人) Per Capita Floor Space of Buildings Completed (sq.m/person)
全国总计	**Total**	**103814**	**6216.5**	**399656**	**199203**	**231.9**	**64.7**
北京	Beijing	2694	208.3	576000	250568	386.7	52.5
天津	Tianjin	1799	97.1	421878	191494	160.8	24.4
河北	Hebei	2502	97.0	602872	257564	360.8	92.2
山西	Shanxi	2999	113.1	411623	148197	150.3	33.9
内蒙古	Inner Mongolia	1026	26.7	406307	158268	216.4	54.6
辽宁	Liaoning	5323	87.8	404956	180153	174.5	49.4
吉林	Jilin	2388	42.3	440074	261263	188.7	69.3
黑龙江	Heilongjiang	1850	38.9	303720	170198	88.2	33.5
上海	Shanghai	2438	126.3	618646	328319	403.2	73.1
江苏	Jiangsu	9356	912.1	362924	268154	279.9	85.4
浙江	Zhejiang	7256	620.2	328747	180822	294.6	70.2
安徽	Anhui	4446	198.7	428005	180054	244.7	79.1
福建	Fujian	5830	488.7	269391	121830	156.8	36.4
江西	Jiangxi	3094	203.2	390924	212401	166.8	73.2
山东	**Shandong**	**7299**	**345.1**	**413499**	**181833**	**242.5**	**63.5**
河南	Henan	6739	314.2	404291	235673	204.5	66.0
湖北	Hubei	4565	251.3	675817	320724	366.3	135.0
湖南	Hunan	2986	294.6	366599	187401	221.5	71.4
广东	Guangdong	6643	349.4	476056	185652	241.5	63.5
广西	Guangxi	1630	142.8	378628	186424	206.5	60.8
海南	Hainan	213	8.3	441509	209607	278.6	58.5
重庆	Chongqing	2939	236.1	348288	159255	154.8	57.7
四川	Sichuan	5826	416.7	352004	147564	148.2	48.8
贵州	Guizhou	1449	90.9	408857	151270	175.3	45.5
云南	Yunnan	3156	181.4	337460	127260	109.0	37.5
西藏	Tibet	278	6.7	328179	146023	51.9	36.2
陕西	Shaanxi	3066	171.1	460863	146115	206.2	39.6
甘肃	Gansu	1654	54.2	353876	143305	197.4	49.6
青海	Qinghai	389	10.5	439073	228643	86.2	37.8
宁夏	Ningxia	662	20.5	293969	146576	110.0	33.2
新疆	Xinjiang	1319	62.5	364412	168768	128.6	41.8

附录 1-20　客运量和旅客周转量(2019年)
Passenger Traffic and Passenger-Kilometers(2019)

地　区	Region	客运量(万人) Passenger Traffic (10 000 persons)	#铁路 Railways	#公路 Highways	#水运 Waterways	旅客周转量(亿人公里) Passenger Kilometers (100 million passenger km)	#铁路 Railways	#公路 Highways	#水运 Waterways
全国总计	**Total**	**1760436**	**366002**	**1301173**	**27267**	**35349.0**	**14706.6**	**8857.1**	**80.2**
北　京	Beijing	62977	14825	48151		263.7	158.9	104.8	
天　津	Tianjin	17679	5332	12206	141	287.4	208.5	78.7	0.2
河　北	Hebei	44733	13013	31719	1	1311.1	1089.5	221.5	0.1
山　西	Shanxi	22305	8153	14010	142	395.6	236.7	158.8	0.1
内蒙古	Inner Mongolia	12158	5640	6518		313.2	211.6	101.6	
辽　宁	Liaoning	70266	15137	54599	530	945.2	656.9	282.4	6.0
吉　林	Jilin	31599	8623	22881	94	424.9	276.2	148.6	0.1
黑龙江	Heilongjiang	29751	11223	18212	317	429.0	289.4	139.3	0.4
上　海	Shanghai	16442	12834	3168	441	226.9	117.7	108.5	0.8
江　苏	Jiangsu	120298	23739	94475	2084	1565.8	863.9	698.2	3.7
浙　江	Zhejiang	101893	24309	72799	4785	1128.6	743.3	378.4	6.9
安　徽	Anhui	59275	13410	45643	222	1164.8	824.3	340.2	0.3
福　建	Fujian	45761	12741	31199	1821	588.9	396.2	190.0	2.7
江　西	Jiangxi	58069	11938	45933	198	984.2	739.7	244.2	0.3
山　东	**Shandong**	**68920**	**17325**	**49581**	**2014**	**1338.0**	**831.0**	**492.6**	**14.4**
河　南	Henan	109297	17709	91281	307	1798.7	1099.0	699.0	0.7
湖　北	Hubei	87432	17216	69584	632	1200.4	803.5	392.1	4.8
湖　南	Hunan	101428	15626	84162	1641	1443.0	1006.0	433.5	3.5
广　东	Guangdong	142326	38699	101012	2614	2125.7	1023.0	1093.0	9.7
广　西	Guangxi	47085	11777	34539	770	817.5	481.3	332.7	3.5
海　南	Hainan	14187	3085	9366	1736	130.4	52.6	73.7	4.1
重　庆	Chongqing	60153	8407	50990	756	487.9	239.2	243.0	5.7
四　川	Sichuan	91668	17352	72387	1930	872.7	433.2	437.7	1.8
贵　州	Guizhou	93756	7196	84255	2305	832.9	354.0	471.5	7.5
云　南	Yunnan	38381	6553	30681	1147	441.5	187.9	251.3	2.3
西　藏	Tibet	1365	345	1020		45.3	18.1	27.2	
陕　西	Shaanxi	70761	11461	59015	285	803.8	523.6	279.7	0.5
甘　肃	Gansu	42133	5969	36085	80	647.1	419.1	227.8	0.1
青　海	Qinghai	6313	1148	5071	94	128.2	78.1	50.0	0.1
宁　夏	Ningxia	5754	666	4905	183	87.0	40.9	46.0	0.1
新　疆	Xinjiang	20276	4550	15726		414.5	303.1	111.4	
不分地区	Not Classified by Region	65993				11705.3			

注：不分地区合计为民航完成数。

a)The total passenger traffic not classified by region refers to that completed by civil aviation.

附录 1-21 货运量和货物周转量(2019年)
Freight Traffic and Freight Ton-kilometers(2019)

地区	Region	货运量(万吨) Total (10 000 tons)	#铁路 Railways	#公路 Highways	#水运 Waterways	货物周转量(亿吨公里) Total (100 million ton-km)	#铁路 Railways	#公路 Highways	#水运 Waterways
全国总计	**Total**	**4706493**	**431773**	**3435480**	**747225**	**199287.1**	**30074.7**	**59636.4**	**103963.0**
北京	Beijing	22808	484	22325		1089.4	813.7	275.7	
天津	Tianjin	50093	9888	31250	8955	2662.4	517.1	599.4	1546.0
河北	Hebei	242445	26823	211461	4160	13563.4	4937.2	8027.2	599.0
山西	Shanxi	192192	91321	100847	24	5466.5	2774.7	2691.6	0.1
内蒙古	Inner Mongolia	182702	71828	110874		4586.8	2632.3	1954.5	
辽宁	Liaoning	178253	21199	144556	12498	8921.4	1231.6	2662.5	5027.3
吉林	Jilin	43193	5962	37217	14	1802.7	539.9	1262.8	0.1
黑龙江	Heilongjiang	50475	12073	37623	780	1615.1	814.4	795.1	5.6
上海	Shanghai	121124	487	50656	69981	30324.9	14.6	839.2	29471.1
江苏	Jiangsu	261711	6463	164578	90670	9944.0	329.7	3234.8	6379.5
浙江	Zhejiang	289011	4450	177683	106878	12391.9	236.1	2082.1	10073.7
安徽	Anhui	368248	7997	235269	124982	10245.8	753.5	3267.6	6224.7
福建	Fujian	134419	4840	87317	42263	8292.1	194.1	962.5	7135.6
江西	Jiangxi	150950	5065	135554	10331	3860.3	564.6	3040.3	255.4
山东	**Shandong**	**309410**	**25527**	**266124**	**17758**	**10166.2**	**1524.5**	**6746.2**	**1895.5**
河南	Henan	219024	10905	190883	17235	8658.5	2146.4	5299.8	1212.3
湖北	Hubei	188133	5480	143549	39105	6132.4	938.7	2268.1	2925.6
湖南	Hunan	189740	4554	165096	20090	2593.6	855.4	1316.7	421.5
广东	Guangdong	358288	10172	239744	108371	27373.5	301.2	2564.0	24508.3
广西	Guangxi	183036	8405	142751	31881	3989.2	752.8	1470.9	1765.5
海南	Hainan	18456	1133	6770	10552	1648.0	16.8	40.8	1590.5
重庆	Chongqing	112970	1911	89965	21094	3614.2	208.2	952.6	2453.4
四川	Sichuan	177283	7718	162668	6896	2710.8	877.7	1527.5	305.6
贵州	Guizhou	83402	5523	76205	1674	1235.3	641.6	548.5	45.2
云南	Yunnan	122727	4886	117145	696	1552.0	519.4	1015.2	17.4
西藏	Tibet	4025	55	3969		154.4	39.9	114.5	
陕西	Shaanxi	154749	44751	109801	197	3482.2	1750.1	1731.4	0.6
甘肃	Gansu	63610	5366	58228	16	2496.3	1516.7	979.6	
青海	Qinghai	14945	3223	11722		397.9	271.6	126.3	
宁夏	Ningxia	42511	8151	34360		651.0	213.6	437.4	
新疆	Xinjiang	84423	15133	69290		1948.2	1146.4	801.8	
不分地区	Not Classified by Region	92139			124	5716.6			103.7

注：1.不分地区合计中包括铁路行包运输、管道运输企业、民航运输企业、中远集团海外公司及中海集团香港有限公司完成数。货运量和货物周转量的全国总计，等于分省数与不分地区中民航、管道运输数据之和。

a)The data not classified by region refers to railway baggage freight, pipelines, civil aviation and that completed by companics abroad under China Ocean Shipping (group) Company and that of China Shipping Container Lines(HongKong)Co.,Ltd.The total freight traffic and freight ton-kilometers of China refers to the sum of the data classified by region and the data completed by civil aviation and pipelines.

附录 1-22 社会消费品零售总额
Total Retail Sale of Consumer Goods

单位:亿元 (100 million yuan)

地区	Region	2018		2019	
		社会消费品零售总额 Total Retail Sales of Consumer Goods	增长 (%) Growth Rate (%)	社会消费品零售总额 Total Retail Sales of Consumer Goods	增长 (%) Growth Rate (%)
全国	**National Total**	**377783.1**	**8.8**	**408017.2**	**8.0**
北京	Beijing	14422.3	3.5	15063.7	4.4
天津	Tianjin	4231.2	0.5	4218.2	-0.3
河北	Hebei	11973.9	7.5	12985.5	8.4
山西	Shanxi	6523.3	7.7	7030.5	7.8
内蒙古	Inner Mongolia	4852.3	4.5	5051.1	4.1
辽宁	Liaoning	9112.8	4.8	9670.6	6.1
吉林	Jilin	4073.8	2.0	4212.9	3.4
黑龙江	Heilongjiang	5275.0	3.9	5603.9	6.2
上海	Shanghai	14874.8	8.6	15847.6	6.5
江苏	Jiangsu	35472.6	8.1	37672.5	6.2
浙江	Zhejiang	25161.9	8.8	27343.8	8.7
安徽	Anhui	16156.2	12.8	17862.1	10.6
福建	Fujian	17178.4	11.6	18896.8	10.0
江西	Jiangxi	9045.7	11.4	10068.1	11.3
山东	Shandong	27480.3	7.6	29251.2	6.4
河南	Henan	21268.0	10.3	23476.1	10.4
湖北	Hubei	20598.2	11.2	22722.3	10.3
湖南	Hunan	15134.3	9.7	16683.9	10.2
广东	Guangdong	39767.1	8.7	42951.8	8.0
广西	Guangxi	7663.5	8.9	8200.9	7.0
海南	Hainan	1852.7	7.1	1951.1	5.3
重庆	Chongqing	10705.2	9.6	11631.7	8.7
四川	Sichuan	19340.7	11.1	21343.0	10.4
贵州	Guizhou	7105.0	10.2	7468.2	5.1
云南	Yunnan	9197.3	12.2	10158.2	10.4
西藏	Tibet	711.8	15.0	773.4	8.7
陕西	Shaanxi	9510.3	10.4	10213.0	7.4
甘肃	Gansu	3435.6	7.2	3700.3	7.7
青海	Qinghai	899.9	6.8	948.5	5.4
宁夏	Ningxia	1330.1	6.1	1399.4	5.2
新疆	Xinjiang	3429.1	5.5	3617.0	5.5

注：根据第四次全国经济普查结果对2018年社会消费品零售总额进行了修订，2019年相应进行调整。

a) Figures of total retail sales of consumer goods of 2018 are revised according to the result of the fourth national economic census. Figures of 2019 are adjusted accordingly.

附录 1–23 货物进出口总额(按收发货人所在地分)
Total Volume of Imports and Exports (by Location of Importers/Exporters)

单位:亿美元 (100 million USD)

地 区	Region	2013	2014	2015	2016	2017	2018	2019
全国总计	**Total**	**41589.9**	**43015.3**	**39530.3**	**36855.6**	**41071.6**	**46224.2**	**45761.3**
北 京	Beijing	4290.0	4155.2	3194.4	2823.5	3240.2	4124.9	4161.6
天 津	Tianjin	1285.0	1338.9	1142.8	1026.6	1129.2	1225.6	1066.5
河 北	Hebei	549.1	598.8	515.1	466.8	498.6	539.0	580.4
山 西	Shanxi	157.9	162.3	146.8	166.6	171.9	207.6	209.7
内蒙古	Inner Mongolia	119.9	145.6	127.3	116.4	138.7	156.9	159.1
辽 宁	Liaoning	1144.8	1140.0	959.5	865.6	996.0	1146.0	1052.8
吉 林	Jilin	258.3	263.8	188.8	184.5	185.4	206.8	189.0
黑龙江	Heilongjiang	388.8	389.0	210.1	165.4	189.5	264.4	271.0
上 海	Shanghai	4412.7	4664.0	4492.4	4337.7	4762.0	5156.8	4938.9
江 苏	Jiangsu	5508.0	5635.5	5455.6	5093.0	5907.8	6639.1	6295.3
浙 江	Zhejiang	3357.9	3550.4	3467.8	3365.8	3779.1	4323.6	4472.3
安 徽	Anhui	455.2	491.8	478.4	444.1	540.2	628.4	687.5
福 建	Fujian	1693.2	1774.1	1688.5	1568.3	1710.2	1874.1	1931.2
江 西	Jiangxi	367.5	427.3	424.0	400.3	443.4	481.9	509.3
山 东	**Shandong**	**2665.3**	**2769.3**	**2406.1**	**2343.6**	**2645.5**	**2924.0**	**2963.0**
河 南	Henan	599.6	649.7	737.8	712.1	776.3	828.1	824.7
湖 北	Hubei	363.8	430.4	455.5	393.9	463.4	527.8	571.5
湖 南	Hunan	251.8	308.3	293.0	262.4	360.3	464.7	628.9
广 东	Guangdong	10915.8	10765.8	10225.0	9553.0	10066.8	10844.6	10361.8
广 西	Guangxi	328.3	405.5	510.9	476.3	578.8	623.0	682.1
海 南	Hainan	149.9	158.6	139.7	113.5	103.7	127.3	131.5
重 庆	Chongqing	686.9	954.3	744.7	627.5	666.0	790.2	839.7
四 川	Sichuan	645.7	702.0	511.9	493.1	681.1	899.2	980.6
贵 州	Guizhou	82.9	107.7	122.2	57.0	81.6	76.0	65.7
云 南	Yunnan	253.0	296.1	244.9	199.0	234.5	298.6	337.0
西 藏	Tibet	33.2	22.5	9.1	7.8	8.6	7.2	7.0
陕 西	Shaanxi	201.3	273.6	305.0	299.5	402.0	533.0	510.5
甘 肃	Gansu	102.4	86.4	79.5	68.3	48.3	60.1	55.1
青 海	Qinghai	14.0	17.2	19.3	15.3	6.6	7.3	5.4
宁 夏	Ningxia	32.2	54.4	37.4	32.5	50.4	37.8	34.9
新 疆	Xinjiang	275.6	276.7	196.7	176.4	205.7	200.0	237.1

附录 1-24 货物进出口总额(按境内目的地、货源地分)
Total Volume of Imports and Exports (by Destination and Origion of Goods in China)

单位:亿美元 (100 million USD)

地区	Region	2013	2014	2015	2016	2017	2018	2019
全国总计	**Total**	**41589.9**	**43015.3**	**39530.3**	**36855.6**	**41071.6**	**46224.2**	**45761.3**
北京	Beijing	1315.6	1431.1	1307.8	1223.2	1216.2	1274.2	1122.3
天津	Tianjin	1346.0	1444.2	1189.6	1069.7	1216.9	1417.4	1363.7
河北	Hebei	902.2	942.7	802.5	749.9	815.4	874.7	946.5
山西	Shanxi	171.6	185.1	174.5	188.4	207.9	246.5	228.5
内蒙古	Inner Mongolia	143.9	152.9	139.1	132.2	158.9	198.3	201.1
辽宁	Liaoning	1213.6	1253.9	1070.7	961.3	1125.3	1340.8	1337.2
吉林	Jilin	251.9	270.4	199.8	192.4	197.9	215.4	192.4
黑龙江	Heilongjiang	274.0	294.2	163.2	139.4	167.1	237.4	248.8
上海	Shanghai	4342.8	4526.0	4230.4	4046.1	4473.5	4858.6	4733.6
江苏	Jiangsu	5933.0	6091.3	5809.7	5471.4	6364.9	7171.3	6785.1
浙江	Zhejiang	3655.1	3782.7	3590.6	3434.5	3839.7	4414.5	4517.2
安徽	Anhui	389.3	432.0	424.9	409.7	509.9	594.0	637.9
福建	Fujian	1544.8	1645.0	1475.7	1368.0	1530.8	1728.3	1747.6
江西	Jiangxi	336.5	391.1	406.5	353.6	369.2	411.7	443.9
山东	**Shandong**	**3149.4**	**3284.1**	**2783.7**	**2734.0**	**3162.9**	**3641.1**	**3580.3**
河南	Henan	627.7	684.8	769.6	741.1	813.7	874.9	879.8
湖北	Hubei	356.4	408.5	445.6	390.2	462.0	513.0	537.5
湖南	Hunan	243.2	283.0	293.0	231.5	300.1	354.6	421.3
广东	Guangdong	12811.9	12419.4	11651.9	10601.2	11136.6	12112.5	11837.0
广西	Guangxi	387.0	448.9	462.1	439.1	526.0	607.3	653.4
海南	Hainan	147.6	169.3	155.2	121.7	136.5	180.9	171.7
重庆	Chongqing	587.9	825.6	587.1	518.5	565.7	681.9	755.8
四川	Sichuan	550.9	612.4	469.4	480.6	666.2	932.3	1040.6
贵州	Guizhou	47.6	51.4	78.3	52.0	81.2	83.6	69.4
云南	Yunnan	158.2	199.1	189.9	174.1	213.9	271.8	334.5
西藏	Tibet	21.0	21.4	6.6	5.9	6.1	6.4	6.2
陕西	Shaanxi	202.2	276.9	298.8	294.7	405.6	522.5	490.9
甘肃	Gansu	68.4	52.7	43.6	44.7	50.0	64.9	53.7
青海	Qinghai	8.6	6.2	5.9	5.2	4.5	5.8	4.8
宁夏	Ningxia	26.1	40.1	33.9	31.0	43.3	40.5	41.9
新疆	Xinjiang	375.7	388.9	270.7	250.0	303.9	347.0	372.8

附录 1−25 货物进出口总额(2019年)
Total Volume of Imports and Exports (2019)

单位:亿美元 (100 million USD)

地区	Region	按收发货人所在地分 by Location of Importers/Exporters		按境内目的地、货源地分 by Destination and Origion of Goods	
		出口额 Exports	进口额 Imports	出口额 Exports	进口额 Imports
全国总计	**Total**	**24990.3**	**20771.0**	**24990.3**	**20771.0**
北京	Beijing	750.0	3411.6	265.1	857.2
天津	Tianjin	437.9	628.5	412.5	951.1
河北	Hebei	343.8	236.6	480.6	466.0
山西	Shanxi	116.9	92.8	147.3	81.2
内蒙古	Inner Mongolia	54.7	104.5	73.8	127.4
辽宁	Liaoning	454.5	598.3	558.0	779.2
吉林	Jilin	47.0	142.0	52.8	139.6
黑龙江	Heilongjiang	50.7	220.3	56.3	192.5
上海	Shanghai	1990.0	2948.9	1698.5	3035.1
江苏	Jiangsu	3948.3	2347.0	4029.8	2755.3
浙江	Zhejiang	3345.9	1126.4	3395.8	1121.4
安徽	Anhui	404.1	283.3	398.6	239.4
福建	Fujian	1201.7	729.5	1087.8	659.7
江西	Jiangxi	362.1	147.2	291.9	152.0
山东	**Shandong**	**1614.5**	**1348.5**	**1710.6**	**1869.7**
河南	Henan	542.2	282.5	593.0	286.8
湖北	Hubei	360.0	211.5	318.7	218.8
湖南	Hunan	445.5	183.5	263.3	158.0
广东	Guangdong	6291.8	4070.0	7196.1	4641.0
广西	Guangxi	377.5	304.6	193.3	460.1
海南	Hainan	49.9	81.7	48.5	123.3
重庆	Chongqing	538.0	301.7	497.2	258.6
四川	Sichuan	563.9	416.7	526.2	514.4
贵州	Guizhou	47.4	18.3	52.1	17.3
云南	Yunnan	150.2	186.7	144.8	189.7
西藏	Tibet	5.4	1.6	5.6	0.6
陕西	Shaanxi	272.2	238.3	265.8	225.1
甘肃	Gansu	19.1	36.1	22.1	31.6
青海	Qinghai	2.9	2.5	2.3	2.5
宁夏	Ningxia	21.6	13.3	27.8	14.1
新疆	Xinjiang	180.4	56.7	171.7	201.1

附录 1-26 外商投资企业进出口总额

Volume of Import and Export of Foreign-funded Enterprises

单位:万美元 (10 000 USD)

地区	Region	2018 进出口总额 Total	2018 出口额 Exports	2018 进口额 Imports	2019 进出口总额 Total	2019 出口额 Exports	2019 进口额 Imports
全国总计	**Total**	**196807053**	**103601588**	**93205464**	**182390872**	**96606035**	**85784837**
北京	Beijing	7257205	1506238	5750966	7417853	1617361	5800492
天津	Tianjin	5946280	2522737	3423543	5337793	2129997	3207796
河北	Hebei	991894	562176	429718	859579	467227	392352
山西	Shanxi	1222125	771361	450764	1192508	729285	463223
内蒙古	Inner Mongolia	110435	65148	45287	95149	45833	49316
辽宁	Liaoning	4968576	2057446	2911130	4374608	2002773	2371835
吉林	Jilin	1037357	143011	894346	871770	114499	757271
黑龙江	Heilongjiang	203235	110997	92238	183460	93410	90050
上海	Shanghai	33262722	13441455	19821267	31666135	12367216	19298919
江苏	Jiangsu	40823628	22435730	18387898	37545432	21572898	15972534
浙江	Zhejiang	8700618	5322415	3378204	8257240	5045052	3212188
安徽	Anhui	1947499	1072921	874578	1956809	1124826	831983
福建	Fujian	6804285	4021306	2782979	6204770	3576479	2628290
江西	Jiangxi	1418579	722268	696310	1345235	786246	558990
山东	**Shandong**	**8578903**	**5158187**	**3420717**	**7490567**	**4567943**	**2922624**
河南	Henan	5331696	3414290	1917406	5102252	3342964	1759288
湖北	Hubei	1362508	725349	637159	1348584	738358	610226
湖南	Hunan	913952	467545	446406	793023	473979	319044
广东	Guangdong	49062002	29351330	19710672	43475066	26244268	17230799
广西	Guangxi	1590269	737426	852842	1114013	566825	547188
海南	Hainan	881570	341659	539911	737061	397548	339513
重庆	Chongqing	4464531	3226483	1238048	4843995	3290984	1553011
四川	Sichuan	5887679	3261247	2626432	6619211	3597061	3022150
贵州	Guizhou	219936	120274	99662	69189	46350	22839
云南	Yunnan	58665	32854	25812	78900	34301	44599
西藏	Tibet	96		96	73		73
陕西	Shaanxi	3669744	1964501	1705243	3331866	1597867	1733999
甘肃	Gansu	3345	1066	2278	5069	1302	3768
青海	Qinghai	471	286	185	506	425	81
宁夏	Ningxia	70517	36214	34303	55690	26019	29671
新疆	Xinjiang	16732	7669	9063	17466	6739	10727

附录2

国际统计资料

International Statistical Data

简 要 说 明

一、本篇资料的主要内容

本篇资料反映了近年来世界主要国家经济社会事业发展基本情况，主要包括人口、土地面积、国内生产总值及其增长、农业、工业、国际贸易、直接投资、国际旅游、国际储备、外债、医疗卫生、互联网用户、人文发展指数和世界500强等方面的内容。

二、本篇资料的来源

本篇资料来源于中国统计出版社出版的《国际统计年鉴2019》，由省统计局综合处整理。

Brief Introduction

I. Content

Data in this chapter show the social and economic indicators of other countries, mainly including population, territory, GDP, agriculture, industry, international trade, direct investment, international tourism, international reserve, international debts, public health, internet users, indicators on development of population and culture, and TOP500 of international companies, etc.

II. Source of Data

Data in this chapter come from International Statistical Yearbook 2019 published by China Statistics Press and are prepared and compiled by the Division of Comprehensive Statistics of Shandong Provincial Bureau of Statistics.

附录2-1　中国主要指标居世界的位次
Ranking of China in the World in Terms of Main Indicators

资料来源：联合国贸发会议数据库、世界贸易组织数据库、世界银行WDI数据库、国际货币基金组织数据库。
Source: UNCTAD Database;WTO Database;World Bank WDI Database;IMF Database.

指　标	Indicator	1978	1980	1990	2000	2010	2017	2018
国土面积	Country Area	4	4	4	4	4	4	4
人　口	Population	1	1	1	1	1	1	1
国内生产总值	Gross Domestic Product	11	12	11	6	2	2	2
人均国民总收入①	GNI per capita ①	175(188)	177(188)	178(200)	141(207)	120(215)	70(189)	71(192)
货物进出口贸易总额	Foreign Trade Total	29	26	16	8	2	1	1
出口额	Exports	31	30	15	7	1	1	1
进口额	Imports	29	22	18	8	2	2	2
外商直接投资	Foreign Direct Investment Inflows	128	55	12	8	2	2	2
对外直接投资	Foreign Direct Investment Outflows	45	63	22	33	5	3	2
外汇储备	Foreign Exchange Reserves	38	36	10	2	1	1	1

注：①括号中所列为参加排序的国家和地区数。
Note:①The number in the parentheses indicates the number of countries or territories the order based on.

附录2-2　中国主要指标占世界的比重
Major Indicators as Percentage of the World for China

资料来源：联合国贸发会议数据库、世界贸易组织数据库、世界银行WDI数据库、国际货币基金组织数据库、联合国FAO数据库。
Source: UNCTAD Database,WTO Database,World Bank WDI Database,IMF Database,FAO Database.

单位：%　　(%)

指　标	Indicator	1978	1980	1990	2000	2010	2017	2018
国土面积	Country Area	7.1	7.1	7.1	7.1	7.1	7.1	7.1
人　口	Mid-year Population	22.3	22.1	21.5	20.6	19.3	18.4	18.3
国内生产总值	Gross Domestic Product	1.8	1.7	1.6	3.6	9.2	15.0	15.9
货物进出口贸易总额	Foreign Trade Total	0.8	0.9	1.6	3.6	9.7	11.5	11.8
出口额	Exports	0.8	0.9	1.8	3.9	10.3	12.8	12.8
进口额	Imports	0.8	1.0	1.5	3.3	9.0	10.2	10.8
外商直接投资	Foreign Direct Investment Inflows		0.1	1.7	3.0	8.3	9.0	10.7
对外直接投资	Foreign Direct Investment Outflows			0.3	0.1	5.0	11.1	12.8
外汇储备	Foreign Exchange Reserves			3.3	8.6	30.7	27.4	26.9
稻谷产量	Rice Production	35.5	35.3	36.5	31.4	27.9	27.6	27.1
小麦产量	Wheat Production	12.1	12.5	16.6	17.0	18.0	17.4	17.9
玉米产量	Maize Production	14.2	15.8	20.0	17.9	20.8	22.2	22.4
大豆产量	Soybeans Production	10.0	9.8	10.1	9.6	5.7	3.7	4.1

附录2-3 中国农业主要产品产量居世界的位次
Ranking of China in the World in Terms of Major Agricultural Products

资料来源：联合国FAO数据库。
Source: FAO Database.

项 目	Item	1978	1980	1990	2000	2005	2010	2017	2018
谷物	Cereals	2	1	1	1	1	1	1	1
肉类①	Meat①	3	3	2	1	1	1	1	1
籽棉	Seed Cotton	2	2	1	1	1	1	2	1
大豆	Soybeans	3	3	3	4	4	4	4	4
花生	Groundnuts in Shell	2	2	2	1	1	1	1	1
油菜籽	Rapeseed	2	2	1	1	1	1	2	2
甘蔗	Sugar Cane	10	10	4	3	3	3	3	3
茶叶	Tea	2	2	2	2	1	1	1	1
水果	Fruit	6	8	1	1	1	1	1	1

注：①1990年以前为猪、牛、羊肉产量的位次。
Note: ①Data refer to pork,beef and mutton prior to 1990.

附录2-4 中国工业主要产品产量居世界位次
Ranking of China in the World in Terms of Major Industrial Products

资料来源：联合国统计月报数据库、联合国FAO数据库。
Source: UN Monthly Bulletin of Statistics Database,FAO Database.

项 目	Item	1978	1980	1990	2000	2005	2010	2017	2018
粗 钢	Crude Steel	5	5	4	1	1	1	1	1
煤	Coal	3	3	1	1	1	1	1	1
原 油	Crude Petroleum	8	6	5	5	5	4	5	6
发电量	Electricity	7	6	3	2	2	2	1	1
水 泥	Cement	4	4	1	1	1	1	1	1
化 肥	Fertilizer	3	3	3	1	1	1	1	1
棉 布	Woven Cotton Fabrics	1	1	1	2	2	1	1	1

附录2-5 国土面积与人口密度

Country Area and Population Density

资料来源：世界银行WDI数据库。
Source: World Bank WDI Database.

国家或地区	Country or Area	国土面积（万平方公里） Surface Area(10 000 sq.km)	人口密度（人/平方公里） Population Density(persons/sq.km)		
		2018	2010	2017	2018
世　界	**World**	**13202.5**	**54.4**	**59.0**	**59.6**
中　国	China	960.0	142.5	147.7	148.4
中国澳门	Macao, China		18121.9	20479.8	20777.5
孟加拉国	Bangladesh	14.8	1133.7	1226.6	1239.6
文　莱	Brunei Darussalam	0.6	73.8	80.6	81.4
柬 埔 寨	Cambodia	18.1	81.1	90.7	92.1
印　度	India	298.0	415.1	450.2	454.9
印度尼西亚	Indonesia	191.4	133.5	146.1	147.8
伊　朗	Iran	174.5	45.3	49.5	50.2
以 色 列	Israel	2.2	352.3	402.7	410.5
日　本	Japan	37.8	351.3	347.8	347.1
哈萨克斯坦	Kazakhstan	272.5	6.1	6.7	6.8
韩　国	Korea, Rep.	10.0	509.8	527.9	529.7
老　挝	Laos	23.7	27.1	30.1	30.6
马来西亚	Malaysia	33.0	85.9	94.7	96.0
蒙　古	Mongolia	156.4	1.8	2.0	2.0
缅　甸	Myanmar	67.7	77.5	81.7	82.2
巴基斯坦	Pakistan	79.6	232.8	269.7	275.3
菲 律 宾	Philippines	30.0	315.2	352.7	357.7
中国香港	Hong Kong, China	0.1	6689.7	7039.7	7096.2
新 加 坡	Singapore	0.1	7231.8	7915.7	7953.0
斯里兰卡	Sri Lanka	6.6	323.1	342.0	345.6
泰　国	Thailand	51.3	131.5	135.5	135.9
越　南	Viet Nam	33.1	283.7	305.1	308.1
埃　及	Egypt	100.2	83.1	96.9	98.9
尼日利亚	Nigeria	92.4	174.0	209.6	215.1
南　非	South Africa	121.9	42.2	47.0	47.6
加 拿 大	Canada	998.5	3.7	4.0	4.1
墨 西 哥	Mexico	196.4	58.7	64.2	64.9
美　国	United States	983.2	33.8	35.6	35.8
阿 根 廷	Argentina	278.0	14.9	16.1	16.3
巴　西	Brazil	851.6	23.4	24.9	25.1
委内瑞拉	Venezuela	91.2	32.2	33.3	32.7
捷　克	Czech Rep.	7.9	135.6	137.2	137.6
法　国	France	54.9	118.8	122.1	122.3
德　国	Germany	35.8	234.6	236.6	237.4
意 大 利	Italy	30.1	201.5	205.8	205.5
荷　兰	Netherlands	4.2	492.6	508.5	511.5
波　兰	Poland	31.3	124.2	124.0	124.0
俄 罗 斯	Russia	1709.8	8.7	8.8	8.8
西 班 牙	Spain	50.6	93.2	93.3	93.5
土 耳 其	Turkey	78.5	94.0	105.4	107.0
乌 克 兰	Ukraine	60.4	79.2	77.4	77.0
英　国	United Kingdom	24.4	259.4	273.1	274.8
澳大利亚	Australia	774.1	2.9	3.2	3.3
新 西 兰	New Zealand	26.8	16.5	18.2	18.6

附录2-6 国内生产总值(现价美元)
Gross Domestic Product(USD)

资料来源：世界银行WDI数据库。
Source: World Bank WDI Database.

单位：亿美元 (100 million USD)

国家或地区	Country or Area	2000	2005	2010	2015	2017	2018
世　界	**World**	**335979**	**474590**	**660369**	**750024**	**808856**	**857908**
高收入国家	**High Income**	**278983**	**375837**	**453520**	**478502**	**510030**	**541081**
中等收入国家	**Middle Income**	**55469**	**96699**	**203187**	**266566**	**293825**	**311410**
中等偏下收入国家	**Lower Middle Income**	**12946**	**21581**	**44620**	**57844**	**65219**	**67075**
中等偏上收入国家	**Upper Middle Income**	**42524**	**75118**	**158566**	**208665**	**228510**	**244331**
中低收入国家	**Low and Middle Income**	**56891**	**98650**	**206886**	**271689**	**299124**	**317139**
东亚和太平洋	**East Asia and Pacific**	**17352**	**31071**	**78690**	**132234**	**146462**	**162800**
欧洲和中亚	**Europe and Central Asia**	**6981**	**16808**	**30998**	**30887**	**33173**	**33949**
拉丁美洲和加勒比	**Latin America and Caribbean**	**17983**	**25749**	**49046**	**49970**	**54050**	**51934**
中东和北非国家	**Middle East and North Africa**	**4517**	**6986**	**13836**	**14416**	**14375**	
南　亚	**South Asia**	**6161**	**10401**	**20611**	**26973**	**33477**	**34578**
撒哈拉以南非洲	**Sub-Saharan Africa**	**3915**	**7637**	**13688**	**16601**	**16777**	**16956**
低收入国家	**Low Income**	**1452**	**1970**	**3684**	**5168**	**5269**	**5722**
最不发达地区	**Least Developed Countries**	**2073**	**3371**	**6727**	**9598**	**10778**	**10522**
重债穷国	**Heavily Indebted Poor Countries**	**1592**	**2482**	**4740**	**6604**	**7520**	**7265**
中　国	China	12113	22860	60872	110155	121435	136082
中国香港	Hong Kong, China	1717	1816	2286	3094	3416	3630
中国澳门	Macao, China	67	121	281	454	506	545
阿富汗	Afghanistan		62	159	199	202	194
阿尔巴尼亚	Albania	35	81	119	114	130	151
阿尔及利亚	Algeria	548	1032	1612	1660	1676	1807
安道尔	Andorra	14	33	34	28	30	32
安哥拉	Angola	91	370	838	1162	1221	1058
安提瓜和巴布达	Antigua and Barbuda	8	10	12	14	15	16
阿根廷	Argentina	2842	1987	4236	5947	6427	5185
亚美尼亚	Armenia	19	49	93	106	115	124
阿鲁巴岛	Aruba	19	23	24	27	27	
澳大利亚	Australia	4150	6934	11461	13515	13308	14322
奥地利	Austria	1968	3160	3919	3818	4168	4557
阿塞拜疆	Azerbaijan	53	132	529	531	409	469
巴哈马	Bahamas	81	98	101	118	122	
巴　林	Bahrain	91	160	257	311	354	377
孟加拉国	Bangladesh	534	694	1153	1951	2497	2740
巴巴多斯	Barbados	31	39	45	46	47	
白俄罗斯	Belarus	127	302	587	565	547	597
比利时	Belgium	2379	3874	4835	4559	4949	5318
伯利兹	Belize	8	11	14	18	19	19
贝　宁	Benin	26	48	70	83	92	104
百慕大	Bermuda	35	49	57			
不　丹	Bhutan	4	8	16	21	25	25
玻利维亚	Bolivia	84	95	196	330	375	403
波　黑	Bosnia and Herzegovinian	55	112	172	162	181	198
博茨瓦纳	Botswana	58	99	128	144	174	186
巴　西	Brazil	6554	8916	22089	18022	20536	18686
文　莱	Brunei Darussalam	60	95	137	129	121	136
保加利亚	Bulgaria	132	296	506	502	582	651
布基纳法索	Burkina Faso	26	55	90	104	123	144
布隆迪	Burundi	9	11	20	31	32	31
柬埔寨	Cambodia	37	63	112	180	222	246
喀麦隆	Cameroon	101	179	261	309	349	385
加拿大	Canada	7423	11694	16135	15529	16469	17093
佛得角	Cape Verde	5	10	17	16	18	20
中　非	Central African Rep	9	13	21	17	22	24

附录2-6 续表 1 continued

单位：亿美元 (100 million USD)

国家或地区	Country or Area	2000	2005	2010	2015	2017	2018
乍 得	Chad	14	66	107	109	100	113
海峡群岛	Channel Islands	64	88				
智 利	Chile	779	1230	2185	2439	2777	2982
哥伦比亚	Colombia	999	1452	2861	2935	3118	3302
科 摩 罗	Comoros	4	7	9	10	11	12
刚果(金)	Congo, Dem. Rep.	191	120	216	379	380	472
刚果(布)	Congo, Rep.	32	61	120	86	87	113
哥斯达黎加	Costa Rica	149	199	373	548	582	601
科特迪瓦	Cote D'Ivoire	107	171	249	331	381	430
克罗地亚	Croatia	218	453	599	495	552	608
古 巴	Cuba	306	426	643	871	969	
塞浦路斯	Cyprus	100	184	256	197	221	245
捷 克	Czech Rep.	616	1363	2075	1868	2159	2441
丹 麦	Denmark	1642	2645	3220	3027	3299	3513
吉 布 提	Djibouti	6	7	11	16	18	20
多米尼克	Dominica	3	4	5	5	5	5
多米尼加	Dominican Rep.	243	361	540	688	759	813
厄瓜多尔	Ecuador	183	415	696	993	1043	1084
埃 及	Egypt	998	897	2189	3327	2354	2509
萨尔瓦多	El Salvador	118	147	184	234	249	261
赤道几内亚	Equatorial Guinea	10	82	163	132	123	133
厄立特里亚	Eritrea	7	11	21			
爱沙尼亚	Estonia	57	140	195	229	266	303
埃塞俄比亚	Ethiopia	82	124	299	645	817	844
法罗群岛	Faeroe Islands	11	17	23	25		
斐 济	Fiji	17	30	31	47	53	55
芬 兰	Finland	1255	2044	2478	2329	2523	2757
法 国	France	13622	21961	26426	24382	25863	27775
法属波立尼西亚	French Polynesia	34					
加 蓬	Gabon	51	96	144	144	149	170
冈 比 亚	Gambia	8	6	10	14	15	16
格鲁吉亚	Georgia	31	64	116	140	151	162
德 国	Germany	19500	28614	34171	33814	36932	39968
加 纳	Ghana	50	107	322	492	590	656
希 腊	Greece	1301	2478	2994	1966	2031	2180
格 陵 兰	Greenland	11	18	25	25		
关 岛	Guam		42	49	57	59	
危地马拉	Guatemala	193	272	413	638	756	785
几 内 亚	Guinea	30	29	69	88	99	110
几内亚比绍	Guinea-Bissau	4	6	8	10	13	15
圭 亚 那	Guyana	7	8	23	32	36	36
海 地	Haiti	40	43	66	87	84	97
洪都拉斯	Honduras	71	97	157	208	229	238
匈 牙 利	Hungary	473	1130	1309	1231	1398	1557
冰 岛	Iceland	89	168	137	173	245	259
印 度	India	4621	8204	16756	21036	26526	27263
印度尼西亚	Indonesia	1650	2859	7551	8609	10154	10422
伊 朗	Iran	1096	2265	4871	3859	4540	
伊 拉 克	Iraq	259	500	1385	1775	1932	2259
爱 尔 兰	Ireland	999	2116	2221	2911	3314	3759
马 恩 岛	Isle of Man	16	30	59	68		
以 色 列	Israel	1323	1424	2337	3005	3533	3697
意 大 利	Italy	11418	18527	21251	18323	19466	20739
牙 买 加	Jamaica	90	112	132	141	148	157
日 本	Japan	48875	47554	57001	43895	48600	49709

附录2-6 续表 2 continued

单位：亿美元 (100 million USD)

国家或地区	Country or Area	2000	2005	2010	2015	2017	2018
约　　旦	Jordan	85	126	266	380	408	423
哈萨克斯坦	Kazakhstan	183	571	1480	1844	1629	1705
肯 尼 亚	Kenya	127	187	400	640	788	879
基里巴斯	Kiribati	1	1	2	2	2	2
韩　　国	Korea, Rep.	5616	8981	10945	13828	15308	16194
科 威 特	Kuwait	377	808	1154	1146	1196	1417
吉尔吉斯斯坦	Kyrgyzstan	14	25	48	67	77	81
老　　挝	Laos	17	27	71	144	169	181
拉脱维亚	Latvia	79	169	238	270	305	348
黎 巴 嫩	Lebanon	173	215	384	500	534	566
莱 索 托	Lesotho	9	17	24	25	26	28
利比里亚	Liberia	9	9	20	32	33	32
利 比 亚	Libya	383	473	748	278	381	483
列支敦士登	Liechtenstein	25	37	51	63		
立 陶 宛	Lithuania	115	261	371	415	475	533
卢 森 堡	Luxemburg	213	373	532	572	623	695
马 其 顿	Macedonia	38	63	94	101	113	
马达加斯加	Madagascar	39	50	87	97	115	121
马 拉 维	Malawi	17	37	70	64	63	71
马来西亚	Malaysia	938	1435	2550	2966	3147	3543
马尔代夫	Maldives	6	12	26	41	49	53
马　　里	Mali	30	62	107	131	153	172
马 耳 他	Malta	43	64	87	107	127	145
马绍尔群岛	Marshall Islands	1	1	2	2	2	2
毛里塔尼亚	Mauritania	13	22	43	48	50	54
毛里求斯	Mauritius	46	65	100	117	133	142
墨 西 哥	Mexico	7079	8775	10578	11706	11581	12238
密克罗尼西亚	Micronesia, Fed.	2	3	3	3	3	3
摩尔多瓦	Moldova	13	30	70	77	97	113
摩 纳 哥	Monaco	26	42	54	63	64	
蒙　　古	Mongolia	11	25	72	117	114	130
黑　　山	Montenegro	10	23	41	41	48	55
摩 洛 哥	Morocco	389	623	932	1012	1097	1185
莫桑比克	Mozambique	50	77	102	148	127	145
缅　　甸	Myanmar	89	120	495	597	667	712
纳米比亚	Namibia	38	71	113	117	136	145
瑙　　鲁	Nauru				1	1	1
尼 泊 尔	Nepal	55	81	160	214	249	288
荷　　兰	Netherlands	4128	6851	8466	7653	8306	9129
新喀里多尼亚	New Caledonia	27					
新 西 兰	New Zealand	526	1147	1466	1772	2026	2050
尼加拉瓜	Nicaragua	51	63	88	128	138	131
尼 日 尔	Niger	18	34	57	72	81	92
尼日利亚	Nigeria	694	1761	3634	4946	3757	3973
挪　　威	Norway	1713	3087	4291	3867	3995	4348
阿　　曼	Oman	195	311	586	689	708	793
巴基斯坦	Pakistan	740	1095	1774	2706	3050	3126
帕　　劳	Palau	1	2	2	3	3	3
巴 拿 马	Panama	123	164	294	541	623	651
巴布亚新几内亚	Papua New Guinea	35	49	143	217	223	234
巴 拉 圭	Paraguay	89	107	272	362	390	408
秘　　鲁	Peru	517	761	1475	1898	2107	2222
菲 律 宾	Philippines	810	1031	1996	2928	3136	3309
波　　兰	Poland	1719	3061	4793	4776	5264	5858
葡 萄 牙	Portugal	1184	1973	2383	1994	2193	2380

附录2-6 续表 3 continued

单位：亿美元 (100 million USD)

国家或地区	Country or Area	2000	2005	2010	2015	2017	2018
波多黎各	Puerto Rico	617	839	984	1034	1043	1011
卡 塔 尔	Qatar	178	445	1251	1617	1669	1920
罗马尼亚	Romania	374	985	1662	1779	2114	2396
俄 罗 斯	Russia	2597	7640	15249	13636	15786	16576
卢 旺 达	Rwanda	17	27	58	83	91	95
圣基茨和尼维斯	Saint Kitts and Nevis	4	6	8	9	10	10
圣卢西亚	Saint Lucia	8	10	14	16	18	19
圣文森特和格林纳丁斯	Saint Vincent and the Grenadines	4	6	7	8	8	8
萨 摩 亚	Samoa	3	5	6	8	8	9
圣马力诺	San Marino	11	20	21	15	16	
圣多美和普林西比	Sao Tome and Principe	1	1	2	3	4	4
沙特阿拉伯	Saudi Arabia	1895	3285	5282	6543	6886	7825
塞内加尔	Senegal	59	110	162	178	211	241
塞尔维亚	Serbia	65	277	418	396	441	505
塞 舌 尔	Seychelles	6	9	10	14	15	16
塞拉利昂	Sierra Leone	6	17	26	42	37	40
新 加 坡	Singapore	958	1278	2398	3080	3384	3642
斯洛伐克	Slovakia	291	627	895	878	956	1065
斯洛文尼亚	Slovenia	203	363	480	431	485	542
所罗门群岛	Solomon Islands	4	4	7	12	13	14
南 非	South Africa	1364	2577	3753	3175	3489	3663
西 班 牙	Spain	5954	11573	14316	11991	13143	14262
斯里兰卡	Sri Lanka	163	244	567	806	880	889
苏 丹	Sudan	123	265	656	967	1231	409
苏 里 南	Suriname	9	18	44	48	31	34
斯威士兰	Swaziland	17	32	44	40	44	
瑞 典	Sweden	2598	3895	4889	4981	5356	5510
瑞 士	Switzerland	2721	4087	5838	6798	6790	7055
叙 利 亚	Syrian Arab Republic	193	289	591			
塔吉克斯坦	Tajikistan	9	23	56	79	72	75
坦桑尼亚	Tanzania	102	184	320	474	533	574
泰 国	Thailand	1264	1893	3411	4013	4553	5050
东 帝 汶	Timor-Leste	4	18	40	31	25	26
多 哥	Togo	15	23	34	42	48	53
汤 加	Tonga	2	3	4	4	4	5
特立尼达和多巴哥	Trinidad And Tobago	82	160	222	251	223	234
突 尼 斯	Tunisia	215	323	441	432	400	399
土 耳 其	Turkey	2730	5014	7719	8598	8515	7665
土库曼斯坦	Turkmenistan	29	81	226	358	379	408
乌 干 达	Uganda	62	90	202	271	260	275
乌 克 兰	Ukraine	313	861	1360	910	1122	1308
阿 联 酋	United Arab Emirates	1043	1806	2898	3581	3826	4142
英 国	United Kingdom	16480	25250	24529	28964	26379	28252
美 国	United States	102848	130366	149921	182193	194854	204941
乌 拉 圭	Uruguay	228	174	403	533	565	596
乌兹别克斯坦	Uzbekistan	138	143	393	818	592	505
瓦努阿图	Vanuatu	3	4	7	7	8	9
委内瑞拉	Venezuela	1171	1455	3932			
越 南	Viet Nam	312	576	1159	1932	2238	2449
约旦河西岸和加沙	West Bank and Gaza	43	48	89	127	145	146
也 门	Yemen	97	167	309	426	268	269
赞 比 亚	Zambia	36	83	203	212	259	267
津巴布韦	Zimbabwe	67	58	120	200	228	310

附录2-7　人均国内生产总值
GDP per Capita

资料来源：世界银行WDI数据库。
Source: World Bank WDI Database.

单位：美元　　(USD)

国家或地区	Country or Area	2000	2005	2010	2015	2017	2018
世　界	**World**	**5488**	**7287**	**9539**	**10218**	**10769**	**11297**
高收入国家	**High Income**	**25021**	**33715**	**39170**	**40166**	**42346**	**44706**
中等收入国家	**Middle Income**	**1222**	**1976**	**3917**	**4850**	**5229**	**5484**
中等偏下收入国家	**Lower Middle Income**	**568**	**869**	**1660**	**1996**	**2188**	**2219**
中等偏上收入国家	**Upper Middle Income**	**1881**	**3116**	**6344**	**8033**	**8663**	**9201**
中低收入国家	**Low and Middle Income**	**1136**	**1828**	**3589**	**4418**	**4743**	**4968**
东亚和太平洋	**East Asia and Pacific**	**956**	**1639**	**4003**	**6488**	**7082**	**7821**
欧洲和中亚	**Europe and Central Asia**	**1778**	**4281**	**7773**	**7518**	**7980**	**8126**
拉丁美洲和加勒比	**Latin America and Caribbean**	**3910**	**4882**	**8760**	**8449**	**8960**	**8528**
中东和北非国家	**Middle East and North Africa**	**1608**	**2292**	**4158**	**3961**	**3818**	
南　亚	**South Asia**	**444**	**685**	**1258**	**1542**	**1867**	**1906**
撒哈拉以南非洲	**Sub-Saharan Africa**	**584**	**1006**	**1575**	**1668**	**1598**	**1573**
低收入国家	**Low Income**	**312**	**391**	**638**	**791**	**767**	**811**
最不发达地区	**Least Developed Countries**	**312**	**453**	**804**	**1020**	**1093**	**1042**
重债穷国	**Heavily Indebted Poor Countries**	**335**	**457**	**759**	**920**	**991**	**931**
中　国	China	959	1753	4551	8033	8759	9771
中国香港	Hong Kong, China	25757	26650	32550	42432	46221	48717
中国澳门	Macao, China	15703	25043	52253	75341	81209	86355
阿富汗	Afghanistan		242	543	579	556	521
阿尔巴尼亚	Albania	1127	2674	4094	3953	4533	5254
阿尔及利亚	Algeria	1757	3113	4481	4178	4048	4279
安道尔	Andorra	21937	41282	39736	36040	39134	42030
安哥拉	Angola	555	1902	3588	4167	4096	3432
安提瓜和巴布达	Antigua and Barbuda	9932	12548	13092	14527	15825	16864
阿根廷	Argentina	7669	5110	10386	13789	14592	11653
亚美尼亚	Armenia	623	1644	3218	3607	3915	4212
澳大利亚	Australia	21669	33999	52022	56748	54094	57305
奥地利	Austria	24565	38403	46858	44177	47381	51513
阿塞拜疆	Azerbaijan	655	1578	5843	5500	4147	4721
巴哈马	Bahamas	27112	30278	28443	31513	31858	
巴　林	Bahrain	13636	17959	20722	22689	23716	24051
孟加拉国	Bangladesh	406	500	781	1249	1564	1698
巴巴多斯	Barbados	11568	14104	16056	16067	16328	
白俄罗斯	Belarus	1276	3126	6181	5949	5762	6290
比利时	Belgium	23207	36967	44380	40441	43507	46556
伯利兹	Belize	3364	3926	4331	4883	4957	5025
贝　宁	Benin	374	602	758	784	827	902
百慕大	Bermuda	56284	75882	88207			
不　丹	Bhutan	766	1262	2313	2830	3391	3360
玻利维亚	Bolivia	1007	1034	1956	3036	3351	3549
波　黑	Bosnia and Herzegovinian	1462	2981	4636	4727	5395	5951
博茨瓦纳	Botswana	3349	5520	6435	6800	7894	8259
巴　西	Brazil	3739	4790	11286	8814	9881	8921
文　莱	Brunei Darussalam	18008	26105	35270	31165	28572	31628
保加利亚	Bulgaria	1610	3870	6843	6994	8228	9273
布基纳法索	Burkina Faso	227	407	575	575	642	731
布隆迪	Burundi	136	152	234	306	293	275
柬埔寨	Cambodia	303	474	786	1163	1385	1512
喀麦隆	Cameroon	660	1012	1285	1327	1422	1527
加拿大	Canada	24124	36266	47450	43495	45070	46125
佛得角	Cape Verde	1239	2099	3378	3043	3295	3654
中　非	Central African Rep.	244	331	488	380	472	510
乍　得	Chad	166	658	892	776	664	730
海峡群岛	Channel Islands	43299	58197				

附录2-7 续表 1 continued

单位：美元 (USD)

国家或地区	Country or Area	2000	2005	2010	2015	2017	2018
智　　利	Chile	5101	7599	12808	13574	15037	15923
哥伦比亚	Colombia	2472	3404	6327	6176	6376	6651
科 摩 罗	Comoros	646	1069	1315	1271	1312	1446
刚果(金)	Congo, Dem. Rep.	406	218	334	497	467	562
刚果(布)	Congo, Rep.	998	1680	2810	1761	1703	2148
哥斯达黎加	Costa Rica	3808	4655	8142	11299	11753	12027
科特迪瓦	Cote D'Ivoire	642	931	1212	1427	1557	1716
克罗地亚	Croatia	4873	10521	13937	11780	13384	14869
古　　巴	Cuba	2741	3787	5730	7694	8541	
塞浦路斯	Cyprus	14388	24959	30819	23218	25761	28159
捷　　克	Czech Rep.	6012	13346	19808	17716	20380	22973
丹　　麦	Denmark	30744	48800	58041	53255	57219	60596
吉 布 提	Djibouti	768	905	1343	1788	1954	2050
多米尼克	Dominica	4786	5160	6967	7598	6951	7032
多米尼加	Dominican Rep.	2839	3970	5568	6692	7223	7650
厄瓜多尔	Ecuador	1451	3002	4634	6125	6214	6345
埃　　及	Egypt	1428	1188	2645	3599	2441	2549
萨尔瓦多	El Salvador	2009	2429	2983	3706	3902	4058
赤道几内亚	Equatorial Guinea	1703	10963	17272	11279	9738	10174
厄立特里亚	Eritrea	208	389	668			
爱沙尼亚	Estonia	4070	10338	14639	17412	20200	22928
埃塞俄比亚	Ethiopia	124	162	342	639	768	772
斐　　济	Fiji	2076	3660	3653	5391	6006	6202
芬　　兰	Finland	24253	38969	46202	42495	45805	49960
法　　国	France	22364	34760	40638	36613	38679	41464
法属波立尼西亚	French Polynesia	14531					
加　　蓬	Gabon	4117	6889	8841	7382	7213	8030
冈 比 亚	Gambia	636	404	531	668	673	713
格鲁吉亚	Georgia	750	1643	3074	3756	4045	4345
德　　国	Germany	23719	34697	41786	41395	44681	48196
加　　纳	Ghana	263	492	1298	1766	2026	2202
希　　腊	Greece	12043	22552	26918	18168	18884	20324
格 陵 兰	Greenland	19004	32490	43988	44536		
格林纳达	Grenada	5118	6644	7258	9097	10164	10834
危地马拉	Guatemala	1656	2078	2826	3924	4471	4549
几 内 亚	Guinea	340	322	672	769	822	885
几内亚比绍	Guinea-Bissau	298	436	558	603	737	778
圭 亚 那	Guyana	946	1106	3033	4166	4586	4635
洪都拉斯	Honduras	1089	1297	1891	2286	2433	2483
匈 牙 利	Hungary	4633	11206	13092	12504	14279	15939
冰　　岛	Iceland	31746	56659	43025	52429	71315	73191
印　　度	India	445	715	1358	1606	1982	2016
印度尼西亚	Indonesia	780	1263	3122	3332	3837	3894
伊　　朗	Iran	1657	3246	6603	4916	5628	
伊 拉 克	Iraq	1086	1856	4657	4990	5144	5878
爱 尔 兰	Ireland	26242	50878	48712	61909	68942	77450
马 恩 岛	Isle of Man	21552	37761	69767	81606		
以 色 列	Israel	21043	20550	30659	35855	40544	41614
意 大 利	Italy	20051	31959	35849	30171	32155	34318
牙 买 加	Jamaica	3382	4089	4697	4893	5061	5356
日　　本	Japan	38532	37218	44508	34525	38332	39287
约　　旦	Jordan	1658	2183	3657	4097	4169	4248
哈萨克斯坦	Kazakhstan	1229	3771	9071	10511	9030	9331
肯 尼 亚	Kenya	404	512	952	1337	1568	1711
基里巴斯	Kiribati	797	1215	1517	1543	1626	1625

附录2-7 续表 2 continued

单位：美元 (USD)

国家或地区	Country or Area	2000	2005	2010	2015	2017	2018
韩　国	Korea, Rep.	11948	18640	22087	27105	29743	31363
科威特	Kuwait	18389	35591	38577	29870	29475	34244
吉尔吉斯斯坦	Kyrgyzstan	280	477	880	1121	1243	1281
老　挝	Laos	325	476	1141	2135	2424	2568
拉脱维亚	Latvia	3353	7559	11326	13640	15685	18089
黎巴嫩	Lebanon	5335	4574	7757	7650	7838	8270
莱索托	Lesotho	475	843	1183	1219	1233	1324
利比里亚	Liberia	303	295	513	710	699	674
利比亚	Libya	7146	8163	12065	4338	5792	7235
列支敦士登	Liechtenstein	74625	105414	141200	167291		
立陶宛	Lithuania	3297	7863	11985	14292	16810	19090
卢森堡	Luxemburg	48736	80290	104965	100428	104499	114341
马其顿	Macedonia, FYR	1854	3038	4543	4840	5415	
马达加斯加	Madagascar	246	275	413	402	448	461
马拉维	Malawi	153	290	479	381	357	389
马来西亚	Malaysia	4045	5587	9041	9799	10118	11239
马尔代夫	Maldives	2227	3640	7077	9033	9802	10224
马　里	Mali	269	489	710	751	829	901
马耳他	Malta	11039	15835	21088	24046	27241	30075
马绍尔群岛	Marshall Islands	2127	2496	2927	3129	3517	3621
毛里塔尼亚	Mauritania	478	722	1241	1194	1162	1219
毛里求斯	Mauritius	3861	5283	8000	9260	10485	11239
墨西哥	Mexico	6959	8278	9271	9606	9281	9698
密克罗尼西亚	Micronesia, Fed.	2171	2357	2881	2894	3018	3058
摩尔多瓦	Moldova	354	831	1958	2179	2725	3189
摩纳哥	Monaco	82535	124194	150585	165920	166726	
蒙　古	Mongolia	474	999	2643	3919	3672	4104
黑　山	Montenegro	1627	3675	6682	6514	7784	8761
摩洛哥	Morocco	1332	2018	2840	2875	3036	3238
莫桑比克	Mozambique	278	377	432	547	442	490
缅　甸	Myanmar	193	245	979	1133	1250	1326
纳米比亚	Namibia	2019	3674	5325	5033	5647	5932
尼泊尔	Nepal	231	316	592	793	901	1026
荷　兰	Netherlands	25921	41979	50950	45175	48483	52978
新喀里多尼亚	New Caledonia	12580					
新西兰	New Zealand	13641	27751	33692	38560	42260	41966
尼加拉瓜	Nicaragua	1016	1162	1504	2050	2168	2029
尼日尔	Niger	158	250	347	361	376	412
尼日利亚	Nigeria	568	1268	2292	2730	1969	2028
挪　威	Norway	38147	66775	87770	74522	75704	81807
阿　曼	Oman	8601	12377	19281	16151	15170	16419
巴基斯坦	Pakistan	534	683	989	1357	1467	1473
帕　劳	Palau	7549	9336	10185	16594	16275	17318
巴拿马	Panama	4060	4917	8082	13630	15166	15575
巴布亚新几内亚	Papua New Guinea	632	749	1949	2679	2640	2723
巴拉圭	Paraguay	1670	1844	4356	5407	5681	5872
秘　鲁	Peru	1997	2730	5082	6228	6701	6947
菲律宾	Philippines	1039	1194	2124	2867	2982	3103
波　兰	Poland	4493	8021	12600	12572	13861	15424
葡萄牙	Portugal	11502	18785	22539	19253	21291	23146
波多黎各	Puerto Rico	16192	21959	26436	29764	31353	31651
卡塔尔	Qatar	29986	51456	67403	63039	61264	69027
罗马尼亚	Romania	1668	4618	8210	8978	10793	12301
俄罗斯	Russia	1772	5324	10675	9314	10751	11289
卢旺达	Rwanda	216	304	576	728	763	773
圣基茨和尼维斯	Saint Kitts and Nevis	9554	12330	15644	18286	19061	19829

附录2-7　续表 3　continued

单位：美元 (USD)

国家或地区	Country or Area	2000	2005	2010	2015	2017	2018
圣卢西亚	Saint Lucia	5311	6217	8038	9161	10003	10315
圣文森特和格林纳丁斯	Saint Vincent and the Grenadines	3673	5071	6293	6921	7150	7378
萨 摩 亚	Samoa	1541	2574	3458	4155	4308	4393
圣马力诺	San Marino	40189	66796	68496	45775	48495	
圣多美和普林西比	Sao Tome and Principe	550	867	1095	1596	1811	2001
沙特阿拉伯	Saudi Arabia	9127	13791	19263	20628	20804	23219
塞内加尔	Senegal	599	994	1279	1219	1367	1522
塞尔维亚	Serbia	870	3721	5735	5585	6284	7234
塞 舌 尔	Seychelles	7579	11093	10805	14745	15684	16434
塞拉利昂	Sierra Leone	139	292	402	588	499	523
新 加 坡	Singapore	23793	29961	47237	55647	60298	64582
斯洛伐克	Slovakia	5403	11669	16601	16182	17579	19547
斯洛文尼亚	Slovenia	10228	18169	23438	20888	23450	26234
所罗门群岛	Solomon Islands	1055	881	1290	1915	2077	2163
索 马 里	Somalia				483	489	499
南　　非	South Africa	2982	5382	7329	5733	6121	6340
西 班 牙	Spain	14677	26511	30737	25817	28208	30524
斯里兰卡	Sri Lanka	870	1249	2800	3844	4105	4103
苏　　丹	Sudan	361	689	1490	2487	3015	977
苏 里 南	Suriname	2006	3591	8256	8562	5379	5950
斯威士兰	Swaziland	1638	2874	3690	3048	3224	
瑞　　典	Sweden	29283	43135	52133	50833	53254	54112
瑞　　士	Switzerland	37868	54953	74606	82082	80333	82839
叙 利 亚	Syrian Arab Republic	1178	1572	2747			
塔吉克斯坦	Tajikistan	138	341	750	929	806	827
坦桑尼亚	Tanzania	403	493	743	948	1005	1051
泰　　国	Thailand	2008	2894	5076	5840	6578	7274
东 帝 汶	Timor-Leste	504	1823	3657	2585	2001	2036
多　　哥	Togo	299	406	534	571	619	672
汤　　加	Tonga	2063	2598	3553	4321	4218	4364
特立尼达和多巴哥	Trinidad And Tobago	6431	12327	16683	18333	16076	16844
突 尼 斯	Tunisia	2214	3193	4142	3860	3494	3447
土 耳 其	Turkey	4317	7384	10672	10949	10500	9311
土库曼斯坦	Turkmenistan	643	1704	4439	6433	6587	6967
图 瓦 卢	Tuvalu	1459	2184	3022	3198	3573	3701
乌 干 达	Uganda	258	326	623	709	632	643
乌 克 兰	Ukraine	636	1827	2965	2125	2641	3095
阿 联 酋	United Arab Emirates	33071	39365	33893	38663	40325	43005
英　　国	United Kingdom	27982	41804	39080	44472	39932	42491
美　　国	United States	36450	44115	48467	56804	59928	62641
乌 拉 圭	Uruguay	6872	5227	11992	15614	16437	17278
乌兹别克斯坦	Uzbekistan	558	547	1377	2615	1827	1532
瓦努阿图	Vanuatu	1470	1887	2967	2722	2976	3033
委内瑞拉	Venezuela	4784	5505	13825			
越　　南	Viet Nam	388	688	1318	2085	2366	2564
约旦河西岸和加沙	West Bank and Gaza	1476	1455	2354	2968	3255	3199
也　　门	Yemen	540	833	1335	1609	964	944
赞 比 亚	Zambia	342	703	1490	1332	1535	1540
津巴布韦	Zimbabwe	547	477	948	1445	1602	2147

附录2-8 三次产业对国内生产总值的贡献率

Share of the Contributions of the Three Strata of Industry to the Increase of GDP

资料来源：世界银行WDI数据库。
Source: World Bank WDI Database.
单位：%

(%)

国家或地区	Country or Area	第一产业 Primary Industry		第二产业 Secondary Industry		第三产业 Tertiary Industry	
		2000	2018	2000	2018	2000	2018
中　国	China	5.0	4.0	47.5	41.7	47.6	54.3
中国香港	Hong Kong, China				0.4		99.6
孟加拉国	Bangladesh	25.4	7.6	23.5	48.5	51.1	43.9
文　莱	Brunei Darussalam	1.4	-24.2	78.8	-430.8	19.9	555.0
柬埔寨	Cambodia	13.2	5.4	51.2	53.4	35.6	41.2
印　度	India	-0.1	6.0	42.7	35.4	57.4	58.6
印度尼西亚	Indonesia	6.6	10.4	57.2	36.6	36.3	53.0
伊　朗	Iran	4.8	6.6①	73.0	33.4①	22.2	60.1①
以色列	Israel	1.5	1.0①	27.2	13.4①	71.3	85.5①
日　本	Japan	4.1	-0.7①	30.7	138.6①	65.2	-37.9①
哈萨克斯坦	Kazakhstan	-2.7	3.9	58.1	38.8	44.5	57.3
韩　国	Korea, Rep.	0.5	1.1	44.7	36.6	54.8	62.3
马来西亚	Malaysia	8.1	-0.7	60.3	27.4	31.6	73.3
蒙　古	Mongolia		11.9		42.5		45.6
缅　甸	Myanmar		5.3		42.1		52.6
巴基斯坦	Pakistan	41.6	14.1	5.7	20.7	52.6	65.2
菲律宾	Philippines	11.5	1.3	50.0	36.7	38.6	62.0
新加坡	Singapore	-0.1		37.9	36.4	62.2	63.6
斯里兰卡	Sri Lanka	3.0	10.1	35.0	7.7	62.1	82.3
泰　国	Thailand	19.6	10.5	22.1	23.1	58.2	66.4
越　南	Viet Nam	17.4	8.7	50.6	48.5	32.0	42.7
埃　及	Egypt	-111.0	8.6	-444.6	42.1	655.5	49.3
尼日利亚	Nigeria	11.4	27.6	63.3	22.4	25.3	50.0
南　非	South Africa	3.6	-1.5	33.8	93.4	62.6	8.1
加拿大	Canada		1.6		14.3		84.1
墨西哥	Mexico	0.6	3.9	32.5	2.5	66.9	93.5
美　国	United States	3.8	-3.3①	27.4	17.9①	68.8	85.3①
阿根廷	Argentina	24.7	47.5	109.2	34.5	-33.9	18.0
巴　西	Brazil	3.3	0.6	33.2	9.9	63.5	89.4
委内瑞拉	Venezuela	9.8		60.7		29.5	
捷　克	Czech Rep.	0.8	2.7	31.0	17.1	68.2	80.2
法　国	France	-0.5	3.2	29.2	1.1	71.3	95.7
德　国	Germany	-1.1	-1.0	42.9	22.7	58.2	78.3
意大利	Italy	-0.8	1.8	22.2	46.1	78.6	52.1
荷　兰	Netherlands	0.5	-1.9	19.9	32.6	79.6	69.3
波　兰	Poland	-0.1	-3.6①	-8.9	63.4①	109.0	40.3①
俄罗斯	Russia	7.4	-4.2	49.0	43.9	43.6	60.3
西班牙	Spain	4.4	2.8	28.3	26.0	67.3	71.2
土耳其	Turkey	12.3	3.7	26.9	2.6	60.9	93.7
乌克兰	Ukraine	15.5	25.1	48.8	12.1	35.7	62.8
英　国	United Kingdom	0.3	-1.3	11.4	7.1	88.2	94.2
澳大利亚	Australia	4.3	-3.8	24.7	31.8	71.0	72.0
新西兰	New Zealand	14.8	2.3①	6.2	14.8①	79	82.8①

注：①2017年数据。Note:①Data refer to 2017.

附录2-9 资本形成总额、消费支出及净出口对国内生产总值增长的贡献率

Share of the Contributions of Gross Capital Formation,Final Consumption Expenditure and External Balance on Goods and Services to the Increase of GDP

资料来源：世界银行数据库。
Source: World Bank Database.

单位：% (%)

国家或地区	Country or Area	资本形成总额 Gross Capital Formation		消费支出 Final Consumption Expenditure		净出口 External Balance on Goods and Services	
		2000	2018	2000	2018	2000	2018
中　　国	China	21.8		75.8		2.4	
中国香港	Hong Kong, China		9.4		138.7		-48.1
中国澳门	Macao, China	-228.5	-47.6	-91.6	30.6	420.1	117.0
文　　莱	Brunei Darussalam	-117.0	366.5	-0.2	37.6	217.2	-304.1
印度尼西亚	Indonesia		56.3		62.9		-19.2
伊　　朗	Iran	129.8	76.9①	-88.8	42.1①	59.0	-19.0①
以 色 列②	Israel②		54.3		120.8		-75.1
日　　本①	Japan①		34.4		36.0		29.6
哈萨克斯坦	Kazakhstan	42.6		43.6		13.8	
韩　　国	Korea, Rep.		-22.5		75.4		47.1
马来西亚	Malaysia	62.4	-23.5	46.2	101.5	-8.6	22.0
蒙　　古①	Mongolia①		243.9		-7.7		-136.2
新 加 坡	Singapore	65.2	-21.5	78.7	50.6	-43.9	70.9
泰　　国	Thailand	58.5	96.7	144.6	64.6	-103.1	-61.3
越　　南③	Viet Nam③		69.5		159.5		-129.0
尼日利亚	Nigeria	39.8	-34.5①	24.2	-115.9①	36.0	250.5①
南　　非	South Africa	10.6		58.7		30.7	
加 拿 大	Canada	30.6	49.2①	52.3	84.5①	17.1	-33.8①
墨 西 哥①	Mexico①		-35.1		208.4		-73.3
巴　　西	Brazil	25.8	45.9	68.4	80.3	5.7	-26.2
委内瑞拉	Venezuela	49.8		84.1		-33.9	
捷　　克	Czech Rep.		48.2		80.6		-28.9
法　　国	France	48.3		60.2		-8.5	
德　　国	Germany		73.3		58.7		-31.9
意 大 利	Italy		65.9		43.5		-9.4
荷　　兰	Netherlands	8.3	18.6	61.9	53.1	29.8	28.4
波　　兰	Poland		39.7		65.5		-5.3
俄 罗 斯	Russia	79.7	8.4	27.4	56.4	-7.0	35.2
西 班 牙	Spain		46.6		62.5		-9.1
乌 克 兰	Ukraine	46.1		16.2		37.6	
澳大利亚	Australia	27.2	39.2	67.2	83.9	5.6	-23.1
新 西 兰	New Zealand	-77.1		58.7		118.4	

注：①2017年数据。②2016年数据。③2015年数据。
Note:①Data refer to 2017.②Data refer to 2016.③Data refer to 2015.

附录2-10　年中人口

Mid-year Population

资料来源：世界银行WDI数据库。
Source: World Bank WDI Database.

国家或地区	Country or Area	年中人口（万人） Mid-year Population (10 000 persons)				增长率(%) Growth Rate (%)
		2000	2005	2010	2018	2018
世　界	**World**	**612168.3**	**651260.3**	**692294.7**	**759427.0**	**1.1**
高收入国家	**High Income**	**111501.0**	**111474.4**	**115782.6**	**121031.2**	**0.5**
中等收入国家	**Middle Income**	**454104.1**	**489395.2**	**518784.7**	**567854.1**	**1.1**
中低收入国家	**Low and Middle Income**	**500667.3**	**539785.9**	**576512.1**	**638395.8**	**1.2**
低收入国家	**Low Income**	**46563.1**	**50390.7**	**57727.4**	**70541.7**	**2.6**
中　国	China	126264.5	130372.0	133770.5	139273.0	0.5
中国香港	Hong Kong, China	666.5	681.3	702.4	745.1	0.8
中国澳门	Macao, China	42.8	48.3	53.8	63.2	1.4
阿富汗	Afghanistan	2009.4	2565.4	2918.6	3717.2	2.4
阿尔巴尼亚	Albania	308.9	301.1	291.3	286.6	-0.2
阿尔及利亚	Algeria	3118.4	3315.0	3597.7	4222.8	2.0
美属萨摩亚	American Samoa	5.8	6.0	5.6	5.5	-0.3
安道尔	Andorra	6.5	7.9	8.4	7.7	
安哥拉	Angola	1644.1	1943.4	2335.6	3081.0	3.3
安提瓜和巴布达	Antigua and Barbuda	8.4	8.1	8.8	9.6	0.9
阿根廷	Argentina	3705.7	3889.3	4078.8	4449.5	1.0
亚美尼亚	Armenia	307.0	298.1	287.7	295.2	0.2
阿鲁巴岛	Aruba	9.1	10.0	10.2	10.6	0.5
澳大利亚	Australia	1915.3	2039.5	2203.2	2499.2	1.6
奥地利	Austria	801.2	822.8	836.3	884.7	0.6
阿塞拜疆	Azerbaijan	804.9	839.2	905.4	994.2	0.9
巴哈马	Bahamas	29.8	32.5	35.5	38.6	1.0
巴　林	Bahrain	66.5	88.9	124.1	156.9	4.9
孟加拉国	Bangladesh	13158.1	13903.6	14757.5	16135.6	1.1
巴巴多斯	Barbados	27.0	27.6	28.2	28.7	0.1
白俄罗斯	Belarus	998.0	966.4	949.1	948.5	-0.1
比利时	Belgium	1025.1	1047.9	1089.6	1142.2	0.4
伯利兹	Belize	24.7	28.4	32.2	38.3	1.9
贝　宁	Benin	686.6	798.2	919.9	1148.5	2.7
百慕大	Bermuda	6.2	6.4	6.5	6.4	0.1
不　丹	Bhutan	57.3	64.9	68.6	75.4	1.2
玻利维亚	Bolivia	834.0	923.2	1004.9	1135.3	1.4
波　黑	Bosnia and Herzegovinian	376.7	376.5	370.5	332.4	-0.8
博茨瓦纳	Botswana	172.8	179.9	198.7	225.4	2.2
巴　西	Brazil	17528.8	18612.7	19571.4	20946.9	0.8
文　莱	Brunei Darussalam	33.3	36.5	38.9	42.9	1.1
保加利亚	Bulgaria	817.0	765.9	739.6	702.4	-0.7
布基纳法索	Burkina Faso	1160.8	1342.2	1560.5	1975.2	2.9
布隆迪	Burundi	640.1	736.5	867.6	1117.5	3.2
柬埔寨	Cambodia	1215.2	1327.3	1431.2	1625.0	1.5
喀麦隆	Cameroon	1527.4	1773.3	2034.1	2521.6	2.6
加拿大	Canada	3077.0	3224.4	3400.5	3705.9	1.4
佛得角	Cape Verde	44.2	46.3	49.3	54.4	1.2
开曼群岛	Cayman Islands	4.2	4.9	5.7	6.4	1.2
中　非	Central African Rep.	375.5	403.8	438.7	466.6	1.5
乍　得	Chad	834.3	1009.7	1195.2	1547.8	3.0
海峡群岛	Channel Islands	14.9	15.2	16.0	17.0	1.1
智　利	Chile	1526.3	1618.3	1706.3	1872.9	1.4
哥伦比亚	Colombia	4040.4	4264.8	4522.3	4964.9	1.5
科摩罗	Comoros	54.2	61.2	69.0	83.2	2.2
刚果(金)	Congo, Dem. Rep.	4707.6	5478.6	6456.4	8406.8	3.2
刚果(布)	Congo, Rep.	322.6	362.3	427.4	524.4	2.6
哥斯达黎加	Costa Rica	392.5	428.6	457.7	499.9	1.0
科特迪瓦	Cote D'Ivoire	1668.7	1835.5	2053.3	2506.9	2.6
克罗地亚	Croatia	442.6	431.0	429.5	408.9	-0.9

附录2-10 续表 1 continued

国家或地区	Country or Area	年中人口（万人） Mid-year Population (10 000 persons)				增长率(%) Growth Rate (%)
		2000	2005	2010	2018	2018
古　巴	Cuba	1115.1	1126.2	1122.6	1133.8	
塞浦路斯	Cyprus	94.3	102.8	111.3	118.9	0.8
捷　克	Czech Rep.	1025.5	1021.1	1047.4	1062.6	0.3
丹　麦	Denmark	534.0	541.9	554.8	579.7	0.6
吉布提	Djibouti	71.8	78.3	84.0	95.9	1.6
多米尼克	Dominica	7.0	7.1	7.1	7.2	0.2
多米尼加	Dominican Rep.	856.3	909.7	969.5	1062.7	1.1
厄瓜多尔	Ecuador	1262.9	1382.6	1501.1	1708.4	1.8
埃　及	Egypt	6990.6	7552.4	8276.1	9842.4	2.0
萨尔瓦多	El Salvador	586.8	605.2	618.4	642.1	0.5
赤道几内亚	Equatorial Guinea	61.4	75.0	94.4	130.9	3.7
厄立特里亚	Eritrea	339.3	282.7	317.0		
爱沙尼亚	Estonia	139.7	135.5	133.1	132.1	0.3
埃塞俄比亚	Ethiopia	6653.7	7634.6	8764.0	10922.5	2.6
法罗群岛	Faeroe Islands	4.7	4.8	4.8	4.8	0.3
斐　济	Fiji	81.1	82.2	86.0	88.3	0.7
芬　兰	Finland	517.6	524.6	536.3	551.8	0.2
法　国	France	6091.3	6317.9	6502.8	6698.7	0.2
法属波立尼西亚	French Polynesia	23.7	25.9	26.6	27.8	0.6
加　蓬	Gabon	123.1	139.1	162.4	211.9	2.6
冈比亚	Gambia	123.2	154.4	179.3	228.0	2.9
格鲁吉亚	Georgia	441.8	390.2	378.7	373.1	0.1
德　国	Germany	8221.2	8246.9	8177.7	8292.8	0.3
加　纳	Ghana	1893.9	2181.5	2478.0	2976.7	2.2
直布罗陀	Gibraltar	3.1	3.3	3.4	3.4	
希　腊	Greece	1080.6	1098.7	1112.1	1072.8	-0.3
格陵兰	Greenland	5.6	5.7	5.7	5.6	-0.3
格林纳达	Grenada	10.2	10.5	10.6	11.1	0.5
关　岛	Guam	15.5	15.8	15.9	16.6	0.9
危地马拉	Guatemala	1165.1	1309.6	1463.0	1724.8	1.9
几内亚	Guinea	880.9	911.0	1019.2	1241.4	2.8
几内亚比绍	Guinea-Bissau	124.3	134.5	152.3	187.4	2.5
圭亚那	Guyana	75.3	74.6	74.9	77.9	0.5
海　地	Haiti	854.9	919.5	994.9	1112.3	1.3
洪都拉斯	Honduras	652.4	745.9	831.7	958.8	1.7
匈牙利	Hungary	1021.1	1008.7	1000.0	976.9	-0.2
冰　岛	Iceland	28.1	29.7	31.8	35.4	2.9
印　度	India	105305.1	114761.0	123428.1	135261.7	1.0
印度尼西亚	Indonesia	21154.0	22628.9	24183.4	26766.3	1.1
伊　朗	Iran	6613.2	6976.2	7376.3	8180.0	1.4
伊拉克	Iraq	2356.5	2692.2	2974.2	3843.4	2.3
爱尔兰	Ireland	380.5	416.0	456.0	485.4	1.0
马恩岛	Isle of Man	7.3	8.0	8.5	8.4	0.6
以色列	Israel	628.9	693.0	762.4	888.4	1.9
意大利	Italy	5694.2	5796.9	5927.7	6043.1	-0.2
牙买加	Jamaica	265.7	274.0	281.0	293.5	0.5
日　本	Japan	12684.3	12777.3	12807.0	12652.9	-0.2
约　旦	Jordan	510.3	576.6	726.2	995.6	1.8
哈萨克斯坦	Kazakhstan	1488.4	1514.7	1632.2	1827.6	1.3
肯尼亚	Kenya	3145.0	3662.5	4203.1	5139.3	2.3
基里巴斯	Kiribati	8.4	9.2	10.3	11.6	1.5
朝　鲜	Korea, Dem.	2284.0	2390.4	2454.9	2555.0	0.5
韩　国	Korea, Rep.	4700.8	4818.5	4955.4	5163.5	0.3
科威特	Kuwait	205.1	227.0	299.2	413.7	2.0
吉尔吉斯斯坦	Kyrgyzstan	489.8	516.3	544.8	631.6	1.9

附录2-10 续表 2 continued

国家或地区	Country or Area	年中人口（万人） Mid-year Population (10 000 persons)				增长率(%) Growth Rate (%)
		2000	2005	2010	2018	2018
老 挝	Laos	532.9	575.2	624.9	706.2	1.5
拉脱维亚	Latvia	236.8	223.9	209.8	192.7	-0.8
黎 巴 嫩	Lebanon	323.5	469.9	495.3	684.9	0.5
莱 索 托	Lesotho	186.9	199.6	199.6	210.8	0.8
利比里亚	Liberia	288.5	321.8	389.1	481.9	2.5
利 比 亚	Libya	535.6	579.9	619.8	667.9	1.5
列支敦士登	Liechtenstein	3.3	3.5	3.6	3.8	0.3
立 陶 宛	Lithuania	350.0	332.3	309.7	279.0	-1.4
卢 森 堡	Luxemburg	43.6	46.5	50.7	60.8	1.9
前南马其顿	Macedonia, FYR	203.5	206.0	207.1		
马达加斯加	Madagascar	1576.7	1833.7	2115.2	2626.2	2.7
马 拉 维	Malawi	1137.6	1262.6	1454.0	1814.3	2.6
马来西亚	Malaysia	2318.6	2569.1	2820.8	3152.9	1.4
马尔代夫	Maldives	28.0	32.0	36.6	51.6	3.8
马 里	Mali	1096.8	1277.6	1504.9	1907.8	3.0
马 耳 他	Malta	39.0	40.4	41.5	48.4	3.3
马绍尔群岛	Marshall Islands	5.2	5.5	5.6	5.8	0.6
毛里塔尼亚	Mauritania	270.9	302.4	349.4	440.3	2.8
毛里求斯	Mauritius	118.7	122.8	125.0	126.5	0.1
马约特岛	Mayotte	14.9	17.5	20.4		
墨 西 哥	Mexico	10172.0	10600.5	11409.3	12619.1	1.1
密克罗尼西亚	Micronesia, Fed.	10.7	10.6	10.3	11.3	1.1
摩尔多瓦	Moldova	364.0	359.5	356.2	354.6	-0.1
摩 纳 哥	Monaco	3.2	3.4	3.6	3.9	0.8
蒙 古	Mongolia	239.7	252.6	272.0	317.0	1.8
黑 山	Montenegro	60.5	61.4	61.9	62.2	
摩 洛 哥	Morocco	2885.0	3045.6	3234.3	3602.9	1.3
莫桑比克	Mozambique	1806.8	2049.4	2353.2	2949.6	2.9
缅 甸	Myanmar	4609.5	4895.0	5060.1	5370.8	0.6
纳米比亚	Namibia	189.9	193.8	211.9	244.8	1.9
尼 泊 尔	Nepal	2374.1	2574.5	2701.3	2808.8	1.7
荷 兰	Netherlands	1592.6	1632.0	1661.5	1723.1	0.6
荷属安的列斯	Netherlands Antilles	18.1	18.6			
新喀里多尼亚	New Caledonia	21.3	23.2	25.0	28.4	1.3
新 西 兰	New Zealand	385.8	413.4	435.1	488.6	1.9
尼加拉瓜	Nicaragua	502.7	543.9	582.4	646.6	1.3
尼 日 尔	Niger	1135.3	1362.4	1646.4	2244.3	3.8
尼日利亚	Nigeria	12235.2	13886.5	15850.3	19587.5	2.6
北马里亚纳群岛	Northern Mariana Islands	6.9	5.7	5.4	5.7	0.6
挪 威	Norway	449.1	462.3	488.9	531.4	0.7
阿 曼	Oman	226.8	251.1	304.1	482.9	3.4
巴基斯坦	Pakistan	13852.3	16030.4	17942.5	21221.5	2.1
帕 劳	Palau	1.9	2.0	1.8	1.8	0.6
巴 拿 马	Panama	303.0	333.0	364.3	417.7	1.7
巴布亚新几内亚	Papua New Guinea	557.2	649.5	731.1	860.6	2.0
巴 拉 圭	Paraguay	530.3	582.4	624.8	695.6	1.3
秘 鲁	Peru	2591.5	2786.6	2902.8	3198.9	1.7
菲 律 宾	Philippines	7799.2	8632.6	9396.7	10665.2	1.4
波 兰	Poland	3825.9	3816.5	3804.3	3797.9	
葡 萄 牙	Portugal	1029.0	1050.3	1057.3	1028.2	-0.2
波多黎各	Puerto Rico	381.1	382.1	372.2	319.5	-4.0
卡 塔 尔	Qatar	59.2	86.5	185.6	278.2	2.1
罗马尼亚	Romania	2244.3	2132.0	2024.7	1947.4	-0.6
俄 罗 斯	Russia	14659.7	14351.9	14284.9	14447.8	
卢 旺 达	Rwanda	802.6	884.0	1003.9	1230.2	2.6

附录2-10　续表 3　continued

国家或地区	Country or Area	年中人口（万人） Mid-year Population (10 000 persons)				增长率(%) Growth Rate (%)
		2000	2005	2010	2018	2018
圣基茨和尼维斯	Saint Kitts and Nevis	4.5	4.7	4.9	5.2	0.8
圣卢西亚	Saint Lucia	15.7	16.3	17.4	18.2	0.5
圣文森特和格林纳丁斯	Saint Vincent and the Grenadines	10.8	10.9	10.8	11.0	0.3
萨摩亚	Samoa	17.5	18.0	18.6	19.6	0.4
圣马力诺	San Marino	2.7	2.9	3.1	3.4	0.3
圣多美和普林西比	Sao Tome and Principe	13.9	15.7	18.0	21.1	1.9
沙特阿拉伯	Saudi Arabia	2076.4	2381.6	2742.1	3370.0	1.8
塞内加尔	Senegal	988.4	1109.0	1267.8	1585.4	2.8
塞尔维亚	Serbia	751.6	744.1	729.1	698.2	-0.6
塞舌尔	Seychelles	8.1	8.3	9.0	9.7	1.0
塞拉利昂	Sierra Leone	456.4	564.6	641.6	765.0	2.1
新加坡	Singapore	402.8	426.6	507.7	563.9	0.5
斯洛伐克	Slovakia	538.9	537.3	539.1	544.7	0.1
斯洛文尼亚	Slovenia	198.9	200.0	204.9	206.7	
所罗门群岛	Solomon Islands	41.3	47.0	52.8	65.3	2.6
索马里	Somalia	901.1	1044.7	1204.4	1500.8	2.8
南非	South Africa	4572.8	4788.1	5121.7	5778.0	1.4
西班牙	Spain	4056.8	4365.3	4657.7	4672.4	0.3
斯里兰卡	Sri Lanka	1878.2	1954.5	2026.2	2167.0	1.0
苏丹	Sudan	2725.1	3095.0	3454.5	4180.2	2.4
苏里南	Suriname	47.2	49.9	52.9	57.6	1.0
斯威士兰	Swaziland	106.1	110.6	120.3		
瑞典	Sweden	887.2	903.0	937.8	1018.3	1.2
瑞士	Switzerland	718.4	743.7	782.5	851.7	0.8
叙利亚	Syrian Arab Republic	1641.1	1836.1	2136.3	1690.6	-1.0
塔吉克斯坦	Tajikistan	621.6	678.9	752.7	910.1	2.5
坦桑尼亚	Tanzania	3417.8	3845.0	4434.7	5631.8	3.0
泰国	Thailand	6295.8	6541.6	6719.5	6942.9	0.3
东帝汶	Timor-Leste	87.2	99.5	109.4	126.8	2.0
多哥	Togo	497.0	561.2	642.2	788.9	2.4
汤加	Tonga	9.8	10.1	10.4	10.3	1.2
特立尼达和多巴哥	Trinidad And Tobago	126.8	129.7	132.8	139.0	0.4
突尼斯	Tunisia	969.9	1010.7	1063.5	1156.5	1.1
土耳其	Turkey	6324.0	6790.3	7232.7	8232.0	1.5
土库曼斯坦	Turkmenistan	451.6	475.5	508.7	585.1	1.6
特克斯和凯科斯群岛	Turks and Caicos Islands	1.9	2.8	3.3	3.8	1.5
图瓦卢	Tuvalu	0.9	1.0	1.1	1.2	1.2
乌干达	Uganda	2403.9	2768.5	3242.8	4272.3	3.7
乌克兰	Ukraine	4917.6	4710.5	4587.1	4462.3	-0.5
阿联酋	United Arab Emirates	315.5	458.8	855.0	963.1	1.5
英国	United Kingdom	5889.3	6040.1	6276.6	6648.9	0.6
美国	United States	28216.2	29551.7	30932.6	32716.7	0.6
美属维尔京群岛	Virgin Islands(US)	10.9	10.8	10.8	10.7	-0.3
乌拉圭	Uruguay	332.1	332.2	335.9	344.9	0.4
乌兹别克斯坦	Uzbekistan	2465.0	2616.7	2856.2	3295.5	1.7
瓦努阿图	Vanuatu	18.5	20.9	23.6	29.3	2.5
委内瑞拉	Venezuela	2448.8	2643.2	2844.0	2887.0	-1.8
越南	Viet Nam	8028.6	8383.3	8796.8	9554.0	1.0
约旦河西岸和加沙	West Bank and Gaza	292.2	332.0	378.6	456.9	2.5
也门	Yemen	1787.5	2010.7	2315.5	2849.9	2.4
赞比亚	Zambia	1053.1	1185.6	1360.6	1735.2	2.9
津巴布韦	Zimbabwe	1222.2	1207.7	1269.8	1443.9	1.4

附录2-11 万美元国内生产总值能耗(2011年不变价，PPP)
Energy Use per Ten Thousand USD of GDP (Constant 2011 PPP)

资料来源：世界银行WDI数据库。
Source:World Bank WDI Database.

单位：吨标准油/万美元 (ton of oil equivalent per 10 000 USD)

国家或地区	Country or Area	2000	2005	2010	2013	2014	2015
世　界	**World**	**1.54**	**1.47**	**1.38**	**1.30**	**1.27**	
高收入国家	**High Income**	**1.40**	**1.31**	**1.23**	**1.15**	**1.13**	**1.09**
中等收入国家	**Middle Income**	**1.75**	**1.67**	**1.52**	**1.43**	**1.38**	
中　国	China	2.43	2.44	2.05	1.85	1.75	
中国香港	Hong Kong, China	0.60	0.45	0.40	0.38	0.37	
孟加拉国	Bangladesh	0.85	0.82	0.82	0.76	0.75	
文　莱	Brunei Darussalam	0.87	0.73	1.03	0.95	1.13	
柬埔寨	Cambodia	2.03	1.31	1.47	1.34	1.33	
印　度	India	1.68	1.42	1.28	1.20	1.18	
印度尼西亚	Indonesia	1.27	1.16	1.04	0.89	0.88	
伊　朗	Iran	1.42	1.57	1.53	1.74	1.79	
以色列	Israel	1.08	0.99	1.02	0.92	0.87	0.87
日　本	Japan	1.21	1.14	1.09	0.96	0.93	0.91
哈萨克斯坦	Kazakhstan	2.41	2.10	2.11	2.08	1.88	
韩　国	Korea, Rep.	1.93	1.71	1.66	1.61	1.58	1.58
马来西亚	Malaysia	1.29	1.38	1.24	1.27	1.23	
蒙　古	Mongolia	2.15	1.96	1.89	1.71	1.62	
巴基斯坦	Pakistan	1.32	1.24	1.16	1.09	1.06	
菲律宾	Philippines	1.21	0.94	0.77	0.72	0.72	
新加坡	Singapore	0.90	0.82	0.69	0.62	0.63	
斯里兰卡	Sri Lanka	0.80	0.71	0.57	0.48	0.48	
泰　国	Thailand	1.25	1.31	1.30	1.35	1.33	
越　南	Viet Nam	1.40	1.44	1.51	1.30		
埃　及	Egypt	0.79	1.00	0.87	0.85	0.82	
尼日利亚	Nigeria	2.47	1.83	1.47	1.42	1.35	
南　非	South Africa	2.50	2.44	2.31	2.11	2.18	
加拿大	Canada	2.20	2.08	1.91	1.83	1.83	1.76
墨西哥	Mexico	0.94	1.04	0.95	0.96	0.91	0.88
美　国	United States	1.75	1.58	1.45	1.35	1.34	1.28
巴　西	Brazil	0.94	0.94	0.93	0.94	0.97	
委内瑞拉	Venezuela	1.45	1.41	1.51	1.28		
捷　克	Czech Rep.	1.88	1.71	1.49	1.41	1.34	1.26
法　国	France	1.19	1.17	1.09	1.03	0.98	0.98
德　国	Germany	1.11	1.08	0.99	0.92	0.87	0.87
意大利	Italy	0.82	0.85	0.81	0.75	0.71	0.72
荷　兰	Netherlands	1.14	1.15	1.10	1.02	0.95	0.91
波　兰	Poland	1.58	1.40	1.21	1.09	1.02	0.98
俄罗斯	Russia	3.01	2.35	2.09	1.99	1.92	
西班牙	Spain	1.00	0.99	0.84	0.82	0.79	0.80
土耳其	Turkey	0.87	0.76	0.82	0.71	0.70	0.71
乌克兰	Ukraine	5.67	4.19	3.69	3.06	2.98	
英　国	United Kingdom	1.14	0.99	0.89	0.80	0.73	0.71
澳大利亚	Australia	1.60	1.43	1.40	1.27	1.22	1.25
新西兰	New Zealand	1.60	1.31	1.32	1.29	1.32	1.26

附录2-12 广义货币占国内生产总值比重

Broad Money (M2) as Percentage of GDP

资料来源：世界银行WDI数据库。
Source: World Bank WDI Database.
单位：% (%)

国家或地区	Country or Area	2000	2005	2010	2015	2016	2017	2018
中　　国	**China**	**135.6**	**151.1**	**176.1**	**203.0**	**209.5**	**204.2**	**199.1**
中国香港	Hong Kong, China	224.4	251.7	315.3	365.6	375.0	395.7	384.8
中国澳门	Macao, China	157.4	140.0	108.0	130.5	146.9	145.8	147.9
孟加拉国	Bangladesh	30.6	47.4	58.7	64.5	65.8	65.7	64.3
文　　莱	Brunei Darussalam	85.7	57.8	67.3	80.8	92.6	86.7	81.6
柬 埔 寨	Cambodia	12.9	19.3	41.6	72.4	79.2	88.2	100.7
印　　度	India	54.6	65.5	77.7	78.0	74.7	74.1	73.5
印度尼西亚	Indonesia	53.9	43.4	36.0	39.5	40.4	39.9	38.8
伊　　朗	Iran	37.2	41.5	54.1	81.4	90.4		
以 色 列	Israel	81.4	97.7	74.6	83.7	84.3	85.6	85.6
日　　本	Japan	232.9	198.7	217.6	236.4	243.5	247.9	252.1
哈萨克斯坦	Kazakhstan	15.3	27.2	38.9	41.9	42.2	36.6	35.4
韩　　国	Korea, Rep.	65.0	111.1	131.2	143.7	146.6	146.2	151.5
老　　挝	Laos	16.5	19.1	36.2				
马来西亚	Malaysia	122.7	125.0	129.6	134.9	130.5	124.2	125.0
蒙　　古	Mongolia	21.1	37.5	48.0	43.4	50.8	56.9	60.5
缅　　甸	Myanmar	31.5	21.6	23.6	46.4	49.7	52.8	52.6
巴基斯坦	Pakistan	38.6	49.9	52.5	53.3	57.2	57.2	58.4
菲 律 宾	Philippines	57.7	54.3	61.4	74.2	77.4	79.0	78.1
新 加 坡	Singapore	103.2	103.3	123.3	122.9	127.9	124.1	122.7
斯里兰卡	Sri Lanka	38.4	41.7	32.6	52.5	55.7		
泰　　国	Thailand	111.2	104.1	109.0	127.7	125.7	124.3	123.2
越　　南	Viet Nam	44.6	71.0	114.9	137.6	151.1	155.3	158.3
埃　　及	Egypt	76.7	97.1	80.7	78.0	98.1	92.3	81.8
尼日利亚	Nigeria	14.7	11.3	21.4	21.5	24.7	22.6	23.5
南　　非	South Africa	52.7	67.0	75.8	73.4	72.6	72.2	73.1
加 拿 大	Canada	71.3	149.0					
墨 西 哥	Mexico	22.4	26.6	30.6	36.5	37.8	38.6	37.8
美　　国	United States	68.5	72.5	85.2	88.9	89.9	90.5	89.5
阿 根 廷	Argentina	31.8	28.7	25.3	27.6	28.3	28.5	
巴　　西	Brazil	46.5	60.1	74.2	88.1	93.9	93.5	96.3
委内瑞拉	Venezuela	19.8	23.7	32.2				
捷　　克	Czech Rep.	60.8	55.6	69.7	78.2	80.3	83.7	84.7
法　　国	France	101.0	76.1	89.9				
德　　国	Germany	169.6	73.8	84.0				
意 大 利	Italy	81.5	64.6	84.2				
荷　　兰	Netherlands	138.2	100.6	108.4				
波　　兰	Poland	40.5	43.1	54.2	64.2	68.0	66.6	68.3
俄 罗 斯	Russia	21.5	33.4	51.4	61.8	59.2	59.4	59.1
西 班 牙	Spain	97.8	94.0	107.2				
土 耳 其	Turkey	33.7	39.1	53.2	52.7	55.6	54.3	54.0
乌 克 兰	Ukraine	18.6	44.0	55.4	50.0	46.2	40.5	35.9
英　　国	United Kingdom	95.1	117.0	165.6	135.5	141.9	147.6	
澳大利亚	Australia	67.7	78.5	100.7	113.2	118.0	116.2	113.6
新 西 兰	New Zealand	78.9	78.7	92.7	99.7	101.0	102.6	105.1

附录2-13 生产者价格指数
Producer Price Indices

资料来源：联合国统计月报数据库。
Source: UN Monthly Bulletin of Statistics Database.

2010年=100 (2010=100)

国家或地区	Country or Area	2010	2014	2015	2016	2017	2018
中国香港	**Hong Kong, China**						
工业产品	Industrial Products	100.0	103.3	100.4	101.6	105.6	
孟加拉国①	**Bangladesh①**						
按生产阶段分	by Stage of Processing						
中间产品	Intermediate Products	218.3	328.1				
按最终用途分	by End-Use						
消费品	Consumers' Goods	296.8	351.4				
投资用品	Capital Goods	280.8	292.6				
印　度②	**India②**						
按供给组成分	by Components of Supply						
国内供应	Domestic Supply	100.0	113.6	110.8	108.0	114.1	119.0
农业产品	Agricultural Products	100.0	122.7	130.1	136.1	142.7	142.3
工业产品	Industrial Products	100.0	109.5	110.6	108.0	112.9	117.2
按生产阶段分	by Stage of Processing						
原材料	Raw Materials	100.0	121.2	120.8	124.3	130.2	133.0
印度尼西亚	**Indonesia**						
按供给组成分	by Components of Supply						
农业产品	Agricultural Products	100.0	128.8	129.8	133.0	136.4	140.7
工业产品	Industrial Products	100.0	123.3	134.6	137.7	141.1	144.8
伊　朗	**Iran**						
按供给组成分	by Components of Supply						
国内生产	Domestic Production	63.9③	79.1⑧	90.8⑧	95.3⑧	100.0⑧	110.0⑧
农业产品	Agricultural Products	75.9③	81.2⑧	92.4⑧	97.6⑧	100.0⑧	111.0⑧
工业产品	Industrial Products	53.1③	88.2⑧	96.9⑧	96.5⑧	100.0⑧	110.7⑧
以色列	**Israel**						
按供给组成分	by Components of Supply						
工业产品	Industrial Products	100.0	111.4	104.8	101.0	102.5	105.9
日　本④	**Japan④**						
按供给组成分	by Components of Supply						
国内供应	Domestic Supply	97.4	105.3	100.0	93.2	97.2	100.9
国内生产	Domestic Production	100.2	103.1	100.0	96.5	98.7	101.3
农业产品	Agricultural Products	93.4	100.1	100.0	102.5	107.6	110.0
工业产品	Industrial Products	99.1	102.3	100.0	97.0	98.9	101.1
进口产品	Import Products	88.1	112.7	100.0	83.6	92.7	99.7
按生产阶段分	by Stage of Processing						
原材料	Raw Materials	97.2	134.5	100.0	78.6	95.9	109.5
中间产品	Intermediate Products	96.3	103.9	100.0	93.4	97.4	101.6
按最终用途分	by End-Use						
消费品	Consumers' Goods	98.7	100.0	100.0	96.4	97.0	97.3
投资用品	Capital Goods	99.5	98.8	100.0	97.9	98.0	97.9
韩　国④	**Korea, Rep.④**						
按供给组成分	by Components of Supply						
国内生产	Domestic Production	101.8	106.7	100.0	96.8	101.1	103.3
农业产品	Agricultural Products	95.3	97.7	100.0	105.8	112.6	116.7
工业产品	Industrial Products	104.0	107.2	100.0	96.5	101.1	103.3
按生产阶段分	by Stage of Processing						
原材料	Raw Materials	126.4	141.2	100.0	84.7	104.0	119.4
中间产品	Intermediate Products	105.9	106.9	100.0	96.8	100.9	103.6
按最终用途分	by End-Use						
消费品	Consumers' Goods	98.0	102.1	100.0	99.2	100.1	100.3
投资用品	Capital Goods	100.2	99.2	100.0	101.5	100.4	100.2

附录2-13 续表 1 continued

2010年=100 (2010=100)

国家或地区	Country or Area	2010	2014	2015	2016	2017	2018
马来西亚	**Malaysia**						
按供给组成分	by Components of Supply						
国内供应	Domestic Supply	100.0	109.3	104.0			
国内生产	Domestic Production	100.0	110.4	102.2	101.1	108.0	106.7
进口产品	Import Products	100.0	106.9	107.7			
巴基斯坦	**Pakistan**						
按供给组成分	by Components of Supply						
国内供应	Domestic Supply	100.0	143.7	140.1	142.5	147.4	159.6
农业产品	Agricultural Products	100.0	138.4	138.6	148.3	156.6	165.8
菲 律 宾	**Philippines**						
按供给组成分	by Components of Supply						
国内供应	Domestic Supply	100.0	114.7	110.3	111.5	116.4	124.6
工业产品	Industrial Products	100.0	91.8	85.8			
新 加 坡	**Singapore**						
按供给组成分	by Components of Supply						
国内供应	Domestic Supply	100.0	102.5	86.8	80.7	86.4	92.0
国内生产	Domestic Production	100.0	99.0	89.9	85.0	88.2	92.1
进口产品	Import Products	100.0	98.7	86.2	81.7	86.4	90.7
泰 国	**Thailand**						
按供给组成分	by Components of Supply						
国内供应	Domestic Supply	100.0	107.0	102.6	101.4	102.7	102.9
按生产阶段分	by Stage of Processing						
原材料	Raw Materials	100.0	99.5	97.5	94.4	95.9	97.9
按最终用途分	by End-Use						
消费品	Consumers' Goods	100.0	109.9	109.5	109.7	106.2	105.1
投资用品	Capital Goods	100.0	103.3	101.1	100.5	99.6	97.8
埃 及⑤	**Egypt⑤**						
按供给组成分	by Components of Supply						
国内生产	Domestic Production	156.1	208.1	207.6	220.5		
农业产品	Agricultural Products	202.1	292.0	299.5	339.8		
按生产阶段分	by Stage of Processing						
原材料	Raw Materials	152.4	237.4	180.4	140.6		
中间产品	Intermediate Products	129.7	157.9	161.5	178.4		
按最终用途分	by End-Use						
消费品	Consumers' Goods	110.2	123.7	124.7	142.8		
投资用品	Capital Goods	140.6	170.1	171.9	178.5		
南 非⑥	**South Africa⑥**						
按供给组成分	by Components of Supply						
农业产品	Agricultural Products		108.0	113.1	131.6	132.2	134.0
工业产品	Industrial Products		113.9	118.0	126.3	132.5	139.7
按生产阶段分	by Stage of Processing						
中间产品	Intermediate Products		116.7	117.6	125.6	130.6	135.2
加 拿 大	**Canada**						
按供给组成分	by Components of Supply						
农业产品	Agricultural Products	100.0	124.4	130.2	124.8	125.9	124.3
工业产品	Industrial Products	100.0	111.3	110.3	110.1	113.5	118.0
按生产阶段分	by Stage of Processing						
原材料	Raw Materials	100.0	117.6	94.2	89.8	99.7	108.8

附录2-13 续表 2 continued

2010年=100 (2010=100)

国家或地区	Country or Area	2010	2014	2015	2016	2017	2018
墨西哥	**Mexico**						
按供给组成分	by Components of Supply						
国内供应	Domestic Supply	100.0	114.9	119.2	125.9	136.2	144.6
国内生产	Domestic Production	100.0	114.6	117.9	124.6	133.2	140.5
农业产品	Agricultural Products	100.0	115.2	119.6	130.6	140.3	144.7
工业产品	Industrial Products	100.0	111.9	118.6	128.1	136.6	143.3
进口产品	Import Products	100.0	108.9	105.3	104.2	106.8	110.6
按生产阶段分	by Stage of Processing						
中间产品	Intermediate Products	100.0	118.2	118.1	123.9	135.1	144.1
按最终用途分	by End-Use						
消费品	Consumers' Goods	100.0	116.5	120.2	126.4	135.4	142.2
投资用品	Capital Goods	100.0	113.0	118.0	125.4	137.4	148.0
美国	**United States**						
按供给组成分	by Components of Supply						
国内生产	Domestic Production	100.0	111.2	103.1	100.4	104.8	109.4
农业产品	Agricultural Products	100.0	130.8	114.8	104.0	107.0	106.6
工业产品	Industrial Products	100.0	109.3	101.0	98.7	103.5	108.9
按生产阶段分	by Stage of Processing						
原材料	Raw Materials	100.0	117.5	89.1	81.7	89.8	94.3
中间产品	Intermediate Products	100.0	110.2	102.6	99.4	104.0	109.5
按最终用途分	by End-Use						
消费品	Consumers' Goods	100.0	113.5	108.1	106.5	110.6	114.7
投资用品	Capital Goods	100.0	105.8	107.1	107.6	108.6	110.4
阿根廷	**Argentina**						
按供给组成分	by Components of Supply						
国内供应	Domestic Supply	100.0	186.3				
国内生产	Domestic Production	100.0	186.6				
农业产品	Agricultural Products	100.0	200.6				
工业产品	Industrial Products	100.0	180.3				
进口产品	Import Products	100.0	181.1				
白俄罗斯	**Belarus**						
按供给组成分	by Components of Supply						
工业产品	Industrial Products	100.0	379.1	444.4	498.0	546.7	584.2
按生产阶段分	by Stage of Processing						
中间产品	Intermediate Products	100.0	395.3	478.1	533.8	593.2	639.1
按最终用途分	by End-Use						
消费品	Consumers' Goods	100.0	362.5	399.5	445.3	474.2	498.9
投资用品	Capital Goods	100.0	356.9	420.6	487.0	532.5	565.6
捷克	**Czech Rep.**						
按供给组成分	by Components of Supply						
农业产品	Agricultural Products	100.0	127.0	118.9	113.1	122.0	100.8
工业产品	Industrial Products	100.0	107.8	104.4	101.0	102.8	104.9
进口产品	Import Products	100.0	110.5	108.3	103.9	105.0	104.2
按生产阶段分	by Stage of Processing						
中间产品	Intermediate Products	100.0	109.6	106.8	103.9	106.3	108.7
按最终用途分	by End-Use						
消费品	Consumers' Goods	100.0	110.4	108.3	106.6	109.2	109.1
投资用品	Capital Goods	100.0	103.4	103.7	102.8	102.5	102.4
法国	**France**						
按供给组成分	by Components of Supply						
国内供应	Domestic Supply	100.0	105.6	102.1	99.2	101.8	104.6
农业产品	Agricultural Products	100.0	117.0	113.3	113.5	117.7	120.2
工业产品	Industrial Products	100.0	107.1	104.8	102.4	104.8	107.6
进口产品	Import Products	100.0	103.4	98.4	94.7	97.6	100.3
按生产阶段分	by Stage of Processing						
原材料	Raw Materials	100.0	115.0	98.6	88.2	96.6	108.8
中间产品	Intermediate Products	100.0	102.8	101.1	98.3	101.5	103.8
按最终用途分	by End-Use						
消费品	Consumers' Goods	100.0	105.9	105.5	104.9	105.5	105.1
投资用品	Capital Goods	100.0	101.0	101.4	100.8	101.2	101.7

附录2-13 续表 3 continued

2010年=100 (2010=100)

国家或地区	Country or Area	2010	2014	2015	2016	2017	2018
德　国	**Germany**						
按供给组成分	by Components of Supply						
农业产品	Agricultural Products	100.0	111.1	105.3	103.9	114.3	114.6
工业产品	Industrial Products	100.0	105.8	103.9	102.2	105.0	107.8
进口产品	Import Products	100.0	103.6	100.7	97.5	101.2	
按生产阶段分	by Stage of Processing						
中间产品	Intermediate Products	100.0	103.6	102.1	100.6	104.6	107.4
按最终用途分	by End-Use						
消费品	Consumers' Goods	100.0	109.0	108.1	108.8	112.1	112.8
投资用品	Capital Goods	100.0	103.5	104.1	104.7	105.9	107.3
意 大 利	**Italy**						
按供给组成分	by Components of Supply						
工业产品	Industrial Products	100.0	106.2	102.6	100.3	102.9	107.0
按生产阶段分	by Stage of Processing						
中间产品	Intermediate Products	100.0	104.3	103.8	102.6	105.5	107.6
按最终用途分	by End-Use						
消费品	Consumers' Goods	100.0	107.1	107.1	106.9	108.2	108.9
投资用品	Capital Goods	100.0	103.4	104.0	104.4	105.3	105.9
荷　兰	**Netherlands**						
按供给组成分	by Components of Supply						
工业产品	Industrial Products	100.0	105.6	100.9	98.4	102.7	105.9
按生产阶段分	by Stage of Processing						
中间产品	Intermediate Products	100.0	108.2	103.5	100.8	106.4	110.0
按最终用途分	by End-Use						
消费品	Consumers' Goods	100.0	111.5	109.1	110.1	113.6	113.7
投资用品	Capital Goods	100.0	103.1	105.2	106.2	108.0	109.3
波　兰	**Poland**						
按供给组成分	by Components of Supply						
工业产品	Industrial Products	100.0	108.7	106.1	106.0	111.1	114.2
按生产阶段分	by Stage of Processing						
原材料	Raw Materials	100.0	114.4	106.4	103.4	111.6	
中间产品	Intermediate Products	100.0	108.6	108.6	108.9	113.3	117.5
按最终用途分	by End-Use						
消费品	Consumers' Goods	100.0	108.7	106.5	107.7	111.8	112.5
投资用品	Capital Goods	100.0	99.8	101.0	104.3	105.9	105.0
俄 罗 斯	**Russia**						
按供给组成分	by Components of Supply						
农业产品	Agricultural Products	100.0	131.5	148.5	142.3	150.3	148.2
工业产品	Industrial Products	100.0	135.1	153.8	160.5	172.7	193.7

附录2-13 续表 4 continued

2010年=100 (2010=100)

国家或地区	Country or Area	2010	2014	2015	2016	2017	2018
西 班 牙	**Spain**						
按供给组成分	by Components of Supply						
工业产品	Industrial Products	100.0	110.1	107.9	104.5	109.1	112.3
按生产阶段分	by Stage of Processing						
中间产品	Intermediate Products	100.0	106.6	105.8	104.3	107.8	110.6
按最终用途分	by End-Use						
消费品	Consumers' Goods	100.0	107.0	108.2	108.5	110.5	110.3
投资用品	Capital Goods	100.0	101.7	102.5	103.1	104.0	104.8
土 耳 其	**Turkey**						
按供给组成分	by Components of Supply						
农业产品	Agricultural Products	100.0	117.7	100.0④	103.0④	115.5④	128.9④
工业产品	Industrial Products	100.0	135.8	142.9	149.1	172.7	219.3
乌 克 兰⑦	**Ukraine⑦**						
按供给组成分	by Components of Supply						
农业产品	Agricultural Products		317.0	234.6	264.2		327.2
工业产品	Industrial Products		329.3	196.4	237.0	299.7	352.4
英　　国	**United Kingdom**						
按供给组成分	by Components of Supply						
农业产品	Agricultural Products	100.0	114.5	104.1	108.7	124.8	129.5
工业产品	Industrial Products	100.0	108.4	106.6	107.1	110.7	113.9
进口产品	Import Products	100.0	105.0	98.6	103.4	111.0	114.3
按生产阶段分	by Stage of Processing						
原材料	Raw Materials	100.0	109.8	95.7	97.6	108.3	116.2
中间产品	Intermediate Products	100.0	107.8	106.3	106.5	110.6	115.5
按最终用途分	by End-Use						
消费品	Consumers' Goods	100.0	109.9	108.8	108.6	112.2	114.3
投资用品	Capital Goods	100.0	107.4	108.7	111.5	115.0	116.8
澳大利亚	**Australia**						
按供给组成分	by Components of Supply						
国内供应	Domestic Supply	100.0	107.8	109.2	110.2	111.8	113.9
国内生产	Domestic Production	100.0	108.5	109.3	110.4	112.6	114.5
农业产品	Agricultural Products	100.0	114.3	127.1	131.4	133.3	134.9
工业产品	Industrial Products	100.0	107.2	107.4	106.8	110.2	116.0
进口产品	Import Products	100.0	103.1	110.5	110.7	108.5	111.3
按生产阶段分	by Stage of Processing						
原材料	Raw Materials	100.0	111.5	110.6	111.0	113.8	118.8
中间产品	Intermediate Products	100.0	110.5	110.7	111.3	114.2	118.9
按最终用途分	by End-Use						
消费品	Consumers' Goods	100.0	110.1	110.9	111.9	113.9	115.7
投资用品	Capital Goods	100.0	106.0	109.2	110.0	111.1	114.0
新 西 兰	**New Zealand**						
按供给组成分	by Components of Supply						
农业产品	Agricultural Products	100.0	114.5	99.2	102.1	121.5	127.4
工业产品	Industrial Products	100.0	107.4	103.1	100.5	108.8	108.5
按生产阶段分	by Stage of Processing						
中间产品	Intermediate Products	100.0	107.5	105.1	105.6	110.4	111.1

注：①1988年7月1日至1989年6月30日为基期。②以2011—2012年为基期。③以2011财政年度(2011年3月21日—2012年3月20日)为基期。④以2015年为基期。⑤2004年7月1日至2005年6月30日为基期。⑥以2012年为基期。⑦以2005年为基期。⑧以2016财政年度(2016年3月21日—2017年3月20日)为基期。

Note: ①The base year is from 1 July 1988 to 30 June 1989.②The base year is 2011-2012.③The base year is fiscal year 2011(from 21 March 2011 to 20 March 2012).④The base year is 2015.⑤The base year is from 1 July 2004 to 30 June 2005.⑥The base year is 2012. ⑦The base year is 2005.⑧The base year is fiscal year 2016(from 21 March 2016 to 20 March 2017).

附录2-14 居民消费价格指数

Consumer Price Indices

资料来源：世界银行WDI数据库。
Source: World Bank WDI Database.

2010年=100 (2010=100)

国家和地区	Country or Area	2012	2013	2014	2015	2016	2017	2018
中　国	China	108.3	111.2	113.3	114.9	117.2	119.1	121.6
中国香港	Hong Kong, China	109.6	114.3	119.4	122.9	125.9	127.8	130.8
中国澳门	Macao, China	112.3	118.5	125.6	131.3	134.5	136.1	140.2
孟加拉国	Bangladesh	118.3	127.2	136.1	144.6	152.5	161.2	170.2
文　莱	Brunei Darussalam	100.3	100.6	100.4	100.0	99.3	99.1	99.3
柬埔寨	Cambodia	108.6	111.8	116.1	117.5	121.1	124.6	
印　度	India	119.0	132.0	140.4	148.6	155.9	159.8	167.6
印度尼西亚	Indonesia	109.9	116.9	124.4	132.3	137.0	142.2	146.7
伊　朗	Iran	152.0	211.7	248.1	282.1	306.5	337.1	
以色列	Israel	105.2	106.9	107.4	106.7	106.1	106.4	107.2
日　本	Japan	99.7	100.0	102.8	103.6	103.5	104.0	105.0
哈萨克斯坦	Kazakhstan	114.1	120.9	129.1	137.8	157.6	169.3	
韩　国	Korea, Rep.	106.3	107.7	109.1	109.8	110.9	113.1	114.7
老　挝	Laos	112.1	119.3	124.2	125.8	127.8	128.9	131.5
马来西亚	Malaysia	104.9	107.1	110.5	112.8	115.1	119.6	120.7
蒙　古	Mongolia	123.9	136.9	153.7	163.8	165.5	172.2	183.9
缅　甸	Myanmar	106.6	112.4	118.1	129.3	138.3	144.6	154.5
巴基斯坦	Pakistan	122.8	132.2	141.7	145.3	150.8	156.9	164.9
菲律宾	Philippines	107.9	110.7	114.7	115.4	116.9	120.2	126.5
新加坡	Singapore	110.1	112.7	113.8	113.2	112.6	113.3	113.8
斯里兰卡	Sri Lanka	114.8	122.7	126.6	131.4	136.6	147.1	150.2
泰　国	Thailand	106.9	109.3	111.3	110.3	110.6	111.3	112.5
越　南	Viet Nam	129.5	138.0	144.5	145.8	150.5	155.8	161.3
埃　及	Egypt	117.9	129.0	142.1	156.8	178.5	231.1	
尼日利亚	Nigeria	124.4	134.9	145.8	158.9	183.9	214.2	240.1
南　非	South Africa	111.0	117.4	124.6	130.3	138.9	146.1	152.6
加拿大	Canada	104.5	105.5	107.5	108.7	110.2	112.0	114.5
墨西哥	Mexico	107.7	111.8	116.2	119.4	122.8	130.2	136.6
美　国	United States	105.3	106.8	108.6	108.7	110.1	112.4	115.2
阿根廷	Argentina			105.5				
巴　西	Brazil	112.4	119.4	126.9	138.4	150.5	155.7	161.4
委内瑞拉	Venezuela	152.7	214.7	348.2	772.0	2740.3		
捷　克	Czech Rep.	105.3	106.8	107.1	107.5	108.2	110.9	113.3
法　国	France	104.1	105.0	105.5	105.6	105.8	106.9	108.8
德　国	Germany	104.1	105.7	106.7	107.2	107.7	109.4	111.2
意大利	Italy	105.9	107.2	107.5	107.5	107.4	108.7	110.0
荷　兰	Netherlands	104.9	107.5	108.5	109.2	109.5	111.0	112.9
波　兰	Poland	108.0	109.0	109.1	108.1	107.4	109.6	111.6
俄罗斯	Russia	113.9	121.6	131.2	151.5	162.2	168.2	173.0
西班牙	Spain	105.7	107.2	107.0	106.5	106.3	108.4	110.2
土耳其	Turkey	115.9	124.6	135.7	146.1	157.4	175.0	203.5
乌克兰	Ukraine	108.6	108.3	121.4	180.5	205.6	235.3	261.1
英　国	United Kingdom	106.5	109.0	110.6	111.0	112.1	114.9	117.6
澳大利亚	Australia	105.1	107.7	110.4	112.0	113.5	115.7	117.9
新西兰	New Zealand	105.1	106.3	107.6	107.9	108.6	110.7	112.4

附录2-15 主要农产品产量

Production of Major Farm Crops

资料来源：联合国FAO数据库。
Source:FAO Database.
单位：万吨 (10 000 tons)

国家或地区	Country or Area	谷物 Cereals,Total 2010	谷物 Cereals,Total 2018	国家或地区	Country or Area	稻谷 Rice,Paddy 2010	稻谷 Rice,Paddy 2018
世　界	**World**	**246741.5**	**296439.4**	**世　界**	**World**	**70113.9**	**78200.0**
中　国	China	49634.3	61003.6	中　国	China	19576.1	21212.9
美　国	United States	40112.6	46795.1	印　度	India	14396.3	17258.0
印　度	India	26783.8	31832.0	印度尼西亚	Indonesia	6646.9	8303.7
印度尼西亚	Indonesia	8479.7	11329.1	孟加拉国	Bangladesh	5006.1	5641.7
俄罗斯	Russia	5961.9	10983.8	越　南	Viet Nam	4000.6	4404.6
巴　西	Brazil	7516.0	10306.5	泰　国	Thailand	3570.3	3219.2
阿根廷	Argentina	4026.7	7059.1	缅　甸	Myanmar	3206.5	2541.8
乌克兰	Ukraine	3868.6	6910.9	菲律宾	Philippines	1577.2	1906.6
法　国	France	6583.9	6274.0	巴　西	Brazil	1123.6	1174.9
孟加拉国	Bangladesh	5186.3	6081.8	巴基斯坦	Pakistan	723.5	1080.3
加拿大	Canada	4612.2	5809.6	柬埔寨	Cambodia	824.5	1064.7
越　南	Viet Nam	4461.4	4892.4	美　国	United States	1102.7	1017.0
巴基斯坦	Pakistan	3481.1	4274.2	日　本	Japan	1060.4	972.8
德　国	Germany	4403.9	3795.6	尼日利亚	Nigeria	447.3	680.9
泰　国	Thailand	4088.9	3756.5	韩　国	Korea, Rep.	581.1	519.5
墨西哥	Mexico	3492.5	3606.9	尼泊尔	Nepal	402.4	515.2
土耳其	Turkey	3276.5	3439.6	埃　及	Egypt	433.0	490.0
澳大利亚	Australia	3346.5	3386.1	马达加斯加	Madagascar	473.8	403.0
罗马尼亚	Romania	1671.3	3155.3	斯里兰卡	Sri Lanka	430.1	393.0
缅　甸	Myanmar	3404.3	2801.4	老　挝	Laos	307.1	358.5
菲律宾	Philippines	2214.9	2683.9	秘　鲁	Peru	283.1	355.8
波　兰	Poland	2722.8	2678.0	哥伦比亚	Colombia	198.8	332.3
尼日利亚	Nigeria	2465.0	2621.6	马　里	Mali	129.6	316.8
埃塞俄比亚	Ethiopia	1776.1	2519.2	坦桑尼亚	Tanzania	265.0	301.7
西班牙	Spain	1988.0	2436.3	马来西亚	Malaysia	246.5	271.9
埃　及	Egypt	1946.5	2205.2	几内亚	Guinea	161.4	234.0
英　国	United Kingdom	2094.6	2108.4	科特迪瓦	Cote D'Ivoire	120.6	210.9
伊　朗	Iran	1959.7	2064.6	朝　鲜	Korea, Dem.	242.6	208.8
哈萨克斯坦	Kazakhstan	1211.6	2019.6	伊　朗	Iran	249.0	199.0
意大利	Italy	1850.3	1634.7	中国台湾	Taiwan, China	145.1	195.0
南　非	South Africa	1470.1	1497.2	意大利	Italy	151.6	151.2
匈牙利	Hungary	1226.9	1489.3	阿根廷	Argentina	124.3	136.8
乌兹别克斯坦	Uzbekistan	747.4	1171.9	乌拉圭	Uruguay	114.9	136.0
柬埔寨	Cambodia	901.9	1125.2	厄瓜多尔	Ecuador	170.6	135.0
日　本	Japan	1136.7	1069.7	俄罗斯	Russia	106.1	103.8
塞尔维亚	Serbia	929.5	1055.0	刚果(金)	Congo, Dem. Rep.	31.8	99.0
摩洛哥	Morocco	783.5	1038.9	圭亚那	Guyana	55.6	96.5
坦桑尼亚	Tanzania	864.3	1030.5	土耳其	Turkey	86.0	94.0
马　里	Mali	533.9	1016.0	塞拉利昂	Sierra Leone	102.7	92.0
保加利亚	Bulgaria	713.6	993.2	巴拉圭	Paraguay	31.5	89.5
尼泊尔	Nepal	777.1	993.0	西班牙	Spain	92.8	80.8
苏　丹	Sudan	356.2	827.0	加　纳	Ghana	49.2	76.9
巴拉圭	Paraguay	497.6	707.0	塞内加尔	Senegal	60.4	76.3
丹　麦	Denmark	886.3	700.5	澳大利亚	Australia	19.7	63.5
捷　克	Czech Rep.	688.2	697.5	多米尼加	Dominican Rep.	85.0	62.7

附录2-15 续表 1 continued

单位：万吨 (10 000 tons)

国家或地区	Country or Area	小麦 Wheat		国家或地区	Country or Area	玉米 Maize	
		2010	2018			2010	2018
世 界	**World**	**64080.3**	**73518.0**	世 界	**World**	**85168.0**	**114768.9**
中 国	China	11518.1	13144.1	美 国	United States	31561.8	39245.1
印 度	India	8080.4	9970.0	中 国	China	17742.5	25717.4
俄罗斯	Russia	4150.8	7213.6	巴 西	Brazil	5536.4	8228.8
美 国	United States	6006.2	5128.7	阿根廷	Argentina	2266.3	4346.2
法 国	France	3820.7	3579.8	乌克兰	Ukraine	1195.3	3580.1
加拿大	Canada	2330.0	3176.9	印度尼西亚	Indonesia	1832.8	3025.4
巴基斯坦	Pakistan	2331.1	2507.6	印 度	India	2172.6	2782.0
乌克兰	Ukraine	1685.1	2465.3	墨西哥	Mexico	2330.2	2717.0
澳大利亚	Australia	2183.4	2094.1	罗马尼亚	Romania	904.2	1866.4
德 国	Germany	2378.3	2026.4	加拿大	Canada	1204.3	1388.5
土耳其	Turkey	1967.4	2000.0	法 国	France	1397.5	1266.7
阿根廷	Argentina	901.6	1851.8	南 非	South Africa	1281.5	1251.0
伊 朗	Iran	1214.3	1450.0	俄罗斯	Russia	308.4	1141.9
哈萨克斯坦	Kazakhstan	963.8	1394.4	尼日利亚	Nigeria	767.7	1015.5
英 国	United Kingdom	1487.8	1355.5	匈牙利	Hungary	698.5	796.3
罗马尼亚	Romania	581.2	1014.4	菲律宾	Philippines	637.7	777.2
波 兰	Poland	940.8	982.0	埃塞俄比亚	Ethiopia	498.6	736.0
埃 及	Egypt	717.7	880.0	埃 及	Egypt	704.1	730.0
西班牙	Spain	594.1	799.0	塞尔维亚	Serbia	720.7	696.5
摩洛哥	Morocco	487.6	732.1	巴基斯坦	Pakistan	370.7	630.9
意大利	Italy	685.0	693.3	意大利	Italy	849.6	617.9
保加利亚	Bulgaria	409.5	583.2	坦桑尼亚	Tanzania	473.3	598.7
巴 西	Brazil	617.1	541.9	土耳其	Turkey	431.0	570.0
乌兹别克斯坦	Uzbekistan	674.5	541.1	巴拉圭	Paraguay	310.9	534.5
匈牙利	Hungary	374.5	524.6	泰 国	Thailand	486.1	500.4
捷 克	Czech Rep.	416.2	441.8	越 南	Viet Nam	460.7	487.4
埃塞俄比亚	Ethiopia	285.6	423.9	肯尼亚	Kenya	346.5	401.4
阿尔及利亚	Algeria	260.5	398.1	波 兰	Poland	199.4	386.4
阿富汗	Afghanistan	453.2	361.3	西班牙	Spain	332.5	384.3
伊拉克	Iraq	274.9	321.1	马 里	Mali	135.6	362.5
墨西哥	Mexico	367.7	294.3	保加利亚	Bulgaria	204.7	347.8
塞尔维亚	Serbia	163.0	294.2	德 国	Germany	421.2	334.4
立陶宛	Lithuania	171.0	283.9	孟加拉国	Bangladesh	88.7	328.8
丹 麦	Denmark	506.0	265.5	乌干达	Uganda	237.4	296.4
叙利亚	Syrian Arab Republic	308.3	233.5	马拉维	Malawi	341.9	269.8
阿塞拜疆	Azerbaijan	127.2	199.2	尼泊尔	Nepal	185.5	247.3
尼泊尔	Nepal	155.7	194.9	赞比亚	Zambia	279.6	239.5
斯洛伐克	Slovakia	118.5	192.8	喀麦隆	Cameroon	167.0	234.5
南 非	South Africa	143.0	186.8	加 纳	Ghana	187.2	230.6
白俄罗斯	Belarus	173.9	181.5	安哥拉	Angola	107.3	227.1
比利时	Belgium	185.0	165.2	克罗地亚	Croatia	206.8	214.7
瑞 典	Sweden	214.3	162.0	奥地利	Austria	195.6	213.0
突尼斯	Tunisia	82.2	150.0	刚果(金)	Congo, Dem. Rep.	115.6	207.8
智 利	Chile	152.4	146.9	摩尔多瓦	Moldova	142.0	207.4
拉脱维亚	Latvia	98.9	143.2	缅 甸	Myanmar	135.4	198.3
奥地利	Austria	151.8	137.1	危地马拉	Guatemala	163.8	192.2
摩尔多瓦	Moldova	74.4	116.3	朝 鲜	Korea, Dem.	168.3	187.6
孟加拉国	Bangladesh	90.2	109.9	布基纳法索	Burkina Faso	113.4	170.0

附录2-15 续表 2 continued

单位：万吨 (10 000 tons)

国家或地区	Country or Area	大豆 Soybeans 2010	大豆 Soybeans 2018	国家或地区	Country or Area	根茎类作物 Roots and Tubers 2010	根茎类作物 Roots and Tubers 2018
世　界	**World**	**26508.8**	**34871.3**	**世　界**	**World**	**74114.5**	**83221.0**
美　国	United States	9066.3	12366.4	中　国	China	14836.0	15014.4
巴　西	Brazil	6875.6	11788.8	尼日利亚	Nigeria	8731.2	11570.4
阿根廷	Argentina	5267.6	3778.8	印　度	India	4573.2	5458.0
中　国	China	1508.3	1418.9	泰　国	Thailand	2245.7	3221.3
印　度	India	1273.6	1378.6	刚果(金)	Congo, Dem. Rep.	1631.2	3166.3
巴拉圭	Paraguay	746.0	1104.6	加　纳	Ghana	2094.0	3031.7
加拿大	Canada	444.5	726.7	乌克兰	Ukraine	1870.5	2250.4
乌克兰	Ukraine	168.0	446.1	俄罗斯	Russia	2114.1	2239.5
俄罗斯	Russia	122.2	402.7	巴　西	Brazil	2925.7	2232.6
玻利维亚	Bolivia	169.3	294.2	美　国	United States	1943.3	2185.1
南　非	South Africa	56.6	154.0	印度尼西亚	Indonesia	2739.5	1963.3
乌拉圭	Uruguay	179.3	133.4	科特迪瓦	Cote D'Ivoire	784.1	1242.7
意大利	Italy	55.3	113.9	马拉维	Malawi	1149.5	1220.5
印度尼西亚	Indonesia	90.7	95.4	越　南	Viet Nam	1026.7	1159.8
尼日利亚	Nigeria	36.5	75.8	安哥拉	Angola	1568.7	1074.1
塞尔维亚	Serbia	54.1	64.6	坦桑尼亚	Tanzania	845.6	1066.7
罗马尼亚	Romania	15.0	46.6	孟加拉国	Bangladesh	823.7	999.1
法　国	France	14.0	40.0	莫桑比克	Mozambique	1079.9	943.5
墨西哥	Mexico	16.8	32.4	埃塞俄比亚	Ethiopia	622.3	942.1
赞比亚	Zambia	11.2	30.3	德　国	Germany	1014.3	892.1
哈萨克斯坦	Kazakhstan	11.4	25.5	喀麦隆	Cameroon	629.5	836.5
克罗地亚	Croatia	15.4	24.5	法　国	France	665.8	790.7
贝　宁	Benin	6.3	22.2	柬埔寨	Cambodia	436.1	773.1
日　本	Japan	22.3	21.1	波　兰	Poland	844.8	747.8
伊　朗	Iran	15.7	21.0	秘　鲁	Peru	560.2	690.8
奥地利	Austria	9.5	18.4	贝　宁	Benin	614.8	683.1
匈牙利	Hungary	8.5	17.8	荷　兰	Netherlands	684.4	603.0
马拉维	Malawi	7.3	17.6	哥伦比亚	Colombia	439.8	589.1
缅　甸	Myanmar	25.5	17.1	白俄罗斯	Belarus	783.1	586.5
柬埔寨	Cambodia	15.7	17.0	加拿大	Canada	544.1	579.1
加　纳	Ghana	14.6	15.2	埃　及	Egypt	413.8	540.5
土耳其	Turkey	8.7	14.0	伊　朗	Iran	427.5	532.1
朝　鲜	Korea, Dem.	35.0	13.5	巴基斯坦	Pakistan	361.3	513.2
斯洛伐克	Slovakia	2.4	10.5	英　国	United Kingdom	605.6	502.8
孟加拉国	Bangladesh	7.0	9.9	阿尔及利亚	Algeria	330.0	465.3
埃塞俄比亚	Ethiopia	1.6	9.8	土耳其	Turkey	454.9	455.1
津巴布韦	Zimbabwe	5.7	9.0	乌干达	Uganda	517.1	436.4
韩　国	Korea, Rep.	10.5	8.9	马达加斯加	Madagascar	438.8	407.7
越　南	Viet Nam	29.9	8.1	哈萨克斯坦	Kazakhstan	255.5	380.7
哥伦比亚	Colombia	5.4	7.7	肯尼亚	Kenya	389.7	371.6
澳大利亚	Australia	6.0	6.3	菲律宾	Philippines	291.6	350.4
德　国	Germany	0.2	5.9	日　本	Japan	355.5	342.0
摩尔多瓦	Moldova	11.1	5.8	巴拉圭	Paraguay	266.8	334.8
泰　国	Thailand	15.9	5.6	布隆迪	Burundi	166.3	333.5
埃　及	Egypt	4.3	4.8	尼泊尔	Nepal	267.5	326.6
危地马拉	Guatemala	4.4	3.8	卢旺达	Rwanda	381.3	324.8
布基纳法索	Burkina Faso	2.2	3.1	朝　鲜	Korea, Dem.	213.5	312.5
乌干达	Uganda	2.7	2.9	比利时	Belgium	345.6	304.5

附录2-15 续表 3 continued

单位：万吨 (10 000 tons)

国家或地区	Country or Area	花生 Groundnuts,with Shell		国家或地区	Country or Area	油菜籽 Rapeseed	
		2010	2018			2010	2018
世　界	**World**	**4348.2**	**4595.1**	**世　界**	**World**	**5985.0**	**7500.2**
中　国	China	1564.4	1733.3	加拿大	Canada	1278.9	2034.3
印　度	India	826.5	669.5	中　国	China	1308.2	1328.1
尼日利亚	Nigeria	379.9	288.7	印　度	India	660.8	843.0
苏　丹	Sudan	76.3	288.4	法　国	France	481.5	494.6
美　国	United States	188.6	247.7	澳大利亚	Australia	190.7	389.3
缅　甸	Myanmar	137.0	159.9	德　国	Germany	569.8	367.1
坦桑尼亚	Tanzania	46.5	94.0	乌克兰	Ukraine	147.0	275.1
阿根廷	Argentina	61.1	92.1	波　兰	Poland	222.9	220.4
乍　得	Chad	110.3	89.4	英　国	United Kingdom	223.0	201.2
塞内加尔	Senegal	128.7	84.6	俄罗斯	Russia	67.0	198.9
几内亚	Guinea	33.2	77.0	美　国	United States	111.2	164.4
尼日尔	Niger	40.6	59.4	罗马尼亚	Romania	94.3	161.1
喀麦隆	Cameroon	53.6	59.4	捷　克	Czech Rep.	104.2	141.1
巴　西	Brazil	26.2	56.3	匈牙利	Hungary	53.1	100.0
加　纳	Ghana	53.1	52.1	丹　麦	Denmark	58.0	48.9
印度尼西亚	Indonesia	130.2	45.7	斯洛伐克	Slovakia	32.3	48.0
越　南	Viet Nam	48.7	45.7	保加利亚	Bulgaria	54.5	47.1
马拉维	Malawi	29.8	34.5	白俄罗斯	Belarus	37.5	45.6
布基纳法索	Burkina Faso	34.0	33.0	立陶宛	Lithuania	41.7	43.4
马　里	Mali	31.5	31.2	哈萨克斯坦	Kazakhstan	10.9	39.4
刚果(金)	Congo, Dem. Rep.	38.8	30.8	孟加拉国	Bangladesh	22.2	35.2
乌干达	Uganda	27.6	24.2	巴基斯坦	Pakistan	16.2	26.1
埃　及	Egypt	20.3	23.7	拉脱维亚	Latvia	22.6	23.0
贝　宁	Benin	15.4	22.6	智　利	Chile	4.4	22.0
尼加拉瓜	Nicaragua	18.0	19.5	瑞　典	Sweden	27.6	21.8
赞比亚	Zambia	16.4	18.2	西班牙	Spain	3.6	17.5
土耳其	Turkey	9.7	17.4	克罗地亚	Croatia	3.3	15.6
安哥拉	Angola	11.5	15.5	伊　朗	Iran	14.6	14.0
中　非	Central African Rep.	14.0	15.3	塞尔维亚	Serbia	2.4	13.5
埃塞俄比亚	Ethiopia	7.2	14.4	土耳其	Turkey	10.7	12.5
冈比亚	Gambia	13.8	11.1	奥地利	Austria	17.1	12.1
莫桑比克	Mozambique	15.8	10.8	爱沙尼亚	Estonia	13.1	11.4
巴基斯坦	Pakistan	6.8	9.7	南　非	South Africa	3.7	10.4
墨西哥	Mexico	8.2	9.1	乌拉圭	Uruguay	0.9	9.1
孟加拉国	Bangladesh	5.4	6.7	摩尔多瓦	Moldova	3.7	8.6
中国台湾	Taiwan, China	6.5	6.0	瑞　士	Switzerland	6.8	8.1
马达加斯加	Madagascar	3.0	5.8	芬　兰	Finland	17.9	7.1
南　非	South Africa	8.8	5.7	埃塞俄比亚	Ethiopia	1.8	6.1
老　挝	Laos	5.1	4.9	巴　西	Brazil	7.0	4.5
几内亚比绍	Guinea-Bissau	3.6	4.7	比利时	Belgium	4.6	4.3
多　哥	Togo	4.7	4.4	爱尔兰	Ireland	2.8	4.1
津巴布韦	Zimbabwe	13.7	4.2	意大利	Italy	5.0	3.9
摩洛哥	Morocco	5.0	3.2	巴拉圭	Paraguay	10.2	3.6
泰　国	Thailand	4.9	3.2	阿根廷	Argentina	2.3	3.5
菲律宾	Philippines	3.0	2.9	阿尔及利亚	Algeria	2.5	2.3
海　地	Haiti	2.7	2.8	希　腊	Greece	2.5	1.6
肯尼亚	Kenya	1.1	2.8	蒙　古	Mongolia	0.3	1.1
斯里兰卡	Sri Lanka	1.4	2.8	卢森堡	Luxemburg	1.6	1.1

附录2-15 续表 4 continued

单位：万吨 (10 000 tons)

国家或地区	Country or Area	芝麻 Sesame Seed 2010	芝麻 Sesame Seed 2018	国家或地区	Country or Area	籽棉 Seed Cotton 2010	籽棉 Seed Cotton 2018
世　界	**World**	**432.2**	**601.6**	**世　界**	**World**	**6922.0**	**7102.9**
苏　丹	Sudan	24.8	98.1	中　国	China	1791.0	1771.2
缅　甸	Myanmar	78.7	76.9	印　度	India	1776.0	1465.7
印　度	India	89.3	74.6	美　国	United States	947.4	1143.0
尼日利亚	Nigeria	14.9	57.3	巴　西	Brazil	295.0	495.6
坦桑尼亚	Tanzania	14.4	56.1	巴基斯坦	Pakistan	561.4	482.8
中　国	China	58.7	43.2	土 耳 其	Turkey	215.0	257.0
埃塞俄比亚	Ethiopia	32.8	30.1	澳大利亚	Australia	93.9	250.0
布基纳法索	Burkina Faso	9.1	25.4	乌兹别克斯坦	Uzbekistan	344.3	229.3
乍　得	Chad	12.6	17.3	墨 西 哥	Mexico	44.1	116.3
乌 干 达	Uganda	11.9	14.0	希　腊	Greece	71.1	83.7
尼 日 尔	Niger	8.6	9.0	阿 根 廷	Argentina	75.4	81.4
莫桑比克	Mozambique	6.3	6.5	贝　宁	Benin	13.7	75.8
墨 西 哥	Mexico	3.7	5.7	马　里	Mali	24.4	75.0
马　里	Mali	1.3	4.7	土库曼斯坦	Turkmenistan	128.6	61.8
埃　及	Egypt	4.6	4.4	布基纳法索	Burkina Faso	53.0	48.2
危地马拉	Guatemala	5.0	3.8	哈萨克斯坦	Kazakhstan	24.0	34.4
巴基斯坦	Pakistan	3.1	3.6	科特迪瓦	Cote D'Ivoire	17.5	31.6
孟加拉国	Bangladesh	3.2	3.5	缅　甸	Myanmar	50.5	31.3
喀 麦 隆	Cameroon	1.3	3.3	埃　及	Egypt	37.8	31.1
阿 富 汗	Afghanistan	3.2	3.2	塔吉克斯坦	Tajikistan	31.1	30.0
泰　国	Thailand	4.8	3.1	尼日利亚	Nigeria	60.2	27.1
柬 埔 寨	Cambodia	3.0	3.0	喀 麦 隆	Cameroon	19.0	24.9
伊　朗	Iran	4.6	2.9	坦桑尼亚	Tanzania	26.7	23.8
委内瑞拉	Venezuela	1.5	2.8	阿塞拜疆	Azerbaijan	3.8	23.4
中　非	Central African Rep.	2.9	2.7	苏　丹	Sudan	13.6	16.0
索 马 里	Somalia	2.6	2.6	西 班 牙	Spain	11.5	15.6
也　门	Yemen	2.6	2.3	伊　朗	Iran	16.7	15.3
越　南	Viet Nam	1.7	2.1	埃塞俄比亚	Ethiopia	5.8	14.0
巴 拉 圭	Paraguay	4.0	1.8	多　哥	Togo	4.3	12.8
土 耳 其	Turkey	2.4	1.7	乍　得	Chad	5.2	12.0
老　挝	Laos	1.0	1.6	玻利维亚	Bolivia	10.7	11.7
巴　西	Brazil	0.5	1.4	南　非	South Africa	2.1	10.2
玻利维亚	Bolivia	1.0	1.4	叙 利 亚	Syrian Arab Republic	47.3	9.1
韩　国	Korea, Rep.	1.3	1.3	赞 比 亚	Zambia	10.7	8.8
贝　宁	Benin	1.0	1.0	乌 干 达	Uganda	8.4	8.7
乌兹别克斯坦	Uzbekistan	0.4	1.0	吉尔吉斯斯坦	Kyrgyzstan	7.4	7.5
肯 尼 亚	Kenya	1.1	0.9	哥伦比亚	Colombia	9.0	7.4
斯里兰卡	Sri Lanka	1.7	0.9	孟加拉国	Bangladesh	4.3	5.7
塞内加尔	Senegal	0.5	0.8	莫桑比克	Mozambique	6.2	4.8
厄立特里亚	Eritrea	0.4	0.5	秘　鲁	Peru	6.4	4.4
刚果(金)	Congo, Dem. Rep.	0.5	0.5	几 内 亚	Guinea	3.7	4.4
尼加拉瓜	Nicaragua	0.4	0.4	阿 富 汗	Afghanistan	3.3	4.0
海　地	Haiti	0.4	0.4	朝　鲜	Korea, Dem.	3.5	3.9
科特迪瓦	Cote D'Ivoire	0.3	0.3	津巴布韦	Zimbabwe	15.0	3.9
安 哥 拉	Angola	0.3	0.3	伊 拉 克	Iraq	4.5	3.2
沙特阿拉伯	Saudi Arabia	0.5	0.3	刚果(金)	Congo, Dem. Rep.	2.6	2.8
哥伦比亚	Colombia	0.2	0.3	马 拉 维	Malawi	2.9	2.4
马 拉 维	Malawi		0.3	以 色 列	Israel	1.8	2.3

附录2-15　续表 5　continued

单位：万吨 (10 000 tons)

国家或地区	Country or Area	甘蔗 Sugar Cane 2010	甘蔗 Sugar Cane 2018	国家或地区	Country or Area	甜菜 Sugar Beets 2010	甜菜 Sugar Beets 2018
世　界	**World**	**168284.0**	**190702.5**	**世　界**	**World**	**22840.9**	**27548.6**
巴　西	Brazil	71746.4	74682.8	俄罗斯	Russia	2225.6	4206.6
印　度	India	29230.2	37690.0	法　国	France	3187.5	3958.0
中　国	China	11078.9	10809.7	美　国	United States	2906.1	3006.9
泰　国	Thailand	6880.8	10436.1	德　国	Germany	2343.2	2619.1
巴基斯坦	Pakistan	4937.3	6717.4	土耳其	Turkey	1794.2	1890.0
墨西哥	Mexico	5042.2	5684.2	波　兰	Poland	997.3	1430.3
哥伦比亚	Colombia	3253.9	3627.7	乌克兰	Ukraine	1374.9	1396.8
危地马拉	Guatemala	2231.4	3556.8	中　国	China	929.6	1207.8
澳大利亚	Australia	3123.5	3350.7	埃　及	Egypt	784.0	1122.3
美　国	United States	2482.1	3133.6	英　国	United Kingdom	652.8	762.0
菲律宾	Philippines	1792.9	2473.1	荷　兰	Netherlands	528.0	650.8
印度尼西亚	Indonesia	2660.0	2174.4	比利时	Belgium	446.5	519.2
古　巴	Cuba	1160.0	1964.8	伊　朗	Iran	386.7	490.2
南　非	South Africa	1601.6	1930.2	白俄罗斯	Belarus	377.3	480.6
阿根廷	Argentina	1889.0	1904.0	捷　克	Czech Rep.	306.5	372.4
越　南	Viet Nam	1616.2	1794.5	摩洛哥	Morocco	243.6	371.1
埃　及	Egypt	1570.9	1524.3	日　本	Japan	309.0	361.1
缅　甸	Myanmar	925.0	1065.9	西班牙	Spain	353.5	287.1
秘　鲁	Peru	985.5	1033.6	智　利	Chile	142.0	237.5
玻利维亚	Bolivia	640.3	961.6	塞尔维亚	Serbia	332.5	232.5
伊　朗	Iran	564.8	811.5	奥地利	Austria	313.2	215.0
厄瓜多尔	Ecuador	834.7	750.2	丹　麦	Denmark	240.9	210.8
尼加拉瓜	Nicaragua	489.4	722.4	意大利	Italy	355.0	194.2
萨尔瓦多	El Salvador	512.7	704.6	瑞　典	Sweden	197.4	169.8
巴拉圭	Paraguay	513.1	616.0	瑞　士	Switzerland	130.2	162.6
苏　丹	Sudan	752.7	590.3	斯洛伐克	Slovakia	97.8	131.2
洪都拉斯	Honduras	649.1	552.6	罗马尼亚	Romania	83.8	97.8
多米尼加	Dominican Rep.	457.7	527.8	匈牙利	Hungary	81.9	94.2
肯尼亚	Kenya	571.0	526.2	立陶宛	Lithuania	70.7	88.9
赞比亚	Zambia	350.0	446.1	克罗地亚	Croatia	124.9	77.7
哥斯达黎加	Costa Rica	373.5	442.1	吉尔吉斯斯坦	Kyrgyzstan	13.9	77.3
委内瑞拉	Venezuela	684.2	416.7	摩尔多瓦	Moldova	83.8	70.7
乌干达	Uganda	355.0	397.7	叙利亚	Syrian Arab Republic	142.8	66.5
孟加拉国	Bangladesh	449.1	363.9	加拿大	Canada	50.8	50.5
尼泊尔	Nepal	259.3	355.8	哈萨克斯坦	Kazakhstan	15.2	50.5
津巴布韦	Zimbabwe	269.2	330.5	芬　兰	Finland	54.2	35.5
毛里求斯	Mauritius	436.6	315.5	希　腊	Greece	88.9	35.3
马达加斯加	Madagascar	290.6	314.3	巴基斯坦	Pakistan	5.3	29.6
莫桑比克	Mozambique	272.0	307.3	阿塞拜疆	Azerbaijan	25.2	27.7
坦桑尼亚	Tanzania	280.1	305.2	土库曼斯坦	Turkmenistan	23.4	24.3
马拉维	Malawi	250.0	302.5	爱尔兰	Ireland	5.0	7.9
巴拿马	Panama	222.9	293.1	突尼斯	Tunisia		7.7
刚果(金)	Congo, Dem. Rep.	207.9	235.9	亚美尼亚	Armenia	2.6	5.4
法　国	France		227.4	伊拉克	Iraq	2.0	3.0
科特迪瓦	Cote D'Ivoire	180.1	194.8	哥伦比亚	Colombia	1.5	3.0
老　挝	Laos	81.9	183.5	阿尔巴尼亚	Albania	4.0	2.8
伯利兹	Belize	112.3	170.8	委内瑞拉	Venezuela	2.0	2.4
海　地	Haiti	122.0	150.2	马　里	Mali	0.4	1.2

附录2-15 续表 6 continued

单位：万吨 (10 000 tons)

国家或地区	Country or Area	茶叶 Tea 2010	茶叶 Tea 2018	国家或地区	Country or Area	水果 Fruit Primary 2010	水果 Fruit Primary 2018
世　界	**World**	**462.2**	**633.8**	**世　界**	**World**	**74054.2**	**86808.5**
中　国	China	145.0	261.0	中　国	China	19604.6	24075.0
印　度	India	99.1	134.5	印　度	India	7640.9	9872.2
肯尼亚	Kenya	39.9	49.3	巴　西	Brazil	4142.6	4004.7
斯里兰卡	Sri Lanka	33.1	30.4	美　国	United States	2915.7	2601.5
土耳其	Turkey	23.5	27.0	土耳其	Turkey	1922.9	2359.9
越　南	Viet Nam	19.9	27.0	墨西哥	Mexico	1705.9	2276.8
印度尼西亚	Indonesia	15.0	14.1	印度尼西亚	Indonesia	1563.5	2043.6
伊　朗	Iran	12.1	10.9	西班牙	Spain	1791.5	1933.2
缅　甸	Myanmar	9.5	10.9	伊　朗	Iran	1783.0	1889.9
日　本	Japan	8.5	8.3	意大利	Italy	1861.3	1800.9
阿根廷	Argentina	9.2	8.2	菲律宾	Philippines	1937.9	1676.7
孟加拉国	Bangladesh	6.0	7.8	埃　及	Egypt	1231.3	1515.3
乌干达	Uganda	4.9	6.2	尼日利亚	Nigeria	1076.3	1198.6
布隆迪	Burundi	3.8	5.4	哥伦比亚	Colombia	856.5	1193.6
泰　国	Thailand	6.7	5.1	泰　国	Thailand	1039.5	1132.6
马拉维	Malawi	5.2	4.9	越　南	Viet Nam	732.7	924.1
坦桑尼亚	Tanzania	3.3	3.7	法　国	France	904.4	911.1
莫桑比克	Mozambique	2.9	3.3	厄瓜多尔	Ecuador	936.5	806.8
卢旺达	Rwanda	2.2	3.1	阿根廷	Argentina	748.3	806.6
津巴布韦	Zimbabwe	2.4	2.6	南　非	South Africa	613.0	724.8
尼泊尔	Nepal	1.7	2.5	巴基斯坦	Pakistan	707.9	722.3
中国台湾	Taiwan, China	1.8	1.5	哥斯达黎加	Costa Rica	530.4	707.0
马来西亚	Malaysia	2.0	1.1	阿尔及利亚	Algeria	575.1	670.4
埃塞俄比亚	Ethiopia	0.8	1.0	秘　鲁	Peru	501.9	665.7
老　挝	Laos	0.1	0.8	危地马拉	Guatemala	432.9	623.5
喀麦隆	Cameroon	0.6	0.6	智　利	Chile	613.9	622.3
巴布亚新几内亚	Papua New Guinea	0.6	0.6	乌兹别克斯坦	Uzbekistan	388.0	614.6
刚果(金)	Congo, Dem. Rep.	0.3	0.4	摩洛哥	Morocco	429.7	608.9
韩　国	Korea, Rep.	0.2	0.3	刚果(金)	Congo, Dem. Rep.	406.9	603.0
格鲁吉亚	Georgia	0.4	0.2	加　纳	Ghana	488.7	599.2
南　非	South Africa	0.2	0.2	俄罗斯	Russia	361.5	591.5
毛里求斯	Mauritius	0.2	0.2	喀麦隆	Cameroon	495.1	583.6
厄瓜多尔	Ecuador	0.2	0.1	坦桑尼亚	Tanzania	497.3	561.7
玻利维亚	Bolivia	0.1	0.1	波　兰	Poland	278.9	514.0
秘　鲁	Peru	0.3	0.1	希　腊	Greece	404.3	479.3
赞比亚	Zambia	0.1	0.1	孟加拉国	Bangladesh	391.8	469.3
阿塞拜疆	Azerbaijan	0.1	0.1	多米尼加	Dominican Rep.	256.5	462.7
俄罗斯	Russia		0.1	安哥拉	Angola	264.1	444.1
危地马拉	Guatemala	0.1	0.1	乌干达	Uganda	534.9	439.4
巴　西	Brazil	0.4	0.1	澳大利亚	Australia	348.3	379.7
萨尔瓦多	El Salvador	0.1	0.1	马拉维	Malawi	168.1	349.6
马达加斯加	Madagascar			肯尼亚	Kenya	320.9	349.5
哥伦比亚	Colombia			罗马尼亚	Romania	280.0	349.4
马　里	Mali			苏　丹	Sudan		347.3
葡萄牙	Portugal			乌克兰	Ukraine	281.9	341.4
黑　山	Montenegro			委内瑞拉	Venezuela	283.3	327.5
塞舌尔	Seychelles			日　本	Japan	345.5	323.0
美属维尔京群岛	Virgin Islands(US)			韩　国	Korea, Rep.	362.0	321.5

附录2-16 互联网网民占总人口比重

Individuals using the Internet as Percentage of Population

资料来源：世界银行WDI数据库。
Source: World Bank WDI Database.
单位：% (%)

国家或地区	Country or Area	2010	2014	2015	2016	2017	2018
世　界	**World**	**28.8**	**39.9**	**41.7**	**44.7**	**49.7**	
高收入国家	**High Income**	**72.2**	**78.4**	**79.8**	**84.2**	**85.0**	
中等收入国家	**Middle Income**	**21.8**	**35.0**	**36.8**	**39.9**	**46.1**	
低收入国家	**Low Income**	**4.2**	**8.6**	**12.2**	**13.1**	**16.4**	
中　国	China	34.3	47.9	50.3	53.2	54.3	
中国香港	Hong Kong, China	72.0	79.9	85.0	87.5	89.4	
中国澳门	Macao, China	55.2	69.8	77.6	81.6	83.2	83.8
孟加拉国	Bangladesh	3.7	13.9	14.4	18.0	15.0	
文　莱	Brunei Darussalam	53.0	68.8	71.2	90.0	94.9	94.6
柬埔寨	Cambodia	1.3	14.0	6.4	32.4	32.5	40.0
印　度	India	7.5	21.0	17.0	22.0	34.5	
印度尼西亚	Indonesia	10.9	17.1	22.0	25.5	32.3	39.8
伊　朗	Iran	15.9	39.4	45.3	53.2	64.0	70.0
以色列	Israel	67.5	75.0	77.4	79.7	81.6	
日　本	Japan	78.2	89.1	91.1	93.2	84.6	
哈萨克斯坦	Kazakhstan	31.6	66.0	70.8	74.6	76.4	78.9
韩　国	Korea, Rep.	83.7	87.6	89.9	92.8	95.1	95.9
老　挝	Laos	7.0	14.3	18.2	21.9	25.5	
马来西亚	Malaysia	56.3	63.7	71.1	78.8	80.1	81.2
蒙　古	Mongolia	10.2	19.9	22.5	22.3	23.7	
缅　甸	Myanmar	0.3	11.5	21.7	25.1	30.7	
巴基斯坦	Pakistan	8.0	12.0	14.0	12.4	15.5	
菲律宾	Philippines	25.0	49.6	36.0	55.5	60.1	
新加坡	Singapore	71.0	79.0	79.0	84.5	84.5	88.2
斯里兰卡	Sri Lanka	12.0	25.8	12.1	16.4	34.1	
泰　国	Thailand	22.4	34.9	39.3	47.5	52.9	56.8
越　南	Viet Nam	30.7	41.0	45.0	53.0	58.1	70.4
埃　及	Egypt	21.6	33.9	37.8	41.3	45.0	46.9
尼日利亚	Nigeria	11.5	21.0	36.0	25.7	42.0	
南　非	South Africa	24.0	49.0	51.9	54.0	56.2	
加拿大	Canada	80.3	87.1	90.0	91.2	91.0	
墨西哥	Mexico	31.1	44.4	57.4	59.5	63.9	65.8
美　国	United States	71.7	73.0	74.6	85.5	87.3	
阿根廷	Argentina	45.0	64.7	68.0	71.0	74.3	
巴　西	Brazil	40.7	54.6	58.3	60.9	67.5	
委内瑞拉	Venezuela	37.4	57.0	64.0	60.0	72.0	
捷　克	Czech Rep.	68.8	74.2	75.7	76.5	78.7	80.7
法　国	France	77.3	83.8	78.0	79.3	80.5	82.0
德　国	Germany	82.0	86.2	87.6	84.2	84.4	89.7
意大利	Italy	53.7	55.6	58.1	61.3	63.1	74.4
荷　兰	Netherlands	90.7	91.7	91.7	90.4	93.2	94.7
波　兰	Poland	62.3	66.6	68.0	73.3	76.0	77.5
俄罗斯	Russia	43.0	70.5	70.1	73.1	76.0	80.9
西班牙	Spain	65.8	76.2	78.7	80.6	84.6	86.1
土耳其	Turkey	39.8	51.0	53.8	58.4	64.7	71.0
乌克兰	Ukraine	23.3	46.2	48.9	53.0	58.9	
英　国	United Kingdom	85.0	91.6	92.0	94.8	94.6	94.9
澳大利亚	Australia	76.0	84.0	84.6	86.5	86.6	
新西兰	New Zealand	80.5	85.5	88.2	88.5	90.8	

附录2-17 世界主要国家或地区货物进出口总额

Merchandise Imports and Exports by Country or Area

资料来源：世界贸易组织数据库。
Source: WTO Database.
单位：亿美元 (100 million USD)

国家或地区	Country or Area	2000	2005	2010	2015	2017	2018
世　界	**World**	**131780**	**213780**	**308335**	**333176**	**357752**	**393419**
中　国	China	4743	14219	29740	39530	41071	46230
中国香港	Hong Kong, China	4167	5923	8421	10700	11402	11968
中国澳门	Macao, China	52	70	65	119	109	127
孟加拉国	Bangladesh	153	232	470	744	887	1008
文　莱	Brunei Darussalam	50	77	114	96	87	107
柬埔寨	Cambodia	33	70	119	218	276	334
印　度	India	939	2425	5766	6603	7477	8362
印度尼西亚	Indonesia	1090	1627	2934	2931	3258	3689
伊　朗	Iran	426	963	1667	1152	1423	1573
以色列	Israel	691	899	1196	1287	1330	1452
日　本	Japan	8588	11108	14638	12728	13701	14871
哈萨克斯坦	Kazakhstan	139	452	911	765	781	935
韩　国	Korea, Rep.	3327	5457	8916	9633	10522	11401
老　挝	Laos	9	14	38	93	105	116
马来西亚	Malaysia	1802	2560	3632	3752	4125	4648
蒙　古	Mongolia	12	22	62	85	105	129
缅　甸	Myanmar	40	57	134	283	331	363
巴基斯坦	Pakistan	199	414	592	659	793	840
菲律宾	Philippines	751	907	1100	1336	1706	1822
新加坡	Singapore	2723	4297	6627	6434	7009	7833
斯里兰卡	Sri Lanka	117	152	221	294	323	344
泰　国	Thailand	1309	2291	3762	4170	4582	5018
越　南	Viet Nam	301	692	1571	3277	4258	4898
埃　及	Egypt	199	354	794	849	872	996
尼日利亚	Nigeria	297	712	1282	949	757	1025
南　非	South Africa	597	1139	1882	1855	1901	2079
加拿大	Canada	5214	6829	7902	8394	8630	9188
墨西哥	Mexico	3458	4424	6085	7858	8416	9271
美　国	United States	20412	26338	32477	38179	39547	42784
阿根廷	Argentina	515	690	1250	1170	1256	1271
巴　西	Brazil	1138	1962	3935	3700	3754	4284
委内瑞拉	Venezuela	497	797	1047	706	431	446
捷　克	Czech Rep.	611	1546	2596	2992	3455	3860
法　国	France	6666	9676	11348	10770	11538	12544
德　国	Germany	10490	17480	23137	23773	26111	28465
意大利	Italy	4793	7579	9344	8679	9605	10474
荷　兰	Netherlands	4514	7702	10907	10825	12267	13687
波　兰	Poland	808	1911	3378	3956	4682	5271
俄罗斯	Russia	1499	3692	6493	5344	5917	6931
西班牙	Spain	2714	4814	5814	5941	6715	7332
土耳其	Turkey	823	1903	2994	3511	3908	3910
乌克兰	Ukraine	285	704	1124	756	929	1044
英　国	United Kingdom	6335	9101	10071	10859	10846	11593
澳大利亚	Australia	1354	2314	4143	3965	4598	4926
新西兰	New Zealand	272	479	620	709	782	835

附录2-18 货物出口总额

Merchandise Export

资料来源：世界贸易组织数据库。
Source: WTO Database.

单位：亿美元 (100 million USD)

国家或地区	Country or Area	2000	2005	2010	2015	2017	2018
世　界	**World**	**64548**	**105076**	**153009**	**165306**	**177319**	**194754**
中　国	China	2492	7620	15778	22735	22633	24870
中国香港	Hong Kong, China	2027	2921	4007	5106	5503	5692
中国澳门	Macao, China	25	25	9	13	14	15
孟加拉国	Bangladesh	64	93	192	324	359	393
文　莱	Brunei Darussalam	39	62	89	64	56	54
柬埔寨	Cambodia	14	31	51	85	121	144
印　度	India	424	996	2264	2674	2993	3256
印度尼西亚	Indonesia	654	870	1578	1504	1688	1802
伊　朗	Iran	287	563	1013	703	928	1079
以色列	Israel	314	428	584	637	611	574
日　本	Japan	4792	5949	7698	6248	6981	7384
哈萨克斯坦	Kazakhstan	88	278	600	460	485	610
韩　国	Korea, Rep.	1723	2844	4664	5268	5737	6049
老　挝	Laos	3	6	17	37	48	53
马来西亚	Malaysia	982	1416	1986	1992	2177	2474
蒙　古	Mongolia	5	11	29	47	62	70
缅　甸	Myanmar	16	38	87	114	139	168
巴基斯坦	Pakistan	90	161	214	221	216	235
菲律宾	Philippines	381	413	515	588	687	675
新加坡	Singapore	1378	2296	3519	3466	3732	4126
斯里兰卡	Sri Lanka	54	63	86	105	114	119
泰　国	Thailand	690	1109	1933	2143	2366	2521
越　南	Viet Nam	145	324	722	1621	2143	2456
埃　及	Egypt	53	129	264	213	256	276
尼日利亚	Nigeria	210	505	840	502	445	607
南　非	South Africa	300	516	913	809	888	940
加拿大	Canada	2766	3605	3875	4100	4208	4498
墨西哥	Mexico	1664	2142	2983	3806	4094	4506
美　国	United States	7819	9011	12785	15026	15463	16641
阿根廷	Argentina	263	404	682	568	586	616
巴　西	Brazil	551	1185	2019	1911	2178	2397
委内瑞拉	Venezuela	335	557	657	373	325	337
捷　克	Czech Rep.	291	781	1330	1579	1821	2022
法　国	France	3276	4634	5238	5063	5352	5818
德　国	Germany	5518	9709	12589	13262	14482	15608
意大利	Italy	2405	3731	4473	4570	5074	5466
荷　兰	Netherlands	2331	4064	5743	5704	6521	7227
波　兰	Poland	317	894	1597	1991	2344	2606
俄罗斯	Russia	1050	2438	4006	3414	3535	4440
西班牙	Spain	1153	1926	2544	2823	3195	3452
土耳其	Turkey	278	735	1139	1438	1570	1680
乌克兰	Ukraine	146	342	515	381	433	473
英　国	United Kingdom	2854	3909	4160	4596	4411	4857
澳大利亚	Australia	639	1061	2126	1877	2311	2569
新西兰	New Zealand	133	217	314	344	381	397

附录2-19 货币汇率(年平均价)

Exchange Rate (Period Average)

资料来源：世界银行WDI数据库。
Source: World Bank WDI Database.

单位：1美元合本币数 (local currency unit per US dollar)

国家或地区	Country or Area	2000	2005	2010	2015	2017	2018
中　　国	**China**	**8.28**	**8.19**	**6.77**	**6.23**	**6.76**	**6.62**
中国香港	Hong Kong, China	7.79	7.78	7.77	7.75	7.79	7.84
中国澳门	Macao, China	8.03	8.01	8.00	7.99	8.03	8.07
孟加拉国	Bangladesh	52.14	64.33	69.65	77.95	80.44	83.47
文　　莱	Brunei Darussalam	1.72	1.66	1.36	1.38	1.38	1.35
柬 埔 寨	Cambodia	3840.75	4092.50	4184.92	4067.75	4050.58	4051.17
印　　度	India	44.94	44.10	45.73	64.15	65.12	68.39
印度尼西亚	Indonesia	8421.78	9704.74	9090.43	13389.41	13380.83	14236.94
伊　　朗	Iran	1764.86	8963.96	10254.18	29011.49	33226.30	40864.33
以 色 列	Israel	4.08	4.49	3.74	3.89	3.60	3.59
日　　本	Japan	107.77	110.22	87.78	121.04	112.17	110.42
哈萨克斯坦	Kazakhstan	142.13	132.88	147.35	221.73	326.00	344.71
韩　　国	Korea, Rep.	1130.96	1024.12	1156.06	1131.16	1130.43	1100.56
老　　挝	Laos	7887.64	10655.17	8258.77	8147.91	8351.53	8489.24
马来西亚	Malaysia	3.80	3.79	3.22	3.91	4.30	4.04
蒙　　古	Mongolia	1076.67	1205.25	1357.06	1970.31	2439.78	2472.48
缅　　甸	Myanmar	6.52	5.82	5.64	1162.62	1360.36	1429.81
巴基斯坦	Pakistan	53.65	59.51	85.19	102.77	105.46	121.82
菲 律 宾	Philippines	44.19	55.09	45.11	45.50	50.40	52.66
新 加 坡	Singapore	1.72	1.66	1.36	1.38	1.38	1.35
斯里兰卡	Sri Lanka	77.01	100.50	113.06	135.86	152.45	162.47
泰　　国	Thailand	40.11	40.22	31.69	34.25	33.94	32.31
越　　南	Viet Nam	14167.75	15858.92	18612.92	21697.57	22370.09	22602.05
埃　　及	Egypt	3.47	5.78	5.62	7.69	17.78	17.77
尼日利亚	Nigeria	101.70	131.27	150.30	192.44	305.79	306.08
南　　非	South Africa	6.94	6.36	7.32	12.76	13.33	13.24
加 拿 大	Canada	1.49	1.21	1.03	1.28	1.30	1.30
墨 西 哥	Mexico	9.46	10.90	12.64	15.85	18.93	19.24
美　　国	United States	1.00	1.00	1.00	1.00	1.00	1.00
阿 根 廷	Argentina	1.00	2.90	3.90	9.23	16.56	28.10
巴　　西	Brazil	1.83	2.43	1.76	3.33	3.19	3.65
委内瑞拉	Venezuela	0.68	2.09	2.58	6.28	9.98	33765.99
捷　　克	Czech Rep.	38.60	23.96	19.10	24.60	23.38	21.73
法　　国	France	1.09	0.80	0.76	0.90	0.89	0.85
德　　国	Germany	1.09	0.80	0.76	0.90	0.89	0.85
意 大 利	Italy	1.09	0.80	0.76	0.90	0.89	0.85
荷　　兰	Netherlands	1.09	0.80	0.76	0.90	0.89	0.85
波　　兰	Poland	4.35	3.24	3.02	3.77	3.78	3.61
俄 罗 斯	Russia	28.13	28.28	30.37	60.94	58.34	62.67
西 班 牙	Spain	1.09	0.80	0.76	0.90	0.89	0.85
土 耳 其	Turkey	0.63	1.34	1.50	2.72	3.65	4.83
乌 克 兰	Ukraine	5.44	5.13	7.94	21.85	26.60	27.20
英　　国	United Kingdom	0.66	0.55	0.65	0.66	0.78	0.75
澳大利亚	Australia	1.73	1.31	1.09	1.33	1.31	1.34
新 西 兰	New Zealand	2.20	1.42	1.39	1.43	1.41	1.45

附录2-20 外商直接投资

Foreign Direct Investment

资料来源：联合国贸发会议FDI数据库。
Source: UNCTAD FDI Database .
单位：亿美元 (100 million USD)

国家或地区	Country or Area	外商直接投资 FDI Inflows			对外直接投资 FDI Outflows		
		2000	2010	2018	2000	2010	2018
世 界	**World**	**13586.1**	**13651.1**	**12971.5**	**11636.7**	**13731.9**	**10141.7**
中 国	China	407.1	1147.3	1390.4	9.2	688.1	1298.3
中国香港	Hong Kong, China	545.8	705.4	1156.6	540.8	862.5	851.6
中国澳门	Macao, China		28.3	11.1		-4.4	-5.0
孟加拉国	Bangladesh	5.8	9.1	36.1		0.2	0.2
文 莱	Brunei Darussalam	5.5	4.8	5.0	0.3	-0.4	
柬埔寨	Cambodia	1.5	14.0	31.0	0.1	0.2	1.2
印 度	India	35.9	274.2	422.9	5.1	159.5	110.4
印度尼西亚	Indonesia	-45.5	137.7	219.8		26.6	81.4
伊 朗	Iran	1.9	36.5	34.8	0.1	2.4	0.7
以色列	Israel	69.6	69.8	218.0	33.4	79.4	60.1
日 本	Japan	83.2	-12.5	98.6	315.6	562.6	1431.6
哈萨克斯坦	Kazakhstan	12.8	115.5	38.2		78.9	-11.0
韩 国	Korea, Rep.	115.1	95.0	144.8	48.4	282.2	389.2
老 挝	Laos	0.3	2.8	13.2	0.1	0.3	
马来西亚	Malaysia	37.9	90.6	80.9	20.3	134.0	52.8
蒙 古	Mongolia	0.5	16.9	21.7		0.6	0.4
缅 甸	Myanmar	0.9	66.7	35.5			
巴基斯坦	Pakistan	3.1	20.2	23.5	0.1	0.5	0.1
菲律宾	Philippines	22.4	13.0	64.6	1.3	29.4	6.0
新加坡	Singapore	147.5	574.6	776.5	68.5	354.1	371.4
斯里兰卡	Sri Lanka	1.8	4.8	16.1		0.4	0.7
泰 国	Thailand	34.1	145.6	104.9	-0.2	79.4	177.1
越 南	Viet Nam	12.9	80.0	155.0		9.0	6.0
埃 及	Egypt	12.4	63.9	68.0	0.5	11.8	3.2
尼日利亚	Nigeria	13.1	61.0	20.0	1.7	9.2	13.8
南 非	South Africa	8.9	36.4	53.3	2.7	-0.8	45.5
加拿大	Canada	668.0	284.0	396.2	446.8	347.2	504.5
墨西哥	Mexico	182.5	273.4	316.0		143.7	68.6
美 国	United States	3140.1	1980.5	2518.1	1426.3	2777.8	-635.5
阿根廷	Argentina	104.2	113.3	121.6	9.0	9.6	19.1
巴 西	Brazil	327.8	776.9	612.2	22.8	220.6	-130.4
委内瑞拉	Venezuela	47.0	15.7	9.6	5.2	24.9	16.5
捷 克	Czech Rep.	49.9	61.4	94.8	0.4	11.7	52.8
法 国	France	275.0	138.9	372.9	1619.5	481.5	1024.2
德 国	Germany	1982.8	656.4	257.1	570.9	1254.5	770.8
意大利	Italy	133.7	91.8	242.8	66.9	326.9	205.8
荷 兰	Netherlands	638.6	-71.8	696.6	756.3	683.6	589.8
波 兰	Poland	94.5	128.0	114.8	0.2	61.5	8.6
俄罗斯	Russia	26.5	316.7	133.3	31.5	411.2	364.4
西班牙	Spain	395.8	398.7	435.9	582.1	378.4	316.2
土耳其	Turkey	9.8	90.9	129.4	8.7	14.7	36.1
乌克兰	Ukraine	6.0	65.0	23.6		7.4	
英 国	United Kingdom	1153.0	582.0	644.9	2327.4	480.9	498.8
澳大利亚	Australia	141.9	368.0	604.4	28.6	198.0	36.3
新西兰	New Zealand	13.5	-0.6	14.0	6.1	7.2	4.0

附录2-21　外汇储备与黄金储备
Foreign Exchange and Gold Reserves

资料来源：国际货币基金组织IFS数据库。
Source: IMF IFS Database.

国家或地区	Country or Area	外汇储备（亿美元） Foreign Exchange (100 million USD)			黄金储备（万盎司） Gold Reserves(10000 fine troy ounces)		
		2000	2010	2018	2000	2010	2018
中　国	**China**	**1655.7**	**28473.4**	**30727.1**	**1270.0**	**3389.0**	**5956.0**
中国香港	**Hong Kong, China**	**1075.4**	**2686.5**	**4244.9**	**7.0**	**7.0**	**7.0**
中国澳门	**Macao, China**	**33.2**	**237.3**	**202.8**			
孟加拉国	Bangladesh	14.9	99.0	299.7	11.0	43.0	45.0
文　莱	Brunei Darussalam	3.6	12.1	28.7			15.0
柬埔寨	Cambodia	5.0	31.5	132.2	40.0	40.0	40.0
印　度	India	372.6	2678.1	3698.0	1150.0	1793.0	1930.0
印度尼西亚	Indonesia	282.8	899.7	1147.8	310.0	235.0	253.0
以色列	Israel	231.6	692.7	1135.3			
日　本	Japan	3472.1	10362.6	12095.0	2455.0	2460.0	2460.0
哈萨克斯坦	Kazakhstan	15.9	246.9	157.7	184.0	216.0	1127.0
韩　国	Korea, Rep.	958.6	2869.3	3933.3	44.0	46.0	336.0
老　挝	Laos	1.4	6.2	8.7	2.0	29.0	3.0
马来西亚	Malaysia	274.3	1023.2	977.9	117.0	117.0	125.0
蒙　古	Mongolia	1.8	21.2	27.2	8.0	6.0	60.0
缅　甸	Myanmar	2.2	57.1	53.5	23.0	23.0	23.0
巴基斯坦	Pakistan	15.0	131.2	87.6	209.0	207.0	208.0
菲律宾	Philippines	129.7	539.9	693.8	723.0	495.0	636.0
新加坡	Singapore	795.1	2236.8	2853.5	410.0	410.0	410.0
斯里兰卡	Sri Lanka	9.8	66.3	60.3	34.0	35.0	64.0
泰　国	Thailand	319.3	1656.6	1970.3	237.0	320.0	495.0
越　南	Viet Nam	34.2	120.5	550.7			
埃　及	Egypt	129.1	323.5	376.4	243.0	243.0	252.0
尼日利亚	Nigeria	99.1	323.4	405.1	69.0	69.0	
南　非	South Africa	57.9	354.2	435.6	590.0	402.0	403.0
加拿大	Canada	290.2	448.9	732.8	118.0	11.0	
墨西哥	Mexico	351.4	1148.8	1652.0	25.0	23.0	386.0
美　国	United States	312.4	520.8	419.4	26161.0	26150.0	26150.0
阿根廷	Argentina	244.1	466.2	592.4	2.0	176.0	176.0
巴　西	Brazil	324.3	2805.7	3655.4	212.0	108.0	217.0
委内瑞拉	Venezuela	126.3	91.9		1024.0	1176.0	
捷　克	Czech Rep.	130.2	403.4	1409.3	45.0	41.0	28.0
法　国	France	321.1	362.1	485.3	9725.0	7830.0	7832.0
德　国	Germany	496.7	373.6	364.1	11152.0	10934.0	10834.0
意大利	Italy	224.2	356.8	391.4	7883.0	7883.0	7883.0
荷　兰	Netherlands	70.0	89.0	47.4	2932.0	1969.0	1969.0
波　兰	Poland	263.2	863.2	1103.8	331.0	331.0	414.0
俄罗斯	Russia	242.6	4329.5	3717.3	1236.0	2536.0	6794.0
西班牙	Spain	295.2	133.1	526.2	1683.0	905.0	905.0
土耳其	Turkey	223.1	790.5	713.7	374.0	373.0	1570.0
乌克兰	Ukraine	11.0	333.2	198.1	45.0	89.0	78.0
英　国	United Kingdom	341.6	493.3	1401.7	1567.0	997.0	998.0
澳大利亚	Australia	167.8	327.9	453.8	256.0	257.0	221.0
新西兰	New Zealand	36.2	151.3	160.6			

附录2-22 研究与开发经费支出和公共教育经费支出占国内生产总值比重
Research and Development Expenditure and Public Spending on Education as Percentage of GDP

资料来源：世界银行WDI数据库。
Source: World Bank WDI Database.
单位：%　　(%)

国家或地区	Country or Area	研究与开发经费支出占国内生产总值比重 Research and Development Expenditure as of GDP			公共教育经费支出占国内生产总值比重 Public Spending on Education, Total as of GDP		
		2000	2010	2016	2000	2010	2016
世　界	**World**	**2.1**	**2.0**	**2.2**	**3.9**	**4.6**	**4.8①**
高收入国家	**High Income**	**2.3**	**2.4**	**2.5**	**4.8**	**5.4**	**5.2①**
中等收入国家	**Middle Income**	**0.6**	**1.1**	**1.6**	**3.8**	**4.5**	**4.7②**
中　国	China	0.9	1.7	2.1			
中国香港	Hong Kong, China	0.5	0.7	0.8		3.5	3.3
中国澳门	Macao, China		0.1	0.2	3.3	2.6	3.1
孟加拉国	Bangladesh				2.1	1.9③	1.5
文　莱	Brunei Darussalam				3.7	2.0	4.4
柬埔寨	Cambodia			0.1①	1.7	1.5	1.9②
印　度	India	0.8	0.8	0.6①	4.4	3.4	3.8④
印度尼西亚	Indonesia	0.1	0.1③	0.1④		2.8	3.6①
伊　朗	Iran		0.3	0.3④	4.0	3.7	3.4
以色列	Israel	3.9	3.9	4.3	6.1	5.5	5.9①
日　本	Japan	2.9	3.1	3.1	3.5	3.6	3.5
哈萨克斯坦	Kazakhstan	0.2	0.2	0.1	3.3	3.1③	3.0
韩　国	Korea, Rep.	2.2	3.5	4.2		4.7③	5.3①
老　挝	Laos				1.5	1.7	2.9②
马来西亚	Malaysia	0.5	1.0	1.3①	6.0	5.0	4.8
蒙　古	Mongolia	0.2	0.2	0.2	5.6	4.6	5.2
缅　甸	Myanmar	0.1			0.6		
巴基斯坦	Pakistan	0.1	0.4③	0.2①	1.8	2.3	2.5
菲律宾	Philippines		0.1③	0.1④	3.3	2.7③	3.4④
新加坡	Singapore	1.8	2.0	2.2②	3.3	3.1	2.9④
斯里兰卡	Sri Lanka	0.1	0.1	0.1①		1.7	3.5
泰　国	Thailand	0.2	0.2③	0.8	5.3	3.5	4.1④
越　南	Viet Nam			0.4①		5.1	5.7④
埃　及	Egypt	0.2	0.4	0.7		3.8⑤	
尼日利亚	Nigeria		0.2⑥				
南　非	South Africa		0.7	0.8①	5.4	5.7	5.9
加拿大	Canada	1.9	1.8	1.6	5.4	5.4	
墨西哥	Mexico	0.3	0.5	0.5	4.0	5.2	5.2①
美　国	United States	2.6	2.7	2.7		5.4	5.0②
阿根廷	Argentina	0.4	0.6	0.5	4.6	5.0	5.6
巴　西	Brazil	1.0	1.2	1.3	3.9	5.6	6.2①
委内瑞拉	Venezuela	0.4	0.2	0.1		6.9③	
捷　克	Czech Rep.	1.1	1.3	1.7	3.7	4.1	5.8①
法　国	France	2.1	2.2	2.2	5.5	5.7	5.5①
德　国	Germany	2.4	2.7	2.9		4.9	4.8①
意大利	Italy	1.0	1.2	1.3	4.3	4.4	4.1①
荷　兰	Netherlands	1.8	1.7	2.0	4.6	5.6	5.4①
波　兰	Poland	0.6	0.7	1.0	5.0	5.1	4.8①
俄罗斯	Russia	1.1	1.1	1.1	2.9	4.1⑤	3.8①
西班牙	Spain	0.9	1.4	1.2	4.2	4.8	4.3①
土耳其	Turkey	0.5	0.8	0.9①	2.5		4.3①
乌克兰	Ukraine	1.0	0.8	0.5	4.2	7.3③	5.0
英　国	United Kingdom	1.6	1.7	1.7	4.1	5.8	5.5
澳大利亚	Australia	1.6	2.4	1.9①	4.9	5.6	5.3①
新西兰	New Zealand		1.3③	1.3①		7	6.3

注：①2015年数据。②2014年数据。③2009年数据。④2013年数据。⑤2008年数据。⑥2007年数据。
Note:①Data refer to 2015.②Data refer to 2014.③Data refer to 2009.④Data refer to2013.⑤Data refer to 2008. ⑥Data refer to2007.

附录2-23 医疗支出占国内生产总值比重及人均医疗支出

Health Expenditure as Percentage of GDP and Health Expenditure per Capita

资料来源：世界银行WDI数据库。
Source: World Bank WDI Database.

国家或地区	Country or Area	医疗支出占国内生产总值的比重(%) Health Expenditure, Total as Percentage of GDP(%)			人均医疗支出(美元) Health Expenditure per Capita(USD)		
		2000	2010	2016	2000	2010	2016
世　界	**World**	**8.6**	**9.6**	**10.0**	**472.5**	**912.7**	**1026.2**
高收入国家	**High Income**	**9.4**	**11.6**	**12.6**	**2430.2**	**4603.3**	**5179.7**
中等收入国家	**Middle Income**	**4.9**	**5.2**	**5.4**	**62.5**	**203.9**	**255.0**
低收入国家	**Low Income**	**4.1**	**5.9**	**5.4**	**14.7**	**33.7**	**32.9**
中　国	China	4.5	4.2	5.0	42.4	187.7	398.3
孟加拉国	Bangladesh	2.0	2.5	2.4	8.3	20.2	34.2
文　莱	Brunei Darussalam	2.5	2.3	2.3	508.4	803.5	630.6
柬埔寨	Cambodia	6.5	6.9	6.1	19.7	54.3	77.7
印　度	India	4.0	3.3	3.7	18.6	45.3	62.7
印度尼西亚	Indonesia	1.9	3.0	3.1	16.3	92.2	111.6
伊　朗	Iran	4.7	6.8	8.1	80.2	440.9	415.4
以色列	Israel	6.8	7.1	7.3	1496.9	2218.2	2837.1
日　本	Japan	7.2	9.2	10.9	2740.5	4060.2	4233.0
哈萨克斯坦	Kazakhstan	4.2	2.7	3.5	50.5	246.2	262.0
韩　国	Korea, Rep.	4.0	6.2	7.3	473.9	1378.4	2043.9
老　挝	Laos	4.3	2.9	2.4	14.4	35.0	55.2
马来西亚	Malaysia	2.6	3.2	3.8	111.4	292.9	361.5
蒙　古	Mongolia	5.3	3.4	3.8	29.4	88.9	140.7
缅　甸	Myanmar	1.8	1.9	5.1	3.3	15.3	62.1
巴基斯坦	Pakistan	2.9	2.6	2.8	16.0	26.6	39.6
菲律宾	Philippines	3.2	4.3	4.4	32.8	91.8	129.4
新加坡	Singapore	3.4	3.2	4.5	820.7	1502.2	2462.4
斯里兰卡	Sri Lanka	4.2	3.9	3.9	43.7	108.6	153.1
泰　国	Thailand	3.1	3.4	3.7	62.3	172.1	221.9
越　南	Viet Nam	4.8	6.0	5.7	18.8	78.2	122.8
埃　及	Egypt	4.9	4.2	4.6	72.5	111.4	131.0
尼日利亚	Nigeria	2.6	3.3	3.6	14.6	75.9	79.3
南　非	South Africa	7.4	7.4	8.1	221.8	539.6	428.2
加拿大	Canada	8.3	10.6	10.5	1998.6	4984.5	4458.2
墨西哥	Mexico	4.4	5.8	5.5	309.6	518.6	461.8
美　国	United States	12.5	16.4	17.1	4559.9	7957.7	9869.7
阿根廷	Argentina	8.5	8.6	7.5	705.2	891.0	955.2
巴　西	Brazil	6.6	9.7	11.8	245.4	1090.8	1015.9
委内瑞拉	Venezuela	5.0	6.1	3.2	239.3	830.4	
捷　克	Czech Rep.	5.7	6.9	7.2	342.9	1373.9	1321.6
法　国	France	9.5	11.2	11.5	2156.5	4576.3	4263.4
德　国	Germany	9.8	11.0	11.1	2332.3	4596.6	4714.3
意大利	Italy	7.6	9.0	8.9	1520.5	3214.5	2738.7
荷　兰	Netherlands	7.1	10.4	10.4	1836.2	5249.4	4742.0
波　兰	Poland	5.3	6.4	6.5	238.0	809.2	809.0
俄罗斯	Russia	5.0	5.0	5.3	95.4	567.4	469.1
西班牙	Spain	6.8	9.0	9.0	1002.8	2778.4	2389.9
土耳其	Turkey	4.6	5.1	4.3	199.5	539.3	468.6
乌克兰	Ukraine	5.3	7.0	6.7	35.1	207.4	141.2
英　国	United Kingdom	6.0	8.5	9.8	1674.0	3309.3	3958.0
澳大利亚	Australia	7.6	8.4	9.3	1632.4	4952.8	5002.4
新西兰	New Zealand	7.5	9.6	9.2	1053.9	3216.2	3745.2

附录 3

山东省统计局工作大事记

Chronicle of Events of Shandong Provincial Statistical Bureau

简 要 说 明

一、本篇资料的主要内容

本篇按时间顺序记载了2018年山东省统计局发生的大事要事，包括局领导重要活动、方法制度改革、统计法制建设、统计基层基础建设、统计信息化建设、统计干部队伍建设等方面的内容。

二、本篇资料的来源

本篇资料由省统计局办公室整理提供。

Brief Introduction

I. Content

Events happened in 2018 of Shandong Statistical Bureau are recorded in time order, mainly including important activities of leaders, reform of statistical laws, development of primary-level statistical work, construction of information system, and training of statistics professionals, etc.

II. Source of Data

Data and files are provided by the Administrative Office of Shandong Provincial Bureau of statistics.

2019 年山东省统计局大事记

1 月 1 日，全省第四次经济普查入户登记正式开始。副省长、省第四次经济普查领导小组组长王书坚到济南市市中区四里村街道办事处英雄山社区居委会，慰问一线普查工作人员，视察普查员现场采集普查数据。省政府办公厅副主任宫志远、省统计局局长郭训成、济南市副市长王京文及有关同志陪同活动。

1 月 2 日至 4 日，省统计局局长、党组书记郭训成一行到菏泽市调研指导经济普查工作，并看望慰问下派干部。

1 月 3 日至 5 日，国家统计局农村司副司长侯锐一行 3 人到青岛、烟台调研现代农业发展情况以及中美贸易摩擦对农产品加工企业的影响。

1 月 8 日，省统计局召开部分省直部门《统计公报》编写工作座谈会。

1 月 14 日至 16 日，全省县域经济统计制度暨农村贫困户调查培训班在济南召开。

1 月 15 日，副省长王书坚对省统计局报送的《关于省统计局与浪潮集团合作建设大数据情况的报告》（统计专报 2019-1）作出批示。

1 月 17 日，省委副书记、省长龚正，副省长王书坚分别对全省统计工作作出批示。

1 月 18 日，全省统计工作会议在济南召开。会议以习近平新时代中国特色社会主义思想为指导，深入贯彻落实党的十九大和十九届二中、三中全会精神，全面贯彻落实习近平总书记视察山东重要讲话、重要指示批示精神，深入学习全国统计工作会议、全省经济工作会议精神，传达学习省领导对统计工作的批示精神，通报全省首届基层统计人才培育工程人选，总结 2018 年工作，安排 2019 年重点任务。郭训成同志代表省统计局党组作了题为《实事求是依法依规 全面开启统计改革发展新征程》的工作报告。省统计局班子成员、总统计师参加会议，刘银田同志主持会议。

1 月 18 日，省统计局召开全省自然资源资产负债表编制工作座谈会，安排布置我省自然资源资产负债表编制相关工作。

1 月 25 日，全省第四次经济普查工作部署会议在济南召开。

1 月 28 日，省委书记刘家义、副省长王书坚分别对省统计局报送的《当前经济运行几个重点领域稳中有变下行压力陡增需引起高度关注》（统计专报 2019-9）作出批示。

1 月 29 日，省委书记刘家义，省委副书记、省长龚正，副省长王书坚，副省长于国安分别对省统计局报送的《2018 年省重点项目投资监测报告》（统计专报 2019-8）作出批示。

1 月 30 日，省统计局召开 2018 年度总结表彰会议。

2 月 2 日，省统计局印发《关于做好部分行业事业单位统计调查的通知》（鲁统字〔2019〕14 号），部署教育、卫生和社会工作事业单位月度统计调查。

2 月 20 日至 28 日，省统计局班子成员分片到地市开展统计法治和第四次经济普查调查。

2 月 25 日，省统计局与中国建设银行山东省分行举行“数字山东-宏观决策云平台”共建协议签约仪式，省统计局局长郭训成、副局长周尊考和建设银行山东省分行行长段红涛、副行长楚孔用、副行长朱治昌及双方相关部门负责人参加签约仪式。

3 月 1 日，省委副书记、省长龚正，副省长王书坚分别对省统计局报送的《关于深入推进统计改革创新试点工作的报告》作出批示。

3 月 1 日，省统计局与山东财经大学举行推进“产学研”合作协议签约仪式。省统计局局长郭训成、副局长陈汉臻和山东财经大学党委书记王邵军、副校长陈晓兰及双方相关部门负责人参加签约仪式。

3 月 4 日，省统计局印发《山东省统计系统行风建设评价办法（试行）》。

3 月 4 日，省委常委、省委宣传部长关志鸥对省统计局报送的《湖南文化产业调研启示与思考》作出批示。

3 月 8 日，副省长王书坚对省统计局报送的《关于全国经济普查视频会议及我省第四次经济普查登记工作有关情况的汇报》作出批示。

3 月 11 日，省统计局印发《山东省统计局重要事项请示报告制度》。

3 月 15 日，全省第四次经济普查一套表单位集中审核视频会议在济南召开。

3 月 18 日，省统计局印发《山东省统计局“担当作为、狠抓落实”工作实施方案》。

3月19日，省统计局印发《山东省统计改革创新试点工作方案》。

3月18日，第九期“山东统计大讲堂”在省统计局视频会议室开讲，省纪委案件审理室（案件申诉复查室）主任、法学博士秦秀春作了题为《强化纪法意识防范廉洁风险》的报告，省统计局党组书记、局长郭训成主持讲座，全省统计系统近 4000 人参加大讲堂。

3月19日至20日，全省2019年贸易专业限额以下抽样调查业务培训班在济南举办。

3月19日，全省国民经济核算工作会议在济南召开。

3月20日，全省农村统计工作会议在济南召开。

3月26日，省统计局召开党风廉政建设工作会议。

3月29日，全省能源数据联审暨业务培训会议在济南召开。

4月1日，省委书记刘家义对省统计局报送的《关于公布2018年省贫困标准的报告》作出批示。

4月1日，省统计局印发《2019年山东省统计局党风廉政建设和反腐败工作要点》《2019年山东省统计局精神文明建设工作要点》。

4月3日，省统计局印发《中共山东省统计局党组关于成立意识形态工作领导小组的通知》《中共山东省统计局党组关于调整党建工作领导小组的通知》《中共山东省统计局党组关于调整精神文明建设领导小组的通知》。

4月10日，全省服务业统计工作暨服务业数据联审会议在济南召开。

4月15日，山东省人民政府召开全省第四次经济普查座谈会，对经济普查登记工作再部署。副省长、省第四次经济普查领导小组组长王书坚主持会议并讲话，省第四次经济普查领导小组副组长、省统计局局长郭训成通报了全省经济普查登记工作进展情况。

4月17日，省统计局印发《山东省统计局风险防控管理办法》（鲁统办字〔2019〕11号）。

4月17日，省统计局印发《中共山东省统计局党组关于进一步加强自身建设的意见》（鲁统党字〔2019〕12号）。

4月30日，全省一季度工业、投资、贸易等统计数据联审会议在济南召开。

5月7日，省经普办召开全省第四次经济普查数据审核工作视频会议。

5月16日，省统计局印发《山东省统计局数据综合管理平台管理办法（试行）》。

5月18日，第七次全国人口普查技术业务和数据处理需求专项试点在潍坊市启动。

5月19日，省委常委、常务副省长王书坚对省统计局报送的《一季度省重点项目建设情况及全省投资形势分析》（统计专报 2019-14）作出批示。

5月20日，省委书记刘家义，省委常委、常务副省长王书坚分别对省统计局报送的《4月份全省经济运行稳中现缓 下行压力不容忽视》（统计专报 2019-16）作出批示。

5月21日，省经普办召开全省第四次经济普查工作视频会议，省第四次经济普查领导小组副组长、省统计局局长郭训成出席会议并讲话。

5月22日，省委常委、常务副省长王书坚对省统计局报送的《我省统计改革创新试点列为国家试点》（统计专报 2019-18）作出批示。

5月27日至31日，省统计局成立8个工作组，赴16市开展第四次经济普查数据质量抽查。

5月28日，全省综合统计暨城市基本情况统计工作会议在济南召开。

5月28日，全省工业投资统计工作专题会议在济南召开。

6月4日至6日，国家统计局核算司二级巡视员刘慧平等一行3人到山东调研“三新”经济增加值核算情况。

6月5日，省委书记刘家义，省委常委、常务副省长王书坚分别对省统计局报送的《关于实施地区生产总值统一核算有关情况的汇报》（统计专报 2019-19）作出批示。

6月5日，省经普办召开全省第四次经济普查数据审核验收专题工作会议。

6月10日，省统计局召开“不忘初心、牢记使命”主题教育工作会议，党组书记、局长郭训成作讲话，省委第十一巡回指导组组长张传亭出席会议并讲话，党组副书记、副局长马金栋主持会议。

6月12日至25日，第四次全国经济普查事后质量抽查工作组到我省开展经济普查事后质量抽查。

6月14日，省统计局部署开展全省重点耗能企业能源数据现场抽查核实工作。

6月20日，省统计局公布《山东省统计系统权责清单通用目录》，实现了权力清单、责任清单两单融合。

6月24日至26日，国家统计局贸易外经司副司长冶静怡等一行3人到我省调研贸易专业四经普数据审核验收工作。

7月1日，省统计局组织全体党员干部开展“重温入党誓词”活动。

7月9日至7月10日，国家统计局信息景气中心翟宏伟一行2人，到山东巡查2019年上半年全国群众安全感调查工作。

7 月 10 日，中国信息报社副社长熊自力一行 3 人到山东调研统计报刊宣传发行工作。

7 月 19 日，省委常委、常务副省长王书坚，副省长凌文分别对省统计局报送的《上半年全省经济运行情况分析报告》（统计专报 2019-22）作出批示。

7 月 22 日，省委常委、常务副省长王书坚对省统计局报送的《上半年我省重点项目建设情况》（统计专报 2019-21）作出批示。

7 月 25 日至 26 日，省统计局局长、党组书记郭训成带队赴浙江省学习调研海洋经济统计核算、数据处理共享分析、统计管理体制改革、防范和惩治统计造假弄虚作假等工作。

7 月 29 日，省委副书记、省长龚正，省委常委、常务副省长王书坚，副省长于国安分别对省统计局报送的《关于全省农业“新六产”发展监测情况的报告》作出批示。

8 月 1 日，全省统计系统党组中心组（扩大）理论学习读书会议在济南召开，党组书记、局长郭训成主持会议并讲话。

8 月 5 日，省政府召开重点耗能企业煤炭消费情况核查工作会议。省委常委、常务副省长王书坚主持会议并讲话，各市政府及省直有关部门负责同志参加会议。

8 月 5 日，省统计局在山东省廉政教育馆开展警示教育。

8 月 6 日，省统计局召开上半年 GDP 核算、服务业统计专题会议。

8 月 10 日至 11 日，国家统计局科研所所长闾海琪一行 2 人到山东调研统计科学研究工作。

8 月 13 日，按照省委“不忘初心、牢记使命”主题教育总体安排，省统计局党组召开对照党章党规找差距专题会议。省委第十一巡回指导组组长张传亭、副组长刘淑秀及成员王玉军到会指导。

8 月 13 日至 15 日，国家统计局服务业司副司长王群英一行 3 人到山东调研服务业经济运行情况。

8 月 15 日，省统计局召开上半年工业、投资、贸易统计数据联审会议。

8 月 16 日，省统计局召开省级自然资源资产负债表编制工作部门座谈会，安排布置自然资源资产负债表编制工作。

8 月 26 日，省委书记刘家义，省委副书记、省长龚正，省委常委、常务副省长王书坚分别对省统计局报送的《关于我省第四次经济普查工作情况的汇报》（统计专报 2019-27 期）作出批示。

8 月 26 日，省统计局利用山东广播电台《阳光政务热线》，就当前全省经济形势、企业统计信用管理、第四次经济普查、统计基层基础建设、消费物价变动等情况向社会公众进行解答。

8 月 28 日，省统计局党组召开“不忘初心、牢记使命”专题民主生活会，省委第十一巡回指导组组长张传亭、副组长刘淑秀及成员刘庆功到会指导。

9 月 3 日，省统计局组织机关党员干部赴省监狱开展警示教育。

9 月 10 日，省统计局印发《山东省统计局各专业业务工作评价实施办法》（鲁统办字〔2019〕23 号），加强对业务工作的指导和评价。

9 月 12 日，省统计局印发《关于开展全省农村统计数据质量核查工作的通知》（鲁统字〔2019〕82 号），加强农村统计基层基础工作，规范统计业务流程，提高农村统计数据质量。

9 月 16 日至 22 日，全省统计系统领导干部能力提升培训班、全省基层统计人才培育工程入选人员培训班在上海财经大学举办。

9 月 17 日至 18 日，国家统计局服务业司副司长刘富江一行 3 人在青岛市调研服务业新旧动能转换情况。

9 月 19 日、25 日，省统计局分东、西两个片区在泰安市、淄博市召开全省统计工作务虚会议。会议深入学习贯彻习近平总书记关于统计工作重要讲话重要指示批示精神，传达学习全国统计法治工作会议精神和全省经济运行情况分析专题会等有关会议精神，深入分析当前统计工作面临的新形势新任务，全面梳理制约统计发展的突出问题，围绕防范和惩治统计造假弄虚作假、全面提高统计数据质量，研讨交流统计转型发展路径、统计制度方法和手段创新、数据共享及大数据应用、统计基层基础建设、统计改革试点情况等重点工作。省统计局局长、党组书记郭训成出席会议并讲话。

9 月 20 日，由山东省统计局、国家统计局山东调查总队与东营市人民政府主办，东营市统计局、国家统计局东营调查队承办的山东省暨东营市第十届“中国统计开放日”系列活动在东营成功举办。

9 月 23 日至 24 日，山东省统计局、国家统计局山东调查总队在济南联合举办 2019 年国家统计执法证山东地区培训考试班。

9 月 23 日至 26 日，全省第四次经济普查基本单位名录库业务知识培训班在济南举办。

9 月 25 日至 26 日，2019 年全省人口变动调查业务培训班在泰安举办。

9 月 27 日，省统计局印发《关于开展全省“一套表”调查单位核查的通知》（鲁统办字〔2019〕26 号），加强“一套表”调查单位管理，规范入库纳统工作流程，夯实统计调查工作基础。

9 月 27 日，省统计局印发《关于开展“四下”单位抽样调查整体设计改革试点的通知》(鲁统字〔2019〕83 号)，在枣庄开展“四下”单位抽样调查整体设计改革试点。

9 月 27 日，省统计局印发《山东省统计局统计行政处罚裁量基准（试行)》(鲁统字〔2019〕84 号)，进一步规范统计行政处罚行为。

9 月 29 日，省统计局召开山东省社会评价工作座谈会，邀请省直有关部门、部分中央驻鲁单位和有关专家研讨我省社会评价机制，讨论我省社会评价指标体系。

9 月 29 日至 30 日，全省城乡划分业务培训班在济南举办。

9 月 30 日，省统计局印发《关于进一步加强入库纳统工作的通知》(鲁统字〔2019〕86 号)，加强统计数据质量管理，确保统计数据应统尽统。

9 月，省统计局会同省发展改革委、省工业和信息化厅、省生态环境厅、省能源局等部门组成 8 个检查组，开展全省重点耗能企业煤炭消费情况核查工作。

10 月 11 日，省委书记刘家义，省委副书记、省长龚正，省委常委、常务副省长王书坚，省委常委、省委秘书长孙立成分别对省统计局报送的《关于全省重点耗能企业煤炭消费情况核查工作的汇报》(统计专报 2019-29) 作出批示。

10 月 9 日至 12 日，国家统计局普查中心副主任卢山一行 3 人，到山东调研基本单位名录库动态维护更新管理机制情况。

10 月 11 日，山东省统计局印发《第四次经济普查年度市级 GDP 统一核算工作方案》。

10 月 19 日至 20 日，国家统计局人事司一级巡视员李文海一行 2 人，到山东巡视 2019 年度统计专业技术考试工作。省统计局局长、党组书记郭训成会见巡考组一行。

10 月 22 日，省统计局印发《关于做好 2019 年年度和 2020 年月度调查单位审核确认工作的通知》。

10 月 25 日，全省统计系统办公室工作培训班在济南举办。培训班邀请省政府办公厅有关领导就公文处理、政务公开等工作进行了专题辅导。省统计局副局长、党组成员陆万明出席培训班并讲话。

10 月 27 日，省委书记刘家义，省委常委、常务副省长王书坚分别对省统计局报送的《三季度我省规模以上工业用煤增长 5.4% 高耗能行业比重下降》(统计专报 2019-37) 和《关于国家统计局启动第一轮统计督察情况的汇报》(统计专报 2019-38) 作出批示。

10 月 28 日至 31 日，省统计局青年干部能力提升培训班在山东财经大学举办。

11 月 1 日，2019 年度全省 1%人口抽样调查入户登记工作正式开始。省统计局一级巡视员刘银田到济南市历城区现场督导入户登记工作并慰问一线调查工作人员。济南市政府副市长孙斌、济南市统计局及历城区有关领导参加活动。

11 月 4 日，省委书记刘家义，省委常委、常务副省长王书坚分别对省统计局报送的《前三季度我省重点项目建设情况》(统计专报 2019-43) 作出批示。

11 月 4 日至 5 日，全省基本单位名录库管理工作会议在济南召开。

11 月 6 日，省委常委、常务副省长王书坚对省统计局报送的《关于建立山东省社会评价机制工作情况的汇报》(统计专报 2019-46) 作出批示。

11 月 12 日至 13 日，全省统计网络安全和联网直报平台系统技术培训视频会议在济南召开。

11 月 12 日至 14 日，全省服务业统计业务培训班在济南举办。

11 月 12 日，全省农村统计制度布置工作会议在济南召开。

11 月 13 日，三季度统计数据联审会议（工业、投资、贸易）在济南召开。

11 月 14 日，省委书记刘家义对省统计局报送的《对我省当前工业经济运行有关问题的分析》(统计专报 2019-49) 作出批示。

11 月 19 日，省统计局荣获“山东省公共机构能效领跑者”和国家级“节约型公共机构示范单位”称号。

11 月 20 日，省统计局与中国信息报社签署战略合作协议。省统计局党组成员、副局长陆万明与中国信息报社副社长熊自力分别代表双方在协议上签字。

11 月 21 日，省统计局印发《中共山东省统计局党组关于认真学习宣传贯彻党的十九届四中全会精神的实施方案》(鲁统党字〔2019〕44 号)。

11 月 21 日，省第四次经济普查领导小组办公室与省统计局联合印发《关于开展第四次经济普查先进集体和先进个人评选表彰工作的通知》(鲁经普办字〔2019〕55 号)，对四经普评选表彰工作作出安排部署。

11 月 22 日，国家统计局普查中心主任董礼华一行 3 人，到我省调研名录库管理和调查单位管理工作。

11 月 26 日，省委书记刘家义，省委副书记杨东奇、副省长于国安分别对省统计局报送的《农村人居环境显著改善 要素保障仍需增强》(统计专报 2019-51) 作出批示。

11 月 28 日，省统计局印发《关于集中组织开展统计法治宣传活动的通知》（鲁统办字〔2019〕35 号）。

12 月 3 日至 4 日，根据省政府统一部署，省统计局督导调研组在泰安宁阳县召开农村改厕工作座谈会，并就全省现场会议贯彻落实情况开展督导调研。

12 月 7 日至 10 日，国家统计局信息景气中心副主任李武一行 2 人，到山东调研社情民意调查工作，巡查 2019 年下半年全国群众安全感调查质量。省统计局局长郭训成与调研组一行座谈。

12 月 10 日，省委常委、常务副省长王书坚对省统计局报送的《规划稳步推进 儿童事业全面发展——2019 年〈山东儿童发展“十三五”规划〉监测报告》（统计专报 2019-40）作出批示。

12 月 12 日，省统计局召开市级生产总值统一核算改革动员部署会议。省统计局局长、党组书记郭训成出席会议并讲话。

12 月 12 日，省统计局印发《中共山东省统计局党组工作规则》。

12 月 16 日，省委副书记、省长龚正，省委常委、常务副省长王书坚分别对省统计局报送的《关于报送 2019 年工作总结的报告》作出批示。

12 月 17 日至 18 日，全省统计法治工作会议暨统计法治骨干培训班在济南召开。

12 月 17 日至 19 日，全省统计法宣传专题研讨培训班在省委党校（山东行政学院）举办。省委常委、常务副省长王书坚出席并作重要讲话，国家统计局统计执法监督局局长徐晓海、综合司副司长付凌晖、核算司副司长郑学工、山东调查总队总队长雷小武、省统计局局长郭训成等领导同志为学员授课。

12 月 19 日，省委常委、常务副省长王书坚对省统计局报送的《关于季度地区生产总值统一核算工作有关情况的汇报》作出批示。

12 月 19 日，省委书记刘家义，省委副书记、省长龚正，省委常委、常务副省长王书坚，省委常委、省委秘书长孙立成分别对省统计局报送的《关于建立〈山东省新旧动能转换监测报告制度〉的汇报》作出批示。

12 月 20 日，全省能源统计数据处理培训班在济南举办。

12 月 23 日，省委书记刘家义，省委常委、省委秘书长孙立成分别对省统计局报送的《11 月份我省规模以上工业生产明显加快》作出批示。

12 月 24 日至 27 日，省统计局在济宁干部政德教育学院举办党的十九届四中全会精神专题学习班。

12 月 26 日，国家统计局工业司副司长杨玉民一行 2 人到青岛调研规模以下工业样本区单位基层调查组织方式及生产经营情况。

12 月 27 日，省统计局印发《山东省农村统计基础工作规范化管理办法》。

中国统计出版社有限公司最新图书简目

（仅供参考，以实际出版为准）

统计资料

中国统计年鉴　中国统计摘要　中国第三产业统计年鉴
中国第三次全国农业普查综合资料　国际统计年鉴　金砖国家联合统计手册
中国-东盟国家统计手册　中国农村统计年鉴　中国县域统计年鉴
中国农产品价格调查年鉴　中国城市统计年鉴　中国价格统计年鉴
中国贸易外经统计年鉴　中国零售和餐饮连锁企业统计年鉴　中国商品交易市场统计年鉴
大中型批发零售和住宿餐饮企业统计年鉴　中国住户调查年鉴　中国工业统计年鉴
中国环境统计年鉴　中国能源统计年鉴　中国建筑业统计年鉴
中国房地产统计年鉴　投资领域统计年鉴　中国对外直接投资统计公报
中国人口和就业统计年鉴　中国劳动统计年鉴　中国社会统计年鉴
中国科技统计年鉴　中国高技术产业统计年鉴　全国企业创新调查年鉴
中国文化及相关产业统计年鉴　2018年时间利用调查资料　中国妇女儿童状况统计资料
中国基本单位统计年鉴　中国教育统计年鉴　中国教育经费统计年鉴
中国民族统计年鉴　中国残疾人事业统计年鉴　长江经济带发展统计年鉴

省级综合统计年鉴系列

北京 天津 河北 山西 内蒙古 辽宁 吉林 黑龙江 上海 江苏 浙江 安徽 福建 江西 山东 河南 湖北 湖南
广东 广西 海南 重庆 四川 贵州 云南 西藏 陕西 甘肃 青海 宁夏 新疆 新疆生产建设兵团

市(县)级综合统计年鉴系列

滨海新区 石家庄 唐山 邯郸 保定 沧州 邢台 廊坊 承德 衡水 秦皇岛 张家口 太原 大同 阳泉 长治 晋城
朔州 晋中 运城 忻州 临汾 吕梁 呼和浩特 鄂尔多斯 包头 沈阳 大连 长春 延吉 四平 白山 通化 哈尔滨
齐齐哈尔 黑龙江垦区 上海浦东新区 南京 无锡 徐州 常州 苏州 南通 连云港 淮安 盐城 扬州 镇江 泰州
宿迁 江阴 丹阳 海门 张家港 杭州 宁波 温州 嘉兴 湖州 绍兴 金华 衢州 舟山 台州 丽水 合肥 安庆 福州
厦门 宁德 漳州 龙岩 莆田 泉州 三明 南平 南昌 九江 上饶 新余 抚州 赣州 景德镇 济南 青岛 枣庄
潍坊 聊城 郑州 洛阳 平顶山 三门峡 南阳 商丘 信阳 济源 汝州 武汉 十堰 荆州 宜昌 荆门 咸宁 黄冈
长沙 鹰潭 广州 深圳 惠州 东莞 汕尾 湛江 肇庆 南宁 柳州 桂林 贵港 梧州 来宾 河池 防城港 海口 三亚
儋州 成都 内江 贵阳 黔南 毕节 昆明 文山 德宏 西安 延安 安康 铜川 汉中 商洛 银川 兰州 庆阳 乌鲁木齐
昌吉 阿勒泰 兵团一师、二师、三师、四师、六师、七师、八师、十师、十三师、十四师

调查年鉴系列

天津 内蒙古 上海 河南 湖北 湖南 广东 广西 重庆 四川 云南 甘肃 宁夏 南宁 贵港 昆明

统计方法应用/实用手册

Python数据分析基础（第二版）　非参数统计（第五版）　现代金融投资统计分析（第四版）
国民经济核算初级教程（第二版）　国民经济核算教程（第五版）　概率统计基础
全国统计专业技术资格考试系列考试用书：统计业务知识（第四版修订版）　统计业务知识学习指导与习题
全国统计专业技术资格考试系列考试用书：统计相关知识（第四版）　统计相关知识学习指导与习题

统计通俗读物/统计科普图书

领导干部统计知识问答　统计公文写作及会议办理实用手册　大数据在统计工作中的应用案例汇编
中国国民经济核算知识问答（修订版）　地区生产总值核算国际比较研究　新中国统计制度方法的发展与改革

重点图书

中国农业统计资料1949-2019　第四次全国经济普查地图集　中国经济普查年鉴2018
新编英汉汉英统计大词典　中国国民经济核算体系2016　国民经济行业分类注释
挑大学选专业2020—考研择校指南　挑大学选专业2020—高考志愿填报指南　中华医学统计百科全书